Angestelltengesetz

Kurzkommentar

von
Mag. Manfred Lindmayr

ARD Orac

Die LexisNexis-Gruppe weltweit

Argentinien	LexisNexis Argentina, BUENOS AIRES
Australien	LexisNexis Butterworths, CHATSWOOD, New South Wales
Benelux	LexisNexis Benelux, AMSTERDAM
Chile	LexisNexis Chile Ltda, SANTIAGO
China	LexisNexis China, PEKING and SHANGHAI
Deutschland	LexisNexis Deutschland GmbH MÜNSTER
Frankreich	LexisNexis SA, PARIS
Großbritannien	LexisNexis Butterworths, a Division of Reed Elsevier (UK) Ltd,
Hongkong	LexisNexis Hong Kong, HONGKONG
Indien	LexisNexis India, NEU DELHI
Italien	Giuffrè Editore, MAILAND
Japan	LexisNexis Japan, TOKIO
Kanada	LexisNexis Canada, MARKHAM, Ontario
Malaysien	Malayan Law Journal Sdn Bhd, KUALA LUMPUR
Mexiko	LexisNexis Mexico, MEXIKO
Neuseeland	LexisNexis NZ ltd, WELLINGTON
Österreich	LexisNexis Verlag ARD Orac GmbH & Co KG, WIEN
Polen	Wydawnictwo Prawnicze LexisNexis Ltd., WARSCHAU
Singapur	LexisNexis Singapore, SINGAPUR
Südafrika	LexisNexis Butterworths, DURBAN
USA	LexisNexis, DAYTON, Ohio

Bibliografische Information Der Deutschen Bibliothek
Die Deutsche Bibliothek verzeichnet diese Publikation in der Deutschen Nationalbibliografie; detaillierte bibliografische Daten sind im Internet über http://dnb.ddb.de abrufbar.

ISBN 978-3-7007-3809-1
ISBN (Hardcover) 978-3-7007-3825-1

LexisNexis Verlag ARD Orac GmbH & Co KG,
Wien 2007
http://www.lexisnexis.at

Alle Rechte, insbesondere das Recht der Vervielfältigung und Verbreitung sowie der Übersetzung, vorbehalten. Kein Teil des Werkes darf in irgendeiner Form (durch Fotokopie, Mikrofilm oder anderes Verfahren) ohne schriftliche Genehmigung des Verlags reproduziert oder unter Verwendung elektronischer Systeme gespeichert, verarbeitet, vervielfältigt oder verbreitet werden.

Es wird darauf verwiesen, dass alle Angaben in diesem Fachbuch trotz sorgfältiger Bearbeitung ohne Gewähr erfolgen und eine Haftung des Bearbeiters oder des Verlags ausgeschlossen ist.

Foto: Privat
Hersteller: Ferdinand Berger & Söhne Gesellschaft m.b.H., 3580 Horn, Wiener Straße 80

Vorwort

In einer Gesamtbetrachtung aller Erwerbstätigen Österreichs stellt die Gruppe der Angestellten mit rund 1,7 Millionen Arbeitnehmerinnen und Arbeitnehmern den mit Abstand größten Teil dar. Damit gründet sich beinahe jedes zweite Dienstverhältnis in Österreich auf die Bestimmungen des Angestelltengesetzes, wodurch die Bedeutung dieses bereits 1921 erlassenen und gegenüber anderen Gesetzeswerken vergleichsweise selten novellierten Sondergesetzes deutlich zum Ausdruck kommt.

Neben dem reinen Gesetzestext ist für den Rechtsanwender aber stets auch die Auslegung der Bestimmungen durch die Gerichte maßgeblich. Aus diesem Grund bietet Ihnen der ARD-Kurzkommentar zum Angestelltengesetz neben ausführlichen Erläuterungen der einzelnen Paragrafen Leitsätze von über 1000 ausgewählten Gerichtsentscheidungen (überwiegend der arbeitsrechtlichen Senate des Obersten Gerichtshofes), die im Laufe der letzten Jahrzehnte zum Angestelltengesetz ergangen sind. Sie bieten Vergleichsmöglichkeiten mit den im betrieblichen bzw. juristischen Alltag auftauchenden Problemen und helfen damit dem Rechtsanwender bei seiner Entscheidungsfindung.

Ob Sie sich nun einen ersten Überblick über einzelne Bestimmungen des Angestelltengesetzes verschaffen wollen oder auf der Suche nach einschlägiger Rechtsprechung zu einem bestimmten Thema sind – der ARD-Kurzkommentar zum Angestelltengesetz wird Ihnen dabei eine wertvolle Hilfe sein.

Wien, im Oktober 2007   *Mag. Manfred Lindmayr*

Inhaltsverzeichnis

Vorwort		III
Abkürzungsverzeichnis		VI
Artikel I		1
§	1. Anwendungsgebiet des Gesetzes	1
§	2.	13
§	3.	15
§	4.	15
§	5.	16
§	6. Inhalt des Dienstvertrages	16
§	7. Konkurrenzverbot	39
§	8. Anspruch bei Dienstverhinderung	46
§	9.	75
§	10. Provision	79
§	11.	91
§	12.	95
§	13.	98
§	14. Gewinnbeteiligung	99
§	15. Zahlungsfrist	102
§	16. Remuneration	105
§	17. Urlaub	113
§	17a.	113
§	17b.	113
§	17c.	113
§	18. Fürsorgepflicht	114
§	19. Endigung des Dienstverhältnisses durch Ablauf der Zeit	117
§	20. Kündigung	136
§	21. [befristetes Dienstverhältnis]	155
§	22. Freizeit während der Kündigungsfrist	156
§	23. Abfertigung	162
§	23a.	196
§	24. Tod des Angestellten	203
§	25. Vorzeitige Auflösung	203
§	26. [Wichtige Gründe für vorzeitigen Austritt des Angestellten]	226
§	27. [Wichtige Gründe für vorzeitige Entlassung des Angestellten]	247
§	28. [Ansprüche des Dienstgebers]	330
§	29. [Ansprüche des Dienstnehmers]	334
§	30. [Rücktritt vom Vertrag]	344
§	31. [Schadenersatz]	346
§	32. [richterliches Ermessen]	350
§	33. Rangordnung der Ansprüche im Konkurs	354

§	34.	Frist zur Geltendmachung der Ansprüche	354
§	35.	Kaution	360
§	36.	Konkurrenzklausel	361
§	37.		374
§	38.	Konventionalstrafen	382
§	39.	Zeugnis	385
§	40.	[Zwingende Vorschriften]	398
§	41.	[Zuständigkeit]	400
§	42.	[Anwendung von Vorschriften des ABGB und der GewO]	400

Artikel II [Anwendung auf Wirtschaftstreuhänder und Fonds] ... **401**

Artikel III – VI ... **402**

Artikel VII [Anwendung des JournalistenG und GehaltskassenG] ... **402**

Artikel VIII und IX ... **402**

Artikel X [In-Kraft-Treten] ... **403**

Artikel XI [Vollziehung] ... **403**

Stichwortverzeichnis ... **405**

Abkürzungsverzeichnis

Abs	=	Absatz
ABGB	=	Allgemeines Bürgerliches Gesetzbuch
AlVG	=	Arbeitslosenversicherungsgesetz
AngG	=	Angestelltengesetz
APSG		Arbeitsplatz-Sicherungsgesetz
ArbAbfG	=	Arbeiterabfertigungsgesetz
ArbVG	=	Arbeitsverfassungsgesetz
ARD	=	Zeitschrift „ARD-Betriebsdienst"
ARG	=	Arbeitsruhegesetz
Art	=	Artikel
ASchG	=	ArbeitnehmerInnenschutzgesetz
ASG	=	Arbeits- und Sozialgericht
ASGG	=	Arbeits- und Sozialgerichtsgesetz
ASVG	=	Allgemeines Sozialversicherungsgesetz
AuslBG	=	Ausländerbeschäftigungsgesetz
AVRAG	=	Arbeitsvertragsrechts-Anpassungsgesetz
AZG	=	Arbeitszeitgesetz
BAG	=	Berufsausbildungsgesetz
BEinstG	=	Behinderteneinstellungsgesetz
BGBl	=	Bundesgesetzblatt
BM	=	Bundesminister(ium); bei Anführung in Zusammenhang mit einer Zahl handelt es sich um einen Erlass dieses Ministeriums
BMAS	=	Bundesminister(ium) für Arbeit und Soziales (nunmehr: BMWA bzw. BMSK)
BMSK	=	Bundesminister(ium) für soziale Sicherheit und Konsumentenschutz
BMVG	=	Betriebliches Mitarbeitervorsorgegesetz
BMWA	=	Bundesministerium für Wirtschaft und Arbeit
BR	=	Betriebsrat
BUAG	=	Bauarbeiter-Urlaubs- und Abfertigungsgesetz
B-VG	=	Bundes-Verfassungsgesetz
bzw.	=	beziehungsweise
d.h.	=	das heißt
DHG	=	Dienstnehmerhaftpflichtgesetz
dzt.	=	derzeit
EFZG	=	Entgeltfortzahlungsgesetz
EG	=	Vertrag zur Gründung der Europäischen Gemeinschaft idF des Vertrages von Amsterdam
EGZPO	=	Einführungsgesetz zur Zivilprozessordnung
EKUG	=	Eltern-Karenzurlaubsgesetz
EO	=	Exekutionsordnung
EStG	=	Einkommensteuergesetz
EU	=	Europäische Union
EuGH	=	Europäischer Gerichtshof
EWG-Vertrag	=	Vertrag zur Gründung der Europäischen Wirtschaftsgemeinschaft
EWR	=	Europäischer Wirtschaftsraum
f., ff.	=	und folgende Seite bzw. Seiten
GAngG	=	Gutsangestelltengesetz
GewO	=	Gewerbeordnung 1859
GlBG	=	Gleichbehandlungsgesetz
GmbH	=	Gesellschaft mit beschränkter Haftung
HGB	=	Handelsgesetzbuch

Abkürzungsverzeichnis

HVertrG	=	Handelsvertretergesetz
idF	=	in der Fassung
idR	=	in der Regel
IESG	=	Insolvenz-Entgeltsicherungsgesetz
inkl.	=	inklusive
iSd	=	im Sinne der/des
iVm	=	in Verbindung mit
JournG	=	Journalistengesetz
KBGG	=	Kinderbetreuungsgeldgesetz
KO	=	Konkursordnung
KV	=	Kollektivvertrag
LAG	=	Landarbeitsgesetz
LG	=	Landesgericht
lit	=	litera
MRK	=	Europäische Menschenrechtskonvention
MSchG	=	Mutterschutzgesetz
MV-Kasse	=	Mitarbeitervorsorgekasse
OGH	=	Oberster Gerichtshof
OLG	=	Oberlandesgericht
RL	=	Richtlinie
Rz	=	Randziffer
S.	=	Seite
StGB	=	Strafgesetzbuch
u.a.	=	und andere
udgl.	=	und dergleichen
UGB	=	Unternehmensgesetzbuch
UrlG	=	Urlaubsgesetz
UWG	=	Bundesgesetz gegen den unlauteren Wettbewerb
VBG	=	Vertragsbedienstetengesetz
VfGH	=	Verfassungsgerichtshof
vgl.	=	vergleiche
vH	=	von Hundert
VKG	=	Väter-Karenzgesetz
VO	=	Verordnung
VwGH	=	Verwaltungsgerichtshof
Z	=	Ziffer
z.B.	=	zum Beispiel
ZPO	=	Zivilprozessordnung

Angestelltengesetz – AngG

Bundesgesetz vom 11. 5. 1921 über den Dienstvertrag der Privatangestellten

BGBl 1921/292 idF BGBl 1937/229, BGBl 1946/174, BGBl 1947/159, BGBl 1958/108, BGBl 1959/253, BGBl 1971/292, BGBl 1971/317, BGBl 1975/418, BGBl 1976/390, BGBl 1979/107, BGBl 1983/144, BGBl 1983/544, BGBl 1989/651, BGBl 1990/299, BGBl 1990/408, BGBl 1991/157, BGBl 1992/833, BGBl 1993/335, BGBl 1993/459, BGBl 1993/502, BGBl 1996/262, BGBl I 2000/44, BGBl I 2001/98, BGBl I 2002/100, BGBl I 2003/138, BGBl I 2004/64, BGBl I 2004/143 und BGBl I 2006/35

Artikel I

An dem Tage, an dem dieses Gesetz in Wirksamkeit tritt, erlischt die Wirksamkeit des Gesetzes vom 16. Jänner 1910, RGBl Nr 20, über den Dienstvertrag der Handlungsgehilfen und anderer Dienstnehmer in ähnlicher Stellung (Handlungsgehilfengesetz) sowie die Wirksamkeit der Verordnung vom 22. März 1921, BGBl Nr 187, über die Beschränkung der Kündigung bestimmter Dienstverhältnisse. Gleichzeitig treten die §§ 201, 202, 203, 205 und 208 des allgemeinen Berggesetzes vom 23. Mai 1854, RGBl Nr 146, soweit sie sich auf Angestellte beziehen, außer Kraft.

Anwendungsgebiet des Gesetzes

§ 1. (1) Dieses Bundesgesetz gilt für das Dienstverhältnis von Personen, die im Geschäftsbetrieb eines Kaufmannes vorwiegend zur Leistung kaufmännischer (Handlungsgehilfen) oder höherer, nicht kaufmännischer Dienste oder zu Kanzleiarbeiten angestellt sind. (BGBl 1992/833)

(2) Bei einem Kaufmann angestellte Personen, die nur ausnahmsweise zu kaufmännischen Diensten verwendet werden, sowie Personen, die vorwiegend untergeordnete Verrichtungen leisten, sind nicht als Handlungsgehilfen anzusehen.

Grundlegende Erläuterungen zu § 1

Gemäß § 1 Abs 1 AngG gilt das Angestelltengesetz für das Dienstverhältnis von Personen, die im Geschäftsbetrieb eines Kaufmannes vorwiegend zur Leistung **kaufmännischer** (Handlungsgehilfen) oder **höherer, nicht kaufmännischer Dienste** oder zu **Kanzleiarbeiten** angestellt sind. Darüber hinaus kann zwischen Arbeitgeber und Arbeitnehmer die Anwendung des AngG auch **vertraglich vereinbart** werden (Angestellten ex contractu).

Soweit das AngG keine entsprechenden Vorschriften enthält, gelten gemäß § 42 AngG subsidiär die Bestimmungen des ABGB über den Dienstvertrag (§ 1151 ABGB bis § 1164 ABGB).

Aushilfsweise (subsidiär) gelten somit die § 1153 erster Satz, § 1154 Abs 3, § 1154a, § 1155 Abs 1 (sofern nicht die § 12, § 30 Abs 3 AngG in Frage kommen), § 1155 Abs 2, § 1156, § 1156a, § 1156b

§ 1 AngG

(soweit er sich auf § 1156 bezieht), § 1157 (teilweise) sowie § 1161 ABGB. Es gelten hingegen nicht die § 1152, § 1153 zweiter Satz, § 1154 Abs 1 und Abs 2, § 1154b; § 1155 Abs 1 (soweit die § 12, § 30 Abs 3 AngG in Frage kommen), § 1156b (soweit er sich nicht auf § 1156 bezieht), § 1157 (zum Teil), § 1158 bis § 1160, § 1162 bis § 1162d sowie § 1163 ABGB.

Der Umfang der Arbeitszeit ist seit dem Inkrafttreten des Arbeitsrechtlichen Begleitgesetzes (ArbBG), BGBl 1992/833, mit 1. 1. 1993 kein Kriterium mehr für die Frage der Anwendbarkeit des AngG. Bis dahin war seit 1. 8. 1975 eine weitere Voraussetzung für die Anwendbarkeit des AngG, dass die vereinbarte oder tatsächlich geleistete Arbeitszeit bezogen auf den Monat mindestens ein Fünftel des 4,3-fachen der durch Gesetz oder Kollektivvertrag vorgesehenen wöchentlichen Normalarbeitszeit beträgt (BGBl 1975/418).

1. Angestellteneigenschaft kraft Gesetzes

3 Kraft Gesetzes unterliegt ein Dienstverhältnis dem AngG, wenn folgende Voraussetzungen zutreffen:

1. auf Seiten des Arbeitgebers:

   Beschäftigung des Arbeitnehmers im Geschäftsbetrieb eines Kaufmannes (nicht zwangsläufig eines Vollkaufmannes) im handelsrechtlichen Sinn. Mit dem Handelsrechts-Änderungsgesetz BGBl I 2005/120 wurde der bisherige Kaufmannsbegriff durch einen modernen Unternehmerbegriff ersetzt.

   Weiters kann die Beschäftigung in einem Betrieb eines der in § 2 AngG (oder § 3 AngG) genannten Arbeitgeber zur Anwendung des AngG führen (vgl. Rz 19 ff.).

2. auf Seiten des Arbeitnehmers:

   a) Es müssen „kaufmännische, höhere nicht kaufmännische Dienste oder Kanzleiarbeiten" geleistet werden, d.h. die Arbeitsleistung muss ihrem Inhalt nach in Angestelltendiensten bestehen.

   b) Die Angestelltendienste müssen „vorwiegend" geleistet werden. Wer also nur ausnahmsweise oder nur während eines geringfügigen Teiles der Dienstzeit Angestelltendienste, überwiegend aber nur untergeordnete Dienste leistet, ist nicht Angestellter im Sinne des Gesetzes. Hiebei kommt es aber nicht auf das rein zeitmäßige Überwiegen der Angestelltendienste, sondern auch auf die Wichtigkeit der Dienste bzw. die Verantwortung an.

   c) Es muss ein „Anstellungsverhältnis" vorliegen, worunter ein auf Dauer berechnetes abhängiges Arbeitsverhältnis unter Eingliederung bzw. Unterordnung des Arbeitnehmers in den Betriebsorganismus des Arbeitgebers verstanden wird (sofern ein solcher Betriebsorganismus besteht).

3. Es darf sich nicht um Fälle der § 4 AngG oder § 5 AngG handeln.

4 Zur Qualifikation eines Arbeitnehmers als Angestellter bedarf es **keiner besonderen Bestellung oder Einreihung.** Aus einem Titel oder einer Bezeichnung des Arbeitnehmers im Betrieb kann ebenso wenig ein Hinweis auf eine Angestelltentätigkeit abgeleitet werden wie aus der Verantwortlichkeit für unterstellte Arbeitnehmer oder der Verpflichtung zur Wahrung von Betriebsgeheimnissen. Entscheidend ist die tatsächliche Art der übertragenen Aufgaben und nicht die Vereinbarung von Rechtsfolgen bei Vertragsverletzung.

§ 1 AngG

Maßgebend ist somit die vom Arbeitnehmer **tatsächlich ausgeübte Tätigkeit**, die in ihrer Gesamtheit zu beurteilen ist. Die Tätigkeit ist daher nicht in einzelne Verrichtungen zu zerlegen und dann zu beurteilen, welchen dieser einzelnen Verrichtungen Angestelltenqualifikation und welchen Arbeiterqualifikation zukommt. Vielmehr ist die Tätigkeit des Arbeitnehmers in ihrem Zusammenhang zu sehen und die gesamte Tätigkeit zu bewerten, wobei es nicht in erster Linie darauf ankommt, ob der Arbeitnehmer auch Handreichungen durchführen muss, um seine kaufmännischen, höheren nicht kaufmännischen oder Kanzleidienste ordnungsgemäß leisten zu können.

Sind aber die tatsächlich ausgeübten Tätigkeiten jene eines Angestellten, ist selbst die Bezeichnung im Dienstzettel als Arbeiter unerheblich, da eine anders lautende vertragliche Einstufung nichts an der Qualifikation ändert. Auch die Anmeldung zur Sozialversicherung ist nicht entscheidend.

1.1. Kaufmännische Dienste

Die kaufmännischen Dienste umfassen Dienstleistungen, die ihrer Art nach zu den **typischen Tätigkeiten eines Kaufmannes** gehören und für die Führung des Betriebes eine bestimmte, nicht bloß untergeordnete Bedeutung haben. Es handelt sich dabei zumindest um einen Ausschnitt aus dem typischen Tätigkeitsbereich eines Kaufmannes, ohne dass ein allzu strenger Maßstab angelegt werden darf. Die in Frage kommenden Verrichtungen erfordern ihrer Art nach eine kaufmännische Ausbildung und Geschicklichkeit und sind nicht so einfach und anspruchslos, dass sie von jedem Menschen mit durchschnittlicher Bildung ohne weiteres erbracht werden können (OGH 5. 10. 1999, 10 ObS 209/99d, ARD 5087/20/2000).

Hiezu zählen insbesondere alle mit dem **Ein- und Verkauf** zusammenhängenden Tätigkeiten, die eine selbstständige Anpassung des Arbeitnehmers an die Marktsituation zur Hebung des Umsatzes erfordern, wie insbesondere Kundenberatung, Preisfestsetzung, Kundenwerbung und Vertretung, Einkauf und Bestellung, Buchhaltung, Kassa, Lagerhaltung etc. Nicht darunter fallen rein mechanische Dienste, wie Reinigungs- und Verpackungsarbeiten oder Botengänge.

Kaufmännische Dienste leisten ua:

- Eine Verkäuferin, die über längere Zeit allein sämtliche erforderlichen Vorbereitungstätigkeiten, Beratungs- und Verkaufstätigkeiten durchgeführt, die Geldbeträge inkassiert, die Verkäufe schriftlich festgehalten und die Tageslosung zur Abholung durch den Arbeitgeber vorbereitet hat (ASG Wien 20. 10. 1999, 24 Cga 27/99m, ARD 5142/21/2000)

- Ein Filialleiter, der für die Einkäufe und Bestellungen zuständig ist, gewisse Preiskalkulationen selbst durchführt, die Dienst- und Urlaubspläne aller in der Filiale beschäftigten Mitarbeiter erstellt und auch Einstellungsgespräche führt (ASG Wien 30. 3. 2001, 28 Cga 26/01z, ARD 5359/7/2002)

- Ein Dekorateur mit abgeschlossener 4-jähriger Fachschule für dekorative Gestaltung, der in einem Möbel- und Einrichtungsunternehmen eine aus insgesamt 3 Personen bestehende Gruppe von Dekorateuren anführt, selbstständig Entwürfe anzufertigen hat (wobei teilweise Vorgaben der Unternehmensführung auszubauen sind), am Zeichentisch händisch Pläne auszuarbeiten und mit seinen Mitarbeitern umzusetzen hat, Kostenvoranschläge für die dabei benötigten Materialien und Fremddienstleistungen einzuholen hat und gegenüber dem Geschäftsführer verantwortlich ist und in der Beschäftigungsgruppe 4 des Kollektivvertrages für die Handelsangestellten Österreichs („Dekorateure, die nach eigenen Entwürfen arbeiten") eingestuft ist (OGH 5. 10. 1999, 10 ObS 209/99d, ARD 5087/20/2000)

§ 1 AngG

Keine kaufmännischen Dienste leisten ua:

- Ein Mitarbeiter eines Wettbüros, dessen Tätigkeit vorrangig in der Entgegennahme von Wettscheinen, der Eingabe der Daten in den Computer, der Auszahlung der vom Computer errechneten Gewinnsummen sowie der gelegentlichen Beratung von Kunden und dem Servieren von Getränken. Für diese Tätigkeit ist keine spezielle Ausbildung, sondern lediglich eine kurze Einschulung erforderlich, um den Arbeitnehmer mit dem Inhalt der Tätigkeit im Wettbüro vertraut zu machen. Es handelt sich daher um rein manipulative Tätigkeiten, die grundsätzlich von jedermann mit gewöhnlicher Durchschnittsbildung innerhalb kürzester Zeit ausgeübt werden können. (OLG Wien 17. 10. 2002, 10 Ra 274/02s, ARD 5414/8/2003)

- Ein als Dekorateurshilfskraft eingestellter Arbeitnehmer, der weder planerische noch kreativ gestaltende Arbeiten durchgeführt und vor allem in keiner Weise selbstständig tätig ist, sondern nur auf Anordnung eines weiteren Dekorateurs des Unternehmens für diesen einfache manuelle Hilfsdienste – Ausräumen und Säubern der Schaufenster, Ausmalen der Wände, Bügeln der Stoffe – durchgeführt (OLG Wien 29. 8. 2003, 7 Ra 92/03f, ARD 5474/7/2004)

1.2. Höhere, nicht kaufmännische Dienste

Als höhere, nicht kaufmännische Dienstleistung kommt eine Arbeit in Betracht, die – ohne dass gerade ein bestimmter Studiengang vorausgesetzt wird – doch in der Richtung der Betätigung entsprechende **Vorkenntnisse und Schulung** verlangt, Vertrautheit mit den Arbeitsaufgaben und eine gewisse fachliche Durchdringung derselben verlangt, also nicht rein mechanisch ausgeübt wird und nicht von einer zufälligen Ersatzkraft geleistet werden kann. Diese Arbeiten müssen zusätzlich wesentlich über den Durchschnitt einer Arbeiter- oder gar Hilfsarbeitertätigkeit hinausgehen. An den Begriff der höheren, nicht kaufmännischen Dienste darf aber kein unverhältnismäßig strengerer Maßstab angelegt werden als an den der kaufmännischen Dienste.

Angestelltentätigkeit wird u.a. indiziert durch die über das durchschnittliche Maß hinausgehende **größere Selbstständigkeit**, umfassendere **Fachkenntnisse**, Genauigkeit und Verlässlichkeit, die Fähigkeit der Beurteilung der Arbeiten anderer, der Aufsichts- und Leitungsbefugnis und der Einsicht in den Produktionsprozess (OGH 25. 1. 2001, 8 ObA 200/00w, ARD 5257/9/2001).

Da diese von der Judikatur genannten Kriterien nur Indizien sind, müssen sie im Einzelfall keineswegs zur Gänze vorliegen, so dass bei Würdigung der Gesamtheit der Dienste das Fehlen einer Aufsichts-, Kontroll- oder Weisungsbefugnis bei Vorhandensein anderer Kriterien die Wertung als Angestelltentätigkeit nicht hindert.

Der OGH legt also besonderen Wert auf eine geistige Betätigung – als Gegensatz zu einer „nur" manuellen. In den Fällen, in denen die Angestellteneigenschaft bejaht wurde (z.B. Beschließerin, Fahrlehrer, Rezeptionistin, Betriebselektriker), stand eine dispositive Funktion im Vordergrund. Gerade die Wertung von geistiger Leistung ist aber oft ein Grenzfall und es werden dabei die Judikatur sehr strenge Prüfungsmaßstäbe herangezogen. So wird vom OGH das Bestehen höherer Dienste verneint, wenn zwar sehr wohl gewisse geistige Leistungen gefordert werden, diese sich aber „mehr der mechanischen Seite der Denk- und Wahrnehmungstätigkeit" annähern (vgl. OGH 4. 7. 1967, 4 Ob 41/67, ARD 2019/15/67).

Auch wenn für die Beurteilung, ob ein Arbeitnehmer vorwiegend höhere, nicht kaufmännische Dienste geleistet hat, Kollektivverträge wesentliche Hinweise bieten, ist ausschlaggebendes, ausschließliches Kriterium die **Art der ausgeübten Dienstleistungen**, die in ihrer Gesamtheit beurteilt werden müssen; früher verrichtete Tätigkeiten, besondere schulische oder sonstige Vorbildung allein vermögen kein Qualifikationskriterium darzustellen.

§ 1 AngG

Höhere, nicht kaufmännische Dienste leisten ua:

– Ein Objektleiter, der Kontakt mit den Kunden zu halten und etwaige Probleme selbstständig zu bewältigen hat, zur Beendigung von Arbeitsverhältnissen berechtigt ist und nicht in einen Betrieb mit Kontrollmechanismen integriert, sondern zur eigenverantwortlichen und selbstständigen Organisation seiner Arbeit und zur Lösung der verschiedenen Probleme im Arbeitsablauf angehalten ist (OGH 25. 1. 2001, 8 ObA 200/00w, ARD 5257/9/2001).

– Ein im Ausland als Objektleiter einer Reinigungsfirma eingesetzter Arbeitnehmer, der mit der Leitung und Beaufsichtigung von Mitarbeitern betraut und für den Kontakt zur Firmenverwaltung und zu Kunden verantwortlich ist (ASG Wien 5. 8. 1999, 34 Cga 66/98v, ARD 5184/45/2001).

– Ein Kaufhausdetektiv, der neben der Überwachung des Marktbereiches, des Personaleinganges und der Kunden auch Testkäufe durchführte, als Angestellter zur Sozialversicherung angemeldet wurde, einer Konkurrenzklausel unterlag sowie zu hohem Verantwortungsbewusstsein und strenger Diskretion verpflichtet war (ASG Wien 14. 4. 2003, 25 Cga 195/99z, ARD 5436/5/2003).

– Ein Betriebselektriker, der für ein komplexes System zur Lehrlingsausbildung inklusive Unterrichtstätigkeit, Lehrplanerstellung und sonstiger damit verbundener administrativer Arbeiten (Vergabe von Hausaufgaben, Korrektur derselben, Vorbereitung von Tests, Prüfungs-, Aufsichts- und Koordinationstätigkeiten, Mitverantwortung im Aufnahmeverfahren, Vorselektion und Ausbildung von Lehrlingen) verantwortlich war und dafür – neben Wartungs- und Reparaturarbeiten, Brandmelderwartungen und Staplerfahren – rund 70 % seiner jährlichen Arbeitszeit aufwendete (OGH 9. 6. 2004, 9 ObA 24/04a, ARD 5540/9/2004).

– Eine Rezeptionistin in einem Familienbetrieb, die höher qualifizierte Dienste wie z.B. selbstständige Durchführung von Reservierungen samt der dazugehörigen Korrespondenz, die Erstellung von Hotelrechnungen (wenn auch nur teilweise über Computer), Inkassotätigkeiten, Besprechungen über Organisation von Veranstaltungen mit Kunden etc., leistet, auch wenn zu ihrem Aufgabenbereich weitere Tätigkeiten gehört haben, die auch ein im Kollektivvertrag als Arbeiter geführter Hotelportier zu verrichten hat (OGH 19. 8. 1988, 9 ObA 137/98g, ARD 4981/10/98).

– Die Ordinationsgehilfin eines Arztes, es sei denn, dass sie bei ihrer Tätigkeit der ständigen Kontrolle und Anleitung bedarf (OLG Wien 20. 2. 2002, 8 Ra 385/01y, ARD 5414/10/2003).

– Ein gelernter Zahntechniker, der als Abteilungsleiter in einem zahntechnischen Laboratorium im überwiegenden Ausmaß Dienstleistungen im organisatorischen Bereich (Kontrolle der Mitarbeiter inklusive Weisungs- und Aufsichtsbefugnissen, Gesprächsführung mit den Auftraggebern und Verantwortlichkeit für die Einhaltung der Termine) erbringt, während die manuellen Arbeiten in Form der selbstständigen Anfertigung von Zahnprothesen zeitlich in den Hintergrund treten (ASG Wien 11. 12. 2002, 6 Cga 136/02s, ARD 5448/4/2003).

– Ein Chefredakteur eines Monatsmagazins, selbst wenn das Beschäftigungsverhältnis mit einem „Werkvertrag" begründet wurde und der Chefredakteur regelmäßig Honorarnoten legt (ASG Wien 25. 1. 2002, 4 Cga 303/00g, in diesem Punkt bestätigt durch OLG Wien 30. 7. 2002, 7 Ra 241/02s, ARD 5369/1/2003).

– Ärzte leisten auch dann höhere Dienste iSd AngG, wenn sie diese unter Anleitung und Aufsicht der ausbildenden Ärzte erbringen. Wer, wie ein Turnusarzt, seine Tätigkeit bereits mit einem Hochschulfachwissen ausgestattet beginnt, leistet jedenfalls höhere Dienste, mag auch in dem zwischen ihm und der Krankenanstalt begründeten Rechtsverhältnis der Ausbildungszweck im Vordergrund stehen (OGH 30. 8. 1989, 9 ObA 521/88, ARD 4119/20/89).

8 **Keine höheren, nicht kaufmännischen Dienste leisten ua:**
- Ein Mitarbeiter eines Wettbüros, dessen Tätigkeit vorrangig in der Entgegennahme von Wettscheinen, der Eingabe der Daten in den Computer, der Auszahlung der vom Computer errechneten Gewinnsummen sowie der gelegentlichen Beratung von Kunden und dem Servieren von Getränken (OLG Wien 17. 10. 2002, 10 Ra 274/02s, ARD 5414/8/2003).
- Ein Korrektor einer Druckerei, der die optische Richtigkeit einer Drucksorte vom Anfang bis zum Ende zu kontrollieren sowie gelegentlich einen Bürstenabzug zu erstellen und an den Kunden zu senden hat (OLG Wien 8. 7. 2003, 10 Ra 5/03h, ARD 5448/5/2003).
- Ein Heilmasseur sowie eine medizinisch-technische Fachkraft, die eine Massagetätigkeit durchführt (hier: Lymphdrainage). Auf den Umstand, dass die Ausbildung zur medizinisch-technischen Fachkraft noch weitere Bereiche (Labor, Röntgen) umfasst, kommt es nicht an, weil nur die tatsächlich durchgeführte Arbeit maßgeblich ist (OLG Wien 28. 7. 2004, 7 Ra 91/04k, ARD 5540/10/2004).
- Ein Berufsfußballer, da dieser typischerweise gerade bei seiner zentralen Tätigkeit der ununterbrochenen Kontrolle und Weisung durch den Trainer unterliegt und die „manuellen" Tätigkeiten einen zentralen Aspekt der Tätigkeit darstellen. Eine allgemeine Beurteilung dahin, dass andere Aspekte (taktische Schulung, Umgang mit den Medien etc) dies überwiegen und die Einordnung als Angestelltentätigkeit nachweisen würden, kann nicht vorgenommen werden (OGH 16. 7. 2004, 8 ObS 20/03d, ARD 5540/11/2004).
- Ein Oberkellner (OGH 29. 3. 1995, 9 ObA 17/95, ARD 4674/25/95).
- Ein Werkstättenleiter (Kfz-Werkstatt), der nur zu einem geringen Teil an der kaufmännischen Leitung beteiligt ist.
- Ein Kfz-Mechanikermeister, wenn er nur untergeordnet an der Führung des Betriebes beteiligt ist, selbst wenn er gleichzeitig gewerberechtlicher Geschäftsführer sowie Ausbildner gemäß § 3 BAG ist.

1.3. Kanzleidienste

9 Kanzleiarbeit iSd § 1 Abs1 AngG ist jede **Schreibarbeit**, mit der eine gewisse, wenn auch nicht weitgehende geistige Tätigkeit verbunden ist, die also über das **bloße Abschreiben hinausgeht**. Das AngG macht bei Kanzleiarbeiten keinen Unterschied, ob diese Arbeit als höhere oder niedere Tätigkeiten zu beurteilen sind; nur Dienste rein mechanischer Art und untergeordnete Verrichtungen scheiden iSd § 1 Abs 2 AngG aus.

Als Kanzleiarbeiten sind etwa Registraturarbeiten, das Ausfüllen von Bestellzetteln oder das Ausfüllen von Terminblättern oder Polizzen zu werten. Auch die computermäßige Erfassung von Bestellungen und die Bearbeitung von einlangende Stornos wurde unter den Begriff Kanzleiarbeit subsumiert (vgl. OLG Wien 22. 3. 2002, 9 Ra 55/02b, ARD 5414/9/2003).

1.4. Mischtätigkeiten

10 Werden neben kaufmännischen Diensten, höheren nicht kaufmännischen Dienste oder Kanzleidienste auch Tätigkeiten verrichtet, die sich als untergeordnete Verrichtungen beurteilen lassen

§ 1 AngG

(Mischtätigkeiten), so ist die Angestellteneigenschaft des Arbeitnehmers unter Betrachtung der Gesamttätigkeit zu beurteilen. Grundsätzlich entscheidet das **zeitliche Überwiegen**; haben jedoch die höher qualifizierten Tätigkeiten für den Arbeitgeber die **ausschlaggebende Bedeutung**, ist – unabhängig vom Ausmaß der qualifizierten Tätigkeit – dieser Umstand entscheidend.

2. Angestellteneigenschaft kraft Vereinbarung

Dienstverhältnisse, die kraft Gesetzes nicht dem AngG unterliegen, weil die gesetzlichen Erfordernisse nicht oder nur teilweise erfüllt sind, können jedoch zwecks Besserstellung des Arbeitnehmers durch Kollektivvertragsvorschrift oder **Einzeldienstvertrag** (Vereinbarung zwischen Arbeitgeber und Arbeitnehmer) **dem AngG unterstellt werden**. In solchen Fällen ist das AngG anzuwenden, ohne dass es darauf ankommt, ob die Tätigkeit des Arbeitnehmers die Merkmale des § 1 AngG aufweist oder nicht. Dies gilt z.b. auch, wenn ein Arbeitnehmer ausdrücklich als Angestellter aufgenommen oder wenn die **Anwendung des AngG vereinbart** wurde.   11

Es kann auch nur die Übernahme von einzelnen Teilen des AngG vereinbart werden. Wesentlich ist, dass ein nur auf Vertrag beruhender Angestelltenstatus durch nachträgliche Vereinbarung wieder geändert und die dem Gesetz entsprechende Qualifikation als Arbeiter wieder hergestellt werden kann.

Im Bezug auf den Anspruch eines Vertragsangestellten auf **Insolvenz-Ausfallgeld** wurde ausgesprochen, dass durch die vereinbarte Anwendung des AngG auf das Dienstverhältnis auch die Kündigungsfrist des AngG als gesetzliche Kündigungsfrist gilt (OGH 12. 3. 2004, 8 ObS 4/04b, ARD 5505/5/2004).

Die Vereinbarung der Angestellteneigenschaft führt jedoch **nicht notwendig** auch zur Anwendung des entsprechenden **Angestellten-Kollektivvertrages** auf das Dienstverhältnis. Die Zuerkennung der Angestellteneigenschaft und damit die Vereinbarung der Anwendung des AngG bewirken nicht automatisch auch den Wechsel der Kollektivvertragszugehörigkeit. Beim **Angestellten ex contractu** (kraft Vereinbarung) ist zwischen dem Arbeitsrecht, dem Kollektivvertragsrecht, dem Betriebsverfassungsrecht und dem Sozialversicherungsrecht zu unterscheiden. Die Zuerkennung der Angestellteneigenschaft bewirkt in **arbeitsrechtlicher Sicht** lediglich die vertragsmäßige Behandlung des Angestellten unter Zugrundelegung des **AngG als Vertragsschablone**.

Für den Angestellten ex contractu kommt der KV für die Angestellten des Gewerbes in einem einschlägigen Betrieb nur dann zur Anwendung, wenn dies ebenso wie die **Einstufung** in eine bestimmte **Verwendungsgruppe unwiderruflich vereinbart** worden ist. Dieser Rechtssatz hat seine Grundlage in § 41 Abs 3 ArbVG, wonach für die Gruppenzugehörigkeit (zu den Organen der Arbeitnehmerschaft) die auf Gesetz beruhende arbeitsvertragliche Stellung der Arbeitnehmer maßgebend ist, wobei zur Gruppe der Angestellten auch Arbeitnehmer gehören, die mit dem Arbeitgeber die Anwendung des AngG sowie des Angestellten-KV, der auf den Betrieb Anwendung findet, zuzüglich einer Einstufung in die Gehaltsordnung dieses Kollektivvertrages unwiderruflich vereinbart haben.

Nach den Erläuterungen zu § 41 Abs 3 ArbVG soll durch diese Regelung klargestellt werden, dass Angestellte kraft Vereinbarung nur dann auch als Angestellte im Sinne der **Betriebsverfassung** gelten, wenn ihnen unabdingbar alle jene Rechte verliehen werden, die den Personen zustehen, deren Angestellteneigenschaft auf ihrer Tätigkeit beruht. Werden die Angestelltenrechte nur unter Widerrufsvorbehalt gewährt, tritt eine Änderung der Gruppenzugehörigkeit nach der Betriebsverfassung nicht ein. Die Frage der Zugehörigkeit der Gruppe der Angestellten im Sinne der Betriebsverfassung ist u.a. für die Frage wesentlich, welcher Gruppenbetriebsrat – jener der Arbeiter, oder jener der Angestellten – von einer beabsichtigten Kündigung eines Vertragsangestellten gemäß § 105 ArbVG informiert werden muss.

Die Bestimmung des § 41 Abs 3 ArbVG bezieht sich zwar ausdrücklich bloß auf betriebsverfassungsrechtliche Momente, doch ist diese Differenzierung und damit Begriffsbestimmung für die **arbeitsrechtliche Beurteilung** in gleicher Weise zu beachten. Eine **schlüssige Vereinbarung** der Kollektivvertragszugehörigkeit einschließlich Einstufung stellt zumindest aus arbeitsvertraglicher Sicht keinen Widerspruch zum Sinn der Bestimmung des § 41 Abs 3 ArbVG dar, weil auch die sonst im Arbeitsvertragsrecht vorzunehmende Prüfung der rechtsgeschäftlichen Relevanz schlüssiger Erklärungen den Moment der Unwiderruflichkeit berücksichtigt.

In einer aktuellen Entscheidung hat der OGH die Anwendbarkeit eines Angestellten-Kollektivvertrages auf Vertragsangestellte differenzierter betrachtet und ausgeführt, dass dann, wenn in einem Kollektivvertrag auf eine „**tatsächliche kaufmännische Tätigkeit**" abgestellt wird, damit eine zumindest überwiegende Angestelltentätigkeit aufgrund des AngG gemeint ist, sodass diese Bestimmung auf jene Vertragsangestellten keine Anwendung findet, die zumindest überwiegend tatsächlich Arbeitertätigkeiten verrichten (OGH 12. 7. 2006, 9 ObA 107/05h, ARD 5713/3/2006). Anlassfall war die Bestimmung des Pkt XVII Z 1 zweiter Satz KV-Handelsangestellte, wonach die Kündigung durch den Arbeitgeber nur zum Ende eines Kalendervierteljahres möglich ist, wenn das „Arbeitsverhältnis der tatsächlichen kaufmännischen Tätigkeit im gleichen Betrieb länger als 5 Jahre" gedauert hat. Der OGH sprach aus, dass ein Arbeitnehmer, der überwiegend Tätigkeiten handwerklicher Natur ausgeführt hat, nicht von dieser KV-Bestimmung erfasst wird.

Judikatur zu § 1

Tatsächliche Tätigkeit für Einstufung als Angestellter entscheidend

12 Aus einem Titel oder einer Bezeichnung des Arbeitnehmers im Betrieb kann ebenso wenig ein Hinweis auf eine **Angestelltentätigkeit** abgeleitet werden wie aus der Verantwortlichkeit für unterstellte Arbeitnehmer oder der Verpflichtung zur Wahrung von Betriebsgeheimnissen. Entscheidend ist die **tatsächliche Art der übertragenen Aufgaben** und nicht die Vereinbarung von Rechtsfolgen bei Vertragsverletzung. OLG Wien 15. 12. 1999, 7 Ra 300/99k. (ARD 5100/2/2000 ●)

Beispiele für kaufmännische Tätigkeiten

13 Die **kaufmännischen Dienste** umfassen Dienstleistungen, die ihrer Art nach zu den typischen Tätigkeiten eines Kaufmannes gehören und für die Führung des Betriebes eine bestimmte, nicht bloß untergeordnete Bedeutung haben. Hiezu zählen im Allgemeinen alle **mit dem Ein- und Verkauf zusammenhängenden Tätigkeiten**, die eine Anpassung des Arbeitnehmers an die Marktsituation zur Hebung des Umsatzes erfordern, wie insbesondere Kundenberatung, Preisfestsetzung, Lagerhaltung ect. Werden sowohl Tätigkeiten verrichtet, die sich als kaufmännische, als auch solche, die sich als untergeordnete Verrichtungen beurteilen lassen, dann entscheidet im allgemeinen das zeitliche Überwiegen; haben jedoch die höher qualifizierten Tätigkeiten für den Arbeitgeber die ausschlaggebende Bedeutung, so kommt es nicht auf das zeitliche Überwiegen an.
Hat ein Arbeitnehmer die **Fachschule für Elektrotechnik** besucht und aufgrund seiner Ausbildung die Qualifikation als Betriebselektriker, technischer Zeichner und Elektroinstallateur erworben, wird er als Handelsarbeiter eingestellt, in der Elektroabteilung tätig und hat er die Aufgabe,

§ 1 AngG

gelieferte Ware zu übernehmen und in die Regale einzuordnen sowie **selbständige Beratungs- und Verkaufstätigkeiten** auszuüben, ist er weiters angewiesen, bei Ersuchen von Kunden die Lagerarbeiten sofort zu unterbrechen und die Kunden zu beraten, wobei er **zeitlich überwiegend** mit **Beratungtätigkeiten** beschäftigt ist, und nimmt er auch Bestellungen auf, vor allem, wenn es sich um Sonderwünsche von Kunden handelt, spricht der Umstand, dass der Arbeitnehmer keine kaufmännische Ausbildung genossen hat, nicht dagegen, dass er eine Tätigkeit iSd § 1 Abs 1 AngG verrichtet. Auch die Beratung von Kunden in einem Handelsunternehmen ist eine Angestelltentätigkeit. Technisches Fachwissen eines Arbeitnehmers bei Kundenberatung in einem Elektrofachgeschäft ist dabei jedenfalls von Bedeutung und kommt auch dem Unternehmen zugute. OGH 22. 9. 1993, 9 ObA 242/93. (ARD 4530/25/94 ●)

Eine Verkäuferin, die über längere Zeit allein sämtliche erforderlichen Vorbereitungstätigkeiten, **Beratungs- und Verkaufstätigkeiten** durchgeführt, die Geldbeträge inkassiert, die Verkäufe schriftlich festgehalten und die Tageslosung zur Abholung durch den Arbeitgeber vorbereitet hat. ASG Wien 20. 10. 1999, 24 Cga 27/99m. (ARD 5142/21/2000 ●)

Ein **Filialleiter**, der für die Einkäufe und Bestellungen zuständig ist, gewisse Preiskalkulationen selbst durchführt, die Dienst- und Urlaubspläne aller in der Filiale beschäftigten Mitarbeiter erstellt und auch Einstellungsgespräche führt. ASG Wien 30. 3. 2001, 28 Cga 26/01z. (ARD 5359/7/2002 ●)

Beispiele für höhere, nicht kaufmännische Dienste

→ Für weitere Beispiele siehe auch unter Rz 7.

14

Übt ein **Arbeitnehmer eines Bewachungsunternehmens** Tätigkeiten aus, die einen erhöhten Grad an Verlässlichkeit, selbständigem Handeln, besonderen Kenntnissen (Englisch) und vor allem ein überdurchschnittliches Maß an Vertrauenswürdigkeit voraussetzen, sind diese Dienste als höhere, nicht kaufmännische Dienste iSd § 1 AngG zu beurteilen. Selbst wenn der Arbeitnehmer „nur" Dienst an der **Torkontrolle** versieht, ist diese Beschäftigung keineswegs einer Portiertätigkeit gleichzusetzen, wenn er Ausweiskontrollen, Personenüberprüfungen mit Metalldetektoren und Auskünfte, zum Teil auch in Englisch, zu bewältigen hat, wofür ein höheres Maß an Verantwortung und erhöhte Anforderungen an Sorgfalt und Intelligenz vonnöten sind, als bei einer durchschnittlichen Arbeitertätigkeit zu erwarten ist. OLG Wien 17. 2. 1993, 31 Ra 143/92, bestätigt durch OGH 8. 7. 1993, 9 ObA 153/93. (ARD 4457/7/93 und ARD 4492/6/93 ●)

Eine **Rezeptionistin in einem Familienbetrieb**, die höher qualifizierte Dienste leistet, ist auch dann als Angestellte zu qualifizieren, wenn zu ihrem Aufgabenbereich auch Tätigkeiten gehören, die auch ein im Kollektivvertrag als Arbeiter geführter Hotelportier zu verrichten hat. Gerade bei einem Familienbetrieb sind **höhere qualifizierte Dienste** einer Rezeptionistin, wie z.B. selbstständige Durchführung von Reservierungen samt der dazugehörigen Korrespondenz, die Erstellung von Hotelrechnungen (wenn auch nur teilweise über Computer), Inkassotätigkeiten, Besprechungen über Organisation von Veranstaltungen mit Kunden etc., von ausschlaggebender Bedeutung für den Klein- bis Mittelbetrieb, auch wenn zum Aufgabenbereich der Rezeptionistin weitere Tätigkeiten gehört haben, die auch ein im Kollektivvertrag als Arbeiter geführter Hotelportier zu verrichten hat. OGH 19. 8. 1998, 9 ObA 137/98g. (ARD 4981/10/98 ●)

Musiker gelten grundsätzlich als Angestellte iSd § 1 AngG. LG Innsbruck 23. 10. 1991, 42 Cga 107/91. (ARD 4433/27/93 ●)

Auch ein **Discjockey** in einem Wiener Innenstadtlokal leistet höhere, nicht kaufmännische Dienste iSd § 1 Abs 1 AngG. OLG Wien 8. 4. 1994, 34 Ra 1/94. (ARD 4561/19/94 ●)

§ 1 AngG

Sind in einem **5-Sterne-Hotel** höhere qualifizierte Dienste einer **Rezeptionistin**, wie z.B. selbstständige Durchführung von Reservierungen (teilweise mit Korrespondenz), Erstellung von Hotelrechnungen (wenn auch nur einfacher Art und mittels Computer), Erstellung von Zimmerspiegeln, Kontrolle der Meldezettel, Organisation von Rundfahrten etc., von ausschlaggebender Bedeutung und wurden diese von der Rezeptionistin auch durchgeführt, ist von einer Angestelltentätigkeit auszugehen. ASG Wien 1. 4. 1999, 34 Cga 12/98b. (ARD 5165/10/2000 ●)

Beispiele für verneinte höhere, nicht kaufmännische Dienste

15 → Für weitere Beispiele siehe auch unter Rz 8.

Als höhere Dienstleistung kommt eine Arbeit in Betracht, die doch in der Richtung der Betätigung entsprechende Vorkenntnisse und Schulung, Vertrautsein mit den Arbeitsaufgaben und eine gewisse fachliche Durchdringung derselben verlangt, also nicht rein mechanisch ausgeübt wird und nicht von einer zufälligen Ersatzkraft geleistet werden kann. Die Arbeiten müssen aber wesentlich **über den Durchschnitt einer Arbeiter- oder gar Hilfsarbeitertätigkeit hinausgehen.** Es reicht nicht aus, die in den Berufsausbildungsvorschriften erworbenen Fähigkeiten und Kenntnisse aufzuweisen und anzuwenden. Die nach der Gesamtheit der Tätigkeiten des Arbeitnehmers zu beurteilende Angestelltkeigenschaft wird nur durch Hinzutreten weiterer Kriterien als Indizien einer Angestelltentätigkeit begründet, die auf eine über das durchschnittliche Ausmaß wesentlich hinausgehende größere Selbstständigkeit, umfassendere Fachkenntnisse, Genauigkeit, Verlässlichkeit, Fähigkeit der Beurteilung der Arbeiten anderer, der Aufsichts- und Leitungsbefugnis und der Einsicht in den Produktionsprozess hinweisen. **Manuelle Arbeiten** hingegen sind **keine höheren nicht kaufmännischen Arbeiten.** Auch aus einem Titel oder der Bezeichnung des Dienstnehmers im Betrieb kann kein Hinweis für Angestelltentätigkeiten abgeleitet werden.
Ein **Oberkellner** ist auch dann **kein Angestellter,** wenn er für die ihm unterstellte „Service-Crew" verantwortlich ist und bei Personalentscheidungen mitwirkt. OGH 29. 3. 1995, 9 ObA 17/95. (ARD 4674/25/95 ●)

Verrichtet ein in einem Gebäudereinigungsunternehmen als „Reinigungskraft und Objektleiter" beschäftigter Arbeitnehmer keine Dienste, die einen höheren Grad an Organisationsgeschick und eigenständigem und selbstverantwortlichem Handeln erfordern, hat er weiters keine Befugnis zur Kundenakquisition, zu Preisabsprachen oder Personalentscheidungen, sondern übt er vielmehr nur die **Funktion eines Vorarbeiters** an den jeweiligen Einsatzorten aus, wobei er auch regelmäßig selbst Reinigungsarbeiten durchführt, verrichtet er **keine höheren, nicht kaufmännischen Dienste** und entspricht seine tatsächlich ausgeübte Tätigkeit nicht den Anforderungen für ein Angestelltenverhältnis iSd § 1 Abs 1 AngG. Bei dieser Art der Tätigkeit sind keine Fähigkeiten erforderlich, die sich der Arbeitnehmer erst durch längere Ausbildung selbst erarbeitet oder angeeignet hätte. Jeder durchschnittlich begabte Arbeitnehmer hätte dieselben Dienste verrichten können. ASG Wien 14. 2. 2001, 33 Cga 93/00s. (ARD 5257/8/2001 ●)

Die bloße Eigenschaft eines Arbeitnehmers als **gewerberechtlicher Geschäftsführer** ohne eigenen Verantwortungsbereich ist keinesfalls ein Indiz für das Verrichten von höheren Diensten und für dessen Angestelltkeigenschaft. Die Bestellung eines Kfz-Mechanikers zum gewerberechtlichen Geschäftsführer führt daher nicht zu einer Qualifikation seiner Tätigkeit als höhere, nicht kaufmännische Dienste. OLG Wien 12. 12. 1997, 8 Ra 292/97p, bestätigt durch OGH 16. 4. 1998, 8 ObA 96/98w. (ARD 4908/9/98 und ARD 4951/35/98 ●)

Facharbeiter sind – selbst wenn sie ein hohes Ausbildungsniveau besitzen – keine Angestellten. ASG Wien 25. 4. 2001, 33 Cgs 21/01x. (ARD 5317/11/2002 ●)

§ 1 AngG

Auch wenn ein Facharbeiter eine Arbeitsgruppe von bis zu acht Personen zu führen hat, kann daraus allein keine Angestellteneigenschaft abgeleitet werden. OLG Wien 24. 4. 1995, 10 Ra 5/95. (ARD 4695/3/95 ●)

Hat ein **Werkstättenleiter** im Wesentlichen unter der Leitung eines verantwortlichen Mitarbeiters des Arbeitgebers zu agieren und eine **Aufsichtstätigkeit** durchzuführen, wie sie auch von einem Facharbeiter erwartet werden kann, ohne selbständig die für einen Auftrag aufzuwendende Arbeitszeit zu kalkulieren, ist er nicht als Angestellter einzustufen, auch wenn er bei derartigen Anfragen vom leitenden Angestellten beigezogen wurde. Seine Tätigkeit ist durchaus einer solchen eines **Vorarbeiters vergleichbar**, der ebenfalls die ihm unterstellten Arbeiter zu überwachen, die Arbeit einzuteilen und die erzeugten Produkte zu überprüfen hat. OGH 21. 12. 1995, 8 ObA 277/95. (ARD 4736/8/96 ●)

Übt ein Arbeitnehmer überwiegend sowohl von der Wichtigkeit der Dienste her als auch hinsichtlich des Zeitaufwandes **manuelle Tätigkeiten** aus, ist er **nicht Angestellter**. Ist die selbstständige Dispositionsbefugnis eines **Lagerarbeiters** über den Warenbestand im Wesentlichen auf die Meldung des Lagerbestandes eingeschränkt, darf er nur hinsichtlich des Verpackungsmaterials selbstständig Bestellungen vornehmen – wobei er auch nur nach einem leicht zu ermittelnden Bedarf ausgehend von fixen Preisen gewisse Stückzahlen bestellen darf –, wirkt er an der Preiskalkulierung ebenso wenig mit wie bei der Ausübung von dienstlichen Befugnissen gegenüber den anderen Lagerarbeitern und Chauffeuren und hat er nicht die Befugnisse, Urlaube zu genehmigen und bei Personaleinstellungsmaßnahmen mitzuwirken, ist er im Sinne einer Gesamtbetrachtung seiner vertraglich vereinbarten und von ihm geforderten Tätigkeit **nicht** als **Angestellter** anzusehen. ASG Wien 12. 10. 1999, 32 Cga 70/99v. (ARD 5077/2/97 ●)

Beispiele für Kanzleiarbeit

Für die Qualifikation eines Arbeitnehmers als Angestellten ausschließlich die Art der geleisteten Dienste ausschlaggebend ist, wobei die Tätigkeit des Arbeitnehmers in ihrer Gesamtheit zu beurteilen ist. Kanzleiarbeit iSd § 1 Abs 1 AngG ist jede Schreibarbeit, mit der eine gewisse, wenn auch nicht weitgehende geistige Tätigkeit verbunden ist, die also über das bloße Abschreiben hinausgeht. Das AngG macht bei Kanzleiarbeiten keinen Unterschied, ob diese Arbeit als höhere oder niedere Tätigkeiten zu beurteilen sind. Nur Dienste rein mechanischer Art und untergeordnete Verrichtungen scheiden iSd § 1 Abs 2 AngG aus.

Die Tätigkeit eines als „Mitarbeiter mit PC-Kenntnissen für Operatortätigkeit" aufgenommenen Arbeitnehmers, der mit **Eingabearbeiten am PC**, dem Versand von Computerausdrucken, der **Kontrolle von Bestelllisten** und Meldungen von ca. 100 Filialen, der Bildung von Gesamtsummen aus den Kassen-PC's der Filialen, Eintragungen in Formularen, der Übertragung von Diktaten, der Entgegennahme von telefonischen Bestellungen sowie dem Ausbau und der Verbesserung eines Computerprogramms befasst war, ist als **Angestelltentätigkeit** zu qualifizieren. OGH 12. 1. 2000, 9 ObA 259/99z. (ARD 5112/30/2000 ●)

Kanzleiarbeit iSd § 1 AngG leisten keineswegs alle jene Personen, die im Verlauf ihrer Dienstleistungen irgendetwas Schriftliches zu besorgen, zu schreiben oder zu zeichnen haben. Kanzleiarbeit sind vielmehr nur solche **Schreib- und Büroarbeiten**, mit denen eine gewisse, wenn auch nicht weitgehende **geistige Tätigkeit** verbunden ist, die ein gewisses Maß an **Vorkenntnissen** und eine gewisse **Qualifikation** der Arbeitsleistung erfordern. Schreibarbeiten, die über das Beschriften von Schablonen und Eintragen der Daten von der Grundschablone auf ein Formblatt sowie von Seriennummern in ein Buch nicht hinausgehen, sind reinen Abschreibarbeiten gleich zu halten. OLG Linz 4. 6. 1992, 13 Ra 34/92. (ARD 4530/26/94 ●)

16

§ 1 AngG

Abgrenzung bei Mischtätigkeit

17 Werden von einem Arbeitnehmer sowohl Tätigkeiten verrichtet, die sich als kaufmännische, als auch solche, die sich als untergeordnete Verrichtungen beurteilen lassen, ist für die Qualifikation als Angestellter im Allgemeinen das **zeitliche Überwiegen maßgeblich**, es sei denn, den **höher qualifizierten Tätigkeiten** kommt für den Arbeitgeber die **ausschlaggebende Bedeutung** zu. Als höhere, nicht kaufmännische Dienstleistung kommt dabei eine Arbeit in Betracht, die entsprechende Vorkenntnisse und Schulung, Vertrautheit mit den Arbeitsaufgaben und eine gewisse fachliche Durchdringung derselben verlangt, die nicht rein mechanisch ausgeübt und nicht von einer zufälligen Ersatzkraft geleistet werden kann.

Hat ein Arbeitnehmer **neben manuellen Lagerarbeiten auch telefonische Bestellungen** entgegenzunehmen, die eingegangenen Bestellungen in ein EDV-System einzutragen, den Arbeitsablauf der Auslieferer zu koordinieren und deren Urlaubswünsche zeitlich abzustimmen, jedoch ohne weiterreichende Personalentscheidungsbefugnisse zu haben, ist seine Arbeit nicht derart selbstständig und eigenverantwortlich, dass er als Angestellter anzusehen wäre. OLG Wien 27. 6. 2000, 9 Ra 361/99w. (ARD 5286/15/2002 ●)

Hat ein **Hotelportier** auch **Rezeptionistentätigkeiten** verrichtet, entscheidet im Allgemeinen das **zeitliche Überwiegen** für seine Einstufung als Arbeiter oder Angestellter. Beansprucht die Rezeptionistentätigkeit den Hotelportier in Bezug auf den Gesamtumfang seiner täglichen Arbeitstätigkeit nur in einem wesentlich geringeren Umfang, dies auch unter Berücksichtigung der Verwendung einer Computeranlage, ist davon auszugehen, dass der eigentlichen Portiertätigkeit die ausschlaggebende Bedeutung für die Einstufung als Arbeiter zukommt. OLG Wien 28. 12. 1995, 9 Ra 112/95. (ARD 4729/8/96 ●)

Vertritt ein Arbeiter bei Abwesenheit des Arbeitgebers diesen zumindest in Teilbereichen und ist er die rechte Hand des Chefs mit der damit verbundenen Vertrauensposition, haben gerade in einem Kleinstbetrieb die **Tätigkeiten als Vertreter des Arbeitgebers**, wenn sie auch nur Teilgebiete der kaufmännischen Betriebsführung betreffen, **wesentliche Bedeutung**. Durch diese Vertrauensposition des Arbeiters und sein Weisungsrecht gegenüber den Arbeitern, sowie das Verrichten der für die Aufrechterhaltung des Betriebes maßgeblichen kaufmännischen Arbeiten (Kundenberatung, Ausstellen der Rechnungen, Kassieren, Vornehmen der erforderlichen Eintragungen sowie fallweise auch der Bestellungen) wird während der häufigen Abwesenheit des Arbeitgebers der reibungslose Ablauf des Betriebes garantiert. Unter diesen Umständen kommt es daher hinsichtlich der Qualifikation als Angestellter **nicht auf das zeitliche Überwiegen der nicht qualifizierten Tätigkeit** (Montieren von Reifen) an, weil die anderen Arbeiten des Arbeitnehmers für den Arbeitgeber die wesentliche Bedeutung haben. OGH 19. 5. 1993, 9 ObA 98/93. (ARD 4494/23/93 ●)

Angestellteneigenschaft kraft vertraglicher Vereinbarung

18 Wurde ein **Kfz-Mechaniker** als Angestellter aufgenommen und jahrelang auch nach dem entsprechenden Angestellten-KV und in korrekter Einstufung entlohnt, ist davon auszugehen, dass nicht nur die **Anwendung des AngG**, sondern auch des **Angestellten-KV** und die Einstufung rechtswirksam stillschweigend vereinbart wurden. OGH 28. 11. 1996, 8 ObA 2167/96a. (ARD 4814/21/97 ●)

Die **Vereinbarung der Angestellteneigenschaft** führt nicht notwendig auch zur Anwendung des entsprechenden **Angestellten-KV** auf das Dienstverhältnis. Für Angestellte ex contractu (Vertragsangestellte) kommt der KV für die Angestellten des Gewerbes in einem einschlägigen

§ 2 AngG

Betrieb nur dann zur Anwendung, wenn dies ebenso wie die Einstufung in eine bestimmte Verwendungsgruppe unwiderruflich vereinbart worden ist. Beim Angestellten ex contractu ist zwischen dem Arbeitsrecht, dem KV-Recht, dem Betriebsverfassungsrecht und dem SV-Recht zu unterscheiden. Die Zuerkennung der Angestellteneigenschaft bewirkt in arbeitsrechtlicher Sicht lediglich die vertragsmäßige Behandlung als Angestellter unter Zugrundelegung des AngG als Vertragsschablone.

Ist ein Angestellter ex contractu bisher entsprechend der Verwendungsgruppe I des KV für die Angestellten des Gewerbes entlohnt worden, ist allein daraus, dass seine Tätigkeit die Kriterien für die Einstufung in eine höhere Verwendungsgruppe erfüllt, nicht sein Anspruch auf Entlohnung nach dieser Verwendungsgruppe abzuleiten, weil er nicht unter den persönlichen Geltungsbereich des AngG und damit auch des Kollektivvertrages für Angestellte fällt. OGH 10. 12. 1993, 9 ObA 347/93. (ARD 4532/14/94 ●)

Die bloße **Vereinbarung der Anwendung des AngG** hat nicht zwingend den **Wechsel der KV-Zugehörigkeit** zur Folge. Der Anspruch auf Entlohnung nach dem Angestellten-KV für das Baugewerbe besteht sohin für einen in einem Baubetrieb beschäftigten Mechaniker, mit dem die Anwendung des AngG vereinbart worden ist, weder aus dem Gesetz noch aus dem Kollektivvertrag selbst, sondern könnte nur aus einer **vertraglichen Vereinbarung** mit dem Arbeitgeber entstanden sein. Für eine derartige vertragliche Vereinbarung ist der Arbeitnehmer behauptungs- und beweispflichtig. OLG Innsbruck 8. 2. 1994, 5 Ra 17/94, bestätigt durch OGH 29. 6. 1994, 9 ObA 85/94. (ARD 4537/4/94 und ARD 4590/1/94 ●)

Die in § 41 Abs 3 ArbVG vorgenommene Differenzierung zwischen Angestellten kraft Gesetzes und solchen kraft Vereinbarung ist nicht nur im Betriebsverfassungsrecht, sondern darüber hinaus im Arbeitsrecht allgemein zu beachten. Es unterliegen daher die Angestellten kraft Gesetzes ipso iure dem betreffenden Kollektivvertrag, nicht jedoch die Angestellten kraft Vereinbarung. Für Angestellte ex contractu (kraft Vereinbarung) kommt der entsprechende Kollektivvertrag nur dann zur Anwendung, wenn der Angestellte dies sowie zusätzlich die **Einstufung in die Gehaltsordnung dieses Kollektivvertrages** mit dem Arbeitgeber **unwiderruflich vereinbart** hat. Ist zwar die Angestellteneigenschaft, aber weder zusätzlich die Anwendung des betreffenden KV für Angestellte des Gewerbes noch die Einstufung in die Gehaltsordnung dieses KV vereinbart worden, hat der Arbeitnehmer keinen Rechtsanspruch auf Entlohnung nach der Gehaltsordnung dieses Kollektivvertrages. OGH 24. 11. 1993, 9 ObA 245/93. (ARD 4546/12/94 ●)

---

§ 2. (1) Dieses Bundesgesetz findet ferner Anwendung auf das Dienstverhältnis von Personen, die vorwiegend zur Leistungen kaufmännischer oder höherer, nicht kaufmännischer Dienste oder zu Kanzleiarbeiten im Geschäftsbetrieb von Unternehmungen, Anstalten oder sonstigen Dienstgebern der nachstehenden Art angestellt sind: (BGBl 1992/833)

1. In Unternehmungen jeder Art, auf welche die Gewerbeordnung Anwendung findet, ferner in Vereinen und Stiftungen jeder Art;
2. in Kreditanstalten, Sparkassen, Vorschusskassen, Erwerbs- und Wirtschaftsgenossenschaften, Versatz-, Versorgungs- und Rentenanstalten, Krankenkassen, registrierten Hilfskassen, Versicherungsanstalten jeder Art, gleichviel, ob sie private Versicherungsgeschäfte betreiben oder den Zwecken der öffentlich-rechtlichen Versicherung dienen, sowie in Verbänden der genannten Anstalten;

19

§ 2 AngG

> 3. in der Schriftleitung, Verwaltung oder dem Verschleiß einer periodischen Druckschrift;
> 4. in Kanzleien der Rechtsanwälte, Notare und Patentanwälte;
> 5. bei Zivilingenieuren, nicht autorisierten Architekten und Zivilgeometern;
> 6. in Tabaktrafiken und Lottokollekturen;
> 7. bei Handelsmaklern, Privatgeschäftsvermittlungen und Auskunftsbüros;
> 8. bei Ärzten, Zahntechnikern, in Privatheil- und -pflegeanstalten und in privaten Unterrichtsanstalten;
> 9. im Bergbau auf vorbehaltene Mineralien einschließlich der aufgrund der Bergwerksverleihung (§ 131 des allgemeinen Berggesetzes vom 23. Mai 1854, RGBl Nr 146) errichteten Werksanlagen.
>
> (2) Nach Anhörung der Körperschaften, denen die Vertretung der in Betracht kommenden Interessen obliegt, kann mit Genehmigung des Hauptausschusses durch Verordnung die Anwendung dieses Gesetzes auch auf Angestellte bei anderen Dienstgebern ausgedehnt werden.

Grundlegende Erläuterungen zu § 2

20 § 2 AngG stellt wie schon § 1 AngG darauf ab, dass der Arbeitnehmer vorwiegend zur Leistung **kaufmännischer** oder **höherer, nicht kaufmännischer Dienste** oder zu **Kanzleiarbeiten** angestellt ist. Zur Auslegung dieser Begriffe siehe zu Pkt. 1. zu § 1, Rz 5 ff.

Der Anwendungsbereich wird um die in Z 1 bis Z 9 taxativ angeführten Unternehmungen, Anstalten oder sonstige Arbeitgeber erweitert.

zu Z 1: Beachte Art VII Z 1 des AngG, Rz 777, wonach die Bestimmungen des Journalistengesetzes, StGBl 1920/88, unberührt bleiben, sofern sie für die Redakteure (Schriftleiter) günstiger sind als die Bestimmungen des AngG.

zu Z 4: Bei den hier erwähnten Angestellten handelt es sich um Rechtsanwaltsanwärter (Konzipienten) und -gehilfen (Angestellte), Notariatskandidaten und Notarsgehilfen (Angestellte) und Patentanwaltskandidaten bzw. -angestellte. Zur Anwendbarkeit des AngG auf bei Wirtschaftstreuhandkanzleien angestellte Arbeitnehmer siehe Art II des AngG, Rz 775 f.

zu Z 5: Nunmehr Ziviltechniker iSd § 1 Ziviltechnikergesetzes, BGBl 1957/146 (Zivilingenieure und Ingenieurskonsulenten für Vermessungswesen). Nicht autorisierte Architekten gibt es nach der geltenden Rechtslage nicht mehr.

zu Z 8: Anstatt „Zahntechnikern" kommt nunmehr der Begriff „Dentisten" iSd Dentistengesetzes, BGBl 1949/90, zur Anwendung (vgl. § 15 DentistenG).

zu Z 9: Den „vorbehaltenen Mineralien" iSd allgemeinen Berggesetzes entsprechen nunmehr die „bergfreien mineralischen Rohstoffe" iSd Berggesetzes, BGBl 1975/259. Der „Bergwerksverleihung" iSd allgemeinen Berggesetzes entspricht nunmehr die „Bergwerksberechtigung" nach §§ 30 ff. Berggesetz, BGBl 1975/259.

§§ 3, 4 AngG

Eine Verordnung iSd § 2 Abs 2 AngG wurde nicht erlassen. Mit Inkrafttreten des Bundes-Verfassungsgesetzes (B-VG) wurde dem § 2 Abs 2 AngG derogiert, da diese Bestimmung mit Art 18 Abs 2 B-VG in Widerspruch steht.

§ 3. Wird eine Unternehmung der in den §§ 1 oder 2 bezeichneten Art von einem öffentlichen Fonds, von einem Lande, von einem Bezirk oder von einer Gemeinde betrieben, so unterliegen die in diesen Unternehmungen vorwiegend zu kaufmännischen oder zu höheren, nicht kaufmännischen Diensten oder zu Kanzleiarbeiten verwendeten Personen den Bestimmungen dieses Gesetzes nur dann, wenn ihr Dienstverhältnis auf einem privatrechtlichen Vertrage beruht. 21

Grundlegende Erläuterungen zu § 3

Die **Vertragsbediensteten** von Unternehmungen iSd § 1 AngG bzw. § 2 AngG, die von einem öffentlichen Fonds, einem **Bundesland**, einem **Bezirk** oder einer **Gemeinde** betrieben werden, unterliegen dem AngG, wenn ihre Dienstleistung vorwiegend kaufmännische, höhere nicht kaufmännische Dienste oder Kanzleiarbeit umfasst. Vertragsbedienstete des **Bundes** fallen hingegen nicht unter den Anwendungsbereich des AngG (vgl. § 4 AngG).

Zur Auslegung der Begriffe „kaufmännische", „höhere, nicht kaufmännische Dienste" bzw „Kanzleiarbeiten" siehe unter Pkt. 1. zu § 1, Rz 3 ff.

Unter die Bestimmung des § 3 AngG fällt etwa ein Arzt einer von einem Gemeindeverband betriebenen Krankenanstalt (OGH 29. 1. 1998, 8 ObA 361/97i, ARD 4958/23/98).

Für die Dienstverhältnisse der als **Beamte oder Bedienstete des Bundes**, einer Bundesanstalt oder eines vom Bund verwalteten Fonds angestellten Personen gilt § 3 AngG nicht. Das Dienstverhältnis dieser Personen wird gemäß § 4 AngG durch die Bestimmungen dieses Gesetzes nicht berührt.

§ 4. Das Dienstverhältnis der als Beamte oder Bedienstete des Bundes, einer Bundesanstalt oder eines vom Bund verwalteten Fonds angestellten Personen wird durch die Bestimmungen dieses Gesetzes nicht berührt. 22

Grundlegende Erläuterungen zu § 4

Mit den in § 4 AngG genannten „Bediensteten des Bundes" sind die **Vertragsbediensteten** gemeint, deren Dienst- und Besoldungsrecht im **Vertragsbedienstetengesetz** 1948 (VBG) geregelt ist. Soweit der Bund als Träger einer Anstalt auftritt, kommen für die bei dieser Anstalt in Verwendung stehenden Bediensteten die Bestimmungen des AngG nicht zur Anwendung, gleichgültig, ob es sich um eine selbstständige oder unselbstständige Anstalt handelt, die keine Rechtspersönlichkeit besitzt (vgl. OGH 13. 4. 1988, 9 ObA 67/88).

§§ 5, 6 AngG

23
> § 5. Die Bestimmungen dieses Gesetzes finden keine Anwendung auf Lehrlinge im Sinne der Gewerbeordnung, ferner auf Angestellte der Seeschifffahrt sowie auf Angestellte in land- und forstwirtschaftlichen Betrieben, sofern letztere nicht Handlungsgehilfen sind.
> (BGBl I 2003/138)

Grundlegende Erläuterungen zu § 5

24 Mit Inkrafttreten des Berufsausbildungsgesetzes (BAG), BGBl 1969/142, wurden die Bestimmungen der GewO 1859 über das Lehrlingswesen aufgehoben und in § 33 Abs 10 BAG bestimmt, dass alle Verweisungen in bundesgesetzlichen Vorschriften auf die GewO 1859 nunmehr als Verweisung auf die entsprechenden Bestimmungen des BAG und der hierzu ergangenen Verordnungen gelten. Seither ist also § 5 AngG so zu lesen, dass die Bestimmungen des AngG auf **„Lehrlinge im Sinne des Berufsausbildungsgesetzes"** keine Anwendung finden.

Da das BAG praktisch alle Lehrlinge erfasst, also auch die so genannten „kaufmännischen" Lehrlinge, die in einem Betrieb nach §§ 1, 2 AngG kaufmännische Dienste, höhere nicht kaufmännische Dienste oder Kanzleiarbeiten leisten, fallen auch die so genannten **„kaufmännischen"** Lehrlinge nicht unter das AngG.

Das AngG ist auch nicht auf Volontäre oder Ferialpraktikanten anzuwenden, da hier der Ausbildungszweck im Vordergrund steht und echte Ferialpraktikanten daher keine Arbeitnehmer im arbeitsrechtlichen Sinn sind.

Auf Angestellte der **Seeschifffahrt** finden die Bestimmungen des VI. Abschnittes des Seeschifffahrtsgesetzes, BGBl 1981/174, sowie die §§ 511 bis 555 HGB Anwendung. Der Begriff der „Angestellten der Seeschifffahrt" iSd § 5 AngG deckt sich dabei mit dem Begriff der „zur Schiffsbesatzung gehörenden Personen" nach § 481 HGB (OGH 22. 10. 1963, 4 Ob 103/63).

Für Angestellte in **land- und forstwirtschaftlichen Betrieben** gilt das Gutsangestelltengesetz (GAngG), BGBl 1923/538.

Bis zum Ablauf des 31. 12. 2003 waren auch **Angestellte von Eisenbahnen** vom Geltungsbereich des AngG ausgenommen. Um Wettbewerbsgleichheit zwischen den Eisenbahnunternehmen auch auf arbeitsvertraglicher Ebene herzustellen, gilt nunmehr das AngG auch für alle ab dem 1. 1. 2004 neu abgeschlossene Arbeitsverhältnisse zu diesen Unternehmen (vgl. § 42 Abs 4 AngG).

Inhalt des Dienstvertrages

25
> § 6. (1) Art und Umfang der Dienstleistungen sowie das dafür gebührende Entgelt (Geld- und Naturalbezüge) werden mangels Vereinbarung durch den für die betreffende Art der Unternehmung bestehenden Ortsgebrauch bestimmt. In Ermangelung eines solchen sind die den Umständen nach angemessenen Dienste und ein ebensolches Entgelt zu leisten.)
>
> (2) Die Überlassung von Wohnräumen, die Beistellung von Beheizung und Beleuchtung an Angestellte sowie deren Verköstigung auf Rechnung des Entgeltes kann von den

§ 6 AngG

> beteiligten Bundesministerien nach Anhörung der Körperschaften, denen die Vertretung der in Betracht kommenden Interessen obliegt, durch Verordnung für Unternehmungen bestimmter Art oder für den Bereich bestimmter Orte verboten werden.
>
> (3) Dem Angestellten ist bei Abschluss des Dienstvertrages vom Dienstgeber eine schriftliche Aufzeichnung über die wesentlichen Rechte und Pflichten aus dem Dienstvertrag auszuhändigen, auf die die Vorschriften des § 2 des Arbeitsvertragsrechts-Anpassungsgesetzes (AVRAG), BGBl Nr 459/1993, in der jeweils geltenden Fassung anzuwenden sind. (BGBl 1993/459)

26

Grundlegende Erläuterungen zu § 6

1. Art und Umfang der geschuldeten Arbeitsleistung

Ein Angestellter hat grundsätzlich seine Dienste höchstpersönlich zu leisten, sofern im Dienstvertrag nichts Gegenteiliges vereinbart ist (vgl. § 1553 ABGB). Eine generelle Vertretung ist somit ausgeschlossen; einzelne (Hilfs-)Tätigkeiten können jedoch substituiert werden. Aus der **Pflicht zur persönlichen Arbeitsleistung** folgt aber auch, dass der Angestellte seinem Arbeitgeber bei einer allfälligen Dienstverhinderung (z.B. Krankheit) keine Ersatzarbeitskraft zur Verfügung stellen muss.

27

1.1. Umfang der Arbeitspflicht

Die Zurverfügungstellung seiner Arbeitskraft stellt die Hauptleistungspflicht für den Arbeitnehmer aus dem Dienstvertrag dar. Für die Beurteilung der Frage, welche Dienste der Arbeitnehmer zu leisten hat, ist somit grundsätzlich der **Arbeitsvertrag maßgebend**; er umschreibt die Gattung der Arbeit allgemein und steckt damit einen weiteren oder einen engeren Rahmen der vom Arbeitnehmer nach Bedarf auszuführenden Tätigkeiten ab. Andere als die so vereinbarten Dienste braucht der Arbeitnehmer grundsätzlich nicht zu leisten. Nach § 11 ArbVG gelten auch die Bestimmungen eines einschlägigen **Kollektivvertrages**, soweit sie die Rechtsverhältnisse zwischen Arbeitgebern und Arbeitnehmern regeln, als Bestandteil der Einzeldienstverträge.

28

Die tatsächliche Verwendung bezeichnet aber nur in den seltensten Fällen die Grenze der Arbeitspflicht. Wo aus den Umständen bei Abschluss des Arbeitsvertrages nicht eindeutig hervorgeht, dass sich der Arbeitnehmer nur zu den tatsächlich verrichteten Arbeiten verpflichtet hat, ist allein die **Verkehrssitte** dafür maßgebend, welche anderen Arbeiten er gegebenenfalls zu übernehmen hat. Im Zweifel darf der Arbeitgeber davon ausgehen, dass die Verpflichtung alles umfasst, was ein mit den übernommenen Aufgaben Betrauter gewöhnlich auch sonst noch zu leisten bereit ist. Letztlich sind gemäß § 6 AngG im Zweifel die den Umständen nach **angemessenen Dienste** zu leisten.

Art und Umfang der vom Angestellten geschuldeten Dienstleistungen können auch **schlüssig vereinbart** werden, etwa in Form einer langjährigen Übung. Es kommt dabei stets auf das Verständnis an, das ein redlicher Erklärungsempfänger aus dem Erklärungsverhalten des Vertragspartners gewinnen durfte und gewonnen hat (vgl. OGH 17. 6. 1992, 9 ObA 91/92).

§ 6 AngG

1.2. Weisungsrecht des Arbeitgebers

29 Innerhalb der so gesetzten Grenzen der Leistungspflicht des Angestellten kann der Arbeitgeber mit Hilfe von **Weisungen** die vom Arbeitnehmer im Einzelfall zu erbringenden Dienstleistungen näher konkretisieren (vgl. OGH 13. 10. 1999, 9 ObA 156/99b). Rechtsgrundlage des Weisungsrechts des Arbeitgebers ist der **Dienstvertrag**; die Anordnung muss durch den Gegenstand der Dienstleistung gerechtfertigt sein.

Durch den Gegenstand der Arbeitsleistung gerechtfertigte Anordnungen können sich nicht nur unmittelbar auf die konkrete Ausführung der Arbeit beziehen (rein **sachliche Weisungen**), sondern auch auf das **Verhalten des Arbeitnehmers** im Betrieb (z.B. Rauchverbot aus Gründen des Arbeitnehmerschutzes, Benützung der vom Arbeitgeber beschafften Gerätschaften und Arbeitsmittel, Zusammenarbeit mit den Mitbediensteten, Beachtung der die Sicherheit des Betriebes und seiner Arbeitnehmer betreffenden Vorschriften usw.). Eine Anordnung, die sich aber nicht mehr auf das Verhalten des Arbeitnehmers im Betrieb, sondern auf dessen **Privatsphäre** erstreckt, ist nicht mehr durch den Gegenstand der Dienstleistung oder die Besonderheit des Betriebs gerechtfertigt und daher unzulässig. Das Direktionsrecht des Arbeitgebers erstreckt sich nur auf die arbeitsspezifischen Umstände, nicht auf die Freizeit eines Arbeitnehmers.

1.3. Art der geschuldeten Arbeitsleistungen

30 Der Dienstvertrag umschreibt die Gattung der Arbeit und steckt daher den Rahmen der vom Arbeitnehmer nach Bedarf auszuführenden Tätigkeiten ab. Andere als die vereinbarten Dienste braucht der Arbeitnehmer in der Regel nicht zu leisten. Es kann daher von einem **Angestellten nicht verlangt** werden, dass er auch nur vorübergehend Dienste eines **Arbeiters** leistet, mag es auch ein Facharbeiter sein. Nur in Ausnahmefällen bzw. akuten Notfällen kann der Arbeitnehmer aufgrund seiner Treuepflicht verpflichtet sein, auch andere, durch seinen Dienstvertrag nicht gedeckte Tätigkeiten zu verrichten.

Auch die Verpflichtung, **Überstunden** zu leisten, muss sich aus Gesetz, Kollektivvertrag, Betriebsvereinbarung oder Einzelvertrag ergeben, ansonsten ist die Weigerung des Arbeitnehmers, einer Überstundenanordnung des Arbeitgebers nachzukommen, nicht pflichtwidrig. Eine Verpflichtung zur Überstundenarbeit, die nicht vereinbart worden ist, besteht aufgrund der Treuepflicht nur bei einem Betriebsnotstand oder sonstigen **außergewöhnlichen Fällen**, nicht aber bei jeder betrieblichen Notwendigkeit einer Terminarbeit. Verweigert der Arbeitnehmer jedoch die Leistung objektiv gerechtfertigter, angeordneter Überstunden, stellt dies einen Entlassungsgrund dar (vgl. OGH 22. 11. 1995, 9 ObA 191/95, ARD 4749/8/96).

2. Arbeitsort

31 Zur Frage der Angemessenheit der Dienste gehört auch jene nach dem **Arbeitsort**. Darunter versteht man den Ort der gewöhnlichen Arbeitsverrichtung durch den Arbeitnehmer. Auch der Arbeitsort richtet sich primär nach einer **vertraglichen Vereinbarung**; mangels einer solchen ergibt er sich aber meist schlüssig aus dem **Standort des Betriebes** bei Vertragsabschluss. Aus Natur und Zweck des Arbeitsverhältnisses (vgl. § 905 ABGB) können sich bei bestimmten Berufsgruppen auch wechselnde Arbeitsorte innerhalb bestimmter Bereiche ergeben.

Zu jeder nicht schon ursprünglich im Dienstvertrag vorgesehenen **Änderung des Dienstortes** ist grundsätzlich die **Zustimmung des Arbeitnehmers** erforderlich. Ist mit der Versetzung eine

§ 6 AngG

Verschlechterung der Entgelt- oder sonstigen Arbeitsbedingungen für den Arbeitnehmer verbunden, bedarf sie zu ihrer Rechtswirksamkeit der **Zustimmung des Betriebsrates**. Erteilt der Betriebsrat die Zustimmung nicht, kann sie durch Urteil des Gerichts ersetzt werden, wenn die Versetzung sachlich gerechtfertigt ist (vgl. § 101 ArbVG).

Aus der Lage des Betriebes des Arbeitgebers im Zeitpunkt des Vertragsabschlusses ergibt sich aber auch in Hinblick auf die grundsätzliche Betriebsbezogenheit der Arbeit nicht, dass der Arbeitnehmer auch für den Fall der **Verlegung dieses Betriebes** an einen anderen Ort nur zur Leistung der Arbeit an der bisherigen Betriebsstätte verpflichtet ist. Entscheidend ist, ob dem Arbeitnehmer die Tätigkeit an der neuen Betriebsstätte **zumutbar** ist. Dabei stehen **Verkehrsverbindungen** und nicht Gemeindegrenzen im Vordergrund. Unzumutbar ist dem Arbeitnehmer der Wechsel des Einsatzortes vor allem dann, wenn er den vom Dienstvertrag vorausgesetzten persönlichen Lebensbereich verlassen müsste, etwa nach Beendigung der Arbeit nicht mehr in seine Wohnung zurückkehren könnte. Erhöhen sich lediglich die täglichen Anreisezeiten, hängt die Unzumutbarkeit vom Verhältnis der neuen Anreisezeit zur bisherigen Arbeitszeit und zur täglichen Arbeitszeit ab. Steht bei einer Betriebsverlegung der längeren Gesamtfahrzeit des Arbeitnehmers und den erhöhten Fahrkosten eine nicht ganz unerhebliche Erhöhung des Stundenlohnes gegenüber, ist dem Arbeitnehmer die Leistung der bedungenen Arbeit an der neuen Betriebsstätte noch zumutbar (vgl. OGH 14. 9. 1994, 9 ObA 133/94, ARD 4611/15/94).

Eine Folgepflicht des Arbeitnehmer bei Betriebverlegung kommt nur dann nicht in Betracht, wenn im Dienstvertrag ausdrücklich nur ein Ort als Arbeitsort vereinbart und eine Änderung des Arbeitsortes ausgeschlossen worden ist.

3. Recht auf Beschäftigung

Das österreichische Recht kennt kein grundsätzliches Recht auf Beschäftigung. Der Arbeitnehmer hat daher, sofern nicht ein Sondergesetz für bestimmte Berufe eine besondere Regelung trifft, keinen Anspruch darauf, die vereinbarten Dienste auch tatsächlich leisten zu können. Dem Arbeitgeber steht es frei, auf die Dienste des Arbeitnehmers zeitweilig zu verzichten und ihn zu **beurlauben bzw. vom Dienst frei zu stellen**, hat jedoch auch für diese Zeit weiterhin das vereinbarte Entgelt zu leisten.

32

Lediglich für **Lehrlinge** (vgl. § 9 BAG und § 18 BAG) und **Schauspieler** (vgl. § 21 SchspG) ist für den Arbeitgeber eine Beschäftigungspflicht normiert. Doch das Recht auf Beschäftigung für diese geschützten Arbeitnehmergruppen kann nur insoweit durchgesetzt werden, als die Verletzung des Rechts auf Beschäftigung einen Grund für einen **vorzeitigen Austritt** darstellt. Ein Arbeitgeber kann niemals dazu gezwungen werden, einen Arbeitnehmer konkret zu beschäftigen.

Auch für Arbeitnehmergruppen, für die eine längere Nichtausübung ihrer Tätigkeit zwangsläufig zu einem **Qualitätsverlust** oder zum **Verlust der Berufsausübungsberechtigung** führen würde (z.B. Piloten, Ärzte, Berufsfußballer), wird die Meinung vertreten, dass eine sachlich nicht gerechtfertigte Dienstfreistellung pflichtwidrig ist (vgl. etwa zum Anspruch eines Chirurgen OGH 13. 11. 1996, 9 ObA 2263/96a, ARD 4820/20/97; zum Anspruch eines Fußballers OGH 1. 2. 2007, 9 ObA 12/06v, ARD 5778/5/2007).

Unabhängig von einem solchen Recht auf Beschäftigung wird dem Arbeitgeber die Befugnis zur (vorübergehenden) **Dienstfreistellung** zugebilligt, insbesondere unter solchen Umständen, die

§ 6 AngG

den Arbeitgeber zur Beendigung des Arbeitsverhältnisses berechtigen könnten. Nur in Fällen einer willkürlichen Missachtung der Arbeitnehmerinteressen bzw. im Falle eines unzureichend begründeten, diskriminierenden Eingriffes werden die Interessen des Arbeitnehmers verletzt, allenfalls wegen eines Verstoßes gegen die guten Sitten. In besonders gelagerten Ausnahmefällen kann daher mit einer Dienstfreistellung eine „erhebliche Ehrverletzung" verwirklicht werden, die den Angestellten zum Austritt gemäß § 26 Z 4 AngG berechtigen würde.

4. Entgeltanspruch des Angestellten

4.1. Entgeltbegriff

33 Die Hauptleistungspflicht des Arbeitgebers aus dem Dienstverhältnis ist jene zur **Entgeltleistung**. Das Entgelt umfasst nach dem auf dem Gebiet des Arbeitsrechts üblichen Sprachgebrauch jede Leistung, die der Arbeitnehmer vom Arbeitgeber dafür bekommt, dass er ihm seine Arbeitskraft zur Verfügung stellt. Es sind davon neben dem **eigentlichen Gehalt** auch alle übrigen regelmäßigen oder sonstigen ordentlichen und außerordentlichen **Leistungen zusätzlicher Art** erfasst, selbst wenn diese auf tatsächliche Mehrleistungen des einzelnen Angestellten abstellen (z.B. Provisionen). Auch sind darunter nicht nur jene Bezüge zu verstehen, die – wie der Normalstundenlohn oder eine Überstundenentlohnung – regelmäßig **in monatlichen Abständen** ausbezahlt werden, sondern auch alle anderen als Entgelt gewerteten Leistungen des Arbeitgebers, mögen sie auch **in größeren Zeitabschnitten**, gegebenenfalls auch nur einmal im Jahr, erbracht werden. Der Begriff des Entgeltes ist grundsätzlich weit auszulegen.

Zum Entgelt zählen insbesondere: Das laufend gebührenden Gehalt, Sonderzahlungen (z.B. Weihnachtsremuneration und Urlaubszuschuss), Überstundenentgelte, Provisionen, Prämien, Zulagen, Zuschläge, Gewinnbeteiligungen oder Sachleistungen (z.B. Privatnutzung eines Kfz, Dienstwohnung).

Nicht zum Entgelt zählen hingegen **Aufwandsentschädigungen**. Diese werden dem Arbeitnehmer nicht als Gegenleistung für die Zurverfügungstellung der Arbeitskraft geleistet, sondern sollen dessen durch die Arbeitserbringung entstandenen Aufwand abdecken. Darunter fallen z.B. Kilometergelder, Reisekostenentschädigungen, Trennungsgelder.

4.2. Sonderzahlungen

34 Sonderzahlungen (Remunerationen) sind zwar gesetzlich nicht geregelt, werden jedoch in beinahe jedem **Kollektivvertrag** vorgesehen und dadurch Bestandteil der Einzelverträge. Darüber hinaus kann der Arbeitgeber seinen Arbeitnehmer auch noch **freiwillige Zuwendungen** gewähren, auf die der Arbeitnehmer bei Vorliegen gewisser Umstände einen Rechtsanspruch erwerben kann.

Eine regelmäßig in gleicher Höhe gewährte Remuneration, mit welcher der Arbeitnehmer rechnen kann, verliert nämlich den Charakter einer freiwilligen Zuwendung und begründet einen Anspruch auf Weiterzahlung, wenn mangels ausdrücklicher Betonung des freiwilligen, unverbindlichen und jederzeit widerruflichen Charakters der Zuwendung ein **Entgeltanspruch als stillschweigend vereinbart** (§ 863 ABGB) angenommen werden kann. Entscheidend ist hierbei, welchen Eindruck der Arbeitnehmer von dem schlüssigen Verhalten des Arbeitgebers haben musste, nicht aber das tatsächliche Vorhandensein eines Erklärungswillens auf Seiten des Arbeitgebers; es kommt darauf an, was der Partner bei sorgfältiger Würdigung dem Erklärungsverhalten entnehmen darf.

4.3. Höhe des Entgelts

Die Höhe des Entgelts richtet sich bei Angestellten primär nach einer **einzelvertraglichen Vereinbarung**. Da der normative Teil eines Kollektivvertrages, insoweit er die Rechtsverhältnisse zwischen Arbeitgebern und Arbeitnehmern regelt, Bestandteil des Dienstvertrages wird, ist bei Vorliegen eines einschlägigen Kollektivvertrages jedenfalls ein Entgelt in Höhe des **kollektivvertraglichen Mindestgehaltes** zu leisten. Verstößt die Einzelvereinbarung gegen eine Norm kollektiver Rechtsgestaltung, ist sie insoweit nichtig (teilnichtig), an die Stelle der nichtigen Lohnabrede tritt der Lohnsatz des Kollektivvertrages. Nur wenn es sowohl an einer einzelvertraglichen Vereinbarung zwischen Arbeitgeber und Arbeitnehmer als auch an einem Kollektivvertrag fehlt, ist das Entgelt gemäß § 6 AngG nach dem **Ortsgebrauch** zu bestimmen. In Ermangelung eines solchen Ortsgebrauches ist ein „den Umständen nach **angemessenes Entgelt**" zu leisten.

35

Da die Angemessenheit bzw. die Ortsüblichkeit jedoch nur dann zum Tragen kommen, wenn keine Vereinbarung vorliegt, ist ein vereinbartes geringeres Entgelt, als es etwa nach der Ortsüblichkeit zustehen würde, nicht schon deshalb unwirksam vereinbart worden. Eine Grenze stellt lediglich die **Sittenwidrigkeit** isd § 879 ABGB dar. Verstößt aber eine Einzelvereinbarung gegen eine Norm kollektiver Rechtsgestaltung (Kollektivvertrag, Satzung, Mindestlohntarif), ist sie wie bereits ausgeführt insoweit teilnichtig und an die Stelle der nichtigen Lohnabrede tritt der Lohnsatz der kollektiven Rechtsquelle.

Teilzeitbeschäftigte Angestellte haben mangels Vereinbarung Anspruch auf jenen **aliquoten Teil** des Entgelts eines vollbeschäftigten Arbeitnehmers, der ihrer Teilzeitbeschäftigung entspricht.

4.4. Gleichbehandlungsgebot bei Entgeltfestsetzung

Bei der Festsetzung der Höhe des Entgelts ist der Arbeitgeber sowohl an den arbeitsrechtlichen **Gleichbehandlungsgrundsatz** wie auch an die gesetzlichen Bestimmungen hinsichtlich der Gleichbehandlung von Männern und Frauen gebunden. Nach § 2 Abs 1 Z 2 GlBG darf niemand aufgrund des Geschlechts bei der Festsetzung des Entgelts unmittelbar oder mittelbar diskriminiert werden. Auch durch mittelbar entgeltwirksame Maßnahmen, wie die Einstufung von Arbeitnehmern in eine bestimmte Verwendungsgruppe, kann der Gleichbehandlungsgrundsatz verletzt werden.

36

Das **Gleichbehandlungsgebot** bei der Entgeltfestsetzung bezieht sich nicht nur auf völlig identische Arbeitsvorgänge, sondern auch auf vergleichbare Arbeiten innerhalb eines Betriebes. Im Übrigen gilt es unabhängig davon, ob die Diskriminierung auf Einzelvereinbarungen oder auf Normen der kollektiven Rechtsgestaltung basiert; nicht als Diskriminierung sind **Differenzierungen** beim Entgelt anzusehen, die **aus sachlich gerechtfertigten Motiven** erfolgen (z.B. längere Betriebszugehörigkeit, qualifiziertere Tätigkeit und Ähnliches). Benachteiligungen sind demnach nur dann unzulässig, wenn sie ausschließlich aufgrund der Geschlechtszugehörigkeit von Arbeitnehmern erfolgen und sachlich nicht begründet sind.

4.5. Nettolohnvereinbarung

Der Lohnanspruch des Arbeitnehmers richtet sich grundsätzlich auf einen **Bruttobetrag** und der Arbeitgeber schuldet grundsätzlich eine Bruttovergütung. Den Parteien des Arbeitsvertrags steht es jedoch frei, zu vereinbaren, dass die vom Arbeitgeber geschuldete **Vergütung netto geschuldet** werden soll. Eine solche Vereinbarung, durch die der Arbeitgeber die sonst vom Arbeitnehmer zu tragenden Abgaben übernimmt, ist zulässig und rechtswirksam. Dabei ist arbeitsrechtlich zwischen der abgeleiteten (unechten) und der originären (echten) Nettolohnvereinbarung zu unterscheiden.

37

§ 6 AngG

Bei der **abgeleiteten Nettolohnvereinbarung** wird nur eine punktuelle Einigung darüber erzielt, wie viel dem Arbeitnehmer im Zeitpunkt des Vertragsabschlusses nach Abzug aller Beiträge und Abgaben verbleiben soll, was er also bei Eintritt in das Arbeitsverhältnis sozusagen „auf die Hand erhält". Die maßgebliche Größe ist dabei aber stets der zugrunde liegende Bruttobetrag, von dem ausgehend bei einer Veränderung der Abgaben auch das Nettoentgelt neu zu errechnen ist. **Vertragsgrundlage** bleibt jeweils der **Bruttobetrag**, sodass der Arbeitnehmer bei geänderten Rahmenbedingungen Steuernachteile oder eine Erhöhung des auf ihn entfallenden Beitragsanteiles hinnehmen muss; dem Arbeitnehmer kommen im Gegenzug aber auch Beitrags- und Lohnsteuersenkungen zugute. Abgeleitete Nettolohnvereinbarungen beinhalten somit gleichsam einen Anpassungsvorbehalt.

Liegt hingegen eine **originäre Nettolohnvereinbarung** vor, richtet sich der Anspruch des Arbeitnehmers aus der Lohnvereinbarung nur auf den **Nettolohn**. Das Steuerrisiko trifft in einem derartigen Fall den Arbeitgeber, der nicht nur den Wegfall individueller Steuervorteile, sondern auch generelle Steuererhöhungen zu tragen hat. Anderseits muss er allerdings auch nicht für bestimmte Bezüge gewährte Steuervorteile weitergeben. Ist aber Schuldinhalt des Dienstvertrages der Nettolohn, sind **Lohnzuschläge**, Urlaubsabgeltungen, Lohnerhöhungen usw. **vom Nettolohn zu berechnen**. Auch für die Bemessung der Abfertigung ist im Fall einer echten Nettolohnvereinbarung das Nettoentgelt heranzuziehen.

Im Schrifttum wird vom Abschluss originärer Nettolohnvereinbarungen eher abgeraten, beispielsweise wegen Problemen bei der Lohnverrechnung oder wegen möglicher Kollisionen mit Grenzen des kollektivvertraglichen Mindestlohnes; es werden aber auch sozialpolitische Bedenken geäußert und es wird vor dem Risiko grundlegender Änderungen im Steuer- und Beitragsrecht gewarnt. In der Praxis stellen originäre Nettolohnvereinbarungen deshalb auch eher die Ausnahme dar (vgl. u.a. Schrank, Arbeitsrecht und Sozialversicherungsrecht 207).

Die **Behauptungs- und Beweislast** für das Vorliegen einer originären Nettolohnvereinbarung trifft den Arbeitnehmer. Im Zweifel ist nur eine abgeleitete Nettolohnvereinbarung anzunehmen, sofern nicht ausdrücklich eine originäre getroffen wurde (vgl. OGH 17. 3. 2004, 9 ObA 72/03h, ARD 5512/5/2004).

4.6. Fälligkeit und Verjährung

38 Zur **Fälligkeit des Entgelts** siehe bei § 15 AngG, Rz 191 ff.

Entgeltansprüche **verjähren** grundsätzlich binnen **3 Jahren** ab Fälligkeit (vgl. § 1486 Z 5 ABGB). Zahlreiche Kollektivverträge sehen jedoch kürzere **Verfallsfristen** vor, innerhalb deren die Ansprüche zumindest außergerichtlich geltend zu machen sind.

4.7. Verzicht auf Entgeltansprüche

39 Ein Verzicht des Arbeitnehmers auf seine Entgeltansprüche ist nur unter bestimmten Umständen zulässig. Auf **unabdingbare Ansprüche** kann der Arbeitnehmer während es aufrechten Dienstverhältnisses grundsätzlich nicht verzichten (vgl. § 40 AngG). Nur wenn der Verzicht **frei und ohne wirtschaftlichen Druck** seitens des Arbeitgebers zustande gekommen ist, ist ein Verzicht auf Entlohnung rechtswirksam. Kein Druck im Sinne einer sittenwidrigen Ausnützung einer wirtschaftlichen Zwangslage liegt vor, wenn das Dienstverhältnis einvernehmlich mit einem bestimmten Zeitpunkt aufgelöst wird, der Arbeitgeber bis dahin trotz Entgeltfortzahlung auf jede weitere Arbeitsleistung

§ 6 AngG

des Arbeitnehmers verzichtet und die Parteien gleichzeitig eine umfassende Regelung aller noch offenen gegenseitigen Ansprüche vereinbaren. Die Tatsache, dass das Arbeitsverhältnis zwar nicht rechtlich, wohl aber **wirtschaftlich bereits beendet** ist, spricht regelmäßig für einen nicht unter Druck, sondern frei abgegebenen und damit voll rechtswirksamen Verzicht des Arbeitnehmers.

Der Verzicht auf **abdingbare Ansprüche** richtet sich nach den Regelungen des Allgemeinen Zivilrechts, so dass dann von einer Unwirksamkeit auszugehen ist, wenn er gegen die guten Sitten verstößt oder unter List oder Zwang des Arbeitgebers zustande gekommen ist.

5. Anspruch des Angestellten auf Ausstellung eines Dienstzettels

Nach § 2 Abs 1 AVRAG (auf den § 6 Abs 3 AngG verweist) hat der Arbeitgeber dem Arbeitnehmer unverzüglich nach Beginn des Arbeitsverhältnisses eine schriftliche **Aufzeichnung** über die **wesentlichen Rechte und Pflichten aus dem Arbeitsvertrag** (Dienstzettel) auszuhändigen. Dieser Dienstzettel ist – unabhängig davon, ob er vom Arbeitgeber unterschrieben wird oder nicht – gebührenbefreit. Auch wenn der Dienstzettel vom Arbeitgeber dem Arbeitnehmer auszufolgen ist, schließt der Umstand, dass die entsprechende Urkunde vom Arbeitnehmer vorbereitet und dann vom Arbeitgeber unterfertigt wird, die Annahme eines Dienstzettels nicht aus.

Beträgt die Dauer des Dienstverhältnisses **höchstens einen Monat** oder wurde ein **schriftlicher Dienstvertrag** ausgehändigt, der alle im Dienstzettel anzuführenden Angaben enthält, oder sind bei Auslandstätigkeit die vorgesehenen zusätzlichen Angaben in anderen schriftlichen Unterlagen enthalten (z.b. schriftlicher Reiseauftrag), besteht **keine Verpflichtung** zur Aushändigung eines Dienstzettels.

5.1. Inhalt des Dienstzettels

Der Dienstzettel hat gemäß § 2 Abs 2 AVRAG **folgende Angaben** zu enthalten:

- Name und Anschrift des Arbeitgebers;
- Name und Anschrift des Arbeitnehmers, Beginn des Dienstverhältnisses;
- bei Dienstverhältnissen auf bestimmte Zeit das Ende des Dienstverhältnisses (muss nicht kalendermäßig bestimmt sein);
- Dauer der Kündigungsfrist und Kündigungstermin;
- gewöhnlicher Arbeits-(Einsatz-)ort, erforderlichenfalls Hinweis auf wechselnde Arbeits-(Einsatz-)orte;
- allfällige Einstufung in ein generelles Schema;
- vorgesehene Verwendung;
- Anfangsbezug (Grundgehalt, weitere Entgeltbestandteile wie z.B. Sonderzahlungen) und Fälligkeit des Entgelts;
- Ausmaß des jährlichen Erholungsurlaubes;
- vereinbarte tägliche oder wöchentliche Normalarbeitszeit des Arbeitnehmers, sofern es sich nicht um Dienstverhältnisse handelt, auf die das Hausbesorgergesetz anzuwenden ist;
- Bezeichnung der auf den Dienstvertrag allenfalls anzuwendenden Normen der kollektiven Rechtsgestaltung (Kollektivvertrag, Satzung, Mindestlohntarif, festgesetzte Lehrlingsent-

§ 6 AngG

schädigung, Betriebsvereinbarung) und Hinweis auf den Raum im Betrieb, in dem diese zur Einsichtnahme aufliegen;
– Name und Anschrift der Mitarbeitervorsorgekasse (MV-Kasse) des Arbeitnehmers.

Hat der Arbeitnehmer seine **Tätigkeit länger als einen Monat im Ausland** zu verrichten, hat der vor der Aufnahme der Auslandstätigkeit auszuhändigende Dienstzettel oder schriftliche Dienstvertrag **zusätzliche Angaben** zu enthalten (vgl. dazu § 2 Abs 3 AVRAG).

5.2. Änderung der im Dienstzettel enthaltenen Angaben

42   Eine Änderung der im Dienstzettel enthaltenen Angaben ist umgehend, spätestens jedoch einen Monat nach ihrem Wirksamwerden dem Arbeitnehmer **schriftlich bekannt** zu geben. Diese schriftliche Information kann nur dann unterbleiben, wenn die Änderung auf einer Änderung von **Gesetzen oder kollektivvertraglicher Normen** beruht, auf die im Dienstzettel verwiesen wurde.

Die Verpflichtung zur Bekanntgabe von Änderungen ist insbesondere bei einem **Betriebsübergang** von Bedeutung, weil dem Arbeitnehmer bei wesentlicher Verschlechterung der Arbeitsbedingungen ein spezielles Kündigungsrecht bzw. bei Nichtübernahme eines kollektivvertraglichen Bestandschutzes oder einer betrieblichen Pensionszusage ein Widerspruchsrecht eingeräumt wird; diese Arbeitnehmerrechte sind von der Kenntnis der Veränderungen abhängig.

5.3. Beweisfunktion des Dienstzettels

43   Der Dienstzettel darf nicht mit dem Dienstvertrag verwechselt werden. Als **deklaratorisches Schriftstück** ist er dem konstitutiv das Arbeitsverhältnis begründenden Arbeitsvertrag gegenüberzustellen. Er soll als **Beweisurkunde** den Inhalt des Dienstvertrages wiedergeben und ist als „Wissenserklärung des Arbeitgebers über die Rechtslage" bzw. „Vorstellungsmitteilung" etwas „Faktisches", das vom rechtlichen Phänomen des Dienstvertrages, der aus übereinstimmenden Willenserklärungen besteht, mit denen Rechtsfolgen herbeigeführt werden sollen, streng zu unterscheiden ist. Dienstzettel geben somit nur etwas bereits Vereinbartes wieder und vermögen daher gemachte Vereinbarungen nicht abzuändern oder zu ersetzen.

Ein Dienstzettel ist die einseitig, d.h. nur **vom Arbeitgeber formulierte Beweisurkunde** über eine schon vorher (mündlich) getroffene Vereinbarung eines Dienstvertrages. Wird hingegen die Unterschrift des Arbeitnehmers als Zeichen des Einverständnisses mit dem Inhalt erwartet, liegt regelmäßig ein Dienstvertrag vor. Die Unterschrift auf einem Dienstzettel dient nur als Beweis des Erhalts (Zugangs) dieses Dienstzettels (vergleichbar der Übernahmebestätigung eines eingeschriebenen Briefes).

5.4. Abweichungen im Dienstzettel vom mündlichen Dienstvertrag

44   Wie soeben unter Pkt. 5.3. ausgeführt, geben Dienstzettel nur etwas bereits Vereinbartes wieder und vermögen daher gemachte Vereinbarungen nicht abzuändern oder zu ersetzen. Stimmt der Dienstzettel nicht mit den mündlich getroffenen Vereinbarungen überein, ist zu vermuten, dass der Arbeitgeber im Dienstzettel eine **Vertragsänderung** (bzw. -ergänzung) beabsichtigte.

Aus Gründen der Rechtssicherheit sollte schon beim mündlichen Einstellungvertrag der vollständige Vertragsinhalt zum Inhalt der Vereinbarung gemacht werden. Ein nachträgliches Anbot des Arbeitgebers zur Vertragsänderung (bzw. -ergänzung) könnte nämlich vom Arbeitnehmer abge-

§ 6 AngG

lehnt werden und würde dadurch nicht zum Vertragsinhalt. Es sollte sich daher der Arbeitgeber nicht auf die zu erwartende Unterschriftsleistung durch den Arbeitnehmer als Zustimmung zu verschlechternden Vertragsbestimmungen verlassen, sondern auch solche Bedingungen schon zum **Inhalt des Einstellungsgespräches** und der dann erzielten Vereinbarung machen. Wird sodann ein Dienstzettel ausgefolgt, der die vorausgegangene Vereinbarung lediglich rechtsfeststellend (deklarativ) wiederholt, ist die Unterschrift des Arbeitnehmers entbehrlich.

Sollte nämlich eine „Vertragswiederholung" (mit erheblicher Abweichung vom mündlich Vereinbarten bzw. nach dem äußeren Anschein Erwarteten) erfolgen, ohne dass der Arbeitnehmer mit hinreichender Deutlichkeit auf die Abweichungen gegenüber der vorausgehenden Vereinbarung hingewiesen wurde, wäre allenfalls die **geänderte Vertragsbedingung nicht zum Vertragsinhalt** geworden.

Aus Gründen der leichteren Beweisführung über die Einstellungsvereinbarung empfiehlt es sich, einen **schriftlichen Dienstvertrag** auszufertigen. Dieser ist seit 1. 1. 1995 gebührenbefreit. Wenn der Dienstvertrag auch die in einem Dienstzettel gemäß § 2 AVRAG vorgesehenen Angaben enthält, erweist sich ein Dienstzettel als entbehrlich.

Judikatur zu § 6 Abs 1

Umfang der Arbeitspflicht des Arbeitnehmers

Art und Umfang der Dienstleistungen iSd § 6 Abs 1 AngG bestimmt sich in erster Linie nach dem **Arbeitsvertrag**, dessen Abschluss und Ausgestaltung grundsätzlich formlos ist. Art und Umfang der Dienstleistungen müssen daher nicht expressis verbis festgelegt sein, sondern können auch **schlüssig**, etwa in Form einer langjährigen Übung, **vereinbart werden**. Es kommt dabei stets auf das Verständnis an, das ein redlicher Erklärungsempfänger aus dem Erklärungsverhalten des Vertragspartners gewinnen durfte und gewonnen hat. In diesem Sinne kann daher auch eine Tätigkeitszuweisung und Kompetenzaufteilung, an die sich die Parteien durch lange Zeit gehalten haben, als inhaltliche Ausformung des Arbeitsvertrages angesehen werden. Eine wesentliche Verletzung des Arbeitsvertrages kann auch in einer dem Arbeitsvertrag krass widersprechenden „Degradierung" des Arbeitnehmers liegen, die insofern auch als unzulässige Versetzung iSd § 101 ArbVG anzusehen ist. OGH 17. 6. 1992, 9 ObA 91/92. (ARD 4388/7/92 ●)

45

Wenn aus den Umständen bei Abschluss des Arbeitsvertrages nicht eindeutig hervorgeht, dass sich ein Arbeitnehmer nur zu den dann tatsächlich verrichteten (oder im Dienstvertrag erwähnten) Arbeiten verpflichtet hat, ist allein die **Verkehrssitte** dafür maßgebend, welche anderen Arbeiten er allenfalls zu übernehmen hat. Im Zweifel darf der Arbeitgeber davon ausgehen, dass die Verpflichtung alles umfasst, was ein mit den übernommenen Aufgaben Betrauter gewöhnlich auch sonst noch zu leisten bereit ist. Der **Zuweisung neuer Aufgaben** kann sich der Arbeitnehmer kaum jemals mit dem bloßen Hinweis entziehen, er habe solche bisher nicht verrichten müssen.

Es ist zwischen den für die Auslegung der Vereinbarung über den Rahmen der Arbeitspflicht allein maßgeblichen Umständen bei Abschluss des Vertrages einerseits und den für die Ausfüllung des vereinbarten Rahmens bedeutsamen Umständen im Verlauf des Arbeitsverhältnisses andererseits zu unterscheiden. Hierbei ist nicht am Buchstaben zu haften, sondern auf den Sinn der Vereinbarung zu sehen, der nach redlicher Verkehrsübung in wechselndem Maß auch den **Inhalt der Arbeitspflicht** von den jeweils **gegebenen Umständen abhängig** machen kann. So muss

§ 6 AngG

etwa ein Abteilungsleiter vielleicht auch eine andere Abteilung übernehmen. Das Weisungsrecht des Arbeitgebers betreffend die Verwendung des Arbeitnehmers darf gerade bei unkündbaren Dienstverhältnissen nicht zu eng umgrenzt werden. Wenn der Arbeitgeber aus wichtigen Gründen zu einer Umorganisation seines Betriebes genötigt ist und es ihm nicht zugemutet werden kann, den bisherigen Zustand unverändert aufrecht zu halten, muss der Arbeitnehmer im Rahmen einer weiteren Auslegung des Dienstvertrages auch andere, gleichwertige Dienste leisten. OGH 13. 1. 1987, 14 Ob 198/86. (ARD 3864/20/87 ●)

Ein wichtiges Indiz für den Inhalt des Arbeitsvertrags ist sicherlich die **tatsächliche Verwendung** eines Arbeitnehmers durch mehrere Jahre. Aus einer derartigen Verwendung kann aber nur in den seltensten Fällen darauf geschlossen werden, dass durch die tatsächliche Verwendung die Grenzen der Arbeitspflicht gesetzt werden sollen. OLG Innsbruck 31. 10. 1989, 5 Ra 131/89. (ARD 4234/5/91 ●)

Die **den Umständen nach angemessenen Dienste** können im Verlauf eines Dienstverhältnisses ein verschiedenes Ausmaß haben; wenn im Betrieb mehr Arbeit anfällt, ist dieses Ausmaß größer als bei geringerem Arbeitsanfall. Wird daher eine gewöhnlich auf 12 Sprengel aufgeteilte, von 12 Angestellten geleistete Arbeit vorübergehend – wegen Urlaubes eines dieser Angestellten – auf 11 Sprengel und damit auf 11 Angestellte aufgeteilt, dann kann die durch die Umstände bedingte geringfügige und vorübergehende Mehrbelastung von nicht einmal 5 Prozent nicht als unangemessen angesehen werden. OGH 3. 4. 1962, 4 Ob 24/62. (ARD 1481/9/62 ●)

Auf Weisung des Arbeitgebers muss der Angestellte auch eine von seinem bisherigen Aufgabenkreis **abweichende Tätigkeit** übernehmen, wenn diese noch im Rahmen der ursprünglich in groben Umrissen vereinbarten Beschäftigung liegt und Nachteile für ihn damit nicht verbunden sind. OGH 15. 10. 1957, 4 Ob 49/57. (ARD 1050/9/57 ●)

Rein arbeitsvertraglich stellt der Begriff „Versetzung" keinen eigenen Anknüpfungspunkt dar. Entscheidend ist nur die Frage, ob die **Anordnung des Arbeitgebers** (Weisung) über den Tätigkeitsbereich des Arbeitnehmers durch den **Inhalt des Arbeitsvertrages gedeckt** ist, ob sich also die Anordnung im Rahmen der sich aus dem jeweiligen Arbeitsvertrag (unter Berücksichtigung der einschlägigen Regelungen) ergebenden Weisungsbefugnis bewegt. Innerhalb des Arbeitsvertrages können Versetzungen einseitig, dh ohne Zustimmung des Arbeitnehmers, im Rahmen des Direktionsrechtes durch den Arbeitgeber vorgenommen werden. Fällt der „neue Arbeitsplatz" in den vom Arbeitnehmer arbeitsvertraglich vereinbarten Tätigkeitsbereich, ist der Arbeitnehmer arbeitsvertraglich verpflichtet, einer „Versetzungsanordnung« des Arbeitgebers Folge zu leisten. Werden hingegen die Grenzen des Arbeitsvertrages überschritten, kann die Änderung des Tätigkeitsbereiches nur im Einvernehmen mit dem Arbeitnehmer erfolgen.

Ob die Änderung des Tätigkeitsbereiches durch den Arbeitsvertrag gedeckt ist, ist im Wege der **Vertragsauslegung** zu beurteilen. Bei der Feststellung des als vereinbart anzusehenden Tätigkeitsbereiches ist **nicht nur die tatsächliche Verwendung ausschlaggebend**. Aus der bloßen Tatsache der längeren Verwendung des Arbeitnehmers an einem bestimmten Arbeitsplatz kann nämlich für sich allein noch nicht ohne Weiteres geschlossen werden, dass sich der auf diese Weise als vereinbart anzusehende Aufgabenkreis des Arbeitnehmers auf diese zuletzt ausgeübte Tätigkeit beschränkt habe. Insbesondere bei unkündbaren (definitiven) Arbeitsverhältnissen legt die Rechtsprechung den Umfang der Arbeitspflicht des Arbeitnehmers weiter aus. Dies ist gerechtfertigt, weil auch der Arbeitnehmer im Zeitpunkt des Vertragsabschlusses bzw. der Definitivstellung redlicherweise nicht damit rechnen konnte, dass er bei einer Änderung der Umstände ein arbeitsloses Einkommen beziehen werde.

§ 6 AngG

Wird ein Arbeitnehmer nach einem schweren Freizeitunfall und dadurch bedingten langen Krankenständen (hier: von ca. 19 Monaten) vom Arbeitgeber mit einer Tätigkeit betraut, die auch schon vor dem Unfall rund 30 % seiner Tätigkeit ausgemacht hat, stellt dies eine arbeitsvertraglich zulässige Zuweisung eines neuen Tätigkeitsbereiches dar. OGH 2. 2. 2005, 9 ObA 120/04v. (ARD 5599/4/2005 ●)

Eine **Hilfsarbeitertätigkeit** kann einem Angestellten auch nicht vorübergehend und aushilfsweise zugemutet werden, es sei denn, es handelt sich um einen wirklichen Katastrophenfall, der normale Maßstäbe aufhebt. OGH 21. 10. 1958, 4 Ob 107/58. (ARD 1148/12/58 ●)

Weisungsrecht des Arbeitgebers

Wesentliche Quelle für die Ausgestaltung der konkreten Rechte und Pflichten der Parteien ist der Arbeitsvertrag. Innerhalb des durch Arbeitsvertrag vorgegebenen Rahmens wird die Arbeitspflicht durch das **Weisungsrecht des Arbeitgebers** konkretisiert. Einerseits verfügt der Arbeitgeber damit über die Arbeitskraft des Arbeitnehmers im Rahmen der betrieblichen Organisation, andererseits trifft er Maßnahmen, die der Ordnung des Betriebs dienen. Der Arbeitgeber ist also grundsätzlich befugt, den Arbeitsablauf seiner Mitarbeiter durch konkrete Weisung näher zu regeln, um so einen möglichst rationellen Einsatz ihrer Arbeitskraft und zugleich eine optimale Betreuung der Kunden zu gewährleisten. Der Arbeitnehmer ist verpflichtet, den durch die Dienstleistung gerechtfertigten Weisungen des Arbeitgebers nachzukommen (Gehorsamspflicht). Eine Anordnung des Arbeitgebers ist dann als gerechtfertigt anzusehen, wenn sie sich innerhalb der durch den Arbeitsvertrag und den sich daraus ergebenden Rechten und Pflichten gezogenen Grenzen hält und sich auf die nähere Bestimmung der konkreten Arbeitspflicht oder auf das Verhalten des Arbeitnehmers im Betrieb erstreckt. OGH 22. 2. 2001, 8 ObA 17/01k. (ARD 5232/2/2001 ●)

46

Für den Inhalt der Arbeitspflicht ist primär die Einzelvereinbarung maßgebend. Innerhalb des durch den Arbeitsvertrag vorgegebenen Rahmens wird die Arbeitspflicht durch das Weisungsrecht des Arbeitgebers konkretisiert. Dieses bezieht sich insbesondere auch auf die **Arbeitszeit** des Arbeitnehmers. OGH 13. 10. 1999, 9 ObA 156/99b. (ARD 5088/46/2000 ●)

Die Art der geschuldeten Dienste ist häufig nur in groben Umrissen vereinbart. Näher bestimmt wird der Vertragsinhalt durch die redliche Verkehrssitte. Das **Weisungsrecht des Arbeitgebers** bezieht sich nur auf solche Dienste, die der Arbeitnehmer aufgrund seiner vertraglichen Verpflichtung bzw. mangels einer solchen Vereinbarung im Rahmen des den Umständen nach Angemessenen zu verrichten verpflichtet ist. Je allgemeiner die Dienstpflicht umschrieben ist, desto weiter reicht das Weisungsrecht des Arbeitgebers; je enger und genauer die Dienstpflicht vertraglich präzisiert ist, desto eingeschränkter ist das Weisungsrecht des Arbeitgebers. Die tatsächliche Verwendung bezeichnet nur in den seltensten Fällen die Grenzen der Arbeitspflicht.
Gerade dann, wenn wie im vorliegenden Fall ein **unkündbares Dienstverhältnis** vorliegt, darf das dem Arbeitgeber zustehende Weisungsrecht hinsichtlich der Verwendung des Arbeitnehmers nicht zu eng umgrenzt werden; anderenfalls könnte die Tätigkeit der Arbeitnehmer nicht den Bedürfnissen des Betriebes angepasst werden. OGH 24. 5. 1995, 8 ObA 309/94. (ARD 4690/17/95 ●)

Versetzung an anderen Arbeitsort

Welche Arbeiten zu leisten sind, besagt in erster Linie der Dienstvertrag. Auch beim **Arbeitsort entscheidet in erster Linie der Dienstvertrag.** Der Arbeitnehmer hat demnach die Arbeiten an jenem Ort zu leisten, für den er sich verpflichtet hat. Ist dienstvertraglich zwar ein bestimmter Arbeitsort vereinbart (hier: eine bestimmte Filiale des Arbeitgebers), ergibt sich aus dem Dienst-

47

§ 6 AngG

vertrag jedoch nicht, dass der Arbeitnehmer für den Fall der Stilllegung jener Filiale, für die er seinerzeit aufgenommen wurde, die Versetzung in eine andere Filiale bei gleich bleibendem Arbeitsinhalt ablehnen kann und von jeglicher weiterer Arbeitstätigkeit bis zum Ablauf der Kündigungsfrist freizustellen ist, ist somit entscheidend, ob dem Arbeitnehmer nach Schließung der Filiale, in der er bisher tätig war, nach der Verkehrssitte eine **Tätigkeit in einer anderen Filiale zumutbar** ist. Die Zumutbarkeit ist im vorliegenden Fall unter Zugrundelegung des öffentlichen Verkehrsnetzes in Wien zu bejahen, wenn der im 19. Bezirk wohnhafte Arbeitnehmer nunmehr statt im 9. Bezirk in einer Filiale im 21. Bezirk eingesetzt werden soll. OGH 9. 7. 1999, 9 ObA 51/99m. (ARD 5146/20/2000 ●)

Kann ein Arbeitnehmer dienstvertraglich nicht an einen **anderen Dienstort** versetzt werden, ist es Sache des Arbeitgebers, die mangelnde Bereitschaft des Arbeitnehmers, die Alternativposition anzunehmen, mit einer **Änderungskündigung** zu beantworten. In der Mitteilung des Arbeitgebers, es werde der Posten des Arbeitnehmers eingezogen und ihm ein anderer angeboten, liegt aber noch keine derartige Änderungskündigung. OGH 5. 9. 2001, 9 ObA 155/01m. (ARD 5269/9/2001 ●)

Folgepflicht des Arbeitnehmers bei Betriebsverlegung

48 Eine Betriebsverlegung ist keine zustimmungsbedürftige Versetzung. Entscheidend bleibt aber, ob zwischen den Parteien des Arbeitsvertrages eine spezifische, über die demonstrative Anführung des Dienstortes hinausgehende **Verwendung nur an einem bestimmten Ort vereinbart** wurde, was zur Folge hätte, dass keine Verpflichtung bestünde, die Arbeit an einem anderen Ort zu leisten. Liegt keine solche dermaßen qualifizierte Vereinbarung vor, hat der Arbeitnehmer die **Betriebsverlegung zu befolgen**, soweit ihm dies **nicht unzumutbar** ist. Bei der Beurteilung der Zumutbarkeit der Folgepflicht spielen u.a. folgende Kriterien eine Rolle: Entfernung Wohnort – Dienstort vor und nach der Betriebsverlegung; Fahrzeit vor und nach der Betriebsverlegung; Fahrtkosten vor und nach der Betriebsverlegung; besondere sonstige Umstände, etwa Verkehrsstaus auf einer bestimmten Fahrtstrecke; Verhältnis der Fahrzeit zur durchschnittlichen täglichen Arbeitszeit; etwaige Abgeltung der Mehraufwendungen durch den Arbeitgeber; sonstige Vergünstigungen durch den Arbeitgeber wegen der Betriebsverlegung. Dazu können noch Umstände kommen, die den persönlichen Lebensbereich des Arbeitnehmers betreffen. OGH 14. 6. 2000, 9 ObA 48/00z. (ARD 5146/21/2000 ●)

Bei Bedachtnahme darauf, dass es sich bei dem Arbeitsverhältnis um ein Dauerschuldverhältnis handelt, werden allein durch die tatsächliche Verwendung des Arbeitnehmers bei Beginn des Arbeitsverhältnisses nicht ein für allemal die Grenzen der Arbeitspflicht festgelegt. Wo aus den Umständen bei Abschluss des Arbeitsvertrages nicht eindeutig hervorgeht, dass sich der Arbeitnehmer nur zu den tatsächlich verrichteten Arbeiten verpflichtet hat, ist die **Verkehrssitte** dafür maßgebend, welche anderen Arbeiten an welchen anderen Orten er gegebenenfalls zu übernehmen hat.

Aus der Lage des Betriebes des Arbeitgebers im Zeitpunkt des Vertragsabschlusses ergibt sich auch in Hinblick auf die grundsätzliche Betriebsbezogenheit der Arbeit daher nicht, dass der Arbeitnehmer auch für den Fall der **Verlegung dieses Betriebes an einen anderen Ort** nur zur Leistung der Arbeit an der bisherigen Betriebsstätte verpflichtet ist. Entscheidend ist, ob dem Arbeitnehmer die **Tätigkeit an der neuen Betriebsstätte zumutbar ist**. Dabei stehen Verkehrsverbindungen und nicht Gemeindegrenzen im Vordergrund; unzumutbar ist dem Arbeitnehmer der Wechsel des Einsatzortes vor allem dann, wenn er den vom Arbeitsvertrag vorausgesetzten persönlichen Lebensbereich verlassen müsste, das heißt z.B. nach Beendigung der Arbeit nicht mehr in seine Wohnung

§ 6 AngG

zurückkehren könnte. Erhöhen sich lediglich die täglichen Anreisezeiten, hängt die Unzumutbarkeit vom Verhältnis der neuen Anreisezeit zur bisherigen und zur täglichen Arbeitszeit ab. Steht einer **längeren Gesamtfahrzeit von hier 14 Minuten** und den erhöhten Fahrkosten eine nicht ganz unerhebliche Erhöhung des Stundenlohnes gegenüber, dann erscheint auch unter Bedachtnahme auf die Verkehrssitte dem Arbeitnehmer die Leistung der bedungenen Arbeit an der neuen Betriebsstätte noch zumutbar und seine Weigerung daher unberechtigt. OGH 14. 9. 1994, 9 ObA 133/94. (ARD 4611/15/94 ●)

Die **Zumutbarkeit einer Folgepflicht** ist aufgrund einer **Interessenabwägung** zu prüfen. Bei der im Sinne des Beweglichen Systems vorzunehmenden Interessenabwägung ist die Verlängerung des täglichen Arbeitsweges eines Arbeitnehmers von 2 x 30 Minuten (zusammen also täglich 1 Stunde) in Relation zu ihrer täglichen (Voll-)Arbeitszeit von (durchschnittlich) 8 Stunden grundsätzlich unzumutbar. Das Ausmaß der allfälligen – aus Anlass der Betriebsverlegung nicht geänderten – überkollektivvertraglichen Entlohnung des Arbeitnehmers rechtfertigt jedenfalls auch nicht die zusätzliche Inanspruchnahme der Zeit des Arbeitnehmers. OGH 28. 3. 1996, 8 ObA 2018/96i. (ARD 4770/14/96 ●)

Einseitige Änderung der Arbeitzeit

Der Arbeitgeber kann auch dann, wenn die Festlegung der Arbeitszeit nach dem Kollektivvertrag einvernehmlich zu erfolgen hat, im Rahmen seines Direktionsrechtes eine von der bisherigen **abweichende Arbeitszeiteinteilung** vornehmen, wenn die bisherige Arbeitszeit gegen zwingende Normen verstößt und die einvernehmliche Festlegung einer neuen Einteilung an der Weigerung des Arbeitnehmers scheitert, an einer solchen Regelung mitzuwirken. Allerdings ist der Arbeitgeber bei der Gestaltung dieser neuen Einteilung nicht völlig frei. Die Arbeitszeit- und -pauseneinteilung unterliegt nur insoweit dem Direktionsrecht des Arbeitgebers als nicht u.a. einzelvertragliche Regelungen bestehen. Der Arbeitgeber darf daher in die **einvernehmliche Regelung mit dem Arbeitnehmer** nur insoweit eingreifen, als diese Regelung gegen zwingende Normen verstößt, er ist aber gehalten, diesen Eingriff so schonend wie möglich zu gestalten, um den vom Verstoß gegen zwingende Normen nicht tangierten Kern der Vereinbarung so weit wie möglich aufrecht zu erhalten. OGH 10. 4. 1996, 9 ObA 159/59. (ARD 4781/8/96 ●)

49

Umfang des Entgeltanspruches des Arbeitnehmers

Unter dem weit auszulegenden Begriff Entgelt sind **Geld- und Sachleistungen** jeder Art zu verstehen, die dem Arbeitnehmer für das Zurverfügungstellen seiner Arbeitskraft gewährt werden. Nicht nur das eigentliche Gehalt, sondern auch Leistungen zusätzlicher Art oder erfolgsorientierte Entgeltsarten kommen in Frage. **Nicht zum Entgelt** gehört die **Aufwandsentschädigung**, die bestimmte Aufwendungen abdecken soll. Auf die Bezeichnung selbst kommt es nicht. Auch eine als Aufwandsentschädigung bezeichnete Leistung ist aber Entgelt, wenn sie tatsächlich keine Aufwandsfunktion erfüllt und kein anderer Rechtsgrund in Betracht kommt. OGH 24. 2. 1993, 9 ObA 19/93. (ARD 4462/6/93 ●)

50

Entgegen anderen Rechtsbereichen (etwa dem ASVG oder dem EStG) kennt das Arbeitsrecht keine allgemein gültige Legaldefinition des Entgelts. Unter Entgelt wird vielmehr jede Art von Leistung verstanden, die dem Arbeitnehmer für die Zurverfügungstellung seiner Arbeitskraft gewährt wird. **Leistungen Dritter** sind dem Arbeitsentgelt zuzurechnen, wenn zwischen Arbeitgeber und Arbeitnehmer entsprechende **vertragliche Vereinbarungen** getroffen wurden oder wenn sich eine Zuordnung der Leistungen aus den sonstigen Umständen ergibt; z.B. wenn die

§ 6 AngG

Leistungen für Tätigkeiten gewährt werden, die zu den dienstvertraglich geschuldeten zählen. Im Gegensatz dazu stehen Leistungen, die einem Arbeitnehmer nur aus **Gelegenheit seines Dienstverhältnisses** von Dritten zufließen, die aber nicht Bestandteil des geschuldeten Entgelts sind; sie sind zwar als Einkommen des Arbeitnehmers anzusehen, aber in die Ermittlung des arbeitsrechtlichen Entgeltanspruches nicht einzubeziehen.

Auch wenn die Trinkgelder einen beträchtlichen Teil des monatlichen Einkommens ausmachen, sich aber in dem für sonstige Trinkgeldberufe üblichen Verhältnis bewegen und dem Arbeitnehmer anlässlich seiner Einstellung die Möglichkeit der Erzielung maßgeblicher Trinkgeldeinnahmen zugesagt worden ist, werden **Trinkgelder** dadurch **nicht zum Entgeltbestandteil**. OGH 11. 1. 1995, 9 ObA 249/94. (ARD 4647/20/95 ●)

Der Begriff Entgelt ist weit auszulegen und umfasst alles, was dem Arbeitnehmer aus dem Arbeitsverhältnis zukommt, also nicht nur das eigentliche Gehalt, sondern auch Leistungen zusätzlicher Art. Daher sind auch die **Schichtzulagen**, die nicht einem Aufwandsersatz oder Diäten zu unterstellen sind, Entgelt. OGH 7. 6. 2001, 9 ObA 295/00y. (ARD 5276/45/92 ●)

Angemessenes Entgelt

51   Kollektivvertragsmäßige Lohnsätze können als angemessenes Entgelt herangezogen werden. OGH 29. 8. 1961, 4 Ob 34/61. (ARD 1415/12/61 ●)

Nach Lehre und Rechtsprechung ist jenes Entgelt als angemessen anzusehen, das sich unter Berücksichtigung aller Umstände und unter Bedachtnahme auf das, was unter ähnlichen Umständen geleistet wird, ergibt. Werden aus irgendwelchen Gründen, etwa weil dies ortsüblich ist, **höhere als die kollektivvertraglichen Mindestgehälter** geboten, dann ist in der Regel von diesen Löhnen als dem angemessenen Entgelt auszugehen. OGH 11. 12. 1973, 4 Ob 89/73. (ARD 2634/5/73 ●)

Ortsüblich ist jenes Entgelt, das von vergleichbaren Unternehmen am Standort des Arbeitgebers bezahlt wird. OGH 8. 8. 2007, 9 ObA 4/07i. (●)

Anspruch auf Entgelt für Einschulungszeit

52   Allein daraus, dass jemand eine **Einschulungszeit** mitzumachen hat, kann noch **nicht** auf eine **vereinbarte Unentgeltlichkeit** geschlossen werden. Einschulungszeiten sind nach den Richtlinien des § 6 Abs 1 AngG angemessen zu entlohnen. OLG Wien 23. 10. 1992, 33 Ra 39/92. (ARD 4491/3/93 ●)

Kein Entgelt für Minusstunden

53   Hat ein Arbeitgeber mit einem Arbeitnehmer eine gleitzeitähnliche Vereinbarung getroffen, wonach der Arbeitnehmer **fehlende Arbeitszeiten** nach Vereinbarung **nachleisten** soll, kann von einer stillschweigenden Zustimmung des Arbeitgebers zu Arbeitsversäumnissen des Arbeitnehmers nicht gesprochen werden. Hat der Arbeitnehmer die Zeitdifferenz nicht ausgeglichen, kann es dem Arbeitgeber nicht verwehrt werden, dem Arbeitnehmer nur diejenigen **Arbeitszeiten** zu **bezahlen**, die er **tatsächlich geleistet** hat. OLG Wien 21. 4. 1993, 31 Ra 12/93. (ARD 4474/46/93 ●)

Freiwillige Zuwendungen des Arbeitgebers

54   Eine vom Arbeitgeber den Arbeitnehmern **regelmäßig gewährte Zuwendung**, mit welcher die Arbeitnehmer rechnen können, verliert dann den Charakter der Freiwilligkeit und begründet einen Anspruch auf Zahlung, wenn mangels ausdrücklicher Betonung des freiwilligen, unverbindlichen

§ 6 AngG

und jederzeit widerruflichen Charakters der Zuwendung ein **Entgeltanspruch als stillschweigend vereinbart** angenommen werden kann. Entscheidend ist, welchen Eindruck die Arbeitnehmer von dem schlüssigen Verhalten des Arbeitgebers haben mussten, nicht aber das Vorhandensein eines Erklärungswillens auf Seiten des Arbeitgebers. Es kommt darauf an, was die Arbeitnehmer bei sorgfältiger Überlegung dem Erklärungsverhalten des Arbeitgebers entnehmen können. OGH 15. 7. 1987, 14 ObA 54/87. (ARD 3933/84/87 ●)

Dem Arbeitgeber steht es grundsätzlich frei, **freiwillige Zuwendungen** an seine Arbeitnehmer an bestimmte Bedingungen zu knüpfen und auf bestimmte Gruppen von Arbeitnehmern zu beschränken, solange er dabei nicht willkürlich und sachfremd differenziert und damit gegen den arbeitsrechtlichen Gleichbehandlungsgrundsatz verstößt. Dabei kann er insbesondere auch solche Angestellte, die an einem **bestimmten Stichtag seinem Betrieb nicht mehr angehören** oder bereits in gekündigter Stellung sind, durch eine generelle, im voraus erlassene Regelung vom Genuss einer freiwilligen Zuwendung ausschließen. OGH 16. 12. 1975, 4 Ob 60/75. (ARD 2843/7/76 ●)

Bei der **einmaligen Gewährung einer Prämie**, auf deren Freiwilligkeit überdies hingewiesen worden ist, fehlt es an der für die Begründung eines Rechtsanspruches erforderlichen Regelmäßigkeit. Individuelle Leistung und Einsatzbereitschaft einzelner Mitarbeiter sind ein durchaus sachgerechtes und zulässiges Differenzierungskriterium für die Gewährung einer Leistungsprämie. OGH 17. 3. 1994, 8 ObA 201/94. (ARD 4570/17/94 ●)

Dem Arbeitgeber muss es grundsätzlich freistehen, freiwillige Zuwendungen an seine Arbeitnehmer an bestimmte Bedingungen zu knüpfen und auf bestimmte Gruppe von Arbeitnehmer zu beschränken, solange er dabei nicht willkürlich und sachfremd differenziert und damit gegen den arbeitsrechtlichen Gleichbehandlungsgrundsatz verstößt. OGH 19. 4. 1977, 4 Ob 23/77. (ARD 3003/11/77 ●)

Entstehen von Ansprüchen durch Betriebsübung

Wurde während der ganzen Dauer eines Dienstverhältnisses das überkollektivvertragliche Gehalt zum jeweiligen Zeitpunkt der Erhöhung der kollektivvertraglichen Mindestgehälter in ihrer schillingmäßigen Differenz erhöht, wurde durch diese **vorbehaltlose jahrelange Bindung** der überkollektivvertraglichen Gehälter an die kollektivvertragliche Erhöhung auch ohne eine Ist-Lohnklausel im Kollektivvertrag ein auch für die Zukunft wirkender **Verpflichtungswille** des Arbeitgebers erkennbar. Durch die mit Annahme der Leistung begründete Zustimmung des Arbeitnehmers ist dieses nachvollziehbare Prinzip der Ist-Lohn-Erhöhung zum **Inhalt des Einzeldienstvertrages** geworden. OGH 13. 7. 1994, 9 ObA 1006/94. (ARD 4608/33/94 ●)

Die Voraussetzungen für durch **Betriebsübung** bestehende Rechtsansprüche, die für neu eintretende Arbeitnehmer nicht ausdrücklich ausgeschlossen werden, gelten für diese auch dann, wenn sie ihnen nicht bekannt gegeben wurden. Ein **neu eingestellter Arbeitnehmer** darf im Allgemeinen damit rechnen, die unter bestimmten Voraussetzungen gewährten Leistungen zu erhalten, sobald er die Voraussetzungen erfüllt. Will der Arbeitgeber verhindern, dass der neu eingestellte Arbeitnehmer in den Genuss der Leistung kommt, muss er die **Gewährung im Dienstvertrag ausschließen**. Die auch gegenüber später eintretenden Arbeitnehmern eintretende Bindung kann daher nur durch eine **gegenteilige Vereinbarung** beim Neueintritt des Arbeitnehmers verhindert werden, wobei im Sinne des Stichtagsprinzips nicht gegen den arbeitsrechtlichen Gleichbehandlungsgrundsatz verstoßen wird. Sollen neu eintretende Arbeitnehmer von der Betriebsübung ausgenommen werden, muss dies daher bei Begründung des Dienstverhältnisses deutlich gesagt werden. OGH 10. 7. 1997, 8 ObA 145/97z. (ARD 4871/20/97 ●)

55

§ 6 AngG

Eine vom Arbeitgeber durch regelmäßige, vorbehaltlose Gewährung bestimmter Leistungen an die Gesamtheit seiner Arbeitnehmer begründete **betriebliche Übung** führt – soweit sie seinen Willen, sich diesbezüglich auch für die Zukunft zu verpflichten, unzweideutig zum Ausdruck bringt – durch die – gleichfalls schlüssige – Zustimmung der Arbeitnehmer zur **schlüssigen Ergänzung des Einzelvertrages** jedes begünstigten Arbeitnehmers und damit zu einzelvertraglichen Ansprüchen. Auf das tatsächliche Vorhandensein eines Erklärungswillens auf Seiten des Arbeitgebers kommt es dabei nicht an; entscheidend ist, was die Arbeitnehmer bei sorgfältiger Würdigung seinem Erklärungsverhalten entnehmen können bzw. welchen Eindruck sie von seinem schlüssigen Verhalten haben mussten. Die durch eine derartige betriebliche Übung ausgelöste **Bindung des Arbeitgebers besteht auch gegenüber neu eintretenden Arbeitnehmern**. Eine über Jahrzehnte ohne jeden Hinweis auf eine wie immer geartete Abhängigkeit von Unternehmensertrag oder Wirtschaftslage erfolgte gleichmäßige Gewährung eines Bilanzgeldes begründet eine solche verbindliche Betriebsübung.

Die durch eine solche betriebliche Übung bewirkte Bindung des Arbeitgebers gilt aber für neu eintretende Arbeitnehmer nur mit den vom Arbeitgeber **aufgestellten Beschränkungen**, weil die neu eintretenden Arbeitnehmer davon ausgehen können und müssen, dass ihnen (nur) dieselben Vergünstigungen gewährt werden wie allen anderen Arbeitnehmern. Dabei kann es nicht darauf ankommen, ob der einzelne neu eintretende Arbeitnehmer zufällig von einer Beschränkung Kenntnis hat oder nicht. An solche vom Arbeitgeber aufgestellte Beschränkungen sind neu eintretende Arbeitnehmer daher auch dann gebunden, wenn sie davon nicht ausdrücklich in Kenntnis gesetzt wurden, sich diese Kenntnis aber hätten verschaffen können.

Wurde ein **Bilanzgeld** ursprünglich unter einem Vorbehalt mit Bezug auf Änderungen der wirtschaftlichen Lage an sämtliche Arbeitnehmer jährlich gewährt, ohne auf diesen Vorbehalt bei späteren Auszahlungen noch Bezug zu nehmen, so dass nicht mehr feststellbar ist, inwieweit dieser Vorbehalt überhaupt noch im Betrieb bekannt ist, ist auch gegenüber neu eintretenden Arbeitnehmern von einer betrieblichen Übung auszugehen, an die der Arbeitgeber auch bei einer Änderung der wirtschaftlichen Lage gebunden ist. OGH 18. 9. 1997, 8 ObA 141/97m. (ARD 4944/10/98 ●)

Anordnung und Entlohnung von Überstunden

56 Eine **Verpflichtung** des Arbeitnehmers zur Leistung von Überstunden mangels entsprechender zulässiger Vereinbarung aufgrund der Treuepflicht **nur ausnahmsweise**, wie etwa im Fall des Betriebsnotstands iSd § 20 AZG, nicht aber schon bei jeder betrieblichen Notwendigkeit, weil der Arbeitgeber etwa sonst die von ihm übernommenen Aufträge nicht rechtzeitig erfüllen könnte. Entgegenstehende Interessen des Arbeitnehmers sind erst dann zu prüfen, wenn bereits feststeht, dass der Arbeitnehmer überhaupt aufgrund eines Kollektivvertrags, einer Betriebsvereinbarung oder arbeitsvertraglichen Vereinbarung zur Überstundenarbeit verpflichtet ist. Die Notwendigkeit, dringende Arbeiten fertig zu stellen, ist nicht bereits als Notstand iSd § 20 AZG aufzufassen. OGH 10. 5. 1995, 9 ObA 63/95. (ARD 4682/16/95 ●)

Ein Anspruch auf Überstundenbezahlung ist grundsätzlich dann gegeben, wenn solche ausdrücklich oder schlüssig angeordnet wurden oder wenn der Arbeitgeber Arbeitsleistungen entgegennahm, die auch bei richtiger Einteilung der Arbeit **nicht in der normalen Arbeitszeit erledigt** werden konnten. OGH 22. 2. 1983, 4 Ob 94/82. (ARD 3509/11/83 ●)

Ein **Anspruch auf Bezahlung von Überstunden** regelmäßig nur dann besteht, wenn der Arbeitgeber eine solche Mehrarbeitsleistung – ausdrücklich oder schlüssig – angeordnet oder aber Arbeitsleistungen entgegengenommen hat, die auch bei richtiger Einteilung der Arbeit **nicht in**

§ 6 AngG

der normalen Arbeitszeit bewältigt werden könnten. Machen die dem Arbeitnehmer übertragenen Aufgaben die Leistung von Überstunden notwendig, dann muss er das dem Arbeitgeber anzeigen, um sich den Anspruch auf Überstundenentlohnung zu sichern; auf eine solche Anzeige kommt es aber dann nicht an, wenn der Arbeitgeber die Arbeitsleistungen entgegengenommen hat, obgleich er wusste oder wenigstens wissen musste, dass sie Überstunden notwendig gemacht hatten. Die Bezahlung von Überstunden, die der Arbeitgeber geduldet und entgegengenommen hat, kann er nicht unter Berufung darauf verweigern, dass er solche Überstunden nicht angeordnet habe. OGH 10. 9. 1985, 4 Ob 66/84. (ARD 3750/2/85 ●)

Der Arbeitgeber kann die **Bezahlung von Überstunden**, die er geduldet und entgegengenommen hat, nicht unter Berufung darauf verweigern, dass er sie nicht angeordnet habe. Ein stillschweigender **Verzicht** des Arbeitnehmers auf Überstundenentlohnung durch nicht sofortige Geltendmachung der Überstunden ist immer erst dann anzunehmen, wenn die verspätete Geltendmachung der Ansprüche im konkreten Fall mit Berücksichtigung der besonderen Umstände gegen Treu und Glauben verstößt. Ob auf einen Verzicht auf die Überstundenvergütung geschlossen werden kann, ist nach der Lage des einzelnen Falles zu beurteilen. OGH 15. 12. 1999, 9 ObA 182/99a. (ARD 5099/20/2000 ●)

Die Festsetzung der Zahl der geleisteten Arbeitsstunden oder der Überstunden ist jedenfalls ein typischer Anwendungsfall des § 273 Abs 1 ZPO. Ein Arbeitgeber, der entgegen seinen gesetzlichen Verpflichtungen nach § 26 AZG **keine Arbeitszeitaufzeichnungen** führt, muss im Streitfall stets mit der **Schätzung der geleisteten Arbeitsstunden** iSd § 273 Abs 1 ZPO rechnen, z.B. wenn sich die Arbeitszeit des Arbeitnehmers nicht exakt feststellen lässt, weil diese durch private Verrichtungen (private Mahlzeiten, Besorgung der privaten Wäsche, Betreuung des Kindes) unterbrochen war. OLG Wien 16. 9. 1999, 10 Ra 140/99b. (ARD 5091/7/2000 ●)

Der Anspruch des Arbeitnehmers auf das **Entgelt** für geleistete Überstunden ist gemäß § 6 Abs 1 AngG iVm § 40 AngG **unabdingbar**. Die Verzichtsregeln des § 1444 ABGB sind nur beschränkt anwendbar, da ein Verzicht während des aufrechten Arbeitsverhältnisses unwirksam ist. Dabei kommt es nicht darauf an, ob das Arbeitsverhältnis noch formell aufrecht ist, sondern es ist zu prüfen, ob auf den Arbeitnehmer **noch ein Druck ausgeübt** werden kann. Der Arbeitnehmer kann sich auch noch nach rechtlicher Beendigung des Arbeitsverhältnisses in einer Drucksituation befinden, solange er noch nicht alle seine Ansprüche erhalten hat. Ist der Druck weggefallen, steht der Gültigkeit des Verzichts nichts mehr entgegen.

Es kann aber dann nicht mehr von Druck gesprochen werden, wenn das Arbeitsverhältnis einvernehmlich mit einem bestimmten Zeitpunkt aufgelöst wird und die Parteien gleichzeitig eine umfassende Regelung aller noch offenen gegenseitigen Ansprüche vereinbaren. LG Wr. Neustadt 11. 10. 2001, 7 Cga 100/01v. (ARD 5374/6/2003 ●)

Vereinbarung eines Überstundenpauschales

Enthält ein Dienstvertrag neben der Vereinbarung eines monatlichen Bruttogehalts weiters die Vereinbarung, dass mit diesen Gehaltsbezügen „**sämtliche Arbeitsleistungen abgedeckt**" sind und eine Vergütung von Mehrleistungen und Überstunden daher nicht erfolgt, sowie einen Hinweis darauf, dass die Bestimmungen eines bestimmten Kollektivvertrages anzuwenden sind und in welche **Beschäftigungsgruppe** dieses Kollektivvertrages der Arbeitnehmer eingestuft wird, entsprechen diese Bestimmungen des Dienstvertrages der von der Rechtsprechung geforderten **klaren Abgrenzung** zwischen der Abgeltung der in der Normalarbeitszeit erbrachten Arbeitsleistung und den für die Vergütung der Überstunden bestimmten Entgeltteilen.

§ 6 AngG

Daraus ergibt sich die Aufteilung des Gehalts in das kollektivvertragliche **Mindestgehalt** einerseits und in ein **Überstundenpauschale** in Höhe des darüber hinaus gehenden Betrages andererseits. Eine konkrete Vereinbarung der Anzahl der mit einem Überstundenpauschale abgegoltenen Überstunden ist nicht erforderlich. OLG Wien 28. 10. 1999, 7 Ra 240/99m. (ARD 5088/48/2000 ●)

Ein Überstundenpauschale darf im Durchschnitt **nicht geringer** sein als das Entgelt, das den **tatsächlichen Überstunden** entspricht. Wird in der Folge die dem Pauschale zugrunde gelegte Überstundenzahl überschritten (bei variablen Überstunden im Durchschnitt), gebührt eine besondere Überstundenentlohnung bezüglich des Überhanges.

Eine Bezahlung des Überstundenentgelts hat nicht nur für **ausdrücklich angeordnete** Überstunden zu erfolgen, sondern auch für solche, die mit Wissen des Arbeitgebers geleistet und von ihm entgegen genommen wurden. Die Bezahlung von Überstunden, die der Arbeitgeber **geduldet und entgegen genommen** hat, kann er nicht unter Berufung darauf verweigern, dass er solche Überstunden **nicht angeordnet** habe. OLG Wien 16. 9. 1999, 10 Ra 151/99m. (ARD 5091/6/2000 ●)

Eine Pauschalierungsvereinbarung betreffend Überstundenvergütungen kann durch Einzelvertrag ausdrücklich oder schlüssig getroffen werden, ohne dass es auf deren Bezeichnung ankäme. Dem Arbeitnehmer muss bei Vertragsschluss aber erkennbar sein, dass mit dem gewährten Entgelt **auch die Überstundenvergütung abgegolten** sein soll. Dass unter diesen Umständen die Vereinbarung eines Pauschallohnes auf leitende Angestellte beschränkt wäre, trifft nicht zu. OGH 9. 5. 2001, 9 ObA 9/01s. (ARD 5247/50/2001 ●)

Die Vereinbarung einer Pauschalvergütung von Überstunden hindert den Arbeitnehmer nicht, über das Pauschale **hinausgehende Ansprüche geltend zu machen**, wenn und soweit unabdingbare gesetzliche Ansprüche auf Vergütung der Mehrarbeitsleistung nicht gedeckt sind. OGH 17. 2. 1987, 14 ObA 17/87. (ARD 3884/10/87 ●)

Die Vergütung geleisteter Überstunden kann zwar durch ein **Pauschale** erfolgen, doch bedarf es einer Festsetzung des Pauschales durch **Vereinbarung** zwischen Arbeitgeber und Arbeitnehmer. In den betriebsinternen Gepflogenheiten, am Jahresende (allenfalls) eine freiwillige und **unverbindliche Zuwendung** zu leisten, deren Höhe einseitig von der Geschäftsleitung festgesetzt wird und die (aus Arbeitgebersicht) auch als Äquivalent für Mehrdienstleistungen zu verstehen ist, kann weder ausdrücklich noch konkludent die Festsetzung eines Überstundenpauschales durch Vereinbarung zwischen Arbeitgeber und Arbeitnehmer abgeleitet werden. ASG Wien 9. 8. 1999, 25 Cga 139/97m. (ARD 5096/22/2000 ●)

Anrechnung von Sachbezügen auf Mindestlohn

58 Bei der Zurverfügungstellung von Sachbezügen anstelle der vereinbarten Geldleistung handelt es sich um ein Aliud. Ohne diesbezügliche Vereinbarung mit dem Arbeitnehmer ist der Arbeitgeber daher nicht berechtigt, **einseitig Sachbezüge** (hier: Dienstwagen und Telefon) **auf das kollektivvertragliche Mindestentgelt anzurechnen**. Dass derartige einseitige Änderungen des Arbeitsvertrages aber nicht zulässig sind, folgt schon aus dem allgemeinen Grundsatz der Vertragstreue. OGH 19. 11. 2003, 9 ObA 112/03s. (ARD 5476/6/2004 ●)

Aufwandsentschädigung – Entgelt

59 Hat ein Arbeitnehmer keine oder nur geringere mit seiner Arbeitsleistung zusammenhängende tatsächliche Mehraufwendungen, dann stellt eine **Aufwandsentschädigung** wie ein Fahrtkostenpauschale im Ausmaß der Überhöhung **Entgelt** dar. Zuwendungen, die der Arbeitgeber ohne

§ 6 AngG

Vorbehalt der Unverbindlichkeit regelmäßig gewährt, werden Bestandteile des Arbeitsentgeltes. ASG Wien 1. 2. 1993, 24 Cga 584/92. (ARD 4507/11/93 ●)

Anspruch auf Kilometergeld – Wahl der Fahrtroute

Die Weisung des Arbeitgebers an seine Arbeitnehmer, die **jeweils kürzeste Fahrtstrecke** zu wählen, kann vom Arbeitnehmer schon wegen der bestehenden Fürsorgepflicht des Arbeitgebers nur dahin verstanden werden, dass bei verschiedenen theoretisch möglichen Fahrtstrecken **nicht zwangsläufig** nur die **kilometermäßig kürzeste Fahrtroute** gewählt werden darf. So kann etwa größeren Verkehrsverbindungen wie Autobahnen gegenüber Bundesstraßen der Vorzug gegeben werden, sofern damit nicht erheblich ins Gewicht fallende Mehrkilometer entstehen, auf der anderen Seite aber eine größere Sicherheit und kürzere Fahrtzeit des Arbeitnehmers gewährleistet ist.

60

Solange das begehrte Kilometergeld die von Autofahrerclubs mitgeteilten Streckenangaben, denen die Berücksichtigung dieser Kriterien unterstellt werden kann, nicht übersteigt, hat der Arbeitgeber im Rahmen seiner **Aufwandsentschädigungsverpflichtung** das Kilometergeld zu leisten, auch wenn theoretisch eine nicht wirklich ins Gewicht fallende kürzere Wegstrecke möglich gewesen wäre. OLG Wien 23. 2. 2000, 9 Ra 344/99w. (ARD 5164/4/2000 ●)

Entgeltleistung durch Überweisung auf Girokonto

Während die Verpflichtung des Arbeitgebers zur Zahlung des Arbeitsentgelts nach der Verkehrssitte an sich eine Holschuld ist, kann die Schuld des Arbeitgebers zur Gehaltszahlung durch eine **Vereinbarung der Überweisung** der monatlichen Gehaltszahlungen auf ein Girokonto des Arbeitnehmers zu einer Schickschuld werden. In diesem Fall wird das Kreditinstitut, das das Gehaltskonto des Arbeitnehmers führt, zur Zahlstelle, an die der Arbeitgeber die Geldleistungen an den Arbeitnehmer durch Überweisung zu erbringen hat. Diesfalls ist der Arbeitgeber aber nicht berechtigt, die Art und Weise der Erbringung seiner Hauptleistung aus dem Dienstvertrag eigenmächtig zu ändern. OGH 8. 5. 1991, 9 ObA 73/91. (ARD 4278/28/91 ●)

61

Kein Sonderzahlungsanspruch für entgeltfreie Zeiträume

Sonderzahlungen bilden einen Teil des für die Arbeitsleistung geschuldeten Entgelts, sodass sie mangels abweichender Vereinbarungen **nicht für Zeiten gebühren**, für die **keine Pflicht zur Entgeltzahlung besteht**. Auch aus der Regelung des § 16 AngG kann nichts Gegenteiliges gewonnen werden, da diese Bestimmung den Anspruch auf Remuneration voraussetzt und nicht selbst einen gesetzlichen Anspruch auf Sonderzahlung schafft. OGH 27. 10. 1994, 8 ObA 279/94. (ARD 4624/32/95 ●)

62

Arbeitsrechtlicher Gleichbehandlungsgrundsatz

Grundsätzlich hat der Arbeitgeber die Möglichkeit, mehrere Arbeitnehmer bei der Gestaltung der Arbeitsbedingungen innerhalb der gesetzlichen, kollektiven oder vertraglichen Bedingungen verschieden zu behandeln. Er darf aber **nicht willkürlich**, ohne einleuchtende sachliche Rechtfertigung, **einzelne schlechter behandeln als die übrigen Arbeitnehmer**. Der diskriminierte Arbeitnehmer hat in einem solchen Fall Anspruch darauf, dass ihm eine gleiche Behandlung zuteil wird wie den übrigen Arbeitnehmern. Insbesondere kann die Verweigerung der gleichen Einstufung eines Arbeitnehmers bei gleicher Tätigkeit ein Willkürakt des Arbeitgebers sein und den arbeitsrechtlichen Gleichbehandlungsgrundsatz verletzen. OGH 5. 10. 1976, 4 Ob 71/76. (ARD 2946/16/76 ●)

63

§ 6 AngG

Dem Arbeitgeber steht es im gesetzlichen und kollektivvertraglichen Rahmen zwar grundsätzlich frei, entgeltliche Zuwendungen an bestimmte Bedingungen zu knüpfen und auf bestimmte Arbeitnehmer zu beschränken, doch darf er dabei nicht willkürlich und sachfremd differenzieren und dadurch den Gleichbehandlungsgrundsatz verletzen. Insbesondere darf der er einen einzelnen Arbeitnehmer von der Gewährung von Prämien aus Gründen, die ohne Möglichkeit einer Objektivierung **allein in seinem Ermessen** („Zufriedenheit" der Geschäftsführung beziehungsweise Genehmigung der Firmenleitung) lagen oder wegen des Eintritts von Bedingungen, die er allein herbeiführen konnte (Kündigung), nicht ausschließen. OGH 11. 10. 1995, 9 ObA 108/95. (ARD 4729/6/96 ●)

Voraussetzung für die Verletzung des Gleichbehandlungsgrundsatzes ist, ob der Behandlung der bessergestellten Arbeitnehmer ein erkennbares **generalisierendes Prinzip** – bei dessen Bestimmung der Arbeitgeber grundsätzlich im gesetzlichen und kollektivvertraglichen Rahmen frei ist – zugrunde liegt, von dem der Arbeitgeber im Einzelfall willkürlich oder ohne sachlichen Grund abgewichen ist und einem einzelnen das vorenthält, was er anderen zubilligt. Nur in diesem Fall hat der solcher Art diskriminierte Arbeitnehmer Anspruch auf gleichartige Behandlung. OGH 28. 10. 1994, 9 ObA 191/94. (ARD 4639/30/95 ●)

Nach dem Gleichbehandlungsgrundsatz ist der Arbeitgeber verpflichtet, einzelne Arbeitnehmer nicht willkürlich also ohne sachliche Rechtfertigung, schlechter zu behandeln als die übrigen. Er hindert den Arbeitgeber jedoch nicht daran, **in zeitlicher Hinsicht zu differenzieren** und Vergünstigungen den ab einem bestimmten Zeitpunkt in Betracht kommenden Arbeitnehmer nicht mehr zu gewähren. OGH 22. 3. 1983, 4 Ob 27/83. (ARD 3533/9/83 ●)

Vereinbarung eines Nettolohns

64 Der Lohnanspruch des Arbeitnehmers richtet sich **grundsätzlich auf einen Bruttobetrag**, der Arbeitgeber schuldet daher eine Bruttovergütung. Nach völlig einhelliger Rechtsprechung ist der Arbeitnehmer berechtigt, den Bruttolohn einzuklagen; ein derartiges Klagebegehren ist hinreichend bestimmt und vollstreckbar. Es steht den Parteien des Arbeitsvertrages jedoch frei, zu vereinbaren, dass der Arbeitgeber die **Vergütung netto schuldet**. Eine solche Vereinbarung, durch die der Arbeitgeber die sonst vom Arbeitnehmer zu tragenden Abgaben übernimmt, ist zulässig und rechtswirksam. Dabei ist arbeitsrechtlich zwischen der abgeleiteten (unechten) und der originären (echten) Nettolohnvereinbarung zu unterscheiden.

Bei der **abgeleiteten Nettolohnvereinbarung** wird nur eine punktuelle Einigung darüber erzielt, wie viel dem Arbeitnehmer im Zeitpunkt des Vertragsabschlusses nach Abzug aller Beiträge und Abgaben verbleiben soll, was er also bei Eintritt in das Arbeitsverhältnis sozusagen „auf die Hand erhält". Die maßgebliche Größe ist dabei aber stets der zugrunde liegende Bruttobetrag, von dem ausgehend bei einer Veränderung der Abgaben auch das Nettoentgelt neu zu errechnen ist. Vertragsgrundlage bleibt jeweils der Bruttobetrag, sodass der Arbeitnehmer bei geänderten Rahmenbedingungen Steuernachteile oder eine Erhöhung des auf ihn entfallenden Beitragsanteiles hinnehmen muss; dem Arbeitnehmer kommen im Gegenzug aber auch Beitrags- und Lohnsteuersenkungen zugute. Abgeleitete Nettolohnvereinbarungen beinhalten somit gleichsam einen Anpassungsvorbehalt.

Liegt hingegen eine **originäre Nettolohnvereinbarung** vor, richtet sich der Anspruch des Arbeitnehmers aus der Lohnvereinbarung nur auf den Nettolohn. Das Steuerrisiko trifft in einem derartigen Fall den Arbeitgeber, der nicht nur den Wegfall individueller Steuervorteile, sondern auch generelle Steuererhöhungen zu tragen hat. Andererseits muss er allerdings auch nicht für bestimmte Bezüge gewährte Steuervorteile weitergeben.

§ 6 AngG

Die **Behauptungs- und Beweislast** für das Vorliegen einer originären Nettolohnvereinbarung trifft den Arbeitnehmer. Im Zweifel ist nur eine abgeleitete Nettolohnvereinbarung anzunehmen, sofern nicht ausdrücklich eine originäre getroffen wurde. OGH 17. 3. 2004, 9 ObA 72/03h. (ARD 5512/5/2004 ●)

Verfall von Entgeltansprüchen

Sind aus den vom Arbeitnehmer wöchentlich dem Arbeitgeber übermittelten Reisekostenabrechnungen die vom Arbeitnehmer geleisteten **(Über-)Stunden** deutlich ersichtlich, kann der Arbeitgeber den Überstundenentgeltansprüchen des Arbeitnehmers nicht entgegenhalten, die Reisekostenabrechnungen seien nur für die **Diätenabrechnungen** gedacht gewesen und beinhalten keinerlei Hinweise auf Meldungen und Zuerkennung von Überstunden. Übernimmt der Arbeitgeber daher die ihm mittels der Reisekostenabrechnungen gemeldeten Überstunden nicht in die von ihm laut Kollektivvertrag (hier: KV für die Handelsangestellten) zu führenden Aufzeichnungen, **verfallen** diese Entgeltansprüche nach dem (hier anwendbaren) Kollektivvertrag erst nach Ablauf von **2 Jahren**, auch wenn eine Klausel im Dienstvertrag für die Geltendmachung von offenen Ansprüchen aus dem Dienstvertrag eine kürzere Frist vorsieht. OLG Wien 12. 8. 1999, 8 Ra 318/98p. (ARD 5096/18/2000 ●)

65

Widerruf einer eingeräumten Prokura

Der **Widerruf** der Prokura ist jederzeit und ohne Angabe von Gründen **möglich** und den Parteien des Dienstvertrages steht es frei, gehaltsrechtliche Vereinbarungen für die Dauer der Prokura zu treffen, so dass eine ausdrücklich nur „für die Dauer der Prokura" vorgenommene Gehaltserhöhung vom Arbeitgeber aus Anlass des Widerrufs der Prokura auch wieder zurückgenommen werden kann. OGH 13. 10. 1999, 9 ObA 266/99d. (ARD 5116/7/2000 ●)

66

Judikatur zu § 6 Abs 3

Abgrenzung Dienstzettel – Dienstvertrag

Der Arbeitgeber hat dem Arbeitnehmer unverzüglich nach Beginn des Arbeitsverhältnisses eine schriftliche Aufzeichnung über die wesentlichen Rechte und Pflichten aus dem Arbeitsvertrag (**Dienstzettel**) auszuhändigen. Der Dienstzettel darf nicht mit dem Dienstvertrag verwechselt werden. Schon an der gesetzlichen Definition, wonach der Dienstzettel eine „schriftliche Aufzeichnung über die wesentlichen Rechte und Pflichten aus dem Arbeitsvertrag" darstellt, ist zu ersehen, dass dieser als **deklaratorisches Schriftstück** dem konstitutiv das Arbeitsverhältnis begründenden Arbeitsvertrag gegenüberzustellen ist. Er soll als Beweisurkunde den Inhalt des Dienstvertrages wiedergeben und ist als „Wissenserklärung des Arbeitgebers über die Rechtslage" bzw. „Vorstellungsmitteilung" etwas „Faktisches", das vom rechtlichen Phänomen des Dienstvertrages, der aus übereinstimmenden Willenserklärungen besteht, mit denen Rechtsfolgen herbeigeführt werden sollen, streng zu unterscheiden ist. Dienstzettel geben somit nur etwas bereits Vereinbartes wieder und vermögen daher gemachte **Vereinbarungen nicht abzuändern** oder zu ersetzen. Als Aufzeichnung des Arbeitgebers bedarf der Dienstzettel keiner Unterfertigung durch den Arbeitnehmer. Ob trotz Unterzeichnung durch den Arbeitnehmer ein bloßer **Dienstzettel** oder ein schriftlicher **Dienstvertrag** vorliegt, ist von den jeweiligen Umständen des Einzelfalles abhängig. Die **Bezeichnung** des Schriftstücks ist dabei **nicht allein entscheidend**, kann aber in der Praxis bei der Qualifikation des Schriftstückes hilfreich sein. OGH 28. 11. 2001, 9 ObA 86/01i. (ARD 5312/18/2002 ●)

67

§ 6 AngG

Keine Abänderung des Dienstvertrages durch abweichenden Dienstzettel

68 Der Dienstzettel ist ein **deklaratorisches Schriftstück**, das dem konstitutiv das Arbeitsverhältnis begründenden Dienstvertrag gegenüberzustellen ist. Er soll als Beweisurkunde den Inhalt des Dienstvertrages wiedergeben und ist damit als „Wissenserklärung" des Arbeitgebers über die Rechtslage etwas „Faktisches", das vom rechtlichen Phänomen des Dienstvertrages, der aus übereinstimmenden Willenserklärungen besteht, mit denen Rechtsfolgen herbeigeführt werden sollen, streng zu unterscheiden ist. Dienstzettel geben nur etwas bereits Vereinbartes wieder und können daher eine **getroffene Vereinbarung nicht abändern.**

Daher kann aus dem Umstand, dass der Arbeitnehmer den **Dienstzettel unterfertigt** und gelesen hat, **nicht** zwangsläufig auf eine **Änderung** des allenfalls mit abweichendem Inhalt geschlossenen Dienstvertrages geschlossen werden. Wird nämlich dem Arbeitnehmer ein Dienstzettel – also eine lediglich zur Bestätigung des Inhaltes des vereinbarten Dienstvertrages dienende und damit als Wissenserklärung zu wertende Urkunde – zur Unterfertigung vorgelegt, muss der Arbeitnehmer nicht damit rechnen, dass er ein als Willenserklärung aufzufassendes **Anbot auf Abänderung** der tatsächlich getroffenen Vereinbarung zu seinem Nachteil enthält.

Auch wenn er den Dienstzettel liest und unterfertigt, kann ihm daher **nicht** eine auf Abänderung des tatsächlich geschlossenen Vertrages gerichtete **Willenserklärung unterstellt** werden. Gegenteiliges ist nur bei Vorliegen besonderer Umstände – wie z.B. ein ausdrücklicher mündlicher Hinweis des Arbeitgebers auf eine nunmehr von ihm vorgeschlagene Änderung des Vertrages, die mit der Unterfertigung des Dienstzettels zum Vertragsinhalt werden soll – möglich. OGH 28. 11. 2001, 9 ObA 267/01g. (ARD 5312/19/2002 ●)

Kommt die Unterfertigung eines Dienstzettels auf die Weise zustande, dass dem Arbeitnehmer der Dienstzettel **ohne besondere Erörterung** eines erstmals in den Dienstzettel aufgenommenen, bis dahin nicht Inhalt des Arbeitsvertrages gewesenen **Widerrufsvorbehalts** des Arbeitgebers hinsichtlich außerkollektivvertraglicher Zulagen, Mehrverdienste und Spesenvergütungen, mit der Bemerkung zur Unterfertigung vorgelegt wurde, es handle sich um eine „bloße Formsache", wurde der **Widerrufsvorbehalt nicht Inhalt des Dienstvertrages**, wenn er über die Unterfertigung des Dienstzettels hinaus weder mündlich noch schriftlich vereinbart wurde.

Dem Arbeitnehmer stehen die Ansprüche auf diese Entgeltbestandteile daher auch zu, wenn er im aufrechten Dienstverhältnis ohne darüber hinausgehende rechtsgeschäftliche Erklärung den vom Arbeitgeber verfassten und ihm zur Unterschrift vorgelegten **Dienstzettel unterfertigt** hat, da ein Verzicht als zweiseitiges Rechtsgeschäft der übereinstimmenden Willenseinigung bedarf. OGH 28. 11. 2001, 9 ObA 86/01i. (ARD 5312/18/2002 ●)

Anspruch auf Dienstzettel nach Beendigung des Dienstverhältnisses

69 Ein Arbeitnehmer hat auch nach Beendigung des Dienstverhältnisses noch **Anspruch** auf einen **Dienstzettel**. Die Ausstellung eines Dienstzettels kann auch nach Beendigung des Dienstverhältnisses durchaus noch weiter sinnvoll sein, und zwar unbeschadet eines Anspruchs auf ein Dienstzeugnis gemäß § 39 AngG, weil laut Kollektivvertrag die Qualifikationsmerkmale in den Dienstzettel aufzunehmen sind, die beim Dienstzeugnis nach § 39 AngG, das über die Dauer und Art der Dienstleistung Auskunft gibt, weder erforderlich noch notwendig sind.

Der Dienstzettel hat die **wesentlichen Rechte und Pflichten** aus dem Dienstvertrag zu enthalten, wie z.B. die Unterstellung unter einen bestimmten Kollektivvertrag, die anrechenbaren Dienstzeiten, die Einstufung in ein Gehaltsschema, aber auch den Umfang einer Stellvertreterbefugnis etc. Sein Zweck besteht neben der Information des Angestellten über die Hauptpunkte des Vertrages zwar in der Beweissicherung, womit ein Indiz für die Bedeutung am Beginn bzw. während des

Laufes des Dienstverhältnisses zwar durchaus vorliegt, doch kann aus den oben genannten Überlegungen gerade wegen der allenfalls auch fraglichen Qualifikationsmerkmale ein **Interesse auch nach Beendigung des Dienstverhältnisses** nicht grundsätzlich abgesprochen werden, so dass unter Beachtung der Regelung des § 39 AngG dem Begehren auf Ausstellung eines Dienstzettels Berechtigung zukommt. OLG Wien 3. 2. 1997, 7 Ra 354/96x. (ARD 4865/23/97 ●)

Konkurrenzverbot

§ 7. (1) Die im § 1 bezeichneten Angestellten dürfen ohne Bewilligung des Dienstgebers weder ein selbständiges kaufmännisches Unternehmen betreiben noch in dem Geschäftszweige des Dienstgebers für eigene oder fremde Rechnung Handelsgeschäfte machen.

(2) Übertritt der Angestellte diese Vorschrift, so kann der Dienstgeber Ersatz des verursachten Schadens fordern oder statt dessen verlangen, dass die für Rechnung des Angestellten gemachten Geschäfte als für seine Rechnung geschlossen angesehen werden. Bezüglich der für fremde Rechnung geschlossenen Geschäfte kann er die Herausgabe der hiefür bezogenen Vergütung oder Abtretung des Anspruches auf Vergütung begehren.

(3) Die Ansprüche des Dienstgebers erlöschen in drei Monaten von dem Zeitpunkt an, in dem er Kenntnis von dem Abschlusse des Geschäftes erlangt hat, jedenfalls aber in fünf Jahren von dem Abschlusse des Geschäftes an.

(4) Angestellten, die bei den im § 2 Z 5 bezeichneten Dienstgebern angestellt sind, ist untersagt, ohne Einwilligung des Dienstgebers Aufträge, die in das Gebiet der geschäftlichen Tätigkeit des Dienstgebers fallen, auf eigene oder fremde Rechnung zu übernehmen, sofern dadurch das geschäftliche Interesse des Dienstgebers beeinträchtigt wird; ferner ist ihnen untersagt, ohne Einwilligung des Dienstgebers gleichzeitig mit diesem an einem und demselben Wettbewerbe teilzunehmen. Übertritt der Angestellte diese Vorschrift, so kann der Dienstgeber Ersatz des verursachten Schadens fordern. Die Bestimmungen des vorhergehenden Absatzes sind sinngemäß anzuwenden.

Grundlegende Erläuterungen zu § 7

1. Wirksamkeit und Absicherung des Konkurrenzverbotes

Die in § 7 AngG normierten **Konkurrenzverbote** beschränken die Erwerbsausübungsfreiheit der bei Kaufleuten bzw. Zivilingenieuren und Ingenieurskonsulenten angestellten Arbeitnehmer während des **aufrechten Dienstverhältnisses**. Davon zu unterscheiden sind die **Konkurrenzklauseln** gemäß §§ 36 ff. AngG, die eine vertragliche Beschränkung der Tätigkeit des Angestellten für die Zeit **nach Ausscheiden** aus dem betreffenden **Dienstverhältnis** darstellen (siehe dazu ausführlich unter § 36 ff., Rz 696 ff.).

Das Konkurrenzverbot gilt nur für die in § 1 AngG bezeichneten (**bei Kaufleuten beschäftigten**) Angestellten bzw. in der abgewandelten Form des § 7 Abs 4 AngG für die in § 2 Z 5 AngG bezeichneten (bei **Zivilingenieuren** und **Ingenieurskonsulenten** für Vermessungswesen beschäftigten) Angestellten sowie für Angestellte in **Wirtschaftstreuhand-Kanzleien** (vgl. Art II des AngG, Rz 775 f.), nicht jedoch für Angestellte bei den in § 2 Z 1 bis Z 4 und Z 6 bis Z 9 AngG angeführten Arbeitgebern, sofern letztere nicht die Qualifikation eines Kaufmannes besitzen. Dies schließt aber nicht aus, dass auch andere Angestellte – unter besonderen Voraussetzungen – einen (letztlich möglicherweise eine Entlassung rechtfertigenden) **Vertrauensbruch** begehen können, wenn sie durch ähnliche Handlungen die Interessen ihres Arbeitgebers beeinträchtigen (vgl. OGH 18. 12. 1991, 9 ObA 244/91).

Vorweg ist festzuhalten, dass sich das Konkurrenzverbot nach § 7 Abs 1 AngG, das durch den Entlassungstatbestand des § 27 Z 3 AngG abgesichert wird, auf die **gesamte Dauer** des aufrechten **Dienstverhältnisses** erstreckt, somit auch auf die Zeit der Kündigungsfrist, und zwar selbst dann, wenn der Arbeitgeber auf eine weitere Dienstleistung während dieser Zeit verzichtet (etwa, weil der Arbeitnehmer noch seinen Urlaub verbrauchen will). Dem Arbeitnehmer bleibt es lediglich **unbenommen**, noch während der Dauer seines Dienstverhältnisses **Vorbereitungshandlungen** zum Betrieb eines selbstständigen kaufmännischen Unternehmens oder zum Abschluss von Handelsgeschäften im Geschäftszweig des Arbeitgebers für eigene oder fremde Rechnung in der Zeit nach Beendigung seines Dienstverhältnisses zu setzen; diese fallen nicht unter das Konkurrenzverbot (eine allenfalls vereinbarte Konkurrenzklausel ist jedoch zu beachten!).

2. Betreiben eines selbstständigen kaufmännischen Unternehmens

72 Gemäß § 7 Abs 1 erster Fall AngG dürfen die in § 1 AngG bezeichneten Angestellten (somit Personen, die im Geschäftsbetrieb eines Kaufmannes vorwiegend zur Leistung kaufmännischer oder höherer, nicht kaufmännischer Dienste oder Kanzleiarbeiten angestellt sind) ohne Bewilligung des Arbeitgebers **kein selbstständiges kaufmännisches Unternehmen** betreiben. Der Zweck der Verbotsnorm des § 7 Abs 1 erster Fall AngG liegt nicht in einem Hintanhalten der Konkurrenzierung des Arbeitgebers, sondern in der **Wahrung der Arbeitskraft und Leistungsfähigkeit** des Arbeitnehmers.

2.1. Bloße Kapitalbeteiligung nicht umfasst

73 Verboten ist jegliches Betreiben eines selbstständigen kaufmännischen Unternehmens. Die **bloße Kapitalbeteiligung** an einem Unternehmen allein ist allerdings nicht als Betrieb eines selbstständigen kaufmännischen Unternehmens anzusehen. Der in der Lehre vertretenen Ansicht, dass schon mit dem Ausüben von Gesellschaftsrechten, die in tatsächlicher Hinsicht eine nicht völlig unerhebliche Einflussnahme auf die Geschäftsführung ermöglichen, vom Betrieb eines selbstständigen kaufmännischen Unternehmens gesprochen werden müsse, hat sich der OGH nicht angeschlossen, da sie dem oben hervorgehobenen Umstand nicht Rechnung trägt, dass Zweck des Verbotes ja nicht die Vermeidung einer Konkurrenzierung, sondern die Erhaltung der Arbeitskraft des Arbeitnehmers ist. Insofern ist daher nicht auf die bloße Einflussmöglichkeit, sondern nur darauf abzustellen, ob zur kapitalmäßigen Beteiligung an der Gesellschaft eine **Mitwirkung an der Geschäftsführung** des Unternehmens kommt (vgl. OGH 24. 1. 2001, 9 ObA 217/00b, ARD 5256/9/2001).

2.2. Gewerberechtliche Geschäftsführung schadet nicht

74 Aus dem Zweck des § 7 Abs 1 AngG folgt auch, dass in der Ausübung der Tätigkeit als **gewerberechtlicher Geschäftsführer** allein nicht das Betreiben eines selbstständigen kaufmännischen Unternehmens gesehen werden kann. Der gewerberechtliche Geschäftsführer ist für die Einhaltung

der gewerberechtlichen Bestimmungen verantwortlich, eine kaufmännische Verantwortung trifft ihn nicht. Ohne wirtschaftliche Beteiligung wirkt sich seine Tätigkeit auch nur über das vereinbarte Entgelt auf die eigene Vermögenssituation aus. Im Ergebnis handelt es sich dabei um eine im Regelfall entgeltlich ausgeübte Tätigkeit, die durchaus mit einer anderen Angestelltentätigkeit vergleichbar ist.

2.3. Vorbereitungshandlungen verstoßen nicht gegen Konkurrenzverbot

Zwar ist es nicht unbedingt erforderlich, dass das vom Angestellten betriebene selbstständige Unternehmen zum Arbeitgeber tatsächlich ein Konkurrenzunternehmen ist, das Nebengeschäft muss aber bereits tatsächlich ausgeübt werden. Die **bloße Gründung eines selbstständigen kaufmännischen Unternehmens** ohne Aufnahme des Geschäftsbetriebes reicht für die Tatbestandsverwirklichung nicht aus. 75

Gründen daher Arbeitnehmer nach Kündigung ihrer Dienstverhältnisse unter gleichzeitiger Dienstfreistellung eine GmbH, die im Geschäftszweig des Arbeitgebers tätig werden soll, und lassen diese im Firmenbuch registrieren, wobei aber der Geschäftsbetrieb während des aufrechten Dienstverhältnisses noch nicht aufgenommen wurde, sondern lediglich **Vorbereitungshandlungen** wie die Einholung von Informationen über den Kauf von Maschinen sowie über die Finanzierung von Unternehmensgründungen durchgeführt werden, kann von einem „Betreiben eines selbstständigen kaufmännischen Unternehmens" noch nicht gesprochen werden (vgl. OGH 17. 3. 1993, 9 ObA 8/93, ARD 4523/39/94).

3. Abschluss von Handelsgeschäften im Geschäftszweig des Arbeitgebers

Nach dem Konkurrenzverbot des § 7 Abs 1 zweiter Fall AngG, das durch den Entlassungstatbestand des § 27 Z 3 zweiter Fall AngG abgesichert ist, ist es einem Angestellten verboten, **im Geschäftszweig des Arbeitgebers für eigene oder fremde Rechnung Handelsgeschäfte zu machen**. 76

Doch nicht erst der Abschluss oder die Effektuierung eines Handelsgeschäftes erfüllen den Tatbestand nach § 7 Abs 1 zweiter Fall AngG, sondern auch der **Versuch eines Abschlusses** ist ein verbotenes „Handelsgeschäfte machen" iSd dieser Bestimmung. Für den Verstoß gegen das Konkurrenzverbot genügt es, wenn der Arbeitnehmer noch während des aufrechten Dienstverhältnisses **nach außen hin**, insbesondere Kunden gegenüber, für das Konkurrenzunternehmen tätig wird.

3.1. Vom Konkurrenzverbot umfasste Handelsgeschäfte

Als „Handelsgeschäfte" im Sinne dieser Bestimmung sind nur Handelsgeschäfte nach Art 271 und Art 272 des (zum Zeitpunkt des Inkrafttretens des AngG in Geltung gestandenen) Allgemeinen Handelsgesetzbuches (AHGB) idF vor der Novelle 1928 zu verstehen. Unter die genannten Bestimmungen fallen jene Rechtsgeschäfte, die nach der Systematik des AHGB schon **ihres Inhaltes wegen als Handelsgeschäfte angesehen** wurden (Art 271 AHGB; sog. absolute oder objektive Handelsgeschäfte), und weiters jene Rechtsgeschäfte, die über einen bestimmten Inhalt hinaus die Eigenschaft eines Handelsgeschäftes dadurch erlangen, dass sie **gewerbsmäßig ausgeführt** werden (Art 272 AHGB; sog. relative Handelsgeschäfte). 77

Sie setzen also – anders als nach geltendem Recht (vgl. § 343 Abs 1 UGB) und nach der dritten Kategorie des AHGB (Art 273 Abs 1 AHGB: „Alle einzelnen Geschäfte eines Kaufmannes, welche zum Betriebe seines Handelsgewerbes gehören, sind als Handelsgeschäfte anzusehen") – die **Kaufmannseigenschaft** des Abschließenden **nicht** voraus. Als Handelsgeschäfte anzusehen sind also u.a. der Verkauf oder die anderweitige Anschaffung von Waren oder anderen beweglichen Sachen, um sie weiterzuveräußern, und die Übernahme einer Lieferung von Gegenständen, welche der Unternehmer zu diesem Zweck angeschafft hat. Anschaffung und Weiterveräußerung müssen miteinander in einem zweckgerichteten Zusammenhang stehen.

3.2. Abgrenzung des Begriffes „Geschäftszweig des Arbeitgebers"

78 Ob der Begriff des **„Geschäftszweiges"** eng zu ziehen ist oder ob sich das Konkurrenzverbot des § 7 Abs 1 AngG auch auf Handelsgeschäfte erstreckt, die der Arbeitgeber nach der **Zweckwidmung** seines Handelsgewerbes **betreiben könnte**, war lange Zeit in der Lehre umstritten und wurde auch von der Rechtsprechung nicht einheitlich beantwortet.

Ausgehend von dem Gedanken, dass mit dem in der Treuepflicht wurzelnden Konkurrenzverbot die Erwerbsfreiheit des Arbeitnehmers im Interesse des Arbeitgebers eingeschränkt wird und wesentliche Interessen des Arbeitgebers nur dann berührt werden, wenn die vom Arbeitgeber tatsächlich ausgeübte Geschäftstätigkeit betroffen ist, hat der OGH in der Entscheidung OGH 29. 5. 1991, 9 ObA 74/91, ARD 4301/18/91, unter Auseinandersetzung mit der bisherigen Rechtsprechung und der in der Literatur vertretenen Ansichten ausgesprochen, dass eine am Schutzzweck der Norm orientierte Auslegung dahin führt, den **Begriff** „Geschäftszweig" **eng auszulegen** und nur auf die vom Arbeitgeber **tatsächlich entfaltete Geschäftstätigkeit** zu beziehen ist.

Vertreibt der Arbeitnehmer Waren, die auch zum Handelsgeschäft des Arbeitgebers gehören, gehört dies jedenfalls zum „Geschäftszweig" des Arbeitgebers.

3.3. Konkurrenzverhältnis erforderlich

79 Im Gegensatz zum Tatbestand des Betreibens eines selbstständigen kaufmännischen Unternehmens ist es für den zweiten Fall des § 7 Abs 1 AngG erforderlich, dass der Arbeitnehmer dem Arbeitgeber durch das Führen von Handelsgeschäften im Geschäftszweig des Arbeitgebers für eigene oder fremde Rechnung **Konkurrenz** macht. Für das Bestehen einer Konkurrenzsituation ist es aber nicht erforderlich, dass sich zwei Unternehmen mit völlig gleichartigen Produkten an denselben Abnehmerkreis wenden, sondern es genügt, dass mit den **konkurrierenden Produkten gleichartige Bedürfnisse** eines zumindest **teilweise identischen Kundenkreises** befriedigt werden. Eine derartige Konkurrenzsituation liegt etwa nicht vor, wenn ein Schaufensterdekorateur mit Hilfe anderer Arbeitnehmer seines Arbeitgebers in seiner und deren Freizeit Dekorationsleistungen für ein anderes Unternehmen einer anderen Branche erbringt. Damit wird weder der Tatbestand des Betreibens eines selbstständigen kaufmännischen Unternehmens noch der des Betreibens von Handelsgeschäften im Geschäftszweig des Arbeitgebers erfüllt (vgl. OGH 25. 11. 1998, 9 ObA 239/98g, ARD 4997/12/98).

4. Übernahme von Aufträgen im Geschäftszweig des Arbeitgebers

80 Nach § 7 Abs 4 AngG ist es Angestellten, die bei den im § 2 Abs 1 Z 5 AngG bezeichneten Arbeitgebern angestellt sind, untersagt, ohne Einwilligung des Arbeitgebers **Aufträge**, die in das Gebiet der geschäftlichen Tätigkeit des Arbeitgebers fallen, auf eigene oder fremde Rechnung **zu übernehmen**, sofern dadurch das geschäftliche Interesse des Arbeitgebers beeinträchtigt wird. Ferner ist ihnen untersagt, ohne Einwilligung des Arbeitgebers gleichzeitig mit diesem an ein und demselben **Wettbewerb teilzunehmen**.

§ 7 AngG

Der Adressatenkreis dieser Vorschrift umfasst die bei Ziviltechnikern iSd § 1 Ziviltechnikergesetz (**Zivilingenieure und Ingenieurskonsulenten für Vermessungswesen**) als Angestellte beschäftigten Arbeitnehmer. Gemäß Art II des AngG findet § 7 Abs 4 AngG mit Ausnahme der Bestimmungen über die Teilnahme an einem Wettbewerb auch auf Dienstverhältnisse von Personen Anwendung, die vorwiegend zur Leistung kaufmännischer oder höherer, nicht kaufmännischer Dienste oder zu Kanzleiarbeiten bei **Wirtschaftstreuhändern** angestellt sind.

5. Ersatzansprüche des Arbeitgebers

Verstößt ein Angestellter gegen die in § 7 Abs 1 und Abs 4 AngG normierten Konkurrenzverbote kommt dem Arbeitgeber ein Wahlrecht zu: er kann entweder den **Ersatz des verursachten Schadens** fordern, oder statt dessen verlangen, dass die für Rechnung des Angestellten gemachten **Geschäfte als für seine Rechnung geschlossen** angesehen werden. Bezüglich der für fremde Rechnung geschlossenen Geschäfte kann er die Herausgabe der hiefür bezogenen Vergütung oder Abtretung des Anspruches auf Vergütung begehren. Ein **Eintrittsrecht** bzw das Recht auf die dem Angestellten zustehende Vergütung steht dem Arbeitgeber aber nur im Falle eines Verstoßes des Angestellten gegen das Verbot des § 7 Abs 1 zweiter Fall AngG zu (**Abschluss von Handelsgeschäften** im Geschäftszweig des Arbeitgebers; vgl. OGH 28. 3. 2007, 9 ObA 84/06b). 81

Macht der Arbeitgeber durch die gerichtliche Geltendmachung eines Schadenersatzanspruchs oder den Eintritt in das Handelsgeschäft von seinem Wahlrecht Gebrauch, ist diese **Ausübung des Wahlrechtes bindend** (unwiderruflich). Das Wahlrecht ist daher durch die einmal ausgeübte Wahl – sei es durch Mitteilung an den Verpflichteten, sei es durch Einbringung der Klage – endgültig erloschen. Das entspricht der allgemeinen Regelung über die Einmaligkeit der Ausübung des Wahlrechtes durch den Gläubiger. Von der einmal getroffenen und dem Vertragspartner mitgeteilten Wahl kann nicht mehr einseitig abgegangen werden, weil dieser sonst in unzumutbarer Ungewissheit gehalten würde.

Der Arbeitgeber muss seine Ansprüche gemäß § 7 Abs 3 AngG **binnen 3 Monate** von dem Zeitpunkt an, in dem er **Kenntnis von dem Abschluss des Geschäfts** erlangt hat, jedenfalls aber innerhalb von **5 Jahren ab dem Geschäftsabschluss** an geltend machen. Die 3-monatige Frist ist eine Präklusivfrist (Fallfrist), d.h. bei Nichtgeltendmachung innerhalb dieser Frist erlischt der Anspruch; die 5-jährige Frist des § 7 Abs 3 AngG ist hingegen eine Verjährungsfrist, deren Ablauf nur den Verlust der Klagbarkeit des Anspruches zur Folge hat.

Judikatur zu § 7 Abs 1

Umfang des Konkurrenzverbots

Bei einer **bloßen Kapitalbeteiligung** an einem Unternehmen allein bzw. die Ausübung von **Gesellschaftsrechten**, die in tatsächlicher Hinsicht eine nicht völlig unerhebliche Einflussnahme auf die Geschäftsführung ermöglichen, kann **nicht** vom Betrieb eines **selbstständigen kaufmännischen Unternehmens** gesprochen werden. Zweck des Konkurrenzverbotes ist nicht die Vermeidung einer Konkurrenzierung, sondern die Erhaltung der Arbeitskraft des Arbeitnehmers. Insofern ist daher nicht auf die bloße Einflussmöglichkeit abzustellen, sondern nur darauf, ob zur kapitalmäßigen Beteiligung an der Gesellschaft noch eine **Mitwirkung** an der **Geschäftsführung** des Unternehmens kommt. 82

§ 7 AngG

Nach § 7 Abs 1 zweiter Fall AngG ist es dem Angestellten verboten, im **Geschäftszweig** des Arbeitgebers für eigene oder fremde Rechnung **Handelsgeschäfte** zu machen. Als „Handelsgeschäfte" im Sinne dieser Bestimmung sind nur Handelsgeschäfte nach Art 271 und Art 272 des (zum Zeitpunkt des Inkrafttretens des AngG in Geltung gestandenen) AHGB idF vor der Novelle 1928 zu verstehen. Danach sind Handelsgeschäfte u.a. der Verkauf oder die anderweitige Anschaffung von Waren oder anderen beweglichen Sachen, um sie weiterzuveräußern, und die Übernahme einer Lieferung von Gegenständen, die der Unternehmer zu diesem Zweck angeschafft hat. Anschaffung und Weiterveräußerung müssen miteinander in einem zweckgerichteten Zusammenhang stehen. Der **Erwerb von GmbH-Geschäftsanteilen** ist daher nicht als Handelsgeschäft anzusehen. OGH 24. 1. 2001, 9 ObA 217/00b. (ARD 5256/9/2001 ●)

Die bloße **Gründung eines Konkurrenzunternehmens** ist noch **nicht** als verbotswidrige Vorbereitungshandlung für eine Verletzung des Konkurrenzverbots iSd § 7 AngG anzusehen. Der Abschluss von Dienstverträgen mit zu überlassenden Arbeitskräften kann nicht als Handelsgeschäft im Sinne dieser Gesetzesstelle angesehen werden. OGH 10. 2. 1993, 9 ObA 1/93. (ARD 4446/21/93 ●)

Erbringt ein Schaufensterdekorator, wenn auch mit Hilfe anderer Arbeitnehmer seines Arbeitgebers, in seiner und deren Freizeit **Dekorationsleistungen** für ein **anderes Unternehmen einer anderen Branche**, setzt er damit weder den Entlassungsgrund des Betriebes eines selbstständigen kaufmännischen Unternehmens noch den des Betreibens von Handelsgeschäften im Geschäftszweig des Arbeitgebers.

Der Entlassungstatbestand nach § 27 Z 3 erster Tatbestand AngG, dient der Sicherung des Konkurrenzverbots des § 7 Abs 1 erster Fall AngG, derjenige des § 27 Z 3 zweiter Tatbestand AngG der Sicherung des Konkurrenzverbots des § 7 Abs 1 zweiter Fall AngG. Die beiden Entlassungstatbestände decken sich demnach mit dem jeweiligen Verbot des § 7 AngG. Nach § 7 Abs 1 erster Fall AngG dürfen die in § 1 AngG bezeichneten Angestellten (das sind Personen, die im Geschäftsbetrieb eines Kaufmannes vorwiegend zur Leistung kaufmännischer oder höherer, nicht kaufmännischer Dienste oder Kanzleiarbeiten angestellt sind) ohne Bewilligung des Arbeitgebers **kein selbstständiges kaufmännisches Unternehmen betreiben**. Selbst wenn man davon ausgeht, dass der als Dekorateur beschäftigte Arbeitnehmer vor seiner Entlassung bereits im Rahmen des von ihm angemeldeten Gewerbes des Werbegestalters einen **Dekorationsauftrag angenommen** hat, steht damit noch nicht fest, dass es sich um ein kaufmännisches Unternehmen handelt. Der Beruf des Werbegestalters (Dekorateurs) lässt nicht ohne weiteres erkennen, dass hiermit eine **kaufmännische Tätigkeit** (§ 1 HGB bzw. – in Hinblick auf das zur Zeit der Schaffung des § 7 Abs 1 AngG noch geltende AHGB – Art 4 iVm Art 271, Art 272 AHGB) verbunden ist.

Es scheidet aber auch ein Verstoß des Arbeitnehmers gegen das Verbot des § 7 Abs 1 zweiter Fall AngG aus, wenn der Arbeitgeber ein **Modehandelshaus** betreibt, die vom Arbeitnehmer übernommenen Dekorationsarbeiten hingegen für ein **Hotel** erbracht wurden. Von einer Tätigkeit **im Geschäftszweig** des Arbeitgebers kann somit nicht gesprochen werden. OGH 25. 11. 1998, 9 ObA 239/98g. (ARD 4997/12/99 ●)

Auslegung des Begriffs „Geschäftszweig des Arbeitgebers"

83   Gemäß § 7 Abs 1 AngG darf ein Angestellter ohne Bewilligung des Dienstgebers **im Geschäftszweig des Dienstgebers** weder für eigene noch für fremde Rechnung Handelsgeschäfte machen; gemäß § 27 Z 3 zweiter Tatbestand AngG berechtigt ein Verstoß gegen dieses Verbot den Arbeitgeber zur Entlassung des Angestellten. Mit dem in der Treuepflicht wurzelnden Konkurrenzverbot wird die Erwerbsfreiheit des Arbeitnehmers im Interesse des Arbeitgebers eingeschränkt; da wesentliche Interessen des Arbeitgebers nur dann berührt werden, wenn die vom Arbeitgeber tatsächlich

§ 7 AngG

ausgeübte Geschäftstätigkeit betroffen ist, führt eine am Schutzzweck der Norm orientierte Auslegung dahin, den in den §§ 7 Abs 1 und 27 Z 3 AngG gebrauchten Begriff **„Geschäftszweig"** **eng auszulegen** und nur auf die vom Arbeitgeber **tatsächlich entfaltete Geschäftstätigkeit** zu beziehen. OGH 29. 5. 1991, 9 ObA 74/91. (ARD 4301/18/91 ●)

Dauer des Konkurrenzverbots

Das Konkurrenzverbot des § 7 Abs 1 AngG erstreckt sich auf die **gesamte Dauer des aufrechten Dienstverhältnisses**, somit auch auf die Zeit der Kündigungsfrist, und zwar selbst dann, wenn der Arbeitgeber auf eine weitere Dienstleistung während dieser Zeit – etwa, weil der Arbeitnehmer noch seinen Urlaub verbrauchen will – verzichtet hat. Dem Arbeitnehmer bleibt es lediglich unbenommen, noch während der Dauer seines Dienstverhältnisses **Vorbereitungshandlungen** zum Betrieb eines selbstständigen kaufmännischen Unternehmens oder zum Abschluss von Handelsgeschäften im Geschäftszweig des Arbeitgebers für eigene oder fremde Rechnung in der Zeit nach Beendigung seines Dienstverhältnisses zu setzen. OGH 11. 2. 1986, 5 Ob 301/86. (ARD 3787/36/86 ●)

84

Judikatur zu § 7 Abs 2

Ersatzansprüche des Arbeitgebers bei Konkurrenztätigkeit des Angestellten

Macht ein Angestellter im Geschäftszweig des Arbeitgebers für eigene oder fremde Rechnung **Handelsgeschäfte**, so kann der Arbeitgeber nach § 7 Abs 2 AngG **Ersatz des verursachten Schadens** fordern oder statt dessen verlangen, dass die für Rechnung des Angestellten gemachten Geschäfte **als für seine Rechnung geschlossen** angesehen werden.

Betreibt der Angestellte hingegen ohne Bewilligung des Arbeitgebers ein **selbstständiges kaufmännisches Unternehmen**, steht dem Arbeitgeber die Alternative des Eintritts in die vom Arbeitnehmer verbotswidrig geschlossenen Geschäfte nicht offen; vielmehr kann er **nur Schadenersatz** fordern.

Die Auffassung, dass dem Arbeitgeber ein Eintrittsrecht bzw das Recht auf die dem Angestellten zustehende Vergütung nur im Falle eines Verstoßes des Angestellten gegen das Verbot des § 7 Abs 1 zweiter Fall AngG zusteht, steht nicht nur im Einklang mit der herrschenden Lehre, sondern auch mit dem – wenn auch nicht wünschenswert deutlichen – Wortlaut und dem Zweck der gesetzlichen Regelung. Schon der Umstand, dass die in § 7 Abs 2 AngG normierte Alternative zum Schadenersatzanspruch des Arbeitgebers an „die ... **geschlossenen Geschäfte"** anknüpft, spricht für die Richtigkeit der Auffassung, dass damit auf das **Verbot**, im Geschäftszweig des Arbeitgebers **Handelsgeschäfte** zu machen, Bezug genommen wird. Vor allem aber spricht für diese Auffassung der Sinn des Verbots des **§ 7 Abs 1 erster Fall AngG**, der darauf abzielt, dem Arbeitgeber die **volle Arbeitskraft** des Angestellten und die uneingeschränkte Vertretung der Betriebsinteressen zu sichern und das daher **unabhängig von einer unmittelbaren Konkurrenzierung** greift.

Dem Gesetzgeber kann wohl nicht unterstellt werden, er wolle im Falle des Verstoßes gegen dieses Verbot dem Arbeitgeber den Eintritt in sämtliche Geschäfte des vom Angestellten geführten kaufmännischen Unternehmens ermöglichen bzw ihm die Vergütung des Angestellten für all diese (= alle) Geschäfte des Unternehmens zukommen lassen, unabhängig davon, ob diese Geschäfte den Geschäftszweig des Arbeitgebers berühren bzw ob derartige Geschäfte überhaupt vom Arbeitgeber getätigt werden. Mit dem rechtspolitischen **Grund des Eintrittsrechts** (bzw des Rechts auf die dem Angestellten zustehende Vergütung), das den praktischen Problemen bei

85

§ 8 AngG

der Ermittlung des konkreten Schadens des Arbeitgebers Rechnung tragen soll, wäre eine **derart weitgehende** und vom denkbaren Schaden des Arbeitgebers völlig abgekoppelte **Sanktion nicht vereinbar.** OGH 28. 3. 2007, 9 ObA 84/06b. (●)

Eine Verletzung des Konkurrenzverbots kann zwar **Schadenersatz- und Eintrittsansprüche** des Arbeitgebers auslösen, allenfalls sogar die **Entlassung** des Arbeitnehmers rechtfertigen (§ 27 Z 3 AngG); sie kann aber in keinem Fall den Verlust des im Fall der Dienstfreistellung fortbestehenden Entgeltanspruchs des Arbeitnehmers zur Folge haben. OLG Wien 22. 6. 1998, 8 Ra 99/98g. (ARD 5027/26/99 ●)

Ausübung des Wahlrechts bei Verletzung des Konkurrenzverbots

86 Macht ein Arbeitgeber nach Verletzung des Konkurrenzverbots durch einen Arbeitnehmer seinen **Eintritt** in das vom Angestellten eingegangene **Handelsgeschäft** geltend, kann er auch durch Klagsänderung **nicht** mehr **Schadenersatz** wegen Verletzung des Konkurrenzverbots geltend machen. Im Falle des Verstoßes eines Angestellten gegen das Konkurrenzverbot nach § 7 AngG macht ein Arbeitgeber durch die gerichtliche Geltendmachung eines Schadenersatzanspruchs oder den Eintritt in das Handelsgeschäft von seinem **Wahlrecht** Gebrauch und bleibt hierauf beschränkt. Ebenso ist in allen vergleichbaren Sanktionen für den Fall des Verstoßes gegen das Konkurrenzverbot – etwa im Gesellschaftsrecht – die einmal durch die Mitteilung des Beschlusses bzw. die Einbringung der Klage erfolgte **Ausübung des Wahlrechts bindend** (unwiderruflich). D.h., dass das Wahlrecht durch die einmal ausgeübte Wahl – sei es durch Mitteilung an den Verpflichteten, sei es durch Einbringung der Klage – endgültig erloschen ist. Das entspricht der allgemeinen Regelung über die Einmaligkeit der Ausübung des Wahlrechtes durch den Gläubiger. Von der einmal getroffenen und dem Vertragspartner mitgeteilten Wahl kann **nicht mehr einseitig abgegangen** werden, weil dieser sonst in unzumutbarer Ungewissheit gehalten würde.

Auch die Zurückziehung der zugestellten, die Wahl enthaltenden Klage kann die geschehene materiell-rechtliche Gestaltung nicht mehr beseitigen. Abgesehen von der materiell-rechtlichen Gestaltungswirkung könnte nach Ablauf der Frist des § 7 Abs 3 AngG aus materiell-rechtlichen Gründen auch eine Klagsänderung nicht mehr erfolgen. OGH 24. 8. 1998, 8 ObA 199/98t. (ARD 5007/5/99 ●)

Anspruch bei Dienstverhinderung

87 § 8. (1) Ist ein Angestellter nach Antritt des Dienstverhältnisses durch Krankheit oder Unglücksfall an der Leistung seiner Dienste verhindert, ohne dass er die Verhinderung vorsätzlich oder durch grobe Fahrlässigkeit herbeigeführt hat, so behält er seinen Anspruch auf das Entgelt bis zur Dauer von sechs Wochen. Beruht die Dienstverhinderung jedoch auf einem Arbeitsunfall oder einer Berufskrankheit im Sinne der Vorschriften über die gesetzliche Unfallversicherung, so verlängert sich die Frist von sechs Wochen um die Dauer dieser Dienstverhinderungen, höchstens jedoch um zwei Wochen. Der Anspruch auf das Entgelt beträgt, wenn das Dienstverhältnis fünf Jahre gedauert hat, jedenfalls acht Wochen; es erhöht sich auf die Dauer von zehn Wochen, wenn es fünfzehn Jahre, und auf zwölf Wochen, wenn es fünfundzwanzig Jahre ununterbrochen gedauert hat. Durch je weitere vier Wochen behält der Angestellte den Anspruch auf das halbe Entgelt. (BGBl 1975/418)

§ 8 AngG

(2) Tritt innerhalb eines halben Jahres nach Wiederantritt des Dienstes abermals eine Dienstverhinderung ein, so hat der Angestellte für die Zeit der Dienstverhinderung, soweit die Gesamtdauer der Verhinderungen die im Abs 1 bezeichneten Zeiträume übersteigt, Anspruch nur auf die Hälfte des ihm gemäß Abs 1 gebührenden Entgeltes.

(3) Der Angestellte behält ferner den Anspruch auf das Entgelt, wenn er durch andere wichtige, seine Person betreffende Gründe ohne sein Verschulden während einer verhältnismäßig kurzen Zeit an der Leistung seiner Dienste verhindert wird.

(4) Weibliche Angestellte behalten den Anspruch auf das Entgelt während sechs Wochen nach ihrer Niederkunft; während dieser Zeit dürfen sie zur Arbeit nicht zugelassen werden. Erkranken sie, so gelten vom Zeitpunkte der Niederkunft die Bestimmungen des Abs 1.

(5) Gegen Vorweisung eines ärztlichen Zeugnisses, dass ihre Niederkunft voraussichtlich innerhalb sechs Wochen stattfinden wird, können weibliche Angestellte die Arbeit einstellen. Erkrankt die Angestellte während dieser Frist, so gelten vom Tage der Erkrankung die Bestimmungen des Abs 1.

(6) Nach der Niederkunft haben sie, wenn sie ihre Kinder selbst stillen, während der Arbeitszeit Anspruch auf zwei halbstündige Stillpausen täglich.

(7) Beträge, die der Angestellte für die Zeit der Verhinderung aufgrund einer öffentlichrechtlichen Versicherung bezieht, dürfen auf die Geldbezüge nicht angerechnet werden.

(8) Der Angestellte ist verpflichtet, ohne Verzug die Dienstverhinderung dem Dienstgeber anzuzeigen und auf Verlangen des Dienstgebers, das nach angemessener Zeit wiederholt werden kann, eine Bestätigung der zuständigen Krankenkasse oder eines Amts- oder Gemeindearztes über Ursache und Dauer der Arbeitsunfähigkeit vorzulegen. Kommt der Angestellte diesen Verpflichtungen nicht nach, so verliert er für die Dauer der Säumnis den Anspruch auf das Entgelt.

Grundlegende Erläuterungen zu § 8

§ 8 AngG regelt den Anspruch eines Angestellten auf Entgelt im Falle, dass er durch **Krankheit** (Unglücksfall), **Arbeitsunfall** (Berufskrankheit) oder durch **andere wichtige, seine Person betreffende Gründe** an der Leistung seiner Dienste gehindert ist. Das Ausmaß des Entgeltfortzahlungsanspruches hängt einerseits vom Grund der Dienstverhinderung, andererseits von der Dauer des Dienstverhältnisses und der Dauer der Dienstverhinderung selbst ab.

§ 8 AngG stellt gemäß § 40 AngG zugunsten des Angestellten (einseitig) **zwingendes Recht** dar; er kann daher nur zu dessen Vorteil, nicht aber zu seinem Nachteil vertraglich abgeändert werden.

1. Mitteilungs- und Nachweispflichten

1.1. Mitteilungspflicht des Arbeitnehmers

Unabhängig vom Grund der Verhinderung ist der Angestellte nach § 8 Abs 8 AngG verpflichtet, dem Arbeitgeber die **Arbeitsverhinderung unverzüglich mitzuteilen** und glaubhaft darzulegen, um damit dem Arbeitgeber die Möglichkeit rechtzeitiger Disposition zu geben (z.B. Änderung

§ 8 AngG

des Dienstplans, die Kontaktierung einer Ersatzkraft oder eine andere Einteilung des Arbeitsablaufes). Außerdem benötigt der Arbeitgeber diese Information, um entscheiden zu können, ob die Abwesenheit des Arbeitnehmers sachlich gerechtfertigt ist. Der Arbeitnehmer muss die Information über die Dienstverhinderung nicht selbst vornehmen, sondern kann diese auch durch dessen Vertrauenspersonen erfolgen.

Das Gesetz sieht für die Verständigung des Arbeitgebers vom Eintritt einer Dienstverhinderung **keine besondere Form** vor. Es stehen dem Arbeitnehmer somit sämtliche Möglichkeiten offen, die den Zweck der Information des Arbeitgebers erfüllen. Neben der heutzutage wohl naheliegendsten Form der mündlichen Mitteilung per Telefon, ist auch die schriftliche Verständigung (per Post oder Fax) noch maßgeblich. Auch eine Verständigung des Arbeitgebers durch SMS auf das Diensthandy wurde von der Rechtsprechung als zulässig erachtet (vgl. OGH 16. 10. 2003, 8 ObA 92/03t, ARD 5480/4/2004).

Im Falle einer Dienstverhinderung infolge von Krankheit ist der Arbeitnehmer **nicht verpflichtet**, dem Arbeitgeber die **Gründe für seinen Krankenstand** bekannt zu geben. Der Verpflichtung, eine Dienstverhinderung zu melden, ist vielmehr schon dann Genüge getan, wenn der erkrankte Arbeitnehmer als Grund für die Dienstverhinderung bloß „Erkrankung" nennt und ob seine Arbeitsunfähigkeit auf einer Krankheit beruht oder auf einen Arbeitsunfall oder eine Berufskrankheit zurückzuführen ist. Erst auf Verlangen des Arbeitgebers, das nach angemessener Zeit wiederholt werden kann, hat der Arbeitnehmer auch eine Bestätigung über Beginn, Ursache und Dauer der Arbeitsunfähigkeit vorzulegen.

1.2. Nachweispflicht des Arbeitnehmers

Ist die Arbeitsunfähigkeit auf eine Krankheit oder eine Arbeitsunfall (Berufskrankheit) zurückzuführen, kann der Arbeitgeber von dem sich im Krankenstand befindlichen Arbeitnehmer die **Vorlage einer Bestätigung** der zuständigen Krankenkasse oder eines Amts- oder Gemeindearztes über Beginn, Ursache (in Lehre und Rechtsprechung umstritten) und voraussichtliche Dauer der Arbeitsunfähigkeit verlangen. Dafür ist zweckmäßigerweise eine entsprechende Frist zu setzen. Welche der drei genannten Stellen (Krankenkasse, Amts- oder Gemeindearzt) der Arbeitnehmer in Anspruch nimmt, obliegt diesem; dem Arbeitgeber kommt diesbezüglich kein Wahlrecht zu.

Der Angestellte ist jedoch nur dann zur Vorlage einer Krankenstandsbestätigung verpflichtet, wenn er dazu **im Einzelfall konkret vom Arbeitgeber aufgefordert** wird. Die Aufforderung zur Vorlage einer Bestätigung für den Nachweis einer Dienstverhinderung durch Krankheit kann nicht durch eine **generelle Verpflichtung im Dienstvertrag** ersetzt werden. Auch eine entsprechende Verpflichtung im Kollektivvertrag oder in einer Betriebsvereinbarung ersetzt die notwendige Aufforderung nicht.

Die **Rückdatierung des Krankenstandes** um einen Tag, d.h. also der Arztbesuch des erkrankten Arbeitnehmers einen Tag nach Beginn der Erkrankung, stellt in Hinblick auf die unterschiedlichen Ordinationszeiten der Kassenärzte durchaus keine Ungewöhnlichkeit dar. Folglich kann aber auch der Arbeitgeber – falls nicht ausnahmsweise weitere Umstände hinzutreten, die auf eine bewusste Irreführung des Arbeitgebers über den Beginn des Krankenstandes hindeuten – aus dem Umstand, dass die **Arbeitsunfähigkeitsbestätigung des Arztes um einen Tag rückdatiert** ist, keine Konsequenzen ableiten. Für das sofortige Aufsuchen eines Arztes im Erkrankungsfalle schon am ersten Tag der Erkrankung besteht weder Rechtspflicht noch ist dies nach den Umständen immer tunlich (vgl. ASG Wien 10. 6. 1980, 5 Cr 1072/80, ARD 3230/13/80).

§ 8 AngG

1.3. Vertrauen auf ärztliche Krankschreibung – Pflicht zur Nachuntersuchung

Ein Arbeitnehmer, der krankgeschrieben wurde, darf grundsätzlich auf die **Richtigkeit der ausge- 91 stellten ärztlichen Bescheinigung** vertrauen. Bei diesen Regeln handelt es sich aber um Erfahrungssätze im Sinne der überwiegenden Wahrscheinlichkeit, die dem Arbeitgeber nicht das Recht nehmen, gegenüber diesem prima-facie-Beweis den **Gegenbeweis** dafür anzutreten, dass der Arbeitnehmer trotz Vorlage einer entsprechenden Krankenstandsbescheinigung arbeitsfähig war und davon auch Kenntnis hatte oder nach den Umständen des Falles offenbar haben musste. Dies wäre etwa der Fall, wenn der Arbeitnehmer die ärztliche Bestätigung durch bewusst unrichtige Angaben gegenüber dem Arzt erwirkt hätte (vgl. OGH 14. 7. 1981, 4 Ob 42/81, ARD 3388/7/82), oder die Krankschreibung ohne unmittelbare ärztliche Untersuchung des Arbeitnehmers erfolgte.

Ein Arbeitnehmer darf insbesondere dann **nicht auf die ärztliche Krankschreibung vertrauen**, wenn die Beurteilung des Arztes über die Arbeitsunfähigkeit des Arbeitnehmers im Wesentlichen nur auf dessen Angaben über die Beschwerden beruht, und sich der Arbeitnehmer bewusst ist, dass er trotz seines beeinträchtigten Gesundheitszustandes seiner **Arbeitspflicht nachkommen kann**.

Lässt jedoch der Arzt das Ende des Krankenstandes offen, ist der Arbeitnehmer – sobald er sich subjektiv besser fühlt – verpflichtet, sich **neuerlich untersuchen** zu lassen, ob die Voraussetzungen des Krankenstandes noch vorliegen. Muss einem Arbeitnehmer etwa infolge der von ihm während des vom Arzt verordneten Krankenstandes verrichteten Tätigkeiten jedoch bewusst sein, dass er auch zur Erfüllung der dienstvertraglich übernommenen Pflichten in der Lage ist, ist er nicht arbeitsunfähig und stellt der Nichtantritt des Dienstes auch dann einen Entlassungsgrund dar, wenn ihm vom Arzt Krankheit bescheinigt wird (OGH 20. 5. 1998, 9 ObA 15/98s, ARD 4964/1/98).

1.4. Folgen einer verspäteten Krankmeldung bzw. unterlassenen Bescheinigung

Ein Arbeitnehmer ist nach § 8 Abs 8 AngG verpflichtet, seinem Arbeitgeber eine vorliegende 92 Dienstverhinderung ohne Verzug anzuzeigen und auf Verlangen des Arbeitgebers, das nach angemessener Zeit wiederholt werden kann, eine Bestätigung über Ursache und Dauer der Arbeitsunfähigkeit vorzulegen. Kommt er einer dieser Verpflichtungen nicht nach, so **verliert er für die Dauer der Säumnis den Anspruch auf Entgelt** (§ 8 Abs 8 AngG).

Das Interesse des Arbeitgebers an der Information über den Arbeitsausfall seines Arbeitnehmers ist naturgemäß sehr groß, sodass § 8 Abs 8 AngG den Angestellten auch verpflichtet, die **Arbeitsverhinderung ohne Verzug bekannt zu geben**. Hingegen ist der Nachweis der Arbeitsunfähigkeit nicht von gleicher Dringlichkeit, was darin seinen Ausdruck findet, dass der Gesetzgeber eine Wiederholung dieses Verlangens des Arbeitgebers vorsieht. Es ist daher davon auszugehen, dass die Säumnis (und damit der Verlust des Entgeltanspruchs) nicht sofort eintritt, insbesondere wenn der Arbeitgeber keine Frist für die Vorlage der Bestätigung gesetzt hat. Von der Rechtsprechung wird eine **3-tägige Frist zur Beibringung eines ärztlichen Zeugnisses** als angemessen angesehen, sodass erst nach Ablauf dieser Frist die Säumnis eintritt. Der Arbeitnehmer behält daher grundsätzlich auch bei verspäteter Beibringung der Krankenstandsbestätigung seinen Anspruch auf Entgeltfortzahlung für die ersten drei Tage seines Krankenstandes und verliert diesen erst ab dem 4. Tag bis zur Vorlage der Bestätigung (vgl. OLG Wien 28. 3. 2003, 7 Ra 17/03a, ARD 5452/4/2003). Hat der Arbeitgeber eine Frist zur Vorlage einer Krankenstandsbestätigung gesetzt, ist der Arbeitnehmer erst nach Ablauf dieser Frist säumig.

Der Verlust des Entgeltfortzahlungsanspruches für die Dauer der Säumnis ist die **einzige angeordnete Rechtsfolge** bei unterlassener oder verspäteter Meldung der Dienstverhinderung bzw. Vorlage der Krankenstandsbestätigung. Weitere Folgen sind nicht vorgesehen, so dass die

§ 8 AngG

Unterlassung nur unter **besonderen Umständen**, z.B. wenn dem Arbeitnehmer die Meldung leicht möglich gewesen wäre und er wusste, dass dem Arbeitgeber infolge der Unterlassung der Meldung ein beträchtlicher Schaden erwachsen könne, dem **Entlassungstatbestand** der beharrlichen Dienstverweigerung (§ 27 Z 4 AngG) unterstellt werden kann. In diesen Fällen kommt aber nicht der Verletzung der Meldepflicht, sondern der dadurch schuldhaft herbeigeführten Gefahr eines Schadens die zentrale Bedeutung für die Bewertung als Entlassungsgrund zu. In der Entscheidung OLG Wien 29. 2. 1988, 34 Ra 145/87, ARD 4062/18/89, wurde etwa die Entlassung eines Arbeitnehmers bestätigt, der sich erst am 3. Tag der Arbeitsunfähigkeit krankmeldete, obwohl er wusste, dass aufgrund des Urlaubs eines Kollegen sein Erscheinen in der Firma wichtig gewesen wäre und laufend wichtige Arbeiten zu erledigen gewesen sind.

Solche besondere Umstände, die bei Unterlassung der Verständigung eine Entlassung rechtfertigen, liegen aber nicht vor, wenn es sich nur um eine verhältnismäßig **kurze Dauer der Erkrankung** handelt oder wenn die Gefahr eines konkreten Nachteils für den Arbeitgeber nicht gegeben war (OGH 4. 10. 1966, 4 Ob 65/66, ARD 1938/13/67). Eine vom Arbeitgeber ins Treffen geführte Gefahr eines Schadens an der Betriebsdisziplin vermag für sich allein diese Voraussetzungen grundsätzlich nicht zu erfüllen. Führt das unentschuldigte Fernbleiben eines Arbeitnehmers jedoch zu einer derart heftigen Unruhe im Betrieb, kann die Entlassung zur Wahrung der Disziplin im Unternehmen gerechtfertigt sein (OGH 16. 3. 1995, 8 ObA 325/94, ARD 4657/29/95).

Aber auch die Möglichkeit, die Nichtmeldung der Arbeitsunfähigkeit des Angestellten beim Arbeitgeber als **vorzeitigen Austritt** zu werten, besteht grundsätzlich nicht, da eine **Nichtmeldung keine Willenserklärung** des Arbeitnehmers ist. Aus dem bloßen Nichterscheinen des Arbeitnehmers am Arbeitsplatz sind viele falsche Schlüsse zu ziehen. So wie dadurch noch nicht automatisch ein Entlassungsgrund verwirklicht wird, darf der Arbeitgeber dem Arbeitnehmer auch nicht ohne weiters einen (unberechtigten) vorzeitigen Austritt unterstellen. Bei der Beurteilung einer Handlung auf ihre konkludente Aussage ist größte Vorsicht geboten, weil die Gefahr besteht, dass dem Handelnden Äußerungen unterstellt werden, die nicht in seinem Sinn sind. Es müssen daher noch weitere Umstände hinzutreten, aus denen eine solche Absicht des Arbeitnehmers erschlossen werden kann.

Die Unterlassung der Meldung einer Dienstverhinderung (hier: Krankenstand) führt grundsätzlich nur zum Entfall des Entgeltfortzahlungsanspruchs des Arbeitnehmers. Wird der Arbeitnehmer jedoch durch ein **Schreiben des Arbeitgebers aufgefordert, sich zu melden**, widrigenfalls ein vorzeitiger Austritt angenommen werde, ist er aufgrund seiner Treuepflicht **verpflichtet, auf dieses Schreiben zu reagieren**. Meldet er sich binnen der ihm gesetzten Frist weiter nicht bei seinem Arbeitgeber, ist dieser berechtigt, einen vorzeitigen Austritt anzunehmen, auch wenn ihm bekannt ist, dass der Arbeitnehmer den Betrieb verlassen hat, um zum Arzt zu gehen (vgl. OLG Wien 22. 12. 1999, 7 Ra 309/99h, ARD 5101/8/2000).

Irrt sich der Arbeitgeber in der Beurteilung des Nichterscheinens des Arbeitnehmers und unterstellt ihm fälschlicherweise die konkludente Beendigung des Dienstverhältnisses, wurde in der Rechtsprechung wiederholt ausgesprochen, dass die Erklärung des Arbeitgebers, dass ein „Austritt des Arbeitnehmers" angenommen werde und festgehalten wird, dass „das Dienstverhältnis beendet sei", als eine (unberechtigte) Entlassung zu deuten ist.

Auch die **Nichtvorlage einer vom Arbeitgeber geforderten Krankenstandsbestätigung** führt gemäß § 8 Abs 8 AngG nur dazu, dass der Arbeitnehmer für die Dauer der Nichtvorlage seinen Entgeltanspruch verliert. Zur Entlassung ist der Arbeitgeber wiederum nicht berechtigt.

2. Entgeltfortzahlung im Krankheitsfall

2.1. Allgemeines

§ 8 Abs 1 AngG macht den Entgeltfortzahlungsanspruch des Angestellten davon abhängig, dass der Arbeitnehmer nach Antritt des Dienstverhältnisses durch Krankheit oder Unglücksfall an der Leistung seiner Dienste verhindert ist, ohne dass er die Verhinderung vorsätzlich oder durch grobe Fahrlässigkeit herbeigeführt hat. Voraussetzung für den Entgeltfortzahlungsanspruch ist die **Arbeitsunfähigkeit des Angestellten**, die dann vorliegt, wenn er aus gesundheitlichen Gründen nicht in der Lage ist, seine dienstvertraglich geschuldeten Dienste zu leisten. Der Anspruch besteht selbst dann, wenn der Angestellte seine Arbeitsunfähigkeit **leicht fahrlässig selbst herbeigeführt** hat; nur bei grober Fahrlässigkeit bzw. bei vorsätzlichem Verhalten wird der Arbeitgeber von seiner Entgeltfortzahlungspflicht befreit.

93

2.1.1. Krankheit und Arbeitsunfall

Als **Krankheit** gilt ein „**regelwidriger Körper- oder Gesundheitszustand**, der eine Krankenbehandlung notwendig macht". Eine Krankheit wird zwar in aller Regel, muss aber nicht zwingend zu Arbeitsunfähigkeit führen, selbst wenn sie ärztliche Hilfe und die Anwendung von Heilmitteln erforderlich macht. Für den arbeitsrechtlichen Krankheitsbegriff ist anders als nach § 120 ASVG die Notwendigkeit der Krankenbehandlung nicht unerlässliches Tatbestandsmerkmal. Arbeitsunfähigkeit – und damit ein Entgeltfortzahlungsanspruch des Arbeitnehmers – ist dann gegeben, wenn der Erkrankte nicht oder nur mit der Gefahr, seinen Zustand zu verschlimmern, fähig ist, seiner bisher ausgeübten Erwerbstätigkeit nachzugehen.

94

Arbeitsunfälle sind gemäß § 175 Abs 1 ASVG Unfälle, die sich im örtlichen, zeitlichen und ursächlichen Zusammenhang mit der die Versicherung begründenden Beschäftigung ereignen. Ein Arbeitsunfall liegt aber nicht vor, wenn die Betriebsarbeit nur den äußeren Anlass (Gelegenheitsursache) für das Hervortreten einer bereits vorhandenen Erkrankung abgegeben hat, deren Manifestation, dem Zufall überlassen, schicksalhaft erfolgt ist und nach menschlichem Ermessen in naher Zeit bei jedem anderen nicht vermeidbaren Anlass auch außerhalb des Betriebes oder ohne besondere Veranlassung zum Ausbruch gekommen wäre (anlagebedingte Vorschädigung).

Als **Berufskrankheiten** gelten die in der Anlage 1 zum ASVG bezeichneten Krankheiten unter den dort angeführten Voraussetzungen, wenn sie durch Ausübung der die Versicherung begründenden Beschäftigung in einem in Spalte 3 der Anlage bezeichneten Unternehmen verursacht sind (§ 177 Abs 1 ASVG).

Die Differenzierung, ob die Dienstverhinderung des Arbeitnehmers auf eine Krankheit (Unglücksfall) oder einen Arbeitsunfall (eine Berufskrankheit) zurückzuführen ist, ist in den ersten 5 Jahren des Dienstverhältnisses eines Angestellten insofern bedeutend, weil es dann bei Arbeitsunfällen zu einer **Verlängerung des Entgeltfortzahlungsanspruches** um zwei Wochen von 6 auf 8 Wochen kommt (ab dem 6. Dienstjahr beträgt der Anspruch auf Fortzahlung des Entgelts in voller Höhe jedenfalls 8 Wochen).

Auch wenn sich im AngG keine Regelung darüber findet, ob auch bewilligte oder angeordnete Kur- und Erholungsaufenthalte eine Entgeltfortzahlungspflicht des Arbeitgebers auslösen, geht die Rechtsprechung von einer analogen Anwendung des diesbezüglich für Arbeiter geltenden Bestimmung des § 2 Abs 2 EFZG aus. **Aufenthalte in Kur- und Erholungsanstalten** sind daher einer Krankheit gleichzuhalten, wenn sie von einem Träger der Sozialversicherung bewilligt oder angeordnet wurden bzw. der Aufenthalt auf Rechnung eines SV-Trägers erfolgt. (vgl. OGH 24. 8. 1993, 10 ObS 159/93, ARD 4524/17/94).

§ 8 AngG

2.1.2. Arbeitsunfähigkeit

95 **Arbeitsunfähigkeit** ist dann gegeben, wenn der Erkrankte nicht oder nur mit Gefahr, seinen Zustand zu verschlimmern, fähig ist, seiner bisher ausgeübten Erwerbstätigkeit nachzugehen. Der Arbeitnehmer muss konkret an der **Verrichtung der geschuldeten Arbeit verhindert** sein. Ob Arbeitsunfähigkeit infolge Krankheit vorliegt, kann allein ein Arzt entscheiden. Dem Arbeitnehmer muss der gute Glaube zugebilligt werden, sich für arbeitsunfähig halten zu können, wenn der Arzt zur Feststellung seiner Arbeitsunfähigkeit gelangt. Nur der erwiesene Umstand, dass die Krankschreibung arglistig erschwindelt wurde, würde einen Krankenstand ungerechtfertigt erscheinen lassen. Ein bloß **subjektives Krankfühlen** stellt somit **keine hinreichende Begründung für ein Fernbleiben vom Dienst** dar, sondern ist der Arbeitnehmer vielmehr verpflichtet, die behauptete Arbeitsunfähigkeit durch einen Arzt objektiv feststellen zu lassen. In der Rechtsprechung wurde auch ausgeführt, dass die Anerkennung eines Krankenstandes durch den Sozialversicherungsträger keine bindende Wirkung im Verhältnis zwischen Arbeitgeber und Arbeitnehmer hat. Dem Arbeitgeber steht es somit frei, den Gegenbeweis einer etwa dennoch vorliegenden Arbeitsfähigkeit anzutreten (vgl. OLG Wien 22. 12. 1997, 10 Ra 332/97k, ARD 4954/8/98).

Entschuldigt ist das Fernbleiben eines Arbeitnehmers vom Dienst somit nicht nur dann, wenn er – objektiv betrachtet – arbeitsunfähig war, sondern auch dann, wenn er von einem zur Feststellung seiner Arbeitsunfähigkeit berufenen Arzt in den Krankenstand genommen wurde, obwohl objektiv dazu keine Veranlassung gegeben war, er aber auf die **Richtigkeit der ausgestellten ärztlichen Bescheinigung vertrauen durfte**. Dem Arbeitnehmer muss in dieser Situation in aller Regel (aber eben nicht ausnahmslos!) der gute Glaube zugebilligt werden, sich für arbeitsunfähig zu halten, wenn der Arzt zur Feststellung seiner Arbeitsunfähigkeit gelangt.

2.1.3. Verschulden des Arbeitnehmers an Dienstverhinderung

96 Der Entgeltfortzahlungsanspruch des Arbeitnehmers bei einer Dienstverhinderung wegen Krankheit (Unglücksfall) oder Arbeitsunfall gebührt dann nicht, wenn der Arbeitnehmer die Dienstverhinderung **vorsätzlich oder grob fahrlässig herbeigeführt** hat. Geht das Verschulden des Arbeitnehmers über leichte Fahrlässigkeit nicht hinaus, ist der Arbeitgeber zur Fortzahlung des Entgelts verpflichtet.

Vorsätzlich handelt ein Arbeitnehmer, wenn er es ernstlich für möglich hält, dass sein Verhalten eine Erkrankung herbeiführt, sich damit aber abfindet (somit das betreffende Verhalten nicht ändert). **Fahrlässig** handelt hingegen, wer die Sorgfalt außer Acht lässt, zu der er nach den Umständen verpflichtet und nach seinen subjektiven Fähigkeiten auch in der Lage gewesen wäre. Als **grob fahrlässig** wird es angesehen, wenn unter Berücksichtigung der Umstände des Einzelfalles eine ungewöhnliche und darum auffallende Vernachlässigung der Sorgfaltspflicht vorliegt und der Eintritt eines Schadens als wahrscheinlich – und nicht bloß als möglich – voraussehbar gewesen ist. Als **leicht fahrlässig** hingegen gilt ein gewöhnliches Versehen, ein Fehler, der gelegentlich auch einem Menschen unterlaufen kann, der es sonst an der erforderlichen Sorgfalt nicht fehlen lässt. In diesem Fall steht grundsätzlich Krankenentgelt zu.

Ob jemand eine Krankheit oder einen Arbeitsunfall durch grobe Fahrlässigkeit verursacht hat, ist stets nach den konkreten Umständen des Einzelfalles zu beurteilen; dabei ist zu prüfen, ob der Betreffende ganz einfache und nahe liegende Überlegungen nicht angestellt hat. Die **Beweislast**, dass der Arbeitnehmer eine Dienstverhinderung wegen Krankheit (Unglücksfall) oder Arbeitsunfall (Berufskrankheit) vorsätzlich oder grob fahrlässig herbeigeführt hat und es damit zu keiner Entgeltfortzahlungspflicht des Arbeitgebers kommt, **liegt beim Arbeitgeber**. Dieser hat ein derartiges

§ 8 AngG

Verschulden des Arbeitnehmers zunächst zu behaupten und - wenn der Arbeitnehmer auf seinem (vermeintlichen) Entgeltfortzahlungsanspruch beharrt - auch zu beweisen.

Ein Arbeitnehmer, der sich in einem **alkoholisierten Zustand** eine Verletzung zufügt, die in der Folge zu einer Arbeitsunfähigkeit führt, handelt grob fahrlässig und hat keinen Anspruch auf Entgeltfortzahlung.

2.2. Höhe der Entgeltfortzahlung

Die **Höhe des fortzuzahlenden Entgelts** richtet sich nach dem **Bezugsprinzip**. Durch die Entgeltleistung im Krankheitsfall soll der Arbeitnehmer wirtschaftlich so gestellt werden, wie dies beim regelmäßigen Verlauf des Arbeitsverhältnisses der Fall gewesen wäre. Die Entgeltfortzahlung orientiert sich nach dem am Beginn der Dienstverhinderung **zu erwartenden Verdienstausfall**. Es wird danach für die Frage der Entgeltleistung die Abwicklung des Arbeitsverhältnisses ohne den Hinderungsgrund fingiert; die davor vereinbarte Arbeit gilt als geleistet. Der Arbeitnehmer behält daher im Krankheitsfall seinen Anspruch auf jenes **Entgelt, das er vor der Dienstverhinderung bezogen** hat.

Es ist von einem weiten Entgeltbegriff auszugehen. Der Begriff Entgelt umfasst alles, was dem Arbeitnehmer aus dem Dienstverhältnis für die Zurverfügungstellung seiner Arbeitskraft zukommt, also nicht nur das **Gehalt**, sondern auch die übrigen **regelmäßigen oder sonstigen ordentlichen oder außerordentlichen Leistungen zusätzlicher Art**. Neben den laufenden Bezügen zählen somit u.a. auch Zulagen, Zuschläge, Beihilfen, Gewinnbeteiligungen, Provisionen, Überstundenpauschalen und regelmäßig gewährte Überstundenentgelte dazu, aber auch Naturalleistungen des Arbeitgebers. Nur dann, wenn eine Leistung des Arbeitgebers nicht für die Bereitstellung der Arbeitskraft, sondern zur Abdeckung eines mit der Arbeitsleistung zusammenhängenden finanziellen Aufwandes des Arbeitnehmers erbracht wird, gilt sie als – nicht dem Entgeltbegriff zu unterstellende – Aufwandsentschädigung.

Bei in unterschiedlicher Höhe gebührenden bzw. schwankenden Entgelten – wie z.B. Überstundenentgelt, Zulagen, Provisionen oder Prämien – ist von einer **Durchschnittsbetrachtung** vor dem Krankenstand bezogenen Entgelte auszugehen, wobei der Zeitraum nach den Umständen des Einzelfalles zu bemessen ist, regelmäßig aber **ein Jahr** betragen wird (vgl. OGH 26. 1. 1994, 9 ObA 365/93, ARD 4567/17/94).

Berechnet sich das Entgelt eines Arbeitnehmers neben einem Fixum zum Teil auch aus **Provisionszahlungen**, ist die Entgeltfortzahlung grundsätzlich unter Einbeziehung der Provisionen mit dem Durchschnitt der letzten 12 Kalendermonate vor Eintritt der Arbeitsunfähigkeit zu berechnen. Eine Ausnahme besteht nur für Direktprovisionen – Provisionen aus Direktgeschäften (Geschäfte, die ohne Vermittlungstätigkeit des Angestellten zustande kommen): Laufen diese Direktprovisionen unabhängig vom Krankenstand ohnedies weiter, besteht kein Anlass, sie nochmals in das Krankenentgelt mit dem Durchschnitt der letzten 12 Kalendermonate einzubeziehen, weil dies zu einem nicht gerechtfertigten »Doppelbezug« während der Dienstverhinderung führen würde. Gleiches gilt auch für Folgeprovisionen (OGH 17. 10. 2002, 8 ObA 67/02i, ARD 5379/1/2003).

Vereinbarungen, wonach ein erkrankter Arbeitnehmer letztlich eine Entgelteinbuße dadurch erleidet, dass ihm eine Leistung in voller Höhe nur dann zusteht, wenn er während eines bestimmten Zeitraumes tatsächlich und ununterbrochen gearbeitet hat, bzw. wenn Fehlzeiten zum Entfall oder zur Minderung von Entgelt ohne Rücksicht darauf führen, ob es sich um berechtigte oder unberechtigte Fehlzeiten handelt, sind unzulässig. Das Bedenkliche der gegen krankheitsbedingte

§ 8 AngG

Fehlzeiten gerichteten **Anwesenheitsprämie** liegt in der Reizwirkung, die sie auf sämtliche Arbeitnehmer ausübt. Auch dem wirklich kranken Arbeitnehmer wird dadurch im Ergebnis nahe gelegt, auf seine Krankheit keine Rücksicht zu nehmen, sondern zu arbeiten, um finanzielle Einbußen zu vermeiden. Gerade davor sollen die Lohnfortzahlungsbestimmungen den Arbeitnehmer aber bewahren. Der Arbeitnehmer soll nicht veranlasst werden, aus finanziellen Gründen mit seiner Gesundheit Raubbau zu treiben (vgl. OGH 7. 9. 2000, 8 ObS 13/00w, ARD 5189/22/2001).

2.3. Dauer und Ausmaß des Entgeltfortzahlungsanspruches

2.3.1. Dauer des Entgeltfortzahlungsanspruches

98 Die **Dauer des Entgeltfortzahlungsanspruches** hängt einerseits von der Dauer des Dienstverhältnisses und andererseits davon ab, ob es sich um eine **Ersterkrankung** oder eine **Folgeerkrankung** handelt. Der Anspruch beträgt gemäß § 8 Abs 1 AngG bei einer Dienstvertragsdauer von

– bis zu 5 Jahren längstens 6 Wochen, bei Arbeitsunfall oder Berufskrankheit längstens 8 Wochen;
– bis zu 15 Jahren längstens 8 Wochen;
– bis zu 25 Jahren längstens 10 Wochen;
– mehr als 25 Jahren längstens 12 Wochen.

Durch je weitere 4 Wochen behält der Angestellte den **Anspruch auf das halbe Entgelt**. Ist danach die Ersterkrankung noch nicht ausgeheilt und der Angestellte weiter arbeitsunfähig, erlischt der Anspruch auf das Entgelt bis zur Wiederherstellung der Arbeitsfähigkeit. Das zeitliche Höchstausmaß der Fortzahlung des Entgeltes ergibt sich aus der Summe der Wochen, für die § 8 Abs 1 AngG volles Entgelt vorsieht, plus jener 4 Wochen, in denen gemäß § 8 Abs 1 AngG halbes Entgelt zusteht („Höchstentgeltdauer").

Das Gesetz sieht ein wochenweises Kontingent vor, doch kommt es in der Praxis häufig vor, dass ein Arbeitnehmer nur tageweise an der Erbringung seiner Dienste wegen Krankheit verhindert ist. Der jeweilige Wochenanspruch ist daher in einen Tagesanspruch umzurechnen (in der Lehre für den Bereich des AngG zum Teil strittig). Bei Angestellten wird in der Praxis **meist auf Kalendertage umgerechnet**. Zu beachten ist, dass pro Krankenstand der Entgeltfortzahlungsanspruch nicht unbegrenzt zusteht, sondern **maximal für einen Zeitraum in Höhe des jeweiligen Grundanspruches**. Die Höchstentgeltdauer von 70 (84, 98, 112) Tagen (je nach Dienstalter) ist daher für jeden Krankenstand zu beachten.

2.3.2. Berechnung der Dauer der Dienstzeit

99 Die **maßgebliche Dienstvertragsdauer** bemisst sich nach der in ununterbrochener Dauer zu demselben Arbeitgeber **zurückgelegten Dienstzeit**. Mitzurechnen sind in der Regel auch Zeiten einer Karenzierung. Lehrzeiten sowie eventuelle Vordienstzeiten beim selben Arbeitgeber in einem Arbeiterdienstverhältnis vor Übernahme in das Angestelltendienstverhältnis sind hingegen nicht anzurechnen. Zu beachten ist aber, dass kollektivvertragliche Regelungen häufig abweichende Anrechnungsbestimmungen enthalten, die stets zu berücksichtigen sind.

Gemäß § 15f Abs 1 MSchG bzw. § 7c VKG ist die erste Karenz im Dienstverhältnis für die Dauer der Entgeltfortzahlung im Krankheitsfall (Unglücksfall) bis zum Höchstausmaß von insgesamt

§ 8 AngG

10 Monaten anzurechnen; Zeiten des Präsenz-, Ausbildungs- oder Zivildienstes sind gemäß § 8 APSG zur Gänze, Zeiten als Zeitsoldat bis zu 12 Monaten auf die Dauer der Dienstzeit anzurechnen. Zeiten einer Bildungskarenz iSd § 11 AVRAG bzw. Zeiten einer Freistellung gegen Entfall des Entgelts iSd § 12 AVRAG bleiben bei der Berechnung der Dauer des Entgeltfortzahlungsanspruches außer Betracht (§ 11 Abs 2 AVRAG); Zeiten einer erweiterten Bildungsfreistellung von Betriebsratsmitgliedern nach § 119 ArbVG sind hingegen voll auf die Dauer der Dienstzugehörigkeit anzurechnen (§ 119 Abs 4 ArbVG).

Erreicht ein Angestellter eine für eine Verlängerung des Entgeltfortzahlungsanspruches maßgebliche Dienstzeit während eines laufenden Krankenstandes, bewirkt dies bereits die Verlängerung für diesen Krankenstand (vgl. OGH 16. 2. 1982, 4 Ob 96/81, ARD 3414/6/82).

Eine Dienstleistung von bestimmter **Mindestdauer** ist zur Begründung des Krankenentgeltanspruches nicht erforderlich.

2.3.3. Ersterkrankungen und Folgeerkrankungen

Der in § 8 Abs 1 AngG und oben angeführte **Grundanspruch** steht einem Angestellten zunächst beim ersten Krankenstand im Dienstverhältnis, sowie danach bei jedem als **Erstkrankenstand** geltenden Krankenstand jeweils zur Gänze zu. Als Erstkrankenstand gilt neben dem allerersten Krankenstand im Dienstverhältnis auch jeder Krankenstand, **der nach Ablauf eines halben Jahres nach Wiederantritt des Dienstes nach einem Erstkrankenstand** eintritt (Halbjahresregelung). Die erste nach diesem Halbjahr eintretende Dienstverhinderung gilt wieder als „Ersterkrankung", auch dann, wenn sie von einer unmittelbar vorangehenden allfälligen zweiten oder dritten Erkrankung weniger als 6 Monate entfernt liegt. Für eine solche als „Ersterkrankung" geltende neuerliche Dienstverhinderung gelten wieder die Ansprüche des § 8 Abs 1 AngG im vollen Umfange. Ab Ende einer solchen „Ersterkrankung" wird wieder eine neue Halbjahresfrist iSd § 8 Abs 2 AngG in Gang gesetzt.

100

Tritt innerhalb eines **halben Jahres nach Wiederantritt** des Dienstes abermals eine **Dienstverhinderung** ein (so genannte **Folgeerkrankung**), hat der Angestellte für die Zeit der Dienstverhinderung, soweit die Gesamtdauer der Verhinderungen die in § 8 Abs 1 AngG bezeichneten Zeiträume übersteigt, Anspruch nur auf die **Hälfte** des ihm gemäß § 8 Abs 1 AngG gebührenden Entgeltes.

Bei einer neuerlichen Erkrankung innerhalb eines halben Jahres nach Wiederantritt des Dienstes nach einer Ersterkrankung wird somit zunächst – soweit vorhanden – der noch **nicht verbrauchte Grundanspruch für die Ersterkrankung** (z.B. bei einem Dienstverhältnis von 3 Jahren 6 Wochen voller und 4 Wochen halber Entgeltfortzahlungsanspruch) aufgebraucht. Erst dann, wenn die Summe der zusammengerechneten Krankenstände die Höchstentgeltdauer übersteigt, gebührt nur mehr die Hälfte des Grundanspruchs – somit z.B. bei einer Dauer des Dienstverhältnisses von 3 Jahren statt 6 Wochen volles Entgelt und 4 Wochen halbes Entgelt nur noch 6 Wochen halbes Entgelt und weitere 4 Wochen ein Viertel des vollen Entgelts. Bei **weiteren Erkrankungen** innerhalb eines halben Jahres nach Wiederantritt nach einer Ersterkrankung gebührt also zunächst der **Rest des Grundanspruchs**, daran anschließend der „halbe Grundanspruch"; ist auch der „halbe Grundanspruch" ausgeschöpft, gebührt überhaupt kein Entgelt mehr.

Zu beachten ist, dass pro Krankenstand der Entgeltfortzahlungsanspruch nicht unbegrenzt zusteht, sondern maximal für einen Zeitraum in **Höhe des jeweiligen Grundanspruches**. Die Höchstentgeltdauer von 70 (84, 98, 112) Tagen (je nach Dienstalter) ist daher für jeden Krankenstand zu beachten. Selbst wenn ein Arbeitnehmer also bei einem weiteren Krankenstand noch Anspruch auf einen Rest des Grundanspruchs und dann auf einen weiteren halben Anspruch hat, erhält

§ 8 AngG

er pro Krankenstand Entgeltfortzahlung **nie länger als für die Höchstentgeltdauer** (vgl. OGH 12. 7. 1951, 4 Ob 75/51, ARD 429/9/51). Da bei einer „abermaligen" Dienstverhinderung nicht länger Entgelt gebühren kann als im Falle einer Ersterkrankung, ist also die „Höchstentgeltdauer" des § 8 Abs 1 AngG auch bei wiederholten Dienstverhinderungen zu beachten. Pro Erkrankungsfall steht daher der Entgeltfortzahlungsanspruch nur für höchstens jenen Zeitraum, für den auch im Fall einer Ersterkrankung maximal das Entgelt weiter bezahlt worden wäre.

Eine **abermalige Erkrankung**, deren Beginn bereits **außerhalb** des oben erwähnten **Halbjahres** liegt, gilt wieder als **Ersterkrankung** (weil wieder das volle Krankenentgelt hiefür neu gebührt), und der Wiederantrittstag des Dienstes nach dieser Erkrankung ist wieder der Stichtag, von dem an das nächste „Halbjahr« berechnet wird. Die Führung einer genauen Krankenstandsevidenz für jeden Angestellten (Personalkarte) ist daher unerlässlich.

> **Beispiel:** Ein Angestellter erkrankt im 7. Dienstjahr für die Dauer von 10 Wochen. 3 Monate nach Wiederantritt des Dienstes erkrankt er neuerlich für 13 Wochen. Er hat daher für die Ersterkrankung Anspruch auf 8 Wochen volles Entgelt und 2 Wochen halbes Entgelt; für die Folgeerkrankung steht ihm für insgesamt 10 Wochen halbes Entgelt (2 Wochen Rest aus Ersterkrankung und 8 Wochen aus der Folgeerkrankung) und für 2 Wochen ein Viertel des Entgelts zu. Für den letzten Monat der Folgeerkrankung besteht kein Entgeltanspruch mehr, da der Fortzahlungsanspruch für die Ersterkrankung nur für höchstens 12 Wochen bestand.

Feiertage, die auf einen Arbeitstag fallen, sind auf den Entgeltfortzahlungsanspruch eines Angestellten **nicht anzurechnen** (vgl. LG Linz 11. 2. 1997, 11 Cga 2/97x, ARD 5186/27/2001). Eine Ausnahme besteht nur für den Fall, dass der Feiertag für den Arbeitnehmer zulässigerweise ein Arbeitstag wäre. In diesem Fall ist der Krankenstand auf das Entgeltfortzahlungskontingent anzurechnen.

2.4. Verhaltenspflichten im Krankenstand

101   Ein im Krankenstand befindlicher Arbeitnehmer ist grundsätzlich verpflichtet, sich so zu verhalten, dass der **Krankheitsverlauf nicht negativ beeinflusst** und/oder der **Heilungsverlauf verzögert** wird. Er hat den auf die Wiederherstellung seiner Gesundheit abzielenden **Anordnungen des Arztes nach Tunlichkeit** nachzukommen und ihnen jedenfalls nicht so schwer wiegend zuwiderzuhandeln, dass der Krankheitsverlauf negativ beeinflusst und/oder der Heilungsverlauf verzögert werden könnte.

Auch wenn ausdrückliche Anordnungen des Arztes über das Verhalten im Krankenstand fehlen, darf der Arbeitnehmer die nach der allgemeinen Lebenserfahrung **üblichen Verhaltensweisen** nicht betont und offenkundig verletzen. Ob das Verhalten des Arbeitnehmers **tatsächlich** zu einer **Verlängerung** des **Krankenstandes** führte, ist **ohne Bedeutung**; es genügt die **Eignung**, den Genesungsprozess zu verzögern. Der Arbeitnehmer hat nämlich die dienstvertragliche Verpflichtung, sich während seiner Erkrankung und der dadurch ausgelösten Arbeitsunfähigkeit nach Tunlichkeit so zu verhalten, dass seine Arbeitsfähigkeit möglichst bald wiederhergestellt wird (vgl. OGH 26. 1. 2000, 9 ObA 329/99v, ARD 5109/16/2000).

Setzt nun ein Arbeitnehmer im Krankenstand Verhaltensweisen, die den Anordnungen des Arztes zuwiderlaufen und/oder die in diesem Zustand allgemein üblichen Verhaltensweisen grob verletzen, und die eine Beeinträchtigung (Verzögerung) des Heilungsverlaufes objektiv befürchten lassen, ist eine **Entlassung wegen der bewirkten Vertrauensverletzung** bzw. wegen der beharrlichen

§ 8 AngG

Pflichtenvernachlässigung **berechtigt**. Ein derartiges Verhalten lässt eine permanente negative Einstellung des Arbeitnehmers gegenüber dienstlichen Interessen erkennen, sodass der Arbeitgeber befürchten muss, der Arbeitnehmer werde auch in Zukunft seine dienstlichen Pflichten nicht mehr allzu genau nehmen. Dem Arbeitgeber wird in diesem Fall eine weitere Zusammenarbeit nicht mehr zumutbar sein.

Darüber hinaus wird der Arbeitnehmer dem Arbeitgeber gegenüber **schadenersatzpflichtig**. Diese Schadenersatzpflicht erstreckt sich auf alle Aufwendungen des Arbeitgebers, soweit sie nach den Umständen des Falles als notwendig anzusehen sind. Dazu können auch Detektivkosten gehören, wenn konkrete Verdachtsmomente dazu Anlass gegeben haben.

Erfolgte die Krankschreibung durch den Arzt ohne Festlegung der Dauer, hat der Arbeitnehmer seine **Arbeitsfähigkeit nach angemessener Zeit überprüfen** zu lassen. Wird nur der Beginn des Krankenstandes, nicht aber dessen Dauer festgelegt, kann der Arbeitnehmer nicht ohne weiteres davon ausgehen, dass der Krankenstand bis zu einer gegenteiligen Feststellung (allenfalls durch den Chefarzt der Gebietskrankenkasse) jedenfalls gerechtfertigt ist. Es ist vielmehr je nach Art der Erkrankung – insbesondere dann, wenn sich seine Überzeugung, arbeitsunfähig zu sein, vor allem auf die ärztliche Anordnung gründet – zu fordern, dass er sich in angemessenen Zeiträumen einer **neuerlichen Untersuchung** unterzieht, um seine Arbeitsfähigkeit überprüfen zu lassen. Lässt der Arzt das Ende des Krankenstandes offen, ist der Arbeitnehmer daher – sobald er sich subjektiv besser fühlt – verpflichtet, sich neuerlich untersuchen zu lassen, ob die Voraussetzungen des Krankenstandes noch vorliegen (vgl. OGH 16. 11. 1994, 9 ObA 206/94, ARD 4634/15/95).

4. Entgeltfortzahlung aus sonstigen, die Person des Angestellten betreffenden Gründen

4.1. Allgemeines

Gemäß § 8 Abs 3 AngG behält ein Angestellter ferner den Anspruch auf das Entgelt, wenn er durch andere (als Krankheit oder Unglücksfall) **wichtige, seine Person betreffende Gründe** ohne sein Verschulden während einer verhältnismäßig **kurzen Zeit** an der Leistung seiner Dienste verhindert wird. Unter wichtigen Gründen im Sinn dieser Bestimmung sind nicht nur Gründe zu verstehen, die in der **Person des Arbeitnehmers** entstanden sind, sondern auch solche, die den **Arbeitnehmer betreffen** und ihn entweder durch unmittelbare Einwirkung an der Dienstleistung hindern oder nach Recht, Sitte oder Herkommen wichtig genug erscheinen, um ihn von der Dienstleistung abzuhalten. Um einen Entgeltfortzahlungsanspruch ungeachtet des Unterbleibens der vereinbarten Dienstleistung zu rechtfertigen, muss es sich sohin um eine der **Dienstpflicht vorgehende Verpflichtung** handeln, die einerseits objektiv wichtig genug erscheint, und dem Arbeitnehmer andererseits keine andere Wahl lässt, als dem Dienst fernzubleiben.

102

Die sonstigen Dienstverhinderungsgründe lassen sich grob in drei Kategorien einteilen:

- rechtliche Hinderungsgründe (z.B. Vorladungen vor Behörden, Tätigkeit als Schöffe oder Geschworener, etc.),
- tatsächliche (faktische) Hinderungsgründe (z.B. Elementarereignisse, Verkehrsstörungen, Übersiedlungen, etc.),
- Hinderungsgründe, die sich aus Sitte, Religion oder Herkommen ableiten lassen (z.B. Geburten, Hochzeiten, Begräbnisse naher Verwandter, Erfüllung ehe- und familienrechtlicher Verpflichtungen, etc.).

§ 8 AngG

Bei Beurteilung der Wichtigkeit eines Dienstverhinderungsgrundes ist jeweils eine **Interessenabwägung** vorzunehmen, d.h. auf Seiten des Arbeitnehmers muss ein wichtiges und berechtigtes Interesse vorliegen, das schwerer wiegt als der Nachteil, den der Arbeitgeber durch das Unterbleiben der Dienstleistung erleidet.

Um seinen Entgeltfortzahlungsanspruch zu behalten, darf der Arbeitnehmer den **Hinderungsgrund nicht schuldhaft herbeigeführt** haben und muss alles unternehmen, um seiner Arbeitspflicht möglichst dennoch nachzukommen. Darunter fällt etwa die Verpflichtung des Arbeitnehmers, Termine so zu legen, dass die Arbeitspflicht nicht oder möglichst wenig beeinträchtigt wird, oder sich um eine Vertretung zu kümmern, damit eine Dienstverhinderung erst gar nicht eintritt. In Bezug auf den notwendigen Grad des Verschuldens, das den Entgeltfortzahlungsanspruch des Arbeitnehmers zum Erlöschen bringt, geht die Rechtsprechung davon aus, dass im Gegensatz zu den Dienstverhinderungsgründen Krankheit und Arbeitsunfall **bereits leichte Fahrlässigkeit genügt**. Leicht fahrlässig handelt ein Arbeitnehmer, der es an der (gemessen an den jeweiligen Umständen des Einzelfalles) notwendigen Sorgfalt mangeln lässt.

4.2. Mitteilungs- und Nachweispflichten

103 Der Angestellte hat das Vorliegen der **Dienstverhinderung** dem Arbeitgeber **unverzüglich mitzuteilen und glaubhaft darzulegen**. Ist die Verhinderung vorhersehbar, hat er sie rechtzeitig anzukündigen, um dem Arbeitgeber die Möglichkeit zur Disposition zu geben. Eine solche Mitteilungspflicht besteht aber auch aus einem weiteren Grund: Der Arbeitgeber benötigt diese Kenntnis für die Abwägung, ob ein Fernbleiben des Arbeitnehmers **sachlich gerechtfertigt** erscheint. Bei jenen Rechtfertigungsgründen, die nicht bereits gesetzlich festgelegt sind, wie Krankenstände und Pflegefreistellungen, ist nämlich jeweils im Einzelfall eine **Interessenabwägung** zwischen den Interessen des Arbeitgebers und jenen des Arbeitnehmers vorzunehmen. Kommt es dem Arbeitnehmer nach der Art des Hinderungsgrundes auf einen ganz bestimmten Termin nicht an, kann er also frei disponieren, hat er die Herstellung eines Einvernehmens über den Zeitpunkt des Fernbleibens mit dem Arbeitgeber anzustreben.

Eine Verletzung dieser aus dem Gesetz und der allgemeinen Treuepflicht des Arbeitnehmers abgeleiteten Mitteilungspflicht berechtigt zwar im Allgemeinen nicht zur Entlassung, wenn objektiv gesehen ein **berechtigter Hinderungsgrund** vorliegt, kann aber bei Angestellten in besonders schwer wiegenden Fällen die Entlassung wegen Vertrauensunwürdigkeit (§ 27 Z 1 AngG) rechtfertigen. Grundsätzlich wird die nicht rechtzeitige Bekanntgabe eines sonstigen Dienstverhinderungsgrundes aber eine Entlassung nicht rechtfertigen und nur den Verlust des Entgeltfortzahlungsanspruches für die Zeit der Säumnis nach sich ziehen.

Bei Hinderungsgründen, die bereits von vornherein absehbar sind und deren Eignung zur Rechtfertigung der Abwesenheit erst bei Abwägung mit den Interessen des Arbeitgebers beurteilt werden kann, ist es erforderlich, dass der Arbeitnehmer bei der **Ankündigung**, nicht zum Dienst zu erscheinen, auch angibt, worin diese **Gründe** gelegen sind, also warum er nicht zum Dienst erscheinen möchte. Nur dadurch wird es dem Arbeitgeber möglich, den so formulierten Interessen des Arbeitnehmers seine eigenen Interessen entgegenzusetzen und abzuwägen, ob insgesamt das Fernbleiben des Arbeitnehmers **als gerechtfertigt** anzusehen ist oder nicht.

Die Mitteilung an den **unmittelbar übergeordneten Vorgesetzten** reicht zur Erfüllung der Verpflichtung, die Dienstverhinderung anzukündigen und damit dem Arbeitgeber die Möglichkeit rechtzeitiger Disposition zu geben, aus. Bei Vorliegen einer eine Arbeitsversäumnis rechtfertigenden Dienstverhinderung ist es nicht erforderlich, die Genehmigung des Arbeitgebers einzuholen bzw. abzuwarten.

§ 8 AngG

4.3. Dauer und Ausmaß des Entgeltfortzahlungsanspruches

In § 8 Abs 3 AngG ist zwar **kein Höchstmaß** für eine zulässige Dienstverhinderung normiert, doch ist davon auszugehen, dass der in der analogen Bestimmung des § 1154b ABGB festgehaltene **Zeitraum von einer Woche als Richtwert** heranzuziehen ist. In besonders berücksichtigungswürdigen Fällen werden aber wohl auch längere Dienstverhinderungen einem Entgeltfortzahlungsanspruch nicht entgegenstehen. Jedenfalls ist der Arbeitnehmer verpflichtet, die Dienstverhinderung so kurz wie möglich zu halten und sie auf das unbedingt notwendige Ausmaß zu begrenzen. 104

Das dem Arbeitnehmer während einer gerechtfertigten Dienstverhinderung aus einem sonstigen wichtigen, seine Person betreffenden Grund fortzuzahlende Entgelt bemisst sich ebenso wie beim Dienstverhinderungsgrund der Krankheit. Der Arbeitnehmer ist wirtschaftlich so zu stellen, als ob er gearbeitet hätte.

4.4. Dienstverhinderungsgründe in Kollektivverträgen

Da § 8 AngG gemäß § 40 AngG **zwingendes Recht** darstellt, kann er zum Nachteil des Angestellten nicht beschränkt werden. Sind daher in **Kollektivverträgen** Dienstverhinderungsgründe aufgezählt, bei denen ein Entgeltfortzahlungsanspruch vorgesehen ist, ist diese Aufzählung stets nur **demonstrativ**. Auch in Kollektivverträgen normierte Zeiträume für den Anspruch des Angestellten haben nur die Wirkung, dass der Entgeltfortzahlungsanspruch für diesen Zeitraum jedenfalls zusteht, im Einzelfall jedoch auch überschritten werden kann. 105

5. Dienstverhinderung aus in der Sphäre des Arbeitgebers gelegenen Gründen

Liegt der Grund, der den Arbeitnehmer an der Verrichtung seiner Dienste verhindert, in der **Sphäre des Arbeitgebers** (ist er somit dessen Risikobereich zuzuordnen), hat der Arbeitnehmer gemäß § 1155 ABGB, der auch auf Angestelltendienstverhältnisse Anwendung findet (beachte aber § 12 AngG bezüglich Provisionsansprüchen), **Anspruch auf Entgelt**, sofern er zur Leistung bereit war. Er muss sich jedoch **anrechnen**, was er sich infolge Unterbleibens der Dienstleistung erspart oder durch anderweitige Verwendung erworben oder zu erwerben absichtlich versäumt hat (entsprechende Kausalität vorausgesetzt). 106

Im Fall der **grundlosen Dienstfreistellung** durch den Arbeitgeber kann sich der Arbeitgeber nicht auf die Anrechnungsbestimmungen des § 1155 Abs 1 ABGB berufen, weil dies einen Rechtsmissbrauch darstellen würde. Dem Arbeitnehmer verbleibt daher in diesem Fall die **volle Entgeltanspruch**. Erfolgt die Dienstfreistellung aber im Interesse des Arbeitnehmers oder ist sie betrieblich bedingt, greifen die Anrechnungsbestimmungen schon.

Der Anspruch nach § 1155 ABGB ist zwar **zeitlich nicht beschränkt**, kann jedoch vertraglich abbedungen werden. Eine derartige Beschränkung findet aber in der Sittenwidrigkeit nach § 879 ABGB ihre Grenzen. So sind Vereinbarungen, mit denen das wirtschaftliche Risiko gänzlich auf den Arbeitnehmer überwälzt wird, sittenwidrig und daher unzulässig.

6. Entgeltfortzahlungsanspruch von Schwangeren und Müttern

Die Bestimmungen des § 8 Abs 4 bis Abs 6 AngG über den **Entgeltfortzahlungsanspruch** von schwangeren Arbeitnehmerinnen bzw. Müttern sind durch das **Mutterschutzgesetz (MSchG)** überholt. Der Entgeltanspruch der Arbeitnehmerinnen während der Schutzfrist (bzw. unter gewissen 107

§ 8 AngG

Umständen bereits davor; vgl. § 14 MSchG) wird jedoch grundsätzlich durch die sozialversicherungsrechtliche Leistung des Wochengeldes abgedeckt. Nur soweit die Arbeitnehmerin keinen Anspruch auf Wochengeld hat, trifft die Entgeltfortzahlungspflicht den Arbeitgeber.

7. Kündigung während einer Dienstverhinderung

108 Zu den Folgen einer Kündigung während einer Dienstverhinderung siehe unter § 9 AngG, Rz 134 ff.

8. Weitere gesetzliche Entgeltfortzahlungspflichten

109 Weitere Fälle einer Entgeltfortzahlungspflicht des Arbeitgebers trotz unterlassener Dienstleistung durch den Arbeitnehmer finden sich in § 16 UrlG (Pflegefreistellung), § 9 ARG (Feiertage und Ersatzruhezeiten), § 22 AngG (Postensuchtage) oder § 116 ArbVG (Freistellungsanspruch von Betriebsrats-Mitgliedern).

Judikatur zu § 8 Abs 1

Arbeitsunfähigkeit infolge einer Krankheit

110 Der Begriff **"Krankheit"** kann dort, wo ihn der Gesetzgeber verwendet, keinen anderen Sinn haben als den, den ihm die ärztliche Wissenschaft und der allgemeine Sprachgebrauch beilegen. Eine Verhinderung an der Leistung der Dienste muss aber auch nicht immer durch eine Erkrankung hervorgerufen sein. Auch dann, wenn auf ärztliche Anordnung als vorbeugende Maßnahme zur Verhütung einer künftigen Arbeitsunfähigkeit die Dienstleistung unterbrochen wird oder dies zur völligen Wiederherstellung der Arbeitsfähigkeit nach einer längeren Krankheit notwendig ist (**Kur- und Heilstättenaufenthalte**), liegt arbeitsrechtlich ein **Krankenstand** vor oder ist eine solche Maßnahme einem Krankenstand gleich zu halten. ASG Wien 22. 5. 2001, 18 Cga 215/00v. (ARD 5230/12/2001 ●)

Die Anerkennung eines Krankenstandes durch den **SV-Träger** hat keine bindende Wirkung im Verhältnis zwischen Arbeitgeber und Arbeitnehmer. OLG Wien 22. 12. 1997, 10 Ra 332/97k. (ARD 4954/8/98 ●)

Eine Dienstverhinderung wegen Krankheit ist nicht davon abhängig, ob der Arbeitnehmer "in den Krankenstand genommen wird"; es kommt auf die (allerdings vom Arbeitnehmer zu beweisende) tatsächlich bestehende **krankheitsbedingte Arbeitsunfähigkeit** an. Auch der Gegenbeweis gegen einen von der Krankenkasse anerkannten Krankenstand ist zulässig. Unterlässt der Arbeitnehmer im guten Glauben, arbeitsunfähig zu sein, infolge eines – unverschuldeten – Tatsachenirrtums die Dienstleistung, liegt ein Schuldausschließungsgrund vor. OLG Linz 2. 3. 1995, 13 Ra 87/84. (ARD 4784/10/97 ●)

Bemessungsgrundlage für das Krankenentgelt

111 Der Begriff Entgelt ist weit auszulegen und umfasst alles, was dem Arbeitnehmer aus dem Dienstverhältnis für die Zurverfügungstellung seiner Arbeitskraft zukommt, also nicht nur das **Gehalt**, sondern auch die **übrigen regelmäßigen oder sonstigen ordentlichen oder außerordentlichen Leistungen zusätzlicher Art**. Zulagen sind grundsätzlich Entgelt, sofern sie nicht die Funktion einer

§ 8 AngG

Aufwandsentschädigung haben. Auslagen und Aufwendungen des Arbeitnehmers im Interesse des Arbeitgebers, deren Ersatz er vom Arbeitgeber erhält, wie beispielsweise Fahrtvergütungen, Tag- und Übernachtungsgelder, Vergütungen für Arbeitskleidung oder Werkzeuge, erhöhte Aufwendungen für Seife, Wäsche oder Kleidung etc. sind daher kein Entgelt.

Zur Beurteilung des regelmäßigen Entgelts ist in der Regel eine **Durchschnittsbetrachtung** der vor dem Krankenstand bezogenen Entgelte in einem Beobachtungszeitraum notwendig. Über die Dauer des Beobachtungszeitraumes gibt das Gesetz keine Auskunft. Die Rechtsprechung hat für die Beurteilung der Regelmäßigkeit der Überstundenleistung ausgesprochen, dass – wenn nicht besondere Gründe vorliegen, die einen längeren (einjährigen) Beobachtungszeitraum erfordern – ein solcher von 13 Wochen bzw bei der Berechnung des Entgelts nach § 8 AngG und bei Bemessung der Abfertigung der **Monatsdurchschnitt des letzten Jahres** bei Schwankungen des Monatsentgelts heranzuziehen ist. Es lässt sich jedenfalls eine allgemein gültige Antwort auf die Frage, welcher Zeitraum für die Berechung des Entgeltanspruches nach § 8 AngG bei wechselnder Höhe des Entgelts oder Änderung des Arbeitsausmaßes maßgebend ist, nicht geben. Es ist grundsätzlich von den Umständen des Einzelfalles auszugehen, wobei in der Regel die **Berechnung nach dem Jahresdurchschnitt** zu einem einigermaßen befriedigenden Ergebnis führt, weil es sich dabei um einen dem Gedanken der Kontinuität des Entgelts besser entsprechenden Zeitraum handelt. OGH 26. 1. 1994, 9 ObA 365/93. (ARD 4567/17/94 ●)

Da § 8 Abs 1 AngG auf das Bezugsprinzip verweist, ist die Entgeltfortzahlung für Angestellte in dem Ausmaß zu leisten, das **vor der Dienstverhinderung bestanden** hat. Die Entgeltfortzahlung hat sich daher im Wesentlichen am so genannten **Ausfallsprinzip**, das im unmittelbaren zeitlichen Konnex mit der Dienstverhinderung steht, und danach zu orientieren, ob eine Zahlung mit einer gewissen **Regelmäßigkeit** gebührt. Lediglich „Doppelbezüge" sind für die Zeit der Dienstverhinderung wegen Krankheit nicht zu leisten.

Bezieht ein Arbeitnehmer einen Teil seines Entgelts in Form von **Provisionen**, sind diese (mit Ausnahme der Provisionen für Direktgeschäfte) daher nach dem Ausfallsprinzip auch dann in die Bemessung des (Urlaubs- und) Krankenentgelts mit dem **Durchschnitt der letzten 12 Kalendermonate** vor dem Krankenstand/Urlaubsantritt einzubeziehen, wenn der Arbeitnehmer während dem Krankenstand/der Urlaubszeit keine Abschlussprovisionen hätte erwerben können. OGH 17. 10. 2002, 8 ObA 67/02i. (ARD 5379/1/2003 ●)

Durch die Entgeltleistung im Krankheitsfall soll der Arbeitnehmer wirtschaftlich so gestellt werden, wie dies beim regelmäßigen Verlauf des Dienstverhältnisses der Fall gewesen wäre. Beim Ausfallsprinzip orientiert sich die Entgeltfortzahlung nach dem am **Beginn der Dienstverhinderung zu erwartenden Verdienstausfall**. Es wird danach für die Frage der Entgeltleistung die Abwicklung des Dienstverhältnisses ohne den Hinderungsgrund fingiert; die **davor vereinbarte Arbeit gilt als geleistet**. War vor der Dienstverhinderung auch die Erbringung von Mehrstunden im Rahmen der Vertretung eines auf Urlaub befindlichen Kollegen vereinbart, ist ein in der Folge erkrankter Arbeitnehmer so zu stellen, als hätte er diese Mehrstunden tatsächlich erbracht. Sollten durch diese Mehrstunden Fehlstunden aus der Zeit vor dieser Vereinbarung abgegolten werden, gelten diese dann auch bei Nichterbringung der vereinbarten Mehrstunden wegen Krankheit als ausgeglichen. OGH 11. 6. 1997, 9 ObA 169/97m. (ARD 4910/5/98 ●)

Bezieht ein Arbeitnehmer einen Teil seines Entgelts in Form von **Provisionen**, sind diese (mit Ausnahme der Provisionen für Direktgeschäfte) daher nach dem Ausfallsprinzip auch dann in die Bemessung des Urlaubs- und Krankenentgelts s mit dem **Durchschnitt der letzten 12 Kalendermonate** vor Urlaubsantritt einzubeziehen, wenn der Arbeitnehmer während der Urlaubszeit keine Abschlussprovisionen hätte erwerben können. OGH 17. 10. 2002, 8 ObA 67/02i. (ARD 5379/1/2003 ●)

§ 8 AngG

Unzulässige Anwesenheitsprämie

112 Nach dem arbeitsrechtlichen Gleichbehandlungsgrundsatz ist es sachlich nicht gerechtfertigt, bei Auszahlung einer Prämie – sei sie nun freiwillig gewährt oder nicht – eine Differenzierung der Höhe je nachdem vorzunehmen, ob der Arbeitnehmer Fehlzeiten aufwies oder nicht. Eine derartige **Anwesenheitsprämie**, nach der Fehlzeiten ohne Rücksicht darauf, ob es sich um berechtigte oder unberechtigte Fehlzeiten handelt, zum Entfall oder zur Minderung der Prämie führen, **verstößt gegen die zwingenden Bestimmungen** über die Entgeltfortzahlung. Eine derartige, die Prämie bedingende Fehlzeitenvereinbarung ist als teilnichtig zu betrachten. OGH 22. 5. 2003, 8 ObA 15/03v, ARD 5446/11/2003 ●)

Eine vom Arbeitgeber seinen Arbeitnehmern nur für **Zeiten der tatsächlichen Arbeitsverrichtung** regelmäßig gewährte Druckwerkszulage mit Entgeltcharakter ist unabhängig davon, ob sie freiwillig oder aufgrund kollektivvertraglicher Bestimmungen gewährt wurde, **auch für Fehlzeiten des Arbeitnehmers fortzuzahlen**, in denen die Arbeitsleistung unterbleibt (Krankenstand, Urlaub, Feiertag, sonstige Dienstverhinderung). Die Vereinbarung derartiger Anwesenheitsprämien widerspricht zwingenden gesetzlichen Bestimmungen und führt zur Teilnichtigkeit der Vereinbarung über die Nichtberücksichtigung von Fehlzeiten bei Berechnung der Höhe der Prämie. Es ist ständige Rechtsprechung, dass Vereinbarungen unzulässig sind, wonach der an der Arbeitsleistung etwa durch Krankheit verhinderte Arbeitnehmer letztlich eine **Entgelteinbuße** dadurch erleidet, dass Voraussetzung für den Erhalt des Entgelts in voller Höhe die tatsächliche und ununterbrochene Arbeit während eines bestimmten Zeitraums ist und somit **Fehlzeiten zum Entfall oder zur Minderung von Entgelt** ohne Rücksicht darauf führen, ob es sich um berechtigte oder unberechtigte Fehlzeiten gehandelt hat. Gerade im Krankheitsfall liegt das Bedenkliche an den so genannten Anwesenheitsprämien in der Reizwirkung, dass auch wirklich kranke Arbeitnehmer, um finanzielle Einbußen zu vermeiden, auf ihre Krankheit keine Rücksicht nehmen und „Raubbau" mit ihrer Gesundheit treiben (vgl. OGH 7. 6. 2001, 9 ObA 295/00y, ARD 5276/45/2002). OGH 30. 6. 2005, 8 ObA 72/04b. (ARD 5629/1/2005 ●)

Erhöhung der Entgeltfortzahlungsdauer während eines laufenden Krankenstandes

113 Der für den Geltungsbereich des EFZG vertretene Grundsatz, dass dann, wenn die Anwartschaft auf eine **längere Anspruchsdauer während einer Arbeitsverhinderung erreicht** werde, der neue Anspruch bzw. Differenzanspruch zum Tragen komme, kann auch für die Auslegung des § 8 AngG herangezogen werden, denn der Grund für die Erweiterung des Anspruches auf Entgeltfortzahlung ist in beiden Gesetzen der Gleiche: Dem Arbeitnehmer, dessen Dienstverhältnis bereits längere Zeit (hier mindestens fünf Jahre) gedauert hat und der daher mit dem Betrieb enger verbunden ist, soll ein erweiterter Anspruch gegenüber jenen Arbeitnehmern gewährt werden, die weniger lange im Betrieb beschäftigt sind. Es wäre aber nicht einzusehen, dass Arbeitnehmer, welche die längere Dienstzeit unmittelbar vor dem Eintritt der Erkrankung erfüllt haben, besser gestellt werden als jene, bei denen dies erst während des (vielleicht sogar kürzeren) Krankenstandes der Fall war. All dies muss aber auch für neuerliche Dienstverhinderungen iSd § 8 Abs 2 AngG gelten. Schwierigkeiten bei der Berechnung würden entgegen der Auffassung der Revision dabei nicht entstehen. Die Halbjahresfrist des § 8 Abs 2 AngG wäre weiterhin vom Wiederantritt des Dienstes nach der ersten Dienstverhinderung zu berechnen; lediglich das Ausmaß des Anspruches würde sich ab dem Zeitpunkt der Erfüllung der längeren Dienstzeit um den Differenzanspruch erhöhen. Wenn die letzte Wiedererkrankung innerhalb der Halbjahresfrist des § 8 Abs 2 AngG erfolgte und der ursprüngliche Anspruch des Arbeitnehmers auf der Basis einer Dienstzeit von weniger als fünf Jahren bereits voll ausgeschöpft war, steht dem Angestellten ab **Erfüllung der fünfjährigen**

§ 8 AngG

Dienstzeit während dieser Halbjahresfrist des § 8 Abs 2 AngG gemäß § 8 Abs 1 AngG ein Anspruch auf Bezahlung des vollen Entgelts für die Dauer von **weiteren zwei Wochen** sowie gemäß § 8 Abs 2 AngG ein Anspruch auf Bezahlung des halben Entgelts zu. OGH 16. 2. 1982, 4 Ob 96/81. (ARD 3414/6/82 ●)

Erkrankung am Feiertag – keine Anrechnung auf die Anspruchsdauer der Entgeltfortzahlung

Feiertage, die auf einen **Arbeitstag** fallen, sind auch bei Erkrankung eines Angestellten **nicht** auf die Dauer seines **Entgeltfortzahlungsanspruchs** anzurechnen. LG Linz 11. 2. 1997, 11 Cga 2/97x. (ARD 5186/27/2001 ●) 114

Verhaltenspflichten im Krankenstand

Ein Arbeitnehmer, der sich im Krankenstand befindet, ist grundsätzlich verpflichtet, den auf die Wiederherstellung seiner Gesundheit abzielenden **Anordnungen des Arztes nach Tunlichkeit nachzukommen** und ihnen jedenfalls nicht so schwer wiegend zuwiderzuhandeln, dass der Krankheitsverlauf negativ beeinflusst und/oder der Heilungsverlauf verzögert werden könnte. Verhältnismäßig geringfügiges Zuwiderhandeln wird bei der Beurteilung der Vertrauensunwürdigkeit nicht ins Gewicht fallen. Missachtet aber ein infolge Krankheit arbeitsunfähiger Arbeitnehmer die Anordnungen seines Arztes nachdrücklich und in erheblichem Maße und ist dieses Verhalten geeignet, den Krankheitsverlauf negativ zu beeinflussen oder den **Heilungsverlauf zu verzögern**, liegt darin eine Vertrauensverwirkung im Sinne des 3. Tatbestandes des § 27 Z 1 AngG. Der Arbeitgeber muss dann befürchten, dass seine dienstlichen Interessen gefährdet sind, weil der Arbeitnehmer nicht die für die Wiederherstellung seiner Arbeitsfähigkeit notwendigen ärztlichen Anordnungen befolgt, sondern diesen offenbar zuwiderhandelt und damit auch die auf Wiederherstellung der Arbeitsfähigkeit gerichteten dienstlichen Interessen des Arbeitgebers verletzt. 115

Auch wenn ausdrückliche Anordnungen des Arztes über das Verhalten im Krankenstand fehlen, darf der Arbeitnehmer die nach der **allgemeinen Lebenserfahrung üblichen Verhaltensweisen** nicht betont und offenkundig verletzen. Ob das Verhalten des Arbeitnehmers tatsächlich zu einer Verlängerung des Krankenstandes führte, ist ohne Bedeutung; es genügt die Eignung, den Genesungsprozess zu verzögern.

Die Führung eines Buschenschanks durch einen wegen eines Bandscheibenvorfalls im Krankenstand befindlichen Lohnverrechner stellt jedenfalls eine Vertrauensunwürdigkeit dar und berechtigt den Arbeitgeber auch dann zur Entlassung, wenn der Arzt diese Beschäftigung nicht ausdrücklich untersagt hat. OGH 26. 1. 2000, 9 Ob A 329/99v. (ARD 5109/16/2000 ●)

Kein Entgeltfortzahlungsanspruch vor Beginn des Dienstverhältnisses

Bei einem **Wegunfall am Weg zur erstmaligen Arbeitsaufnahme** (Arbeitsantritt) besteht kein Anspruch auf Krankenentgelt. Unter Arbeitsantritt ist die Aufnahme der Tätigkeit in Erfüllung des Dienstvertrages und nicht etwa eine Vorbesprechung über die Tätigkeit des Arbeitnehmers am Abend des Vortages zu verstehen. Aus § 30 AngG geht deutlich hervor, dass die Vereinbarung des Arbeitsantritts und der Antritt, nämlich der Übergang vom Verpflichtungsstadium in das Erfüllungsstadium, vom Gesetz deutlich unterschieden wird. Die Arbeitspflicht des Arbeitnehmers und die Entgeltpflicht des Arbeitgebers setzen erst mit dem Tag der (vereinbarten) Arbeitsaufnahme ein. Der Gesetzgeber hat die Entgeltfortzahlungspflicht bei Krankheit oder Unglücksfall an die Bedingung des vorausgehenden Arbeitsantritts geknüpft; d.h. die **Entgeltfortzahlungspflicht** setzt den **Beginn einer Entgeltzahlungspflicht** voraus. OGH 21. 1. 1999, 8 ObA 4/99t. (ARD 5047/19/99 ●) 116

Ersatzanspruch des Arbeitgebers gegen Schädiger

117 Wird ein Verkehrsteilnehmer bei einem Verkehrsunfall verletzt, ist es eine typische, vom Schutzzweck der Bestimmungen der Straßenverkehrsordnung umfasste Folge seiner hiedurch verursachten Arbeitsunfähigkeit, dass er einen Verdienstentgang erleidet. Ist der Verletzte Arbeitnehmer und ist sein Arbeitgeber gesetzlich (§ 8 AngG) zur Lohnfortzahlung verpflichtet, wird der **Schaden auf den Arbeitgeber überwälzt**. Lohnzahlungsvorschriften haben nicht den Zweck, den Schädiger zu entlasten, sie sollen vielmehr den Arbeitnehmer vor sozialen Härten schützen. Die **Ersatzpflicht des Schädigers** wird durch die Lohnfortzahlung daher nicht ausgeschlossen. Da der Schädiger den auf den Arbeitgeber überwälzten **Schaden des Arbeitnehmers zu ersetzen** hat und nicht etwa den – bei konkreter Berechnung unter Umständen weit höheren – eigenen Schaden des Arbeitgebers aus dem Ausfall der Arbeitskraft, besteht die Gefahr einer von der älteren Rechtsprechung befürchteten unübersehbaren Ausweitung der Ersatzpflicht nicht.

Hinsichtlich der Überleitung des Anspruches des Arbeitnehmers auf den Arbeitgeber, ist eine Legalzession anzunehmen. § 10 EFZG (Übergang von Schadenersatzansprüchen auf die Krankenversicherungsträger) ist im vorliegenden Fall nicht heranzuziehen. Das AngG sieht eine Legalzession bei Lohnfortzahlung nicht vor. § 1358 ABGB ist zwar nicht unmittelbar anzuwenden, weil der Arbeitgeber jedenfalls formell eine eigene Schuld bezahlt; ausgehend von der oben vorgenommenen Wertung ist aber eine Regelungslücke anzunehmen, die in Analogie zu § 1358 ABGB iVm § 67 Versicherungsvertragsgesetz geschlossen werden kann. Dies bedeutet, dass der **Ersatzanspruch gegen den Schädiger mit der Lohnfortzahlung auf den Arbeitgeber übergeht**. Einer rechtsgeschäftlichen Zession, wie sie ein anderer Teil der Lehre für notwendig hält, bedarf es nicht.

Der Höhe nach hat der Arbeitgeber Anspruch auf Ersatz nicht nur des **Bruttolohns**, sondern auch der **Arbeitgeberbeiträge zur Sozialversicherung**. Der Arbeitgeber zahlt diese Beiträge zwar kraft eigener Verpflichtung; sie werden aber im Interesse des Arbeitnehmers erbracht, damit er in den Genuss der entsprechenden Leistungen kommen kann. Damit gehören sie im weiteren Sinne zu seinem Erwerb. OGH 24. 3. 1994, 2 Ob 21/94. (ARD 4562/25/94 ●)

Judikatur zu § 8 Abs 2

Kein neuer Krankenentgeltanspruch durch eintägigen Arbeitsantritt

118 Als abermalige Dienstverhinderung iSd § 8 Abs 2 AngG sind nur jene anzusehen, die innerhalb eines **halben Jahres seit Wiederantritt nach der ersten Erkrankung** auftreten. Solange die ursprüngliche sechsmonatige Frist nicht abgelaufen ist, kann eine neue derartige Frist nicht zu laufen beginnen. Wiederholte Erkrankungen sind daher nur dann als Fortsetzung der ersten Erkrankung anzusehen, wenn die erneute Erkrankung spätestens 6 Monate nach dem Dienstantritt nach der ersten Erkrankung eintritt, und zwar ohne Rücksicht auf die Anzahl der Krankmeldungen. Tritt nach Ablauf dieser Frist eine weitere Erkrankung ein, so wird diese wieder als erste Erkrankung behandelt.

Im Falle **wiederholter Dienstverhinderungen aus einem fortdauernden Grund** die Dienstverhinderungen **zusammenzurechnen** sind, weil es sonst der Arbeitnehmer in der Hand hätte, durch kurzfristige zwischenzeitige Dienstleistungen seine Ansprüche über die gesetzliche Maximalfrist hinaus zu verlängern oder neu zu erwerben (vgl. OGH 5. 9. 1967, 4 Ob 34/67, ARD 2027/23/68).

Ein Arbeitnehmer kann daher durch einen Dienstantritt von nur einem **einzigen Tag zwischen zwei Krankenständen**, die auf derselben Grunderkrankung beruhen, nicht neuerlich einen vollen

§ 8 AngG

Krankenentgeltfortzahlungsanspruch erwerben. Die Annahme einer neuerlichen Ersterkrankung hätte die vom OGH missbilligte Möglichkeit zur Folge, durch einen kurzen Dienstantritt die Bestimmungen des § 8 AngG über die zeitliche Beschränkung von Entgeltfortzahlungsansprüchen zu umgehen. ASG Wien 19. 5. 2004, 34 Cga 54/04s. (ARD 5550/8/2004 ●)

Judikatur zu § 8 Abs 3

Meldepflichten des Arbeitnehmers

Der Arbeitnehmer ist verpflichtet, die **Dienstverhinderung dem Arbeitgeber umgehend mitzuteilen** und glaubhaft darzulegen. Ist die Verhinderung **vorhersehbar, hat er sie anzukündigen**, um dem Arbeitgeber die Möglichkeit rechtzeitiger Disposition zu geben. Eine solche Mitteilungspflicht besteht aber auch aus einem weiteren Grund: Der Arbeitgeber benötigt diese Kenntnis für die Abwägung, ob ein Fernbleiben des Arbeitnehmers sachlich gerechtfertigt erscheint. Bei jenen Rechtfertigungsgründen, die nicht bereits gesetzlich festgelegt sind, wie Krankenstände und Pflegefreistellungen, ist nämlich jeweils im Einzelfall eine Interessenabwägung zwischen den Interessen des Arbeitgebers und jenen des Arbeitnehmers vorzunehmen. Kommt es dem Arbeitnehmer nach der Art des Hinderungsgrundes auf einen ganz bestimmten Termin nicht an, kann er also frei disponieren, hat er die Herstellung eines Einvernehmens über den Zeitpunkt des Fernbleibens mit dem Arbeitgeber anzustreben. 119

Eine Verletzung dieser aus dem Gesetz und der allgemeinen Treuepflicht des Arbeitnehmers abgeleiteten Mitteilungspflicht berechtigt zwar im Allgemeinen nicht zur Entlassung, wenn objektiv gesehen ein berechtigter Hinderungsgrund vorliegt, kann aber bei Angestellten in besonders schwerwiegenden Fällen die **Entlassung wegen Vertrauensunwürdigkeit** (§ 27 Z 1 AngG dritter Tatbestand) rechtfertigen. Jeden Arbeitnehmer, der einen ihm bekannten Rechtfertigungsgrund für ein an sich pflichtwidriges Verhalten dem Arbeitnehmer trotz bestehender Möglichkeit **nicht (rechtzeitig) bekanntgibt**, trifft jedoch grundsätzlich ein **Mitverschulden an seiner Entlassung**, wenn sie der Arbeitgeber bei Kenntnis des Rechtfertigungsgrundes aller Voraussicht nach nicht ausgesprochen hätte. Den Arbeitgeber trifft ein Verschulden an der Entlassung, wenn er sie ausgesprochen hat, ohne sich vorher Gewissheit zu verschaffen, ob der Arbeitnehmer nicht infolge eines rechtmäßigen Hinderungsgrundes von der Arbeit ferngeblieben ist. Trifft den Arbeitgeber an der Nichtkenntnis des Rechtfertigungsgrundes kein oder ein zu vernachlässigendes geringes Verschulden, ist hingegen dem Arbeitnehmer die Nichtbekanntgabe des Hinderungsgrundes als schwerer Verstoß gegen die Mitteilungspflicht vorzuwerfen, weil er seinen Arbeitgeber hievon hätte leicht in Kenntnis setzen können, und kann die Verschuldensabwägung auch dazu führen, dass sich sein Mitverschulden einem Alleinverschulden nähert. OGH 25. 4. 1996, 8 ObA 2058/96x. (ARD 4779/26/96 ●)

Dienstverhinderung durch religiöse und familiäre Pflichten

Religiöse und familiäre Verpflichtungen sind gegenüber den aus dem Dienstvertrag resultierenden Verpflichtungen **höherrangig** und können im Fall einer Kollision mit den dienstvertraglichen Verpflichtungen im Einzelfall das Fernbleiben des Arbeitnehmers vom Arbeitsplatz rechtfertigen. Die Einhaltung **religiöser Trauerregeln** durch Angehörige des jüdischen Glaubens repräsentiert jedenfalls dann, wenn sie in Zusammenhang mit dem Tod eines nahen Angehörigen steht, eine gegenüber der aus dem Dienstvertrag resultierenden Arbeitspflicht höherwertige Verpflichtung. Die Einhaltung religiöser Trauerregeln kann daher auch dann einen gerechtfertigten **Dienstverhinderungsgrund** darstellen, wenn damit das KV-Mindestmaß bei Weitem überschritten wurde 120

§ 8 AngG

und der Arbeitnehmer die Regeln seines Glaubens nicht in allen Belangen streng einhält. Jedoch ist bei Rechtfertigungsgründen, die nicht bereits gesetzlich festgelegt sind, stets im Einzelfall eine Interessenabwägung zwischen den Interessen des Arbeitgebers und jenen des Arbeitnehmers vorzunehmen. OLG Wien 19. 8. 1998, 7 Ra 152/98v. (ARD 4973/13/98 ●)

Ein Arbeitgeber ist nicht berechtigt, einer Arbeitnehmerin, nachdem sie vom **Tod des Vaters ihrer Kinder** im Ausland erfahren hat, die Bitte, ihr die nächsten Tage freizugeben, damit sie am Begräbnis teilnehmen könne, mit dem Hinweis zu verweigern, die Arbeitnehmerin sei mit dem Verstorbenen **nicht verheiratet** gewesen. Auch wenn die Arbeitnehmerin mit dem Verstorbenen nicht im selben Haushalt lebte, gehört der Vater ihrer Kinder in der Regel zum Kreis jener Personen, zu denen eine sonstige enge soziale Bindung besteht. Ihr Wunsch, ihn zur letzten Ruhe zu geleiten, entspricht Sitte und Anstand und rechtfertigt einen 2-tägigen Urlaub, um am Begräbnis im Ausland teilnehmen zu können. OGH 23. 5. 1990, 9 ObA 136/90. (ARD 4203/10/90 ●)

Ein Arbeitnehmer, der rechtzeitig eine Dienstverhinderung anzeigt, ist nicht verpflichtet, die Erlaubnis des Arbeitgebers abzuwarten, wenn die Dienstverhinderung gerechtfertigt ist. Eine schwere, zum Tod führende Erkrankung und das nachfolgende **Begräbnis eines nahen Angehörigen** bilden einen rechtmäßigen Dienstverhinderungsgrund. Ist der betroffene Arbeitnehmer mit seiner Mitteilung an seinen unmittelbar übergeordneten Vorgesetzten seiner Verpflichtung, die **Dienstverhinderung anzukündigen** und damit dem Arbeitgeber die Möglichkeit rechtzeitiger Disposition zu geben, nachgekommen, ist die Entlassung auch dann ungerechtfertigt, wenn der Arbeitnehmer die Erlaubnis des Arbeitgebers nicht abgewartet hat. Bei Vorliegen einer ein Arbeitsversäumnis rechtfertigenden Dienstverhinderung ist die Einholung einer Genehmigung des Arbeitgebers nicht erforderlich. OGH 22. 11. 1995, 9 ObA 152, 153/95. (ARD 4751/16/96 ●)

Als wichtige Gründe für eine Dienstverhinderung sind nicht nur solche zu verstehen, die die Person des Arbeitnehmers selbst betreffen, sondern auch jene, die sich aus der **Beistandspflicht der Ehepartner** und auch aus den Fürsorgepflichten für die **minderjährigen** im gemeinsamen Haushalt lebenden **Kinder** ergeben. Ist der Arbeitnehmer einzige Betreuungsperson seiner Kinder und seiner Lebensgefährtin, hat er auch nach Konsumation seiner Pflegefreistellung Anspruch auf Entgelt, weil dieser Anspruch trotz der Möglichkeit eines Pflegeurlaubs (§ 16 UrlG) aufrechterhalten wurde, so dass Ansprüche auf weitere Freistellungen wegen Erkrankungen naher Angehöriger dadurch nicht ausgeschlossen werden. OLG Wien 19. 6. 1996, 7 Ra 80/96b, bestätigt durch OGH 18. 12. 1996, 9 ObA 2244/96g. (ARD 4799/12/96 und ARD 4823/7/97 ●)

Die **Betreuung der dreieinhalbjährigen Tochter** während eines Spitalaufenthaltes stellt keinen Dienstverhinderungsgrund dar, wenn es sich nicht um einen Akutfall handelte und auch der Vater und die Großmutter während der Dienstzeit herangezogen hätten werden können. OGH 24. 11. 1993, 9 ObA 231/93. (ARD 4524/10/94 ●)

Wird die Tochter einer Arbeitnehmerin zur **Entbindung** ins Krankenhaus gebracht wird und steht außer der Arbeitnehmerin niemand zur Betreuung des anderen Kindes der Tochter zur Verfügung, liegt ein rechtmäßigen Dienstverhinderungsgrund vor. OGH 14. 2. 1990, 9 ObA 40/90. (ARD 4165/10/90 ●)

Zu den familiären Pflichten, die sich Sitte und Herkommen ableiten, zählt die Teilnahme an **Beerdigungen oder Familienfesten im Kreise der Verwandtschaft** je nach den Umständen des Falles, so etwa die Teilnahme an der Silbernen Hochzeit des Onkels und Ziehvaters oder an der Seelenmesse für einen nahen Verwandten sowie am Begräbnis eines Menschen, zu dem eine enge soziale Beziehung bestand, wie dies bei einer Person der Fall ist, mit der man gemeinsam

§ 8 AngG

aufgewachsen ist und zu der man ständig Kontakte gepflogen hat. Ein formelles Abstellen auf die Verwandtschaft genügt nicht. Vielmehr ist in jedem Einzelfall zu prüfen, wie eng das Naheverhältnis gewesen ist; bezüglich bestimmter Ereignisse wie Geburt, Todesfall, Hochzeit, Erkrankung naher Angehöriger oder Übersiedlung des Haushaltes sind deshalb in Kollektivverträgen Regelungen festgelegt worden.

Die **Sponsion eines Kindes** stellt zwar einen wichtigen Hinderungsgrund für die als Arbeitnehmer tätigen Eltern dar; nicht jedoch für den Bruder, der weder im gemeinsamen Haushalt gelebt noch diesen finanziell unterstützt hat. Auch wenn der Arbeitnehmer zu seinem Bruder ein gutes Verhältnis hat, ist er noch nicht sittlich oder moralisch verpflichtet, an dessen Sponsion teilzunehmen. OLG Wien 27. 5. 1991, 34 Ra 6/91. (ARD 4280/16/91 ●)

Gerichts- und Behördenwege

Die Gewährung einer Dienstfreistellung für während der Dienstzeit vorzunehmende **dringende Behördenwege**, die nicht auch telefonisch erledigt werden können, sondern ein persönliches Erscheinen des Arbeitnehmers vor der Behörde erfordern, kann einem Arbeitnehmer zwar grundsätzlich nicht verweigert werden, derartige Dienstverhinderungen sind aber dem Arbeitgeber rechtzeitig zu melden. AG Wien 22. 2. 1985, 7 Cr 95/83. (ARD 3730/11/85 ●)

121

Das Beistehen bei einer notwendigen, einen Freund betreffenden **Amtshandlung im Ausland**, kann einen gerechtfertigten Dienstverhinderungsgrund darstellen. ASG Wien 23. 4. 1996, 8 Cga 193/95z. (ARD 4791/36/96 ●)

Ist ein Behördenweg mit keiner öffentlich-rechtlichen Pflicht verbunden, deren Erfüllung im Interesse der Allgemeinheit liegt, sondern liegt er allein im Interesse des Arbeitnehmers, wie z.B. bei der Ablegung einer Jagdprüfung, kommt ein Entgeltfortzahlungsanspruch des Arbeitnehmers nicht in Betracht. OGH 12. 10. 1988, 9 ObA 227/88. (ARD 4037/14/88 ●)

Vorladungen zu Gerichtsterminen gehören zu den wichtigen, die Person des Arbeitnehmers betreffenden Dienstverhinderungsgründen iSd § 1154 b ABGB und § 8 Abs 3 AngG. OLG Graz 27. 5. 1993, 8 Ra 135/92. (ARD 4606/11/94 ●)

Das **Aufsuchen des Arbeitsgerichtes** zur Klärung strittiger Fragen ist als ein wichtiger, die Person des Arbeitnehmers betreffender Grund anzusehen, der eine kurze (hier: 2 ½-stündige) Abwesenheit vom Dienst rechtfertigt. LG Graz 3. 12. 1974, 2 Cg 22/74. (ARD 2750/20/75 ●)

Anders als bei der Verhinderung durch öffentliche Pflichten, wie Vorladungen zu Behörden, die einen rechtmäßigen Hinderungsgrund darstellen und zudem den Anspruch des Angestellten auf das Entgelt bei Vorliegen der sonstigen Voraussetzungen des § 8 Abs 3 AngG unberührt lassen, bildet ein von einem Angestellten **mit seinem Anwalt vereinbarte Besprechungstermin** in der Regel keinen solchen Hinderungsgrund, weil es dem Mandanten eines Rechtsanwaltes meist möglich und zumutbar ist, auf die Wahl des Termins entsprechenden Einfluss zu nehmen. OGH 13. 5. 1986, 14 Ob 74/86. (ARD 3815/12/86 ●)

Elementarereignisse

Haben die **Elementarereignisse**, die einerseits den Arbeitnehmer gehindert haben, seinen Arbeitsplatz zu erreichen, andererseits aber auch den Betrieb durch die Abwesenheit (offenbar zahlreicher) weiterer Arbeitnehmer in Mitleidenschaft gezogen, nicht jenes Ausmaß erreicht, dass man von einer nicht mehr der Sphäre der Arbeitsvertragsparteien zuzurechnenden, ausgedehnten **höheren Gewalt** sprechen könnte, weil nur einige Arbeitnehmer des Betriebes z.B. infolge starker

122

§ 8 AngG

Schneefälle außerstande gewesen sind, zur Arbeit zu kommen, der Betrieb selbst durch dieses Elementarereignis aber nicht unmittelbar betroffen gewesen ist, liegt Entgeltfortzahlungspflicht des Arbeitgebers vor, auch wenn die Produktion an diesem Tag nicht aufgenommen werden konnte, weil nur die in der Nähe des Betriebes wohnenden Arbeitnehmer zur Arbeit erschienen sind. OGH 16. 12. 1987, 9 ObA 202/87. (ARD 3949/14/58 ●)

Duldete die **Hochwasserhilfe** eines Arbeitnehmers für **engste Familienangehörige** (hier: Geschwister) keinerlei Aufschub, ist sein Fernbleiben von der Arbeit gerechtfertigt. Es handelt sich jedenfalls um eine sittliche Verpflichtung gegenüber seinen engsten Familienangehörigen. Selbst wenn der Arbeitnehmer den Arbeitgeber **nicht** von seinem Fernbleiben und dessen Grund **informiert** hat, ist die Nichtverständigung im vorliegenden Fall als nicht so schwer wiegend zu bezeichnen, wenn man berücksichtigt, dass an einem Teil der betreffenden Tage ohnedies auch das Geschäft des Arbeitgebers geschlossen war und dass der Arbeitnehmer seine Arbeitskollegen über den Grund seines Fernbleibens informiert hat. Die Entlassung des Arbeitnehmers war somit aus diesem Grund nicht gerechtfertigt. OLG Wien 16. 6. 2004, 7 Ra 78/04y. (ARD 5549/8/2004 ●)

Verkehrsstörungen

123 Zwar muss ein Arbeitnehmer die üblichen Verspätungen im Individualverkehr infolge häufig vorkommender Verkehrsstockungen, sowie die (meist geringfügigen) gewöhnlichen Verspätungen im Massenverkehr fahrplanmäßiger Beförderungsmittel durch rechtzeitigen Antritt der Fahrt zur Arbeit einkalkulieren; **Verkehrsstörungen**, die den Arbeitnehmer ohne sein Verschulden daran hindern, den Arbeitsplatz zu erreichen, sind jedoch als Dienstverhinderungsgrund anzusehen, auch wenn es sich dabei um eine Massenerscheinung handelt, die auch zahlreiche andere Arbeitnehmer betrifft (hier: durch starke Schneefälle). OGH 16. 12. 1987, 9 ObA 202/87. (ARD 3949/14/88 ●)

Im Fall des **Streiks öffentlicher Verkehrsmittel** ist der Arbeitnehmer gehalten, alle ihm zumutbaren Möglichkeiten auszuschöpfen, auf **andere Art seinen Arbeitsplatz zu erreichen**. Hat der Ehemann einer Arbeitnehmerin an diesem Tag lediglich einen privaten Termin (hier: Ablegung der Jagdprüfung), ist er aufgrund der ehelichen Beistandspflicht verpflichtet, seiner Ehefrau den gemeinsamen Pkw zu überlassen oder sie zu ihrem Arbeitsplatz zu fahren. Hat die Arbeitnehmerin – wie im vorliegenden Fall – nicht einmal versucht, ihren Arbeitsplatz trotz des Streiks der öffentlichen Verkehrsmittel zu erreichen, obwohl der Arbeitgeber seinen Arbeitnehmern die Möglichkeit geboten hat, nach den Umständen der Anreise allenfalls verspätet zur Arbeit zu kommen, ist ihr dies als Verschulden iSd § 8 Abs 3 AngG anzurechnen. OLG Wien 16. 12. 2004, 10 Ra 156/04s. (ARD 5623/1/2005 ●)

Judikatur zu § 8 Abs 8

Meldung der Arbeitsunfähigkeit

124 Der Arbeitnehmer muss dem Arbeitgeber **Dienstverhinderungen umgehend mitteilen** und glaubhaft darlegen, um damit dem Arbeitgeber die Möglichkeit rechtzeitiger Disposition zu geben, aber auch, um dem Arbeitgeber die Möglichkeit zur Abwägung zu verschaffen, ob das Fernbleiben des Arbeitnehmers sachlich gerechtfertigt ist bzw. war. Dies gilt dies auch dann, wenn Anlass der Dienstverhinderung eine **Haft des Arbeitnehmers** ist, weil der Schutz der Privatsphäre des Arbeitnehmers nicht so weit gehen kann, dass er den Arbeitgeber über die Ursache seines Fernbleibens völlig im Unklaren lassen darf.

§ 8 AngG

Die Unterlassung der (rechtzeitigen) Meldung der Dienstverhinderung rechtfertigt aber im Allgemeinen eine Entlassung nicht, weil dadurch ein an sich nicht pflichtwidriges Dienstversäumnis nicht in ein pflichtwidriges verwandelt werden kann. Sie zieht in der Regel nur den **Verlust des Anspruchs auf das dem Arbeitnehmer zustehende Entgelt** für die Zeit des Unterbleibens der Verständigung nach sich (§ 8 Abs 8 AngG). Weitere Folgen sind nicht vorgesehen, sodass die Unterlassung der Meldung der Dienstverhinderung nur unter besonderen Umständen – etwa wenn dem Arbeitnehmer die Meldung leicht möglich gewesen wäre und er wusste, dass dem Arbeitgeber infolge der Unterlassung der Meldung ein beträchtlicher Schaden erwachsen könne – dem Entlassungstatbestand der beharrlichen Dienstverweigerung unterstellt werden kann. In einem solchen Fall hat aber nicht die Verletzung der Verständigungspflicht, sondern die dadurch schuldhaft herbeigeführte Gefahr eines Schadens die zentrale Bedeutung für die Entlassung. OGH 13. 9. 2001, 8 ObA 214/01f. (ARD 5279/43/2002 ●)

Ein Arbeitnehmer ist verpflichtet, mitzuteilen, dass er aus **gesundheitlichen Gründen den Betrieb verlasse**, selbst wenn er erst später ein ärztliches Zeugnis vorlegen wollte. Ist für den Arbeitgeber, nachdem der Arbeitnehmer schon einmal unberechtigt einen Krankenstand in Anspruch genommen hatte, kein Grund dafür erkennbar, dass er **wegen Krankheit** den Betrieb verlassen hat (das Verlangen nach einem Krankenschein ersetzt nicht die Bekanntgabe, der Arbeitnehmer verlasse den Betrieb wegen eines akuten gesundheitlichen Problems), kann dies aus der Sicht des Arbeitgebers nur als **fortgesetzte Arbeitsverweigerung** gedeutet werden.
Für einen Arbeitnehmer ist es geboten, den Grund, weshalb er den Betrieb während der Arbeitszeit verlässt, geltend zu machen, sofern ihm dies zumutbar ist. Es verstößt gegen die sich aus dem Arbeitsverhältnis ergebende Treuepflicht, den Betrieb zu verlassen, in der Absicht, den Arbeitgeber später durch eine Krankmeldung zu „überraschen". Der Auftrag, derartige Gründe sogleich zu melden, ist um so eher gerechtfertigt, wenn ein vorausgegangener Krankenstand nicht gerechtfertigt worden ist. OLG Wien 18. 8. 1993, 32 Ra 98/93. (ARD 4528/8/94 ●)

Beim Andauern eines Krankenstandes ist der Arbeitnehmer keineswegs verpflichtet die **Änderung** des **Krankenstandgrundes** sofort mitzuteilen. Nach § 4 Abs 1 EFZG (entspricht § 8 Abs 8 AngG) ist der Arbeitnehmer nur verpflichtet, ohne Verzug die Arbeitsverhinderung dem Arbeitgeber bekannt zu geben und auf Verlangen des Arbeitgebers nach angemessener Zeit zu wiederholen. Eine Verpflichtung des Arbeitnehmers die **Ursache eines neuen Krankenstandes** bekannt zu geben, lässt sich aus der Bestimmung des § 4 EFZG (§ 8 Abs 8 AngG) nicht ableiten. Maßgebend ist lediglich die Krankmeldung, nicht aber die Meldung von der Ursache der Krankheit. Letztere braucht nur auf Verlangen des Arbeitgebers erfolgen. OLG Wien 28. 2. 1994, 32 Ra 195/93. (ARD 4549/23/94 ●)

Wenngleich eine besondere Form der Mitteilung der Arbeitsverhinderung nicht vorgesehen ist, muss aus der Verständigung des Arbeitnehmers doch für den Arbeitgeber ersichtlich sein, dass der Arbeitnehmer **krankheitsbedingt** an seiner Arbeit verhindert ist. Der Arbeitnehmer verliert seinen Anspruch auf Entgeltfortzahlung, wenn er nach der bloßen Mitteilung, dass er **zum Arzt gehe** und im Falle seines Nichtkommens im Krankenstand sei, auf mehrfaches Ersuchen des Arbeitgebers per SMS um **Kontaktaufnahme nicht reagiert**. Spätestens bei den wiederholten Ersuchen der Kontaktaufnahme, auf die der Arbeitnehmer wochenlang nicht reagierte, hätte ihm bewusst sein müssen, dass diese Mitteilung nicht ausreichend war und dem Arbeitgeber eben nicht bekannt ist, dass er wegen einer Krankheit der weiteren Arbeit fernblieb. OGH 24. 9. 2004, 8 ObA 96/04g. (ARD 5550/3/2004 ●)

Lindmayr, Angestelltengesetz, LexisNexis ARD Orac

§ 8 AngG

Krankmeldung bei Arbeitskräfteüberlassung

125 Meldet sich eine **überlassene Arbeitskraft** zwar beim **Beschäftiger**, nicht aber beim Arbeitgeber (= Überlasser) selbst krank, ist er seiner gesetzlichen Verpflichtung iSd § 8 Abs 8 AngG, dem **Arbeitgeber** die Dienstverhinderung anzuzeigen, nicht nachgekommen. Wird der Arbeitgeber jedoch vom Beschäftiger von der Erkrankung des Arbeitnehmers informiert, muss der Arbeitgeber von einer krankheitsbedingten Abwesenheit ausgehen und kann dem Arbeitnehmer nicht unentschuldigtes Fernbleiben bzw einen vorzeitigen Austritt unterstellen. OLG Wien 21. 11. 2003, 9 Ra 134/03x. (ARD 5480/5/2004 ●)

Folgen einer erst gegen Mittag erfolgten Krankschreibung

126 Enthält eine erst im Laufe des Tages ausgestellte ärztliche Krankschreibung **keine zeitliche Einschränkung**, ist davon auszugehen, dass die Arbeitsunfähigkeit infolge Krankheit **schon am Morgen** des betreffenden Tages bestanden hat und der Krankenstand ab dem fiktiven Arbeitsbeginn an diesem Tag gerechtfertigt war. Es ist üblich, dass Arbeitnehmer, die bereits in der Nacht oder am Morgen eines Arbeitstages vor Dienstantritt erkrankt sind, nicht genau zum Zeitpunkt des fiktiven Dienstbeginns bereits einen Arzt aufgesucht haben, sondern idR die ärztliche Krankschreibung erst im Laufe des Tages – oftmals auch während am späten Nachmittag liegender Ordinationszeiten – erfolgen kann. In diesem Fall liegt es am Arbeitgeber, die in der Krankenstandsbestätigung für diesen Tag attestierte Arbeitsunfähigkeit durch entsprechende Beweisergebnisse zu entkräften. OLG Wien 16. 9. 2004, 10 Ra 110/04a. (ARD 5550/5/2004 ●)

Form der Mitteilung einer Dienstverhinderung

127 Der Arbeitnehmer ist verpflichtet, seine **Arbeitsunfähigkeit** (hier: Erkrankung) unverzüglich nach deren Eintritt dem Arbeitgeber **zu melden**. Die Meldung ist **nicht an eine bestimmte Form** gebunden, sondern kann mündlich bzw. telefonisch auch durch Dritte erfolgen. Die Mitteilungspflicht ist auch dann erfüllt, wenn die Mitteilung an einen im Betrieb tätigen Arbeitnehmer erfolgt, der eine nicht ganz untergeordnete Stellung hat. Wenn die Meldung dem Arbeitgeber nicht zugeht, weil ein in die Hierarchie eingegliederter Arbeitnehmer diese nicht weiterleitet, wurde dennoch der Meldepflicht entsprochen. Die Meldung an einen Mitarbeiter, der mit der Entgegennahme von Telefonaten betraut ist, erfüllt die Meldepflicht. ASG Wien 31. 1. 2000, 8 Cga 162/98w. (ARD 5121/15/2000 ●)

Das Gesetz enthält **keine Vorschriften über die Form der Anzeige einer Dienstverhinderung**. Folglich ist daher die Mitteilung eines Krankenstandes des Arbeitnehmers durch **SMS** (Kurzmitteilung) an die ihm als „Diensthandy" bekannt gegebene Mobilnummer des Arbeitgebers als ordnungsgemäße Anzeige der Dienstverhinderung anzusehen. Dass – zum Unterschied vom Telefax – der Absender über keinen Sendenachweis der SMS verfügt, hindert diese Beurteilung nicht: Eine Sendebestätigung – vergleichbar der Situation beim Einschreibbrief – kann nur für die Beweislast des Zugangs eine Rolle spielen, nicht aber für die Zulässigkeit der Übermittlungsart. OGH 16. 10. 2003, 8 ObA 92/03t. (ARD 5480/4/2004 ●)

Pflicht zur Vorlage einer ärztlichen Krankenbestätigung

128 Die Verpflichtung des Arbeitnehmers zur Vorlage einer Krankenstandsbestätigung ist davon abhängig, dass **im Einzelfall vom Arbeitgeber ein entsprechendes Verlangen** gestellt wird: Aus der Wortfolge „auf Verlangen des Dienstgebers, das nach angemessener Zeit wiederholt werden kann..." ergibt sich, ebenso wie aus dem kumulativen Bindewort „und", dass der Gesetzgeber auf eine konkrete Aufforderung im Einzelfall abstellt; nur für ein ganz bestimmtes Verlangen für einen konkreten Fall kann nämlich die im Gesetz vorgesehene Wiederholung in Frage kommen.

§ 8 AngG

Durch das im konkreten Fall gestellte Verlangen wird dem Arbeitnehmer seine Verpflichtung zur Vorlage der Bestätigung jeweils für den bestimmten Fall zur Kenntnis gebracht und die Einhaltung dieser Verpflichtung wesentlich erleichtert, weil er mit dem Verlangen des Arbeitgebers unmittelbar konfrontiert ist.

Dürfte das nach dem Wortlaut des Gesetzes im Einzelfall zu stellende Verlangen des Arbeitgebers auf Vorlage einer ärztlichen Bestätigung durch eine **pauschale Bestimmung des Arbeitsvertrages** ersetzt werden, so brächte dies eine bedeutende Verschlechterung der Situation des Arbeitnehmers mit sich. Er müsste die Bestimmungen des oft lange Zeit vorher abgeschlossenen Arbeitsvertrages ständig präsent haben und von sich aus eine ärztliche Bestätigung vorlegen. Gemäß § 40 AngG dürfen die dem Angestellten unter anderem auch aufgrund der Bestimmung des § 8 AngG zustehenden Rechte durch den Dienstvertrag weder aufgehoben noch beschränkt werden.

Die Vorschrift des § 8 Abs 8 AngG regelt die Voraussetzungen, unter denen der Anspruch des Arbeitnehmers auf Fortzahlung des Entgelts entfällt. Diese Voraussetzungen dürfen zum Nachteil des Arbeitnehmers daher nicht verschlechtert werden. Eine solche Verschlechterung der Voraussetzungen wäre aber, wie dargestellt, mit der generellen Festlegung der Verpflichtung zur Vorlage einer ärztlichen Bestätigung im Arbeitsvertrag unter der noch dazu unerwähnt bleibenden Sanktion des § 8 Abs 8 letzter Satz AngG verbunden. Der Wegfall des Entgeltanspruches tritt daher nur bei Nichtverfolgung eines im Anlassfall gestellten Verlangens des Arbeitgebers auf Vorlage einer ärztlichen Bestätigung ein. Auch durch eine **Betriebsvereinbarung** könnte eine die gesetzliche Bestimmung zu Lasten des Arbeitnehmers verschlechternde Regelung nicht wirksam getroffen werden. OGH 15. 6. 1988, 9 ObA 122/88. (ARD 3995/11/88 ●)

Ein Arbeitnehmer ist nach § 8 Abs 8 AngG verpflichtet, seinem Arbeitgeber eine vorliegende **Dienstverhinderung ohne Verzug anzuzeigen** und auf Verlangen des Arbeitgebers, das nach angemessener Zeit wiederholt werden kann, eine **Bestätigung** über Ursache und Dauer der Arbeitsunfähigkeit vorzulegen. Diese Verpflichtung zur Vorlage einer ärztlichen Krankenbestätigung bzw. einer Bestätigung des behandelnden Arztes setzt aber eine **konkrete Aufforderung** des Arbeitgebers **im Einzelfall** voraus, weshalb eine Säumnis – und damit verbunden der Verlust des Entgeltfortzahlungsanspruchs für die Dauer der Säumnis – erst nach Ablauf der vom Arbeitgeber für die Vorlage der Bestätigung gesetzten Frist eintritt. ASG Wien 29. 1. 2001, 21 Cga 148/99h. (ARD 5293/6/2002 ●)

Sofern ein Dienstvertrag das Erfordernis enthält, die Krankenstandsbestätigung **ohne weitere Aufforderung** dem Arbeitgeber vorzuweisen, steht er im Widerspruch mit dem klaren Gesetzeswortlaut des § 8 Abs 8 AngG und ist daher **nichtig**.
Der zusätzlichen Verpflichtung des Arbeitnehmers, weitere Auskünfte über den Krankenstand zu geben, geht ebenfalls ein Verlangen des Arbeitgebers voraus. Eine eigenständige Verpflichtung des Arbeitnehmers, fortlaufend über die **Heilungsfortschritte** und den Krankheitsverlauf Meldung zu machen, ist durch § 8 AngG nicht gedeckt. ASG Wien 24. 11. 1999, 8 Cga 82/99k. (ARD 5144/15/2000 ●)

Frist zur Vorlage einer Krankenstandsbestätigung

Wird einem krankgeschriebenen Arbeitnehmer von seinem Arbeitgeber keine Frist zur Vorlage einer Krankenstandsbestätigung gesetzt, ist dennoch von einer **angemessenen 3-tägigen Frist zur Beibringung des ärztlichen Zeugnisses** auszugehen, sodass der Arbeitnehmer auch bei verspäteter Beibringung der Krankenstandsbestätigung seinen Anspruch auf Entgeltfortzahlung für die ersten 3 Tage seines Krankenstandes behält und diesen erst ab dem 4. Tag bis zur Vorlage der Bestätigung verliert. OLG Wien 28. 3. 2003, 7 Ra 17/03a. (ARD 5452/4/2003 ●)

129

§ 8 AngG

Inhalt der Krankenstandsbestätigung

130 Einem Arbeitgeber ist **nicht** die **Diagnose** einer Erkrankung, sondern bloß die Tatsache der **Arbeitsunfähigkeit** mit ärztlicher Bestätigung nachzuweisen. ASG Wien 9. 8. 1995, 24 Cga 206/94b. (ARD 4726/7/96 ●)

Ein Arbeitnehmer ist nicht verpflichtet, dem Arbeitgeber die Gründe für seine Krankenstände bekannt zu geben. Der Verpflichtung, eine Dienstverhinderung zu melden, ist vielmehr schon dann Genüge getan, wenn der erkrankte Angestellte als **Grund für die Dienstverhinderung bloß „Erkrankung"** nennt. Zweck dieser Anzeige ist es vor allem, den Arbeitgeber vom Ausfall des Arbeitnehmers unverzüglich zu informieren, um ihm Gelegenheit zu sofortigen Dispositionen zu geben. Vielfach wird auch der gemäß § 8 Abs 8 AngG zur unverzüglichen Anzeige verpflichtete Angestellte mangels Vorliegens der Ergebnisse der ärztlichen Untersuchung noch gar nicht in der Lage sein, dem Arbeitgeber die Art der Erkrankung anzugeben. OLG Wien 29. 1. 2003, 10 Ra 3/03i. (ARD 5437/3/2003 ●)

Der Arbeitgeber hat kein Recht darauf, aus einer von der Arbeitnehmerin vorgelegten Krankenstandsbestätigung in jedem Fall das **voraussichtliche Ende** des Krankenstandes zu erfahren. Erfolgte die ärztliche Bestätigung der Arbeitsunfähigkeit der Arbeitnehmerin zunächst **ohne zeitliche Limitierung**, wurde ihr Gesundheitszustand jedoch in der Folge auch von der Gebietskrankenkasse in periodischen Abständen kontrolliert und übermittelte die Arbeitnehmerin dem Arbeitgeber die ärztlichen Befunde, ist eine Entlassung der Arbeitnehmerin ungerechtfertigt. ASG Wien 12. 5. 2003, 13 Cga 37/03k. (ARD 5452/6/2003 ●)

Die mit dem Verlust des Entgelts sanktionierte Pflicht zur Angabe der voraussichtlichen Dauer der Arbeitsunfähigkeit in der Krankenstandsbestätigung besteht nur dann, wenn eine derartige **Prognose aus ärztlicher Sicht möglich** ist. Die Bestimmung des § 8 Abs 8 AngG verfolgt den Zweck, den Arbeitgeber über die Tatsache der Arbeitsunfähigkeit und deren voraussichtliche Dauer zu informieren, damit er allenfalls entsprechende betriebliche Dispositionen treffen kann. Dies setzt aber voraus, dass es aufgrund der Art und der näheren Umstände der Erkrankung überhaupt **möglich** ist, eine **Prognose** über die – zumindest voraussichtliche – **Dauer des Krankenstandes** zu treffen. Es ist allgemein bekannt, dass es Erkrankungen gibt, bei denen der Zeitpunkt der Wiederherstellung der Arbeitsunfähigkeit faktisch nicht absehbar ist. Die Tatsache, dass eine **Prognose** über die Dauer des Krankenstandes für den die Bestätigung ausstellenden Arzt aus medizinischen Gründen **nicht möglich** ist, kann für den Arbeitnehmer **nicht** mit dem **Entfall des Entgelts sanktioniert** werden. OLG Wien 26. 6. 2006, 10 Ra 7/06g. (ARD 5748/2/2007 ●)

Vertrauen auf ärztliche Krankschreibung

131 Entschuldigt ist das Fernbleiben eines Arbeitnehmers vom Dienst nicht nur dann, wenn er – objektiv betrachtet – **arbeitsunfähig** war, also infolge einer Erkrankung nicht oder doch nur mit der Gefahr, seinen Zustand zu verschlimmern, fähig war, seiner bisher ausgeübten – oder sonst einer nach dem Arbeitsvertrag zu verrichtenden – Arbeitstätigkeit nachzukommen, sondern auch dann, wenn er von einem zur Feststellung seiner Arbeitsunfähigkeit berufenen Arzt **in Krankenstand genommen** wurde, obwohl objektiv dazu keine Veranlassung gegeben war, er aber auf die **Richtigkeit der ausgestellten ärztlichen Bescheinigung** vertrauen durfte. Dem Arbeitnehmer muss in dieser Situation in aller Regel (aber nicht ausnahmslos!) der gute Glaube zugebilligt werden, sich für arbeitsunfähig zu halten, wenn der Arzt zur Feststellung seiner Arbeitsunfähigkeit gelangt ist. Bei

§ 8 AngG

diesen Regeln handelt es sich aber um Erfahrungssätze, die dem Arbeitgeber nicht das Recht nehmen, den Beweis anzutreten, dass der Arbeitnehmer trotz Vorlage einer entsprechenden Krankenstandsbescheinigung arbeitsfähig war und davon auch Kenntnis hatte oder nach den Umständen des Falles offenbar haben müsste; dies wäre etwa der Fall, wenn der Arbeitnehmer die ärztliche Bestätigung durch bewusst unrichtige Angabe gegenüber dem Arzt erwirkt hätte. OGH 14. 7. 1981, 4 Ob 42/81. (ARD 3388/7/82 ●)

Ist der von einem Arbeitnehmer – wenn auch nur subjektiv – empfundene **Stress** an seiner Arbeitsstelle für den behandelnden Arzt ein ausreichender Grund, um eine Krankschreibung vorzunehmen, ergibt sich für den Arbeitnehmer zu diesem Zeitpunkt kein Anlass, an seiner **Arbeitsunfähigkeit zu zweifeln**. Auch wenn sich der behandelnde Arzt in bestimmten Grenzen auf die anamnestischen Angaben des Arbeitnehmers verlassen muss und keine genauen Kenntnisse über die Art der Arbeitsleistung des Arbeitnehmers hat, kann dies dem Arbeitnehmer nicht zum Nachteil gereichen. ASG Wien 7. 5. 1999, 34 Cga 143/98t. (ARD 5144/9/2000 ●)

Dass ein über **Durchfall** klagender Arbeitnehmer ohne jede Untersuchung gleich für **14 Tage krankgeschrieben** wird, spricht eine deutliche Sprache über die Beweiskraft derartiger Krankschreibungen und rechtfertigt die Feststellung, dass der Arbeitnehmer seine Krankheit nur vorgetäuscht hat. OLG Wien 20. 7. 1999, 10 Ra 88/99f, bestätigt durch OGH 15. 12. 1999, 9 ObA 268/99y. (ARD 5136/42/2000 ●)

Der Krankenstandsbestätigung, mit der die Arbeitsunfähigkeit vom Vertragsarzt des Krankenversicherungsträgers bestätigt wird, kommt der Wert eines **Anscheinsbeweises** zu. Zur **Widerlegung** dieses Anscheinsbeweises genügt nicht schon die ernsthafte Möglichkeit eines atypischen Geschehensablaufes, sondern der Arbeitgeber hat – um eine Entlassung wegen unentschuldigten Fernbleibens vom Dienst zu rechtfertigen – den **Gegenbeweis** betreffend Arbeitsunfähigkeit des Arbeitnehmers zu erbringen. OLG Wien 24. 2. 1999, 7 Ra 18/99i. (ARD 5062/3/99 ●)

Pflicht zur neuerlichen Untersuchung der Arbeitsunfähigkeit

Erfolgt eine Krankschreibung durch den Arzt ohne Festlegung der Dauer, hat der Arbeitnehmer seine **Arbeitsfähigkeit** nach angemessener Zeit **überprüfen** zu lassen. Wenn ein Arbeitnehmer vom in Aussicht genommenen Ende des Krankenstandes keine Kenntnis hat, kann nicht ohne weiteres unterstellt werden, dass er in der strittigen Zeit berechtigt darauf vertrauen konnte, dass weiterhin Arbeitsunfähigkeit besteht. Wird nur der Beginn des Krankenstandes, **nicht** aber dessen **Dauer festgelegt**, kann der Arbeitnehmer nicht ohne weiteres davon ausgehen, dass der Krankenstand bis zu einer gegenteiligen Feststellung (allenfalls durch den Chefarzt) jedenfalls gerechtfertigt ist. Es ist vielmehr je nach Art der Erkrankung, insbesondere dann, wenn sich seine Überzeugung, arbeitsunfähig zu sein, vor allem auf die ärztliche Anordnung gründet, zu fordern, dass er sich in **angemessenen Zeiträumen** einer **neuerlichen Untersuchung** unterzieht, um seine Arbeitsfähigkeit überprüfen zu lassen.
Allein der Umstand, dass ab einem bestimmten Zeitpunkt die Krankschreibung erfolgte, rechtfertigt daher das Vertrauen des Arbeitnehmers auf das Bestehen von Arbeitsunfähigkeit nicht auf Dauer. Sucht er in einem solchen Fall, insbesondere dann, wenn es sich um Erkrankungen handelt, die regelmäßig vorübergehender Natur sind, den Arzt nicht in angemessenen Zeitabständen auf oder nimmt er z.B. vom Arzt angeordnete Nachuntersuchungstermine nicht wahr, ist seine Überzeugung, weiter arbeitsunfähig zu sein, nur dann berechtigt, wenn darüber hinaus Gründe vorliegen, die objektiv geeignet sind, diese Annahme zu rechtfertigen. OGH 16. 11. 1994, 9 ObA 206/94. (ARD 4634/15/95 ●)

132

§ 8 AngG

Folgen einer unterlassenen oder verspäteten Krankmeldung

133 Das Fernbleiben vom Dienst ist gerechtfertigt, wenn der Arbeitnehmer tatsächlich krank und arbeitsunfähig ist, mag er auch die **Krankmeldung verspätet** vorgenommen haben. Der Arbeitnehmer ist zwar verpflichtet, ohne Verzug die Arbeitsverhinderung dem Arbeitgeber bekanntzugeben und auf Verlangen des Arbeitgebers eine Bestätigung des zuständigen Krankenversicherungsträgers oder eines Gemeindearztes über Beginn, voraussichtliche Dauer und Ursache der Arbeitsunfähigkeit vorzulegen, doch zieht die Verletzung dieser Verpflichtung im Regelfall nur den **Verlust des Entgeltanspruches für die Dauer der Säumnis** nach sich. Eine verspätete Krankmeldung kann somit die **Entlassung** nur rechtfertigen, wenn besondere Umstände hinzutreten, etwa wenn der Arbeitnehmer, dass dem Arbeitgeber dadurch ein **wesentlicher Schaden** erwachsen werde und ihm die **rechtzeitige Meldung leicht möglich** gewesen wäre. Nur in diesem Fall kann das Verhalten dem Entlassungstatbestand der beharrlichen Pflichtvernachlässigung unterstellt werden.
Führt das unentschuldigte Fernbleiben eines Arbeitnehmers jedoch zu einer derart heftigen Unruhe im Betrieb, kann die Entlassung zur Wahrung der Disziplin im Unternehmen gerechtfertigt sein. OGH 16. 3. 1995, 8 ObA 325/94. (ARD 4657/29/95 ●)

Die Unterlassung der Verständigung des Arbeitgebers von einer unverschuldeten Dienstverhinderung (Erkrankung) bildet dann keinen Entlassungsgrund, wenn es sich um eine **verhältnismäßig kurze Dauer der Erkrankung** handelt oder wenn die Gefahr eines konkreten Nachteils für den Arbeitgeber nicht gegeben war. OGH 4. 10. 1966, 4 Ob 65/66. (ARD 1938/13/67 ●)

Die Unterlassung der Meldung eines Krankenstandes führt zwar grundsätzlich nur zum Entfall des Entgeltfortzahlungsanspruchs des Arbeitnehmers, wird der Arbeitnehmer jedoch durch ein Schreiben des Arbeitgebers **aufgefordert, sich zu melden**, widrigenfalls ein vorzeitiger Austritt angenommen werde, ist er aufgrund seiner Treuepflicht **verpflichtet, auf dieses Schreiben zu reagieren**. Meldet er sich jedoch nicht bei seinem Arbeitgeber, ist dieser berechtigt, einen **vorzeitigen Austritt** anzunehmen, auch wenn ihm bekannt ist, dass der Arbeitnehmer den Betrieb verlassen hat, um zum Arzt zu gehen. OLG Wien 22. 12. 1999, 7 Ra 309/99h. (ARD 5101/82000 ●)

Ein Angestellter ist verpflichtet, die Dienstverhinderung dem Arbeitgeber ohne Verzug bekannt zu geben und auf Verlangen des Arbeitgebers eine Bestätigung vorzulegen. Die einzige Rechtsfolge, die an die Säumnis des Arbeitnehmers bei der Meldung des Krankenstandes geknüpft wird, ist die, dass er für die Dauer der Säumnis den **Anspruch auf sein Entgelt verliert**. Mit dieser sehr weit reichenden Sanktion ist über die Rechtsfolgen bei Nichtmeldung des Krankenstandes abschließend abgesprochen. Weder die Heranziehung eines solchen Verhaltens als **Entlassungsgrund** noch als **Mitverschulden** bei einer Entlassung kommen daher in Betracht. Lediglich in begründeten **Ausnahmefällen** wäre dies möglich, nämlich dann, wenn dem Arbeitgeber infolge der Unterlassung der Krankmeldung ein **beträchtlicher Schaden** erwachsen ist und der Arbeitnehmer dies gewusst hat. OLG Wien 29. 3. 2000, 8 Ra 166/99m. (ARD 5144/14/2000 ●)

Kommt der Arbeitnehmer seiner Verpflichtung zur Vorlage der **Krankenstandsbestätigung** nicht rechtzeitig nach, verliert er für die Dauer der Säumnis seinen Entgeltanspruch auch dann, wenn er mit der Weiterleitung der Krankenstandsbestätigung **einen Dritten** (hier: Lebensgefährtin) **beauftragt** hat, der dies aber nicht getan hat. Es ist Sache des Arbeitnehmers, innerhalb der vom Arbeitgeber eingeräumten Frist die Übermittlung der Krankenstandsmeldung unverzüglich zu veranlassen, was ohne weiteres durch ihn selbst geschehen kann, wenn er nicht bettlägrig ist und er auch tägliche Ausgehzeiten von 9.00 Uhr bis 12.00 Uhr hat. Bedient er sich aber hiezu der Hilfe seiner Lebensgefährtin, muss er auch überprüfen, ob diese seinem **Auftrag** innerhalb der ihm vom Arbeitgeber gesetzten Frist **nachgekommen** ist. Hat dies der Arbeitnehmer unterlassen,

§ 9 AngG

hat er die Säumnis, die bei der Vorlage der Krankenstandsbestätigung eingetreten ist, selbst zu verantworten. ASG Wien 20. 4. 1998, 11 Cga 270/96x. (ARD 5008/7/99 ●)

Ein bloßer **Verzug** der Vorlage der Krankenbestätigung führt **keinen Entgeltverlust** nach § 8 Abs 8 AngG herbei, wenn der Arbeitgeber durch laufende Telefonate des Arbeitnehmers über den **Krankheitsverlauf informiert** wird, so dass eine ärztliche Bescheinigung nur der Überprüfung der Angaben des Arbeitnehmers dienen sollte und für weitergehende Dispositionen auch eine Krankenstandsbestätigung nicht dienlich gewesen wäre. Leidet ein Arbeitnehmer an **Fieber und Halsweh**, muss vom Arbeitgeber ein Krankenstand in der Dauer von mindestens einer Woche als sehr wahrscheinlich angesehen werden. Aufgrund der geäußerten Symptome muss für jedermann klar und einsichtig sein, dass es sich nicht um einen kurzfristigen Krankheitsausfall, sondern doch um eine **ernstere Erkrankung** mit etlichen Krankenstandstagen handelt. ASG Wien 5. 11. 1993, 8 Cga 205/93m, bestätigt durch OLG Wien 6. 5. 1994, 34 Ra 33/94. (ARD 4528/9/94 und ARD 4564/22/94 ●)

Auch wenn ein erkrankter Arbeitnehmer dem Arbeitgeber seine Arbeitsunfähigkeit zwar unverzüglich telefonisch gemeldet, diesen **Krankenstand** jedoch trotz Aufforderung vorerst **nicht nachgewiesen** hat, kann dies **kein Mitverschulden** des Arbeitnehmers an der **unberechtigten Entlassung** begründen. Würde man in der Nichtvorlage der Krankenstandsbestätigung durch den Arbeitnehmer ein Mitverschulden an der ausgesprochenen Entlassung sehen, käme man zu dem vom OGH als unzulässig bezeichneten Ergebnis, dass das für eine berechtigte Entlassung nicht ausreichende Verhalten als Begründung des Mitverschuldens herangezogen werden würde. OLG Wien 10. 9. 2004, 7 Ra 102/04b. (ARD 5545/12/2004 ●)

§ 9. (1) Wird der Angestellte während einer Dienstverhinderung gemäß § 8 Abs 1 und 2 gekündigt, ohne wichtigen Grund vorzeitig entlassen oder trifft den Dienstgeber ein Verschulden an dem vorzeitigen Austritt des Angestellten, so bleibt der Anspruch auf Fortzahlung des Entgelts für die nach diesem Bundesgesetz vorgesehene Dauer bestehen, wenngleich das Dienstverhältnis früher endet. (BGBl 1975/418)

(2) Weibliche Angestellte dürfen wegen der durch ihre Schwangerschaft (§ 8 Abs 5) oder ihre Niederkunft verursachten Dienstverhinderung nicht entlassen werden. Wird das Dienstverhältnis vom Dienstgeber innerhalb sechs Wochen vor oder innerhalb sechs Wochen nach der Niederkunft gekündigt, so endigt es in keinem Falle vor Ablauf von acht Wochen nach der Niederkunft.

(3) Die Ansprüche des Angestellten auf Fortbezug des Entgeltes (§ 8) erlöschen mit der Beendigung des Dienstverhältnisses, wenn dieses infolge Ablaufes der Zeit, für die es eingegangen wurde, oder infolge einer früheren Kündigung aufgelöst wird. Das gleiche gilt, wenn der Angestellte aus einem anderen Grunde als wegen der durch Erkrankung oder Unglücksfall verursachten Dienstverhinderung entlassen wird.

134

Grundlegende Erläuterungen zu § 9

Die Bestimmungen des § 9 AngG stellen gemäß § 40 AngG **zugunsten des Angestellten** (einseitig) **zwingendes Recht** dar; sie können daher nur zu dessen Vorteil, nicht aber zu seinem Nachteil vertraglich abgeändert werden.

§ 9 AngG

1. Dienstvertragsauflösung während Dienstverhinderung

135 Die Rechtsordnung lässt die Beendigung eines Dienstverhältnisses grundsätzlich auch während eines Krankenstandes zu, sieht jedoch in § 9 Abs 1 AngG in bestimmten Fällen **besondere Rechtsfolgen** zum Schutz des wirtschaftlich schwächeren Arbeitnehmers vor. Um zu verhindern, dass ein Arbeitgeber sofort bei Eintritt einer Arbeitsverhinderung wegen Krankheit oder Arbeitsunfall das Dienstverhältnis beendet und sich dadurch die Kosten der Entgeltfortzahlung während des Krankenstandes erspart, ist vorgesehen, dass bei bestimmten Auflösungsarten zwar das **Dienstverhältnis endet**, der Entgeltfortzahlungsanspruch des Arbeitnehmers jedoch darüber hinaus bis zum Ablauf der gesetzlich vorgesehenen Dauer bzw. bis zum Wiedereintritt der Arbeitsfähigkeit, wenn dieser Zeitpunkt früher liegt, **weiter besteht**.

Diese **Erstreckung der Entgeltfortzahlungspflicht** des Arbeitgebers über das Ende des Dienstverhältnisses hinaus ist bei folgenden Arten der Beendigung eines Dienstverhältnisses während der Dienstverhinderung gesetzlich vorgesehen:

– Kündigung durch den Arbeitgeber,
– vorzeitige Entlassung durch den Arbeitgeber ohne wichtigen Grund und
– Austritt des Arbeitnehmers aus dem Verschulden des Arbeitgebers.

Das Dienstverhältnis an sich endet jedoch mit dem durch die Kündigung (Entlassung, Austritt) bewirkten Zeitpunkt.

Hingegen besteht ein Anspruch auf Entgeltfortzahlung nur **bis zum Ende des Dienstverhältnisses**, wenn dieses während der Dienstverhinderung durch

– Lösung während der Probezeit,
– Zeitablauf (befristetes Arbeitsverhältnis),
– Kündigung des Arbeitnehmers,
– begründete Entlassung durch den Arbeitgeber,
– unbegründeten oder vom Arbeitgeber nicht verschuldeten vorzeitigen Austritt des Arbeitnehmers oder
– einvernehmliche Lösung beendet wird.

Ebenso erlöschen die Ansprüche des Angestellten auf Entgeltfortzahlung gemäß § 9 Abs 3 AngG mit Beendigung des Dienstverhältnisses, wenn dieses durch eine „frühere Kündigung" aufgelöst wurde. Darunter ist eine **vor Beginn der Dienstverhinderung ausgesprochene** (und dem Arbeitnehmer zugegangene) **Kündigung** zu verstehen.

Auch wenn somit eine Kündigung während eines bestehenden Krankenstandes gesetzlich nicht verboten ist, sondern nur die oben angeführten Entgeltfolgen nach sich zieht, findet sich ein entsprechendes **Kündigungsverbot** während eines Krankenstandes vereinzelt **in Kollektivverträgen**. Eine Entlassung wegen gerechtfertigter Dienstverhinderung ist auch bei langer Dauer gesetzlich nicht mehr vorgesehen.

2. Kündigungs- und Entlassungsschutz weiblicher Arbeitnehmer

136 Die Bestimmungen des § 9 Abs 2 AngG über einen befristeten Kündigungs- und Entlassungsschutz weiblicher Arbeitnehmer, die wegen einer Schwangerschaft oder durch die Niederkunft an der Verrichtung ihrer Dienste verhindert sind, sind durch das **Mutterschutzgesetz** (MSchG) **überholt**.

Nach § 12 MSchG können Arbeitnehmerinnen während der Schwangerschaft und bis zum Ablauf von 4 Monaten nach der Entbindung (bei Karenzurlaub bis zum Ablauf von 4 Wochen nach Ende des Karenzurlaubes) **rechtswirksam nicht gekündigt** werden, es sei denn, dass dem Arbeitgeber die Schwangerschaft bzw. Entbindung nicht bekannt ist. Eine Kündigung ist auch rechtsunwirksam, wenn die Tatsache der Schwangerschaft bzw. Entbindung dem Arbeitgeber binnen 5 Arbeitstagen nach Ausspruch der Kündigung, bei schriftlicher Kündigung binnen 5 Arbeitstagen nach deren Zustellung, bekannt gegeben wird.

Abweichend von diesen Bestimmungen kann während der Zeit des Kündigungsschutzes eine Kündigung nur mit **vorheriger Zustimmung des Arbeits- und Sozialgerichtes** ausgesprochen werden, wenn wegen Betriebseinschränkung (Stilllegung) eine Weiterbeschäftigung der Schwangeren ohne Schaden für den Betrieb nicht möglich ist oder sich die Arbeitnehmerin während des gerichtlichen Verfahrens nach Rechtsbelehrung mit der Kündigung einverstanden erklärt. Nach erfolgter Betriebsstilllegung ist eine Zustimmung des Arbeits- und Sozialgerichtes zur Kündigung nicht mehr erforderlich.

Eine **Entlassung** ist während des oben genannten Zeitraumes nur aus den in § 12 MSchG erschöpfend aufgezählten Entlassungsgründen und nach **vorheriger Zustimmung des Arbeits- und Sozialgerichts zulässig** (u.a. schuldhafte Pflichtverletzung, Unterlassen der Arbeitsleistung während einer erheblichen Zeit, Untreue, Konkurrenztätigkeit, Tätlichkeiten, erhebliche Ehrverletzungen). Eine ungerechtfertigt ausgesprochene Entlassung ist rechtsunwirksam.

Judikatur zu § 9 Abs 1

Kündigung während eines Krankenstandes

Zweck dieser Bestimmung ist es, den auf dem Arbeitsvertrag beruhenden Anspruch auf **Entgeltfortzahlung im Krankheitsfall** – der nur besteht, solange das Arbeitsverhältnis aufrecht ist – auch **über die rechtliche Dauer des Arbeitsverhältnisses hinaus zu wahren**. Für die Frage der Entgeltleistung wird in diesem Fall die Abwicklung des Arbeitsverhältnisses ohne den Hinderungsgrund fingiert; die vereinbarte Arbeit gilt als geleistet. Diese Regelung soll verhindern, dass sich der Arbeitgeber von der Pflicht zur Entgeltfortzahlung an den Arbeitnehmer dadurch befreit, dass er während der Arbeitsverhinderung das Dienstverhältnis durch Kündigung oder ungerechtfertigte Entlassung löst. Ohne diese gesetzliche Regelung hätte es der Arbeitgeber in der Hand, dadurch über die Kündigungsfrist zeitlich hinausgehende Ansprüche des Arbeitnehmers zunichte zu machen. Eine **Kündigung** kann daher **auch während der Erkrankung rechtswirksam** ausgesprochen werden, das dem Arbeitnehmer gebührende Entgelt darf hierdurch aber nicht geschmälert werden.

Anders ist es, wenn eine Kündigung bereits **vor der Erkrankung ausgesprochen** wurde und die Arbeitsverhinderung erst während der Kündigungsfrist eintritt. Ist die Kündigung dem Arbeitnehmer vor der Arbeitsverhinderung zugegangen, endet der Entgeltfortzahlungsanspruch des Arbeitnehmers mit dem Ende des Arbeitsverhältnisses, mögen auch die Fristen des § 2 EFZG (§ 8 Abs 1 AngG) noch nicht ausgeschöpft sein. Entscheidend ist nämlich, ob die Erklärung, die die Beendigung des Arbeitsverhältnisses zur Folge hat, während oder vor der Arbeitsverhinderung abgegeben worden ist.

Ereignet sich aber **nach dem Kündigungsausspruch** innerhalb des schon zeitlich absehbaren ersten Krankenstandes ein **neuerlicher Krankheitsfall**, der in keinem unmittelbaren Zusammenhang mit der Ersterkrankung steht, endet die Entgeltfortzahlung mit dem **Ende der Ersterkrankung**.

137

§ 9 AngG

Unter einer „Arbeitsverhinderung" iSd § 5 EFZG (§ 9 Abs 1 AngG) nur jene Arbeitsverhinderung zu verstehen ist, die zum Zeitpunkt des Ausspruchs der Kündigung bereits vorlag. Eine Ausnahme wäre nur dann zu machen, wenn die zweite Arbeitsverhinderung sich zumindest teilweise als Folge der ersten Arbeitsverhinderung (Komplikationen der Ersterkrankung, die zu einer weiteren Erkrankung führen) darstellt. OGH 27. 5. 2004, 8 ObA 13/04a. (ARD 5526/3/2004 ●)

Gemäß § 5 EFZG verbleibt der Anspruch eines Arbeitnehmers auf **Fortzahlung des Entgelts** bei einer krankheitsbedingten Dienstverhinderung auch dann aufrecht, wenn der Arbeitnehmer **während der Dienstverhinderung gekündigt** wird und das Dienstverhältnis dadurch früher endet. Diese Bestimmung (bzw auch § 9 Abs 1 AngG) soll verhindern, dass der Entgeltfortzahlungsanspruch des Arbeitnehmers vom Arbeitgeber durch eine Kündigung oder eine ungerechtfertigte Entlassung während eines Krankenstandes gekürzt wird. Dieser Zweck rechtfertigt es aber nicht, eine Entgeltfortzahlung über das Ende des Dienstverhältnisses hinaus auch dann zu gewähren, wenn sich der Arbeitnehmer bei **Zugang der Kündigung** zwar bereits in einem regelwidrigen Körperzustand befunden hat, aber noch **nicht an der Erbringung seiner geschuldeten Dienstleistung verhindert** war, sondern normal gearbeitet hat und die Erkrankung dem Arbeitgeber auch nicht zur Kenntnis gelangt ist. In diesem Fall erfolgte die Kündigung noch **vor Eintritt der Dienstverhinderung**. OLG Wien 15. 9. 2004, 7 Ra 111/04a. (ARD 5550/9/2004 ●)

Nach dem eindeutigen Wortlaut des § 5 EFZG (§ 9 AngG), wonach der Anspruch des Arbeitnehmers auf **Fortzahlung des Entgelts** für die nach dem EFZG vorgesehene Dauer trotz vorzeitiger Beendigung des Dienstverhältnisses bestehen bleibt, wenn der Arbeitnehmer während einer Arbeitsverhinderung gekündigt wird, kommt es auf das **Vorliegen der Arbeitsunfähigkeit** und nicht auf die Mitteilung der Arbeitsverhinderung an. Wird einem Arbeitnehmer von einem Arzt **Arbeitsunfähigkeit** bescheinigt, ist grundsätzlich davon auszugehen, dass diese bereits **ab Beginn des jeweiligen Arbeitstages** bestanden hat, selbst wenn die Bestätigung des Krankenstandes rückwirkend für einen Tag erfolgt. Es stellt nicht nur eine zulässige, sondern in manchen Fällen – angesichts der völlig unterschiedlichen Ordinationszeiten der diversen Kassenärzte – geradezu unvermeidliche Vorgangsweise dar, die Arbeitsunfähigkeit rückwirkend für einen Tag zu bestätigen.

War somit ein Arbeitnehmer bereits am Tag des Erhalts des Kündigungsschreibens **ganztägig arbeitsunfähig**, ist ihm die Kündigung jedenfalls während des Bestehens der Arbeitsunfähigkeit zugegangen, wodurch er seinen Entgeltfortzahlungsanspruch über den Kündigungstermin hinaus bis **zum Ende des Krankenstandes** bzw. längstens bis zum Ablauf der in § 2 EFZG (§ 8 AngG) vorgesehenen Frist behält, auch wenn er erst am nächsten Tag zum Arzt ging und dieser die Krankenstandsbestätigung rückwirkend für einen Tag ausstellte. OLG Wien 11. 4. 2003, 8 Ra 37/03z. (ARD 5417/8/2003 ●)

Auflösung während der Probezeit bei Krankenstand

Bei Auflösung eines Dienstverhältnisses während der Probezeit besteht **keinerlei Entgeltfortzahlungsanspruch bei Krankheit über die Dauer des Dienstverhältnisses** hinaus. Es kann auch nicht davon ausgegangen werden, dass die Lösung während der **Probezeit** jener durch **Arbeitgeberkündigung** jedenfalls gleichzuhalten wäre und daher eine Gesetzeslücke vorliegen würde. OLG Wien 20. 9. 1996, 9 Ra 266/96w. (ARD 4800/2/96 ●)

Da der Arbeitgeber mit einem Arbeitnehmer ein Probearbeitsverhältnis, das ohne Angabe eines Grundes mit sofortiger Wirkung gelöst werden kann, gültig vereinbaren kann, muss dieses logischerweise auch dann mit sofortiger Wirkung – und **ohne dass ein Anspruch auf Entgeltfortzahlung** nach § 5 EFZG (bzw. § 9 AngG) entstehen kann – gelöst werden können, wenn der Arbeitnehmer erkrankt ist. OGH 28. 8. 1991, 9 ObA 161/91. (ARD 4306/3/91 ●)

§ 10 AngG

Die Auflösung eines wirksam vereinbarten, jederzeit einseitig ohne Gründe lösbaren Probearbeitsverhältnisses kann jederzeit – auch **während krankheitsbedingter Arbeitsverhinderung des Arbeitnehmers** – erfolgen, ohne dass ein Anspruch nach § 5 EFZG (§ 9 AngG) entsteht. Warum diese Judikatur bei Auflösung eines Probearbeitsverhältnisses nach einem **Arbeitsunfall** nicht gelten sollte, vermag der Arbeitnehmer hier nicht darzulegen. Soweit er sich daneben auch – eher kursorisch – auf die vermeintliche Sittenwidrigkeit einer solchen Auflösung beruft, kann seinen Argumenten ebenfalls nicht gefolgt werden. Kennt nämlich das Gesetz schon keinen besonderen Kündigungsschutz wegen einer krankheits- oder unfallbedingten Arbeitsverhinderung, muss dies umso mehr für die jederzeit mögliche Auflösung während der Probezeit gelten. OGH 21. 1. 2004, 9 ObA 154/03t. (ARD 5492/10/2004 ●)

Provision

§ 10. (1) Ist bedungen, dass der Angestellte für Geschäfte, die von ihm geschlossen oder vermittelt werden, Provision erhalten soll, so gebührt ihm mangels Vereinbarung die für den betreffenden Geschäftszweig am Orte der Niederlassung, für die er tätig ist, übliche Provision.

(2) Hat ein Angestellter, der nur mit der Vermittlung von Geschäften betraut ist, ein Geschäft im Namen des Dienstgebers mit dem Dritten abgeschlossen, so gilt es als vom Dienstgeber genehmigt, wenn dieser nicht ohne Verzug, nachdem er vom Abschluss des Geschäftes Kenntnis erhalten hat, dem Dritten erklärt, dass er das Geschäft ablehne.

(3) Bei Verkaufsgeschäften gilt mangels Vereinbarung der Anspruch des Angestellten auf Provision als erworben, wenn eine Zahlung eingeht, und zwar nur nach dem Verhältnis des eingegangenen Betrages, bei anderen Geschäften mit dem Abschlusse des Geschäftes.

(4) Die Abrechnung über die zu zahlenden Provisionen findet mangels Vereinbarung mit Ende jedes Kalendervierteljahres, wenn aber das Dienstverhältnis vor Ablauf eines Kalendervierteljahres gelöst wird, mit dem Dienstaustritte statt.

(5) Der Angestellte kann, unbeschadet des nach anderen gesetzlichen Vorschriften bestehenden Rechtes auf Vorlegung der Bücher, die Mitteilung eines Buchauszuges über die durch seine Tätigkeit zustande gekommenen Geschäfte verlangen.

139

Grundlegende Erläuterungen zu § 10

→ Siehe ergänzend auch die grundlegenden Erläuterungen zu den §§ 11 bis 13 AngG.

Die Bestimmungen des § 10 Abs 5 AngG stellen gemäß § 40 AngG **zugunsten des Angestellten** (einseitig) **zwingendes Recht** dar; sie können daher nur zu dessen Vorteil, nicht aber zu seinem Nachteil vertraglich abgeändert werden.

1. Begriffsdefinition von Provisionen

§ 10 Abs 1 AngG räumt den Vertragspartnern eines Angestelltendienstvertrages die Möglichkeit ein, das dem Angestellten gebührende Entgelt ganz oder zum Teil (neben dem Anspruch auf ein Fixum) in Form von **Provisionen** für Geschäfte, die von ihm abgeschlossen oder vermittelt

140

werden, zu zahlen. Eine Provision ist eine meist in Prozenten ausgedrückte **Beteiligung am Wert** solcher einzelner Geschäfte des Arbeitgebers. Sie richtet sich nach dem Ergebnis der Arbeit und ist somit ein von der Leistung des Angestellten – aber auch von der Markt- und Geschäftslage – abhängiges Entgelt in Form einer **Erfolgsvergütung**. Als Provision kann aber auch ein fixer, vom Wert des Geschäftes unabhängiger Betrag vereinbart werden.

1.1. Abgrenzung zur Gewinnbeteiligung

141 Von den Provisionsvereinbarungen allgemein zu unterscheiden ist die **Gewinnbeteiligung** (vgl. § 14 AngG), bei der sich der Anspruch des Arbeitnehmers nicht an seiner persönlichen Leistung orientiert, sondern das Entgelt ganz oder zum Teil in einem **Anteil am Gewinn** aus allen oder aus bestimmten Geschäften (z.B. des gesamten Unternehmens, einer Filiale oder einer einzelnen Abteilung) besteht oder der Gewinn in anderer Art für die Höhe des Entgelts maßgebend sein soll.

1.2. Abgrenzung zur Umsatzbeteiligung

142 Zwischen Provision und Gewinnbeteiligung steht die **Umsatzbeteiligung** (auch Umsatzprovision oder Umsatztantieme). Die Umsatzprovision ist eine Beteiligung an dem Wert sämtlicher Geschäfte eines Unternehmens oder einer Abteilung; ihre Höhe ist **nicht allein** von der **Leistung des Provisionsberechtigten**, sondern auch der **übrigen Mitarbeiter** abhängig. Überwiegend wird der Standpunkt vertreten, dass auf die Umsatzprovision die gesetzlichen Vorschriften über die Provision keine Anwendung finden.

Je nachdem, ob Grundlage der Berechnung des Provisionsanspruches des Arbeitnehmers nur die von ihm selbst vermittelten bzw. abgeschlossenen Geschäfte oder sämtliche Geschäfte des Unternehmens sind, unterscheidet man zwischen **Einzelprovisionsvereinbarungen** und **Umsatzprovisionsvereinbarungen**.

1.3. Vermittlungs- und Abschlussprovisionsvereinbarungen

143 Eine weitere, bereits in § 10 AngG vorgegebene Unterteilung der Provisionsvereinbarungen ist jene in **Vermittlungs- und Abschlussprovisionsvereinbarungen**. Der Vermittlungsvertreter ist grundsätzlich nur mit der **Vermittlung** (Anbahnung) eines **Rechtsgeschäfts** beauftragt, während der Abschluss beim Arbeitgeber liegt. Hat der Vermittlungsvertreter in Überschreitung seiner diesbezüglichen Vollmacht das Geschäft selbst (wenn auch im Namen des Arbeitgebers) **abgeschlossen**, muss es sich der Arbeitgeber zurechnen lassen, wenn er **nicht ohne Verzug** – d.h. ohne unnötigen Aufschub – nach Kenntniserlangung vom Geschäftsabschluss dem Geschäftspartner gegenüber erklärt, dass er das Geschäft **ablehnt**. Stillschweigen des Arbeitgebers gilt in diesem Fall somit als Genehmigung solcher Geschäfte.

Der **Abschlussvertreter** ist im Gegensatz zum Vermittlungsvertreter dazu bevollmächtigt, Rechtsgeschäfte nicht nur anzubahnen, sondern sogleich auch selbst für den Arbeitgeber **abzuschließen**.

2. Fälligkeit von Provisionen

2.1. Verkaufsgeschäfte

144 Der Anspruch des Angestellten auf eine Provision entsteht bei **Verkaufsgeschäften** mangels anderer Vereinbarung im Zeitpunkt des **Zahlungseinganges**, und zwar nur nach dem Verhältnis des eingegangenen Betrages. Voraussetzung für den Provisionsanspruch ist daher, dass das ver-

§ 10 AngG

mittelte oder abgeschlossene Geschäft vom Dritten, dem Geschäftspartner des Arbeitgebers, auch erfüllt wird, von ihm also eine Zahlung eingeht. Erst in diesem Zeitpunkt entsteht der Anspruch, und zwar in der Höhe, die dieser Zahlung entspricht. Voraussetzung für den Erwerb des Provisionsanspruches bei Verkaufsgeschäften ist also

- der rechtsverbindliche Abschluss des Geschäftes,
- die unmittelbare oder gegebenenfalls mittelbare Mitwirkung des Angestellten,
- die Ausführung des Geschäftes und
- der Eingang der Zahlung.

Der Begriff „Verkauf" meint nicht nur den Abschluss von Kaufverträgen (im engeren Sinn auf Verkäuferseite), sondern in einem wirtschaftlich umfassenden Sinn den „Verkauf von Produkten und Dienstleistungen", so dass auch die Zuführung von Kunden z.b. an Spediteure, Frachtführer, Kreditinstitute etc. darunter fällt, sofern das jeweilige Rechtsgeschäft auf Zahlungen des Dritten abstellt. Grundsätzlich ist aber der Begriff „Verkaufsgeschäfte" nicht ausdehnend auszulegen.

2.2. Sonstige Geschäfte

Bei anderen (als Verkaufs-)Geschäften entsteht der Provisionsanspruch bereits mit dem **Abschluss** 145
des Geschäftes. Gemäß § 11 Abs 1 und Abs 2 AngG gebührt die Provision grundsätzlich für alle Geschäfte, die während der **Dauer des Dienstverhältnisses zustande gekommen** sind, und zwar auch für solche, die der **Beendigung** des Dienstverhältnisses **folgen**, wenn der Angestellte das Geschäft eingeleitet und noch so vorbereitet hat, dass der Abschluss hauptsächlich auf seine Tätigkeit zurückzuführen war. Die Beendigung des Arbeitsverhältnisses lässt demnach den Konnex zwischen vollzogener Arbeitsleistung und dem Anspruchserwerb auf Provision unberührt. Mangels einer gegenteiligen Vereinbarung hat also der Angestellte auch Anspruch auf Zahlung aller jener Provisionen, die erst **nach Beendigung** seines Arbeitsverhältnisses **fällig** werden.

2.3. Einschränkung des Provisionsanspruches

Wenngleich die Regelungen der § 10 Abs 1 bis Abs 4 AngG und § 11 AngG über den Provisions- 146
anspruch **dispositiv** sind (lediglich § 10 Abs 5 AngG ist in § 40 AngG genannt), werden Vereinbarungen, wonach der Arbeitnehmer **nach seinem Ausscheiden** aus dem Arbeitsverhältnis **keinen Anspruch** auf die während des aufrechten Arbeitsverhältnisses **bereits erworbenen**, aber noch nicht fällig gewesenen Provisionen hat, als **sittenwidrig** erachtet. Auch **Folgeprovisionen** für die Vermittlung von Versicherungsverträgen, für die in der Regel neben einer mit einem bestimmten Prozentsatz der Erstprämie bemessenen Abschlussprovision ein bestimmter Prozentsatz der Folgeprämien als Folgeprovision gebührt, gelten vorbehaltlich der Ausführung des Versicherungsvertrags schon mit dessen **Abschluss als verdient**. Wurde die durch die Folgeprovision zu vergütende Leistung – die erfolgreiche Vertragsvermittlung – während des aufrechten Agenturverhältnisses erbracht, ist damit der Anspruch auf die **gesamte Provision** entstanden, hinsichtlich der Folgeprovisionen allerdings aufschiebend bedingt durch das Ausführungserfordernis der Prämienzahlung.

Ein **Vorausverzicht** des Arbeitnehmers auf den nach dispositivem Recht durch die erfolgreiche Vermittlung von Vertragsabschlüssen erworbenen **Anspruch auf Folgeprovision verstößt gegen die guten Sitten**, da eine derartige Vereinbarung, derzufolge der Arbeitgeber durch Ausspruch einer Kündigung den Anspruch des Arbeitnehmers auf bereits verdientes Entgelt vernichten kann, eine grobe Verletzung rechtlich geschützter Interessen des Arbeitnehmers darstellt. Ob eine **vertragliche Beschränkung** des Anspruches des Arbeitnehmers auf Folgeprovisionen auf die **Dauer**

§ 10 AngG

des Dienstverhältnisses sittenwidrig ist, weil es dadurch unter Berücksichtigung aller Umstände zu einer gröblichen Benachteiligung des Arbeitnehmers kommt, ist aber stets **im Einzelfall zu prüfen**. So hat der OGH etwa eine Vereinbarung, wonach der Provisionsanspruch eines Angestellten, der nicht nur Geschäfte abschließt, sondern auch Kunden nach Vertragsabschluss in Hinblick auf künftige Geschäftsabschlüsse zu **betreuen** hat, für Verkaufsgeschäfte bereits **vor Eingang der Zahlung fällig** wird, als gegenüber § 10 Abs 3 AngG günstiger angesehen, so dass eine Beschränkung des Provisionsanspruches auf im Zeitpunkt des Ausscheidens des Arbeitnehmers aus dem Dienstverhältnis bereits fällige Ansprüche nicht unsachlich sei. Soweit kollektivvertragliche Normen nicht entgegenstehen ist es aber grundsätzlich zulässig, den Anspruch auf Folgeprovision vertraglich auf die Dauer des Arbeitsverhältnisses einzuschränken (vgl. OGH 14. 2. 1990, 9 ObA 7/90, ARD 4205/27/90).

3. Sonstige Ansprüche

147 Über den Anspruch des Arbeitnehmers auf **Provisionen aus Direktgeschäften** oder bei **Gebietsschutz** siehe ebenso unter § 11 AngG wie hinsichtlich der Ansprüche des Arbeitnehmers im Falle des vom Arbeitgeber **verschuldeten Unterbleibens der Ausführung** des vermittelten bzw. abgeschlossenen Geschäfts.

Über den **Ersatzanspruch** des Arbeitnehmers, wenn er vom Arbeitgeber vertragswidrig daran gehindert wird, Provisionen oder Taggelder (Diäten) in dem vereinbarten oder in dem nach den getroffenen Vereinbarungen zu erwartenden Umfang zu verdienen, siehe unter § 12 AngG.

4. Bemessungsgrundlage und Höhe des Provisionsanspruches

148 Die Höhe der einem Arbeitnehmer gebührenden Provision richtet sich primär nach **Vereinbarung** zwischen Arbeitgeber und Arbeitnehmer. Nur für den Fall, dass eine solche Vereinbarung nicht zustande gekommen ist, sagt das Gesetz in § 10 Abs 1 AngG aus, dass dem Arbeitnehmer die für den betreffenden Geschäftszweig am **Ort der Niederlassung**, für die er tätig ist, **übliche Provision** gebührt. Es wird somit auf den Ort der Niederlassung und auf den Ort der Tätigkeit des Angestellten abgestellt.

5. Provisionsanspruch bei Dienstverhinderung

149 Da Provisionen unter den Begriff des Entgelts des § 6 AngG fallen, gebühren sie grundsätzlich auch im Fall der **Dienstverhinderung** wegen Urlaub oder Krankheit. Zufolge des Ausfallsprinzips (§ 6 Abs 3 UrlG) bzw. des Bezugsprinzips (§ 8 AngG) ist zu prüfen, welcher Entgeltanspruch entstanden wäre, wenn die Arbeitsleistung in dem zu erwartenden Ausmaß erbracht worden wäre. Der Arbeitnehmer darf durch die Inanspruchnahme des Urlaubs bzw. Krankenstandes keinen Nachteil erleiden. Mit § 6 Abs 5 UrlG wurde die Ermächtigung erteilt, mit Generalkollektivvertrag zu regeln, welche Leistungen des Arbeitgebers als **Urlaubsentgelt** anzusehen sind. § 2 Abs 4 des Generalkollektivvertrages über den Begriff des Entgelts gemäß § 6 UrlG, der mit 1. 3. 1978 in Kraft getreten ist, bestimmt, dass Entgelte in Form von **Provisionen** in das **Urlaubsentgelt** mit dem **Durchschnitt der letzten 12 Kalendermonate** vor Urlaubsantritt einzubeziehen sind.

In Abkehr seiner bisherigen Rechtsprechung hat der Oberste Gerichtshof in OGH 17. 10. 2002, 8 ObA 67/02i, ARD 5379/1/2003, erkannt, dass Provisionen auch dann in die Bemessung des Urlaubs- und Krankenentgelts mit dem **Durchschnitt der letzten 12 Kalendermonate** vor Urlaubsantritt einzubeziehen sind, wenn der Arbeitnehmer während der Urlaubszeit **keine Abschluss-**

§ 10 AngG

provisionen hätte erwerben können. Eine Sonderregelung ist nach dem Generalkollektivvertrag nur für **Direktgeschäfte** vorgesehen, somit für solche Geschäfte, die ohne Vermittlungstätigkeit des Angestellten zustande kommen; solche Direktgeschäfte sind nur insoweit in das Urlaubsentgelt mit dem Durchschnitt der letzten 12 Kalendermonate vor Urlaubsantritt einzubeziehen, als für **während des Urlaubs einlangende Aufträge** aus derartigen Geschäften **keine Provision** gebührt. Dies ist ein zu berücksichtigender Ausfluss des Ausfallsprinzips. Laufen diese Direktprovisionen unabhängig vom Urlaub ohnedies weiter, besteht kein Anlass, sie nochmals in das Urlaubsentgelt mit dem Durchschnitt der letzten 12 Kalendermonate einzubeziehen, weil dies zu einem nicht gerechtfertigten „Doppelbezug" während der Dienstverhinderung führen würde. Gleiches gilt auch für **Folgeprovisionen**.

Nach den gleichen Grundsätzen ist die Bemessungsgrundlage für **krankheitsbedingte Abwesenheit** zu berechnen. Da § 8 Abs 1 AngG auf das Bezugsprinzip verweist, ist die **Entgeltfortzahlung** für Angestellte ebenfalls in dem Ausmaß zu leisten, das vor der Dienstverhinderung bestanden hat. Die Entgeltfortzahlung hat sich daher im Wesentlichen am so genannten **Ausfallsprinzip**, das im unmittelbaren zeitlichen Konnex mit der Dienstverhinderung steht, und danach zu orientieren, ob eine Zahlung mit einer gewissen Regelmäßigkeit gebührt. Lediglich „Doppelbezüge" in dem oben ausgeführten Sinn sind für die Zeit der Dienstverhinderung wegen Krankheit ebenfalls nicht zu leisten. Die Entgeltfortzahlung gemäß § 8 Abs 1 AngG ist daher grundsätzlich unter **Zugrundelegung** des oben genannten **Provisionsdurchschnitts** zu bemessen und sind nur die oben genannten Provisionsarten in gleichem Umfang wie bei der Berücksichtigung des Urlaubsentgeltanspruchs auszuschließen.

Eine Vereinbarung, wonach eine **Umsatzprovision** allgemein nur aufgrund der jeweiligen **tatsächlichen Anwesenheitsstunden** berechnet wird und Abwesenheitszeiten infolge Krankheit, Urlaub, Pflege- und Dienstfreistellung bei der Berechnung nicht berücksichtigt werden sollen, ist somit insofern **unwirksam**.

6. Abrechnung und Recht auf Mitteilung eines Buchauszuges

Die **Abrechnung** über die vom Arbeitnehmer erworbenen Provisionen hat gemäß § 10 Abs 4 AngG mangels anderslautender Vereinbarung **mit Ende jedes Kalendervierteljahres** zu erfolgen, wenn aber das Dienstverhältnis vor Ablauf eines Kalendervierteljahres gelöst wird, mit dem Dienstaustritt. In diesem Zusammenhang räumt das Gesetz dem Angestellten in § 10 Abs 5 AngG das Recht ein, unbeschadet des nach anderen gesetzlichen Vorschriften bestehenden Rechtes auf Vorlegung der Bücher die **Mitteilung eines Buchauszuges** über die durch seine Tätigkeit zustande gekommenen Geschäfte zu verlangen. § 10 Abs 5 AngG stellt nicht auf das persönliche Abhängigkeitsverhältnis des Arbeitnehmers ab und dient auch nicht dem Schutz des sozial Schwächeren. Dies ergibt sich unschwer schon daraus, dass ein solcher Anspruch nach § 16 HVertrG auch dem selbstständigen Handelsvertreter zusteht. § 10 Abs 5 AngG bezweckt sohin wie die Bestimmung des Handelsvertreterrechts ausschließlich, dem Provisionsberechtigten zur **Übersicht und Kontrolle** über seine Provisionsansprüche zu verhelfen und damit die Rechtsdurchsetzung zu erleichtern.

6.1. Begriff des Buchauszuges

Der Begriff des Buchauszuges bezieht sich auf die vom Arbeitgeber geführten **Handelsbücher**. Es geht um die teilweise **Abschrift** ihres Inhalts, wobei die Auswahl vom Zweck bestimmt ist, dem provisionsberechtigten Angestellten alle erforderlichen Informationen über die von ihm verdienten Provisionsansprüche zu vermitteln, um seine **Provisionsansprüche beziffern** zu können. Im

§ 10 AngG

Allgemeinen gehören zum **konkreten Inhalt des Buchauszuges** Name und Anschrift des Kunden für jedes einzelne Geschäft, ferner die provisionsrelevanten Angaben über den Inhalt (wie insbesondere Datum, Gegenstand und Umfang, Preis pro Einheit und Gesamtpreis) und die Ausführung desselben (wie insbesondere Gegenstand und Menge der Lieferung, verrechnete Preise, eingegangene Zahlungen). Der Buchauszug muss diese Angaben in klarer und übersichtlicher Weise enthalten.

Die **Verpflichtung** zur Legung eines Buchauszugs ist **nicht erfüllt**, wenn die Namen der Kunden sowie Menge, Art und Wert der Ware, der Zeitpunkt der Leistungen aufgrund des Geschäftes, der Berechnungsschlüssel für die Provision, die Höhe der Provision und der Zeitpunkt der Auszahlung der Provision für das jeweilige Geschäft in den vom Arbeitgeber vorgelegten Auflistungen nicht enthalten sind, so dass sich der Arbeitnehmer erst selbst eine entsprechende Zusammenstellung erarbeiten müsste.

6.2. Recht auf Bucheinsicht

152 Ein provisionsberechtigter Angestellter hat aber nicht nur Anspruch auf einen **Buchauszug**, sondern auch auf **Bucheinsicht**. Bei dem Recht auf Buchauszug handelt es sich nicht um ein minus, sondern um ein aliud gegenüber dem Recht auf Bucheinsicht. Beides dient im weiteren Sinne der **Feststellung der Provisionsansprüche** des provisionsberechtigten Arbeitnehmers. Das Recht auf Buchauszug entspricht der Pflicht zur **Abrechnung** durch den Arbeitgeber. Mit dem **Buchauszug** soll dem Arbeitnehmer eine übersichtliche Aufstellung seiner Provisionsansprüche vom Arbeitgeber zur Verfügung gestellt werden, die es ihm ermöglichen soll, seinen Entgeltanspruch gegen den Arbeitgeber zu konkretisieren; es handelt sich um ein Klagerecht nach Art XLII EGZPO. Dieses Recht auf Buchauszug enthebt ihn der mühevollen Tätigkeit des Exzerpierens aus den Büchern seines Arbeitgebers. Die **Bucheinsicht** soll es ihm hingegen ermöglichen, die **Richtigkeit** und **Vollständigkeit** dieser Ansprüche zu überprüfen; es handelt sich hierbei um eine zum primären Recht auf Buchauszug hinzukommende zusätzliche Kontrollbefugnis.

6.3. Geltendmachung des Rechtsanspruches und Verjährung

153 Der Anspruch auf die Mitteilung eines Buchauszuges muss vom Angestellten durch ein **entsprechendes Verlangen** geltend gemacht werden. Dieses Begehren kann der Angestellte unmittelbar nach **Ende der Abrechnungsperiode** stellen. Dadurch, dass er das Verlangen nicht stellt, wird jedoch der Lauf der Verjährungszeit (3 Jahre) nicht berührt; diese beginnt vielmehr mit jenem Zeitpunkt zu laufen, in dem es dem Arbeitnehmer jeweils erstmals möglich ist, die Mitteilung des Buchauszuges zu begehren.

Für Provisionsgeschäfte **selbstständiger Handelsvertreter** gelten die §§ 8 bis 16 des Handelsvertretergesetzes (HVertrG).

Judikatur zu § 10

Vom Provisionsanspruch umfasste Geschäfte

154 Im Zweifel steht dem Angestellten Provision für **alle Geschäfte** zu, die durch seine Tätigkeit während der **Dauer des Arbeitsverhältnisses** zwischen der Kundschaft und dem Arbeitgeber zustande gekommen sind. Die Beendigung des Arbeitsverhältnisses lässt den Konnex zwischen der vollbrachten Arbeitsleistung und dem Erwerb des Anspruchs auf Provision unberührt. Die

§ 10 AngG

Vereinbarung, dass der Provisionsanspruch erst mit der Zahlung des Kunden entsteht, ist keine von diesem Grundsatz abweichende Vereinbarung, weil sie nur den Zeitpunkt des **Entstehens des Provisionsanspruchs** betrifft, der durchaus auch erst nach Ende des Vertragsverhältnisses liegen kann. OGH 20. 2. 2002, 9 ObA 287/01y. (●)

Provisionsanspruch bei Geschäftsabschluss auf Tipp von Dritten

Auch wenn ein Arbeitgeber durch den **Tipp eines Bekannten** über ein Bauvorhaben im arabischen Raum auf konkrete Projekte aufmerksam gemacht wird, hat dies **keinen Einfluss** auf einen **Provisionsanspruch** eines Arbeitnehmers, der im arabischen Raum persönlich bemüht war, die entsprechenden Kontakte herzustellen, Angebote zu legen und Aufträge zu akquirieren. ASG Wien 2. 12. 1999, 33 Cga 46/99x. (ARD 5117/8/2000 ●) 155

Provisionsanspruch während Dienstfreistellung

Gebührt dem Arbeitnehmer nach dem Dienstvertrag eine Provision in Höhe eines bestimmten Prozentsatzes des sogenannten „**Deckungsbeitrages**" (= Umsätze der vom Arbeitnehmer akquirierten Aufträge abzüglich des mit diesen Aufträgen verbundenen Aufwandes), können dem Arbeitnehmer im Falle einer dem Arbeitgeber zurechenbaren **Dienstfreistellung** gemäß § 1155 ABGB für die Zeit dieser Freistellung nur jene Provisionen zugesprochen werden, die er ohne die Dienstfreistellung in diesem Zeitraum verdient hätte. Hätte daher der Arbeitnehmer aufgrund der beschäftigungsarmen Zeit auch ohne Dienstfreistellung eine **Provision nicht erwirtschaften können**, steht während der Dienstfreistellung keine Provision zu. OGH 14. 4. 1999, 9 ObA 63/99a. (ARD 5048/6/99 ●) 156

Provisionsanspruch nach Beendigung des Dienstverhältnisses

Angestellte haben auch Anspruch auf Verprovisionierung jener Geschäftsabschlüsse (auch Nachbestellungen), für die die Provision erst **nach Beendigung** des Dienstverhältnisses **fällig** wird. Formuliert ein Dienstvertrag ausdrücklich, dass Provisionsansprüche des Arbeitnehmers nur nach Maßgabe der auf die abgeschlossenen Geschäfte tatsächlich **eingegangenen Zahlungen** entstehen, besagt das Wort „Arbeitnehmer" keinesfalls, dass es sich hierbei um ein aufrechtes Dienstverhältnis handeln muss, sondern lässt dieser Vertragspunkt den Konnex zwischen vollzogener Arbeitsleistung und dem Anspruchserwerb auf Provision nach Beendigung des Dienstverhältnisses durchaus zu. 157

Eine derartige dienstvertragliche Bestimmung, wonach ein Entgeltanspruch, und daher auch ein Anspruch auf **Folgeprovision,** vertraglich auf die **Dauer des Dienstverhältnisses beschränkt** werden kann, ist damit **nicht abgeschlossen** worden. Zieht man in Betracht, dass eine erfolgsorientierte Provisionsgewährung das Ziel verfolgt, den Arbeitnehmer zu einer höheren Leistung anzuspornen und seine Motivation zu einem besonderen Einsatz zu unterstützen, dann ist dies unter Beachtung des das Arbeitsrecht beherrschenden Grundsatzes des Schutzes des persönlich abhängigen Arbeitnehmers nur damit in Einklang zu bringen, dass ein Arbeitnehmer das **bereits verdiente Entgelt** auch noch **nach Beendigung des Dienstverhältnisses** als Provision zu erhalten hat. OLG Wien 19. 10. 1994, 31 Ra 106/94. (ARD 4619/18/95 ●)

Garantieprovisionen als fixer Entgeltbestandteil

Durch Vereinbarung einer monatlichen **Garantieprovision** im Dienstvertrag steht diese unabhängig von den tatsächlichen Umsätzen zu; verdiente Einzelprovisionen sollen erst dann zu einem zusätzlichen Entgelt führen, wenn sie insgesamt die Höhe der Garantieprovision überschreiten. 158

§ 10 AngG

Im Ergebnis handelt es sich also bei der Garantieprovision um einen **fixen Entgeltbestandteil**. Die Verknüpfung mit dem variablen Entgeltbestandteil – den **Provisionen** – besteht nur insoweit, als diese variablen Entgeltbestandteile erst ab jener Höhe zustehen, ab der der Umsatz und die sich daraus errechnende Provision die **Garantieprovision überschreiten**. OLG Wien 24. 8. 1999, 9 Ra 174/99w. (ARD 5110/6/2000 ●)

Abweichende Provisionsvereinbarungen zulässig

159 Gemäß § 10 Abs 3 AngG gilt bei Verkehrsgeschäften mangels Vereinbarung der Anspruch des Angestellten auf Provision als erworben, wenn eine Zahlung eingeht. Gemäß § 10 Abs 4 AngG findet die Abrechnung über die zu zahlenden Provisionen mangels Vereinbarung mit Ende jedes Kalendervierteljahres statt. Diese Bestimmungen sind so wie die meisten übrigen die Provisionsgewährung an Angestellte regelnden Bestimmungen des AngG (mit Ausnahme des § 10 Abs 5 AngG und des § 12 AngG) **nicht zwingend**, sodass sie durch den Dienstvertrag aufgehoben oder beschränkt werden können (§ 40 AngG).

Einer Vereinbarung, die den **Erwerb oder die Fälligkeit** des Anspruches auf Provision **abweichend** von § 10 Abs 3 und Abs 4 AngG regelt, stehen daher zwingende Bestimmungen des Angestelltengesetzes nicht entgegen. Insbesondere ist es mangels zwingender gesetzlicher Vorschriften und mangelnder kollektivvertraglicher Bestimmungen als zulässig angesehen worden, einen Entgeltanspruch und daher auch einen Anspruch auf **Folgeprovision** vertraglich **auf die Dauer des Dienstverhältnisses zu beschränken**.

Aus dem Umstand allein, dass im Provisionsrecht der Angestellten (weitgehend) Privatautonomie herrscht, ist aber noch nicht abzuleiten, dass die Berufung einer Partei auf die **Sittenwidrigkeit** oder Nichtigkeit einer konkreten Provisionsvereinbarung von vornherein versagen muss. Dass der Gesetzgeber für bestimmte Bereiche Vertragsfreiheit gewährt, besagt ja keineswegs, dass in diesem Bereich Vereinbarungen beliebigen Inhalts zulässig sind, ohne jemals gegen die guten Sitten zu verstoßen. Die Berufung auf Sittenwidrigkeit iSd § 879 ABGB ist überhaupt nur dann erforderlich, wenn nicht schon (besondere) zwingende Privatrechtsnormen (die sehr oft auch Verbotsgesetze iSd § 879 Abs 1 ABGB sind) der Gültigkeit der getroffenen Vereinbarung ausdrücklich entgegenstehen. OGH 12. 7. 1989, 9 ObA 179/89. (ARD 4108/20/89 ●)

Mangels zwingender gesetzlicher Vorschriften und mangels entgegenstehender kollektivvertraglicher Bestimmungen ist es ohne weiters möglich, einen Entgeltanspruch und daher auch einen Anspruch auf **Folgeprovision** vertraglich auf die **Dauer des Dienstverhältnisses zu beschränken** oder davon abhängig zu machen, dass der Dienstnehmer nicht bloß untätig den Eingang der Folgeprämien abwartet, sondern eine Beistandspflege hinsichtlich des im Betracht kommenden Kundenstockes vornimmt und die ihm obliegende Betreuungspflicht erfüllt. OGH 19. 10. 1965, 4 Ob 95/65. 1842/8/65 ●)

Änderung des Provisionssystems

160 Einem Arbeitgeber kann in einer Provisionsvereinbarung ein **einseitiges Gestaltungsrecht** nach billigem Ermessen eingeräumt werden. Der **Wechsel eines Provisionsprozentsatzes** verändert primär die Berechnungsgrundlage: Beide Provisionssätze sind im Rahmen der Leistungsentlohnung auf das Vorliegen einer unbilligen Benachteiligung des Arbeitnehmers im Falle der Ausübung der dem Arbeitgeber eingeräumten Gestaltungsbefugnis zu überprüfen. Auch bei einer Umsatzprovision steht dem Arbeitgeber die Preisgestaltung und Festlegung der Unternehmensziele frei. Rechte des Arbeitnehmers würden nur verletzt, wenn durch eine Provisionsreform eine **Einkommensschmälerung** einträte.

§ 10 AngG

Beim Günstigkeitsprinzip sind sachlich zusammengehörige Regelungen, die sich auf dasselbe tatsächliche Ereignis beziehen, in Hinblick auf den sozialpolitischen Zweck der Mindestnorm zu berücksichtigen. Die **Vermehrung der Vertragsabschlüsse** zwecks Wahrung des früheren Einkommensniveaus kann für den Arbeitnehmer mit einer **unbilligen Erhöhung des Arbeitsaufwandes** verbunden sein. Es könnte im Extremfall die Halbierung des (zeitbestimmten) Entgelts nur durch eine Verdoppelung der Arbeitszeit ausgeglichen werden; dies macht aber eine **grobe Äquivalenzstörung** – schon wegen der Notwendigkeit, im Vergleich zur früheren Normalarbeitszeit dann unzulässige Überstunden zu leisten (vgl. § 9 AZG) – offensichtlich. Anderseits wird z.b. bei der Arbeitszeitverkürzung (vgl. § 3 Abs 2 AZG) unter Umständen bei unvermindertem Arbeitspensum eine gewisse, verhältnismäßige Erhöhung der Arbeitsintensität vom Gesetz gebilligt. OLG Wien 25. 8. 1999, 7 Ra 160/99x. (ARD 5117/4/2000 ●)

Zeitpunkt des Anspruchserwerbes auf Provisionen

Gemäß § 10 Abs 3 AngG gilt mangels Vereinbarung bei **Verkaufsgeschäften** der Anspruch des Angestellten auf Provision als erworben, wenn eine **Zahlung eingeht**, und zwar nur nach dem Verhältnis des eingegangenen Betrages, bei **anderen Geschäften** mit dem **Abschluss** des Geschäftes. Die Abrechnung über die zu zahlenden Provisionen hat gemäß § 10 Abs 4 AngG mangels Vereinbarung mit Ende jedes Kalendervierteljahres zu erfolgen. Bei Verkaufsgeschäften steht dem Angestellten daher der Anspruch auf Provision nicht schon mit der Vermittlung oder dem Abschluss des Geschäftes zu. Auch der Genehmigung des Geschäftes seitens des Auftraggebers kommt ohne besondere Vereinbarung keine entscheidende Bedeutung zu. Voraussetzung für den Provisionsanspruch ist vielmehr, dass das vermittelte oder abgeschlossene **Geschäft vom Dritten**, dem Geschäftspartner des Arbeitgebers, **auch erfüllt** wird, von ihm also eine Zahlung eingeht. Erst in diesem Zeitpunkt entsteht der Anspruch, und zwar in der Höhe, die dieser Zahlung entspricht. Voraussetzung für den Erwerb des Provisionsanspruches bei Verkaufsgeschäften ist also der rechtsverbindliche **Abschluss** des Geschäftes, die unmittelbare oder gegebenenfalls mittelbare **Mitwirkung des Angestellten**, die **Ausführung** des Geschäftes und der **Eingang der Zahlung**.

161

Die im § 10 Abs 4 AngG bezeichnete Abrechnung hat nicht den Erwerb des Provisionsanspruches, sondern (arg.: „zu zahlende") die bereits **fälligen Provisionen** zum Gegenstand. Im Allgemeinen wird dem Angestellten eine geordnete Zusammenstellung über alle in Frage kommenden Zahlungseingänge und die von ihm damit verdienten Provisionen zu übergeben sein. Die Verpflichtung des Arbeitgebers umfasst die Aufstellung der Zahlungseingänge für alle jene Geschäfte, die für die Ermittlung des Verdienstes relevant sind. OGH 20. 12. 1989, 9 ObA 343/89. (4155/16/90 ●)

§ 10 Abs 3 AngG normiert, dass bei **Verkaufsgeschäften** mangels Vereinbarung der Provisionsanspruch als erworben gilt, wenn eine Zahlung eingeht, und zwar nach dem Verhältnis des eingegangenen Betrages; bei anderen Geschäften mit dem Abschluss des Geschäftes. Der Begriff „**Verkauf**" meint nicht nur den Abschluss von Kaufverträgen (im engeren Sinn auf Verkäuferseite), sondern in einem wirtschaftlich umfassenden Sinn den „**Verkauf von Produkten und Dienstleistungen**", so dass auch die Zuführung von Kunden z.B. an Spediteure, Frachtführer, Kreditinstitute etc. (hier: Gebäudereinigungsunternehmen) darunter fällt, sofern das jeweilige Rechtsgeschäft auf Zahlungen des Dritten abstellt. OLG Wien 6. 11. 1996, 8 Ra 253/96a. (ARD 4837/5/97 ●)

Mangels Vereinbarung gilt bei **Zuführung von Kunden** an eine Gebäudereinigung der Provisionsanspruch als erworben, wenn eine Zahlung eingeht. OLG Wien 11. 11. 1997, 8 Ra 297/97y. (ARD 4943/28/98 ●)

§ 10 AngG

Ist ein Umsatz (Gewinn) einem Arbeitnehmer unmittelbar zuordenbar, kann die hiefür vereinbarte Provision auch noch **nach Beendigung des Dienstverhältnisses** fällig werden. OLG Wien 19. 1. 2000, 7 Ra 360/99h. (ARD 5140/13/2000 ●)

Zweck der Rechnungslegungspflicht des Arbeitgebers

162 Zweck der Rechnungslegungspflicht ist es, den Berechtigten in die Lage zu versetzen, Herausgabe- oder Schadenersatzansprüche gegen den Rechnungslegungspflichtigen feststellen und geltend machen zu können. Um diesen Zweck zu erreichen, darf der **Umfang der Rechnungslegungspflicht** nicht allzu sehr eingeschränkt werden. Es müssen daher die einzelnen Geschäfte durch Anführung der **Vertragspartner** und der **Leistungen** individualisiert und zur Ermöglichung der Kontrolle die Belege bezeichnet sein, damit sie in der Belegsammlung, die entsprechend übersichtlich geführt werden muss, leicht auffindbar sind.

Der Umfang der Rechnungslegungspflicht muss nach der Natur des Geschäftes und den Umständen des Falles auf das Verkehrsübliche abgestellt werden. Zu einer formell vollständigen Rechnung gehört idR die detaillierte Aufgliederung vom Gesamtposten. Es muss sich um eine **klare, leicht übersichtliche Abrechnung** handeln und die Überprüfung der Rechnung gewährleistet sein. Führt der gerichtliche **Buchsachverständige** aus, dass die Abrechnung unter Einbeziehung der Parteien und nicht allein unter Betrachtung jedes einzelnen Beleges zwar **nachvollziehbar, jedoch mühevoll sei**, ist daraus eine Nachvollziehbarkeit der Rechnungslegung des Arbeitgebers für den Arbeitnehmer nicht ableitbar. Wenn sogar ein Buchsachverständiger die Abrechnung für einen Monat nur nach umfangreichen Recherchen und mit einem enormen Arbeitsaufwand nachvollziehen kann, zeigt dies deutlich, dass eine **Nachvollziehbarkeit für den Arbeitnehmer nicht gegeben** ist. OLG Wien 30. 8. 2005, 7 Ra 98/05s. (ARD 5718/4/2006 ●)

Recht des provisionsbeziehenden Angestellten auf Buchauszug

163 § 10 Abs 1 AngG räumt den Vertragspartnern eines Angestelltendienstvertrages die Möglichkeit ein, das dem Angestellten gebührende Entgelt ganz oder zum Teil in Form von **Provisionen** für Geschäfte, die von ihm abgeschlossen oder vermittelt werden, zu zahlen. Die Provision ist eine meist in Prozenten ausgedrückte Beteiligung am Wert solcher einzelner Geschäfte des Arbeitgebers. Der provisionsberechtigte Angestellte kann unbeschadet des nach anderen gesetzlichen Vorschriften bestehenden Rechts auf Vorlegung der Bücher gemäß § 10 Abs 5 AngG die **Mitteilung eines Buchauszuges** über die durch seine Tätigkeit zustande gekommenen Geschäfte verlangen. Der Begriff des Buchauszuges bezieht sich auf die vom Arbeitgeber geführten **Handelsbücher**. Es geht um die **teilweise Wiedergabe ihres Inhalts**, wobei die Auswahl vom Zweck bestimmt ist, dem provisionsberechtigten Angestellten alle erforderlichen Informationen über die von ihm verdienten Provisionsansprüche zu vermitteln.

Im Allgemeinen gehören zum konkreten Inhalt des Buchauszuges Name und Anschrift des Kunden für jedes einzelne Geschäft, ferner die provisionsrelevanten Angaben über den Inhalt (wie insbesondere Datum, Gegenstand und Umfang, Preis pro Einheit und Gesamtpreis) und die Ausführung desselben (wie insbesondere Gegenstand und Menge der Lieferung, verrechnete Preise, eingegangene Zahlungen). Der Buchauszug muss diese Angaben in klarer und übersichtlicher Weise enthalten. Nach seinem Namen und seiner Funktion ist der Buchauszug eine teilweise Abschrift aus den Geschäftsbüchern des Arbeitgebers, die dem Provisionsberechtigten die Einzelkontrolle über die provisionspflichtigen Geschäfte ermöglichen sollen, mögen diese auch, wie etwa im Falle eines Gebietsschutzes, sehr zahlreich sein.

Die Verpflichtung zur Legung eines Buchauszugs ist **nicht erfüllt**, wenn die Namen der Kunden sowie Menge, Art und Wert der Ware, der Zeitpunkt der Leistungen aufgrund des Geschäftes, der

§ 10 AngG

Berechnungsschlüssel für die Provision, die **Höhe** der Provision und der **Zeitpunkt der Auszahlung** der Provision für das jeweilige Geschäft in den vom Arbeitgeber vorgelegten Auflistungen **nicht enthalten** sind, so dass sich der Arbeitnehmer erst selbst eine entsprechende Zusammenstellung erarbeiten müsste. OGH 28. 9. 2000, 8 ObA 169/00m. (ARD 5305/13/2002 ●)

Kein Recht auf Buchauszug bei fehlendem Provisionsanspruch

Die Funktion des Buchauszuges als teilweise Abschrift aus den Geschäftsbüchern des Arbeitgebers besteht nur darin, dem Provisionsberechtigten die Einzelkontrolle hinsichtlich der „provisionspflichtigen" Geschäfte zu ermöglichen. Das Recht auf Buchauszug erfasst also nur jene Geschäfte, für die **überhaupt Provision gebühren kann**, dann aber unabhängig davon, ob diese tatsächlich zusteht – liegt doch der Zweck darin, den Angestellten in die Lage zu versetzen, seinen Entgeltanspruch gegenüber dem Arbeitgeber durch Bekanntgabe der für die Berechnung seines Provisionsanspruchs maßgeblichen Geschäftsfälle zu konkretisieren, ihm eine Übersicht über die verdienten Provisionen zu verschaffen und die Abrechnung zu kontrollieren.

Dies kann dementsprechend **keine Geschäftsbereiche** erfassen, für die – wie im vorliegenden Fall – mangels Vereinbarung von vornherein **kein Provisionsanspruch besteht**. OGH 8. 9. 2005, 8 ObA 57/05y. (ARD 5640/4/2005 ●)

Anspruch auf Bucheinsicht

Ein provisionsberechtigter Angestellter hat nicht nur Anspruch auf einen **Buchauszug**, sondern auch auf **Bucheinsicht**. Bei dem Recht auf Buchauszug handelt es sich, wie sich aus der Formulierung der einschlägigen Gesetzesstelle (§ 10 Abs 5 AngG: „Der Angestellte kann, unbeschadet des nach anderen gesetzlichen Vorschriften bestehenden Rechtes auf Vorlegung der Bücher, die Mitteilung eines Buchauszugs über die durch seine Tätigkeit zustande gekommene Geschäfte verlangen") eindeutig ergibt, nicht um ein minus, sondern um ein **aliud** gegenüber dem Recht auf **Bucheinsicht**.

Beides dient im weiteren Sinne der **Feststellung der Provisionsansprüche** des provisionsberechtigten Arbeitnehmers. Das Recht auf Buchauszug entspricht der Pflicht zur Abrechnung durch den Arbeitgeber. Mit dem Buchauszug soll dem Arbeitnehmer eine **übersichtliche Aufstellung** seiner **Provisionsansprüche** vom Arbeitgeber zur Verfügung gestellt werden, die es ihm ermöglichen soll, seinen Entgeltanspruch gegen den Arbeitgeber zu konkretisieren; es handelt sich um ein Klagerecht nach Art des Art XLII EGZPO. Dieses Recht auf Buchauszug enthebt ihn der mühevollen Tätigkeit des Exzerpierens aus den Büchern seines Arbeitgebers.

Die **Bucheinsicht** soll es ihm hingegen ermöglichen, die **Richtigkeit und Vollständigkeit** dieser Ansprüche zu überprüfen; es handelt sich hierbei um eine zum primären Recht auf Buchauszug hinzukommende zusätzliche Kontrollbefugnis. OGH 14. 9. 1995, 8 ObA 213/95. (ARD 4721/43/96 ●)

Klagerecht bei unvollständiger Auskunftserteilung

Sowohl dem selbstständigen als auch dem so genannten „freien" Handelsvertreter und dem provisionsberechtigten Angestellten steht dann, wenn der Arbeitgeber keine oder nur eine unvollständige Auskunft über die Provisionsgrundlagen erteilt hat, der **klagbare Anspruch** auf Vorlage einer Abrechnung durch **Mitteilung eines Buchauszuges** zur nachfolgenden Konkretisierung eines Leistungsbegehrens in Form einer Stufenklage nach Art XLII EGZPO zu.

Nach seinem Namen und seiner Funktion ist der Buchauszug nur eine teilweise **Abschrift** aus den **Geschäftsbüchern**, die dem Provisionspflichtigen die Einzelkontrolle über alle provisionspflichtigen Geschäfte ermöglichen soll. Der Arbeitgeber ist verpflichtet, **sämtliche** im fraglichen Zeitraum im

§ 10 AngG

Vertretungsgebiet **abgeschlossenen Geschäfte abzurechnen** und dadurch dem Arbeitnehmer die genaue Berechnung seiner Ansprüche zu ermöglichen. **Einzelne Geschäfte** in Hinblick auf später eingegangene Zahlungen oder auf Akonti bzw. Gegenforderungen **auszunehmen**, ist mit dieser Verpflichtung nicht in Einklang zu bringen.

Hat daher der Arbeitgeber einzelne Aufträge mit der Begründung, dass sie erst in einigen Monaten von den Kunden bezahlt werden und damit noch nicht erledigt seien, nicht abgerechnet, besteht der Rechnungslegungsanspruch des Arbeitnehmers zu Recht. OGH 12. 6. 2003, 8 ObA 2/03g. (ARD 5459/2/2003 ●)

Dem provisionsberechtigten Angestellten steht bei unvollständiger oder vom Arbeitgeber unterlassener Auskunft über die Provisionsgrundlagen ein **Klagerecht** nach Art XLII EGZPO zu, um ihn in die Lage zu versetzen, seinen Provisionsanspruch zu konkretisieren. Er hat gemäß § 10 Abs 5 AngG Anspruch auf die Mitteilung eines Buchauszuges. Der **Buchauszug** soll dem provisionsberechtigten Angestellten alle erforderlichen Informationen über die von ihm verdienten Provisionsansprüche vermitteln. Im Allgemeinen gehören zum **konkreten Inhalt des Buchauszuges** Name und Anschrift des Kunden für jedes einzelne Geschäft, ferner die provisionsrelevanten Angaben über den Inhalt (wie insbesondere Datum, Gegenstand und Umfang, Preis pro Einheit und Gesamtpreis) und die Ausführung desselben (wie insbesondere Gegenstand und Menge der Lieferung, verrechneter Preis, eingegangene Zahlung). Der Buchauszug muss diese Angaben in klarer und übersichtlicher Weise enthalten.

Gehen aus der sogenannten „**verdichteten Dealanalyse**" die wesentlichen Daten sämtlicher zu verprovisierender Geschäfte des Provisionsvertreters hervor, nämlich die für die Berechnung der Provision maßgebliche Höhe der sogenannten **Bruttomarge** (aus der nach der Provisionsvereinbarung durch Abzug eines Pauschalbetrages von 10 % für Nebenkosten die sogenannte Nettomarge zu errechnen ist, die die Bemessungsgrundlage für die Provisionsberechnung bildet), die Namen der Kunden, die Bezeichnung des verkauften Geräts, sowie sonstige Kosten, **Nettomarge und Provision**, hat der Arbeitgeber dem Begehren auf **Rechnungslegung** in Form eines Buchauszuges entsprochen. OGH 22. 9. 1993, 9 ObA 237/93. (ARD 4520/53/94 ●)

Provisionsansprüche und Buchauszug – Verjährung und Verfall

167 Hat ein Angestellter einen vertraglichen Anspruch auf Provision für die von ihm abgeschlossenen oder vermittelten Geschäfte, kann er gemäß § 10 Abs 5 AngG die Mitteilung eines Buchauszuges über die durch seine Tätigkeit zustande gekommenen Geschäfte verlangen. Die **Verjährungsfrist** für die Geltendmachung dieses Anspruches beträgt **3 Jahre** und beginnt grundsätzlich mit jenem Zeitpunkt zu laufen, zu dem das Recht erstmals ausgeübt werden kann, also mit dem **Ende der jeweiligen Abrechnungsperiode** (idR das Ende jedes Kalendervierteljahres).

Die 6-monatige **Verfallsfrist** des § 34 AngG kommt auf den Mitteilungsanspruch nach § 10 Abs 5 AngG **nicht zur Anwendung**, weil es sich um keinen in § 34 Abs 1 AngG genannten Ersatzanspruch handelt. Es liegt vielmehr ein unmittelbarer gesetzlicher Anspruch aus dem Arbeitsverhältnis vor, der dem Zweck dient, dem Angestellten die Möglichkeit zu geben, sich eine Übersicht über die von ihm verdienten Provisionen zu verschaffen und die Provisionsabrechnung zu kontrollieren.

Die **einzelvertragliche Vereinbarung einer Präklusivfrist** für Ansprüche aus einem Arbeitsvertrag ist aber grundsätzlich **zulässig**. Sie ist allerdings dann u.a. iSd § 879 ABGB sittenwidrig, wenn durch eine unangemessen kurze Ausschlussfrist die Geltendmachung von Ansprüchen ohne sachlichen Grund übermäßig erschwert würde. Bei Fristen in der Dauer von zumindest 3 Monaten wird die Sittenwidrigkeit regelmäßig zu verneinen sein.

§ 11 AngG

Die Berufung des Arbeitgebers auf die **Verfallsklausel** verstößt jedoch **gegen Treu und Glauben**, wenn er seine Verpflichtung, eine ordnungsgemäße Lohnabrechnung zu legen, beharrlich verletzt oder sonst durch sein (kollektiv-)vertragswidriges Verhalten die **Geltendmachung** von Ansprüchen durch den Arbeitnehmer **erheblich erschwert**. Legt er daher dem provisionsberechtigten Arbeitnehmer **keine ordnungsgemäße Abrechnung** (in Form eines Buchauszuges) vor, kann er den nach Ablauf der Verfallsfrist gerichtlich geltend gemachten Provisionsansprüchen des Arbeitnehmers daher nicht erfolgreich die Verfallsklausel entgegenhalten. Was für den Provisionsanspruch gilt, muss aber genauso für den Rechnungslegungsanspruch gelten, dem im Verhältnis zum Provisionsanspruch der Charakter eines bloßen Hilfsanspruchs zukommt; dieser teilt das Schicksal des Hauptanspruchs und unterliegt derselben Verjährungsfrist. OLG Wien 28. 4. 2004, 9 Ra 13/04d. (ARD 5522/10/2004 ●)

Verjährung des Rechts auf Buchauszug

Der Anspruch auf die Mitteilung eines Buchauszuges muss vom Angestellten durch ein **entsprechendes Verlangen** geltend gemacht werden. Dadurch, dass ein provisionsberechtigter Angestellter sein Verlangen auf Provision **nicht** unmittelbar nach **Ende der Abrechnungsperiode** stellt, wird der Lauf der **Verjährungszeit nicht berührt**. Ist es dem Arbeitnehmer möglich, jeweils nach Monatsende die Mitteilung des Buchauszuges zu begehren, beginnt damit auch der Lauf der **Verjährungszeit** für diesen Anspruch.

Der Standpunkt, die Verjährungszeit beginne erst mit dem Jahre nach Ablauf der Abrechnungsperiode gestellten Begehren, ist verfehlt. Auf diese Weise wäre es in die Hand des Angestellten gelegt, den Beginn des Laufes der Verjährungszeit für ihm zustehende Ansprüche festzulegen. Dies ist mit dem Grundsatz unvereinbar, dass die Verjährungszeit grundsätzlich mit dem Zeitpunkt beginnt, zu dem das Recht zuerst hätte ausgeübt werden können, der Beginn der Verjährung sich also nach objektiven Gesichtspunkten bestimmt. OGH 22. 10. 1997, 9 ObA 323/97h. (ARD 4925/26/98 ●)

§ 11. (1) Dem Angestellten gebührt im Zweifel die Provision auch für solche Geschäfte, die ohne seine unmittelbare Mitwirkung während der Dauer des Dienstverhältnisses zwischen der ihm zugewiesenen oder von ihm zugeführten Kundschaft und dem Dienstgeber zustande gekommen sind.

(2) Ist der Angestellte ausdrücklich für einen bestimmten Bezirk als alleiniger Vertreter des Dienstgebers bestellt, so gebührt ihm mangels Vereinbarung die Provision auch für solche Geschäfte, die ohne seine Mitwirkung während der Dauer des Dienstverhältnisses durch den Dienstgeber oder für diesen in dem Bezirke abgeschlossen worden sind.

(3) Ist die Ausführung eines vom Angestellten oder durch dessen Vermittlung abgeschlossenen Geschäftes oder die Gegenleistung des Dritten, mit dem das Geschäft abgeschlossen worden ist, infolge Verhaltens des Dienstgebers ganz oder teilweise unterblieben, ohne dass hiefür wichtige Gründe in der Person des Dritten vorlagen, so kann der Angestellte die volle Provision verlangen.

(4) Nachlässe, die der Dienstgeber dem Dritten gewährt hat, dürfen mangels Vereinbarung oder mangels eines abweichenden für den betreffenden Geschäftszweig bestehenden Gebrauches bei Berechnung der Provision nur dann abgezogen werden, wenn sie bei Abschluss des Geschäftes vereinbart worden sind.

§ 11 AngG

> **Grundlegende Erläuterungen zu § 11**

→ Siehe ergänzend auch die grundlegenden Erläuterungen zu den §§ 10, 12 und 13 AngG.

1. Kundenschutz – Gebietsschutz

170 Gemäß § 11 Abs 1 AngG gebührt dem Angestellten im Zweifel die Provision auch für solche Geschäfte, die **ohne seine unmittelbare Mitwirkung** während der Dauer des Dienstverhältnisses zwischen der ihm zugewiesenen oder von ihm zugeführten Kundschaft und dem Arbeitgeber zustande gekommen sind (sog. **Direktgeschäfte**; Kundenschutz). Diese Bestimmung umfasst die Provisionspflicht aller direkten Geschäftsabschlüsse, die in der Vergangenheit vorgenommen wurden (nach dem Wortlaut des Gesetzes „zustande gekommen sind"). Im Fall, dass ein vom Angestellten vermitteltes Direktgeschäft zwischen dem Arbeitgeber und einem Kunden erst **nach Beendigung des Dienstverhältnisses** des Angestellten zustande gekommen ist, hat der Angestellte trotzdem einen **Provisionsanspruch**, wenn er das Geschäft **eingeleitet** und noch so **vorbereitet** hat, dass der Abschluss hauptsächlich auf seine Tätigkeit zurückzuführen war.

Ist ein Arbeitnehmer ausdrücklich für einen bestimmten Bezirk als **alleiniger Vertreter** des Arbeitgebers bestellt („**Bezirksvertreter**"), gebührt ihm gemäß § 11 Abs 2 AngG mangels anderslautender Vereinbarung die Provision auch für solche Geschäfte, die **ohne seine Mitwirkung** während der Dauer des Dienstverhältnisses durch den Arbeitgeber oder für diesen **in dem Bezirke abgeschlossen** worden sind (**Gebietsschutz**). Die Worte „mangels besonderer Vereinbarung" besagen, dass trotz ausdrücklicher Bestellung als alleiniger Vertreter des Arbeitgebers für einen bestimmten Bezirk der Gebietsschutz durch abweichende Vereinbarung eingeschränkt oder ausgeschlossen werden kann.

Da der Provisionsanspruch des Angestellten auf die **während der Dauer des Dienstverhältnisses** zustande gekommenen Geschäfte abgestellt ist, hebt die Beendigung des Arbeitsvertrages den Anspruch des Angestellten auf Provision aus den von ihm **bis dahin abgeschlossenen oder vermittelten** (oder unter den sonstigen Voraussetzungen des § 11 Abs 1 und Abs 2 AngG zustande gekommenen) **Geschäften** auch dann **nicht** auf, wenn solche Geschäfte erst später durchgeführt werden. Ein Provisionsanspruch für nach Ausscheiden des Angestellten zustande gekommene direkte Geschäfte ist gesetzlich nicht vorgesehen, kann aber aufgrund ausdrücklicher Vereinbarung dienstvertraglich eingeräumt werden.

2. Vereitelung der Geschäftsabwicklung

171 Ist die Ausführung eines vom Angestellten oder durch dessen Vermittlung abgeschlossenen Geschäftes oder die Gegenleistung des Dritten, mit dem das Geschäft abgeschlossen worden ist, **infolge Verhaltens des Arbeitgebers** ganz oder teilweise **unterblieben**, ohne dass hiefür wichtige Gründe in der Person des Dritten vorlagen, kann der Angestellte nach § 11 Abs 3 AngG die **volle Provision** verlangen. Diese Regelung stellt eine Durchbrechung des in § 10 Abs 3 AngG aufgestellten Grundsatzes dar, dass mangels anderer Vereinbarung der Anspruch des Angestellten auf Provision erst als erworben gilt, wenn eine Zahlung eingeht.

§ 11 Abs 3 AngG unterscheidet **zwei Fälle**, in denen das Verhalten des Arbeitgebers bei indirekten, bereits abgeschlossenen Verkaufsgeschäften dem Angestellten unter gewissen Voraussetzungen nicht schaden soll:

§ 11 AngG

1. Der Arbeitgeber unterlässt die Ausführung des Geschäfts,
2. die Zahlung des Dritten bleibt – infolge fahrlässigen Verhaltens des Arbeitgebers – ganz oder teilweise aus.

Diese Grundsätze haben auch dann Anwendung zu finden, wenn sich der Provisionsanspruch nach Maßgabe des eingehenden Betrages nicht auf eine gesetzliche Bestimmung, sondern auf eine **vertragliche Bestimmung** stützt; § 11 Abs 3 AngG ist zwar keine unabdingbare Vorschrift gemäß § 40 AngG, ist jedoch der Beurteilung der Ansprüche eines Provisionsvertreters zugrunde zu legen, insbesondere wenn er im Dienstvertrag nicht ausgeschlossen wurde.

Ist nach dem Dienstvertrag der Anspruch eines Provisionsvertreters auf Provision vom Eingang der Provisionen abhängig, die die Parteien der Kaufverträge, die der Vertreter vermittelt hat, an den Arbeitgeber zu zahlen haben, ist der Arbeitgeber bei seinen Dispositionen über Provisionsansprüche aus vom Vertreter vermittelten Geschäften keineswegs frei, weil er bei allen Verfügungen auch die **Rechte des Vertreters zu wahren** hat. Nach dem zweiten Fall des § 11 Abs 3 AngG berührt vielmehr die Nichtzahlung des Dritten den Provisionsanspruch des Arbeitnehmers nicht, wenn die Zahlung des Dritten aufgrund einer **Untätigkeit des Arbeitgebers** unterblieben ist. Dieser hat daher alle zumutbaren Handlungen zu unternehmen, um die **Zahlung des Dritten einbringlich** zu machen. Unterlässt er dies, schuldet er dem Arbeitnehmer die Provision ungeachtet des Nichteingangs der Zahlung des Dritten. Anderes gilt nur, wenn die Zahlung des Dritten aus **nicht vom Arbeitgeber zu vertretenden Gründen** nicht durchsetzbar ist (z.B. Zahlungsunfähigkeit oder ein Mangel des Grundgeschäfts). Dem Angestellten kommt ebenso kein Provisionsanspruch zu, wenn die Ausführung nur infolge eines (in der Person des Arbeitgebers gelegenen) **Zufalls** unterblieben ist.

Judikatur zu § 11

Voraussetzungen für einen Gebietsschutz des Arbeitnehmers

Eine bloße **Gebietszuweisung**, wie sie in irgendeiner Form praktisch bei jedem Vertreterverhältnis vorkommt, reicht noch **nicht** aus, um Provisionsansprüche für Direktgeschäfte zu begründen (Gebietsschutz iSd § 11 Abs 2 AngG). Um **Gebietsschutz** in Anspruch nehmen zu können, ist es erforderlich, dass der Angestellte exklusiv und ausdrücklich zum „**alleinigen**" **Vertreter** des Arbeitgebers für ein bestimmtes Gebiet bestellt wird. 172

Wurde nun dem Arbeitnehmer zwar vereinbarungsgemäß ein bestimmtes Gebiet zugewiesen, doch behielt sich der Arbeitgeber vor, die Gebietsaufteilung ganz oder teilweise zu ändern und schränkte die Zuweisung überdies noch dadurch ein, dass festgehalten wurde, dass die **Gebietszuteilung** „**nicht exklusiv**" erfolge, und wurden im Übrigen alle Rechtsgeschäfte des Arbeitnehmers von der Zustimmung der Geschäftsleitung abhängig gemacht, kann der Arbeitnehmer keine exklusive Bestellung zum alleinigen Vertreter für die auch ihm gerade zugewiesenen Gebiete ableiten. OGH 18. 12. 1991, 9 ObA 232/91. (ARD 4383/8/92 ●)

Provisionsanspruch für nach Dienstverhältnisende abgeschlossene Geschäfte

Gemäß § 11 Abs 1 AngG gebührt dem Angestellten im Zweifel die Provision auch für solche Geschäfte, die **ohne seine unmittelbare Mitwirkung** während der Dauer des Dienstverhältnisses zwischen der ihm zugewiesenen oder von ihm zugeführten Kundschaft und dem Dienstgeber zustande gekommen sind. Diese Bestimmung umfasst die Provisionspflicht aller direkten **Geschäfts-** 173

§ 11 AngG

abschlüsse, die in der **Vergangenheit** vorgenommen wurden (nach dem Wortlaut des Gesetzes „zustande gekommen sind"). Strittig ist die Frage, ob der Angestellte mangels besonderer Vereinbarung auch für solche direkten Geschäfte des Arbeitgebers Provisionen beanspruchen kann, die zwar erst **nach Beendigung** des Arbeitsverhältnisses abgeschlossen wurden, jedoch auf die **Tätigkeit des Angestellten** während des Arbeitsverhältnisses **zurückzuführen** sind.

Ist ein Direktgeschäft zwischen dem Arbeitgeber und einem Kunden erst nach Beendigung des Dienstverhältnisses zustande gekommen, besteht ein Provisionsanspruch des Angestellten, wenn dieser das Geschäft eingeleitet und noch so vorbereitet hat, dass der Abschluss hauptsächlich auf seine Tätigkeit zurückzuführen war. Entscheidend ist das im § 11 Abs 1 AngG in gleicher Weise wie im § 9 Abs 2 HVG zutage tretende Wesen der Provision als Entgelt für erfolgreiche Leistung, mag sich diese auch erst durch einen Geschäftsabschluss nach Beendigung des Dienstverhältnisses manifestieren. Der im § 9 Abs 2 HVG zum Ausdruck kommende Grundsatz, dass dann, wenn ein nach Ende des Vertragsverhältnisses abgeschlossenes Geschäft hauptsächlich in der verdienstlichen Tätigkeit des Handelsvertreters begründet ist, ein Provisionsanspruch begründet wird, hat in gleicher Weise auf einen **angestellten** Vertreter Anwendung zu finden. Erfolgte die Auftragserteilung zu einem vom Arbeitnehmer vorbereiteten Geschäft am ersten Arbeitstag nach Ende des Dienstverhältnisses des Arbeitnehmers, gebührt ihm daher die Provision für den Geschäftsabschluss, da kein Zweifel daran besteht, dass der Abschluss auf seine Tätigkeit zurückzuführen ist.

Die Beendigung des Arbeitsverhältnisses lässt demnach den Konnex zwischen **vollzogener Arbeitsleistung** und dem **Anspruchserwerb auf Provision unberührt**. Mangels einer gegenteiligen Vereinbarung hat also der Angestellte Anspruch auf Zahlung aller jener Provisionen, die nach Beendigung seines Arbeitsverhältnisses fällig werden. Es besteht daher für einen vermittelten Kaufvertrag Anspruch auf Provision, wenngleich die Lieferung und Bezahlung des Kaufgegenstandes erst zu einem späteren Zeitpunkt erfolgt. OGH 20. 12. 1989, 9 ObA 343/89. (ARD 4155/16/90 ●)

Provisionsanspruch trotz unterlassener Zahlung des Kunden

§ 11 Abs 3 AngG enthält eine Durchbrechung des im § 10 Abs 3 AngG aufgestellten Grundsatzes, dass mangels anderer Vereinbarung der Anspruch des Angestellten auf Provision erst als erworben gilt, wenn eine Zahlung eingeht. Wenn die Ausführung eines vom Angestellten oder durch dessen Vermittlung abgeschlossenen Geschäftes oder die Gegenleistung des Dritten, mit dem das Geschäft abgeschlossen wurde, infolge **Verhaltens des Arbeitgebers** ganz oder teilweise **unterblieben ist**, ohne dass hiefür wichtige Gründe in der Person des Dritten vorlagen, kann der Angestellte demnach die **volle Provision** verlangen.

§ 11 Abs 3 AngG unterscheidet zwei Fälle, in denen das Verhalten des Arbeitgebers bei indirekten, **bereits abgeschlossenen Verkaufsgeschäften** dem Angestellten unter gewissen Voraussetzungen nicht schaden soll: 1. Der Arbeitgeber unterlässt die Ausführung des Geschäftes, 2. die Zahlung des Dritten bleibt – infolge lässigen Verhaltens des Arbeitgebers – ganz oder teilweise aus. Diese Grundsätze haben auch dann Anwendung zu finden, wenn sich der Provisionsanspruch nach Maßgabe des eingehenden Betrages nicht auf eine gesetzliche Bestimmung (§ 10 Abs 3 AngG), sondern auf eine vertragliche Bestimmung stützt; § 11 Abs 3 AngG ist zwar keine unabdingbare Vorschrift, ist jedoch der Beurteilung der Ansprüche zugrunde zu legen, wenn sie im Dienstvertrag nicht ausgeschlossen wurde.

Ist nach dem Dienstvertrag der Anspruch eines Provisionsvertreters auf Provision vom **Eingang der Provisionen** abhängig, die die Parteien der Kaufverträge, die der Vertreter vermittelt hat, an den Arbeitgeber zu zahlen haben, ist der Arbeitgeber bei seinen **Dispositionen über Provisionsansprüche** aus vom Vertreter vermittelten Geschäften **keineswegs frei**, weil er bei allen Verfügungen auch die Rechte des Vertreters zu wahren hat. Nach dem zweiten Fall des § 11 Abs 3

§ 12 AngG

AngG berührt vielmehr die **Nichtzahlung des Dritten** den Provisionsanspruch des Arbeitnehmers nicht, wenn die Zahlung des Dritten aufgrund einer **Untätigkeit des Arbeitgebers** unterblieben ist. Dieser hat alle zumutbaren Handlungen zu unternehmen, um die Zahlung des Dritten einbringlich zu machen. Unterlässt er dies, schuldet er dem Arbeitnehmer die Provision ungeachtet des Nichteingangs der Zahlung des Dritten. Anderes gilt nur, wenn die Zahlung des Dritten aus nicht vom Arbeitgeber zu vertretenden Gründen nicht durchsetzbar ist (z.b. Zahlungsunfähigkeit oder ein Mangel des Grundgeschäfts). Entscheidende Bedeutung kommt daher der Frage zu, ob der Vertrag, aus dem der Vertreter seinen Provisionsanspruch ableitet, zustande gekommen ist. OGH 26. 3. 1997, 9 ObA 2/97b. (ARD 4859/1/97 ●)

Auswirkung von gewährten Nachlässen auf Provisionsanspruch

Hat ein Arbeitgeber einem Kunden aufgrund dessen Angaben, das gekaufte Gerät habe nicht funktioniert, einen **Zahlungsnachlass** gewährt bzw in einem anderen Fall die Rückstellung von bereits verkauften Waren akzeptiert, ohne die Berechtigung zur Rückstellung der Waren zu überprüfen, ist eine **nachträgliche Aufrechnung** der bereits an die beiden Geschäftsfälle vermittelnden Arbeitnehmer **ausbezahlten Provision unzulässig**, wenn die Geschäfte vom Arbeitnehmer ordnungsgemäß abgeschlossen worden waren und ein Nachlass beim Abschluss des Geschäfts mit dem Kunden nicht vereinbart wurde. 175

Nachlässe, die der Arbeitgeber einem Dritten gewährt hat, dürfen gemäß § 11 Abs 4 AngG nämlich mangels Vereinbarung oder mangels eines abweichenden für den betreffenden Geschäftszweig bestehenden Gebrauches bei Berechnung der Provision nur dann **abgezogen werden**, wenn sie bei Abschluss des Geschäfts **vereinbart** worden sind. Außerdem kann der Arbeitnehmer nach § 11 Abs 3 AngG die volle Provision verlangen, wenn die Ausführung eines von ihm abgeschlossenen Geschäfts infolge des Verhaltens des Arbeitgebers ganz oder teilweise unterblieben ist, ohne dass dafür wichtige Gründe in der Person des Dritten vorlagen. ASG Wien 30. 1. 2004, 13 Cga 117/02y, bestätigt durch OLG Wien 28. 4. 2004, 8 Ra 51/04k. (ARD 5524/5/2004 ●)

§ 12. Wenn der Angestellte vom Dienstgeber vertragswidrig verhindert wird, Provisionen oder Taggelder (Diäten) in dem vereinbarten oder in dem nach den getroffenen Vereinbarungen zu erwartenden Umfang zu verdienen, so gebührt ihm eine angemessene Entschädigung. 176

Grundlegende Erläuterungen zu § 12

→ Siehe ergänzend auch die grundlegenden Erläuterungen zu den §§ 10, 11 und 13 AngG.

Entschädigungsanspruch bei Verdienstbehinderung

Angestellten, die vom Arbeitgeber **vertragswidrig daran gehindert** wurden, Provisionen oder Taggelder im vereinbarten oder im nach den getroffenen Vereinbarungen zu erwartenden Umfang zu verdienen, gebührt eine **angemessene Entschädigung**, die sich an den zuletzt durchschnittlich verdienten Provisionen orientiert. Diese Bestimmung, deren Anwendung ein **schuldhaftes Verhalten** des Arbeitgebers voraussetzt, steht zu jener des § 1155 ABGB im Verhältnis der Spezialität. § 1155 ABGB bleibt daher für Angestellte für den Fall anwendbar, dass der Angestellte zufolge 177

§ 12 AngG

eines in der Sphäre des Arbeitgebers eingetretenen **Zufalls** an der Arbeitsleistung gehindert wird (z.B. wird ein Angestellter durch eine Betriebsstilllegung an der üblichen Arbeitsleistung und damit am Verdienen des üblichen Entgelts gehindert; der Arbeitgeber ist verpflichtet, dem Arbeitnehmer auch in diesen Monaten das übliche Entgelt weiterzuzahlen).

Der **Entschädigungsanspruch** des § 12 AngG setzt ein **vertragswidriges Verhalten** des Arbeitgebers voraus, das den Angestellten am Verdienen von Provisionen hindert. Darunter ist jedes **schuldhafte Verhalten** des Arbeitgebers zu verstehen, das mit der zwischen ihm und dem Arbeitnehmer getroffenen Vereinbarung im Widerspruch steht. Ob ein solcher Widerspruch vorliegt, richtet sich nach dem Inhalt des Arbeitsvertrages, dessen Gestaltung der Parteiendisposition überlassen bleibt. Ein derartiges vertragswidriges Verhalten des Arbeitgebers wurde etwa in einer mit einer Reduktion der Provisionseinnahmen verbundenen **Dienstfreistellung** gesehen, nicht jedoch im Fall, dass ein Arbeitgeber Dienstreisen in ein Land untersagt, in dem ein Umsturz stattgefunden hat. Schon aufgrund seiner umfassenden Fürsorgepflicht ist eine Genehmigung des Arbeitgebers zur Durchführung einer Reise in ein solches Land nicht vertretbar, weil politische Schwierigkeiten ungeahnte Auswirkungen haben können. Von einem schuldhaften Verhalten des Arbeitgebers kann daher nicht gesprochen werden, so dass dem Arbeitnehmer in diesem Fall **kein Entschädigungsanspruch** nach § 12 AngG zustand (OGH 21. 10. 1987, 9 ObA 64/87, ARD 4013/14/88).

Die Bestimmung des § 12 AngG über die Entschädigung des vertragswidrig am Provisionsverdienst gehinderten Angestellten schließt diesen nicht davon aus, neben der Geltendmachung dieser Entschädigung auch von seinem Recht auf **vorzeitigen Austritt** nach § 26 Z 2 AngG Gebrauch zu machen. Erschwert ein Arbeitgeber durch Preisgestaltung und Neuordnung der Unternehmensziele dem Arbeitnehmer aber die Erzielung des Provisionsverdienstes, ist der Arbeitnehmer aber noch nicht zum vorzeitigen Austritt aus dem Dienstverhältnis berechtigt. Preisgestaltung und Festlegung der Unternehmensziele liegen im allgemeinen Entscheidungsbereich des Arbeitgebers. Rechte des Arbeitnehmers werden nur dann berührt, wenn der Arbeitgeber dabei **gegen den Dienstvertrag verstößt** oder die Umstrukturierung des Unternehmens nur zum Ziel hat, dem Arbeitnehmer zu schaden.

Für die Zeit der Behinderung hat der Angestellte Anspruch auf den **durchschnittlichen Provisionsverdienst**; somit jenen Verdienst, den er bei voller, unbehinderter Dienstleistung erhalten hätte.

§ 12 AngG stellt gemäß § 40 AngG **zugunsten des Angestellten** (einseitig) **zwingendes Recht** dar; er kann daher nur zu dessen Vorteil, nicht aber zu seinem Nachteil vertraglich abgeändert werden.

Judikatur zu § 12

Provisionsvereitelung durch Betriebsstilllegung

178 Wird ein Provisionsbezieher durch **Stilllegung des Betriebes** aus wirtschaftlichen Gründen gehindert, Provisionen im bisherigen Ausmaß zu beziehen, hat er Anspruch auf das **regelmäßige Entgelt** während der **letzten repräsentativen Verkaufsmonate**, wobei die Monate des überdurchschnittlichen Abverkaufes in Zusammenhang mit der Betriebsstilllegung nicht zu berücksichtigen sind. Die Stilllegung des Betriebes und die dadurch bewirkte Hinderung des Arbeitnehmers, seine gewöhnliche Arbeitsleistung zu erbringen, stellt einen in die **Arbeitgebersphäre** fallenden, iSd

§ 1155 ABGB zur Fortzahlung des Entgelts verpflichtenden Umstand dar, mag sie auch in wirtschaftlichen Schwierigkeiten des Arbeitgebers begründet sein. Eine unbillige Härte kann darin nicht gesehen werden, weil es der Arbeitgeber in der Hand hat, die **Kündigung so rechtzeitig auszusprechen**, dass das Ende des Dienstverhältnisses mit dem Ende der Betriebstätigkeit zusammenfällt. Demgemäß fällt der Umstand, dass ein Provision beziehender Arbeitnehmer durch eine Betriebsstilllegung an der **üblichen Arbeitsleistung** (und damit am Verdienen des üblichen Entgelts) **gehindert** wurde, in die Sphäre des Arbeitgebers und führt daher zu dessen Verpflichtung, dem Arbeitnehmer auch in diesen Monaten das übliche Entgelt weiterzuzahlen.

Bei der Ermittlung des vom Arbeitgeber geschuldeten Entgelts kann aber nur von jenen **Provisionen** ausgegangen werden, die der Arbeitnehmer ohne den vom Arbeitgeber zu verantwortenden Hinderungsgrund **üblicherweise erzielt hätte**. Diese sind zweckmäßigerweise auf der Grundlage des Durchschnitts der in den **letzten 12 repräsentativen Monaten erzielten Umsätze** zu ermitteln. Demgemäß müssen aber jene Monate außer Betracht bleiben, in denen gerade in Hinblick auf die Abwicklung der Betriebsschließung durch den Abverkauf überdurchschnittliche Umsätze erzielt wurden. Es ist daher nicht auf den durchschnittlichen Umsatz der den hier zu beurteilenden Monaten unmittelbar vorangegangenen 12 Monate, sondern auf den Durchschnitt jener 12 Monate abzustellen, die den Abverkaufsmonaten vorangingen. OGH 1. 4. 1998, 9 ObA 27/98f. (ARD 4949/5/98 ●)

Entschädigungsanspruch oder Recht auf vorzeitigen Austritt

Die Bestimmung des § 12 AngG über die Entschädigung des vertragswidrig am Provisionsverdienst gehinderten Angestellten schließt diesen nicht davon aus, neben der Geltendmachung dieser **Entschädigung** auch von seinem **Recht auf vorzeitigen Austritt** nach § 26 Z 2 AngG Gebrauch zu machen. Erschwert ein Arbeitgeber durch Preisgestaltung und Neuordnung der Unternehmensziele dem Arbeitnehmer die Erzielung des Provisionsverdienstes, ist der Arbeitnehmer aber noch **nicht** zum **vorzeitigen Austritt** aus dem Dienstverhältnis berechtigt. Preisgestaltung und Festlegung der Unternehmensziele liegen im allgemeinen Entscheidungsbereich des Arbeitgebers. Rechte des Arbeitnehmers werden nur dann berührt, wenn der Arbeitgeber dabei **gegen den Dienstvertrag verstößt** oder die Umstrukturierung des Unternehmens nur zum Ziel hat, dem Arbeitnehmer zu schaden. OGH 10. 10. 1990, 9 ObA 235/90. (ARD 4237/30/91 ●) 179

Beschränkung des Tätigkeitsgebietes

Nach der Rechtsprechung setzt der Entschädigungsanspruch des § 12 AngG ein **vertragswidriges Verhalten** des Arbeitgebers voraus, dass den Angestellten am Verdienen von Provisionen hindert. Ob ein solches vertragswidriges Verhalten vorliegt, richtet sich nach dem **Inhalt des Arbeitsvertrages**, dessen Gestaltung der Parteiendisposition überlassen bleibt. Unter ein vertragswidriges Verhalten fällt insbesondere auch die vertragswidrige **Beschränkung** des dem Angestellten zugewiesenen **Tätigkeitsbereiches**, insbesondere die vertragswidrige Einschränkung des mit ihm vereinbarten Gebietsschutzes. 180

Wurde beispielsweise ein Arbeitnehmer als wissenschaftlicher Mitarbeiter im Außendienst angestellt, so ist eine Versetzung in den Innendienst vertragswidrig (vgl. ARD 5279/13/2002). Einem als Reisenden und für die Tätigkeit am Platz aufgenommenen Angestellten darf der Dienstgeber beispielsweise die Reisetätigkeit nicht ganz entziehen; er ist zur Hälfte für den Dienst am Platz, die andere für die Reise zu verwenden; wurde er nur kürzere Zeit für Reisen verwendet, so gebührt ihm die Differenz von dem durch die ausgefallenen Reisetage an Ausgaben Ersparten und an Diäten Verdienten. OLG Wien 17. 9. 2003, 7 Ra 48/03k. (●)

§ 13 AngG

181 § 13. (1) Ein mit dem Abschlusse oder der Vermittlung von Geschäften betrauter Angestellter darf vom Tage des Dienstantrittes ohne Einwilligung des Dienstgebers von dem Dritten, mit dem er für den Dienstgeber Geschäfte abschließt oder vermittelt, eine Provision oder eine sonstige Belohnung nicht annehmen.

(2) Der Dienstgeber kann, unbeschadet allfälliger weiterer Schadenersatzansprüche, vom Angestellten die Herausgabe der unrechtmäßig empfangenen Provision oder Belohnung verlangen.

(3) Dieser Anspruch des Dienstgebers erlischt innerhalb dreier Monate nach Kenntnis des pflichtwidrigen Verhaltens, jedenfalls aber in drei Jahren vom Entstehen des Anspruches an.

Grundlegende Erläuterungen zu § 13

→ Siehe ergänzend auch die grundlegenden Erläuterungen zu den §§ 10, 11 und 12 AngG.

Bevorteilungsverbot

182 § 13 Abs 1 AngG untersagt einem mit dem Abschluss oder der Vermittlung von Geschäften betrauten Angestellten, **ohne Einwilligung des Arbeitgebers** von dem **Dritten**, mit dem er für den Arbeitgeber Geschäfte abschließt oder vermittelt, eine **Provision** oder eine sonstige Belohnung **anzunehmen** oder sich versprechen zu lassen. Die Einwilligung des Arbeitgebers kann auch konkludent (schlüssig, stillschweigend) erteilt werden; der Hinweis auf einen die Annahme von Belohnungen gestattenden Handelsbrauch genügt jedoch bei fehlender ausdrücklicher oder konkludenter Einwilligung des Arbeitgebers nicht. Der Arbeitgeber kann – unbeschadet allfälliger weiterer Schadenersatzansprüche – vom Angestellten die **Herausgabe** der unrechtmäßig empfangenen Provision oder Belohnung **verlangen**.

Die Bestimmung des § 13 AngG gilt auch für Angestellte, die lediglich Angebote einholen, Verhandlungen mit Lieferanten führen, Angebote technisch begutachten oder bei Abschlussverhandlungen mitwirken.

Nach der Rechtsprechung kann weder der **Kauf von Geschäftsanteilen** noch der daraus resultierende **Dividendenbezug** als Provision oder Belohnung iSd § 13 AngG angesehen werden. Der gegen Entgelt erfolgte Kauf der Anteile stellt **kein Geschenk** bzw. keine Belohnung für den Abschluss von Geschäften dar. Der Arbeitnehmer hat daher keine, auch nur zum Teil unentgeltliche Zuwendung erhalten, die § 13 AngG unterstellt werden könnte. Dies gilt auch für den folgenden Dividendenbezug, der aus der Gesellschafterstellung resultiert (OGH 24. 1. 2001, 9 ObA 217/00b, ARD 5256/9/2001).

Ein Angestellter, der entgegen dem Verbot des § 13 Abs 1 AngG eine Belohnung annimmt bzw. sich versprechen lässt, setzt einen **Entlassungsgrund** gemäß § 27 Z 1 zweiter Fall AngG. Die vom Dritten **zugesagte Belohnung** kann der Angestellte **nicht einklagen**, der Dritte kann sie nach Hingabe nicht zurückverlangen.

Die 3-Monats-Frist des § 13 Abs 3 AngG ist eine **Präklusivfrist** und bewirkt daher gänzliches Erlöschen des Anspruches, die 3-jährige Frist ist dagegen eine **Verjährungsfrist**, deren Ablauf nur den Verlust der Klagbarkeit zur Folge hat.

Judikatur zu § 13

Kauf von Geschäftanteilen ist keine Provision

Weder der **Kauf von Geschäftsanteilen** noch der daraus resultierende **Dividendenbezug** kann als Provision oder Belohnung iSd § 13 AngG angesehen werden. Der gegen Entgelt erfolgte Kauf der Anteile stellt **kein Geschenk bzw. keine Belohnung** für den Abschluss von Geschäften dar. Der Arbeitnehmer hat daher keine, auch nur zum Teil unentgeltliche Zuwendung erhalten, die § 13 AngG unterstellt werden könnte. Dies gilt auch für den folgenden **Dividendenbezug**, der aus der Gesellschafterstellung resultiert. Dass im vorliegenden Fall eine Entlassung wegen Vertrauensunwürdigkeit berechtigt ist, bedeutet daher noch nicht zwangsläufig, dass ein Anspruch des Arbeitgebers auf Übertragung des Geschäftsanteils bzw. auf Bezug der Dividenden besteht. Auch § 1009 ABGB ist als Grundlage auszuschließen, wenn **nur Vorteile als Gesellschafter**, nicht aber als Geschäftsbesorger erzielt werden. Einen nicht durch die Geschäftsbesorgung, sondern „bei Gelegenheit des Auftrags" erlangten Vorteil, für dessen Erzielung er eigene Mittel eingesetzt hat, braucht der Gewalthaber nicht herauszugeben. OGH 24. 1. 2001, 9 ObA 217/00b. (ARD 5256/9/2001 ●)

Gewinnbeteiligung

§ 14. (1) Ist bedungen, dass das Entgelt ganz oder zum Teil in einem Anteil an dem Gewinn aus allen oder aus bestimmten Geschäften besteht oder dass der Gewinn in anderer Art für die Höhe des Entgeltes maßgebend sein soll, so findet mangels Vereinbarung die Abrechnung für das abgelaufene Geschäftsjahr aufgrund der Bilanz statt.

(2) Der Angestellte kann die Einsicht der Bücher verlangen, soweit dies zur Prüfung der Richtigkeit der Abrechnung erforderlich ist.

Grundlegende Erläuterungen zu § 14

§ 14 Abs 2 AngG stellt gemäß § 40 AngG **zugunsten des Angestellten** (einseitig) **zwingendes Recht** dar; er kann daher nur zu dessen Vorteil, nicht aber zu seinem Nachteil vertraglich abgeändert werden.

1. Abgrenzung Gewinnbeteiligung – Provision

Der wesentliche Unterschied zwischen Gewinnbeteiligung und Provision besteht darin, dass die **Provisionen** unmittelbar einer **Leistung des Angestellten** zugeordnet werden und dementsprechend etwa auch nach Beendigung des Dienstverhältnisses fällig werden können, wenn der Angestellte davor die entsprechenden Leistungen erbracht hat. Hingegen stellt sich die **Gewinnbeteiligung** als besondere Entgeltform dar, die in der Beteiligung am **gesamten** oder an einem **Teil des Geschäftsgewinnes** eines Unternehmens besteht. Bei der Gewinnbeteiligung ist somit eine direkte Zuordnung einer konkreten Leistung des Angestellten im Regelfall nicht möglich, sondern sie orientiert sich am Unternehmenserfolg bzw. dem Erfolg einer Abteilung und ist somit auch von den Leistungen verschiedener anderer Personen (Mitarbeiter) abhängig. Während der Anspruch auf Provision – ist er einmal erworben – auch bei geänderter Ertragslage des Unternehmens bestehen bleibt, erhält der gewinnbeteiligte Arbeitnehmer aus diesem Rechtstitel nur dann etwas, wenn **im einzelnen Geschäftsjahr ein Gewinn erzielt** wurde. Bei der Gewinnbeteiligung gibt es jedenfalls keine Ansprüche über die Dauer des Dienstverhältnisses hinaus.

Als Entlohnungssystem kommt nicht nur die Beteiligung am Gewinn in Betracht; **Beteiligungen**, die sich am **Umsatz** oder allgemein an einer Kennzahl des wirtschaftlichen Unternehmenserfolges orientieren, können ebenfalls vereinbart werden. Für beide Regelungen finden sich im Übrigen auch unterschiedliche – dispositive – gesetzliche Regelungen über die **Fälligkeit bzw. Abrechnung** (vgl. § 10 Abs 3 und Abs 4 AngG – bei einer Provision vierteljährlich bzw. bei Dienstaustritt; § 14 AngG – bei einer Gewinnbeteiligung für das abgelaufene Geschäftsjahr aufgrund der Bilanz).

Wenngleich gemäß § 14 Abs 1 AngG mangels abweichender Vereinbarung die **Abrechnung** der Gewinnbeteiligung für das abgelaufene Geschäftsjahr aufgrund der Bilanz zu erfolgen hat, wird die Gewinnbeteiligung doch während des gesamten Zeitraumes der jeweiligen Abrechnungsperiode verdient und ist etwa bei **Endigung des Dienstverhältnisses im Laufe des Jahres** gemäß § 16 AngG **aliquot auszuzahlen**. Die jährlich ausgeschüttete Gewinnbeteiligung stellt daher in Wahrheit die Summe der monatlich aus diesem Titel verdienten Entgelte dar, so dass der auf dieser Grundlage ermittelte Monatsanteil bereits ein Durchschnittswert ist.

2. Anspruch auf Bucheinsicht und Rechnungslegung

186 Während der **provisionsberechtigte Angestellte**, unbeschadet des nach anderen gesetzlichen Vorschriften bestehenden Rechtes auf Vorlegung der Bücher, gemäß § 10 Abs 5 AngG die **Mitteilung eines Buchauszuges** über die durch seine Tätigkeit zustande gekommenen Geschäfte verlangen kann, sieht das Gesetz für **gewinnbeteiligte Angestellte** eine solche Regelung nicht vor. Der gewinnbeteiligte Angestellte hat gemäß § 14 Abs 2 AngG Anspruch auf **Bekanntgabe** der für die Berechnung der Prämie notwendigen **Umsatzzahlen** und kann die **Einsicht in die Bücher** verlangen, soweit dies zur Prüfung der Richtigkeit der Abrechnung erforderlich ist. Der Arbeitgeber braucht daher die von ihm erstellte Abrechnung (Rechnungslegung) nicht von sich aus zu belegen.

Bei den Ansprüchen auf **Bucheinsicht und Rechnungslegung** handelt es sich um Ansprüche mit verschiedenem Inhalt. Im ersten Fall geht es um einen Anspruch auf **Duldung der Einsicht**, also einer Tätigkeit, im zweiten Fall dagegen darum, dass der Arbeitgeber selbst tätig wird, nämlich eine **Rechnung legt**. Die Verschiedenheit der Ansprüche wird schon daraus klar, dass sie unabhängig voneinander geltend gemacht werden können; es ist ohne Weiteres eine Rechnungslegung ohne Bucheinsicht und auch eine Bucheinsicht ohne Rechnungslegung möglich. Das Recht auf Bucheinsicht ist keinesfalls als Minus gegenüber der Rechnungslegung anzusehen. Vielmehr handelt es sich dabei um einen **anderen Anspruch** und damit um ein Aliud.

Ein **Buchauszug** gebührt dem am Gewinn beteiligten Angestellten hingegen **nicht**, da sich die ihm zustehende Prämie nicht aus bestimmten einzelnen Geschäften errechnet. Die Bestimmung des § 10 Abs 5 AngG ist – jedenfalls auf Fälle globaler Gewinn- und Umsatzbeteiligungen – nicht anzuwenden. Das ergibt sich schon aus dem Begriff und dem Zweck des Buchauszuges. Ein **Buchauszug** kommt im Fall einer **Gewinnbeteiligung** auch schon begrifflich **nicht in Betracht**, müsste er sich doch am gesamten Unternehmen (oder einer Filiale) und auf sämtliche Geschäftsfälle des Unternehmens (bzw. der Filiale) erstrecken, aber auch Auskunft über sämtliche mit diesen Geschäften verbundenen Kosten (variable Kosten) und darüber hinaus sogar über die Fixkosten Auskunft geben. Ein solcher Buchauszug wäre kein „Auszug" mehr, sondern praktisch eine Abschrift sämtlicher Buchhaltungsunterlagen, die zur Ermittlung des Reingewinnes erforderlich sind.

§ 14 AngG

Die Ansprüche auf Rechnungslegung oder Bucheinsicht verjähren als bloße Nebenansprüche mit dem Hauptanspruch. Als bloße Hilfsansprüche teilen sie somit das rechtliche Schicksal des Hauptanspruchs und unterliegen daher der gleichen Verjährungsfrist wie dieser. Ansprüche des am Gewinn beteiligten Arbeitnehmers **verjähren nach 3 Jahren**, weil diese Frist gemäß § 1486 Z 5 ABGB auch für Ansprüche gilt, die aus einer Gewinnbeteiligung aufgrund eines Dienstvertrages entstehen. Die **Verjährung** eines Anspruchs auf Gewinnbeteiligung wird nur dann durch eine **Klage auf Rechnungslegung** oder Bucheinsicht **unterbrochen**, wenn diese in Form einer **Stufenklage** erfolgt.

Judikatur zu § 14

Bonuszahlung bei Überschreiten der Unternehmensziele

Eine Regelung, wonach einem Arbeitnehmer bei Überschreiten eines vorgegebenen Unternehmenserfolgs eine **Bonuszahlung** gewährt wird, ist als **Gewinnbeteiligung** anzusehen, auf die der Arbeitnehmer bei vorbehaltloser Gewährung mehrere Jahre hindurch unabhängig von seiner Arbeitsleistung Anspruch hat und die in die Berechnung der Abfertigung einzubeziehen ist. ASG Wien 11. 5. 2001, 3 Cga 163/00m. (ARD 5305/8/2002 ●) — 187

Abhängigkeit vom Erfolg der Abteilung

Eine Gewinnbeteiligung beinhaltet ein aleatorisches Element, womit die **Partizipation am Erfolg** eines Unternehmens oder einer bestimmten Abteilung bezweckt wird. Nach dem Verständnis redlicher und verständiger Parteien kann die Wortfolge „vom Arbeitnehmer **getätigte Geschäfte"** nur dahin gehend interpretiert werden, dass darunter jedenfalls **alle Geschäfte** fallen, zu denen der betreffende Arbeitnehmer einen **nicht unwesentlichen Beitrag** geleistet hat.
War der Leiter einer Stahlabteilung vorrangig mit dem Einkauf der Waren beschäftigt, während zum Teil andere Mitarbeiter seiner Abteilung entsprechende Abnehmer der Waren vermittelten, kann kein Zweifel bestehen, dass die Geschäfte unter seiner wesentlichen Mitwirkung zustande kamen, so dass der Arbeitnehmer dann keinen Anspruch auf Gewinnbeteiligung hat, wenn die Geschäfte mangels vorhandener Abnehmer der Waren Verlust schrieben. OLG Wien 20. 2. 2002, 8 Ra 436/01y. (ARD 5320/41/2002 ●) — 188

Anspruch auf Erfolgsprämie trotz Ausscheiden aus dem Unternehmen

Hat ein Arbeitnehmer zum Erfolg des Unternehmens durch seine Tätigkeit beigetragen, stellt die für dieses Jahr zu gewährende **Erfolgsbeteiligung verdientes Entgelt** dar, das grundsätzlich durch eine **Beendigung** des Vertragsverhältnisses vor Fälligkeit **nicht verloren** geht. Daraus, dass der Arbeitnehmer während des aufrechten Vertragsverhältnisses der bisherigen Praxis des Arbeitgebers, den ausgeschiedenen Mitarbeitern rechtswidrig die bereits durch ihre Tätigkeit verdiente Erfolgsbeteiligung vorzuenthalten, nicht widersprochen hat, kann ein schlüssiger Verzicht des Arbeitnehmers auf seine diesbezüglichen Ansprüche nicht abgeleitet werden. OGH 14. 2. 1996, 9 ObA 9/96. (ARD 4756/22/96 ●) — 189

Liegt eine generelle, im Voraus erlassene Regelung bezüglich eines **ungekündigten Dienstverhältnisses**, die den gekündigten Arbeitnehmer vom Genuss einer freiwilligen Zuwendung auszuschließen vermag, nicht vor und hat der Arbeitgeber den freiwilligen Charakter dieser Leistung

§ 15 AngG

auch nicht hervorgehoben, steht einem Arbeitnehmer auch dann eine **Gewinnbeteiligung** für das Vorjahr zu, wenn er zum Zeitpunkt der Bekanntgabe der Gewinnbeteiligung bereits **gekündigt** hat. ASG Wien 18. 12. 2000, 11 Cga 34/00z. (ARD 5246/14/2001 ●)

Aliquotierung der Gewinnbeteiligung

190 Wenngleich gemäß § 14 Abs 1 AngG mangels abweichender Vereinbarung die Abrechnung der Gewinnbeteiligung für das abgelaufene Geschäftsjahr aufgrund der Bilanz zu erfolgen hat, wird die Gewinnbeteiligung doch während des gesamten Zeitraumes der jeweiligen Abrechnungsperiode verdient und ist etwa bei **Endigung des Dienstverhältnisses im Laufe des Jahres** gemäß § 16 AngG **aliquot auszuzahlen**. Die jährlich ausgeschüttete Gewinnbeteiligung stellt daher in Wahrheit die Summe der monatlich aus diesem Titel verdienten Entgelte dar, sodass der auf dieser Grundlage ermittelte Monatsanteil bereits ein Durchschnittswert ist.

Den Berechnungszeitraum über die Jahresdauer hinaus etwa auf 36 Monate auszudehnen, wäre willkürlich und würde den aus dem Gesetz ablesbaren Bemessungskriterien zuwiderlaufen. Es würde nicht nur der Zeitraum der höchstmöglichen Abfertigung verlassen, sondern auch ein relativ weit zurückliegendes Entgelt zugrunde gelegt werden, sodass nicht mehr gewährleistet wäre, dass tatsächlich die im Zeitpunkt der Beendigung des Dienstverhältnisses aktuelle Einkommenssituation Bemessungsgrundlage ist. Grundlage für die Abfertigungszahlung kann daher nur die monatsweise aufzuteilende Gewinnbeteiligung des letzten Jahres sein. OGH 13. 10. 1994, 8 ObA 277/94. (ARD 4616/41/95 ●)

Zahlungsfrist

191 § 15. Die Zahlung des dem Angestellten zukommenden fortlaufenden Gehaltes hat spätestens am Fünfzehnten und am Letzten eines jeden Monats in zwei annähernd gleichen Beträgen zu erfolgen. Die Zahlung für den Schluss eines jeden Kalendermonats kann vereinbart werden.

Grundlegende Erläuterungen zu § 15

1. Zwingender Charakter der gesetzlichen Zahlungsmodalitäten

192 § 15 AngG stellt gemäß § 40 AngG **zugunsten des Angestellten** (einseitig) **zwingendes Recht** dar; er kann daher nur zu dessen Vorteil, nicht aber zu seinem Nachteil vertraglich abgeändert werden. Vereinbarungen, wonach das Gehalt zu einem **späteren Zeitpunkt** als am Schluss eines jeden Kalendermonats fällig ist, sind daher in Hinblick auf die einseitig zwingende Bestimmung des § 15 AngG ebenso gemäß § 879 ABGB nichtig und damit **unwirksam**, wie eine Stundung rückständigen Gehaltes. Dies gilt auch für solche Stundungsvereinbarungen, die sich auf noch nicht fällige Ansprüche beziehen.

Da **kürzere Zahlungstermine** für den Arbeitnehmer günstiger sind, weil er früher über sein Entgelt verfügen kann, ist die Vereinbarung der Fälligkeit des Monatsentgelts vor dem 15. eines jeden Kalendermonats zulässig. Aus der zwingenden Natur des § 15 AngG folgt auch, dass die

§ 15 AngG

fällige Zahlungspflicht des Arbeitgebers durch von diesem einseitig gesetzte Bedingungen (z.B. Bekanntgabe eines PC-Passwortes) nicht abbedungen oder aufgeschoben werden kann.

2. Bargeldlose Gehaltszahlung

Die Verpflichtung des Arbeitgebers zur Zahlung des Arbeitsentgelts ist nach der Verkehrssitte an sich (somit mangels anderer Vereinbarung) eine **Holschuld**; der Arbeitgeber hat demnach das Gehalt am Ort der Niederlassung auszubezahlen. Wurde mit dem Arbeitnehmer die (bargeldlose) **Überweisung des Gehalts** auf ein vom Arbeitnehmer bekannt gegebenes Bankkonto vereinbart, wandelt sich die Holschuld in eine **Schickschuld**. Das Kreditinstitut, das das Gehaltskonto des Klägers führt, wird zur Zahlstelle, an die der Arbeitgeber die Geldleistungen an den Arbeitnehmer durch Überweisung zu erbringen hat. Der **Auszahlungsmodus kann nicht einseitig** vom Arbeitgeber **abgeändert** werden, da die Art und Weise der Erbringung einer Hauptleistung aus dem Dienstvertrag nicht eigenmächtig verändert werden kann. Möchte er daher von einer Barauszahlung auf eine bargeldlose Überweisung des Gehalts umsteigen, bedarf es einer einzelvertraglichen Vereinbarung mit jedem einzelnen Arbeitnehmer oder des Abschlusses einer Betriebsvereinbarung nach § 97 Abs 1 Z 3 ArbVG.

193

Der Arbeitgeber hat dafür zu sorgen, dass der Arbeitnehmer bei Fälligkeit über das Entgelt verfügen kann. Bei **bargeldloser Gehaltszahlung** ist dafür die **Gutschrift** auf dem dem Arbeitgeber bekannt gegebenen Konto des Arbeitnehmers, genauer das **Datum der Wertstellung** („Valutadatum"), maßgeblich. Der Arbeitgeber hat daher seine Dispositionen so rechtzeitig zu treffen, dass unter Berücksichtigung der üblichen Bearbeitungsdauer die **Gutschrift** auf dem Konto **zum Zeitpunkt der Fälligkeit verbucht** ist. Wirtschaftliche Schwierigkeiten des Arbeitgebers oder ein Zahlungsverzug von Kunden können eine verspätete Überweisung nicht entschuldigen.

3. Umfasste Entgeltleistungen

Unter dem in § 15 AngG genannten „**fortlaufenden Gehalt**" versteht man die von vornherein bestimmten festen Geldbezüge, die nach bestimmten Zeiträumen (Tagen, Wochen, meist Monaten, aber auch Jahren) bemessen sind. Nicht darunter fallen Remunerationen, besondere Entlohnungen oder Naturalbezüge. Für Provisionen (vgl. § 10 Abs 4 AngG), Gewinnbeteiligungen (vgl. § 14 Abs 1 AngG) und Abfertigung (vgl. § 23 Abs 4 AngG) bestehen spezielle Fälligkeitsregelungen.

194

Der Gehaltsanspruch entsteht als Äquivalent der im Bemessungszeitraum zu verrichtenden Arbeitsleistungen – unbeschadet einer späteren Fälligkeit – jedenfalls nicht vor dem Beginn des Monats, für den dieses Gehalt gebührt. Da gemäß § 42 AngG die Bestimmung des § 1154 Abs 3 ABGB auch auf Angestelltendienstverhältnisse zur Anwendung kommt, wird **bereits verdientes Entgelt mit Beendigung des Dienstverhältnisses jedenfalls fällig.**

4. Austritt bei Vorenthalten des Entgelts

Das konsequente Verstoßen des Arbeitgebers gegen die Fälligkeitsbestimmungen des § 15 AngG stellt ein ungebührliches **Vorenthalten des Entgelts** dar, das den Angestellten bei Vorliegen der weiteren Voraussetzungen des § 26 Z 2 AngG (Einforderung der offenen Entgeltrückstände, Nachfristsetzung; siehe dazu ausführlich unter § 26 AngG) berechtigt, das **Dienstverhältnis vorzeitig aus wichtigem Grund zu lösen.**

195

Judikatur zu § 15

Unzulässige Vereinbarung eines späteren Fälligkeitstermins

196 Vereinbarungen, wonach das Gehalt zu einem **späteren Zeitpunkt** als am Schluss eines jeden Kalendermonats fällig ist, sind in Hinblick auf die nach § 40 AngG einseitig zwingende Bestimmung des § 15 AngG, wonach die Zahlung des Gehalts spätestens am Letzten jedes Monats zu erfolgen hat, gemäß § 879 ABGB **nichtig**. OGH 20. 12. 2001, 8 ObA 146/01f. (ARD 5351/7/2002 ●)

Gemäß dem § 15 AngG hat die Zahlung des dem Angestellten zukommenden fortlaufenden Gehalts spätestens am **15. und am Letzten eines jeden Monats** in zwei annähernd gleichen Beträgen zu erfolgen; die Zahlung für den **Schluss eines jeden Kalendermonats** kann vereinbart werden. Diese Bestimmung ist gemäß dem § 40 AngG unabdingbar. Vereinbarungen, wonach das Gehalt zu einem **späteren Zeitpunkt fällig** sei, sind daher gemäß dem § 879 Abs 1 ABGB **nichtig**. Dies gilt auch für solche Stundungsvereinbarungen, die sich auf noch nicht fällige Ansprüche beziehen. OGH 17. 2. 1987, 14 Ob 215/86. (ARD 3880/15/87 ●)

Maßgeblicher Zeitpunkt bei Banküberweisung

197 Bei unbarer Gehaltszahlung kommt es nicht auf den Zeitpunkt der Erteilung des Überweisungsauftrages durch den Arbeitgeber an; der Arbeitgeber hat vielmehr dafür zu sorgen, dass der Arbeitnehmer bei Fälligkeit über das Entgelt verfügen kann. Bei bargeldloser Lohnzahlung ist dafür die Gutschrift auf dem dem Arbeitgeber bekannt gegebenen Konto des Arbeitnehmers maßgeblich. Der Arbeitgeber hat seine Dispositionen so rechtzeitig zu treffen, dass unter Berücksichtigung der üblichen Bearbeitungsdauer die **Gutschrift auf dem Konto zum Zeitpunkt der Fälligkeit verbucht** ist. Dies hat auch im Falle der Einräumung einer Nachfrist zu gelten. OGH 26. 6. 2003, 8 ObA 24/03t. (ARD 5453/7/2003 ●)

Ist das Einlangen der Gutschrift bei der das Konto des Arbeitnehmers führenden Zweigstelle des Geldinstitutes erst nach Ende der von ihm gesetzten Nachfrist **nicht** auf einen **Fehler der Bank** des Arbeitnehmers zurückzuführen, ist die **Lohnzahlung verspätet**. Die Buchung einer in der Zentrale des Geldinstitutes am Freitag einlangenden Überweisung erst am folgenden Montag am Konto des Arbeitnehmers bei einer Filiale dieses Institutes ist nicht als Fehlleistung der Bank zu werten, sondern als nicht unüblicher Vorgang, der vom Arbeitgeber bei Erteilung des Überweisungsauftrages zu berücksichtigen ist. OGH 22. 9. 1993, 9 ObA 1025/93. (ARD 4513/34/93 ●)

Führt der Arbeitgeber die monatlichen Gehaltszahlungen seiner Arbeitnehmer regelmäßig mittels bargeldloser Überweisung durch, hat er auch dafür zu sorgen, dass das Gehalt zum Fälligkeitszeitpunkt am Konto des Arbeitnehmers gutgebucht ist. **Wirtschaftliche Schwierigkeiten** des Arbeitgebers oder ein Zahlungsverzug von Kunden können eine verspätete Überweisung nicht entschuldigen. ASG Wien 4. 5. 2001, 19 Cga 262/00p. (ARD 5351/8/2002 ●)

198 Recht auf Austritt bei ständig verzögerter Überweisung des Entgelts

→ Siehe dazu auch die zu § 26 Z 2 AngG abgedruckten Entscheidungen unter Rz 463 ff.

Verstößt ein Arbeitgeber über **längere Zeit** gegen die Fälligkeitsbestimmung des § 15 AngG, dann berechtigt dies den Angestellten (bei Vorliegen der übrigen Voraussetzungen, insbesondere Setzung einer angemessenen Nachfrist) in der Regel zum **Austritt** aus dem Grund des § 26 Z 2 AngG. Wird durch das Vorenthalten des Entgelts ein rechtswidriger Dauerzustand geschaffen

§ 16 AngG

und damit der Austrittsgrund immer wieder von Neuem verwirklicht, so muss der Arbeitgeber jederzeit mit der vorzeitigen Auflösung des Arbeitsverhältnisses. Fordert ein Angestellter den Arbeitgeber unter **Fristsetzung** zur Zahlung auf, dann muss sich dieser darüber im Klaren sein, dass eine weitere Stundung nicht mehr in Betracht kommt. OGH 26. 6. 2003, 8 ObA 24/03t. (ARD 5453/7/2003 ●)

Duldet ein Arbeitnehmer während eines **längeren Zeitraumes** Verstöße des Arbeitgebers gegen die **Fälligkeitsbestimmungen** des § 15 AngG, dann kann er diese Verstöße nicht ohne weiteres zum Anlass eines vorzeitigen Austritts nehmen, weil er mit der (auch stillschweigenden) Duldung zu erkennen gegeben hat, dass ihm die Weiterbeschäftigung nicht unzumutbar erscheint und er daher auf die Ausübung seines Austrittsrechtes vorläufig verzichtet. In einem solchen Fall muss der Angestellte den Dienstgeber unter **Einräumung einer Nachfrist** auffordern, fällige Entgelte nachzuzahlen und in Hinkunft den gesetzlichen Fälligkeitstermin zu beachten. Ein vorzeitiger Austritt kommt nur in Betracht, wenn der Arbeitgeber ungeachtet einer solchen Aufforderung seinen Verpflichtungen nicht nachkommt. Dabei muss die Nachfrist zur Zahlung fälliger Entgelte so bemessen sein, dass dem Arbeitgeber die Erfüllung der Verpflichtung innerhalb dieser Frist möglich ist. OGH 6. 12. 1995, 9 ObA 193/95. (ARD 4762/14/96 ●)

Remuneration

§ 16. (1) Falls der Angestellte Anspruch auf eine periodische Remuneration oder auf eine andere besondere Entlohnung hat, gebührt sie ihm, wenngleich das Dienstverhältnis vor Fälligkeit des Anspruches gelöst wird, in dem Betrage, der dem Verhältnisse zwischen der Dienstperiode, für die die Entlohnung gewährt wird, und der zurückgelegten Dienstzeit entspricht. (BGBl 1993/335)

(2) Dem Angestellten, dessen Arbeitszeit bei demselben Dienstgeber wegen Inanspruchnahme der Gleitpension auf ein im § 253c Abs 2 ASVG genanntes Ausmaß vermindert wird, gebühren im Kalenderjahr der Umstellung sonstige, insbesondere einmalige Bezüge im Sinne des § 67 Abs 1 EStG 1988 in dem der Vollzeitbeschäftigung und der Beschäftigung mit verminderter Arbeitszeit entsprechenden Ausmaß im Kalenderjahr. (BGBl 1993/335)

199

Grundlegende Erläuterungen zu § 16

§ 16 AngG stellt gemäß § 40 AngG **zugunsten des Angestellten** (einseitig) **zwingendes Recht** dar; er kann daher nur zu dessen Vorteil, nicht aber zu seinem Nachteil vertraglich abgeändert werden.

1. Sonderzahlungen – Definition und Anspruch

1.1. Sonderzahlungen im sozialversicherungsrechtlichen und steuerrechtlichen Sinn

Eine Qualifizierung als Sonderzahlung nach § 49 Abs 2 ASVG ist nach der ständigen Rechtsprechung des VwGH dann gegeben, wenn es sich um **einmalige Bezüge** handelt, mit deren **Wiedergewährung in größeren Zeiträumen als den Beitragszeiträumen** sicher oder üblicherweise, z.B. alljährlich bei entsprechendem Geschäftserfolg, wenn auch ohne Rechtsanspruch, gerechnet werden kann.

200

§ 16 AngG

Fehlt eine Zusage für die Wiederkehr bzw. handelt es sich um eine erste, einmalige Zuwendung, ist bei der Beurteilung darauf Bedacht zu nehmen, ob der Arbeitnehmer eine Wiederkehr erwarten kann. Dies wird dann der Fall sein, wenn tatsächliche Veranlassung und Rechtsgrund bei der Gewährung der einzelnen Leistungen gleich sind und nach der Art des Anlasses eine gewisse, wenn auch gelockerte Regelmäßigkeit der Wiederkehr erwartet werden kann. Wenn es sich um einmalige Zuwendungen handelt, mit deren Wiederkehr anscheinend oder normalerweise überhaupt nicht gerechnet werden kann, sind solche Zahlungen als laufendes Entgelt zu betrachten, das bei der Beitragsverrechnung dem laufenden Entgelt jenes Beitragszeitraumes zuzurechnen ist, in dem es ausgezahlt wird.

Steuerrechtlich spricht man von sonstigen Bezügen gemäß § 67 Abs 1 und Abs 2 EStG, wenn der Arbeitnehmer neben dem laufenden Arbeitslohn von demselben Arbeitgeber **sonstige, insbesondere einmalige Bezüge** erhält.

Remunerationen sind z.B. Weihnachtsremuneration, Urlaubszuschuss, Urlaubsbeihilfe, Bilanzgeld, Neujahrsgeld, Kampagneprämien, Anschaffungsbeiträge oder Jahresprämien verschiedener Art, wenn sie periodisch gebühren.

1.2. Sonderzahlungsanspruch

201 Den Arbeitnehmern (auch geringfügig Beschäftigten) können Sonderzahlungen aufgrund von gesetzlichen Regelungen, Kollektivverträgen, Betriebsvereinbarungen oder Einzelvereinbarungen sowie aufgrund freiwilliger Leistung des Arbeitgebers gebühren.

Freiwillige Zuwendungen des Arbeitgebers im Rahmen eines Dienstverhältnisses verlieren dann den Charakter der Freiwilligkeit und begründen einen Rechtsanspruch, wenn mangels ausdrücklicher Betonung des freiwilligen, unverbindlichen und jederzeit widerrufbaren Charakters der Zuwendungen ein **Entgeltanspruch als stillschweigend vereinbart** oder nach Ortsgebrauch bestehend anzuerkennen ist (betriebliche Übung). Dabei ist der Umstand entscheidend, ob der Arbeitnehmer aus der Vorgangsweise und der Häufigkeit der Zahlung entnehmen darf, dass er einen Rechtsanspruch besitzt.

Stellen Sonderzahlungen **ortsübliches Entgelt** dar, brauchen sie, um einen Anspruch des Arbeitnehmers zu begründen, im Dienstvertrag nicht extra erwähnt zu werden; dies auch dann nicht, wenn kein Kollektivvertrag anwendbar wäre oder auf keinen Kollektivvertrag hingewiesen wurde. Die Ortsüblichkeit von Sonderzahlungen ist als Betriebsüblichkeit zu verstehen. Es kommt daher nicht darauf an, ob in einer Gegend grundsätzlich 13. und 14. Gehälter ausbezahlt werden oder nicht, sondern nur auf die innerbetriebliche Übung beim Arbeitgeber (vgl. OLG Wien 13. 1. 1995, 32 Ra 174/94, ARD 4655/3/95).

Besteht weder ein kollektivvertraglicher noch ein einzelvertraglicher Anspruch, gebühren keine Sonderzahlungen.

1.3. Höhe und Fälligkeit der Sonderzahlungen

202 Die Höhe und die Fälligkeit richten sich nach der Anspruchsgrundlage, wie z.B. Kollektivvertrag, Dienstvertrag usw., wobei die Kollektivverträge über die Höhe und Fälligkeit der Sonderzahlungen nicht immer gleich lautende Bestimmungen beinhalten. Die überwiegende Mehrheit der Kollektivverträge bestimmt, dass sich die Höhe der Sonderzahlung nach der **Entgelthöhe zum Zeitpunkt ihrer Fälligkeit** bemisst.

§ 16 AngG

Die Höhe der Sonderzahlung richtet sich nach den Begriffen Entgelt/Bezüge bzw. Lohn/Gehalt: Unter **Lohn/Gehalt** versteht man die Gegenleistung für die Erbringung der jeweils vereinbarten Arbeitsleistung in der Normalarbeitszeit im Sinne des AZG; es handelt sich hierbei lediglich um den reinen Grundlohn. Das Begriffspaar **Entgelt/Bezüge** umfasst neben dem laufenden Lohn/Gehalt auch die übrigen regelmäßig oder sonstigen ordentlichen oder außerordentlichen Leistungen (wie Überstunden, Zulagen, Prämien usw.), die ein Arbeitnehmer vom Arbeitgeber dafür bekommt, dass er ihm seine Arbeitskraft zur Verfügung stellt. Es handelt sich hierbei um das weiter auszulegende Begriffspaar.

Bei Teilzeitbeschäftigung ist gemäß § 19d Abs 4 AZG die regelmäßig geleistete Mehrarbeit bei der Bemessung von Sonderzahlungen zwingend zu berücksichtigen.

2. Bedingter Remunerationsanspruch

Grundsätzlich kann wirksam vereinbart werden, dass der Anspruch nur unter **gewissen Bedingungen** entstehen oder unter gewissen Voraussetzungen wegfallen soll; nur dürfen derartige Bedingungen sich nicht entgegen der Vorschrift des Gesetzes auf das Erlöschen des Anspruches wegen Beendigung des Dienstverhältnisses vor dem Fälligkeitstag beziehen. Der Arbeitgeber ist daher durch die Regelung des § 16 AngG nicht gehindert, das Entstehen des Anspruches auf Sonderzahlungen ebenso zu regeln wie das Entstehen des Entgeltanspruches. Auch in Kollektivverträgen kann das Entstehen des Anspruches auf Remuneration beschränkt werden. 203

Es verstößt aber gegen den Zweck des § 16 AngG, das Entstehen des Anspruches auf Remuneration **vom aufrechten Bestand des Arbeitsverhältnisses an einem bestimmten Tag abhängig** zu machen. Eine derartige Bedingung ist unzulässig. Dasselbe gilt für eine an das aufrechte Bestehen des Arbeitsverhältnisses zu einem bestimmten Stichtag anknüpfende auflösende Bedingung. Andere, nicht auf das aufrechte Bestehen des Arbeitsverhältnisses an einem bestimmten Stichtag abstellende Bedingungen sind hingegen vom Regelungszweck des § 16 AngG nicht erfasst.

3. Aliquotierung bei Dienstverhältnisende

3.1. Gesetzlich angeordnete Aliquotierung

Hat ein Anspruch auf eine periodische Remuneration oder eine andere besondere Entlohnung hat, gebührt sie ihm gemäß § 16 Abs 1 AngG im Falle der Auflösung des Dienstverhältnis vor Fälligkeit in dem Ausmaß, das dem Verhältnis zwischen der Dienstperiode, für die die Entlohnung gewährt wird, und der zurückgelegten Dienstzeit entspricht. 204

Die Bestimmung des § 16 AngG schafft **keinen gesetzlichen Anspruch auf Sonderzahlung**, sondern setzt voraus, dass ein solcher aufgrund eines Einzelvertrages, eines Kollektivvertrages oder einer sonstigen Norm besteht. Die Regelung des § 16 AngG erschöpft sich vielmehr darin, dem Angestellten bei **Beendigung des Dienstverhältnisses vor Fälligkeit** der nach einer anderen Norm oder dem Einzelvertrag zustehenden und dort auch bezüglich ihres Ausmaßes bestimmten Sonderzahlungen den der zurückgelegten Dienstzeit entsprechenden **aliquoten Teil** dieser Zahlungen **zu sichern**. Dem anspruchberechtigten Arbeitnehmer soll die durch die Erbringung der Arbeitsleistung quotenmäßig fortlaufend von Tag zu Tag verdiente Remuneration nicht deswegen entzogen werden dürfen, weil die Lösung des Dienstverhältnisses vor dem Fälligkeitstag eingetreten ist.

§ 16 AngG

3.2. Kollektivvertraglich angeordnete Aliquotierung

205 In der Regel enthält ein Kollektivvertrag nur die Anordnung, dass Sonderzahlungen **bei Beginn oder Ende des Dienstverhältnisses während des Kalenderjahres nur aliquot gebühren**. Fehlt im Kollektivvertrag jegliche Regelung über die Rückverrechnung der Sonderzahlungen, kann dennoch ein bereits fällig gewesener, ausgezahlter Urlaubszuschuss bei Beendigung des Dienstverhältnisses vor Ablauf des Kalenderjahres zurückgefordert werden. **Gutgläubiger Verbrauch** kann vom Arbeitnehmer dagegen **nicht eingewendet** werden (vgl. OGH 12. 8. 1999, 8 ObA 221/99d, ARD 5059/7/99).

Normiert ein Kollektivvertrag (nur) **für bestimmte Arten** der Beendigung des Dienstverhältnisses (wie für Arbeitnehmerkündigung, vorzeitigen Austritt ohne wichtigen Grund sowie gerechtfertigte Entlassung) eine **Rückverrechnung** des auf die nicht zurückgelegte Dienstzeit entfallenden Teils der Sonderzahlungen, ergibt sich daraus zwingend die Absicht der KV-Parteien, im Falle einer in der Rückverrechnungsanordnung nicht genannten Beendigungsart dem Arbeitnehmer die volle Sonderzahlung zu belassen (vgl. OGH 23. 12. 1998, 9 ObA 328/98w, ARD 5004/40/99).

4. Kein Sonderzahlungsanspruch für entgeltfreie Zeiten

206 Nach ständiger Rechtsprechung des OGH besteht für Zeiten, in denen dem Arbeitgeber gegenüber **kein Entgeltanspruch** besteht – etwa im Fall der Ausschöpfung des Entgeltfortzahlungsanspruchs wegen Krankheit oder Vereinbarung eines unbezahlten Urlaubs – auch **kein Anspruch auf Sonderzahlungen**, sofern nichts Gegenteiliges vereinbart oder durch Kollektivvertrag angeordnet ist (vgl. OGH 23. 5. 1996, 8 ObA 2059/96v, ARD 4760/26/96). Auch aus der Regelung des § 16 AngG kann nichts Gegenteiliges gewonnen werden, da diese Bestimmung den Anspruch auf Remuneration voraussetzt und nicht selbst einen gesetzlichen Anspruch auf Sonderzahlung schafft. Das Prinzip, dass Sonderzahlungen mangels abweichender Vereinbarungen nicht für Zeiten gebühren, für die keine Pflicht zur Entgeltzahlung besteht, gilt jedoch nur für **aktive Arbeitsverhältnisse**, bei denen die synallagmatische Beziehung zwischen Arbeitsleistung und Entgelt noch aufrecht ist.

Die anders lautende Meinung des **VwGH** besagt, dass kein allgemeiner Rechtssatz besteht, dass keine Sonderzahlungen für entgeltfreie Dienstzeiten gebühren, so dass der Kollektivvertrag Günstigeres nicht ausdrücklich regeln muss. Lässt sich einem Kollektivvertrag daher nicht entnehmen, dass Sonderzahlungen im Falle von Krankenstandzeiten ohne Entgeltanspruch zu aliquotieren seien, gebühren sie auch für diese Zeiten (vgl. VwGH 17. 10. 1996, 95/08/0341, ARD 4811/26/97). Mit dieser Rechtsansicht steht der VwGH in **Widerspruch zu der Rechtsmeinung des OGH**, dass im Allgemeinen, sofern der Kollektivvertrag nicht Günstigeres regelt, keine Sonderzahlungen für entgeltfreie Dienstzeiten gebühren, und eröffnet damit den SV-Trägern die Möglichkeit, trotzdem SV-Beiträge von arbeitsrechtlich – entsprechend der Rechtsmeinung des OGH – nicht gebührenden Sonderzahlungen zu berechnen.

Judikatur zu § 16

Abgeltung von Sonderzahlungen durch erhöhtes Monatsgehalt

207 Die **Einbeziehung** der aliquoten Sonderzahlungsanteile in die **laufende Entlohnung** ist zulässig. Durch eine solche Vereinbarung wird lediglich die Fälligkeit der Sonderzahlungen gegenüber der kollektivvertraglichen Regelung vorverlegt; eine solche Regelung ist für den Arbeitnehmer eher günstig und kann durch Einzelvertrag gemäß § 3 Abs 1 ArbVG zulässig vereinbart werden. OGH 8. 7. 1999, 8 ObA 256/98z. (ARD 5088/25/2000 ●)

§ 16 AngG

Berechnung aliquoter Sonderzahlungen

Wenn auch bereits in den letzten Jahren in der Judikatur Ansätze zu finden sind, das Monatsgehalt bei Berechnung aliquoter Sonderzahlungen (Urlaubszuschuss, Weihnachtsremuneration) allenfalls **tageweise** zu berechnen, wobei ein Teiler von 30 verwendet wird und sodann mit der Anzahl der Kalendertage multipliziert wird, sprechen im Sinne einer einfach handhabbaren und effizienten **Berechnungsmethode** vernünftige Gründe dafür, bei Ermittlung eines längeren Zeitraumes von 8 Monaten einen **größeren Aliquotierungsnenner** (z.B. 12 Monate) zugrunde zu legen. OLG Wien 29. 10. 1998, 10 Ra 250/98b. (ARD 5027/28/99 ●) 208

Kein gutgläubiger Verbrauch von Sonderzahlungen

Sonderzahlungen, die bei Fälligkeit ausbezahlt werden, können **nicht zur Gänze gutgläubig verbraucht** werden, so dass es zulässig ist, später fällig werdende Sonderzahlungen gegen diese Bezüge aufzurechnen. Ob jemandem guter Glaube zuzubilligen ist, ist eine Frage der rechtlichen Beurteilung. Werden im Laufe eines Jahres **Sonderzahlungen** geleistet, die grundsätzlich **für das ganze Jahr gebühren,** jedoch zu einem früheren Zeitpunkt als dem Jahresende fällig werden, muss sich der Arbeitnehmer darüber im Klaren sein, dass ihm dieser Betrag unter der entsprechenden Zweckwidmung nur zusteht, wenn das **Dienstverhältnis das ganze Jahr dauert,** und dass bei Beendigung des Dienstverhältnisses vor Jahresende im Sinne einer Aliquotierung ein Teil dieses Betrages gegen später fällig werdende Ansprüche aufgerechnet wird. Unter diesen Umständen kommt ein gutgläubiger Verbrauch von Sonderzahlungen nicht in Frage. OGH 23. 2. 1994, 9 ObA 34/93. (ARD 4547/6/94 ●) 209

Enthält ein Kollektivvertrag nur die Anordnung, dass Sonderzahlungen bei Beginn oder Ende des Dienstverhältnisses während des Kalenderjahres nur aliquot gebühren, fehlt jedoch jegliche Regelung über die Rückverrechnung der Sonderzahlungen, kann dennoch ein bereits fällig gewesener, ausgezahlter Urlaubszuschuss bei Beendigung des Dienstverhältnisses vor Ablauf des Kalenderjahres (hier: durch einvernehmliche Auflösung) zurückgefordert werden. **Gutgläubiger Verbrauch** kann vom Arbeitnehmer dagegen **nicht eingewendet** werden. OGH 12. 8. 1999, 8„ObA 221/99d. (ARD 5059/7/99 ●)

Geltung der Aliquotierungsvorschrift auf verschiedene Prämien

Die zwingende Aliquotierungsvorschrift des § 16 AngG betrifft nicht nur Remunerationen, sondern auch **andere besondere Entlohnungen** (u.a. Jahresprämien verschiedener Art). Sofern einem Arbeitnehmer nach dem Dienstvertrag eine solche Prämie gebührt, hat er nach Beendigung des Dienstverhältnisses während des Jahres Anspruch auf jenen Teil, der seiner Dienstzeit entspricht. Es ist zwar möglich, den Erwerb des vollen Anspruchs vom Bestehen des Dienstverhältnisses zu einem bestimmten Stichtag abhängig zu machen; eine Vereinbarung, wonach die **Aliquotierung bei Ausscheiden** des Arbeitnehmers **vor diesem Stichtag ausgeschlossen** werden soll, ist jedoch unwirksam. OGH 26. 4. 1995, 9 ObA 47/95. (ARD 4673/27/95 ●) 210

Eine **Erfolgsremuneration** darf grundsätzlich nicht von einem „durchgehenden Dienstverhältnis" während des Geschäftsjahres abhängig gemacht werden. Hat ein Angestellter Anspruch auf eine periodische Remuneration, gelten zwingend die Bestimmungen des § 16 AngG. Geht man vom Zweck dieser Bestimmung aus, dem Angestellten das durch die Arbeitsleistung quotenmäßig fortlaufend von Tag zu Tag verdiente Entgelt auch dann zu sichern, wenn er vorzeitig ausscheidet, ist der einleitende Halbsatz des § 16 AngG „falls der Angestellte Anspruch auf eine periodische Remuneration oder auf eine andere besondere Entlohnung hat" einschränkend dahin auszulegen,

§ 16 AngG

dass das Entstehen des Anspruchs auf Remuneration nicht von der aufschiebenden **Bedingung des aufrechten Bestehens** des Dienstverhältnisses **an einem bestimmten Stichtag** abhängig gemacht werden darf. Ebenso wenig kann es davon abhängig gemacht werden, dass ein **durchgehendes Dienstverhältnis** über den Berechnungszeitraum, das in Zusammenhang mit den übrigen Regelungen zur Berechnung der Remuneration erkennbar als Kalenderjahr gemeint ist, bestanden hat.

Wird eine **Prämie** (hier: „erfolgsabhängige Remuneration") für die Erreichung eines für ein ganzes Geschäftsjahr vorgegebenen Zieles zugesagt, wird der Arbeitnehmer dadurch veranlasst, seine Kräfte bereits ab Beginn des Jahres im verstärkten Maß einzusetzen, um dieses Ergebnis zu erreichen. Durch die im Dienstvertrag dem Arbeitgeber eingeräumte Möglichkeit, durch **Kündigung** des Arbeitnehmers – nach Ablauf eines wesentlichen Teils dieses Zeitraums – den Anspruch auf die **Prämie** für das ganze Jahr **zu vernichten**, wird dem Arbeitgeber eine einseitige Einflussnahme auf den Bezug von vom Arbeitnehmer bereits erworbenen Rechten eingeräumt, auf die dieser schon die wesentlichen Leistungen erbracht hat. Eine solche Gestaltungsmöglichkeit des Arbeitgebers ist wegen grober Verletzung rechtlich geschützter Interessen des Arbeitnehmers **sittenwidrig**.

Ist die Fälligkeit der Remuneration im Vertrag mit einem Monat nach Feststellung des Jahresabschlusses bestimmt, ist damit der Anspruch auf Remuneration eines vor diesem Zeitpunkt ausgeschiedenen Mitarbeiters nicht mit dem Ausscheiden fällig, sondern erst zu dem im Dienstvertrag vereinbarten Fälligkeitszeitpunkt, weil davor eine allfällig zustehende Remuneration der Höhe nach gar nicht ermittelt werden kann. OLG Wien 4. 11. 1996, 9 Ra 203/96f. (ARD 4823/24/97 ●)

Erhielt ein Arbeitnehmer während seiner mehr als 30 Jahre währenden Tätigkeit **28-mal** eine – jährlich ausbezahlte und vom Unternehmenserfolg abhängige – **Leistungsprämie**, ohne dass mit der Zuerkennung der Prämie ein Hinweis verbunden gewesen wäre, der auf eine Freiwilligkeit oder Widerrufbarkeit der Leistung hingewiesen hätte, ist die Leistungsprämie zumindest bei gleich bleibendem Erfolg des Unternehmens (im Vergleich zu den letzten Jahren, in denen die Prämie ausbezahlt wurde) **dienstvertraglicher Entgeltbestandteil** geworden. Der mit der Auszahlung der Leistungsprämie verbundene Hinweis des Arbeitgebers, dass es sich bei der gewährten Leistungsprämie um eine einmalige Leistungsprämie handle, kann daran nichts ändern, da die Wendung „einmalig" so zu verstehen ist, dass die Prämie in einem Betrag ausbezahlt wird. Ist die Leistungsprämie aber dienstvertraglicher Entgeltbestandteil geworden, hat der Arbeitnehmer bei Auflösung des Dienstverhältnisses gemäß § 16 AngG auch Anspruch auf die **aliquote Prämie**. OGH 12. 6. 2003, 8 ObA 34/03p. (ARD 5450/2/2003 ●)

Prämien für das Erreichen eines **jährlichen Geschäftszieles** sind bei Ausscheiden eines Angestellten auch dann zu aliquotieren, wenn er vor dem für diese Sonderzahlungen festgesetzten Stichtag ausscheidet. Die zwingende Bestimmung des § 16 AngG kann nicht dadurch umgangen werden, dass die Entstehung des nicht mit einer spezifischen Leistung des Arbeitnehmers verknüpften, sondern für die **gesamte Arbeitsleistung im Kalender- oder Arbeitsjahr** gebührenden Remunerationsanspruchs an das Erreichen eines bestimmten Stichtags gebunden wird. OGH 18. 3. 1999, 8 ObA 232/98w. (ARD 5031/14/99 ●)

Eine betriebliche Vereinbarung, wonach ein Anspruch auf eine jährlich zwischen Betriebsrat und Geschäftsführung ausgehandelte Produktionsprämie **während der ersten 3 Monate eines Dienstverhältnisses nicht besteht**, ist **sittenwidrig** und verstößt gegen den Gleichbehandlungsgrundsatz. Nahezu sämtliche Regelungen, die den Bezug einer Gratifikation oder einer Sonderzahlung vom aufrechten Bestand des Dienstverhältnisses zu einem bestimmten Stichtag abhängig machen, sind unzulässig. LG Linz 29. 4. 1997, 9 Cga 3/97d. (ARD 4902/3/98 ●)

§ 16 AngG

Wenn – wie bei einem echten Bilanzgeld – die Remuneration mit einer ganz bestimmten, zeitlich begrenzten Tätigkeit (z.b. Bilanzerstellung) in Verbindung steht, kann das Entstehen des Anspruches an die Fertigstellung dieser zeitlich befristeten Tätigkeit gebunden werden. Wird das Entstehen hingegen an einen bestimmten Tag gebunden, ohne dass der Anspruch mit einer spezifischen Tätigkeit oder Leistung des Arbeitnehmers verknüpft wäre, liegt eine unzulässige Umgehung des § 16 AngG vor. OLG Wien 23. 2. 1994, 31 Ra 120/93. (ARD 4549/25/94 ●)

Die Umsatzbeteiligung ist wie die Gewinnbeteiligung – im Gegensatz zum Provisionsanspruch, der vom Abschluss oder von der Vermittlung von Geschäften abhängt – nicht an eine spezifische Leistung des Arbeitnehmers, sondern an die möglichst effiziente Erbringung der gesamten geschuldeten Arbeitsleistung und darüber hinaus noch von vom Arbeitnehmer nicht beeinflussbaren Faktoren wie die Arbeitsleistung anderer Arbeitnehmer oder die Marktlage geknüpft. Aufgrund dieser Parallele scheint es sachgerecht, einen der Umsatzbeteiligung nahestehenden **Prämienanspruch** wie einen **Gewinnbeteiligungsanspruch** zu behandeln und als solchen § 16 AngG zu unterstellen. OLG Wien 18. 8. 1993, 32 Ra 110/93. (ARD 4497/9/93 ●)

Eine nach Erreichung eines bestimmten Dienstalters **jährlich auszuzahlende Treueprämie** ist nicht als – § 16 AngG nicht unterliegende – „Zuwendung aus besonderen betrieblichen Anlässen" (§ 97 Abs 1 Z 15 ArbVG), nämlich als Zahlung aus Anlass eines Arbeitnehmerjubiläums zu qualifizieren. Unter einem derartigen „Jubiläumsgeld" werden nämlich nur solche Sonderprämien verstanden, die bei aufrechtem Dienstverhältnis alle 5 Jahre oder noch seltener zustehen, weil nur dann von einem „besonderen betrieblichen Anlass" bzw. einem „Jubiläum" gesprochen werden kann. Ein nach einer gewissen Dienstzeit **jährlich zustehendes Treuegeld** kann hingegen – wenngleich ihm ebenfalls der Gedanke einer Anerkennung der langdauernden Betriebszugehörigkeit zugrunde liegt – **nicht als Jubiläumsgeld** bzw. als Zuwendung aus einem besonderen betrieblichen Anlass gewertet werden und ist daher auch bei Vorliegen einer Betriebsvereinbarung mit **Stichtagsprinzip bei Auflösung des Dienstverhältnisses zu aliquotieren**. OGH 6. 7. 1998, 8 ObA 167/98m. (ARD 4962/15/98 ●)

Auch wenn bei Vereinbarung einer **nicht leistungsabhängigen Umsatzprovision** das Dienstverhältnis vor Erreichen der für die Fälligkeit der Provision maßgeblichen Umsatzgrenze aufgelöst wurde, besteht dennoch ein Anspruch des Arbeitnehmers auf einen aliquoten Teil der Provision. OGH 24. 10. 2001, 9 ObA 202/01y. (ARD 5305/10/2002 ●)

Ein über Jahre (ab 1993) **regelmäßig einmal jährlich ausbezahltes „Bilanzgeld"** in der Höhe eines Monatsgehaltes, dessen Sinn schlicht darin bestand, den Arbeitnehmern eine steuerlich optimierte Bezahlung, d.h. als sonstiger Bezug nach § 67 Abs 1 EStG mit dem festen Steuersatz von 6%, zukommen zu lassen, und mit dem ganz allgemein ihre Arbeitsleistung ohne besondere Leistungsanreize abgegolten werden sollte, ist als **„Sonderzahlung"** zu qualifizieren. Eine Sonderzahlung ist allgemein eine dem Arbeitnehmer neben dem laufenden Entgelt aus besonderem Anlass gewährte zusätzliche Zuwendung, wie etwa Weihnachtsremunerationen, Neujahrsgelder oder Bilanzgelder anlässlich des Jahresabschlusses. Selbst wenn die Remuneration freiwillig gewährt wird, handelt es sich nicht um ein Geschenk, sondern um **Entgelt für die Bereitstellung der Arbeitskraft**. Demgemäß gebührt bei periodischen Remunerationen ein aliquoter Anteil auch dann, wenn das Dienstverhältnis vor Fälligkeit des Anspruchs gelöst wird. § 16 AngG selbst begründet keinen „gesetzlichen Anspruch" auf Sonderzahlungen, sondern ist nur anwendbar, wenn ein derartiger Anspruch nach irgendeiner anderen Grundlage (z.B. Kollektivvertrag, Vertrag, Gleichbehandlungsgrundsatz) besteht und das Dienstverhältnis vor Ablauf jenes Jahres endet, für das die Sonderzahlung bestimmt ist. ASG Wien 1. 7. 1999, 18 Cga 59/99y. (ARD 5164/2/2000 ●)

§ 16 AngG

Bindung einer Prämie an Einhaltung einer Konkurrenzklausel zulässig

211 Die Vereinbarung, eine zuletzt gewährte Prämie sei zurückzuzahlen, sofern der Arbeitnehmer nach Beendigung des Dienstverhältnisses durch ihn innerhalb eines Jahres einen Posten bei der Konkurrenz annehme, verstößt nicht gegen § 16 AngG. Gegen den Zweck des § 16 AngG verstößt eine Bedingung, die das Entstehen des Anspruchs auf Remuneration vom **aufrechten Bestand des Dienstverhältnisses an einem bestimmten Tag** abhängig macht. Dasselbe gilt für eine an das aufrechte Bestehen des Dienstverhältnisses zu einem bestimmten Stichtag anknüpfende **auflösende Bedingung**. Andere, nicht auf das aufrechte Bestehen des Dienstverhältnisses an einem bestimmten Stichtag abstellende Bedingungen sind hingegen vom Regelungszweck des § 16 AngG nicht erfasst.
Werden einem Arbeitnehmer zusätzlich zu seinem Gehalt Prämien zugesichert und zugleich auch die Prämien dadurch in die für den Fall der Verletzung der Konkurrenzklausel bedungene **Konventionalstrafe** einbezogen, wird das Aliquotierungsgebot von Sonderzahlungen nicht umgangen. In diesem Zusammenhang ist darauf hinzuweisen, dass es keinen Unterschied machen kann, ob die Bemessungsgrundlage für die Konventionalstrafe durch Einbeziehung einer Prämie erhöht und damit dem durch die Prämienvereinbarung geänderten Verdienst angepasst oder ob vereinbart wird, die Prämie sei im Fall der Verletzung der Konkurrenzklausel zurückzuzahlen. OGH 13. 11. 1996, 9 ObA 2240/96v. (ARD 4827/31/97 ●)

Sittenwidriger Entfall eines Prämienanspruches bei Arbeitgeberkündigung

212 Die Zusage einer Prämie für das Erreichen eines für ein ganzes Geschäftsjahr vorgegebenen Zieles veranlasst den Arbeitnehmer, seine Kräfte bereits ab Beginn des Jahres in verstärktem Maß einzusetzen, so dass der im Dienstvertrag vorgesehene Passus, dass eine **Arbeitgeberkündigung** den **Anspruch auf die Prämie**, auf den schon wesentliche Leistungen erbracht wurden, **vernichtet**, – abgesehen von der zwingenden gesetzlichen Bestimmung des § 16 AngG – jedenfalls **sittenwidrig** ist. Selbst im Falle der Arbeitnehmerkündigung darf das aliquote Entstehen der Remuneration nicht vom aufrechten Bestand des Dienstverhältnisses an einem bestimmten Stichtag abhängig gemacht werden. OGH 23. 10. 2000, 8 ObA 127/00k. (ARD 5246/17/2001 ●)

Aliquotierung von Sonderzahlungen bei Übergang eines Lehr- in ein Angestelltenverhältnis

213 Auch wenn Kollektivverträge ausdrücklich eine **Aliquotierung der Sonderzahlung** für den Fall vorsehen, dass der bisher als **Lehrling** Beschäftigte **während des Jahres ausgelernt** hat und nunmehr als Angestellter weiter beschäftigt wird, dient dies nur der Klarstellung. Dieser Umstand eignet sich aber nicht dafür, daraus den Umkehrschluss zu ziehen, dass in allen Fällen, in denen ein Kollektivvertrag ganz allgemein eine Aliquotierung vorsieht, wenn der Angestellte während des Jahres ein- oder austritt, eine ausdrückliche **Regelung für den Übergang vom Lehrlings- auf das Angestelltenverhältnis** während des Jahres aber **fehlt**, die Aliquotierung nicht beabsichtigt gewesen wäre. Auch ohne eine solche ausdrückliche Erwähnung ergibt eine vernünftige und zweckentsprechende, den gerechten Ausgleich zwischen den Interessen der Arbeitgeber und Arbeitnehmer beabsichtigende Auslegung, dass **auch in diesem Fall zu aliquotieren** ist. Anderes könnte nur dann gelten, wenn der Kollektivvertrag entweder überhaupt keine Aliquotierung vorsieht oder ausdrücklich vorsieht, dass eine Aliquotierung dann nicht stattzufinden hat, wenn ein Lehrverhältnis während des Jahres in ein Angestelltenverhältnis übergeht. OGH 5. 10. 2000, 8 ObA 175/00v. (ARD 5190/7/2001 ●)

Grundsätzlich kein Anspruch auf Sonderzahlungen für entgeltfreie Zeiten

214 Hat ein Angestellter Anspruch auf eine periodische Remuneration oder auf eine andere besondere Entlohnung, gebührt ihm diese gemäß § 16 Abs 1 AngG, wenngleich das Dienstverhältnis vor

§§ 17-17c AngG

Fälligkeit des Anspruchs gelöst wird, in dem Betrag, der dem Verhältnis zwischen der Dienstperiode, für die die Entlohnung gewährt wird, und der zurückgelegten Dienstzeit entspricht. Die **Sonderzahlungen** gebühren allerdings mangels abweichender Vereinbarung **nicht für Zeiten**, für die **keine Pflicht** des Arbeitgebers **zur Entgeltfortzahlung** besteht, sofern nicht ein Kollektivvertrag oder eine andere, auf das jeweilige Dienstverhältnis einwirkende Norm Gegenteiliges anordnet. OGH 18. 10. 2000, 9 ObA 209/00a. (ARD 5276/46/2002 ●)

Da das Prinzip, dass Sonderzahlungen mangels abweichender Vereinbarungen nicht für Zeiten gebühren, für die keine Pflicht zur Entgeltzahlung besteht, nur für **aktive Arbeitsverhältnisse** gilt, bei denen die synallagmatische Beziehung zwischen Arbeitsleistung und Entgelt noch aufrecht ist, lässt es sich nicht ohne weiteres auf **Ruhegenusszahlungen** übertragen. Dort hat nämlich der Arbeitnehmer seine Vorleistung bereits während seiner aktiven Dienstzeit erbracht, während es nach Beendigung der Beschäftigung am Arbeitgeber liegt, den einen Teil des Entgelts bildenden Pensionsanspruch seiner früheren Arbeitnehmer zu erfüllen.

Aufgrund dieser sachlichen Differenzierung können im vorliegenden Fall, in dem den **aktiven Arbeitnehmern im ersten Jahr nur ein aliquoter Teil** der Sonderzahlungen zusteht, während in der Betriebsvereinbarung für **ehemalige Arbeitnehmer** eine derartige **Kürzung nicht vorgesehen** ist, auch die Hinweise auf eine „Ungleichbehandlung" von aktiven und pensionierten Arbeitnehmern hinsichtlich der Aliquotierung der Sonderzahlungen im Eintrittsjahr nicht überzeugen. OGH 28. 3. 2001, 9 ObA 347/00w. (ARD 5246/15/2001 ●)

Urlaub

§ 17. Dem Angestellten gebührt in jedem Dienstjahr ein ununterbrochener Urlaub, auf den die Vorschriften des Art I Abschnitt 1 des Bundesgesetzes vom 7. Juli 1976 betreffend die Vereinheitlichung des Urlaubsrechtes und die Einführung einer Pflegefreistellung, BGBl Nr 390, anzuwenden sind. (BGBl 1976/390)

215

Grundlegende Erläuterungen zu § 17

§ 17 AngG stellt gemäß § 40 AngG **zugunsten des Angestellten** (einseitig) **zwingendes Recht** dar; er kann daher nur zu dessen Vorteil, nicht aber zu seinem Nachteil vertraglich abgeändert werden.

Da das Urlaubsgesetz (UrlG) gemäß seinem § 1 für Arbeitnehmer aller Art gilt, „deren Arbeitsverhältnis auf einem privatrechtlichen Vertrag beruht", kommt es auch auf Angestelltendienstverhältnisse zur Anwendung. Aus diesem Grund **verweist das AngG** seit Inkrafttreten des UrlG hinsichtlich des Anspruches von Angestellten auf Urlaub und Pflegefreistellung **auf das Urlaubsgesetz.**

---

§ 17a. Entfallen durch BGBl 1976/390.

§ 17b. Entfallen durch BGBl 1976/390.

§ 17c. Entfallen durch BGBl 1976/390.

§ 18 AngG

> **Fürsorgepflicht**
>
> § 18. (1) Der Dienstgeber ist verpflichtet, auf seine Kosten alle Einrichtungen bezüglich der Arbeitsräume und Gerätschaften herzustellen und zu erhalten, die mit Rücksicht auf die Beschaffenheit der Dienstleistung zum Schutze des Lebens und der Gesundheit der Angestellten erforderlich sind.
>
> (2) Wenn dem Angestellten vom Dienstgeber Wohnräume überlassen werden, dürfen zu diesem Zwecke keine gesundheitsschädlichen Räumlichkeiten verwendet werden.
>
> (3) Der Dienstgeber hat dafür zu sorgen, dass, soweit es die Art der Beschäftigung zulässt, die Arbeitsräume während der Arbeitszeit licht, rein und staubfrei gehalten werden, dass sie im Winter geheizt und ausreichende Sitzplätze zur Benutzung für die Angestellten in den Arbeitspausen vorhanden sind.
>
> (4) Der Dienstgeber hat jene Maßnahmen zur Wahrung der Sittlichkeit zu treffen, die durch das Alter und Geschlecht der Angestellten geboten sind.

216

Grundlegende Erläuterungen zu § 18

Fürsorgepflicht des Arbeitgebers

217 Historischer Ausgangspunkt und Kernbereich der **Fürsorgepflicht** des Arbeitgebers war der **Schutz von Leben und Gesundheit des Arbeitnehmers**, wie er seither vor allem in den Bestimmungen des ArbeitnehmerInnenschutzgesetzes (AschG), BGBl 1994/450, und der dazu erlassenen Verordnungen konkretisiert worden ist. Die zum Schutz des Lebens bzw. der Gesundheit der Arbeitnehmer erforderlichen Schutzmaßnahmen sind neben dem AschG auch im Arbeitszeitgesetz (AZG), BGBl 1969/461, dem Arbeitsruhegesetz (ARG), BGBl 1983/144, sowie dem Mutterschutzgesetz (MschG), BGBl 1979/221, enthalten. Demgemäß ist der **Schutz der physischen und psychischen Integrität des Arbeitnehmers** vorrangiges Ziel der Fürsorgepflicht.

Der Arbeitgeber hat nicht nur die **Arbeitsbedingungen** so zu gestalten, dass das Leben und die Gesundheit der Arbeitnehmer möglichst geschützt und auch andere immaterielle und materielle Interessen der Arbeitnehmer (z.B. deren Eigentum) gewahrt werden, sondern auch die notwendigen **Maßnahmen** gegen das **Betriebsklima gröblich beeinträchtigende Mitarbeiter** zu ergreifen, insbesondere wenn deren Verhalten so weit geht, dass die Arbeitsbedingungen für andere Arbeitnehmer nahezu unzumutbar werden (Stichwort Mobbing). Die Fürsorgepflicht des Arbeitgebers bezieht sich aber nicht nur auf die Rechtsgüter Leben, Gesundheit, Sittlichkeit und Eigentum, sondern umfasst die gesamte Persönlichkeit des Arbeitnehmers. Schutz der Persönlichkeit impliziert auch Schutz der Individualität, dh der persönlichen Entwicklung, Selbstdarstellung und Bewahrung der Eigenständigkeit. Darin besteht auch der unmittelbare Bezug zum Schutz der Daten einer Person, weil sich in ihnen ein Teil ihrer Individualität widerspiegelt.

Wenn dem Arbeitgeber Gefährdungen zur Kenntnis gelangen, hat er unverzüglich Abhilfe zu schaffen. Die **Weigerung** des Arbeitgebers, die ihm aufgrund der Fürsorgepflicht gesetzlich obliegenden Verpflichtungen zum Schutze des Lebens, der Gesundheit oder Sittlichkeit des

§ 18 AngG

Angestellten zu erfüllen, erfüllt den **Austrittsgrund** des § 26 Z 3 AngG, der Verstoß gegen die Bestimmungen des § 18 Abs 2 AngG den Austrittsgrund des § 26 Z 2 AngG. Darüber hinaus kann der Arbeitgeber schadenersatzpflichtig werden.

§ 18 AngG stellt gemäß § 40 AngG **zugunsten des Angestellten** (einseitig) **zwingendes Recht** dar; er kann daher nur zu dessen Vorteil, nicht aber zu seinem Nachteil vertraglich abgeändert werden.

Judikatur zu § 18

Grenzen der Fürsorgepflicht des Arbeitgebers

Der Umfang der Fürsorgepflicht bestimmt sich mangels gesetzlicher oder kollektivvertraglicher Regelungen im Wesentlichen nach der **Verkehrsauffassung** oder etwa einer **betrieblichen Übung**. Ihre Grenzen findet die Fürsorgepflicht einerseits in den für das Dienstverhältnis relevanten Interessen des Arbeitnehmers und andererseits im allgemeinen **Verhältnismäßigkeitsgrundsatz** (Übermaßverbot). Der Arbeitgeber ist nicht verpflichtet, eigene und schutzwerte Interessen zu vernachlässigen. Wo daher die betriebsbezogene Treuepflicht (auch Interessenwahrungspflicht) die Rücksichtnahme auf Unternehmensinteressen gebietet, kann dem Arbeitgeber keine Fürsorgepflicht zur Wahrung solcher Arbeitnehmerfreiheiten treffen, die durch die Treuepflicht gerade eingeschränkt werden.
Es ist daher in jedem Einzelfall zunächst zu prüfen, ob die vom Arbeitgeber begehrte Maßnahme zum Schutz der Arbeitnehmerinteressen auch erforderlich ist. Sind dabei auch schutzwürdige Interessen des Arbeitgebers im Spiel, kommt es dann zu einer Interessenabwägung, dh zu einer Prüfung, ob das Schutzinteresse des Arbeitnehmers überwiegt (hier: kein Anspruch auf Einzelzimmer auf Dienstreise). OGH 22. 2. 1995, 9 ObA 9/95. (ARD 4846/24/95 ●)

218

Beweislast für Fürsorgepflichtverletzung

Ein **Arbeitnehmer**, der aus einer Verletzung der gemäß § 18 AngG für den Arbeitgeber bestehenden Fürsorgepflicht Ansprüche ableitet, muss den anspruchsbegründenden **Sachverhalt beweisen**. OLG Wien 20. 9. 1989, 31 Ra 61/89. (ARD 4125/17/89 ●)

219

Umfang der nachvertraglichen Fürsorgepflicht des Arbeitgebers

Die unter anderem aus § 1157 ABGB und § 18 AngG abgeleitete **Fürsorgepflicht** verpflichtet den Arbeitgeber, die Arbeitsbedingungen so zu gestalten, dass das Leben und die Gesundheit des Arbeitnehmers möglichst geschützt und auch andere immaterielle und materielle Interessen des Arbeitnehmers gewahrt werden. Damit ist auch das Vermögen des Arbeitnehmers von der Fürsorgepflicht umfasst.
Selbst die Vertragspartner eines bereits **aufgelösten Vertragsverhältnisses** trifft die Pflicht, dafür zu sorgen, dass dem anderen Vertragsteil für die Zeit nach der Beendigung des Vertragsverhältnisses keine Nachteile entstehen. Auch im Arbeitsverhältnis wird eine **nachwirkende Treue- und Fürsorgepflicht** anerkannt und insbesondere aus der Zeugniserteilungspflicht des § 1163 ABGB und § 39 AngG abgeleitet, dass der frühere Arbeitgeber über den früheren Arbeitnehmer – insbesondere bei Auskünften an den potenziellen neuen Arbeitgeber – **keine nachteiligen Bemerkungen** machen darf. Nach Beendigung des Dienstverhältnisses sind nur mehr wechselseitige Rücksichtspflichten, nicht aber eine weitergehende Schutz- und Fürsorgepflicht anerkannt.

220

§ 18 AngG

Die den Arbeitgeber treffende **nachvertragliche Fürsorgepflicht** geht aber nicht so weit, dass er dem Absender von an den ehemaligen Arbeitnehmer gerichteten Schriftstücken dessen **Privatadresse** bekannt geben müsste, wenn die Schriftstücke ausschließlich eine vom Arbeitnehmer während des Dienstverhältnisses ausgeübte **Nebentätigkeit** als gerichtlich beeideter Sachwalter betreffen. OLG Wien 29. 1. 2004, 7 Ra 6/04k. (ARD 5551/4/2004 ●)

Angemessene Frist zur Beseitigung von Missständen

221 Ein Arbeitnehmer, der den Arbeitgeber auf die ihm gesetzlich obliegenden Schutzverpflichtungen aufmerksam macht (Pflicht zur Bereitstellung eines den **gesundheitlichen Erfordernissen entsprechenden Arbeitsraumes**), muss – ehe er wegen Unterbleibens der nötigen Verbesserungen seinen Austritt erklärt – dem Arbeitgeber eine den Umständen **angemessene Zeit** zur Einleitung und Durchführung der erforderlichen Maßnahmen **gewähren**. Er hat nicht das Recht, sofort den vorzeitigen Austritt zu erklären. OGH 8. 5. 1956, 4 Ob 15/56. (ARD 903/7/56 ●)

Aufklärungspflicht bei offensichtlichem Irrtum des Arbeitnehmers

222 Ist ein Arbeitnehmer (hier: ein befristet Beschäftigter) irrtümlich der **Überzeugung**, er sei **gekündigt worden**, hat der Arbeitgeber entsprechend der ihn treffenden **Fürsorgepflicht** den Arbeitnehmer über seine **unrichtige Ansicht** in Kenntnis zu setzen. Unterlässt der Arbeitgeber dies, hat er für die Rechtsfolgen (hier: Entgeltzahlung bis zum Ablauf der Befristung) einzustehen. ASG Wien 25. 4. 2001, 33 Cga 137/00h. (ARD 5291/13/2002 ●)

Pflicht zur sicheren Gestaltung der Zugänge zu Arbeitsräumen

223 Die Fürsorgepflicht des Arbeitgebers bezieht sich auch auf den **Zugang zu den Diensträumen**. Der Arbeitgeber ist insbesondere verpflichtet, für einen sicher begehbaren Zugang zu den Arbeitsräumen oder einer Dienstwohnung zu sorgen. Die Verletzung der Fürsorgepflicht zieht die Haftung für Schadenersatzansprüche nach dem bürgerlichen Recht nach sich. OGH 27. 6. 1969, 4 Ob 27/69. (ARD 2206/16/69 ●)

Nichtabschluss einer zumutbaren Versicherung

224 Der **Nichtabschluss** einer zumutbaren und nach den Umständen des Falles gebotenen **Versicherung** verletzt die Fürsorgepflicht des Arbeitgebers und kann ein Mitverschulden des Arbeitgebers an einer vom Arbeitnehmer zu verantwortenden Schädigung begründen. OGH 11. 6. 1968, 4 Ob 25/68. (ARD 2099/8/68 ●)

Fürsorgepflicht und Schadenersatz bei Mobbing durch Kollegen

225 Es gebietet schon die allgemeine Fürsorgepflicht dem Arbeitgeber, dafür zu sorgen, dass die **Persönlichkeitssphäre** der in seinen Betrieb eingegliederten Arbeitnehmer **nicht** durch unsachliche Belästigungen durch andere Arbeitnehmer **beeinträchtigt** wird (hier: **Mobbing** infolge der sexuellen Orientierung eines Arbeitnehmers); eine Verletzung dieser allgemeinen Fürsorgepflicht kann eine ausreichende Grundlage für einen Schadenersatzanspruch des Arbeitnehmers bieten.
Diese Verpflichtung trifft nicht nur den Arbeitgeber, sondern auch den **Beschäftiger**, in dessen Betrieb der Arbeitnehmer in abhängiger Weise eingegliedert ist, und zwar unabhängig davon, ob der Beschäftiger dem AÜG unterliegt oder ob es sich (wie im vorliegenden Fall) um die Zuweisung eines Vertragsbediensteten im Rahmen einer Ausgliederungsmaßnahme handelt. OGH 26. 8. 2004, 8 ObA 3/04f. (ARD 5608/5/2005 ●)

§ 19 AngG

Schutz vor sexueller Belästigung im Betrieb

Der Arbeitgeber ist aufgrund der ihn treffenden Fürsorgepflicht – im Fall der Arbeitnehmerüberlassung obliegt sie dem Beschäftiger für die Dauer der Beschäftigung im Betrieb des Beschäftigers – gefordert, wenn sexuelle Belästigungen im Betrieb bekannt werden (hier: unerwünschte sexuelle Anspielungen). Nach heutiger Auffassung umfasst der Schutz der Fürsorgepflicht die **Persönlichkeit** des Arbeitnehmers; es geht nicht nur punktuell um die Rechtsgüter Leben, Gesundheit, Sittlichkeit und Eigentum, sondern um die **Persönlichkeitsrechte** in ihren diversen Ausstrahlungen schlechthin. Der Arbeitgeber hat dafür zu sorgen, dass die geschlechtliche Selbstbestimmung, sexuelle Integrität und Intimsphäre der Arbeitnehmer und damit zusammenhängende immaterielle Interessen nicht gefährdet werden.

226

Der Arbeitgeber war daher im vorliegenden Fall zum **unverzüglichen Einschreiten verpflichtet**, als die gegenständlichen Äußerungen hervorkamen, zum einen um die Betroffenen nicht der Gefahr weiterer Belästigung des Arbeitskollegen auszusetzen, zum anderen aber auch um sich nicht selbst dem Vorwurf auszusetzen, nicht wirksam für geeignete Abhilfe gesorgt zu haben (vgl. § 6 Abs 1 Z 2 GlBG). OGH 17. 3. 2004, 9 ObA 143/03z. (ARD 5523/5/2004 ●)

Schutz vor tätlichen Übergriffen auf Arbeitskollegen

Aufgrund der ihn treffenden Fürsorgepflicht hat der Arbeitgeber nicht nur die Arbeitsbedingungen so zu gestalten, dass das Leben und die Gesundheit der Arbeitnehmer möglichst geschützt und auch andere immaterielle und materielle Interessen der Arbeitnehmer gewahrt werden, sondern auch die notwendigen **Maßnahmen** gegen das **Betriebsklima gröblich beeinträchtigende Mitarbeiter** zu ergreifen, insbesondere wenn deren Verhalten so weit geht, dass die Arbeitsbedingungen für andere Arbeitnehmer nahezu unzumutbar werden (hier: tätliche Übergriffe auf Arbeitskollegen). Wenn dem Arbeitgeber Gefährdungen zur Kenntnis gelangen, hat er **unverzüglich Abhilfe** zu schaffen. OGH 4. 12. 2002, 9 ObA 230/02t. (ARD 5403/9/2003 ●)

227

Endigung des Dienstverhältnisses durch Ablauf der Zeit

§ 19. (1) Das Dienstverhältnis endet mit dem Ablaufe der Zeit, für die es eingegangen wurde.

(2) Ein Dienstverhältnis auf Probe kann nur für die Höchstdauer eines Monats vereinbart und während dieser Zeit von jedem Vertragsteil jederzeit gelöst werden.

228

Grundlegende Erläuterungen zu § 19

1. Beendigung eines befristeten Dienstverhältnisses

1.1. Beendigung durch Zeitablauf

§ 19 Abs 1 AngG behandelt die Beendigung eines Dienstverhältnisses, das auf bestimmte Zeit abgeschlossen wurde (**befristetes Dienstverhältnis**). Da Dienstverhältnisse in der Regel auf unbestimmte Zeit eingegangen werden, weil der Arbeitgeber im Allgemeinen die Dienste des Arbeitnehmers fortlaufend benötigt, bilden befristete Dienstverhältnisse die Ausnahme. Befristete

229

§ 19 AngG

Dienstverhältnisse enden mit **Ablauf der Zeit**, für die sie eingegangen wurden, ohne dass es einer ausdrücklichen Beendigungserklärung bedarf. Der **Zeitpunkt** der automatischen Beendigung des Dienstverhältnisses muss bereits **vor Beginn** desselben durch Parteienvereinbarung objektiv (der Parteienwillkür entzogen) festgesetzt werden; eine kalendermäßige Begrenzung ist nicht notwendig, Bestimmbarkeit nach objektiven Kriterien reicht aus.

Auch eine sogenannte **Nichtverlängerungserklärung** des Arbeitgebers, mit denen dieser dem Arbeitnehmer bei Ablauf des befristeten Dienstverhältnisses mitteilt, dass er das Dienstverhältnis nicht über den Endigungszeitpunkt hinaus fortsetzen will, ist nicht als Kündigung im Sinne einer einseitigen auf Beendigung eines unbefristeten Dienstverhältnisses gerichteten Willenserklärung zu verstehen. Darin kommt vielmehr nur zum Ausdruck, dass der Arbeitgeber **kein neues Dienstverhältnis** mit dem Arbeitnehmer **abschließen** will.

1.2. Beendigung durch Kündigung

230 Kündigung und Befristung schließen einander grundsätzlich aus. Dies bedeutet aber nicht, dass die Vertragsparteien nicht eine **Kündigungsmöglichkeit** zu einem **früheren Termin vereinbaren** oder das befristete Arbeitsverhältnis einvernehmlich auflösen könnten. Eine solche Kündigung während der Dauer eines befristeten Arbeitsverhältnisses ist jedoch nur bei **längerer Befristung zuzulassen**, um die Vorteile der Bestandfestigkeit des Arbeitsverhältnisses durch eine Kündigung nicht zu gefährden. Die Dauer der Befristung und die Möglichkeit einer Kündigung müssen in einem **angemessenen Verhältnis** stehen.

Das widerspruchslose (kommentarlose) **Unterfertigen des Kündigungsschreibens** des Arbeitgebers, in dem eine bestimmte Kündigungsfrist trotz der vereinbarten Befristung des Dienstverhältnisses angeführt ist, bedeutet aber wegen des Grundsatzes, dass an ein konkludentes Verhalten der Arbeitsvertragsparteien ein strenger Maßstab anzulegen ist, **nicht die Annahme eines Einverständnisses** zur Beendigung des Dienstverhältnisses. Der bloßen Unterfertigung kommt, wie dem Schweigen allein, kein Erklärungswert zu. Die Kündigung ist eine einseitige empfangsbedürftige rechtsgeschäftliche Willenserklärung. Die Unterfertigung des Kündigungsschreibens durch den Arbeitnehmer ist mangels festgestellter, darüber hinausgehender Parteienerklärungen im Zweifel nur als **Empfangsbestätigung**, **nicht aber als Zustimmung** zu werten.

Die Vereinbarung, dass ein befristetes Dienstverhältnis in ein solches auf unbestimmte Zeit mit Kündigungsfrist umgewandelt wird, ist zulässig.

2. Automatische Verlängerung des Dienstverhältnisses trotz Zeitablauf

231 Eine Ausnahme vom Grundsatz der automatischen Beendigung befristeter Dienstverhältnisse bei Ablauf der vereinbarten Zeit normiert § 10a MSchG **für schwangere Arbeitnehmerinnen**. Nach dieser Bestimmung wird der **Ablauf** eines auf bestimmte Zeit abgeschlossenen Dienstverhältnisses von der Meldung der Schwangerschaft bis zum Beginn des Beschäftigungsverbotes nach § 3 Abs 1 MSchG oder den Beginn eines auf Dauer ausgesprochenen Beschäftigungsverbots nach § 3 Abs 3 MSchG **gehemmt**, es sei denn, dass die **Befristung aus sachlich gerechtfertigten Gründen** erfolgt oder gesetzlich vorgesehen ist.

Nach § 10a Abs 2 MSchG ist eine Befristung dann sachlich gerechtfertigt, wenn sie im **Interesse der Arbeitnehmerin** liegt oder wenn das Dienstverhältnis für die Dauer der Vertretung an der Arbeitsleistung verhinderter Arbeitnehmer, zu Ausbildungszwecken, für die Zeit der Saison oder zur Erprobung abgeschlossen wurde, wenn aufgrund der in der vorgesehenen Verwendung erforderlichen Qualifikation eine **längere Erprobung** als die gesetzliche oder kollektivvertragliche Probezeit **notwendig** ist.

Eine über die gemäß § 19 Abs 2 AngG einen Monat dauernde Probezeit hinaus vereinbarte Befristung des Arbeitsverhältnisses ist dann sachlich gerechtfertigt, wenn die Zeit der Erprobung in einem ausgewogenen Verhältnis zur Ausbildung und der angestrebten Verwendung steht. Je höher die Qualifikation, desto länger kann die Befristung vereinbart werden, um noch als sachlich gerechtfertigt akzeptiert zu werden. Für gehobene Positionen, wie etwa der einer Akademikerin und EDV-Spezialistin im technischen Bereich, kann eine Erprobung sogar im Ausmaß von 6 Monaten sachlich gerechtfertigt sein. Eine mehrmonatige Befristung eines Arbeitsverhältnisses einer Regalbetreuerin oder Kassierin in einem Supermarkt oder einer Reinigungsfrau ist hingegen nicht gerechtfertigt. Ist die **Befristung sachlich gerechtfertigt**, kommt es auch im Fall der Schwangerschaft zu **keiner Verlängerung des Dienstverhältnisses** bis zum Beginn des Beschäftigungsverbots.

3. Umwandlung in ein unbefristetes Dienstverhältnis – Kettendienstverträge

Wird ein befristetes Dienstverhältnis über den zwischen den Arbeitsvertragsparteien vereinbarten Endtermin hinaus **stillschweigend fortgesetzt**, indem der Arbeitnehmer weiterhin seine Dienstleistung erbringt und diese vom Arbeitgeber entgegengenommen wird, entsteht ein **Dienstverhältnis auf unbestimmte Zeit**.

Ebenso ist von einem Dienstverhältnis auf unbestimmte Zeit auszugehen, wenn **mehrere befristete Dienstverhältnisse** ohne sachliche Rechtfertigung aneinandergereiht werden. Solche **Kettendienstverträge** sind nur dann ausnahmsweise zulässig und rechtswirksam, wenn dies durch besondere wirtschaftliche und soziale Gründe gerechtfertigt ist; dadurch soll der Gefahr der Umgehung zwingender, den Arbeitnehmer schützender Rechtsnormen begegnet werden. Es ist eine Überprüfung im Einzelfall erforderlich, wobei die wirtschaftlichen und sozialen Anforderungen an die Rechtfertigung nicht überspannt werden dürfen. Die Berücksichtigung der rechtsgeschäftlichen Privatautonomie des Arbeitgebers einerseits und des Bestandschutzinteresses des Arbeitnehmers andererseits erfordert ein sorgfältiges Abwägen; je öfter die Aneinanderreihung erfolgt, desto strenger sind die inhaltlichen Anforderungen an die Rechtfertigungsgründe. Auch die **Dauer der Befristung** und die **Art der Arbeitsleistung** sind in die Überlegungen einzubeziehen. Die Beweislast, dass für die Aneinanderreihung mehrerer befristeter Dienstverhältnisse sachliche Gründe maßgeblich waren, trifft den Arbeitgeber.

Schon die **erstmalige Verlängerung** der Befristung eines Dienstverhältnisses erfordert einen besonderen, dem Arbeitgeber auferlegten **Erklärungsbedarf** und je häufiger und in je kürzeren Abständen befristete Dienstverhältnisse aufeinanderfolgen, umso näher liegt ein Missbrauch dieser Gestaltungsform. Bei einer zweimaligen oder öfteren Verlängerung ist in Hinblick auf die durch die mehrfache Verlängerung verstärkte Erwartung des Arbeitnehmers, es werde zu weiteren Verlängerungen kommen, sowie in Hinblick auf die gegenüber dem Verlust des Kündigungsschutzes immer mehr zurücktretenden Vorteile für den Arbeitnehmer aus der Befristung ein **strenger Maßstab** der Beurteilung der sachlichen Rechtfertigung anzulegen. **Ohne sachliche Begründung** sind Kettendienstverträge in Hinblick auf die vereinbarten Befristungen **teilnichtig** und daher als ein zusammenhängendes **unbefristetes Dienstverhältnis** zu qualifizieren. Die Beendigung hat nicht durch Zeitablauf, sondern durch Kündigung zu erfolgen.

§ 19 AngG

Ein unmittelbar zeitlicher Anschluss der einzelnen Dienstverhältnisse ist nicht unbedingt erforderlich; ein Kettendienstvertrag kann auch bei geringen zeitlichen Abständen zwischen den einzelnen Dienstverhältnissen vorliegen.

Wiederholte Befristungen können etwa bei **ständiger Saisonarbeit** gerechtfertigt sein, wenn der Betrieb des Arbeitgebers von der jeweiligen Witterung bzw. der Auslastungssituation abhängig ist, von Faktoren also, die dieser nicht beeinflussen kann, oder bei **Aushilfsdienstverhältnissen** z.B. wegen erkrankter oder abwesender Mitarbeiter, wegen der Erledigung von Eilaufträgen oder wegen starken Kundenandrangs an verkaufsoffenen Samstagen. **Daueraushilfen**, also solche, bei denen von vornherein absehbar ist, dass sie weiter beschäftigt werden sollen, im Rahmen befristeter Dienstverhältnisse sind jedoch **nicht gerechtfertigt**.

Die einvernehmliche, **auf Wunsch des Arbeitnehmers erfolgte Aneinanderreihung** befristeter Dienstverträge ist zulässig, weil durch das Ersuchen des Arbeitnehmers wegen seiner persönlichen Verhältnisse keine Umgehungsabsicht seitens des Arbeitgebers vorliegen kann.

4. Probedienstverhältnis

4.1. Vereinbarung eines Probemonats

233 § 19 Abs 2 AngG regelt das sogenannte Probedienstverhältnis. Demnach kann ein Dienstverhältnis auf Probe nur für die **Höchstdauer eines Monats** vereinbart und während dieser Zeit von jedem Vertragsteil **jederzeit gelöst** werden (ohne Einhaltung von Kündigungsterminen oder Kündigungsfristen). Die Auflösung eines Probedienstverhältnisses innerhalb des vereinbarten Probemonates bedarf **keiner Angabe von Gründen** und ist auch bei Erkrankung oder (Arbeits-)Unfall des Arbeitnehmers zulässig (sofern dem nicht günstigere Bestimmungen eines KV, einer Betriebsvereinbarung oder eines Dienstvertrages entgegenstehen). § 19 Abs 2 AngG stellt gemäß § 40 AngG **zugunsten des Angestellten** (einseitig) **zwingendes Recht** dar; er kann daher nur zu dessen Vorteil, nicht aber zu seinem Nachteil vertraglich abgeändert werden.

Ob bei teilnichtiger Vereinbarung einer **mehr als einmonatigen Probezeit** ab dem Beginn des zweiten Monats (insgesamt gesehen) ein befristetes Arbeitsverhältnis oder aber ein Arbeitsverhältnis auf unbestimmte Zeit anzunehmen ist, hängt allein vom Willen der Parteien ab. Da es bei der Vertragsauslegung nicht auf den inneren Willen der Parteien, sondern auf die nach redlicher Verkehrsauffassung zu verstehende Absicht ankommt, wird man in erster Linie die Bedeutung der Teilnichtigkeit zu beachten haben.

Durch den Abschluss eines zwar als „**provisorisch**" betrachteten, jedoch über diesen Zeitraum eines Monats hinausgehenden Dienstverhältnisses auf bestimmte Zeit wird kein Dienstverhältnis auf Probe, sondern ein zeitlich begrenztes **Dienstverhältnis zur Probe** begründet. Ein Dienstverhältnis dieser Art kann nur **im ersten Monat** von beiden Vertragsteilen **jederzeit**, danach aber nur noch **aus wichtigen Gründen** vorzeitig aufgelöst werden. Bei einem derartigen befristeten Dienstverhältnis zur Probe behält sich der Arbeitgeber – unverbindlich – vor, das Dienstverhältnis nach Ablauf der Zeit zu erneuern. Ein Probedienstverhältnis iSd § 19 AngG würde nur dann vorliegen, wenn die fristlose Lösbarkeit während der Probezeit vereinbart worden wäre.

Wurde die jederzeitige Lösbarkeit für einen **längeren Zeitraum als einen Monat** vereinbart, widerspricht dies der einseitig zwingenden Vorschrift des § 19 Abs 2 AngG und ist die Vereinbarung **teilnichtig**. Die freie Lösbarkeit des Dienstverhältnisses bleibt folglich auf den ersten Monat beschränkt und läuft das Dienstverhältnis bis zum Ablauf der vereinbarten Zeit als Dienstverhältnis auf bestimmte Zeit iSd § 19 Abs 1 AngG weiter.

§ 19 AngG

Festzuhalten ist, dass **Probedienstverhältnisse vereinbart werden müssen** und die Vereinbarung bestimmt und unzweifelhaft erfolgen muss. Eine Probezeit kann immer nur für den Beginn eines Dienstverhältnisses vereinbart werden; sie kann nicht erst während eines schon bestehenden Dienstverhältnisses zu laufen beginnen. Eine nach Beginn des Dienstverhältnisses vereinbarte Probezeit ist nur insoweit gültig, als sie sich noch auf den seit Vertragsbeginn laufenden Monat bezieht.

4.2. Berechnung des Ablaufs des Probemonats

Ein **Probedienstverhältnis** nach § 19 Abs 2 AngG **endet** nicht mit dem Monatstag, der seiner Zahl nach dem Beginn des Dienstverhältnisses entspricht, sondern mit jenem, der seiner Zahl nach dem **Beginn des Dienstverhältnisses vorausgeht**. Der Tag des Dienstantritts ist somit – im Gegensatz zu § 902 ABGB – in die Frist einzurechnen. 234

Was für das Probedienstverhältnis gilt (§ 19 Abs 2 ABGB: „... kann nur für die Höchstdauer eines Monats vereinbart werden..."), muss jedoch genauso für das **befristete Dienstverhältnis** nach § 19 Abs 1 ABGB gelten, wenn eine Befristung **nach Monaten** vorgenommen wird. Somit endet ein am 1. 3. begonnenes, auf die Dauer von 3 Monaten befristetes Dienstverhältnis nicht erst am 1. 6., sondern bereits am 31. 5. Da dies auch dann gilt, wenn das Dienstverhältnis **nicht** an einem **Monatsersten**, sondern an einem **anderen Tag beginnt**, endet die 3-Monats-Frist bei einem am 30. 10. begonnenen, auf 3 Monate befristeten Dienstverhältnis nicht am 30. 1., sondern bereits mit Ende des Arbeitstages am 29. 1. des folgenden Jahres.

4.3. Auflösung des Probedienstverhältnisses

Der Zweck der Rechtseinrichtung des Probedienstverhältnisses, den Arbeitsvertragsparteien die Möglichkeit zu geben, während der Probezeit die Eignung des Arbeitnehmers für die betreffende Arbeit festzustellen und (für den Arbeitnehmer) die Verhältnisse im Betrieb kennenzulernen, lässt es geboten erscheinen, dass während dieser kurzen Zeit jede der beiden Parteien das Probearbeitsverhältnis **ohne Angabe eines Grundes** mit sofortiger Wirkung **auflösen** kann. Die Erklärung des Arbeitgebers, dass das Probedienstverhältnis nicht fortgesetzt werden soll, muss – bei sonstiger Unwirksamkeit – dem Arbeitnehmer noch **am letzten Tag des Probemonats zugekommen** sein, also entweder dem Arbeitnehmer gegenüber persönlich ausgesprochen oder diesem bei schriftlicher Erklärung zugestellt worden sein. 235

Auch bei **begünstigten Behinderten** darf das auf Probe vereinbarte Dienstverhältnis während des ersten Monats von beiden Teilen jederzeit gelöst werden, sofern die Rechtsausübung nicht schikanös erfolgt (vgl. OGH 8. 7. 1999, 8 ObA 188/99a, ARD 5112/1/2000).

Auch im Fall der **Schwangerschaft** einer Arbeitnehmerin wurde lange Zeit judiziert, dass eine sofortige Auflösung des Dienstverhältnisses in der Probezeit zulässig sei. Mit der Entscheidung OGH 31. 8. 2005, 9 ObA 4/05m, ARD 5637/6/2005, wurde von dieser Rechtsauffassung jedoch insofern abgegangen, als die **Auflösung** des Dienstverhältnisses einer schwangeren Arbeitnehmerin in der Probezeit nunmehr **wegen Diskriminierung angefochten** werden kann.

Durch die Einberufung des Arbeitnehmers zum **Präsenz-, Zivil- oder Ausbildungsdienst** nach dem Arbeitsplatzsicherungsgesetz wird der Ablauf von Dienstverhältnissen auf bestimmte Zeit und von Probedienstverhältnissen nicht berührt.

Judikatur zu § 19 Abs 1

Kündigung von befristeten Dienstverhältnissen

236 Die Vereinbarung einer zusätzlichen **Kündigungsmöglichkeit bei befristeten Dienstverhältnissen** ist zulässig, wenn die Dauer der Befristung und die Möglichkeit der Kündigung in einem angemessenen Verhältnis. Dies ist der Fall, wenn die Kündigungsfrist zumindest der **kollektivvertragsmäßigen Frist** entspricht und die Bestandfestigkeit des Dienstverhältnisses nicht zulasten des Arbeitnehmers gravierend beeinträchtigt wird.

Die Kündigungsmöglichkeit wurde wirksam vereinbart, wenn kein Umstand zu erkennen ist, warum die Kündigungsmöglichkeit nicht auch schon für den Zeitraum der Befristung, sondern erst bei Fortsetzung des Dienstverhältnisses nach Ablauf der **Befristung von 6 Monaten** gelten sollte, der Dienstvertrag mit dem Arbeitnehmer erörtert und durchgegangen und in weiterer Folge auch vom Arbeitnehmer unterfertigt wurde. Damit treten sämtliche Punkte, d.h. auch die Bestimmung über die Arbeitgeberkündigung, mit Aufnahme des Dienstverhältnisses in Geltung. Unschädlich bleibt, dass bei den Einstellungsgesprächen die Kündigungsmöglichkeit nicht speziell hervorgehoben wurde. ASG Wien 16. 2. 2000, 8 Cga 162/99x. (ARD 5159/11/2000 ●)

Bei befristeten Dienstverträgen ist eine Kündigungsvereinbarung unter der Voraussetzung zulässig, dass sie mit den **gesetzlichen Kündigungsvorschriften in Einklang** steht. So ist bei einem auf bestimmte Zeit abgeschlossenen Dienstverhältnis die Vereinbarung einer früheren Lösungsmöglichkeit dann unzulässig, wenn zwar der Arbeitnehmer für den vereinbarten Zeitraum an die Einhaltung des Vertrages gebunden bleibt, sich jedoch der **Arbeitgeber** einseitig eine **frühere Lösungsmöglichkeit** durch Kündigung einräumen lässt. ASG Wien 28. 8. 2000, 31 Cga 23/99z. (ARD 5159/10/2000 ●)

Bei einer Befristung des Dienstverhältnisses von **6 Monaten** ist die Vereinbarung von **Kündigungsmöglichkeiten**, die dem Angestelltengesetz entsprechen, nicht als unangemessen und daher als **zulässig** anzusehen. Eine derartige Vereinbarung widerspricht auch nicht dem Fristengleichheitsgebot des AngG. OLG Wien 13. 7. 2000, 10 Ra 106/00g. (ARD 5164/5/2000 ●)

Während eine Befristung des Dienstverhältnisses regelmäßig als für den Arbeitnehmer nachteilig angesehen wird, steht dem im Allgemeinen der Vorteil gegenüber, dass nach dem Gesetz eine Kündigung während dieser Befristung nicht vorgesehen ist. Ist eine Befristung aber **sachlich gerechtfertigt** und stehen Kündigung und Befristung in einem **angemessenen Verhältnis** zueinander, bestehen grundsätzlich **keine Bedenken gegen eine Kündigungsmöglichkeit**.

Der OGH hat in ständiger Rechtsprechung grundsätzlich festgehalten, dass auch bei befristet abgeschlossenen Arbeitsverträgen, bei denen allein nach dem Gesetz die Beendigung des Arbeitsverhältnisses nur durch Ablauf der Befristung erfolgt und keine Kündigungsmöglichkeit besteht, eine Kündigungsmöglichkeit vertraglich vereinbart werden kann: vgl. z.B. OGH 15. 7. 1987, 9 ObA 47/87, ARD 3912/12/87 (Zulässigkeit einer Kündigungsmöglichkeit von beiderseits einer Woche bei einem mit 5 Monaten befristeten Arbeitsverhältnis); OGH 22. 9. 1993, 9 ObA 204/93, ARD 4522/5/94 (Zulässigkeit einer Kündigung nach dem AngG bei einem auf ca 3 ½ Monate befristeten Arbeitsverhältnis).

Der OGH vertritt aber auch die Ansicht, dass die Dauer der Befristung und die Möglichkeit der Kündigung in einem **angemessenen Verhältnis** zueinander stehen müssen (vgl. zuletzt OGH 27. 8. 2003, 9 ObA 43/03v, ARD 5457/5/2003). Die wesentliche Grundlage für diese Rechtsprechung wird darin gesehen, dass eine Kündigung während der Dauer befristeter Dienstverhältnisse **nur bei längerer Befristung** zuzulassen ist, um die Vorteile der Bestandfestigkeit des Arbeitsverhältnisses nicht durch eine Kündigung zu gefährden.

§ 19 AngG

War die Befristung des Arbeitsverhältnisses mit der Förderzusage durch das AMS verbunden, liegt darin ein sachlicher Grund für eine Befristung. Ausgehend davon ist dann aber auch keine Unwirksamkeit der hier vereinbarten Kündigungsmöglichkeit anzunehmen (vgl. auch OGH 27. 8. 2003, 9 ObA 43/03v, ARD 5457/5/2003). OGH 24. 6. 2004, 8 ObA 42/04s. (ARD 5525/1/2004 ●)

Nichtverlängerungserklärung ist keine Kündigung

Die Abgabe einer **Nichtverlängerungserklärung** durch den Arbeitnehmer hinsichtlich eines befristeten Dienstverhältnisses im Rahmen eines wirtschaftlich gerechtfertigten Kettendienstvertrages stellt **keine Kündigung** dar und ist daher für einen Abfertigungsanspruch unschädlich.

Die Auffassung, dass bei einer Vereinbarung, dass das Dienstverhältnis zu einem bestimmten Endtermin nur dann enden soll, wenn vorher zu diesem Termin ordnungsgemäß gekündigt oder die (sinngleiche) Erklärung abgegeben wird, das Dienstverhältnis nicht über diesen Termin hinaus fortsetzen zu wollen, ein auf unbestimmte Dauer abgeschlossenes Dienstverhältnis vorliegt, lässt sich nicht auf wirtschaftlich gerechtfertigte Kettenarbeitsverträge verallgemeinern. **Kündigung und Befristung schließen** einander vielmehr **grundsätzlich aus**; außer die Parteien vereinbaren bei einem für einen bestimmten Zeitraum eingegangenen Dienstvertrag zusätzlich die Möglichkeit einer Kündigung zu einem früheren Termin. Die **Kündigung zum vereinbarten Endtermin**, zu dem das Dienstverhältnis ohnehin endet, ist hingegen **rechtlich bedeutungslos**.

Da im vorliegenden Fall die Nichtverlängerungserklärung des befristeten Fußballervertrages von Seiten des Arbeitnehmers abgegeben wurde, ist maßgeblich, ob die im Regulativ des österreichischen Fußballbundes vorgesehene Erklärung, das Vertragsverhältnis nach Vertragsablauf nicht fortsetzen zu wollen, nur eine Verlängerung des befristeten Vertrages verhindert oder eine Kündigung im Sinne einer Willenserklärung darstellt, die ein Dienstverhältnis von unbestimmter Dauer beendet. Dabei ist davon auszugehen, dass **Spielerverträge** nach dem Regulativ des Österreichischen Fußballbundes grundsätzlich **zeitlich befristet** zum 30. 6. eines Jahres abgeschlossen werden. Diese verlängern sich automatisch, wenn nicht eine der Parteien eine **Nichtverlängerungserklärung** abgibt. Dem liegt zugrunde, dass eine ausreichende sachliche Rechtfertigung für die bei Profifußballern vorherrschende Branchenüblichkeit von Kettendienstverträgen gegeben ist. Sowohl Sportler als auch Vereine sind daran interessiert, sich den Anforderungen des Wettbewerbs möglichst flexibel anpassen zu können. So hängt die Verlängerung eines Vertrages u.a. vom Ergebnis der Meisterschaftssaison, dem Spielerwechsel, der Publikumsabhängigkeit, der Anpassung in finanzieller und sportlicher Hinsicht, dem Leistungsvermögen des Spielers, der Eingliederung etc. ab.

Auch wenn es vor Ablauf der Befristung völlig offen ist, ob eine Verlängerung eintreten wird, ist nach dem Vertragswillen und dem Inhalt des Vertrages zu diesem Zeitpunkt von einem **befristeten Dienstverhältnis** auszugehen. Die Erklärung, einen befristeten Vertrag nicht fortsetzen zu wollen, beendet daher kein unbefristetes Dienstverhältnis. Die Erklärung ist **nicht als Kündigung** im Sinne einer einseitigen auf Beendigung eines unbefristeten Dienstverhältnisses gerichteten Willenserklärung zu verstehen. Die Erklärung als „**Auslaufmitteilung**", sohin als Erklärung des Festhaltens an der Befristung, zu bezeichnen, entspricht ihrer Bedeutung.

Mit einer vom Arbeitgeber übermittelten Auslaufmitteilung wird nur die Ablehnung des stillschweigend im Regulativ enthaltenen Antrages des Spielers, das Dienstverhältnis mit Ablauf der Befristung zu verlängern, zum Ausdruck gebracht. Da die Interessen im Profifußball auf Abschluss eines befristeten Dienstverhältnisses mit Verlängerungsklausel den bei **Verlängerung** eines **Bühnendienstverhältnisses** zugrunde gelegten Interessen vergleichbar sind, kann auch die hiezu ergangene Lehre und Judikatur (vgl. auch OGH 27. 2. 1991, 9 ObA 10/91, ARD 4263/13/91) analog angewendet werden. OGH 10. 2. 1999, 9 ObA 330/98i. (ARD 5025/14/99 ●)

§ 19 AngG

Ein befristeter Dienstvertrag wird nicht schon dadurch zu einem unbefristeten, dass die Parteien vereinbaren, bei **Unterbleiben der Erklärung** eines Vertragspartners, das Vertragsverhältnis nicht über den Endtermin hinaus fortsetzen zu wollen, verlängere sich das Dienstverhältnis auf unbestimmte Zeit. Eine derartige Erklärung führt auch nicht wie eine Kündigung die Beendigung des befristeten Dienstverhältnisses herbei, sondern **verhindert** lediglich die Überleitung in ein **unbefristetes Dienstverhältnis**. Eine Gleichstellung von „Nichtverlängerungserklärung" und Kündigung ist daher abzulehnen.

Ist die Erklärung des Arbeitnehmers, das befristete Dienstverhältnis nicht verlängern zu wollen, aber einer Selbstkündigung nicht gleichzuhalten ist, ist der Arbeitnehmer nicht zum (teilweisen) Ersatz der vom Arbeitgeber aufgewendeten Ausbildungskosten verpflichtet , wenn der Kollektivvertrag eine solche Rückzahlungspflicht nur für den Fall einer Arbeitnehmerkündigung, einer berechtigten Entlassung oder eines unberechtigten vorzeitigen Austritts vorsieht. OGH 17. 11. 2004, 9 ObA 107/04g. (ARD 5570/4/2005 ●)

Zulässige Aneinanderreihung mehrerer befristeter Dienstverhältnisse

In einem von der Auslastung des Betriebes und den Witterungsbedingungen abhängigen **Saisonbetrieb** können auch dann für die **jeweilige Saison befristete Dienstverträge** (Kettendienstverträge) abgeschlossen werden, ohne dass von einer bloßen Karenzierung (Aussetzung) auszugehen wäre, wenn bei Beendigung des jeweils befristeten Dienstverhältnisses keine Abfertigung ausbezahlt wurde und die Dienstwohnung auch während der Zwischensaison benützt werden durfte.

Kettendienstverträge sind nur dann rechtswirksam, wenn die Aneinanderreihung der einzelnen Verträge durch **besondere wirtschaftliche oder soziale Gründe gerechtfertigt** ist, um der Gefahr der Umgehung zwingender, den Arbeitnehmer schützender Rechtsnormen zu begegnen. Es ist eine Überprüfung im Einzelfall erforderlich, wobei die wirtschaftlichen und sozialen Anforderungen an die Rechtfertigung nicht überspannt werden dürfen. Die Berücksichtigung der rechtsgeschäftlichen Privatautonomie des Arbeitgebers einerseits und des Bestandschutzinteresses des Arbeitnehmers andererseits erfordert ein sorgfältiges Abwägen; je öfter die Aneinanderreihung erfolgt, desto strenger sind die inhaltlichen Anforderungen an die Rechtfertigungsgründe. Auch die Dauer der Befristung und die Art der Arbeitsleistung sind in die Überlegungen einzubeziehen.

Trotz der sich häufig wiederholenden Befristungen bei **ständiger Saisonarbeit** ist eine **sachliche Rechtfertigung** aus wirtschaftlichen Gründen zu bejahen, wenn der Betrieb des Arbeitgebers von der jeweiligen Witterung bzw. der Auslastungssituation abhängig ist, von Faktoren also, die dieser nicht beeinflussen kann. Es wäre unbillig, den Arbeitgeber zur bloßen **Karenzierung**, die mit erheblichen Nachteilen für ihn verbunden wäre, oder zu **ständigem Wechsel des Personals** mit jeder Saison zu zwingen. Anders als bei selbstbestimmter Schließung des Betriebes für eine bestimmte Zeit des Jahres ist in der erforderlichen Einschränkung oder gar Stilllegung eines Betriebes in einer „toten Saison" sehr wohl eine Rechtfertigung für den wiederholten Abschluss befristeter Dienstverträge zu sehen. Hier liegt eben keine Abwälzung des typischen Betriebsrisikos der Ungewissheit über den Stand der Aufträge vor, sondern es steht (unabwendbar) fest, dass die Auslastung des Betriebes während einer bestimmten Jahreszeit die Beschäftigung von Arbeitnehmern nicht ermöglicht, die Beendigung des Dienstverhältnisses also einem dringenden Bedürfnis der betrieblichen Organisation entspringt.

Auch der Gesetzgeber sieht im Vorliegen eines **Saisonbetriebes einen Rechtfertigungsgrund** besonderer Art, wenn er in § 10a Abs 2 MSchG vorsieht, dass die **Befristung** eines Dienstverhältnisses **sachlich gerechtfertigt** iSd § 10a Abs 1 MSchG sei, wenn diese Befristung für die Zeit der Saison erfolgt ist. Auch bei dieser Norm steht die Überlegung im Hintergrund, dass die Gefahr sittenwidriger Umgehungen des Schutzzweckes der Norm nicht besteht, weil konkret vorgegebene Umstände die Befristung erforderlich machen. OGH 25. 6. 1998, 8 ObA 58/98g. (ARD 4953/4/98 ●)

§ 19 AngG

Die zweimalige, ausschließlich auf den **Wunsch des Arbeitnehmers erfolgte Verlängerung** der Befristung stellt **keine unzulässigen „Kettendienstverträge"** dar. Die Unzulässigkeit der Aneinanderreihung befristeter Dienstverhältnisse ergibt sich aus der möglichen Umgehungsabsicht des Arbeitgebers. Die Rechtsprechung hat den zu missbilligenden Kern der Umgehungsabsicht dahin formuliert, dass der Arbeitgeber sich die Arbeitsleistung in Wirklichkeit auf unbestimmte Zeit sichern will, gleichzeitig aber die Möglichkeit offen lässt, das Dienstverhältnis jederzeit nach Ablauf des Zeitraumes, für den es jeweils abgeschlossen wurde, als beendigt gelten zu lassen, ohne dass ihn die, aus einem auf unbestimmte Zeit abgeschlossenen Dienstvertrag erwachsenden Verpflichtungen treffen sollen. Die Judikatur geht allerdings von dem Grundsatz aus, dass **besondere wirtschaftliche oder soziale Gründe** den Abschluss wiederholter, auf bestimmte Zeit abgeschlossene Verträge rechtfertigen. So liegt ein zulässiger Kettendienstvertrag vor, wenn die neuerliche Befristung der Dienstverhältnisse lediglich auf **Ersuchen des Arbeitnehmers** wegen seiner persönlichen Verhältnisse erfolgt.

Dem vorliegenden Fall liegt eine Konstellation zugrunde, bei der eine **Umgehungsabsicht** des Arbeitgebers jedenfalls **ausgeschlossen** werden kann. Bereits bei Abschluss des ersten (befristeten) Vertrages war klar, dass das Dienstverhältnis nur aus Entgegenkommen gegenüber dem Arbeitnehmer vom Arbeitgeber überhaupt eingegangen wurde. Die „Verlängerungen" wurden **ausschließlich auf Wunsch des Arbeitnehmers** aus sozialem Entgegenkommen durchgeführt, um diesem eine adäquate Arbeitsplatzsuche zu ermöglichen. Da somit das Dienstverhältnis zulässig mehrfach befristet wurde, endet es mit Ablauf der Zeit, für die es eingegangen wurde. OLG Wien 2. 2. 2000, 8 Ra 306/99z, Revision zurückgewiesen durch OGH 28. 6. 2000, 9 ObA 67/00v. (ARD 5155/11/2000 ●)

Befristete Spielerverträge von **Berufsfußballern** sind branchenüblich und **sachlich gerechtfertigt**, so dass durch ein Aneinanderreihen solcher Dienstverträge durch automatische Verlängerung bei Nichtabgabe einer Nichtverlängerungserklärung **kein** unzulässiges **Kettendienstverhältnis** und damit auch kein unbefristetes Dienstverhältnis entsteht. Die Erklärung, einen derartigen befristeten Spielervertrag nicht fortsetzen zu wollen, beendet daher kein unbefristetes Dienstverhältnis und ist auch nicht als Kündigung im Sinne einer einseitigen, auf Beendigung eines unbefristeten Dienstverhältnisses gerichteten Willenserklärung zu verstehen. OGH 24. 2. 1999, 9 ObA 329/98t. (ARD 5054/8/99 ●)

Zulässige Aneinanderreihung von befristeten freien Dienstverträgen

Das idR bestehende Verbot der mehrmaligen Aneinanderreihung von befristeten Dienstverhältnissen (Kettenarbeitsverträgen) ist eine Auswirkung des zugunsten „echter" Arbeitnehmer bestehenden Schutzprinzips. Jene arbeitsrechtlichen Normen, die gerade den sozial Schwächeren schützen sollen, sind aber auf den „freien" Dienstvertrag nicht analog anwendbar. Die mehrmalige **Aneinanderreihung von befristeten freien Dienstverträgen** ist somit **zulässig**. OGH 21. 4. 2004, 9 ObA 127/03x. (ARD 5515/4/2004 ●)

Beispiele für unzulässige Kettendienstverhältnisse

Wird ein Arbeitnehmer als Ersatz für einen **in Pension gegangenen Postzusteller** aufgenommen und sofort in dessen Rayon eingesetzt und liegt kein wirtschaftlicher oder sozialer Grund für den wiederholten Abschluss von auf bestimmte Zeit abgeschlossenen Dienstverträgen vor, ist von einem **unzulässigen Kettendienstvertrag** auszugehen. Da somit ein **unbefristetes Dienstverhältnis** vorliegt, ist die Erklärung des Arbeitgebers, den Arbeitnehmer nicht über den Ablauf des letzten „befristeten" Dienstverhältnisses hinaus zu beschäftigen, als – fristwidrige – Arbeitgeberkündigung zu werten. ASG Wien 9. 1. 2001, 3 Cga 33/00v. (ARD 5326/2/2002 ●)

§ 19 AngG

Kettendienstverträge mit jeweils auf **einen Tag befristeten Dienstverhältnissen** lassen sich auch mit dem Wunsch des Arbeitnehmers, über seine Zeit besser disponieren zu können, und der Unmöglichkeit, das Ausmaß der Arbeit abzuschätzen, **nicht rechtfertigen**, so dass die Ablehnung einer Arbeit an einem bestimmten weiteren Tag auch nicht die Auflösung des Kettendienstverhältnisses bewirkt.

Schon die **erstmalige Verlängerung der Befristung** eines Dienstverhältnisses erfordert einen besonderen, dem Arbeitgeber auferlegten **Erklärungsbedarf** und je häufiger und in je kürzeren Abständen befristete Dienstverhältnisse aufeinanderfolgen, umso näher liegt ein Missbrauch dieser Gestaltungsform. Wenngleich befristete **Aushilfsdienstverhältnisse** z.B. wegen erkrankter oder abwesender Mitarbeiter, wegen der Erledigung von Eilaufträgen oder wegen starken Kundenandrangs an verkaufsoffenen Samstagen, für unbedenklich gelten, sind **Daueraushilfen**, also solche, bei denen von vornherein absehbar ist, dass sie weiter beschäftigt werden sollen, im Rahmen befristeter Dienstverhältnisse **nicht gerechtfertigt**. OLG Wien 25. 9. 1998, 10 Ra 155/98g. (ARD 4981/3/98 ●)

Werden mit Lernhilfekursen beauftragte **Nachhilfelehrer** nahezu im gesamten Unterrichtsjahr als Kursleiter beschäftigt, wobei sie jeweils an die einmal von ihnen **festgelegte Kurszeit** ebenso gebunden sind, wie sie in die Organisation des Lernhilfekursunternehmens eingegliedert sind und eine Vertretung nur im Einvernehmen möglich ist, liegt **kein freier Dienstvertrag**, sondern ein **unzulässiges Kettendienstverhältnis** vor, das als Dienstverhältnis auf unbestimmte Dauer zu qualifizieren ist. OGH 26. 6. 1997, 8 ObA 2158/96b. (ARD 4877/11/97 ●)

Ist die Aneinanderreihung mehrerer befristeter Dienstverhältnisse für einen **Piloten** nicht nur wegen der Umgehung des **Kündigungsschutzes**, sondern auch wegen der Kürze der nicht einmal der gesetzlichen Kündigungsfrist des § 20 Abs 2 AngG entsprechenden Verlängerungen sowie wegen der bis zum letzten Tag der Befristung währenden **Unsicherheit** des Piloten über die Fortsetzung des Dienstverhältnisses nachteilig, handelt es sich um **unzulässige Kettendienstverträge**.

Ein **befristetes** Dienstverhältnis entspricht in Hinblick auf den gesetzlichen **Kündigungsschutz** dem sozialstaatlich erwünschten Regelungstatbestand nicht in dem Maße wie ein unbefristetes. In § 11 Abs 2 Z 4 AÜG und § 10a MSchG verlangt das Gesetz bereits für die erste Befristung eine **sachliche Rechtfertigung**, um die Überwälzung des Beschäftigungsrisikos auf den Arbeitnehmer bzw. die Umgehung des besonderen Kündigungsschutzes hintanzuhalten. Während nun außerhalb dieser Sonderregelungen die **erste Befristung** eines Dienstverhältnisses als **zulässig** angesehen wird, ist bereits die erste Verlängerung auf bestimmte Zeit darauf zu prüfen, ob damit nicht zum Nachteil des Arbeitnehmers die Bestimmungen des Kündigungsschutzes oder die gesetzlichen Vorschriften über Kündigungsfristen und Kündigungstermine umgangen werden. Darüber hinaus ist gerade bei **wiederholten befristeten Verlängerungen** die Unsicherheit des Arbeitnehmers, der – wie im vorliegenden Fall – bis zum letzten Augenblick im Unklaren gelassen wird, ob es zu einer Verlängerung kommt, nachteilig und belastend.

Auch die Gewährung größerer finanzieller Vorteile als für unbefristet beschäftigte Arbeitnehmer ändert an der Unzulässigkeit dieser **Kettendienstverträge** nichts, weil schon der Schutzzweck der umgangenen Vorschriften eine Bedachtnahme auf vom Arbeitgeber zum Ausgleich der nachteiligen Folgen der Umgehung gewährte **finanzielle Vorteile** verbietet. OGH 30. 10. 1996, 9 ObA 2220/96b. (ARD 4845/29/97 ●)

Sachlich nicht gerechtfertigte Kettenarbeitsverträge sind teilnichtig. Infolge Nichtigkeit der zwecks Umgehung sozialer Schutzvorschriften vereinbarten Befristung (§ 19 Abs 1 AngG) gilt das Dienstverhältnis als ohne Zeitbestimmung eingegangen. Sinn dieser Sanktion ist es, dass dem Arbeitnehmer der **Kündigungsschutz** gewahrt wird und die aneinandergereihten Dienstverträge für alle Ansprüche, für die es auf die Dauer der Beschäftigung ankommt, als einheitliches Dienstverhältnis gelten. Geschützt durch die (Teil-)Nichtigkeitssanktion ist nur der **Arbeitnehmer**. Der durch das Verbot Geschützte muss sich aber nicht auf die daraus resultierende Ungültigkeit berufen, sondern kann das **Geschäft auch gelten lassen**, es ausdrücklich bestätigen und dadurch heilen (im vorliegenden Fall verzichtete der Arbeitnehmer auf die Geltendmachung der Teilnichtigkeit des letzten vorausgegangenen Kettenarbeitsvertrages, weil er selbst seine Vertragsbeziehungen zum Arbeitgeber beenden wollte). OGH 27. 5. 1986, 14 Ob 86/86. (ARD 3798/16/86 ●)

Befristung des Dienstverhältnisses durch ein bestimmtes Ereignis

Ein Dienstverhältnis kann nicht nur durch eine Befristung, sondern auch **durch ein Ereignis limitiert** werden, dessen Eintritt bei Vertragsabschluss noch ungewiss ist. Es liegt dabei ein **resolutiv bedingtes Dienstverhältnis** vor. Die Bedeutung der Bedingung liegt für die Parteien darin, dass sie die Rechtsverhältnisse den Eventualitäten anpassen können, deren Eintritt oder Nichteintritt im Zeitpunkt des Abschlusses des Rechtsgeschäfts noch nicht überschaubar ist.

Sollen die Rechtswirkungen eines Geschäfts sofort eintreten, aber wieder aufhören, wenn und sobald ein ungewisses Ereignis eintritt, ist das Geschäft unter einer **auflösenden Bedingung** (Resolutivbedingung) geschlossen. Zum Unterschied von einer Befristungsabrede, bei der der Endzeitpunkt feststeht, so dass das Dienstverhältnis ohne Willenserklärung einer Partei enden wird, ist es bei einer Resolutivbedingung unsicher, ob das Ereignis, von dem die Auflösung des Dienstverhältnisses abhängig gemacht wird, und damit auch die **Beendigung ohne Willenserklärung** einer Partei **überhaupt eintritt**. Ein solches resolutiv bedingtes Dienstverhältnis ist daher im Gegensatz zum befristeten Dienstverhältnis nicht unmittelbar, sondern nur mittelbar auf eine begrenzte Dauer angelegt. Die Parteien nehmen somit in Kauf, dass das Dienstverhältnis bei Nichteintritt der Bedingung weiterbesteht.

Eine besondere gesetzliche Regelung des resolutiv bedingten Dienstverhältnisses liegt nicht vor. Dennoch besteht kein Zweifel, dass ein solches **resolutiv bedingtes Dienstverhältnis grundsätzlich zulässig** ist. Im gesetzlich zulässigen Rahmen (keine Sittenwidrigkeit) würde daher ein resolutiv bedingtes Dienstverhältnis mit dem Eintritt des limitierenden Ereignisses beendet sein; eine besondere Auflösungserklärung einer Partei wäre grundsätzlich nicht notwendig. Nicht übersehen werden darf allerdings, dass bei diesem Typus des resolutiv bedingten Dienstverhältnisses unleugbare starke Parallelen auch zum unbefristeten Dienstverhältnis vorhanden sind, so dass eine **Beendigung** eines Dienstverhältnisses **ohne besondere Auflösungserklärung** zumindest **zu hinterfragen** ist, vor allem dann, wenn das „ob" und das „wann" des Bedingungseintritts nicht gewiss sind.

Gründe zur vorzeitigen Auflösung eines Dienstverhältnisses sind vertraglich vereinbar, sofern sie nur den vom Gesetz vorgesehenen Gründen gleichwertig sind. Daraus ergibt sich, dass einer Resolutivbedingung einerseits durchaus Beendigungswirkung zuzuerkennen ist, andererseits der Eintritt eines bei Vertragsabschluss noch ungewissen Ereignisses jedenfalls dann zur sofortigen Beendigung des Dienstverhältnisses führt, wenn dieses **Ereignis** von einem Vertragsteil auch **zum Anlass einer Entlassung** oder eines **vorzeitigen Austritts** genommen werden könnte. Durch die Vereinbarung einer Resolutivbedingung haben die Parteien ihr Auflösungsrecht lediglich „vorweg" konsumiert. Ist der Beendigungszeitpunkt, der Bedingungseintritt, bestimmt, muss den Parteien klar sein, dass an diesem Tag eine Zäsur in ihren rechtlichen Beziehungen – nämlich durch Beendigung des Dienstverhältnisses – eintritt.

Im Ergebnis macht es keinen Unterschied, ob ein Dienstverhältnis am Stichtag durch den **Ablauf der Zeit** oder durch den **Eintritt der Resolutivbedingung** endet. Kann daher eine Resolutivbedingung gleichsam in eine Befristungsabrede „umgewandelt" werden (wenn der Zeitpunkt des

§ 19 AngG

Bedingungseintritts feststeht), spricht rechtsdogmatisch nichts dagegen, das Dienstverhältnis mit dem Eintritt der Bedingung von selbst enden zu lassen. In einem solchen Fall muss das Ereignis auch keinen gewichtigen Grund iSd § 1162 ABGB darstellen, entscheidend ist lediglich, dass sich die Parteien von vornherein darauf einstellen konnten, ihre dienstvertragliche Beziehung zu einem bestimmten Zeitpunkt (allenfalls) zu beenden.

Haben die Parteien daher in diesen aufgezeigten Grenzen das Dienstverhältnis mit einem bestimmten Ereignis limitiert, endet das Rechtsverhältnis mit dem Eintritt dieses Ereignisses. Ist klar, dass die **Bedingung nicht mehr eintreten kann**, bleibt das auflösend bedingte **Dienstverhältnis voll wirksam**. OLG Wien 25. 3. 1996, 10 Ra 139/95. (ARD 4800/36/96 ●)

Eine **Resolutivbedingung** in privaten Dienstverhältnissen ist **unzulässig**, wenn nicht nur der Eintritt des als auflösende Bedingung vereinbarten Ereignisses ungewiss ist, sondern darüber hinaus auch ein für die Beurteilung des Eintritts oder Nichteintritts der Beendigung maßgeblicher **Stichtag nicht auch nur annähernd feststeht**, weil eine solche Resolutivbedingung dem Bestimmtheitsgebot des § 1158 ABGB bzw § 19 Abs 1 AngG widerspricht. OGH 20. 12. 2006, 9 ObA 116/06h. (●)

Die Gewährung einer **Förderung** durch das Arbeitsmarktservice kann als **auflösende Bedingung** bei Abschluss eines Dienstverhältnisses **zulässig** und wirksam vereinbart werden, weil der Eintritt der Bedingung (Gewährung bzw. Nichtgewährung der Förderung) zumindest annähernd **bestimmbar** ist. Bei Nichtgewährung der Förderung endet das Dienstverhältnis grundsätzlich ipso iure. OLG Wien 22. 12. 1999, 7 Ra 290/99i. (ARD 5107/2/2000 ●)

Weiterbeschäftigung nach Ablauf der Befristung

242 Auf bestimmte Zeit abgeschlossene Dienstverhältnisse enden mit Fristablauf. Wird aber der Arbeitnehmer **nach Ablauf der Befristung weiterbeschäftigt**, wird dies idR als konkludente Begründung eines **Dienstverhältnisses auf unbestimmte** Zeit zu werten sein. Wurde ein Arbeitnehmer nach dem Ende der Befristung nicht weiterbeschäftigt, sondern wurde ihm am nächsten Morgen – also vor der Entgegennahme weiterer Arbeitsleistungen – mitgeteilt, dass das Dienstverhältnis nicht fortgesetzt werde, geht in Hinblick auf diese Mitteilung auch der Hinweis auf eine Klarstellungspflicht des Arbeitgebers ins Leere. OGH 11. 3. 1998, 9 ObA 25/98m. (ARD 4937/28/98 ●)

Berechnung des Fristablaufs

243 Da § 902 ABGB auf arbeitsrechtliche Fristen nicht generell anwendbar ist, **endet ein Probedienstverhältnis** nach § 19 Abs 2 AngG nicht mit dem Monatstag, der seiner Zahl nach dem Beginn des Dienstverhältnisses entspricht, sondern mit jenem, der seiner **Zahl nach dem Beginn des Dienstverhältnisses vorausgeht**. Der Tag des Dienstantritts ist somit – im Gegensatz zu § 902 ABGB – in die Frist einzurechnen. Was für das Probedienstverhältnis gilt (§ 19 Abs 2 ABGB: „ ... kann nur für die Höchstdauer eines Monats vereinbart werden..."), muss jedoch genauso für das **befristete Dienstverhältnis** nach § 19 Abs 1 ABGB gelten, wenn eine Befristung **nach Monaten** vorgenommen wird. Somit endet ein am 1. 3. begonnenes, auf die Dauer von 3 Monaten befristetes Dienstverhältnis nicht erst am 1. 6., sondern bereits am 31. 5. Da dies auch dann gilt, wenn das Dienstverhältnis nicht an einem Monatsersten, sondern an einem anderen Tag beginnt, endet die 3-Monats-Frist bei einem am 30. 10. begonnenen, auf 3 Monate befristeten Dienstverhältnis nicht am 30. 1., sondern bereits mit Ende des Arbeitstages am 29. 1. des folgenden Jahres. ASG Wien 21. 6. 2001, 17 Cga 72/01h, bestätigt durch OLG Wien 24. 4. 2002, 9 Ra 77/02p. (ARD 5327/15/2002 ●)

§ 19 AngG

Entlassungsanfechtung bei befristeten Dienstverhältnissen zulässig

Es ist nicht einsichtig, warum aus der Unmöglichkeit einer Kündigung beim befristeten Arbeitsverhältnis die Unmöglichkeit der **Anfechtung** einer auch beim **befristeten Arbeitsverhältnis möglichen Entlassung** folgen müsste. Die durch Abschluss der Befristungsvereinbarung herbeigeführte Unkündbarkeit des Arbeitsverhältnisses könnte jederzeit durch Ausspruch einer ungerechtfertigten Entlassung umgangen werden. Eine Entlassungsanfechtung deshalb abzulehnen, weil das Ende des Arbeitsverhältnisses ohnehin bereits fixiert ist, ist sachlich nicht gerechtfertigt. Ein Arbeitnehmer eines befristeten Arbeitsverhältnisses ist jedenfalls nicht weniger schutzwürdig, als wenn er sich in einem unbefristeten Arbeitsverhältnis befände. OGH 21. 4. 2004, 9 ObA 31/04f. (ARD 5504/5/2004 ●)

244

Judikatur zu § 19 Abs 2

Vereinbarung der Probezeit notwendig

Da Arbeitsverhältnisse in der Regel auf unbestimmte Zeit eingegangen werden, weil der Arbeitgeber im Allgemeinen die Dienste des Arbeitnehmers fortlaufend benötigt, bilden befristete Arbeitsverhältnisse die Ausnahme. Auch die **Vereinbarung eines Probearbeitsverhältnisses** muss demzufolge **bestimmt und unzweifelhaft** erfolgen. OGH 21. 10. 1998, 9 ObA 161/98m. (ARD 5027/29/99 ●)

245

Aus der bloßen Aushändigung eines **Dienstzettels** kann keine gültige Vereinbarung über die (nur) im Dienstzettel festgehaltene Probezeit als Teil des Inhaltes des Dienstvertrages abgeleitet werden. OLG Wien 26. 4. 2000, 8 Ra 101/00g. (ARD 5163/11/2000 ●)

Eine im **Kollektivvertrag vorgesehene Probezeit** kann nicht durch das Argument des Günstigkeitsprinzips mangels entsprechender privatautonomer Gestaltung durch den Arbeitnehmer im Zeitpunkt des Vertragsabschlusses als nicht vereinbart angesehen werden. OLG Wien 18. 5. 1994, 31 Ra 42/94. (ARD 4625/17/95 ●)

Wird vom Arbeitnehmer ein **Bewerbungsformular**, in dem ein **Probemonat** angeboten wird, unterfertigt, dem Arbeitgeber übergeben, das Dienstverhältnis angetreten und wird hierauf das Dienstverhältnis aber vom Arbeitgeber innerhalb des Probemonats gelöst, kann nicht davon ausgegangen werden, es habe nur ein faktisches Dienstverhältnis ohne Vereinbarung eines Probemonats vorgelegen. OGH 28. 9. 1994, 9 ObA 167/94. (ARD 4630/2/95 ●)

Ein Arbeitnehmer stimmt dadurch, dass er, ohne der Forderung des Geschäftsführers, vorerst **einen Monat zur Probe** zu arbeiten, zu widersprechen, seine Arbeit tatsächlich aufnimmt, dem Vorschlag zumindest schlüssig zu. OGH 29. 6. 1994, 9 ObA 112/94. (ARD 4597/10/94 ●)

Kein besonderer Kündigungsschutz für Behinderte während Probemonat

Auch bei **begünstigten Behinderten** darf das auf Probe vereinbarte Dienstverhältnis während des ersten Monats von beiden Teilen jederzeit gelöst werden, sofern die Rechtsausübung nicht schikanös erfolgt. Daran ändert nichts, dass Art 7 Abs 1 B-VG seit der Novelle BGBl I 1997/87 normiert, dass niemand wegen seiner Behinderung benachteiligt werden darf, weil auch Probedienstverhältnisse anderer Personen während der Probezeit frist- und begründungslos gelöst werden können und eine Einschränkung dieses Grundsatzes für begünstigte Behinderte eine Bevorzugung bedeuten würde, die der Gesetzgeber nicht beabsichtigt hat.

246

§ 19 AngG

Schikanöse Rechtsausübung liegt nicht vor, wenn der Arbeitgeber das Probedienstverhältnis beendet, weil er von einer (ihm vor Begründung des Dienstverhältnisses nicht mitgeteilten) **Krankheit** des Arbeitnehmers Kenntnis erlangt, die ihn nach seiner (jedenfalls nicht von vornherein unhaltbaren) Einschätzung befürchten lässt, dass der Arbeitnehmer den **Anforderungen des Dienstverhältnisses nicht gewachsen** sein werde. OGH 8. 7. 1999, 8 ObA 188/99a. (ARD 5112/1/2000 ●)

Diskriminierung wegen Schwangerschaft: Anfechtung der Beendigung im Probemonat

247 Wird das Dienstverhältnis einer schwangeren Arbeitnehmerin **wegen ihrer Schwangerschaft** noch im Probemonat gelöst, ist die Auflösung wegen Diskriminierung anfechtbar. Die Sanktionen des Gleichbehandlungsgesetzes sind auch bei Lösung des Probedienstverhältnisses anzuwenden, und zwar die Sanktion der Anfechtbarkeit der Beendigung wie bei Kündigung oder Entlassung.

Nach der zur RL 76/207/EWG (Gleichbehandlungs-RL) ergangenen Rechtsprechung des EuGH stellt es eine unmittelbare **Diskriminierung aufgrund des Geschlechts** dar, wenn eine Frau wegen ihrer Schwangerschaft entweder nicht eingestellt wird (vgl. EuGH 8. 11. 1990, C-177/88, Dekker, ARD 4265/17/91) oder deshalb eine „Entlassung" (dies ist im Sinne der gemeinschaftsrechtlichen Rechtsprechung die Beendigung des Arbeitsverhältnisses durch den Arbeitgeber) ausgesprochen wird (vgl. EuGH 5. 5. 1994, C-421/92, Habermann-Beltermann, ARD 4568/45/94).

Es wäre daher ein unüberwindbarer Wertungswiderspruch, wollte man nur die Nichtbegründung eines Arbeitsverhältnisses und eine Kündigung bzw Entlassung, nicht aber auch eine aus Gründen der geschlechtlichen Diskriminierung erfolgende **Auflösung eines Probedienstverhältnisses** sanktionieren. Die richtlinienkonforme Auslegung des Gleichbehandlungsgesetzes (in der hier anzuwendenden alten Fassung [aF] des BGBl I 2001/98) gebietet daher, zumal der Wortlaut des § 2 GlBG und § 2a GlBG nicht entgegensteht, die Sanktionen des Gleichbehandlungsgesetzes auch dann anzuwenden, wenn der Grund für die Auflösung eines Probedienstverhältnisses in der Schwangerschaft einer Dienstnehmerin gelegen ist.

Wenngleich es sich bei der Lösungsmöglichkeit eines Probedienstverhältnisses nach der Rechtsprechung, an der festzuhalten ist, um eine Auflösungsmöglichkeit besonderer Art handelt, die einer Kündigung oder Entlassung oder einem Austritt nicht gleichzuhalten ist, so liegt doch unzweifelhaft die Beendigung eines bereits begründeten Arbeitsverhältnisses vor. Da auch § 2a Abs 8 GlBG aF sich ausdrücklich auf die vorzeitige Beendigung des Arbeitsverhältnisses bezieht, ist es nur folgerichtig, die Bestimmung **analog** neben der dort genannten Kündigung und Entlassung auch auf die Lösung des Probearbeitsverhältnisses anzuwenden.

Macht daher eine Arbeitnehmerin, deren Probedienstverhältnis gerade **wegen ihrer Schwangerschaft** aufgelöst wurde, die **Diskriminierung glaubhaft** und gelingt demgegenüber dem beklagten Arbeitgeber nicht der Beweis, dass es bei Abwägung aller Umstände wahrscheinlicher ist, dass ein anderes Motiv für die unterschiedliche Behandlung ausschlaggebend war, gilt die Sanktion des § 2a Abs 8 GlBG aF (= **Anfechtung**, jetzt: § 12 Abs 7 GlBG nF), nicht jedoch jene nach § 2a Abs 1 GlBG aF (= Schadenersatz; jetzt: § 12 Abs 1 GlBG nF). OGH 31. 8. 2005, 9 ObA 4/05m. (ARD 5637/6/2005 ●)

Keine neuerliche Probezeit bei bloßer Änderung des Funktionsbereiches

248 Kommt ein Arbeitgeber dem Wunsch eines Arbeitnehmers – der während der Probezeit durch Passivität auffiel und erklärte, dass ihm die Arbeit zu „stressig" und zu viel sei, weshalb er eine Beendigung des Beschäftigungsverhältnisses wünsche und er im Übrigen ohnehin lieber eine Halbtagsbeschäftigung haben würde – in dem Sinn nach, dass er ihn in einem **anderen Funktionsbereich** nur noch halbtags beschäftigt, wird das Dienstverhältnis nur **umgestaltet** und nicht mit der Möglichkeit der Vereinbarung einer weiteren vollen Probezeit neu begründet. OGH 20. 9. 2000, 9 ObA 163/00m. (ARD 5267/16/2001 ●)

§ 19 AngG

Keine neuerliche Probezeit nach Änderungskündigung

Eine Probezeit kann rechtswirksam **nur am Beginn** eines Dienstverhältnisses vereinbart werden. Wird die Probezeit erst **nach Beginn** des Dienstverhältnisses vereinbart, ist diese Vereinbarung nur insoweit wirksam, als sie sich noch auf das **seit Vertragsbeginn laufende Monat** bezieht. Wird ein Dienstverhältnis beendet und unmittelbar anschließend ein **neues Dienstverhältnis** zwischen denselben Parteien begründet, kann eine Probezeit rechtswirksam nur bei Vorliegen einer entsprechenden **sachlichen Rechtfertigung** vereinbart werden. Ist es aber mit Beginn des 2. Beschäftigungsmonats lediglich zu einer **Änderung der Beschäftigungsausmaßes** gekommen, kann die Frage, ob anlässlich dieser Änderung eine Probezeit vereinbart wurde, dahingestellt bleiben, könnte doch eine solche Vereinbarung im Sinne des bereits Gesagten keine Rechtswirkung entfalten. OLG Wien 27. 2. 2004, 9 Ra 177/03w. (ARD 5540/8/2004 ●)

249

Auflösung am letzten Tag des Probemonats zulässig

Auch wenn es nicht gerade ein Akt der Höflichkeit ist, dem Arbeitgeber den Entschluss zur Nichtfortsetzung des Dienstverhältnisses erst am **letzten Tag** der vereinbarten Probezeit bekannt zu geben, ist dies rechtlich ohne Relevanz in Hinblick auf einen Schadenersatzanspruch, weil auch ein **am letzten Tag** der Probezeit erfolgter Austritt **vertragskonform** ist. Die jederzeitige Lösbarkeit des Dienstverhältnisses lässt das Band zwischen Arbeitnehmer und Arbeitgeber besonders fragil erscheinen; ein Vertrauen auf die Fortsetzung des Dienstverhältnisses ist daher nicht angebracht. ASG Wien 15. 12. 1999, 8 Cga 187/99y. (ARD 5184/46/2001 ●)

250

Berechnung des Fristablaufs

Da § 902 ABGB auf arbeitsrechtliche Fristen nicht generell anwendbar ist, **endet ein Probedienstverhältnis** nach § 19 Abs 2 AngG nicht mit dem Monatstag, der seiner Zahl nach dem Beginn des Dienstverhältnisses entspricht, sondern mit jenem, der seiner **Zahl nach dem Beginn des Dienstverhältnisses vorausgeht**. Der Tag des Dienstantritts ist somit – im Gegensatz zu § 902 ABGB – in die Frist einzurechnen. ASG Wien 21. 6. 2001, 17 Cga 72/01h, bestätigt durch OLG Wien 24. 4. 2002, 9 Ra 77/02p. (ARD 5327/15/2002 ●)

251

Beginnt ein Probedienstverhältnis am **Ersten eines Monats**, endet die in § 19 Abs 2 AngG geregelte Monatsfrist für den Probemonat mit Ablauf des **letzten Tages dieses Monats**. Beginnt die Frist zur einmonatigen Probezeit an einem anderen Tag (als dem Ersten), endet sie mit dem Monatstag, der seiner Ziffer nach dem Beginn des Dienstverhältnisses vorangeht. OLG Wien 7. 6. 1995, 8 Ra 62/95. (ARD 4724/4/96 ●)

Ein Probedienstverhältnis kann gemäß § 19 Abs 2 in Verbindung mit § 40 AngG zulässigerweise nur für die **Höchstdauer eines Monats** vereinbart werden. Fällt der **letzte Tag** der Frist auf einen **Sonntag** und löst der Arbeitgeber erst zu Arbeitsbeginn des **nächstfolgenden Werktages** und damit **verspätet** das Probedienstverhältnis auf, hat die nach Ablauf des Probedienstverhältnisses erklärte, noch auf dieses bezugnehmende Auflösungserklärung des Arbeitgebers die Rechtsfolgen einer grundlosen **Entlassung**.

Die sich ausdrücklich als dispositiv bezeichnende Norm des § 903 dritter Satz ABGB („vorbehaltlich gegenteiliger Vereinbarung"), wonach dann, wenn der für die Abgabe einer Erklärung oder für eine Leistung bestimmte letzte Tag auf einen Sonntag oder anerkannten Feiertag fällt, an dessen Stelle der nächstfolgende Werktag tritt, ist beim Ablauf von Probedienstverhältnissen schon deshalb nicht anwendbar, weil das Gesetz in beiden Fällen eine für den Arbeitnehmer

§ 19 AngG

nachteilige Veränderung der Frist verbietet. So wie dem Arbeitnehmer die Kündigungsfrist nach § 20 AngG zur Gänze gewahrt werden muss, so dass eine Kündigung, die spätestens an einem Sonntag oder gesetzlichen Feiertag ausgesprochen werden und dem Arbeitnehmer zukommen muss, nicht noch am nachfolgenden Werktag erklärt werden kann, kann auch, wenn das **Ende der Probefrist** auf einen **Sonntag** oder gesetzlichen **Feiertag** fällt, **nur bis zu diesem Zeitpunkt** und nicht am folgenden Werktag die Lösung des Probedienstverhältnisses erklärt werden. OGH 10. 11. 1994, 8 ObA 286/94. (ARD 4625/16/95 ●)

Rücktritt vom Vertrag vor Antritt des Probemonats

252 Ein Probedienstverhältnis kann bereits **vor dessen Antritt** durch einseitige Erklärung eines Vertragspartners ohne weitere Rechtsfolgen **aufgelöst** werden. Es bestehen keine Bedenken gegen die Zulässigkeit einer einseitigen Vertragsbeendigungserklärung durch den Arbeitgeber, und von „Sittenwidrigkeit" kann keine Rede sein.

Soweit der Arbeitnehmer die Auffassung vertritt, es sei sittenwidrig, ein „aufrechtes Dienstverhältnis" lediglich wegen einer Lohnpfändung zu beenden, übersieht er, dass von einem „**aufrechten Dienstverhältnis**" noch gar **nicht gesprochen** werden konnte, da dieses erst nach der Auflösungserklärung hätte beginnen sollen. Vor allem lag von vornherein kein „gewöhnliches" Dienstverhältnis vor, sondern ein Probedienstverhältnis, das grundsätzlich jederzeit und ohne Angabe von Gründen aufgelöst werden kann. OGH 2. 10. 2002, 9 ObA 211/02y. (ARD 5425/1/2003 ●)

Hat ein Probedienstverhältnis im Zeitpunkt der Auflösung durch den Arbeitgeber noch gar nicht begonnen, da der Arbeitnehmer das Dienstverhältnis zu den vom Arbeitgeber zum Schluss angebotenen Bedingungen nicht antreten wollte und auch der Arbeitgeber das Dienstverhältnis zu den vom Arbeitnehmer geforderten Bedingungen nicht beginnen wollte, stehen dem Arbeitnehmer keine Entgeltansprüche oder Schadenersatzansprüche zu. Die **Auflösung eines Probedienstverhältnisses** noch **vor Arbeitsaufnahme beendet dieses sofort** und nicht erst mit Ablauf des Tages, so dass der Arbeitnehmer für diesen Tag auch keinen Anspruch auf Entgelt hat. ASG Wien 3. 6. 2002, 2 Cga 47/02y, bestätigt durch OLG Wien 6. 9. 2002, 10 Ra 236/02y. (ARD 5352/10/2002 und ARD 5365/47/2002 ●)

Löst ein Arbeitgeber ein Probedienstverhältnis noch **vor Arbeitsaufnahme** auf, **endet es sofort** und nicht erst mit Ablauf des Tages, so dass dem Arbeitnehmer für diesen Tag keine weiteren Entgeltansprüche zustehen. OGH 8. 7. 1993, 9 ObA 173/93. (ARD 4548/16/94 ●)

Keine Ersatzansprüche bei Auflösung während der Probezeit

253 In einem Probedienstverhältnis hat der Arbeitnehmer auch dann **keine Ersatzansprüche** aus der Auflösung, wenn ihm der Arbeitgeber einen Grund zum Austritt gegeben hätte oder eine grundlose Entlassung oder ein grundloser Rücktritt vom Vertrag vorliegt. OLG Wien 17. 1. 1995, 33 Ra 125/94. (ARD 4639/8/95 ●)

Unzulässige Konventionalstrafe für Nichtantritt des Dienstes bei vereinbarter Probezeit

254 Ist mit einem Arbeitnehmer eine **Probezeit vereinbart**, ist das in diesem Monat geltende jederzeitige Lösungsrecht ohne Angabe von Gründen auch auf den Zeitraum zwischen **Abschluss des Dienstvertrages und Antritt des Dienstes auszudehnen**, sodass eine im Dienstvertrag vorgesehene Klausel, wonach der Arbeitnehmer zur Zahlung einer Konventionalstrafe bei schuldhaftem Nichtantritt des Dienstes verpflichtet ist, unzulässig ist. ASG Wien 15. 10. 2003, 9 Cga 147/03g. (ARD 5506/2/2004 ●)

§ 19 AngG

Probedienstverhältnis – Dienstverhältnis zur Probe

Gemäß § 19 Abs 2 AngG kann ein Dienstverhältnis auf Probe nur für die **Höchstdauer eines Monats** vereinbart und während dieser Zeit von jedem Vertragsteil jederzeit gelöst werden. Durch den Abschluss eines zwar als „provisorisch" betrachteten, jedoch über diesen Zeitraum hinausgehenden **Dienstverhältnisses auf bestimmte Zeit** wird kein solches Dienstverhältnis auf Probe, sondern ein zeitlich begrenztes **Dienstverhältnis zur Probe** begründet. Ein Dienstverhältnis dieser Art kann nur im ersten Monat von beiden Vertragsteilen jederzeit, danach aber nur noch aus wichtigen Gründen vorzeitig aufgelöst werden.

Die vorzeitige Auflösung des Vertrages kommt nur wegen einer **schwer wiegenden Änderung** der **Verhältnisse** in Betracht; es muss sich dabei immer um Gründe handeln, die nicht schon im Zeitpunkt der Begründung des Dienstverhältnisses bekannt waren. Verfügt eine Arbeitnehmerin im Zeitpunkt der Einstellung für den Arbeitgeber erkennbar nur über unzureichende Kenntnisse der deutschen Sprache, der Rechtschreibung und auch beinahe über keine EDV-Kenntnisse, widerspricht es jeder Lebenserfahrung anzunehmen, dass sie die an sie als Chefsekretärin gestellten Anforderungen binnen 2 Monaten erfüllen werde. Das befristete Dienstverhältnis ist daher (aus diesem Grund) auch nicht vorzeitig lösbar. OGH 28. 9. 2000, 8 ObA 26/00g. (ARD 5285/4/2002 ●)

Vom **Dienstverhältnis auf Probe**, bei dem es sich um ein Probedienstverhältnis iSd § 19 Abs 2 AngG handelt, ist das **Dienstverhältnis zur Probe** zu unterscheiden. Dieses ist ein Dienstverhältnis auf bestimmte Zeit, das keinerlei Besonderheiten aufweist. Die Erprobung stellt sich in diesen Fällen nur als rechtlich unerhebliches Motiv dar.

Der erstmalige Abschluss eines befristeten Dienstverhältnisses ist – von im vorliegenden Fall nicht relevanten Ausnahmefällen (vgl. z.B. § 11 Abs 2 Z 4 AÜG) abgesehen – ohne jede Einschränkung zulässig. Ein solches befristetes Dienstverhältnis verändert seinen Charakter aber auch dann nicht, wenn der Umstand der Befristung durch den Wunsch nach Erprobung des Arbeitnehmers motiviert ist. Es kommt daher bei Abschluss eines Dienstverhältnisses auf bestimmte Zeit zur Probe in keiner Weise darauf an, ob eine **längere** als die gesetzlich zulässige **Probezeit** von einem Monat auch **tatsächlich erforderlich** ist. OLG Wien 20. 8. 2004, 9 Ra 55/04f. (ARD 5570/2/2005 ●)

Gemäß § 19 Abs 2 AngG kann ein Dienstverhältnis auf Probe nur für die Höchstdauer eines Monats vereinbart und während dieser Zeit von jedem Vertragsteil jederzeit gelöst werden. Durch den Abschluss eines **„provisorischen Dienstverhältnisses auf vorläufig ein Jahr"**, durch die Vereinbarung, jemanden „provisorisch auf die Dauer von drei Monaten probeweise anzustellen", durch eine „probeweise Aufnahme" auf bestimmte Zeit oder durch ähnliche Abmachungen kein solches Dienstverhältnis auf Probe, sondern ein **zeitlich begrenztes Dienstverhältnis zur Probe** begründet. Die Erprobung ist dabei nur das – rechtlich unerhebliche – Motiv des Vertragsabschlusses; das Dienstverhältnis selbst ist auf bestimmte Zeit abgeschlossen, der Dienstgeber behält sich aber – unverbindlich – die Erneuerung des Dienstverhältnisses nach Ablauf der bestimmten Vertragszeit vor. Ein Probedienstverhältnis iSd § 19 Abs 2 AngG kann in diesen Fällen nur dann angenommen werden, wenn die **jederzeitige fristlose Lösbarkeit** des Dienstverhältnisses während der vertraglich festgelegten „Probezeit" ausdrücklich **vereinbart** wird. OGH 20. 2. 1979, 4 Ob 125/78. (ARD 3161/9/79 ●)

Vereinbarung einer längeren Probezeit

Wird eine **längere** als die zulässige **Probezeit** in der Parteiabsicht vereinbart, das Dienstverhältnis nach Ablauf derselben fortzusetzen, liegt im Zweifel kein befristetes, sondern ein **unbefristetes Dienstverhältnis** vor. OLG Wien 22. 11. 1996, 9 Ra 164/96w. (ARD 4831/12/97 ●)

§ 19 AngG

Eine gegen § 19 Abs 2 AngG verstoßende Vereinbarung betreffend Probezeit ist nach dem Schutzzweck dieser Verbotsnorm immer nur soweit unwirksam, als in ihr die **freie Lösbarkeit** des Dienstvertrages auch nach Ablauf des ersten Monats vorgesehen ist. Der vom gesetzlichen Verbot nicht betroffene restliche Vertragsinhalt bleibt aber voll wirksam. Ob darüber hinaus ein **befristetes**, gemäß § 19 Abs 1 AngG mit dem Ablauf der vereinbarten Vertragsdauer endendes oder aber ein **unbefristetes Dienstverhältnis** vorliegt, kann nur nach Auslegung des Vertrages im Einzelfall beurteilt werden. OGH 30. 4. 1997, 9 ObA 125/97s. (ARD 4867/4/97 ●)

Nicht jede Vereinbarung einer das gesetzliche **Höchstausmaß übersteigenden Probezeit** muss zur Annahme eines befristeten Dienstverhältnisses iSd § 19 Abs 1 AngG führen; es sind vielmehr durchaus auch solche Fälle denkbar, in denen ungeachtet der Vereinbarung einer mehr als einmonatigen Probezeit zwischen den Parteien schon bei Vertragsabschluss Einigkeit darüber besteht, dass das Arbeitsverhältnis nicht mit dem Ablauf dieser Probezeit enden, sondern über sie hinaus **fortgesetzt** werden soll. Da eine gegen § 19 Abs 2 AngG verstoßende Vereinbarung nach dem Schutzzweck dieser Verbotsnorm immer nur so weit unwirksam ist, als in ihr die **freie Lösbarkeit** des Vertrages auch nach Ablauf des ersten Monats vorgesehen ist, der vom gesetzlichen Verbot nicht betroffene restliche Vertragsinhalt aber voll wirksam bleibt, kann die Entscheidung daher immer nur davon abhängen, ob nach dem **Willen der Parteien** – von der (teil-)nichtigen Vereinbarung über die Dauer der Probezeit abgesehen – ein **befristetes oder ein unbefristetes Arbeitsverhältnis** abgeschlossen werden sollte.

Wird ein zwar befristetes, vereinbarungsgemäß aber innerhalb dieser Zeit von beiden Teilen frei lösbares Dienstverhältnis begründet – insbesondere also auch ein „Dienstverhältnis zur Probe", bei welchem zusätzlich die Möglichkeit der jederzeitigen freien Auflösung bedungen wurde – dann kann zwar gleichfalls **nur der erste Monat als Probemonat** gelten, innerhalb dessen jeder Vertragsteil das Dienstverhältnis jederzeit frei lösen kann; nach seinem Ablauf wird dann aber im Sinne der Rechtsprechung tatsächlich – entsprechend dem Parteiwillen, der im vorliegenden Fall von Anfang an auf ein bloß befristetes Dienstverhältnis gerichtet war – ein **Dienstverhältnis auf bestimmte Zeit** angenommen werden müssen, welches gemäß § 19 Abs 1 AngG mit dem Ablauf der vereinbarten Vertragsdauer endet. OGH 20. 2. 1979, 4 Ob 125/78. (ARD 3161/9/79 ●)

Schlüssige Beendigung eines Probedienstverhältnisses durch leitenden Angestellten

257 Da von einem Arbeitnehmer in gehobener Position während des Probedienstverhältnisses erwartet werden kann, dass er sein **Nichterscheinen** am Arbeitsplatz mit einem Grund **rechtfertigt**, der den Arbeitgeber erkennen lässt, dass der Arbeitnehmer das Probedienstverhältnis nicht auflösen möchte, kann die **nachrichtenlose Abwesenheit** von über **2 Wochen** im Probemonat nur als **einseitige Auflösung** gewertet werden.

Im vorliegenden Fall erschien ein neuer Mitarbeiter in gehobener Position lediglich die ersten 2 Tage des Probedienstverhältnisses zur Arbeit, meldete sich sodann krank und versicherte dem Arbeitgeber telefonisch, er werde am Montag darauf verlässlich zur Arbeit erscheinen. Als er daraufhin an diesem Montag nicht erschien und sich weitere 2 Wochen mit dem Arbeitgeber überhaupt nicht in Verbindung setzte, interpretierte der Arbeitgeber dieser Verhalten dahin gehend, dass der Arbeitnehmer an der Stellung nicht mehr interessiert sei, und meldete den Arbeitnehmer (2 Wochen rückwirkend) bei der GKK ab.

Aus der auch im Arbeitsrecht anzuwendenden Vorschrift des § 863 ABGB wird abgeleitet, dass für die **Konkludenz**, also Schlüssigkeit eines Verhaltens, in Hinblick auf seine Bedeutung als rechtsgeschäftliche Willenserklärung ein **strenger Maßstab** anzulegen ist. Eine konkludente Willenserklärung darf somit nur angenommen werden, wenn sie nach den üblichen Gewohnheiten und

§ 19 AngG

Gebräuchen eindeutig in einer bestimmten Richtung zu verstehen ist. Es darf kein vernünftiger Grund übrig sein, daran zu zweifeln, dass der Wille vorliegt, eine Rechtsfolge in einer bestimmten Richtung herbeizuführen.
Aufgrund der besonderen Umstände im vorliegenden Fall ist hier jedoch davon auszugehen, dass das während der Probezeit gesetzte Verhalten des Angestellten auch nach den dargelegten strengen Kriterien nur so verstanden werden konnte, dass der Arbeitnehmer von der ihm durch § 19 Abs 2 AngG gewährten Möglichkeit Gebrauch machte, das **Probedienstverhältnis mit sofortiger Wirkung aufzulösen**. Das nur für kurze Dauer von höchstens einem Monat zulässige Probedienstverhältnis soll dem Arbeitgeber die Möglichkeit geben, sich davon zu überzeugen, ob der Arbeitnehmer sich für die zugedachte Stellung eignet, bevor er ihn endgültig in den Dienst nimmt. Andererseits soll auch der Arbeitnehmer Gelegenheit haben, die Verhältnisse im Betrieb kennen zu lernen. Deshalb kann während dieser kurzen Zeit jede der beiden Parteien das Arbeitsverhältnis ohne Angabe eines Grundes mit sofortiger Wirkung lösen.
Unter Zugrundelegung der **gehobenen Stellung**, die der Arbeitnehmer im Unternehmen bekleiden sollte, der Höhe des zugesagten Entgelts und des Umstandes, dass der Arbeitnehmer lediglich die ersten 2 Tage des Probedienstverhältnisses zur Arbeit erschien, sich sodann krankmeldete und dem Arbeitgeber telefonisch versicherte, er werde am Montag darauf verlässlich zur Arbeit erscheinen, lässt das Nichterscheinen des Arbeitnehmers an diesem Montag in Verbindung mit der Tatsache, dass der Arbeitnehmer sich daraufhin **über 2 Wochen** beim Arbeitgeber überhaupt **nicht meldete**, nur den Schluss zu, dass der Arbeitnehmer an dem Dienstverhältnis **nicht mehr interessiert** war.
Die Auffassung, das Nichterscheinen des Arbeitnehmers habe auch die Deutung zugelassen, dass sich sein Gesundheitszustand entgegen seiner (optimistischen) Prognose nicht verbessert oder gar verschlechtert hätte, mag für jene Fälle zutreffen, in denen es um die Frage geht, ob der Arbeitnehmer (unberechtigt) aus einem Dienstverhältnis **vorzeitig ausgetreten** ist. Beim **Probedienstverhältnis** aber, das rechtmäßig einseitig und ohne Angaben von Gründen mit sofortiger Wirkung aufgelöst werden kann, ist von einem Arbeitnehmer in höherer Position zu erwarten, dass er sein **Nichterscheinen** am Arbeitsplatz mit einem Grund **rechtfertigt**, der für den Arbeitgeber erkennbar macht, dass das Fernbleiben vom Arbeitsplatz nicht deshalb erfolgt, weil der Arbeitnehmer das Probedienstverhältnis – berechtigt – aufzulösen beabsichtigt.
Im vorliegenden Fall sind daher das **Nichterscheinen** des Arbeitnehmers, der nur während zwei Tagen des Probemonats gearbeitet hatte, entgegen seiner ausdrücklichen Ankündigung, am darauf folgenden Montag wieder verlässlich zum Dienst zu erscheinen, und seine **nachrichtenlose Abwesenheit** von über 2 Wochen als **einseitige Auflösung** des Probedienstverhältnisses durch den Arbeitnehmer zu werten. OGH 7. 8. 2003, 8 ObA 51/03p. (ARD 5470/4/2004 ●)

Schlüssige Abbedingung eines Probemonats

Selbst wenn ein KV (hier: KV-Handelsangestellte) die **Fiktion der Vereinbarung eines Probemonats** vorsieht („soweit keine andere Vereinbarung getroffen wurde, gilt für alle Angestellten der erste Monat als Probemonat"), ist davon auszugehen, dass die Fiktion des KV nicht zu Tragen kommt, wenn durch **schlüssige Vereinbarung ein Probemonat ausgeschlossen** wurde. Im vorliegenden Fall ist dies dadurch geschehen, dass ein Arbeitnehmer – der bereits einmal beim selben Arbeitgeber beschäftigt war – wieder eingestellt wurde, weil infolge des Ausscheidens eines anderen Arbeitnehmers seine Fähigkeiten dringend benötigt wurden, und es dem Arbeitgeber offensichtlich besonders wichtig war, sich die Arbeitsleistungen des Arbeitnehmers zu sichern und ihm keinesfalls die Möglichkeit einzuräumen, seine Tätigkeit bereits nach wenigen Tagen wieder zu beenden. OGH 7. 6. 2006, 9 ObA 45/06t. (ARD 5713/6/2006 ●)

Kündigung

259 § 20. (1) Ist das Dienstverhältnis ohne Zeitbestimmung eingegangen oder fortgesetzt worden und beträgt die vereinbarte oder tatsächlich geleistete Arbeitszeit bezogen auf den Monat mindestens ein Fünftel des 4,3fachen der durch Gesetz oder Kollektivvertrag vorgesehenen wöchentlichen Normalarbeitszeit, so kann es durch Kündigung nach folgenden Bestimmungen gelöst werden. (BGBl 1992/833)

(2) Mangels einer für den Angestellten günstigeren Vereinbarung kann der Dienstgeber das Dienstverhältnis mit Ablauf eines jeden Kalendervierteljahres durch vorgängige Kündigung lösen. Die Kündigungsfrist beträgt sechs Wochen und erhöht sich nach dem vollendeten zweiten Dienstjahr auf zwei Monate, nach dem vollendeten fünften Dienstjahr auf drei, nach dem vollendeten fünfzehnten Dienstjahr auf vier und nach dem vollendeten fünfundzwanzigsten Dienstjahr auf fünf Monate.

(3) Die Kündigungsfrist kann durch Vereinbarung nicht unter die im Abs 2 bestimmte Dauer herabgesetzt werden; jedoch kann vereinbart werden, dass die Kündigungsfrist am Fünfzehnten oder am Letzten eines Kalendermonats endigt.

(4) Mangels einer für ihn günstigeren Vereinbarung kann der Angestellte das Dienstverhältnis mit dem letzten Tage eines Kalendermonats unter Einhaltung einer einmonatigen Kündigungsfrist lösen. Diese Kündigungsfrist kann durch Vereinbarung bis zu einem halben Jahr ausgedehnt werden; doch darf die vom Dienstgeber einzuhaltende Frist nicht kürzer sein als die mit dem Angestellten vereinbarte Kündigungsfrist.

(5) Ist das Dienstverhältnis nur für die Zeit eines vorübergehenden Bedarfes vereinbart, so kann es während des ersten Monats von beiden Teilen jederzeit unter Einhaltung einer einwöchigen Kündigungsfrist gelöst werden.

Grundlegende Erläuterungen zu § 20

§ 20 Abs 2 bis Abs 5 AngG stellen gemäß § 40 AngG **zugunsten des Angestellten** (einseitig) **zwingendes Recht** dar; sie können daher nur zu dessen Vorteil, nicht aber zu seinem Nachteil vertraglich abgeändert werden.

1. Wesen und Zugang der Kündigungserklärung

260 Unter einer Kündigung versteht man eine einseitige, empfangsbedürftige Willenserklärung, die es ermöglicht, ein auf unbestimmte Zeit angelegtes Rechtsverhältnis zu einem bestimmten (in der Zukunft gelegenen) Zeitpunkt zu beenden. Eine ordnungsgemäße **Kündigungserklärung** muss den Erfordernissen der **Klarheit und Bestimmtheit** entsprechen. Der Wille des Erklärenden, das Dienstverhältnis zu beenden, muss eindeutig und ernstlich – also zweifelsfrei (unmissverständlich) – zum Ausdruck kommen und auf die einseitige Lösung des Dienstverhältnisses für die Zukunft gerichtet sein. Eine **bestimmte Form** muss grundsätzlich **nicht eingehalten** werden; die Kündigung kann also schriftlich, mündlich oder – bei zweifelsfreien Erklärungsinhalt – auch konkludent erklärt werden (beachte aber gesetzliche Ausnahmen, wie z.B. für Lehrlinge, sowie etwaige kollektivvertragliche oder einzelvertragliche Vereinbarungen).

§ 20 AngG

Als **empfangsbedürftige Willenserklärung** genügt der Ausspruch der Kündigung allein noch nicht zur Beendigung des Dienstverhältnisses, sondern muss die Kündigungserklärung vielmehr dem Arbeitnehmer auch **zugehen** (= in seinen Machtbereich gelangen). Während **mündliche Auflösungserklärungen** oder persönlich überreichte Auflösungsschreiben sofort zugehen und daher sofort ihre Wirkung entfalten, gilt eine **schriftliche Kündigung** (mittels eingeschriebenen Briefes oder Telegramms) dann als „zugegangen", sobald sie in den Machtbereich des Adressaten gelangt ist, so dass er sich unter normalen Umständen von ihrem Inhalt Kenntnis verschaffen kann. Es ist jedoch nicht erforderlich, dass sich der Empfänger **wirklich Kenntnis verschafft**, weil es sonst in seinem Belieben stünde, das Wirksamwerden einer Erklärung zu verhindern.

Der Arbeitgeber darf eine Kündigung grundsätzlich an die letzte, ihm **bekannt gewordene Wohnadresse** des Arbeitnehmers richten. Verhindert der Empfänger den Zugang einer Erklärung absichtlich bzw. wider Treu und Glauben (z.b. indem er sich der Zustellung entzieht), ist der Zugang der Erklärung zu fingieren und ist sie in jenem Zeitpunkt als wirksam anzusehen, in dem sie dem Empfänger unter gewöhnlichen Umständen zugegangen wäre. So muss z.b. ein Arbeitnehmer, der seinen **Wohnsitzwechsel** dem Arbeitgeber **nicht gemeldet** hat, eine an die letzte bekannt gegebene Adresse gerichtete Auflösungserklärung gegen sich gelten lassen. Damit bringt die Rechtsprechung zum Ausdruck, dass der Arbeitnehmer (allenfalls auch der Arbeitgeber) durch Verzögerung oder Verhinderung der Entgegennahme eines Schreibens (z.b. Verweigerung der Annahme oder Unterlassung der Abholung beim Postamt) dessen Rechtswirkungen (sofortige Auflösung bzw. Beginn des Laufes der Kündigungsfrist) nicht vermeiden oder verschleppen kann. Falls der Arbeitnehmer eine Verzögerung der Abholung nicht verschuldet hat (z.B. Krankheit ohne Ausgangsmöglichkeit), fällt ihm die Verzögerung nicht zur Last.

Eine **Annahme bzw. Zustimmung** ist zur Gültigkeit der Kündigung **nicht erforderlich**; eine Annahmeverweigerung ist wirkungslos.

2. Kündigungsfrist – Kündigungstermin

Auch wenn für die Kündigung an sich weder Frist noch Termin wesentlich sind, sind in der Realität für fast alle Dienstverhältnisse durch Gesetz, Kollektivvertrag oder Betriebsvereinbarung Fristen oder Termine oder beides statuiert. Die **Kündigungsfrist** ist jener Mindestzeitraum, der vom Zugehen der Kündigung bis zum Ende des Dienstverhältnisses verstreichen muss. Der **Kündigungstermin** ist jener Zeitpunkt, zu dem entweder das Dienstverhältnis beendet wird (Endtermin) oder die Kündigung ausgesprochen werden kann (Anfangstermin). Die Normierung von Kündigungsterminen und Kündigungsfristen soll den Parteien die Möglichkeit geben, sich auf die Beendigung des Dienstverhältnisses rechtzeitig einzustellen. Wegen der **sozialen Schutzfunktion** der Kündigungsfrist und des Kündigungstermins, die den Arbeitnehmer vor einer überraschenden Auflösung des Dienstverhältnisses bewahren und ihm einen zeitlich begrenzten Schutz gewähren soll, haben diese Regelungen überdies zugunsten des Arbeitnehmers meist **zwingenden Charakter**.

Ist für den Ausspruch der Kündigung die Einhaltung einer Kündigungsfrist und eines Kündigungstermins (regelmäßig in Form eines Endtermins) durch Gesetz, Kollektivvertrag oder Einzelvertrag vorgeschrieben, sind beide Beschränkungen unabhängig voneinander zu beachten. Die zwischen dem Zugehen der Kündigung und der Beendigung des Dienstverhältnisses liegende Zeit ist dann regelmäßig **länger** als die **Kündigungsfrist**, wenn nicht gerade so gekündigt wird, dass das Ende der einzuhaltenden Kündigungsfrist mit dem Kündigungstermin zusammenfällt. Das hat zur Folge, dass der Arbeitgeber auch dann, wenn er – was zulässig ist – eine **längere Kündigungsfrist** einhält, als gesetzlich, kollektivvertraglich oder einzelvertraglich geboten wäre, dennoch auch den **nächsten** nach

§ 20 AngG

Ablauf dieser längeren Frist **zulässigen Kündigungstermin einhalten muss.** Er kann sich in diesem Fall nicht darauf berufen, dass er das Dienstverhältnis ohnehin mit einer kürzeren zulässigen Kündigungsfrist zu einem früheren gebotenen Kündigungstermin hätte beenden können, so dass der gekündigte Arbeitnehmer auch mit dem zeitwidrigen Kündigungstermin noch besser gestellt wäre.

Ebenso wie die Kündigungserklärung **nicht** notwendig die Worte „kündigen" oder „**Kündigung**" enthalten muss, wenn nur die Absicht daraus deutlich hervorgeht, das Dienstverhältnis zu einer bestimmten Zeit auflösen zu wollen, brauchen die **Kündigungsfrist** oder der **Kündigungstermin nicht ausdrücklich angeführt** werden. Daraus kann aber weder der Schluss gezogen werden, dass eine allfällige Konkretisierung in zeitlicher Hinsicht in jedem Fall eine Willenserklärung sei, noch kann daraus gefolgert werden, dass es sich hierbei um eine jederzeit auswechselbare Wissenserklärung handle. Ob die eine oder die andere Form einer Erklärung vorliegt, muss vielmehr im Einzelfall anhand des Wortlautes der Erklärung und allfälliger näherer Umstände, wie im Zusammenhang stehender Erklärungen und/oder Verhaltensweisen der Beteiligten, geprüft werden, wobei von einer **objektiven Betrachtungsweise** auszugehen ist. Von Bedeutung wird dabei sein, auf welche Weise die Kündigungsfrist und/oder der Kündigungstermin in die Kündigungserklärung integriert sind, ob also die Zeitangabe ein Bestandteil der auf die Rechtsgestaltung (Vertragsauflösung) gerichteten Willenserklärung ist oder ob sie davon unabhängig lediglich in einer für den Erklärungsempfänger unmissverständlichen Weise nur eine die – erkennbar auf die Anwendung der dafür maßgebenden Norm oder Vertragsbestimmung gestützten – Rechtsgestaltung nicht berührende **unverbindliche Meinungskundgebung** des Erklärenden zum Ausdruck bringen soll.

Erklärt der Kündigende, er löse das Arbeitsverhältnis zu einem bestimmten, **datumsmäßig konkretisierten Termin** „unter Einhaltung der gesetzlichen Kündigungsfrist" auf, ist diese Terminangabe in die **rechtsgestaltende Wissenserklärung voll integriert** und lässt nicht bloß eine davon unabhängige unverbindliche Meinungskundgebung erkennen. Der – zudem nicht näher konkretisierte – Hinweis auf die Einhaltung der gesetzlichen Kündigungsfrist bringt in diesem Zusammenhang bloß die vom Gekündigten ohnehin als selbstverständlich vorausgesetzte, grundsätzlich erwartete und von ihm in vielen Fällen zumindest nicht sofort überprüfbare Meinung des Kündigenden zum Ausdruck, dieser habe (nach seinem Wissen) die gesetzlichen Bestimmungen eingehalten. Unklarheiten gehen dabei zu Lasten des Erklärenden.

Fehlt die Angabe eines Kündigungstermins, dann gilt die Kündigung zum nächstmöglichen Kündigungstermin.

3. Dauer der Kündigungsfrist

3.1. Gesetzliche Kündigungsfrist und Kündigungstermine für den Arbeitgeber

Das Angestelltengesetz sieht in § 20 Abs 2 vor, dass der **Arbeitgeber** das Dienstverhältnis mangels einer für den Angestellten günstigeren Vereinbarung **mit Ablauf eines jeden Kalendervierteljahres** durch vorgängige Kündigung lösen kann.

Die **Kündigungsfrist** beträgt **6 Wochen** und erhöht sich nach dem vollendeten 2. Dienstjahr auf 2 Monate, nach dem vollendeten 5. Dienstjahr auf 3 Monate, nach dem vollendeten 15. Dienstjahr auf 4 Monate und nach dem vollendeten 25. Dienstjahr auf 5 Monate. Die Kündigungsfrist kann durch Vereinbarung **nicht** unter diese Dauer **herabgesetzt** werden; es kann lediglich (durch Individualvereinbarung) vereinbart werden, dass die Kündigungsfrist am **15. oder Letzten eines Kalendermonates endigt** (§ 20 Abs 3 AngG). Gemäß § 40 AngG können die dem Angestellten aufgrund dieser Bestimmung zustehenden Rechte durch den Dienstvertrag weder aufgehoben noch beschränkt werden.

§ 20 AngG

3.2. Verlängerung der Kündigungsfrist bei längerer Dienstzeit

Die Dauer der Kündigungsfrist richtet sich nach den **Verhältnissen im Zeitpunkt der Kündigung**, die Wirkungen der Kündigung nach dem Termin, auf den gekündigt worden ist. Das Dienstverhältnis endet nicht mit der Kündigung, sondern erst mit dem **Ablauf der Kündigungsfrist**. Daher sind alle Wirkungen, die sich an die Beendigung des Dienstverhältnisses knüpfen, nach dem Termin zu beurteilen, auf den **gekündigt** wurde.

263

Damit ist aber die Frage noch nicht gelöst, welcher Zeitpunkt für die Dauer der Beschäftigung isd § 20 Abs 2 AngG maßgebend ist. Diese Frage kann nur aus der ratio des Gesetzes gelöst werden. Die Abstufung der Kündigungsfristen bezweckt, einem Arbeitnehmer mit einer längeren Dienstzeit eine längere Frist zu gewähren, um sich einen anderen Posten zu suchen. Dieses Recht wird durch den Ablauf der längeren Dienstzeit erworben. Es muss also bereits **in dem Zeitpunkt vorhanden** sein, in dem **spätestens gekündigt werden konnte**; war damals die längere Dienstzeit noch nicht beendet, die Anspruch auf eine längere Kündigungsfrist gewährt, war auch das Recht auf die längere Kündigungsfrist noch nicht existent geworden. Der Gekündigte kann daher nicht deshalb, weil er **während der Kündigungsfrist** die Dienstzeit vollstreckt hat, die Anspruch auf eine **längere Kündigungsfrist** geben würde, verlangen, dass diese Frist bereits in einem Zeitpunkt eingehalten wird, zu dem dieses Recht noch nicht entstanden war. Für die **Länge der Kündigungsfrist** ist somit die **Dauer der Beschäftigung im Zeitpunkt der Kündigung** und nicht im Zeitpunkt, auf den gekündigt worden ist, maßgebend.

Der Anspruch auf eine längere Kündigungsfrist muss schon in jenem Zeitpunkt entstanden gewesen sein, an dem der Arbeitgeber zu dem von ihm gewählten Endtermin kündigen konnte. Stichtag ist also der Tag, an dem für den anvisierten Endtermin unter Wahrung der kürzeren Frist letztmöglich die Kündigung ausgesprochen werden kann.

Beispiel: Der Arbeitnehmer ist am **3. 6. 2002** als Angestellter eingetreten. Im Dienstvertrag wurde vereinbart, dass der Arbeitgeber unter Einhaltung der **gesetzlichen Kündigungsfrist zum Monatsletzten** kündigen kann. Am 16. 5. 2004 kündigte der Arbeitgeber das Dienstverhältnis zum 30. 6. 2004 unter Einhaltung einer Kündigungsfrist von 6 Wochen. Der Arbeitnehmer begehrt nun die Bezüge für Juli 2004, weil er den Standpunkt vertritt, dass ihm mit Rücksicht auf seine **mehr als 2-jährige Dienstzeit** im Zeitpunkt des Ablaufs der Kündigungsfrist gemäß § 20 Abs 2 AngG nur mit einer **2-monatigen Kündigungsfrist** gekündigt hätte werden können.

Lösung: Stichtag für den letztmöglichen Ausspruch der kürzeren (6-wöchigen) Kündigungsfrist zum anvisierten Endtermin 30. 6. 2004 ist der 18. 5. 2004. Am 18. 5. 2004 hatte der Arbeitnehmer die 2-jährige Dienstzeit aber noch nicht erfüllt, daher besteht kein Anspruch auf Wahrung der längeren Kündigungsfrist.

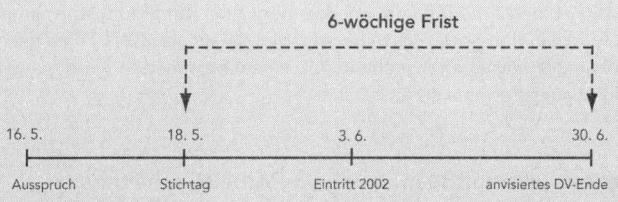

6-wöchige Frist

16. 5.	18. 5.	3. 6.	30. 6.
Ausspruch	Stichtag	Eintritt 2002	anvisiertes DV-Ende

Würde der **letztmögliche Tag** des Kündigungsausspruchs **datumsmäßig** dem Tag entsprechen, an dem das **Dienstverhältnis** des Arbeitnehmers damals **begonnen** hat (in unserem Beispiel: Beginn des Dienstverhältnisses am 18. 5. 2002), ist bereits die **längere Kündigungsfrist** zu berücksichtigen.

§ 20 AngG

3.3. Berechnung der maßgeblichen Dienstzeit

264 Unter die für die Berechnung der Kündigungsfrist maßgebliche „**Dienstzeit**" fällt nur die im **ununterbrochenen Angestelltendienstverhältnis zurückgelegte Dienstzeit zum selben Arbeitgeber**. Zeiten eines während des ununterbrochenen Angestelltendienstverhältnisses geleisteten Präsenz-, Zivil- oder Ausbildungsdienstes sind ebenso anzurechnen wie Zeiten eines Krankenstandes mit oder ohne Krankenentgeltanspruch, Zeiten eines ärztlichen Beschäftigungsverbotes (bzw. der gesetzlichen Schutzfrist vor und nach der Entbindung aufgrund des MSchG) sowie solche Zeiten, für die eine vertragliche Vereinbarung eine Anrechnung vorsieht.

Die Zeit eines **Karenzurlaubes** bleibt (sofern nichts anderes vereinbart ist) bei Rechtsansprüchen der Arbeitnehmerin, die sich nach der Dauer der Dienstzeit richten, **außer Betracht**. Der **erste Karenzurlaub** im Dienstverhältnis wird jedoch für die Bemessung der Kündigungsfrist, der Dauer der Entgeltfortzahlung im Krankheitsfall und des Urlaubsausmaßes bis zum Höchstausmaß von insgesamt **10 Monaten angerechnet** (vgl. § 15f Abs 1 MSchG bzw. § 7c VKG).

Nicht als Dienstzeit in diesem Sinne gelten die im selben oder in einem anderen Unternehmen zurückgelegte **Lehrzeit** sowie (mangels anderslautender Vereinbarung) **Vordienstzeiten bei anderen Arbeitgebern** oder als Arbeiter beim selben Arbeitgeber. Günstigere KV-Bestimmungen bzw. Sondervereinbarungen sind möglich.

3.4. Gesetzliche Kündigungsfrist und Kündigungstermine für den Angestellten

265 Gemäß § 20 Abs 4 AngG kann der **Angestellte** das Dienstverhältnis mangels einer für ihn günstigeren Vereinbarung mit dem **letzten Tage eines Kalendermonats** unter Einhaltung einer **einmonatigen Kündigungsfrist** lösen. Diese Kündigungsfrist kann durch Vereinbarung bis zu einem halben Jahr ausgedehnt werden; doch darf die **vom Arbeitgeber einzuhaltende Frist nicht kürzer sein** als die mit dem Angestellten vereinbarte Kündigungsfrist.

Aus dem letzten Satz dieser Bestimmung folgt, dass der Angestellte bei Ausübung des ihm zustehenden Kündigungsrechtes nicht schlechter gestellt werden darf als der Arbeitgeber, sondern dass ihm zumindest dieselbe Lösungsmöglichkeit wie diesem zur Verfügung stehen muss. Insgesamt wurde aus der Arbeitsrechtsordnung der allgemeine Grundsatz gewonnen, dass der **Arbeitnehmer in seiner Kündigungsfreiheit nicht stärker als der Arbeitgeber beschränkt** werden darf, wobei es jedoch bei der Beurteilung einer derartigen einseitigen Benachteiligung immer auf die Umstände des Einzelfalles ankommt.

Daraus wird auch abgeleitet, dass dann, wenn eine gleichlange Kündigungsfrist vereinbart wurde, es auch unzulässig ist, den Arbeitnehmer bei den möglichen **Kündigungsterminen zu benachteiligen**, wird doch auch in den gesetzlichen Regelungen darauf abgestellt, dass die „einzuhaltende Frist" gleich sein muss, was aber ausgehend von einem bestimmten Kündigungszeitpunkt auch die gleichen Kündigungstermine voraussetzt.

4. Praktische Beispiele zur Beendigung von Arbeitsverhältnissen

266 Immer wieder ergeben sich im Zusammenhang mit der Beendigung von Dienstverhältnissen Fragen rund um den Ausspruch, den Beginn und Lauf der Fristen, Kündigungstermine und die Auslegung von Kündigungserklärungen. Anhand folgender Beispiele aus der Rechtsprechung sollen die Probleme der Abgrenzung verdeutlicht werden.

§ 20 AngG

Beispiel 1 – keine rückdatierten Beendigungserklärungen:
Angabe: Per Schreiben – datiert mit 20. 8. 2001 – teilte der Arbeitnehmer mit, dass er **mit 17. 8. 2001** vorzeitig ausgetreten sei. Dieses Schreiben wurde dem Arbeitgeber am **21. 8. 2001 vorgelegt.**
Lösung: Der Ausspruch einer Kündigung (Austritt, Entlassung) ist eine **einseitige empfangsbedürftige Willenserklärung,** die dem betroffenen Teil zugehen muss, aber nicht annahmebedürftig ist. Für die Beurteilung des Zuganges arbeitsrechtlich relevanter Erklärungen ist § 862a ABGB sinngemäß anzuwenden. Eine schriftliche Auflösungserklärung wird somit mit der **Zustellung** wirksam. Eine **rückwirkende einseitige Auflösung** eines Arbeitsverhältnisses ist **rechtlich nicht möglich.**
Im vorliegenden Fall konnte daher der Arbeitnehmer sein Dienstverhältnis nicht rückwirkend mit 17. 8. 2001 auflösen. Erst am 21. 8. 2001 erlangte der Arbeitgeber Kenntnis vom Austritt, weshalb dieser erst **mit 21. 8. wirksam** wurde. Das Datum des Schreibens (20. 8. 2001) ist hierbei vollkommen außer Acht zu lassen, weil es auf die tatsächliche Zustellung beim Arbeitgeber ankommt (vgl. VwGH 25. 5. 2005, 2002/08/0116, ARD 5618/11/2005).

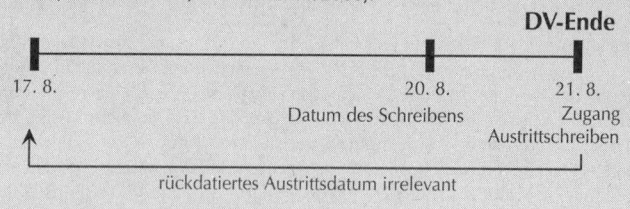

```
                                                            DV-Ende
├──────────────────────────────┼──────────────┤
17. 8.                        20. 8.          21. 8.
                        Datum des Schreibens  Zugang
                                              Austrittschreiben
  ↑
  └──── rückdatiertes Austrittsdatum irrelevant
```

Beispiel 2 – undeutliche Kündigungserklärung „per 15.":
Angabe: Laut Dienstvertrag ist für beide Vertragspartner eine Kündigung jeweils zum 15. und zum Monatsletzten möglich. Ein Arbeitnehmer brachte am 11. 4. ein Kündigungsschreiben zur Post mit dem Wortlaut: „Ich **kündige** hiermit mein Dienstverhältnis **per 15. 4.**"; weiters teilte er in dem Brief mit, er sei auch „zu einer einvernehmlichen Auflösung des Dienstverhältnisses gerne bereit". Das Schreiben ging dem Arbeitgeber am 13. 4. zu.
Lösung: Die Nennung eines unrichtigen Termins als integrierender Bestandteil einer Kündigungserklärung ist dann irrelevant, wenn der Erklärungsempfänger unter Berücksichtigung aller Umstände erkennen musste, dass der Kündigende nur unter Einhaltung der ordnungsgemäßen Fristen bzw des ordnungsgemäßen Termins kündigen wollte.
Im vorliegenden Fall war der Inhalt dieses Kündigungsschreibens dahin gehend zu verstehen, dass der – juristisch nicht gebildete – Arbeitnehmer mit dem genannten Termin (15. 4.) die Kündigung aussprechen und damit den **Fristenlauf auslösen** wollte. Der Arbeitnehmer brachte das Schreiben am 11. 4. zur Post und gab darin auch an, zu Verhandlungen über eine eventuelle einvernehmliche Lösung des Dienstverhältnisses bereit zu sein, weshalb der Arbeitgeber eindeutig davon ausgehen konnte, dass **keine fristwidrige Kündigung beabsichtigt** war (vgl. ASG Wien 25. 6. 2003, 28 Cga 22/03i, ARD 5434/8/2003). Das Dienstverhältnis endete daher am 15. 5.

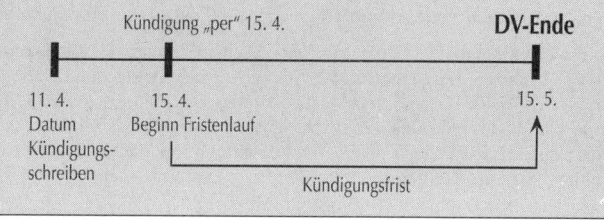

```
              Kündigung „per" 15. 4.                DV-Ende
├─────────────┼──────────────────────────────────────┤
11. 4.        15. 4.                                15. 5.
Datum         Beginn Fristenlauf                      ↑
Kündigungs-        │                                  │
schreiben          └──────── Kündigungsfrist ─────────┘
```

§ 20 AngG

Beispiel 3 – undeutliche Kündigungserklärung „mit Wirkung von":

Angabe: Ein Agenturvertrag eines Handelsvertreters mit einer GmbH regelte unter Punkt II 2, dass der „Vertragnehmer" eine Kündigungsfrist von 3 Monaten, der „Vertraggeber" eine solche von 12 Monaten einzuhalten habe. Mit Schreiben vom 18. 4. 2000 kündigte der Geschäftsführer der GmbH den Agenturvertrag mit der Formulierung: „Der Agenturvertrag wird **hiermit – gemäß Punkt II 2 – mit Wirkung 30. 4. 2000** aufgekündigt."

Lösung: Einseitige Willenserklärungen sind so zu beurteilen, wie sie der **Empfänger** nach ihrem Wortlaut und dem Geschäftszweck unter Berücksichtigung der gegebenen Umstände **bei objektiver Betrachtungsweise verstehen konnte**, wogegen es auf eine abweichende subjektive Auffassung des Erklärenden nicht ankommt. Enthält die Kündigungserklärung einen Kündigungstermin, ist der Kündigende grundsätzlich daran gebunden; er kann die Kündigung weder einseitig widerrufen noch abändern. Ist der gewählte Kündigungstermin unzulässig, wird das Dienstverhältnis dennoch beendet, wobei allerdings die Rechtsfolgen einer unberechtigten vorzeitigen Beendigung eintreten.

Der OGH beurteilte den vorliegenden Fall dahin, dass der **30. 4.** nur als **Beendigungszeitpunkt** verstanden werden könne, weil das Wort „**hiermit**" einem Verständnis des in der Erklärung genannten Termins als jenem Zeitpunkt, an dem die Kündigungsfrist in Gang gesetzt werden soll, entgegenstehe. Die Formulierung im gegebenen Fall erschien für sich so klar, dass sie **nicht** wegen des Hinweises auf Punkt II 2 des Vertrages so weit **umzudeuten** war, dass von einer vertragskonformen Kündigung zum 30. 4. 2001 auszugehen gewesen wäre. Der objektive Erklärungswert bestand in einer Vertragsbeendigung zum 30. 4. 2000 (vgl. OGH 20. 2. 2002, 9 ObA 38/02g, ARD 5374/5/2003).

→ Allein aus diesem Urteil im Vergleich zur vorstehenden Entscheidung zeigt sich die oft äußerst schwierige Auslegung einer Beendigungserklärung!

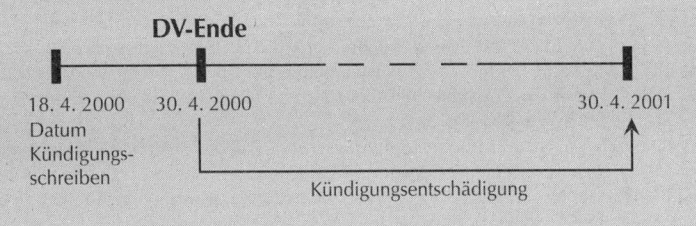

```
                    DV-Ende
         ┠─────────┨─ ─ ─ ─ ─ ─ ─ ─ ┨
      18. 4. 2000  30. 4. 2000                    30. 4. 2001
      Datum                                            ▲
      Kündigungs-                                      │
      schreiben              Kündigungsentschädigung
```

Beispiel 4 – Zustellung des Kündigungsschreibens während des Urlaubs:

Angabe: Mit eingeschriebenem Brief vom 26. 11. 2001 sprach der Arbeitgeber die Kündigung des Arbeitnehmers unter Einhaltung der gesetzlichen Kündigungsfrist von 4 Monaten zum 31. 3. 2002 aus. Nach einem **erfolglosen Zustellversuch** am 27. 11. 2001 wurde die Briefsendung unter Hinterlassung einer Verständigung von der Hinterlegung beim Postamt zur Abholung bereitgehalten.

Am 27. 11. war der Arbeitnehmer jedoch nach seinem Dienst nicht nach Hause gekommen, sondern hatte sich nach der Arbeit in den schon rund 3 Wochen zuvor beantragten **Urlaub** begeben. Von diesem kam er am 29. 11. 2001 abends nach Hause, trat am 30. 11. 2001 um 6:30 Uhr eine **Dienstreise** nach Deutschland an und kehrte von dieser erst am 1. 12. 2001 abends an seinen Wohnsitz zurück, wo er die Verständigung von der Hinterlegung vorfand. Am **nächsten Werktag** (3. 12. 2001) behob der Arbeitnehmer das Kündigungsschreiben beim **Postamt**.

§ 20 AngG

Lösung: Eine Willenserklärung gilt dem Erklärungsempfänger dann als zugegangen, wenn sich dieser **unter normalen Umständen von ihrem Inhalt Kenntnis verschaffen kann**. Im vorliegenden Fall war der Arbeitnehmer beim erstmaligen Zustellversuch nicht zu Hause, kehrte an diesem Tag auch nicht mehr an seinen Wohnort zurück, sondern trat an diesem Tag vom Arbeitsplatz den längst vereinbarten und somit **dem Arbeitgeber bekannten Urlaub** an und begab sich gleich nach der Rückkehr vom Urlaub auf Dienstreise. Die **Zustellung** ist daher erst mit der **Behebung** des Schreibens am ersten Werktag nach der Rückkehr von der Dienstreise (**3. 12. 2005**) als bewirkt anzusehen. Dem Arbeitnehmer kann hier nicht der Vorwurf einer Zugangsvereitelung gemacht werden, wenn er sich unmittelbar nach seinem Dienst an seinen Urlaubsort begibt.

Im Ergebnis lag hier eine **fristwidrige Kündigung** vor, die das Dienstverhältnis zum genannten Kündigungstermin (31. 3. 2002) auflöste, jedoch zu einem **Schadenersatzanspruch** des Arbeitnehmers bis zum richtigen Ende der Kündigungsfrist (hier **30. 6. 2002**) führte (vgl. OGH 25. 2. 2004, 9 ObA 147/03p, ARD 5526/7/2004).

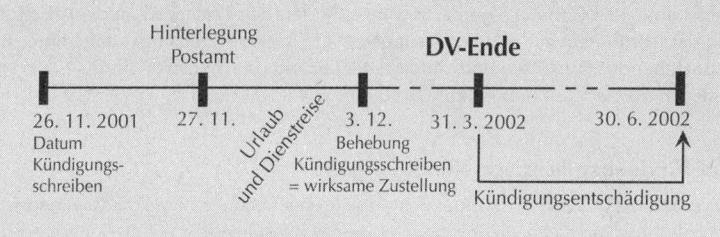

```
                    Hinterlegung
                    Postamt              DV-Ende
|───────────────────|───────|────────────|────────────|
26. 11. 2001    27. 11.    3. 12.    31. 3. 2002   30. 6. 2002
Datum                      Behebung
Kündigungs-                Kündigungsschreiben
schreiben                  = wirksame Zustellung   Kündigungsentschädigung
```

Im Hinblick auf die oben aufgezeigten Auslegungsprobleme bei unklaren Äußerungen und va auch, um den Folgen unerwarteter Zustellungsprobleme aus dem Weg zu gehen, empfiehlt es sich daher, Kündigungsschreiben möglichst neutral zu formulieren und **keine datumsmäßig genau bestimmten Termine zu nennen**, sondern etwa folgende Formulierung zu verwenden:
„unter Einhaltung der vorgeschriebenen Kündigungsfrist zum nächstmöglichen Kündigungstermin"

5. Kündigungsausspruch während Dienstverhinderung

Der Ausspruch einer Kündigung **während einer Krankheit** ist gesetzlich **zulässig** (vgl. § 9 Abs 1 AngG), doch bleiben im Falle der Kündigung durch den Arbeitgeber während einer Erkrankung des Angestellten dessen Ansprüche auf Krankenentgelt während des in § 8 AngG angeführten Zeitraumes bestehen. Die Verankerung eines Kündigungsverbotes für den Arbeitgeber während eines Krankenstandes des Angestellten ist jedoch durch Kollektivvertrag, Betriebsvereinbarung oder Einzeldienstvertrag möglich.

Eine **während des Urlaubs** des Angestellten ausgesprochene Kündigung steht mit dem **Erholungszweck des Urlaubes in Widerspruch**, da der Arbeitnehmer, der zur Erhaltung seiner Existenz auf seine Arbeitstätigkeit angewiesen ist, den Urlaub zur Arbeitssuche verwenden müsste, um nach Ende des Urlaubes über einen Arbeitsplatz zu verfügen. Ein während des Urlaubs zugestelltes Kündigungsschreiben gilt **zu jenem Zeitpunkt als zugegangen**, zu dem das Schreiben dem Arbeitnehmer **tatsächlich zugekommen** ist. Die Kündigungsfrist beginnt daher jedenfalls erst nach dem Urlaub zu laufen.

267

6. Termin- bzw. fristwidrige Kündigung

268 Wird ein Dienstverhältnis **termin- oder fristwidrig aufgelöst**, tritt zwar die Beendigung des Dienstverhältnisses zu dem im Kündigungsausspruch enthaltenen Zeitpunkt in Kraft, dem Arbeitgeber bzw. dem Arbeitnehmer stehen jedoch **Schadenersatzansprüche** zu. Ihm gebührt in analoger Anwendung des § 29 AngG das Entgelt für den Zeitraum, der bis zur ordnungsgemäßen Beendigung des Arbeitsverhältnisses durch eine fristgerechte Kündigung verstreichen hätte müssen (**Kündigungsentschädigung**, siehe dazu auch unter § 29 AngG, Rz 637 ff.).

7. Kündigung – vorzeitige Dienstvertragsauflösung

269 Für das Verhältnis zwischen Kündigung und vorzeitiger Auflösung des Dienstverhältnisses (Entlassung, Austritt) gilt in der Regel der Grundsatz, dass im **Ausspruch der Kündigung ein Verzicht auf das Recht zur vorzeitigen Lösung des Vertrages** liegt, wenn ein Grund dazu bestanden hätte, von diesem Recht aber kein Gebrauch gemacht wurde. Anders ist es dann, wenn der Arbeitgeber die Kündigung von vornherein auf sein Entlassungsrecht stützt oder der Angestellte unter Berufung auf einen bestehenden Austrittsgrund kündigt, die Lösung des Dienstverhältnisses aus wichtigen Gründen also in die äußere Form einer Kündigung gekleidet wird.

8. Zur Begründungspflicht von Kündigungen

270 Eine Kündigung muss grundsätzlich weder vom Arbeitgeber noch vom Arbeitnehmer begründet werden; sie kann und wird meist ohne Begründung ausgesprochen. Grenze ist nur die rechtsmissbräuchliche Ausübung des Kündigungsrechtes (vgl. OGH 15. 11. 2001, 8 ObA 123/01y, ARD 5290/10/2002).

Der Arbeitnehmer kann jedoch die Kündigung wegen **Sozialwidrigkeit** (§ 105 Abs 3 Z 2 ArbVG und für nicht betriebsratspflichtige Betriebe § 15 Abs 3 bis Abs 6 AVRAG) oder eines **verpönten Motivs** (§ 105 Abs 3 Z 1 ArbVG, § 9 Abs 2 AVRAG, § 2a Abs 8 GlBG) mittels Klage anfechten. Falls Sozialwidrigkeit vorliegt (insbesondere wegen geringer Chancen des gekündigten Arbeitnehmers bei der Suche eines neuen Arbeitsplatzes), so muss der Arbeitgeber persönliche und betriebsbedingte Kündigungsgründe vorbringen und beweisen, um eine Abweisung der Klage zu erreichen (vgl. OGH 10. 4. 2003, 8 ObA 204/02m, ARD 5417/3/2003). Im Fall der Behauptung eines verpönten Motivs sind vom Arbeitgeber im Arbeitsgerichtsverfahren sachliche Kündigungsgründe glaubhaft zu machen (vgl. OGH 23. 12. 1998, 9 ObA 285/98x, ARD 5024/29/99).

Dem Arbeitgeber bleibt es daher auch bei Kündigungen unbenommen, **vor Einleitung** eines **Arbeitsgerichtsverfahrens die Begründung** einer Kündigung **abzulehnen**.

9. Kündigungsschutz

9.1. Allgemeiner Kündigungsschutz

271 Falls im Betrieb des Arbeitgebers ein **Betriebsrat** gemäß ArbVG bestellt ist, ist dieser gemäß § 105 Abs 1 ArbVG vom Arbeitgeber von jeder **beabsichtigten Kündigung zu verständigen** und mit dem Ausspruch die dort vorgesehene Frist von 5 Arbeitstagen zur Stellungnahme dieser Organe abzuwarten. Der Tag nach der Verständigung des Betriebsrates gilt als erster Tag der Frist. Erst nach der Verständigung, und zwar am Tage nach Ablauf der Fünftagefrist, kann der Arbeitgeber die Kündigung rechtswirksam aussprechen. Von der Stellungnahme des Betriebsrates ist der **weitere Anfechtungsmodus** der Kündigung abhängig. Zu diesem **allgemeinen Kündigungsschutz** und den Gründen, aus denen eine Kündigung angefochten werden kann, siehe unter § 105 ArbVG.

§ 20 AngG

9.2. Besonderer Kündigungsschutz

Für bestimmte Personengruppen besteht darüber hinaus noch ein **besonderer gesetzlicher Kündigungsschutz**:

1. Mitglieder des Betriebsrates sowie diesen gleichgestellten Personen nach § 120 ArbVG;
2. Arbeitnehmerinnen während der Schwangerschaft bis zum Ablauf von 4 Monaten nach der Entbindung. Bei Inanspruchnahme eines Karenzurlaubes erstreckt sich der Kündigungsschutz bis zum Ablauf von 4 Wochen nach Beendigung des Karenzurlaubes (§ 10, § 15 MSchG). Nehmen Väter Karenzurlaub in Anspruch, stehen auch sie bis zum Ablauf von 4 Wochen nach Beendigung des Karenzurlaubes unter Kündigungsschutz (§ 7 VKG);
3. Arbeitnehmer, die zum Präsenz-, Zivil- oder Ausbildungsdienst einberufen wurden (§ 12 APSG);
4. begünstigte Behinderte bzw. Gleichgestellte im Sinne des Behinderteneinstellungsgesetzes, bzw. Inhaber einer Amtsbescheinigung oder eines Opferausweises im Sinne des Opferfürsorgegesetzes (§ 8 BEinstG, § 6 Opferfürsorgegesetz).

Letztlich sehen noch Sondergesetze einen **individuellen Kündigungsschutz** für besondere Personengruppen vor (vgl. § 8 AVRAG, § 9 AVRAG, § 15 Abs 3 bis Abs 6 AVRAG, § 15a AVRAG, § 2a Abs 8 GlBG).

9.3. Vertraglicher vereinbarter Kündigungsschutz

Das grundsätzlich **freie Kündigungsrecht** der Arbeitsvertragsparteien kann natürlich auch durch Zusatzvereinbarung partiell oder auch gänzlich **ausgeschlossen** werden. Ein vertraglicher Ausschluss der freien Kündbarkeit durch den Arbeitgeber wirkt wie ein gesetzlicher Kündigungsschutz.

10. Sonderformen der Kündigung

Sonderformen der Kündigung sind die **Änderungskündigung** und die **Teilkündigung**. Bei der Änderungskündigung spricht (idR) der Arbeitgeber die Kündigung aus, erklärt sich aber bereit, das Dienstverhältnis **unter veränderten Bedingungen** fortzusetzen. Erklärt sich der Arbeitnehmer mit den (meist verschlechternden) Änderungen einverstanden, wird die Kündigung nicht wirksam. Bei der **Teilkündigung** sollen nur **einzelne Vertragsbestandteile** durch einseitige Erklärung außer Kraft gesetzt werden, während das Dienstverhältnis als solches aufrecht bleibt. Teilkündigungen werden nur dann als zulässig erachtet, wenn der gekündigte Vertragsbestandteil auch als selbstständiger Vertrag alleine bestehen könnte. Bei beiden Varianten handelt es sich um **normale Kündigungen**, so dass die allgemeinen Bestimmungen über die Kündigung (Kündigungsfrist, Kündigungstermin, Verständigungspflicht des Betriebsrates) einzuhalten sind.

Judikatur zu § 20 Abs 1

Anforderungen an Kündigungserklärung

Die Kündigung muss ebenso wie die vorzeitige Auflösung als einseitige Auflösungserklärung dem anderen Vertragspartner gegenüber **bestimmt, ernstlich und verständlich** abgegeben werden. Sie ist hinreichend bestimmt, wenn sie die wahren Absichten über die Beendigung des

§ 20 AngG

Dienstverhältnisses zum Ausdruck bringt und der Erklärende in einer jeden Zweifel ausschließenden Weise zu erkennen gibt, dieses auf die von ihm gewählte Art auflösen zu wollen. Nicht ernst gemeinte Erklärungen sind grundsätzlich ungültig, können jedoch den Erklärenden binden, wenn die **mangelnde Ernstlichkeit** – objektiv gesehen – dem Erklärungsempfänger **nicht erkennbar** war und die Erklärung von diesem ernst genommen wurde. LG Ried im Innkreis 30. 1. 1996, 14 Cga 6/95m. (ARD 4889/8/97 ●)

Die Erklärung einer Arbeitnehmerin gegenüber dem Arbeitgeber vor oder am Anfang des **Karenzurlaubs**, sie werde **wahrscheinlich** („so wie es jetzt aussieht") nach Ende des Karenzurlaubs nicht kommen können, weil sie dann niemanden zum Aufpassen für ihr Kind haben werde, kann **nicht als Kündigungserklärung** verstanden werden. ASG Wien 9. 8. 2000, 27 Cga 226/99y. (ARD 5259/17/2001 ●)

Eine Kündigung ist auch unabhängig von der Nennung einer **Kündigungsfrist** und eines **Kündigungstermins** wirksam. OLG Wien 24. 9. 1997, 7 Ra 87/97h. (ARD 4930/6/98 ●)

Kündigung an keine Formvorschriften gebunden

274 Von Ausnahmen abgesehen (§ 19 GAngG, § 30 Abs 3 SchauspG, § 32 Abs 1 VBG) ist für Kündigungen **keine bestimmte Form** vorgesehen. Das Erfordernis der Schriftlichkeit einer Kündigung kann sich jedoch auch aus dem anzuwendenden Kollektivvertrag oder aus dem Dienstvertrag ergeben. LG Klagenfurt 10. 9. 1996, 35 Cga 87/96v. (ARD 4982/43/98 ●)

Bedingt ausgesprochene Kündigung – Änderungskündigung

275 Von der Lehre werden gegen **bedingte Kündigungen** und Entlassungen die Bedenken ins Treffen geführt, dass durch die Ausübung eines Gestaltungsrechtes einseitig in fremde Rechte oder Vermögensbelange eingegriffen wird und dem Betroffenen daher die aus der Bedingtheit folgende Ungewissheit nicht zugemutet werden könne; er müsse wissen, woran er sei.

Dementsprechend werden zwei Ausnahmen vom Grundsatz der Bedingungsfeindlichkeit der Kündigung zugelassen: Zum einen soll eine **aufschiebend bedingte Kündigung** dann **zulässig** sein, wenn ihr Wirksamwerden von einer auf den Willen des Empfängers abgestellten **Potestativbedingung** abhängig gemacht wird, weil durch eine solche Bedingung die verpönte Ungewissheit nicht herbeigeführt werden könne; der Empfänger kann im Moment des Zugangs entscheiden, ob er gewillt ist, die Bedingung zu erfüllen und sich je nach seiner Entscheidung auf die Situation einstellen. Konsequenterweise soll eine Potestativbedingung aber nur dann erlaubt sein, wenn dem Gekündigten eine sofortige Entschließung zugemutet werden kann. Zum anderen wird die Zulässigkeit einer bedingten Kündigung im Falle des **Einverständnisses des Empfängers** bejaht. OGH 13. 2. 2003, 8 ObA 4/03a. (ARD 5423/3/2003 ●)

Grundsätzlich kann einer Kündigung keine **Bedingung** beigefügt werden, es sei denn, dass deren Erfüllung ausschließlich vom Willen des anderen Teils abhängt. Die Beifügung einer Bedingung ist so lange zulässig, als die Erfüllung derselben im **Belieben des Arbeitnehmers** liegt und innerhalb kurzer Frist möglich ist. LG Wr. Neustadt 15. 6. 1998, 6 Cga 258/97p. (ARD 5027/30/99 ●)

Die Erklärung des Arbeitgebers, dass ein Arbeitnehmer nur die Wahl habe, entweder 20 Stunden wöchentlich statt wie bisher 40 Stunden zu arbeiten oder zu kündigen, ist als **Änderungskündigung** zu beurteilen. Dabei handelt es sich um eine Kündigung, die unter Beifügung der Bedingung ausgesprochen wird, dass sie nur dann wirksam sein solle, wenn sich der Arbeitnehmer mit der **geplanten Änderung** des Dienstvertrages – hier mit der Reduzierung der Wochenarbeitszeit

§ 20 AngG

von 40 auf 20 Stunden – **nicht einverstanden erkläre**. Wird diese Kündigung im November per 31. Dezember ausgesprochen und gibt der Arbeitnehmer am 22. Dezember bekannt, dass er mit der vorgeschlagenen Änderung nicht einverstanden sei, endet das Dienstverhältnis am 31. Dezember. OLG Wien 15. 1. 1998, 7 Ra 366/97p. (ARD 4939/30/98 ●) .

Zugang der Kündigung

Eine schriftliche Kündigungserklärung gilt zu jenem Zeitpunkt als zugegangen, zu dem sich der Arbeitnehmer unter normalen Umständen erstmals von ihrem Inhalt Kenntnis verschaffen kann. War er daher beim erstmaligen Zustellversuch nicht zu Hause und kehrte er an diesem Tag auch nicht mehr an seinen Wohnort zurück, sondern trat unmittelbar von seinem Arbeitsplatz aus seinen **Urlaub** und daran anschließend eine **Dienstreise** an (was dem Arbeitgeber bekannt war), ist die Zustellung erst mit der Behebung des Schreibens **am ersten Werktag nach** der **Rückkehr** von der Dienstreise als bewirkt anzusehen.

Hat der Arbeitgeber in Kenntnis der bevorstehenden Ortsabwesenheit des Arbeitnehmers davon Abstand genommen, die Kündigung früher auszusprechen oder dem Arbeitnehmer das Kündigungsschreiben an seinem Dienstort persönlich auszuhändigen, so nahm er das Risiko in Kauf, dass dem Arbeitnehmer die Kündigungserklärung nicht mehr rechtzeitig zugehen könnte. Dieses Risiko hat sich hier in der Folge auch verwirklicht.

Hat der Arbeitgeber nun den Zeitpunkt der Absendung der Kündigungserklärung so gewählt, dass ein rechtzeitiger Zugang nur unter günstigsten Bedingungen möglich gewesen wäre (Zustellversuch am nächsten Tag, Rückkehr des Adressaten an seinen Wohnsitz vor Schalterschluss beim Postamt), kann dem Arbeitnehmer **nicht** der **Vorwurf** einer **Zugangsvereitelung** gemacht werden, wenn er seinen Tagesablauf an diesem Tag nicht auf die – keinesfalls mit Sicherheit zu erwartende – Zustellung des Kündigungsschreibens ausgerichtet, sondern sich unmittelbar nach seinem Dienst an den Urlaubsort begeben hat. Da die Kündigungserklärung dem Arbeitnehmer somit erst innerhalb der Kündigungsfrist zugegangen ist, liegt eine **fristwidrige Kündigung** vor, die zwar das Dienstverhältnis zum genannten Kündigungstermin zur Beendigung bringt, jedoch zu einem **Schadenersatzanspruch** des Arbeitnehmers bis zum richtigen Ende der Kündigungsfrist führt. OGH 25. 2. 2004, 9 ObA 147/03p. (ARD 5526/7/2004 ●)

Ein Kündigungsschreiben ist zugegangen, wenn es der Briefträger in den **Postkasten des Empfängers** wirft oder wenn das Schreiben von einer Person entgegengenommen wird, die im selben Haushalt mit dem Empfänger lebt. ASG Wien 7. 4. 2000, 20 Cga 137/99h. (ARD 5226/40/2001 ●)

Ist eine mündliche Kündigung rechtzeitig erfolgt, löst der verspätete Zugang der vom Arbeitnehmer verlangten **schriftlichen Kündigung** keinen Anspruch auf Kündigungsentschädigung aus. ASG Wien 11. 9. 1996, 6 Cga 72/96t. (ARD 4842/16/97 ●)

Hat ein Arbeitnehmer die – wenn auch vorübergehende – **Änderung seines Aufenthaltsortes** dem Arbeitgeber nicht angezeigt, darf der Arbeitgeber ein Kündigungsschreiben berechtigterweise an die im vorliegenden Fall nur einen Tag zuvor vom Arbeitnehmer bekannt gegebene Adresse zustellen. Wenn der Arbeitnehmer die ordnungsgemäße **Zustellung** durch seine Ortsabwesenheit **vereitelt**, kann ihm dies nicht zum Vorteil gereichen. Aufgrund der vom Arbeitgeber nicht zu vertretenden Unkenntnis des aktuellen Aufenthaltsortes des Arbeitnehmers ist die Vornahme der Zustellung an die bekannte Adresse ordnungsgemäß und unbedenklich. ASG Wien 16. 2. 2000, 8 Cga 162/99x. (ARD 5159/6/2000 ●)

Eine mit eingeschriebenem Brief übermittelte Kündigung geht mit **Beginn der Abholungsmöglichkeit** beim Hinterlegungspostamt auch dann zu, wenn der Zustellversuch deshalb missglückt

§ 20 AngG

ist, weil der Arbeitnehmer krankheitsbedingt das Bett hüten musste. Dass ein Arbeitnehmer zum Zeitpunkt der Hinterlassung der Benachrichtigung in seiner **Wohnung anwesend** war, auch wenn er sich krankheitsbedingt nicht aus der Wohnung begeben konnte, kann nicht dazu führen, dass damit der Zugangszeitpunkt einer Kündigung zu Lasten des Arbeitgebers hinausgeschoben wird. Denn selbst bei Abwesenheit des Arbeitnehmers von seinem Wohnort kommt es für den wirksamen Zugang von Lösungserklärungen des Arbeitgebers in die persönliche Sphäre des Arbeitnehmers darauf an, ob der Arbeitgeber von dieser **Abwesenheit wusste** oder eine solche annehmen konnte. Den Arbeitgeber trifft dabei aber keine Verpflichtung zu besonderen Nachforschungen.

Konnte der Arbeitgeber ohne jeden Zweifel davon ausgehen, dass sich der Arbeitnehmer **regelmäßig an seinem Wohnsitz aufhält**, regelmäßig den Briefkasten entleert und somit das Kündigungsschreiben rechtzeitig erhält, und war er nicht in Kenntnis davon, dass der Arbeitnehmer in diesen Tagen krankheitsbedingt das Bett hüten musste, fällt ihm der Umstand, dass der Arbeitnehmer tatsächlich erst später das Kündigungsschreiben beim Postamt behoben hat, nicht zur Last. OGH 23. 8. 1995, 9 ObA 93/95. (ARD 4685/24/95 ●)

Für die Wirksamkeit einer einseitigen Willenserklärung (hier: Arbeitnehmerkündigung) ist es keineswegs erforderlich, dass sie gegenüber einem nach außen hin **vertretungsberechtigten Organ** der Gesellschaft oder einem ausdrücklich dazu Bevollmächtigten geäußert wurde, sondern lediglich, dass sie dem **Empfänger zugegangen** ist (vgl. § 862a ABGB). Der Zugang der Willenserklärung ist bereits dann vollendet, wenn sie in den **Machtbereich des Geschäftsführers** gelangt, so dass er sich unter normalen Umständen von ihrem Inhalt Kenntnis verschaffen kann. ASG Wien 7. 10. 1999, 29 Cga 121/99x. (ARD 5159/5/2000 ●)

Eine deutliche Erklärung, dass das Dienstverhältnis zu einer **bestimmten Zeit als aufgelöst** zu gelten habe, ist als rechtsverbindliche **Kündigung** anzusehen, die zu ihrer Wirksamkeit **nicht** unbedingt der Angabe der Kündigungsfrist oder des Tages bedarf, an dem das Dienstverhältnis enden soll. Im Zweifel endet dieses zum nächsten ordnungsgemäßen Termin.

Die einem **Anwesenden** gegenüber erklärte Kündigung gilt mit dem Ausspruch als **sofort zugegangen**. Telefonische Erklärungen sind als solche unter Anwesenden anzusehen. Kündigt ein Vertreter im Auftrag und namens des Arbeitgebers das Dienstverhältnis, so kann der Arbeitnehmer der Überzeugung sein bzw. muss er davon ausgehen, mit Willen des Arbeitgebers unter Einhaltung der angegebenen Kündigungsfrist gekündigt worden zu sein. LG Innsbruck 25. 9. 1991, 42 Cga 153/91. (ARD 4456/15/93 ●)

Vereitelung des Zugangs der Kündigungserklärung

277 Im Regelfall trägt der Kündigende das Risiko für den ordnungsgemäßen Zugang der Erklärung. Entzieht sich aber der Empfänger dem **Zugang einer Erklärung absichtlich** oder wider Treu und Glauben, muss er sich so behandeln lassen, als ob er die **Erklärung rechtzeitig empfangen hätte**. Dabei ist die Verpflichtung, für die Möglichkeit des Zugangs von rechtsgeschäftlichen Erklärungen vorzusorgen, umso stärker zu gewichten, je eher mit der Möglichkeit des Einlangens solcher Erklärungen zu rechnen ist (vgl. OGH 16. 6. 1999, 9 ObA 114/99a, ARD 5127/13/2000).

Rechnete ein Arbeitnehmer damit, dass der Arbeitgeber ihm noch im Dezember 2004 die Kündigung erklären wollte und schlugen durch die vom Arbeitnehmer geschaffene Situation (Einschalten des Anrufbeantworters beim Festnetzanschluss; Ausschalten der Hausklingelanlage) Versuche des Arbeitgebers fehl, ihm die Kündigung während seines – für den Arbeitgeber nicht vorhersehbaren – Krankenstandes ab 27. 12. 2004 zu erklären, so hat der Arbeitnehmer den Zugang der Kündigungserklärung wider Treu und Glauben verhindert. Anhaltspunkte dafür, dass der Arbeitnehmer, der am 3. 1. 2005 seinen Dienst wieder antrat, krankheitsbedingt nicht in der

Lage war, Telefonanrufe entgegenzunehmen oder Hausbesuche zu empfangen, bestanden im vorliegenden Fall nicht. OGH 11. 5. 2006, 8 ObA 37/06h. (ARD 5705/12/2006 ●)

Ist ein Arbeitnehmer der Aufforderung, "in das Büro zu kommen", wider Treu und Glauben **absichtlich nicht nachgekommen**, gilt die Kündigung des Arbeitgebers dem Arbeitnehmer in dem Zeitpunkt als zugegangen, in dem er die Aufforderung zur Kenntnis genommen hat, wenn sich der Arbeitnehmer absichtlich der Empfangnahme einer Auflösungserklärung entzogen hat. ASG Wien 30. 11. 1999, 14 Cga 4/99f, bestätigt durch OLG Wien 28. 8. 2000, 10 Ra 120/00s. (ARD 5184/14/2001 ●)

Rücknahme der Kündigung

Ab dem Zeitpunkt des Zugangs an den Vertragspartner kann eine Auflösungserklärung **nicht mehr einseitig zurückgenommen**, sondern nur mehr einvernehmlich rückgängig gemacht werden. Nimmt der Arbeitgeber die Kündigung zurück, kann er aus der Äußerung des Arbeitnehmers, er sei froh, dass der Arbeitgeber die Kündigung zurückgenommen habe, weil ihm sein Arbeitsplatz gut gefalle, berechtigt schließen, dass er mit einer Rücknahme der Kündigung einverstanden war. Erklärt der Arbeitnehmer aber in Folge schriftlich, dass er die Kündigung annehme, liegt eine Arbeitnehmerkündigung vor. ASG Wien 11. 10. 1999, 11 Cga 33/99y. (ARD 5184/47/2001 ●)

278

Dem Zurückgeben des dem Arbeitgeber vom Arbeitnehmer zuvor ausgehändigten Kündigungsschreibens an diesen und dessen Entgegennahme durch den Arbeitnehmer kann für sich allein keinerlei Erklärungswert in Richtung Zurücknahme der Kündigungserklärung selbst zukommen, so dass die bloße Entgegennahme der die Kündigungserklärung beinhaltenden Urkunde auch dann nichts daran ändert, dass die erklärte **Kündigung zugegangen** und dadurch wirksam geworden ist, wenn der Arbeitnehmer versprochen hat, sich die **Kündigung** nochmals **zu überlegen**. Der Umstand allein, dass der Arbeitnehmer die Rücknahme der Kündigungsurkunde nicht verweigert hat, bringt keineswegs zum Ausdruck, dass er von der erklärten Kündigung wieder abrücken wollte. OLG Wien 22. 5. 2000, 10 Ra 64/00f. (ARD 5159/8/2000 ●)

Eine zugegangene und daher wirksame Kündigung eines freien Dienstvertrages kann **nicht einseitig widerrufen** oder in eine Entlassung umgedeutet werden. ASG Wien 13. 7. 1999, 25 Cga 11/99s. (ARD 5121/13/2000 ●)

Nimmt ein Arbeitgeber nach Ausspruch der Kündigung und Ablauf der Kündigungsfrist die Arbeitsleistung des Arbeitnehmers unter der Bedingung weiter entgegen, dass das Dienstverhältnis fortdauere, wenn sich die wirtschaftlichen Verhältnisse des Betriebes bessern, hat sich der Arbeitgeber „den Endigungszeitpunkt (Kündigungstermin) vertan".

Dem Arbeitgeber steht es zu, einvernehmlich mit dem Arbeitnehmer über rechtsverbindliche Erklärungen anders zu disponieren (Weiterbeschäftigung) und eine **Kündigung einvernehmlich** wieder **zurückzunehmen**. Es würde aber jeden Rechtsgrundsatz von Treu und Glauben verletzen, stünde dem Arbeitgeber darüber hinaus das Recht zu, gemeinsam abgeänderte oder aufgehobene Willenserklärungen wieder einseitig aufleben zu lassen. Die Möglichkeit, eine Kündigung zu einem bestimmten Termin auszusprechen und dann auch nach Terminablauf abzuwarten, ob eine Verbesserung der wirtschaftlichen Lage eintritt und der Arbeitnehmer weiterbeschäftigt werden kann oder eine Weiterarbeit wirtschaftlich nicht tragbar ist, und sodann die bereits erklärte Kündigung rückwirkend wieder in Geltung zu versetzen, scheidet nach den Grundsätzen des Arbeitsrechtes aus. ASG Wien 20. 11. 1997, 8 Cga 123/96g, bestätigt durch OLG Wien 26. 5. 1997, 8 Ra 98/97h. (ARD 4834/43/97 und ARD 4855/6/97 ●)

§ 20 AngG

Eine wirksam erklärte und dem anderen Teil zugegangene Kündigung kann – unbeschadet der Frage eines allfälligen unverzüglichen Widerrufs – grundsätzlich nicht mehr einseitig zurückgenommen werden. Dies gilt grundsätzlich auch dann, wenn bei der Kündigung die vorgesehene Kündigungsfrist nicht eingehalten wurde.

Die einvernehmliche Fortsetzung eines durch Kündigung aufgelösten Dienstverhältnisses setzt ein Verhalten voraus, aus dem sich der **beiderseitige Wille zur Fortsetzung** erschließen lässt, was insbesondere bei einer längeren Dauer der nachträglich erbrachten Dienstleistungen angenommen wird. Erklärt der Arbeitgeber ausdrücklich, dass er von der wirksamen Rücknahme der zuvor ausgesprochenen Arbeitgeberkündigung ausgehe und der Arbeitnehmer daher sein Dienstverhältnis wieder antreten solle, und nimmt der Arbeitnehmer ohne irgendeinen Vorbehalt seine Tätigkeit wieder auf, ist dies als **konkludente Zustimmung** des Arbeitnehmers zur Rücknahme der Kündigung durch den Arbeitgeber zu werten. OGH 11. 11. 2004, 8 ObA 106/04b. (ARD 5569/8/2005 ●)

Wirkung einer Kündigung

279   Die Kündigung bewirkt noch nicht die Auflösung des Dienstverhältnisses, sondern dass ein bis dahin für unbestimmte Zeit laufendes Dienstverhältnis in ein solches von **bestimmter Dauer** (bis zum Ende der Kündigungsfrist) umgewandelt wird und mit deren Ablauf endet. Die **Auflösung** des Dienstverhältnisses wird erst mit dem **Ablauf der Kündigungsfrist** bewirkt. OGH 29. 1. 1997, 9 ObA 22/97v. (ARD 4838/6/97 ●)

Schlüssige Kündigungserklärungen

280   Hat ein Arbeitnehmer gegenüber dem Arbeitgeber erklärt, zu einem konkret angeführten Zeitpunkt **in Pension** gehen zu wollen, hat er damit deutlich zum Ausdruck gebracht, das Dienstverhältnis zu diesem Termin beenden zu wollen. Da es bezüglich Kündigungen keine Formvorschriften gibt, ist die Tatsache, dass der Arbeitnehmer die Kündigung nicht schriftlich erklärt hat, bedeutungslos. Allein ausschlaggebend ist, dass **Willensübereinstimmung** zwischen den Parteien des Dienstverhältnisses darüber vorgelegen ist, dass der Arbeitnehmer zu dem genannten Zeitpunkt in Pension gehen und somit das Dienstverhältnis **mit dem Tag vor Pensionsantritt beendet** wird. Hat der Arbeitgeber dem Arbeitnehmer ausdrücklich erklärt, dass dieser das Dienstverhältnis selbst kündigen muss, verbietet sich die Annahme einer einvernehmlichen Auflösung des Dienstverhältnisses und liegt eine Kündigung des Dienstverhältnisses durch den Arbeitnehmer vor. ASG Wien 7. 2. 2000, 4 Cga 175/99d. (ARD 5159/2/2000 ●)

Selbst ohne Berücksichtigung der begleitenden Erörterungen über den Verbrauch des Resturlaubs, über die Arbeitssuche, über die Notwendigkeit, Arbeitslosengeld in Anspruch zu nehmen, und über eine mögliche Wiedereinstellung kann eine abschließende und von keiner Zustimmung des Erklärungspartners abhängig gemachte Erklärung eines Arbeitnehmers, ein **Dienstverhältnis** auf unbestimmte Zeit nunmehr mit einem **bestimmten Zeitpunkt zu befristen**, nicht anders verstanden werden, als dass damit eine Beendigung des Dauerschuldverhältnisses herbeigeführt wird. Es handelt sich daher rechtlich um eine **Kündigung**. OLG Wien 30. 3. 1998, 10 Ra 5/98y. (ARD 4937/29/98 ●)

Auch durch Ausstellung eines entsprechenden **Dienstzeugnisses** kann eindeutig der Wille des Arbeitgebers zum Ausdruck kommen, das Dienstverhältnis aufzulösen. Eine Erklärung ist stets so zu beurteilen, wie sie der Empfänger nach ihrem Wortlaut und dem Geschäftszweck unter Berücksichtigung der gegebenen Umstände und bei objektiver Betrachtungsweise verstehen musste und durfte; auf eine damit nicht übereinstimmende subjektive Auffassung des Erklärenden kommt es nicht an. Die in Form eines Dienstzeugnisses gekleidete Erklärung, dass das **Dienstverhältnis endet**, ist daher als **Kündigung** zu werten. Selbst wenn man der gekündigten Arbeitnehmerin im vorliegenden Fall niedrige intellektuelle Fähigkeiten unterstellt, ist für sie aus dem Umstand der (unverlangten) Ausstellung eines Dienstzeugnisses sowie dessen Inhalt eindeutig erkennbar, dass der Arbeitgeber von einer Beendigung des Dienstverhältnisses ausgeht, so dass nicht mit einer Weiterbeschäftigung (nach dem Karenzurlaub) gerechnet werden kann. OGH 25. 1. 2001, 8 ObS 1/01g. (ARD 5255/5/2001 ●)

Kündigung – einvernehmliche Auflösung

Aus einem Schreiben des Arbeitgebers, dass er **„mit Bedauern"** die Kündigung ausspricht, auf eine einvernehmliche Auflösung zu schließen, entbehrt bei objektiver Betrachtung jeder Grundlage. Gibt der Arbeitnehmer an, er unterschreibe dies nur unter Protest, und schreibt er „erhalten" auf den Brief, kann von einer **übereinstimmenden Willenserklärung** der Parteien zur Beendigung des Dienstverhältnisses **nicht ausgegangen** werden. OLG Wien 26. 7. 2000, 8 Ra 160/00h. (ARD 5246/12/2001 ●)

Mängel bei Willensbildung zu Kündigungsausspruch

Ein allfälliger Verstoß gegen ein im Gesellschaftsvertrag verankertes **Zustimmungserfordernis der Generalversammlung** der GmbH berührt die Rechtswirksamkeit einer vom Geschäftsführer ausgesprochenen Kündigung eines Arbeitnehmers nicht, sondern kann höchstens den Geschäftsführer gegenüber der Gesellschaft gemäß § 20 Abs 1 GmbHG und § 25 Abs 2 GmbHG verantwortlich machen. OGH 12. 8. 1999, 8 ObA 72/99t. (ARD 5121/25/2000 ●)

Selbstkündigung nach Drohung mit Strafanzeige

Bei der Frage, ob die Drohung des Arbeitgebers mit einer Strafanzeige ein ungerechtfertigtes Mittel darstellt, um den Arbeitnehmer zu einer Selbstkündigung zu bewegen, kommt es entscheidend darauf an, ob im Zeitpunkt der Androhung der für den Arbeitnehmer nachteiligen Schritte Anhaltspunkte von einigem Gewicht vorlagen, dass der Arbeitnehmer durch sein Handeln **strafrechtliche Tatbestände verwirklicht** hat. Ist dies zu bejahen, kann dem Arbeitgeber das Recht nicht abgesprochen werden, auf sich möglicherweise ergebende Konsequenzen hinzuweisen (vgl. OGH 24. 6. 1999, 8 ObA 2/99y, ARD 5056/1/99). OGH 15. 12. 2004, 9 ObA 117/04b. (ARD 5660/5/2006 ●)

Judikatur zu § 20 Abs 2

Maßgeblicher Zeitpunkt für die Berechnung der Dauer der Kündigungsfrist

Das Dienstverhältnis endet nicht mit der Kündigung, sondern erst mit dem **Ablauf der Kündigungsfrist**. Daher sind alle Wirkungen, die sich an die Beendigung des Dienstverhältnisses knüpfen, nach dem Termin zu beurteilen, auf den gekündigt wurde. Damit ist aber die Frage noch nicht gelöst, welcher Zeitpunkt für die **Dauer der Beschäftigung** iSd § 20 Abs 2 AngG maßgebend ist. Diese Frage kann nur aus der ratio des Gesetzes gelöst werden.
Die Abstufung der Kündigungsfristen bezweckt, einem Arbeitnehmer mit einer längeren Dienstzeit eine längere Frist zu gewähren, um sich einen anderen Posten zu suchen. Dieses Recht wird durch den Ablauf der längeren Dienstzeit erworben. Es muss also bereits in dem Zeitpunkt vorhanden

§ 20 AngG

sein, in dem spätestens gekündigt werden konnte; war damals die längere Dienstzeit noch nicht beendet, die Anspruch auf eine längere Kündigungsfrist gewährt, war auch das Recht auf die längere Kündigungsfrist noch nicht existent geworden. Der Gekündigte kann daher nicht deshalb, weil er während der Kündigungsfrist die Dienstzeit vollstreckt hat, die Anspruch auf eine **längere Kündigungsfrist** geben würde, verlangen, dass diese Frist bereits in einem Zeitpunkt eingehalten wird, da er dieses Recht noch nicht erworben hat. Für die **Länge der Kündigungsfrist** ist somit die **Dauer der Beschäftigung im Zeitpunkt der Kündigung** und nicht im Zeitpunkt, auf den gekündigt worden ist, maßgebend. OGH 21. 4. 1953, 4 Ob 81/53. (ARD 593/5/53 ●)

Angabe eines unrichtigen Kündigungstermins

285 Eine **zeitwidrige Kündigung** löst das Dienstverhältnis zum **erklärten** und nicht erst zum nächst zulässigen **Kündigungstermin**. Die Rechtsfolgen dieser Beendigung des Dienstverhältnisses sind nach § 29 AngG und § 1162b ABGB zu beurteilen. Nur wenn der Empfänger der Auflösungserklärung unzweifelhaft erkennen kann, dass der Erklärende unter Einhaltung der gesetzlichen Kündigungsfrist kündigen will und die Angabe eines verfehlten Kündigungstermins sohin nur Folge einer **unrichtigen Wissenserklärung** ist, kann eine Wirkung der Kündigung zum nächst zulässigen Kündigungstermin angenommen werden.

Diese Voraussetzungen liegen nicht vor, wenn der terminwidrig gekündigte Arbeitnehmer zwar den (vermeintlichen) Irrtum des Arbeitgebers erkannt und den Arbeitgeber sogar darauf hingewiesen hat, dieser aber auf dem erklärten Kündigungstermin bestanden und diese Erklärung erst später widerrufen hat. OGH 8. 7. 1993, 9 ObA 166/93. (ARD 4510/15/93 ●)

Verschiebung des Endzeitpunktes des Dienstverhältnisses

286 Auch die zu einem verfehlten Kündigungstermin ausgesprochene Kündigung führt zur Beendigung des Dienstverhältnisses. Im Fall einer zeitwidrigen Kündigung hat der Arbeitnehmer allerdings einen Entgelt- bzw **Ersatzanspruch** bis zum ordnungsgemäßen Kündigungstermin. Die einmal ausgesprochene Kündigung kann einseitig nicht zurückgenommen werden.

Im vorliegenden Fall hat ein Arbeitgeber einen Arbeitnehmer zunächst schriftlich unter Einhaltung einer **falschen** (weil zu kurzen) **Kündigungsfrist** zum 22. 11. 2003 gekündigt und nach Reklamation des Arbeitnehmers diesem folgendes Schreiben übermittelt: „Wie Ihnen bereits mitgeteilt, haben wir Ihnen leider irrtümlich die falsche Kündigungsfrist bekannt gegeben. Wir bedauern diesen Vorfall und halten nochmals fest, dass das bestehende Dienstverhältnis **unter Einhaltung der korrekten** gesetzlichen bzw kollektivvertraglichen **Kündigungsfrist** zum 20. 12. 2003 endet."

Dieses Schreiben konnte der Arbeitnehmer nicht als (Anbot zur einvernehmlichen) Rückziehung der ersten Kündigung verstehen. Der Arbeitgeber brachte darin vielmehr unmissverständlich zum Ausdruck, dass er an der Beendigung des Dienstverhältnisses festhält und sich lediglich mit der **Verschiebung des Endigungszeitpunktes** einverstanden erklärt, um der Forderung des Arbeitnehmers nach Einhaltung der Kündigungsfrist Rechnung zu tragen. Dadurch kam es – die Zustimmung des Arbeitnehmers vorausgesetzt – zu einer einvernehmlichen **Änderung des Zeitpunktes der Beendigung** des aufgekündigten Dienstverhältnisses. Die Erklärung des Arbeitgebers kann aber nicht in eine – mit Einvernehmen des Arbeitnehmers erfolgte – Zurücknahme der Kündigung und eine neuerliche Aufkündigung des Dienstverhältnisses zerlegt werden.

Selbst dann, wenn dem fehlerhaften Kündigungstermin ein **Irrtum** zugrunde liegt, ist dem Kündigenden unter der Voraussetzung des § 871 ABGB und § 872 ABGB die Möglichkeit zu bieten, die Kündigung ohne unnötigen Verzug (einseitig) zu korrigieren. Dabei ist der Irrende aber nicht zur Aufhebung der Kündigung an sich, sondern nur zur „Berichtigung" entsprechend dem hypothetischen Kündigungswillen berechtigt. OLG Wien 26. 7. 2004, 9 Ra 63/04g. (ARD 5569/9/2005 ●)

Judikatur zu § 20 Abs 3

Verkürzung der Kündigungsfrist

Eine Willensübereinstimmung über die **Verkürzung der Kündigungsfrist** bewirkt für sich allein im Zweifel noch **keine einvernehmliche Auflösung** des Arbeitsverhältnisses, so dass die Kündigungsfristen des § 20 AngG auch in diesem Fall zugunsten des Arbeitnehmers zwingendes Recht bleiben und einzuhalten sind. Auf eine mit einer kürzeren als der gesetzlichen Kündigungsfrist ausgesprochene Kündigung ist § 29 AngG analog anzuwenden. OGH 11. 6. 2001, 9 ObA 133/01a. (ARD 5279/40/2002 ●)

Durch das Ersuchen um Übersendung eines **Dienstzeugnisses** steht lediglich fest, dass der Arbeitnehmer die Beendigung des Dienstverhältnisses an sich akzeptiert hat; keinesfalls ist damit aber zwingend ein Einverständnis mit einer Verkürzung der Kündigungsfrist oder einer Verschiebung des Kündigungstermins verbunden. OLG Wien 26. 7. 2000, 8 Ra 125/00m. (ARD 5203/5/2001 ●)

Vereinbarung erweiterter Kündigungsmöglichkeiten

Ist im **Dienstzettel** das Recht des Arbeitgebers festgehalten, dass er abweichend von der in § 20 AngG normierten vierteljährlichen Auflösungsmöglichkeit das Dienstverhältnis zu jedem Monatsende kündigen kann, wurde dies nur dann zum Vertragsinhalt, wenn die **erweiterte Kündigungsmöglichkeit** zwischen den Parteien zuvor unabhängig von der Unterfertigung des Dienstzettels **vereinbart** wurde. Ist eine solche Vereinbarung nicht erfolgt, ist der Dienstvertrag auf der Grundlage der gesetzlichen Kündigungsbestimmungen des AngG zustande gekommen und durch die Ausfolgung und Unterfertigung des Dienstzettels nicht geändert worden. OGH 28. 11. 2001, 9 ObA 267/01g. (ARD 5312/19/2002 ●)

Werden in einem neuerlichen Dienstverhältnis beim selben Arbeitgeber die Arbeitsbedingungen entsprechend dem **früheren Dienstzettel** – soweit dessen Bedingungen noch erheblich sind, d.h. ohne neuerliche Probezeit und Befristung zur Probe – vereinbart, ist davon auszugehen, dass auch die in diesem Dienstzettel enthaltenen **Kündigungstermine wieder Vertragsinhalt** werden.

Bei der Beurteilung des schlüssigen Verhaltens anlässlich der Fortsetzung eines Dienstverhältnisses ist u.a. zu berücksichtigen, dass bei einer geordneten Personalverwaltung von einer möglichst gleichförmigen („standardmäßigen") Gestaltung der Arbeitsbedingungen durch den Arbeitgeber auszugehen ist. Daher ist es kein Widerspruch, wenn für das fortgesetzte Dienstverhältnis der Teil der Vereinbarungen, der nur auf den erstmaligen Beginn zugeschnitten war (Probezeit, Befristung zur Probe) nach der Parteiabrede gegenstandslos sein sollte, nicht aber die früher vereinbarte und gerade für die Fortsetzung des Dienstverhältnisses sinnvolle und für den Arbeitgeber auch zur Vereinheitlichung vorteilhafte Vereinbarung zusätzlicher Kündigungstermine (§ 20 Abs 3 AngG). OGH 28. 11. 1996, 8 ObA 2306/96t. (ARD 4846/23/97 ●)

Judikatur zu § 20 Abs 4

Benachteiligung des Arbeitnehmers bei Kündigungsmöglichkeit

Nach übereinstimmender Judikatur besteht ausgehend von § 1159c ABGB bzw. § 20 Abs 4 AngG, wonach die Kündigungsfristen gleich sein müssen, im Wesentlichen der Grundsatz, dass insgesamt die Kündigungsfreiheit des Arbeitnehmers nicht stärker eingeschränkt werden darf als die Kündigungsmöglichkeiten des Arbeitgebers. Daraus wird aber auch abgeleitet, dass dann, wenn eine

§ 20 AngG

gleich lange **Kündigungsfrist** vereinbart wurde, es auch **unzulässig** ist, den Arbeitnehmer bei den möglichen **Kündigungsterminen zu benachteiligen**. Wird doch auch in den gesetzlichen Regelungen darauf abgestellt, dass die „einzuhaltende" Frist gleich sein muss, was aber ausgehend von einem bestimmten Kündigungszeitpunkt auch die gleichen Kündigungstermine voraussetzt. Wurde daher mit dem Arbeitnehmer eine **gleich lange Kündigungsfrist**, wie sie für den Arbeitgeber zu gelten hat, vereinbart, ist eine Kündigung zum **15. eines Kalendermonats** ist **unzulässig**.

Ausgehend von der Teilnichtigkeit der Vereinbarung von für den Arbeitnehmer ungünstigeren Kündigungsterminen bei gleichen Kündigungsfristen legt jedoch § 1159c ABGB ausdrücklich fest, dass bei Vereinbarung ungleicher „Fristen" für beide Teile die längere „Frist" gilt. Ist die Vereinbarung hinsichtlich der allein dem Arbeitgeber eingeräumten zusätzlichen Kündigungstermine zu jedem 15. eines Kalendermonats unwirksam, ist auch bei der Berechnung einer Kündigungsentschädigung von einem Kündigungstermin zum **Ende des Kalendermonats** auszugehen. OGH 23. 10. 2000, 8 ObA 174/00x. (ARD 5186/29/2001 ●)

Ein Arbeitnehmer darf in seiner Kündigungsfreiheit nicht stärker als der Arbeitgeber beschränkt werden. Dieses **Verschlechterungsverbot** darf auch nicht dadurch umgangen werden, dass dem kündigenden Arbeitnehmer für den Fall der Ausübung seines Kündigungsrechts ein **finanzielles „Opfer"** in einem Ausmaß auferlegt wird, das die Kündigungsfreiheit wirtschaftlich in erheblichem Umfang beeinträchtigt.

Im vorliegenden Fall führte aber die vom Arbeitgeber gehandhabte **Stichtagsregelung** (Auszahlung des Bilanzgeldes nur an Arbeitnehmer, die am 28. 2. des Jahres bei ihm beschäftigt sind) dazu, dass ein Arbeitnehmer in Hinblick auf seine Kündigung zum 31. 1. das volle Bilanzgeld für das vergangene Jahr sowie 1/12 des Bilanzgeldes des laufenden Jahres – einen Betrag, der höher als ein Bruttomonatsgehalt war – nicht ausbezahlt erhielt. Geht aber einem Arbeitnehmer bei der Wahl des Kündigungstermins nahezu ein **Monatslohn verloren**, bedeutet dies eine starke Motivation, von einer beabsichtigten Kündigung vorläufig Abstand zu nehmen, und es ist daher von einer beträchtlichen **Beeinträchtigung der Kündigungsfreiheit** auszugehen. OLG Wien 27. 11. 2000, 10 Ra 224/00k. (ARD 5226/38/2001 ●)

Eine Leistungsprämie, die bei Arbeitnehmerkündigung im Jahr der Kündigung entfällt bzw. zurückzuzahlen ist, **verletzt die Kündigungsfreiheit** des Arbeitnehmers, so dass die der Prämie zugrunde liegende Vereinbarung insoweit nichtig ist. OGH 5. 3. 1997, 9 ObA 57/97s. (ARD 4889/4/32 ●)

Angabe eines unrichtigen Kündigungstermins

290 Will ein Arbeitnehmer sein Dienstverhältnis per Ende August beenden und kündigt er deshalb mit Schreiben vom 15. Juli „unter Einhaltung der gesetzlichen Kündigungsfrist", nennt er aber **irrtümlich** im Schreiben als Kündigungstermin den **1. August** (an Stelle des 31. August) – dies, nachdem er mit dem Arbeitgeber für den August schon 3 Wochen Urlaub vereinbart hat – und **klärt** mit einem weiteren Schreiben den **Irrtum auf**, lässt der objektive Erklärungswert einen Willen, das Dienstverhältnis trotz vorheriger Urlaubsvereinbarung bereits mit 1. August unter Nichtbeachtung der einmonatigen Kündigungsfrist und des letzten Tages eines Kalendermonats als Kündigungstermin nach § 20 Abs 4 AngG zu beenden, nicht erkennen.

Die Umstände sprechen weder für einen vorzeitigen Austritt noch dafür, dass es sich bei der in der Kündigung erfolgten Bezugnahme auf die „gesetzliche Kündigungsfrist" um eine bloße Floskel gehandelt hätte. Der Arbeitgeber konnte **zweifelsfrei erkennen**, dass die Nennung eines verfehlten Kündigungstermins nur die Folge einer **unrichtigen Wissenserklärung** ist, so dass die Kündigung zum nächst zulässigen Kündigungstermin wirksam wurde. OGH 19. 9. 2001, 9 ObA 115/01d. (ARD 5356/9/2002 ●)

§ 21 AngG

Angabe eines unklaren Kündigungstermins – Kündigung „per 15. 4."

Die Nennung eines unrichtigen Termins als integrierender Bestandteil einer Kündigungserklärung ist dann irrelevant, wenn der Erklärungsempfänger unter Berücksichtigung aller Umstände erkennen musste, dass der Kündigende nur unter Einhaltung der ordnungsgemäßen Fristen bzw. des ordnungsgemäßen Termins kündigen wollte.

Ist laut Dienstvertrag eine Kündigung lediglich zum 15. und zum Monatsletzten möglich, ist der Inhalt des von einem – juristisch nicht gebildeten – Arbeitnehmer am 11. 4. an den Arbeitgeber geschickten Kündigungsschreibens, er „**kündige** hiermit das Angestelltenverhältnis **per 15. 4.**"und sei „zu einer einvernehmlichen Auflösung des Dienstverhältnisses gerne bereit", dahin gehend zu verstehen, dass der Arbeitnehmer **mit diesem Termin die Kündigung aussprechen** und damit den Fristenlauf auslösen wollte. Der Umstand, dass der Arbeitnehmer das Schreiben erst am 11. 4. zur Post gab und noch über eine einvernehmliche Auflösung verhandeln wollte, lässt den Arbeitgeber eindeutig darauf schließen, dass keine fristwidrige Kündigung intendiert war. ASG Wien 25. 6. 2003, 28 Cga 22/03i. (ARD 5434/8/2003 ●)

291

Folgen einer zeitwidrigen Kündigung

Die so genannte **zeitwidrige Kündigung** (in der Terminologie fallweise frist- oder terminwidrige bzw. fehlerhafte Kündigung genannt) wird, wenn sie vom Arbeitgeber ausgeht, in den Rechtsfolgen einer **ungerechtfertigten Entlassung** gleichgesetzt. Für den Arbeitnehmer gilt, dass mit den sich aus den Normen über den vorzeitigen Austritt ergebenden Einschränkungen nicht nur das **Schadenersatzrisiko** verbunden ist, sondern vor allem in der **Liquidierung der Engeltansprüche** erhebliche Nachteile vorhanden sind, die vom Verlust des Anspruches auf Urlaubsabgeltung bis zu Nachteilen bei den Sonderzahlungen reichen.

292

Wird der Arbeitnehmer vom Arbeitgeber auf die falsche, zu kurze Kündigungsfrist hingewiesen, ohne dass es zu einer Korrektur seitens des Kündigenden gekommen ist, und lehnt der Arbeitnehmer als Kündigender die Korrektur ab, wird die **zeitwidrige Kündigung** zum **vorzeitigen Austritt**, wiederum mit den dieser vorzeitigen Auflösung entsprechenden Rechtsfolgen. OLG Wien 18. 3. 1994, 34 Ra 20/94. (ARD 4590/19/94 ●)

§ 21. Ein für die Lebenszeit einer Person oder für länger als fünf Jahre vereinbartes Dienstverhältnis kann von dem Angestellten nach Ablauf von fünf Jahren unter Einhaltung einer Kündigungsfrist von sechs Monaten gekündigt werden.

293

Grundlegende Erläuterungen zu § 21

§ 21 AngG stellt gemäß § 40 AngG **zugunsten des Angestellten** (einseitig) **zwingendes Recht** dar; er kann daher nur zu dessen Vorteil, nicht aber zu seinem Nachteil vertraglich abgeändert werden.

1. Anstellung auf Lebenszeit

Der Ausdruck „**für die Lebenszeit einer Person**" bezieht sich nicht nur auf den Arbeitnehmer, sondern kann die Dauer des Dienstverhältnisses auch für die Lebenszeit des Arbeitgebers oder einer anderen (dritten) Person vereinbart werden.

294

§ 22 AngG

Unter einer **definitiven Anstellung** wird noch nicht eine Anstellung auf Lebenszeit, sondern vielmehr nur auf unbestimmte Zeit verstanden. An die Qualifizierung eines Dienstverhältnisses als ein Dienstverhältnis auf Lebenszeit sind strenge Maßstäbe anzulegen. Ist ein solches aber anzunehmen, kann es **nur vom Arbeitnehmer** nach Ablauf von 5 Jahren unter Einhaltung einer 6-monatigen Kündigungsfrist gelöst werden. Dem **Arbeitgeber** steht **kein Kündigungsrecht** zu; er ist vielmehr bis zum Ablauf der bestimmten Dauer an das Dienstverhältnis gebunden.

2. Analogie bei Kündigungsentschädigung begünstigter Behinderter

Nach der Rechtsprechung rechtfertigt die Ähnlichkeit des Dienstverhältnisses eines Behinderten mit einem auf Lebenszeit oder einem für länger als fünf Jahre abgeschlossenen Dienstverhältnis die **analoge Anwendung** des § 21 AngG auf die Berechnung der **Kündigungsentschädigung** eines ungerechtfertigt entlassenen bzw. berechtigt ausgetretenen **begünstigten Behinderten**. Wenn auch § 29 AngG die Kündigungsfrist des Arbeitgebers zugrunde liegt, § 21 AngG aber eine vom Arbeitnehmer einzuhaltende Kündigungsfrist normiert, erscheint es mangels jeglichen anderen gesetzlichen Anhaltspunkts für eine für ein Dienstverhältnis auf Lebenszeit geltende Kündigungsfrist und in Hinblick auf die in diesem Zusammenhang bestehende Rechtsähnlichkeit der beiden Arten von Dienstverhältnissen gerechtfertigt, die in den bezogenen Bestimmungen genannte Kündigungsfrist von 6 Monaten für die Berechnung der Kündigungsentschädigung eines Behinderten heranzuziehen, sofern nicht aufgrund von Gesetz, Kollektivvertrag oder Arbeitsvertrag eine längere Kündigungsfrist besteht (vgl. OGH 26. 11. 1997, 9 ObA 146/97d, ARD 4910/8/98).

Freizeit während der Kündigungsfrist

§ 22. (1) Bei Kündigung durch den Dienstgeber ist dem Angestellten während der Kündigungsfrist auf sein Verlangen wöchentlich mindestens ein Fünftel der regelmäßigen wöchentlichen Arbeitszeit ohne Schmälerung des Entgelts freizugeben.

(2) Ansprüche nach Abs 1 bestehen nicht, wenn der Angestellte einen Anspruch auf eine Pension aus der gesetzlichen Pensionsversicherung hat, sofern eine Bescheinigung über die vorläufige Krankenversicherung vom Pensionsversicherungsträger ausgestellt wurde.

(3) Abs 2 gilt nicht bei Kündigung wegen Inanspruchnahme einer Gleitpension gemäß § 253c ASVG.

(4) Durch Kollektivvertrag können abweichende Regelungen getroffen werden.

(BGBl I 2000/44)

Grundlegende Erläuterungen zu § 22

1. Anspruch auf Postensuchfreizeit

Dem Arbeitnehmer sind **während der Kündigungsfrist** nach einer Kündigung durch den Arbeitgeber auf sein Verlangen wöchentlich mindestens ein **Fünftel der regelmäßigen wöchentlichen Arbeitszeit** ohne Schmälerung des Entgelts freizugeben. Bei einer Normalarbeitszeit von 40 Stun-

§ 22 AngG

den wöchentlich besteht daher ein Anspruch auf Postensuchtage im Ausmaß von 8 Stunden wöchentlich. Diese Freizeit während der Kündigungsfrist steht dem Arbeitnehmer seit 1. 1. 2001 grundsätzlich nur mehr bei einer **Arbeitgeberkündigung** zu, jedoch nicht mehr, wenn er selbst das Dienstverhältnis aufkündigt. Die Postensuchfreizeit muss nicht tageweise konsumiert werden, sondern kann diese der Arbeitnehmer je nach Bedarf auch stundenweise oder falls nötig auch auf einmal in Anspruch nehmen.

Kein Anspruch besteht weiters, wenn die Kündigung wegen der Inanspruchnahme einer **Pension** aus der gesetzlichen Pensionsversicherung erfolgt, sofern eine Bescheinigung über die vorläufige Krankenversicherung vom Pensionsversicherungsträger ausgestellt wurde. Wird wegen der Inanspruchnahme einer Gleitpension gekündigt, ist dem Arbeitnehmer jedoch Freizeit zu gewähren.

§ 22 AngG stellt gemäß § 40 AngG **zugunsten des Angestellten** (einseitig) **zwingendes Recht** dar; er kann daher nur zu dessen Vorteil, nicht aber zu seinem Nachteil vertraglich abgeändert werden.

2. Anspruch bei befristetem Dienstverhältnis bzw. bei einvernehmlicher Auflösung

Bis zum Inkrafttreten des Arbeitsrechtsänderungsgesetzes 2000, BGBl I 2000/44, mit 1. 1. 2001 sah § 22 AngG als Voraussetzung für den Anspruch auf Postensuchtage lediglich eine „Kündigung" vor (Anspruch bei Arbeitgeberkündigung: 8 Arbeitsstunden; Anspruch bei Arbeitnehmerkündigung: 4 Arbeitsstunden). Daher war es – für den Anspruch an sich – gleichgültig, ob der Arbeitgeber oder der Arbeitnehmer kündigt.

Von diesem Verständnis des § 22 AngG ging die Rechtsprechung bei Beantwortung der Frage aus, ob dem Arbeitnehmer auch bei **befristeten Dienstverhältnissen bzw einvernehmlicher Beendigung** ein Anspruch auf Postensuchtage zusteht. Da es für einen Anspruch an sich egal war, wer kündigt, konnte nach der Rechtsprechung auch in diesen beiden Fällen ein Anspruch auf Postensuchtage bestehen (vgl. OGH 10. 2. 1993, 9 ObA 604/92, ARD 4456/13/93).

Bei befristeten Dienstverhältnissen wird aber vorausgesetzt, dass das Dienstverhältnis über eine **bestimmte Mindestzeit** vereinbart wurde. Bei Dienstverhältnissen mit besonders kurzer Befristung ist eine analoge Anwendung des § 22 AngG nicht gerechtfertigt, weil bei diesen die Postensuchzeit einen verhältnismäßig großen Teil der vereinbarten Arbeitszeit erfassen würde und das Interesse des Arbeitnehmers an der Möglichkeit einer Postensuche für die nicht allzu ferne Zeit nach dem feststehenden Ende des Dienstverhältnisses nicht so hoch zu bewerten ist, wie im Falle einer Beschäftigung auf unbestimmte Zeit oder einer längeren Befristung. Als Grenze wurde von der Rechtsprechung eine **Befristung von zumindest 3 Monaten** angesehen.

Die Postensuchzeit ist innerhalb jener Frist vor Ende des Dienstverhältnisses zu gewähren, die der **(fiktiven) Kündigungsfrist** für den Fall entspricht, dass das Dienstverhältnis auf unbestimmte Zeit abgeschlossen worden wäre. Sollte die Befristung im Interesse beider Vertragsteile vereinbart worden sein, wäre die **kürzere Kündigungsfrist** maßgeblich.

Abzuwarten bleibt, ob die Gerichte diese – eigentlich nun nicht mehr schlüssige – Argumentationslinie auch zur geänderten Regelung des § 22 AngG beibehalten. Ein Teil der Lehre hält die analoge Anwendung bei Befristungen und einvernehmlicher Beendigung infolge des sozialpolitischen Zweckes der Postensuchtage jedenfalls nach wie vor gerechtfertigt, da dem Arbeitnehmer auch in diesem Fall die Möglichkeit gewährt werden soll, sich um eine neue Stellung umzusehen.

3. Keine Zweckbindung für Postensuchfreizeit

298 Seit der Beschäftigungssicherungsnovelle 1993, BGBl 1993/502, sind die Postensuchtage **nicht mehr ausdrücklich für die Suche eines neuen Arbeitsplatzes zweckgebunden.** Sie gebühren daher auch dann, wenn die Notwendigkeit der Postensuche gar nicht mehr gegeben ist, da der Arbeitnehmer etwa schon einen neuen Arbeitsplatz gefunden hat. Der Arbeitnehmer hat folglich auch **keinen Nachweis** darüber zu erbringen, dass er sich während der ihm gewährten Freizeit um einen Arbeitsplatz beworben hat. Für den Zeitraum, für den die Kündigungsentschädigung zu bezahlen ist, besteht jedoch kein Anspruch auf Abgeltung von Postensuchfreizeit (vgl. OGH 23. 10. 2000, 8 ObA 174/00x, ARD 5190/1/2001).

4. Ansuchen um Postensuchfreizeit

299 Der Arbeitnehmer muss **sein Begehren** um Freizeit während der Kündigungsfrist dem Arbeitgeber **ausdrücklich artikulieren.** Der Arbeitgeber ist verpflichtet, diesem Verlangen des Arbeitnehmers nach Maßgabe des Gesetzes zu entsprechen. Weigert sich der Arbeitgeber, den rechtmäßigen Anspruch zu gewähren, handelt er rechtswidrig und setzt sich demgemäß Schadenersatzansprüchen des Arbeitnehmers aus. Bleibt in diesem Fall der Arbeitnehmer, der triftige Gründe geltend gemacht hat, dem Dienst eigenmächtig fern, bildet dies in der Regel keinen Entlassungsgrund.

Nur **zwingende betriebliche Gründe** können gegen einen entsprechenden Vorschlag des Arbeitnehmers ins Treffen geführt werden. Über die Festsetzung der freizugebenden Stunden werden sich Arbeitnehmer und Arbeitgeber so zu einigen haben, dass der Arbeitnehmer nicht gerade in der dringendsten Geschäftszeit dem Dienst fernbleibt, er aber auch nicht durch nicht entsprechende Stunden an der Vorstellung beim neuen Arbeitgeber gehindert wird. Bei **Abwägung der gegenseitigen Interessen** ist davon auszugehen, dass von vornherein ein eminentes Interesse des Angestellten anzunehmen ist, dieser sich also in Hinblick auf seine Existenzsorgen sozusagen im Vorteil befindet und nur zwingende betriebliche Gründe gegen einen entsprechenden Vorschlag des Arbeitnehmers ins Treffen geführt werden können. Bei Vorliegen eines mindestens gleichwertigen Interesses des Arbeitgebers an der Arbeitsleistung und des Arbeitnehmers an der Freizeit gerade zum Zeitpunkt der beabsichtigten Arbeitssuche gebührt dem Interesse des Arbeitnehmers an der verlangten Freizeit der Vorrang.

Wenn der Arbeitnehmer aber trotz Verwarnung eigenmächtig und unangemeldet zum Zweck der Postensuche vom Dienst fernbleibt, obwohl seine Gründe jene des Arbeitgebers nicht überwiegen, riskiert er einen **Entlassungsgrund.** Dies gilt insbesondere dann, wenn keinerlei zwingende Gründe vorliegen, gerade an diesem Tag der Kündigungsfrist auf Postensuche zu gehen.

Etwaige **günstigere kollektivvertragliche Bestimmungen**, z.B. betreffend Zulässigkeit der eigenmächtigen Konsumierung gegen bloße vorherige Mitteilung an den Arbeitgeber, sind im Einzelfall zu beachten. Außerdem kann, da es sich nur um einen gesetzlichen Mindestanspruch handelt, bei sachlicher Rechtfertigung im Einzelfall auch ein höherer Anspruch des Arbeitnehmers bestehen.

5. Finanzielle Abgeltung des Anspruches

300 Kann der Freistellungsanspruch trotz entsprechenden Verlangens des Arbeitnehmers vor Ablauf der Kündigungsfrist nicht mehr konsumiert werden, wandelt sich er sich von einem Naturalanspruch in einen **Ersatzanspruch** (Geldanspruch). Ist das Nichtverlangen nicht in der Sphäre des Arbeitgebers, sondern des Arbeitnehmers selbst gelegen, hat er dies selbst zu vertreten.

Auch in dem Fall, dass der Arbeitgeber trotz Begehrens des Arbeitnehmers die Gewährung von Freizeit während der Kündigungsfrist **verweigert**, gebührt dem Arbeitnehmer eine **Entschädigung** des Freistellungsanspruchs als Vorteilsausgleichung **in Geld**, da der Arbeitnehmer nicht allein auf das risikoträchtige eigenmächtige Fernbleiben angewiesen ist. Die Höhe des Ersatzanspruchs richtet sich nach dem konkreten Entgelt für die Zeiten, in denen der Arbeitnehmer die bezahlte Freizeit hätte konsumieren können.

Judikatur zu § 22

→ Zu beachten ist, dass die angeführte Rechtsprechung überwiegend noch zur Rechtslage vor BGBl 1993/502 bzw. vor BGBl I 2000/44 ergangen ist, wonach der Anspruch auf Postensuchtage bei jeder Kündigung zustand und noch eine Zweckbindung hinsichtlich der Verwendung der Freizeit für die Suche einer neuen Arbeitsstelle bestand.

Ansuchen des Arbeitnehmers auf Postensuchfreizeit

Ist einem Arbeitgeber ein Ansuchen des Arbeitnehmers um Postensuchfreizeit zur Kenntnis gekommen und lehnt er es nicht ausdrücklich ab, kann der Arbeitnehmer davon ausgehen, dass eine Vereinbarung über die Postensuchfreizeit zustande gekommen ist. ASG Wien 3. 11. 1994, 28 Cga 215/94f. (ARD 4669/1/95 ●)   301

Die Bekanntgabe, Tage, für die ursprünglich **Zeitausgleich** vereinbart worden war, als Postensuchtage in Anspruch zu nehmen, ist zwar grundsätzlich zulässig, doch muss dem Arbeitgeber das Recht eingeräumt werden, rechtzeitig – d.h. **vor Konsumation der Postensuchtage** – davon zu erfahren. ASG Wien 20. 10. 1992, 16 Cga 543/92. (ARD 4508/30/93 ●)

Postensuchtage bzw. deren Entschädigung gebühren auch dann, wenn während der **Dienstfreistellung** mit Zustimmung des Arbeitgebers ein **neues Dienstverhältnis** eingegangen wird. OLG Wien 20. 12. 1995, 7 Ra 62/95. (ARD 4722/18/96 ●)

Postensuchfreizeit nicht an Nachweis einer Bewerbung gebunden

Der Zweck der „Postensuchtage" bei vorzeitiger Beendigung des Dienstverhältnisses besteht darin, dem Arbeitnehmer das **Auffinden eines neuen Arbeitsplatzes** zu erleichtern. Allerdings wird dem Arbeitnehmer die Möglichkeit der Freistellung zu diesem Zweck nur geboten, die Freistellung ist aber **nicht an den Nachweis** einer dementsprechenden Verwendung gebunden. Der grundsätzliche Zweck der Postensuchfreizeit zeigt sich auch schon dadurch, dass sie nur für die Phase der Beendigung des Dienstverhältnisses vorgesehen ist und bei Beendigung des Dienstverhältnisses in Zusammenhang mit einem bevorstehenden Anspruch auf eine gesetzliche Alterspension ausgeschlossen ist. OGH 23. 10. 2000, 8 ObA 174/00x. (ARD 5190/1/2001 ●)   302

Kein Anspruch auf Postensuchfreizeit für Zeitraum einer Kündigungsentschädigung

Für den Zeitraum, für den **Kündigungsentschädigung** zu bezahlen ist, besteht **kein Anspruch auf Abgeltung von Postensuchfreizeit**.   303
Der Anspruch auf Kündigungsentschädigung bei unberechtigter Entlassung nach § 29 AngG versteht sich grundsätzlich als **Schadenersatzanspruch** im Umfang jenes Entgelts, das für den Zeitraum, der bis zur Beendigung des Dienstverhältnisses durch Ablauf der bestimmten Vertragszeit oder durch ordnungsgemäße Kündigung durch den Arbeitgeber hätte verstreichen müssen, gebührt

hätte. Dies erfasst also im Wesentlichen „entgeltwerte" Leistungen des Arbeitgebers für diesen Zeitraum. Es geht darum, dass von dem Schadenersatzanspruch jene Leistungen umfasst sein sollen, die der Arbeitnehmer bei Fortbestand des Dienstverhältnisses als Gegenleistung für seine Arbeit erhalten hätte, aber grundsätzlich nicht darum, dem Arbeitnehmer gesetzlich – oder vertraglich – vorgesehene Einschränkungen seiner Verpflichtung zur Erbringung der Arbeitsleistung in diesem Zeitraum abzugelten. Die Möglichkeit, Gründe für die Entgeltfortzahlung in diesem Zeitraum relevieren zu können (etwa auch wegen Krankheit oder Verhinderung aus sonstigen wichtigen Gründen nach § 8 Abs 3 AngG), ist nicht selbst Entgelt für die Tätigkeit und damit ersatzfähig iSd § 29 Abs 1 AngG.

Von der Entschädigung des während des Zeitraumes, für den Kündigungsentschädigung geltend gemacht wird, **neu entstehenden Urlaubsanspruches** unterscheiden sich diese **Freistellungsansprüche** schon dadurch, dass sie dem Arbeitnehmer nur während des bestimmten Zeitraumes zustehen, also grundsätzlich **nicht** „angespart" und in Entgelt abgegolten werden können. Auch bei der Frage einer für diesen Zeitraum vorgesehenen Konsumtion von Ersatzruhe ist zu berücksichtigen, dass diese – bereits zu früheren Zeiten „angesparte" – Ersatzruhe dann eben nicht mehr konsumiert werden kann und daher abzugelten ist.

Bei der hier vorliegenden gesetzlichen – und (auch) vertraglichen – Einschränkung der Arbeitspflicht durch **Postensuchfreizeit** für den **Zeitraum**, für den **Kündigungsentschädigung** zusteht, entsteht also **kein** über das ohnehin schon zu ersetzende laufende Entgelt hinausgehendes, nach § 29 AngG **zu entschädigendes Entgelt**. Vielmehr verlieren diese Einschränkungen der Arbeitspflicht in Hinblick auf die gänzliche Freistellung des Arbeitnehmers – der dann sein Entgelt (Entgeltfortzahlung) als Schadenersatzanspruch im Rahmen der Kündigungsentschädigung erhält – ihren Anwendungsbereich. OGH 23. 10. 2000, 8 ObA 174/00x. (ARD 5190/1/2001 ●)

Anspruch auf Postensuchtage bei befristeten Dienstverhältnissen

304 Auch bei **Ablauf befristeter Dienstverhältnisse** kann nach der Rechtsprechung ein Anspruch auf Postensuchtage bestehen. In diesem Fall wird aber vorausgesetzt, dass das Dienstverhältnis über eine **bestimmte Mindestzeit** vereinbart wurde. Bei Dienstverhältnissen mit besonders kurzer Befristung ist eine analoge Anwendung des § 22 AngG nicht gerechtfertigt, weil bei diesen die Postensuchzeit einen verhältnismäßig großen Teil der vereinbarten Arbeitszeit erfassen würde und das Interesse des Arbeitnehmers an der Möglichkeit einer Postensuche für die nicht allzu ferne Zeit nach dem feststehenden Ende des Dienstverhältnisses nicht so hoch zu bewerten ist, wie im Falle einer Beschäftigung auf unbestimmte Zeit oder einer längeren Befristung. Als Grenze wurde von der Rechtsprechung eine **Befristung von zumindest 3 Monaten** angesehen.

Die Postensuchzeit ist innerhalb jener Frist vor Ende des Dienstverhältnisses zu gewähren, die der **(fiktiven) Kündigungsfrist** für den Fall entspricht, dass das Dienstverhältnis auf unbestimmte Zeit abgeschlossen worden wäre. Sollte die Befristung im Interesse beider Vertragsteile vereinbart worden sein, wäre die **kürzere Kündigungsfrist** maßgeblich. OGH 10. 2. 1993, 9 ObA 604/92. (ARD 4456/13/93 ●)

Interessensabwägung bei Vereinbarung des konkreten Zeitpunktes

305 Da ein gekündigter Arbeitnehmer ein eminentes existentielle Interesse hat, sich durch Erlangung eines Arbeitsplatzes eine neue Lebensgrundlage zu sichern, ist sein Interesse, Postsuchfreizeit gerade zum **Zeitpunkt des vereinbarten Vorstellungstermins** in Anspruch zu nehmen, selbst dann **vorrangig**, wenn der Arbeitgeber ein zumindest gleichwertiges erhebliches Interesse an der Arbeitsleistung gerade zu diesem Zeitpunkt hat. Kann der Arbeitnehmer trotz Bemühens die Zustimmung des Arbeitgebers zur Gewährung von Postsuchfreizeit nicht erlangen – weil der

§ 22 AngG

Arbeitgeber diese z.b. verweigert oder selbst nicht erreichbar ist – muss dem Arbeitnehmer die **eigenmächtige Inanspruchnahme** des für die Vorstellung unbedingt erforderlichen (im vorliegenden Fall nur etwa die Hälfte eines Vormittages umfassenden) Zeitraumes an Freizeit **zugebilligt** werden, insbesondere wenn der Arbeitnehmer durch Verrichtung der notwendigen Tätigkeit vor Verlassen der Arbeit die betrieblichen Interessen soweit als möglich berücksichtigt hat. Bei einer derartigen Interessenkollision kann dem Arbeitnehmer ein vertragsgemäßes Verhalten nicht zugemutet werden. OGH 28. 2. 1990, 9 ObA 31/90, ARD 4174/17/90 ●)

Der Freistellungsanspruch nach § 22 Abs 1 AngG hängt vom Verlangen des Arbeitnehmers ab; der Arbeitgeber ist verpflichtet, diesem Verlangen nach Maßgabe des Gesetzes zu entsprechen. Weigert sich der Arbeitgeber, den rechtmäßigen Anspruch zu gewähren, handelt er rechtswidrig und setzt sich demgemäß Schadenersatzansprüchen des Arbeitnehmers aus. Wenn der Arbeitnehmer hingegen trotz Verwarnung **eigenmächtig** und unangemeldet zum Zweck der Postensuche **vom Dienst fernbleibt**, riskiert er einen Entlassungsgrund. Dies gilt insbesondere dann, wenn keinerlei zwingende Gründe vorliegen, gerade an diesem Tag der Kündigungsfrist auf Postensuche zu gehen.

Nur zwingende betriebliche Gründe können gegen einen entsprechenden Vorschlag des Arbeitnehmers ins Treffen geführt werden. Über die Festsetzung der freizugebenden Stunden werden sich Arbeitnehmer und Arbeitgeber so zu einigen haben, dass der Arbeitnehmer nicht gerade in der dringendsten Geschäftszeit dem Dienst fernbleibt, er aber auch nicht durch nicht entsprechende Stunden an der Vorstellung beim neuen Arbeitgeber gehindert wird. Bei **Abwägung der gegenseitigen Interessen** ist davon auszugehen, dass von vornherein ein eminentes Interesse des Angestellten anzunehmen ist, dieser sich also in Hinblick auf seine Existenzsorgen sozusagen im Vorteil befindet und nur zwingende betriebliche Gründe gegen einen entsprechenden Vorschlag des Arbeitnehmers ins Treffen geführt werden können. Bei Vorliegen eines mindestens gleichwertigen Interesses des Arbeitgebers an der Arbeitsleistung und des Arbeitnehmers an der Freizeit gerade zum Zeitpunkt der beabsichtigten Arbeitssuche gebührt dem **Interesse des Arbeitnehmers** an der verlangten Freizeit der **Vorrang**. ASG Wien 24. 7. 1995, 18 Cga 28/95h. (ARD 4722/19/96 ●)

Auch wenn die Aufhebung der Zweckbindung den Arbeitnehmer zwar grundsätzlich der Bekanntgabe oder einer Bescheinigung enthebt, dass er diese Freizeit tatsächlich zur Postensuche verwendet hat, kann die beabsichtigte Verwendung im Falle einer notwendigen **Abwägung gegen dienstliche Interessen** eine Rolle spielen, wenn es darum geht, welcher Tag der Woche frei zu geben ist. OGH 18. 10. 2006, 9 ObA 131/05p. (ARD 5769/4/2007 ●)

Unzulässige Entlassung wegen eigenmächtiger Inanspruchnahme von Postensuchtagen

Die **eigenmächtige Inanspruchnahme** der Freizeit zur Postensuche nach Ablehnung des darauf gerichteten Verlangens des Arbeitnehmers durch den Arbeitgeber ist jedenfalls dann kein Entlassungsgrund, wenn der Arbeitnehmer angesichts des unabänderbaren Vorstellungstermins alle vorhersehbaren Vorkehrungen trifft, damit der Geschäftsgang keine Störung erleidet. OGH 6. 4. 1976, 4 Ob 16/76. (ARD 2864/14/76 ●)

Die **vermutete Einwilligung des Arbeitgebers** zur Inanspruchnahme der Arbeitssuchtage ist der tatsächlichen Einwilligung gleichzuhalten, wenn der Arbeitnehmer mit Grund annehmen konnte, dass der Arbeitgeber bei Kenntnis der Sachlage seine Einwilligung erteilt hätte. Dadurch wird die Pflichtwidrigkeit des Verhaltens des Arbeitnehmers ausgeschlossen und eine Entlassung wegen eigenmächtiger Inanspruchnahme der Postensuchfreizeit ist nicht gerechtfertigt. OGH 14. 10. 1980, 4 Ob 114/80. (ARD 3285/13/81 ●)

§ 23 AngG

Verzicht auf Postensuchfreizeit

307 Ein vom Arbeitgeber erhobener **Appell an die Loyalität** eines Arbeitnehmers, im Gegenzug zu seiner oftmaligen Abwesenheit von der Firma in den letzten Tagen des Kalenderjahres wenigstens auf die Postensuchtage zu verzichten, mag zwar motivierend für den diesbezüglichen Entschluss des Arbeitnehmers gewesen sein, kann jedoch **nicht als unzulässiger Druck** auf den bereits in gekündigter Stellung befindlichen Arbeitnehmer angesehen werden. ASG Wien 20. 4. 1999, 11 Cga 211/97x. (ARD 5089/29/2000 ●)

Ersatzanspruch für nicht gewährte Postensuchfreizeit

308 Für Postensuchtage muss ein **Verlangen des Arbeitnehmers** in entsprechend deutlicher Form vorliegen, damit der **Naturalanspruch** auf Dienstfreistellung gegenüber dem Arbeitgeber effektuiert wird. Erst dann, wenn dieser Freistellungsanspruch in natura nicht (mehr) realisiert werden kann, wandelt er sich – ähnlich dem Anspruch auf Urlaubsentschädigung/Urlaubsabfindung (nunmehr: Urlaubsersatzleistung) am Ende eines Dienstverhältnisses – von einem Naturalanspruch in einen **Ersatzanspruch (Geldanspruch)**. Ist das Nichtverlangen nicht in der Sphäre des Arbeitgebers, sondern des Arbeitnehmers selbst gelegen, hat er dies selbst zu vertreten. OLG Innsbruck 14. 1. 1997, 15 Ra 178/96f. (ARD 4917/9/98 ●)

Verweigert der Arbeitgeber trotz Begehrens des Arbeitnehmers die **Gewährung von Freizeit** während der Kündigungsfrist, ist der Arbeitnehmer nicht allein auf das risikoträchtige eigenmächtige Fernbleiben angewiesen, sondern es gebührt ihm eine **Entschädigung des Freistellungsanspruchs** als Vorteilsausgleichung **in Geld**. Eine Vereitelung der zustehenden Freizeit während der „normalen" Kündigungsfrist mit weiterlaufender Arbeitspflicht des Arbeitnehmers würde aber dem Arbeitgeber einen – durch Verstoß gegen ein gesetzliches Gebot bewirkten und daher – unberechtigten Vorteil bringen. Während er sonst dem Arbeitnehmer bezahlte Freizeit gewähren müsste, kommt er durch ungesetzliches Handeln in den vollen Genuss von dessen Arbeitskraft.

Die Höhe des Ersatzanspruchs richtet sich nach dem konkreten Entgelt für die Zeiten, in denen der Arbeitnehmer die bezahlte Freizeit hätte konsumieren können. OGH 18. 10. 2006, 9 ObA 131/05p. (ARD 5769/4/2007 ●)

Abfertigung

309 § 23. (1) Hat das Dienstverhältnis ununterbrochen drei Jahre gedauert, so gebührt dem Angestellten bei Auflösung des Dienstverhältnisses eine Abfertigung. Diese beträgt das Zweifache des dem Angestellten für den letzten Monat des Dienstverhältnisses gebührenden Entgeltes und erhöht sich nach fünf Dienstjahren auf das Dreifache, nach zehn Dienstjahren auf das Vierfache, nach fünfzehn Dienstjahren auf das Sechsfache, nach zwanzig Dienstjahren auf das Neunfache und nach fünfundzwanzig Dienstjahren auf das Zwölffache des monatlichen Entgeltes. Alle Zeiten, die der Angestellte in unmittelbar vorausgegangenen Dienstverhältnissen als Arbeiter oder Lehrling vom selben Dienstgeber zurückgelegt hat, sind für die Abfertigung zu berücksichtigen; Zeiten eines Lehrverhältnisses jedoch nur dann, wenn das Dienstverhältnis einschließlich der Lehrzeit mindestens sieben Jahre ununterbrochen gedauert hat. Zeiten eines Lehrverhältnisses allein begründen keinen Abfertigungsanspruch. (BGBl 1979/107)

(1a) Bei der Berechnung der Abfertigung ist eine geringfügige Beschäftigung nach § 7b Abs 1 Väter-Karenzgesetz (VKG), BGBl Nr 651/1989, § 15e Abs 1 Mutterschutzgesetz 1989, BGBl Nr 221 (MSchG), oder gleichartigen österreichischen Rechtsvorschriften nicht zu berücksichtigen. (BGBl 1990/408 und BGBl I 2004/64)

(2) Im Falle der Auflösung eines Unternehmens entfällt die Verpflichtung zur Gewährung einer Abfertigung ganz oder teilweise dann, wenn sich die persönliche Wirtschaftslage des Dienstgebers derart verschlechtert hat, dass ihm die Erfüllung dieser Verpflichtung zum Teil oder zur Gänze billigerweise nicht zugemutet werden kann.

(3) Wird ein Unternehmen an einen anderen übertragen, so besteht ein Anspruch auf Abfertigung nicht, wenn der Angestellte die Fortsetzung des Dienstverhältnisses ablehnt, obwohl ihm der Erwerber die Fortsetzung des Dienstverhältnisses unter den bisherigen Bedingungen angeboten und sich verpflichtet hat, die bei seinem Vorgänger geleistete Dienstzeit als bei ihm selbst verbracht zu betrachten.

(4) Die Abfertigung wird, soweit sie den Betrag des Dreifachen des Monatsentgeltes nicht übersteigt, mit der Auflösung des Dienstverhältnisses fällig; der Rest kann vom vierten Monat an in monatlichen im Voraus zahlbaren Teilbeträgen abgestattet werden.

(5) Beträge, die der Dienstnehmer aufgrund einer öffentlich-rechtlichen Versicherung bezieht, dürfen in die Abfertigung nur insoweit eingerechnet werden, als sie die gesetzlichen Mindestleistungen übersteigen.

(6) Wird das Dienstverhältnis durch den Tod des Angestellten aufgelöst, so beträgt die Abfertigung nur die Hälfte des im Abs 1 bezeichneten Betrages und gebührt nur den gesetzlichen Erben, zu deren Erhaltung der Erblasser gesetzlich verpflichtet war.

(7) Der Anspruch auf Abfertigung besteht, vorbehaltlich des § 23a, nicht, wenn der Angestellte kündigt, wenn er ohne wichtigen Grund vorzeitig austritt oder wenn ihn ein Verschulden an der vorzeitigen Entlassung trifft. (BGBl 1971/292)

(8) Wird das Dienstverhältnis während einer Teilzeitbeschäftigung nach MSchG oder VKG infolge Kündigung durch den Arbeitgeber, unverschuldete Entlassung, begründeten Austritt oder einvernehmlich beendet, so ist bei Ermittlung des Entgelts (Abs 1) die frühere Normalarbeitszeit des Angestellten zugrunde zu legen. (BGBl 1990/408 und BGBl I 2004/64)

Grundlegende Erläuterungen zu § 23

1. Weitergeltung der Abfertigung alt

Mit dem **Betrieblichen Mitarbeitervorsorgegesetz** (BMVG), BGBl I 2002/100, wurde das bisher für Angestellte in den §§ 23 f. AngG geregelte **Abfertigungssystem neu geregelt**. Da das System Abfertigung Neu jedoch gemäß § 42 Abs 3 AngG nur für alle auf privatrechtlichem Vertrag beruhenden Dienstverhältnisse, die nach dem 31. 12. 2002 begründet werden, gilt und somit Arbeitnehmer, deren **Dienstverträge vor dem 1. 1. 2003** abgeschlossen wurden, weiterhin in das **alte Abfertigungsrecht** fallen (außer es wird ein Übertritt in das neue Abfertigungsrecht vereinbart), hat dieses System vorerst nichts an Aktualität verloren.

§ 23 AngG

Ein **vertraglicher Übertritt** in das neue Abfertigungssystem ist durch schriftliche Vereinbarung zwischen Arbeitgeber und Arbeitnehmer möglich und bewirkt, dass ab einem zu vereinbarenden Stichtag für die weitere Dauer des Dienstverhältnisses die Geltung des neuen Abfertigungsrechts anstelle der alten Abfertigungsregelungen festgelegt wird.

2. Anspruch auf Abfertigung

2.1. Abfertigungsbegründende bzw. -schädliche Beendigungsarten

Dem Angestellten gebührt nach § 23 AngG eine Abfertigung, wenn das Dienstverhältnis **zumindest 3 Jahre gedauert** hat und durch eine der **folgenden Beendigungsarten** aufgelöst wurde:

1. Kündigung durch den Arbeitgeber,

2. Ablauf eines befristeten Dienstverhältnisses von mindestens 3 Jahren Dauer,

3. begründeter vorzeitiger Austritt des Arbeitnehmers,

4. unbegründete vorzeitige Entlassung durch den Arbeitgeber,

5. begründete, aber unverschuldete Entlassung (z.B. wegen krankhaften, Arbeitsunfähigkeit bewirkenden Alkoholismus),

6. einvernehmliche Auflösung des Dienstverhältnisses (sofern diese nicht bloß zum Schein abgeschlossen wurde),

7. Kündigung durch den Arbeitnehmer wegen eines geltend gemachten und nachgewiesenen Grundes, der zum sofortigen vorzeitigen Austritt iSd § 26 AngG berechtigt hätte,

8. Kündigung durch den Arbeitgeber wegen Inanspruchnahme einer vorzeitigen Alterspension wegen langer Versicherungsdauer, einer Gleitpension aus der gesetzlichen Pensionsversicherung bzw. bei Vollendung des 60. bzw. 65. Lebensjahres (bei jeweils mindestens 10-jähriger Dienstdauer; vgl. § 23a Abs 1 Z 1 AngG),

9. Kündigung durch den Arbeitgeber wegen Inanspruchnahme einer Pension aus dem Versicherungsfall der geminderten Arbeitsfähigkeit oder einer vorzeitigen Alterspension wegen geminderter Arbeitsfähigkeit (§ 23a Abs 1 Z 2 AngG),

10. vorzeitiger Austritt durch den Arbeitnehmer wegen der Geburt eines Kindes (bei mindestens 5-jähriger Dienstdauer und in halber Höhe; § 23a Abs 3 AngG),

11. Kündigung durch den Arbeitnehmer während einer Teilzeitbeschäftigung gemäß § 15c MSchG oder § 8 VKG (in halber Höhe; § 23a Abs 4a AngG),

12. Tod des Angestellten bei Zutreffen der Voraussetzungen des § 23 Abs 1 und Abs 6 AngG.

Kein Abfertigungsanspruch besteht hingegen bei Kündigung durch den Angestellten, ohne dass ein gesetzlicher Austrittsgrund anlässlich der Kündigung geltend gemacht und bewiesen wird, vorzeitigem Austritt des Arbeitnehmers ohne gesetzlichen Austrittsgrund und bei berechtigter, vom Angestellten verschuldeter vorzeitiger Entlassung durch den Arbeitgeber. Trifft den Arbeitgeber ein Mitverschulden an der Entlassung, kann dem Arbeitnehmer eine Abfertigung nach freiem Ermessen des Richters – ob und in welcher Höhe – zugesprochen werden.

§ 23 AngG

Für den Anspruch auf Abfertigung kommt es allein darauf an, auf welche Art das Dienstverhältnis **tatsächlich beendet** wurde. Da durch die Kündigung das Dienstverhältnis nur in das Auflösungsstadium versetzt, aber noch nicht aufgelöst wird, entsteht **trotz Arbeitnehmerkündigung** ein Abfertigungsanspruch, wenn der Arbeitgeber den Angestellten während der Kündigungsfrist **unberechtigt entlässt** oder der Angestellte seinen **berechtigten vorzeitigen Austritt** erklärt. Andererseits hat ein Arbeitnehmer, der während der durch Arbeitgeberkündigung in Gang gesetzten Kündigungsfrist berechtigt und schuldhaft entlassen wird, keinen Abfertigungsanspruch. Erfährt der Arbeitgeber jedoch erst nach Ablauf der Kündigungsfrist – und somit nach Beendigung des Dienstverhältnisses – vom Vorliegen eines Entlassungsgrundes, ändert dies am bereits entstandenen Abfertigungsanspruch des Arbeitnehmers nichts.

§ 23 AngG stellt gemäß § 40 AngG **zugunsten des Angestellten** (einseitig) **zwingendes Recht** dar; er kann daher nur zu dessen Vorteil, nicht aber zu seinem Nachteil vertraglich abgeändert werden.

2.2. Mindestbeschäftigungsdauer für Abfertigungsanspruch

Der Abfertigungsanspruch setzt grundsätzlich voraus, dass das Dienstverhältnis zum Zeitpunkt der Auflösung schon **mindestens 3 Jahre** gedauert hat. Die für den Abfertigungsanspruch bzw. dessen Höhe erforderliche Dauer des Dienstverhältnisses ist nach der bis **zur Auflösung** des Dienstverhältnisses **erreichten Dienstzeit** zu berechnen. Bei Dienstverhältnissen auf bestimmte Zeit (befristeten Dienstverhältnissen) ist als Zeitpunkt der Auflösung der Ablauf der bestimmten Zeit anzusehen, bei Dienstverhältnissen auf unbestimmte Zeit der Ablauf der ordnungsgemäßen Kündigungsfrist, bzw. bei unverschuldeter Entlassung oder berechtigtem vorzeitigen Austritt jener Zeitpunkt, zu dem das Dienstverhältnis im Falle der ordnungsgemäßen Kündigung zum nächstmöglichen Termin geendet hätte (Berücksichtigung der fiktiven Kündigungsfrist).

Maßgebend ist, dass die entsprechende Dauer der Dienstzeit wenigstens **am letzten Tag der Kündigungsfrist** bzw. des befristeten Dienstverhältnisses vollendet ist, bzw. bei unverschuldeter Entlassung oder berechtigtem vorzeitigen Austritt am letzten Tag der sonst einzuhaltenden (fiktiven) Kündigungsfrist vollendet gewesen wäre. Im Falle eines Dienstverhältnisses von **genau 3 Jahren** (z.B. vom 1. 4. 1999 bis 31. 3. 2002) **gebührt bereits Abfertigung**, weil es andernfalls im Gesetz „mehr als 3 Jahre" heißen müsste.

Für die maßgebliche Dienstzeit werden alle Jahre zusammengezählt, die ein Arbeitnehmer (als Angestellter oder Arbeiter) in unmittelbar **vorausgegangenen Dienstverhältnissen beim gleichen Arbeitgeber** beschäftigt war (kurzfristige Unterbrechungen von wenigen Tagen bis Wochen schaden nicht). Zeiten eines Lehrverhältnisses jedoch nur dann, wenn das Dienstverhältnis einschließlich der Lehrzeit insgesamt 7 Jahre ohne Unterbrechung gedauert hat. Durch Lehrzeiten ohne anschließende Weiterbeschäftigung in diesem Betrieb erwirbt der Arbeitnehmer keinen Abfertigungsanspruch. Auf die Art der Beendigung des vorangegangenen Dienstverhältnisses beim selben Arbeitgeber kommt es nicht an.

Darüber hinaus kann eine **Anrechnung von Vordienstzeit** auch **vertraglich vereinbart** werden, wobei sich die Anrechnung entweder auf tatsächliche Vordienstzeiten (oder gleich zu behandelnde „Ersatzzeiten" wie Studienzeiten) beziehen oder rein fiktiver Natur sein kann (etwa, dass bei der Berechnung des jeweiligen Abfertigungsanspruches eine bestimmte Anzahl weiterer Beschäftigungsjahre hinzuzurechnen ist). Im Zweifel ist eine vereinbarte Vordienstzeitanrechnung für alle von der Dauer des Dienstverhältnisses abhängige Arbeitnehmeransprüche maßgeblich.

§ 23 AngG

Die Dienstzeitenzusammenrechnung ist dann nicht durchzuführen, wenn der Angestellte für die unmittelbar vorher beim selben Arbeitgeber zurückgelegten Dienstzeiten bereits eine **Abfertigung erhalten** hatte (z.B. nach einem Kollektivvertrag).

Verlangt wird eine **ununterbrochene Dauer** des Dienstverhältnisses, wobei es jedoch nur auf den **rechtlichen Bestand** des Dienstverhältnisses und nicht auf die Tatsache einer wirklichen Beschäftigung ankommt. Aus diesem Grund sind auch Zeiten eines Zivil- oder Präsenzdienstes, Zeiten einer kurzfristigen echten Unterbrechung, Zeiten langer Krankheit, für die kein Entgeltanspruch mehr besteht, sowie Zeiten einer Aussetzung des Dienstverhältnisses oder einer vereinbarten Karenzierung für den Abfertigungsanspruch zu berücksichtigen. Zeiten eines Karenzurlaubs nach dem Mutterschutzgesetz und Väter-Karenzgesetz bleiben jedoch für die Abfertigungsansprüche außer Betracht, sofern nicht kollektivvertragliche oder einzelvertragliche Regelungen Günstigeres vorsehen. Ebenso wenig zu berücksichtigen sind geringfügige Beschäftigungen nach dem MSchG oder dem VKG. Grundsätzlich steht der Umstand einer Teilzeitbeschäftigung bzw. geringfügigen Beschäftigung dem Erwerb eines Abfertigungsanspruches aber nicht entgegen.

2.3. Beweislastverteilung

313 Der **Arbeitnehmer** hat bei gerichtlicher Geltendmachung des Abfertigungsanspruchs nur die Auflösung des Dienstverhältnisses sowie die für seinen Abfertigungsanspruch erforderliche Dauer der Anwartschaft zu behaupten und zu beweisen. Das Vorliegen einer bestimmten, den Abfertigungsanspruch vernichtenden Beendigungsart ist dagegen vom **Arbeitgeber** nachzuweisen. Daher besteht der Anspruch auf Abfertigung nach entsprechender Dauer des Dienstverhältnisses bei dessen Beendigung auch dann, wenn die Auflösungsart nicht nachgewiesen ist.

3. Bemessungsgrundlage und Höhe der Abfertigung

314 Die Höhe der Abfertigung bemisst sich nach dem „für den **letzten Monat gebührenden Entgelt"** und ist von der Dauer des Dienstverhältnisses abhängig. Sie variiert von zwei Monatsentgelten bei mindestens 3-jähriger Dienstvertragsdauer bis hin zu einem 12fachen Monatsgehalt nach 25 Dienstjahren (zur genauen Staffelung siehe § 23 Abs 1 AngG). In Fällen des Mutterschafts- und Vaterschaftsaustrittes (§ 23a Abs 3 und Abs 4 AngG) sowie beim Tod des Arbeitnehmers (§ 23 Abs 6 AngG) gebührt sie jedoch nur je zur Hälfte.

3.1. Berechnung der Dienstzeit des Arbeitnehmers

315 Wie bereits in Zusammenhang mit dem Anspruchserwerb auf eine Abfertigung ausgeführt, ist auch die für die Höhe der Abfertigung erforderliche **Dauer des Dienstverhältnisses** nach der bis zur Auflösung des Dienstverhältnisses erreichten Dienstzeit zu berechnen. Dies ist grundsätzlich bei Ablauf der ordnungsgemäßen Kündigungsfrist, bzw. bei unverschuldeter Entlassung oder berechtigtem vorzeitigen Austritt bei Ablauf der fiktiven Kündigungsfrist.

Der höhere Abfertigungsanspruch gebührt, wenn das Dienstjahr wenigstens am letzten Tage des Dienstverhältnisses (der ordentlichen bzw. fiktiven Kündigungsfrist) vollendet ist. Mit welchem Tag das Dienstverhältnis beginnt, richtet sich nach der zwischen den Parteien getroffenen Vereinbarung; der Beginn eines Dienstverhältnisses muss nicht mit dem Tag des Dienstantritts übereinstimmen.

3.2. Maßgeblicher Entgeltbegriff

Unter dem „für den letzten Monat gebührenden Entgelt" versteht man jenen Verdienst des Arbeitnehmers, der sich aus den regelmäßig monatlich **wiederkehrenden Bezügen** zuzüglich des **aliquoten Anteils an Remunerationen** und ähnlichen Zuwendungen ergibt. Mit einzubeziehen sind insbesondere regelmäßig zur Auszahlung gelangende Überstundenentgelte, ein Überstundenpauschale, in unterschiedlicher Höhe anfallende Provisionen in durchschnittlicher Höhe des letzten Jahres, eine Gewinnbeteiligung, Bilanzgelder, Urlaubsbeihilfen oder allfällige Sachbezüge. Nicht einzurechnen sind hingegen u.a. Aufwandsentschädigungen, Trinkgelder oder Jubiläumsgelder, einmalig gewährte Beträge (z.b. Belohnungen) sowie Vorteile aus Beteiligungen am Unternehmen des Arbeitgebers oder mit diesem verbundenen Konzernunternehmen und Optionen auf den Erwerb von Arbeitgeberaktien. 316

3.3. Berücksichtigung von Schwankungen im Einkommen

Eine Berücksichtigung von Unterschieden im Einkommen des Angestellten ist nur dann zulässig, wenn sie erforderlich ist, um dem Entgeltbegriff des AngG gerecht werden zu können, da dieser Begriff auch regelmäßig gewährte Zuwendungen umfasst, die in längeren Abschnitten als einem Monat ausgezahlt werden, und die Höhe des Abfertigungsanspruches auch nicht von Zufälligkeiten bei **schwankendem Einkommen** oder einer **Einkommensminderung infolge besonderer Umstände** (z.B. Krankheit) abhängig gemacht werden darf. 317

Hingegen besteht kein Grund, bei Berechnung des für die Höhe der Abfertigung maßgeblichen Monatsentgelts ein Durchschnittseinkommen des Arbeitnehmers heranzuziehen, wenn sein an sich **gleichbleibendes Entgelt** eine **Änderung** erfahren hat und dann wieder ein Entgelt in gleichbleibender Höhe vorgesehen ist. Daher ist auch im Fall des Wechsels des Angestellten von einer **Vollzeitbeschäftigung** in eine **Teilzeitbeschäftigung** für die Bemessung der Abfertigung von dem für den letzten Monat gebührende Entgelt auszugehen. Für den Fall, dass das Dienstverhältnis während einer **Teilzeitbeschäftigung** nach dem MSchG bzw. dem VKG durch den Arbeitnehmer gekündigt wird, ist bei Berechnung des für die Höhe der (trotz Selbstkündigung nach § 23a Abs 4a AngG zustehenden) Abfertigung vom Durchschnitt der in den letzten 5 Jahren geleisteten Arbeitszeit unter Außerachtlassung der Zeiten eines Karenzurlaubes auszugehen. Wird ein derartiges Dienstverhältnis infolge Kündigung durch den Arbeitgeber, unverschuldete Entlassung, begründeten Austritt oder einvernehmlich beendet, ist bei Ermittlung des Entgelts die **frühere Normalarbeitszeit** des Angestellten zugrunde zu legen (§ 23 Abs 8 AngG).

Spezielle Berechnungsvorschriften enthält auch § 14 Abs 4 AVRAG für bestimmte Formen der Herabsetzung der Arbeitszeit von älteren Arbeitnehmern sowie § 27 AlVG für Arbeitnehmer, die Altersteilzeit in Anspruch genommen haben.

4. Fälligkeit der Abfertigung

Übersteigt die Abfertigung nicht den Betrag des **dreifachen Monatsentgelts**, wird der Abfertigungsbetrag nach § 23 Abs 4 AngG mit der **Auflösung** des Dienstverhältnisses fällig; ist der Anspruch höher, kommt für den **Mehrbetrag** eine monatliche (im Voraus zu leistenden) **Ratenzahlung** ab dem 4. Monat nach Beendigung des Dienstverhältnisses in Betracht. Nur im Fall der Beendigung des Dienstverhältnisses nach § 23a Abs 1 und Abs 1a AngG kann die Abfertigung von Beginn an in monatlichen Teilbeträgen geleistet werden. 318

5. Verzicht auf den Abfertigungsanspruch

319 Aus § 40 AngG folgt, dass ein Arbeitnehmer während des **aufrechten Dienstverhältnisses nicht wirksam auf unabdingbare Ansprüche** – darunter fällt auch der Anspruch auf Abfertigung – **verzichten** kann. Ein noch während des aufrechten Bestandes des Dienstverhältnisses – wenn auch in der Auflösungsphase – abgegebener Verzicht des Arbeitnehmers auf seinen gesetzlichen Anspruch auf Abfertigung, somit zu einem Zeitpunkt, in dem das Dienstverhältnis wirtschaftlich noch nicht beendet, die persönliche Abhängigkeit des Arbeitnehmers noch aufrecht und der Abfertigungsanspruch noch gar nicht fällig war, ist somit unwirksam. Der Arbeitnehmer kann sich jedoch über an sich unverzichtbare Ansprüche auch während des aufrechten Dienstverhältnisses wirksam **vergleichen**, wenn dadurch strittige oder zweifelhafte Ansprüche bereinigt werden.

Im Zusammenhang mit einem Verzicht auf Abfertigungsansprüche kommt es bei einer einvernehmlichen Auflösung des Dienstverhältnisses darauf an, von welcher Vertragspartei die **Initiative auf Auflösung des Dienstverhältnisses** ausgeht. Geht das Interesse an der Auflösung des Dienstverhältnisses nur vom Arbeitnehmer aus und tritt dieser mit dem Ersuchen um Beendigung an den Arbeitgeber heran, der seinerseits nur aus reinem Entgegenkommen zustimmt, wird dieser Vorgang von der Rechtsprechung nicht als einverständliche Auflösung, sondern als Arbeitnehmerkündigung gewertet. Desgleichen gebührt eine Abfertigung dann nicht, wenn ein Dienstverhältnis im Einverständnis beider Parteien nur zu dem Zweck einvernehmlich aufgelöst wurde, um ein anderes, wirklich gewolltes Rechtsgeschäft (Kündigung des Dienstverhältnisses durch den Angestellten) zu verschleiern.

Grundsätzlich wird ein Verzicht immer dann zulässig sein, wenn die **Initiative vom Arbeitnehmer** ausging oder die Auflösung des Dienstverhältnisses diesem Vorteile brachte und er **nicht mehr** unter dem **wirtschaftlichen Druck** des Arbeitgebers stand. Ging die Initiative hingegen vom Arbeitgeber aus oder ist dem Arbeitnehmer kein offensichtliches Interesse an der einvernehmlichen Auflösung des Dienstverhältnisses zuzuschreiben, ist der Verzicht des Arbeitnehmers auf seinen Abfertigungsanspruch unwirksam.

6. Abfertigung bei Unternehmensauflösung

320 Im Falle der Auflösung eines Unternehmens entfällt die Verpflichtung zur Gewährung einer Abfertigung nach § 23 Abs 2 AngG ganz oder teilweise, wenn sich die **persönliche Wirtschaftslage** des Arbeitgebers derart **verschlechtert** hat, dass ihm die Erfüllung dieser Verpflichtung zum Teil oder zur Gänze billigerweise nicht zugemutet werden kann.

Der Begriff der „Auflösung" des Unternehmens wird eng ausgelegt, nämlich als völliges Verschwinden des Unternehmens aus der Wirtschaft (z.B. Liquidierung eines Handelsunternehmens und Löschung der Firma im Handelsregister, Aufgabe eines Gewerbebetriebes etc.); die **Unternehmensauflösung muss eine endgültige sein**. Unternehmensumwandlung oder Fusion mit einem anderen Unternehmen gilt nicht als Auflösung in diesem Sinne, sondern als Übertragung iSd § 23 Abs 3 AngG. Nur Unternehmen, die wesentlich auf der beruflichen Tätigkeit einer Einzelperson beruhen (Rechtsanwalt, Arzt), gelten durch den Tod, Befugnisverlust oder Berufsverzicht des Inhabers als aufgelöst. Der in **Konkurs** geratene Arbeitgeber kann die Begünstigung des § 23 Abs 2 AngG nicht in Anspruch nehmen; ein **Ausgleichsverfahren** gilt nicht als Unternehmensauflösung.

§ 23 Abs 2 AngG betrifft nur jene Fälle, in denen die Dienstverhältnisse **durch die Auflösung des Unternehmens** (sowohl rechtlich als auch wirtschaftlich) ihr Ende finden. Die Anwendung dieser sogenannten wirtschaftlichen Reduktionsklausel ist ausgeschlossen, wenn bereits Anspruch auf Abfertigung besteht und die Auflösung des Unternehmens im Zuge eines lang andauernden Liquidationsvorgangs in Verfolgung eines „einheitlichen subjektiven Willens auf Liquidierung" erst später eintritt bzw. überhaupt erst eintreten wird.

Zwar müssen daher die Unternehmensauflösung und die Beendigung des Dienstverhältnisses in einem **unmittelbaren sachlichen und zeitlichen Zusammenhang** stehen, im Interesse der Rechtssicherheit sieht die Rechtsprechung aber einen Zeitraum von einem Monat zwischen diesen beiden Daten als noch zulässig an, um sich auf § 23 Abs 2 AngG berufen zu können, wenn die Verschlechterung der Vermögensverhältnisse bei Dienstvertragsbeendigung schon eingetreten waren. Im Einzelfall können – bedingt durch Art und Größe des aufzulösenden Unternehmens – Abweichungen davon notwendig und berechtigt sein.

Die persönliche Wirtschaftslage des Arbeitgebers muss in einer **Interessenabwägung** zur Situation des Arbeitnehmers derart prekär sein, dass die Last der Abfertigung für den Arbeitgeber einer massiven Existenzbedrohung, der Vernichtung seiner Lebensgrundlagen gleichkommt; dies wird zu unterstellen sein, wenn der Arbeitgeber durch die Abfertigungsforderung in den Konkurs geführt wird.

Da die gänzliche oder teilweise Befreiung von der Verpflichtung zur Abfertigungszahlung auf die Verschlechterung der persönlichen Wirtschaftslage des Arbeitgebers abstellt, kommt diese **juristischen Personen** (Kapitalgesellschaften, Vereinen, Genossenschaften) **nicht zugute**.

Auch wenn der Arbeitgeber somit bei Unternehmensauflösung gänzlich oder teilweise von der Leistung einer Abfertigung befreit sein kann, verliert der Arbeitnehmer nicht seinen Abfertigungsanspruch, sondern gebührt ihm bei Vorliegen bestimmter in § 1a IESG normierter Voraussetzungen **Insolvenz-Ausfallgeld**.

7. Abfertigung bei Betriebsübergang

§ 23 Abs 3 AngG sieht vor, dass ein Abfertigungsanspruch nicht zusteht, wenn ein Unternehmen an einen anderen übertragen wird und der Angestellte die Fortsetzung des Dienstverhältnisses ablehnt, obwohl ihm der Erwerber die Fortsetzung des Dienstverhältnisses unter den bisherigen Bedingungen angeboten und sich verpflichtet hat, die bei seinem Vorgänger geleistete Dienstzeit als bei ihm selbst verbracht zu betrachten. Mit **Inkrafttreten des AVRAG** mit 1. 7. 1993 wurde diese Regelung jedoch insoweit **überholt**, als dass ein Arbeitnehmer nur mehr in Ausnahmefällen dem automatischen Übergang seines Dienstverhältnisses auf den Betriebserwerber ablehnen kann.

Grundsätzlich bewirkt die in § 3 Abs 1 AVRAG normierte Eintrittsautomatik, dass der neue Inhaber eines Unternehmens, Betriebes oder Betriebsteiles ex lege als Arbeitgeber mit allen Rechten und Pflichten in die im Übertragungszeitpunkt bestehenden Arbeitsverhältnisse eintritt. Nur wenn der Erwerber den **kollektivvertraglichen Bestandschutz** oder eine **einzelvertragliche Pensionszusage** nicht übernimmt, kann der Arbeitnehmer dem Übergang seines Dienstverhältnisses widersprechen.

Liegt ein Grund für einen möglichen Widerspruch nicht vor bzw. widerspricht der Angestellte dem Übergang des Dienstverhältnisses auf den Erwerber nicht, erwirbt er bei späterer Auflösung des Dienstverhältnisses einen **Abfertigungsanspruch** aufgrund seiner **gesamten** beim derzeitigen und früheren Arbeitgeber zurückgelegten **Dienstzeit**.

§ 23 AngG

8. Abfertigung bei Tod des Angestellten

322 Wird das Dienstverhältnis durch den **Tod des Angestellten** aufgelöst, beträgt die **Abfertigung nur die Hälfte** des im § 23 Abs 1 AngG bezeichneten „normalen" Betrages und gebührt nur den gesetzlichen Erben, zu deren Erhaltung der Erblasser im Zeitpunkt des Todes gesetzlich verpflichtet war. Der Ausdruck „Hälfte" bezieht sich nicht auf die Bemessungsgrundlage, sondern auf das Vielfache des letzten Monatsentgelts. Diese Bestimmung kommt auch zur Anwendung, wenn der Angestellte **während** der schon laufenden **Kündigungsfrist stirbt**, da auch in diesem Fall das Dienstverhältnis durch den Tod des Angestellten (und nicht durch die Kündigung) gelöst wird. Bei Tod des Angestellten erst nach Ablauf der Kündigungsfrist geht der dem Angestellten zugestandene Abfertigungsanspruch ungeschmälert auf den Nachlass bzw. die Erben über.

Der Anspruch der gesetzlichen Erben auf die Todfallsabfertigung gemäß § 23 Abs 6 AngG ist originärer Natur und hat mit Ansprüchen der Verlassenschaft nichts zu tun. Der Arbeitgeber kann dagegen weder Ansprüche gegen den Verstorbenen kompensationsweise einwenden, noch kann der Arbeitnehmer zu Lebzeiten oder von Todes wegen über diesen Anspruch verfügen. Anspruchsberechtigt sind nur die **gesetzlichen Erben** im Sinne des österreichischen Erbrechtes, zu deren **Unterhalt der Erblasser gesetzlich verpflichtet** war; dies können gegebenenfalls die Kinder, der Ehegatte oder die Eltern sein. Der in Betracht kommende Personenkreis ist gesetzlich umschrieben, die Auswahl hat nach unterhaltsrechtlichen Kriterien zu erfolgen.

Mehrere anspruchsberechtigte Erben teilen zu gleichen Teilen. Günstigere kollektivvertragliche Bestimmungen sind zu beachten.

> **Judikatur zu § 23 Abs 1**

Nachweis des Vorliegens der Anspruchsvoraussetzungen

323 Positive Anspruchsvoraussetzungen für die Abfertigung sind die Beendigung des Dienstverhältnisses und eine bestimmte Dauer desselben, nicht jedoch die Art der Beendigung. Der Arbeitnehmer hat daher bei gerichtlicher Geltendmachung des Abfertigungsanspruchs nur die **Auflösung des Dienstverhältnisses** sowie die für seinen Abfertigungsanspruch erforderliche **Dauer der Anwartschaft zu behaupten und zu beweisen.** Das Vorliegen einer bestimmten, den Abfertigungsanspruch vernichtenden Beendigungsart ist dagegen vom Arbeitgeber nachzuweisen. Daher besteht der **Anspruch auf Abfertigung** nach entsprechender Dauer des Dienstverhältnisses bei dessen Beendigung auch dann, wenn die **Auflösungsart nicht nachgewiesen** ist. OGH 30. 10. 1996, 9 ObA 2246/96a. (ARD 4833/18/97 ●)

Anrechnung von Vordienstzeiten

324 Eine dienstvertragliche Vordienstzeitenanrechnung, die **nicht** auf eine **vertragliche Abfertigung eingeschränkt** wurde, gilt auch für die **gesetzliche Abfertigung.** Die freiwillig gewährte Abfertigung ist kein Geschenk, sondern dem weiten Entgeltbegriff des Arbeitsrechtes unterzuordnen. OLG Wien 28. 11. 1994, 32 Ra 157/94, bestätigt durch OGH 28. 6. 1995, 9 ObA 41/95. (ARD 4669/15/95 und ARD 4702/7/95 ●)

Eine arbeitsvertragliche Anrechnung von Vordienstzeiten gilt nur dann für **alle dienstzeitabhängigen Ansprüche**, wenn sie **ohne näheren Hinweis** auf die Art der dienstzeitabhängigen Ansprüche, für die sie gelten soll, erfolgt ist. Werden aber die Ansprüche, für welche die Vordienstzeitenanrechnung

§ 23 AngG

gelten soll, in der betreffenden Vereinbarung angeführt, kommt eine allgemeine uneingeschränkte Anrechnung dieser Zeiten nicht in Betracht. Wird etwa in einem Dienstvertrag unter Hinweis auf den Kollektivvertrag der Ausdruck „Anrechnung von 15 Verwendungsjahren" im Zusammenhang mit der **Gehaltsregelung** gebraucht, ist damit der Umfang der Anrechnung eindeutig abgegrenzt und bedarf es nicht des ausdrücklichen Ausschlusses möglicher anderer Anrechnungsfälle wie etwa der Abfertigung. OGH 16. 10. 2003, 8 ObA 1/03k. (ARD 5482/2/2004 ●)

Aus der Anrechnung von Vordienstzeiten für die **Einstufung** eines Arbeitnehmers kann nicht auch eine Anrechnung für die **Abfertigung** abgeleitet werden. OLG Wien 21. 12. 1995, 8 Ra 146/95. (ARD 4791/21/96 ●)

Ohne wirksame Vereinbarung einer Anrechnung von Vordienstzeiten besteht kein gesetzlicher Anspruch auf die Anrechnung von bei **einem anderen Arbeitgeber** verbrachten Zeiten. Auch wenn der frühere Arbeitgeber Gesellschafter der neuen Arbeitgeber-GmbH ist, kann nicht von vornherein davon ausgegangen werden, dass er auch zur Zusage der Übernahme des Arbeitnehmers „mit allen Rechten und Pflichten" im Namen der neuen Arbeitgeber-GmbH berechtigt wäre. OGH 11. 2. 2004, 9 ObA 155/03i. (ARD 5494/7/2004 ●)

Anrechnung ausländischer Vordienstzeiten

§ 23 Abs 1 AngG ist teleologisch dahin zu reduzieren, dass er die Zusammenrechnung nur solcher unmittelbar aufeinander folgender Dienstverhältnisse zum selben Arbeitgeber normiert, in denen der Arbeitnehmer nach dem darauf anzuwendenden (nationalen) Arbeitsrecht **Ansprüche auf Abfertigung** (oder vergleichbare Leistungen des Arbeitgebers) **erwerben konnte** (vgl. OGH 11. 4. 2001, 9 ObA 8/01v, ARD 5255/8/2001). Eine Auslegung des § 23 Abs 1 AngG in der Richtung, dass Vordienstzeiten zum selben Arbeitgeber unabhängig davon anzurechnen sind, ob für diese Zeiten eine Abfertigung gebührt hätte oder nicht, würde einen Arbeitsplatzwechsel nach Österreich für die in Betracht kommenden Arbeitnehmer erheblich erschweren, da ein Arbeitgeber, der mit dem Entstehen von Abfertigungsansprüchen für bisher nicht abfertigungspflichtige Zeiten rechnen müsste, dazu wohl kaum seine Zustimmung geben würde. OGH 4. 9. 2002, 9 ObA 195/02w. (ARD 5371/2/2003 ●)

325

Keine Anrechnung bereits abgefertigter Dienstzeiten

Bereits **abgefertigten Dienstzeiten** und die hiefür gezahlte Abfertigung sind auch dann, wenn das neue Dienstverhältnis mit demselben Arbeitgeber unmittelbar anschließt, für das Entstehen und die Höhe eines allfälligen **weiteren Abfertigungsanspruches nicht zu berücksichtigen.** Art VII Abs 3 Arbeiterabfertigungsgesetz bestimmt, dass Dienstzeiten iSd § 23 Abs 1 dritter Satz AngG und des § 22 Abs 1 dritter Satz GAngG für die Abfertigung nicht zu berücksichtigen sind, wenn der Angestellte für diese Zeiten bereits eine Abfertigung erhalten hat. Es besteht kein sachlicher Grund, diese gesetzliche Regelung nicht auch auf andere ähnliche Fälle analog anzuwenden.

326

Die Konsumationsklausel ist aber nur auf **jene Zeiten** zu beziehen, die für die **seinerzeitige Abfertigung auch rechtlich notwendig** waren, so dass im vorliegenden Fall durch die anlässlich der Beendigung des ersten (20 Jahre und 6 Monate dauernden) Arbeitsverhältnisses gezahlte Abfertigung von 9 Monatsgehältern insgesamt 20 Dienstjahre (aus diesem Arbeitsverhältnis) konsumiert sind und nur ein Rest von rund 6 Monaten verbleibt, der einer weiteren Abfertigung zusammen mit den Dienstzeiten aus dem 2. Dienstverhältnis zugrunde zu legen ist. OGH 10. 7. 1991, 9 ObS 8/91. (ARD 4297/7/91 ●)

§ 23 AngG

Keine Zusammenrechnung im Konkurs

327 Dienstzeiten beim in Insolvenz verfallenen Arbeitgeber sind mit einem **Dienstverhältnis zur Konkursmasse** bei Bemessung der Abfertigung nicht zusammenzurechnen. Da § 23 Abs 1 AngG nur die Zusammenrechnung aller Dienstzeiten berücksichtigt, die der Arbeitnehmer aus Dienstzeiten **zum selben Arbeitgeber** zurückgelegt hat, kann im vorliegenden Fall eine solche Zusammenrechnung mangels Arbeitgeberidentität nicht stattfinden.

Der Ansicht, dass auch dann, wenn der Masseverwalter Arbeitsverträge abschließt, der Gemeinschuldner tatsächlich Arbeitgeber im materiellen Sinn bleibe, ist entgegenzuhalten, dass dem Masseverwalter während des laufenden Konkursverfahrens die Funktion des Arbeitgebers zukommt. Soweit der Masseverwalter aber als gesetzlicher Vertreter tätig wird, vertritt er zufolge seiner Stellung zum konkursfreien Vermögen und der Interessenkollision zum Gemeinschuldner nicht diesen, sondern die Konkursmasse. OGH 4. 9. 1996, 9 ObA 2095/96w. (ARD 4834/44/97 ●)

Berücksichtigung von Krankenstandszeiten bei Berechnung der Dienstzeit

328 In die für die Abfertigungshöhe maßgebliche Dienstzeit sind auch **Zeiten langer Krankheit** für die kein Entgeltanspruch bestanden hat, mit einzubeziehen. § 23 Abs 1 AngG macht den gestaffelten Abfertigungsanspruch von der ununterbrochenen Dauer des Dienstverhältnisses abhängig. Diese ununterbrochene Dauer ist durch den **rechtlichen Bestand** des Dienstverhältnisses gekennzeichnet, nicht aber durch die Tatsache der Beschäftigung. Auch im Falle eines infolge längerer Erkrankung eintretenden Entfalls der Entgeltfortzahlung hat nichts anderes zu gelten. OGH 26. 3. 1997, 9 ObA 30/97w. (ARD 4862/22/97 ●)

Kurze Unterbrechung zwischen zwei Dienstverhältnissen schadet nicht

329 § 23 Abs 1 Satz 3 AngG ist – ungeachtet seines nur auf das Aufeinanderfolgen eines Arbeiter- und eines Angestelltendienstverhältnisses abstellenden Wortlautes – **auf alle Fälle unmittelbar aufeinanderfolgender Arbeitsverhältnisse mit demselben Arbeitgeber** anzuwenden. Bei unmittelbarer Aufeinanderfolge der Arbeitsverhältnisse im Sinne der zitierten Bestimmung ist es unerheblich, aus welchen Gründen das vorangehende Arbeitsverhältnis beendet wurde – selbst die Beendigung des vorhergehenden Arbeitsverhältnisses durch Entlassung schadet nicht – weil durch den alsbaldigen Neuabschluss auch jene Situation bereinigt wird, in der der Gesetzgeber Abfertigungsansprüche versagt.

Die vom Gesetz verlangte unmittelbare Aufeinanderfolge ist nicht so zu verstehen, dass ein Arbeitsverhältnis lückenlos an das nächste anzuschließen habe. Es schadet nicht, wenn eine **verhältnismäßig kurze Frist** zwischen dem Ende des einen und dem Beginn des nächsten Arbeitsverhältnisses liegt, wenn zugleich die Umstände auf eine sachliche Zusammengehörigkeit der beiden Arbeitsverhältnisse deuten. Beträgt etwa die Unterbrechung lediglich **10 Tage**, gelten die Dienstverhältnisse für die Bemessung des Abfertigungsanspruchs selbst dann als **ununterbrochenes Dienstverhältnis**, wenn das erste Dienstverhältnis durch Arbeitnehmerkündigung oder Entlassung beendet wurde. OGH 6. 12. 2000, 9 ObA 268/00b. (ARD 5230/7/2001 ●)

Regelmäßige Unterbrechungen können nur in Ausnahmefällen zu einer Einheit zusammengefasst und als „ununterbrochen" iSd § 23 Abs 1 AngG angesehen werden. Dies ist dann der Fall, wenn diese Unterbrechungen regelmäßig in die **Betriebsferien** fallen, die Arbeit üblicherweise schon wenige Tage nach Ende dieser Ferien wieder aufgenommen wird und die Dauer der Unterbrechungen meist nicht länger als **zwei bis drei Wochen** währt.

§ 23 AngG

Wird eine Büroangestellte in einem Reisebüro jährlich nur während der Reisesaison von April bis September beschäftigt und dauern die Unterbrechungen daher regelmäßig mehr als ½ **Jahr**, kann von einer „ununterbrochenen Dauer des Dienstverhältnisses" keine Rede mehr sein. OLG Graz 7. 12. 1989, 7 Ra 92/89. (ARD 4239/18/91 ●)

Liegt ein Zeitraum von **25 Tagen** zwischen zwei aufeinander folgenden Dienstverhältnissen, kann **nicht** von einem „**ununterbrochen**" dauernden Dienstverhältnis iSd § 23 Abs 1 AngG gesprochen werden. Auch wenn in der Rechtsprechung immer wieder ausgeführt wurde, dass die vom Gesetz verlangte unmittelbare Aufeinanderfolge nicht bedeutet, dass ein Arbeitsverhältnis fugenlos an das nächste anschließen muss, wurde es für einen erforderlichen Konnex zwischen den beiden Dienstverhältnissen doch stets als schädlich angesehen, wenn längere Unterbrechungen – etwa solche, die die Zeit der **Betriebsferien** übersteigen – vorliegen, die somit eine Zusammenrechnung der unterbrochenen Arbeitszeiten ausschließen.

Eine Zusammenrechnung hat nur dann zu erfolgen, wenn eine verhältnismäßig kurze Frist zwischen dem Ende des einen und dem Beginn des nächsten Dienstverhältnisses liegt und die Umstände auf eine **sachliche Zusammengehörigkeit** der beiden Dienstverhältnisse hindeuten. In diesem Zusammenhang wurde etwa ein Zeitraum von **11 Tagen** (vgl. OGH 27. 8. 1997, 9 ObA 262/97b, ARD 4883/11/97) oder von **16 Tagen** (vgl. OGH 28. 8. 1997, 8 ObA 202/97g, ARD 4876/9/97) als noch nicht so lange betrachtet, dass eine Zusammenrechnung ausgeschlossen wäre. Da hier die Unterbrechung von 25 Tagen zu lang erscheint, um die beiden Dienstverhältnisse als ununterbrochen zu qualifizieren, steht dem Arbeitnehmer somit keine Abfertigung zu. OGH 19. 3. 2003, 9 ObA 21/03h. (ARD 5412/1/2003 ●)

Dienstzeiten beim selben Arbeitgeber gelten für den Anspruch auf Abfertigung auch dann als ununterbrochen, wenn der Arbeitnehmer zwischendurch nur **geringfügig beschäftigt** gewesen ist. OLG Wien 29. 10. 1998, 10 Ra 211/98t. (ARD 5013/4/99 ●)

Anrechnung von Dienstzeiten ohne Beschäftigungsbewilligung

Gehen dem Dienstverhältnis eines **Ausländers** Zeiten eines als Dienstverhältnis zu beurteilenden Werkvertrags **ohne Beschäftigungsbewilligung** voraus, sind diese Dienstzeiten bei Berechnung der Abfertigung als Zeiten eines gültigen Dienstverhältnisses in die **Gesamtdienstzeit einzurechnen**.

Ob der Arbeitnehmer als Ausländer vor wie auch nach Abschluss des als Angestelltenvertrag bezeichneten schriftlichen Vertragswerkes ohne Beschäftigungsbewilligung arbeitete, ohne dass sich an der Art und Form seiner bisherigen Tätigkeit etwas änderte, beeinträchtigt seine auf Abfertigung und Kündigungsentschädigung gestützten Ansprüche nicht. Für die Zeit der tatsächlichen Beschäftigung stehen ihm gemäß § 29 Abs 1 AuslBG die **gleichen Ansprüche** wie aufgrund eines **gültigen Arbeitsvertrages** zu. Zwar könnte er keine wie immer geartete Ansprüche aus dem Titel der Beendigung des nichtigen, ohne Beschäftigungsbewilligung geschlossenen faktischen Arbeitsverhältnisses ableiten. Lag dem Arbeitsvertrag vom Zeitpunkt der Beendigung jedoch eine Beschäftigungsbewilligung zugrunde, war der Dienstvertrag nicht mit Nichtigkeit behaftet und dem Arbeitnehmer stehen Ansprüche aufgrund der fristwidrigen Beendigung des Arbeitsverhältnisses zu.

Die für die Zeit der tatsächlichen, wenn auch nichtigen Beschäftigung vor Erteilung der Beschäftigungsbewilligung erworbenen Dienstzeiten als Angestellter sind schon aufgrund des § 29 Abs 1 AuslBG wie Zeiten eines gültigen Arbeitsvertrages einzurechnen. OGH 22. 11. 1995, 9 ObA 190/95. (ARD 4723/23/96 ●)

§ 23 AngG

Karenzierungsvereinbarung – Unterbrechungsvereinbarung

331 Nur Zeiträume, in denen ein Dienstverhältnis durch eine „**echte**" **Karenzierungsvereinbarung** „ausgesetzt" war, sind als Dienstzeit anzusehen und daher in die Berechnungsgrundlage für die gesetzliche Abfertigung einzubeziehen, für die Anspruch auf Insolvenz-Ausfallgeld besteht. Bei der „echten" Karenzierungsvereinbarung liegt auch für die Dauer der Aussetzung eine Dienstzeit vor, weil das **Arbeitsverhältnis rechtlich aufrecht** besteht, weshalb diese Zeiten auch für die Berechnung des Anspruches auf Abfertigung heranzuziehen.

Ob eine „echte" Karenzierungsvereinbarung oder eine Auflösungs-(Unterbrechungs-)vereinbarung mit einer Wiedereinstellungszusage vorliegt, lässt sich regelmäßig nur aus den Umständen des Einzelfalles beurteilen. Insbesondere wenn die Absicht bestand, dem Arbeitnehmer den Bezug von Leistungen aus der **Arbeitslosenversicherung** zu ermöglichen, ist von einer **echten Unterbrechung** auszugehen und nicht von einer bloßen Karenzierung. Dabei ist auf die objektiv ersichtlichen Umstände abzustellen, insbesondere ob der Arbeitnehmer tatsächlich Leistungen aus der Arbeitslosenversicherung bezogen hat. Diese Zeiten sind dann als Unterbrechungszeiten zu werten und **nicht** in die Berechnungsgrundlage für die **Abfertigung mit einzubeziehen**. OGH 15. 11. 2001, 8 ObS 257/01d. (ARD 5302/4/2002 ●)

Ob eine Auflösungs-(Unterbrechungs-)vereinbarung oder eine „echte" Karenzierungsvereinbarung vorliegt, lässt sich regelmäßig nur aus den Umständen des Einzelfalls beurteilen, wobei nicht am buchstäblichen Sinn der Äußerung zu haften, sondern die **Absicht der Parteien** zu erforschen ist. Entscheidend ist, welche Merkmale bei Abwägung der für die eine oder die andere Variante sprechenden Umstände überwiegen. Die **Abrechnung**, die **Abmeldung** und die Absicht, den Bezug von **Arbeitslosengeld** zu ermöglichen, sprechen für eine **echte Unterbrechung** im Sinne der Beendigung des Dienstverhältnisses und nicht nur für eine Karenzierung; die mangelnde Auszahlung der Abfertigung steht dem nicht entgegen. OGH 28. 5. 2001, 8 ObS 106/01y. (ARD 5329/13/2002 ●)

Bei Abrechnung des Arbeitnehmers und dem anschließenden „Stempelngehen" nach **Saisondienstverhältnissen**, sohin der Inanspruchnahme von Arbeitslosengeld, das nur für den Fall der Beendigung oder Unterbrechung des Dienstverhältnisses zusteht, ist ungeachtet der Etikettierung der Freisetzungsvereinbarung, allerdings unter Berücksichtigung der Umstände des Einzelfalles und der Erforschung der Parteienabsicht in der Regel davon auszugehen, dass die Indizien für eine jeweilige **Beendigung der Dienstverhältnisse** sprechen, deren Dauer für sich allein keinen Abfertigungsanspruch begründen. OGH 20. 1. 1999, 9 ObA 323/98k. (ARD 5038/42/99 ●)

Wird ein Arbeitnehmer saisonbedingt mit Wiedereinstellungszusage gekündigt, ist diese Kündigung auch dann rechtswirksam, wenn in der Folge der **Teilbetrieb**, in dem der Arbeitnehmer beschäftigt war, **ausgelagert** wird. Dieser Teilbetrieb ist als Betriebsübernehmer anzusehen, der mit dem **Betriebsübergang** auch die Verpflichtungen aus der Wiedereinstellungszusage übernimmt, so dass bei dienstzeitabhängigen Ansprüchen, wie der Abfertigung, die Beschäftigungszeiten vor und nach dem Outsourcing zusammenzurechnen sind. OGH 12. 7. 2000, 9 ObA 93/00t. (ARD 5163/8/2000 ●)

Die Zusammenrechnung unterbrochener Zeiten des Arbeitsverhältnisses als ununterbrochen (hier: nach dem Kollektivvertrages für das eisen- und metallverarbeitende Gewerbe) bewirkt nicht, dass auch die Zeiten der Unterbrechung zu Zeiten eines Beschäftigungsverhältnisses werden. OGH 16. 4. 1998, 8 ObA 96/98w. (ARD 4951/36/98 ●)

Wird einem Arbeitnehmer anlässlich einer vom Arbeitgeber ausgehenden Unterbrechung des Dienstverhältnisses nur der **ungefähre**, von weiteren Bedingungen abhängige Zeitpunkt einer **Wiedereinstellung** mitgeteilt, ist nicht von einer Karenzierung (Aussetzung), sondern von einer

§ 23 AngG

den Abfertigungsanspruch auslösenden **Kündigung** des Dienstverhältnisses auszugehen. OGH 24. 2. 1999, 9 ObA 11/99d. (ARD 5066/5/99 ●)

Die Auszahlung von Sonderzahlungen und Urlaubsabfindung anlässlich der Beendigung einer Saisonarbeit mit Wiedereinstellungszusage samt Abmeldung von der Sozialversicherung zwecks Arbeitslosengeldbezuges („stempeln gehen") spricht für eine **Beendigung des Dienstverhältnisses** und löst auch dann einen Abfertigungsanspruch aus, wenn der Saisonarbeiter seinen Dienst nicht wieder antritt. OGH 3. 11. 1999, 9 ObA 249/99d. (ARD 5106/13/2000 ●)

Informiert der Arbeitgeber den Arbeitnehmer schriftlich davon, dass das Dienstverhältnis **vorübergehend unterbrochen** und der Arbeitnehmer **freigestellt** ist, und nimmt dies der Arbeitnehmer **schweigend** zur Kenntnis, liegt keine Parteienvereinbarung vor, die dahin gehend beurteilt werden müsste, ob sie als Unterbrechung (mit Beendigungswirkung) oder Karenzierung (Aussetzung) verstanden werden muss. Es liegt vielmehr eine **einseitige Beendigung** durch den Arbeitgeber vor, die der Arbeitnehmer lediglich (stillschweigend) zur Kenntnis genommen hat.

Der Grundsatz „qui tacet consentire videtur" (wer schweigt, scheint zuzustimmen) ist dem österreichischen Recht grundsätzlich fremd. Sofern daher nicht ein wenigstens **schlüssiges Einverständnis** des Arbeitnehmers mit der vom Arbeitgeber vorgeschlagenen Aussetzung vorliegt, darf nicht von einer solchen ausgegangen werden. Auch wird der Begriff „Freistellen" laienhaft sowohl für Fälle der Dauerbeendigung des Dienstverhältnisses (Arbeitskräfteabbau), der „Unterbrechung des Dienstverhältnisses" als auch im Falle einer echten Karenzierung verwendet; daher kann diesem Begriff (isoliert betrachtet) keine besondere Relevanz für die rechtliche Beurteilung zugemessen werden.

Ist dem Arbeitgeber aufgrund einer Rechtsberatung bewusst, dass der Arbeitnehmer nur im Fall einer Beendigung des Dienstverhältnisses Anspruch auf Arbeitslosengeld hat, und zieht man weiters in Betracht, dass der Arbeitgeber gegenüber der Gebietskrankenkasse als Abmeldungsgrund **„Arbeitgeberkündigung"** angegeben hat sowie dem Arbeitnehmer zugleich mitteilte, dass noch offene Bezüge überwiesen würden, ergibt sich eindeutig, dass eine **Unterbrechung** des Dienstverhältnisses stattgefunden hat, wobei die Nichtauszahlung der Abfertigung diesem Ergebnis nicht entgegensteht. OLG Wien 14. 12. 1999, 8 Ra 330/99d, bestätigt durch OGH 17. 5. 2000, 9 ObA 82/00z. (ARD 5106/14/2000 und ARD 5151/34/2000 ●)

Sicherte der Arbeitgeber einem Arbeitnehmer vertraglich zu, dass er **alle Nachteile ausgleichen** werde, die sich aus der **Abmeldung** des Arbeitnehmers **zu Saisonende** ergeben, bedarf es für die Frage des Abfertigungsanspruchs des Arbeitnehmers keiner Klärung der Frage, ob zwischen den Streitteilen in den betreffenden Jahren Unterbrechungen des Arbeitsverhältnisses mit Beendigungswirkung oder eine keine Beendigung darstellende Karenzierung vereinbart wurde. OGH 30. 6. 2005, 8 ObA 30/05b. (ARD 5631/6/2005 ●)

Kein Abfertigungsanspruch bei bloßer Aussetzung des Dienstverhältnisses

Tritt ein Arbeitnehmer im Zeitraum, für den eine **Aussetzung** der Arbeitsleistung mit Wiedereinstellungszusage vereinbart wurde, zwar ein **anderes Dienstverhältnis** an, tritt er aber das erste Dienstverhältnis zu einem späteren als dem ursprünglich vereinbarten Termin doch wieder an, besteht auch dann **kein Anspruch auf Abfertigung**, wenn anlässlich der Aussetzungsvereinbarung in der Arbeitsbescheinigung für die Arbeitsmarktverwaltung als Auflösungsart „einvernehmliche Auflösung" angegeben wurde.

Bei der Auslegung von Aussetzungsverträgen ist nicht so sehr auf die Wortwahl der Parteien, sondern auf die von ihnen bezweckte Regelung der gegenseitigen Vertragsbeziehungen

§ 23 AngG

abzustellen. Soll der Arbeitnehmer aufgrund einer Absprache nur **vorübergehend** mit der Arbeit **aussetzen**, so dass der Arbeitgeber auf ihn zu einem späteren Zeitpunkt wieder zurückgreifen und der Arbeitnehmer ab diesem Zeitpunkt an derselben Arbeitsstelle wieder weiterarbeiten kann, ist im Allgemeinen eine **Aussetzung** anzunehmen, weil die Parteien ihre vertragliche Bindung nicht beenden, sondern nur auf eine bestimmte Zeit suspendieren wollten.

Auch mit dem Antritt einer von der Arbeitsmarktverwaltung während der Zeit der Aussetzung **vermittelten Beschäftigung** wurde das Dienstverhältnis mit dem bisherigen Arbeitgeber nicht aufgelöst, sondern kam der Arbeitnehmer nur der ihm gemäß § 9 Abs 5 AlVG obliegenden Verpflichtung nach, ungeachtet der Wiederbeschäftigungsvereinbarung eine vermittelte Beschäftigung anzunehmen. Nahm der Arbeitnehmer nicht vom Wiederantritt der Beschäftigung Abstand, sondern vereinbarte er in Hinblick auf das mittlerweile eingegangene Beschäftigungsverhältnis eine Verlegung des dafür vorgesehenen Termins, wurde das bisherige **Beschäftigungsverhältnis mit dem Arbeitgeber nicht** iSd § 9 Abs 6 AlVG **beendet**, sondern nach Ablauf des Aussetzungszeitraumes fortgesetzt. Der Arbeitgeber wäre nur dann zur Leistung der beendigungsabhängigen Ansprüche, wie z.B. Abfertigung, verpflichtet, wenn der Arbeitnehmer in der mittlerweile angetretenen Beschäftigung bleibt und die anlässlich der Aussetzung getroffene Vereinbarung über die Wiederaufnahme der Beschäftigung bricht. OGH 10. 4. 1996, 9 ObA 2006/96g. (ARD 4768/39/96 ●)

Bruch einer Wiedereinstellungszusage – Abfertigungsanspruch

333 Ist die Beendigung des Dienstverhältnisses eines Arbeiters durch die **witterungsbedingte Stilllegung** des Betriebes in Zusammenhang mit der Zusage der Wiedereinstellung („Stempeln schicken") erfolgt, kann die **Nichteinhaltung der Wiedereinstellungsvereinbarung** die Zusammenrechnung der früheren saisonal unterbrochenen Dienstverhältnisse nicht verhindern und hat keine Auswirkung auf den durch eine einvernehmliche Unterbrechung des Dienstverhältnisses erworbenen **Abfertigungsanspruch**. OGH 15. 3. 2000, 9 ObA 58/00w. (ARD 5230/8/2001 ●)

Bei einer Wiedereinstellungszusage des Arbeitgebers nach **Auflösung eines Dienstverhältnisses** zum Zweck des Bezugs von Arbeitslosengeld entsteht auch dann Anspruch auf **Abfertigung** des Arbeitnehmers, wenn dieser vom Anbot des Arbeitgebers, die Arbeit wieder aufzunehmen, nicht Gebrauch macht, wobei die Fälligkeit mit dem angebotenen Arbeitsantritt eintritt.
Im Fall einer bloßen **Wiedereinstellungszusage** wird **nur der Arbeitgeber gebunden**. Dem Arbeitnehmer wird eine Option auf den Abschluss eines neuen Dienstvertrages eingeräumt und es liegt an ihm, das entsprechende Anbot des Arbeitgebers anzunehmen oder nicht. Solange es zu einer solchen Annahme nicht gekommen ist, ist der Arbeitnehmer nicht gebunden. In solchen Fällen kommt bei einer Unterbrechung des Dienstverhältnisses ein Vertragsbruch des Arbeitnehmers nicht in Frage. Nimmt er das Anbot auf Neubegründung eines Dienstvertrages nicht an, stehen ihm die Ansprüche aus der Auflösung des früheren Dienstverhältnisses auf der Grundlage der allgemeinen, für die Auflösung von Dienstverhältnissen geltenden Grundsätze zu. OGH 13. 11. 1996, 9 ObA 2122/96s. (ARD 4832/34/97 ●)

Wird ein Arbeitsverhältnis nicht nur karenziert (ausgesetzt), sondern gerade auch wegen des Hinweises des Arbeitgebers, dass sich der Arbeitnehmer arbeitslos melden solle, unter Zusage einer Wiedereinstellung bei Verbesserung der Auftragslage **unterbrochen und damit beendet**, leben allfällige Ansprüche, auf die der Arbeitnehmer anlässlich der Beendigung nur wegen der erteilten Wiedereinstellungszusage bzw Wiedereinstellungsvereinbarung verzichtet hat (hier: Abfertigung), wieder auf, wenn er dem Arbeitgeber die **Abstandnahme vom Wiederantritt** bekannt gibt. OGH 24. 9. 2004, 8 ObA 91/04x. (ARD 5565/5/2005 ●)

§ 23 AngG

Nichtverlängerungserklärung bei befristeten Dienstverhältnissen ist keine Kündigung
Die Abgabe einer Nichtverlängerungserklärung durch den Arbeitnehmer hinsichtlich eines befristeten Dienstverhältnisses im Rahmen eines wirtschaftlich gerechtfertigten Kettendienstvertrages stellt **keine Kündigung** dar und ist daher für einen Abfertigungsanspruch unschädlich. OGH 10. 2. 1999, 9 ObA 330/98i. (ARD 5025/14/99 ●) 334

Zwei Abfertigungsansprüche bei zwei Dienstverhältnissen
Der Umstand allein, dass zwei Arbeitsverhältnisse zu wirtschaftlich **verbundenen Unternehmen** bestehen, hindert nicht das Entstehen von Abfertigungsansprüchen gegenüber **beiden Arbeitgebern**, wenn auch im Regelfall nur auf Grundlage des bei dem jeweiligen Arbeitgeber bezogenen Entgelts. OGH 5. 7. 2001, 8 ObA 161/01m. (ARD 5274/49/2002 ●) 335

Abfertigungsanspruch bei langjähriger Überlassung in einem Beschäftigerbetrieb
Wurde ein überlassener Arbeitnehmer während der gesamten Zeit seines Rechtsverhältnisses zum Überlasser einem **einzigen Beschäftiger** überlassen und hat er dabei Zeiträume zurückgelegt, die für die unmittelbaren Dienstnehmer des Beschäftigers einen Abfertigungsanspruch begründen, ist der überlassene Dienstnehmer hinsichtlich seines Abfertigungsanspruchs den vergleichbaren Arbeitnehmern des Beschäftigerbetriebs **gleichzustellen**, sodass er auch auf eine höhere kollektivvertragliche Abfertigung (wie sie der Stammbelegschaft zusteht) Anspruch hat. OGH 3. 12. 2003, 9 ObA 113/03p. (ARD 5494/8/2004 ●) 336

Abfertigungsanspruch trotz fehlendem Entgeltanspruch im letzten Monat
Hat der Arbeitnehmer im letzten Monat des Arbeitsverhältnisses **kein Entgelt** mehr bezogen, weil seine Krankheit den Zeitraum überschreitet, für den ihm Entgelt gebührt, ist der Abfertigung rückblickend das Entgelt zugrunde zu legen, das er bezogen hätte, wenn er an der Dienstleistung nicht verhindert gewesen wäre. OGH 6. 12. 1989, 9 ObA 324/89. (ARD 4143/9/90 ●) 337

Zeiten der Nichtarbeit, die in den für die Berechnung der Abfertigung maßgebenden Beobachtungszeitraum fallen und in denen der Arbeitnehmer nach dem Ausfallsprinzip ermittelte Entgelte erhalten hat, sind so zu behandeln, als hätte der Arbeitnehmer seine Dienste geleistet (hier: **Provisionszahlungen während Dienstfreistellung**). In diesen Zeiten ist letzten Endes weder eine Entgeltschmälerung noch ein Entgeltausfall eingetreten, sodass das in diesen Zeiträumen bezogene – wenn auch nach dem Ausfallsprinzip bemessene und daher fiktive – Entgelt voll dem Arbeitsentgelt gleichgestellt ist. Für eine „Neutralisierung" dieser Zeiten bei der Berechnung der Abfertigung besteht daher kein Anlass (vgl. OGH 14. 4. 1999, 9 ObA 20/99b, ARD 5054/7/99). OGH 15. 12. 2004, 9 ObA 79/04i. (ARD 5583/5/2005 ●)

Beginn des Dienstverhältnisses
Der Beginn des Arbeitsverhältnisses muss mit dem Tag des Dienstantrittes nicht übereinstimmen. Mit welchem Tag das Arbeitsverhältnis beginnt, richtet sich nach der zwischen den Parteien getroffenen Vereinbarung. Haben die Parteien keine ausdrückliche Vereinbarung über den Beginn des Arbeitsverhältnisses getroffen, bedarf es daher zu dessen Ermittlung der Auslegung der im konkreten Einzelfall getroffenen Vereinbarung. 338

Wurde ein Arbeitnehmer in einem mit einem **Feiertag** beginnenden Kalendermonat mit „Beginn dieses Monats" aufgenommen, ist davon auszugehen, dass das Dienstverhältnis nicht erst am ersten Arbeitstag begonnen hat, wenn der Arbeitnehmer bereits mit dem **ersten Tag dieses Monats** bei der Sozialversicherung **angemeldet** wurde. OGH 25. 2. 1998, 9 ObA 9/98h. (ARD 4944/9/98 ●)

§ 23 AngG

Wurde bei Abschluss eines Dienstvertrages vereinbart, dass der Arbeitnehmer „**im Mai anfangen**" könne, Näheres über den Arbeitsbeginn aber nicht besprochen, und war beiden Seiten klar, dass der **erste Arbeitstag der 3. 5.** war, weil die ersten beiden Tage keine Arbeitstage waren, und nahm der Arbeitnehmer an diesem – auch in der Anmeldung bei der Gebietskrankenkasse, im Personalakt und in den Dienstzeugnissen angeführten – Tag auch die Arbeit auf, ist daraus zu schließen, dass das Dienstverhältnis erst **mit diesem Tag begonnen** hat. OGH 27. 8. 1997, 9 ObA 268/97w. (ARD 4931/24/98 ●)

Berechnung der Dauer des Dienstverhältnisses

339 Die für die Entstehung oder die Höhe des Abfertigungsanspruches maßgebende **Dauer des Dienstverhältnisses** ist bis zur Auflösung desselben zu berechnen. Als Zeitpunkt der Auflösung ist bei einem Dienstverhältnis auf bestimmte Zeit der Ablauf der bestimmten Zeit, bei einem Dienstverhältnis auf unbestimmte Zeit der **Ablauf** der ordnungsgemäßen **Kündigungsfrist** anzusehen. Kündigt der Arbeitgeber vor Ablauf des 3. Dienstjahres, gebührt die Abfertigung im Ausmaß des zweifachen Monatsentgeltes, wenn das 3. Dienstjahr wenigstens **am letzten Tag der Kündigungsfrist vollendet** ist.

Das gleiche muss auch gelten, wenn der Arbeitgeber dem Angestellten zu einem vertrags- oder gesetzwidrigen Kündigungstermin kündigt, grundlos entlässt oder der Arbeitnehmer mit Grund austritt; in diesen Fällen endet das Dienstverhältnis zwar am Tage das Kündigungstermins, am Entlassungs- oder Austrittstages, für die Berechnung der Abfertigung ist aber als Endzeitpunkt des Dienstverhältnisses der Tag anzusehen, bis zu dem bei Ablauf der bestimmten Vertragszeit oder bei **ordnungsgemäßer Kündigung** das Dienstverhältnis **geendet hätte**. OGH 22. 10. 1957, 4 Ob 105/57. (ARD 1049/2/58 ●)

Kündigt der Arbeitgeber vor Ablauf eines für den Erwerb einer (höheren) Abfertigung maßgebenden Dienstjahres, gebührt die Abfertigung (im höheren Ausmaß), wenn das entsprechende Dienstjahr wenigstens am **letzten Tag der Kündigungsfrist** vollendet ist. OGH 25. 2. 1998, 9 ObA 9/98h. (ARD 4944/9/98 ●)

Die für die Entstehung oder die Höhe des Abfertigungsanspruches maßgebende Dauer des Dienstverhältnisses ist vom Antritt des Dienstes bis zur Auflösung des Dienstverhältnisses zu berechnen. Daran ändert nichts, wenn Vertragsabschluss, **vereinbarter und tatsächlicher Beginn** der Beschäftigung **nicht zusammenfallen**. Im vorliegenden Fall gilt die Zeit zwischen dem vereinbarten Beginn der Arbeit und Beginn des Dienstverhältnisses am 2. 1. und dem Ende des Dienstverhältnisses am 31. 12. nicht als volles Arbeitsjahr, auch wenn infolge des Feiertages am 1. 1. der Vollzug des Dienstverhältnisses am 2. Jänner zum frühest möglichen Zeitpunkt begonnen hat. Es gibt keine Kriterien für die Auf- oder Abrundung. Im Gesetz ist nicht vorgesehen, die Anwartschaft von 3 Jahren nach Werktagen zu berechnen; für Billigkeitserwägungen besteht kein Raum.
Der 1. 1. (Feiertag) ist somit nicht in die für die Abfertigung maßgebliche Dauer des Dienstverhältnisses einzubeziehen, wenn die Arbeitsvertragspartner keine ausdrückliche Vereinbarung über den Beginn des Dienstverhältnisses getroffen haben, sondern als **Arbeitsbeginn** den **2. 1. vereinbart** haben. OLG Wien 19. 7. 1989, 33 Ra 78/89, bestätigt durch OGH 6. 12. 1989, 9 ObA 317, 318/89. (ARD 4112/16/89 und ARD 4145/17/90 ●)

Abfertigungsbemessung bei fristwidrigen Kündigungen

340 Die Abfertigung eines fristwidrig gekündigten oder zu Unrecht entlassenen Arbeitnehmers ist nach der **fiktiven Dienstzeit** bei ordnungsgemäßer Arbeitgeberkündigung zu bemessen, wobei ein während der fiktiven Kündigungsfrist erworbener Verdienst nicht anzurechnen ist.

§ 23 AngG

Ein zu Unrecht entlassener Arbeitnehmer ist finanziell so zu stellen, als wäre sein Dienstverhältnis ordnungsgemäß aufgelöst worden. Für die Abfertigung, die nicht Entgelt (Kündigungsentschädigung) iSd § 29 AngG ist, bedeutet dies, dass für die für Erwerb und Bemessung derselben maßgebliche Dienstzeit der zwischen **tatsächlicher und rechtlicher Beendigung** des Dienstverhältnisses und dem **fiktiven Endpunkt** liegende Zeitraum in die zurückgelegte Dienstzeit **einzurechnen** und die Abfertigung unter Zugrundelegung dieses längeren Zeitraumes, sohin nicht nur der tatsächlich zurückgelegten Dienstzeit, zu bemessen ist.

Mangels Entgelteigenschaft der Abfertigung iSd § 29 AngG ist diese Gesetzesbestimmung mit ihrer Einrechnungsvorschrift hinsichtlich des **Erwerbs durch andere Verwendung nicht anzuwenden**, so dass das AngG keine Grundlage bietet, dass das anderweitig erzielte Einkommen in der fiktiven Vertragszeit bis zum Ende der Befristung Auswirkung auf den Abfertigungsanspruch hätte. Der Abfertigungsanfall tritt mit der rechtlichen und tatsächlichen Auflösung des Dienstverhältnisses ein und deckt sich nach § 23 Abs 4 AngG mit dem Fälligkeitszeitpunkt, wenn es sich wie im vorliegenden Fall um eine den Betrag des Dreifachen des Monatsentgelts nicht übersteigende Abfertigung handelt. OGH 13. 9. 1995, 9 ObA 1023/95. (ARD 4727/3/96 ●)

Bei **fristwidrigen Kündigungen** ist der zwischen dem Zeitpunkt der Beendigung des Dienstverhältnisses und dem fiktiven Endzeitpunkt liegende Zeitraum in die zurückgelegte Dienstzeit einzurechnen und die Abfertigung unter Zugrundelegung dieses längeren Zeitraums zu bemessen. LG Leoben 27. 4. 1995, 22 Cga 13/95m. (ARD 4777/13/96 ●)

Keine Einbeziehung von bloß einmaligen Entgeltleistungen in Bemessungsgrundlage

Der weitgespannte, allgemeine Entgeltbegriff des § 23 AngG erfährt nämlich insofern eine Einschränkung, als es sich dabei um solche Bezüge handeln muss, die mit einer gewissen **Regelmäßigkeit**, wenn auch nicht in jedem Monat, wiederkehren. Ein nicht vorhersehbarer, zur Gänze dem Zufall überlassener Bezug wie eine **Diebstahlsprämie** ist daher nicht geeignet, die erforderliche Qualifikation einer gewissen Regelmäßigkeit zu erfüllen. Ebenso fallen einmalige Beträge mangels Vorliegens des Charakters einer regelmäßigen, wiederkehrenden Leistung nicht unter den Entgeltbegriff des § 23 Abs 1 AngG. Am Charakter der Einmaligkeit der Leistung eines **Jubiläumsgeldes** ändern auch die kollektivvertraglichen Vereinbarungen der Handelsangestellten nichts, weil auch der KV-Handelsangestellte das Jubiläumsgeld als einmalige Anerkennungszahlung definiert. OLG Wien 6. 11. 1995, 7 Ra 11/95. (ARD 4783/28/96 ●)

Keine Einbeziehung von Aufwandsentschädigungen in Bemessungsgrundlage

Aufwandsentschädigungen als Kostenersatz für die Auslagen, die der Arbeitnehmer für den Arbeitgeber getätigt hat (z.B. Kleiderreinigungsgeld), sind nicht einzubeziehen. Nur wenn die Aufwandsentschädigung eine Höhe erreicht, bei der nicht mehr davon gesprochen werden kann, dass damit der getätigte Aufwand abgegolten wird, bildet diese Zulage einen echten Lohnbestandteil. Ansonsten trägt eine **Aufwandsentschädigung keinen Entgeltcharakter** und ist daher auch bei der Berechnung der Höhe der Abfertigung nicht in die Bemessungsgrundlage einzubeziehen. Zur Qualifikation einer Leistung als Aufwandsersatz bieten Steuer- und Sozialversicherungsvorschriften häufig Anhaltspunkte, sie sind aber nur Orientierungshilfen. Entscheidend ist ausschließlich der tatsächliche schuldrechtliche Charakter dieser Leistungen. OLG Wien 6. 11. 1995, 7 Ra 11/95. (ARD 4783/28/96 ●)

Der Tragung der **Fahrtkosten** für die Fahrt zum Arbeitsplatz durch den Arbeitgeber nach Standortverlegung des Unternehmens kommt **keine Entgeltfunktion** zu. Eine derartige Aufwandsentschädigung ist nicht in die Abfertigung einzuberechnen. OLG Wien 16. 11. 1994, 31 Ra 108/94. (ARD 4628/7/95 ●)

§ 23 AngG

Werden einem Handelsdelegierten während seines mehrjährigen Auslandsaufenthaltes u.a. eine Kaufkraftausgleichszulage und eine Auslandsverwendungszulage als **„Aufwandsentschädigung"** gewährt, dienen diese aber tatsächlich nicht der Abdeckung eines mit der Arbeitsleistung zusammenhängenden finanziellen Aufwandes des Arbeitnehmers, gelten sie als **Entgelt** und sind daher in die Ermittlung der Abfertigungsberechnungsgrundlage einzubeziehen. OGH 17. 3. 2004, 9 ObA 101/03y. (ARD 5522/4/2004 ●)

Erhält ein Arbeitnehmer anlässlich einer Auslandsentsendung eine **Spesenpauschale**, ist diese insoweit in die Abfertigungsbemessungsgrundlage einzubeziehen, als damit tatsächlich **Entgeltansprüche** erfüllt wurden. OLG Wien 29. 8. 1996, 7 Ra 198/96f. (ARD 4789/26/96 ●)

§ 23 Abs 1 AngG stellt zwingend für die Berechnung der Abfertigung auf das „Entgelt" ab. Für die Beurteilung, ob eine bestimmte Leistung des Arbeitgebers nun als „Entgelt" oder als „Aufwandsentschädigung" anzusehen ist, kommt es weder auf die Bezeichnung, noch grundsätzlich auf die steuer- oder sv-rechtliche Beurteilung an (vgl. z.B. OGH 22. 1. 2003, 9 ObA 220/02x, ARD 5399/1/2003). Entscheidend ist stets, ob die Leistung des Arbeitgebers der Abgeltung der Bereitstellung der Arbeitskraft dient (Entgelt) oder zur Abdeckung eines mit der Arbeitsleistung zusammenhängenden finanziellen Aufwands des Arbeitnehmers (Aufwandsentschädigung). Bei pauschaler Abgeltung kommt es für die Beurteilung des Charakters als Aufwandersatz nur darauf an, ob zumindest im Durchschnitt die konkreten Ausgaben im Wesentlichen der Summe der Pauschale entsprechen bzw die Pauschale **nicht unrealistisch hoch** angesetzt ist (vgl. z.B. OGH 17. 3. 2004, 9 ObA 101/03y, ARD 5522/4/2004).

Liegen die in einem Kollektivvertrag (hier: KV-eisen- und metallerzeugende und -verarbeitende Industrie) pauschal festgelegten Diätensätze um knapp 50 % über den im EStG normierten Beträgen und kann der Arbeitnehmer nachweisen, dass die ausbezahlten Diäten seine Aufwendungen stets erheblich überschritten haben, kommt dem **steuerpflichtigen Teil der Diäten** (dh jenem Teil, der über den im EStG geregelten steuerfreien Sätzen liegt) **Entgeltcharakter** zu und ist dieser somit auch in die Bemessungsgrundlage für die Abfertigung alt einzubeziehen. Weist der Arbeitnehmer nach, dass die Pauschale deutlich über den Einschätzungen des Gesetzgebers liegt, liegt es am Arbeitgeber, den Aufwandcharakter der Pauschale zu beweisen. OGH 30. 3. 2006, 8 ObA 87/05k. (ARD 5688/2/2006 ●)

Abgeltung für nicht konsumierte Postensuchtage nicht zu berücksichtigen

343 Aktuelle **Veränderungen des Entgelts**, die ihre Ursache in der bevorstehenden Beendigung des Dienstverhältnisses haben (hier: Barablöse für die Unterlassung der Inanspruchnahme von Postensuchtagen), sind bei Ermittlung des **Durchschnittentgelts** für den Abfertigungs- bzw. Urlaubsentschädigungsanspruch **außer Ansatz** zu lassen. OLG Wien 6. 11. 1995, 7 Ra 11/95. (ARD 4783/28/96 ●)

Trinkgelder kein Entgeltbestandteil

344 Trinkgelder, die ein Arbeitnehmer für **persönliche Dienstleistungen** an den Kunden des Arbeitgebers von diesen Kunden erhält, sind in die Bemessungsgrundlage für die Abfertigung **nicht einzubeziehen**.

Entgegen anderen Rechtsbereichen (etwa dem ASVG oder dem EStG) kennt das Arbeitsrecht keine allgemein gültige Legaldefinition des Entgelts. Unter Entgelt wird vielmehr jede Art von Leistung verstanden, die dem Arbeitnehmer für die Zurverfügungstellung seiner Arbeitskraft gewährt wird. **Leistungen Dritter** sind dem Arbeitsentgelt zuzurechnen, wenn zwischen Arbeitgeber und Arbeitnehmer entsprechende **vertragliche Vereinbarungen** getroffen wurden oder wenn sich eine Zuordnung der Leistungen aus den sonstigen Umständen ergibt; z.b. wenn die Leistungen für Tätigkeiten gewährt werden, die zu den dienstvertraglich geschuldeten zählen. Im Gegensatz dazu stehen Leistungen, die einem Arbeitnehmer nur aus **Gelegenheit seines Dienstverhältnisses** von Dritten zufließen, die aber nicht Bestandteil des geschuldeten Entgelts sind; sie sind zwar als Einkommen des Arbeitnehmers anzusehen, aber in die Ermittlung des arbeitsrechtlichen Entgeltanspruches nicht einzubeziehen.

Auch wenn die Trinkgelder einen beträchtlichen Teil des monatlichen Einkommens ausmachen, sich aber in dem für sonstige Trinkgeldberufe üblichen Verhältnis bewegen und dem Arbeitnehmer anlässlich seiner Einstellung die Möglichkeit der Erzielung maßgeblicher Trinkgeldeinnahmen zugesagt worden ist, werden **Trinkgelder** dadurch **nicht zum Entgeltbestandteil**, insbesondere wenn der Arbeitgeber dem Arbeitnehmer bei Begründung des Dienstverhältnisses bloß erklärt hat, dass, „wenn er tüchtig und freundlich ist, er mehr verdienen kann als ein Direktor". Damit wurde der Arbeitnehmer nur auf die Möglichkeit hingewiesen, Trinkgelder zu verdienen. Dass bezogene Trinkgelder auch Teil des dem Arbeitnehmer aus dem Dienstvertrag zustehenden Entgelts sein sollten, kann aus dieser Mitteilung nicht abgeleitet werden. Es trifft auch nicht zu, dass der Arbeitnehmer zur Erzielung eines angemessenen Einkommens zum wesentlichen Teil auf Trinkgelder verwiesen gewesen wäre, wenn die Höhe des Entgelts, das der Arbeitnehmer im Rahmen seines Dienstvertrages bezogen hat, dem von Beschäftigten gleicher Wertigkeit und Einstufung entspricht, die nicht mit Kundenkontakt befasst sind und daher keine Möglichkeit haben, Trinkgelder zu erzielen. Die Meldung der Höhe der monatlichen Trinkgeldeinkünfte an den Arbeitgeber entspricht der Rechtslage nach § 49 Abs 1 ASVG. Sie verschafft dem Arbeitgeber Kenntnis über die Trinkgeldeinnahmen des Arbeitnehmers als Grundlage für die Meldung und Beitragsentrichtung an die Sozialversicherung. Aus der Bekanntgabe der Trinkgeldeinnahmen an den Arbeitgeber kann aber **kein Schluss auf die dienstvertragliche Entgelteigenschaft der Trinkgelder** gezogen werden. OGH 11. 1. 1995, 9 ObA 249/94. (ARD 4647/20/95 ●)

Zuschuss zur Zusatzkrankenversicherung ist Entgeltleistung

Vom Arbeitgeber geleistete **Prämien für eine Zusatzkrankenversicherung** eines Arbeitnehmers sind in dessen Abfertigungsbemessungsgrundlage mit einzubeziehen. Entgelt ist alles, was der Arbeitnehmer als Gegenleistung für seine Arbeitsleistung erhält. Der Begriff ist weit auszulegen und umfasst grundsätzlich alles, was dem Arbeitnehmer aus dem Dienstverhältnis zukommt. Das durch die Arbeitsleistung verursachte gesundheitliche Risiko wird schon durch die gesetzliche Krankenversicherung abgedeckt, die durch Arbeitgeber- und Arbeitnehmerbeiträge finanziert wird. Es ist daher **nicht erkennbar**, dass die Vergütung der Aufwendungen des Arbeitnehmers für eine **zusätzliche Krankenversicherung im Interesse des Arbeitgebers** liegt. Dafür, dass ein besonderes, nicht durch die gesetzliche Kranken-Unfallversicherung gedecktes betriebs- und arbeitsbedingtes Risiko besteht, das den Arbeitgeber aufgrund seiner Fürsorgepflicht zur gänzlichen oder teilweisen Finanzierung einer Zusatzkrankenversicherung veranlasst hat, muss ein Anhaltspunkt bestehen. Wenn der Arbeitgeber ausschließlich im Interesse des Arbeitnehmers und aus seinen finanziellen Mitteln zu tragende Auslagen in Form eines Zuschusses zur Zusatzkrankenversicherung vergütet, liegt eine **regelmäßige Entgeltleistung** vor, die auch in die Abfertigungsberechnung einzubeziehen ist. OGH 30. 11. 1994, 9 ObA 203/94. (ARD 4636/8/95 ●) 345

Berücksichtigung einer Kollektivvertragserhöhung während Kündigungsfrist

Da der Abfertigungsanspruch erst mit **Ablauf der Kündigungsfrist** entsteht, ist als Bemessungsgrundlage das zu diesem Zeitpunkt regelmäßig gebührende Monatsentgelt heranzuziehen. Es entspricht nicht dem gesetzlichen Entgeltbegriff des § 23 Abs 1 AngG, ein Durchschnittseinkom- 346

§ 23 AngG

men des Angestellten heranzuziehen, wenn sein an sich gleich bleibendes Entgelt eine Änderung erfahren hat und danach wieder ein Entgelt in gleich bleibender Höhe vorgesehen ist.

Für die Frage, ob eine in diesem Sinn bleibende Änderung der Entgelthöhe eingetreten ist, ist der Grund dieser Änderung maßgeblich. Handelt es sich um eine **kollektivvertragliche Erhöhung**, kann nicht gesagt werden, dass der Arbeitnehmer ein Entgelt in wechselnder Höhe bezogen hätte und zur Vermeidung von Zufälligkeiten infolge besonderer Umstände bei der Abfertigungsberechnung die Bildung eines Durchschnittseinkommens erforderlich wäre. Dass die kollektivvertragliche Erhöhung erst 2 Wochen vor Ablauf der Kündigungsfrist erfolgte, vermag daran nichts zu ändern, so dass die **Abfertigung** nach dem kollektivvertraglich **erhöhten Entgelt** zu berechnen ist. OLG Wien 16. 5. 2002, 10 Ra 110/02y. (ARD 5346/38/2002 ●)

Bemessungsgrundlage bei Wechsel von Vollzeit- auf Teilzeitarbeit

347 Auch bei einer Änderung der Dienstzeit von **Vollzeit auf Teilzeit** bemisst sich der Abfertigungsanspruch nach dem AngG – im Gegensatz zum VBG – nach dem **zuletzt bezogenen Gehalt**, außer es war dieses nur vorübergehend reduziert. OLG Graz 13. 3. 1997, 7 Ra 279/96w. (ARD 4906/9/98 ●)

Der Berechnung des Abfertigungsanspruchs einer Arbeitnehmerin, deren Dienstverhältnis 4 Jahre vor der einvernehmlichen Auflösung auf ihren Wunsch hin von einer **Vollzeitbeschäftigung** auf eine **Teilzeitbeschäftigung** im Ausmaß von 25 Stunden reduziert wurde, ist nur das zuletzt bezogene Teilzeitentgelt zugrunde zu legen. OGH 29. 6. 2005, 9 ObA 6/05f. (ARD 5631/4/2005 ●)

Bei Berechnung der Abfertigung ist nur für bestimmte Fälle trotz Herabsetzung des Umfangs der Arbeitsleistung die frühere Vollarbeitsverpflichtung zu berücksichtigen oder ein Durchschnitt zu bilden. Diese bestehenden Sonderregeln sind nicht zu generalisieren. Wechselt eine Arbeitnehmerin daher 2 Monate nach Ende der Karenz iSd MSchG auf eine **geringfügige Beschäftigung**, ist eine spätere Abfertigung vom geringfügigen Beschäftigungsausmaß zu bemessen und nicht auf eine Vollzeitbasis hochzurechnen. OLG Wien 21. 10. 2005, 9 Ra 129/05i. (ARD 5682/7/2006 ●)

Abfertigung bei Herabsetzung der Normalarbeitszeit zur Betreuung eines Kindes

348 Die für Arbeitnehmer **günstigere Abfertigungsberechnung** gemäß § 14 Abs 2 Z 2 iVm § 14 Abs 4 AVRAG bei Herabsetzung der Arbeitszeit wegen „nicht nur vorübergehender **Betreuungspflichten von nahen Angehörigen** iSd § 16 Abs 1 letzter Satz UrlG", ist nicht auf kranke oder überdurchschnittlich betreuungsbedürftige Kinder bzw auf „außergewöhnliche Lebenssachverhalte" eingeschränkt. Auch die Betreuungspflicht für gesunde Kinder vom Anwendungsbereich des § 14 AVRAG erfasst ist.

Wird daher nach einer Karenz zwischen Arbeitgeber und Arbeitnehmerin zum Zweck der **Betreuung ihres Kindes** eine **Herabsetzung der Normalarbeitszeit** vereinbart, so ist im Fall der Beendigung des Arbeitsverhältnisses für die Berechnung der Abfertigung das Entgelt auf Basis der Arbeitszeit **vor der Arbeitszeitreduktion** heranzuziehen und nicht das zuletzt bezogene Teilzeitentgelt. OGH 12. 7. 2006, 9 ObA 38/06p, und OGH 12. 7. 2006, 9 ObA 60/06y (ARD 5716/4/2006 ●)

Abfertigungshöhe bei Konzernwechsel

349 Wird in einem Konzern das Dienstverhältnis eines Arbeitnehmers zur österreichischen Tochtergesellschaft karenziert und ein **paralleles Dienstverhältnis** zur deutschen Tochtergesellschaft begonnen, ist bei späterer Beendigung des österreichischen Dienstverhältnisses nicht das Entgelt maßgeblich, das der Arbeitnehmer zuletzt in Deutschland, also bei einem Dritten, verdient hat. OGH 2. 3. 2007, 9 ObA 14/07k. (ARD 5756/5/2007 ●)

Bemessungsgrundlage bei echter Nettolohnvereinbarung

Der Lohnanspruch des Arbeitnehmers richtet sich grundsätzlich auf einen **Bruttobetrag**; der Arbeitgeber schuldet daher eine Bruttovergütung. Es steht den Parteien des Dienstvertrages jedoch frei zu vereinbaren, dass die vom Arbeitgeber zu leistende Vergütung **netto** geschuldet werden soll. Eine solche Vereinbarung, durch die der Arbeitgeber die sonst vom Arbeitnehmer zu tragenden Abgaben übernimmt, ist zulässig und rechtswirksam. Arbeitsrechtlich ist zwischen der abgeleiteten (unechten) Nettolohnvereinbarung, bei der zunächst der Bruttobetrag ermittelt wird, und der originären (echten) Nettolohnvereinbarung, bei der sich die Parteien überhaupt nicht im Klaren sind, welcher Bruttobetrag dem Nettolohn zuzuordnen ist, zu unterscheiden. Wurde zwischen den Parteien gar nicht erörtert, von welcher Größe der Nettobetrag zu errechnen sei, liegt eine **originäre** (**echte**) **Nettolohnvereinbarung** vor. Bei dieser richtet sich der Anspruch des Arbeitnehmers aus der Lohnvereinbarung auf den Nettolohn. Das Steuerrisiko trifft in einem derartigen Fall den Arbeitgeber, der nicht nur den Wegfall individueller Steuervorteile, sondern auch generelle Steuererhöhungen zu tragen hat. Der Arbeitgeber muss allerdings auch nicht für bestimmte Bezüge gewährte Steuervorteile weitergeben.

Ist aber Schuldinhalt des Dienstvertrages der Nettolohn, sind Lohnzuschläge, Urlaubsabgeltungen, Lohnerhöhungen usw. vom Nettolohn zu berechnen. Auch für die **Abfertigung** kann nichts anderes gelten, stellt doch § 23 Abs 1 AngG lediglich auf das für den letzten Monat des Dienstverhältnisses gebührende Entgelt ab, als welches im Fall einer echten Nettolohnvereinbarung das **Nettoentgelt** gesehen werden muss. Einem Arbeitnehmer steht daher bei einer echten Nettolohnvereinbarung die Abfertigung nur auf der **Bemessungsgrundlage des Nettoentgeltes** zu. Es geht nicht an, dass ein Vertragspartner die getroffene Vereinbarung jeweils so auslegt, wie es für ihn vorteilhaft ist („Rosinentheorie"). OGH 13. 6. 1996, 8 ObA 214/96. (ARD 4766/41/96 ●)

Unzulässiger Ausschluss der Sonderzahlungen von Bemessungsgrundlage

Eine arbeitsvertragliche Regelung, wonach die Berechnung der **Abfertigung ohne Einbeziehung der Sonderzahlungen** erfolgt, ist als eine gegenüber der gesetzlichen Abfertigungsregelung in § 23 AngG, wonach die Abfertigung ein Vielfaches des dem Angestellten für den letzten Monat des Arbeitsverhältnisses gebührenden Entgelts – inklusive Sonderzahlungen – beträgt, ungünstigere Regelung **unwirksam**.

Die Rechte, die den Arbeitnehmern aufgrund § 23 AngG zustehen, können durch Arbeitsvertrag weder aufgehoben noch beschränkt werden. Das Abfertigungsrecht ist daher **einseitig zwingendes Recht**, das nur Vereinbarungen gestattet, die den Arbeitnehmer gegenüber seinem gesetzlichen Anspruch günstiger stellen. Bei der Prüfung der Günstigkeit hat weder ein Gesamtvergleich noch ein punktueller Vergleich der Bestimmungen zu erfolgen, sondern ein Gruppenvergleich rechtlich und sachlich zusammenhängender Normen. Auf die subjektive Einschätzung des betroffenen Arbeitnehmers kommt es bei der Beurteilung der Günstigkeit nicht an. Dass im vorliegenden Fall die im Arbeitsvertrag normierte Nichteinbeziehung der Sonderzahlungen in die Berechnungsgrundlage für die Abfertigung den Arbeitnehmer gegenüber der gesetzlichen Regelung in § 23 AngG schlechter stellt, liegt aber auf der Hand, weshalb die vertragliche Vereinbarung keine Wirkung entfaltet. OGH 23. 5. 2001, 9 ObA 224/00g. (ARD 5274/48/2002 ●)

Einbeziehung regelmäßig erbrachter Überstunden in Bemessungsgrundlage

Nach Lehre und Rechtsprechung ist unter dem „für den letzten Monat gebührenden Entgelt" iSd § 23 Abs zweiter Satz AngG der **Durchschnittsverdienst** zu verstehen, der sich aus dem mit einer gewissen **Regelmäßigkeit** – wenn auch nicht in jedem Monat – wiederkehrenden Bezügen, aber auch aus in größeren Zeitabschnitten oder nur einmal im Jahr zur Auszahlung gelangenden

§ 23 AngG

Aushilfen, Anschaffungsbeiträgen, Urlaubsbeihilfen, Remunerationen, Zulagen, Bilanzgeldern usw. ergibt. Zu diesem Durchschnittsverdienst gehören auch **regelmäßig geleistete Überstunden**. Bei Leistung von Überstunden in verschiedenem Ausmaß erweist sich ein **Beobachtungszeitraum von einem Jahr** als sachgerecht. Im Übrigen müssen Überstunden nicht in garantierter Periodizität geleistet werden; es genügt, dass sie innerhalb des Beobachtungszeitraums so verteilt sind, dass sich ihr regelmäßiger Charakter, das heißt die wenn auch nicht gleichmäßige Wiederholung innerhalb dieses Zeitabschnittes erkennen lässt. OGH 6. 12. 1989, 9 ObA 324/89. (ARD 4143/9/90 ●)

Auch wenn der Arbeitgeber die Anordnung getroffen hat, den Arbeitnehmer ab Ausspruch der Kündigung **nicht mehr zu Überstunden** und Montageleistungen **heranzuziehen**, sind derartig regelmäßig bezogene Entgelte in die Berechnungsgrundlage der Abfertigung einzubeziehen. OLG Wien 1. 12. 1997, 9 Ra 231/97z. (ARD 4945/10/98 ●)

Werden saisonal bedingt in jedem Jahr nur **in bestimmten Monaten Überstunden** geleistet, steht ihrer Wertung als regelmäßig erbracht und ihrer Einbeziehung in die Abfertigungsbemessungsgrundlage nicht entgegen, dass in den übrigen Monaten keine Überstunden zu erbringen sind. OLG Wien 24. 9. 1993, 33 Ra 119/93. (ARD 4567/19/94 ●)

Für die Frage, welche Entgelte der Berechnung der Abfertigung zugrunde zu legen sind, ist auf das im Zeitpunkt der Fälligkeit der Abfertigung zustehende Entgelt abzustellen; der Durchschnittsermittlung von nicht pauschalierten Entgeltbestandteilen ist hingegen der vor diesem Zeitpunkt liegende Zeitraum zugrunde zu legen. Die Tatsache, dass die Entgelte für **Überstundenleistung** und Anwesenheitsdienst bzw Bereitschaftsdienst vom Arbeitnehmer zufolge **Verfristung** seiner Ansprüche **nicht mehr geltend gemacht werden können**, ändert nichts daran, dass solche Entgeltbestandteile für Mehrleistungen, auf die vor Beendigung des Arbeitsverhältnisses und daher vor Eintritt des Verfalles ein Anspruch bestand, der Berechnung der **Abfertigung zugrunde zu legen** sind. OGH 31. 8. 1988, 9 ObA 186/88. (ARD 4049/10/89 ●)

Überstunden – Bemessungsgrundlage bei regelmäßigem Zeitausgleich

353 Zu dem für die Bemessung der Abfertigung nach § 23 Abs 1 AngG maßgeblichen Durchschnittsverdienst gehören auch **regelmäßig geleistete Überstunden**, die innerhalb des zu berücksichtigenden Zeitraumes in einer Form verteilt sein müssen, dass sich ihr regelmäßiger Charakter, d.h. die (wenn auch nicht gleichmäßige) Wiederholung von Überstunden, erkennen lässt. Um bei der Bemessung des Durchschnittsverdienstes berücksichtigt werden zu können, ist es daher erforderlich, dass die Überstunden **in rückschauender Betrachtung** regelmäßiger Entgeltbestandteil geworden waren.

Die vereinbarte Inanspruchnahme von **Zeitausgleich** führt lediglich zu einer anderen Verteilung der Arbeitszeit, ohne dass die Gewährung eines auf die Normalarbeitszeit anzurechnenden Freizeitausgleiches ein zusätzliches Entgelt für die Zurverfügungstellung der Arbeitskraft darstellen könnte. Bei Ermittlung des als Berechnungsgrundlage heranzuziehenden Durchschnittsverdienstes kommt es somit nicht nur darauf an, dass Überstunden regelmäßig geleistet werden, sondern es ist vielmehr ausschlaggebend, dass dadurch der **Normallohn** nicht nur in Einzelfällen, sondern **mit gewisser Regelmäßigkeit erhöht** worden ist. Nur dann ist die Entlohnung für Überstunden ein in die Berechnung des Durchschnittseinkommens einzubeziehender Entgeltbestandteil geworden. Von einer derartigen **regelmäßigen Entlohnung** der geleisteten Überstunden kann aber bei einem vereinbarten und auch tatsächlich konsumierten **Zeitausgleich keine Rede** sein. Die Tatsache, dass infolge des unmöglich gewordenen Zeitausgleiches Geldersatz zusteht, vermag daran nichts zu ändern, weil es bei dieser bloß **einmaligen Zahlung** an den Minimalvoraussetzungen für die Annahme eines regelmäßigen Charakters dieses Bezuges mangelt. OGH 13. 4. 1994, 8 ObS 3/94. (ARD 4573/25/94 ●)

§ 23 AngG

Einbeziehung von Provisionen in die Bemessungsgrundlage

Für die Berechnung der Abfertigung eines Provisionsbeziehers sind nicht die im letzten Dienstjahr des Arbeitnehmers an ihn ausbezahlten Provisionen heranzuziehen, sondern nur jene **Provisionen haben in die Berechnung der Abfertigung einzufließen, die der Arbeitnehmer im letzten Jahr tatsächlich erworben** hat, weil ansonsten nicht auf die tatsächliche Dienstleistung und das sich daraus ergebende Entgelt abgestellt würde, sondern auf Zufälligkeiten im Rahmen der Auszahlung von erworbenen Provisionsansprüchen. OLG Wien 6. 5. 1998, 8 Ra 62/98s. (ARD 4952/15/98 ●) 354

Einbeziehung von Erfolgsprämien und Gewinnbeteiligung in die Bemessungsgrundlage

Gewinnbeteiligungen und Erfolgsprämien können unter dem Gesichtspunkt der Regelmäßigkeit betrachtet in die Berechnungsgrundlage der Abfertigung einbezogen werden (vgl. OGH 13. 2. 1991, 9 ObA 11/91, ARD 4253/17/91). Gelegenheitsentgelt und einmalige Beträge hingegen, die in Hinblick auf die vom Arbeitnehmer erbrachte Arbeitsleistung oder als Belohnung für einen besonderen Erfolg mangels einer regelmäßig wiederkehrenden Leistung bezogen werden, sind nicht unter den Entgeltbegriff des § 23 Abs 1 AngG zu subsumieren (vgl. OGH 12. 2. 1998, 8 ObA 42/98d, ARD 4945/9/98). Ergibt sich daher bereits aus dem Anlass einer Prämienauszahlung (hier: erfolgreicher Projektabschluss vor Teilbetriebsstilllegung) deren **Einmaligkeit**, ist sie nicht in die Bemessungsgrundlage für die Abfertigung einzubeziehen. OGH 11. 7. 2001, 9 ObA 125/01z. (ARD 5274/47/2002 ●) 355

Bei bestehender Gewinnbeteiligung eines Arbeitnehmers ist bei Ermittlung der Abfertigungsberechnungsgrundlage die **monatsweise aufzuteilende Gewinnbeteiligung des letzten Jahres** heranzuziehen. Wenngleich gemäß § 14 Abs 1 AngG mangels abweichender Vereinbarung die Abrechnung der Gewinnbeteiligung für das abgelaufene Geschäftsjahr aufgrund der Bilanz zu erfolgen hat, wird die Gewinnbeteiligung doch während des gesamten Zeitraumes der jeweiligen Abrechnungsperiode verdient und ist z.b. bei Beendigung des Dienstverhältnisses im Laufe des Jahres gemäß § 16 AngG aliquot auszuzahlen. Die jährlich ausgeschüttete Gewinnbeteiligung stellt daher in Wahrheit die Summe der monatlich aus diesem Titel verdienten Entgelte dar, so dass der auf dieser Grundlage ermittelte Monatsanteil bereits ein Durchschnittswert ist. OGH 13. 10. 1994, 8 ObA 277/94. (ARD 4616/41/95 ●)

Ein **Jahresbonus**, der dem Arbeitnehmer im letzten Dienstjahr in 12 monatlichen Teilbeträgen auf Berechnungsbasis des vorletzten Jahres **ausbezahlt** wurde, ist in die Bemessungsgrundlage der Abfertigung einzubeziehen. Nicht hingegen ein Bonus, der zwar im letzten Dienstjahr verdient, in diesem Jahr aber weder berechnet noch ausgezahlt wurde. Die Regelung des § 23 Abs 1 Satz 2 AngG, die für die Berechnung der Abfertigung lediglich auf das für den „letzten Monat des Dienstverhältnisses gebührende Entgelt" abstellt, ist äußerst lückenhaft. Nach ständiger Rechtsprechung sind auch sonstige – häufig unregelmäßig bezogene – Gehaltsbestandteile in die Abfertigungsbemessungsgrundlage einzubeziehen, wie insbesondere Erfolgsprämien, Treuegelder, Bilanzgelder uÄ. Dabei ist grundsätzlich ein Beobachtungszeitraum von 12 Monaten zu wählen und der monatliche Durchschnittswert für die Bemessungsgrundlage anzusetzen. OGH 27. 9. 2006, 9 ObA 59/06a. (ARD 5756/5/2007 ●)

Einbeziehung von Sachbezügen in Bemessungsgrundlage

In die Bemessungsgrundlage der Abfertigung, nämlich das monatliche Entgelt, fallen auch Naturalbezüge. Hiezu zählen auch **Dienstwohnung** oder sonst aufgrund des Arbeitsvertrages beigestellte Wohnungen. Sie sind grundsätzlich in die Bemessung der Abfertigung einzubeziehen; jedoch nicht 356 dann, wenn der Arbeitnehmer für seine Dienstwohnung schon von Anfang an Betriebskosten sowie ein monatliches Benützungsentgelt und einen Wohnungsverbesserungsbeitrag zu zahlen hat. OGH 12. 2. 1992, 9 ObA 26, 27/92. (ARD 4356/5/92 ●)

Ist einem Arbeitnehmer eine **private Nutzung des Dienstfahrzeuges** zugestanden, kommt es bei Einbeziehung dieses Sachbezuges in die Abfertigung nicht darauf an, dass er diese Nutzung tatsächlich in Anspruch genommen hat. OLG Wien 29. 9. 1997, 10 Ra 199/97a. (ARD 4931/29/98 ●)

Der arbeitsrechtliche Entgeltbegriff umfasst jede Leistung, die der Arbeitnehmer vom Arbeitgeber dafür bekommt, dass er ihm seine Arbeitskraft zur Verfügung stellt. Insoweit kommt auch dem Naturalbezug von **Freiflugtickets und Dienstkleidung** Entgeltcharakter zu. Für die Bewertungskriterien ist nicht maßgeblich, was sich der Arbeitgeber erspart hat. Für den Arbeitnehmer kann nur das relevant sein, was er sich erspart hat. Zweck der Abgeltung von Naturalbezügen ist es nämlich, ein entsprechendes Äquivalent zu ermitteln. Anstelle der Naturalleistung wird das geschuldet, was sich der Arbeitnehmer durch den Bezug von Flugbegünstigungen und Dienstkleidung ersparen konnte, sohin deren Wiederbeschaffungskosten.

Die Bemessung der zusätzlichen, auch die Sachbezüge enthaltenden Abfertigung hat deren Feststellung und Bewertung zur Voraussetzung. Für die Abfertigung spielt es an sich keine Rolle, ob Bezugsbestandteile nur unter dem Vorbehalt der Freiwilligkeit und Widerruflichkeit geleistet wurden. Auch diese Leistungen sind kein Geschenk des Arbeitgebers, sondern eine zusätzliche Abgeltung der Arbeitsleistung. Ergibt es sich daher, dass der Arbeitnehmerin aufgrund individueller Vereinbarung, betrieblicher Übung oder aufgrund des arbeitsrechtlichen Gleichbehandlungsgebots bisher **Freiflüge und Flugbegünstigungen als Entgeltbestandteil** zustanden, ist deren **Durchschnittswert** der Abfertigungsbemessung zugrunde zu legen. Dazu ist der Zeitraum des letzten Jahres ausreichend.

Für den Sachbezug an Dienstkleidung ist es unerheblich, ob die Arbeitnehmerin diesen Anspruch in natura verbraucht hat oder ob ihr als laufendes Entgelt dafür ein Geldersatz zusteht. Das „für den letzten Monat des Dienstverhältnisses gebührende Entgelt" gemäß § 23 Abs 1 AngG ist anhand der entsprechenden Budgettabelle unter Berücksichtigung der Zuweisungsdauer zu ermitteln. Die Bemessungsgrundlage muss dem **Durchschnittsverdienst** entsprechen; dies gilt auch für die Sachbezüge. OGH 15. 5. 1996, 9 ObA 2019/96v. (ARD 4780/2/96 ●)

Sonstige Entgeltbestandteile

357 Eine **Gefahrenzulage** ist in die **Abfertigungsgrundlage** einzurechnen. ASG Wien 16. 4. 1993, 25 Cga 739/92, bestätigt durch OLG Wien 19. 1. 1994, 31 Ra 151/93. (ARD 4538/28/94 ●)

Jubiläumsgeld ist nicht – und zwar auch nicht teilweise – in die Berechnungsgrundlage für die Bemessung der Abfertigung einzubeziehen, weil es sich nicht um regelmäßig wiederkehrende Bezüge handelt. OGH 19. 9. 2002, 8 ObA 10/02g. (ARD 5402/5/2003 ●)

Verfallfrist „für alle Ansprüche aus dem Dienstverhältnis"

358 Gilt die in einem schriftlichen Dienstvertrag enthaltene **Verfallsfrist** nach ihrem Wortlaut für die „Ansprüche aus dem gegenständlichen Vertrag", ist davon auszugehen, dass damit **alle** aus dem Dienstverhältnis entspringenden **Ansprüche** – somit auch die im konkreten Dienstvertrag nicht geregelte Abfertigung – erfasst sein sollten. Der zwingende Charakter der gesetzlichen Abfertigung hat nicht zur Folge, dass eine einzelvertragliche Festsetzung von Verfallsfristen für diesen Anspruch unwirksam wäre. OLG Wien 21. 5. 1999, 9 Ra 94/99f, insoweit bestätigt durch OGH 21. 10. 1999, 8 ObA 252/99p. (ARD 5061/9/99 und ARD 5104/28/2000 ●)

§ 23 AngG

Verzicht auf Abfertigungsanspruch

Eine bei einvernehmlicher Auflösung vereinbarte Generalklausel, dass alle gegenseitigen Ansprüche und Verpflichtungen aufgehoben werden, stellt **keinen wirksamen Verzicht** des Arbeitnehmers auf die ihm nach dem Gesetz zustehende Abfertigung dar. Eine im Vergleich als freiwillige Abfertigung bezeichnete Teilzahlung ist auf den gesetzlichen Abfertigungsanspruch anzurechnen. OGH 6. 6. 1995, 9 ObA 56/95. (ARD 4704/28/95 ●)

359

Auf an sich unverzichtbare Ansprüche wie die gesetzliche Abfertigung kann man nach dem Günstigkeitsprinzip nur im Rahmen eines **Vergleichs** verzichten, wenn also die Einbuße bestimmter Rechtspositionen durch Vorteile an anderer Stelle aufgewogen wird. Liegt aber das Interesse am Verzicht auf Teile der Abfertigung ausschließlich auf Arbeitgeberseite, ist der Verzicht rechtsunwirksam. OLG Wien 4. 12. 2002, 9 Ra 226/02z. (ARD 5402/4/2003 ●)

Geht die Initiative zur Beendigung des Dienstverhältnisses ausschließlich vom **Arbeitnehmer** aus und gibt der Arbeitgeber erst nach längerem Widerstand nach, ist die einvernehmliche Lösung als **Arbeitnehmerkündigung**. In diesem Fall steht es den Parteien frei, eine Vereinbarung über die Zahlung einer Abfertigung zu treffen, wobei der Arbeitnehmer, weil es sich um keinen gesetzlichen Anspruch handelt, über dessen **Umfang frei disponieren** kann. Die Frage der Zulässigkeit des Verzichts auf die Hälfte der gesetzlichen Abfertigung stellt sich daher nicht.

War das Dienstverhältnis eines Arbeitnehmers im Zeitpunkt der Vereinbarung zwischen Arbeitgeber und Arbeitnehmer über die weitere Zusammenarbeit mit dem vom Arbeitnehmer neu gegründeten Unternehmen, die auch den wechselseitigen Verzicht auf weitere Ansprüche beinhaltete, bereits seit 3 Wochen beendet, ist der **Verzicht** des Arbeitnehmers auf unabdingbare Ansprüche (hier: Abfertigung) **wirksam**. Aufgrund der bereits erfolgten Beendigung des Dienstverhältnisses und der Tatsache, dass der Arbeitnehmer dem Arbeitgeber nunmehr als selbstständiger Unternehmer gleichrangig gegenüberstand, lag **keine wirtschaftliche Drucksituation** mehr vor, die einem wirksamen Verzicht auf unabdingbare Ansprüche entgegenstehen könnte. OLG Wien 15. 9. 2005, 10 Ra 69/05y. (ARD 5688/4/2006 ●)

Kein gutgläubiger Verbrauch einer Abfertigung nach Selbstkündigung

Hat der Arbeitgeber die Zahlung einer freiwilligen Abfertigung abgelehnt, konnte der Arbeitnehmer, der wusste, dass ihm infolge **Selbstkündigung** eine gesetzliche Abfertigung nicht zustand, nicht ohne weitere Rückfragen annehmen, dass sein Arbeitgeber stillschweigend von seinem Standpunkt abgerückt und nunmehr bereit wäre, ihm unter dem Titel „gesetzliche Abfertigung" doch eine freiwillige Abfertigung zu zahlen. Der Arbeitgeber ist daher berechtigt, die irrtümlich geleistete **Zahlung zurückzufordern**. OGH 7. 11. 2002, 8 ObA 176/02v. (ARD 5402/3/2003 ●)

360

Kein gutgläubiger Verbrauch der Abfertigung bei Kündigungsanfechtung

Strengt ein Arbeitnehmer nach seiner Kündigung ein **Kündigungsanfechtungsverfahren** an, ist er hinsichtlich des Verbrauchs einer noch vor Ende des Verfahrens ausbezahlten Abfertigung als unredlich anzusehen und kommt ein **gutgläubiger Verbrauch** der Abfertigungssumme daher nicht in Betracht, da er damit rechnen musste, dass bei Stattgebung seines Klagebegehrens ein aufrechtes Dienstverhältnis besteht und er dann keinen Anspruch (mehr) auf eine Abfertigung hat, weil diese die Beendigung des Dienstverhältnisses voraussetzt. OLG Wien 24. 10. 2003, 9 Ra 124/03a. (ARD 5468/8/2004 ●)

361

§ 23 AngG

Übertritt ins System „Abfertigung neu"

362 Der Übertritt ins System „Abfertigung neu" in Form der Übertragung der Altabfertigungsanwartschaften in eine Mitarbeitervorsorgekasse bedarf zwingend einer **schriftlichen Einzelvereinbarung** zwischen Arbeitgeber und Arbeitnehmer. Wird die gesetzliche Formvorschrift der Schriftlichkeit nicht eingehalten, ist die Vereinbarung nichtig und der Arbeitnehmer verbleibt im System der „Abfertigung alt".

Im Übrigen ist der Arbeitgeber nicht verpflichtet, mit einem Arbeitnehmer, der sein Dienstverhältnis bereits **gekündigt** hat, eine **Übertragungsvereinbarung** abzuschließen, selbst wenn allen anderen übertrittswilligen Mitarbeitern ein Übertrittsangebot gemacht wurde. Dass der Arbeitgeber mit jenem Arbeitnehmer, der sich im Zeitpunkt des Abschlusses der Übertragungsvereinbarung nach § 47 Abs 3 BMVG mit den übrigen Mitarbeitern zwar noch in einem aufrechten Dienstverhältnis, aber aufgrund einer Selbstkündigung bereits im gekündigten Zustand befand, keine Übertragungsvereinbarung mehr abschloss, stellt keine unzulässige Diskriminierung des Arbeitnehmers dar. OLG Wien 21. 2. 2007, 10 Ra 88/06v. (ARD 5789/6/2007 ●)

Judikatur zu § 23 Abs 1a

Abfertigung: Keine Anrechnung geringfügiger Beschäftigungszeiten während Karenz

363 Ausgehend vom Wortlaut des § 23 Abs 1a AngG ist der Auffassung beizupflichten, dass der Gesetzgeber hinsichtlich der für die Höhe der Abfertigung maßgeblichen Dienstzeit explizit eine **Nichtanrechenbarkeit der Zeiten der geringfügigen Beschäftigung während der Karenz** angeordnet hat. Zeiten einer geringfügigen Beschäftigung, die gemäß § 15e Abs 1 MSchG (bzw. § 7b Abs 1 VKG) neben dem karenzierten Arbeitsverhältnis beim selben Arbeitgeber ausgeübt werden, sind daher bei der Berechnung der Abfertigung (alt) nicht zu berücksichtigen. OGH 21. 5. 2007, 8 ObS 11/07m. (ARD 5789/4/2007 ●)

Judikatur zu § 23 Abs 2

Entfall der Abfertigung bei Auflösung des Unternehmens

364 Nach § 23 Abs 2 AngG entfällt der gesetzliche Abfertigungsanspruch ganz oder teilweise dann, wenn sich die **persönliche Wirtschaftslage** des Arbeitgebers im Falle der **Auflösung des Unternehmens** derart verschlechtert hat, dass ihm die Erfüllung dieser Verpflichtung zum Teil oder zur Gänze billigerweise nicht zugemutet werden kann. Vor der Auflösung des Unternehmens und ohne Hinzutreten persönlicher Schwierigkeiten kann sich der Arbeitgeber sohin nicht auf eine Verschlechterung der Wirtschaftslage berufen.

Die zitierte Bestimmung soll verhindern, dass der Arbeitgeber, der sein Unternehmen infolge einer Verschlechterung der wirtschaftlichen Situation auflösen will oder muss, durch hohe Abfertigungsansprüche seiner Arbeitnehmer in seiner Existenz bedroht und so möglicherweise in den Konkurs getrieben wird. Die Bestimmung hat nur jene Situationen im Auge, in denen **infolge Auflösung** des Unternehmens auch die **Arbeitsverhältnisse ihr Ende finden**; die Anwendbarkeit dieser Bestimmung ist ausgeschlossen, wenn ein Anspruch auf Abfertigung bereits besteht und die Auflösung des Unternehmens später eintritt.

§ 23 AngG

Steht die Auflösung eines Dienstverhältnisses mit der Auflösung des Unternehmens in einem **engen zeitlichen und sachlichen Zusammenhang**, wobei zeitlich ein Zeitraum von **einem Monat** als Richtwert einer Obergrenze dienen kann, kann der Abfertigungsanspruch wegen Verschlechterung der wirtschaftlichen Lage des Arbeitgebers entfallen. OGH 14. 4. 1999, 9 ObA 346/98t. (ARD 5054/9/99 ●)

Bereits entstandene **Abfertigungsansprüche** entfallen im Falle einer **Liquidation** auch dann nicht, wenn sich die wirtschaftliche Situation des Arbeitgebers so verschlechtert hat, dass er bei Befriedigung der Abfertigungsansprüche **Konkurs** anmelden müsste. § 23 Abs 2 AngG betrifft nur jene Fälle, in denen die Dienstverhältnisse durch die Auflösung des Unternehmens (sowohl rechtlich als auch wirtschaftlich) ihr Ende finden. Die Anwendung dieser sogenannten wirtschaftlichen Reduktionsklausel ist ausgeschlossen, wenn bereits **Anspruch auf Abfertigung besteht** und die Auflösung des Unternehmens im Zuge eines lang andauernden Liquidationsvorgangs in Verfolgung eines „einheitlichen subjektiven Willens auf Liquidierung" erst später eintritt bzw. überhaupt erst eintreten wird. OGH 25. 9. 1996, 9 ObA 2175/96k. (ARD 4833/19/97 ●)

Befreiungstatbestand nicht auf juristische Personen anwendbar

Juristische Personen, zu denen auch Genossenschaften gehören, können sich **nicht** auf die Ausnahmebestimmung des § 23 Abs 2 AngG berufen. OGH 20. 9. 1983, 4 Ob 64/83. (ARD 3579/7/84 ●)

Die gänzliche oder teilweise Befreiung von der Verpflichtung zur Abfertigungszahlung bei Verschlechterung der persönlichen Wirtschaftslage des Arbeitgebers kommt **juristischen Personen** nicht zugute. OLG Wien 1. 12. 1995, 10 Ra 90/95, und OLG Wien 1. 12. 1995, 10 Ra 95/95. (ARD 4761/3/96 ●)

Verschlechterung der persönlichen Wirtschaftslage

Im Fall der Auflösung eines Unternehmens entfällt die Verpflichtung zur Gewährung einer Abfertigung ganz oder teilweise dann, wenn sich die persönliche Wirtschaftslage des Arbeitgebers derart verschlechtert hat, dass ihm die Erfüllung dieser Verpflichtung zum Teil oder zur Gänze billigerweise nicht zugemutet werden kann. Ist der **Arbeitgeber** aber bereits **verstorben**, **entfällt** die Möglichkeit eines Bezuges auf die **persönliche Wirtschaftslage** des Arbeitgebers, die die Anwendung des § 23 Abs 2 AngG voraussetzt. OLG Wien 18. 12. 1998, 9 Ra 274/98z. (ARD 5038/43/99 ●)

Muss ein Arbeitgeber seinen Betrieb einstellen, weil ein Kunde, von dem er 80 % bis 85 % seiner Aufträge erhalten hat, seinen Betrieb geschlossen hat, kann ihm die Erfüllung von Abfertigungsverpflichtungen billigerweise nicht zugemutet werden, wenn er seither lediglich **Arbeitslosengeld** bezieht, **kein Vermögen** besitzt und mit Kreditverpflichtungen belastet ist. ASG Wien 5. 7. 1995, 23 Cga 29/95t. (ARD 4701/7/95 ●)

Der Ansicht, dass bei der Beurteilung der persönlichen Wirtschaftslage des Arbeitgebers bei Auflösung seines Unternehmens und seiner Verpflichtung zur Zahlung einer Abfertigung nur **leicht verwertbare Vermögensbestandteile** zu berücksichtigen wären, ist nicht zu folgen. OGH 1. 4. 1998, 9 ObA 27/98f. (ARD 4945/11/98 ●)

Verfügt ein Arbeitgeber, der durch die schlechte wirtschaftliche Lage und letztlich durch einen vom Vermieter der Geschäftsräumlichkeiten angestrengten Räumungsvergleich gezwungen war, sämtliche Mitarbeiter zu kündigen und den Betrieb einzustellen, gemeinsam mit seiner Ehefrau

§ 23 AngG

nur über ein **Pensionseinkommen knapp über dem Ausgleichszulagenrichtsatz**, ist ihm die Zahlung der den gekündigten Arbeitnehmern gesetzlich zustehenden Abfertigungen billigerweise nicht zumutbar, ohne ihn in seiner wirtschaftlichen Existenz zu gefährden. ASG Wien 22. 10. 2004, 19 Cga 115/04a, 19 Cga 113/04g. (ARD 5565/3/2005 ●)

Judikatur zu § 23 Abs 4

Fälligkeit der Abfertigung

367 Der Abfertigungsanfall tritt mit der rechtlichen und tatsächlichen **Auflösung des Dienstverhältnisses** ein und deckt sich nach § 23 Abs 4 AngG mit dem Fälligkeitszeitpunkt, wenn es sich um eine den Betrag des Dreifachen des Monatsentgelts nicht übersteigende Abfertigung handelt. OGH 13. 9. 1995, 9 ObA 1023/95. (ARD 4727/3/96 ●)

Die Abfertigung ist, soweit sie den Betrag des Dreifachen des Monatsentgeltes nicht übersteigt, mit der Auflösung des Dienstverhältnisses fällig; der Rest kann vom vierten Monat an in monatlichen, im Voraus zahlbaren Teilbeträgen abgestattet werden. Diese Teilzahlungen haben jeweils in der Höhe eines Monatsgehaltes zu erfolgen; **geringere Raten sind unzulässig**. OGH 10. 11. 1993, 9 ObA 308/93. (ARD 4552/26/94 ●)

Kommt der Arbeitgeber einer Selbstkündigung des Arbeitnehmers zuvor und hätte der Arbeitnehmer bei Selbstkündigung bereits einen Abfertigungsanspruch gemäß § 23a AngG, hat die **Auszahlung der Abfertigung** nach § 23 Abs 4 AngG und nicht nach § 23a Abs 2 AngG zu erfolgen, auch wenn dies für den Arbeitgeber wirtschaftlich von Nachteil ist. ASG Wien 6. 7. 1999, 18 Cga 103/99v. (ARD 5115/2/2000 ●)

Die gesetzlich eingeräumte Möglichkeit der **Ratenzahlung** ist eine Kann-Bestimmung und können mit dem Arbeitgeber andere Vereinbarungen getroffen werden. Das Fehlen einer Behauptung, dass eine Abfertigung bereits fällig sei, macht ein Klagevorbringen daher noch nicht unschlüssig. OGH 18. 3. 1999, 8 ObA 246/98d. (ARD 5089/30/2000 ●)

Ansprüche von Arbeitnehmern aus der Auflösung ihres Dienstverhältnisses durch Kündigung hinsichtlich Sonderzahlungen, Abfertigung, Urlaubsentschädigung etc. sind auch dann mit **Beendigung des Dienstverhältnisses abzurechnen**, wenn die Kündigung angefochten wird. ASG Wien 29. 6. 1995, 29 Cga 85/95x, bestätigt durch OLG Wien 21. 12. 1995, 8 Ra 154/95. (ARD 4734/16/96 ●)

Irrtum über Eintritt der Fälligkeit

368 Gemäß § 23 Abs 4 AngG wird die Abfertigung, soweit sie den Betrag des Dreifachen des Monatsentgeltes nicht übersteigt, mit der Auflösung des Dienstverhältnisses fällig; der Rest kann vom 4. Monat an in monatlichen im Voraus zahlbaren Teilbeträgen abgestattet werden. Macht ein Arbeitgeber von der gesetzlichen Möglichkeit des Aufschubs der Fälligkeit der Abfertigungszahlungen nicht voll Gebrauch, sondern geht er von einer Fälligkeit von drei Monatsentgelten bei Beendigung und von der **Fälligkeit der restlichen Abfertigungsraten** beginnend **im Monat nach Auflösung** des Dienstverhältnisses aus, ist dies zulässig und vermindert die Bemessungsgrundlage für die Verzinsung offener Entgeltansprüche. OGH 16. 3. 1995, 8 ObA 218/95. (ARD 4665/18/95 ●)

§ 23 AngG

Judikatur zu § 23 Abs 6

Originärer Anspruch auf Todfallsabfertigung

Der Anspruch der gesetzlichen Erben, zu deren Erhaltung der Erblasser gesetzlich verpflichtet war, auf die Todfallsabfertigung gemäß § 23 Abs 6 AngG ist **originärer Natur** und hat mit Ansprüchen der Verlassenschaft nichts zu tun. Der Arbeitgeber kann dagegen weder Ansprüche gegen den Verstorbenen kompensationsweise einwenden, noch kann der Arbeitnehmer zu Lebzeiten oder von Todes wegen über diesen Anspruch verfügen. Der in Betracht kommende Personenkreis ist gesetzlich umschrieben, die Auswahl hat nach **unterhaltsrechtlichen Kriterien** zu erfolgen. Ob ein unterhaltsberechtigter gesetzlicher Erbe im Verlassenschaftsverfahren tatsächlich zum Zug kommt, ist für seinen Anspruch auf die Abfertigung ohne Belang. Die Hinterbliebenenabfertigung soll nämlich einerseits gewährleisten, dass nur die nahen Angehörigen, die auf das Einkommen des Familienerhalters angewiesen waren, in den Genuss der Überbrückungshilfe kommen und andererseits aber auch durch eine Überschuldung des Nachlasses nicht beeinträchtigt werden. Einer Aufrechnungserklärung des Arbeitgebers wegen ausbezahlter Gehaltsvorschüsse steht daher die mangelnde Verfügungsmacht der Parteien des Dienstvertrages über die Abfertigungsansprüche der gesetzlichen Erben entgegen. OGH 15. 5. 1996, 9 ObA 2012/96i. (ARD 4778/20/96 ●)

369

Höhe und Fälligkeit der Todfallsabfertigung

Die einem Hinterbliebenen eines verstorbenen Arbeitnehmers gebührende **Hälfte der Abfertigung** bezieht sich nicht auf das im § 23 Abs 1 AngG als Bemessungsgrundlage benützte monatliche Entgelt – dieses bleibt vielmehr unberührt –, sondern auf das dort gleichfalls normierte **Vielfache dieses Monatsentgelts**.

370

Die Todfallsabfertigung unterliegt den **gleichen Fälligkeitsbestimmungen** (§ 23 Abs 4 AngG) wie die volle Abfertigung, die dem Verstorbenen gebührt hätte, also mit dem Betrag des vollen dreifachen Monatsentgelts des verstorbenen Arbeitnehmers mit Auflösung des Dienstverhältnisses, der Rest aber ab dem 4. Monat monatlich im Vorhinein in Teilbeträgen, die je einem Monatsentgelt entsprechen. OGH 19. 12. 1961, 4 Ob 162/61. (ARD 1458/9/61 ●)

Keine Aufrechnung der Todfallsabfertigung mit Schadenersatzansprüchen

Wird ein während des Bestandes des Dienstverhältnisses verwirklichter **Entlassungsgrund** dem Arbeitgeber erst nach dem **Selbstmord des Arbeitnehmers** bekannt, ist dies für den Abfertigungsanspruch der gesetzlichen Erben unerheblich. Ein bereits beendetes Dienstverhältnis – hier durch den Tod des Arbeitnehmers – kann nicht nachträglich nochmals beendet werden. Zusätzlich folgt dies aus der **Empfangsbedürftigkeit** einseitiger Rechtsgestaltungserklärungen, die erst mit Zugang an den Erklärungsempfänger rechtlich wirksam werden.

371

Das vor dem Selbstmord des Arbeitnehmers verfasste schriftliche Geständnis eines Entlassungsgrundes kann jedenfalls mangels behaupteten Zugangs (noch zu Lebzeiten des Arbeitnehmers) nicht einem vorzeitigen Austritt gleichgehalten werden. Dass sich der Arbeitnehmer durch seinen Selbstmord dem Zugang der mit Sicherheit zu erwartenden Entlassungserklärung entzogen hat, macht den Entlassungsgrund auch nicht ausnahmsweise für die Ansprüche gemäß § 23 Abs 6 AngG erheblich. Der Ausspruch einer Entlassung beendet nicht „ipso iure" bei Vorliegen eines Entlassungsgrundes das Dienstverhältnis, sondern bedarf zu ihrer Wirksamkeit des Zugangs an den anderen Vertragsteil.

§ 23 AngG

Die **Aufrechnung von Schadenersatzforderungen** gegen den verstorbenen Arbeitnehmer mit der halben Abfertigung, die originär der Witwe des Arbeitnehmers gemäß § 23 Abs 6 AngG zusteht, muss schon an der **fehlenden Gegenseitigkeit** (§ 1438 ABGB) scheitern. OGH 10. 7. 1997, 8 ObA 205/97y. (ARD 4876/11/97 ●)

Unterhaltsanspruch auch während Doktoratsstudiums

372 Für die Zeit des **Doktoratsstudiums** erlöscht die Unterhaltspflicht der Eltern dann nicht, wenn der bisherige Studienfortgang zeitlich überdurchschnittlich war, der Erwerb des Doktorgrades ein besseres Fortkommen erwarten lässt, dieses Studium zielstrebig betrieben wird und ein maßstabgerechter Elternteil bei intakten Familienverhältnissen seinem Kind für diesen Zeitraum weiterhin Unterhalt gewährt hätte. Es muss aber nicht „mit Sicherheit" feststehen, dass durch das Doktoratsstudium die Berufs- und Einkommenschancen des Unterhaltsberechtigten verbessert würden. OGH 11. 2. 1998, 9 ObA 240/97b. (ARD 4931/12/98 ●)

Der Abfertigungsanspruch gemäß § 23 Abs 6 AngG gebührt nur dem gesetzlichen Erben, der im Zeitpunkt des Todes des Erblassers tatsächlich einen gesetzlichen Anspruch auf Unterhaltsgewährung hatte. Ein Studium schiebt den Eintritt der Selbsterhaltungsfähigkeit nur hinaus, wenn das Kind die hiezu erforderlichen Fähigkeiten besitzt und das **Studium ernsthaft und zielstrebig betreibt**. OGH 25. 9. 2006, 9 ObA 2166/96m. (ARD 4809/24/97 ●)

Tod während Kündigungsfrist nach Selbstkündigung

373 Wenn der Angestellte gekündigt hat und noch **vor Ablauf der Kündigungsfrist gestorben** ist, so ist das Dienstverhältnis durch den Tod aufgelöst worden und nicht durch die Kündigung. Der Arbeitnehmer ist somit während der Dauer des Dienstverhältnisses gestorben, wodurch der Anspruch auf Abfertigung nach § 23 Abs 6 AngG entstanden ist. OGH 12. 9. 1961, 4 Ob 82/61. (ARD 1423/9/61 ●)

Judikatur zu § 23 Abs 7

Abschließende Aufzählung der Anspruchsverhinderungsgründe

374 Die Gründe, die zum Verlust der Abfertigung führen, sind in § 23 Abs 7 AngG **erschöpfend angeführt**; die Annahme analoger Verfallstatbestände oder eine ausdehnende Auslegung dieser Anspruchsverhinderungsgründe unzulässig ist. Durch Umkehrschluss ergibt sich, dass die Abfertigung in allen in § 23 Abs 7 AngG nicht angeführten Fällen gebührt. LGZ Graz 13. 12. 1983, 2 Cg 70/83. (ARD 3673/11/85 ●)

Der Anspruch auf Abfertigung besteht – bei Vorliegen der sonstigen Voraussetzungen des § 23 Abs 1 AngG – sowohl bei **einverständlicher Auflösung** des Dienstverhältnisses als auch bei Beendigung eines Dienstverhältnisses durch **Ablauf der Zeit**, für die es geschlossen wurde, da er nur in den in § 23 Abs 7 AngG genannten Ausnahmefällen nicht besteht. OGH 22. 10. 1974, 4 Ob 65/74. (2736/9/74 ●)

Eine **Arbeitnehmerkündigung** schließt einen Abfertigungsanspruch aus, wenn kein Ausnahmetatbestand des § 23 a AngG vorliegt. OGH 19. 8. 1998, 9 ObA 121/98d. (ARD 4990/5/98 ●)

Ein entlassener Arbeitnehmer verliert seinen Abfertigungsanspruch nur dann, wenn ihn ein **Verschulden** an der vorzeitigen Entlassung trifft. OGH 31. 8. 1988, 9 ObA 177/88. (ARD 4023/10/88 ●)

§ 23 AngG

Der Abfertigungsanspruch gebührt auch dann, wenn der Angestellte zwar **selbst gekündigt** hat, dann aber während der Kündigungsfrist vom Arbeitgeber ohne wichtigen Grund (und daher ungerechtfertigt **entlassen** wird. OGH 23. 11. 1971, 4 Ob 97/71. (ARD 2429/10/71 ●)

Beweislastverteilung bei Abfertigungsanspruch

Das Vorliegen einer bestimmten, den Abfertigungsanspruch vernichtenden Beendigungsart ist **vom Arbeitgeber zu beweisen**. OGH 19. 8. 1998, 9 ObA 121/98d. (ARD 4990/5/98 ●) 375

Steht nicht fest, **wie ein Dienstverhältnis geendet** hat, steht die Abfertigung zu, da der Arbeitgeber die Ausschlussgründe zu beweisen hat. Der Arbeitnehmer hat nur die Auflösung des Dienstverhältnisses sowie die für seinen Abfertigungsanspruch erforderliche Dauer der Anwartschaft zu behaupten und zu beweisen. Das Vorliegen einer bestimmten, den Abfertigungsanspruch vernichtenden Beendigungsart ist dagegen vom Arbeitgeber nachzuweisen. OLG Wien 25. 10. 2002, 9 Ra 310/02b. (ARD 5402/9/2003 ●)

Selbstkündigung unter Bezugnahme auf Austrittsgrund

Nimmt ein Arbeitnehmer in seinem Kündigungsschreiben ausdrücklich auf ein Fehlverhalten des Arbeitgebers Bezug und behält sich die Geltendmachung der gesetzlichen Abfertigung unter Hinweis auf diesen **wichtigen Lösungsgrund** vor, kann für den Arbeitgeber kein Zweifel daran bestehen, dass der Arbeitnehmer das Dienstverhältnis unabhängig von seinem allgemeinen Kündigungsrecht vorzeitig auflösen wollte, so dass dessen **Abfertigungsanspruch gewahrt** bleibt. OLG Wien 26. 2. 2002, 10 Ra 428/01m, bestätigt durch OGH 8. 5. 2002, 9 ObA 106/02g. (ARD 5316/5/2002 und ARD 5330/40/2002 ●) 376

Kündigt ein Arbeitnehmer im Krankenstand sein Arbeitsverhältnis auf Anraten des Arztes unter Hinweis auf gesundheitliche Gründe auf, wird die **Gefährdung der Gesundheit** aber **nicht durch die konkret zu verrichtende Tätigkeit herbeigeführt** und kann auch nicht nachgewiesen werden, dass die Arbeitsunfähigkeit bzw **Gesundheitsgefährdung von Dauer** ist, so besteht kein Anspruch auf Abfertigung. OGH 2. 3. 2007, 9 ObA 23/07h. (ARD 5772/7/2007 ●)

Entlassung nach Kündigung

Ein Arbeitnehmer, der nach Ehrverletzung durch den Arbeitgeber unter Klarstellung dieses **Austrittsgrundes** sein Dienstverhältnis selbst auflöst, kann seinen trotz Selbstkündigung gegebenen Abfertigungsanspruch verlieren, wenn er während der von ihm eingehaltenen Kündigungsfrist **berechtigt entlassen** wird. Ein Abfertigungsanspruch aufgrund einer mit einem Austrittsgrund motivierten Kündigung hat zur Voraussetzung, dass das Dienstverhältnis aufgrund dieser Kündigung beendet wird. Für den Anspruch auf Abfertigung ist nämlich stets das **rechtliche Ende** des Dienstverhältnisses maßgeblich. Befindet sich das Dienstverhältnis durch die Kündigung erst im Auflösungsstadium, kommt es nicht allein auf die Kündigung, sondern auch darauf an, dass die Kündigungserklärung zur Beendigung des Dienstverhältnisses geführt hat. Hat das Dienstverhältnis jedoch noch innerhalb der Kündigungsfrist **durch Entlassung geendet**, stehen dem Arbeitnehmer nur dann ein Abfertigungsanspruch sowie die übrigen entlassungsabhängigen Ansprüche zu, wenn ihn **kein Verschulden** – das der Arbeitgeber nachweisen müsste – an der vorzeitigen Entlassung trifft bzw. die Entlassung unbegründet ist. OGH 14. 9. 1994, 9 ObA 106/94. (ARD 4644/18/95 ●) 377

Ein Arbeitnehmer, der zwar **selbst gekündigt** hat, dann aber während der Kündigungsfrist vom Arbeitgeber ohne wichtigen Grund **entlassen** wird, hat Anspruch auf eine Abfertigung (alt). OLG Wien 17. 8. 2006, 10 Ra 63/06t. (ARD 5756/6/2007 ●)

§ 23 AngG

Nachträglich bekannt gewordener Entlassungsgrund nach Kündigung unerheblich

378 Endet ein Dienstverhältnis nicht durch Entlassung, sondern durch **Arbeitgeberkündigung** und kommt nach Ende der Kündigungsfrist ein **Entlassungsgrund** hervor, kann dieser Umstand nicht als anspruchshindernd für die Abfertigung geltend gemacht werden, da nicht schon das Vorliegen eines Entlassungsgrundes zum Verlust des Abfertigungsanspruchs führt, sondern nur die tatsächliche Beendigung des Dienstverhältnisses durch eine vom Arbeitnehmer verschuldete Entlassung. Eine nochmalige Auflösung des nach Ablauf der Kündigungsfrist nicht mehr existenten Dienstverhältnisses durch eine (rückwirkende) Entlassungserklärung ist schon begrifflich ausgeschlossen. OGH 10. 1. 2001, 9 ObA 222/00p. (ARD 5230/13/2001 ●)

Eine analoge Anwendung des § 23 Abs 7 AngG auch auf jene Fälle, in denen ein noch während des Bestehens des Arbeitsverhältnisses verwirklichter **Entlassungsgrund** dem Arbeitgeber erst **nach Ablauf der Kündigungsfrist zur Kenntnis** kommt, scheidet schon deshalb aus, weil die angeführte Bestimmung allein auf die Art der Beendigung des Arbeitsverhältnisses abstellt. Da sohin der „rechtliche Grund", die Abfertigung zu behalten, für den Beklagten keineswegs „aufgehört" hat, kann die Abfertigung weder nach § 1435 ABGB noch nach § 1431 ABGB zurückgefordert werden. OGH 21. 2. 1984, 4 Ob 15/84. (ARD 3608/10/84 ●)

Kommt einem Arbeitgeber **während der Kündigungsfrist** eines gekündigten Arbeitnehmers ein von diesem gesetzter Entlassungsgrund zur Kenntnis, spricht der Arbeitgeber die **Entlassung** aber **nicht** mehr innerhalb der Kündigungsfrist aus, endet das Dienstverhältnis durch Arbeitgeberkündigung (und nicht durch eine vom Arbeitnehmer verschuldete Entlassung) und dem Arbeitnehmer gebührt bei Vorliegen der übrigen Voraussetzungen eine Abfertigung. OGH 25. 11. 2003, 8 ObA 49/03v. (ARD 5494/9/2004 ●)

Austritt wegen Gesundheitsgefährdung – Abfertigungsanspruch

379 Im Fall der Lösung des Dienstverhältnisses durch einen Arbeitnehmer wegen **Gesundheitsgefährdung** am Arbeitsplatz kommt es bei Beurteilung des Abfertigungsanspruchs nicht darauf an, dass er einen anderen Arbeitsplatz verlangt, sondern darauf, ob ihm der Arbeitgeber einen solchen **nicht gesundheitsgefährdenden Arbeitsplatz** nach Kenntnis von der Gesundheitsgefährdung angeboten hat. OGH 13. 9. 1995, 9 ObA 89/95. (ARD 4713/6/96 ●)

Unterlässt es ein Arbeitgeber, seinem Arbeitnehmer – trotz mehrfach geäußerter Wirbelsäulenbeschwerden beim Verrichten der Arbeit (hier: Hebearbeiten in einer Fleischerei) und Vorlage einer ärztlichen Bestätigung über die Unzumutbarkeit des Tragens und Hebens von schweren Lasten bei Ausspruch der Kündigung durch den Arbeitnehmer – während der Kündigungsfrist einen **nicht gesundheitsgefährdenden Ersatzarbeitsplatz anzubieten** bzw. den Arbeitsablauf entsprechend umzugestalten, liegt der Austrittsgrund des § 26 Z 1 AngG vor und der Arbeitnehmer behält trotz Selbstkündigung seinen Anspruch auf Abfertigung. OLG Wien 13. 6. 2003, 8 Ra 41/03p. (ARD 5428/9/2003 ●)

Im Fall einer Arbeitnehmerkündigung, die auch zur Beendigung des Dienstverhältnisses führt, bleibt die Abfertigung dann erhalten, wenn dem Arbeitgeber aus dem Inhalt der Kündigungserklärung klar erkennbar wird, dass ein wichtiger Lösungsgrund in Anspruch genommen wird. Der Abfertigungsanspruch gebührt auch dann, wenn das Dienstverhältnis letztlich nicht durch eine bereits ausgesprochene Arbeitnehmerkündigung, sondern schon während des Laufes der Kündigungsfrist durch berechtigten **vorzeitigen Austritt** endet. OLG Wien 28. 9. 2005, 9 Ra 56/05d. (ARD 5682/4/2006 ●)

§ 23 AngG

Anspruch auf Abfertigung bei Kündigung aus gesundheitlichen Gründen

Ist aus dem Inhalt der das Arbeitsverhältnis auflösenden Erklärung klar erkennbar, dass der Arbeitnehmer einen **wichtigen Lösungsgrund** für sich in Anspruch nimmt (hier: § 82a lit a GewO), steht seinem Begehren auf **Abfertigung** nicht entgegen, dass er nicht formell seinen Austritt erklärte, sondern **kündigte**. 380
Der Abfertigungsanspruch geht nicht schon deshalb verloren, weil der Arbeitnehmer auf den Austrittsgrund nach § 82a lit a GewO erst mit Verspätung hinweist (vgl. OGH 5. 11. 2003, 9 ObA 85/03w, ARD 5517/2/2004). Dies wäre nur dann anders zu beurteilen, wenn die Verspätung dazu führt, dass dem Arbeitgeber die Möglichkeit genommen wird, den Austrittsgrund durch das Anbot eines geeigneten Ersatzarbeitsplatzes zu beseitigen. OGH 23. 11. 2005, 9 ObA 162/05x. (ARD 5682/3/2006 ●)

Abfertigungsanspruch bei einvernehmlicher Auflösung

Bei einverständlicher Auflösung des Dienstverhältnisses gebührt dem Angestellten unter den Voraussetzungen des § 23 Abs 1 AngG eine **Abfertigung**. Ein im Zuge dessen abgegebener Verzicht auf die Abfertigung ist gemäß § 40 AngG unwirksam. OGH 7. 7. 1981, 4 Ob 63/81. (ARD 3392/13/82 ●) 381

Wird eine Vereinbarung über die einvernehmliche Auflösung des Dienstverhältnisses im Einverständnis mit dem Arbeitnehmer nur zum Schein geschlossen, um eine **Selbstkündigung** durch den Arbeitnehmer zu **verschleiern**, gebührt **keine Abfertigung**. LG Klagenfurt 19. 2. 1992, 32 Cga 203/91. (ARD 4459/15/93 ●)

Ein bei einer auf Vorschlag des Arbeitgebers erfolgten einvernehmlichen Auflösung vereinbarte Generalklausel, dass alle gegenseitigen Ansprüche und Verpflichtungen aufgehoben werden, stellt keinen wirksamen Verzicht des Arbeitnehmers auf die ihm nach dem Gesetz zustehende Abfertigung dar. Dieser **Verzicht** auf die Abfertigung, deren Anspruch erst mit der einvernehmlichen Auflösung entsteht, ist nach § 40 AngG **unwirksam**, weil er während des aufrechten Bestandes des Arbeitsverhältnisses, wenn auch in dessen Auflösungsphase aber noch vor Fälligkeit des Anspruches erklärt wurde. OGH 6. 6. 1995, 9 ObA 56/95. (ARD 4704/28/95 ●)

Aufhebung einer Arbeitnehmerkündigung durch einvernehmliche Auflösung

Hat ein Arbeitnehmer sein Arbeitsverhältnis **gekündigt**, bleibt er aber dann über ausdrückliches Ersuchen seines Arbeitgebers zwecks Suche eines Nachfolgers einen Monat **länger im Betrieb** und unterfertigt der Arbeitgeber während dieses weiteren Monats ein vom Arbeitnehmer vorgelegtes Schreiben, aus dem wörtlich hervorgeht, dass das Arbeitsverhältnis **einvernehmlich aufgelöst** wird, so wird die Arbeitnehmerkündigung durch eine einvernehmliche Auflösung aufgehoben und dem Arbeitnehmer steht eine **Abfertigung** zu. 382
In ständiger Rechtsprechung hat der OGH ausgesprochen, dass dann, wenn nach einer Kündigung durch den Angestellten mit dem Arbeitgeber eine Vereinbarung getroffen wird, wonach der Angestellte so lange bleibe, bis für ihn ein Nachfolger gefunden werde, die **Rechtsfolgen der Kündigung aufgehoben** werden und das Dienstverhältnis durch Zeitablauf bzw einvernehmliche Auflösung als gelöst gilt (vgl. OGH 15. 3. 1989, 9 ObA 63/89, ARD 4078/11/89). Dabei wurde allerdings eine Differenzierung dahin vorgenommen, dass dann, wenn das Ende des Dienstverhältnisses lediglich um **eine Woche verschoben** wird und dem Wunsch des Arbeitnehmers nach einer freiwilligen Abfertigung damit Rechnung getragen wurde, dass ihm eine zusätzliche Zahlung in Höhe eines Monatsgehaltes zugesagt wurde, **noch keine Änderung der Auflösungsart** eintritt

§ 23a AngG

(vgl. OGH 30. 11. 1995, 8 ObA 310/95, ARD 4718/21/96; ähnlich zu einer **14-tägigen Korrektur** des Endtermines nach einer ausgesprochenen Entlassung OGH 16. 10. 1996, 9 ObA 2186/96b, ARD 4823/10/97).

Nun mag dahingestellt bleiben, ob hier bei einer im Interesse des Arbeitgebers vorgenommenen Verschiebung des Endtermines um bloß einen Monat schon deshalb von einer einvernehmlichen Auflösung ausgegangen werden könnte (vgl. z.B. OGH 19. 6. 2006, 8 ObA 42/06v, ARD 5714/5/2006, wonach eine Willensübereinstimmung der Vertragspartner über eine Verkürzung der Kündigungsfrist im Zweifel noch keine einvernehmliche Auflösung des Arbeitsverhältnisses bewirkt). Völlig eindeutig stellt nämlich die im vorliegenden Fall getroffene „Vereinbarung" auf eine **einvernehmliche Auflösung** des Arbeitsverhältnisses ab. Dass der Arbeitgeber subjektiv eine solche Absicht nicht hatte, ist ohne Bedeutung, weil weder die subjektive Absicht des Erklärungsempfängers noch jene des Erklärenden allein entscheidend ist, sondern bei Uneinigkeit die Erklärung so zu verstehen ist, wie ein redlicher Erklärungsempfänger die Erklärung verstehen konnte. OGH 27. 6. 2007, 8 ObA 105/06h. (ARD 5798/3/2007 ●)

383

§ 23a. Der Anspruch auf Abfertigung besteht auch dann, wenn das Dienstverhältnis

1. mindestens zehn Jahre ununterbrochen gedauert hat und
    a) bei Männern nach Vollendung des 65. Lebensjahres, bei Frauen nach Vollendung des 60. Lebensjahres oder
    b) wegen Inanspruchnahme der vorzeitigen Alterspension bei langer Versicherungsdauer aus einer gesetzlichen Pensionsversicherung oder
    c) wegen Inanspruchnahme einer Gleitpension aus einer gesetzlichen Pensionsversicherung oder
    d) wegen Inanspruchnahme einer Alterspension aus der gesetzlichen Pensionsversicherung nach § 4 Abs 2 Allgemeines Pensionsgesetz (APG), BGBl I Nr 142/2004, oder
    e) wegen Inanspruchnahme einer Alterspension nach § 4 Abs 3 APG oder
2. wegen Inanspruchnahme einer
    a) Pension aus einem Versicherungsfall der geminderten Arbeitsfähigkeit aus einer gesetzlichen Pensionsversicherung oder
    b) vorzeitigen Alterspension wegen geminderter Arbeitsfähigkeit aus einer gesetzlichen Pensionsversicherung

durch Kündigung seitens des Dienstnehmers endet. Die Abfertigung gebührt in den Fällen der Z 1 lit c auch dann, wenn das Dienstverhältnis mit einem im § 253c Abs 2 ASVG genannten verminderten Arbeitszeitausmaß fortgesetzt wird. (BGBl I 2004/143)

(1a) Der Anspruch auf Abfertigung nach Abs 1 Z 1 lit c entsteht, wenn das Dienstverhältnis bei demselben Dienstgeber fortgesetzt wird, mit dem Zeitpunkt der Herabsetzung der Arbeitszeit auf ein im § 253c Abs 2 ASVG genanntes Ausmaß. Die Inanspruchnahme der Gleitpension ist hinsichtlich der Abfertigungsansprüche, die auf Normen der kollektiven Rechtsgestaltung beruhen, der Inanspruchnahme einer vorzeitigen Alterspension bei langer Versicherungsdauer gleich zu halten. Hat der Angestellte bei Inanspruchnahme der Gleitpension einen Abfertigungsanspruch im Höchstausmaß der aufgrund Gesetz,

Normen der kollektiven Rechtsgestaltung oder Einzelarbeitsvertrag gebührenden Abfertigung erhalten, so entsteht während des bei demselben Dienstgeber mit verminderter Arbeitszeit fortgesetzten Dienstverhältnisses kein weiterer Abfertigungsanspruch. Sofern der Angestellte bei Inanspruchnahme einer Gleitpension im Zeitpunkt der Herabsetzung der Arbeitszeit auf ein im § 253c Abs 2 ASVG genanntes Ausmaß eine Abfertigung erhalten hat, sind die bis zu diesem Zeitpunkt zurückgelegten Dienstzeiten für einen weiteren Abfertigungsanspruch nicht zu berücksichtigen. (BGBl 1993/335)

(2) Eine nach den Abs 1 und 1a gebührende Abfertigung kann in gleichen monatlichen Teilbeträgen gezahlt werden. Die Zahlung beginnt mit dem auf das Ende des Dienstverhältnisses folgenden Monatsersten, bei Fortsetzung des Arbeitsverhältnisses unter Inanspruchnahme einer Gleitpension mit dem Monatsersten, welcher der Herabsetzung der Arbeitszeit (Abs 1a Satz 1) folgt. Eine Rate darf die Hälfte des der Bemessung der Abfertigung zugrunde liegenden Monatsentgeltes nicht unterschreiten. (BGBl 1993/335)

(3) Weiblichen Angestellten gebührt – sofern das Dienstverhältnis ununterbrochen fünf Jahre gedauert hat – die Hälfte der nach § 23 Abs 1 zustehenden Abfertigung, höchstens jedoch das Dreifache des monatlichen Entgelts, wenn sie

1. nach der Geburt eines lebenden Kindes innerhalb der Schutzfrist (§ 5 Abs 1 des Mutterschutzgesetzes 1979, BGBl Nr 221) oder

2. nach der Annahme eines Kindes, welches das zweite Lebensjahr noch nicht vollendet hat, an Kindes Statt (§ 15c Abs 1 Z 1 MSchG) oder nach Übernahme eines solchen Kindes in unentgeltliche Pflege (§ 15c Abs 1 Z 2 MSchG) innerhalb von acht Wochen

ihren vorzeitigen Austritt aus dem Arbeitsverhältnis erklären. Bei Inanspruchnahme einer Karenz nach dem MSchG ist der Austritt spätestens drei Monate vor Ende der Karenz zu erklären. Zeiten geringfügiger Beschäftigungen nach § 15e Abs 1 MSchG bleiben für den Abfertigungsanspruch außer Betracht. (BGBl I 2004/64)

(4) Abs 3 gilt auch für männliche Angestellte, sofern sie eine Karenz nach dem VKG oder gleichartigen österreichischen Rechtsvorschriften in Anspruch nehmen und ihren vorzeitigen Austritt aus dem Arbeitsverhältnis spätestens drei Monate vor Ende der Karenz erklären. (BGBl I 2004/64)

(4a) Eine Abfertigung nach Abs 3 und 4 gebührt auch dann, wenn das Dienstverhältnis während einer Teilzeitbeschäftigung gemäß MSchG oder VKG durch Kündigung seitens des Dienstnehmers endet. Bei Berechnung des für die Höhe der Abfertigung maßgeblichen Monatsentgeltes ist vom Durchschnitt der in den letzten fünf Jahren geleisteten Arbeitszeit unter Außerachtlassung der Zeiten einer Karenz gemäß VKG oder MSchG auszugehen. (BGBl 1990/408 und BGBl I 2004/64)

(5) Ein Abfertigungsanspruch gebührt nicht, wenn der männliche Arbeitnehmer seinen Austritt im Sinne des Abs 4 erklärt, nachdem der gemeinsame Haushalt mit dem Kind aufgehoben oder die überwiegende Betreuung des Kindes beendet wurde. (BGBl 1989/651)

(6) Im Sinne des § 23 zulässige Vereinbarungen, die eine Anrechnung der Versorgungsleistungen auf Abfertigungsansprüche oder bei Zahlung einer Versorgungsleistung den

§ 23a AngG

> gänzlichen oder teilweisen Wegfall der Abfertigung vorsehen, gelten auch für Abfertigungsansprüche nach den Abs 1, 3 und 4. Bei Anwendung des Abs 2 ruhen jedoch solche Versorgungsleistungen nur für die Monate, für die die Abfertigung gebührt. (BGBl 1989/651)
>
> (7) Im Übrigen gilt der § 23 sinngemäß. (BGBl 1971/292 und BGBl 1989/651)

Grundlegende Erläuterungen zu § 23a

→ Siehe ergänzend auch die grundlegenden Erläuterungen zu § 23 AngG.

384 § 23a AngG normiert Ausnahmen vom Grundsatz, dass eine Abfertigung bei Selbstkündigung nicht zusteht. Neben den Fall der Auflösung des Dienstverhältnisses wegen Inanspruchnahme bestimmter **Pensionsleistungen** bzw. Erreichen des gesetzlichen **Pensionsalters**, gebührt unter Umständen auch **Müttern und Vätern** eine Abfertigung, die aus Anlass der Geburt ihres Kindes das Dienstverhältnis vorzeitig durch Austritt beenden.

§ 23a AngG stellt gemäß § 40 AngG **zugunsten des Angestellten** (einseitig) **zwingendes Recht** dar; er kann daher nur zu dessen Vorteil, nicht aber zu seinem Nachteil vertraglich abgeändert werden.

1. Altersabfertigung und Pensionsabfertigung

385 Gemäß § 23 Abs 1 AngG besteht der Anspruch auf Abfertigung auch dann, wenn das Dienstverhältnis

1. mindestens zehn Jahre ununterbrochen gedauert hat und
   a.) bei Männern nach Vollendung des 65. Lebensjahres, bei Frauen nach Vollendung des 60. Lebensjahres oder
   b.) wegen Inanspruchnahme der vorzeitigen Alterspension bei langer Versicherungsdauer aus einer gesetzlichen Pensionsversicherung oder
   c.) wegen Inanspruchnahme einer Gleitpension aus einer gesetzlichen Pensionsversicherung oder
   d.) wegen Inanspruchnahme einer Alterspension aus der gesetzlichen Pensionsversicherung nach § 4 Abs 2 Allgemeines Pensionsgesetz (APG), BGBl I Nr 142/2004, oder
   e.) wegen Inanspruchnahme einer Alterspension nach § 4 Abs 3 APG oder
2. wegen Inanspruchnahme einer
   a.) Pension aus einem Versicherungsfall der geminderten Arbeitsfähigkeit aus einer gesetzlichen Pensionsversicherung oder
   b.) vorzeitigen Alterspension wegen geminderter Arbeitsfähigkeit aus einer gesetzlichen Pensionsversicherung

durch Kündigung seitens des Arbeitnehmers endet.

Während die so genannte **Altersabfertigung** nur die Vollendung des gesetzlichen Pensionsantrittsalters sowie ein zumindest 10-jähriges Dienstverhältnis zum selben Arbeitgeber voraussetzt, muss die Auflösung des Dienstverhältnisses bei der **Pensionsabfertigung** wegen der Inanspruchnahme bestimmter Pensionsleistungen erfolgen.

§ 23a AngG

Eine nach den § 23a Abs 1 und Abs 1a AngG gebührende Abfertigung kann in gleichen **monatlichen Teilbeträgen** gezahlt werden. Die Zahlung beginnt mit dem auf das Ende des Dienstverhältnisses folgenden Monatsersten, bei Fortsetzung des Arbeitsverhältnisses unter Inanspruchnahme einer Gleitpension mit dem Monatsersten, welcher der Herabsetzung der Arbeitszeit folgt. Eine Rate darf die Hälfte des der Bemessung der Abfertigung zugrunde liegenden Monatsentgeltes nicht unterschreiten.

2. Abfertigung bei Elternschaft

Eine Angestellte, die nach der **Geburt** eines lebenden Kindes innerhalb der Schutzfrist (§ 5 Abs 1 MSchG) durch **vorzeitigen Austritt** das Dienstverhältnis löst, hat Anspruch auf die **Hälfte** der nach § 23 Abs 1 AngG zustehenden **Abfertigung**, höchstens jedoch das Dreifache des monatlichen Entgelts, sofern das Dienstverhältnis ununterbrochen **5 Jahre gedauert** hat. Dasselbe gilt, wenn der vorzeitige Austritt innerhalb von 8 Wochen nach der Annahme eines Kindes, das das 2. Lebensjahr noch nicht vollendet hat, an Kindes Statt oder nach Übernahme eines solchen Kindes in unentgeltliche Pflege erfolgt. Bei Inanspruchnahme eines Karenzurlaubes nach dem MSchG ist der Austritt spätestens 3 Monate vor Ende des Karenzurlaubes zu erklären.

386

Nehmen **männliche Angestellte** einen Karenzurlaub nach dem VKG in Anspruch, gebührt ihnen ebenfalls eine Abfertigung in halber Höhe, wenn sie spätestens 3 Monate vor Ende des Karenzurlaubes ihren Austritt erklären; allerdings muss gemäß § 23a Abs 5 AngG zu diesem Zeitpunkt noch ein **gemeinsamer Haushalt** mit dem Kind bestehen.

Zeiten des Karenzurlaubes sind in die 5-Jahresfrist, die für den Abfertigungsanspruch das Dienstverhältnis zumindest gedauert haben muss, nicht einzurechnen (vgl. § 15f Abs 1 MSchG, § 7c VKG).

Der besondere Abfertigungsanspruch von Müttern und Väter bei Austritt nach der Geburt eines Kindes gebührt auch dann, wenn das Dienstverhältnis während einer **Teilzeitbeschäftigung** gemäß § 15h MSchG oder § 8 VKG durch Kündigung seitens des Arbeitnehmers endet. Die **Höhe der Abfertigung** hängt in diesem Fall von der **Art der Beendigung** ab. Erfolgt die Kündigung während einer Teilzeitbeschäftigung nach dem MSchG oder dem VKG durch den Arbeitgeber oder erfolgt die Auflösung durch unverschuldete Entlassung, begründeten Austritt oder durch einvernehmliche Auflösung, ist der Ermittlung des für die Abfertigung maßgeblichen Entgelts die **frühere Normalarbeitszeit** des Angestellten zugrunde zu legen; die Abfertigung gebührt in diesem Fall zur Gänze ohne betragsmäßige Beschränkung (§ 23 Abs 8 AngG). Kündigt hingegen der Arbeitnehmer während einer Teilzeitbeschäftigung iSd § 23a Abs 3 AngG, ist bei der Berechnung des für die Höhe der Abfertigung maßgeblichen Monatsentgeltes vom **Durchschnitt der in den letzten 5 Jahren geleisteten Arbeitszeit** unter Außerachtlassung der Zeiten eines Karenzurlaubes gemäß VKG oder MSchG auszugehen. Außerdem gebührt nur die Hälfte des in § 23 Abs 1 AngG normierten Betrages und ist die Abfertigung auf 3 Monatsentgelte beschränkt (§ 23a Abs 4a AngG iVm § 23 Abs 1 AngG).

Judikatur zu § 23a

Abfertigung bei Selbstkündigung nach erfolgter Antragstellung auf Invaliditätspension
Der Anspruch auf Abfertigung besteht auch dann, wenn das Arbeitsverhältnis wegen Inanspruchnahme einer Pension aus einem Versicherungsfall der geminderten Arbeitsfähigkeit aus einer

387

§ 23a AngG

gesetzlichen Pensionsversicherung oder vorzeitigen Alterspension wegen geminderter Arbeitsfähigkeit aus einer gesetzlichen Pensionsversicherung durch Arbeitnehmerkündigung endet. Kündigung „wegen Inanspruchnahme einer Pension" deutet auf einen engen Zusammenhang zwischen Kündigung und Pensionierung hin. Nur wenn **aus dem Grund der Inanspruchnahme der Pension gekündigt** wurde, soll der Abfertigungsanspruch auch bei Selbstkündigung gewahrt sein.

Ob die Pension schließlich (bescheidmäßig) gewährt wird, ist nicht Voraussetzung des mit der rechtlichen Auflösung des Arbeitsverhältnisses entstehenden Abfertigungsanspruchs. Der Arbeitnehmer hat die erfolgte Antragstellung sowie die Aufrechterhaltung des Antrages jedenfalls zum Zeitpunkt des rechtlichen Endes des Arbeitsverhältnisses. OGH 12. 7. 2006, 9 ObA 66/06f. (ARD 5733/8/2006 ●)

Abfertigungsanspruch bei Kündigung vor Pensionsantrag

388 Die Äußerung der Absicht – zum Zeitpunkt des Kündigungsausspruchs –, eine Pension in Anspruch zu nehmen, ist nicht Voraussetzung des Anspruchs auf Abfertigung. Der kausale objektivierbare Willenszusammenhang zwischen Kündigung und Inanspruchnahme der Pension ist auch dann gewahrt, wenn zwar **nach der Kündigung**, aber bis zum Zeitpunkt der maßgeblichen **Endigung des Dienstverhältnisses ein Pensionsantrag gestellt** wird und die Voraussetzungen des Pensionsanspruchs gegeben sind. Der bloße Wille allein wahrt hingegen den Abfertigungsanspruch nicht.

Ob der Arbeitnehmer bereits zum Zeitpunkt der Kündigung subjektiv annehmen konnte, dass ein Pensionsanspruch besteht oder den Zusammenhangswillen zwischen Kündigung und Inanspruchnahme der Pension zum Ausdruck brachte, ist in Hinblick auf den danach gestellten und positiv erledigten Pensionsantrag und den Umstand, dass die Voraussetzungen des Abfertigungsanspruchs zum Zeitpunkt der rechtlichen Beendigung des Dienstverhältnisses vorliegen müssen, ohne Bedeutung. OGH 21. 10. 1998, 9 ObA 142/98t. (ARD 4987/12/98 ●)

Beweislast für Nachweis des Pensionsanspruches

389 Der Begriff „Inanspruchnahme" einer bestimmten Pensionsleistung (hier: vorzeitigen Alterspension) ist dahin auszulegen, dass der Arbeitnehmer ein ihm im Gesetz eingeräumtes Recht auf Gewährung der Pensionsleistung geltend macht. Hiefür ist eine entsprechende **Antragstellung** bei der Pensionsversicherungsanstalt und die „gehörige Fortsetzung" des vom Sozialversicherungsträger über diesen Antrag eingeleiteten Verfahrens notwendig. Der **Arbeitnehmer** muss daher, falls der Arbeitgeber das Vorliegen der Anspruchsvoraussetzungen für den gegenständlichen Abfertigungsanspruch bestreitet, das Vorliegen der Voraussetzungen des Pensionsanspruches und die erfolgte Antragstellung sowie Aufrechterhaltung des Antrages **nachweisen**. Für den Nachweis wird vor allem eine Mitteilung der Pensionsversicherungsanstalt über die Versicherungszeiten oder ein Feststellungsbescheid über die Versicherungszeiten in Betracht kommen. OGH 18. 10. 1983, 4 Ob 190/82. (ARD 3572/11/84 ●)

Berücksichtigung von Zeiten der Beschäftigungsverbote

390 Die Zeiten der **Beschäftigungsverbote** für werdende Mütter nach § 3 MSchG und § 5 MSchG sind für die Beurteilung der zeitlichen Voraussetzungen des Abfertigungsanspruchs zu **berücksichtigen**, zumal eine dem § 15e Abs 2 MSchG (Nichtberücksichtigung des Karenzurlaubs bei dienstzeitabhängigen Ansprüchen) entsprechende Regelung für die Zeiten der Beschäftigungsverbote nach dem MSchG nicht existiert und für die Annahme einer die analoge Anwendung der Bestimmung des § 15e Abs 2 MSchG ermöglichenden planwidrigen Gesetzeslücke in diesem Zusammenhang keine rechtfertigende Grundlage besteht. OGH 4. 10. 2000, 9 ObA 199/00f. (ARD 5230/9/2001 ●)

§ 23a AngG

Geringerer Abfertigungsanspruch bei Mutterschaftsaustritt nicht EU-widrig

Dass Arbeitnehmern, die wegen fehlender Kinderbetreuungseinrichtungen vorzeitig aus ihrem Dienstverhältnis ausscheiden, um ihre Kinder zu betreuen, eine **geringere Abfertigung** (Abfindung) zusteht, als sie Arbeitnehmer, die wegen eines wichtigen Grundes in Zusammenhang mit den Arbeitsbedingungen im Unternehmen oder mit dem Verhalten des Arbeitgebers aus dem Dienstverhältnis ausscheiden, für die gleiche tatsächliche Dauer ihrer Beschäftigung erhalten, **widerspricht nicht dem Gemeinschaftsrecht.** Der Umstand, dass in Österreich Kindergärten großteils von staatlichen Stellen oder mit deren finanzieller Unterstützung betrieben werden, ist dabei ohne Bedeutung. EuGH 14. 9. 1999, C-249/97, Fall Gruber. (ARD 5061/8/99 ●)

391

Wesen des Mutterschaftsaustritts

Der sogenannte Mutterschaftsaustritt nach § 23a Abs 3 AngG stellt weder einen vorzeitigen Austritt aus wichtigem Grund im Sinne der traditionellen arbeitsrechtlichen Terminologie (§ 1162 ABGB, § 26 AngG, § 82a GewO 1859) noch eine Selbstkündigung dar. Er ist vielmehr als **vorzeitiger Auflösungsgrund besonderer Art** zu qualifizieren, der entgegen der Regel, dass die Geltendmachung wichtiger Beendigungsgründe mit Dauercharakter zeitlich nicht beschränkt ist, nur **innerhalb bestimmter Zeiträume erklärt** werden kann.

392

Der Gesetzgeber wollte damit nicht nur den Abfertigungsanspruch der aus dem Dienstverhältnis ausscheidenden Mutter wahren, sondern es dieser auch erleichtern, bei ihrem Kind zu bleiben, ohne nach der Lösungserklärung für Zeiten einer außerhalb der Schutzfrist liegenden Kündigungsfrist zu Dienstleistungen verpflichtet zu sein.

Dieser zweite Regelungsgrund hat auch dann Bedeutung, wenn die Mutter mangels fünfjähriger Dienstzeit noch keinen Abfertigungsanspruch erworben hat. Für die Geltendmachung des Mutterschaftsaustrittes spielt es auch keine Rolle, ob der Mutter im Einzelfall die Fortsetzung des Arbeitsverhältnisses zumutbar ist; auch eine Mutter, die ihr **Kind nicht selbst pflegt**, kann nach § 23a Abs 3 AngG austreten. Die Regelung des Mutterschaftsaustrittes sollte es Arbeitnehmerinnen ermöglichen, das Dienstverhältnis zugunsten ihrer Familie aufzugeben, ohne auf die gerade in diesen Fällen meist sehr wertvolle Hilfe der Abfertigung verzichten zu müssen.

Motiv für Austritt des Vaters für Abfertigungsanspruch wesentlich

Der **Austritt eines Vaters** unter Wahrung von Abfertigungsansprüchen aus dem Rechtsgrund seiner Vaterschaft ist nur dann gerechtfertigt, wenn er das Dienstverhältnis aus dem Motiv, sein **Kind überwiegend zu betreuen**, auflöst.

393

Der Gesetzgeber kann ohne Verletzung des Gleichheitsgrundsatzes von der Obsorge für das Kind durch seine Mutter als dem tatsächlich gegebenen Regelfall ausgehen, muss aber die Möglichkeit, dass bei einem Mann die Lage vollkommen gleich sein kann, mit in Betracht ziehen; dies z.B. in der Weise, dass für einen solchen – seltenen – Fall der **Abfertigungsanspruch** bei Austritt wegen der **Betreuung des Kindes** zwar an sich vorgesehen, aber an besondere – für weibliche Arbeitnehmer nicht bestehende – Nachweispflichten bezüglich des Vorliegens der tatsächlichen Verhältnisse geknüpft wird.

Da § 23a Abs 4 AngG die tatsächlichen Voraussetzungen für eine Gleichbehandlung von Männern und Frauen bezüglich der Abfertigung aus Anlass der Elternschaft normiert, wäre allerdings der Arbeitgeber bei Zutreffen dieser Voraussetzungen auf den Arbeitnehmer aufgrund des arbeitsrechtlichen Gleichbehandlungsgrundsatzes verpflichtet, auch diesem die einem weiblichen

Arbeitnehmer im Falle des Mutterschaftsaustritts zustehende Abfertigung zu gewähren. Mit der Regelung nach § 23a Abs 4 AngG wurde dem **verfassungsrechtlichen Gleichheitsgrundsatz** Rechnung getragen.

Es bleibt aber zu prüfen, ob der Arbeitnehmer die in § 23a Abs 4 AngG normierten Voraussetzungen für die Gewährung der Abfertigung an den Vater erfüllt. Hiebei ist die Regelung des § 23a Abs 4 AngG nicht isoliert zu betrachten, sondern auch auf die in § 23a Abs 5 AngG getroffenen Bestimmungen Bedacht zu nehmen. Nach den Materialien zu dem mit dem EKUG (nunmehr: VKG) neu gefassten § 23a AngG liegt der Zweck der mit § 23a Abs 4 AngG geschaffenen Austrittsregelung darin, dem Arbeitnehmer die Möglichkeit zu eröffnen, das **Dienstverhältnis zugunsten der Kinderbetreuung aufzugeben**, ohne auf die Abfertigung völlig verzichten zu müssen. Folgerichtig gebührt gemäß § 23a Abs 5 AngG ein Abfertigungsanspruch nicht, wenn der männliche Arbeitnehmer seinen Austritt iSd § 23a Abs 4 AngG erklärt, nachdem der gemeinsame Haushalt mit dem Kind aufgehoben oder die überwiegende Betreuung des Kindes beendet wurde. Daraus ergibt sich aber, dass nicht nur auf die **tatsächlich überwiegende Kinderbetreuung** während eines Teiles des vom Vater in Anspruch genommenen Karenzurlaubs, sondern auch darauf abgestellt wird, dass **Motiv für die Austrittserklärung die überwiegende Betreuung** des Kindes durch den Vater ist, und zwar auch dann, wenn der Vater den Karenzurlaub zu Recht, d.h. in der Absicht, das Kind überwiegend zu betreuen, in Anspruch genommen und es dann auch längere Zeit hindurch überwiegend betreut hat.

Dem Arbeitnehmer im vorliegenden Fall, der seinen Austritt bereits vor Beginn des Karenzurlaubs erklärt hat, wäre daher nur dann ein Abfertigungsanspruch nach § 23a Abs 4 AngG zuzubilligen, wenn er das Dienstverhältnis in der Absicht aufgegeben hätte, das Kind überwiegend zu betreuen. Hat der Arbeitnehmer aber in erster Linie sein Dienstverhältnis zum Zweck der **Weiterführung** des schwiegerväterlichen **Gastgewerbebetriebs** aufgelöst, weil seine Ehefrau nach der Geburt des Kindes hiezu nicht mehr in der Lage war, ist der Austritt des Vaters aus dem Grund der Elternschaft unberechtigt. OGH 17. 1. 1996, 9 ObA 197/95. (ARD 4740/8/96 ●)

Anrechnungen von Versorgungsleistungen auf Abfertigungsansprüche

394 Ein Betriebspensionszuschuss kann auf die gesetzliche Abfertigung nur in Höhe der während des Abfertigungszeitraumes auszuzahlenden Pensionsraten angerechnet werden. Eine vereinbarte **Anrechnung einer Betriebspension** auf die Abfertigung ist nur insoweit verbindlich, als dies nach Maßgabe des gesamten Abfertigungsrechtes für Arbeiter und Angestellte, insbesondere der Regeln über die Unabdingbarkeit und des Verzichtes auf solche Ansprüche, zulässig ist. Daher kann nur eine solche Vereinbarung getroffen werden, die den **Arbeitnehmer günstiger stellt**, als dies bei Bezug der Abfertigung der Fall gewesen wäre. Dabei ist insbesondere auf die zeitlich gestaffelte Fälligkeit der Abfertigung gemäß § 23 Abs 4 AngG Bedacht zu nehmen.

Aus § 23a Abs 6 AngG ergibt sich die Zulässigkeit von Anrechnungen von Versorgungsleistungen auf Abfertigungsansprüche, wobei der Gesetzgeber nicht den Pensionsanspruch als solchen, sondern nur die einzelnen **Pensionsraten** im Auge hat. Das bedeutet, dass mit dem Günstigkeitsprinzip nur eine solche Regelung vereinbar ist, aufgrund deren nicht der Pensionsanspruch an sich in die Abfertigung einzurechnen ist, sondern nur diejenigen **Pensionsbezüge**, die während der Zeit, für die die Abfertigung bestimmungsgemäß reicht, **fällig werden**; bei Fälligkeit von 6 Monatsbezügen an Abfertigung gemäß § 23 Abs 4 AngG entspricht dies 6 Monatsbezügen an Pension. Diese Form der Einrechnung ist deshalb mit dem Günstigkeitsprinzip vereinbar, weil dem Arbeitnehmer der Differenzanspruch auf die Abfertigung jeweils erhalten bleibt. OGH 20. 5. 1998, 9 ObA 83/98s. (ARD 4957/14/98 ●)

Tod des Angestellten

§ 24. (1) Stirbt ein Angestellter, dem vom Dienstgeber aufgrund des Dienstvertrages Wohnräume überlassen werden, so ist die Wohnung, wenn der Angestellte einen eigenen Haushalt führte, binnen einem Monat, sonst binnen vierzehn Tagen nach dessen Tode zu räumen.

(2) Sind die Angehörigen des verstorbenen Angestellten, die mit ihm im gemeinsamen Haushalte gelebt haben, durch die Räumung binnen der Frist des Abs 1 der Gefahr der Obdachlosigkeit ausgesetzt, so kann das Bezirksgericht, in dessen Sprengel die Wohnung liegt, eine Verlängerung der Räumungsfrist um höchstens zwei Monate bewilligen. Nur unter besonders berücksichtigungswerten Umständen darf eine weitere Verlängerung um höchstens einen Monat bewilligt werden.

(3) Der Dienstgeber kann jedoch die sofortige Räumung eines Teiles der Wohnung verlangen, soweit dies zur Unterbringung des Nachfolgers und seiner Einrichtung erforderlich ist.

395

Grundlegende Erläuterungen zu § 24

Räumung der Dienstwohnung

Stirbt ein Angestellter, dem vom Arbeitgeber aufgrund des Dienstvertrages **Wohnräume** überlassen werden, ist die Wohnung **binnen einem Monat**, wenn der Angestellte einen eigenen Haushalt führte, sonst binnen 14 Tagen nach dessen Tod **zu räumen**. Bei der Fristberechnung ist der Todestag nicht mitzuzählen. Sind durch die Räumung binnen der Frist des § 24 Abs 1 AngG Angehörige des verstorbenen Angestellten, die mit ihm im gemeinsamen Haushalt gelebt haben, der Gefahr der Obdachlosigkeit ausgesetzt, kann durch Gerichtsbeschluss eine **Verlängerung der Räumungsfrist** um höchstens zwei Monate bewilligt werden. Der Angehörigenbegriff ist weit auszulegen, so dass darunter auch Geschwister bzw. Lebensgefährten zu verstehen sind.

396

Erfolgte die Überlassung der Wohnung aufgrund eines **Mietvertrages**, kommen die §§ 1090 ff. ABGB, § 573 ZPO bzw. gegebenenfalls insbesondere § 30 Abs 2 MRG, die Übergangsregelung des § 49 MRG sowie §§ 34 ff. MRG zur Anwendung.

Für Klagen auf Räumung von Dienstwohnungen wegen Beendigung des Dienstverhältnisses sind die Arbeits- und Sozialgerichte zuständig.

§ 24 AngG stellt gemäß § 40 AngG **zugunsten des Angestellten** (einseitig) **zwingendes Recht** dar; er kann daher nur zu dessen Vorteil, nicht aber zu seinem Nachteil vertraglich abgeändert werden.

Vorzeitige Auflösung

§ 25. Das Dienstverhältnis kann, wenn es für bestimmte Zeit eingegangen wurde, vor Ablauf dieser Zeit, sonst aber ohne Einhaltung einer Kündigungsfrist von jedem Teile aus wichtigen Gründen gelöst werden.

397

§ 25 AngG

> **Grundlegende Erläuterungen zu § 25**

1. Auflösung des Dienstverhältnisses aus wichtigem Grund

398 Die Rechtsordnung sieht vor, dass Dauerschuldverhältnisse nicht nur durch ordentliche Kündigung sondern bei Vorliegen eines **wichtigen Grundes** auch **vorzeitig gelöst** werden können. So hat der Gesetzgeber auch im Bereich des Arbeitsrechts für den Fall, dass es dem Arbeitgeber oder dem Arbeitnehmer nicht mehr zugemutet werden kann, das Dienstverhältnis fortzusetzen, die Möglichkeit geschaffen, dieses kurzfristig aufzulösen. Anders als die Kündigung, die grundsätzlich nur bei unbefristeten Dienstverhältnissen in Betracht kommt (siehe jedoch auch unter Rz 230), ist eine **vorzeitige Auflösung aus wichtigem Grund** auch bei **befristeten Dienstverhältnissen** möglich. Unter einem unbefristeten Arbeitsverhältnis versteht man dabei einen Arbeitsvertrag, der auf unbestimmte Zeit eingegangen und nicht durch Zeitablauf oder den Eintritt eines bestimmten Ereignisses gelöst wird, während das befristete Dienstverhältnis grundsätzlich durch Zeitablauf endet, ohne dass der Arbeitgeber oder der Arbeitnehmer etwas zur Beendigung beitragen müssen.

Je nachdem in welcher zurechenbaren Sphäre der wichtige Grund auftritt, unterscheidet man bei vorzeitigen Dienstvertragsauflösungen zwischen Entlassung und vorzeitigem Austritt. Während bei der **Entlassung dem Arbeitgeber** die Weiterbeschäftigung des Arbeitnehmers aus bestimmten Gründen nicht einmal mehr bis zum Ablauf der Kündigungsfrist bzw. der vereinbarten Befristung zugemutet werden kann, ist beim **vorzeitigen Austritt der Arbeitnehmer** berechtigt, das Dienstverhältnis mit sofortiger Wirkung aufzulösen. Jedenfalls muss jedoch ein wichtiger Grund vorliegen, der die **Weiterbeschäftigung** auch nur für kurze Zeit **unzumutbar** macht. Liegt ein solcher Grund vor, spricht man von einer begründeten (berechtigten) Entlassung bzw. einem begründeten (berechtigten) Austritt, fehlt es an einem solchen Grund oder weist dieser nicht die erforderliche Intensität auf, spricht man von einer unbegründeten (unberechtigten) Entlassung bzw. einem unbegründeten (unberechtigten) Austritt.

2. Unzumutbarkeit der Weiterbeschäftigung

399 Der einer vorzeitigen Auflösung des Dienstverhältnisses durch Austritt bzw. Entlassung zugrunde liegende Gedanke liegt darin, den Arbeitsvertragsparteien eine Möglichkeit zu geben, Dienstverhältnisse, die aus bestimmten Gründen für den jeweils Betreffenden untragbar geworden sind, sofort und ohne Einhaltung von Fristen und Terminen zu beenden. Jeder **Austritts- bzw. Entlassungsgrund** setzt daher, um eine Entlassung rechtfertigen zu können, voraus, dass demjenigen Vertragspartner, der das Dienstverhältnis lösen möchte, nach der Lage der Umstände die **Fortsetzung des Dienstverhältnisses** bis zum Ablauf der vereinbarten Dienstvertragsdauer bzw. bis zum nächsten Kündigungstermin **nicht mehr zugemutet** werden kann.

Die Unzumutbarkeit der Weiterbeschäftigung ist kein zu den einzelnen Tatbeständen des Gesetzes hinzutretendes, sondern vielmehr ein diesen Tatbeständen begrifflich immanentes Merkmal. Dieses Tatbestandsmerkmal ist vor allem dort von besonderer Bedeutung, wo sich das Gesetz zur Umschreibung der Lösungstatbestände **unbestimmter Begriffe** – wie „während einer unverhältnismäßig erheblichen Zeit" (§ 27 Z 4 AngG) oder „erhebliche Ehrverletzungen" (§ 27 Z 6 AngG) – bedient, die Prüfung der Zumutbarkeit der Weiterbeschäftigung des Arbeitnehmers also überhaupt erst die **Abgrenzung** zwischen einem **wichtigen Lösungsgrund** und einem weniger schwer wiegenden oder überhaupt nur **geringfügigen Sachverhalt** ermöglicht.

§ 25 AngG

„Fortsetzung auch nur bis zum nächsten Kündigungstermin" bedeutet nur, dass dem Arbeitgeber bzw. Arbeitnehmer nicht das **Verstreichen der Kündigungsfrist** bei Ausspruch einer Kündigung zugemutet werden kann, sondern dass die vorzeitige Vertragsauflösung als sofortige Abhilfe erforderlich ist. Es bedeutet hingegen nicht, dass die jeweilige Dauer der (noch) zur Verfügung stehenden Kündigungsfrist als Maßstab für die **Beurteilung der Unzumutbarkeit** heranzuziehen wäre. Wollte man einer solchen Auffassung beipflichten, dann könnte ein noch so schwer wiegendes Verhalten eines Arbeitnehmers eine vorzeitige Auflösung mangels Unzumutbarkeit der Weiterbeschäftigung nicht rechtfertigen, wenn es sich unmittelbar vor dem Ende der Kündigungsfrist und damit unmittelbar vor dem Ende des Arbeitsverhältnisses ereignet hat.

Ob ein bestimmtes Verhalten des Arbeitnehmers bzw. des Arbeitgebers die Annahme der Unzumutbarkeit der Weiterbeschäftigung im konkreten Fall rechtfertigt, ist insbesondere von der **Schuldintensität**, den näheren Umständen der Tatbegehung, dem **Ausmaß der Verfehlung** und deren tatsächlichen oder möglichen Folgen und Auswirkungen auf den Betriebsablauf oder Dritte, der **Verletzung betrieblicher Interessen**, einer allfälligen Duldung des Verhaltens, der Art der Arbeit, der Dauer des Dienstverhältnisses sowie dem **bisherigen Verhalten der betreffenden Personen** abhängig. Von besonderer Bedeutung ist das Gesamtverhalten der Beteiligten. Es kommt stets auf die Umstände des Einzelfalles in Form einer Gesamtschau an.

3. Form und Inhalt der Entlassungs- bzw. Austrittserklärung

Das Vorliegen eines Entlassungsgrundes bringt das Dienstverhältnis nicht sofort und automatisch zur Auflösung – was insbesondere hinsichtlich der Rechtssicherheit zu zahlreichen Problemen führen würde –, sondern bedarf es vielmehr eines bewusst gesetzten und auf die Auflösung des Dienstverhältnisses gerichteten Aktes. Diesen Akt stellt die **Entlassungs- bzw. Austrittserklärung** als einseitige, **empfangsbedürftige Willenserklärung** des Arbeitgebers bzw. des Arbeitnehmers dar, die an den jeweils anderen Vertragspartner gerichtet ist. Eine reine Wissenserklärung (z.B. Festhalten von Tatsachen oder Darstellung der Rechtslage in einem an den Arbeitnehmer gerichteten Schreiben des Arbeitgebers) führt nicht zur Beendigung des Dienstverhältnisses.

400

3.1. Grundsätzliche Formfreiheit

Grundsätzlich ist die vorzeitige Auflösung **an keine Form gebunden**. Sie kann daher mündlich, schriftlich, ausdrücklich oder konkludent (schlüssig) erfolgen. Wesentlich ist nur, dass für den Erklärungsempfänger aus dem Inhalt der Entlassungs- bzw. Austrittserklärung bei objektiver Würdigung der Umstände **eindeutig erkennbar sein muss**, dass das Dienstverhältnis aus wichtigem Grund vorzeitig (mit sofortiger Wirkung) aufgelöst werden soll. Insbesondere an **schlüssige Auflösungserklärungen** wird in dieser Hinsicht ein **strenger Maßstab anzulegen** sein. Bei der Beurteilung einer Handlung auf ihre konkludente Aussage ist größte Vorsicht geboten, weil die Gefahr besteht, dass dem Handelnden Äußerungen unterstellt werden, die nicht in seinem Sinn sind. Deshalb bestimmt das Gesetz, dass das Vorliegen einer konkludenten Erklärung nur angenommen werden darf, wenn eine Handlung nach der Verkehrssitte, nach den üblichen Gewohnheiten und Gebräuchen eindeutig in einer bestimmten Richtung zu verstehen ist. Das als schlüssige Entlassungs- bzw. Austrittserklärung gedeutete Verhalten darf **keinen vernünftigen Grund** übrig lassen, an der auf eine **vorzeitige Auflösung** des Dienstverhältnisses **gerichteten Absicht** des Arbeitgebers bzw. Angestellten **zu zweifeln** (vgl. § 863 ABGB).

401

Trotz der grundsätzlichen Formfreiheit kann das Entlassungsrecht gesetzlich oder vertraglich an die Einhaltung einer **bestimmten Form** der Erklärung gebunden sein. So sieht etwa § 15 Abs 2

§ 25 AngG

BAG für die Rechtswirksamkeit der vorzeitigen Auflösung eines **Lehrverhältnisses** zwingend die **Schriftform** vor. Auch kann beim Abschluss des Arbeitsvertrages vereinbart werden, dass eine Entlassung bzw. ein vorzeitiger Austritt etwa nur schriftlich erfolgen darf. In einem solchen Fall wäre eine mündliche Erklärung unwirksam, sofern die Vertragsparteien die Vereinbarung der Schriftform nicht vorher schriftlich oder mündlich abgeändert haben.

3.2. Inhaltliche Mindestanforderungen

402 Die Lösungserklärung muss als Willenserklärung **frei, ernstlich, bestimmt und verständlich** sein. Sie muss daher ohne Irrtum (Motivirrtum, Erklärungsirrtum, Rechtsfolgenirrtum) und frei von Zwang oder List erfolgen (Willensfreiheit); der Erklärende muss sich der Rechtsfolgen bewusst sein und die Entlassung bzw. der Austritt darf nicht aus Wut über ein Vergehen des Vertragspartners vorgenommen werden (Ernstlichkeit).

Letztlich muss aus der Erklärung die eindeutige Absicht des Erklärenden zum Ausdruck kommen, das Arbeitsverhältnis mit sofortiger Wirkung zu beenden (Bestimmtheit). Die Entlassungs- bzw. Austrittserklärung muss so formuliert sein, dass sie der Erklärungsempfänger unter Berücksichtigung der momentanen Umstände eindeutig als **sofortige Beendigung des Arbeitsverhältnisses** versteht. Das Wort „Entlassung" oder „Austritt" muss dabei nicht unbedingt verwendet werden. Genauso wirksam sind z.B. die Formulierungen „sofortige Beendigung" oder „fristlose Auflösung des Arbeitsverhältnisses". Einzig und allein entscheidend ist, dass die **Absicht**, das Dienstverhältnis vorzeitig aus wichtigem Grund aufzulösen, **zweifelsfrei zum Ausdruck kommt**.

Der **konkrete Auflösungsgrund** muss im Rahmen des Ausspruches der vorzeitigen Auflösung des Dienstverhältnisses noch **nicht mitgeteilt** werden. Es genügt, wenn er im Bestreitungsfall im gerichtlichen Verfahren vorgebracht wird. Dabei kann der Austritt bzw. die Entlassung auch auf Gründe gestützt werden, die erst **nach dem Ausspruch** der vorzeitigen Lösung **in Erfahrung gebracht** werden konnten. Der wichtige Grund muss nur im Zeitpunkt des Ausspruches der Lösungserklärung gegeben und das Entlassungs- bzw. Austrittsrecht zu diesem Zeitpunkt nicht untergegangen gewesen sein. Der Arbeitgeber kann daher eine Entlassung ohne jegliche Begründung aussprechen und ist erst in einem allenfalls vom Arbeitnehmer durch Klage eingeleiteten Verfahren zur Darlegung der Entlassungsgründe verpflichtet.

Der Arbeitgeber darf auch, nachdem er im Arbeitsgerichtsverfahren einen Entlassungsgrund mitgeteilt hat, (in 1. und 2. Instanz, jedoch nicht mehr in der Revision) weitere Entlassungsgründe „**nachschieben**", die bis zum Ausspruch der Entlassung gegeben waren. Dieses Nachschieben von Lösungsgründen kann für den Arbeitgeber insbesondere dann von Vorteil sein, wenn sich der ursprüngliche Entlassungsgrund im Prozess als nicht stichhaltig erweist. Der **Grundsatz der Unverzüglichkeit**, wonach der Arbeitgeber die Entlassung ohne Verzug, das heißt sofort, nachdem ihm der Entlassungsgrund bekannt geworden ist, auszusprechen hat, gilt daher nur für den **Ausspruch** der Entlassung, nicht aber für die Geltendmachung der hiefür maßgebenden Gründe.

So wie es bei der Entlassung zulässig ist, Entlassungsgründe nachzuschieben, ist es auch zulässig, einen Austrittsgrund nachzuschieben.

Auch wenn es somit nicht erforderlich ist, dass der Arbeitgeber bzw. Angestellte in der Entlassungs- bzw. Austrittserklärung den für die Auflösung maßgeblichen und diese rechtfertigenden Grund bekannt gibt, wird ihn diese Verpflichtung wohl dann treffen, wenn sich der Vertragspartner seines **Vergehens nicht bewusst** ist. Darüber hinaus kann es im Arbeitsvertrag festgelegt werden, dass ein etwaiger Entlassungs- bzw. Austrittsgrund bereits in der Auflösungserklärung mitgeteilt werden muss.

4. Entlassungskompetenz

Wer in einem Unternehmen zum Ausspruch einer Entlassung zuständig ist, kann nicht allgemein beantwortet werden. Grundsätzlich wird das Recht, Dienstverhältnisse vorzeitig aus wichtigem Grund aufzulösen, bei jenen Personen liegen, die auch die Personaleinstellungen vornehmen. Wird in größeren Unternehmen die Entlassungskompetenz in der Regel von der **Personalabteilung** wahrgenommen, kann diese Funktion bei kleineren Betrieben ohne eigene Personalabteilung durch **individuelle Regelung** auch anderen Personen als dem Arbeitgeber überantwortet sein.

In großen Betrieben ist bis zum Ausspruch der Entlassung mitunter eine vielschichtige hierarchische Struktur zu überwinden, welche zwischen dem direkten Vorgesetzten des zu entlassenden Arbeitnehmers und der Personalabteilung besteht. Erlangt z.B. ein Werkstattmeister Kenntnis von einem Entlassungsgrund, muss dieser eventuell zunächst den Betriebsleiter informieren, und erst der Betriebsleiter wendet sich an die Personalabteilung. Die Personalabteilung wird dann über die Entlassung entscheiden und sie gegebenenfalls aussprechen. Diese hierarchische Struktur kann natürlich noch vielschichtiger sein, wodurch enorme **Verzögerungen** auftreten können. Zum dadurch auftretenden Problem mit dem Grundsatz der Unverzüglichkeit der Entlassungserklärung siehe sogleich unter Pkt 5.

Um den mit einer möglichen Entlassungssituation konfrontierten Personen (Vorgesetzte, Vorarbeiter, Betriebsleiter, Arbeitgeber) ein möglichst effizientes und vor allem fehlerloses Verhalten in diesen Situationen zu ermöglichen, hat es sich bewährt, **innerbetriebliche Verhaltensrichtlinien** auszuarbeiten, die eine Entscheidungsfindung im Ernstfall erleichtern. Sie sollten genaue Anweisungen enthalten, wie in einem derartigen Fall vorzugehen ist, um übereilte (und möglicherweise auch falsche und damit für den Arbeitgeber teure) Entscheidungen zu verhindern.

5. Grundsatz der Unverzüglichkeit

Nach Lehre und Rechtsprechung müssen Umstände, die zur vorzeitigen Auflösung des Dienstverhältnisses berechtigten, **ohne unnötigen Aufschub** nach deren Bekanntwerden geltend gemacht werden. Unter Umständen kann bei Vorliegen besonderer Gründe eine **kurze Überlegungsfrist** eingeräumt werden, dies jedoch nur dann, wenn das Zuwarten mit der Erklärung in den besonderen Umständen des Einzelfalles seinen Grund findet. Unterlässt jedoch der Arbeitgeber bzw. der Arbeitnehmer die unverzügliche Geltendmachung und setzt das Dienstverhältnis fort, gibt er dadurch zu erkennen, dass ihm die **Weiterbeschäftigung nicht unzumutbar** geworden ist und er auf die Geltendmachung des Auflösungsgrundes **verzichtet**.

5.1. Prüfung im Einzelfall erforderlich

Der Grundsatz der Unverzüglichkeit beruht einerseits auf dem Gedanken, dass der Vertragspartner, der eine Verfehlung des anderen nicht sofort mit der vorzeitigen Auflösung beantwortet, dessen Weiterbeschäftigung **nicht als unzumutbar** ansieht und auf die Ausübung des vorzeitigen Lösungsrechts im konkreten Fall verzichtet; andererseits soll der von der Lösungserklärung Bedrohte, der einen möglichen Entlassungs- bzw. Austrittsgrund gesetzt hat, möglichst rasch Bescheid wissen, ob das **Dienstverhältnis** aus diesem Grund **vorzeitig beendet** wird.

Bei der Prüfung der Rechtzeitigkeit einer Lösungserklärung ist daher zu untersuchen, ob in dem Zuwarten mit dem Ausspruch einen **Verzicht** auf die Geltendmachung des vorzeitigen Lösungsrechts zu erblicken ist oder ob dieses Zuwarten in Umständen begründet ist, welche die Annahme eines

§ 25 AngG

solchen Verzichts nicht rechtfertigen. Es muss daher die Ursache des zwischen der Kenntnis vom Lösungsgrund und dem Ausspruch der vorzeitigen Auflösung liegenden Zuwartens des Arbeitgebers bzw. Arbeitnehmers **im Einzelfall geklärt** werden.

5.2. Zulässige Überlegungsfrist vor Ausspruch einer Entlassung / eines Austritts

406 Der Grundsatz, dass Entlassungsgründe (Austrittsgründe) unverzüglich geltend zu machen sind, darf jedoch nicht überspannt werden. So ist eine **angemessene Überlegungsfrist** nicht ausgeschlossen, z.B. um sich über die **Rechtslage zu informieren**, wenn eine Verzögerung in der Sachlage begründet ist, bei **komplizierter Organisationsform** des Arbeitgebers, bei **Abwesenheit** des Arbeitgebers bzw. des Angestellten, oder wenn es sich um **undurchsichtige Tatbestände** handelt, deren Klärung der Auflösungsberechtigte mit den ihm zu Gebote stehenden Mitteln nicht herbeiführen kann. Besonders wenn der Angestellte dem Kreis jener Arbeitnehmer angehört, deren Dienstverhältnisse einem **besonderen Bestandschutz** unterliegen (z.B. Behinderte), kann dem Arbeitgeber eine längere Überlegungsfrist zugestanden werden, da er sich keinem Risiko (z.B. einer Fehlbeurteilung) aussetzen will. Die Überlegungsfrist beginnt ab Kenntnis des Auflösungsgrundes zu laufen und hängt einerseits von den jeweiligen Umständen und andererseits von den wirtschaftlichen Gegebenheiten ab.

Die Rechtsordnung gibt keine konkreten Fristen vor, es muss dem Auflösungsberechtigten jedoch möglich sein, sich der finanziellen und wirtschaftlichen Auswirkungen der vorzeitigen Dienstvertragsauflösung bewusst zu werden. Ebenso muss die Möglichkeit zur Verfügung stehen, vor Ausspruch einer voreiligen Auflösung den **vorliegenden Sachverhalt zu klären** und sich bei einem Rechtsvertreter oder seiner Interessenvertretung über seine Rechte zu informieren. In diesem Zusammenhang wird es empfehlenswert sein, den Vertragspartner davon in Kenntnis zu setzen, dass die **Vorfälle** auf deren Tatbestandsmäßigkeit für eine vorzeitige Auflösung **geprüft** werden, so dass dieser aus einer etwaigen Verzögerung **nicht guten Glaubens** auf einen **Verzicht** des Lösungsrechts aus wichtigem Grund schließen kann.

Darüber hinaus kann dem Vertragspartner, der den wichtigen Grund zur vorzeitigen Auflösung gesetzt hat, auch die Möglichkeit geboten werden, eine **Stellungnahme** zum vorliegenden Sachverhalt abzugeben bzw. können **Verhandlungen** zur Vermeidung einer sofortigen Dienstvertragsauflösung geführt werden. Um eine Verwirkung des Lösungsrechts zu vermeiden, müssen diese Gespräche aber **ohne Verzögerung eingeleitet und gehörig betrieben** werden. Wird die vorzeitige Auflösung unmittelbar nach Ablehnung einer angebotenen gütlichen Regelung ausgesprochen, ist die Entlassung bzw. der Austritt auch noch rechtzeitig erfolgt.

Das Recht auf vorzeitige Auflösung geht auch dadurch nicht verloren, dass mit dem Ausspruch etwas zugewartet wird, um dem Vertragspartner die Möglichkeit zu geben, einen gesetzten **Entlassungs- bzw. Austrittsgrund zu beseitigen**. Kommt dieser der Aufforderung jedoch nicht nach, ist die vorzeitige Auflösung unverzüglich nach Beendigung der Frist zur Beseitigung des Lösungsgrundes auszusprechen. Die Frist bis zum Ausspruch der Entlassung (des Austritts) darf dabei aber nicht so lange sein, dass daraus auf eine **zumutbare Fortsetzung** des Arbeitsverhältnisses geschlossen werden kann. In diesem Fall wäre nämlich eine vorzeitige Auflösung aus wichtigem Grund nicht mehr gerechtfertigt und nur mehr eine Kündigung möglich.

Wurde der Entlassungs- bzw. Austrittsgrund bereits **beseitigt**, bevor der Vertragspartner von diesem überhaupt Kenntnis erlangt, ist eine Entlassung bzw. ein Austritt **nicht mehr gerechtfertigt**. Vielmehr kann dem Vertragspartner bereits zugemutet werden, das Arbeitsverhältnis bis zum Ende der Kündigungsfrist fortzusetzen.

5.3. Durchbrechung des Unverzüglichkeitsgrundsatzes bei Dauertatbeständen

Der Grundsatz der Unverzüglichkeit wird auch bei **Dauertatbeständen** durchbrochen. So kann etwa die Entlassung bei jenen Entlassungstatbeständen, bei denen das inkriminierte Verhalten in einem Dauerzustand besteht (z.b. eigenmächtig angetretener Urlaub, Unterlassung der Dienstleistung), während des **gesamten Zeitraumes**, während dessen das pflichtwidrige Verhalten besteht, aber auch nach dessen Beendigung geltend gemacht werden. Eine Verfristung des Entlassungsgrundes tritt nur dann ein, wenn die Entlassung **nach Beendigung des pflichtwidrigen Verhaltens nicht unverzüglich ausgesprochen** wird.

Wird jedoch durch die Fortdauer des Entlassungsgrundes die Intensität der Unzumutbarkeit einer Weiterbeschäftigung nicht mehr erhöht (z.b. beim Betreiben eines selbstständigen kaufmännischen Unternehmens), wird der Arbeitgeber bei sonstigem Verlust seines Entlassungsrechts die vorzeitige Auflösung des Dienstverhältnisses unverzüglich nach **Bekanntwerden des Entlassungsgrundes** auszusprechen haben.

6. Zugang der Auflösungserklärung

Als empfangsbedürftige Willenserklärung muss die Entlassungs- bzw. Austrittserklärung dem **Erklärungsempfänger** (Angestellter bei der Entlassung; Arbeitgeber beim vorzeitigen Austritt) zu ihrer Wirksamkeit **zwar zugehen**, sie ist jedoch ebenso wie die Kündigung **nicht annahmebedürftig**. Unter „Zugehen" versteht man, dass die Erklärung in den Machtbereich des Erklärungsempfängers gelangen muss, er sich also nach dem gewöhnlichen Lauf der Dinge Zugang zu der Erklärung verschaffen kann.

Dabei sind mehrere Möglichkeiten zu unterscheiden: Wird die Entlassung bzw. der Austritt **mündlich** ausgesprochen, geht die Auflösungserklärung mit dem **Verstehen** durch den Erklärungsempfänger zu. Eine **schriftliche Auflösungserklärung** kann dem Arbeitnehmer (Entlassung) bzw. dem Arbeitgeber (vorzeitiger Austritt) überreicht werden (sofortiger Zugang), oder durch die Post zugestellt werden. Im letztgenannten Fall gilt die Erklärung dann als zugegangen, wenn unter normalen Umständen damit gerechnet werden kann, dass sie **in den Machtbereich des Adressaten gelangt** ist und er von ihr Kenntnis nehmen konnte. Verzögert der Erklärungsempfänger die Abholung oder nimmt er sie nicht wahr, ist dies für das Zugehen der Erklärung nicht relevant. Auch die ausdrückliche **Weigerung**, die Auflösungserklärung zur Kenntnis zu nehmen, ist für deren Wirksamkeit **bedeutungslos**. Hat der Arbeitnehmer seinen Wohnsitz gewechselt, ohne seinen Arbeitgeber darüber zu informieren, so geht die Entlassung an der dem Arbeitgeber zuletzt bekannt gegebenen Adresse wirksam zu, da der Arbeitnehmer verpflichtet ist, den Wohnsitzwechsel seinem Arbeitgeber mitzuteilen.

Der wirksame Zugang einer empfangsbedürftigen Willenserklärung setzt allgemein – zumindest dann, wenn diese für den Erklärungsempfänger nicht nur Vorteile mit sich bringt –, auch die **Geschäftsfähigkeit des Erklärungsempfängers** voraus. Dieser Grundsatz gilt insbesondere auch für die Entlassungserklärung. Eine Heilung der Rechtshandlungen geschäftsunfähiger Personen durch Genehmigung scheidet ebenso aus, wie die rückwirkende Bestätigung nach Eintritt der Geschäftsfähigkeit. Ist daher der Arbeitnehmer im Zeitpunkt der Zustellung der Entlassungserklärung geschäftsunfähig, ist die Erklärung unsanierbar unwirksam. Die Entlassung eines geschäftsunfähigen Arbeitnehmers wäre an den zu bestellenden Sachwalter des (entmündigten) Arbeitnehmers zu richten.

§ 25 AngG

7. Widerruf der Entlassungs- bzw. Austrittserklärung

409 Ab dem Zugang der Auflösungserklärung (Entlassung bzw. Austritt) entfaltet diese grundsätzlich ihre Wirkungen und kann **nicht mehr einseitig widerrufen** werden. Ein Widerruf kann bei mündlichem Ausspruch nur **unverzüglich** erfolgen, zu einem späteren Zeitpunkt oder bei einer schriftlichen Auflösungserklärung nur **im Einvernehmen** mit dem Vertragspartner. Widerspricht aber etwa der Arbeitnehmer seiner Entlassung und gibt dadurch zu erkennen, dass er eine Fortsetzung des Dienstverhältnisses wünscht, ist ein Widerruf der Entlassungserklärung durch den Arbeitgeber kein einseitiger contrarius actus (gegenteiliger Akt) mehr zur Entlassungserklärung, sondern erklärt sich der Arbeitgeber vielmehr damit einverstanden, das Dienstverhältnis dem Wunsch des Arbeitnehmers entsprechend weiterhin fortzusetzen.

Auch eine nachträgliche **Umwandlung** der Entlassung in eine Kündigung bedarf der **Zustimmung** des Arbeitnehmers. Stimmt dieser der Umwandlung in eine fristgemäße Kündigung zu, handelt es sich aber nicht mehr um eine Kündigung, soweit darunter eine einseitige rechtsgestaltende Erklärung verstanden wird, sondern um ein mit Zustimmung beider Teile abgeschlossenes zweiseitiges Rechtsgeschäft, mit dem das Dienstverhältnis einvernehmlich nach Ablauf der gesetzlichen Kündigungsfrist beendet werden soll.

Sowohl der vorzeitige Austritt als auch die Entlassung beenden das Dienstverhältnis grundsätzlich **mit sofortiger Wirkung.** Da eine Rückwirkung nicht in Betracht kommt, sondern das Dienstverhältnis immer ex nunc beendet wird, hat eine nachträglich zugegangene Austrittserklärung dann keine rechtliche Wirkung mehr, wenn das Dienstverhältnis bereits aufgelöst ist.

Judikatur zu § 25

Austrittserklärung durch Angehörigen bzw. Arbeitskollegen

410 Für eine vorzeitige Auflösung eines Dienstverhältnisses ist grundsätzlich keine bestimmte Form vorgesehen; sie kann demnach mündlich oder schriftlich, ausdrücklich oder konkludent erfolgen. Es müssen auch nicht die Worte „vorzeitige Auflösung", „Entlassung" oder „Austritt" verwendet werden. Entscheidend ist einzig und allein, dass die ernsthafte und zweifelsfreie Absicht, das Dienstverhältnis für die Zukunft sofort zu beenden, klar erkennbar ist.

In diesem Zusammenhang kann **Äußerungen von Angehörigen** eines Arbeitnehmers ohne das Hinzutreten besonderer Umstände nicht der Sinngehalt beigemessen werden, der Arbeitnehmer wolle das Dienstverhältnis sofort beenden. Besondere Umstände, die eine solche Annahme doch rechtfertigen können, liegen etwa darin, dass der Äußernde erklärt, ausdrücklich **im Auftrag oder mit Vollmacht des Arbeitnehmers** zu sprechen. Bestehen diesbezüglich Zweifel, hat der Arbeitgeber aufgrund der ihn treffenden Fürsorgepflicht Rücksprache mit dem Arbeitnehmer selbst zu halten. ASG Wien 1. 4. 2003, 25 Cga 67/02h, bestätigt durch OLG Wien 29. 10. 2003, 7 Ra 111/03z. (ARD 5471/6/2004 ●)

Haben sich zunächst alle Arbeitnehmer gegen einen neu bestellten Vorgesetzten gewendet, dann jedoch **bis auf 2 Arbeitnehmer** alle ihre **Arbeit wieder aufgenommen** und erklärt einer dieser beiden Arbeitnehmer dem Arbeitgeber gegenüber, dass er **auch für seinen Kollegen spreche** und dass er und sein Kollege unter diesem neuen Vorgesetzten nicht arbeiten würden, konnte der Arbeitgeber davon ausgehen, dass der zweite Arbeitnehmer mit der Vorgangsweise und den Äußerungen des anderen Arbeitnehmers einverstanden war. Der Arbeitgeber war bei diesem

§ 25 AngG

Sachverhalt nicht veranlasst, auch mit dem zweiten Arbeitnehmer selbst zu sprechen. Daran kann auch der Umstand nichts ändern, dass der zweite Arbeitnehmer am Nachmittag desselben Tages beim Arbeitgeber angerufen und sich erkundigt hat, ob es Arbeit für ihn gebe. Ein nachträgliches Verhalten kann Erklärungen und Verhaltensweisen von Stunden davor nicht infrage stellen. OLG Wien 29. 7. 2003, 10 Ra 88/03i. (ARD 5471/7/2004 ●)

Ausdrückliche oder konkludente Entlassungserklärung erforderlich

Tritt ein Arbeitnehmer trotz Ankündigung des Arbeitgebers, der den Arbeitnehmer wegen seines beharrlichen Urlaubswunsches **zunächst gekündigt** hat und wissen ließ, dass er einen Urlaubsantritt als vorzeitigen Austritt des Arbeitnehmers ansehen würde, einen **Urlaub** ungerechtfertigt **eigenmächtig** an, ist – sofern der Arbeitgeber daraufhin **keine Entlassung** ausgesprochen hat – von einer Auflösung des Dienstverhältnisses durch Kündigung durch den Arbeitgeber auszugehen. 411

Hat der Arbeitgeber nie eine ausdrückliche oder konkludente **Entlassungserklärung** abgegeben, aus der sein Wille hervorgekommen wäre, das Dienstverhältnis einseitig und vorzeitig zu beenden, vermag selbst der Umstand, dass der Arbeitnehmer die Beendigung des Dienstverhältnisses als **Entlassung** aufgefasst hat, das Fehlen einer darauf gerichteten Willenserklärung nicht zu ersetzen. OGH 5. 3. 1997, 9 ObA 59/97k. (ARD 4870/5/97 ●)

Entlassung durch SMS

Von einer klaren und eindeutigen Entlassungserklärung, die den Arbeitnehmer unmissverständlich und zweifelsfrei erkennen lässt, dass der Arbeitgeber das bestehende Dienstverhältnis einseitig und mit sofortiger Wirkung auflösen will, ist dann auszugehen, wenn einer solchen Äußerung des Arbeitgebers nicht der – andere – Sinn beigelegt werden kann und muss, dass der Arbeitnehmer die Dienststelle z.B. nur während der Dienstzeit oder vorübergehend verlassen sollte. 412

Hat ein Arbeitnehmer während eines Krankenstandes eine vom **Diensthandy** seines Vorgesetzten (und damit einer dem Arbeitgeber zurechenbaren Person) abgehende **SMS-Nachricht** mit dem Wortlaut „**Sie brauchen nicht mehr kommen. Schriftliches folgt.**" erhalten und kam es auch in einem wenige Tage später stattfindenden Gespräch mit dem Arbeitgeber zu keiner Klarstellung, sondern äußerte sich der Arbeitgeber – abgesehen davon, dass durch den Empfang dieser SMS-Nachricht bereits eine **Beendigungswirkung eingetreten** wäre – gegenüber dem Arbeitnehmer mit den Worten „Belassen wir es so.", konnte der Arbeitnehmer zu Recht von einer Beendigungserklärung seitens des Arbeitgebers ausgehen. Angesichts der Umstände des Falles konnte der Arbeitnehmer der Mitteilung keine andere Bedeutung als die einer (ungerechtfertigten) Entlassung beimessen. OLG Wien 30. 3. 2004, 7 Ra 16/04f. (ARD 5528/3/2004 ●)

Wirksamkeit eines telefonisch erklärten Austritts

Die Auflösung eines Dienstverhältnisses durch vorzeitigen Austritt des Arbeitnehmers erfolgt durch Abgabe einer empfangsbedürftigen Willenserklärung, die auf die sofortige Beendigung des Dienstverhältnisses aus wichtigen Gründen gerichtet ist. Allgemein gilt eine Willenserklärung dann als zugegangen, wenn sie derart in den „**Machtbereich" des Adressaten gelangt** ist, dass er sich unter normalen Umständen von ihrem Inhalt Kenntnis verschaffen kann. 413

Bei Übermittlung rechtsgeschäftlicher **Erklärungen durch einen Boten** ist zu unterscheiden, ob der Bote für den Erklärenden (Erklärungsbote) oder für den Erklärungsempfänger (Empfangsbote) tätig wurde. Die Abgrenzung richtet sich nach Stellung und Fähigkeiten der Mittelsperson und den Umständen, unter denen die Erklärung erfolgt. Ein Angestellter im Unternehmen, der **Telefonate entgegennehmen darf**, ist – wenn nicht Vertreter – jedenfalls **Bote des Empfängers**.

§ 25 AngG

Wer einem Angestellten die Entgegennahme von Telefongesprächen in seinem geschäftlichen Betrieb überlässt, muss es gegen sich gelten lassen, dass ein Dritter auf die Übermittlung des telefonisch Bestellten an ein vertretungsbefugtes Organ vertraut. Er muss das seinem Angestellten gegenüber Bestellte so gelten lassen, als ob es einem seiner vertretungsbefugten Organe gegenüber bestellt worden wäre.

Selbst wenn die **Person des Gesprächspartners nicht ermittelt** werden konnte, ist eine telefonisch vorgenommene Austrittserklärung dem Arbeitgeber auch dann **wirksam zugegangen**, wenn bewiesen wurde, dass der Arbeitnehmer seine Austrittserklärung gegenüber jemandem abgegeben hat, der für ihn im Betrieb des Arbeitgebers durch direkte Anwahl erreichbar war. Er hat daher mit einer Person gesprochen, die im Betrieb auswärtige Telefongespräche entgegengenommen hat. Der mit solchen Angelegenheiten befasste Mitarbeiter eines Unternehmens ist jedoch als **Empfangsbote** anzusehen; die ihm gegenüber gemachte Mitteilung (hier: Erklärung des vorzeitigen Austritts aus gesundheitlichen Gründen) gilt als dem Unternehmen zugekommen. OLG Wien 20. 8. 2004, 9 Ra 111/04s. (ARD 5545/5/2004 ●)

Zugang der Auflösungserklärung

414 Zur Vertretung einer Gesellschaft durch Entgegennahme von an sie gerichteten Erklärungen Dritter ist der **Geschäftsführer** berufen, dessen Vertretungsmacht eine ausschließliche in dem Sinne ist, dass die GmbH durch kein anderes Organ, insbesondere nicht durch die (den einzigen) Gesellschafter, vertreten werden kann. Die Gesellschafter einer GmbH, deren **Geschäftsführer verstorben** ist, sind daher verpflichtet, für die **Vertretung** der Gesellschaft **zu sorgen**. Eine Säumnis bei der Erfüllung dieser Verpflichtung – im vorliegenden Fall war bisherige Geschäftsführer zum Zeitpunkt des Austritts eines Arbeitnehmers bereits 4 Monate tot – rechtfertigt es, den **Zugang der Austrittserklärung** an die GmbH zu **fingieren** und diese Erklärungen daher als wirksam anzusehen.

Die Austrittserklärung des Arbeitnehmers gilt daher als in jenem Zeitpunkt wirksam, in dem sie **bei pflichtgemäßem Verhalten der Gesellschaft zugegangen wäre**. Da zum Zeitpunkt der Abgabe der Erklärung der Geschäftsführer der GmbH bereits mehrere Monate tot war, ist es hier der Zeitpunkt, an dem versucht wurde, das Austrittsschreiben an der Adresse der GmbH zuzustellen, wenn es der Gesellschaft bis zu diesem Zeitpunkt möglich gewesen wäre, für ihre Vertretung zu sorgen. OGH 30. 4. 1997, 9 ObA 124/97v. (ARD 4855/39/97 ●)

Eine Geisteskrankheit oder -schwäche bedingt die vollkommene Unfähigkeit, die Tragweite eines bestimmten Geschäftes einzusehen. Liegt eine solche Geisteskrankheit nicht vor, begründen **unzureichende Intelligenz oder Gemütsaufregung keine Geschäftsunfähigkeit.** Selbst eine Geistesstörung geringeren Grades, die eine beschränkte Entmündigung rechtfertigen würde, macht ein verpflichtendes Rechtsgeschäft, wie eine Auflösungserklärung eines Arbeitnehmers, nur dann unwirksam, wenn die Störung dazu führt, dass der Arbeitnehmer in concreto die Tragweite des Geschäfts nicht beurteilen konnte.

War sich der Arbeitnehmer aber im **Zeitpunkt der Erklärung**, er wolle nicht mehr arbeiten, der **Konsequenzen** seiner Äußerung **bewusst** und damit durchaus in der Lage, die Tragweite seines Verhaltens zu beurteilen, ist sein vorzeitiger Austritt wirksam. ASG Wien 9. 5. 2000, 10 Cga 129/99h. (ARD 5321/28/2002 ●)

Hat ein Arbeitnehmer einen Entlassungstatbestand gesetzt (hier: Untreue durch Nachahmung der Unterschrift des kontrollberechtigten Filialleiter-Stellvertreters), wird die **während des Urlaubs** des Arbeitnehmers ausgesprochene Entlassung mit dem an der Wohnanschrift erfolgten **ergebnislosen Zustellversuch wirksam**, obwohl den Arbeitnehmer im Allgemeinen keine Pflicht zur Bekanntgabe seines Aufenthalts im Urlaub trifft.

§ 25 AngG

Aus dem Zweck des Urlaubs ergibt sich, dass den Arbeitnehmer im Allgemeinen keine Pflicht zur Bekanntgabe seines Aufenthalts trifft, bei deren Verletzung eine Zugangsvereitelung vorliegen könnte. Hat aber der Arbeitnehmer **mit einer Entlassungserklärung** seitens des Arbeitgebers zu **rechnen**, geht die Unmöglichkeit der tatsächlichen Kenntnisnahme bei unbekanntem Aufenthalt zu seinen Lasten; denn auch der Arbeitnehmer hat ebenso die Besonderheiten der Sphäre des Arbeitgebers zu beachten. Mit einer Kündigung wird der Arbeitnehmer während des Urlaubs im Allgemeinen **nicht** zu rechnen haben. Hat er allerdings einen **Entlassungstatbestand** gesetzt, wird es dem Arbeitgeber nicht zumutbar sein, die Rückkehr des Arbeitnehmers abzuwarten. Die Entlassung wird dann mit dem an der Wohnanschrift erfolgten ergebnislosen Zustellversuch wirksam. Dass der Arbeitgeber dem Arbeitnehmer gegenüber vor Urlaubsantritt keine Verdachtsmomente geäußert hat, ist unerheblich. OLG Wien 24. 4. 1998, 10 Ra 79/98f. (ARD 4952/10/98 ●)

Bei Entlassungen, deren Grund unmittelbar in einem **unberechtigten Urlaubsantritt** liegt, gilt der **erfolglose Versuch**, die Entlassungserklärung wegen der dem Arbeitgeber nicht bekannten Urlaubsadresse an die **Wohnadresse zuzustellen**, als **ordnungsgemäße Zustellung**. Dem liegt die Auffassung zugrunde, dass in diesen Fällen ein rechtlich zu schützendes Interesse des Arbeitnehmers fehlt und niemand aus seinem eigenen rechtswidrigen Verhalten Vorteile ziehen können soll. Somit gilt die Entlassungserklärung dem Arbeitnehmer gegenüber nicht erst nach Rückkehr von seinem eigenmächtig angetretenen Urlaub als rechtswirksam zugestellt, sondern bereits mit Zustellung an dessen Wohnadresse während des Urlaubs. OLG Wien 18. 11. 2004, 10 Ra 153/04z. (ARD 5600/3/2005 ●)

Widerruf der Auflösungserklärung

Ein wirksamer Ausspruch einer Entlassung kann zwar grundsätzlich einseitig nicht mehr widerrufen werden, doch kann man keinen so strengen Maßstab anlegen, wenn der Arbeitgeber die **Entlassungserklärung zwar ausspricht**, diese jedoch **unmittelbar danach zurücknimmt**, so dass sie dem Erklärungsempfänger als unbestimmt oder nicht ernsthaft erscheinen musste. Stellt der Arbeitgeber bei einer Entlassung unter Hinweis auf einen zu verbrauchenden Urlaub eine einvernehmliche Auflösung des Dienstverhältnisses in Aussicht, weil er die Angelegenheit „schonend erledigen möchte", ist von einem wirksamen Widerruf der Entlassungserklärung auszugehen. OLG Wien 10. 7. 1998, 8 Ra 186/98a. (ARD 5027/31/99 ●)

Da auch eine **unberechtigte Entlassungserklärung** mit ihrem Zugehen wirksam ist und ihre rechtsgestaltende Wirkung im Sinne der Auflösung des Dienstverhältnisses entfaltet, kann die Entlassung ohne Zustimmung des Arbeitnehmers, **einseitig** vom Arbeitgeber **nicht wirksam widerrufen** oder in eine **Kündigung umgewandelt** werden. Ein vom Arbeitgeber an den Arbeitnehmer gerichtetes schriftliches Anbot der Umwandlung der Entlassung in eine Kündigung unter gleichzeitiger Vereinbarung des Verbrauchs des ausständigen Urlaubs bedarf daher der Annahme durch den Arbeitnehmer. Besteht aber – wie im vorliegenden Fall – der Arbeitnehmer auf der Zahlung der Urlaubsentschädigung, schließt dies eine wirksame Urlaubsvereinbarung aus. OLG Wien 23. 4. 1999, 9 Ra 31/99s. (ARD 5064/47/99 ●)

Eine bereits ausgesprochene (unberechtigte) Entlassungserklärung kann einseitig nicht mehr widerrufen werden. Es ist vielmehr das Einvernehmen mit dem früheren Vertragspartner erforderlich. Die **Rücknahme** der Auflösungserklärung **in beiderseitigem Einvernehmen** ist jederzeit möglich und zulässig. Sie kann ausdrücklich oder konkludent erfolgen und bewirkt die Fortsetzung des Dienstverhältnisses, das die Vertragsparteien damit wieder in Funktion setzen. Dabei ist es zulässig, dass der Arbeitnehmer bei seinem Einverständnis zur Rücknahme der Entlassung

§ 25 AngG

durch den Arbeitgeber **Bedingungen** setzt, weil es in seinem Belieben steht, das Angebot des Arbeitgebers, die Entlassung rückgängig zu machen, anzunehmen. Der Setzung einer zulässigen Bedingung steht daher keine Einschränkung entgegen. Die Bedingung des Arbeitnehmers, der Rücknahme der Entlassung nur zuzustimmen, wenn sie ohne Vorbehalt erfolgt, ist daher zulässig. OGH 2. 9. 1992, 9 ObA 173/92. (ARD 4449/6/93 ●)

Eine wirksame Auflösungserklärung kann nur **unmittelbar nach Abgabe der Erklärung** oder im beiderseitigen Einvernehmen **rückgängig** gemacht werden. Widerspricht etwa der Erklärungsempfänger der Entlassung und gibt er zu erkennen, dass er eine Fortsetzung des Arbeitsverhältnisses wünscht, dann ist ein Widerruf der Entlassung kein einseitiger contrarius actus mehr; der die Entlassungserklärung „widerrufende"» Vertragspartner erklärt sich vielmehr damit einverstanden, das Arbeitsverhältnis, dem Wunsch des anderen entsprechend, weiterhin fortzusetzen. In einem solchen Fall wird kein neues Rechtsverhältnis begründet, sondern das Arbeitsverhältnis wieder in Funktion gesetzt, also so fortgesetzt, als ob keine Unterbrechung stattgefunden hätte. OGH 26. 2. 1992, 9 ObA 30/92. (ARD 4388/9/92 ●)

Rückwirkend ausgesprochene Entlassung nicht möglich

416 Eine Entlassung kann wegen ihrer Empfangsbedürftigkeit **nicht rückwirkend ausgesprochen** werden, auch wenn die von einem im Betrieb nicht mehr anwesenden, mit seinem Austritt drohenden Arbeitnehmer unverhohlen in einem Schreiben an den Arbeitgeber ausgesprochenen Drohungen einen Entlassungsgrund darstellen und der Arbeitnehmer daraufhin von der Sozialversicherung abgemeldet wurde. OGH 14. 5. 1997, 9 ObA 40/97s. (ARD 4889/7/97 ●)

Zuständigkeit für die Entlassung eines angestellten Geschäftsführers

417 Ein Geschäftsführer, mit dem ein Dienstvertrag abgeschlossen wurde, kann nicht durch bloße Nichtentlastung bei der Generalversammlung, sondern nur durch **Gesellschafterbeschluss** bzw. nach der Abberufung durch einen **neuen Geschäftsführer** entlassen werden, wobei diese Konsequenzen unverzüglich zu erfolgen haben. OLG Wien 7. 9. 1998, 7 Ra 237/98v. (ARD 4983/5/98 ●)

Bedingte Entlassungserklärung

418 Eine bedingte Entlassung ist ausnahmsweise dann zulässig und kann unter Umständen auch berechtigt sein, wenn die **Erfüllung der Bedingung** ausschließlich **vom Arbeitnehmer abhängt**. Der Grund für die Unzulässigkeit von bedingten Auflösungserklärungen (auch Kündigung und vorzeitiger Austritt) ist, dass der Erklärungsempfänger nicht im Unklaren darüber gelassen werden darf, ob das Dienstverhältnis endet oder nicht. Diese Unklarheit besteht ausnahmsweise dann nicht, wenn der Eintritt der Bedingung **nur vom Willen des Erklärungsempfängers** abhängt (so genannte „Potestativbedingung": z.B. im Fall der Änderungskündigung die Annahme der Novationsofferte). (ARD 5109/13/2000 ●)

Eine bedingt ausgesprochene Entlassung ist dann nicht nichtig, wenn der Eintritt der Bedingung vom **Willen des Arbeitnehmers** abhängig ist. In diesem Sinne hat der OGH eine Entlassung akzeptiert, deren Rechtswirkungen erst dann eintreten sollten, wenn der Arbeitnehmer die Gründe für sein Fernbleiben nicht schriftlich bis zu einem bestimmten Termin bekannt gibt. Die unter der **Bedingung des unbefugten Fernbleibens** vom Dienst ausgesprochene Entlassung wird sohin mit Setzen dieser, vom Willen des Arbeitnehmers abhängigen Vertragsverletzung **wirksam** (vgl. auch OGH 25. 9. 1979, 4 Ob 78/79, ARD 3205/12/80). ASG Wien 16. 6. 2000, 13 Cga 181/98a. (ARD 5252/11/2001 ●)

Erklärt ein Arbeitgeber einem Arbeitnehmer, dass dieser nach einer Abwesenheit vom Dienst eine **Krankenstandsbestätigung** vorlegen müsse, weil sonst angenommen werde, der Arbeitnehmer sei nicht krank gewesen, und er dann keine Abfertigung erhalte, ist dadurch noch **keine bedingte Entlassung** ausgesprochen worden. Die Entlassungserklärung ist zwar nicht an eine bestimmte Form gebunden und es reicht aus, dass die ernstliche und zweifelsfreie Absicht, das Dienstverhältnis für die Zukunft und aus einem wichtigen Grund sofort zu beenden, klar erkennbar ist. Dies trifft aber auf die genannte Äußerung nicht zu. Der Wortlaut der Erklärung kann vielmehr nur als **Androhung der Entlassung** für den Fall der Nichtvorlage der Bestätigung verstanden werden. OGH 30. 9. 1992, 9 ObA 218/92. (ARD 4437/18/93 ●)

Bei den Entlassungsgründen handelt es sich ausschließlich um die in der Person des Arbeitnehmers gelegenen Eigenschaften. Die Entlassung kann daher **nicht vom Verhalten eines Dritten** (hier: Ausgang eines Verfahrens beim Arbeitsamt) abhängig gemacht werden. OLG Wien 28. 6. 1993, 34 Ra 120/92, bestätigt durch OGH 26. 1. 1994, 9 ObA 292, 293/93. (ARD 4493/14/93 und ARD 4541/6/94 ●)

Unzumutbarkeit der Weiterbeschäftigung

Die Unzumutbarkeit der Weiterbeschäftigung als wesentliches Tatbestandsmerkmal sämtlicher Entlassungstatbestände muss im **Zeitpunkt der Entlassung vorgelegen** sein, gleichgültig ob die für das Vorliegen und die Beurteilung eines Tatbestandes maßgebenden Umstände den Parteien damals bekannt waren oder nicht. Nicht maßgeblich ist daher, dass der Arbeitnehmer erst durch die Entlassung Kenntnis von Umständen erlangt hat, aus denen er auf die Meinung des Arbeitgebers schließen durfte, seine Weiterbeschäftigung sei nicht unzumutbar. OGH 14. 6. 2000, 9 ObA 155/00k. (ARD 5162/4/2000 ●)

Ein zurückliegendes Fehlverhalten eines Arbeitnehmers, das vom Arbeitgeber nicht rechtzeitig als Entlassungsgrund geltend gemacht wurde, kann nicht über den Umweg der Berücksichtigung des Gesamtverhaltens nachträglich als Entlassungsgrund herangezogen werden. Das **Gesamtverhalten** eines Arbeitnehmers berechtigt lediglich dann zur Entlassung, wenn ein **fortgesetzter Entlassungsgrund** vorliegt, d.h. bei wiederholter Begehung von im Wesentlichen gleichartigen auf derselben Neigung oder denselben Eigenschaften des Arbeitnehmers beruhenden Handlungen oder Unterlassungen, die alle ein und demselben Entlassungstatbestand zu unterstellen sind. An sich können Entlassungsgründe zwar nachgeschoben werden, dies hat aber zur Voraussetzung, dass sich die Sachverhalte, die den jeweiligen Entlassungstatbestand verwirklichen, bereits vor Ausspruch der Entlassung verwirklicht haben. Eine Strafanzeige über einen Monat nach der Entlassung ist irrelevant. Ist das Dienstverhältnis bereits beendet, kann ein Entlassungsgrund nicht mehr gesetzt werden. OLG Wien 15. 1. 2002, 8 Ra 388/01i, bestätigt durch OGH 16. 5. 2002, 8 ObA 90/02x. (ARD 5334/17/2002 und ARD 5356/32/2002 ●)

Die Unzumutbarkeit der Weiterbeschäftigung hängt weder von der **Dauer der Kündigungsfrist** noch davon abhängt, **wie lange das Dienstverhältnis noch dauert** (hier: 15 Tage). Der Auffassung, dass dann, wenn das (im vorliegenden Fall bereits gekündigte) Arbeitsverhältnis des Arbeitnehmers nur noch kurz gedauert hätte, eine Unzumutbarkeit der Fortsetzung des Arbeitsverhältnisses bis zu diesem Endtermin bei Vorenthalten von Entgeltbestandteilen nicht gegeben sei, ist nicht zu folgen. Wollte man einer solchen Auffassung beipflichten, dann könnte ein noch so schwer wiegendes Verhalten eines Arbeitgebers kurz vor Ablauf der Kündigungsfrist einen vorzeitigen Austritt mangels Unzumutbarkeit der weiteren Fortsetzung des Arbeitsverhältnisses nicht rechtfertigen. Ob ein bestimmtes Verhalten die Annahme der **Unzumutbarkeit** der weiteren Fortsetzung des

§ 25 AngG

Arbeitsverhältnisses im konkreten Fall rechtfertigt, ist somit von der **Dauer der Kündigungsfrist** bzw von der Zeitspanne, die im Einzelfall bis zum Ende der Vertragsdauer noch verstreichen müsste, **unabhängig**. OGH 21. 9. 2006, 8 ObA 61/06p. (ARD 5759/2/2007 ●)

Für die Beurteilung der Unzumutbarkeit der Weiterbeschäftigung – als Tatbestandsmerkmal jedes Entlassungsgrundes – ist es belanglos, welche Zeitspanne im Einzelfall vom Ausspruch der Entlassung bis zum Zeitpunkt einer vertragsgemäßen Beendigung des Arbeitsverhältnisses tatsächlich noch verstreichen muss und ob der Arbeitnehmer noch Gelegenheit hat, die dienstlichen Interessen in Zukunft wieder zu verletzen. Die Unzumutbarkeit als Tatbestandsmerkmal erstreckt sich auf das **gesamte Arbeitsverhältnis** und nicht etwa nur auf einzelne Teile. Es ist daher im vorliegenden Fall belanglos, dass das zum Zeitpunkt des Ausspruches der Entlassung **bereits aufgekündigte Arbeitsverhältnis nur mehr einen Tag** gedauert hätte. OLG Wien 20. 12. 2005, 8 Ra 119/05m. (ARD 5697/11/2006 ●)

Beispiele für konkludente Entlassungserklärungen

420 Die telefonische Ankündigung des Geschäftsführers, er müsse dem Arbeitnehmer die „**Fristlose aussprechen**", verbunden mit der nachfolgenden Mitteilung, er habe ihn bereits bei der Sozialversicherung **abgemeldet**, ist vom Arbeitnehmer eindeutig als Entlassungserklärung zu verstehen, wenngleich das Wort „Entlassung" in der Erklärung nicht vorkommt. OLG Wien 23. 10. 2000, 10 Ra 222/00s. (ARD 5208/41/2001 ●)

Bezeichnet ein Arbeitgeber einen Arbeitnehmer bei einer Auseinandersetzung über Reisespesen als „Gauner" und **fordert ihn auf, zu gehen**, und kommt der Arbeitnehmer dieser Aufforderung nach und räumt seine Privatsachen aus, ist weder von einer Kündigung noch von einem vorzeitigen Austritt, sondern von einer unbegründeten Entlassung des Arbeitnehmers auszugehen. OGH 25. 1. 1995, 9 ObA 1/95. (ARD 4654/3/95 ●)

Beispiele für konkludente Austrittserklärungen

421 Die Erklärung des vorzeitigen Austritts muss eindeutig auf die **sofortige Auflösung** des Arbeitsverhältnisses gerichtet sein. Sie ist nicht an einen bestimmten Wortlaut gebunden und muss vor allem nicht das Wort „Austritt" oder „vorzeitige Auflösung" enthalten. Sie muss aber den Erklärungsempfänger, also den Arbeitgeber, **zweifelsfrei erkennen lassen**, dass der Arbeitnehmer das Arbeitsverhältnis **vorzeitig und einseitig auflöst**.

Treffen mündliche Erklärungen und schlüssige Handlungen zusammen, ist das **Gesamtverhalten** des Erklärenden für die Beurteilung des Erklärungswertes heranzuziehen. Dabei ist wegen der besonderen Rechtsfolgen, die damit verbunden sind, ein **strenger Maßstab** an das konkludente Verhalten der Vertragsparteien. Eine schlüssige Austrittserklärung liegt daher nicht vor, wenn das Verhalten des Arbeitnehmers **verschiedene Deutungen** zulässt. OGH 22. 5. 2003, 8 ObA 33/03s. (ARD 5453/8/2003 ●)

Für die vorzeitige Auflösung eines Dienstverhältnisses ist eine **bestimmte Form nicht vorgesehen**. Ausschlaggebend ist einzig und allein, dass die ernsthafte und unzweifelhafte Absicht, das Dienstverhältnis für die Zukunft sofort zu beenden, klar ersichtlich ist. Wenn auch der Arbeitgeber aufgrund der Begleitumstände (hier: möglicher Pensionsantritt in absehbarer Zeit, kein erkennbarer Austrittsgrund, allfälliges Missverständnis wegen der beabsichtigten Unterbrechung des Dienstverhältnisses) die Ernsthaftigkeit des Erklärungsverhaltens des Arbeitnehmers zunächst in Zweifel zieht, kann der Arbeitgeber, wenn der Arbeitnehmer auf die wiederholte **Aufforderung zum Dienstantritt nicht reagiert**, keine Arbeitsunfähigkeit meldete sowie – wie im vorliegenden

§ 25 AngG

Fall – die **Dienstwohnung auflöste**, das Gesamtverhalten nur als **vorzeitigen Austritt** auffassen. Einer in der Folge ausgesprochenen Entlassung kommt keine rechtliche Relevanz zu, weil das Dienstverhältnis bereits vorher durch den Austritt des Arbeitnehmers beendet war. OLG Wien 24. 3. 2000, 9 Ra 19/00f. (ARD 5159/9/2000 ●)

Eine konkludente Willenserklärung eines Arbeitnehmers in Richtung eines vorzeitigen Austritts kann nur dann angenommen werden, wenn sein Verhalten „ohne vernünftigen Grund, daran zu zweifeln", im Sinne der sofortigen Beendigung des Arbeitsverhältnisses verstanden werden muss. Da die Äußerung des Arbeitnehmers gegenüber dem Geschäftsführer des Unternehmens, er „**höre auf**", zwanglos auch als **Kündigung** verstanden werden kann, liegt diese Voraussetzung im vorliegenden Fall nicht vor. Geht man aber davon aus, dass die Erklärung des Arbeitnehmers **nicht (zweifelsfrei) als Austrittserklärung zu werten** ist, ist der Arbeitgeber nicht berechtigt, die insofern eben nicht eindeutige Erklärung ohne weitere Aufklärung durch den Arbeitnehmer als Austrittserklärung zu behandeln. OGH 6. 4. 2005, 9 ObA 46/05p. (ARD 5618/4/2005 ●)

Verlässt ein Arbeitnehmer nach einem sich über den Vormittag hinziehenden **Streit** über eine von ihm geforderte **Lohnerhöhung** und über die vom Arbeitgeber hiefür zur Bedingung gesetzte Abänderung des Dienstvertrages den Arbeitsplatz mit der Bemerkung, der Arbeitgeber solle „**seinen Dreck allein machen**", und wurde der Gesundheitszustand des Arbeitnehmers an diesem Tag nicht zur Sprache gebracht, kann aus dieser Äußerung nur geschlossen werden, dass der Arbeitnehmer damit sein **Dienstverhältnis beenden** wollte, zumal er unmittelbar danach den Arbeitsplatz verlassen hat. ASG Wien 18. 11. 1993, 3 Cga 2/93x. (ARD 4567/16/94 ●)

Erscheint ein Arbeitnehmer ohne ersichtlichen Grund **mehrere Tage nicht zur Arbeit** und ergibt eine Rückfrage bei der Lebensgefährtin, dass der Arbeitnehmer bei dieser die schriftliche Nachricht hinterlassen hatte, er werde einige Tage nicht da sein, und **weigert** sich der Arbeitnehmer nach seiner Rückkehr, trotz Aufforderung **mit dem Arbeitgeber zu sprechen**, kann spätestens mit diesem Zeitpunkt das Verhalten des Arbeitnehmers objektiv und unter Berücksichtigung aller Umstände vernünftigerweise nur dahin verstanden werden, dass er das **Dienstverhältnis** sofort und auf Dauer **beenden wollte**. Eine spätere Übergabe einer (teilweise unrichtigen) Krankmeldung durch die Lebensgefährtin, die vom Arbeitgeber zurückgewiesen wurde, vermag ungeachtet der Frage, ob dieses Verhalten dem Arbeitnehmer überhaupt zugerechnet werden kann, die bereits schlüssig erklärte Auflösung des Dienstverhältnisses mangels Zustimmung des Arbeitgebers nicht rückgängig zu machen. OGH 20. 4. 1995, 8 ObA 334/94. (ARD 4698/18/95 ●)

Die bloße Erklärung, **nicht mehr arbeiten zu wollen**, in Verbindung mit dem Verlangen nach den „**Papieren**" und anschließendem Weggehen ist nach dem alltäglichen Sprachgebrauch ganz **eindeutig** als auf die sofortige Beendigung des Dienstverhältnisses gerichtet aufzufassen. ASG Wien 25. 6. 1999, 29 Cga 231/98x. (ARD 5101/11/2000 ●)

Die Aussage eines Arbeitnehmers, dass er in einer Firma, in der man ihm nicht vertraue, **nicht arbeiten möchte**, stellt einen unberechtigten **vorzeitigen Austritt** dar, dies insbesondere auch in Zusammenhang mit dem nachfolgenden Verlassen des Raumes und der Bestätigung der Frage des Arbeitgebers, ob damit das Dienstverhältnis per sofort gelöst sei. ASG Wien 5. 2. 1998, 30 Cga 126/97m. (ARD 4953/27/98 ●)

In der mit der gleichzeitigen **Rückgabe der Geschäftsschlüssel** verbundenen Äußerung eines Arbeitnehmers, er **komme nicht mehr in die Arbeit**, musste der objektive Betrachter den ernstlichen Erklärungswillen des Arbeitnehmers zur umgehenden Beendigung der Beschäftigung und

§ 25 AngG

damit einen **vorzeitigen Austritt** auch dann erblicken, wenn der Arbeitnehmer nur wenige Tage danach einerseits eine Krankmeldung vornahm und andererseits die Absicht bekundete, nach seiner Genesung die Arbeit wieder anzutreten. Dies begründet **keinen wirksamen Widerruf** der Austrittserklärung, weil ein solcher Widerruf nicht einseitig erfolgen kann, es sei denn, er würde sofort und in einem unmittelbaren Zusammenhang mit der ursprünglichen Erklärung erfolgen. ASG Wien 18. 9. 2000, 13 Cga 90/98v. (ARD 5269/11/2001 ●)

Nimmt ein Angestellter unmittelbar im Anschluss an ein Gespräch mit dem Arbeitgeber, bei dem der Arbeitgeber die **Kündigung** des Arbeitnehmers ausgesprochen hat, die **Geschäftsschlüssel** aus seiner Tasche, „knallt" er diese auf das Pult, nimmt er seine Tasche und verlässt ohne Kommentar das Geschäft, wobei er die Türe zuwirft, ist dieses Verhalten als **vorzeitiger Austritt** des Arbeitnehmers zu werten. OLG Wien 26. 7. 2000, 7 Ra 186/00z. (ARD 5186/23/2001 ●)

Erklärt ein Arbeitnehmer unmissverständlich, zum **gleichen Lohn seine Arbeit nicht fortsetzen** zu wollen, und verlässt er nach Ablehnung einer Lohnerhöhung und nach Belehrung über die Folgen seiner Arbeitsverweigerung den Arbeitsplatz, hat er einen ungerechtfertigten vorzeitigen Austritt aus dem Dienstverhältnis erklärt. ASG Wien 1. 3. 2001, 11 Cga 32/00f. (ARD 5269/10/2001 ●)

Erscheint ein Arbeitnehmer wegen des Hinderungsgrundes der **Pflegefreistellung** nicht zur Arbeit, setzt er auch dann **keinen vorzeitigen Austritt**, wenn er die Verhinderung erst am nächsten Tag meldet. Wird ihm daraufhin erklärt, er brauche gar nicht mehr zu kommen und könne seine Papiere abholen, liegt eine ungerechtfertigte Entlassung vor. OLG Wien 28. 2. 2000, 8 Ra 23/00m. (ARD 5223/14/2001 ●)

Hat der Arbeitnehmer dem Arbeitgeber telefonisch mitgeteilt, „**wieder in Krankenstand zu gehen**", kann dieser – ausdrücklichen – Erklärung keinerlei auf die Beendigung des Dienstverhältnisses gerichteter Erklärungswert unterstellt werden. Daran vermag der Umstand, dass sich der Arbeitnehmer danach **nicht mehr** beim Arbeitgeber **gemeldet** hat, nichts zu ändern, konnte der Arbeitgeber aus dem Fernbleiben des Arbeitnehmers am Tag nach dem Telefonat doch angesichts der vorausgegangenen ausdrücklichen Erklärung nur auf die **Inanspruchnahme eines Krankenstandes**, nicht aber auf einen Willen des Arbeitnehmers, das Dienstverhältnis von sich aus zu beenden, schließen. Dementsprechend war das Vorliegen eines konkludenten vorzeitigen Austritts zu verneinen. OLG Wien 29. 7. 2004, 9 Ra 51/04t. (ARD 5545/13/2004 ●)

Abmeldung von Gebietskrankenkasse ist keine Entlassungserklärung

422 Die bloße **Abmeldung** eines Arbeitnehmers bei der **Gebietskrankenkasse ist keine Entlassungserklärung**. In ihr liegt – wenn sie nicht mit anderen insgesamt die Annahme eines konkludenten Verhaltens rechtfertigenden Handlungen des Arbeitgebers einhergeht – überhaupt kein Akt, der als eine an den Arbeitnehmer gerichtete Beendigungserklärung zu werten ist. OGH 23. 5. 2001, 9 ObA 84/01w. (ARD 5252/10/2001 ●)

Unentschuldigtes Nichterscheinen am Arbeitsplatz

423 Das **bloße Nichterscheinen** am Arbeitsplatz rechtfertigt für sich allein noch **nicht den Schluss**, dass ein Arbeitnehmer **vorzeitig austreten** will, sondern es müssen noch weitere Umstände hinzutreten. Dabei darf das Verhalten des Arbeitnehmers unter Berücksichtigung aller Umstände keinen vernünftigen Grund übrig lassen, an seiner Absicht, das Arbeitsverhältnis vorzeitig aus wichtigem Grund aufzulösen, zu zweifeln.

§ 25 AngG

Im vorliegenden Fall wurde die Arbeitnehmerin nach einer **Auseinandersetzung** mit dem Arbeitgeber, bei der sie – wie bereits davor – eine bestimmte Gehaltsabrechnung eingefordert hatte, **vom Arbeitgeber ab sofort dienstfrei gestellt** und erhielt dies auch schriftlich bestätigt. Wenn die Arbeitnehmerin dem Arbeitgeber dann die **Büroschlüssel aushändigte und nach Hause ging**, kann in der Beurteilung der Vorinstanzen, dass darin kein Verhalten gesehen werden könne, dem zweifelsfrei eine Absicht der Arbeitnehmerin auf sofortige Beendigung des Arbeitsverhältnisses zu entnehmen ist, keine vom OGH aufzugreifende Fehlbeurteilung gesehen werden, zumal sich die Arbeitnehmerin unmittelbar danach auch noch ausdrücklich für arbeitsbereit erklärt hat. OGH 6. 10. 2005, 8 ObA 60/05i. (ARD 5685/8/2006 ●)

Zur Annahme einer schlüssigen Austrittserklärung darf das Verhalten des Arbeitnehmers unter Berücksichtigung aller Umstände des Einzelfalles keinen vernünftigen Grund übrig lassen, an seiner auf vorzeitige Auflösung des Dienstverhältnisses gerichteten Absicht zu zweifeln. Das **Nichterscheinen** eines Arbeitnehmers **nach Beendigung seines Krankenstandes** lässt aber verschiedene Deutungen zu, z.b. hier, weil der Arbeitnehmer subjektiv glaubte, der Arbeitgeber habe ihn anlässlich einer Meinungsverschiedenheit bereits zuvor entlassen. OGH 7. 9. 2000, 8 ObA 131/00y. (ARD 5186/24/2001 ●)

Aus dem Umstand, dass ein Arbeitnehmer seine Arbeit am **ersten Arbeitstag nach einem Krankenstand** nicht angetreten hat, dann – nach einem Telefonat – mit etwa 1,5-stündiger Verspätung erschienen ist und nach einer kurzen Unterredung mit dem Filialleiter nach Abbruch des Gesprächs die **Filiale verlassen** und sich dann **nicht mehr gemeldet** hat, ergibt sich, dass der Arbeitnehmer nicht an einer Weiterarbeit interessiert ist; daher scheidet eine Bewertung seines Verhaltens als Arbeitnehmerkündigung aus. Das Verhalten des Arbeitnehmers ist als Arbeitsverweigerung, als Abbruch der Kommunikation und somit als **ungerechtfertigter Austritt** zu werten. ASG Wien 3. 5. 2001, 12 Cga 226/00t. (ARD 5321/32/2002 ●)

Im Nichtantritt des Dienstes nach einem Urlaub – im vorliegenden Fall konnte der Arbeitnehmer den Rückflug unerwartet infolge zu großer Auslastung des Flugzeuges erst verspätet antreten – ist weder ein **vorzeitiger Austritt** noch ein **Entlassungsgrund** zu sehen. OLG Wien 10. 9. 1999, 8 Ra 240/99v. (ARD 5101/10/2000 ●)

Eigenmächtiges Verlassen des Arbeitsplatzes

Begehrt ein Arbeitnehmer die **Ausstellung eines Krankenscheines** und unterlässt er die weitere Arbeitsleistung mit der Behauptung, er gehe in den Krankenstand, setzt er damit keine Handlung oder Unterlassung, die einen auf Beendigung des Dienstverhältnisses gerichteten Willen ausdrückt. Selbst wenn sein Krankenstand **nicht berechtigt** gewesen wäre, kann ihm keine Austrittsabsicht unterstellt werden, sondern läge allenfalls ein **Entlassungsgrund** vor. OLG Wien 22. 11. 1999, 10 Ra 208/99b. (ARD 5124/41/2000 ●)

Im Fernbleiben des Arbeitnehmers vom Arbeitsplatz kann zwar im Einzelfall eine schlüssige Austrittserklärung gelegen sein, jedoch nur dann, wenn das Verhalten des Arbeitnehmers unter strenger Auslegung der Grundsätze des § 863 ABGB diesen Schluss zulässt. Gab der Arbeitnehmer gegenüber der Sekretärin des Geschäftsführers ausdrücklich an, dass er **nach Hause gehe, weil er krank sei**, konnte der Arbeitgeber **keineswegs** von einem **Willen auf vorzeitige Auflösung** des Dienstverhältnisses seitens des Arbeitnehmers ausgehen, weil eine derartige Erklärung nur im Konnex mit einem aufrecht bestehenden Dienstverhältnis sinnvoll ist. OLG Wien 19. 8. 2004, 10 Ra 96/04t. (ARD 5545/14/2004 ●)

§ 25 AngG

Der allenfalls **eigenmächtige Antritt eines Urlaubs** nach Diskussion über dessen Berechtigung ist **keinesfalls ein vorzeitiger Austritt.** Zwar kann ein vorzeitiger Austritt auch schlüssig erklärt werden, also durch ein Gesamtverhalten, das bei einem redlichen Erklärungsempfänger unter Berücksichtigung aller Umstände keinen Zweifel zulässt, dass der Arbeitnehmer damit seinen vorzeitigen Austritt erklären wollte, doch kann ein redlicher Erklärungsempfänger von der Arbeitgeberseite das **Verlassen des Betriebes** durch einen Arbeitnehmer nach einer Diskussion über die Frage des Urlaubs mit den Worten, **man gehe jetzt auf Urlaub,** keinesfalls so verstehen, dass der Arbeitnehmer, der immerhin in einem geschützten Dienstverhältnis steht, damit seinen vorzeitigen Austritt aus diesem geschützten Dienstverhältnis erklärt. Die einzige objektiv erkennbare Erklärungsbedeutung in diesem Verhalten des Arbeitnehmers liegt darin, dass er nun den ihm seiner Meinung nach zustehenden Urlaub antritt, sei es nun, dass dieser Urlaub wirklich vereinbart gewesen ist oder nicht (was wohl eine Dienstwidrigkeit und allenfalls ein Entlassungsgrund wäre, nicht aber ein vorzeitiger Austritt). ASG Wien 23. 6. 1995, 19 Cga 209/94g. (ARD 4683/20/95 ●)

Ein anlässlich der Kündigung bereits **angekündigter eigenmächtiger Urlaubsantritt** ist **kein vorzeitiger Austritt,** da in dieser Erklärung nicht die ernsthafte und zweifelsfreie Absicht erkennbar zum Ausdruck kommt, das Dienstverhältnis sofort für alle Zukunft zu beenden. Ein eigenmächtiger Urlaubsantritt hätte den Arbeitgeber allenfalls zum Ausspruch der Entlassung berechtigt; ist derartiges nicht erfolgt, kann dem Arbeitnehmer auch kein vorzeitiger Austritt unterstellt werden. OGH 6. 6. 1995, 9 ObA 87/95. (ARD 4700/9/95 ●)

Unterlassene Meldung eines Krankenstandes

425 Die Unterlassung der Meldung eines Krankenstandes führt zwar grundsätzlich nur zum Entfall des Entgeltfortzahlungsanspruchs des Arbeitnehmers; wird der Arbeitnehmer jedoch durch ein Schreiben des Arbeitgebers **aufgefordert, sich zu melden,** widrigenfalls ein vorzeitiger Austritt angenommen werde, ist er aufgrund seiner Treuepflicht verpflichtet, auf dieses Schreiben zu reagieren. Meldet er sich jedoch **nicht** bei seinem Arbeitgeber, ist dieser berechtigt, einen **vorzeitigen Austritt** anzunehmen, auch wenn ihm bekannt ist, dass der Arbeitnehmer den Betrieb verlassen hat, um zum Arzt zu gehen. OLG Wien 22. 12. 1999, 7 Ra 309/99h. (ARD 5101/8/2000 ●)

Umwandlung eines Austritts in einvernehmliche Auflösung

426 Bietet ein Arbeitnehmer seinem Arbeitgeber nach Zugang der Erklärung seines vorzeitigen **Austritts** an, seine **Arbeit** bis zur Beendigung eines Projektes **fortzuführen,** und nimmt der Arbeitgeber seine Dienste an, wurde die Weiterführung des Dienstverhältnisses schlüssig vereinbart und endet dieses nicht durch vorzeitigen Austritt, sondern durch **einvernehmliche Auflösung.** ASG Wien 6. 4. 2001, 32 Cga 216/00v. (ARD 5269/13/2001 ●)

Behauptungs- und Beweislast hinsichtlich der Rechtzeitigkeit einer Entlassung

427 Die Prüfung der Rechtzeitigkeit der Entlassung setzt stets den vom Arbeitnehmer zu erhebenden **Einwand des Fehlens der Rechtzeitigkeit** voraus. Die bloße Anführung der Daten, der Umstände des Entlassungsgrundes und des Ausspruches der Entlassung genügen hiefür nicht. Der **Arbeitnehmer** ist vielmehr für alle für den Untergang des Entlassungsrechtes maßgeblichen Umstände **behauptungs- und beweispflichtig.** Wird der Einwand der mangelnden Rechtzeitigkeit der Entlassung vom Arbeitnehmer nicht einmal implizit erhoben, sondern beschränkt er sich vielmehr darauf, die Richtigkeit des vom Arbeitgeber behaupteten Sachverhalts zu bestreiten (Bestreiten des Entlassungsgrundes), darf die Rechtzeitigkeit der Entlassung vom Gericht **nicht von Amts wegen geprüft** werden. OGH 13. 10. 1999, 9 ObA 156/99b. (ARD 5088/46/2000 ●)

§ 25 AngG

Beispiele für gerechtfertigtes Zuwarten mit Entlassungsausspruch

Bei der Prüfung der Unverzüglichkeit der Entlassung ist den Erfordernissen des Wirtschaftslebens und den Betriebsverhältnissen Rechnung zu tragen. Dies gilt insbesondere dann, wenn für den Ausspruch der Entlassung die **Entscheidung eines Kollegialorgans** notwendig ist. Eine **Überlegungsfrist** muss sachlich gerechtfertigt sein, insbesondere bei einem komplizierten und nicht offenkundigen Entlassungsgrund. Überall dort, wo ein vorerst undurchsichtiger, **zweifelhafter Sachverhalt** vorliegt, den der Arbeitgeber mit den ihm zur Verfügung stehenden Mitteln zunächst gar nicht aufklären kann, muss dem Arbeitgeber das Recht zugebilligt werden, bis zur einwandfreien Klarstellung aller wesentlichen Tatumstände in tatsächlicher und rechtlicher Hinsicht zuzuwarten. Handelt es sich um eine ausländische Aktiengesellschaft, muss unter Berücksichtigung der Zeit für die Willensbildung einer Aktiengesellschaft sogar noch eine längere Frist eingeräumt werden. ASG Wien 12. 1. 1999, 7 Cga 310/95y. (ARD 5123/21/2000 ●)

428

Erscheint ein Arbeitnehmer **5 Arbeitstage** hindurch ungerechtfertigt **nicht zur Arbeit**, obwohl er gebraucht worden wäre, begründet dieses Verhalten objektiv die dem Entlassungstatbestand immanente Unzumutbarkeit der Weiterbeschäftigung. Fordert ein Arbeitgeber einen Arbeitnehmer schriftlich auf, sich spätestens bis zu einem bestimmten Termin zu melden und sein **Fernbleiben aufzuklären**, weil andernfalls angenommen werden müsste, dass er vorzeitig ausgetreten sei, ist dem Arbeitnehmer damit lediglich die Gelegenheit eingeräumt worden, sein Fernbleiben (allenfalls Arbeitsverhinderung durch Krankheit) nachträglich zu rechtfertigen. Erscheint er nicht termingerecht zur Arbeit und rechtfertigt auch sein Fernbleiben nicht, ist das **Entlassungsrecht** des Arbeitgebers zumindest für diese neuerliche Abwesenheit **weder verwirkt noch verfristet**. OGH 31. 3. 1993, 9 ObA 55/93. (ARD 4512/21/93 ●)

Ein Entlassungsgrund ist dem Arbeitgeber erst dann bekannt geworden, sobald ihm alle für die Beurteilung des Vorliegens des Entlassungsgrundes **wesentlichen Einzelheiten** der Handlung und der Person zur Kenntnis gelangt sind. Ist erst mit dem Ergebnis der **sofort durchgeführten Erhebungen** klar, ob der Sachverhalt die in Aussicht genommene Entlassung rechtfertigen werde, kann von einem ungerechtfertigten Zögern des Arbeitgebers mit der Entlassung nicht gesprochen werden. Bei einer **5-tägigen Weiterbeschäftigung**, um negative Auswirkungen der Entlassung von Arbeitnehmern in Schlüsselpositionen zu besprechen bzw. die Rechtsabteilung erst den **komplexen Sachverhalt** prüfen zu lassen, kann unter Berücksichtigung, dass ein Wochenende dazwischen gelegen ist, die Zustimmung des Generaldirektors eingeholt werden musste und dass die betroffenen Arbeitnehmer im Ausland tätig waren, von einem ungerechtfertigten Zögern des Arbeitgebers mit der Entlassung nicht gesprochen werden. OGH 29. 9. 1999, 9 ObA 247/99k. (ARD 5157/11/2000 ●)

Hat ein Arbeitgeber von wesentlichen Verfehlungen des Arbeitnehmers erst **während dessen Urlaubs** erfahren, hat für die Prüfung der Rechtzeitigkeit einer Entlassung eine ohne Kontaktmöglichkeit verstrichene Urlaubszeit außer Betracht zu bleiben. OLG Wien 20. 7. 1999, 10 Ra 147/99g. (ARD 5081/46/99 ●)

Wird ein Arbeitnehmer vom Arbeitgeber in Zusammenhang mit dem Vorhalt diverser Pflichtverstöße aufgefordert, selbst zu kündigen, und wird dem Arbeitnehmer mit seinem Einverständnis eine **3-tägige**, über das Wochenende laufende **Überlegungsfrist** eingeräumt, ist darin weder ein Verzicht des Arbeitgebers auf das Entlassungsrecht zu sehen noch ist die nach Ablauf der Frist ausgesprochene Entlassung verspätet. OGH 19. 5. 1999, 9 ObA 23/99. (ARD 5050/4/99 ●)

Bei unterschiedlichen Darstellungen über einen Vorfall zu Beginn der **Nachtschicht vor einem Wochenende** ist der Arbeitgeber berechtigt, vor Ausspruch der Entlassung die zur Feststellung des Sachverhaltes erforderlichen Erhebungen durchzuführen. Halten sich die Mitarbeiter der Nachtschicht

§ 25 AngG

und die für Personalangelegenheiten zuständigen erstmals wieder am **Montag** gemeinsam im Betrieb auf und wird die Entlassung nach Befragen der Arbeitskollegen an diesem Tag ausgesprochen, ist die Entlassung rechtzeitig erfolgt. OGH 16. 12. 1992, 9 ObA 294/92. (ARD 4463/18/93 ●)

Mit der Entlassung eines im **Krankenstand** befindlichen Arbeitnehmers kann bis zu dessen (absehbarer) **Rückkehr aus dem Krankenstand zugewartet** werden, wenn der durch einen Dritten dem Arbeitgeber bekannt gewordene Entlassungsgrund (hier: Ehrverletzung) erst nach Rücksprache mit einem vom Entlassungsgrund direkt betroffenen Mitarbeiter nach dessen Rückkehr aus dem Urlaub verifiziert werden kann. OGH 9. 7. 1999, 9 ObA 173/99b. (ARD 5052/4/99 ●)

Der bloße **Verdacht** der Begehung **einer strafbaren Handlung** (hier: Drogenkonsum) rechtfertigt noch nicht eine Entlassung, so dass das Zuwarten über das Wochenende bis zur Verdichtung des Entlassungsgrundes sachlich gerechtfertigt ist und keine Verspätung des Entlassungsausspruches bewirkt. OGH 18. 10. 2000, 9 ObA 239/00p. (ARD 5193/34/2001 ●)

Es bleibt allein dem Arbeitgeber überlassen, ob und wann er aus dem Verlauf einer **Strafuntersuchung** gegen seinen Arbeitnehmer die Überzeugung gewinnt, dass bereits die bisherigen Verfahrensergebnisse eine Entlassung rechtfertigen. Er kann also, wenn ein vorerst undurchsichtiger, zweifelhafter Sachverhalt vorliegt, auch erst während des zur Aufklärung dieses Sachverhalts dienenden **Strafverfahrens** die Entlassung aussprechen (im vorliegenden Fall hat der Arbeitgeber unverzüglich über den der sexuellen Belästigung ihm anvertrauter Frauen beschuldigten Behindertenbetreuer ein Kontaktverbot verhängt, wodurch dieser nicht annehmen konnte, könnte auf sein Entlassungsrecht verzichten). OGH 16. 12. 2005, 9 ObA 110/05z. (ARD 5697/13/2006 ●)

Zuwarten mit Entlassungsausspruch bis zum Ausgang eines Gerichtsverfahrens

429 Der – zunächst für das **Strafverfahren** entwickelte – Grundsatz, dass auf den **Ausgang eines Verfahrens** vor Ausspruch einer Entlassung **zugewartet** werden darf, ist auch auf ein **arbeitsgerichtliches Verfahren** anzuwenden, wenn die dem Arbeitnehmer gegenüber von dritter Seite erhobenen Vorwürfe zunächst nur sehr allgemein gehalten sind und erst durch das weitere Beweisverfahren ausreichend erhärtet werden. OGH 22. 11. 2000, 9 ObA 229/00t. (ARD 5208/25/2001 ●)

Für die Rechtzeitigkeit einer Entlassung wegen Begehung einer strafbaren Handlung ist es ausreichend, wenn der Arbeitgeber nach Erhebung einer Berufung gegen das Strafurteil durch den Arbeitnehmer das **rechtskräftige Urteil** des Berufungsgerichtes **abwartet**. OLG Wien 19. 6. 1996, 7 Ra 76/96i. (ARD 4875/21/97 ●)

Beispiele für eine Verfristung des Entlassungsrechts

430 Spricht der Arbeitgeber eine Entlassung erst **6 Tage nach dem erstmaligen Vorliegen** jener Gründe, die von ihm zur Entlassung herangezogen wurden, aus, ohne vorher die Entlassung dem Arbeitnehmer zumindest in Aussicht zu stellen oder den Anspruch von der Notwendigkeit des Ergebnisses weiterer Erhebungen abhängig zu machen, so dass eine Dienstfreistellung nicht zur Klärung der tatsächlichen oder rechtlichen Voraussetzungen für einen Entlassungsausspruch erfolgte und daher vom Arbeitnehmer auch nicht als vorläufige Maßnahme zur Vorbereitung einer Entlassung erkennbar war, ist im Zuwarten ein **Verzicht auf das Entlassungsrecht** zu sehen. Nur wenn dem Arbeitnehmer erkennbar ist, dass sein Verhalten die schwer wiegenden Folgen einer Entlassung nach sich ziehen kann und nur noch Abklärungen der Sach- und Rechtslage erforderlich sind, kann aus dem Zeitablauf allein nicht auf einen Verzicht auf die Ausübung des Entlassungsrechtes geschlossen werden. OGH 20. 9. 2000, 9 ObA 185/00x. (ARD 5193/31/2001 ●)

§ 25 AngG

Spricht ein Arbeitgeber eine Entlassung nicht an jenem Tag aus, an dem der Arbeitnehmer einen Entlassungsgrund gesetzt hat, sondern **wartet er ohne triftigen Grund 5 Tage** zu, bevor er das Entlassungsschreiben abschickt, wurde dem Grundsatz der Unverzüglichkeit nicht Rechnung getragen und die Entlassung ist verspätet. Selbst wenn man dem Arbeitgeber zugesteht, sich nach dem betreffenden Vorfall in einem **Erregungszustand** befunden zu haben, ist ihm maximal eine **Überlegungsfrist von einem Tag** einzuräumen, da ihm die Möglichkeit zu geben ist, darauf zu warten, bis seine Erregung abgeklungen ist, um bei klarem Verstand eine Entscheidung darüber zu treffen, ob er den Arbeitnehmer entlässt oder nicht. ASG Wien 13. 3. 2001, 9 Cga 60/00h. (ARD 5275/48/2002 ●)

Auch wenn einem Arbeitgeber, der am **Freitag Nachmittag** vom Vorliegen eines Entlassungstatbestandes Kenntnis erlangt, eine Überlegungsfrist über das Wochenende zugebilligt werden kann, zumal sich der betroffene Arbeitnehmer bis zum Ende der Arbeitswoche auf Urlaub befunden hat, ist die Entlassung **nicht mehr rechtzeitig**, wenn das Entlassungsschreiben erst am **Dienstag** zur Post gegeben wird, die Dienste des Arbeitnehmers jedoch noch bis **Mittwoch** (Tag des Zugangs des Entlassungsschreibens) ohne jeden Hinweis auf die Entlassung weiter entgegengenommen werden. Selbst wenn dem Arbeitnehmer die Möglichkeit einer Kündigung bewusst war, könnte er aus dem Vorgehen des Arbeitgebers den Schluss ziehen, dass dieser seine Weiterbeschäftigung zumindest bis zum Ende der Kündigungsfrist nicht als unzumutbar erachtet. OGH 10. 10. 2001, 9 ObA 250/01g. (ARD 5301/5/2002 ●)

Selbst wenn der Arbeitgeber einem Arbeitnehmer, der einen Entlassungsgrund gesetzt hat, Gelegenheit geben wollte, sich ihm gegenüber persönlich nochmals zu rechtfertigen (was im vorliegenden Fall per Autotelefon möglich gewesen wäre), und man die Meinung teilt, dass einem Arbeitgeber nicht zugemutet werden könne, einen Arbeitnehmer, der mit einem wertvollen Pkw samt Ladung unterwegs war, **telefonisch zu entlassen**, hätte der Arbeitgeber dem Arbeitnehmer, um sich des Entlassungsgrundes nicht zu begeben, jedenfalls nicht mehr am Abend für den Folgetag **weitere Aufträge erteilen** dürfen, sondern ihn **dienstfrei** stellen und ihm erklären müssen, dass er sich nach persönlicher Rücksprache mit ihm weitere Schritte vorbehalte. OGH 21. 1. 1999, 8 ObA 1/99a. (ARD 5038/44/99 ●)

Eine Entlassung ist auch dann verspätet erfolgt, wenn der Arbeitnehmer zwar zunächst **dienstfrei** gestellt, die Entlassung aber erst **1 ½ Monate nach Klärung des Sachverhaltes** ausgesprochen wurde. OGH 12. 8. 1999, 8 ObA 159/99m. (ARD 5075/13/99 ●)

War einem Arbeitgeber schon **seit längerer Zeit bekannt**, dass ein Arbeitnehmer des Öfteren eigenmächtig seine **Mittagspausen verlängerte** und im Kollegenkreis abfällige Bemerkungen über Ausländer machte, dies selbst nach einer generellen Weisung, solche Äußerungen zu unterlassen, ohne dass er aber Konsequenzen aus den Vorfällen zog, ist eine darauf gestützte Entlassung verspätet und daher unberechtigt. ASG Wien 5. 4. 2001, 21 Cga 100/00d. (ARD 5275/42/2002 ●)

Ist ein Arbeitgeber in voller Kenntnis der Verfehlungen eines Arbeitnehmers hinsichtlich einer Reisekostenabrechnung und ist der dem Arbeitnehmer eingeräumten **Möglichkeit der Korrektur** falscher Eintragungen eine **Entlassungsdrohung** beigefügt, müsste dieser Drohung, wenn die selben Daten wieder vorgelegt werden, unmittelbar der Ausspruch der Entlassung folgen, weil anderenfalls das Entlassungsrecht verwirkt wird. OGH 16. 3. 1994, 9 ObA 48/94. (ARD 4580/40/94 ●)

Hat ein Arbeitgeber nach Entdeckung des der Entlassung zugrunde liegenden Sachverhalts am nächsten Arbeitstag mehrmals mit dem Arbeitnehmer gesprochen, ohne diesen auf die Entdeckung des Entlassungsgrundes anzusprechen, sondern den Arbeitnehmer den ganzen Tag weiter arbeiten lassen, ehe er am **Abend** – nachdem er noch Akten mit ihm besprochen hatte – die Entlassung ausspracht, ist die Entlassung verspätet ausgesprochen und damit unberechtigt. OGH 4. 6. 2003, 9 ObA 65/03d. (ARD 5461/16/2003 ●)

§ 25 AngG

Bespricht ein Arbeitgeber einen zur Entlassung grundsätzlich berechtigenden Vorfall, den er am Abend des Vortages erfahren hat, mit dem betreffenden Arbeitnehmer in der **Früh des folgenden Tages**, fordert er ihn aber nur auf, sich nicht in die Arbeitsabläufe der übrigen Arbeitnehmer einzumischen und pflichtgemäß weiterzuarbeiten, ist die **am Nachmittag** nach Dienstschluss dieses Tages per Telegramm **ausgesprochene Entlassung** auch dann **verspätet**, wenn der Arbeitgeber seinen Rechtsanwalt erst zu Mittag erreichen konnte. OGH 25. 11. 2003, 8 ObA 96/03f. (ARD 5518/7/2004 ●)

Sind dem Geschäftsführer eines Unternehmens bereits **Dienstagmittag** alle für eine Entlassung maßgeblichen Umstände bekannt und ist selbst der Betriebsrat schon vorweg von der Entlassung verständigt worden, ist die erst am **Mittwoch gegen 10 Uhr ausgesprochene Entlassung** des bis dahin weiterbeschäftigten Arbeitnehmers verspätet. Das Zuwarten mit der Entlassung ist nicht in der Sachlage begründet. Bei der Beurteilung der Rechtzeitigkeit einer Entlassung durch eine **juristische Person** ist zwar im Allgemeinen darauf Bedacht zu nehmen, dass die Willensbildung umständlicher ist als bei natürlichen Personen; doch kann gerade im vorliegenden Fall, wo der Geschäftsführer sehr bald vom Vorliegen eines Entlassungsgrundes verständigt worden war, von einer gegenüber physischen Personen längeren Willensbildungsphase nicht die Rede sein. OGH 2. 3. 2007, 9 ObA 32/07g. (ARD 5792/5/2007 ●)

Untätigkeit leitender Angestellter bei Wissen um Entlassungsgrund

431 Bei Prüfung der Rechtzeitigkeit muss der Arbeitgeber die **Kenntnis seines Stellvertreters** oder eines ganz oder teilweise mit Personalagenden befassten leitenden Angestellten unabhängig davon gegen sich gelten lassen, ob er diese Personen zur Vornahme einer Entlassung ermächtigt hat. Ein **Prokurist** ist aufgrund seiner Stellung verpflichtet, gemäß § 50 HGB iVm dem Grundsatz der Unbeschränkbarkeit der Prokura die Entlassung eines Arbeitnehmers selbst vorzunehmen oder den Geschäftsführer unverzüglich zu verständigen. Die Möglichkeit, solche Probleme auch in der **Freizeit** zu besprechen, ist daher nicht nur Sache des Prokuristen und des Geschäftsführers, sondern führt anderenfalls zur **Verspätung der Entlassungserklärung**.

Hat daher der Prokurist in Kenntnis des von einem Arbeitnehmer gesetzten Entlassungsgrundes trotz der Möglichkeit, den Geschäftsführer auch in seiner Freizeit darüber zu informieren, mit dem Ausspruch der Entlassung bis zur während der Arbeitszeit erfolgten Rücksprache zugewartet, ist die Entlassung verspätet. OGH 17. 9. 1998, 8 ObA 223/98x. (ARD 5012/15/99 ●)

Auch ein zur selbstständigen Entlassung nicht befugter, für Personalangelegenheiten verantwortlicher leitender Angestellter muss sich nach einem den Entlassungsgrund bildenden Vorfall um **Zustimmung zur Entlassung** des Arbeitnehmers **bemühen**, widrigenfalls seine Untätigkeit zu Lasten des Arbeitgebers geht. OLG Linz 26. 8. 1997, 11 Ra 210/97z. (ARD 4946/11/98 ●)

Verzicht auf Entlassungsrecht

432 Wird lediglich eine **Ermahnung** ausgesprochen, hat der Arbeitgeber erkennen lassen, dass das (allenfalls) entlassungswürdige Verhalten nicht so wichtig war, um es als Anlass für die Auflösung des Dienstverhältnisses zu nehmen. Damit ist von einem **schlüssigen Verzicht** des Arbeitgebers auf die Geltendmachung eines allenfalls bereits entstandenen Entlassungsgrundes auszugehen. OLG Wien 17. 9. 1999, 9 Ra 207/99y. (ARD 5109/14/2000 ●)

Erachtete der Arbeitgeber das Verhalten eines Arbeitnehmers (hier: Aushändigen von Waren an einen unbekannten Dritten gegen Lieferschein) offensichtlich zunächst nicht als für die Fortsetzung des Dienstverhältnisses unzumutbar, sondern gab er ihm in einem Schreiben ausdrücklich bekannt, zwar von einer fristlosen **Entlassung Abstand zu nehmen**, jedoch die Hälfte des fehlenden Betrages vom **Gehalt abzuziehen**, und sprach der Arbeitgeber die Entlassung erst aus, als sich der

Arbeitnehmer nach Rücksprache bei der Arbeiterkammer **gegen den Lohnabzug** zur Wehr setzte, ist aus der Vorgangsweise des Arbeitgebers einerseits ein **Verzicht** auf den geltend gemachten **Entlassungsgrund** abzuleiten und konnte darüber hinaus mit der Entlassung auch nicht mehr das Erfordernis der unverzüglichen Geltendmachung des Entlassungsgrundes erfüllt werden. OLG Wien 28. 1. 2000, 9 Ra 283/99z. (ARD 5136/49/2000 ●)

War einem Arbeitgeber das Vorliegen eines **Entlassungsgrundes** zum Zeitpunkt eines vom betroffenen Arbeitnehmer gesuchten Gespräches, in dem dieser von sich aus das Dienstverhältnis aufkündigte, bereits bekannt, spricht er jedoch die eine Entlassung rechtfertigenden Umstände nicht an, sondern nimmt die Kündigung zur Kenntnis und weist den Arbeitnehmer sogar noch an, **während der Kündigungsfrist zu arbeiten**, stellt diese Vorgangsweise einen **Verzicht** auf die Geltendmachung des bekannten Entlassungsgrundes dar. Dabei ist rechtlich irrelevant, ob dies dem Arbeitgeber bewusst war oder er den Vorhalt des Entlassungsgrundes einfach vergessen hatte. ASG Wien 30. 1. 2001, 23 Cga 194/00t. (ARD 5275/46/2002 ●)

Hat der Arbeitgeber das Dienstverhältnis zunächst aufgekündigt und dann innerhalb der Kündigungsfrist die fristlose Entlassung des Arbeitnehmers ausgesprochen, kann er für die Begründung der Entlassung auf die ihm zum **Zeitpunkt der Kündigung bekannten Umstände** nicht mehr zurückgreifen, weil er diesbezüglich durch Ausspruch der Kündigung auf eine Entlassung des Arbeitnehmers verzichtet hat. OLG Wien 30. 4. 1999, 7 Ra 103/99i. (ARD 5075/12/99 ●)

Eine Entlassung ist grundsätzlich unverzüglich auszusprechen. Wird einem Arbeitnehmer bloß eine **Verwarnung** erteilt und nur für den Wiederholungsfall die Entlassung angedroht, ist darin ein **Verzicht auf die Entlassung** zu erblicken. War daher einem Arbeitgeber im Zeitpunkt des Ausspruches der Verwarnung nicht nur die **Manipulation der Zeiterfassung am 18. 12. bekannt**, sondern hatte er auch bereits alle Informationen über die davor erfolgten weiteren Manipulationen durch den Arbeitnehmer erhalten und den Arbeitnehmer auch über das Vorliegen anderer Vorfälle befragt, sich aber ungeachtet dessen mit einer **Verwarnung** lediglich den Vorfall des 18. 12. betreffend begnügt, ist das Entlassungsrecht hinsichtlich der zu diesem Zeitpunkt **bereits bekannten weiteren Manipulationen** des Zeiterfassungssystems verwirkt. OLG Wien 21. 11. 2003, 9 Ra 135/03v. (ARD 5518/8/2004 ●)

Verspätet erklärter Austritt

Eine Austrittserklärung, die (wenn auch inklusive Wochenende) **6 Tage nach Setzung des Austrittsgrundes** abgegeben wird, muss im Allgemeinen jedenfalls dann als **verspätet** angesehen werden, wenn der Arbeitnehmer bereits zum Zeitpunkt des als Austrittsgrund gewerteten Ereignisses zum Austritt entschlossen ist, **keine Notwendigkeit für Erhebungen** über das Vorliegen des Grundes besteht und der Arbeitnehmer vor Abgabe der Austrittserklärung **keinerlei Andeutungen** gegenüber seinem Arbeitgeber macht, sich zu überlegen, rechtliche Konsequenzen aus dem die Austrittsabsicht auslösenden Ereignis zu ziehen.

Richtig ist, dass der Arbeitnehmer berechtigt ist, sich über die Rechtsfolgen des Austritts und über die Formulierung des Austrittsschreibens rechtlich beraten zu lassen. Dies kann aber den Aufschub der Austrittserklärung um 6 Tage jedenfalls dann **nicht rechtfertigen**, wenn – wie im vorliegenden Fall – in der näheren Umgebung **200 Rechtsanwälte** ansässig sind und der Arbeitnehmer 2 Tage mit dem Versuch verstreichen lässt, einen bestimmten Rechtsanwalt zu erreichen, obwohl es sich bei diesem Anwalt ohnedies nicht um seinen Vertrauensanwalt handelte. Dass der Arbeitnehmer keinen anderen Anwalt kannte, kann daran nichts ändern. OGH 4. 6. 2003, 9 ObA 22/03f. (ARD 5453/11/2003 ●)

§ 26 AngG

Der Umstand, dass sich von **sexueller Belästigung** betroffene Arbeitnehmer in einer **psychischen Ausnahmesituation** befinden und oftmals erst nach längerer Zeit in der Lage sind, sich zu artikulieren, ist bei Beurteilung der **Rechtzeitigkeit des vorzeitigen Austritts** aus dem Dienstverhältnis **zu berücksichtigen**, sodass auch ein Austritt rund 2 ½ Wochen nach dem letzten sexuellen Übergriff noch rechtzeitig sein kann. OGH 3. 8. 2005, 9 ObA 112/05v. (ARD 5667/2/2006 ●)

Verzicht auf Austrittsrecht

434 Nimmt ein Arbeitnehmer im Zuge eines Gesprächs mit dem Arbeitgeber über die weitere Gestaltung der arbeitsrechtlichen Beziehungen das **Anbot des Arbeitgebers** zur Verwendung in einer **anderen Abteilung** für die restliche Dauer des befristeten Dienstverhältnisses an, obwohl er vom Vorliegen eines Austrittsgrundes überzeugt ist, bringt er mit seiner Zustimmung zum Ausdruck, dass ihm die Fortsetzung des Dienstverhältnisses zumutbar ist, sodass der wenig später erklärte **vorzeitige Austritt unberechtigt** ist. OGH 27. 8. 2003, 9 ObA 62/03p. (ARD 5471/3/2004 ●)

Beweislast des Arbeitnehmers für das Vorliegen von Rechtfertigungsgründen

435 Die Beweislast für einen Rechtfertigungsgrund, der das Entlassungsrecht des Arbeitgebers wegen des ansonsten pflichtwidrigen Fernbleibens des Angestellten von der Arbeit aufhebt, trifft den Angestellten. OGH 6. 9. 2000, 9 ObA 212/00t. (ARD 5208/50/2001 ●)

Folgen eines unberechtigt unterstellten vorzeitigen Austritts

436 Unterstellt der Arbeitgeber einem Arbeitnehmer einen vorzeitigen Austritt, ist dies als **arbeitgeberseitige vorzeitige Beendigung** des Dienstverhältnisses ohne wichtigen Grund anzusehen, die dieselben Folgen nach sich zieht, wie eine unberechtigte Entlassung. Wirksam wird die Auflösung des Dienstverhältnisses in jenem Zeitpunkt, zu dem der Arbeitnehmer von seiner Abmeldung wegen angeblichen vorzeitigen Austritts erfahren hat. OLG Wien 12. 3. 2004, 8 Ra 28/04b. (ARD 5545/11/2004 ●)

---

437 **§ 26. Als ein wichtiger Grund, der den Angestellten zum vorzeitigen Austritte berechtigt, ist insbesondere anzusehen:**

1. **Wenn der Angestellte zur Fortsetzung seiner Dienstleistung unfähig wird oder diese ohne Schaden für seine Gesundheit oder Sittlichkeit nicht fortsetzen kann;**

2. **wenn der Dienstgeber das dem Angestellten zukommende Entgelt ungebührlich schmälert oder vorenthält, ihn bei Naturalabzügen durch Gewährung ungesunder oder unzureichender Kost oder ungesunder Wohnung benachteiligt oder andere wesentliche Vertragsbestimmungen verletzt;**

3. **wenn der Dienstgeber den ihm zum Schutze des Lebens, der Gesundheit oder der Sittlichkeit des Angestellten gesetzlich obliegenden Verpflichtungen nachzukommen verweigert;**

4. **wenn der Dienstgeber sich Tätlichkeiten, Verletzungen der Sittlichkeit oder erhebliche Ehrverletzungen gegen den Angestellten oder dessen Angehörige zu Schulden kommen lässt oder es verweigert, den Angestellten gegen solche Handlungen eines Mitbediensteten oder eines Angehörigen des Dienstgebers zu schützen.**

Grundlegende Erläuterungen zu § 26

Zum Wesen des vorzeitigen Austritts, der Austrittserklärung, dem Grundsatz der Unverzüglichkeit des Ausspruches des Austritts sowie der Möglichkeit, einen Austritt zu widerrufen, siehe bei § 25 AngG, Rz 397 ff.

1. Demonstrative Aufzählung der Austrittsgründe

Die **Aufzählung der „wichtigen Gründe"** in § 26 AngG, die den Arbeitnehmer zur sofortigen Auflösung des Dienstverhältnisses berechtigen, ist nur **demonstrativ** (beispielsweise). Dies ergibt sich eindeutig aus dem in Einleitungssatz verwendeten Begriff „insbesondere" und bewirkt, dass ein Austritt auch aus **anderen wichtigen Gründen** erklärt werden kann. Diese „neuen" Gründe müssen jedoch von ihrer Gewichtung her den im Gesetz geregelten **gleichwertig** sein. Der Umstand, auf den sich der Arbeitnehmer beruft, muss als so schwer wiegend anzusehen sein, dass dem Angestellten die **Fortsetzung des Dienstverhältnisses** bis zum Ablauf der vereinbarten Vertragszeit bzw. bis zum Ende der ordentlichen Kündigungsfrist **nicht mehr zugemutet** werden kann. Ob ein Tatbestand einen derartigen wichtigen Grund darstellt, ist nach objektiven Gesichtspunkten und nicht nach der subjektiven Einschätzung des Angestellten zu beurteilen.

438

Weitere gesetzlich geregelte Austrittsgründe finden sich in manchen Sondergesetzen; z.B. kann ein Arbeitnehmer gemäß § 25 Konkursordnung innerhalb eines Monates **nach Konkurseröffnung** das Dienstverhältnis vorzeitig lösen, wobei die Konkurseröffnung als wichtiger Grund gilt.

2. Austrittsgrund des § 26 Z 1 AngG: Dienstunfähigkeit

2.1. Dauernde Gesundheitsbeeinträchtigung

Nach § 26 Z 1 AngG ist der Angestellte zum vorzeitigen Austritt berechtigt, wenn er zur **Fortsetzung seiner Dienstleistung unfähig** wird oder diese **ohne Schaden für seine Gesundheit** oder Sittlichkeit **nicht fortsetzen** kann. Diese Voraussetzung ist schon dann gegeben, wenn durch die Fortsetzung der bisherigen Tätigkeit die Gesundheit des Arbeitnehmers gefährdet wäre. Ein **Gesundheitsschaden** muss noch **nicht eingetreten** sein; es genügt, wenn er bei Fortsetzung der Arbeit befürchtet werden muss. Wesentlich ist nur, dass die Bedrohung der Gesundheit des Arbeitnehmers schon im Zeitpunkt der Austrittserklärung besteht: Eine „gänzliche Dienstunfähigkeit" ist für das Vorliegen dieser Voraussetzungen des Austrittstatbestandes nicht erforderlich.

439

Die **Arbeitsunfähigkeit oder Gesundheitsgefährdung**, die den Arbeitnehmer zum Austritt berechtigt, muss eine **dauernde** sein. Als dauernd in diesem Sinne ist ein Gesundheitszustand anzusehen, bei dem die Wiederherstellung der Arbeitsfähigkeit in absehbarer Zeit nicht zu erwarten ist. Die Einschränkung darf nicht bloß kurzfristig und vorübergehend sein, sondern muss – wenngleich in ihrem zeitlichen Ausmaß vorhersehbar – von so langer Dauer sein, dass nach den Umständen des Falles eine Fortsetzung des Dienstverhältnisses nicht zumutbar ist. Eine nur vorübergehende, wenn auch durch eine schwere Krankheit bedingte Arbeitsunfähigkeit bildet hingegen noch keinen wichtigen Austrittsgrund. Dasselbe gilt für eine bloß vorübergehende Gesundheitsgefährdung. Bei einer Arbeitsunfähigkeit oder Gesundheitsgefährdung durch eine vorübergehende Gesundheitsbeeinträchtigung sind die Interessen des Arbeitnehmers hinreichend dadurch gewahrt, dass er während dieser Zeit die **Arbeitsleistung unterlassen** darf und **Krankengeld** bezieht. Ein Austritt wäre in einem solchen Fall nicht gerechtfertigt.

§ 26 AngG

Zur Abgrenzung zwischen einer vorübergehenden Gesundheitsbeeinträchtigung und einem für den Austritt erforderlichen Dauerzustand kann die **Dauer des Krankengeldanspruches** nach § 139 ASVG als annähernde Richtlinie herangezogen werden. Dabei ist allerdings nicht § 139 Abs 2 ASVG, sondern dessen Abs 1 heranzuziehen, wonach der gesetzliche Krankengeldanspruch für ein und denselben Versicherungsfall bis zur **Dauer von 26 Wochen** besteht. Das bedeutet, dass eine vorübergehende Gesundheitsbeeinträchtigung erst dann zum Austritt berechtigt, wenn zu erwarten ist, dass sie über den in § 139 Abs 1 ASVG genannten Zeitraum andauert und den Arbeitnehmer an der Ausübung seiner vertraglich vereinbarten Tätigkeit hindern wird. Liegt eine solche im Streitfall **vom Arbeitnehmer zu beweisende Arbeitsunfähigkeit** oder Gesundheitsgefährdung vor, ist ein Austrittsgrund im Sinne des § 26 Z 1 AngG gegeben. Der Arbeitnehmer kann sich dann **jederzeit**, also auch wenn er sich im Krankenstand befindet, zur Rechtfertigung der vorzeitigen Beendigung des Arbeitsverhältnisses darauf berufen.

Ist die Fortsetzung der Arbeitsleistung für einen durchschnittlichen Arbeitnehmer zumutbar, stellt sie aber für den **konkreten Arbeitnehmer** aufgrund seiner spezifischen Situation ein **Gesundheitsrisiko** dar, ist die Gesundheitsgefährdung streng genommen nicht mehr durch die Arbeitsleistung an sich bedingt. Es wird abgewogen, wem die Folgen der Gesundheitsgefährdung zurechenbar sind. Eine in **absehbarer Zeit heilbare Krankheit** reicht zur Begründung des **Austrittsrechtes** unabhängig von ihrer Ursache nicht aus – sogar wenn die Krankheit unmittelbar auf die Arbeitsleistung zurückzuführen ist. Beim Austrittsrecht kommt es dagegen auf die Prognose an, ob die Fortsetzung der Arbeitsleistung die Gesundheit gefährdet und der Arbeitnehmer deshalb das Dienstverhältnis vorzeitig beenden darf. Ob die **Ursache der Gesundheitsgefährdung** bei der **Arbeitsleistung** entstanden ist, ist für die Frage der Zumutbarkeit der Fortsetzung des Dienstverhältnisses nicht entscheidend.

2.2. Meldeobliegenheit des Arbeitnehmers

440 Den Arbeitnehmer trifft die Obliegenheit, den Arbeitgeber über seine gesundheitlichen Schwierigkeiten im Zusammenhang mit seiner bisherigen Tätigkeit aufzuklären, damit der Arbeitgeber überhaupt in die Lage versetzt wird, Abhilfe zu schaffen; er ist aber nicht verpflichtet, von sich aus vom Arbeitgeber die Zuweisung einer anderen Tätigkeit zu verlangen. Diese aus der Treuepflicht des Arbeitnehmers abgeleitete **Aufklärungspflicht über seine Gesundheitsbeeinträchtigung** erfordert lediglich, dass er auf eine Gesundheitsbeeinträchtigung von solcher Intensität, die ihn zur Erfüllung der vertraglich geschuldeten Leistung unfähig macht, hinweist.

Dies gilt allerdings dann nicht, wenn der Arbeitnehmer annehmen kann, dass dem Arbeitgeber diese Umstände bekannt sind oder dass die **Verweisung** auf einen anderen Arbeitsplatz im Rahmen des Arbeitsvertrages nach den gegebenen Umständen **nicht in Betracht kommt**. Grundsätzlich ist aber der Arbeitnehmer zur Aufklärung über seine Arbeitsunfähigkeit verpflichtet. Eine Verpflichtung, die **Gesundheitsbeeinträchtigung** zu diesem Zeitpunkt auch **nachzuweisen**, besteht nicht. War dem Arbeitgeber bekannt, dass der Arbeitnehmer die vereinbarten Dienste aus gesundheitlichen Gründen nicht mehr erbringen kann, kann er sich nicht mehr auf einen überraschenden Austritt des Arbeitnehmers berufen (vgl. OGH 15. 9. 1999, 9 ObA 113/99d, ARD 5090/5/2000).

Den Arbeitnehmer trifft aber keine Pflicht, den Arbeitgeber **fortwährend** über den **Gesundheitszustand zu informieren**. Die Aufklärungspflicht kommt nur zum Tragen, wenn die Arbeitsunfähigkeit oder die gesundheitliche Gefährdung des Arbeitnehmers durch Zuweisung einer anderen Tätigkeit im Rahmen der übernommenen arbeitsvertraglichen Pflichten beseitigt werden kann, also regelmäßig nur dann, wenn die **Unfähigkeit** (Gefährdung) **nur einzelne Tätigkeiten** betrifft (z.B. das Heben schwerer Lasten) oder durch ungünstige Bedingungen hervorgerufen wird, unter denen die Arbeit zu leisten ist (z.B. Nässe, Kälte, Lärm, Rauch, Staub etc.). In diesen Fällen ist es dem Arbeitnehmer zuzumuten, den Arbeitgeber darauf hinzuweisen, dass er seine Arbeit unter gleichbleibenden Bedingungen nicht mehr leisten könne, ohne seine Gesundheit zu gefährden. Die **Versetzung** auf einen anderen Arbeitsplatz braucht er freilich **nicht zu verlangen**; sie ist auch gar nicht immer erforderlich, weil der Arbeitgeber unter Umständen auch Abhilfe bei (im Wesentlichen) gleichbleibender Tätigkeit durch eine entsprechende Verbesserung der Arbeitsbedingungen (z.b. sofortige Verringerung schädlicher Immissionen) oder einfachste organisatorische Maßnahmen (z.b. die Anordnung, dass der Arbeitnehmer keine schweren Lasten heben braucht, weil ohnehin stets andere Arbeitnehmer hiefür zur Verfügung stehen) herbeiführen kann.

2.3. Anbot einer Ersatzbeschäftigung

So wie es im Risikobereich des Arbeitnehmers liegt, den wichtigen Grund (nämlich die dauernde Gesundheitsgefährdung) beweisen zu können, liegt es im **Risikobereich des Arbeitgebers**, wenn er dem Arbeitnehmer **keine Ersatzbeschäftigung** anbietet oder zuweist. Der Arbeitgeber ist aufgrund seiner Interessenwahrungspflicht und seiner Fürsorgepflicht verbunden, die Arbeitsbedingungen so zu gestalten, dass das Leben und die Gesundheit des Arbeitnehmers möglichst geschützt sind, und wenn ihm Gefährdungen zur Kenntnis gelangen, unverzüglich Abhilfe zu schaffen. **Nach Kenntnis des Gesundheitszustandes** des Arbeitnehmers hat der Arbeitgeber – wenn der Arbeitnehmer im Krankenstand und damit nicht unmittelbar gefährdet ist – zwar nicht unverzüglich, wohl aber innerhalb angemessener Frist eine **Ersatzbeschäftigung anzubieten**, damit sich der Arbeitnehmer darauf einstellen kann (vgl. OGH 15. 9. 1999, 9 ObA 113/99d, ARD 5090/5/2000). Dieser Grundsatz erfährt allerdings dann eine Ausnahme, wenn die Verweisung auf einen anderen Arbeitsplatz im Rahmen des Arbeitsvertrages nach den gegebenen Umständen nicht in Betracht kommt, was insbesondere dann der Fall ist, wenn die gesundheitsgefährdende Belastung des Arbeitnehmers im Arbeitsklima liegt.

Hat der Arbeitgeber dem Arbeitnehmer eine andere, seiner Gesundheit nicht abträgliche Verwendung angeboten, die im Rahmen der ihm durch den Arbeitsvertrag übertragenen Tätigkeit liegt, und der Arbeitnehmer dieses **Angebot zurückgewiesen**, kann er sich **nicht** mehr auf sein **Austrittsrecht** gemäß § 26 Z 1 AngG berufen. Es ist dabei weder darauf abzustellen, ob die anderen Arbeiten artverwandt sind (etwa im Sinne einer Verweisungsmöglichkeit nach § 273 ASVG), noch ist die bisher faktisch ausgeübte Tätigkeit eine Bezugsgröße; entscheidend ist vielmehr, ob der Arbeitnehmer nach seinem **Arbeitsvertrag** zur Verrichtung dieser anderen Tätigkeit **verpflichtet** ist. Bietet der Arbeitgeber allerdings dem Arbeitnehmer eine andere, vom gesundheitlichen Standpunkt zumutbare, der bisherigen Tätigkeit artverwandte Arbeit an, liegt es am Arbeitnehmer, wenigstens zu behaupten, die angebotene Tätigkeit liege außerhalb seiner arbeitsvertraglichen Verpflichtungen.

2.4. Geltendmachung des Austrittsgrundes der Gesundheitsgefährdung

Die **Gefährdung der Gesundheit** des Arbeitnehmers bei Fortsetzung einer bestimmten Tätigkeit ist ein **Dauerzustand**, auf den sich der Arbeitnehmer **jederzeit** zur Rechtfertigung einer vorzeitigen Beendigung des Dienstverhältnisses berufen kann. Daher geht dieses Austrittsrecht nicht dadurch verloren, dass der Arbeitnehmer seine Arbeit ungeachtet der allmählich fortschreitenden Verschlechterung seines Gesundheitszustandes jahrelang – wenn auch durch Krankenstände und Kuraufenthalte unterbrochen – fortgesetzt hat.

§ 26 AngG

3. Austrittsgrund des § 26 Z 2 AngG: Vorenthalten bzw. Schmälerung des Entgelts

443 Gemäß § 26 Z 2 AngG ist ein wichtiger Grund gegeben, der den Angestellten zum Austritt berechtigt, wenn der Arbeitgeber das dem Angestellten zukommende **Entgelt ungebührlich schmälert oder vorenthält**, ihn bei Naturalabzügen durch Gewährung ungesunder oder unzureichender Kost oder ungesunder Wohnung benachteiligt oder andere **wesentliche Vertragsbestimmungen verletzt**.

3.1. Vorenthalten bzw. Schmälerung des Entgelts

444 Im Rahmen der synallagmatischen Beziehung zwischen Arbeitsleistung und Entgelt ist der wichtigste Anspruch des Arbeitnehmers jener auf das Entgelt. Wurde zwischen den Parteien eines Arbeitsvertrages ein bestimmtes Entgelt vereinbart, kann es vom Arbeitgeber **nicht einseitig gekürzt** werden. Eine einseitige Kürzung widerspräche dem rechtsstaatlichen Prinzip der Vertragstreue.

3.1.1. Begriffsabgrenzung

445 Ein „**ungebührliches Vorenthalten**" des Entgelts ist dann gegeben, wenn der Anspruch dem Umfang nach zwar weder bestritten noch bezweifelt wird, das Entgelt aber **bei Eintritt der Fälligkeit nicht oder nicht zur Gänze geleistet** wird. Dabei ist es gleichgültig, ob das fällige Entgelt in Benachteiligungsabsicht, aus Nachlässigkeit oder aus Unvermögen vorenthalten wird. Aus dem Wort „vorenthält" ergibt sich nur, dass es dem Arbeitgeber **bewusst sein muss**, dass er den Arbeitnehmer in seinen gesetzlichen Entgeltansprüchen schmälert, oder er infolge der ihm obliegenden Sorgfaltspflicht **hätte wissen müssen**, dass seine Vorgangsweise unrechtmäßig ist. Durch eine bloß objektive Rechtswidrigkeit, die insbesondere dann vorliegt, wenn über das Bestehen eines Anspruchs verschiedene Rechtsmeinungen vertreten werden können und daher der Ausgang eines hierüber zu führenden Rechtsstreites nicht absehbar war, wird der Tatbestand des § 26 Z 2 AngG nicht erfüllt.

Unter „**Schmälerung**" versteht man die einseitige, rechtswidrige **Herabsetzung** des dem Angestellten zukommenden Entgelts. Hinsichtlich der vom Arbeitgeber durch die Entgeltschmälerung gesetzte Vertragsverletzung ist zu beachten, dass nicht schlechthin jede, sondern nur eine **wesentliche Vertragsverletzung**, die dem Angestellten die Fortsetzung des Arbeitsverhältnisses unzumutbar macht, zur vorzeitigen Auflösung des Dienstverhältnisses nach § 26 Z 2 AngG berechtigt. Wesentlich ist aber eine Vertragsverletzung nur dann, wenn dem Angestellten die weitere Aufrechterhaltung des Dienstverhältnisses nicht zugemutet werden kann; die **Unzumutbarkeit** der Aufrechterhaltung des Dienstverhältnisses ist stets nach dem Zeitpunkt des Austritts zu beurteilen. Ob diese Voraussetzungen zutreffen, kann immer nur aufgrund der Umstände des Einzelfalles beurteilt werden; eine **einmalige kurzfristige Verzögerung der Entgeltzahlung** wird in der Regel **nicht** als ungebührliches Vorenthalten iSd § 26 Z 2 AngG gewertet werden können, sofern der Arbeitnehmer nicht annehmen muss, er werde das ihm gebührende Entgelt nicht bekommen. Wenn der Arbeitnehmer aber aufgrund des Verhaltens des Arbeitgebers davon ausgehen kann, dass er das gebührende Entgelt nicht mehr (rechtzeitig) bekomme, berechtigt selbst eine vergleichsweise **geringfügigere Schmälerung** des Entgelts zum vorzeitigen Austritt aus wichtigem Grund. Erklärt ein Arbeitgeber gleich von selbst, nicht zahlen zu können oder zu wollen, braucht der Arbeitnehmer für seinen Austritt nicht erst abzuwarten, ob diese Ankündigung auch verwirklicht wird (vgl. OGH 19. 5. 1993, 9 ObA 86/93, ARD 4501/6/93).

3.1.2. Kein Austrittsrecht bei Ankündigung eines Konkursantrages

446 **Kein Recht** zum vorzeitigen Austritt besteht dann, wenn das Entgelt mit Zustimmung des Arbeitgebers rechtzeitig durch einen **Dritten** bezahlt wird. Daher berechtigt die Ankündigung des Arbeitgebers, wegen Zahlungsunfähigkeit den **Konkursantrag** zu stellen und die Zahlungen

§ 26 AngG

einzustellen, jedenfalls noch **nicht** zum vorzeitigen Austritt. Vielmehr hat sich der Arbeitgeber damit gesetzeskonform verhalten; überdies stand noch gar nicht fest, ob das Entgelt nicht ohnehin von „Dritten" (z.b. Insolvenz-Ausfallgeld-Fonds) bezahlt wird.

Vor Eintritt der Fälligkeit der Zahlungen kann daher für den Arbeitnehmer keinesfalls die Aufrechterhaltung des Arbeitsverhältnisses unzumutbar sein, stellt sich doch erst dann heraus, ob nicht die bis zur Konkurseröffnung aufgelaufenen Gehaltsansprüche ohnehin durch den Insolvenz-Ausfallgeld-Fonds abgedeckt sind bzw. die danach fällig werdenden Ansprüche als Masseforderungen vom Masseverwalter bezahlt werden.

3.1.3. Pflicht des Arbeitnehmers zur Nachfristsetzung

Durch **längeres Dulden der Entgeltschmälerung** wird zwar das Austrittsrecht des Arbeitnehmers **nicht verwirkt**, jedoch darf der Arbeitnehmer diesen Umstand nicht zum Anlass eines plötzlichen Austritts nehmen, d.h. ohne vorherige Ankündigung und damit für den Arbeitgeber nicht erkennbar eine weitere Zusammenarbeit ablehnen. Einer derartigen **Nachfristsetzung** unter konkreter – wenn auch nicht ziffernmäßiger – Angabe der erhobenen Forderung bedarf es selbst dann, wenn der Arbeitnehmer zuvor in längeren Zeitabständen seinen Unmut über die Verrechnungsart zum Ausdruck gebracht hat.

447

Hat etwa ein Arbeitnehmer im gesamten vorangegangenen Beschäftigungsverhältnis um einen Monat verspätete Gehaltszahlungen geduldet, kann er nicht wegen einer verspäteten Zahlung um einen Tag ohne Einräumung einer Nachfrist einen berechtigten vorzeitigen Austritt setzen. Er wäre jedenfalls verpflichtet gewesen, dem Arbeitgeber unter Einräumung einer Nachfrist den **vorzeitigen Austritt in Aussicht zu stellen**. Gibt der Arbeitnehmer nämlich dem Arbeitgeber durch sein bisheriges Verhalten zu erkennen, dass derartige Gehaltsverspätungen ihm die Fortsetzung des Dienstverhältnisses nicht unzumutbar machen, ist er **ohne Mahnung** und Setzung einer Nachfrist aufgrund des eingetretenen Gehaltsrückstandes **nicht zum Austritt berechtigt**.

Liegt jedoch auf Seiten des Arbeitgebers ein **eklatanter Gesetzesverstoß** vor, so dass diesem offensichtlich bewusst sein musste, dass die Schmälerung des Entgelts gesetzeswidrig ist, bedarf der vorzeitige Austritt **keiner Nachfristsetzung**. In diesem Fall muss der Arbeitgeber jederzeit mit der vorzeitigen Auflösung des Arbeitsverhältnisses rechnen, ohne dass es dazu einer besonderen Ankündigung oder einer formellen Nachfristsetzung bedarf. Ebenso ist ein sofortiger Austritt möglich, wenn dem Arbeitnehmer angesichts des bisherigen Verhaltens des Arbeitgebers bewusst sein muss, dass eine **Nachfristsetzung zwecklos** wäre.

Die Nachfrist für eine offene Lohnzahlung braucht keinesfalls so lang zu sein, dass sie den Arbeitgeber erst in die Lage versetzt, den **geschuldeten Betrag aufzutreiben**, sondern es genügt eine Frist, die zur **Bereitstellung** des geschuldeten Betrages ausreicht. Eine Nachfrist von 10 Tagen ist daher – auch in Hinblick auf ein freundschaftliches Verhältnis zwischen Arbeitgeber und Arbeitnehmer – als großzügiger Zeitraum anzusehen. Selbst eine Nachfrist von nur 24 Stunden wurde unter bestimmten Umständen als ausreichend erachtet, wobei der Arbeitgeber im Falle einer **zu kurz bemessenen Nachfrist** dem Arbeitnehmer eine **positive Erledigung** ankündigen und ihn um eine entsprechende Erstreckung der Nachfrist ersuchen muss.

3.1.4. Unverzüglicher Ausspruch nach Verstreichen der Nachfrist erforderlich

Bei der Vorenthaltung des Entgeltes handelt es sich um einen **Dauertatbestand**, der den Arbeitnehmer solange zum Austritt berechtigt, wie das rechtswidrige Verhalten des Arbeitgebers andauert. Nach dem **fruchtlosen Verstreichen einer gesetzten Nachfrist** ist aber für einen rechtmäßigen

448

§ 26 AngG

Austritt der **unverzügliche Ausspruch** der Austrittserklärung erforderlich. Nicht maßgeblich ist hingegen, dass im Zeitpunkt des Zugangs der Austrittserklärung an den Arbeitgeber dieser den rückständigen Lohn noch immer nicht bezahlt hat. Hat der Arbeitgeber jedoch die vom Arbeitnehmer in seiner Androhung des Austritts geforderte Einzahlung auf dessen Konto **fristgerecht** vorgenommen, ist der **Austritt ungerechtfertigt**. Dieser Gefahr setzt sich der Arbeitnehmer auch aus, wenn er den Austritt zu einem in der Zukunft liegenden Zeitraum erklärt, wenn zwischenzeitig das Entgelt nachgezahlt wird, so dass die Voraussetzungen für den vorzeitigen Austritt nicht mehr vorliegen.

3.1.5. Besonderheiten einer bargeldlosen Überweisung

449 Führt der Arbeitgeber die monatlichen Gehaltszahlungen seiner Arbeitnehmer regelmäßig mittels **bargeldloser Überweisung** durch, hat er dafür zu sorgen, dass das Gehalt zum **Fälligkeitszeitpunkt** am Konto des Arbeitnehmers **gutgebucht** ist.

Wirtschaftliche Schwierigkeiten des Arbeitgebers oder ein Zahlungsverzug von Kunden können eine verspätete Überweisung nicht entschuldigen. Der Mangel an erforderlichen Geldmitteln rechtfertigt weder ein Vorenthalten des Gehalts oder eine Gehaltsreduzierung noch entschuldigt er eine Verzögerung der Gehaltsauszahlung.

3.2. Verletzung anderer wesentlicher Vertragsbestimmungen

450 Gemäß § 26 Z 2 AngG ist der Angestellte zum vorzeitigen Austritt auch berechtigt, wenn der Arbeitgeber **andere wesentliche Vertragsbestimmungen verletzt**. Eine Vertragsverletzung ist dann wesentlich, wenn dem Arbeitnehmer die Fortsetzung des Dienstverhältnisses unter den gegebenen Umständen **nicht mehr zumutbar** ist.

Darunter kann etwa eine „**Degradierung**" in Form einer verschlechternde Versetzung iSd § 101 ArbVG fallen, die Nichteinhaltung einer bereits zugesagten Beförderung oder die beharrliche **Unterlassung einer Anmeldung bei der Gebietskrankenkasse**. Beruht die Unterlassung der Anmeldung jedoch nicht auf einer einseitigen Vertragsverletzung durch den Arbeitgeber, sondern auf einer – wenn auch nichtigen, weil rechts- und sittenwidrigen – Übereinkunft zwischen Arbeitgeber und Arbeitnehmer, ist der Arbeitnehmer zur vorzeitigen Beendigung des Dienstverhältnisses nicht berechtigt. Aus dem eigenen sittenwidrigen Verhalten kann der Arbeitnehmer keine Rechtsansprüche ableiten.

3.3. Beweislastverteilung

451 Die Behauptungs- und Beweislast für das Vorliegen eines Austrittsgrundes nach § 26 Z 2 AngG trifft den Arbeitnehmer.

4. Austrittsgrund des § § 26 Z 3 AngG: Verletzung von Schutzpflichten

452 Ein Angestellter ist zur sofortigen Dienstvertragsauflösung aus wichtigem Grund berechtigt, wenn sich der Arbeitgeber weigert, den ihm zum **Schutze des Lebens, der Gesundheit oder der Sittlichkeit** des Angestellten gesetzlich obliegenden Verpflichtungen nachzukommen. Aus der nach dem Gesetz notwendigen „Weigerung" des Arbeitgebers, den gesetzlich gebotenen Zustand herzustellen, folgt, dass der Angestellte den Arbeitgeber auf die diesen gesetzlich obliegenden **Schutzverpflichtungen aufmerksam machen** muss. Außerdem muss er dem Arbeitgeber eine angemessene Zeit zur Einleitung und Durchführung der Maßnahmen zubilligen.

§ 26 AngG

Verstößt ein Arbeitgeber aber **bewusst und systematisch** gegen Arbeitnehmerschutzvorschriften, kommt seine Weigerung, die gesetzlichen Schutzvorschriften einzuhalten, deutlich zum Ausdruck, so dass dem Arbeitnehmer nicht zugemutet werden kann, weiter in einem solchen Betrieb gegen seinen Willen beschäftigt zu sein.

5. Austrittsgrund des § 26 Z 4 AngG: verbale und physische Tätlichkeiten

Gemäß § 26 Z 4 AngG ist ein Angestellter zum vorzeitigen Austritt berechtigt, wenn sich der Arbeitgeber **Tätlichkeiten, Verletzungen der Sittlichkeit oder erhebliche Ehrverletzungen** gegen den Angestellten oder dessen Angehörige zu Schulden kommen lässt oder es **verweigert**, den Angestellten gegen solche Handlungen eines Mitbediensteten oder eines Angehörigen des Arbeitgebers **zu schützen**. 453

Arbeitgeber iSd § 26 Z 4 AngG ist grundsätzlich nur der **Geschäftsinhaber** (bei juristischen Personen die vertretungsbefugten Organe), also derjenige, der die Verantwortung für das gesamte Unternehmen trägt und in der Lage ist, Abhilfe zu schaffen und weitere Ehrverletzungen in Zukunft zu verhindern. Ihm gleichgestellt sind jene Personen, die kraft ihrer Befugnisse und ihrer Stellung gegenüber den anderen Arbeitnehmern als zur **selbstständigen Geschäftsführung berufene Stellvertreter** anzusehen sind, also nur solche Personen, die zur selbstständigen Ausübung von Unternehmer- und insbesondere Arbeitgeberfunktionen berechtigt sind. Ein Filialinspektor ohne Organstellung ist kein Arbeitgeber, dem zum sofortigen Austritt berechtigende Ehrverletzungen zugerechnet werden könnten.

5.1. Tätlichkeiten gegen den Angestellten

Unter „**Tätlichkeiten**" sind alle **Angriffe gegen die körperliche Integrität** zu verstehen, wobei dies sowohl strafrechtlich relevante Handlungen (Körperverletzungen iSd §§ 83 ff. StGB, körperliche Misshandlungen iSd § 115 StGB, wie Ohrfeigen oder Reißen an den Haaren) als auch gegen die körperliche Integrität gerichtete Handlungen sein können, die nicht strafbar sind. Auf den Erfolg (Verletzung) oder eine Erheblichkeit der Tathandlung kommt es ebenso wenig an, wie auf das Motiv oder die mit der Handlung verbundene Absicht. Auch eine geringfügige Tätlichkeit, die keine körperliche Schädigung zur Folge hat, erfüllt den Tatbestand des Austrittsgrundes des § 26 Z 4 AngG. 454

5.2. Verletzungen der Sittlichkeit und der Ehre

Unter **Verletzung der Sittlichkeit** iSd § 26 Z 4 AngG versteht man unzüchtige, die Sittlichkeit in sexueller Beziehung verletzende Handlungen; andere Verletzungen des gebotenen Anstandes fallen nicht darunter. Selbst bei Zutreffen von Sittlichkeitsverletzungen ist zu berücksichtigen, ob das Opfer der Handlung oder der Unterlassung überhaupt Abscheu empfand. Die Sanktion des Arbeitgebers gegen derartige Handlungen muss stets in einem Verhältnis zum Grad der Verletzung der Sittlichkeit stehen. 455

Unter einer **erheblichen Ehrverletzung** versteht man alle Handlungen, die geeignet sind, das Ansehen und die soziale Wertschätzung des Betroffenen durch Geringschätzung, Vorwurf einer niedrigen Gesinnung, üble Nachrede, Verspottung oder Beschimpfung herabzusetzen und auf diese Weise das Ehrgefühl des Betroffenen zu verletzen. Zwar sind dies vor allem gegen die Ehre gerichtete strafbare Handlungen iSd §§ 111 ff. StGB, jedoch können auch derartige, nicht strafbare Handlungen tatbestandsmäßig sein. Die Ehrverletzung muss **objektiv geeignet** sein, **in erheblichem**

§ 26 AngG

Maße ehrverletzend zu wirken, und sie muss diese Wirkung auch hervorgerufen haben. Der betreffenden Äußerung (bzw. Handlung) muss daher eine **Verletzungsabsicht** zugrunde liegen; werden ehrenrührige Tatsachen nicht in beleidigender Absicht, sondern in Wahrung berechtigter Interessen oder in Ausübung einer berechtigten Kritik an einem leitenden Angestellten oder am Arbeitgeber vorgebracht, fehlt der Charakter einer Ehrverletzung.

Erheblich ist eine Ehrverletzung immer dann, wenn sie von solcher Art und unter solchen Umständen erfolgt, dass sie von einem Menschen mit normalen Ehrgefühlen nicht anders als mit dem **Abbruch der Beziehungen** beantwortet werden kann. Auch eine einmalige, empfindliche Beleidigung kann zum Austritt berechtigen. Ob eine Ehrenbeleidigung noch als geringfügig oder bereits als grob und damit als austrittswürdig zu qualifizieren ist, hängt in aller Regel von den Umständen des jeweiligen Einzelfalles, und nicht vom subjektiven Empfinden des Beleidigten ab, sondern von **objektiven Maßstäben**. Bei der Prüfung der Zumutbarkeit einer Weiterbeschäftigung des Angestellten sind insbesondere die **Stellung** des Arbeitnehmers im Betrieb, sein **Bildungsgrad**, die Art des Betriebes, der im Betrieb herrschende **Umgangston**, die Gelegenheit, bei der die Äußerung gefallen ist, sowie das **bisherige Verhalten** des Arbeitnehmers zu berücksichtigen. Nicht notwendig ist, dass die Ehrverletzung öffentlich erfolgt und gerichtlich strafbar ist, doch haben Öffentlichkeit und Strafbarkeit der Ehrverletzung in der Regel ihre besondere Bedeutung für die Beurteilung der Erheblichkeit.

Auch durch bestimmte **Gesten und Verhaltensweisen** ohne wörtliche Äußerungen kann ein Entlassungsgrund verwirklicht werden. Eine solche Geste wäre beispielsweise die geballte Faust mit dem ausgestreckten Mittelfinger (vgl. ASG Wien 26. 5. 1993, 15 Cga 352/93, ARD 4534/46/94), als derartige Verhaltensweise kommt etwa das Bespucken oder das Nachwerfen von Gegenständen in betracht, wobei es nicht darauf ankommt, ob jemand getroffen wurde (vgl. OGH 26. 2. 1998, 8 ObA 8/98d, ARD 4971/8/98).

Der Austrittsgrund des § 26 Z 4 AngG ist auch dann gegeben, wenn der Arbeitgeber die inkriminierten Handlungen nicht gegen den Angestellten selbst, sondern gegen dessen **Angehörigen** setzt. Unter Angehörigen im Sinne dieser Bestimmung sind nicht nur der Ehegatte und die Kinder zu verstehen, sondern ist dieser Begriff ebenso wie der des Mitbediensteten weit auszulegen.

5.3. Verweigerung des Schutzes vor Ehrverletzungen Dritter

456 Ein nicht vom Arbeitgeber selbst, sondern von einem **Mitbediensteten** oder einem Angehörigen des Arbeitgebers beleidigter oder tätlich angegriffener Angestellter (darunter fällt z.B. auch die sexuelle Belästigung durch Arbeitskollegen) ist nur dann zum vorzeitigen Austritt gemäß § 26 Z 4 AngG berechtigt, wenn er zuvor **vergeblich Abhilfe** durch den Arbeitgeber **verlangt hat**. Der Gesetzgeber wollte nicht nur den Angestellten gegen Beleidigungen durch Mitbedienste schützen, sondern hatte auch die Interessen eines daran unbeteiligten Arbeitgebers im Auge, dem in jedem Fall die Möglichkeit gewahrt bleiben soll, vorerst selbst für Ordnung in seinem Betrieb zu sorgen und den von einem Mitbediensteten beleidigten Angestellten gegen weitere Vorfälle dieser Art zu schützen. Nur wenn er dazu nicht willens oder in der Lage ist, muss er mit dem Austritt des Angestellten rechnen. Das **Ersuchen um Abhilfe** muss als solches **klar erkennbar** sein.

Der Arbeitgeber hat den vom Arbeitnehmer verlangten **Schutz unverzüglich zu leisten** bzw. die notwendigen Schritte einzuleiten. Die bloße Vermittlung eines klärenden Gespräches bzw. die Aufforderung an den Belästiger, die vorgeworfenen Handlungen zu unterlassen, werden in der Regel wohl nicht ausreichen, der dem Arbeitgeber obliegenden Fürsorgepflicht nachzukommen.

§ 26 AngG

Judikatur zu § 26 Z 1

Dauernde Arbeitsunfähigkeit bzw. Gesundheitsgefährdung erforderlich

Eine in absehbarer Zeit **heilbare Krankheit** bewirkt auch dann **kein Austrittsrecht**, wenn die Krankheit ihre Ursache in der Arbeitsleistung gehabt hat. Notwendige Voraussetzung für einen Austritt wegen Gesundheitsgefährdung ist, dass der Gesundheitszustand des Arbeitnehmers **dauerhaft** so schlecht ist, dass ihm eine weitere Tätigkeit nicht zumutbar ist. Als dauernd in diesem Sinn kann jedoch nur angesehen werden, wenn die Wiederherstellung der Arbeitsfähigkeit in absehbarer Zeit nicht zu erwarten ist. Eine nur **vorübergehende**, wenn auch durch eine schwere Krankheit bedingte **Arbeitsunfähigkeit** bildet hingegen noch **keinen wichtigen Austrittsgrund**. Dasselbe gilt für eine bloß vorübergehende Gesundheitsgefährdung. 457

Ist die Fortsetzung der Arbeitsleistung für einen durchschnittlichen Arbeitnehmer zumutbar, stellt sie aber für den **konkreten Arbeitnehmer** aufgrund seiner spezifischen Situation ein **Gesundheitsrisiko** dar, ist die Gesundheitsgefährdung streng genommen nicht mehr durch die Arbeitsleistung an sich bedingt. Es wird abgewogen, wem die Folgen der Gesundheitsgefährdung zurechenbar sind. Eine in absehbarer Zeit heilbare Krankheit reicht zur Begründung des Austrittsrechtes unabhängig von ihrer Ursache nicht aus – sogar wenn die Krankheit unmittelbar auf die Arbeitsleistung zurückzuführen ist. Beim Austrittsrecht kommt es dagegen auf die Prognose an, ob die Fortsetzung der Arbeitsleistung die Gesundheit gefährdet und der Arbeitnehmer deshalb das Dienstverhältnis vorzeitig beenden darf. Ob die **Ursache der Gesundheitsgefährdung** bei der Arbeitsleistung entstanden ist, ist für die Frage der Zumutbarkeit der Fortsetzung des Dienstverhältnisses **nicht entscheidend**. ASG Wien 15. 9. 1997, 14 Cga 234/95y. (ARD 4906/7/98 ●)

Der **gute Glaube** eines Arbeitnehmers an die Richtigkeit einer – in Wahrheit allerdings objektiv unrichtigen – **ärztlichen Bestätigung** über das Bestehen einer Gesundheitsgefährdung rechtfertigt noch nicht einen vorzeitigen Austritt gemäß § 26 Z 1 AngG. OLG Wien 15. 12. 2005, 9 Ra 154/05s. (ARD 5733/6/2006 ●)

Aufklärungspflicht des Arbeitnehmers über Gesundheitsbeeinträchtigung

Bei **gesundheitsgefährdendem Arbeitsklima** kann sich ein Arbeitnehmer, ohne den Arbeitgeber über seine Gefährdung aufzuklären, auf einen gerechtfertigten Austritt berufen, wenn die **Verweisung** auf einen **anderen Arbeitsplatz** im Rahmen des Dienstvertrages nach den gegebenen Umständen **nicht in Betracht** kommt. Die **Aufklärungspflicht** eines nach § 26 Z 1 zweiter Fall AngG austrittswilligen Arbeitnehmers soll den Arbeitgeber in die Lage versetzen, seiner Fürsorgepflicht, die Arbeitsbedingungen so zu gestalten, dass das Leben und die Gesundheit des Arbeitnehmers möglichst geschützt sind, dadurch nachzukommen, dass er, wenn ihm Gesundheitsgefährdungen zur Kenntnis gelangen, Abhilfe schaffen kann. Dieser Grundsatz erfährt allerdings dann eine **Ausnahme**, wenn die Verweisung auf einen anderen Arbeitsplatz im Rahmen des Dienstvertrages nach den gegebenen Umständen nicht in Betracht kommt, was insbesondere dann der Fall ist, wenn die gesundheitsgefährdende Belastung des Arbeitnehmers im **Arbeitsklima** liegt. 458

Ist – wie im vorliegenden Fall – bei Aufrechterhaltung des Dienstverhältnisses auch von einer **dauernd drohenden Gesundheitsgefährdung** des Arbeitnehmers auszugehen, weil eine anlagebedingte Neigung zu depressiven Verstimmungen dazu geführt hat, dass der Arbeitnehmer unter dem insbesondere durch häufigen Personalwechsel bestimmten **Arbeitsklima litt**, so dass bei Aufrechterhaltung des subjektiven Drucks durch weitere Arbeitsleistung eine weitere **Verschlechterung** des psychischen Zustandes **zu erwarten** war, stellt die Gefährdung seiner Gesundheit durch

§ 26 AngG

Fortsetzung seiner Tätigkeit einen Dauerzustand dar, auf den sich der Arbeitnehmer jederzeit für die Rechtfertigung eines vorzeitigen Austritts berufen kann. OGH 17. 12. 1997, 9 ObA 196/97g. (ARD 4944/11/98 ●)

Ein Arbeitnehmer darf im Urlaub nicht überraschend seinen Austritt wegen Gesundheitsgefährdung erklären. Er muss dem Arbeitgeber jedenfalls Gelegenheit geben, irgendwelche **organisatorischen Maßnahmen** zu treffen, um dem Arbeitnehmer eine seinem Verlangen gemäße gesundheitsangepasste Tätigkeit zur Verfügung zu stellen. Das Anbot einer dementsprechenden Beschäftigung hat zwar keinen Einfluss auf die fristwidrige Kündigung des Arbeitnehmers, wohl aber darauf, ob ihm ein wichtiger, den Abfertigungsanspruch auslösender Beendigungsgrund zugebilligt werden kann.

Hat aber der Arbeitnehmer dem Arbeitgeber nicht einmal die Möglichkeit gegeben, entsprechende Dispositionen zu treffen – weil Austritt und Bekanntgabe der gesundheitlichen Schwierigkeiten Hand in Hand gingen, so dass der Arbeitgeber keinerlei Möglichkeit hatte, in irgendeiner Form auf die Probleme des Arbeitnehmers zu reagieren –, und hatte an diesem Tag der Arbeitnehmer jedenfalls **keinen aktuellen Anlass**, überraschend vorzeitig auszutreten, ist der Austritt **ungerechtfertigt**. Wäre der Arbeitnehmer mit einer Weiterbeschäftigung wie bisher nicht einverstanden gewesen, hätte er zumindest **nach Ende des Urlaubs** seinen Dienst antreten und dem Arbeitgeber nunmehr ermöglichen müssen, ihm eine **andere Stelle** anzubieten, oder aber – falls dies nicht geschehen wäre – hätte er dann an diesem Tag zu Recht seinen Austritt erklären können. OLG Innsbruck 3. 10. 1995, 5 Ra 108/95. (ARD 4701/30/95 ●)

Pflicht des Arbeitgebers zum Anbot eine zumutbaren Ersatzbeschäftigung

459 Zwar ist ein Arbeitnehmer, der wegen Gefährdung seiner Gesundheit durch die von ihm zu verrichtenden Arbeiten vorzeitig austreten will, grundsätzlich verpflichtet, den Arbeitgeber vor Ausübung des Austrittsrechtes auf seine Gesundheitsgefährdung aufmerksam zu machen; dessen bedarf es aber u.a. dann nicht, wenn dem **Arbeitgeber diese Gefährdung** ohnehin **bekannt** ist. in diesem Fall bedarf es nicht der Prüfung, ob es allenfalls im Betrieb Arbeiten gibt, die der Arbeitnehmer unter Berücksichtigung seines Gesundheitszustandes verrichten kann. Es ist **Sache des Arbeitgebers**, dem Arbeitnehmer von sich aus solche **Tätigkeiten anzubieten**, will er einen berechtigten Austritt wegen Gesundheitsgefährdung verhindern. OGH 24. 2. 1993, 9 ObA 36/93. (ARD 4535/19/94 ●)

Kann ein Arbeitnehmer die vertragsmäßig vereinbarte Arbeit aus **gesundheitlichen Gründen** nicht mehr ausüben und nimmt der Arbeitgeber ein diesbezügliches ärztliches Attest nicht zum Anlass, den **Arbeitnehmer anderweitig zu verwenden**, ist sein vorzeitiger **Austritt berechtigt**. Ist der Arbeitgeber über die gesundheitlichen Probleme des Arbeitnehmers bei Belassung in seiner Tätigkeit im Wesentlichen informiert, kann nicht davon gesprochen werden, dass der Arbeitnehmer überraschend vorzeitig ausgetreten ist, wenn der Arbeitgeber an der vorliegenden Arbeitssituation nichts ändert. Soweit der Arbeitgeber selbst Erkundigungen über den Gesundheitszustand des Arbeitnehmers angestellt hat, gehen seine daraus gezogenen (unzutreffenden) Schlüsse auf sein Risiko. OGH 29. 3. 1995, 9 ObA 42/95. (ARD 4701/31/95 ●)

Zumutbarkeit eines Ersatzarbeitsplatzes

460 Bietet ein Arbeitgeber seiner an einer Allergie leidenden Arbeitnehmerin (hier: Friseurin) einen adäquaten **nicht gesundheitsgefährdenden Ersatzarbeitsplatz** an, der noch im Berufsbild der Arbeitnehmerin liegt, ist ein Austritt wegen Gesundheitsgefährdung ungerechtfertigt. Lehnt

§ 26 AngG

daher die Friseurin, die an einem typischen Friseurekzem mit Allergisierung auf **berufstypische Arbeitssubstanzen** leidet, weshalb ihr von ärztlicher Seite nahegelegt worden war, von handwerklichen Friseurarbeiten an Kunden Abstand zu nehmen, eine ihr mehrfach angebotene Tätigkeit als **Rezeptionistin** im Friseursalon des Arbeitgebers ab, tritt sie zu Unrecht aus.

Diese Tätigkeit stellt einen adäquaten Ersatzarbeitsplatz dar, wenn er Teiltätigkeiten ihrer bisherigen Tätigkeit umfasst und weder vom Prestige dieser Position noch von der Bezahlung her eine Verschlechterung bedeutet. Diese ihr angebotene Tätigkeit liegt nach dem **Berufsbild** des Friseurs noch im Rahmen der **bedungenen Dienste**. Der Arbeitnehmerin wurden aufgrund der Fürsorgepflicht des Arbeitgebers gerade solche Teiltätigkeiten ermöglicht, die ihrer Gesundheit nicht abträglich gewesen wären. Die Ausschlagung dieses Angebots des Arbeitgebers und das Nichterscheinen zur Arbeit in der Folge ist als ungerechtfertigter Austritt zu werten. OGH 25. 4. 1996, 8 ObA 2048/96a. (ARD 4787/14/96 ●)

Ist die Annahme eines infolge Gesundheitsgefährdung durch die bisherige Tätigkeit angebotenen Ersatzarbeitsplatzes mit einem **Wechsel des Arbeitgebers** verbunden, ist der Arbeitnehmer zur Annahme dieses Angebots **nicht verpflichtet**. In der Regel ist es zwar Sache des durch seine Tätigkeit gesundheitsgefährdeten Arbeitnehmers, zumindest zu behaupten, dass die angebotene Tätigkeit außerhalb der arbeitsvertraglichen Verpflichtung liegt, wenn der Arbeitgeber dem Arbeitnehmer eine andere, vom gesundheitlichen Standpunkt zumutbare, der bisherigen Tätigkeit artverwandte Arbeit anbietet. Das Angebot des Arbeitgebers, bei einer **anderen juristischen Person** zu arbeiten, entspricht aber schon aus rechtlichen Gründen **keiner tauglichen Alternative**.

Dabei ist es unerheblich, ob es dadurch zu einem Arbeitgeberwechsel kommen sollte oder nur zu einer ungeregelten Arbeitnehmerüberlassung. Der Arbeitnehmer darf dieses Angebot, das einen Wechsel des Arbeitgebers und der Kollektivvertragszugehörigkeit zur Folge hätte, ohne schädliche Auswirkung auf sein Austrittsrecht ablehnen. OGH 31. 1. 1996, 9 ObA 5/96. (ARD 4787/13/96 ●)

Jederzeitiges Austrittsrecht des Arbeitnehmers bei Untätigkeit des Arbeitgebers

Ist einem Arbeitgeber bekannt, dass die mit einem Arbeitnehmer vereinbarte Tätigkeit dessen Gesundheit gefährdet, ist der Arbeitnehmer, solange ihm der Arbeitgeber keinen zumutbaren, nicht gesundheitsgefährdenden Arbeitsplatz anbietet, **jederzeit berechtigt**, unter Wahrung seines Abfertigungsanspruchs, vorzeitig **auszutreten**. OGH 15. 9. 1999, 9 ObA 113/99d. (ARD 5090/5/2000 ●)

461

Nachschieben von Austrittsgründen

So wie es bei der Entlassung zulässig ist, Entlassungsgründe nachzuschieben, ist es auch zulässig, einen **Austrittsgrund nachzuschieben**. War dem Arbeitgeber ein **Rückenleiden** seiner Arbeitnehmerin bekannt, wäre er zufolge der ihn treffenden Fürsorgepflicht und der ihm bekannten Umstände, unter denen die Arbeitnehmerin die Arbeitsleistung zu verrichten hatte, verpflichtet gewesen, dieser einen Ersatzarbeitsplatz anzubieten bzw die Arbeit so umzugestalten, dass die krankmachenden Faktoren (häufiges Bücken während der Arbeit verbunden mit Hebe- und Tragearbeiten) vermindert oder ausgeschaltet worden wären. Da der Arbeitnehmer in der Austrittserklärung einen Grund nicht nennen muss und überdies weitere Austrittsgründe nachschieben kann, kommt im vorliegenden Fall dem Umstand, dass im Austrittsschreiben der Arbeitnehmerin **psychische Gründe** angeführt wurden, keine entscheidungswesentliche Bedeutung zu. OGH 11. 11. 1999, 8 ObA 90/99i. (ARD 5090/6/2000 ●)

462

§ 26 AngG

Judikatur zu § 26 Z 2

Motiv für die Entgeltschmälerung bzw. dessen Vorenthalten unbeachtlich

463 Für die Verwirklichung des Austrittsgrundes des § 26 Z 2 AngG ist es gleichgültig, ob das Entgelt in Benachteiligungsabsicht, aus Nachlässigkeit oder aus Unvermögen des Arbeitgebers vorenthalten oder geschmälert wird. OGH 20. 12. 2001, 8 ObA 146/01f. (ARD 5351/7/2002 ●)

Der Mangel an erforderlichen Geldmitteln rechtfertigt weder ein Vorenthalten des Gehalts oder eine Gehaltsreduzierung noch entschuldigt er eine Verzögerung der Gehaltsauszahlung. ASG Wien 22. 3. 1996, 18 Cga 229/95t. (ARD 4809/38/97 ●)

Auch wenn der Arbeitgeber die Überweisung des fälligen Arbeitsentgelts nur deshalb erst nach Monatsende veranlasst hat, weil der Arbeitnehmer (nach erfolgter Krankmeldung) die **Krankenstandsbestätigung erst am Monatsende übermittelt** hat, ist dies für die Beurteilung der Berechtigung des Austritts ohne Belang, wenn der Arbeitnehmer infolge wiederholter Unpünktlichkeit der Gehaltsauszahlung die Pünktlichkeit unter Androhung des Austritts eingefordert hat. OLG Wien 25. 9. 2000, 10 Ra 180/00i. (ARD 5223/23/2001 ●)

Subjektive Kenntnis des Arbeitgebers von Unrechtmäßigkeit seines Handelns notwendig

464 Ein ungebührliches Schmälern und Vorenthalten des Entgelts in der Intensität eines Austrittstatbestandes liegt nicht vor, wenn nur eine **objektive Rechtswidrigkeit** gegeben ist. Die Annahme, dass eine Entgeltschmälerung nicht vorliege, weil geleistete **Akontozahlungen** durch die ins Verdienen gebrachten Provisionen nicht abgedeckt waren, sondern im Gegenteil aus dem Abrechnungsguthaben eine **Forderung** von über S 200.000,- für den Arbeitgeber bestand, in Zusammenhang mit dem Umstand, dass zwischen Arbeitgeber und Arbeitnehmer ein als „Werkvertrag" titulierter Vertrag abgeschlossen worden ist und ausdrücklich kein Arbeitsverhältnis im Sinne des Angestelltengesetzes begründet werden sollte, rechtfertigt **subjektiv** den Ausschluss der **Kenntnis einer unrechtmäßigen Vorgangsweise** des Arbeitgebers. Der Arbeitnehmer war somit nicht zum vorzeitigen Austritt berechtigt. OGH 22. 11. 2000, 9 ObA 246/00t. (ARD 5205/43/2001 ●)

Risiko einer verspäteten Zahlung

465 Wird für fälligen Lohn unter Androhung des Austritts eine Nachfrist zur Anweisung desselben gesetzt, ist der Austritt auch dann berechtigt, wenn bis zum gesetzten Termin die Überweisung zwar veranlasst, aber noch **nicht dem Konto** des Arbeitnehmers **gutgeschrieben wurde**. Ist bargeldlose Lohnzahlung vereinbart, muss der überwiesene Betrag dem Arbeitnehmer **am Fälligkeitstag** auf seinem Konto **gutgeschrieben** sein. Der Arbeitgeber muss daher die Überweisung so rechtzeitig vornehmen, dass entsprechend allfälliger Bankbedingungen oder der üblichen ordnungsgemäßen Erledigung von Überweisungsaufträgen durch die Banken die Gutschrift rechtzeitig erfolgt. OGH 12. 7. 1995, 9 ObA 95/95. (ARD 4686/4/95 ●)

Bei einer **auswärtigen Lohnverrechnung**, deren Fehler sich der Arbeitgeber zuzurechnen hat, hat der Arbeitgeber die erforderlichen Dispositionen zu treffen, dass unter Berücksichtigung der üblichen Bearbeitungszeit die Gutschrift des Gehalts spätestens zum Zeitpunkt der Fälligkeit verbucht wird. OGH 12. 4. 1995, 9 ObA 21/95. (ARD 4669/17/95 ●)

Wird ein vorzeitiger Austritt **für den Fall der Nichtzahlung** des fälligen Arbeitslohnes innerhalb der gesetzten Nachfrist erklärt, bedarf es **keiner zusätzlichen Austrittserklärung** und ist er auch dann

§ 26 AngG

gerechtfertigt und wirksam, wenn die ausständige Lohnzahlung einen Tag später tatsächlich einlangt. Erklärt der Arbeitnehmer in seinem Schreiben seinen vorzeitigen Austritt für den Fall der weiteren Nichtzahlung seines Arbeitslohnes, setzt er eine **zulässige**, da vom Willen des Arbeitgebers abhängige, **Potestativbedingung.** Einer zusätzlichen Austrittserklärung bedarf es sohin nicht mehr.

Erhält ein Arbeitnehmer, der dem Arbeitgeber eine letzte Nachfrist für wiederholt unter Austrittsdrohung eingemahnte Gehaltsrückstände gesetzt hat, den Brief des Arbeitgebers, in dem sich ein Scheck über den Gehaltsrückstand befand, erst **am Tag nach Ablauf der Nachfrist**, ist sein Austritt gerechtfertigt, auch wenn er diesen erst fünf Tage später mittels Brief erklärt, in dem er festhält, dass er zufolge der Nichtzahlung seiner offenen Entgeltansprüche binnen der gesetzten Nachfrist von seinem vorzeitigen Austrittsrecht Gebrauch gemacht hat.

Es ist unerheblich, ob die Übersendung des Schecks bereits den Zahlungsverzug hätte beseitigen können, wenn dieser erst **einen Tag nach Ablauf** der hinreichenden Nachfrist beim Arbeitnehmer **einlangt.** An dieser Verspätung trifft den Arbeitgeber ein Verschulden, weil es an ihm liegt, dafür zu sorgen, dass der ausstehende Betrag rechtzeitig in die Hand des Arbeitnehmers gelangt. Darauf, dass ein am Abend oder gegen Abend aufgegebener Brief den Adressaten jedenfalls noch am nächsten Tag erreichen werde, darf man sich nicht verlassen. OGH 29. 3. 1995, 9 ObA 35/95. (ARD 4692/26/95 ●)

Ist ein Arbeitgeber mehrmals zur Bezahlung des ausständigen Lohns ermahnt worden und wurde seitens des Arbeitnehmers eine Nachfrist gesetzt, trifft das Risiko, dass der Arbeitnehmer am **letzten Tag der Frist seinen Arbeitsplatz vorzeitig verlässt**, ohne sein fälliges Entgelt nochmals einzufordern, ausschließlich den Arbeitgeber. Der Arbeitnehmer ist daher keineswegs gezwungen, länger, also bis Dienstschluss, an der Arbeitsstätte zu verweilen. Der Arbeitgeber schafft durch die wiederholte Vorenthaltung des Entgelts bzw. verspätete Auszahlung einen rechtswidrigen Dauerzustand, weshalb der Austritt prinzipiell auch ohne Nachfristsetzung berechtigt gewesen wäre. OLG Wien 26. 7. 2000, 7 Ra 140/00k. (ARD 5269/19/2001 ●)

Austrittsrecht bei Vorenthalten bloß geringfügiger Beträge

Wurde zwischen den Parteien eines Dienstvertrages aufgrund einer Zusatzvereinbarung eine Funktionszulage vereinbart, kann diese vom Arbeitgeber nicht einseitig gekürzt werden. Selbst eine **relative Geringfügigkeit** des vorenthaltenen Betrages bewirkt dann, wenn dieser Zustand mehrere Monate hindurch andauert und überdies vom Arbeitgeber eine Nachzahlung nicht einmal in Aussicht gestellt wird, einen Austrittsgrund. OGH 9. 4. 1997, 9 ObA 32/97i. (ARD 4872/15/97 ●)

Ein Provisionsrückstand von S 3.062,17 ist bei einem Bruttogehalt von S 19.000,- monatlich nicht zu niedrig, um einen Austritt zu rechtfertigen, weil selbst eine **vergleichsweise geringfügigere Schmälerung** des Entgelts zum Austritt berechtigt, wenn der Arbeitnehmer aufgrund des Verhaltens des Arbeitgebers nicht annehmen kann, er werde das gebührende Entgelt noch bekommen. OGH 9. 12. 1999, 8 ObA 134/99k. (ARD 5184/48/2001 ●)

Hat ein Arbeitgeber einem Arbeitnehmer die **laufenden Bezüge** anstandslos ausgezahlt und war nur ein im Verhältnis dazu **untergeordneter** und in vielerlei Hinsicht schwierig zu ermittelnder **Entgeltbestandteil strittig** (hier: Vergütung für Diensterfindungen), wobei der Arbeitgeber dessen Zahlung nicht schlichtweg verweigerte, sondern ausgedehnte Verhandlungen mit den zahlreichen betroffenen Arbeitnehmern führte, ist der Austritt des Arbeitnehmers unter Setzung einer angesichts des komplexen Sachverhaltes unzureichenden Nachfrist von 14 Tagen nicht berechtigt.

Aus dem Grundsatz, dass der Austritt nur gerechtfertigt ist, wenn dem Arbeitnehmer die Fortsetzung des Arbeitsverhältnisses unzumutbar ist, ist abzuleiten, dass ein im Verhältnis zum laufenden

§ 26 AngG

Einkommen des Arbeitnehmers **geringfügiger Rückstand**, dessen Berechtigung strittig ist, den **Austritt nicht rechtfertigt**, wenn die unterschiedlichen **Rechtsmeinungen** über das Bestehen des Anspruchs **vertretbar** sind und alle anderen Ansprüche des Arbeitnehmers ordnungsgemäß beglichen wurden (vgl. OGH 13. 11. 2002, 9 ObA 169/02x, ARD 5406/10/2003). OGH 2. 2. 2005, 9 ObA 7/04a. (ARD 5588/6/2005 ●)

Vorenthalten kollektivvertraglicher Gehaltserhöhungen

467   Die Entgeltschmälerung durch **Vorenthalten kollektivvertraglicher Bezugssteigerungen** mehrere Monate hindurch verwirklicht trotz relativer Geringfügigkeit des vorenthaltenen Betrages den Austrittsgrund des § 26 Z 2 AngG, wenn der Arbeitgeber eine **Nachzahlung nicht** einmal **in Aussicht** gestellt hat. Die Nichtzahlung auch relativ geringfügiger Beträge trotz wiederholter Geltendmachung lässt auf die Gleichgültigkeit des Arbeitgebers gegenüber Arbeitnehmerrechten und auf das Beharren auf seinen Standpunkt schließen. Dem Arbeitnehmer ist unter diesen Umständen die Fortsetzung des Dienstverhältnisses bis zum Ablauf der ordentlichen Kündigungsfrist nicht zumutbar. OGH 19. 5. 1993, 9 ObA 86/93. (ARD 4501/6/93 ●)

Hat ein Arbeitnehmer bereits mehrmals auf seine **unterkollektivvertragliche Entlohnung** hingewiesen und nach den ihm zugestandenen Gehaltserhöhungen weiterhin darauf beharrt, mit dem Gehalt nicht einverstanden zu sein, und beanstandete auch der Prüfer der Gebietskrankenkasse die Entlohnung dieses Arbeitnehmers, musste dem Arbeitgeber klar sein, dass offenkundig massiv in Rechte des Arbeitnehmers eingegriffen wurde. Hätte der Arbeitgeber tatsächlich Zweifel an der Berechtigung der Forderungen des Arbeitnehmers gehabt, wäre es allein seine Sache gewesen, möglichst rasch fachmännischen Rat einzuholen. Wurden trotz dieser Sachlage die weiter aufrecht erhaltenen Gehaltsforderungen des Arbeitnehmers nur mit dem vagen Hinweis auf zukünftige Gespräche über die Einstufung beantwortet, die **Nachzahlung der Differenzbeträge aber abgelehnt**, musste der Arbeitnehmer aufgrund dieses Verhaltens des Arbeitgebers vor seiner Austrittserklärung **keine Nachfrist** setzen. OGH 8. 7. 1999, 8 ObA 56/99i. (ARD 5080/22/99 ●)

Kein Austrittsrecht bei vorenthaltenen Zinsen

468   Der Austrittsgrund der ungebührlichen Schmälerung bzw des Vorenthaltens von Entgelt nach § 26 Z 2 AngG liegt nur dann vor, wenn der Arbeitgeber mit der Zahlung des Arbeitsentgelts in Verzug ist; die **Nichtzahlung von Zinsen** aus rückständigem Lohn begründet hingegen **kein Austrittsrecht**. Dies gilt auch in Zusammenhang mit den erhöhten Zinsen nach § 49a ASGG. OGH 17. 2. 2005, 8 ObA 3/05g. (ARD 5618/7/2005 ●)

Anbot der Zinsentragung bei Überziehung des Kontos – berechtigter Austritt

469   Die einem Arbeitnehmer zur Verfügung gestellte Möglichkeit, den fälligen Arbeitslohn innerhalb seines normalen **Überziehungsrahmens** abzuheben, ist für die Nichtverwirklichung des Austrittsgrundes des ungebührlichen Vorenthaltens des Entgelts nicht ausreichend, nicht einmal im Falle des Vorliegens einer **Zinsentragungsvereinbarung** durch den Arbeitgeber für allfällig anfallende Überziehungszinsen. ASG Wien 13. 7. 1995, 30 Cga 54/95w, bestätigt durch OLG Wien 22. 12. 1995, 10 Ra 131/95. (ARD 4728/30/96 ●)

Gehaltszahlung bei üblicher Auszahlung im Betrieb im Krankenstand des Arbeitnehmers

470   Meldet sich ein Arbeitnehmer **krank** und überweist der Arbeitgeber ihm bei Fälligkeit das Entgelt nach Nachfristsetzung nicht rechtzeitig, ist der Arbeitnehmer auch dann zum Austritt berechtigt, wenn der Arbeitgeber das **Entgelt zur Abholung bereithält**. Zwar ist das Arbeitsentgelt grund-

§ 26 AngG

sätzlich mangels sonstiger Regelungen in der Betriebsstätte des Arbeitgebers bei Diensten, die für diesen Betrieb geleistet werden, auszuzahlen – die Pflicht zur Zahlung des Arbeitsentgelts ist demnach als Holschuld zu qualifizieren; **Schickschuld** wird jedoch dann anerkannt, wenn der Arbeitnehmer am Lohnzahlungstag in der Betriebsstätte nicht anwesend ist oder bei erfolgter **Krankmeldung** des Arbeitnehmers. Dabei ist es rechtlich völlig irrelevant, ob der nach erfolgter Krankmeldung abwesende Arbeitnehmer aufgrund seines Gesundheitszustandes allenfalls in der Lage gewesen wäre, das Geld zu holen. Erfolgte eine Krankmeldung des Arbeitnehmers, ist der Arbeitgeber jedenfalls zur Übersendung des Entgelts an ihn verpflichtet. OLG Wien 23. 6. 1997, 10 Ra 148/97a. (ARD 4872/13/97 ●)

Austritt ohne Nachfristsetzung

Wenn ein Arbeitgeber **selbst erklärt, nicht zahlen** zu können oder zu wollen, braucht der Arbeitnehmer für seinen Austritt nicht erst abzuwarten, ob diese Ankündigung auch verwirklicht wird. OLG Wien 3. 3. 1999, 8 Ra 356/98a. (ARD 5024/24/99 ●)

471

Gibt ein Arbeitgeber gegenüber einem Arbeitnehmer, der eine jahrelang geduldete verspätete Gehaltsauszahlung nicht mehr hinzunehmen gewillt ist und deshalb unter Austrittsdrohung die Abstellung dieser betrieblichen Übung fordert, zweifelsfrei zu erkennen, dass er an **keine Änderung der bisherigen Auszahlungsmodalitäten** denkt, sondern bezeichnet er das diesbezügliche Schreiben des Arbeitnehmers vielmehr als „Frechheit" und betont, dass im Betrieb immer noch er „das Sagen" habe, ist der **Austritt gerechtfertigt**, wenn das Gehalt bei Fälligkeit noch nicht überwiesen ist. OGH 31. 3. 1993, 9 ObA 67/93. (ARD 4491/4/93 ●)

Wird einem Arbeitnehmer vom Arbeitgeber eindeutig mitgeteilt, dass die Auszahlung des Gehalts entgegen der zwingenden Bestimmung des § 15 AngG **nur am 15. des Folgemonats üblich** sei und eine Änderung nicht erfolge, ist der vorzeitige Austritt des Arbeitnehmers auch **ohne Nachfristsetzung** gerechtfertigt, da das konsequente widerrechtliche Verstoßen des Arbeitgebers gegen die Fälligkeitsbestimmungen des § 15 AngG ein ungebührliches Vorenthalten des Entgelts darstellt. ASG Wien 6. 9. 1996, 5 Cga 248/93p, bestätigt durch OLG Wien 5. 3. 1997, 8 Ra 368/96p. (ARD 4823/25/97 und ARD 4838/5/97 ●)

Hat der Arbeitgeber bereits **mehrere Monate** lang einem Arbeitnehmer trotz Urgenzen **keinen Lohn** ausbezahlt, ist ein vorzeitiger Austritt auch ohne Nachfristsetzung gerechtfertigt. OGH 29. 1. 1998, 8 ObA 287/97g. (ARD 4925/7/98 ●)

Verpflichtende Nachfristsetzung bei bisheriger Duldung verspäteter Zahlungen

Vereinbarungen, wonach das Gehalt zu einem späteren Zeitpunkt als am Schluss eines jeden Kalendermonats fällig ist, sind in Hinblick auf die nach § 40 AngG einseitig zwingende Bestimmung des § 15 AngG, wonach die Zahlung des Gehalts spätestens am Letzten jedes Monats zu erfolgen hat, gemäß § 879 ABGB nichtig.

472

Selbst wenn ein Arbeitnehmer über einen längeren Zeitraum die Gehaltszahlungen um den **15. des Folgemonats** zur Kenntnis genommen hat, ohne urgiert zu haben, kann von einer **Verwirkung** des Austrittsrechtes **nicht die Rede** sein. Das jahrelange unbeanstandete Hinnehmen der Verspätungen bei den Gehaltszahlungen hat nur zur Folge, dass der Arbeitnehmer den Arbeitgeber vor einem Austritt wegen dieser verspäteten Zahlungen warnen und ihm Gelegenheit geben muss, nunmehr rechtzeitig zu zahlen. OGH 20. 12. 2001, 8 ObA 146/01f. (ARD 5351/7/2002 ●)

§ 26 AngG

Ein Arbeitnehmer, der trotz Kenntnis der Schmälerung seiner Bezüge in der Vergangenheit längere Zeit geschwiegen hat, kann den eingetretenen Zahlungsrückstand nicht zum Anlass eines **plötzlichen vorzeitigen Austritts** nehmen, d.h. ohne vorherige Ankündigung und damit für den Arbeitgeber nicht erkennbar eine weitere Zusammenarbeit ablehnen. Vielmehr muss der Arbeitnehmer in einem solchen Fall den Arbeitgeber unter Setzung einer, wenn auch kurzen, **Nachfrist** zur Zahlung des Rückstands auffordern und kann erst nach fruchtlosem Verstreichen dieser Frist mit Grund austreten.

Fordert ein Arbeitnehmer, der zunächst Zahlungsrückstände oder die ratenweise Zahlung von Entgelt durch längere Zeit – wenn auch nur stillschweigend – geduldet hat, den Arbeitgeber zur Zahlung auf, muss sich der Arbeitgeber darüber im Klaren sein, dass eine **weitere Stundung** der fälligen Bezüge nicht mehr in Betracht kommt. Durch die ungebührliche Schmälerung von Entgelt wird ein rechtswidriger Dauerzustand geschaffen, so dass der Austrittsgrund immer von neuem verwirklicht wird. Ein Arbeitnehmer, der Zahlungsrückstände durch längere Zeit geduldet hat, verwirkt dadurch noch nicht sein grundsätzliches Austrittsrecht. OLG Wien 13. 7. 2000, 10 Ra 94/00t. (ARD 5269/18/2001 ●)

Ist zwischen Arbeitgeber und Arbeitnehmer hinsichtlich **offener Forderungen** des **Arbeitnehmers** nicht nur ein **Gesprächstermin vereinbart** worden, sondern sagt der Arbeitnehmer ausdrücklich zu, mit rechtlichen **Konsequenzen** wegen Nichtbezahlung von Forderungen bis dahin **zuzuwarten**, hat der Arbeitnehmer unabhängig davon, ob und in welcher Höhe tatsächlich Forderungen aus dem Dienstverhältnis bestehen, auf Geltendmachung seines **Austrittsrechtes** bis zum Gesprächstermin **verzichtet**. OGH 12. 10. 1994, 9 ObA 200/94. (ARD 4630/5/95 ●)

Eine **Verzögerung** bei der Gehaltsüberweisung von **nur einem Tag** räumt dem Arbeitnehmer nicht das Recht ein, **ohne Setzung** einer zumindest **kurzen Nachfrist** seinen Austritt gemäß § 26 Z 2 AngG zu erklären, da von einer schwer wiegenden Pflichtverletzung seitens des Arbeitgebers, die dem Arbeitnehmer die Fortsetzung des Arbeitsverhältnisses selbst für die Dauer der Kündigungsfrist objektiv unzumutbar macht, keinesfalls gesprochen worden kann. Dies selbst dann nicht, wenn bereits einmal – einen Monat zuvor – eine Verzögerung bei der Gehaltsüberweisung vom Arbeitnehmer – und zwar unter Setzung einer Nachfrist – gemahnt wurde, der Arbeitgeber aber innerhalb der offenen Nachfrist seine Verpflichtung nachholte, so dass der Arbeitnehmer nicht wirklich zu befürchten hatte, das ihm zustehende Entgelt nicht zu erhalten. ASG Wien 6. 9. 2000, 28 Cga 15/00f. (ARD 5223/24/2001 ●)

Pflicht zum unverzüglichen Austritt nach fruchtlosem Verstreichen der Nachfrist

473 Für einen berechtigten Austritt während des Dauertatbestandes der Vorenthaltung des Entgelts ist nach fruchtlosem Verstreichen einer gesetzten Nachfrist nur der **unverzügliche Ausspruch** der Austrittserklärung erforderlich, nicht hingegen, dass im Zeitpunkt des Zugangs der Austrittserklärung an den Arbeitgeber dieser den rückständigen Lohn noch immer nicht bezahlt hat. Ein nur einen Tag nach Fristablauf datiertes Austrittsschreiben ist jedenfalls als unverzüglich anzusehen. OLG Wien 21. 11. 1997, 9 Ra 252/97p. (ARD 4901/40/98 ●)

Kein Austrittsrecht bei fristgerechter Zahlung innerhalb der Nachfrist

474 Die Austrittserklärung ist wie die Entlassungserklärung oder Kündigung eine einseitige empfangsbedürftige Willenserklärung, die erst mit dem Zugehen in den Machtbereich des Arbeitgebers wirksam wird. Im Zeitpunkt des Austrittes muss die Unzumutbarkeit der Aufrechterhaltung des Dienstverhältnisses gegeben sein. Eine vorzeitige Lösung des Arbeitsverhältnisses kann nicht rückwirkend ausgesprochen werden.

Konnte ein Arbeitnehmer zum Zeitpunkt seines Austrittes nicht nur über den eingemahnten **Entgeltrückstand** verfügen, sondern hat der Arbeitgeber vor allem die vom Arbeitnehmer in seiner Androhung des Austrittes **ausschließlich geforderte Einzahlung** auf das Konto des Arbeitnehmers fristgerecht vorgenommen, ist der Austritt ungerechtfertigt. Dass die **Verfügungsmöglichkeit** auch innerhalb der Nachfrist einzuräumen ist, hat der Arbeitnehmer im vorliegenden Fall in seinem Mahnschreiben **nicht gefordert**. OGH 26. 11. 1997, 9 ObA 289/97h. (ARD 4915/12/98 ●)

Erklärung des Austritts zu einem künftigen Zeitpunkt

Bei der Vorenthaltung des Entgelts handelt es sich um einen **Dauertatbestand**, der den Arbeitnehmer solange zum Austritt berechtigt, als das rechtswidrige Verhalten des Arbeitgebers andauert. Es steht ihm dabei auch frei, den Austritt zu einem **in der Zukunft liegenden Zeitraum** zu erklären; er nimmt damit nur in Kauf, dass dann, wenn zwischenzeitig das Entgelt nachgezahlt wird, die Voraussetzungen für den vorzeitigen Austritt nicht mehr vorliegen. OGH 4. 11. 1997, 10 ObS 288/97v. (ARD 4931/30/98 ●)

475

Kein Austrittsrecht bei Ankündigung eines Konkursantrages

Die Ankündigung des Arbeitgebers, wegen Zahlungsunfähigkeit den **Konkursantrag zu stellen** und die Zahlungen einzustellen, berechtigt den Arbeitnehmer noch nicht zum vorzeitigen Austritt. Der Arbeitgeber verhält sich damit vielmehr gesetzeskonform; es steht zu diesem Zeitpunkt auch noch gar nicht fest, ob das **Entgelt nicht ohnehin von „Dritten"** gezahlt wird. Gerade durch die klare Ankündigung des Arbeitgebers wird es den Arbeitnehmern ermöglicht zu beurteilen, ob die Konkursanmeldung ohne schuldhaftes Zögern erfolgt ist, und dann über die Geltendmachung ihrer Ansprüche nach dem IESG zu disponieren.

476

Vor Eintritt der Fälligkeit der Zahlungen kann daher die Aufrechterhaltung des Arbeitsverhältnisses für den Arbeitnehmer keinesfalls **unzumutbar** sein, stellt sich doch erst dann heraus, ob nicht die bis zur Konkurseröffnung aufgelaufenen Gehaltsansprüche ohnehin durch den Insolvenz-Ausfallgeld-Fonds abgedeckt oder die danach fällig werdenden Ansprüche als Masseforderungen vom Masseverwalter bezahlt werden. OGH 24. 10. 2001, 9 ObA 227/01z. (ARD 5342/10/2002 ●)

Ein Arbeitnehmer kann auch im **Ausgleichsverfahren** wegen Entgeltrückständen, die vor Eröffnung des Ausgleichsverfahrens fällig wurden, nicht berechtigt vorzeitig austreten, weil der Arbeitgeber nicht berechtigt ist, diese Lohnforderungen außerhalb der Abwicklung des Ausgleichsverfahrens zu erfüllen. OGH 3. 11. 1999, 9 ObA 189/99f. (ARD 5084/3/99 ●)

Austritt des Arbeitnehmers nach einer Versetzung

Stehen die einem Arbeitnehmer nach Auflösung seiner bisherigen Position angebotenen **Ersatzarbeitsplätze** mit dem im Dienstvertrag ausdrücklich **vereinbarten Dienstort im Widerspruch** und werden keine Alternativen für die weitere Verwendung des Arbeitnehmers aufgezeigt, ist dieser zum vorzeitigen **Austritt berechtigt**.

477

Auch wenn ein Arbeitnehmer in seinem Anbot für eine einvernehmliche Auflösung des Dienstverhältnisses zwar seinen Beendigungswillen deutlich zum Ausdruck brachte, diesen aber an **unannehmbare Bedingungen** knüpfte, kommt ein **Mitverschulden** des Arbeitnehmers **nicht in** Betracht. Die Bestimmung des § 32 AngG über die so genannte „Culpakompensation" dient nicht dazu, im Falle eines gerechtfertigten Austritts die den Arbeitgeber treffenden Rechtsfolgen zu mildern. Durch Unterlassung der Aufzeigung weiterer Alternativen bzw. der Klarstellung der weiteren Position des Arbeitnehmers im Betrieb hat der Arbeitgeber die Endgültigkeit seines Standpunktes klargestellt und den Austrittstatbestand erfüllt. OGH 5. 9. 2001, 9 ObA 155/01m. (ARD 5269/9/2001 ●)

Eine **Versetzung** eines Arbeitnehmers **in den Innendienst nach seiner Kündigung** durch den Arbeitnehmer ist in jenen Branchen, in denen verstärkter Konkurrenzkampf herrscht, durchaus üblich (z.B. Versicherungen, Speditionsbereich), um sie vom direkten Kontakt mit den Kunden und Sammlung weiterer Hintergrundinformation abzuschneiden, und auch **sachlich gerechtfertigt**. Wurde das Recht des Arbeitgebers auf Änderung in der Dienstverwendung im Dienstvertrag vereinbart, erfolgt der Austritt des Arbeitnehmers wegen Versetzung in den Innendienst zu Unrecht. ASG Wien 30. 6. 1999, 10 Cga 128/98k. (ARD 5105/8/2000 ●)

Austritt des Arbeitnehmers nach Änderung der Arbeitszeiten

478 Ist dem Arbeitnehmer bei Gegenüberstellung der beiderseitigen Interessen die **Abänderung** seiner bisherigen **Arbeitszeit** zumutbar (hier: bedingt durch die Änderung der Ordinationszeiten eines Arztes), besteht kein Austrittsgrund. OGH 31. 8. 1994, 8 ObA 215/94. (ARD 4610/14/94 ●)

Berechtigter Austritt bei schweren Verstößen gegen das Arbeitszeitrecht

479 Ein vorzeitiger Austritt wegen ständiger **Verletzung arbeitnehmerschutz-(arbeitszeit-)rechtlicher Normen** ist auch dann zulässig, wenn sich der Arbeitnehmer zuvor nicht gegen die gesetzwidrige Vorgangsweise des Arbeitgebers beschwert hat. Hat ein Arbeitnehmer aufgrund von Anordnungen seines Arbeitgebers **täglich 12 Stunden**, teilweise bis über 14 Stunden zu arbeiten, begründet dies einen eklatanten Verstoß gegen die Bestimmungen des AZG und erfüllt den Tatbestand eines Verwaltungsstrafdeliktes gemäß § 28 AZG. Der Arbeitgeber verstößt dadurch in schwer wiegender Weise gegen die Bestimmungen des AZG und damit gegen seine Pflichten aus dem Dienstvertrag.

Dass der Arbeitnehmer gegen die die Arbeitszeit betreffenden Anordnungen seines Vorgesetzten **nicht remonstriert**, beeinträchtigt sein Austrittsrecht nicht. Ordnet der Arbeitgeber in eklatanter Verletzung des Gesetzes Überstunden an, kann er aus dem Stillschweigen des Arbeitnehmers hiezu und der Befolgung der Weisung nicht dessen Einverständnis ableiten. Bei den Bestimmungen des AZG handelt es sich um zwingende Normen, die der Parteiendisposition entzogen sind, und der Arbeitgeber muss sich bei **grober Verletzung** dieser Bestimmungen auch dann, wenn der Arbeitnehmer keine Einwendungen erhebt, darüber klar sein, dass dies einen Verstoß gegen seine Verpflichtungen aus dem Dienstvertrag begründet, der den Arbeitnehmer zu entsprechenden Konsequenzen berechtigt. OGH 11. 1. 1995, 9 ObA 7/95. (ARD 4655/21/95 ●)

Verstößt der Arbeitgeber bewusst und systematisch gegen die **Vorschriften der Arbeitszeit**, liegt eine wesentliche Vertragsverletzung vor, die zum vorzeitigen Austritt berechtigt. Auch die einseitige Änderung der künftigen Dienstzeiten ist ein Austrittsgrund, wenn dem Arbeitnehmer bei Gegenüberstellung der beiderseitigen Interessen die Abänderung seiner bisherigen Arbeitszeit unzumutbar ist. LG Linz 14. 9. 1998, 7 Cga 78/98w. (ARD 5124/33/2000 ●)

Austritt wegen unterlassener Anmeldung zur Sozialversicherung

480 Die **Nichtanmeldung zur Sozialversicherung** und der dadurch bewirkte schwere Vertrauensbruch durch den Arbeitgeber gegenüber dem bei ihm beschäftigten Arbeitnehmer stellen einen Grund dar, der den Arbeitnehmer zum vorzeitigen Austritt ohne Fristsetzung berechtigt. OLG Wien 22. 5. 2000, 8 Ra 130/00x. (ARD 5186/26/2001 ●)

Judikatur zu § 26 Z 4

Kein Austrittsgrund bei fehlender Verletzungsabsicht

Die Bezeichnung eines Arbeitnehmers als **„Würschtel"** – ein Ausdruck, den der Arbeitgeber auch gegenüber seiner Frau und Tochter gebrauchte –, wenn dieser im Betrieb nicht zur Zufriedenheit arbeitete, stellt **keinen Austrittsgrund** der erheblichen Ehrverletzung dar, wenn der Arbeitnehmer dies offensichtlich gar nicht selbst als diskriminierend und beleidigend empfunden hat, diesbezüglich vom Arbeitgeber gar kein animus iniuriandi (Beleidigungsabsicht) vorgelegen hat und vom Arbeitnehmer jedenfalls **nicht negativ wahrgenommen** und auch nicht als Austrittsgrund geltend gemacht worden ist. OLG Wien 28. 6. 2000, 7 Ra 92/00a, bestätigt durch OGH 14. 3. 2001, 9 ObA 341/00p. (ARD 5186/21/2001 und ARD 5236/52/2001 ●)

481

Beispiele für berechtigte Austritte

Unflätige Beschimpfungen durch den Geschäftsführer und die **Drohung mit einem tätlichen Angriff** erfüllen den Tatbestand des Austrittsgrundes des § 26 Z 4 AngG. OGH 6. 4. 1994, 9 ObA 50/94. (ARD 4580/42/94 ●)

482

Die Drohung des Arbeitgebers mit einer **unbegründeten Diebstahlsanzeige** stellt für den Arbeitnehmer einen Austrittsgrund dar. Die Tatsache einer wissentlichen und absichtlichen Drohung des Arbeitgebers mit einer unbegründeten Diebstahlsanzeige ist derart schwer wiegend, dass keinem Arbeitnehmer zugemutet werden kann, das Dienstverhältnis auch nur bis zum Ablauf der Kündigungsfrist fortzusetzen. Vom Arbeitgeber muss im Allgemeinen in Hinblick auf seine soziale Stellung und Verantwortung ein besonders korrektes Verhalten erwartet und an dieses ein strenger Maßstab gelegt werden. Selbst der gutgläubige oder **leichtfertige Vorwurf eines Diebstahls** könnte schon als erhebliche **Ehrverletzung** qualifiziert werden; umso mehr muss dies für den gewollten und wissentlichen Missbrauch des Anzeigerechtes zum Nachteil des Arbeitnehmers gelten. OLG Wien 22. 9. 1997 , 8 Ra 240/97s. (ARD 4947/20/98 ●)

Ist eine Arbeitnehmerin ständigen **sexuellen Belästigungen** durch den Geschäftsführer ausgesetzt, die selbst nach entsprechender Aufforderung nicht unterlassen werden und psychosomatische Beschwerden nach sich ziehen, ist ihr die Fortsetzung des Dienstverhältnisses unzumutbar und sie ist – neben dem Anspruch auf angemessenen Schadenersatz – zum vorzeitigen Austritt berechtigt. OLG Wien 19. 12. 2001, 7 Ra 407/01a, bestätigt durch OGH 5. 6. 2002, 9 ObA 119/02v. (ARD 5351/13/2002 und ARD 5356/36/2002 ●)

Kommt der Geschäftsführer seiner Fürsorgepflicht lediglich insofern nach, als er auf die **Beschwerden des Arbeitnehmers**, am Arbeitsplatz in ungeziemender Weise attackiert, verspottet und lächerlich gemacht zu werden, reagiert, indem er mit den anderen Arbeitnehmern spricht, übersieht er, dass ein bloßes **Gespräch oft nicht ausreicht**, wenn sich dadurch das **Verhalten der Beleidiger nicht ändert** und es zu weiteren Ehrverletzungen gegenüber dem Arbeitnehmer kommt. Es ist vielmehr Aufgabe des Arbeitgebers, den Angestellten gegen solche Handlungen seiner Mitbediensteten zu schützen. OLG Wien 28. 2. 2000, 8 Ra 349/99y. (ARD 5223/11/2001 ●)

Sachliche Kritik berechtigt nicht zum vorzeitigen Austritt

Eine schliche, nicht in beleidigender Form vorgebrachte **Kritik** des Arbeitgebers an der Arbeitsleistung oder an der fachlichen Eignung des Arbeitnehmers ist selbst dann **keine Ehrverletzung**, wenn sie objektiv unrichtig ist oder irrtümlich erfolgt. OGH 4. 5. 1982, 4 Ob 36/82. (ARD 3441/8/82 ●)

483

§ 26 AngG

Wird eine Kündigung mit dem **Vorwurf eines langsamen Arbeitsstils** begründet, stellt dieser Vorwurf **keine Ehrverletzung** durch den Arbeitgeber. In der Behauptung eines Arbeitgebers anlässlich einer Kündigung, ein Arbeitnehmer „schiebe die Arbeit weg", liegt nur eine, in subjektiver Form vorgebrachte, **sachliche Kritik**. In dieser Äußerung liegt nicht bereits der Vorwurf der Faulheit, sondern lediglich ein unterschwelliger Vorwurf eines langsamen Arbeitsstils. Dasselbe gilt z.b. für die Äußerung des „nicht aggressiven Verkaufs", die ebenfalls nur eine subjektive Wertung des Geschäftsführers bezüglich des für die Tätigkeit eines Arbeitnehmers erforderlichen Engagements und der Intensität der Kundengespräche beinhaltet. OLG Wien 28. 6. 1999, 10 Ra 115/99a. (ARD 5056/5/99 ●)

Grundsätzlich kein Austrittsrecht wegen Dienstfreistellung oder Hausverbots

484 Mit einer **Dienstfreistellung** kann nur in besonders gelagerten **Ausnahmefällen** eine „erhebliche Ehrverletzung" verwirklicht werden, die den Angestellten zum Austritt gemäß § 26 Z 4 AngG berechtigt. Nach der Rechtsprechung, wonach ein bloßer Verdacht die Entlassung des Angestellten nicht rechtfertigt und dem Arbeitgeber der Hinweis auf ein Mitverschulden des Angestellten verwehrt wird, ist dem Arbeitgeber um so mehr die Befugnis zur Dienstfreistellung zuzubilligen, um während einer Schwebezeit die **Begründung eines Verdachtes** eines Entlassungsgrundes **überprüfen** und dadurch den Einwand der Verspätung bzw. eines schlüssigen Verzichtes auf das Entlassungsrecht vermeiden zu können. Sofern der für das Vorliegen von Auflösungsgründen regelmäßig beweisbelastete Arbeitgeber das Vorliegen eines solchen Verdachtes ausreichend zu bescheinigen vermag, ist die **Berechtigung einer Dienstfreistellung** zur Sicherung des Rechtes auf Entlassung dargetan. Hingegen hat der Angestellte die Voraussetzungen eines Austrittsgrundes zu beweisen; im vorliegenden Fall, dass die Dienstfreistellung und das (später verfügte) Hausverbot eine erhebliche Ehrverletzung bilden. Die Dienstfreistellung allein berechtigt einen Angestellten jedenfalls nicht zum vorzeitigen Austritt.

Zum Austrittsrecht des Angestellten ist noch darauf zu verweisen, dass die Dienstfreistellung regelmäßig der Prüfung gegen einen Angestellten sprechender Verdachtsmomente dient, so dass durch **ehrenrührige Vorwürfe der Austrittsgrund noch nicht erfüllt** wird. Es ist nämlich dem Angestellten wegen der schwer wiegenden, mit einer Entlassung verbundenen Rechtsfolgen zuzumuten, den Ausgang einer diesbezüglichen raschen Überprüfung abzuwarten, so wie ihm auch das Abwarten der Klarstellung einer objektiven Rechtswidrigkeit, um die der Arbeitgeber weder wusste noch infolge Sorgfaltsverletzung wissen hätte müssen, zugemutet wird.

Daher wird nur bei vom Angestellten nachzuweisender **Willkür oder Schikane** des Arbeitgebers, die im Falle einer ausreichenden Bescheinigung nicht zu vermuten ist, oder bei Umständen, die einem „An-den-Pranger-Stellen" in ihrer ehrverletzenden Wirkung gleichkommen, ein Austrittsrecht aus Anlass einer **Dienstfreistellung** und/oder eines **Hausverbotes** anzunehmen sein. OGH 16. 6. 1994, 8 ObA 262/94. (ARD 4597/7/94 ●)

Beleidigung durch Filialleiter berechtigt nicht zum Austritt

485 Ein **Filialleiter** übt idR **keine Arbeitgeberfunktion** aus, so dass ein Arbeitnehmer, der von seinem Filialleiter beleidigt wird, nicht unmittelbar zum vorzeitigen Austritt berechtigt ist, sondern erst den Arbeitgeber um Abhilfe zu ersuchen hat. Arbeitgeber iSd § 26 Z 4 AngG ist grundsätzlich nur der **Geschäftsinhaber** (bei juristischen Personen die vertretungsbefugten Organe), also derjenige, der die Verantwortung für das gesamte Unternehmen trägt und in der Lage ist, Abhilfe zu schaffen und weitere Ehrverletzungen in Zukunft zu verhindern. Ihm gleichgestellt sind jene Personen, die kraft ihrer Befugnisse und ihrer Stellung gegenüber den anderen Arbeitnehmern als zur **selbstständigen Geschäftsführung berufene Stellvertreter** anzusehen sind, also nur solche

Personen, die zur selbstständigen Ausübung von Unternehmer- und insbesondere Arbeitgeberfunktionen berechtigt sind.

Der Leiter einer von vielen Filialen eines österreichweit agierenden Handelsunternehmens übt im Allgemeinen keine echte Unternehmer-(Arbeitgeber-)Funktion aus, wenn keine Umstände vorliegen, aus denen im konkreten Fall geschlossen werden könnte, dass es sich beim Filialleiter, der einen Arbeitnehmer beleidigt hat, dennoch um einen zur selbstständigen Geschäftsführung befugten Stellvertreter des Arbeitgebers mit echter Unternehmer-(Arbeitgeber-)Funktion gehandelt hat.

Ein nicht vom Arbeitgeber selbst, sondern von einem **Mitbediensteten beleidigter Angestellter** ist aber nur dann zum vorzeitigen Austritt gemäß § 26 Z 4 AngG berechtigt, wenn er zuvor **vergeblich Abhilfe** durch den Arbeitgeber verlangt hat. Nur dann, wenn der Arbeitgeber dazu nicht willens oder in der Lage ist, muss er mit dem Austritt des Angestellten rechnen und dessen Schadenersatzansprüche nach § 29 AngG erfüllen. OGH 1. 4. 1998, 9 ObA 90/98w. (ARD 4944/12/98 ●)

Mitverschulden am vorzeitigen Austritt wegen Provokation

Wird ein Arbeitgeber wegen einer **Provokation** zu einer Ehrverletzung des bereits das Zimmer verlassenden Arbeitnehmers hingerissen, ist von einem **Mitverschulden des Arbeitnehmers** auszugehen, das die Kürzung von Abfertigung, Kündigungs- und Urlaubsentschädigung im aliquoten Ausmaß rechtfertigt. OGH 17. 9. 1998, 8 ObA 116/98m. (ARD 4984/14/98 ●)

Weiter Angehörigenbegriff

Unter Angehörigen des Arbeitgebers iSd § 26 Z 4 AngG sind nicht nur der Ehegatte und die Kinder zu verstehen; dieser Begriff ist ebenso wie der des Mitbediensteten oder des nach dieser Bestimmung geschützten Angehörigen des Angestellten weit auszulegen. Geht man vom Gesetzeszweck aus, dann ist die Angehörigeneigenschaft insbesondere dann zu bejahen, wenn der Verwandte ein besonderes Naheverhältnis zum Unternehmen hat und die Ehrverletzung damit im Zusammenhang steht. OGH 8. 4. 1992, 9 ObA 56/92. (ARD 4374/12/92 ●)

---

§ 27. Als ein wichtiger Grund, der den Dienstgeber zur vorzeitigen Entlassung berechtigt, ist insbesondere anzusehen:

1. wenn der Angestellte im Dienste untreu ist, sich in seiner Tätigkeit ohne Wissen oder Willen des Dienstgebers von dritten Personen unberechtigte Vorteile zuwenden lässt, insbesondere entgegen der Bestimmung des § 13 eine Provision oder eine sonstige Belohnung annimmt, oder wenn er sich einer Handlung schuldig macht, die ihn des Vertrauens des Dienstgebers unwürdig erscheinen lässt;

2. wenn der Angestellte unfähig ist, die versprochenen oder die den Umständen nach angemessenen Dienste (§ 6) zu leisten;

3. wenn einer der im § 1 bezeichneten Angestellten ohne Einwilligung des Dienstgebers ein selbständiges kaufmännisches Unternehmen betreibt oder im Geschäftszweige des Dienstgebers für eigene oder fremde Rechnung Handelsgeschäfte macht oder wenn ein Angestellter den in § 7 Abs 4 bezeichneten Verboten zuwiderhandelt;

> 4. wenn der Angestellte ohne einen rechtmäßigen Hinderungsgrund während einer den Umständen nach erheblichen Zeit die Dienstleistung unterlässt oder sich beharrlich weigert, seine Dienste zu leisten oder sich den durch den Gegenstand der Dienstleistung gerechtfertigten Anordnungen des Dienstgebers zu fügen, oder wenn er andere Bedienstete zum Ungehorsam gegen den Dienstgeber zu verleiten sucht;
> 5. wenn der Angestellte durch eine längere Freiheitsstrafe oder durch Abwesenheit während einer den Umständen nach erheblichen Zeit, ausgenommen wegen Krankheit oder Unglücksfalls, an der Verrichtung seiner Dienste gehindert ist; (BGBl 1975/418)
> 6. wenn der Angestellte sich Tätlichkeiten, Verletzungen der Sittlichkeit oder erhebliche Ehrverletzungen gegen den Dienstgeber, dessen Stellvertreter, deren Angehörige oder gegen Mitbedienstete zu Schulden kommen lässt.

Grundlegende Erläuterungen zu § 27

Zum Wesen der Entlassung, der Entlassungserklärung, dem Grundsatz der Unverzüglichkeit des Ausspruches der Entlassung sowie der Möglichkeit, eine Entlassung zu widerrufen bzw. auf das Entlassungsrecht zu verzichten, siehe bei § 25 AngG, Rz 397 ff.

1. Vertragliche Erweiterung bzw. Beschränkung der Entlassungsgründe

489 Die Aufzählung der „wichtigen Gründe" in § 27 AngG, die den Arbeitgeber zur sofortigen Auflösung des Dienstverhältnisses berechtigen, ist nur **demonstrativ** (beispielsweise). Dies ergibt sich eindeutig aus dem in Einleitungssatz verwendeten Begriff „insbesondere" und bewirkt, dass durch **vertragliche Vereinbarungen zusätzliche Tatbestände geschaffen werden können**, bei deren Eintreten dem Arbeitgeber die vorzeitige Auflösung des Dienstverhältnisses des Arbeitnehmers möglich sein soll. In Betracht kommen dabei sowohl einzelvertragliche Regelungen (Aufnahme zusätzlicher Entlassungsgründe in den Dienstvertrag) als auch kollektivvertragliche Erweiterungen der Entlassungsgründe.

Wesentlich bei einer **vertraglichen Erweiterung** der Entlassungsgründe ist stets, dass die neu geschaffenen „wichtigen" Gründe den im Gesetz genannten Entlassungsgründen **gleichwertig** sein müssen. Einen Umstand als Entlassungsgrund in den Arbeitsvertrag aufzunehmen, der objektiv keinen wichtigen Grund darstellt, ist daher unzulässig. Dadurch soll verhindert werden, dass jede Verfehlung als Entlassungsgrund gewertet werden kann. Weiters ist auch eine **einseitig vorgenommene Festsetzung** neuer oder die Verschärfung bestehender Lösungsgründe durch den Arbeitgeber **nicht erlaubt**.

Ebenso wie eine Erweiterung der Entlassungsgründe ist auch eine **vertragliche Beschränkung** derselben möglich. **Unzulässig** ist aber ein genereller, auch verschuldete Tatbestände umfassender **Ausschluss der Entlassungsbefugnis** des Arbeitgebers. Eine derartige Vereinbarung ist wegen Sittenwidrigkeit nichtig, da der Kernbereich der vorzeitigen Auflösung eines Dienstverhältnisses zweiseitig zwingender Natur ist. Handelt es sich um **unverschuldete** oder um solche Gründe, die eine Pflichtwidrigkeit des Verhaltens des Arbeitnehmers nicht zur Voraussetzung haben, ist eine **vertragliche Beschränkung möglich**. Beschränkungen des Entlassungsrechts des Arbeitgebers sind auch in der Form gegeben, dass durch kollektivvertragliche Regelungen die Einhaltung eines innerbetrieblichen Verfahrens (z.B. Entscheidung einer Schiedsstelle oder eine Disziplinarkommission) als Voraussetzung für die Wirksamkeit normiert wird.

2. Entlassungsschutz

2.1. Allgemeiner Entlassungsschutz

Die österreichische Rechtsordnung räumt einem **ungerechtfertigt entlassenen Arbeitnehmer** ein **Wahlrecht** ein, es entweder bei der vorzeitigen Auflösung des Dienstverhältnisses zu belassen (etwa weil das Vertrauensverhältnis zum Arbeitgeber zu sehr zerrüttet ist) und sich auf die Geltendmachung von **Ersatzansprüchen** (Kündigungsentschädigung, Urlaubsersatzleistung, Schadenersatz) und seiner Abfertigung zu beschränken oder die Entlassung bei Vorliegen eines Anfechtungsgrundes **bei Gericht zu bekämpfen**. 490

Dieser **allgemeine Entlassungsschutz** ist in § 106 ArbVG geregelt. Danach hat der Betriebsinhaber den **Betriebsrat** von jeder Entlassung eines Arbeitnehmers unverzüglich zu **verständigen** und innerhalb von drei Arbeitstagen nach erfolgter Verständigung auf Verlangen des Betriebsrates mit diesem die Entlassung zu beraten. Da dies aber nur eine Ordnungsvorschrift ist und das Dienstverhältnis jedenfalls mit Ausspruch (und Zugang) der Entlassungserklärung endet (ausgenommen besonders bestandgeschützte Dienstverhältnisse), beschränkt sich die Bedeutung der Verständigung des Betriebsrates und insbesondere dessen Stellungnahme auf das **Anfechtungsrecht**. Hier liegt ein wesentlicher Unterschied zur Kündigung, die nach § 105 Abs 2 ArbVG unwirksam ist, wenn der Betriebsrat nicht verständigt und zu einer Stellungnahme aufgefordert wurde. Wurde der Betriebsrat von der Entlassung zwar nicht vom Arbeitgeber verständigt, erfährt er jedoch vom betroffenen Arbeitnehmer selbst von der vorzeitigen Auflösung, beginnt die 3-Tagesfrist mit diesem Zeitpunkt zu laufen.

Von der Haltung des Betriebsrates hängt es in der Folge ab, ob und von wem die Entlassung beim Arbeits- und Sozialgericht angefochten werden kann. Zu diesem **allgemeinen Entlassungsschutz** und den Gründen, aus denen eine Entlassung angefochten werden kann, siehe unter § 106 ArbVG.

2.2. Besonderer Entlassungsschutz

Für bestimmte Personengruppen besteht darüber hinaus noch ein **besonderer gesetzlicher Entlassungsschutz**: 491

1. Mitglieder des Betriebsrates sowie diesen gleichgestellten Personen nach § 120 ArbVG;
2. Arbeitnehmerinnen während der Schwangerschaft bis zum Ablauf von 4 Monaten nach der Entbindung; bei Inanspruchnahme eines Karenzurlaubes erstreckt sich der Entlassungsschutz bis zum Ablauf von 4 Wochen nach Beendigung des Karenzurlaubes (§ 10, § 15 MSchG). Nehmen Väter Karenzurlaub in Anspruch, stehen auch sie bis zum Ablauf von 4 Wochen nach Beendigung des Karenzurlaubes unter Entlassungsschutz (§ 7 VKG);
3. Arbeitnehmer, die zum Präsenz-, Zivil- oder Ausbildungsdienst einberufen wurden (§ 12 APSG);
4. Lehrlinge (§ 15 Abs 3 BAG);
5. Hausbesorger (§ 20 HbG).

Für **begünstigte Behinderte** bzw. Gleichgestellte im Sinne des Behinderteneinstellungsgesetzes, bzw. Inhaber einer Amtsbescheinigung oder eines Opferausweises im Sinne des Opferfürsorgegesetzes (§ 8 BEinstG, § 6 Opferfürsorgegesetz) besteht zwar kein besonderer Entlassungsschutz; wegen der Gefahr der Umgehung des besonderen Kündigungsschutzes ist aber eine **Entlassung ohne wichtigen Grund unwirksam**.

Letztlich sehen noch Sondergesetze einen **individuellen Entlassungsschutz** für besondere Personengruppen vor (vgl. § 8 AVRAG, § 9 AVRAG, § 15a AVRAG, § 2a Abs 8 GlBG).

3. Entlassungsgrund des § 27 Z 1 AngG: Vertrauensunwürdigkeit

§ 27 Z 1 AngG berechtigt den Arbeitgeber, einen Angestellten vorzeitig zu entlassen, wenn er **im Dienst untreu** ist, sich in seiner Tätigkeit ohne Wissen oder Willen des Arbeitgebers von dritten Personen **unberechtigte Vorteile zuwenden** lässt, oder sich einer Handlung schuldig macht, die ihn des **Vertrauens** des Arbeitgebers **unwürdig** erscheinen lässt. Diese Entlassungsgründe betreffen Verstöße des Arbeitnehmers gegen seine **Treuepflicht**, die allgemein als Respektieren des unternehmerischen Tätigkeitsbereiches, dessen Organisationsbereiches, Organisationswerte und Chancen definiert wird, die dem Arbeitnehmer bekannt werden und die er nicht für seine oder für andere als betriebliche Zwecke seines Arbeitgebers nützen darf.

Die Treuepflicht dient dem **Schutz betrieblicher Interessen** und ist daher primär von negativer Bedeutung in dem Sinne, dass sie die Verpflichtung enthält, die Interessen des Arbeitgebers und des Betriebes nicht zu schädigen. Ein Verstoß gegen die allgemeine oder durch besondere Umstände bedingte dienstliche Treuepflicht bildet daher einen **wichtigen Grund zur Entlassung** iSd § 27 Z 1 AngG. Die Treue ist dabei als Korrelat zu dem Vertrauen anzusehen, das der Arbeitgeber dem Arbeitnehmer durch Einblicke in die Angelegenheiten seines Geschäftsbetriebes oder seine Produktionsweise sowie durch Überlassung der Verfügung über Arbeitsmaterial oder geschäftliche Unterlagen – z.B. Rentabilitätsberechnungen – und dergleichen gewährt. Da dem leitenden Angestellten im Allgemeinen ein umfassenderer Einblick in die Betriebs- und Geschäftsstruktur gewährt und ihm damit vom Arbeitgeber mehr anvertraut wird als einem Arbeitnehmer in untergeordneter Position, sind an das **Verhalten des Arbeitnehmers in leitender Stellung** insoweit **strengere Anforderungen** zu stellen.

3.1. Untreue im Dienst

Die Grenze zwischen Untreue und Vertrauensunwürdigkeit ist fließend. Der Entlassungsgrund der Untreue im Dienst liegt immer dann vor, wenn der Arbeitnehmer **bewusst (und damit vorsätzlich) gegen die Interessen des Arbeitgebers verstößt**. Zur Verwirklichung des Entlassungsgrundes der Vertrauensunwürdigkeit reicht hingegen fahrlässiges Handeln des Arbeitnehmers aus, wenn es so schwer wiegend ist, dass dem Arbeitgeber nicht zuzumuten ist, den Arbeitnehmer weiter (bis zum Ablauf der Kündigungsfrist) zu beschäftigen. Der Vorsatz bei der Untreue muss sich nicht nur auf das den Verstoß begründende Verhalten richten, sondern muss auch die Richtung dieses Verstoßes – die Gefährdung der dienstlichen Interessen des Arbeitgebers – umfassen. Dem Arbeitnehmer muss daher **bewusst** sein, dass er durch sein Verhalten **gegen seine Pflichten aus dem Dienstverhältnis verstößt**.

Für den ersten Entlassungstatbestand des § 27 Z 1 AngG kommt es somit darauf an, dass objektiv berechtigte, **sachliche Interessen des Arbeitgebers verletzt** werden. Der Dienstvertrag ist die Grundlage für die Verpflichtung des Angestellten, alles zu unterlassen, was diese Interessen des Arbeitgebers zu gefährden geeignet ist. Das für die Tatbestandmäßigkeit notwendige Gewicht dieser Interessen – unbedeutende, geringfügige Interessen reichen nicht aus – und die Intensität ihrer Verletzung oder Gefährdung ergeben sich aus der Vertrauensverwirkung. Voraussetzung hiefür ist eine **Handlung** oder – wenn eine Rechtspflicht zum Handeln besteht – eine **Unterlassung** des Angestellten, die mit Rücksicht auf ihre Beschaffenheit und Rückwirkung auf das Dienstverhältnis den Angestellten des **dienstlichen Vertrauens** seines Arbeitgebers **unwürdig** erscheinen lässt, weil dieser befürchten muss, dass der Angestellte seine Pflichten nicht mehr getreulich erfüllen werde. Hiebei kommt es nicht auf die subjektive Einstellung des Arbeitgebers an, sondern darauf an, ob das Verhalten des Angestellten nach den gewöhnlichen Anschauungen der beteiligten Kreise eine solche Befürchtung rechtfertigt und daher **objektiv Vertrauensunwürdigkeit** bewirkt. Soweit aber der Arbeitnehmer annehmen konnte, dass der Arbeitgeber seine Einwilligung zu seinem Handeln erteilt hätte, schließt dies die Rechtswidrigkeit und das Verschulden des Arbeitnehmers aus.

Ein derartiger bewusster Verstoß gegen die Treuepflichten liegt insbesondere vor, wenn der Arbeitnehmer wesentliche, **unwahre Angaben** über geschäftliche oder sonst bedeutende Angelegenheiten des Arbeitgebers macht, **Manipulationen mit Geld und Waren** vornimmt, Betriebs- und Geschäftsgeheimnisse auskundschaftet und preisgibt oder gegenüber Dritten schädigende Äußerungen über das Verhalten des Arbeitgebers, dessen Betrieb und dessen Geschäft macht, die objektiv geeignet sind, die Seriosität oder die Kreditwürdigkeit des Arbeitgebers zweifelhaft erscheinen zu lassen, oder wenn er sonst schädigende Handlungen und Verletzungen der Treuepflicht von bedeutender Art vornimmt. **Nicht entscheidend ist, dass die Untreue während der Dienstausübung gesetzt** wurde, ein Zusammenhang mit dem Dienstverhältnis muss jedoch zumindest bestehen.

3.2. Entgegennahme unberechtigter Vorteile

Ein weiteres Problem der Vertrauensunwürdigkeit stellt der Tatbestand der **Entgegennahme unberechtigter Vorteile** dar. Das Gesetz spricht davon, dass es einen wichtigen Grund darstellt, der den Arbeitgeber zur Entlassung berechtigt, wenn sich der Angestellte in seiner Tätigkeit ohne Wissen oder Willen des Arbeitgebers von dritten Personen **unberechtigte Vorteile zuwenden lässt**, insbesondere entgegen der Bestimmung des § 13 AngG eine **Provision** oder eine **sonstige Belohnung** annimmt. Gemäß § 13 Abs 1 AngG darf ein mit dem Abschluss oder der Vermittlung von Geschäften betrauter Angestellter ohne Einwilligung des Arbeitgebers von dem Dritten, mit dem er für den Arbeitgeber Geschäfte abschließt oder vermittelt, eine Provision oder sonstige Belohnung nicht annehmen. Die Bestimmung des § 13 AngG gilt auch für Angestellte, die lediglich **Angebote einholen**, Verhandlungen mit Lieferanten führen, Angebote technisch begutachten oder bei Abschlussverhandlungen mitwirken (siehe dazu ausführlich unter § 13 AngG, Rz 181 ff.).

494

Die Provisionsannahme nach § 13 AngG wird allerdings im § 27 Z 1 AngG nur **beispielsweise** hervorgehoben, ohne dass daraus der Schluss gezogen werden dürfte, das nicht nach § 13 AngG tatbestandsmäßige Nehmen von Provisionen stelle keinen Entlassungsgrund dar. Vielmehr berechtigt **jedes unerlaubte Nehmen einer Provision** durch einen Angestellten den Arbeitgeber zur vorzeitigen Auflösung des Dienstverhältnisses. Zugleich hat der Arbeitgeber die Möglichkeit, vom Arbeitnehmer die **Herausgabe unberechtigt empfangener Zuwendungen** zu verlangen (vgl. OGH 13. 11. 1997, 8 ObA 195/97b, ARD 4923/7/98).

3.3. Sonstige Vertrauensunwürdigkeit bewirkende Handlungen

3.3.1. Objektive Interessensgefährdung

Wie bereits beim Entlassungstatbestand der Untreue angemerkt, reicht zur Verwirklichung des Tatbestandes der Vertrauensunwürdigkeit schon **fahrlässiges Handeln** des Arbeitnehmers aus, wenn es so schwer wiegend ist, dass dem Arbeitgeber nicht zuzumuten ist, den Arbeitnehmer weiter zu beschäftigen. Dabei kommt es vor allem darauf an, ob für den Arbeitgeber vom Standpunkt vernünftigen kaufmännischen Ermessens die gerechtfertigte Befürchtung bestand, dass seine Belange durch den Arbeitnehmer gefährdet sind, wobei nicht das subjektive Empfinden des Arbeitgebers entscheidet, sondern an das **Gesamtverhalten des Arbeitnehmers ein objektiver Maßstab anzulegen** ist, der nach den Begleitumständen des einzelnen Falles und nach der gewöhnlichen Verkehrsauffassung angewendet zu werden pflegt. Entscheidend ist dabei nur,

495

ob das zur Entlassung Anlass gebende Verhalten des Arbeitnehmers **objektiv geeignet** ist, die **Unzumutbarkeit der Weiterbeschäftigung** im konkreten Fall zu begründen und die dienstlichen Interessen des Arbeitgebers bei Fortbestehen des Dienstverhältnisses zu gefährden. Voraussetzung für das Vorliegen einer Vertrauensunwürdigkeit ist daher moralische Unzuverlässigkeit, Unehrlichkeit, Unsittlichkeit oder Böswilligkeit; auf eine allfällige Strafbarkeit des Verhaltens, eine Schädigungsabsicht des Arbeitnehmers oder eine tatsächliche Schädigung des Arbeitgebers kommt es nicht an.

Der Entlassungsgrund der Vertrauensunwürdigkeit bedingt zwar **keine besondere Vertrauensstellung** des Arbeitnehmers, jedoch ist das erforderliche Vertrauen zum Angestellten und damit auch die Frage der Vertrauensunwürdigkeit von der Position des Angestellten im Betrieb, insbesondere auch von dessen Verfügungsmöglichkeiten über Betriebsmittel abhängig. Dementsprechend werden im Allgemeinen an **Angestellte in leitender Stellung strengere Anforderungen** gestellt, weil aus dem allfälligen Fehlverhalten typischerweise für den Arbeitgeber auch schwerwiegendere nachteilige Konsequenzen entstehen können. Bei diesem Personenkreis tritt somit eine Vertrauensverwirkung eher ein als bei Arbeitnehmern in untergeordneter Position.

Neben der Stellung des Arbeitnehmers im Betrieb ist auch auf das **bisherige Verhalten** des Arbeitnehmers **Bedacht zu nehmen**. Ein Angestellter, der sich immer korrekt verhalten hat, wird einen größeren Vertrauensvorschuss erwarten dürfen als ein Angestellter, der das Vertrauen seines Arbeitgebers bereits auf die Probe gestellt hat; eine bloße Vertrauenserschütterung oder -beeinträchtigung reicht aber nicht aus. Das **Gesamtverhalten des Arbeitnehmers** muss insbesondere dann berücksichtigt werden, wenn sich dieser im **wiederholten Maße kleiner Verfehlungen** schuldig machte und die Vertrauensunwürdigkeit daher auf einem fortgesetzten (besonders auf die gleiche schädigende Neigung zurückzuführenden) Verhalten beruht, da im Fall wiederholter Verfehlungen das Vertrauen auch schrittweise verloren gehen kann.

3.3.2. Außerdienstliches Fehlverhalten des Angestellten

Im Gegensatz zur Untreue kann die Vertrauensverwirkung beim Entlassungstatbestand nach § 27 Z 1 dritter Fall AngG auch auf Umstände zurückzuführen sein, die in **keinem unmittelbaren Zusammenhang mit dem Dienstverhältnis** stehen. An das außerdienstliche Verhalten eines Arbeitnehmers ist zwar **kein so strenger Maßstab** anzulegen wie an das Verhalten im Dienst, einem Arbeitgeber ist die Weiterbeschäftigung aber trotzdem nicht mehr zumutbar und die Entlassung aus diesem Grund berechtigt, wenn in Hinblick auf das Gewicht der (außerdienstlichen) Verfehlungen des Arbeitnehmers und des damit verbundenen Aufsehens die **Gefährdung objektiver Interessen** des Arbeitgebers zu befürchten ist.

3.3.3. Verletzung vorvertraglicher Schutzpflichten

Grundsätzlich muss sich das die Vertrauensunwürdigkeit bedingende Verhalten **während der Dauer des Dienstverhältnisses** ereignet haben. Davor liegende Umstände, die dem Arbeitgeber erst nachträglich bekannt werden, rechtfertigen die Entlassung nur **ausnahmsweise**; dies gilt selbst dann, wenn sie den Arbeitgeber bei rechtzeitigem Bekanntwerden von einem Vertragsabschluss mit dem Arbeitnehmer abgehalten hätten. Das **Verschweigen** eines bestimmten (in den Augen des neuen Arbeitgebers möglicherweise schädigenden) **Vordienstverhältnisses** stellt daher den Entlassungsgrund der Vertrauensunwürdigkeit nicht her, weil es dem Bewerber um einen Posten grundsätzlich freisteht, sich nur auf solche Referenzen zu berufen, von denen er sich einen günstigen Einfluss auf seine Bewerbung erhofft. Allerdings können nach den Umständen des jeweiligen

§ 27 AngG

Einzelfalls **vorvertragliche Aufklärungs-, Schutz- und Sorgfaltspflichten** den Angestellten noch vor Abschluss des Dienstvertrages verpflichten, Umstände zu offenbaren, die die Tauglichkeit für die zu vereinbarenden Dienste zumindest zweifelhaft machen, so dass der Arbeitgeber nach den Grundsätzen des redlichen Geschäftsverkehrs Aufklärung erwarten darf.

3.3.4. Verletzung von Verhaltensregeln im Krankenstand

Ein **im Krankenstand befindlicher Arbeitnehmer**, der keine bestimmten ärztlichen Anordnungen für sein Verhalten im Krankenstand erhalten hat, darf die nach der allgemeinen Lebenserfahrung üblichen Verhaltensweisen nicht betont und offenkundig verletzen. **Gefährdet** er nämlich durch sein Verhalten **objektiv den Heilungsverlauf**, liegt eine die Entlassung rechtfertigende Vertrauensunwürdigkeit iSd § 27 Z 1 AngG vor. Dabei wird es im Einzelfall auf die konkrete Erkrankung ankommen (siehe dazu auch unter Pkt. 2.4. zu § 8, Rz 101 ff.).   498

3.3.5. Ausübung einer unzulässigen Nebenbeschäftigung

Verstöße von Angestellten gegen das **Konkurrenzverbot** werden grundsätzlich durch den Entlassungstatbestand des § 27 Z 3 AngG abgesichert. Eine über die Bestimmung des § 7 AngG hinausgehende **Beschränkung der privaten Betätigungsfreiheit** (insbesondere auch eine Verpflichtung zur Unterlassung von Nebenbeschäftigungen) bewirkt aber selbst dann, wenn sie vertraglich vereinbart ist, **keine Erweiterung des Entlassungstatbestands** des § 27 Z 3 AngG.   499

Bei Vorliegen der dafür notwendigen, besonders erschwerenden Voraussetzungen kann aber in einer **Nebenbeschäftigung**, die entgegen einer vertraglich wirksamen Verpflichtung ausgeübt wird, ein **Vertrauensmissbrauch** iSd § 27 Z 1 AngG erblickt werden. Hat etwa ein aufgrund der Eigenart seiner Tätigkeit schwer kontrollierbarer Arbeitnehmer in nicht näher feststellbarem Umfang die Infrastruktur des Arbeitgebers (Telefonanlage, Fax, Kopierer etc.) für eigene unternehmerische Zwecke verwendet und kommt der Umstand hiezu, dass der Arbeitnehmer, dem die kritische Einstellung des Arbeitgebers zu seinen privaten unternehmerischen Aktivitäten bekannt war, wiederholt Zeiten, in denen er für sein privates Unternehmen tätig war, gegenüber seinem Arbeitgeber als Dienstzeit deklariert, hat er durch sein Verhalten eine Situation geschaffen, die das Vertrauen des Arbeitgebers in seine Bereitschaft zur vertragskonformen Erfüllung seiner Dienstpflichten massiv beeinträchtigen musste (OGH 7. 6. 2001, 9 ObA 117/01y, ARD 5265/7/2001).

3.3.6. Internetnutzung am Arbeitsplatz

In den letzten Jahren vermehren sich die Streitfälle rund um das Thema **Internetnutzung am Arbeitsplatz**. Von besonderem Interesse ist die Frage, inwieweit privates Surfen und private E-Mails zulässig sind. Sofern es im Betrieb kein ausdrückliches Verbot der privaten Internetnutzung gibt, ist das private Internetsurfen sowie die Versendung privater E-Mails in geringem Umfang üblich und daher zulässig.   500

Der Arbeitnehmer hat nach dem Gesetz kein ausdrückliches Recht auf eine private Nutzung des dem Arbeitgeber gehörenden Internetanschlusses und das Versenden bzw Empfangen privater E-Mails. Die Zulässigkeit einer solchen Privatnutzung hängt daher insbesondere davon ab, ob zu dieser Frage im Betrieb ausdrückliche Regelungen bestehen oder nicht. Derartige Regelungen können insbesondere im **Dienstvertrag** oder aufgrund einer **Arbeitgeberweisung** erfolgen (z.B. in Form einer betrieblichen Richtlinie, die den Arbeitnehmern zur Kenntnis gebracht wird). In Betrieben mit Betriebsrat kann von diesem der Abschluss einer **Betriebsvereinbarung** verlangt werden (§ 97 Abs 1 Z 6 ArbVG).

§ 27 AngG

Je nachdem, ob im konkreten Betrieb nun Regelungen zur Frage der privaten Internet-/E-Mail-Nutzung existieren oder nicht, lassen sich in der Praxis folgende **drei Fälle unterscheiden:**

- Auch wenn ein **ausdrückliches Verbot** für die private Internet- bzw E-Mail-Nutzung besteht, ist diese bei Vorliegen wichtiger Gründe zulässig. Dies trifft insbesondere im Falle wichtiger Dienstverhinderungsgründe zu, weil die private Internet- bzw E-Mail-Nutzung dem Arbeitgeber diesfalls eine berechtigte Abwesenheit des Arbeitnehmers erspart (z.b. Erledigung behördlicher Angelegenheiten oder Vereinbarung von Arztterminen per E-Mail).

- Gibt es **keine Vereinbarung** über die private Internet- bzw E-Mail-Nutzung und hat der Arbeitgeber auch **keine entsprechende Weisung** erteilt, sind das private Internetsurfen und der private E-Mail-Verkehr – ähnlich wie privates Telefonieren – zulässig, sofern nicht ein bestimmtes zeitliches Ausmaß überschritten wird (vgl. OLG Wien 7. 5. 2003, 8 Ra 45/03a, ARD 5461/9/2003). Durch privates Surfen bzw privaten E-Mail-Verkehr darf keinesfalls eine Vernachlässigung der Dienstpflichten oder eine sonstige Beeinträchtigung des Arbeitsablaufes erfolgen.

- Sofern eine **Erlaubnis für die private Internetnutzung** vorliegt (z.B. im Dienstvertrag, in einer Betriebsvereinbarung bzw betrieblichen Richtlinie oder aufgrund einer Erklärung des Arbeitgebers), besteht im Regelfall eine – gegenüber den Fällen 1 und 2 – weitreichendere Nutzungsbefugnis. Allerdings sind auch hier Beschränkungen zu berücksichtigen: Das genehmigte Ausmaß der Privatnutzung ist anhand der konkreten Regelungsvereinbarung bzw der Erklärung (Richtlinie) des Arbeitgebers zu beurteilen. Durch privates Surfen darf keinesfalls eine Vernachlässigung der Dienstpflichten oder eine sonstige Beeinträchtigung des Arbeitsablaufes erfolgen.

4. Entlassungsgrund des § 27 Z 2 AngG: dauernde Dienstunfähigkeit

4.1. Dienstunfähigkeit des Arbeitnehmers

501 Gemäß § 27 Z 2 AngG liegt ein wichtiger Grund, der den Arbeitgeber zur Entlassung berechtigt, dann vor, wenn der **Angestellte unfähig ist, die versprochenen oder den Umständen nach angemessenen Dienste zu leisten.** Unfähigkeit bedeutet den völligen und dauernden Mangel der Fähigkeit zur Verrichtung der vereinbarten oder angemessenen Dienstleistung, wobei es gleichgültig ist, ob dem Angestellten die zur Bewältigung dieser Dienstleistungen notwendigen **körperlichen, geistigen oder rechtlichen Voraussetzungen fehlen.** Die Dienstleistungen des unfähigen Angestellten müssen für den Arbeitgeber wertlos sein, um eine tatbestandsbegründende Wirkung zu zeitigen. Mindere Geschicklichkeit, schwache Eignung, Langsamkeit, geringere Leistungsfähigkeit, gelegentliche Fehlleistungen, Nachlässigkeiten oder Flüchtigkeiten genügen somit nicht zur sofortigen Lösung des Dienstverhältnisses. Nur erhebliche und andauernde Qualitätsunterschreitungen erfüllen den Tatbestand der Dienstunfähigkeit; der Arbeitnehmer muss zur Erfüllung seiner dienstlichen Obliegenheiten **schlechthin unverwendbar** sein. Eine einmalige Fehlleistung wird nur ausnahmsweise als Entlassungsgrund in Betracht kommen, wenn sie derart schwer wiegend ist und einen derartigen Mangel an Kenntnissen und Fähigkeiten offenbart, dass daraus der zwingende Schluss auf die völlige Unbrauchbarkeit des Arbeitnehmers gezogen werden muss.

Zur Entlassung berechtigten sowohl die **anfängliche Dienstunfähigkeit,** wenn sie dem Arbeitgeber nicht bereits im Zeitpunkt des Abschlusses des Dienstvertrages bekannt war, als auch die erst **während des Dienstverhältnisses eingetretene Dienstunfähigkeit.**

4.2. Dauer der Dienstunfähigkeit – Ersatzarbeitsplatz

Lehre und Rechtsprechung verlangen eine „**dauernde**" (also nicht bloß vorübergehende) **Dienstunfähigkeit** des Angestellten, die dann anzunehmen ist, wenn die Verhinderung nicht bloß kurzfristig und vorübergehend, sondern – wenngleich in ihrem zeitlichen Ausmaß vorhersehbar – von so langer Dauer ist, dass dem Arbeitgeber nach den Umständen des Falles eine **Fortsetzung des Arbeitsverhältnisses nicht zugemutet werden kann**. Auch eine durch Krankheit oder Unglücksfall bedingte dauernde Arbeitsunfähigkeit verwirklicht den Entlassungstatbestand, wobei es jedoch auf die objektiven Umstände ankommt und ein Entlassungsgrund nicht schon bei jedem längeren Krankenstand immer dann angenommen werden kann, wenn der Arbeitgeber nur die subjektive Fehlvorstellung hat, dass der Arbeitnehmer in absehbarer Zeit nicht wieder arbeitsfähig wird. **Nicht die subjektive Einschätzung des Arbeitgebers** ist von Bedeutung, sondern ist die Frage, ob ein Entlassungstatbestand erfüllt ist, stets nach **objektiven Gesichtspunkten** zu beurteilen. Ein Arbeitgeber hat sich daher im Fall eines längeren Krankenstandes eines Arbeitnehmers über den zu erwartenden Heilungsverlauf ausreichend zu informieren, widrigenfalls er das Risiko eingeht, dass sich die aus diesem Grund ausgesprochene Entlassung als unberechtigt erweist.

502

Wird ein Arbeitnehmer im Zuge des Dienstverhältnisses aus von ihm nicht zu vertretenden Gründen zwar unfähig, weiter seine Arbeitsleistung zu erbringen, nicht jedoch zu jeglicher Arbeitsleistung unfähig, ist in die Überlegungen, wie weit dem Arbeitgeber die Weiterbeschäftigung zumutbar ist, die aus dem Arbeitsvertrag resultierende **Fürsorgepflicht** einzubeziehen. Der Arbeitgeber muss daher – umso mehr, je länger das Arbeitsverhältnis bereits dauert – dem nur mehr **beschränkt leistungsfähigen Arbeitnehmer** nach Möglichkeit **Arbeiten zuweisen**, zu deren Verrichtung dieser – allenfalls nach einer Einschulung von zumutbarer Dauer – auch **weiterhin in der Lage** ist. In Betracht kommen jedoch nur solche Verweisungstätigkeiten, die auch dem Arbeitgeber vernünftigerweise zumutbar sind. Dieser ist daher nicht verpflichtet, seinen Betrieb umzuorganisieren, um eine in Betracht kommende Tätigkeit überhaupt erst zu schaffen. Ein partiell arbeitsunfähiger Arbeitnehmer kann somit nur dann wegen Arbeitsunfähigkeit nach § 27 Z 2 AngG entlassen werden, wenn der Arbeitgeber keine zumutbare Möglichkeit mehr hat, dem Arbeitnehmer eine andere Arbeit zuzuweisen oder wenn der Arbeitnehmer ein entsprechendes Angebot des Arbeitgebers ablehnt.

Noch eine Anmerkung zum Zeitpunkt des Ausspruches der Entlassungserklärung beim Tatbestand der dauernden Arbeitsunfähigkeit: So wie bei allen Entlassungsgründen (vgl. dazu ausführlich unter Pkt. 5. zu § 25, Rz 404 ff.), ist auch hier die **Entlassung unverzüglich** – sobald sich die Dienstunfähigkeit herausstellt – geltend zu machen; es schadet aber nicht, wenn der Arbeitgeber dem Arbeitnehmer noch die **Möglichkeit zur „Leistungsverbesserung"** einräumt und ihm Gelegenheit zur Beseitigung des Entlassungsgrundes (hier: durch Wiederherstellung der Arbeitsfähigkeit) gibt.

4.3. Führerscheinentzug

Dass die Dienstunfähigkeit nicht unbedingt auf körperlichen Gründen beruhen muss, sieht man daran, dass auch der **Führerscheinentzug** unter bestimmten Voraussetzungen zur Entlassung rechtfertigen kann. Notwendig dafür ist aber, dass der Angestellte für die Erfüllung seiner Aufgaben auf die **Benützung eines Kraftfahrzeuges** angewiesen ist. So hat der OGH entschieden, dass einem Arbeitgeber die Fortsetzung des Arbeitsverhältnisses eines im Außendienst beschäftigten Holzeinkäufers, dem für 6 Monate die Lenkerberechtigung entzogen wurde, in Hinblick auf die fehlende Beschäftigungsmöglichkeit des Arbeitnehmers nicht zugemutet werden konnte.

503

Ist aber das Lenken von Fahrzeugen **nicht die eigentliche dienstvertragliche Aufgabe** eines Angestellten, sondern benötigt er das Fahrzeug nur, um an die Orte zu gelangen, an denen er

§ 27 AngG

seine vertraglich festgelegten Dienstleistungen erbringen soll, rechtfertigt der Führerscheinentzug allein noch **keine Entlassung**. Der Arbeitnehmer wird nämlich in diesem Fall durch den Entzug der Lenkerberechtigung nicht unfähig, die vereinbarten Dienste zu leisten, sondern bestehen noch andere Möglichkeiten um an jene Orte zu gelangen, an denen er seine Dienstverrichtungen zu erfüllen hat. Der Besitz eines Führerscheins ist in diesem Fall für die Erfüllung der dienstlichen Obliegenheiten nicht unbedingte Voraussetzung.

In der Entscheidung OGH 5. 11. 2003, 9 ObA 119/03w, ARD 5497/11/2004, hat der OGH deutlich ausgesprochen, dass der Arbeitgeber verpflichtet ist – nach Möglichkeit und Zumutbarkeit – einem durch Führerscheinentzug partiell arbeitsunfähigen Arbeitnehmer auch dann einen **anderen Arbeitsplatz zuzuweisen**, wenn das Lenken von Fahrzeugen den **wesentlichen Inhalt** der Tätigkeit darstellte. Im Rahmen seiner Fürsorgepflicht muss der Arbeitgeber zunächst versuchen, auch außerhalb der dienstvertraglich vereinbarten Tätigkeiten eine Überbrückungsmöglichkeit zu finden. Bisher galt diese Obliegenheit besonders dann, wenn das Lenken nicht den wesentlichen Inhalt der Tätigkeit darstellte. Es wurde bei Prüfung der Entlassung darauf abgestellt, ob der Arbeitnehmer durch den Führerscheinentzug unfähig geworden ist, seine eigentlichen im Vertrag bedungenen Aufgaben zu erfüllen, weil die Lenkerberechtigung wesentliche Voraussetzung zur Erfüllung der dienstvertraglichen Pflichten ist – kurz, ob das **Lenken den eigentlichen Inhalt der vereinbarten Tätigkeit** darstellt (vgl. zur ungerechtfertigten Entlassung OGH 20. 3. 2003, 8 ObA 21/03a, ARD 5424/5/2003; OGH 27. 9. 1995, 9 ObA 154/95, ARD 4730/21/96; zur gerechtfertigten Entlassung OGH 22. 5. 2002, 9 ObA 120/02s, ARD 5388/2/2003).

Während also auch bei einem relativ kurzen Führerscheinentzug eine Entlassung gerechtfertigt sein kann, wenn der Arbeitnehmer nicht anderweitig einsetzbar ist, kann andererseits schon die Möglichkeit einer geringfügig anderen Arbeitseinteilung bei einem sehr lange andauernden Führerscheinentzug dazu führen, dass eine Entlassung nicht gerechtfertigt ist.

5. Entlassungsgrund des § 27 Z 3 AngG: Konkurrenztätigkeit

504 Den drei Entlassungsgründen des § 27 Z 3 AngG ist jeweils ein Verhalten des Arbeitnehmers gemein, das geeignet ist, dem Arbeitgeber **geschäftliche Konkurrenz** zu machen. So liegt ein Entlassungsgrund vor, wenn der Angestellte

- ohne Einwilligung des Arbeitgebers ein selbstständiges kaufmännisches Unternehmen betreibt oder
- im Geschäftszweig des Arbeitgebers für eigene oder fremde Rechnung Handelsgeschäfte macht oder
- wenn ein Angestellter den in § 7 Abs 4 AngG bezeichneten Verboten zuwiderhandelt.

Vorweg ist festzuhalten, dass sich das Konkurrenzverbot nach § 7 Abs 1 AngG, das durch den Entlassungstatbestand des § 27 Z 3 AngG abgesichert wird, auf die **gesamte Dauer des aufrechten Dienstverhältnisses erstreckt**, somit auch auf die Zeit der **Kündigungsfrist**, und zwar selbst dann, wenn der Arbeitgeber auf eine weitere Dienstleistung während dieser Zeit – etwa, weil der Arbeitnehmer noch seinen Urlaub verbrauchen will – verzichtet. Dem Arbeitnehmer bleibt es lediglich unbenommen, noch während der Dauer seines Dienstverhältnisses **Vorbereitungshandlungen** zum Betrieb eines selbstständigen kaufmännischen Unternehmens oder zum Abschluss von Handelsgeschäften im Geschäftszweig des Arbeitgebers für eigene oder fremde Rechnung in der Zeit nach Beendigung seines Dienstverhältnisses zu setzen.

5.1. Betreiben eines selbstständigen kaufmännischen Unternehmens

Das Verbot des **Betreibens eines selbstständigen kaufmännischen Unternehmens** entspricht dem Konkurrenzverbot des § 7 Abs 1 erster Fall AngG. Danach dürfen die in § 1 AngG bezeichneten Angestellten (das sind Personen, die im Geschäftsbetrieb eines Kaufmannes vorwiegend zur Leistung kaufmännischer oder höherer, nicht kaufmännischer Dienste oder Kanzleiarbeiten angestellt sind) ohne Bewilligung des Arbeitgebers kein selbstständiges kaufmännisches Unternehmen betreiben. Der **Zweck der Verbotsnorm** des § 7 Abs 1 erster Fall AngG liegt nicht in einem Hintanhalten der Konkurrenzierung des Arbeitgebers, sondern in der **Wahrung der Arbeitskraft und Leistungsfähigkeit** des Arbeitnehmers.

505

5.1.1. Bloße Kapitalbeteiligung nicht umfasst

Verboten ist jegliches Betreiben eines selbstständigen kaufmännischen Unternehmens. Die bloße **Kapitalbeteiligung** an einem Unternehmen allein ist allerdings **nicht als Betrieb** eines selbstständigen kaufmännischen Unternehmens anzusehen. Der in der Lehre vertretenen Ansicht, dass schon mit dem Ausüben von Gesellschaftsrechten, die in tatsächlicher Hinsicht eine nicht völlig unerhebliche Einflussnahme auf die Geschäftsführung ermöglichen, vom Betrieb eines selbstständigen kaufmännischen Unternehmens gesprochen werden müsse, hat sich der OGH nicht angeschlossen, da sie dem oben hervorgehobenen Umstand nicht Rechnung trägt, dass Zweck des Verbotes ja nicht die Vermeidung einer Konkurrenzierung, sondern die Erhaltung der Arbeitskraft des Arbeitnehmers ist. Insofern ist daher nicht auf die bloße **Einflussmöglichkeit**, sondern nur darauf abzustellen, ob zur kapitalsmäßigen Beteiligung an der Gesellschaft eine **Mitwirkung an der Geschäftsführung** des Unternehmens kommt.

506

5.1.2. Gewerberechtliche Geschäftsführung schadet nicht

Aus dem Zweck des § 7 Abs 1 AngG folgt auch, dass in der Ausübung der Tätigkeit als **gewerberechtlicher Geschäftsführer** allein nicht das Betreiben eines selbstständigen kaufmännischen Unternehmens iSd § 27 Z 3 AngG gesehen werden kann. Der gewerberechtliche Geschäftsführer ist für die Einhaltung der gewerberechtlichen Bestimmungen verantwortlich, eine kaufmännische Verantwortung trifft ihn nicht. Ohne wirtschaftliche Beteiligung wirkt sich seine Tätigkeit auch nur über das vereinbarte Entgelt auf die eigene Vermögenssituation aus. Im Ergebnis handelt es sich dabei um eine im Regelfall entgeltlich ausgeübte Tätigkeit, die durchaus mit einer anderen Angestelltentätigkeit vergleichbar ist.

507

Selbst eine **vertragliche Beschränkung der Nebenbeschäftigungsmöglichkeiten** vermag **keine Erweiterung des Entlassungstatbestandes** des § 27 Z 3 AngG zu bewirken. Daraus ergibt sich aber, dass eine gewerberechtliche Geschäftsführung allein nicht (wie dies bei § 27 Z 3 AngG der Fall ist) einen Entlassungsgrund bewirken kann, der ohne Prüfung der konkreten sich ergebenden Beeinträchtigungen der Interessen des Arbeitgebers zur Entlassung berechtigt.

5.1.3. Vorbereitungshandlungen verstoßen nicht gegen Konkurrenzverbot

Zwar ist es nicht unbedingt erforderlich, dass das vom Angestellten betriebene selbstständige Unternehmen zum Arbeitgeber tatsächlich ein Konkurrenzunternehmen ist – ein Schadenseintritt beim Arbeitgeber ist zur Herstellung dieses Entlassungstatbestandes nicht notwendig –, das Nebengeschäft muss aber bereits tatsächlich ausgeübt werden.

508

Die bloße **Gründung eines selbstständigen kaufmännischen Unternehmens** ohne Aufnahme des Geschäftsbetriebes reicht für die Tatbestandsverwirklichung nicht aus. Gründen daher

§ 27 AngG

Arbeitnehmer nach Kündigung ihrer Dienstverhältnisse unter gleichzeitiger Dienstfreistellung eine GmbH, die im Geschäftszweig des Arbeitgebers tätig werden soll, und lassen diese im Firmenbuch registrieren, wobei der Geschäftsbetrieb während des aufrechten Dienstverhältnisses aber noch nicht aufgenommen wurde, sondern lediglich **Vorbereitungshandlungen** wie die Einholung von Informationen über den Kauf von Maschinen sowie über die Finanzierung von Unternehmensgründungen durchgeführt werden, ist eine Entlassung nach § 27 Z 3 AngG ungerechtfertigt (OGH 17. 3. 1993, 9 ObA 8/93, ARD 4523/39/94).

5.1.4. Ausmaß der Beeinträchtigung der Arbeitskraft unbeachtlich

509 So wie eine allfällige Konkurrenzierung des Arbeitgebers durch das selbstständige kaufmännische Unternehmen des Arbeitnehmers beim Entlassungstatbestand des § 27 Z 3 erster Fall AngG unbeachtlich ist, ist auch das **Ausmaß einer etwaigen Beeinträchtigung der Arbeitskraft** des Arbeitnehmers als Angestellter durch die Betreibung des eigenen Unternehmens gänzlich außer Acht zu lassen.

5.2. Abschluss von Handelsgeschäften im Geschäftszweig des Arbeitgebers

510 Der zweite Tatbestand des § 27 Z 3 AngG dient der Sicherung des Konkurrenzverbots des § 7 Abs 1 zweiter Fall AngG. Nach dieser Bestimmung ist es dem Angestellten verboten, im Geschäftszweig des Arbeitgebers **für eigene oder fremde Rechnung Handelsgeschäfte zu machen**.

Doch nicht erst der Abschluss oder die Effektuierung eines Handelsgeschäftes erfüllen den Entlassungstatbestand nach § 27 Z 3 zweiter Fall AngG, sondern auch der **Versuch eines Abschlusses** ist ein verbotenes „Handelsgeschäfte machen" iSd dieser Bestimmung. Für den Verstoß gegen das Konkurrenzverbot genügt es, wenn der Arbeitnehmer noch während des aufrechten Dienstverhältnisses nach außen hin, insbesondere Kunden gegenüber, für das Konkurrenzunternehmen tätig wird.

5.2.1. Vom Konkurrenzverbot umfasste Handelsgeschäfte

511 Als „Handelsgeschäfte" im Sinne dieser Bestimmung sind nur Handelsgeschäfte nach Art 271 und Art 272 des – zum Zeitpunkt des Inkrafttretens des AngG in Geltung gestandenen – Allgemeinen Handelsgesetzbuches (AHGB) idF vor der Novelle 1928 zu verstehen. Unter die genannten Bestimmungen fallen jene Rechtsgeschäfte, die nach der Systematik des AHGB schon ihres Inhaltes wegen als Handelsgeschäfte angesehen wurden (Art 271; sog. absolute oder objektive Handelsgeschäfte), und weiters jene Rechtsgeschäfte, die über einen bestimmten Inhalt hinaus die Eigenschaft eines Handelsgeschäftes dadurch erlangen, dass sie gewerbsmäßig ausgeführt werden (Art 272; sog. relative Handelsgeschäfte). Sie setzen also, anders als nach geltendem Recht (vgl. § 343 Abs 1 UGB) und nach der dritten Kategorie des AHGB (Art 273 Abs 1: „Alle einzelnen Geschäfte eines Kaufmannes, welche zum Betriebe seines Handelsgewerbes gehören, sind als Handelsgeschäfte anzusehen"), die **Kaufmannseigenschaft des Abschließenden**, die ja der Angestellte bei einem Verstoß gegen § 27 Z 3 zweiter Fall AngG nicht hat, **nicht voraus**.

Als **Handelsgeschäfte** sind u.a. der **Verkauf** oder die anderweitige **Anschaffung von Waren** oder anderen beweglichen Sachen, um sie weiterzuveräußern, und die Übernahme einer Lieferung von Gegenständen, welche der Unternehmer zu diesem Zweck angeschafft hat, zu verstehen. Anschaffung und Weiterveräußerung müssen miteinander in einem **zweckgerichteten Zusammenhang** stehen. Die Herstellung von Computerprogrammen (oder die Vornahme von Wartungsarbeiten an PC-Anlagen) kann dem Begriff des Handelsgeschäftes iSd § 27 Z 3 zweiter Fall AngG jedenfalls nicht unterstellt werden und erfüllt daher nicht den Entlassungsgrund des § 27 Z 3 AngG.

Ebenso kann die Betätigung als Friseur nicht unter diesen Entlassungstatbestand subsumiert werden, jedoch kann darin, dass der Arbeitnehmer in Zusammenhang mit der Übernahme eines eigenen Frisiersalons dort als Friseur tätig wird und Kunden bedient, unter Umständen eine Handlung liegen, die ihn des Vertrauens des Arbeitgebers unwürdig erscheinen lässt (§ 27 Z 1 dritter Tatbestand AngG).

5.2.2. Abgrenzung des Begriffes „Geschäftszweig des Arbeitgebers"

Ob der Begriff des „**Geschäftszweiges**" eng zu ziehen ist oder ob sich das Konkurrenzverbot des § 7 Abs 1 AngG auch auf Handelsgeschäfte erstreckt, die der Arbeitgeber nach der **Zweckwidmung** seines Handelsgewerbes **betreiben könnte**, war lange Zeit in der Lehre umstritten und wurde auch von der Rechtsprechung nicht einheitlich beantwortet. 512

Ausgehend von dem Gedanken, dass mit dem in der Treuepflicht wurzelnden Konkurrenzverbot die Erwerbsfreiheit des Arbeitnehmers im Interesse des Arbeitgebers eingeschränkt wird und wesentliche Interessen des Arbeitgebers nur dann berührt werden, wenn die vom Arbeitgeber tatsächlich ausgeübte Geschäftstätigkeit betroffen ist, hat der OGH in der Entscheidung OGH 29. 5. 1991, 9 ObA 74/91, ARD 4301/18/91, unter Auseinandersetzung mit der bisherigen Rechtsprechung und der in der Literatur vertretenen Ansichten ausgesprochen, dass eine am Schutzzweck der Norm orientierte Auslegung dahin führt, den Begriff „Geschäftszweig" eng auszulegen und nur auf die vom Arbeitgeber **tatsächlich entfaltete Geschäftstätigkeit** zu beziehen ist.

Vertreibt der Arbeitnehmer jedoch Waren, die auch zum Handelsgeschäft des Arbeitgebers gehören, gehört dies jedenfalls zum „Geschäftszweig" des Arbeitgebers.

5.2.3. Konkurrenzverhältnis erforderlich

Im Gegensatz zum Tatbestand des Betreibens eines selbstständigen kaufmännischen Unternehmens ist es für den zweiten Tatbestand des § 27 Z 3 AngG erforderlich, dass der Arbeitnehmer dem Arbeitgeber durch das Führen von Handelsgeschäften im Geschäftszweig des Arbeitgebers für eigene oder fremde Rechnung **Konkurrenz** macht. Für das Bestehen einer Konkurrenzsituation ist es aber nicht erforderlich, dass sich zwei Unternehmen mit völlig gleichartigen Produkten an denselben Abnehmerkreis wenden, sondern es genügt, dass mit den konkurrierenden Produkten **gleichartige Bedürfnisse** eines zumindest teilweise **identischen Kundenkreises befriedigt** werden. 513

Verstößt ein Arbeitnehmer gegen das Konkurrenzverbot durch Eröffnung eines eigenen Geschäfts, geht das Entlassungsrecht des Arbeitgebers noch nicht dadurch verloren, dass er die Entlassung zunächst trotz Kenntnis der Geschäftseröffnung unterlässt und erst in der Folge nach Kenntnis der Konkurrenzierung die Entlassung ausspricht.

5.3. Bestimmte Konkurrenztätigkeiten durch Angestellte bei Ziviltechnikern

Nach dem dritten Tatbestand des § 27 Z 3 AngG ist ein zur Entlassung berechtigender wichtiger Grund darin gelegen, dass ein Angestellter den im § 7 Abs 4 AngG bezeichneten Verboten zuwiderhandelt. Nach § 7 Abs 4 AngG ist Angestellten, die bei den im § 2 Z 5 AngG bezeichneten Arbeitgebern angestellt sind, untersagt, ohne Einwilligung des Arbeitgebers, **Aufträge**, die in das Gebiet der geschäftlichen Tätigkeit des Arbeitgebers fallen, **auf eigene oder fremde Rechnung zu übernehmen**, sofern dadurch das geschäftliche Interesse des Arbeitgebers beeinträchtigt wird; ferner ist ihnen untersagt, ohne Einwilligung des Arbeitgebers gleichzeitig mit diesem an ein und demselben **Wettbewerb teilzunehmen**. Der Adressatenkreis dieser Vorschrift umfasst 514

§ 27 AngG

die bei **Ziviltechnikern** iSd § 1 Ziviltechnikergesetz (Zivilingenieure und Ingenieurskonsulenten für Vermessungswesen) als Angestellte beschäftigten Arbeitnehmer.

Der Umstand, dass nur die § 2 Z 5 AngG genannten Angestellten von Ziviltechnikern dem Konkurrenzverbot nach § 7 Abs 4 AngG unterliegen, schließt aber nicht aus, dass **auch andere Angestellte** – unter besonderen Voraussetzungen – einen **Vertrauensbruch** begehen können, wenn sie durch ähnliche Handlungen die Interessen ihres Arbeitgebers beeinträchtigen. Eine dem Arbeitgeber nicht bekannte Nebenbeschäftigung rechtfertigt wegen der grundsätzlichen Betätigungsfreiheit noch nicht den Entzug des Vertrauens – jedenfalls sofern kein gesetzliches oder vertragliches Konkurrenzverbot besteht.

Eine über § 7 AngG hinausgehende **Beschränkung der privaten Betätigungsfreiheit** (insbesondere auch eine Verpflichtung zur Unterlassung von Nebenbeschäftigungen) vermag aber – selbst wenn sie vertraglich vereinbart ist – **keine Erweiterung des Entlassungstatbestandes** des § 27 Z 3 AngG zu bewirken. In Betracht käme allenfalls eine Vertrauensunwürdigkeit gemäß § 27 Z 1 AngG. Dieser Entlassungstatbestand ist aber auch im Fall einer dem § 7 AngG nicht zu unterstellenden Tätigkeit für ein Konkurrenzunternehmen nur dann erfüllt, wenn dem Angestellten **konkrete Verstöße gegen seine Treuepflicht** zur Last fallen oder er ein Verhalten eingenommen hat, das ihn des Vertrauens seines Arbeitgebers unwürdig macht, wie etwa der Verrat von Geschäfts- oder Betriebsgeheimnissen. Nur bei Vorliegen dieser besonders erschwerenden Voraussetzungen kann in einer Nebenbeschäftigung, die entgegen einer wirksamen vertraglichen Verpflichtung ausgeübt wird, ein Vertrauensmissbrauch iSd § 27 Z 1 AngG erblickt werden.

6. Entlassungsgrund des § 27 Z 4 AngG: beharrliche Pflichtenvernachlässigung

515 Nach § 27 Z 4 AngG ist ein wichtiger Grund, der den Arbeitgeber zur vorzeitigen Entlassung berechtigt, wenn der Angestellte

– ohne einen rechtmäßigen Hinderungsgrund während einer den Umständen nach erheblichen Zeit die **Dienstleistung unterlässt** oder

– sich **beharrlich weigert, seine Dienste zu leisten** oder sich den durch den Gegenstand der Dienstleistung gerechtfertigten Anordnungen des Arbeitgebers zu fügen, oder

– wenn er andere Bedienstete zum **Ungehorsam** gegen den Arbeitgeber zu verleiten sucht.

6.1. Unterlassung der Dienstleistung während einer erheblichen Zeit

516 Der erste Tatbestand des § 27 Z 4 AngG sieht eine Entlassung dann als gerechtfertigt an, wenn sie deshalb ausgesprochen wird, weil der Angestellte die Dienstleistung ohne einen rechtmäßigen Hinderungsgrund während einer den Umständen nach erheblichen Zeit unterlässt. Was den Arbeitgeber hier zur sofortigen Auflösung des Arbeitsverhältnisses berechtigt, ist das **Nichteinhalten** der durch Gesetz, Kollektivvertrag oder Einzelarbeitsvertrag festgesetzten **Arbeitszeit**, also eine Verletzung der vom Angestellten durch den Abschluss des Arbeitsvertrages übernommenen Pflicht zur Arbeitsleistung. Das Dienstversäumnis muss, um tatbestandsmäßig zu sein, **erheblich, pflichtwidrig und schuldhaft** sein und überdies eines **rechtmäßigen Hinderungsgrundes entbehren**. Der Arbeitnehmer muss, um die Voraussetzung eines schuldhaften Verhaltens zu erfüllen, das Arbeitszeitversäumnis **vorsätzlich oder fahrlässig** herbeigeführt haben. Im Falle eines vorsätzlichen Verhaltens muss er im Bewusstsein der Pflichtwidrigkeit gehandelt haben; dem fahrlässig Handelnden muss die Pflichtwidrigkeit seines Handelns bei Beobachtung der pflichtgemäßen Sorgfalt erkennbar sein.

6.1.1. Pflichtwidrigkeit des Handelns

Pflichtwidrig ist jedes vertrags- oder sonst rechtswidrige Verhalten des Arbeitnehmers, das mit den ausdrücklich oder stillschweigend bedungenen **arbeitsvertraglichen Pflichten**, mit einer durch den Gegenstand der Arbeitsleistung **gerechtfertigten Anordnung des Arbeitgebers** oder mit der Verpflichtung des Arbeitnehmers zur Verrichtung der ihm zugewiesenen Arbeiten nach bestem Wissen und Können **im Widerspruch steht**. 517

Eine Versäumung der pflichtgemäßen Arbeitszeit verwirklicht den Entlassungsgrund daher grundsätzlich auch dann, wenn für eine an sich berechtigte Unterlassung der Dienstleistung die erforderliche Genehmigung des Arbeitgebers nicht eingeholt wurde. Die vom Arbeitnehmer **vermutete Einwilligung des Arbeitgebers** in eine solche Unterlassung schließt aber die Pflichtwidrigkeit einer Arbeitsversäumnis aus, wenn der Arbeitnehmer mit Grund annehmen konnte, dass der Arbeitgeber, hätte er die Sachlage gekannt, seine Einwilligung erteilt hätte. Hat der Arbeitgeber also auf der Einhaltung einer sich aus dem Dienstvertrag ergebenden Verpflichtung des Arbeitnehmers nicht streng bestanden, sondern mehr oder weniger große Abweichungen regelmäßig geduldet, dann bildet eine Verletzung einer solchen Verpflichtung innerhalb des bisher tolerierten Ausmaßes keinen wichtigen Grund zur Entlassung des Arbeitnehmers, falls dieser nicht vorher von der geänderten Sachlage unterrichtet und darauf aufmerksam gemacht wurde, dass die betreffende Verpflichtung in Zukunft genau eingehalten werden müsse.

6.1.2. Rechtfertigender Hinderungsgrund für Dienstversäumnis

Kann sich der Arbeitnehmer auf einen **rechtmäßigen Hinderungsgrund** berufen, ist das Unterlassen der Dienstleistung aus diesem Grund als nicht pflichtwidrig und das Arbeitsversäumnis im Einzelfall als gerechtfertigt anzusehen. Das trifft vor allem dann zu, wenn das Fernbleiben vom Arbeitsplatz durch eine **gesetzliche oder vertragliche Regelung gerechtfertigt** ist, der Angestellte sich also durch das Unterlassen der Dienstleistung keiner Verletzung seiner vertraglichen Arbeitspflicht schuldig gemacht hat. Darüber hinaus muss ein die Entlassung ausschließender Hinderungsgrund in der Regel auch dann angenommen werden, wenn dem Angestellten im Einzelfall aus besonderen Gründen eine vertragsgemäße Arbeitsleistung billigerweise nicht zugemutet werden kann. Hier kommen nicht nur Dienstverhinderungen durch **Krankheit, Unglücksfall, Arbeitsunfall** oder dgl. in Betracht; auch andere **wichtige, die Person des Arbeitnehmers betreffende Gründe** (vgl. dazu ausführlich unter Pkt. 4. zu § 8, Rz 87 ff.) wie überhaupt jede unvorhersehbare Kollision von Vertragspflichten mit einer höherwertigen Pflicht können das Verhalten des Angestellten im Einzelfall rechtfertigen. 518

Alle diese Rechtfertigungsgründe, die das – ansonsten pflichtwidrige – Fernbleiben des Angestellten von der Arbeit im Einzelfall als berechtigt erscheinen lassen und damit insoweit das Entlassungsrecht des Arbeitgebers aufheben, sind aber schon nach der allgemeinen Beweislastregel **vom Angestellten**, der sich auf sie beruft, **nachzuweisen**. Nicht den Arbeitgeber trifft also die Beweispflicht für das Fehlen eines „rechtmäßigen Hinderungsgrundes" auf der Seite des Angestellten, vielmehr ist es Sache des entlassenen Angestellten, den Beweis für jene besonderen Umstände zu führen, die sein Fernbleiben von der Arbeit im konkreten Fall rechtfertigen sollen.

6.1.2.1. Arbeitsunfähigkeit des Arbeitnehmers

Entschuldigt ist das Fernbleiben eines Arbeitnehmers vom Dienst wie bereits angedeutet insbesondere dann, wenn er – **objektiv betrachtet** – **arbeitsunfähig** war, also infolge einer Erkrankung nicht oder doch nur mit der Gefahr, seinen Zustand zu verschlimmern, fähig war, seiner bisher ausgeübten – oder sonst einer nach dem Arbeitsvertrag zu verrichtenden – Arbeitstätigkeit nachzukommen. 519

§ 27 AngG

Gerechtfertigt ist das Fernbleiben aber auch dann, wenn er von einem zur Feststellung seiner Arbeitsunfähigkeit berufenen Arzt **in Krankenstand genommen wurde**, obwohl **objektiv dazu keine Veranlassung gegeben war**, er aber auf die Richtigkeit der ausgestellten ärztlichen Bescheinigung vertrauen durfte. Dem Arbeitnehmer muss in dieser Situation in aller Regel (aber eben nicht ausnahmslos!) der gute Glaube zugebilligt werden, sich für arbeitsunfähig zu halten, wenn der Arzt zur Feststellung seiner Arbeitsunfähigkeit gelangt. Dies gilt schon deshalb, weil die Entscheidung dieser Frage praktisch stets in die fachliche Kompetenz des Arztes fällt. Auch ein Laie, der sich selbst für arbeitsfähig hält, kann nach der fachlichen Beurteilung des Arztes arbeitsunfähig sein.

Die bloße Unterlassung der geforderten Vorlage einer der im Gesetz genannten **Arbeitsunfähigkeitsbestätigungen** (Krankenstandsbestätigung) bildet ohne Hinzutreten besonderer, erschwerender Umstände **keinen Entlassungsgrund**. Das Vorliegen solcher besonderen Umstände ist zu verneinen, wenn es sich um eine verhältnismäßig kurze Erkrankung handelt oder die Gefahr eines konkreten Nachteils für den Arbeitgeber nicht gegeben ist.

6.1.2.2. Sonstige, wichtige, die Person des Arbeitnehmers betreffende Gründe

520 Auch **religiöse Verpflichtungen** können als höherrangige Verpflichtungen in Kollision mit jenen aus dem Dienstvertrag treten und das Fernbleiben vom Dienst im Einzelfall rechtfertigen. Ein wesentlicher Aspekt dabei ist, dass bei jenen Dienstverhinderungsgründen, die nicht bereits gesetzlich festgelegt sind, jeweils im Einzelfall eine **Interessenabwägung** zwischen den Interessen des Arbeitgebers und jenen des Arbeitnehmers vorzunehmen und auch eine **Mitteilungsobliegenheit** anerkannt ist. Bei Hinderungsgründen, die bereits von vornherein absehbar sind und deren Eignung zur Rechtfertigung der Abwesenheit erst bei Abwägung mit den Interessen des Arbeitgebers beurteilt werden kann, ist es erforderlich, dass der Arbeitnehmer bei der Ankündigung, nicht zum Dienst zu erscheinen, auch angibt, worin diese Gründe gelegen sind, also warum er nicht zum Dienst erscheinen möchte. Nur dadurch wird es dem Arbeitgeber möglich, den so formulierten Interessen des Arbeitnehmers seine eigenen Interessen entgegenzusetzen und abzuwägen, ob insgesamt das Fernbleiben des Arbeitnehmers als gerechtfertigt anzusehen ist oder nicht.

Als weitere mögliche Dienstverhinderungsgründe kommen beispielsweise in Betracht: **Arztbesuche**, Begräbnisse, **Behördenwege**, familiäre Beistandspflichten, Familienfeiern (Hochzeiten, Geburten, etc.), Erfüllung von Aufgaben des im Allgemeininteresse liegenden Katastropheneinsatzes (z.B. bei der freiwilligen Feuerwehr), Vorladung zu Gerichtsverhandlungen, Hochwasser, Kuraufenthalte, **Pflegefreistellungen** (vgl. § 16 UrlG), Umzug oder Verkehrsstörungen.

6.1.3. Dauer und Erheblichkeit des Dienstversäumnisses

521 Wesentlich beim Entlassungstatbestand der unterlassenen Dienstleistung nach § 27 Z 4 erster Fall AngG ist, dass die Dienstleistung „**während einer den Umständen nach erheblichen Zeit**" unterlassen wird. Dies ist dann der Fall, wenn die Unterlassung der Arbeitsleistung nach der **Dauer** der **versäumten Arbeitszeit**, nach Maßgabe der **Dringlichkeit** der zu verrichtenden Arbeit oder aufgrund des Ausmaßes des infolge des Versäumnisses nicht erzielten Arbeitserfolges oder der sonstigen dadurch eingetretenen betrieblichen Nachteile **besondere Bedeutung** besitzt. Entscheidend sind immer die Umstände des konkreten Einzelfalles. Versäumt der Angestellte etwa einen Nachmittag lang die Arbeit, ohne dass er etwas Dringendes zu erledigen gehabt hätte, muss diese Zeit nicht erheblich sein. Unterlässt er aber die Dienstleistung, obwohl er weiß, dass ihn der Arbeitgeber gerade jetzt dringend braucht, auch nur für kurze Zeit, so ist dies doch eine

„den Umständen nach erhebliche" Zeit. Eine **Arbeitsversäumnis von einem ganzen Tag** ohne Dienstverhinderungsgrund wurde von der Rechtsprechung jedoch schon als für eine Entlassung ausreichend angesehen, selbst wenn keine dringenden Arbeiten anstehen.

Arbeitspausen können im Allgemeinen nur dann tatbestandsmäßig sein, wenn sie eine zumindest **nicht unerhebliche Zeit** andauern und Auswirkungen auf die übliche Arbeitsleistung hervorrufen. Wird die Entlassung daher auf derartige Pausen gestützt, ist es Sache des Arbeitgebers, die Erheblichkeit der darin gelegenen Unterlassung der Arbeitsleistung im Sinne der dargestellten Rechtslage zu behaupten und zu beweisen. Aus dem eben Gesagten folgt aber auch, dass es sich nicht um ein einzelnes durchgehendes Unterlassen der Dienstleistung von längerer Dauer handeln muss, sondern auch **wiederholte kürzere Unterlassungen** der Dienstleistung (wie z.B. ständige Unpünktlichkeiten und Unterbrechungen der Arbeit, die übliche Pausen überschreiten) den Tatbestand erfüllen können.

Bei gleitender Arbeitszeit ist eine Unterlassung der Dienstleistung als Entlassungsgrund begrifflich nur während der Kern- oder Blockzeit denkbar.

6.1.4. Eigenmächtiger Urlaubsantritt

Ein eigenmächtiger Urlaubsantritt durch den Arbeitnehmer bzw. eine eigenmächtige Verlängerung eines Urlaubs berechtigen den Arbeitgeber zu einer Entlassung. Da gemäß § 4 Abs 1 UrlG der Zeitpunkt des Urlaubsantrittes zwischen dem Arbeitgeber und dem Arbeitnehmer unter Rücksichtnahme auf die Erfordernisse des Betriebes und die Erholungsmöglichkeiten des Arbeitnehmers zu vereinbaren ist, ist das **eigenmächtige Fernbleiben** des Arbeitnehmers, wenn eine derartige Vereinbarung mit seinem Arbeitgeber nicht zustande gekommen ist, **unbegründet** und stellt einen Entlassungsgrund dar.

522

6.1.5. Zeitpunkt des Entlassungsausspruches

Bei der Unterlassung der Dienstleistung handelt es sich um einen Dauertatbestand, der als solcher unter Bedachtnahme auf die Obliegenheit der Unverzüglichkeit des Ausspruches der Entlassung diese **während des gesamten Zeitraumes**, während dessen das pflichtwidrige Verhalten besteht, aber auch nach dessen Ende rechtfertigt. Solange die Dienstleistung pflichtwidrig unterlassen wird, ist die **Entlassung jederzeit möglich**.

523

Eine Verfristung tritt daher nicht schon dann ein, wenn die Entlassung nicht unverzüglich und unmittelbar nach Beginn der Unterlassung der Dienstleistung ausgesprochen wird, sondern erst, wenn die Entlassung **nach Beendigung** des pflichtwidrigen Verhaltens **nicht unverzüglich ausgesprochen** wird. Den Arbeitgeber trifft – in diesem Zusammenhang – auch keine Verpflichtung, in der Zeit, in der der Arbeitnehmer der Arbeit unentschuldigt fernbleibt, Erkundigungen darüber einzuholen, warum der Arbeitnehmer nicht zur Arbeit erscheint; solche Nachfragen bleiben auf das Recht zum Ausspruch der Entlassung bis zur Beendigung des pflichtwidrigen Verhaltens des Arbeitnehmers und unverzüglich nach dessen Beendigung ohne Einfluss.

6.2. Beharrliche Dienstverweigerung

Gemäß § 27 Z 4 AngG stellt es weiters einen Entlassungsgrund dar, wenn sich der Arbeitnehmer **beharrlich weigert, seine Dienste zu leisten** oder sich den durch den Gegenstand der Dienstleistung gerechtfertigten Anordnungen des Arbeitgebers zu fügen. Unter „**beharrlich**" im Sinne dieses Tatbestandes ist die Nachhaltigkeit, Unnachgiebigkeit oder Hartnäckigkeit des in der Dienstverweigerung zum Ausdruck gelangenden, auf die Verweigerung der Dienste bzw.

524

der Befolgung der Anordnung gerichteten Willens zu verstehen. Daher muss sich die Weigerung entweder **wiederholt ereignet** haben oder von derart **schwer wiegender Art** sein, dass auf die Nachhaltigkeit der Willenshaltung des Angestellten mit Grund geschlossen werden kann. Die vom Gesetz geforderte Annahme der Beharrlichkeit der Dienstverweigerung kann auch darin bestehen, dass der Arbeitnehmer der gerechtfertigten Anordnung des Arbeitgebers körperliche Gewalt entgegensetzt. Es kann keinem Arbeitgeber zugemutet werden, einen Arbeitnehmer bis zum Ablauf der Kündigungsfrist zu beschäftigen, wenn der Arbeitgeber zur Durchsetzung gerechtfertigter Anordnungen handgreiflich werden müsste.

6.2.1. Vorangehende Ermahnung grundsätzlich notwendig

525 Die beharrliche Weigerung setzt im Fall der wiederholten Begehung eine **vorangegangene Ermahnung (Verwarnung)** oder wiederholte Aufforderung voraus. Aus diesem Grund erfüllt auch die bloße **Ankündigung der Nichtbefolgung einer Weisung** mangels Vorliegens des Merkmals der Beharrlichkeit nicht die Voraussetzungen des Entlassungstatbestandes nach § 27 Z 4 AngG. Hat ein Arbeitnehmer jedoch wiederholt und beharrlich zu erkennen gegeben, dass er nicht gewillt ist, sich gerechtfertigten Anordnungen des Arbeitgebers zu unterwerfen, kann an der Nachhaltigkeit seiner Willenshaltung, an der Endgültigkeit seines Entschlusses und an der besonders schwer wiegenden Widersetzlichkeit kein Zweifel bestehen. Von einer bloßen (nicht tatbestandsmäßigen) Ankündigung der Nichtbefolgung einer erteilten Weisung kann daher in einem solchen Fall nicht mehr gesprochen werden.

Die grundsätzlich notwendige Verwarnung muss zwar keinen bestimmten Wortlaut haben, aber den Angestellten auf die **konkrete Dienstverweigerung hinweisen** und in einer dem Ernst der Lage angepassten Weise zur Einhaltung der Dienstpflichten auffordern. Die Androhung der Entlassung ist nicht erforderlich; es genügt, wenn der Arbeitnehmer den durch seine Arbeitsverweigerung hervorgerufenen Ernst der Situation erkennen kann. Eine Ermahnung ist lediglich dann **nicht erforderlich**, wenn der Arbeitnehmer die Bedeutung und das Gewicht seines pflichtwidrigen Verhaltens ohnehin genau kennt bzw. der Verstoß gegen seine Verpflichtungen offensichtlich und für ihn erkennbar ist und seine **Weigerung derart eindeutig** und endgültig ist, dass angesichts eines derartigen offensichtlich unverrückbaren Willensentschlusses des Angestellten **eine Ermahnung als bloße Formalität sinnlos** erscheinen müsste.

6.2.2. Weisungsrecht des Arbeitgebers

526 Der Arbeitgeber ist grundsätzlich befugt, den Arbeitsablauf seiner Mitarbeiter durch konkrete Weisung näher zu regeln, um so einen möglichst rationellen Einsatz ihrer Arbeitskraft und zugleich eine optimale Betreuung der Kunden zu gewährleisten. Der Arbeitnehmer ist wiederum verpflichtet, den durch die Dienstleistung **gerechtfertigten Weisungen des Arbeitgebers nachzukommen** (Gehorsamspflicht). Eine Anordnung des Arbeitgebers ist dann als gerechtfertigt anzusehen, wenn sie sich innerhalb der durch den Arbeitsvertrag und den sich daraus ergebenden Rechten und Pflichten gezogenen Grenzen hält und sich auf die nähere Bestimmung der **konkreten Arbeitspflicht** oder auf das **Verhalten des Arbeitnehmers im Betrieb** erstreckt. Darunter kann auch unter Bedachtnahme auf die Art der vom Arbeitnehmer auszuführenden Arbeiten (etwa als Bauspengler oder als Kraftfahrer) die Anordnung eines strikten Alkoholverbots fallen.

Eine Anordnung ist aber dann nicht mehr durch den Gegenstand der Dienstleistung gerechtfertigt, wenn sie dem **Gesetz**, einem Kollektivvertrag, einer Betriebsvereinbarung, dem Arbeitsvertrag oder den **guten Sitten widerspricht** bzw. sich ausschließlich auf den **Privatbereich des Ange-

stellten bezieht (etwa betreffend Haarlänge, Eheschließung, usw.). Unter Umständen kann aber auch die beharrliche Weigerung, einer individuellen Weisung des Arbeitgebers hinsichtlich der Einhaltung des auch von dessen Kundenkreis erwarteten Bekleidungsstils im Betrieb nachzukommen, einen Entlassungsgrund darstellen. So wurde ein Bankbeamter berechtigt entlassen, der sich trotz des ausgesprochenen Verbots und wiederholter Ermahnungen weigerte, das Tragen einer auffälligen Goldkette im allgemeinen Bankbereich zu unterlassen (OGH 11. 2. 1999, 8 ObA 195/98d, ARD 5019/2/99).

Anordnungen sind auch dann nicht mehr durch den Gegenstand der Dienstleistungen gerechtfertigt, wenn sie der **Fürsorgepflicht** des Arbeitgebers **widersprechen** oder wenn ihre **Befolgung** aus besonderen Gründen dem Arbeitnehmer **nicht zumutbar** ist. Schikanöse Weisungen (z.B. Anordnung von Arbeiten jenseits der arbeitszeitrechtlichen Zulässigkeit) sind durch den Gegenstand der Dienstleistung nie gerechtfertigt.

6.2.3. Entlassung wegen wiederholten Zuspätkommens

Auch ein **wiederholtes Zuspätkommen** des Arbeitnehmers stellt eine Verletzung der arbeitsvertraglichen Pflichten dar. Dabei ist nicht die absolute Dauer der Arbeitsversäumnis, sondern die Bedeutung der Arbeitsleistung des Arbeitnehmers gerade während dieser Zeit (oder ein sonstiger, durch die Verspätung bedingter wichtiger betrieblicher Nachteil) wesentlich.

Im Regelfall ist davon auszugehen, dass die Entlassung wegen einer erheblichen Verspätung **vorausgehende Verwarnungen** (in einem engen zeitlichen Zusammenhang mit dem Entlassungsvorfall) erfordert. Nur dann, wenn bereits eine einmalige Dienstverfehlung derart schwerwiegend und krass ist, dass der Arbeitnehmer auch ohne Ermahnung deren Charakter als gewichtige Pflichtenvernachlässigung erkennen kann, kann eine Verwarnung entfallen. Dies wird jedoch bei Verspätungen nur in sehr seltenen Ausnahmefällen denkbar sein. Die Verwarnung kann sowohl mündlich als auch schriftlich erfolgen. Aufgrund der erleichterten Beweisbarkeit ist der Schriftlichkeit der Vorzug zu geben.

Hat aber ein wegen Zuspätkommens verwarnter Arbeitnehmer nach der Verwarnung sein unpünktliches Verhalten fortgesetzt und wurde das neuerliche Zuspätkommen über einen gewissen Zeitraum toleriert, darf der Arbeitnehmer an der **Ernsthaftigkeit der Verwarnung zweifeln**, so dass er wegen seines fortgesetzten Zuspätkommens nur nach einer **neuerlichen**, dem Ernst der Lage angepassten **Ermahnung** entlassen werden darf. Es muss daher in diesen Fällen zunächst verdeutlicht werden, dass weitere Verspätungen nicht mehr geduldet werden und in der Folge vor der Entlassung konsequent bei jeder Verspätung ermahnt wird.

Weiters muss selbst bei fortgesetztem Zuspätkommen der für den Ausspruch der Entlassung herangezogene Anlassfall eine **gewisse Mindestintensität** aufweisen, die den vorangegangenen Unpünktlichkeiten in etwa entspricht; eine Verspätung von wenigen Minuten reicht daher bei vorangegangenen erheblichen Unpünktlichkeiten nicht aus, um den Entlassungstatbestand herzustellen.

6.2.4. Verweigerung von Überstundenarbeit

Auch die Weigerung, objektiv gerechtfertigte, **angeordnete Überstunden** zu leisten, stellt einen Entlassungsgrund dar, umso mehr wenn es sich bei dieser zu erbringenden Arbeitsleistung um eine bereits vereinbarte, **betrieblich notwendige Überstundenarbeit** handelt. Ein Arbeitnehmer verletzt daher fahrlässig seine Treuepflicht, wenn er eine vereinbarte Überstundenleistung zur

§ 27 AngG

Lösung eines betrieblichen Problems kurzfristig vor dem Abschluss der Arbeit ohne Verständigung des Arbeitgebers abbricht. Auch die Nichtleistung von vereinbarten Überstunden in Zusammenhang mit einer Betriebsübersiedlung wurde zu Recht als Entlassungsgrund gewertet (OLG Wien 27. 10. 1997, 8 Ra 278/97d, ARD 4926/5/98).

Ergibt sich aber aus Gesetz, Kollektivvertrag, Betriebsvereinbarung oder Einzelvertrag **keine Verpflichtung** zur **Leistung von Überstunden**, ist das Verlassen des Betriebs trotz Überstundenanordnung des Arbeitgebers nicht **pflichtwidrig**.

6.2.5. Entlassung wegen privater Telefongespräche

529 Als eine beharrliche Pflichtverletzung wurde es von der Rechtsprechung auch angesehen, wenn ein Arbeitnehmer trotz wiederholter Abmahnung weiterhin **häufig längere Telefongespräche** in der Dienstzeit führt. Übliche kurze private Telefongespräche am Arbeitsplatz sind aber – unbeschadet einer allfälligen Kostenersatzpflicht – nicht geeignet, die Unzumutbarkeit der Weiterbeschäftigung zu bewirken und eine Entlassung zu rechtfertigen.

Auch eine private Nutzung des Internetanschlusses des Arbeitgebers kann eine Entlassung rechtfertigen. Siehe dazu ausführlich unter Pkt. 3.3.6 zu § 27, Rz 500.

6.2.6. Verschulden des Arbeitnehmers an Dienstpflichtverletzung

530 Zur Entlassung berechtigt eine vordergründig als beharrlich zu beurteilende Weigerung, die Dienstpflichten einzuhalten, nur dann, wenn diese **schuldhaft** ist. Fahrlässigkeit reicht dabei bereits aus. Ein **entschuldbarer Irrtum** darüber, die Weisung nicht (oder noch nicht) befolgen zu müssen, schließt die Berechtigung zur Entlassung aus; beweispflichtig für den entschuldbaren Irrtum infolge mangelnden Bewusstseins der Pflichtwidrigkeit ist der Arbeitnehmer.

Eine **undurchführbare Weisung** ist keine durch den Gegenstand der Dienstleistung gerechtfertigte Anordnung, weshalb den Arbeitnehmer **kein Verschulden** an der Nichtbefolgung der Weisung trifft (und er daher auch nicht entlassen werden kann), wenn er subjektiv der Meinung ist (und dies nach den Umständen auch sein darf), dass die Anordnung des Arbeitgebers undurchführbar sei. Ebenso rechtfertigt die Weigerung, schwierige Arbeiten auszuführen, für die dem Arbeitnehmer die **notwendigen Kenntnisse** oder Berechtigungen **fehlen**, nicht eine Entlassung.

6.2.7. Meldung der Dienstverhinderung

531 Die **Unterlassung** der (rechtzeitigen) **Meldung einer Dienstverhinderung** (etwa durch Krankheit) rechtfertigt im Allgemeinen eine Entlassung nicht, weil dadurch ein an sich nicht pflichtwidriges Dienstversäumnis nicht in ein pflichtwidriges verwandelt werden kann. Sie zieht in der Regel nur den **Verlust** des Anspruchs auf das dem Arbeitnehmer zustehende **Entgelt** für die Zeit des Unterbleibens der Verständigung nach sich (vgl. § 8 Abs 8 AngG). Weitere Folgen sind nicht vorgesehen, so dass die Unterlassung der Meldung der Dienstverhinderung nur **unter besonderen Umständen** – etwa wenn dem Arbeitnehmer die Meldung leicht möglich gewesen wäre und er wusste, dass dem Arbeitgeber infolge der Unterlassung der Meldung ein beträchtlicher Schaden erwachsen könne – dem Entlassungstatbestand der **beharrlichen Dienstverweigerung** unterstellt werden kann. In einem solchen Fall hat aber nicht die Verletzung der Verständigungspflicht, sondern die dadurch schuldhaft herbeigeführte Gefahr eines Schadens die zentrale Bedeutung für die Entlassung (vgl. dazu ausführlich unter Pkt. 1.4. zu § 8, Rz 92).

6.3. Verleitung anderer Arbeitnehmer zum Ungehorsam

Der Entlassungsgrund der **Verleitung zum Ungehorsam** erfordert zwar nicht, dass die Verleitung zum Erfolg geführt hat, weil auch der Versuch genügt, setzt aber auf Seiten des Verleitenden eine entsprechende **Intensität der Beeinflussung** voraus. Ist sie nämlich nur gering, dann kann es nach den Umständen des Einzelfalls und unter Bedachtnahme auf die unter Arbeitnehmern üblichen Gespräche an dem Tatbestandsmerkmal der Unzumutbarkeit der Weiterbeschäftigung fehlen. Gerade bei jenen Entlassungstatbeständen, wo Zweifel darüber bestehen, ob ein wichtiger Grund zur Entlassung vorliegt, weil dort das Gesetz nicht näher ausführt, was unter einem „wichtigen" Grund zu verstehen ist (z.B. § 1162 ABGB), oder bei denen der Auflösungstatbestand so unbestimmt und so weit gefasst ist, dass er erst gegenüber geringfügigeren Ordnungswidrigkeiten und Interessenverletzungen abgegrenzt werden muss, kommt es entscheidend auf die Frage der **objektiven Unzumutbarkeit der Weiterbeschäftigung** des Arbeitnehmers auch nur bis zum Ablauf der Kündigungsfrist an. Diese Notwendigkeit der Abgrenzung trifft für den Entlassungstatbestand der Verleitung zum Ungehorsam zu.

532

Im Allgemeinen wird der Entlassungstatbestand der Verleitung zum Ungehorsam erfüllt, wenn der Angestellte seine Arbeitskollegen zu solchen **Handlungen oder Unterlassungen** auffordert, deren Verwirklichung durch den Auffordernden selbst **zu dessen Entlassung berechtigen** würde, z.B. die Dienstleistung ohne rechtmäßigen Hinderungsgrund zu unterlassen, die Dienste zu verweigern oder sich gerechtfertigten Anordnungen nicht zu fügen.

Die Äußerung an einen neuen Arbeitskollegen „Arbeiten Sie so wenig wie möglich" enthält zwar für sich allein und wörtlich genommen die Aufforderung zu einer schwer wiegenden Verletzung von Arbeitgeberinteressen, doch muss dieses Verhalten nicht notwendigerweise zur Unzumutbarkeit der Weiterbeschäftigung führen. Hat der Arbeitnehmer mit dieser Unmutsäußerung nur zum Ausdruck bringen wollen, dass sich ein Engagieren für den Arbeitgeber nicht lohne, da es diesem, auch wenn man viel arbeite, immer zu wenig sei und man nur ausgenützt werde, rechtfertigt diese vom Arbeitnehmer gegenüber dem neu eingetretenen Arbeitskollegen zum Ausdruck gebrachte **negative Einstellung zu Leistungsfreudigkeit** und Engagement am Arbeitsplatz zwar einen erheblichen **Vertrauensverlust** durch den Arbeitgeber, berechtigen diesen jedoch noch nicht zur Entlassung. Die Beeinträchtigung seiner Interessen durch den Arbeitnehmer ist in diesem Fall nämlich noch nicht so schwer wiegend, dass ihm die weitere Zusammenarbeit mit dem Angestellten auch für die Zeit der Kündigungsfrist nicht mehr zumutbar gewesen wäre (OGH 13. 5. 1986, 14 Ob 86/86, ARD 3822/17/86).

Letztlich ist es beim Entlassungstatbestand des Verleitens zum Ungehorsam ohne Bedeutung, ob ein einzelner Kollege oder eine Gruppe von Kollegen von diesem Arbeitnehmer beeinflusst worden sind.

7. Entlassungsgrund des § 27 Z 5 AngG: Haft und sonstige Dienstverhinderung

Der Entlassungstatbestand des § 27 Z 5 AngG rechtfertigt eine vorzeitige Auflösung des Dienstverhältnisses eines Angestellten sowohl dann, wenn er durch eine **längere Freiheitsstrafe** an der Verrichtung seiner Dienste gehindert wird, als auch dann, wenn die Abwesenheit auf **andere Umstände, ausgenommen Krankheit oder Unglücksfall,** zurückzuführen ist und eine **erhebliche Zeit** andauert. Eine durch Krankheit oder Unglücksfall bedingte Arbeitsunfähigkeit berechtigt selbst bei erheblicher Dauer den Arbeitgeber nicht zur Entlassung nach diesem Tatbestand, sofern sie nur vorübergehender Natur ist. Führt eine durch (unverschuldete) Krankheit oder Unglücksfall bedingte Arbeitsunfähigkeit aber zu einer **dauernden Dienstunfähigkeit,** kann eine Entlassung nach § 27 Z 2 AngG gerechtfertigt sein (OGH 17. 3. 1994, 8 ObA 218/94, ARD 4569/33/94).

533

§ 27 AngG

7.1. Dienstverhinderung durch Gefängnisaufenthalt

534 Im Gegensatz zu der auf Arbeiterdienstverhältnisse anwendbaren Gewerbeordnung 1859, wo bereits die gefängliche Anhaltung einen Entlassungsgrund darstellt (vgl. § 82 lit i GewO 1859), berechtigt nach dem Angestelltengesetz eine bloß **kurzfristige Untersuchungshaft noch nicht zur Entlassung**. Eine Dienstverhinderung durch Verbüßung einer Untersuchungshaft ist nämlich nicht als Dienstverhinderung „durch eine längere Freiheitsstrafe" im Sinne der ersten Modifikation des Entlassungstatbestandes des § 27 Z 5 AngG zu qualifizieren, sondern bildet einen Fall der zweiten Modifikation dieses Tatbestandes („Abwesenheit während einer den Umständen nach erheblichen Zeit"). Als **Untergrenze** dieser „**erheblichen Zeit**" ist in Hinblick auf die rechtsähnliche Bestimmung des § 82 lit i GewO 1859 ein **Zeitraum von 14 Tagen** anzusehen. Allerdings können eine die Gründe für die Untersuchungshaft berücksichtigende Interessenabwägung und die Bedachtnahme auf die Unzumutbarkeit der Weiterbeschäftigung im Einzelfall dazu führen, dass die den Umständen nach erhebliche Zeit 14 Tage überschreitet.

Da die Entlassung nicht auf Gründe gestützt werden kann, die sich nach ihrem Ausspruch ereignet haben, wird ein Ausspruch der Entlassung zu einem Zeitpunkt, zu dem die Dienstverhinderung noch **nicht erhebliche Zeit** gedauert hat, **nicht** dadurch **nachträglich saniert**, dass die Dienstverhinderung nach dem Zeitpunkt des Ausspruches der Entlassung andauert. Hat der Arbeitgeber daher die Entlassung eines sich in Untersuchungshaft befindlichen Angestellten **vor Ablauf** der als Untergrenze anzusehenden **14-tägigen Dauer** der Dienstverhinderung ausgesprochen, ist sie jedenfalls als **unberechtigt** zu qualifizieren, ohne dass es einer Bedachtnahme auf die Gründe der Haft und die allfällige Unzumutbarkeit der Weiterbeschäftigung durch den Arbeitgeber bedarf. Sie wird auch nicht dadurch saniert, dass die Untersuchungshaft nach dem Ausspruch der Entlassung weiter andauert.

Da sich ein Gefängnisaufenthalt als **Dauerverhalten** des Arbeitnehmers darstellt, kann der Arbeitgeber das Entlassungsrecht so lange geltend machen, als der Dauerzustand anhält (bei Verbüßung einer Untersuchungshaft allerdings frühestens nach Ablauf von 14 Tagen seit Verhängung der Haft).

7.2. Meldepflichten des Arbeitnehmers

535 Allgemein hat der Arbeitnehmer dem Arbeitgeber Dienstverhinderungen umgehend **mitzuteilen und glaubhaft darzulegen**, um damit dem Arbeitgeber die Möglichkeit rechtzeitiger Disposition zu geben, aber auch, um dem Arbeitgeber die Möglichkeit zur Abwägung zu verschaffen, ob das Fernbleiben des Arbeitnehmers sachlich gerechtfertigt ist bzw. war. Dies gilt auch dann, wenn Anlass der Dienstverhinderung eine **Haft des Arbeitnehmers** ist, weil der Schutz der Privatsphäre des Arbeitnehmers nicht so weit gehen kann, dass er den Arbeitgeber über die Ursache seines Fernbleibens völlig im Unklaren lassen darf.

Die **Unterlassung** der (rechtzeitigen) **Meldung** der Dienstverhinderung rechtfertigt aber im Allgemeinen eine **Entlassung nicht**, weil dadurch ein an sich nicht pflichtwidriges Dienstversäumnis nicht in ein pflichtwidriges verwandelt werden kann. Sie zieht in der Regel nur den **Verlust des Anspruchs** auf das dem Arbeitnehmer zustehende **Entgelt** für die Zeit des Unterbleibens der Verständigung nach sich (vgl. § 8 Abs 8 AngG). Weitere Folgen sind nicht vorgesehen, so dass die Unterlassung der Meldung der Dienstverhinderung nur unter **besonderen Umständen** – etwa wenn dem Arbeitnehmer die Meldung leicht möglich gewesen wäre und er wusste, dass dem Arbeitgeber infolge der Unterlassung der Meldung ein beträchtlicher Schaden erwachsen könnte – dem Entlassungstat-bestand der **beharrlichen Dienstverweigerung** iSd § 27 Z 4 AngG unterstellt werden kann. In einem solchen Fall hat aber nicht die Verletzung der Verständigungspflicht, sondern die dadurch schuldhaft herbeigeführte Gefahr eines Schadens die zentrale Bedeutung für die Entlassung.

§ 27 AngG

8. Entlassungsgrund des § 27 Z 6 AngG: verbale und physische Tätlichkeiten

Der Entlassungstatbestand des § 27 Z 6 AngG umfasst zwei schädliche Verhaltensweisen. So kann ein Angestellter entlassen werden, wenn er gegenüber dem Arbeitgeber, dessen Angehörigen oder Arbeitskollegen **tätlich wird**, oder wenn er sich **Verletzung der Sittlichkeit oder erhebliche Ehrverletzungen** gegen diesen Personenkreis zu Schulden kommen lässt. Vorweg ist grundsätzlich festzuhalten, dass den Arbeitgeber eine Sorgfalts- und Fürsorgepflicht gegen alle für ihn Beschäftigten trifft. Der Begriff „Mitbedienstete" isd § 27 Z 6 AngG umfasst daher alle vom oder für den gleichen Arbeitgeber unter seiner Verantwortlichkeit beschäftigten Personen, unabhängig davon, ob mit ihnen ein Dienstvertrag begründet wurde oder nicht.

536

8.1. Tätlichkeiten gegen den Arbeitgeber, dessen Angehörigen oder Arbeitskollegen

8.1.1. Begriffsdefinition

Unter dem Begriff „**Tätlichkeiten**" isd § 27 Z 6 AngG sind alle **vorsätzlichen Angriffe gegen die körperliche Integrität** zu verstehen, wobei dies sowohl strafrechtlich relevante Handlungen (Körperverletzungen isd §§ 83 ff. StGB, körperliche Misshandlungen isd § 115 StGB, wie Ohrfeigen oder Reißen an den Haaren) als auch gegen die körperliche Integrität gerichtete Handlungen sein können, die nicht strafbar sind. Auf den Erfolg (Verletzung) oder eine Erheblichkeit der Tathandlung kommt es ebenso wenig an, wie auf das Motiv oder die mit der Handlung verbundene Absicht.

537

Da jedoch keine dieser Tätlichkeiten ohne den jeweils zugrunde liegenden Lebenssachverhalt gesehen werden darf, kann auch kein Katalog von Handlungen gebildet werden, die jedenfalls bzw. die keinesfalls zur Entlassung führen können. Allgemein sind **Tätlichkeiten** aber kein rechtlich gebilligtes Mittel, um **verbale Angriffe** eines Mitbediensteten abzuwehren.

8.1.2. Fürsorgepflicht des Arbeitgebers

Durch tätliche Übergriffe eines Arbeitnehmers wird stets auch die **Fürsorgepflicht** des Arbeitgebers angesprochen. Danach hat der Arbeitgeber nicht nur die Arbeitsbedingungen so zu gestalten, dass das Leben und die Gesundheit der Arbeitnehmer möglichst geschützt und auch andere immaterielle und materielle Interessen der Arbeitnehmer gewahrt werden, sondern auch die notwendigen Maßnahmen gegen das Betriebsklima gröblich beeinträchtigende Mitarbeiter zu ergreifen, insbesondere wenn deren Verhalten so weit geht, dass die Arbeitsbedingungen für andere Arbeitnehmer nahezu unzumutbar werden. Wenn dem Arbeitgeber Gefährdungen zur Kenntnis gelangen, hat er unverzüglich Abhilfe zu schaffen.

538

Bei all dem darf jedoch der entscheidende Aspekt für die Abgrenzung zwischen einer bloßen Ordnungswidrigkeit und einem die Entlassung rechtfertigenden Fehlverhalten eines Arbeitnehmers, nämlich die Frage der **Zumutbarkeit der Weiterbeschäftigung** des Arbeitnehmers auch nur für die Dauer der Kündigungsfrist, nicht vernachlässigt werden. Auch dabei ist naturgemäß immer auf die besonderen Umstände des jeweiligen Einzelfalles abzustellen. Zwar kommt es für das Vorliegen einer Tätlichkeit isd § 27 Z 6 AngG grundsätzlich nicht auf das Motiv der in Frage stehenden Handlung und das Verhalten der Beteiligten davor und danach an, doch spielen diese Aspekte für die Frage der Zumutbarkeit der Weiterbeschäftigung eine ganz wesentliche Rolle.

Deutlich kommt dies in der Entscheidung OGH 4. 12. 2002, 9 ObA 230/02t, ARD 5430/9/2003, zum Ausdruck. Nach dem dieser Entscheidung zugrundeliegenden Sachverhalt zogen zwei junge, etwa gleichaltrige Arbeitnehmer einander während der Mittagspause auf, wobei der verbale

§ 27 AngG

Schlagabtausch von beiden zunächst als Spaß empfunden wurde. Als es jedoch in der Folge zu Beleidigungen und Provokationen („Trottel", „Vielfraß", „unfähig zur Absolvierung der Lehrabschlussprüfung") kam, die jedoch weiterhin ohne Beleidigungsabsicht geäußert wurden, schüttete der provozierte Arbeitnehmer seinem Kontrahenten zunächst den Rest eines Glases Wasser über Rücken und Schultern. Als der Arbeitskollege allerdings auch danach nicht aufhörte, den Arbeitnehmer spaßhalber aufzuziehen, nahm ihn dieser in den „Schwitzkasten", um ihn zum Aufhören zu bewegen, nicht jedoch, um ihn zu verletzen. Im Zuge dieser Auseinandersetzung brach ein Sessel unter der Last der beiden Männer zusammen, woraufhin die beiden ihren Streit unverzüglich beendeten und sich noch am selben Tag versöhnten. Der Arbeitskollege verstand auch am Schluss dessen Reaktion immer noch als Spaß und nicht als tätlichen Angriff.

Im diesem Fall war die physische Reaktion des bis dahin disziplinär nicht weiter auffälligen Arbeitnehmers auf die verbalen Provokationen von keiner besonderen Feindseligkeit, sondern eher von Ratlosigkeit und Unbesonnenheit getragen – er wusste sichtlich nicht mehr, wie er auf die fortdauernden Beleidigungen und Provokationen seines Arbeitskollegen, der in seiner ausgeprägten „Spaßhaftigkeit" kein Ende fand, adäquat reagieren sollte. Eine Unzumutbarkeit der Weiterbeschäftigung ist daher noch nicht gegeben. Eine eindringliche **Ermahnung** der Beteiligten in Kombination mit der **Androhung arbeitsrechtlicher Konsequenzen** und der Konfrontation mit dem aufgetretenen Sachschaden wäre ausreichend gewesen, um ihnen den Ernst der Lage vor Augen zu führen.

8.1.3. Außerdienstliches Fehlverhalten

539 Tätlichkeiten gegenüber dem Arbeitgeber werden grundsätzlich auch dann als Entlassungsgrund angesehen, wenn sie sich **außerhalb der dienstlichen Sphäre** abgespielt haben. Würde man nämlich nur innerhalb der dienstlichen Sphäre gesetzte Tätlichkeiten als Entlassungsgründe werten, hätte dies zur Folge, dass sogar schwere Verletzungen des Arbeitgebers durch den Angestellten keinen Entlassungsgrund darstellen, wenn sich der Vorfall außerhalb der dienstlichen Sphäre ereignet hat. Hätte aber der Gesetzgeber nur solche Tätlichkeiten innerhalb der dienstlichen Sphäre gemeint, hätte er auch darauf hingewiesen (vgl. § 27 Z 1 AngG: „im Dienste untreu"). Da aber in § 27 Z 6 AngG solch ein Hinweis fehlt, besteht kein Anlass, diesen Entlassungsgrund auf eine im Dienst begangene Tätlichkeit zu beschränken. Dies würde zwar dann zu weit gehen, wenn die **Veranlassung zur Tätlichkeit** auf Umstände zurückzuführen ist, die **dienstliche Belange** überhaupt **nicht berühren** und die Tätlichkeit selbst den Ruf des Arbeitgebers in seiner Eigenschaft als Betriebsinhaber nicht beeinträchtigt. Handelt es sich jedoch sehr wohl um **dienstliche Belange** und nicht um einen privaten Streit, und ereignet sich der Vorfall in einem **engen örtlichen und persönlichen Konnex zum Arbeitgeber** (etwa in der Personalgarderobe) ist die Entlassung gerechtfertigt.

Es kommt daher im Allgemeinen weder darauf an, wo die Tätlichkeit begangen wurde, noch darauf, ob sie **während der Arbeitszeit** zugefügt wurde, sondern einzig und allein darauf, ob der Arbeitnehmer gegen den Arbeitgeber, Vorgesetzten sowie deren Angehörige oder gegen Mitbedienstete in irgendeinem **Zusammenhang mit der Ausübung des Dienstes tätlich** wurde und die Begehungshandlung in einem unmittelbaren oder wenigstens mittelbaren Zusammenhang mit der Ausübung der dienstvertraglichen Beziehungen steht.

8.1.4. Androhung von Tätlichkeiten

540 Die **Androhung von Tätlichkeiten** gegenüber einem Vorgesetzten wurde von der Rechtsprechung einer erheblichen Ehrverletzung des Arbeitgebers oder dessen Stellvertreters gleich gehalten und rechtfertigt die Entlassung nach diesem Tatbestand.

§ 27 AngG

8.2. Verletzungen der Sittlichkeit und der Ehre

8.2.1. Begriffsdefinitionen

Unter **Verletzung der Sittlichkeit** iSd § 27 Z 6 AngG versteht man unzüchtige, die Sittlichkeit in sexueller Beziehung verletzende Handlungen; andere Verletzungen des gebotenen Anstandes fallen nicht darunter. Selbst bei Zutreffen von Sittlichkeitsverletzungen ist zu berücksichtigen, ob das Opfer der Handlung oder der Unterlassung überhaupt Abscheu empfand. Die Sanktion des Arbeitgebers gegen derartige Handlungen muss stets in einem Verhältnis zum Grad der Verletzung der Sittlichkeit stehen.

541

Unter einer **erheblichen Ehrverletzung** versteht man alle Handlungen, die geeignet sind, das Ansehen und die soziale Wertschätzung des Betroffenen durch Geringschätzung, Vorwurf einer niedrigen Gesinnung, übler Nachrede, Verspottung oder Beschimpfung herabzusetzen und auf diese Weise das Ehrgefühl des Betroffenen zu verletzen. Zwar sind dies vor allem gegen die Ehre gerichtete strafbare Handlungen iSd §§ 111 ff. StGB, jedoch können auch derartige, nicht strafbare Handlungen tatbestandsmäßig sein. Die Ehrverletzung muss **objektiv geeignet** sein, **in erheblichem Maße ehrverletzend zu wirken**, und sie muss diese **Wirkung auch hervorgerufen** haben. Der betreffenden Äußerung (bzw. Handlung) muss daher eine Verletzungsabsicht zugrunde liegen; werden ehrenrührige Tatsachen nicht in beleidigender Absicht, sondern in Wahrung berechtigter Interessen oder in Ausübung einer berechtigten Kritik an einem leitenden Angestellten oder am Arbeitgeber vorgebracht, fehlt der Charakter einer Ehrverletzung.

Auch durch bestimmte **Gesten und Verhaltensweisen** ohne wörtliche Äußerungen kann ein Entlassungsgrund verwirklicht werden. Eine solche Geste wäre beispielsweise die geballte Faust mit dem ausgestreckten Mittelfinger (vgl. ASG Wien 26. 5. 1993, 15 Cga 352/93, ARD 4534/46/94), als derartige Verhaltensweise kommt etwa das Bespucken oder das Nachwerfen von Gegenständen in betracht, wobei es nicht darauf ankommt, ob jemand getroffen wurde (vgl. OGH 26. 2. 1998, 8 ObA 8/98d, ARD 4971/8/98).

8.2.2. Erheblichkeit der Ehrverletzung

Erheblich ist eine Ehrverletzung immer dann, wenn sie von solcher Art und unter solchen Umständen erfolgt, dass sie von einem Menschen mit normalen Ehrgefühlen **nicht anders als mit dem Abbruch der Beziehungen beantwortet werden kann**. Ob eine Ehrenbeleidigung noch als geringfügig oder bereits als grob und damit als entlassungswürdig zu qualifizieren ist, hängt in aller Regel von den Umständen des jeweiligen Einzelfalles ab. Bei der Prüfung der Zumutbarkeit einer Weiterbeschäftigung des Angestellten sind insbesondere die **Stellung** des Arbeitnehmers im Betrieb, sein **Bildungsgrad**, die Art des Betriebes, der im Betrieb herrschende **Umgangston**, die Gelegenheit, bei der die Äußerung gefallen ist, sowie das **bisherige Verhalten** des Arbeitnehmers zu berücksichtigen. Nicht notwendig ist, dass die Ehrverletzung öffentlich erfolgt und gerichtlich strafbar ist, doch haben Öffentlichkeit und Strafbarkeit der Ehrverletzung in der Regel ihre besondere Bedeutung für die Beurteilung der Erheblichkeit.

542

Nach dem eben Ausgeführten folgt, dass erhebliche Ehrverletzungen den Charakter eines Entlassungsgrundes verlieren, wenn die Umstände des Falles die Beleidigung als noch **entschuldbar** erscheinen lassen, und zwar insbesondere dann, wenn das Verhalten des Arbeitnehmers durch unangemessenes, unmittelbar vorhergehendes **Verhalten des Arbeitgebers** oder dessen Stellvertreters **provoziert** wurde. In Wahrung berechtigter Interessen und nicht in Beleidigungsabsicht vorgebrachte, wenn auch ehrenrührige Tatsachen bilden in der Regel keinen Entlassungsgrund. Eine solche Provokation hat der OGH aber nicht mehr angenommen, wenn sich die Ehrenbeleidigung

§ 27 AngG

(hier: das „Götzzitat") des Arbeitnehmers gegenüber Mitarbeitern, die im Auftrag des Arbeitgebers den Krankenstand des Arbeitnehmers kontrollieren sollten, nahtlos in das Gefüge vorangegangener verbaler Entgleisungen („Nazimethoden"; „Horrormethoden, die beim Arbeitgeber herrschen") und die unverhohlene Ankündigung einfügt, die Dauer künftiger Krankenstände in Zusammenhang mit der Wiedererlangung seiner früheren Dienstzeit (3-Tage-Woche) sehen zu wollen.

Beispiele für grobe Ehrverletzung in verbaler Form:
- „Schwein" (OGH 15. 12. 1999, 9 ObA 305/99i, ARD 5101/12/2000)
- „du kleine Krot" (OGH 5. 11. 1997, 9 ObA 249/97a, ARD 4944/13/98)
- „Hurenbock" (OGH 31. 1. 1996, 9 ObA 11/96, ARD 4798/34/96)
- „Giraffe" zu einer überdurchschnittlich großen Dame in Verbindung mit der Bemerkung, sie bekomme „lauter Falten" im Gesicht und sei „krank im Kopf" (OLG Wien 13. 6. 2003, 8 Ra 65/03t, ARD 5430/8/2003)
- „Arschloch" (OGH 29. 5. 1996, 9 ObA 2110/96a, ARD 4814/1/97)
- „Dorftrottel, Depp und Idiot" (LG Wien 23. 7. 1973, 44 Cg 105/73, ARD 2693/24/74)
- „Nazi"» (OGH 9. 11. 1995, 6 Ob 32/95, und OGH 8. 7. 1999, 8 ObA 45/99x, ARD 5120"/14/2000)
- „Tschusch" (OGH 9. 7. 1999, 9 ObA 173/99b, ARD 5052/4/99)
- „soll ich dir den Tschick am Auge ausdrücken?" (ASG Wien 11. 5. 1998, 9 Cga 147/95t, ARD 5009/32/99)
- „Götz-Zitat" (OGH 2. 9. 1998, 9 ObA 100/98s, ARD 4999/5/99)

8.2.3. Sexuelle Belästigung

543 Eine grobe Ehrenbeleidigung und damit einen Entlassungsgrund stellt auch die **sexuelle Belästigung** dar. Sexuelle Belästigung ist ein der sexuellen Sphäre zugehöriges Verhalten, das die Würde der Person beeinträchtigt, für die Person unerwünscht, unangebracht oder anstößig ist und eine einschränkende oder demütigende Arbeitsumwelt für die betroffene Person schafft. Geschützt wird nicht nur die **körperliche Integrität** vor unerwünschten sexuellen Handlungen, sondern auch die **psychische Verletzbarkeit**. Körperliche Kontakte gegen den Willen der betroffenen Person, wie das „Begrapschen" des Gesäßes oder der Brüste, das Anpressen des Körpers mit begleitenden Äußerungen wie „Ich werde dich schon ins Bett kriegen!" oder „Ich will mit dir schlafen!" überschreiten die allgemeine Toleranzgrenze und beeinträchtigen die menschliche Würde des Arbeitnehmers, insbesondere wenn der Belästiger keine Anhaltspunkte hatte, aus denen er schließen hätte können, sein Verhalten wäre auch nur annähernd erwünscht.

Auch das Greifen auf das Knie als **körperlicher Kontakt**, **unsittliche Reden**, wie der unzweideutige Ausspruch „Ich hätte gerne einmal eine Rothaarige!" usw., wurden als **objektiv geeignet** angesehen, **verletzend** zu wirken (OLG Wien 26. 1. 1994, 31 Ra 162/93, ARD 4601/10/94). Da sexuelle Belästigung eine schwer wiegende Disziplinlosigkeit begründet, ist das für die Berechtigung der Entlassung wesentliche Tatbestandsmerkmal der Unzumutbarkeit jedenfalls erfüllt.

8.2.4. Beweislast liegt beim Arbeitgeber

544 Letztlich ist noch anzumerken, dass die erhebliche Ehrverletzung so wie jeder andere Entlassungsgrund auch vom **Arbeitgeber zu beweisen** ist, während für Rechtfertigungs- und Schuldausschließungsgründe den Arbeitnehmer die Beweislast trifft.

Judikatur zu § 27 Z 1 erster Fall (Untreue)

Weitergabe von Betriebs- und Geschäftsgeheimnissen

Das „offensichtlich vorhandene Wissen" eines Kunden über Vorgänge im Betrieb des Arbeitgebers lässt nicht den sicheren Schluss zu, dass **nur ein bestimmter Arbeitnehmer** diesen Kunden informiert habe und sich durch Weitergabe von Betriebs- und Geschäftsgeheimnissen als untreu gegenüber dem Arbeitgeber erwiesen hätte. OGH 8. 7. 1999, 8 ObA 181/99x. (ARD 5075/4/99 ●) 545

Abwerben von Kunden bzw. Mitarbeitern des Arbeitgebers

Wirbt ein Arbeitnehmer während der Kündigungsfrist **Kunden des Arbeitgebers** aktiv für seinen neuen Arbeitgeber ab, ist seine Entlassung wegen Untreue und Verstoßes gegen das Konkurrenzverbot gerechtfertigt. Setzt er die Abwerbung nach Auflösung des Dienstverhältnisses planmäßig fort, können er und der neue Arbeitgeber auf Unterlassung geklagt werden. OGH 18. 10. 1994, 4 Ob 103/94. (ARD 4663/6/95 ●) 546

Ein Arbeitnehmer, der während seines aufrechten Dienstverhältnisses bewusst und vorsätzlich **andere Arbeitnehmer** zu bewegen versucht, das Dienstverhältnis mit dem Arbeitgeber zu lösen und in ein **Konkurrenzunternehmen einzutreten**, verwirklicht den Entlassungsgrund der Untreue nach § 27 Z 1 AngG. OGH 10. 2. 1993, 9 ObA 1/93. (ARD 4446/21/93 ●)

Bewusster Verstoß gegen dienstliche Interessen

Bestellt der für den Einkauf verantwortliche Arbeitnehmer trotz gegenteiliger Anweisungen des Arbeitgebers immer noch in großem Umfang **Rohmaterial beim alten, teureren Lieferanten**, obwohl der neue Lieferant bereit ist, zu einem wesentlich günstigeren Preis zu liefern, verstößt er eindeutig gegen dienstliche Interessen des Arbeitgebers und seine Entlassung ist berechtigt. OGH 21. 2. 2002, 8 ObA 30/02y. (ARD 5381/5/2003 ●) 547

Gewährt ein Arbeitnehmer unerlaubt **Personalrabatte** für Waren, die von dritten Personen erworben werden, und gibt er Gutscheine aus Vorabexemplaren ab, verwirklicht dies den Entlassungsgrund der Untreue. ASG Wien 30. 9. 1997, 11 Cga 109/96w. (ARD 4953/9/98 ●)

Vorsätzliche **Manipulationen bei Bankgeschäften** (Handel mit Optionsscheinen) durch einen Arbeitnehmer zu Lasten der Bank sind als Untreue zu qualifizieren. OGH 30. 10. 1996, 9 ObA 2181/96t. (ARD 4842/28/97 ●)

Verrechnet eine Arbeitnehmerin einem Kunden vorsätzlich ohne Wissen des Arbeitgebers **nicht sämtliche** von vom Kunden gekauften Gegenständen, stellt dies eine Untreue dar, die zur Entlassung auch während einer Schwangerschaft berechtigt. ASG Wien 2. 12. 1996, 11 Cga 48/96z. (ARD 4843/25/97 ●)

Die Veranlassung der Überweisung von Entgelt (**Schwarzgeld**) für vom Arbeitnehmer im Rahmen seiner betrieblichen Tätigkeit geleistete Arbeit vom Kunden an den **Arbeitnehmer selbst oder einen Dritten** anstatt an den Arbeitgeber stellt einen bewussten Verstoß gegen Interessen des Arbeitgebers dar. Dies gilt auch dann, wenn der Arbeitgeber eine Gesellschaft ist und es sich bei dem Dritten um einen Gesellschafter handelt, dem Arbeitnehmer aber konkret bewusst ist, dass das Entgelt ausschließlich diesem, nicht aber auch anderen Gesellschaftern zugute kommt. OGH 15. 2. 2001, 8 ObA 30/01x. (ARD 5244/10/2001 ●)

§ 27 Z 1 AngG

Entlassung wegen Spesenbetrugs

548 Verrechnet ein Außendienstmitarbeiter für die mit seinem Privathandy dienstlich geführten Telefongespräche **zu hohe Spesen**, verwirklicht dies den Entlassungsgrund der Untreue. An Angestellte in leitender Stellung oder in sonstiger Vertrauensstellung werden hinsichtlich der Vertrauenswürdigkeit höhere Anforderungen gestellt. Auch die Tätigkeit als angestellter **Außendienstmitarbeiter** setzt eine **besondere Vertrauenswürdigkeit** voraus, mögen Außendienstmitarbeiter hinsichtlich ihrer Vertrauensposition auch nicht generell leitenden Angestellten gleichzuhalten sein. Grund dafür ist, dass der Arbeitgeber im Wesentlichen auf die Richtigkeit der Berichte und sonstigen Angaben des Reisenden angewiesen ist, weil sich dessen Tätigkeit sowie Arbeitszeit im Regelfall einer genauen Kontrolle entzieht. Nützt daher ein Angestellter im Außendienst seine nur schwer überprüfbare Tätigkeit zu Verstößen gegen die dienstlichen Interessen seines Arbeitgebers, tritt ein Vertrauensverlust ein. Die Rechtsprechung hat in diesem Zusammenhang gerade in Fällen von **bewusst unrichtigen Angaben** des Arbeitnehmers in Reiseberichten oder – wie hier – **Spesenabrechnungen** immer einen **strengen Standpunkt** eingenommen. Das festgestellte Verhalten des Angestellten muss unter den Begriff des **„Spesenbetrugs"** subsumiert werden und verwirklicht daher eindeutig den Entlassungstatbestand der **Untreue** iSd § 27 Z 1 AngG.

Da die zur Aufklärung des Sachverhaltes (insbesondere des Umfangs der vom Arbeitnehmer eingeräumten Mehrverrechnungen) notwendigen **Einzelgesprächsnachweise** nur vom Angestellten vorgelegt werden konnten, durfte mit dem Ausspruch der Entlassung so lange zugewartet werden, bis die mehrmals eingeforderten Unterlagen vom Arbeitnehmer **vollständig vorgelegt** wurden. OLG Wien 19. 5. 2006, 9 Ra 136/05v, bestätigt durch OGH 2. 3. 2007, 9 ObA 20/07t. (ARD 5781/4/2007 ●)

Entlassung wegen Diebstahls

549 Steht aufgrund der gerichtlichen Feststellungen eindeutig fest, dass ein Arbeitnehmer einen **Dienstdiebstahl** verübt hat (hier: Diebstahl von Fleischstücken in beträchtlichem Wert durch den Leiter einer Fleischabteilung eines Lebensmittelgroßmarktes), ist die **Entlassung wegen Untreue** gemäß § 27 Z 1 AngG berechtigt. Dem steht ein den Arbeitnehmer freisprechendes Strafurteil mangels Bindung nicht entgegen. Selbst Strafunwürdigkeit iSd § 42 StGB würde daran nichts ändern. OGH 5. 5. 2004, 9 ObA 52/04v. (ARD 5541/9/2004 ●)

Entnimmt ein Arbeitnehmer in der Meinung, dies sei rechtens, einer Kiste im Betrieb (hier: Bäckerei) **Vortagsware für seine Familie** und zum Verschenken an Kunden, liegt kein Entlassungsgrund vor, weil es an der Tatbestandsmäßigkeit des Diebstahls und der Veruntreuung fehlt. OGH 22. 1. 2003, 9 ObA 251/02f. (ARD 5403/6/2003 ●)

Hat ein Arbeitnehmer durch unmittelbar vorangehende Handlungen, aus denen der objektive Beobachter auf einen Tatplan schließen kann, objektiv bereits die Hemmschwelle zur Ausübung eines **Diebstahls** (hier: eines Striezels) überwunden, ist er auch dann vertrauensunwürdig und hat damit einen Entlassungsgrund gesetzt, wenn sich der Striezel noch im Liefer-Lkw des Arbeitgebers befindet. OGH 26. 1. 2000, 9 ObA 328/99x. (ARD 5196/12/2001 ●)

Judikatur zu § 27 Z 1 zweiter Fall (Vorteilsannahme)

Annahme unberechtigter Vorteile durch den Arbeitnehmer

550 Hat sich ein Arbeitnehmer ohne Wissen oder Willen des Arbeitgebers (dieser muss nicht ein Verbot oder eine Ermahnung erlassen haben) von dritten Personen **unberechtigte Vorteile** zuwenden lassen, liegt ein Entlassungsgrund vor. Unter „Provision" ist jeder Vorteil zu verstehen, auf den

der Angestellte keinen Anspruch hat. Die Annahme des unberechtigten Vorteils muss ohne Kenntnis oder ohne Zustimmung des Arbeitgebers erfolgt sein. Eines ausdrücklichen Verbots der Geschenkannahme bedarf es nicht.

Zu den dritten Personen gehören nicht nur solche, mit denen der Angestellte für den Arbeitgeber Geschäfte abschließt oder ihnen vermittelt, sondern auch Personen, die (noch) nicht Geschäftspartner des Arbeitgebers sind, wenn die dienstliche Tätigkeit für die Zuwendung ursächlich ist; **fahrlässiges Handeln genügt.** ASG Wien 26. 11. 1998, 33 Cga 41/98k, 33 Cga 111/98d, bestätigt durch OLG Wien 16. 7. 1999, 9 Ra 122/99y. (ARD 5058/4/99 ●)

Die **Annahme von Schmiergeldern** in der beachtlichen Höhe von S 20.000,- jährlich durch einen Arbeitnehmer stellt auch dann einen Entlassungsgrund dar, wenn der Arbeitgeber dadurch nicht geschädigt wurde und der Arbeitnehmer keinen Einfluss auf Bestellungen und Preisgestaltung genommen hat. ASG Wien 17. 5. 2000, 23 Cga 166/99w. (ARD 5181/34/2001 ●)

Nimmt ein Filialleiter ohne Wissen und gegen den ausdrücklichen Willen des Arbeitgebers **Geschenke** im Wert von mehreren Tausend Schilling **von Kunden und Lieferanten** an, ist seine Entlassung selbst dann gerechtfertigt, wenn er die Geschenke nur für Filialzwecke verwendete. Die tatsächliche Verwendung der zugeflossenen Gelder ändert nichts an dem (bei Einhaltung des Verbots der Geschenkannahme leicht vermeidbaren) Verdacht, dass die Gewährung und Annahme der Geldgeschenke nicht nur mit der Erwartung einer Sonderbehandlung zugunsten der Geschenkgeber verknüpft wurde, sondern gleichzeitig auch mit Nachteilen zu Lasten anderer, weniger spendabler Lieferanten, aber letztlich auch des Arbeitgebers, verbunden war. OGH 11. 7. 2001, 9 ObA 56/01b. (ARD 5275/13/2002 ●)

Die **Provisionsannahme** zu Lasten des Arbeitgebers macht einen in der Rechtsabteilung des Unternehmens beschäftigten Arbeitnehmer auch dann **vertrauensunwürdig,** wenn diese auf Vorschlag des hiezu nicht berechtigten Geschäftsführers erfolgte, die (widerrechtliche) Verleitung durch den Geschäftsführer aber nicht dem Arbeitgeber zugerechnet werden kann. OGH 13. 11. 1997, 8 ObA 195/97b. (ARD 4923/7/98 ●)

Unzulässige Entlassung bei Billigung der Geschenkannahme durch den Arbeitgeber

Umstände, die ein **Arbeitgeber** durch seinen Geschäftsführer erkennbar **gebilligt** hat (hier: Förderung und Annahme eines Kundengeschenks), können es nicht unzumutbar machen, das Dienstverhältnis auch nur für die Dauer der Kündigungsfrist fortzusetzen. ASG Wien 22. 6. 1999, 15 Cga 68/97x. (ARD 5136/46/2000 ●)

Judikatur zu § 27 Z 1 dritter Fall (Vertrauensunwürdigkeit)

Objektiv gerechtfertigte Befürchtung einer Interessensgefährdung

Bei dem Entlassungsgrund der Vertrauensunwürdigkeit kommt es nicht darauf an, dass der Arbeitgeber tatsächlich geschädigt wurde, sondern darauf, ob für den Arbeitgeber vom Standpunkt vernünftigen kaufmännischen Ermessens die **objektiv gerechtfertigte Befürchtung** bestand, dass seine **Interessen** und Belange durch den Angestellten **gefährdet** sind. Darauf, ob der Arbeitnehmer einen Nutzen hatte oder aus Gefälligkeit handelte, kommt es nicht an.

An das Verhalten eines **Angestellten in gehobener Stellung** ist ein **strengerer Maßstab** anzulegen als an das eines mit untergeordneten Tätigkeiten betrauten Arbeitnehmers. Der Angestellte, der

§ 27 Z 1 AngG

zum Träger fremder betrieblicher oder geschäftlicher Interessen geworden ist, ist verpflichtet, diese Interessen seines Arbeitgebers wahrzunehmen und alles zu unterlassen, was diese Interessen zu gefährden geeignet ist. OGH 12. 2. 1997, 9 ObA 20/97z. (ARD 4852/22/97 ●)

Der Verlust des Vertrauens muss auf einem Verhalten beruhen, das nach den Begleitumständen des Einzelfalles und nach den gewöhnlichen Anschauungen der beteiligten Kreise – also **objektiv betrachtet** – eine Entlassung rechtfertigt. Das Erfordernis der Objektivität schließt nicht aus, dass bei Beurteilung des Gesamtverhaltens des Arbeitnehmers in bestimmten Fällen auch auf **persönliche Momente**, wie z.b. eine erst kurzfristige, allenfalls mit neuen Problemstellungen behaftete Tätigkeit, verbunden mit mehreren neuen Aufgaben, wie die Erlernung neuer EDV-Programme, Rücksicht genommen werden muss. OLG Wien 30. 11. 1999, 7 Ra 218/99a. (ARD 5208/46/2001 ●)

Berücksichtigung des außerdienstlichen Verhaltens des Arbeitnehmers

553 Bei Beurteilung der Vertrauensunwürdigkeit ist nicht nur der letzte zur Auflösung führende Vorfall zu prüfen, sondern auch das nicht nur in unmittelbarem Zusammenhang mit dem Dienstverhältnis stehende **Gesamtverhalten des Arbeitnehmers** innerhalb eines längeren Zeitraumes. Ein **außerdienstliches Verhalten** muss sich auf das Dienstverhältnis in der Weise auswirken, dass dadurch das **dienstliche Vertrauen** des Arbeitgebers **verloren geht**, wobei bei einem außerdienstlichen Verhalten die Zumutbarkeit der Weiterbeschäftigung im Allgemeinen eher bestehen bleibt als bei einem dienstlichen Verhalten und daran **kein so strenger Maßstab** zu knüpfen ist. Der Zusammenhang des außerdienstlichen Verhaltens mit der dienstlichen Position und dem damit verbundenen Aufgabengebiet und der Auswirkung auf das Dienstverhältnis ist zu beachten (hier: Streit zwischen dem Arbeitgeber und seiner bei ihm angestellten Ehefrau um ein vom Arbeitgeber bereitgestelltes Kfz). OGH 1. 9. 1999, 9 ObA 167/99w. (ARD 5104/8/2000 ●)

Auch wenn an das außerdienstliche Verhalten kein so strenger Maßstab anzulegen ist, wie an das Verhalten im Dienst, kann das Gewicht von Verfehlungen und das damit verbundene Aufsehen – der Arbeitnehmer wurde verhaftet, über ihn die Untersuchungshaft verhängt und darüber in der Zeitung berichtet – auch die **Gefährdung betrieblicher Interessen befürchten** lassen, so dass dem Arbeitgeber die Weiterbeschäftigung eines Arbeitnehmers in einer besonderen Vertrauensstellung nicht mehr zumutbar ist. OGH 11. 8. 1993, 9 ObA 124/93. (ARD 4505/9/93 ●)

Auswirkung von Dienstverfehlungen im vorherigen Dienstverhältnis

554 Die als Vertrauensunwürdigkeit gerügte Handlung muss sich grundsätzlich während aufrechter arbeitsvertraglicher Beziehungen ereignet haben. Früher, speziell im Rahmen eines **anderen Dienstverhältnisses** begangene, dem gegenwärtigen Arbeitgeber erst zu einem späteren Zeitpunkt nach Vertragsabschluss bekannt gewordene Verfehlungen des Arbeitnehmers berechtigen hingegen nur dann zur Entlassung, wenn im konkreten Fall Umstände vorliegen, die zusammen mit den zurückliegenden Ereignissen geeignet sind, eine **tiefe Vertrauensstörung** herbeizuführen. Nicht jedes unkorrekte Verhalten bei einem Vorarbeitgeber kann daher vom gegenwärtigen Arbeitgeber als Entlassungsgrund geltend gemacht werden. Gerade bei **strafbaren Handlungen** bedarf es eines **inneren, sachlichen Zusammenhanges** zwischen der gegenwärtigen Tätigkeit und der früheren Verfehlung. Für das Vorliegen einer solchen Ausnahmesituation reicht aber nicht hin, dass die frühere Arbeitgebergesellschaft des Arbeitnehmers vor deren mittlerweile erfolgten Veräußerung im Konzernverbund eine „Tochter" des Arbeitgebers gewesen ist. Auch die Anrechnung von Vordienstzeiten, die gerade bei Spitzenkräften ein durchaus übliches Anwerbeargument darstellt, lässt hier die oben dargestellte, weiterreichende Betrachtung der Vertrauenswürdigkeit nicht angezeigt erscheinen. OGH 13. 11. 2002, 9 ObA 146/02i. (ARD 5388/6/2003 ●)

Das die Vertrauensunwürdigkeit bildende Verhalten muss sich zwar grundsätzlich während der Dauer des Dienstverhältnisses ereignet haben; allerdings sind auch hier die Verhältnisse des Einzelfalles zu berücksichtigen. Es ist denkbar, dass wegen des **Zusammenhanges früher begangener Verfehlungen mit dem nunmehrigen Arbeitsbereich** im Einzelfall doch so wichtige Gründe vorliegen, die eine Entlassung rechtfertigen. Ein derartiger Zusammenhang ist naheliegend, wenn die Gesellschaft, bei der der Arbeitnehmer die Funktion des Geschäftsführers ausgeübt hat, und der jetzige Arbeitgeber zum gleichen Konzern gehören und der Arbeitnehmer wieder eine verantwortliche Stellung innehat. Hat er sich in Ausübung seiner Geschäftsführertätigkeit unberechtigt weit **überhöhte Gehaltsbezüge** zuerkannt und auszahlen lassen und ist er für **Bilanzmanipulationen** innerhalb des Konzerns verantwortlich, können diese Verfehlungen den Entlassungsgrund der Vertrauensunwürdigkeit nach § 27 Z 1 AngG auch beim neuen Arbeitgeber bilden. OLG Wien 15. 9. 1993, 31 Ra 52/93. (ARD 4513/33/93 ●)

Verschweigung bestimmter Tatsachen im Einstellungsgespräch

Das Verschweigen einer – nicht dauernde Arbeitsunfähigkeit bewirkenden – **Krankheit** bei Abschluss des Dienstverhältnisses begründet keine Vertrauensunwürdigkeit iSd § 27 Z 1 dritter Tatbestand AngG. OGH 29. 10. 1993, 9 ObA 227/93. (ARD 4568/14/94 ●)

555

Das die behauptete Vertrauensunwürdigkeit bedingende Verhalten muss sich grundsätzlich während der Dauer des Dienstverhältnisses ereignet haben. **Vorstrafen** wegen früher begangener Handlungen bilden in der Regel **keinen** den in § 27 AngG beispielsweise aufgezählten Entlassungsgründen gleichwertigen „**wichtigen Grund**", auch wenn sie dem Arbeitgeber erst während des Dienstverhältnisses bekannt werden.

Auch das **Verschweigen von Vordienstverhältnissen** verwirklicht im Allgemeinen nicht einen Entlassungsgrund, weil es dem Bewerber um einen Posten freisteht, sich nur auf solche Referenzen zu berufen, von denen er sich einen günstigen Einfluss auf seine Bewerbung erhofft. Allerdings können nach den Umständen des jeweiligen Einzelfalls **vorvertragliche Aufklärungs-, Schutz- und Sorgfaltspflichten** den Angestellten noch vor Abschluss des Dienstvertrages verpflichten, Umstände zu offenbaren, die die **Tauglichkeit** für die zu vereinbarenden Dienste zumindest **zweifelhaft** machen, so dass der Arbeitgeber nach den Grundsätzen des redlichen Geschäftsverkehrs Aufklärung erwarten durfte. OGH 7. 10. 1999, 8 ObA 126/99h. (ARD 5124/32/2000 ●)

Moralisch verwerfliches Handeln des Arbeitnehmers

Voraussetzung für das Vorliegen einer Vertrauensunwürdigkeit ist moralische Unzuverlässigkeit, Unehrlichkeit, Unsittlichkeit oder Böswilligkeit, hingegen **nicht Strafbarkeit**, **Schädigungsabsicht** oder der tatsächliche Eintritt eines Schadens. LG Wr. Neustadt 26. 5. 1999, 6 Cga 152/98a. (ARD 5208/44/2001 ●)

556

Bloße **Antipathie**, **Animosität** oder **Arroganz** stellen keinen Entlassungsgrund dar. ASG Wien 24. 11. 1995, 18 Cga 48/94y. (ARD 4756/34/96 ●)

Zwar können unwahre Angaben des Arbeitnehmers gegenüber dem Arbeitgeber (hier: über den Liefertermin eines von einem anderen Unternehmen hergestellten Leuchtschildes) den Entlassungstatbestand des § 27 Z 1 AngG verwirklichen, doch zieht **nicht jede Unwahrheit Vertrauensunwürdigkeit** nach sich. Soll eine Unwahrheit nur zu einem zwar nicht zu billigenden, wohl aber psychologisch verständlichen **Verbergen einer Verfehlung** des Arbeitnehmers dienen (hier: verspätete Montage des Leuchtschildes), die für sich allein betrachtet nicht ausreicht, eine Entlassung zu rechtfertigen, kann man zwar eine Vertrauenseinbuße, nicht aber eine Vertrauensunwürdigkeit annehmen. OLG Wien 21. 3. 2002, 10 Ra 11/02i. (ARD 5381/11/2003 ●)

§ 27 Z 1 AngG

Vertrauensvorschuss bei langjähriger Beschäftigung

557 Ein Arbeitnehmer, der sich während eines längeren Dienstverhältnisses **immer wohl verhalten** hat, darf einen **größeren Vertrauensvorschuss** erwarten als ein Arbeitnehmer, der sich bereits einer Verfehlung schuldig gemacht hat. Entscheidend ist aber bei der Prüfung des Gesamtverhaltens das dominierende Merkmal der – die Unzumutbarkeit der Weiterbeschäftigung hervorrufenden – Vertrauensverwirkung.
Bei der hier vorliegenden Kumulierung der Verletzung von Meldepflichten, der versuchten **Anstiftung** von Mitarbeitern **zur Pflichtwidrigkeit** gegenüber ihrem Arbeitgeber, dem Versuch, einen privat verursachten Schaden auf den Arbeitgeber zu überwälzen, und schließlich der Veranlassung eines Dritten, an den Arbeitgeber **falsche Rechnungen** zu legen, ist der Grad der **Vertrauensverwirkung** erreicht. OGH 27. 3. 2002, 9 ObA 246/01v. (ARD 5381/7/2003 ●)

Strengerer Maßstab hinsichtlich Vertrauenswürdigkeit bei leitenden Angestellten

558 An das Verhalten **leitender Angestellter** ist ein **strengerer Maßstab** hinsichtlich der Vertrauenswürdigkeit anzulegen als bei Arbeitnehmern in untergeordneter Stellung. OGH 28. 9. 2000, 8 ObA 109/00p. (ARD 5252/13/2001 ●)

Dienstliche Unkorrektheit und **nachteilige Äußerungen über die wirtschaftliche Lage** des Arbeitgebers durch einen leitenden Angestellten gegenüber **Betriebsangehörigen** sind als Vertrauensunwürdigkeit anzusehen. Dieser Entlassungsgrund ist gegeben, wenn die Assistentin des Geschäftsführers und Vorgesetzte von drei Mitarbeitern vertrauliche Informationen, die sie vom Geschäftsführer erhielt – nämlich über die (schlechte) wirtschaftliche Lage des Unternehmens, sowie Leistungsbeurteilungen bzw. beabsichtigte Kündigungen –, nicht nur ihren Arbeitskollegen, sondern auch außenstehenden Personen (hier: ihrem Freund) weitergibt. LG Linz 10. 6. 1997, 9 Cga 257/95d. (ARD 4964/24/98 ●)

Liegt die **Weitergabe des Gerüchts** durch einen leitenden Angestellten, der Geschäftsführer hätte schon zwei Unternehmen in den Konkurs geführt, zwar bereits zwei Jahre zurück, ist dieses jedoch kurz vor dem Ausspruch der Entlassung wieder neu aufgeflammt, ist darin – verbunden mit der **vorsätzlichen Täuschung** des Geschäftsführers bei der versuchten Aufklärung des Entstehens dieser Gerüchte – ein Vertrauensunwürdigkeit begründendes Verhalten zu erblicken. OGH 20. 12. 2000, 9 ObA 271/00v. (ARD 5205/44/2001 ●)

Hat ein Pilot ein **ausländisches Au-pair-Mädchen**, das in Österreich bei ihm tätig werden sollte, gegenüber den Zoll- und Sicherheitsbeamten sowie auch auf konkrete Anfrage seitens der zuständigen Person am Check-In-Schalter im vollen Bewusstsein der Unrichtigkeit und mit Absicht als **Crew-Mitglied ausgegeben**, um dem Au-pair-Mädchen so die Kosten für ein Flugticket zu ersparen, verwirklicht diese Handlung den Straftatbestand des **Betruges** und ist damit auch geeignet, den Entlassungstatbestand der Vertrauensunwürdigkeit iSd § 27 Z 1 dritter Tatbestand AngG zu erfüllen. Gerade die Position eines Flugkapitäns erfordert Verlässlichkeit und Integrität, weshalb damit auch eine **besondere Vertrauensstellung** verbunden ist. Bei Angestellten in verantwortlichen Positionen ist bei der Beurteilung einer Vertrauensunwürdigkeit ein besonders strenger Maßstab anzulegen. OLG Wien 6. 3. 2002, 8 Ra 51/02g, bestätigt durch OGH 26. 6. 2002, 9 ObA 145/02t. (ARD 5381/13/2003 ●)

Hält ein leitender Angestellter über einen Treuhänder eine **30%ige Beteiligung** an einem Unternehmen, mit dem der Arbeitgeber in engen **Geschäftsbeziehungen** steht, und legt er diesen Umstand nicht offen, ist eine Entlassung wegen Vertrauensunwürdigkeit gerechtfertigt. Schon mit seiner Beteiligung, einem überaus wichtigen Zulieferer des Arbeitgebers, vor allem aber mit deren **Geheimhaltung**, hat der Arbeitnehmer ein Verhalten gesetzt, das jedenfalls geeignet war, die

Interessen des Arbeitgebers erheblich zu beeinträchtigen. Schließlich war der Arbeitnehmer in einer Position, die ihm einen erheblichen Einfluss auf die Geschäftsbeziehung zum dem betreffenden Unternehmen ermöglichte; u.a. war er an Preisverhandlungen beteiligt oder hätte zumindest die Möglichkeit gehabt, Einfluss darauf zu nehmen. Obwohl ein Ausnützen dieser Möglichkeiten und ein daraus erwachsener Schaden für den Arbeitgeber nicht erweisbar ist, hat der Arbeitnehmer damit jedenfalls einen schweren Interessenskonflikt geschaffen, den er vor seinem Arbeitgeber geheim gehalten hat. OGH 24. 1. 2001, 9 ObA 217/00b. (ARD 5256/9/2001 ●)

Privatnutzung von PC, Internetanschluss und sonstiger Infrastruktur des Arbeitgebers

Hat ein leitender Angestellter in nicht näher feststellbarem Umfang die **Infrastruktur des Arbeitgebers** (Telefonanlage, Fax, Kopien etc.) für **eigene unternehmerische Zwecke** verwendet und durch sein Verhalten eine Situation geschaffen, die das Vertrauen des Arbeitgebers massiv beeinträchtigen musste, ist in Hinblick auf die strengen Anforderungen, die die Rechtsprechung an leitende Angestellte in Vertrauenspositionen stellt, der Entlassungsgrund des § 27 Z 1 AngG zu bejahen. OGH 7. 6. 2001, 9 ObA 117/01y. (ARD 5265/7/2001 ●)

Zwar wird regelmäßig allein aus der **fallweisen Nutzung des zur Verfügung gestellten PC's zu privaten Zwecken** – soweit nicht weitere Aspekte hinzukommen (vgl. zur Nutzung für Arbeiten für Dritte OGH 6. 12. 2000, 9 ObA 275/00g, ARD 5215/47/2001) – ein die Entlassung wegen Vertrauensunwürdigkeit rechtfertigender solcher Vertrauensverlust noch nicht objektiv begründbar sein. Dies wird vielmehr – gegebenenfalls nach Ermahnungen – als Pflichtwidrigkeit iSd § 27 Z 4 AngG zu prüfen sein. Kommt aber hinzu, dass der Arbeitnehmer, nachdem sein Verhalten aufgedeckt wurde, entgegen der ausdrücklichen Anweisung seines Vorgesetzten versuchte, das **Dokument zu löschen**, und diesen Versuch auch nach dem neuerlichen Hinweis seines Vorgesetzten auf das Verbot fortsetzte, ist ein solcher **Vertrauensverlust** objektiv begründbar. OGH 25. 10. 2001, 8 ObA 218/01v. (ARD 5323/8/2002 ●)

Hat der Arbeitgeber mehrfach zum Ausdruck gebracht, dass er **private Belange** (wie private Telefongespräche) während der Arbeitszeit **nicht toleriert**, und hat er zudem den Arbeitnehmer wegen dieser Telefonate abgemahnt, macht die mehrfache **Bearbeitung privater Korrespondenz** während der Dienstzeit unter Benutzung der PC-Anlage des Arbeitgebers den Arbeitnehmer vertrauensunwürdig. Der Angestellte konnte nicht mit dem Einverständnis des Arbeitgebers rechnen, seine private Korrespondenz während der Dienstzeit erledigen zu dürfen. Durch das Verhalten des Arbeitnehmers waren die dienstlichen Interessen des Arbeitgebers gefährdet, weil dieser nicht mehr sicher sein konnte, der Arbeitnehmer würde für die Dauer der Arbeitszeit seine Arbeitskraft den dienstlichen Interessen und nicht privaten Interessen widmen. OLG Wien 17. 12. 1999, 9 Ra 280/99h. (ARD 5101/16/2000 ●)

Die Verwendung eines im Eigentum des Arbeitgebers stehenden und für dessen Zwecke lizenzierten **Computerprogramms** für im Rahmen eines **eigenen Geschäftsbetriebes** des Arbeitnehmers durchgeführte EDV-Arbeiten für Dritte ohne Wissen und Zustimmung des Arbeitgebers verwirklicht den Entlassungsgrund der Vertrauensunwürdigkeit nach § 27 Z 1 AngG. Wird der entlassene Arbeitnehmer in der Folge **auf Werkvertragsbasis weiterbeschäftigt**, lässt sich daraus noch **nicht ableiten**, dass dem Arbeitgeber eine Fortsetzung des Dienstverhältnisses bis zum Ende der Kündigungsfrist **zumutbar** gewesen wäre und die ausgesprochene Entlassung daher unzulässig ist, da für die Beschäftigung im Rahmen eines Dienstverhältnisses aufgrund der Eingliederung des Arbeitnehmers in den Betrieb in aller Regel ein ausgeprägteres (jedenfalls aber anders geartetes) Vertrauensverhältnis erforderlich ist als für die Beschäftigung im Rahmen eines Werkvertrages. OGH 6. 12. 2000, 9 ObA 275/00g. (ARD 5215/47/2001 ●)

§ 27 Z 1 AngG

Hat der Arbeitgeber weder ein ausdrückliches Verbot der privaten Internetbenützung durch den Arbeitnehmer ausgesprochen noch eine solche ausdrücklich genehmigt, ist eine **Privatnutzung der Firmen-PC in geringem Umfang während der Arbeitszeit** – ähnlich der Vornahme von Privattelefonaten – **zulässig**. Im Rahmen der Vertragsauslegung ist dabei auf die Umstände des Einzelfalles, den Ortsgebrauch, auf die den Umständen nach angemessenen Dienste sowie auf die Übung des redlichen Verkehrs abzustellen.

Im vorliegenden Fall hat der Arbeitnehmer immer wieder im Büro das Internet zur privaten Immobiliensuche genutzt, was jedoch dem Arbeitgeber bekannt war. Darüber hinaus hat er auch mit zeitlich unterschiedlichem Aufwand andere Internetseiten von Tageszeitungen aufgerufen und private E-Mails versendet und empfangen. Berücksichtigt man den Umstand, dass sich das Unternehmen in dieser Phase in einer **finanziellen Krisensituation** befand und eine **starke arbeitsmäßige Belastung** des Arbeitnehmers gegeben war, ist davon auszugehen, dass die private Internetnutzung des Arbeitnehmers das arbeitsvertraglich **zulässige Ausmaß in dieser Phase überschritten** hat.

Nun kann durch die unzulässige Privatnutzung des Internets während der Arbeitszeit der Entlassungsgrund der Vertrauensunwürdigkeit oder der Untreue im Dienst gemäß § 27 Z 1 AngG verwirklicht werden, doch dies nur dann, wenn die **Privatnutzung in einem exzessiven Ausmaß missbräuchlich** erfolgt. Davon kann jedoch im vorliegenden Fall noch nicht gesprochen werden. Auch der Entlassungsgrund der beharrlichen Dienstverweigerung nach § 27 Z 4 AngG könnte grundsätzlich erfüllt sein, doch bedarf dieser neben dem Kriterium der Unzumutbarkeit der Aufrechterhaltung des Dienstverhältnisses bis zum nächsten Kündigungstermin vor Ausspruch der Entlassung in der Regel einer **Verwarnung** des Arbeitnehmers unter Hinweis auf die Entlassungsfolgen bei weiterem Zuwiderhandeln; eine solche könnte nur dann entfallen, wenn aus dem Verhalten des Arbeitnehmers auf die Nachhaltigkeit seiner Willenshaltung geschlossen werden kann. Da im konkreten Fall der Arbeitnehmer nie ausdrücklich angewiesen wurde, den Umfang der privaten Internetnutzung (sei es innerhalb oder außerhalb der Arbeitszeit) zu reduzieren, und erfolgte diesbezüglich keinerlei Verwarnung oder Androhung von Konsequenzen, ist auch der Entlassungsgrund des § 27 Z 4 AngG nicht erfüllt und die Entlassung erweist sich insgesamt als unberechtigt. OLG Wien 29. 6. 2005, 8 Ra 54/05b, 8 Ra 55/05z. (ARD 5633/9/2005 ●)

Auch wenn in einer Betriebsvereinbarung ausdrücklich vereinbart wurde, dass die **Internet- und E-Mail-Benützung dem dienstlichen Gebrauch vorbehalten** ist, erfüllt ein **einmaliger Verstoß** eines Arbeitnehmers gegen diese Anordnung durch das Versenden einer E-Mail-Bewerbung über den E-Mail-Anschluss des Arbeitgebers noch nicht den Entlassungsgrund der Vertrauensunwürdigkeit. OLG Wien 17. 3. 2004 , 7 Ra 31/04m. (ARD 5504/3/2004 ●)

Wurde keine Weisung erteilt, das **Internetsurfen** zu unterlassen, ist davon auszugehen, dass dieses grundsätzlich – ähnlich wie privates Telefonieren – vom Arbeitgeber zu dulden ist, sofern es nicht ein bestimmtes zeitliches Ausmaß überschreitet. OLG Wien 7. 5. 2003, 8 Ra 45/03a. (ARD 5461/9/2003 ●)

Hat ein Arbeitnehmer entgegen einem generellen Verbot und einer Ermahnung durch einen Vorgesetzten **gelegentlich** (ein- bis zweimal pro Woche) auf seinem Arbeitsplatz einlangende „**Spaß-E-Mails**" **an Arbeitskollegen weitergeleitet**, kann es nicht als bedenkliche Fehlbeurteilung angesehen werden, wenn das Berufungsgericht unter diesen Umständen unter Berücksichtigung der sonst unbeanstandeten 20-jährigen Arbeitsleistung die Auffassung vertreten hat, das Verhalten stelle – ungeachtet einer vorangegangenen (informellen) Ermahnung – **keinen Entlassungsgrund** dar. Dieser Sachverhalt liegt in Hinblick auf die Beeinträchtigung der Interessen des Arbeitgebers

§ 27 Z 1 AngG

nicht anders als gelegentliche (**kurze**) **Telefonate privaten Inhalts** mit Arbeitskollegen (vgl. OGH 21. 10. 1998, 9 ObA 192/98w, ARD 5018/9/99). Hingegen kann er mit dem „Surfen im Internet" bzw **privater PC- bzw Internetnutzung** am Arbeitsplatz nicht gleichgesetzt werden. OGH 23. 6. 2004, 9 ObA 75/04a. (ARD 5552/16/2004 ●)

Private Telefongespräche vom Firmenanschluss

Private Telefonate im Ausmaß von durchschnittlich € **1,14 pro Arbeitstag** rechtfertigen **ohne vorherige Verwarnung** und neuerlichen Verstoß noch **keine Entlassung** wegen Vertrauensunwürdigkeit, selbst wenn diese Telefonate im Einzelfall über eine halbe Stunde gedauert haben und in manchen Zeiträumen verstärkt aufgetreten sind. In der Arbeitswelt, insbesondere in Dienstleistungsunternehmen, ist es üblich, dass den Arbeitnehmern ein Telefon des Arbeitgebers für die Erfüllung der Dienstpflichten zur Verfügung gestellt wird und dass dieses auch für Telefonate privater Natur – vorausgesetzt dass diese in einem angemessenen Ausmaß stattfinden – genützt wird. Es wird in der Regel, so nicht ausdrücklich ausgeschlossen oder etwa durch Rufdatenauswertung und Kostenersatz betriebsverfassungsrechtlich anders geregelt, stillschweigend vorausgesetzt, dass derartige Telefonate zulässig, d.h. nicht verboten sind und vom Arbeitgeber **stillschweigend geduldet** werden.

Wurde – wie im vorliegenden Fall – vom Arbeitgeber auch das **private Telefonieren ins Ausland nicht untersagt** und fordert lediglich eine Betriebsvereinbarung die Arbeitnehmer zu einem sparsamen Umgang mit den Telefonapparaten auf, wird nur eine **Selbstbeschränkung** der Arbeitnehmer erwartet. Private Telefongespräche im Ausmaß von durchschnittlich € 1,14 pro Arbeitstag führen ohne vorherige Verwarnung und neuerlichen Verstoß auf keinen Fall zu einer gerechtfertigten Entlassung, dies selbst dann nicht, wenn die Telefonate in drei Fällen über eine halbe Stunde dauerten und in manchen Zeiträumen verstärkt auftraten. Nach Aufkommen der privaten Auslandstelefonate (hier: nach Mexiko) hätte der Arbeitgeber den Arbeitnehmer zumindest **auffordern müssen**, derartige **Telefonate** (ohne Zustimmung) in Zukunft **zu unterlassen**, widrigenfalls disziplinäre Konsequenzen bis zur Entlassung gesetzt werden.

Der Umstand, dass der Arbeitnehmer geleugnet hat, die Telefonate in größerer Anzahl (als zwei oder drei) und privat geführt zu haben, kann für sich allein nicht den Tatbestand der Vertrauensunwürdigkeit darstellen; dies käme einem Gebot der Selbstbezichtigung und Selbstbelastung gleich, das aber der österreichischen Rechtsordnung fremd ist. ASG Wien 8. 1. 2002, 27 Cga 141/00b. (ARD 5388/5/2003 ●)

Dass Arbeitnehmer in **geringem Umfang private Telefongespräche** mit oder ohne Kostenersatz vom Arbeitsplatz aus führen, ist nicht unüblich. Ein Arbeitgeber, der verhindern will, mit den Kosten von privaten Telefongesprächen belastet zu werden, wäre demnach verhalten, entweder Privatgespräche überhaupt zu verbieten, umfänglich einzuschränken oder nach vorgeschriebenen Aufzeichnungen zu verrechnen. Ist dies jedoch nicht erfolgt, sind vom Arbeitnehmer geführte Privatgespräche – unbeschadet einer allfälligen Kostenersatzpflicht – nicht geeignet, die Unzumutbarkeit seiner Weiterbeschäftigung zu bewirken und seine Entlassung zu rechtfertigen. **Übliche private Telefongespräche** am Arbeitsplatz stellen daher **keinen Entlassungsgrund** dar. OGH 21. 10. 1998, 9 ObA 192/98w. (ARD 5018/9/99 ●)

Verfügungsmacht über eine vom Arbeitnehmer selbst entwickelte Software

Stellt ein Arbeitnehmer seinem Arbeitgeber ein von ihm geschaffenes EDV-Programm jahrelang **unentgeltlich** zur Verfügung, ist von einem Nutzungsvertrag auszugehen, dessen Kündigung nur unter Einhaltung einer entsprechenden Kündigungsfrist möglich wäre. Nützt der Arbeitnehmer

§ 27 Z 1 AngG

die **Abhängigkeit des Arbeitgebers** von diesem EDV-Programm und seinen Kenntnissen zur Bedienung dieses von ihm geschaffenen EDV-Programms aus, um **finanzielle Vorteile zu erpressen**, verletzt er seine Treuepflicht.

Seine Entlassung ist auch dann nicht verspätet, wenn der Arbeitgeber zunächst versucht, durch Verhandlungen in die Lage versetzt zu werden, das EDV-Programm durch Kenntnis des Passwortes zu nutzen, und die Entlassung erst ausspricht, nachdem er in den Besitz des entsprechenden Passwortes gekommen ist. OGH 22. 12. 1997, 8 ObA 380/97h. (ARD 4913/22/98 ●)

Hatte ein Arbeitnehmer bei Beginn seiner Tätigkeit auf dem PC im Betrieb des Arbeitgebers erst ein Betriebssystem sowie die von ihm benötigten Schreib- und Zeichenprogramme, die im **Eigentum des Arbeitnehmers** stehen, zu installieren, stellt es keinen Entlassungsgrund dar, wenn der Arbeitnehmer **nach Kündigung** durch den Arbeitgeber das Betriebssystem und damit den gesamten Speicherinhalt der **Festplatte löscht**, sofern damit kein Verlust der von ihm erarbeiteten Computerdaten verbunden ist, weil die relevanten Programme und Daten auf den dem Arbeitgeber zur Verfügung gebliebenen Disketten gespeichert waren und lediglich in den Computer wieder eingespeichert werden mussten. ASG Wien 2. 3. 1999, 7 Cga 141/97y. (ARD 5101/17/2000 ●)

Berechtigte Strafanzeige bei strafrechtlich verpöntem Handeln des Arbeitgebers

562 Den Arbeitnehmer trifft bei **strafrechtswidrigen Umtrieben des Arbeitgebers keine Verschwiegenheitspflicht**. Unlautere Geschäftspraktiken oder gesetzwidriges Verhalten zählen nicht zu den Umständen, an deren Geheimhaltung der Arbeitgeber ein objektiv berechtigtes Interesse hat. Wenn es um die **Aufdeckung strafrechtlich relevanter Umstände** geht, ist ein Arbeitnehmer im Interesse der Allgemeinheit auch **zur Erstattung einer Strafanzeige berechtigt**, wobei er allerdings in einer für den Arbeitgeber möglichst schonenden Form vorzugehen hat. Nur haltlose und subjektiv unbegründete Anschuldigungen bilden den Entlassungsgrund der Vertrauensunwürdigkeit. Entscheidend ist nämlich die subjektive Vorstellung des Arbeitnehmers bei Erstattung der Anzeige. Aus dem Recht zur Strafanzeige wird gefolgert, dass ein Arbeitnehmer auch berechtigt sein muss, einen **Geschäftspartner** seines Arbeitgebers über strafrechtlich relevante Verhaltensweisen seines Arbeitgebers **zu informieren**. Die Informierung des Auftraggebers eines Bauunternehmens durch dessen Arbeitnehmer über einen begründeten Verdacht einer strafbaren Handlung bzw. unerlaubte Geschäftspraktiken infolge falscher Arbeitszeitaufzeichnungen bewirkt daher auch dann keine Vertrauensunwürdigkeit, wenn der Arbeitnehmer seine Geschäftsleitung nicht informiert und die Arbeitszeitaufzeichnungen heimlich kopiert hat. OGH 14. 6. 2000, 9 ObA 118/00v. (ARD 5157/6/2000 ●)

Auch wenn strafrechtlich relevante Tatbestände einen Arbeitnehmer trotz Verschwiegenheitspflicht grundsätzlich zur **Erstattung einer Strafanzeige** berechtigen, hat der Arbeitnehmer in einer für seinen Arbeitgeber möglichst **schonenden Form** vorzugehen, wovon nicht gesprochen werden kann, wenn der Angestellte eines Rechtsanwalts diesen in einem **Fernsehinterview** unter Verletzung seiner Geheimhaltungspflicht der Mitwirkung an einer strafbaren Handlung bezichtigt. OGH 19. 9. 2001, 9 ObA 180/01p. (ARD 5345/20/2002 ●)

Die begründete **Anzeige des Arbeitgebers** durch den Arbeitnehmer wegen **Steuerhinterziehung** stellt unabhängig vom Ausgang des Strafverfahrens **keinen Entlassungsgrund** dar, weil die Verpflichtung des Arbeitnehmers gegenüber der Allgemeinheit, unehrliche Machenschaften aufzudecken, der Treuepflicht gegenüber dem Arbeitgeber vorgeht. ASG Wien 10. 6. 1996, 27 Cga 146/95b, bestätigt durch OLG Wien 16. 12. 1998, 7 Ra 368/96f, und OGH 1. 12. 1999, 9 ObA 222/99h. (ARD 4821/19/97, ARD 5032/21/99 und ARD 5245/30/2001 ●)

§ 27 Z 1 AngG

Genesungswidriges Verhalten des Arbeitnehmers im Krankenstand

Missachtet ein infolge Krankheit arbeitsunfähiger Arbeitnehmer die **Anordnungen seines Arztes** betont und in erheblichem Maße und ist dieses Verhalten geeignet, den Krankheitsverlauf negativ zu beeinflussen oder den **Heilungsverlauf zu verzögern**, so kann darin eine zur Entlassung des Arbeitnehmers berechtigende Vertrauensverwirkung iSd dritten Tatbestandes des § 27 Z 1 AngG liegen. Der Arbeitgeber muss dann nämlich befürchten, dass seine dienstlichen Interessen gefährdet sind, weil der Arbeitnehmer damit auch die auf Wiederherstellung der Arbeitsfähigkeit gerichteten dienstlichen Interessen des Arbeitgebers verletzt.

Auch wenn ausdrückliche Anordnungen des Arztes über das Verhalten im Krankenstand fehlen, darf der Arbeitnehmer die nach der **allgemeinen Lebenserfahrung üblichen Verhaltensweisen** nicht betont und offenkundig verletzen. Ob das Verhalten des Arbeitnehmers tatsächlich zu einer Verlängerung des Krankenstandes führte, ist ohne Bedeutung; nach ständiger Rechtsprechung **genügt die Eignung, den Genesungsprozess zu verzögern.**

Verhältnismäßig geringfügiges Zuwiderhandeln gegen übliche Verhaltensweisen im Krankenstand, wie es immer wieder vorkommen mag, kann aber bei der Beurteilung der Vertrauenswürdigkeit nicht ins Gewicht fallen. Liegt keine betonte und offenkundige Verletzung des Gebotes über das übliche Verhalten im Krankenstand vor, kann ein solches Verhalten objektiv nicht als so schwer wiegend angesehen werden, dass das Vertrauen des Arbeitgebers derart tief erschüttert würde, dass ihm eine Fortsetzung des Arbeitsverhältnisses nicht mehr zugemutet werden könnte. Ob ein bloß geringfügiges Zuwiderhandeln vorliegt, hängt von den **Umständen des Einzelfalls** ab. OGH 23. 6. 2004, 9 ObA 35/04v. (ARD 5563/15/2005 ●)

Ein Arbeitnehmer, der während seines Krankenstandes wegen schmerzhafter **Verspannungen der Rückenmuskulatur** (akute Lumbalgie) im Rahmen seines zulässig ausgeübten Nebenerwerbs rund 90 Minuten mit einem Rechen **Laub zusammenkehrt**, verletzt die in einem solchen Fall aufgrund der allgemeinen Lebenserfahrung gebotenen Verhaltensweisen derart offenkundig, dass dem Arbeitgeber die Fortsetzung des Dienstverhältnisses unzumutbar ist. OLG Wien 19. 8. 2004, 10 Ra 90/04k. (ARD 5563/16/2005 ●)

Einem Arbeitnehmer, der wegen eines **grippalen Infektes** krankgeschrieben ist und sich bei **großer Hitze in der Sonne** in einer Badeanstalt aufhält, muss vorgeworfen werden, dass er nicht nur gegen die Anordnung des Arztes, sondern gegen allgemein übliche Verhaltensweisen gröblich verstoßen hat. Gerade bei fiebrigen grippalen Infekten, auch wenn diese bereits im Abklingen sind, ist für jeden leicht einsichtig, dass stundenlange **Sonnen- und Hitzebelastung** nicht mehr dem Begriff „Schonung" unterstellt werden kann, sondern eine **völlig unübliche Verhaltensweise** darstellt. Gerade die Art der Erkrankung und die völlig kontraindizierte Verhaltensweise des Arbeitnehmers müssen als **Provokation** für den Arbeitgeber aufgefasst werden, so dass eine Weiterbeschäftigung auch für die Kündigungsfrist nicht zumutbar ist, eine Vertrauensverwirkung iSd § 27 Z 1 dritter Fall AngG vorliegt und die Entlassung somit berechtigt ist. OLG Innsbruck 1. 3. 1994, 5 Ra 31/94, bestätigt durch OGH 14. 9. 1994, 9 ObA 126/94. (ARD 4543/28/94 und ARD 4602/9/94 ●)

Ist der Krankenstand eines Arbeitnehmers durch einen **fieberhaften Infekt**, eine Brustkorbprellung nach einem Sturz bei einem Kollaps und durch eine Erkrankung der Harnwege bedingt und wurde ihm von seinem Arzt eine **Ausgehzeit nur zur Kontrolle** zugebilligt, weil er ihm empfohlen hat, ein Labor zur Blutuntersuchung und einen Facharzt aufzusuchen, ist ein **mehrstündiger Aufenthalt an einer Baustelle**, um Umbauarbeiten am eigenen Haus zu beaufsichtigen, geeignet, sich auf den Heilungsverlauf negativ auszuwirken. Ob dieses Verhalten tatsächlich zu einer Verlängerung des Krankenstandes geführt hat, ist ohne Bedeutung; es genügt die Eignung, den Genesungsprozess zu verzögern. OGH 8. 7. 1993, 9 ObA 96/93. (ARD 4508/28/93 ●)

§ 27 Z 1 AngG

Der **Antritt einer Urlaubsreise** im Krankenstand trotz ärztlicher Anweisung, abgesehen von den Ausgehzeiten zu Hause zu bleiben, ist ein Verhalten, das den Arbeitnehmer des Vertrauens des Arbeitgebers unwürdig macht. ASG Wien 4. 2. 1993, 16 Cga 195/92. (ARD 4509/2/93 ●)

Mehrmaliges öffentliches Auftreten eines Arbeitnehmers als **Gitarrist in Gasthäusern** während seines Krankenstandes bildet den Entlassungsgrund der Vertrauensunwürdigkeit. Auch wenn die Auftritte des Arbeitnehmers tatsächlich keine heilungsverzögernde Wirkung gehabt haben, ist entscheidend, ob nach der allgemeinen Anschauung diesem Verhalten eine **grundsätzliche Eignung zur Verzögerung des Heilungsprozesses** zukommt.

Hat sich der Arbeitnehmer mit der Begründung krank gemeldet, verkühlt zu sein, **Halsweh und Schmerzen** zu verspüren, ist es einleuchtend, dass ein Auftreten in Gasthäusern, in einem üblicherweise verrauchten Raum, als Gitarrist und Sänger in diesem Zustand und an dem Tag, an dem eine Krankmeldung wegen Verkühlung und Halsweh erfolgt ist, für den Heilungsprozess **nicht förderlich** sein kann. Die Eignung einer Verzögerung des Heilungsprozesses liegt somit vor, auch wenn diese Wirkung im konkreten Fall nicht eingetreten ist. Der Arbeitnehmer hat damit seine dienstvertragliche Verpflichtung, sich während seiner Erkrankung und der dadurch ausgelösten Arbeitsunfähigkeit nach Tunlichkeit so zu verhalten, dass seine Arbeitsfähigkeit möglichst bald wiederhergestellt wird, durch Missachtung der in diesem Zustand allgemein üblichen Verhaltensweisen grob verletzt. OGH 24. 2. 1993, 9 ObA 25/93. (ARD 4537/8/94 ●)

Die (überwiegend alleinige) **Führung eines Buschenschanks** durch einen wegen eines **Bandscheibenvorfalls** im Krankenstand befindlichen Lohnverrechner stellt auch dann Vertrauensunwürdigkeit dar und berechtigt den Arbeitgeber zur Entlassung, wenn der Arzt diese Beschäftigung nicht ausdrücklich untersagt hat. OGH 26. 1. 2000, 9 ObA 329/99v. (ARD 5109/16/2000 ●)

Unberechtigte Entlassung bei der Genesung nicht abträglichen Verhaltens im Krankenstand

Bei Beurteilung, ob das Verhalten eines Arbeitnehmers im Krankenstand den Heilungsverlauf nachteilig zu beeinflussen geeignet ist, kommt es nicht darauf an, welche Aktionen ein Arbeitnehmer im Krankenstand setzt, sondern darauf, ob diese **geeignet sind**, eine **Gesundung zu erschweren** oder zu verzögern. Daher stellt das Wahrnehmen von sozialen Kontakten, das Verlassen des Hauses oder die Besorgung von Erledigungen bei einem **depressiven Verstimmungszustand** auch dann **keinen Verstoß** gegen Verpflichtungen im Krankenstand dar, wenn der Arzt in der Krankmeldung nach der Krankenordnung der Gebietskrankenkasse keine Ausgehzeit angeführt hat. Bei diesem Krankheitsbild ist es von großem Vorteil, wenn sich der Erkrankte nicht zurückzieht, sondern Kontakte mit seiner Umwelt pflegt. ASG Wien 1. 2. 2000, 8 Cga 114/98m, 201/98f. (ARD 5136/53/2000 ●)

Ein im Krankenstand befindlicher Außendienstmitarbeiter, der keine bestimmten ärztlichen Anordnungen für sein Verhalten im Krankenstand erhalten hat, darf die nach der allgemeinen Lebenserfahrung üblichen Verhaltensweisen nicht betont und offenkundig verletzen. Erreichen jedoch die vom Arbeitnehmer während des Krankenstandes verrichteten einfachen, wenngleich auch im Sitzen ausgeübten **Tätigkeiten im Rahmen seiner Bürgermeisterfunktion** keineswegs einen solchen Umfang oder eine solche Intensität, dass man damit objektiv eine (theoretische) **Gefährdung des Heilungsverlaufes** in Verbindung bringen würde, liegt keine eine Entlassung rechtfertigende Vertrauensunwürdigkeit iSd § 27 Z 1 AngG vor. Diese Verrichtungen lassen auch nicht den Schluss auf eine früher eingetretene Arbeitsfähigkeit zu, weil die im Rahmen des Dienstes als Außendienstmitarbeiter anfallenden Tätigkeiten, insbesondere ständiges, oft stundenlanges Fahren mit einem Pkw, zweifelsohne wesentlich größere Belastungen mit sich gebracht hätten. OGH 7. 6. 2001, 9 ObA 144/01v. (ARD 5265/9/2001 ●)

§ 27 Z 1 AngG

Der **Messbesuch** eines erkrankten Arbeitnehmers am Sonntag im Krankenstand, der keine nachteiligen Folgen auf den Krankheitsverlauf hatte und vom Arzt nicht untersagt war, bewirkt nicht Vertrauensunwürdigkeit. OLG Graz 29. 6. 1995, 7 Ra 10/95. (ARD 4777/14/96 ●)

Einem infolge **eitriger Hühneraugen** arbeitsunfähigen Arbeiter, dem kurze Wege mit entsprechendem, nicht drückendem Schuhwerk aber nicht schaden und deren Vornahme nicht geeignet ist, den Heilungsverlauf zu verzögern, kann nicht untersagt werden, anlässlich des Arztbesuches auch einen **Bankweg** zu erledigen. Durch eine solche Miterledigung – sei es vor oder nach dem Arztbesuch – wird vom Arbeitnehmer nicht gegen allgemein übliche Verhaltensweisen in einem solchen Krankheitsfall verstoßen. OGH 17. 3. 1994, 8 ObA 206/94. (ARD 4552/1/94 ●)

Befindet sich ein Arbeitnehmer wegen **nervöser Beschwerden und Schlafstörungen** im Krankenstand, wurde ihm jedoch von seinem Arzt keine Bettruhe verordnet, ist ein **Aufenthalt im Freien** zum Zwecke des Badens und Sonnens unter Berücksichtigung der Art der Erkrankung kein für den Genesungsverlauf nachteiliges Verhalten. Auch wenn eine angeordnete Nikotinkarenz nicht eingehalten wird, ist dies zwar dem Genesungsverlauf nicht förderlich, den Arbeitnehmer hätte aber eine Nikotinkarenz gerade zu dieser Zeit nervlich sehr belastet und die Symptomatik sogar kurzfristig verschlechtern können. Selbst eine **nächtliche Autofahrt** von über 7 Stunden stellt kein derart gravierendes Verhalten dar, das eine Vertrauensverwirkung nach sich ziehen würde, wenn der Arbeitnehmer in dieser Nacht einerseits wegen seiner Beschwerden, andererseits wegen vor seinem Fenster durchgeführter Nachtarbeiten einer Baufirma unter mehrfachem psychischen Druck stand und die Autofahrt den Effekt der psychischen Beruhigung und Entspannung hatte. In diesem Fall tritt auch eine allfällige, kurzzeitige Verschlechterung des medizinischen Grundzustandes in den Hintergrund. Da es als bekannt gelten kann, dass eine Reihe von Arbeitsunfähigkeit verursachenden Erkrankungen **Aufenthalte im Freien** und auch die Vornahme von Autofahrten **nicht ausschließen**, was gerade für psychisch verursachte Gesundheitsstörungen gilt, rechtfertigt ein derartiges Verhalten eine Entlassung wegen Vertrauensunwürdigkeit gemäß § 27 Z 1 AngG nicht. ASG Wien 2. 10. 2000, 13 Cga 183/97v, bestätigt durch OGH 28. 11. 2001, 9 ObA 226/01b. (ARD 5275/21/2002 und ARD 5309/35/2002 ●)

Befindet sich ein Arbeitnehmer wegen eines Bandscheibenvorfalls im Halswirbelsäulenbereich im Krankenstand, berechtigt eine zweimalige **kurzfristige Aushilfe bzw Mithilfe im Barbetrieb** des Sohnes den Arbeitgeber noch nicht zur Entlassung. OGH 23. 6. 2004, 9 ObA 35/04v. (ARD 5563/15/2005 ●)

Darf ein Arbeitnehmer, der wegen eines **grippalen Infektes** mit Fieber im Krankenstand ist, nach Abklingen des Fiebers während der zwei- bis dreitägigen Rekonvaleszenzphase am Ende des Krankenstandes aufstehen, sind der Aufenthalt und die geringfügigen, mit einer nur leichten körperlichen Belastung verbundenen, **kurzzeitigen Tätigkeiten im Gasthaus** der Ehefrau nicht geeignet, die Rekonvaleszenz zu verzögern. Der Ansicht, das Verhalten des Arbeitnehmers habe grob gegen die Gebote üblicher Verhaltensweisen in der Rekonvaleszenz verstoßen, vermag der OGH nicht zu folgen. Daran vermag auch das „verrauchte Milieu eines Gasthauses" nichts zu ändern, zumal derartige Einwirkungen auch in der häuslichen Sphäre nicht ausgeschlossen werden können. OGH 25. 11. 1992, 9 ObA 202/92. (ARD 4427/78/93 ●)

Gibt ein Arbeitnehmer im Krankenstand seinem Nachbarn **Ratschläge betreffend Montage einer Brausetasse**, ohne aber selbst dabei Hand anzulegen, kann dieses verhältnismäßig geringfügige Zuwiderhandeln gegen übliche Verhaltensweisen im Krankenstand bei der Beurteilung der Vertrauenswürdigkeit nicht ins Gewicht fallen und eine Entlassung des Arbeitnehmers ist nicht gerechtfertigt. OGH 13. 11. 2002, 9 ObA 233/02h. (ARD 5389/10/2003 ●)

§ 27 Z 1 AngG

Unterlassene Nachuntersuchung trotz subjektiv empfundener Besserung

565 Ein Arbeitnehmer, der von einem Arzt krankgeschrieben wurde, darf auf die Richtigkeit der ausgestellten ärztlichen Bescheinigung vertrauen. Lässt der Arzt das Ende des Krankenstandes offen, ist der Arbeitnehmer – sobald er sich **subjektiv besser** fühlt – verpflichtet, sich **neuerlich untersuchen** zu lassen, ob die Voraussetzungen des Krankenstandes noch vorliegen. Fühlt sich daher ein wegen einer hypertonen Krise krankgeschriebener Arbeitnehmer bereits wieder so gut, dass er sich in der Lage sieht, eine **mehrstündige Autofahrt** als Lenker auf sich zu nehmen, muss ihm auch bewusst sein, dass er wieder **arbeitsfähig** ist; zumindest müsste er das Gefühl einer derartigen Besserung zum Anlass nehmen, den Arzt zu konsultieren, ob die Voraussetzungen des Krankenstandes noch vorliegen. Meldet er seine wiederhergestellte Arbeitsfähigkeit nicht seinem Arbeitgeber, verwirklicht er den Entlassungsgrund der Vertrauensunwürdigkeit. OGH 5. 6. 2002, 9 ObA 113/02m. (ARD 5356/33/2002 ●)

Verfälschung einer ärztlichen Bestätigung – Entlassung

566 Die mehrfache Verfälschung einer ärztlichen Bestätigung über die Dauer der Behandlung durch Anführung eines späteren Behandlungsendes durch einen Außendienstmitarbeiter, bei dem der Arbeitgeber nur beschränkte Möglichkeiten hat, Arbeitszeitaufzeichnungen zu überprüfen, stellt eine Vertrauensunwürdigkeit iSd § 27 Z 1 AngG dar und rechtfertigt die Entlassung des Arbeitnehmers. OGH 6. 10. 2005, 8 ObA 63/05f. (ARD 5656/5/2006 ●)

Entlassung wegen Alkoholkonsums

567 Ein **gelegentlicher Alkoholkonsum** eines Arbeitnehmers mit Kollegen **nach Dienstschluss** und der Konsum von einem Glas Bier zu den Mahlzeiten auch im Krankenstand ist **sozial verträglich**, stellt keinerlei Gefährdung der geschäftlichen Belange des Arbeitgebers dar und ist zweifelsfrei nicht geeignet, die eine Entlassung rechtfertigende Vertrauensunwürdigkeit des Arbeitnehmers iSd § 27 Z 1 AngG hervorzurufen. ASG Wien 30. 11. 2000, 20 Cga 22/00a. (ARD 5216/4/2001 ●)

Das Nippen an einem **Glas mit Sekt**, der von Mitarbeitern zum Anstoßen auf das Neue Jahr in den Betrieb mitgebracht worden ist, noch dazu **außerhalb der Arbeitszeit** vor Arbeitsbeginn ohne weitere Beeinträchtigung des Arbeitsablaufes, stellt in keiner Weise einen Entlassungsgrund wegen Alkoholkonsums dar. ASG Wien 25. 4. 1995, 5 Cga 43/94t. (ARD 4696/8/95 ●)

Kommt ein Arbeitnehmer gemeinsam mit Kollegen während eines **Firmenseminars** nach einer durchzechten Nacht lautstark und in **stark alkoholisiertem Zustand** in den frühen Morgenstunden ins Seminarhotel zurück, so dass dies für andere Personen bemerkbar war, setzt er zwar eine grobe Dienstverfehlung, da er den Ruf des Unternehmens gefährdet, seine Entlassung wegen Vertrauensunwürdigkeit ist jedoch nicht gerechtfertigt, wenn es sich um keinen Wiederholungsfall handelt.
Der Entlassungstatbestand der Vertrauensunwürdigkeit ist nicht schon bei einer Gefährdung des Vertrauens gegeben, sondern erst bei der tatsächlichen Verwirkung. In Zweifelsfällen muss die Intensität der Vertrauensgefährdung daher dahin gehend geprüft werden, ob **tatsächlich eine Vertrauensunwürdigkeit eingetreten** ist, wofür das jedem Entlassungstatbestand immanente Merkmal der Unzumutbarkeit der Weiterbeschäftigung zu berücksichtigen ist. Hat das gemeinsame Betrinken der Seminarteilnehmer nicht im Seminarhotel, sondern in einem anderen Lokal des Ortes stattgefunden und kann eine konkrete Belästigung durch die lautstarke Heimkehr in der Früh nicht festgestellt werden, ist dies bei der im vorliegenden Fall zweifelsohne gegebenen Vertrauensgefährdung als mildernd zu berücksichtigen. Eine tatsächliche Vertrauensunwürdig-

§ 27 Z 1 AngG

keit in der Intensität der Unzumutbarkeit der Weiterbeschäftigung wäre erst dann verwirklicht gewesen, wenn der Arbeitnehmer nach einer diesbezüglichen Ermahnung oder **Verwarnung** des Arbeitgebers eine **neuerliche gleichartige Verfehlung** gesetzt hätte. ASG Wien 21. 9. 2001, 24 Cga 44/01t. (ARD 5304/9/2002 ●)

Entlassung wegen Drogenkonsums

Drogenkonsum mag in beruflichem Stress eine (Mit-)Ursache haben, kann aber gegenüber dem Arbeitgeber **nicht gerechtfertigt** werden, weil dieser mit derart inadäquaten Reaktionen nicht rechnen muss. Dass es bei objektiver Beurteilung für die **innerbetrieblichen Interessen** einer großen Tageszeitung und deren Ruf in der Öffentlichkeit **abträglich** ist, einen wegen Drogenkonsums und -handels in großem Umfang verurteilten Reporter auch nur für die Dauer der Kündigungsfrist zu beschäftigen, bedarf keiner weiteren Erörterung. OGH 6. 7. 1998, 8 ObA 60/98a. (ARD 4960/27/98 ●)

568

Da es sich bei einem **täglichen Drogenkonsum** von 1 bis 2 Gramm Heroin durch Schnupfen keineswegs mehr um einen geringfügigen Drogenkonsum oder eine geringfügige Drogenabhängigkeit handelt, ist es für einen Arbeitgeber nicht zumutbar, den drogenabhängigen Arbeitnehmer auch nur während der Kündigungsfrist weiter zu beschäftigen, insbesondere wenn der Arbeitnehmer im äußerst sensiblen EDV-Bereich eines Telekomunternehmens tätig ist. ASG Wien 11. 12. 2001, 30 Cga 45/01h. (ARD 5304/10/2002 ●)

Verrat von Geschäfts- und Betriebsgeheimnissen

Durch die Mitteilung eines Arbeitnehmers an seinen Freund, die Mitarbeiter des Arbeitgebers würden schlecht behandelt und es herrsche ein **schlechtes Betriebsklima**, werden **keine Geschäfts- bzw. Betriebsgeheimnisse verraten**. Selbst wenn man darin eine Ordnungswidrigkeit sehen wollte, würde dieser Umstand keinen Entlassungsgrund begründen. Es müssten Interessen des Arbeitgebers so schwer verletzt sein, dass diesem eine weitere Zusammenarbeit, auch für die Kündigungsfrist, nicht weiter zugemutet werden kann. OLG Wien 13. 6. 1994, 33 Ra 21/94. (ARD 4580/39/94 ●)

569

Der Verrat von Betriebs- und Geschäftsgeheimnissen stellt erst dann einen Entlassungsgrund dar, wenn dieser **Vorwurf konkretisiert** werden kann. Beschränkt sich ein Arbeitgeber auf die Behauptung, der Arbeitnehmer habe „betriebsinterne Daten an die Konkurrenz weitergegeben", ohne anzugeben, **welche Daten** vom Arbeitnehmer mit welchem Inhalt **an welchen Konkurrenten** wann, wo und unter welchen Umständen weitergegeben worden sein sollen, fehlt ein konkreter Sachverhalt, der unter den Tatbestand des Verrats eines Geschäfts- oder Betriebsgeheimnisses subsumiert werden könnte. Es kann damit aber auch nicht beurteilt werden, ob eine allfällige Verletzung durch den Arbeitnehmer derart gravierend war, dass dem Arbeitgeber eine Weiterbeschäftigung des Arbeitnehmers auch für die Dauer der Kündigungsfrist unzumutbar war. Die **bloße Besorgnis**, ein Arbeitnehmer könnte Betriebs- oder Geschäftsgeheimnisse verraten, stellt den Tatbestand noch nicht dar. OLG Wien 28. 7. 1997, 8 Ra 151/97b. (ARD 4906/11/98 ●)

Dass die **Ehefrau** eines Arbeitnehmers **gewerberechtliche Geschäftsführerin** und Prokuristin eines **Konkurrenzunternehmens** ist, vermag selbst unter Berücksichtigung der besonderen Beeinträchtigung des Arbeitgebers durch die Tätigkeit dieses Konkurrenzunternehmens **keinen Grund für die Entlassung** des Arbeitnehmers zu bilden, wenn nicht erwiesen ist, dass der Arbeitnehmer irgendwelche Informationen über die Geschäftstätigkeit des Arbeitgebers oder Kalkulations- und sonstige Unterlagen, die ihm in seiner dienstlichen Tätigkeit bekannt geworden

§ 27 Z 1 AngG

sind, an seine Ehefrau oder jemand anderen weitergegeben oder die geschäftliche Tätigkeit des Konkurrenzunternehmens sonst in irgendeiner Weise gefördert hat. Die Befürchtung, dass zufolge des persönlichen Naheverhältnisses die Weitergabe von Geheimnissen erfolgen könnte, vermag für sich allein den Tatbestand eines Entlassungsgrundes nicht zu erfüllen.

Auch der Umstand, dass der Arbeitnehmer die **Tätigkeit seiner Ehefrau nicht offengelegt** hat, kann die Entlassung nicht rechtfertigen, selbst wenn ihm bekannt war, dass der Arbeitgeber durch die Tätigkeit des Konkurrenzunternehmens, insbesondere wegen des Abwerbens von Mitarbeitern und der unmittelbaren Konkurrenzsituation, ganz besonders betroffen war. Unter diesen Umständen wäre zwar vom Arbeitnehmer zu erwarten gewesen, dass er anlässlich der Gespräche, die in Zusammenhang mit dem **Konkurrenzunternehmen** geführt wurden und denen er beigezogen war, auf die Tätigkeit seiner Ehefrau hingewiesen hätte; allerdings musste ihm klar sein, dass er damit die **Auflösung seines Dienstverhältnisses riskierte**. Es kann aber einem Arbeitnehmer, der selbst keinerlei Verfehlungen begangen hat, nicht zugemutet werden, den Arbeitgeber über seine Angehörigen betreffende Umstände, auch wenn diese im weiteren Sinne das Interesse des Arbeitgebers berühren, zu informieren, wenn er erwarten muss, dass der Arbeitgeber nach deren Kenntnis das Dienstverhältnis beenden wird. In einem solchen Fall besteht ein Konflikt einerseits zwischen der Treuepflicht, die dem Arbeitnehmer gebietet, den Arbeitgeber von allen wesentlichen Belangen zu informieren, und andererseits dem Interesse des Arbeitnehmers an der Aufrechterhaltung des Dienstverhältnisses. Wenn der Arbeitnehmer unter diesen Umständen seine Pflicht zur Information des Arbeitgebers verletzt, begründet dies nicht ein die Entlassung rechtfertigendes Fehlverhalten. OGH 20. 4. 1994, 9 ObA 69/94. (ARD 4561/16/94 ●)

Kopiert ein Arbeitnehmer, der bereits einen **Posten bei einem Konkurrenzunternehmen** in Aussicht hat, **vertrauliche Unterlagen** (hier: Schaltunterlagen) für private Zwecke und besteht deshalb für den Arbeitgeber vom Standpunkt vernünftigen kaufmännischen Ermessens die gerechtfertigte Befürchtung, dass seine Belange durch den Arbeitnehmer dadurch gefährdet seien dass der Arbeitnehmer bis zum Ende der Kündigungsfrist noch andere vertrauliche Unterlagen kopieren werde, um sie sodann bei seinem neuem Arbeitgeber zu verwenden, ist eine Entlassung gerechtfertigt. OGH 17. 3. 1994, 8 ObA 210/94. (ARD 4561/18/94 ●)

Hat ein Arbeitnehmer **5 Jahre alte Buchhaltungsunterlagen** nur deshalb mitgenommen, um sich vom Leiter eines anderen (nicht in Konkurrenz stehenden) Zweigvereins bezüglich **aktueller Kostenaufstellungen beraten** zu lassen, kann dies einem **Offenbaren** von **Geschäftsgeheimnissen** gegenüber außenstehenden Dritten **nicht gleichgehalten** werden. Diese Gedankenlosigkeit rechtfertigt eine Entlassung wegen Vertrauensunwürdigkeit nicht. OGH 13. 11. 2002, 9 ObA 158/02d. (ARD 5381/6/2003 ●)

Schon der **Versuch**, Mitarbeiter zur **Weitergabe von betriebsinternen Daten** zu bewegen, die objektiv zum Nachteil des Arbeitgebers verwertbar sind, stellt eine derart schwer wiegende Verfehlung dar, dass die mit einem Dienstverhältnis verbundene Vertrauensgrundlage zerstört wird und dem Arbeitgeber die Fortsetzung des Dienstverhältnisses nicht mehr zumutbar ist. OLG Wien 22. 11. 1999, 10 Ra 211/99v. (ARD 5124/36/2000 ●)

Die Mitnahme eines **Büro-Stehkalenders** durch einen Arbeitnehmer nach seiner Kündigung, um seine **Aufzeichnungen über Mehrarbeit** bzw. Überstunden sicherzustellen, stellt keinen Entlassungsgrund dar. Einträge in einen Kalender stellen **keine „Geschäftsgeheimnisse"** dar, wenn es sich um bloße einfache Evidenzhaltungen handelt, die zudem bereits erledigt waren. Es kann auch keine Rede davon sein, dass durch die Wegnahme dieses Kalenders wichtige und dringende Vormerkungen des Arbeitgebers erschwert oder gar nicht wahrgenommen hätten werden können,

§ 27 Z 1 AngG

so dass im Ergebnis auch keine vertrauensunwürdig machende „Sabotage" des Arbeitnehmers vorliegt. Auch dem Argument, dass der Arbeitnehmer einen „Betriebsgegenstand" mitgenommen habe, der Vormerkungen von allgemeinem betrieblichem Interesse enthalten habe, kann nicht beigepflichtet werden. ASG Wien 16. 3. 1999, 18 Cga 118/98y. (ARD 5136/16/2000 ●)

Entfernt ein gekündigter und dienstfrei gestellter Arbeitnehmer **Geschäftsunterlagen** des Arbeitgebers (hier: eines Reisebüros) aus dem Verkaufslokal und bringt sie erst nach sehr intensiven Diskussionen mit anderen Kollegen **wieder zurück**, ist der **Entlassungsgrund** gemäß § 27 Z 1 AngG gerade noch **nicht erfüllt**. Da der Arbeitnehmer die Unterlagen vollständig zurückgestellt hat und nach einer Phase der Uneinsichtigkeit sich im Ergebnis doch noch einsichtig gezeigt hat, ist dem Arbeitgeber eine Weiterbeschäftigung für die Kündigungsfrist, während deren der Arbeitnehmer ohnedies dienstfrei gestellt war, durchaus noch zumutbar gewesen. Es fehlt daher jedenfalls am Element der **Unzumutbarkeit der Weiterbeschäftigung**. ASG Wien 22. 11. 1999, 30 Cga 246/98k. (ARD 5136/17/2000 ●)

Begehung einer strafbaren Handlung

Wird ein Arbeitnehmer wegen einer **Sexualstraftat verurteilt**, rechtfertigt dies den Arbeitgeber bereits vor Rechtskraft des Strafurteils zu dessen Entlassung, da bereits mit der Verurteilung die konkrete Möglichkeit einer Schädigung des Rufes des Arbeitgebers besteht. ASG Wien 5. 11. 2001, 7 Cga 170/00w, bestätigt durch OLG Wien 26. 6. 2002, 10 Ra 184/02f. (ARD 5358/2/2002 ●)

Sexueller Missbrauch von Minderjährigen macht einen Außendienstmitarbeiter in Branchen, die mit der Bevölkerung im Wohnbereich besonders verbunden sind (hier: Versicherungsunternehmen), vertrauensunwürdig. OLG Wien 25. 9. 1996, 7 Ra 218/96x. (ARD 4803/6/96 ●)

Die **strafgerichtliche Verurteilung** eines Angestellten wegen einer außerdienstlich begangenen Straftat bildet **nicht zwangsläufig einen Entlassungsgrund**. Eine strafgerichtliche Verurteilung wegen eines Verkehrsunfalls wird in der Regel bei einem Kraftfahrer strenger zu beurteilen sein, als bei einem anderen Arbeitnehmer. Doch auch wenn ein Arbeitnehmer bei seinem Arbeitgeber nicht als Kraftfahrer, sondern als Datensachbearbeiter beschäftigt war, ist seine Entlassung wegen einer außerdienstlich begangenen Straftat (hier: in alkoholisiertem Zustand verursachter **Verkehrsunfall mit Todesfolge** eines Verletzten und Fahrerflucht) wegen Vertrauensunwürdigkeit gerechtfertigt, wenn sein Verhalten – abgesehen vom Unfall selbst – sowohl vor als auch nach dem Unfall von einer derartigen **Verantwortungslosigkeit und Rücksichtslosigkeit** geprägt ist, dass letztlich auch die Interessen seines Arbeitgebers schwer wiegend beeinträchtigt werden. OGH 24. 6. 1998, 9 ObA 115/98x. (ARD 4968/3/98 ●)

Setzt ein Angestellter auf ein Formular, das von seinem Vorgesetzten zu genehmigen ist, bewusst eine **Paraphe**, die nicht seine eigene ist, sondern **jener des Vorgesetzten weitgehend gleicht**, setzt er sich damit – ohne dass hier auf die strafrechtlichen Fragestellungen einzugehen wäre – über grundlegende Vorschriften eines geregelten kaufmännischen Geschäftsbetriebs hinweg, so dass ihn dies vertrauensunwürdig macht. Das Verhalten, die Unterschrift eines Vorgesetzten in Zusammenhang mit Genehmigungsverfahren nachzuahmen, geht noch wesentlich über die als Entlassungsgründe anerkannten unrichtigen Eintragungen in Bücher, Lohnkontoblätter, falsche Tagesberichte und Spesenangaben etc. hinaus. OLG Wien 24. 5. 1996, 9 Ra 69/96z. (ARD 4756/23/96 ●)

Verfälschte der Filialleiter eines Autohauses einen ausgefüllten **Kundenfragebogen**, indem er die vom Kunden gesetzten Kreuze mit Tipp-Ex auslöschte und neue Kreuze an anderen – für das Unternehmen vorteilhafteren – Stellen machte, und leitete diesen verfälschten Fragebogen in der

§ 27 Z 1 AngG

Folge an die Konzernzentrale weiter, berechtigt diese **Urkundenfälschung** iSd § 223 StGB den Arbeitgeber zur Entlassung wegen Vertrauensunwürdigkeit. Ob allenfalls die Strafwürdigkeit iSd § 42 StGB fehlt, ist im gegebenen Zusammenhang ohne Bedeutung. OLG Wien 20. 8. 2004, 9 Ra 61/04p. (ARD 5558/7/2005 ●)

Beschädigung von Firmeneigentum

571 Der **Ausbau** eines Bestandteiles des **Geschwindigkeitsbegrenzers** eines Lkw, wodurch dieser außer Funktion gesetzt und dadurch ein die Verkehrs- und Betriebssicherheit des Lkw gefährdender Zustand herbeigeführt wurde, bildet selbst bei allfälligen Verstößen des Arbeitgebers gegen das AZG den Entlassungstatbestand der Vertrauensunwürdigkeit. OLG Wien 26. 5. 1997, 10 Ra 102/97m. (ARD 4873/21/97 ●)

Beschädigungen durch unübliche **Öffnung einer Glastür mittels Fußtritt** durch einen EDV-Mitarbeiter in einem Datenschutzbereich, in dem sich Maschinen und Gerätschaften von erheblichem Wert befinden und mit denen Datenverarbeitungen von einiger Bedeutung vorgenommen werden, machen vertrauensunwürdig. Einen Arbeitnehmer, der derartig mit den dem Arbeitgeber gehörenden Gegenständen umgeht, muss dieser nicht weiter beschäftigen. ASG Wien 20. 6. 1994, 20 Cga 42/94f, bestätigt durch OLG Wien 20. 12. 1994, 32 Ra 169/94. (ARD 4649/4/95 ●)

Diebstahl bzw. Veruntreuung von Firmeneigentum

572 Bei einem strafgesetzwidrigen Verhalten des Arbeitnehmers aus dem Bereich der **Eigentumsdelikte** kommt es **nicht auf den Wert der Sache** an, auf den sich das verpönte Verhalten bezogen hat, sofern das Verhalten des Arbeitnehmers vom Standpunkt vernünftigen kaufmännischen Ermessens aus als so schwer wiegend angesehen werden muss, dass das Vertrauen des Arbeitgebers derart erschüttert wird, dass ihm eine Fortsetzung des Dienstverhältnisses nicht mehr zugemutet werden kann. Dabei sind insbesondere die Schuldintensität, die näheren Umstände der Begehung der Tat, das bisherige Verhalten des Arbeitnehmers sowie dessen Alter und Einsichtsfähigkeit zu berücksichtigen.
Ist aber ein Vermögensdelikt Grund für eine Entlassung, wird im Allgemeinen die **Vertrauensunwürdigkeit subintelligiert**, sodass besondere Umstände vorliegen müssen, die dem Arbeitgeber die Weiterbeschäftigung ausnahmsweise nicht unzumutbar machen. OGH 1. 9. 1999, 9 ObA 219/99t. (ARD 5157/9/2000 ●)

Bei der **Zueignung von im Eigentum des Arbeitgebers stehenden Geräten** durch den Entzug dieser Geräte aus dem Gewahrsam des Arbeitgebers, beim Verkauf und Behalten des Verkaufserlöses handelt es sich um eine mit Bereicherungsvorsatz begangene gerichtlich **strafbare Handlung** (hier: Veruntreuung gemäß § 133 StGB), die eine Entlassung des Arbeitnehmers rechtfertigt. OLG Wien 21. 10. 1999, 10 Ra 200/99a, bestätigt durch OGH 26. 4. 2000, 9 ObA 62/00h. (ARD 5134/33 und ARD 5160/7/2000 ●)

Betrug der **Warenschwund** aus dem Firmengelände (hier: Baustoffgroßhandel) des Arbeitgebers ca. S 500.000,- und wird bekannt, dass ein Arbeitnehmer aus Dienstanweisungen und Mitarbeiterschulungen wusste, dass keine Ware ohne Lieferschein und Bezahlung aus dem Firmengelände entfernt werden durfte, sich aber durch einen ihm unterstellten Arbeitnehmer **25 Säcke Sand zu seinem Privathaus liefern** ließ, ohne einen Lieferschein auszufüllen oder zu zahlen, bedarf es keiner weiteren Erörterung, dass der Arbeitgeber sein dienstliches Vertrauen in den Arbeitnehmer, der immerhin stellvertretender Marktleiter war, verloren hat und objektiv gesehen auch verlieren durfte, so dass eine Entlassung berechtigt ist. OGH 5. 4. 2000, 9 ObA 86/00p. (ARD 5151/36/2000 ●)

§ 27 Z 1 AngG

Einem **Diebstahlversuch am Kunden** des Arbeitgebers wird das gleiche Gewicht beigemessen wie einem Diebstahlversuch zum unmittelbaren Nachteil des Arbeitgebers, so dass im Allgemeinen Vertrauensunwürdigkeit vorliegt, die eine Weiterbeschäftigung unzumutbar macht. Dass der Arbeitnehmer seinen Verstoß in der arbeitsfreien Zeit und nicht während einer Dienstleistung für den Arbeitgeber setzte, ist ohne Belang. OGH 1. 9. 1999, 9 ObA 219/99t. (ARD 5157/9/2000 ●)

Steht das pflichtwidrige Verhalten des Arbeitnehmers, wie die **unbefugte Entnahme** von Gegenständen aus dem **Aktenkoffer des Arbeitgebers**, in unmittelbarem Zusammenhang mit dem vorangegangenen pflichtwidrigen Verhalten des Arbeitgebers und dient es der Abwehr der Folgen dieses pflichtwidrigen Verhaltens, weil der Arbeitgeber diese Gegenstände aus dem **Aktenkoffer des Arbeitnehmers** an sich genommen hat, kann dem Arbeitnehmer kein die Entlassung rechtfertigender Schuldvorwurf gemacht werden. OGH 11. 11. 1992, 9 ObA 236/92. (ARD 4448/15/93 ●)

Ein **versuchter Ladendiebstahl** in einem **benachbarten Lebensmittelgeschäft** durch die Kassierin eines Warenhauses begründet Vertrauensunwürdigkeit und berechtigt zur Entlassung. OGH 10. 5. 1995, 9 ObA 53/95. (ARD 4742/41/96 ●)

Vernichtet eine bei einem Rechtsanwalt beschäftigte Kanzleileiterin eine von ihrer Vorgängerin in die Kanzlei eingebrachte und von der Arbeitnehmerin fortgeführte **Mustersammlung**, die Muster für Klagen, Schriftsätze und Exekutionsanträge enthält, stellt dies keine eine Entlassung rechtfertigende Vertrauensunwürdigkeit iSd § 27 Z 1 AngG dar. Das Vernichten oder auch Verbringen einer solchen privat angelegten und in privat angeschafften Ordnern aufbewahrten Mustersammlung könnte grundsätzlich nur dann eine arbeitsrechtlich relevante Vertrauensunwürdigkeit darstellen, wenn der Arbeitgeber – neben dem hier nicht ins Gewicht fallenden Eigentum am Papier – die Verfügungsmacht über diese Mustersammlung hatte und auch behalten hat. Davon wird aber nur dann auszugehen sein, wenn diese Mustersammlung **im (ausdrücklichen) Auftrag des Arbeitgebers** – etwa zum allgemeinen Gebrauch in der Rechtsanwaltskanzlei – erstellt worden ist. Im vorliegenden Fall hatten die Kanzleileiterinnen **keinen Auftrag** des Arbeitgebers, eine solche **Mustersammlung anzulegen**, und taten dies aus eigenem Antrieb zur Erleichterung der eigenen Arbeitsabläufe, weshalb sie auch die Verfügungsmacht über die Mustersammlungen behielten. Aus diesem Grund ist es auch unerheblich, ob die Arbeitnehmerin die Muster vernichtete oder sie allenfalls für ihr weiteres berufliches Leben mit sich genommen hat, um sie auch künftig bei einem neuen Arbeitgeber zu verwenden. Auch Letzteres wäre jedenfalls keine Vertrauensunwürdigkeit im Sinne des Arbeitsrechts. OLG Wien 17. 8. 2006, 9 Ra 34/06w. (ARD 5742/3/2007 ●)

Verfehlung in Zusammenhang mit einkassierten Beträgen und übernommenen Waren

Das **Nichtabführen von Inkassobeträgen** trotz ausdrücklicher Weisung, dass alle Inkassi umgehend an den Arbeitgeber zu überweisen sind, kann den Tatbestand der **Vertrauensunwürdigkeit** nach § 27 Z 1 AngG erfüllen. Damit eine Entlassung gerechtfertigt ist, bedarf es jedoch auch des Elements der Unzumutbarkeit jeglicher Weiterbeschäftigung, und sei es auch nur während der Kündigungsfrist. ASG Wien 13. 11. 2000, 29 Cga 24/00m. (ARD 5252/14/2001 ●)

Ist einem Arbeitnehmer eine **Kasse nicht allein anvertraut**, ist er für einen **Kassenfehlbetrag nicht verantwortlich**. Weder haftet der Arbeitnehmer für das Kassenmanko, noch kann das Bestehen eines Kassenmankos, bei dem nicht einmal dargetan werden kann, durch welche konkreten Handlungen der Arbeitnehmer für dieses Kassenmanko Verantwortung tragen sollte, als Entlassungsgrund herangezogen werden. Der bloße Hinweis, das Kassenmanko sei dem Arbeitnehmer „zuzurechnen" bzw. der Arbeitnehmer sei für das Kassenmanko „verantwortlich", reicht

§ 27 Z 1 AngG

für das Vorliegen eines Entlassungsgrundes nicht aus. Nur dann, wenn dem Arbeitnehmer ein so **schuldhaftes** und derart schwer wiegendes **pflichtwidriges Verhalten** vorgeworfen werden könnte, dass die weitere Aufrechterhaltung des Dienstverhältnisses unzumutbar erscheinen ließe, käme eine Entlassung in Betracht. Auf bloße Verdachtsmomente kann eine Entlassung aber nicht gestützt werden. Der Arbeitnehmer ist – jedenfalls soweit es um den Beweis des Vorliegens eines Entlassungsgrundes geht – im Falle eines Mankos nicht verpflichtet, seinerseits den Beweis zu erbringen, dass er die mit der ordnungsgemäßen Geldgebarung verbundenen Pflichten erfüllt habe. OLG Wien 27. 11. 1997, 10 Ra 272/97m. (ARD 4908/11/98 ●)

Können in Hinblick auf zahlreiche Fehlerquellen und eine Mehrheit von Personen, die an der listenmäßigen Erfassung und Übermittlung wie auch an der Rückführung von Retourwaren beteiligt waren, **Fehlbestände** keineswegs einem einzelnen **Arbeitnehmer verantwortlich zugeordnet** werden, kann weder Vertrauensunwürdigkeit noch Untreue dieses Arbeitnehmers angenommen werden. OLG Wien 28. 4. 2000, 9 Ra 8/00p. (ARD 5136/45/2000 ●)

Das reine **Vergessen des Bonierens** verkaufter Ware stellt noch keinen Entlassungsgrund dar. OLG Wien 26. 7. 2000, 7 Ra 212/00y. (ARD 5216/18/2001 ●)

Die Ausstellung von Kassabelegen in Kenntnis der Tatsache, dass ein **Geldfluss tatsächlich nicht stattgefunden hat**, um dadurch einen Kassafehlbestand buchhalterisch zu verringern, erfüllt jedenfalls den Entlassungsgrund der Vertrauensunwürdigkeit gemäß § 27 Z 1 AngG. OLG Wien 18. 9. 2003, 8 Ra 118/03m. (ARD 5507/5/2004 ●)

Da die **Verfassung unrichtiger Kassaberichte** sowie die **Verfälschung eines Bankbeleges** geeignet sind, die dienstlichen Interessen des Arbeitgebers zu gefährden, ist diesem eine Weiterbeschäftigung eines für die Geldgebarung verantwortlichen Filialleiters auch nur für die Kündigungsfrist nicht mehr zumutbar. OGH 21. 12. 1995, 8 ObA 313/95. (ARD 4727/6/96 ●)

Hat ein Filialleiter laufend ihm bekannte **Verstöße der ihm unterstellten Mitarbeiter** gegen maßgebliche Anweisungen des Arbeitgebers, sämtliche Kassafehlbeträge an ihn zu melden, **geduldet** und nicht einmal den Versuch unternommen, diese abzustellen, ist darin ein erhebliches Fehlverhalten zu erkennen, das eine Entlassung rechtfertigt. OGH 22. 1. 2003, 9 ObA 257/02p. (ARD 5444/3/2003 ●)

Korrekturbuchungen eines Filialleiters, die **Ungereimtheiten im Warenbestand** und in den Inventurlisten zumindest optisch **verschleiern sollen**, rechtfertigen seine Entlassung wegen Vertrauensunwürdigkeit. Selbst wenn Schädigungs- und Manipulationsabsichten und der für Untreue erforderliche Vorsatz fehlen, ist sein Verhalten geeignet, das Vertrauen des Arbeitgebers dermaßen zu erschüttern, dass diesem die Fortsetzung des Dienstverhältnisses auch nur für die Dauer der Kündigungsfrist nicht mehr zumutbar ist. OLG Wien 20. 10. 2004, 8 Ra 132/04x. (ARD 5558/6/2005 ●)

Manipulationen bei der Arbeitszeiterfassung

574 Das wiederholte verspätete „Einstempeln" eines Arbeitnehmers, das nachfolgende Verlassen des Betriebsgeländes und die erst etwas spätere Rückkehr ohne neuerliches Einstempeln (**Manipulationen bei der Zeiterfassung**) rechtfertigen auch **ohne Verwarnung eine Entlassung**. Auf eine Anlaufzeit vor tatsächlichem Arbeitsbeginn besteht kein Rechtsanspruch. Es kann nicht ernsthaft behauptet werden, dass mit der Arbeit regelmäßig erst 15 bis 20 Minuten nach „Arbeitsbeginn" (nach dem Begrüßen von Kollegen, Austausch von Neuigkeiten, Kaffeekochen und -trinken) begonnen werde; nach § 2 Abs 1 Z 1 AZG und § 11 AZG ist die **Arbeitszeit ohne Ruhepausen** zu verstehen bzw. besteht ein Anspruch auf Ruhepause erst nach einer mehr oder weniger langen

§ 27 Z 1 AngG

Arbeitszeit, nicht aber schon zu deren Beginn (als „Anlaufzeit" des täglichen Arbeitsvorgangs); dies hätte vielmehr eine zeitliche Verschiebung des realen Arbeitsbeginnes zur Folge und würde Pausenregelungen sinnlos machen. OGH 22. 10. 1998, 8 ObA 263/98d.

Die **Erschleichung von Gutstunden** durch missbräuchliche Handhabung eines Zeiterfassungssystems kann nicht mit einem „Bereicherungspotential" oder „Verrechnungsgewinn" des Arbeitgebers entschuldigt werden und macht vertrauensunwürdig. OGH 1. 4. 1998, 9 ObA 61/98f. (ARD 4948/3/98 ●)

Wiederholte **unrichtige Angaben** auf einem **Gleitzeitkonto** machen einen Arbeitnehmer vertrauensunwürdig. Eine Gleitzeitvereinbarung bringt nicht zuletzt auch für den Arbeitnehmer Vorteile; dabei wird jedoch auf die Ehrlichkeit und die Genauigkeit der Mitarbeiter vertraut (z.b. keine Installierung einer Stechuhr). Der Arbeitgeber ist in Hinblick auf die Unehrlichkeit des Arbeitnehmers in einem Bereich, in dem er sich auf die Ehrlichkeit und Genauigkeit der Aufzeichnungen seiner Mitarbeiter verlassen muss, berechtigt, die fristlose **Entlassung** auszusprechen. ASG Wien 6. 5. 1994, 20 Cga 293/93s, bestätigt durch OLG Wien 5. 12. 1994, 33 Ra 124/94. (ARD 4597/8/94 und ARD 4628/5/95 ●)

Manipuliert ein Servicetechniker über einen Zeitraum von 2 Wochen **täglich seine Arbeitsaufzeichnungen** und das Fahrtenbuch, wodurch er durchschnittlich eine Arbeitsstunde täglich zu Unrecht als Arbeitszeit verrechnet und den Arbeitgeber darüber täuscht, dass er entgegen den Dienstvorschriften den **Firmen-Pkw für Privatfahrten** verwendet hat, rechtfertigt dies seine Entlassung wegen Vertrauensunwürdigkeit. Gerade bei Außendienstmitarbeitern stellen falsche Arbeitszeitaufzeichnungen einen besonderen Vertrauensbruch dar, können sie doch vom Arbeitgeber nur schwer überprüft werden. Auch bedarf die Entlassung keiner vorangehenden Ermahnung, wenn der Pflichtverstoß für den Arbeitnehmer offensichtlich und leicht erkennbar war. OGH 28. 8. 2003, 8 ObA 69/03k. (ARD 5454/12/2003 ●)

Hat ein Arbeitnehmer entgegen einer eindeutigen Betriebsvereinbarung an mehreren Tagen seine **Mittagspausen weit über den dafür vorgesehenen Zeitraum** von 30 Minuten hinaus **ausgedehnt**, diese Tatsache dem Arbeitgeber verschwiegen und – trotz ausdrücklichen Hinweises auf die Möglichkeit einer Korrektur der automatisch erstellten **Zeitaufstellungen** – die ihm vorgelegten Listen, die an diesen Tagen jeweils eine Mittagspause von 30 Minuten ausgewiesen haben, **unverändert unterfertigt**, rechtfertigt dieses Verhalten eine Entlassung, weil es der Arbeitnehmer dabei zumindest ernstlich für möglich gehalten und sich damit billigend abgefunden hat, dass seine Arbeitszeit auf der Grundlage dieser unrichtigen Eintragungen abgerechnet und der Arbeitgeber dadurch zu einer ihn schädigenden Vermögensverfügung verleitet wird bzw dass dem Arbeitnehmer ein ihm sonst nicht zukommender Vorteil im Zusammenhang mit der Abrechnung seiner Arbeitszeit zuteil wird. OGH 7. 6. 2006, 9 ObA 23/06g. (ARD 5712/12/2006 ●)

Manipulationen bei der Spesenabrechnung

Die **Verrechnung von Tagesdiäten** durch einen Außendienstmitarbeiter für Zeiten, in denen er in seinem **Wohnhaus** und Büro tätig ist, macht diesen vertrauensunwürdig und rechtfertigt auch dann die Entlassung, wenn er in der Folge als freier Mitarbeiter weiter beschäftigt wird. OGH 20. 4. 1995, 8 ObA 337/94. (ARD 4666/3/95 ●)

Stimmen die von einem Außendienstmitarbeiter im Fahrtenbuch eingetragenen **Kilometerangaben** mehrmals in zweistelliger Höhe **nicht mit den ausgewiesenen Fahrtstrecken** überein, wodurch ihm ein überhöhtes Kilometergeld ausbezahlt wurde, stellt dieser Spesenbetrug einen pflichtwidrigen Verstoß gegen die dienstlichen Interessen des Arbeitgebers dar, der eine Entlassung gemäß § 27 Z 1 AngG rechtfertigt. ASG Wien 29. 3. 2001, 21 Cga 171/99s. (ARD 5265/12/2001 ●)

§ 27 Z 1 AngG

Das regelmäßige **Verzeichnen von zu hohen Kilometergeldern** – im vorliegenden Fall ergaben sich je nach Auftrag Abweichungen zwischen 6,51 % und 100 % zur tatsächlichen Fahrtstrecke – und die dadurch bewirkte Auszahlung derselben durch den Arbeitgeber stellen eine Vertrauensunwürdigkeit iSd § 27 Z 1 AngG dar, die eine Entlassung des Arbeitnehmers rechtfertigt. Gerade bei Abrechnungen muss – wie sich von selbst versteht – ein hohes Maß an Korrektheit eingehalten werden. ASG Wien 15. 12. 2003, 26 Cga 146/02h. (ARD 5507/4/2004 ●)

Unzulässige Nebenbeschäftigung bzw. Gründung eines Konkurrenzunternehmens

576 Die Einholung von **Anboten** der wichtigsten **Lieferanten** des Arbeitgebers durch einen Arbeitnehmer, der nach Kündigung seines Dienstverhältnisses die **Gründung einer eigenen Firma** beabsichtigt, geht über berechtigte Vorbereitungshandlungen für eine Konkurrenztätigkeit hinaus und begründet **Vertrauensunwürdigkeit**. Richtet daher ein Arbeitnehmer – der sein Dienstverhältnis bereits mit der Begründung gekündigt hat, dass er ein neues Betätigungsfeld gefunden habe – unter der Firmenbezeichnung einer Gesellschaft, die er ursprünglich zu gründen beabsichtigt hat, an die wichtigsten Lieferanten des Arbeitgebers schriftliche Anfragen betreffend ein **konkretes Anbot** für ein Gerät, für das nach dem allgemeinen Wissensstand der Arbeitgeber das **Alleinvertriebsrecht** hatte, muss der Arbeitgeber annehmen, dass der Arbeitnehmer in **konkurrenzierender Weise** so tätig wurde, dass nach der Anschauung der beteiligten Kreise dies die gerechtfertigte Befürchtung erwecken musste, er werde nicht mehr nur die Interessen seines Arbeitgebers wahren. Nach den Anschauungen der beteiligten Kreise ist nicht erkennbar, inwieweit nun bereits eine konkrete Firma gegründet und tätig wurde.

Mit „Anschauungen der beteiligten Kreise" ist ein unbestimmter Kreis von im Geschäftsbereich des Arbeitgebers in gleicher Weise tätigen Unternehmen gemeint, deren Verständnis auf dem „Empfängerhorizont" eines redlichen Erklärungsempfängers beruht. Da es auf das objektive Verständnis und den Empfängerhorizont ankommt, ist es sohin ohne Bedeutung, ob die **Firma bereits gegründet** war oder eine **konkrete Vertriebsstruktur** bestanden hat. Zwar können auch während des aufrechten Bestandes eines Dienstverhältnisses **Vorbereitungshandlungen** für eine selbstständige Tätigkeit berechtigterweise vorgenommen werden; die vom Arbeitnehmer verfassten Schreiben gehen allerdings weit über derartige Vorbereitungshandlungen hinaus. In dieser Geschäftskorrespondenz geht es um die **Einholung konkreter Anbote**, so dass bereits eine ureigenste **selbstständige wirtschaftliche Tätigkeit** vorliegt. Die selbstständige Tätigkeit liegt nämlich nicht nur im Abschluss von Geschäften, sondern weitgehend auch in deren konkreter Vorbereitung, wozu das Einholen von entsprechenden Anboten gehört. Der Arbeitnehmer wurde sohin sehr wohl konkurrenzierend tätig. OLG Innsbruck 29. 5. 1996, 15 Ra 58/96h. (ARD 4759/26/96 ●)

Das Angebot eines Arbeitnehmers an einen **Kunden des Arbeitgebers**, eine **Zusatzarbeit** ohne Wissen des Arbeitgebers für ihn zu verrichten und einen zusätzlichen Betrag dafür in die eigene Tasche zu kassieren, bewirkt insbesondere angesichts bereits vorangegangener Verwarnungen Vertrauensunwürdigkeit des Arbeitnehmers. ASG Wien 31. 1. 1995, 26 Cga 229/94z. (ARD 4695/6/95 ●)

Hat ein Arbeitnehmer den Arbeitgeber darüber informiert, dass er beabsichtigt, wegen seiner finanziellen Schwierigkeiten auch bei einem **anderen Arbeitgeber zu arbeiten** und hat sich der Arbeitgeber hiezu in einer Weise geäußert, dass der Arbeitnehmer dies so verstehen musste, als wäre es dem **Arbeitgeber gleichgültig**, hat der Arbeitnehmer insofern seiner Treuepflicht entsprochen und damit auch die betrieblichen Interessen des Arbeitgebers respektiert, so dass er nicht wegen dieser Nebenbeschäftigung entlassen werden kann. In Hinblick auf diese Äußerung des

§ 27 Z 1 AngG

Arbeitgebers war der Arbeitnehmer auch nicht verpflichtet, den Arbeitgeber über das Ausmaß der Nebenbeschäftigung zu informieren, sondern es wäre vielmehr Aufgabe des Arbeitgebers gewesen, vom Arbeitnehmer nähere Informationen darüber zu verlangen. OLG Wien 27. 1. 1993, 31 Ra 156/92. (ARD 4456/14/93 ●)

Hat ein als Installateur beschäftigter Arbeitnehmer neben seinem Angestelltendienstverhältnis mehrfach **Installationsgeschäfte** – und somit Geschäfte im Geschäftszweig seines Arbeitgebers – auf **eigene Rechnung** vorgenommen und damit eine Konkurrenztätigkeit ausgeübt, wobei es dahingestellt bleiben kann, ob er diese Tätigkeit während der Arbeitszeit oder außerhalb dieser verrichtet hat, begründet dies **Vertrauensunwürdigkeit** iSd § 27 Z 1 dritter Tatbestand AngG. OLG Wien 17. 9. 1999, 9 Ra 73/99t. (ARD 5116/10/2000 ●)

Führt ein Arbeitnehmer mit einem **Arbeitskollegen** nur ein informatives Gespräch über ein allfälliges Interesse an einem **Arbeitgeberwechsel, ohne Abwerbungshandlung** im Rahmen dieses Gespräches zu unternehmen (z.B. das Anbieten günstigerer Konditionen) und durch entsprechende Einflussnahme zu versuchen, ihn für eine Tätigkeit bei einem Konkurrenzunternehmen zu gewinnen, verstößt er weder gegen das Konkurrenzverbot noch gegen seine Treuepflicht. ASG Wien 15. 7. 1996, 21 Cga 121/96h. (ARD 4828/16/97 ●)

Ist ein Arbeitnehmer seinem Kollegen nur beim **Aufsuchen eines neuen Arbeitsplatzes behilflich**, nachdem dieser von sich aus bestrebt gewesen ist, aus dem Dienstverhältnis auszuscheiden, macht dies noch nicht vertrauensunwürdig. Das Telefongespräch eines Arbeitnehmers mit einem potenziellen Arbeitgeber seines Kollegen zur Vereinbarung eines Vorstellungstermins bildet keinen so schwer wiegenden Verstoß gegen die Treuepflicht, dass dem Arbeitgeber die Aufrechterhaltung des Dienstverhältnisses nicht mehr zumutbar ist. Eine Entlassung erfolgt daher nicht zu Recht. OGH 22. 9. 1993, 9 ObA 282/93. (ARD 4524/12/94 ●)

Die **Gründung eines Konkurrenzunternehmens während der Arbeitszeit** macht vertrauensunwürdig und rechtfertigt die Entlassung wegen schuldhaften erheblichen Arbeitsversäumnisses. Hat daher ein Arbeitnehmer um 7.15 Uhr die Stempeluhr im Betrieb des Arbeitgebers betätigt, dann aber **keine Arbeitsleistungen** verrichtet, sondern sich in die Kanzlei eines Steuerberaters begeben, wo um 8 Uhr die **Unterzeichnung des Gesellschaftsvertrages** für eine Gesellschaft erfolgt ist, die der Arbeitnehmer und ein weiterer Angestellter des Arbeitgebers gegründet haben, um nach Beendigung ihrer Dienstverhältnisse den Arbeitgeber **konkurrenzierende Geschäfte** zu betreiben, ist unter diesen Umständen das Arbeitsversäumnis des Arbeitnehmers so schwer wiegend, dass es einen Entlassungstatbestand erfüllt.

In Hinblick auf den Zeitablauf ergibt sich der Schluss, dass der Arbeitnehmer, der als Außendienstmitarbeiter nur schwer kontrollierbar war, praktisch den Unternehmenssitz nur deshalb aufgesucht hat, um durch Abstempeln ab 7.15 Uhr die Verrechnung seiner Arbeitszeit sicherzustellen. Hat er nun den Betrieb aber umgehend wieder verlassen, um den Termin für die Gründung des Konkurrenzunternehmens wahrzunehmen, kommt abgesehen davon, dass das Unterlassen der Arbeitsleistung durch mehr als eine Stunde (davon ist hier einschließlich der notwendigen Wegzeiten jedenfalls auszugehen) nicht mehr als unbedeutender Verstoß gegen die Pflichten aus dem Dienstvertrag zu werten ist, in der konkreten Vorgangsweise des Arbeitnehmers eine so **nachhaltige Pflichtwidrigkeit** zum Ausdruck, dass die Annahme des Tatbestandes der **Vertrauensunwürdigkeit** gerechtfertigt ist. Dem Arbeitgeber ist unter diesen Umständen die Aufrechterhaltung des Dienstverhältnisses für die Dauer der Kündigungsfrist nicht zumutbar, so dass die Entlassung zu Recht erfolgt ist. OGH 10. 5. 1995, 9 ObA 65/95. (ARD 4682/15/95 ●)

§ 27 Z 1 AngG

Schickt ein bereits gekündigter und dienstfrei gestellter Arbeitnehmer **Daten von ca 7.000 Kunden**, die in den letzten 30 Jahren mit dem Arbeitgeber in Vertragsbeziehung gestanden waren, in einem E-Mail als Attachment an seine Privatadresse, ist sein Eingriff durch keinerlei Dienstinteresse mehr indiziert. Die Beurteilung, wonach der Arbeitgeber darin die **Vorbereitung konkurrenzierender Tätigkeit** unter Benützung nicht allgemein zugänglicher Daten verstehen musste, ist daher jedenfalls vertretbar und eine Entlassung wegen Vertrauensverwirkung gerechtfertigt. OGH 11. 2. 2004, 9 ObA 91/03b. (ARD 5504/2/2004 ●)

Eine über die Bestimmung des § 7 AngG hinausgehende **Beschränkung der privaten Betätigungsfreiheit** (insbesondere auch eine Verpflichtung zur Unterlassung von Nebenbeschäftigungen) vermag, selbst wenn sie vertraglich vereinbart ist, keine Erweiterung des Entlassungstatbestandes des § 27 Z 3 AngG zu bewirken. Allerdings kann im Fall einer dem § 7 AngG nicht zu unterstellenden, aber **vertraglich untersagten Tätigkeit** der Entlassungsgrund gemäß § 27 Z 1 AngG dann als erfüllt angesehen werden, wenn dem Angestellten **konkrete Verstöße gegen seine Treuepflicht** zur Last fallen oder er ein Verhalten eingenommen hat, das ihn des Vertrauens seines Arbeitgebers unwürdig macht. Abgesehen davon, dass solche Erweiterungen des gesetzlichen Kataloges unzulässiger Nebentätigkeiten der Sittenwidrigkeitsschranke des § 879 ABGB unterliegen, die sich insbesondere aus einer mittelbaren Drittwirkung des Grundrechtes der Erwerbsfreiheit nach Art 6 Abs 1 StGG oder des Freizügigkeitsgrundsatzes des Art 39 EG ergeben könnte, liegen hier die für die Verwirklichung des Entlassungsgrundes nach § 27 Z 1 AngG notwendigen, besonders erschwerenden Voraussetzungen nicht. Nicht jede Verletzung arbeitsvertraglicher Verpflichtungen erfüllt automatisch den Entlassungsgrund der Vertrauensunwürdigkeit.

Schließt die nur **als geringfügig einzustufende Nebentätigkeit** des Arbeitnehmers im Unternehmen der Ehefrau die Annahme aus, dass dadurch sein Einsatz für den Arbeitgeber leiden könnte, und erweckt die Unterstützung der Ehefrau bei ihrer Unternehmertätigkeit auch nicht den Eindruck, dass der Arbeitnehmer seine Stellung im Unternehmen zur Förderung von Drittinteressen missbraucht, ist eine Entlassung nicht gerechtfertigt. OGH 17. 11. 2004, 9 ObA 98/04h. (ARD 5563/13/2005 ●)

Entfaltet ein Arbeitnehmer nicht nur entgegen der ausdrücklichen Anordnung in sehr umfangreichem Ausmaß eine **Nebentätigkeit während der Arbeitszeit** und verwendet dazu auch in erheblichem Umfang Betriebsmittel des Arbeitgebers, sondern vertraut er auch offenbar darauf, dass sein unrechtmäßiges Handeln dem Arbeitgeber deshalb nicht zur Kenntnis gelangen werde, weil seine Dateien durch entsprechende Passwörter abgesichert sind, kann es dahingestellt bleiben, unter welchen Voraussetzungen der Arbeitgeber, der solche **Privatnutzungen ausdrücklich verboten** hat, auf die für ihn als Privatdateien ersichtlichen Daten zugreifen kann; entscheidend ist nur, ob dieses Verhalten objektiv befürchten lässt, dass der Arbeitnehmer seine Pflichten nicht entsprechend erfüllen und die dienstlichen Interessen des Arbeitgebers gefährden werde. In der Annahme einer die Entlassung rechtfertigenden Vertrauensunwürdigkeit durch das Berufungsgericht liegt daher unter Beachtung all dieser Umstände keine Fehlbeurteilung. OGH 16. 7. 2004, 8 ObA 67/04t. (ARD 5563/14/2005 ●)

Unmutsäußerungen, Kritik und Verleumdungen des Arbeitgebers

577 Auch Aussagen über das **Privatleben des Arbeitgebers** fallen unter den Entlassungstatbestand der Vertrauensunwürdigkeit nach § 27 Z 1 AngG, sofern sie dem **Unternehmen abträglich** sind. Äußerungen eines Arbeitnehmers in einem Brief an den Sohn des Arbeitgebers über das Verhalten des Arbeitgebers, die geeignet sind, zwischen dem Arbeitgeber und seinem Sohn Zwietracht zu säen und damit betriebliche Interessen zu beeinträchtigen, rechtfertigen die Entlassung nach § 27 Z 1 AngG. OGH 22. 12. 1993, 9 ObA 269/93. (ARD 4545/27/94 ●)

§ 27 Z 1 AngG

Eine durch den objektiven Sachverhalt nicht gedeckte **falsche Anschuldigung der Annahme von Bestechungsgeldern** durch den Geschäftsführer in Zusammenhang mit der Kritik an dessen Geschäftsführungsfähigkeit, die sich nachteilig für die Gesellschaft auswirkt, untergräbt das Vertrauensverhältnis tief und begründet die Unzumutbarkeit der Aufrechterhaltung des Dienstverhältnisses. Auch durch objektiv falsche schwer wiegende Anschuldigungen gegenüber Vorgesetzten sind dienstliche Interessen gefährdet, weil objektiv zu befürchten ist, dass der Arbeitnehmer seine Treuepflicht nicht mehr getreulich befolgen werde. OGH 17. 12. 1997, 9 ObA 381/97p. (ARD 4967/15/98 ●)

Sachliche Kritik an Entscheidungen des Arbeitgebers ist **keine Verletzung der Treuepflicht.** Die Treuepflicht besteht im Wesentlichen darin, dienstliche Interessen des Arbeitgebers zu wahren. Daraus kann nicht gefolgt werden, dass der Arbeitnehmer in allen dienstlichen Belangen mit dem Arbeitgeber übereinstimmen muss. Da **gegensätzliche Interessen jedem Dienstverhältnis immanent** sind, ordnet das Arbeitsrecht, insbesondere das kollektive Arbeitsrecht, verschiedene Verfahren zur Konfliktbereinigung zwischen Arbeitgeber und Arbeitnehmer an. Der Gesetzgeber lässt dadurch klar erkennen, dass nicht jede Meinungsverschiedenheit zwischen den Parteien eines Dienstvertrages zur sofortigen Auflösung des Vertrages führen soll.

Die **Treuepflicht ist keine Gesinnungstreue**, d.h. es ist keine persönliche Identifizierung mit dem Unternehmen notwendig, solange die vertraglich geschuldete Arbeit geleistet wird. Selbst wenn diese zu verlangen wäre, kann in einer mangelnden Identifizierung, die sich ausdrücklich nur auf neue Logos und nicht auf das gesamte Unternehmen bezieht, kein Treuebruch wegen mangelnder Identifizierung mit dem Arbeitgeber gesehen werden. Ist die Kritik eines Arbeitnehmers an der Entscheidung seines Arbeitgebers außerdem sachlich gehalten und mit dem Versuch einer **wissenschaftlichen Begründung** versehen, besteht für eine Entlassung keine Begründung. Anregungen und Kritik sind von vielen Arbeitgebern geduldet, weil deren Zulassung sich als ökonomisch sinnvoll erwiesen hat. Vor allem Kritik durch Fachleute gilt als erwünscht, weil der Wert einer speziellen Ausbildung und Berufserfahrung nicht ungenutzt bleiben soll. ASG Wien 31. 3. 1995, 5 Cga 6/95b. (ARD 4684/20/95 ●)

Äußert sich ein Arbeitnehmer gegenüber seinem Kollegen, dass „man nie wissen könne, wie lange der Arbeitgeber noch existiere", gibt er gegenüber einem Lieferanten an, nicht mehr bestellen zu können, „weil kein Geld da sei", und klagt er gegenüber einem Hauptlieferanten, sein Urlaubsgeld noch nicht zur Gänze erhalten zu haben, und begründet er schließlich gegenüber einem Mitarbeiter in einem branchenverwandten Unternehmen seinen Wunsch nach einem Jobwechsel damit, dass sein **Arbeitgeber demnächst in Konkurs gehen werde**, setzt er ein Verhalten, das – ohne Rücksicht auf den Wahrheitsgehalt der Information – dazu geeignet ist, die Kreditwürdigkeit des Arbeitgebers bei Lieferanten herabzusetzen und den Geschäftsgang und die **Konkurrenzfähigkeit** im Allgemeinen **zu beeinträchtigen**. Damit macht er sich aber einer Handlung schuldig, die ihn nach § 27 Z 1 AngG des Vertrauens des Arbeitgebers unwürdig erscheinen lassen muss. Eine Weiterbeschäftigung auch nur bis zum Ende der Kündigungsfrist ist unter diesen Umständen dem Arbeitgeber nicht zumutbar. ASG Wien 11. 7. 1994, 29 Cga 43/93t. (ARD 4599/13/94 ●)

Mangelnde Kontrolle – keine Entschuldigung für Dienstverfehlungen
Eine Prüfpflicht des Vorgesetzten kann die dienstlichen Verfehlungen eines Arbeitnehmers nicht entschuldigen (hier: Einkauf von Rohmaterial zu überhöhten Preisen trotz gegenteiliger Weisung). Dem berechtigten Vertrauensverlust des Arbeitgebers infolge von Handlungen des Arbeitnehmers, die gegen die Interessen des Arbeitgebers verstoßen oder den Arbeitnehmer vertrauensunwürdig erscheinen lassen, kann nicht damit entgegengetreten werden, dass der **Arbeitgeber den Arbeitnehmer nicht ausreichend kontrollierte**. OGH 28. 8. 2003, 8 ObA 59/03i. (ARD 5481/10/2004 ●)

§ 27 Z 1 AngG

Entlassung wegen sonstiger dienstlicher Verfehlungen

579 Durch den Ratschlag an eine ihr unterstellte Arbeitnehmerin, für den Fall, dass ihr der Arbeitgeber während der Kündigungsfrist **keinen Urlaub bewillige**, doch einfach „**krank zu werden**", bringt eine in einem gewissen Umfang auch eine Vorgesetztenstellung einnehmende Kanzleileiterin eines Anwaltsbüros zum Ausdruck, dass sie ein den berechtigten Interessen des Arbeitgebers zuwiderlaufendes Verhalten nicht nur billigt, sondern sogar empfiehlt, weshalb ihr Verhalten eine **klare Verletzung der Dienstpflichten** einer Kanzleileiterin und einen Vertrauensbruch darstellt, der ihre Weiterbeschäftigung auch nur für die Zeit ihrer Kündigungsfrist unzumutbar macht und ihre Entlassung rechtfertigt. ASG Wien 12. 9. 2000, 15 Cga 269/99h. (ARD 5216/12/2001 ●)

Ein **einmaliges Einschlafen** am Arbeitsplatz ist in keiner Weise geeignet, einen besonderen Umstand zu begründen, der eine Entlassung rechtfertigt. ASG Wien 18. 10. 1993, 8 Cga 180/93k, bestätigt durch OLG Wien 16. 3. 1994, 31 Ra 20/94. (ARD 4573/32/94 ●)

Ein Arbeitnehmer muss das Ersuchen um Gewährung des ihm zustehenden Erholungsurlaubes in der Regel nicht begründen und die **Urlaubsmotive nicht bekannt geben.** Hat ein Arbeitnehmer seiner Ehefrau vielmehr telefonisch mitgeteilt, dass er im Ausland (hier: Bulgarien) Schwierigkeiten durch eine **behördliche Anhaltung** habe, und sie um Vorsprache beim Arbeitgeber zwecks Urlaubsgewährung ersucht, kann darin, dass die Ehefrau dem Betriebsleiter als Grund für das Urlaubsansuchen einen **Verkehrsunfall** in Bulgarien angegeben hat, kein „Erschleichen" des Urlaubes gesehen werden, wenn der Arbeitnehmer noch über genügend unverbrauchten Urlaub verfügt.

Dass der Arbeitnehmer die telefonische Anfrage des Arbeitgebers, ob er einen **Verkehrsunfall** erlitten habe, **fälschlich bejaht** hat, reicht nicht aus, um daraus den Tatbestand der Vertrauensverwirkung iSd § 27 Z 1 dritter Fall AngG ableiten zu können. **Nicht jede Unwahrheit** zieht **Vertrauensunwürdigkeit** nach sich, insbesondere wenn der Arbeitnehmer seine Erklärung dadurch relativiert hat, dass er wiederholt gesagt hat, er könne am Telefon „nicht frei antworten bzw. frei sprechen", und andererseits die Anhaltung im Ausland, deren Dauer der Arbeitnehmer noch nicht absehen konnte, seine mit dienstlichen Belangen nicht in Beziehung stehende Nebenbeschäftigung betroffen hat, die er auf diese Weise hätte preisgeben müssen. OGH 17. 3. 1993, 9 ObA 15/93. (ARD 4511/25/93 ●)

Das Verhalten des Nachtportiers eines Krankenhauses, zu dessen Aufgabe die **Überwachung der Notfalleinrichtungen** (z.B. des Rauch-, Feuer- und Herzalarms) gehört, sich für über **20 Minuten** aus der Portierloge **zu entfernen**, um einem geselligen Zusammensein in der Betriebsküche beizuwohnen, den Eingang unversperrt zu lassen und vor allem das Schnurlostelefon nicht mitzunehmen, zeigt ein solches Maß an Verantwortungslosigkeit, dass der Entlassungsgrund der Vertrauensunwürdigkeit iSd § 27 Z 1 AngG erfüllt ist. ASG Wien 28. 2. 2001, 15 Cga 2/00y. (ARD 5216/11/2001 ●)

Auch wenn bei der Durchführung von **Geldtransporten** das Verlassen des Fahrzeuges unter unbeaufsichtigtem **Zurücklassen der Geldtasche** ein objektives Fehlverhalten des Arbeitnehmers darstellt, das als nicht mehr geringfügig einzustufen ist, bildet das **einmalige Fehlverhalten** des Arbeitnehmers ohne klare Verhaltensregeln im Einzelfall noch keinen so gravierenden Missbrauch der eingeräumten Vertrauensmacht, der eine Beschäftigung während der Kündigungsfrist unzumutbar gemacht hätte. Somit muss das Vorliegen eines Entlassungsgrundes verneint werden. OGH 4. 10. 2000, 9 ObA 216/00f. (ARD 5193/30/2001 ●)

Die Anordnung eines **Hausverbotes gegenüber Betriebsfremden** durch den Arbeitgeber ist vom Arbeitnehmer auch dann zu respektieren, wenn er ihre Berechtigung oder Sinnhaftigkeit anzweifelt. Verschafft ein Arbeitnehmer dessen ungeachtet einem Bekannten, aber **Betriebsfremden**

§ 27 Z 1 AngG

an einem **Sonntag Zutritt zum Büro**, stellt dies einen eklatanten Vertrauensbruch dar, ohne dass es von Belang wäre, ob sich der Betriebsfremde Einsicht in Geschäftsunterlagen verschafft oder Gegenstände von materiellem Wert zueignete. Die Entlassung des Arbeitnehmers ist gerechtfertigt ist. OGH 12. 3. 1998, 8 ObA 27/98y. (ARD 4939/21/98 ●)

Eine **mit Zahlungsrisiko verbundene Lieferung** (hier: nach Afrika) macht dann nicht vertrauensunwürdig, wenn der Angestellte nicht gegen Weisungen verstoßen hat, sondern vielmehr in vertretbarer Weise annehmen durfte, er diene damit den Interessen des Arbeitgebers. OGH 17. 3. 1994, 8 ObA 221/94. (ARD 4564/2/94 ●)

Hat ein Geschäftsführer, der als Chefkoch für den Wareneinkauf zuständig ist, trotz mehrfacher Aufforderung nicht nur **keine Maßnahmen zur Kosteneinsparung** beim Wareneinkauf gesetzt, sondern durch den – ohne Preisverhandlungen und Einholung von Konkurrenzofferten zu drastisch überhöhten und nicht nachvollziehbaren Preisen vorgenommenen – Einkauf bei seinem ständigen Hauptlieferanten den Interessen des Arbeitgebers massiv geschadet, was sich auch daran zeigt, dass die Kosten des Warenansatzes bei etwa gleicher Anzahl von Bewirtungen nach der Dienstfreistellung des Arbeitnehmers deutlich sanken, ist der Entlassungsgrund der Vertrauensunwürdigkeit nach § 27 Z 1 AngG verwirklicht. OGH 19. 9. 2002, 8 ObA 192/02x. (ARD 5444/7/2003 ●)

Hat ein Hoteldirektor ohne Wissen und Zustimmung seines Arbeitgebers eine **private Geburtstagsfeier** für 50 Personen teilweise **auf Kosten des Arbeitgebers** veranstaltet, ist der Entlassungstatbestand des § 27 Z 1 AngG verwirklicht. OGH 27. 8. 2003, 9 ObA 30/03g. (ARD 5454/8/2003 ●)

Beim Konkursantrag handelt es sich um ein Gläubigerrecht (§ 70 Abs 1 KO), das grundsätzlich auch dem Arbeitnehmer als Gläubiger von Gehaltsforderungen offen steht. Die Stellung des **Konkursantrages durch einen Arbeitnehmer** verwirklicht daher den Entlassungstatbestand der Vertrauensunwürdigkeit nach § 27 Z 1 dritter Fall AngG noch nicht. Dass der Konkursantrag dienstliche Interessen des Arbeitgebers berührt, macht ihn noch **nicht pflichtwidrig**. Den Vertrauensverlust im Dienstverhältnis hat hier ausschließlich der Arbeitgeber zu vertreten, weil seine Säumnis bei den Gehaltszahlungen ein „Kernelement" des Dienstvertrages betrifft. OGH 2. 3. 2000, 9 ObA 320/99w. (ARD 5112/33/2000 ●)

Für den Entlassungsgrund der Vertrauensunwürdigkeit genügt Fahrlässigkeit; Schädigungsabsicht oder Schadenseintritt sind nicht erforderlich. Es kommt vielmehr darauf an, ob für den Arbeitgeber vom Standpunkt vernünftigen kaufmännischen Ermessens die gerechtfertigte Befürchtung besteht, dass seine Belange durch den Arbeitnehmer gefährdet sind. Lässt sich ein Arbeitnehmer **entgegen der ausdrücklichen Weisung** des Arbeitgebers, Waren grundsätzlich nur gegen Lieferschein zu beziehen, immer wieder **Waren gegen Barzahlung liefern**, fügt er dem Arbeitgeber zwar keinen unmittelbaren Schaden zu, da die Rechnungen durch den Barabholer selbst bezahlt wurden, eine Betriebsprüfung durch das Finanzamt mit Verknüpfung der diesbezüglichen Daten zwischen Kunden und Lieferanten hätte jedoch den Verdacht entstehen lassen können, dass der Arbeitgeber (hier: Elektro-Installationsunternehmen) Material „schwarz" bei Kunden eingebaut hätte. Der Arbeitnehmer ist eindeutig weisungswidrig vorgegangen und hat den Arbeitgeber durch die weisungswidrige Vorgangsweise bei einer allfälligen Betriebsprüfung dem nicht von der Hand zu weisenden **Verdacht der Durchführung von Schwarzarbeiten** ausgesetzt, so dass der Entlassungstatbestand der Vertrauensunwürdigkeit zu bejahen ist. OGH 30. 8. 2001, 8 ObA 142/01t. (ARD 5301/6/2002 ●)

Untergräbt ein Arbeitnehmer **laufend die Autorität des Geschäftsführers**, indem er u.a. wichtige Weisungen nicht befolgt, die Bestellung des Geschäftsführers als verfehlt bezeichnet und im Zuge eines persönlichen Gesprächs das vom Hauptgesellschafter geäußerte Ansinnen, er müsse die

§ 27 Z 2 AngG

persönliche Gesprächskultur mit dem Geschäftsführer verbessern, ablehnt, muss der Arbeitnehmer nach seinem **Gesamtverhalten** als des **dienstlichen Vertrauens** des Arbeitgebers **unwürdig** erscheinen, zumal dieser befürchten musste, dass der Arbeitnehmer seine Pflichten nicht mehr getreulich erfüllen sondern weiterhin die Autorität des Geschäftsführers ständig in Frage stellen werde. OGH 7. 11. 2002, 8 ObA 207/02b. (ARD 5381/4/2003 ●)

Die **Vorlage einer verfälschten Zeugniskopie** zum Nachweis einer tatsächlich nicht absolvierten Ausbildung stellt bei Anlegung eines objektiven Maßstabes jedenfalls einen gravierenden Vorfall dar, der dem Arbeitgeber die **Fortsetzung des Dienstverhältnisses unzumutbar** erscheinen lässt. Maßgeblich für die Beurteilung des Entlassungsgrundes der Vertrauensunwürdigkeit ist nicht die Frage, wer die Kopie des Zeugnisses gefälscht hat – im vorliegenden Fall wurde der Arbeitnehmer im Strafverfahren von diesem Vorwurf freigesprochen –, sondern die Tatsache, dass der Arbeitnehmer die **gefälschte Kopie** dem Arbeitgeber zum Nachweis einer erforderlichen Berufsausbildung **vorgelegt hat**. Mit der Vorlage der gefälschten Zeugniskopie verfolgte der Arbeitnehmer den Zweck, die ergänzende Ausbildung zu vermeiden. Da der Arbeitgeber in Hinblick auf die weitere Beschäftigung des Arbeitnehmers – für die die gegenständliche Ausbildung erforderlich gewesen wäre – durch die Vorlage der gefälschten Zeugniskopie in die Irre geführt werden sollte, erweist sich das Verhalten des Arbeitnehmers sowohl als pflichtwidrig als auch als schuldhaft. Aus diesem Grund war die Entlassung des Arbeitnehmers berechtigt. OLG Wien 26. 7. 2004, 10 Ra 73/04k. (ARD 5541/5/2004 ●)

Setzt ein **gewerberechtlicher Geschäftsführer** seinen Arbeitgeber zwar davon in Kenntnis, dass er diese Tätigkeit aus haftungsrechtlichen Gründen nicht weiter ausüben wolle, unterlässt er jedoch in weiterer Folge die Mitteilung an den Arbeitgeber, dass er die **Geschäftsführerfunktion** bereits durch eine von ihm selbst durchgeführte Meldung an die Gewerbebehörde **zurückgelegt** hat, rechtfertigt dieses Verhalten die Entlassung des Arbeitnehmers wegen Vertrauensunwürdigkeit. OGH 29. 6. 2005, 9 ObA 20/05i. (ARD 5621/7/2005 ●)

Judikatur zu § 27 Z 2 (Dienstunfähigkeit)

Dienstunfähigkeit des Arbeitnehmers

580 Ein Arbeitnehmer ist nur dann im Sinne des § 27 Z 2 AngG dienstunfähig, wenn sich aus seinem Verhalten zeigt, dass er die ihm aufgetragene **angemessene Arbeitsleistung nicht bewältigen kann**, weil er die körperlichen oder geistigen Voraussetzungen hiezu nicht erfüllt. Die Verwirklichung des Entlassungsgrundes der Unfähigkeit setzt schlechthin **Unverwendbarkeit** des Arbeitnehmers voraus. Die Behauptung allein, der Arbeitnehmer habe etwa ein halbes Jahr hindurch das vorgegebene Arbeitsziel nicht erreicht, stellt diesen Entlassungsgrund nicht ausreichend dar. OGH 12. 9. 1996, 8 ObA 2102/96t. (ARD 4852/23/97 ●)

Mindere Geschicklichkeit, schwache Eignung, Langsamkeit, geringere Leistungsfähigkeit, gelegentliche Fehlleistungen, Nachlässigkeiten oder Flüchtigkeiten bewirken nicht den Entlassungsgrund der Arbeitsunfähigkeit nach § 27 Z 2 AngG. Nur **erhebliche und andauernde Qualitätsunterschreitungen** und nicht etwa gelegentliche Entgleisungen erfüllen diesen Tatbestand. Der Angestellte muss zur Erbringung der vertraglich vereinbarten Arbeitsleistungen gänzlich unfähig und daher **schlechthin unverwendbar** sein, so dass die weitere Vertragserfüllung geradezu ausgeschlossen ist. Daher ist der Entlassungsgrund nicht erfüllt, wenn ein Arbeitnehmer Schweißstellen mangelhaft bearbeitet hat. OLG Wien 27. 3. 2000, 10 Ra 322/99t, bestätigt durch OGH 12. 7. 2000, 9 ObA 183/00b. (ARD 5162/7/8/2000 ●)

§ 27 Z 2 AngG

Mindere Geschicklichkeit und schwache Eignung, Langsamkeit, geringere Leistungsfähigkeit, fallweise mangelnde Aufmerksamkeit, gelegentliche mangelnde Leistungen und Fehlleistungen und Nachlässigkeiten, Flüchtigkeiten und Arbeitsleistungen unter dem Durchschnitt bewirken keine Arbeitsunfähigkeit; vielmehr muss der Arbeitgeber damit rechnen, dass sein Angestellter unterschiedliche Leistungen erbringt. Der Arbeitgeber kann bei einem Arbeitnehmer, dessen **mangelhafter Sprachkenntnisse** er sich bei der Anstellung ohne Zweifel bewusst war, nicht dieselben sprachlichen Fähigkeiten voraussetzen wie bei einem Arbeitnehmer mit deutscher Muttersprache. ASG Wien 9. 2. 1995, 25 Cga 131/94f. (ARD 4791/24/96 ●)

Auch wenn ein Arbeitnehmer dem Arbeitgeber eine Umsatzsteigerung von 20 Mio S versprochen hat, die aber nicht erfolgt ist, und er **Kundenkontakte** knüpfte, die zu **keinen Umsätzen** führten, liegt der Entlassungsgrund des § 27 Z 2 AngG wegen Unfähigkeit des Angestellten, die versprochenen oder die den Umständen nach angemessenen Dienste zu leisten, nicht vor, da der Arbeitnehmer bei Erbringung seiner Dienste **keinen Erfolg** schuldet. Dass Kontakte nicht zum gewünschten Erfolg führen, gehört zum Ablauf des täglichen Wirtschaftslebens und ist ein normales Risiko für jeden Unternehmer. ASG Wien 24. 4. 2001, 23 Cga 23/01x. (ARD 5244/9/2001 ●)

Der Umstand, dass eine Arbeitnehmerin nach dem Karenzurlaub mit einer inzwischen **neu angeschafften Bürotechnik nicht ohne Einschulung** zurechtkommt, ist allein vom Arbeitgeber zu vertreten, denn auch die bei Einführung der neuen Technik gerade aktiv beschäftigten Arbeitnehmer müssen in diesem Fall entsprechend – auf Kosten des Arbeitgebers – eingeschult werden. Eine Unfähigkeit der Arbeitnehmerin, die bedungenen Dienste zu leisten – also sich in angemessener Zeit mit der neuen Technik vertraut zu machen –, ist daraus nicht abzuleiten; ebenso wenig liegt darin eine Verweigerung der Arbeitsleistung. ASG Wien 19. 4. 1999, 29 Cga 28/99w. (ARD 5064/46/99 ●)

Fehler in der Buchführung schließen die Fähigkeit zur Führung der Buchhaltung nicht aus. Nur die gänzliche Unfähigkeit ist ein Entlassungsgrund; aus der mangelhaften Ausführung allein kann nicht auf die Unfähigkeit geschlossen werden. ASG Wien 14. 3. 1996, 11 Cga 120/93h, bestätigt durch OLG Wien 11. 10. 1996, 10 Ra 199/96z. (ARD 4791/25/96 und ARD 4802/30/96 ●)

Notwendige Dauer der Dienstunfähigkeit

Ein wichtiger Grund zur Entlassung liegt vor, wenn der Angestellte unfähig ist, die versprochenen oder die den Umständen nach angemessenen Dienste zu leisten. Dabei muss es sich um eine „dauernde", nicht bloß vorübergehende Dienstunfähigkeit handeln, die von so langer Dauer ist, dass dem Arbeitgeber nach den Umständen des Falles eine Fortsetzung des Dienstverhältnisses nicht zugemutet werden kann. Da die Frage, ob ein Entlassungstatbestand erfüllt ist, stets nach **objektiven Gesichtspunkten** zu beurteilen ist, reicht die subjektive (Fehl-)Vorstellung des Arbeitgebers, dass der Arbeitnehmer in absehbarer Zeit nicht wieder arbeitsfähig wird, für eine berechtigte Entlassung nicht aus. Es obliegt vielmehr dem Arbeitgeber, sich über den zu erwartenden Heilungsverlauf ausreichend zu informieren. OGH 27. 3. 2002, 9 ObA 68/02v. (ARD 5381/14/2003 ●)

Die unmittelbare Entlassung aufgrund der Vorlage einer **Dienstunfähigkeitsbestätigung** anlässlich der **Ablehnung einer Arbeitsleistung** aus gesundheitlichen Gründen wegen Dienstunfähigkeit kann ohne Erörterung der Dienstunfähigkeit mit dem Arbeitnehmer ungerechtfertigt sein. Gelangen einem Arbeitgeber konkrete Umstände zur Kenntnis, wonach das Verhalten eines Arbeitnehmers eine Entlassung rechtfertigen könnte, ist er verpflichtet, die zur Feststellung des Sachverhalts erforderlichen und ihm **zumutbaren Erhebungen** ohne Verzögerung **durchzuführen**. Dient eine

581

§ 27 Z 2 AngG

ärztliche Bestätigung einem Arbeitnehmer nur zum Zweck, seine Weigerung, eine bestimmte für ihn gesundheitsgefährdende Arbeit vorzunehmen, zu rechtfertigen und den dem Arbeitgeber gegenüber geklagten Beschwerden einen objektivierbaren Hintergrund zu geben, wäre insbesondere in Hinblick auf ein langjähriges Dienstverhältnis und die bisherigen Dienstleistungen des Arbeitnehmers der Arbeitgeber gehalten, eine in ihrem Wortlaut eher dürftige **ärztliche Bestätigung zu hinterfragen** und mit dem Arbeitnehmer abzusprechen, ehe er die gravierendste arbeitsrechtliche Maßnahme, nämlich die Entlassung, setzt. OLG Wien 9. 12. 1994, 34 Ra 117/94, bestätigt durch OGH 30. 3. 1995, 8 ObA 229/95. (ARD 4678/18/97 ●)

Entzug des Führerscheines

582 Ist die Lenkerberechtigung eine **wesentliche Voraussetzung zur Erfüllung der dienstvertraglichen Pflichten**, was sich darin zeigt, dass dem Arbeitnehmer wegen seiner Außendiensttätigkeit ein eigenes Fahrzeug zur Verfügung gestellt wurde, kann das Fehlen der Lenkerberechtigung (hier: durch Führerscheinentzug infolge Verweigerung des Alkoholtests) für die Dauer von 4 Monaten als erheblich angesehen werden und es liegt Dienstunfähigkeit vor, die eine Entlassung rechtfertigt. OGH 22. 5. 2002, 9 ObA 120/02s. (ARD 5388/2/2003 ●)

Führerscheinentzug allein rechtfertigt eine Entlassung eines Arbeitnehmers, dessen eigentliche **dienstvertragliche Aufgabe nicht das Lenken von Kfz** ist, weder wegen Unfähigkeit noch wegen Vertrauensunwürdigkeit. Ein Arbeitnehmer wird durch den Entzug der Lenkerberechtigung wegen Alkoholisierung nicht unfähig, die vereinbarten Dienste zu leisten, wenn die Tätigkeit des Arbeitnehmers im Wesentlichen in der Abhaltung von Sprechtagen besteht. Da das Lenken von Fahrzeugen daher nicht seine eigentliche dienstvertragliche Aufgabe ist, benötigt er das Fahrzeug nur, um an die Orte zu gelangen, an denen er die Sprechtage abhält. Der Besitz eines Führerscheins ist somit für die **Erfüllung der dienstlichen Obliegenheiten nicht unbedingte Voraussetzung**, zumal der Arbeitnehmer nicht notwendig selbst ein Fahrzeug lenken muss, um seine Aufgaben im Außendienst wahrzunehmen, sondern auch auf andere Weise (z.B. durch Inanspruchnahme eines Dritten, der über ein eigenes Fahrzeug verfügt oder dem der Arbeitgeber das Lenken des Dienstfahrzeuges erlaubt) die Orte erreichen kann, an denen er seine Dienstverrichtungen zu erfüllen hat. Dies insbesondere in Hinblick darauf, dass die Führerscheinabnahme nur **für einen Monat** erfolgt ist und diese Zeit durchaus auf diese Weise überbrückt werden konnte. Wird der Arbeitnehmer durch den Entzug des Führerscheins nicht unfähig, seinen dienstvertraglichen Pflichten nachzukommen, und hat der Arbeitnehmer auch in der Zeit nach dem Entzug der Lenkerberechtigung alle dienstplanmäßigen Sprechtage abgehalten, ist die Entlassung aus diesem Grund ungerechtfertigt. Dass der Arbeitnehmer dem Arbeitgeber vom Entzug des Führerscheins keine Mitteilung gemacht hat, erfüllt nicht den Tatbestand der Vertrauensunwürdigkeit iSd § 27 Z 1 AngG. OGH 27. 9. 1995, 9 ObA 154/95. (ARD 4730/21/96 ●)

Selbst ein Führerscheinentzug für 13 Monate rechtfertigt eine Entlassung nicht, wenn die eigentliche **dienstvertragliche Aufgabe** des Arbeitnehmers **nicht das Lenken von Kfz** ist. OGH 4. 9. 2002, 9 ObA 196/02t. (ARD 5370/6/2003 ●)

Wurde das befristete Dienstverhältnis eines Projektleiters **nach Entzug des Führerscheins** auf unbestimmte Zeit verlängert und die für seine Tätigkeit notwendigen **Baustellenbesuche durch Mitnahme organisiert**, ist die Entlassung des Arbeitnehmers unmittelbar nach einem Krankenstand, durch den er an der Nachschulung zur Wiedererlangung des Führerscheins verhindert war, nicht gerechtfertigt, auch wenn der zwischen Arbeitgeber und Arbeitnehmer vereinbarte Termin, zu dem er den Führerschein wieder besitzen musste, bereits verstrichen war.

§ 27 Z 3 AngG

Da nicht von einer dauernden Dienstunfähigkeit auszugehen war, ist eine sofortige Beendigung des Dienstverhältnisses nicht gerechtfertigt, weil der Arbeitgeber ja auch bereits mehrfach gezeigt hatte, dass die **Arbeitsabläufe auch anders organisiert** werden konnten, und er sich auch nach Ablauf des Stichtages hinsichtlich des Führerscheines nicht erkundigt hatte. Es ist auch nicht ersichtlich, warum es dem Arbeitgeber nicht zumutbar gewesen sein sollte, den Arbeitnehmer nach Beendigung des Krankenstandes zur Absolvierung der Nachschulung zur Wiedererlangung des Führerscheins aufzufordern. OGH 20. 3. 2003, 8 ObA 21/03a. (ARD 5424/5/2003 ●)

Besonders bei länger währender Dauer des Arbeitsverhältnisses ist der Arbeitgeber verpflichtet, einem **partiell arbeitsunfähigen und zu einer anderen Arbeit bereiten Arbeitnehmer** nach Möglichkeit und Zumutbarkeit (insbesondere ohne Verpflichtung zur Umorganisation des Betriebes) eine **andere Arbeit zuzuweisen**. Ein auf Erbringung von Kraftfahrerleistungen gerichteter Arbeitsvertrag würde daher für sich allein eine Beschäftigung des Arbeitnehmers nach **Entzug des Führerscheins** für die Dauer von 3 Monaten nicht ausschließen. Aufgrund dessen aber, dass im vorliegenden Fall der Arbeitnehmer in einer anderweitigen Beschäftigung – insbesondere im Lager – nicht eingesetzt werden konnte, bestand für den Arbeitgeber keine Verpflichtung, dem Arbeitnehmer für die Zeit des Führerscheinentzuges eine andere Arbeit anzubieten. OGH 5. 11. 2003, 9 ObA 119/03w. (ARD 5497/11/2004 ●)

Pflicht zum Anbot eines Ersatzarbeitsplatzes

Wird ein Arbeitnehmer im Zuge des Arbeitsverhältnisses aus von ihm nicht zu vertretenden Gründen unfähig, seine Arbeitsleistung weiterhin zu erbringen, ist der Arbeitgeber – umso mehr, je länger das Arbeitsverhältnis bereits dauert – aufgrund seiner Fürsorgepflicht verpflichtet, dem nur mehr **beschränkt leistungsfähigen Arbeitnehmer** nach Möglichkeit **Arbeiten zuzuweisen**, zu deren Verrichtung er auch **weiterhin in der Lage** ist. Dabei kommen aber nur solche Verweisungstätigkeiten in Betracht, die auch dem Arbeitgeber vernünftigerweise zumutbar sind; der Arbeitgeber ist nicht verpflichtet, seinen Betrieb umzuorganisieren, um eine in Betracht kommende Tätigkeit überhaupt erst zu schaffen.

Der Arbeitgeber kann daher einen partiell arbeitsunfähigen Arbeitnehmer nur dann iSd § 27 Z 2 AngG wegen dauernder Dienstunfähigkeit entlassen, wenn er **keine zumutbare Möglichkeit** hat, dem Arbeitnehmer eine **andere Arbeit zuzuweisen**, oder wenn der Arbeitnehmer ein entsprechendes Angebot des Arbeitgebers ablehnt. Die Beweislast dafür, dass keine geeigneten Ersatztätigkeiten vorhanden sind, trifft den (für das Vorliegen eines Entlassungsgrundes beweispflichtigen) Arbeitgeber. OGH 13. 6. 2002, 8 ObA 79/02d. (ARD 5356/34/2002 ●)

583

**Judikatur zu § 27 Z 3 erster Fall
(Betreiben eines selbstständigen Unternehmens)**

Unberechtigte Entlassung bei bloßen Vorbereitungshandlungen

Arbeitnehmern bleibt es unbenommen, noch während der Dauer ihres Dienstverhältnisses **Vorbereitungshandlungen** zum Betrieb eines selbstständigen kaufmännischen Unternehmens auch im Geschäftszweig des Arbeitgebers für die Zeit nach Beendigung seines Dienstverhältnisses zu setzen. Haben die Arbeitnehmer nach Kündigung ihrer Dienstverhältnisse unter gleichzeitiger Dienstfreistellung eine GmbH, die im Geschäftszweig des Arbeitgebers tätig werden sollte, gegründet und im Firmenbuch registrieren lassen, wobei der **Geschäftsbetrieb** während des aufrechten Dienstverhältnisses noch **nicht aufgenommen** wurde, sondern lediglich Vorbereitungshandlungen

584

§ 27 Z 3 AngG

wie die Einholung von Informationen über den Kauf von Maschinen sowie über die Finanzierung von Unternehmensgründungen eingeholt wurden, ist eine Entlassung nach § 27 Z 3 AngG ungerechtfertigt. OGH 17. 3. 1993, 9 ObA 8, 9/93. (ARD 4523/39/94 ●)

Die **Anmeldung eines eigenen Gewerbes** durch einen Arbeitnehmer stellt eine zulässige Vorbereitungshandlung zum Betrieb eines selbstständigen kaufmännischen Unternehmens dar, die den Entlassungsgrund des § 27 Z 3 AngG nicht verwirklicht. Eine Verpflichtung zur Meldung dieser zulässigen Vorbereitungshandlung besteht nicht, so dass deren Unterlassung rechtlich ohne Belang ist. Der Arbeitnehmer ist jedoch nicht berechtigt, weisungswidrig eigene Preislisten im Kundenverkehr zu versenden, wenn der Arbeitgeber mit eigenen Preislisten wirbt. OGH 9. 6. 1993, 9 ObA 118/93. (ARD 4509/28/93 ●)

Selbst wenn ein Arbeitnehmer einen Gesellschaftsvertrag zur Gründung einer Handels-GmbH im Vollmachtsnamen unterfertigt hat, ist diese Handlung nicht tatbestandsmäßig iSd § 27 Z 3 erster Tatbestand AngG. Dieser Tatbestand setzt die Führung eines kaufmännischen Unternehmens mit **aufrechtem Geschäftsbetrieb** voraus. Die bloße Gründung eines Unternehmens erfüllt den Entlassungstatbestand nicht. In der Haftung eines Arbeitnehmers für die Einhaltung der gewerberechtlichen Vorschriften in einem anderen Unternehmen liegt kein „Betreiben" eines selbstständigen kaufmännischen Unternehmens.

Auch das **Verschweigen der Funktion** als Prokurist und gewerberechtlicher Geschäftsführer im anderen Unternehmen stellt keinen Entlassungsgrund dar, weil nicht gesetz- oder vertragswidrige Nebentätigkeiten grundsätzlich dem Arbeitgeber nicht zu melden sind. OLG Wien 20. 10. 1993, 31 Ra 64/93, bestätigt durch OGH 17. 3. 1994, 8 ObA 221/94. (ARD 4523/42/94 und ARD 4564/2/94 ●)

Abgrenzung des Begriffes „Geschäftszweig des Arbeitgebers"

585 Der in den § 7 Abs 1 AngG und § 27 Z 3 AngG verwendete Begriff des „Geschäftszweiges" ist **eng auszulegen** und nur auf die vom Arbeitgeber **tatsächlich entfaltete Geschäftstätigkeit** zu beziehen. Auch eine über die Bestimmung des § 7 AngG allenfalls hinausgehende vertragliche Beschränkung der privaten Betätigungsfreiheit (insb. auch eine Verpflichtung zur Unterlassung von Nebenbeschäftigungen) bewirkt keine Erweiterung des Entlassungstatbestandes des § 27 Z 3 AngG.

Setzt ein Arbeitnehmer aber seine berufliche Stellung ein, um daraus **Vorteile** für die für eine andere Firma ausgeübte **Nebenbeschäftigung** zu erlangen, verwirkt er durch das außerdienstliche Verhalten das dienstliche Vertrauen des Arbeitgebers. Dieser kann mit Recht annehmen, dass der Arbeitnehmer seine Pflichten als Reisender im Außendienst nicht mehr getreulich erfüllen wird, so dass dienstliche Interessen gefährdet sind. Beschränkt sich der Arbeitnehmer nämlich nicht darauf, neue Abnehmer für die Waren des Arbeitgebers dadurch zu gewinnen, dass er diesen vorerst Produkte einer anderen Firma anbietet, sondern sucht er vielmehr die Stammkunden des Arbeitgebers auf, denen er durch den bisherigen Vertreter erst als „neuer Betreuer" vorgestellt worden war, um sie für die Vollwertprodukte der anderen Firma zu gewinnen, benützt er den bereits vorhandenen Kundenstock des Arbeitgebers für eigene Zwecke, so dass dieser zu Recht der Ansicht sein kann, dass seine Interessen durch das Eigeninteresse des Arbeitnehmers an einer Einkommenssteigerung gefährdet sind. OGH 20. 12. 1993, 9 ObA 370/93. (ARD 4540/28/94 ●)

Konkrete Nebenbeschäftigungen

586 Erbringt eine **Schaufensterdekorateurin**, wenn auch mit Hilfe anderer Arbeitnehmer seines Arbeitgebers, in ihrer und deren Freizeit **Dekorationsleistungen** für ein anderes **Unternehmen einer anderen Branche**, setzt sie damit weder den Entlassungsgrund des Betriebes eines selbst-

§ 27 Z 3 AngG

ständigen kaufmännischen Unternehmens noch den des Betreibens von Handelsgeschäften im Geschäftszweig des Arbeitgebers. Selbst wenn die Arbeitnehmerin vor ihrer Entlassung bereits im Rahmen des von ihr angemeldeten Gewerbes der Werbegestalterin einen Dekorationsauftrag angenommen hat, steht damit noch nicht fest, dass es sich um ein kaufmännisches Unternehmen handelt. Der Beruf des Werbegestalters (= Dekorateurs) lässt nicht ohne Weiteres erkennen, dass damit eine kaufmännische Tätigkeit (§ 1 HGB bzw. – in Hinblick auf das zur Zeit der Schaffung des § 7 Abs 1 AngG noch geltende AHGB – Art 4 iVm Art 271, 272 AHGB) verbunden ist. Es fehlt somit schon an der Voraussetzung des **Betriebs eines „kaufmännischen" Unternehmens**.

Es scheidet aber auch ein Verstoß der Arbeitnehmerin gegen das Verbot des § 7 Abs 1 zweiter Fall AngG aus, weil von einer **Tätigkeit im Geschäftszweig** des Arbeitgebers keine Rede sein kann (der Arbeitgeber betrieb ein Modehandelshaus, die Dekorationsarbeiten wurden hingegen für ein Hotel erbracht). OGH 25. 11. 1998, 9 ObA 239/98g. (ARD 4997/12/99 ●)

Verstößt ein Arbeitnehmer gegen das Konkurrenzverbot durch Eröffnung eines **eigenen Geschäfts**, geht das Entlassungsrecht des Arbeitgebers noch nicht dadurch verloren, dass er die Entlassung zunächst trotz Kenntnis der Geschäftseröffnung unterlässt und erst in der Folge **nach Kenntnis der Konkurrenzierung** die Entlassung ausspricht. OLG Wien 24. 11. 1995, 9 Ra 49/95, bestätigt durch OGH 29. 5. 1996, 9 ObA 2059/96a. (ARD 4791/17/96 ●)

Überprüfung des Verdachts auf Konkurrenztätigkeit durch provozierendes Verhalten

In der unmittelbaren Prüfung einer Konkurrenztätigkeit eines Arbeitnehmers – die als Dauertatbestand einen Entlassungsgrund verwirklicht – durch eine **Anfrage des Arbeitgebers als vermeintlicher Kunde** liegt noch **kein sittenwidriges Verhalten** des Arbeitgebers. Die vom Arbeitgeber gewählte Art der Überprüfung des Verdachts einer Konkurrenztätigkeit des Arbeitnehmers, indem er den Arbeitnehmer per E-Mail um eine Anbotslegung ersuchte, die dieser auch unter Verwendung der E-Mail-Adresse seines selbstständigen Unternehmens während der Dienstzeit beantwortete, ist in einer jeden Zweifel ausschließlichen Weise zielführend. Er konnte sich so auf unmittelbare Weise Kenntnis vom Verhalten des Arbeitnehmers und dessen konkurrierender Tätigkeit verschaffen, was ihm jedenfalls zugebilligt werden muss. OLG Wien 19. 5. 2005, 8 Ra 52/05h. (ARD 5621/6/2005 ●)

Judikatur zu § 27 Z 3 zweiter Fall (eigene Handelsgeschäfte)

Tätigen eigener Handelsgeschäfte

Nicht nur der Abschluss oder die Effektuierung eines Handelsgeschäfts, sondern auch der **Versuch eines Abschlusses** ist ein verbotenes „Handelsgeschäfte machen". Für einen Verstoß gegen das Konkurrenzverbot genügt es, wenn der Arbeitnehmer noch während des aufrechten Dienstverhältnisses nach außen hin, insbesondere Kunden gegenüber, für das **Konkurrenzunternehmen tätig** wird. Versendet er daher während des aufrechten Dienstverhältnisses an Großhändler ein Schreiben, in dem er die Gründung einer eigenen Vertriebsfirma im Geschäftszweig seines Arbeitgebers ankündigt, und lässt er sich bereits von einschlägigen Lieferfirmen entsprechende Angebote legen, rechtfertigt dies seine Entlassung. OLG Linz 8. 10. 1992, 13 Ra 93/91. (ARD 4570/25/94 ●)

Die **Herstellung von Computerprogrammen** (oder die Vornahme von Wartungsarbeiten an PC-Anlagen) kann dem Begriff des Handelsgeschäftes iSd § 27 Z 3 zweiter Tatbestand AngG nicht unterstellt werden und erfüllt daher nicht den Entlassungsgrund des § 27 Z 3 AngG. Das

§ 27 Z 4 AngG

Anbot eines Arbeitnehmers an einen Dritten zur **Erbringung gleicher Leistungen**, wie sie der Arbeitgeber im Rahmen seines Gewerbes erbringt, erfüllt allerdings bereits den Tatbestand der **Vertrauensunwürdigkeit** gemäß § 27 Z 1 AngG. ASG Wien 25. 3. 1999, 25 Cga 102/95t, bestätigt durch OLG Wien 20. 1. 2000, 10 Ra 338/99w. (ARD 5120/18/2000 ●)

Judikatur zu § 27 Z 4 erster Fall (Unterlassen der Dienstleistung)

Zeitpunkt des Entlassungsausspruches

589 Unterlässt ein Arbeitnehmer während einer **ganzen Arbeitswoche** ohne rechtmäßigen Hinderungsgrund die Dienstleistung, ist der Entlassungsgrund gemäß § 27 Z 4 erster Fall AngG erfüllt. Die Entlassung ist auch nicht verfristet, wenn sie nicht unverzüglich und unmittelbar nach Beginn der Unterlassung der Dienstleistung erfolgt. Bei Unterlassung der Dienstleistung handelt es sich um einen Dauertatbestand. Ein solcher rechtfertigt die Entlassung unter Bedachtnahme auf die Obliegenheit der Unverzüglichkeit während des gesamten Zeitraumes, während dessen das pflichtwidrige Verhalten besteht, aber auch nach dessen Beendigung. **Solange die Dienstleistung pflichtwidrig unterlassen** wird, ist die **Entlassung jederzeit möglich**. Eine Verfristung des Entlassungsgrundes tritt nur dann ein, wenn die Entlassung **nach Beendigung** des pflichtwidrigen Verhaltens **nicht unverzüglich** ausgesprochen wird.

Der Entlassung steht nicht entgegen, dass sich der Arbeitnehmer später ab diesem Tag krank meldet. Den Arbeitgeber trifft – in diesem Zusammenhang – auch **keine Verpflichtung**, in der Zeit, in der der Arbeitnehmer der Arbeit unentschuldigt fernbleibt, **Erkundigungen** darüber einzuholen, warum der Arbeitnehmer nicht zur Arbeit erscheint, solche Nachfragen bleiben auf das Recht zum Ausspruch der Entlassung bis zur Beendigung des pflichtwidrigen Verhaltens des Arbeitnehmers und unverzüglich nach dessen Beendigung ohne Einfluss. OGH 29. 6. 1994, 9 ObA 115/94. (ARD 4607/23/94 ●)

Beweislastverteilung bei Vorliegen eines Dienstversäumnisses

590 Bei einem Dienstversäumnis hat der Arbeitgeber das Dienstversäumnis und der Arbeitnehmer einen etwaigen Schuldausschließungsgrund, wie z.B. einen unverschuldeten Irrtum über die Verpflichtung zur Arbeit (Dienstverhinderungsgrund), zu beweisen. OGH 15. 9. 1994, 8 ObA 263/94. (ARD 4730/10/96 ●)

Keine Genehmigung einer gerechtfertigten Dienstverhinderung nötig

591 Ein Arbeitnehmer, der rechtzeitig eine Dienstverhinderung anzeigt, ist nicht verpflichtet, die **Erlaubnis des Arbeitgebers** abzuwarten, wenn die **Dienstverhinderung gerechtfertigt** ist.

Eine schwere, zum Tod führende Erkrankung und das nachfolgende Begräbnis eines nahen Angehörigen bilden einen rechtmäßigen Dienstverhinderungsgrund. Ist der betroffene Arbeitnehmer mit seiner Mitteilung an seinen unmittelbar übergeordneten Vorgesetzten seiner Verpflichtung, die Dienstverhinderung anzukündigen und damit dem Arbeitgeber die Möglichkeit rechtzeitiger Disposition zu geben, nachgekommen, ist die Entlassung auch dann ungerechtfertigt, wenn der Arbeitnehmer die Erlaubnis des Arbeitgebers nicht abgewartet hat. Bei Vorliegen einer ein Arbeitsversäumnis rechtfertigenden Dienstverhinderung ist die Einholung einer Genehmigung des Arbeitgebers nicht erforderlich. OGH 22. 11. 1995, 9 ObA 152/95. (ARD 4751/16/96 ●)

§ 27 Z 4 AngG

Ausspruch einer Entlassung nach unbegründetem Verlassen des Arbeitsplatzes
Spricht ein Arbeitgeber bei Wiederantritt des Dienstes durch einen Baustellenleiter, der am Tag vorher nach einer telefonischen Meinungsverschiedenheit die Baustelle eigenmächtig verlassen hat, um einen Zahnarzttermin wahrzunehmen, die Entlassung aus, ohne den in Arbeitskleidung erschienenen und damit offenbar arbeitsbereiten Arbeitnehmer, der andere Arbeitnehmer selbstständig zu leiten und die Arbeit einzuteilen hatte, über die **Gründe für das Verlassen der Baustelle am Vortag zu befragen**, muss der Arbeitgeber die Folgen dieser objektiv nicht gerechtfertigten Auflösungserklärung tragen. OGH 21. 10. 1992, 9 ObA 194/92. (ARD 4463/12/93 ●)

592

Vertrauen auf ärztliche Krankschreibung
→ siehe zu diesem Thema auch die unter Rz 131 abgedruckten Entscheidungen.

Auch ein – objektiv nicht gerechtfertigter – Krankenstand eines Arbeitnehmers kann eine Entlassung nicht ohne weiteres rechtfertigen. Der medizinische Laie darf der fachlichen **Beurteilung des Arztes**, arbeitsunfähig zu sein, **im Allgemeinen vertrauen**. Im vorliegenden Fall hat der Arbeitgeber den ihn treffenden Beweis, der Arbeitnehmer habe die Unrichtigkeit der Krankenstandsbescheinigung gekannt oder zumindest kennen müssen, nicht erbracht, weil auch ein – selbst mit Ausritten verbundener – Erholungsaufenthalt ohne Hinzutreten weiterer Umstände nicht gegen das Vorliegen des bescheinigten Krankheitsbildes (hier: exogene Depression) spricht. OGH 29. 1. 1998, 8 ObA 295/97h. (ARD 4929/25/98 ●)

593

Eine **Krankschreibung ohne persönliche Untersuchung** durch einen Arzt für einen Tag, wenn auch aufgrund allenfalls übertriebener Angaben des Arbeitnehmers, muss ein Arbeitgeber gegen sich gelten lassen, wenn er nicht nachweist, dass der Arzt den Arbeitnehmer nicht aus medizinischen Gründen krankgeschrieben hat. OGH 15. 4. 1998, 9 ObA 52/98g. (ARD 4942/8/98 ●)

Kann nicht nachgewiesen werden, dass ein Arbeitnehmer seinen behandelnden Arzt getäuscht oder ihm gegenüber bei der Beschreibung seiner Beschwerden übertrieben hat, kann seine Entlassung nicht auf die **Erschleichung eines Krankenstandes** durch Vorlage eines im Kulanzweg erstellten ärztlichen Attests gestützt werden. OGH 16. 1. 1997, 8 ObA 2360/96h. (ARD 4882/4/97 ●)

Die Nichtanerkennung eines Krankenstandes durch die **Krankenkasse** berechtigt den Arbeitgeber nicht, die Krankschreibung während eines Urlaubs im Ausland durch einen **ausländischen Arzt** nicht anzuerkennen und den Arbeitnehmer wegen Unterlassung der Dienstleistung zu entlassen. Die ärztliche Krankenstandsbestätigung liefert zwar nur eine widerlegbare Vermutung der tatsächlichen Arbeitsunfähigkeit, es obliegt allerdings dem Arbeitgeber, im Einzelfall Tatsachen nachzuweisen, die eine **rechtsmissbräuchliche Inanspruchnahme des Krankenstandes** belegen. Dem Arbeitnehmer, der im Ausland erkrankt, kann nicht zugemutet werden, über die ärztliche Bestätigung hinaus einen zusätzlichen Beweis für seine Arbeitsunfähigkeit zu erbringen. Die Nichtanerkennung des Krankenstandes durch die Gebietskrankenkasse ist jedenfalls für sich allein kein taugliches Mittel, um ein schuldhaftes Verhalten des Arbeitnehmers festzustellen. ASG Wien 19. 12. 1997, 29 Cga 263/96z. (ARD 4937/7/98 ●)

Ein vom Arzt krankgeschriebener Arbeitnehmer darf bei **früher eintretendem subjektiven Wohlbefinden** nicht auf die Dauer der Krankschreibung im Krankenstand vertrauen, sondern ist aufgrund seiner Treuepflicht verpflichtet, von sich aus erneut den **Arzt aufzusuchen**, um sich – nach ärztlicher Kontrolle – vom Krankenstand allenfalls wieder abschreiben zu lassen (hier: Besuch eines Fitnessstudios im Krankenstand). OLG Wien 7. 10. 1996, 7 Ra 239/96k. (ARD 4892/11/97 ●)

§ 27 Z 4 AngG

Muss einem Arbeitnehmer infolge der von ihm während des vom Arzt verordneten Krankenstandes verrichteten Tätigkeiten (hier: Gartenarbeit trotz eingegipsten Daumen) bewusst sein, dass er auch zu den **dienstvertraglich übernommenen Pflichten in der Lage ist**, ist er nicht arbeitsunfähig und stellt der Nichtantritt des Dienstes auch dann einen Entlassungsgrund dar, wenn ihm vom Arzt Krankheit bescheinigt wird. OGH 20. 5. 1998, 9 ObA 15/98s. (ARD 4964/1/98 ●)

Kurze Arbeitspausen rechtfertigen keine Entlassung

594 Der Vorwurf, ein Arbeitnehmer habe während der Arbeitszeit unerlaubterweise für einen Abendkurs gelernt, wäre nur dann bedeutsam, wenn der Arbeitnehmer infolge dieser **dienstfremden Tätigkeit** während einer den Umständen nach **erheblichen Zeit** die Dienstleistung unterlassen hätte. Eine nur kurze Zeit andauernde und nicht zu häufig wiederholte Pause ist noch kein tatbestandsmäßiger Entlassungsgrund. OGH 9. 4. 1997, 9 ObA 26/97g. (ARD 4855/9/97 ●)

Kurze eigenmächtige Arbeitsunterbrechungen (Arbeitspausen; hier: Durchsicht privater Magazine und Kataloge) stellen, auch wenn sie trotz Ermahnung wiederholt werden, für sich **keinen Entlassungsgrund** dar, wenn nicht konkrete gewichtige Auswirkungen dieser Unterlassung der Arbeitsleistung (Nichterledigung aufgetragener Arbeit; Mehrbelastung anderer Arbeitnehmer; Schaden durch verzögerte Erledigung etc.) nachgewiesen werden. Arbeitspausen können im Allgemeinen nur dann tatbestandsmäßig sein, wenn sie eine zumindest **nicht unerhebliche Zeit** andauern und Auswirkungen auf die übliche Arbeitsleistung hervorrufen. Wird die Entlassung daher auf derartige Pausen gestützt, ist es Sache des Arbeitgebers, die Erheblichkeit der darin gelegenen Unterlassung der Arbeitsleistung im Sinne der dargestellten Rechtslage zu behaupten und zu beweisen. OGH 24. 2. 1999, 9 ObA 2/99f. (ARD 5039/15/99 ●)

Tägliche **Rauchpausen** von ca. 10 bis 15 Minuten stellen – wenn ein Arbeitnehmer die Arbeit jeweils nur für ganz kurze Zeit unterbrochen hat, wobei er auf den Arbeitsablauf Bedacht nahm und über Aufforderung seines Vorarbeiters immer sofort zur Arbeit zurückkehrte – keinen Entlassungsgrund dar. ASG Wien 19. 2. 1998, 27 Cga 250/96y. (ARD 4999/9/99 ●)

Familiäre Betreuungspflichten als Rechtfertigungsgrund

595 Da familiäre Verpflichtungen als **höherrangige Verpflichtungen** in Kollision mit jenen aus dem Arbeitsvertrag das Fernbleiben von der Arbeit sogar dann rechtfertigen, wenn dies dem Arbeitgeber nicht vorher bekannt gegeben werden konnte, ist eine solche Verpflichtung erst recht ein **Rechtfertigungsgrund**, wenn der Arbeitnehmer – wie im vorliegenden Fall – unmittelbar nach Bekanntwerden dieses Hinderungsgrundes unter Hinweis darauf um Dienstfreistellung ersucht hat (hier: Begleitung der 14-jährigen Tochter ohne Flugerfahrung zum Flughafen). OGH 15. 2. 2001, 8 ObA 16/01p. (ARD 5224/51/2001 ●)

Auch wenn vom **Pflegefreistellungsgrund** der notwendigen Betreuung von Kindern wegen Ausfalls der Betreuungsperson nach § 16 Abs 1 Z 2 UrlG grundsätzlich auch **Enkelkinder** erfasst sind, kann eine Arbeitnehmerin keine Pflegefreistellung für ein Enkelkind beanspruchen, wenn sich die Mutter des Kleinkindes im Spital (hier: zur Entbindung von einem weiteren Kind) befindet und eine **andere Betreuungsmöglichkeit** bestanden hätte. Auch ein sonstiger Dienstverhinderungsgrund liegt nicht vor. Nimmt die Arbeitnehmerin die Betreuung ihres Enkelkindes dennoch wahr, obwohl ihre Anwesenheit im Betrieb infolge Abwesenheit des Arbeitgebers **dringend erforderlich** gewesen wäre, stellt die Unterlassung der Dienstleistung einen Entlassungsgrund dar. OGH 11. 2. 1999, 8 ObA 21/99t v. (ARD 5024/3/99 ●)

§ 27 Z 4 AngG

Einholung einer Rechtsauskunft als Rechtfertigungsgrund

Wird einem Arbeitnehmer anlässlich der Erkundigung nach dem Verbleib seiner Weihnachtsremuneration mitgeteilt, er erhalte infolge seiner vielen Krankenstände keine Sonderzahlungen, ist er berechtigt, die Arbeitsleistung für die Dauer der **Einholung einer Rechtsauskunft** zu unterlassen, so dass ein gerechtfertigtes Dienstversäumnis des Arbeitnehmers vorliegt, das den Tatbestand des unbefugten Verlassens der Arbeit oder einer Arbeitsverweigerung nicht erfüllt. ASG Wien 13. 2. 1996, 15 Cga 50/95x. (ARD 4796/17/96 ●) 596

Fernbleiben von der Arbeit bei Hochwasser

Duldete die **Hochwasserhilfe** eines Arbeitnehmers für **engste Familienangehörige** (hier: Geschwister) keinerlei Aufschub, ist sein Fernbleiben von der Arbeit gerechtfertigt. Es handelt sich jedenfalls um eine sittliche Verpflichtung gegenüber seinen engsten Familienangehörigen. Selbst wenn der Arbeitnehmer den Arbeitgeber **nicht** von seinem Fernbleiben und dessen Grund **informiert** hat, ist die Nichtverständigung im vorliegenden Fall als nicht so schwer wiegend zu bezeichnen, wenn man berücksichtigt, dass an einem Teil der betreffenden Tage ohnedies auch das Geschäft des Arbeitgebers geschlossen war und dass der Arbeitnehmer seine Arbeitskollegen über den Grund seines Fernbleibens informiert hat. Die Entlassung des Arbeitnehmers war somit aus diesem Grund nicht gerechtfertigt. OLG Wien 16. 6. 2004, 7 Ra 78/04y. (ARD 5549/8/2004 ●) 597

Wäre es einem Arbeitnehmer möglich gewesen, von seinem nach der Evakuierung wegen Hochwasser bezogenen Notquartier den Arbeitsplatz – wenn auch über längere Umwege – trotz vorherrschenden Hochwassers zu erreichen, rechtfertigt die 3-tägige Abwesenheit des Arbeitnehmers von der Arbeit (ohne Verständigung des Arbeitgebers) die Entlassung. OLG Wien 19. 8. 2004, 10 Ra 71/04s. (ARD 5549/9/2004 ●)

Judikatur zu § 27 Z 4 zweiter Fall (beharrliche Dienstverweigerung)

Weisungsrecht des Arbeitgebers

Ist der Arbeitgeber eine juristische Person, dann muss intern klargestellt werden, wer einem Arbeitnehmer gegenüber den Arbeitgeber zu repräsentieren berechtigt ist, **wer demnach dem Arbeitnehmer Weisungen zu erteilen hat**, die Letzterer bei der Sanktion des § 27 Z 4 AngG zu befolgen hat. Soweit der Arbeitnehmer der Anordnung einer Person, die arbeitsvertraglich nicht als „Arbeitgeber" gilt, nicht Folge leistet (hier Prokurist ohne Vorgesetztenfunktion), stellt dies keine beharrliche Dienstverweigerung dar, insbesondere wenn er ohnehin mit dringenden Dienstverrichtungen beschäftigt war. OGH 16. 9. 1992, 9 ObA 227/92. (ARD 4484/28/93 ●) 598

Dem Arbeitgeber steht gegenüber dem Arbeitnehmer, jedoch innerhalb des durch den Dienstvertrag vorgegebenen Rahmens, ein **Weisungsrecht** zu. Darüber hinaus wird das Weisungsrecht (im Allgemeinen) durch Gesetz, kollektive Rechtsgestaltung, betriebliche Mitwirkungsbefugnisse und durch die Fürsorgepflicht des Arbeitgebers und das Schikaneverbot (§ 1295 Abs 2 ABGB) begrenzt. Wurden einem im Durchschnitt mit jedenfalls 50 Wochenstunden und somit **jenseits arbeitszeitgesetzlicher Bestimmungen** belasteten Arbeitnehmer **weitere Aufgaben übertragen**, kann dies nicht mehr unter dem Aspekt des dem Arbeitgeber zukommenden Weisungsrechtes, sondern nur als Verstoß gegen die dem Arbeitgeber auferlegte Fürsorgepflicht gesehen werden. Werden dem Arbeitnehmer in dieser Situation überdies Fristen gesetzt, innerhalb deren er – schon

§ 27 Z 4 AngG

in einer a priori-Betrachtung nicht mehr durchführbare – Arbeitsleistungen zu erbringen hätte, wandelt sich die Ausübung des Weisungsrechtes in **schikanöse Rechtsausübung**. Die Weigerung des Arbeitnehmers, diese schikanös angeordneten Arbeiten zu erbringen, stellt auch dann keinen Entlassungsgrund dar, wenn sie inhaltlich dem Gegenstand der vereinbarten Dienstleistung entspricht. ASG Wien 3. 11. 1999, 25 Cga 92/98a. (ARD 5162/9/2000 ●)

Anordnungen des Arbeitgebers, deren Nichtbefolgung als Entlassungsgrund zu werten ist, müssen sich innerhalb der durch den Dienstvertrag und den sich daraus ergebenden Rechte und Pflichten gezogenen Grenzen halten und sich auf die nähere Bestimmung der konkreten Arbeitspflicht oder auf das Verhalten des Arbeitnehmers im Betrieb erstrecken. **Private Arbeiten für den Geschäftsführer** des Arbeitgebers sind aber mangels konkreter Vereinbarung im Allgemeinen von den Pflichten des **Dienstvertrages nicht umfasst**, so dass eine Entlassung wegen Verweigerung der Durchführung dieser Arbeiten nicht gerechtfertigt ist. OGH 9. 9. 1999, 8 ObA 123/99t. (ARD 5081/20/99 ●)

Die Nichtbefolgung des dienstlichen Auftrages, einen **Sprachkurs zu besuchen**, nachdem sich bei der Arbeit mangelhafte Sprachkenntnisse herausgestellt haben, ist kein Entlassungsgrund, wenn der Arbeitgeber bei der Einstellung bewusst in Kauf nimmt, dass der Arbeitnehmer über **mangelnde Sprachkenntnisse** verfügt. Die Nichtbefolgung von gänzlich artfremden Tätigkeiten könnte dem Arbeitnehmer dann nicht als Arbeitsverweigerung vorgeworfen werden. OLG Wien 30. 5. 1994, 34 Ra 121/93. (ARD 4578/10/94 ●)

Die beharrliche **Weigerung**, einer individuellen Weisung des Arbeitgebers hinsichtlich der Einhaltung des auch von dessen Kundenkreis erwarteten **Bekleidungsstils** im Betrieb nachzukommen, stellt auch bei Duldung der bisherigen Bekleidung des Arbeitnehmers einen Entlassungsgrund dar, gleich ob diese Duldung auf Entgegenkommen oder auf einer anderen Unternehmensphilosophie beruhte. Die individuelle Weisung an einen **Bankbeamten** in Bezug auf Bekleidungsvorschriften ist jedenfalls insoweit gerechtfertigt, als ihm verboten wurde, im allgemeinen Bankbereich eine **auffallende Goldkette** sichtbar über dem Hemd zu tragen, weil dies massiv dem Verständnis der Bevölkerung vom Erscheinungsbild eines männlichen Bankbeamten widerspricht. OGH 11. 2. 1999, 8 ObA 195/98d. (ARD 5019/2/99 ●)

Das **Ausfüllen von Ausschreibungslisten** stellt nicht eine derart untergeordnete Hilfstätigkeit dar, dass sie einem **technischen Angestellten** nicht zumutbar ist. In einem kleinen Betrieb sind alle genötigt, auch derartige Arbeiten durchzuführen, so dass das Weisungsrecht des Arbeitgebers hinsichtlich der Art der Tätigkeiten gerade in einem kleinen Unternehmen nicht zu eng umgrenzt werden darf. OLG Wien 20. 11. 1996, 7 Ra 309/96d. (ARD 4889/33/97 ●)

Bei einem **befristeten Dienstverhältnis** darf das **Weisungsrecht** des Arbeitgebers bezüglich der Verwendung des Arbeitnehmers aufgrund der grundsätzlich ausgeschlossenen Kündigung vor Ablauf der Frist **nicht zu eng begrenzt** werden, da der Arbeitnehmer im Zeitpunkt des Vertragsabschlusses nicht damit rechnen durfte, dass das Dienstverhältnis bei Änderung der Umstände beendet werde. Solche Arbeitnehmer schulden ihrem Arbeitgeber eine **erhöhte Flexibilität**, um im Falle geänderter Verhältnisse eine organisatorische Anpassung zu ermöglichen. Ergibt sich durch Liquiditätsschwierigkeiten die Notwendigkeit einer Umorganisation, stellen die beharrliche Weigerung des Arbeitnehmers, seine Tätigkeit von 80 % auf 100 % der wöchentlichen Normalarbeitszeit auszudehnen, die strikte Ablehnung der ihm übertragenen neuen Aufgaben sowie ein Urlaubsantritt ungeachtet der ihm übertragenen Arbeiten den Entlassungsgrund nach § 27 Z 4 zweiter Tatbestand AngG dar. OGH 18. 10. 2000, 9 ObA 156/00g. (ARD 5216/17/2001 ●)

§ 27 Z 4 AngG

Beharrliche Dienstpflichtverletzungen
Pflichtverletzungen müssen **gravierend und beharrlich** sein; bloße Ordnungswidrigkeiten, wie z.b. die Benützung des Computers zu privaten Zwecken, die das Maß der Erheblichkeitsgrenze nicht überschreiten und die nicht beharrlich erfolgen, stellen keinen Entlassungsgrund dar. ASG Wien 21. 8. 1996, 14 Cga 92/96t. (ARD 4815/24/97 ●)

599

Die beharrliche Weigerung setzt grundsätzlich ein Zuwiderhandeln nach vorangegangener **Ermahnung** voraus. Die Obliegenheit zur Ermahnung ergibt sich aus dem Tatbestandsmerkmal der Beharrlichkeit und aus dem Umstand, dass der Arbeitnehmer, wenn er einer Weisung zuwiderhandelt, dies nicht unbedingt in böser Absicht tun muss. Eine Ermahnung ist aber dann **nicht erforderlich**, wenn bereits ein einmaliger **Verstoß so schwer wiegend** und krass ist, dass der Arbeitnehmer auch ohne Ermahnung diesen Charakter erkennen kann, so dass die Nachhaltigkeit und Unnachgiebigkeit seines auf die Pflichtverletzung gerichteten Verhaltens, also die Beharrlichkeit offen zu Tage treten. Es muss sich um Fälle handeln, in denen die mit der Obliegenheit der Ermahnung verfolgten Zwecke nicht notwendig sind, weil der Arbeitnehmer die Bedeutung und das Gewicht seines pflichtwidrigen Verhaltens ohnehin genau kennt und der Verstoß mit Rücksicht auf sein besonderes Gewicht die Zumutbarkeit der Weiterbeschäftigung ausschließt.

War einem Kellner bekannt, dass das **Austragen von Speisen und Getränken ohne vorheriges Bonieren untersagt** war, war er bei Dienstbesprechungen dabei, bei denen wiederholt darauf hingewiesen wurde und hat er auch die entsprechenden Anschläge gelesen, die an seinem Arbeitsplatz angebracht waren, musste ihm die Wichtigkeit der Weisung für den Arbeitgeber und die Ernstlichkeit der vom Arbeitgeber für den Fall eines Verstoßes angedrohten Konsequenzen bewusst sein. Da die **Weisung den Kernbereich der Tätigkeit des Arbeitnehmers bildete** und den wesentlichen Teil seiner täglichen Arbeit betraf, muss davon ausgegangen werden, dass sich der Arbeitnehmer des weisungswidrigen Verhaltens voll bewusst war, als er Speisen und Getränke servierte, ohne vorher zu bonieren. Im Hinblick darauf bedurfte es zur Erfüllung des Entlassungstatbestandes **keiner Ermahnung** des Arbeitnehmers. OGH 28. 9. 1994, 9 ObA 176/94. (ARD 4620/7/95 ●)

Die Gröblichkeit einer Dienstpflichtverletzung zeigt sich entweder in ihrer **besonderen Schwere**, so dass die Nachhaltigkeit und Unnachgiebigkeit des auf die Pflichtverletzung gerichteten Willens offen zutage tritt und eine Ermahnung nur ein überflüssiger Formalismus wäre, oder in der **wiederholten Verletzung** von Dienstpflichten, die aber, um die Sanktion einer begründeten Kündigung zu rechtfertigen, der **Ermahnung** bedarf. Da eine **verspätete Krankmeldung** des Arbeitnehmers, auch wenn er seine Pflicht zur unverzüglichen Meldung kannte, mit der Dienstpflichtverletzung durch „**Verschlafen**" des **Dienstantrittes** zu vergleichen ist, liegt eine gröbliche Dienstpflichtverletzung nicht vor, wenn der Arbeitgeber einem Zuspätkommen wegen Verschlafens erst nach **dreimaligem Zuwiderhandeln** und nach **schriftlicher Androhung** von Konsequenzen die Bedeutung einer gröblichen Pflichtverletzung beimisst und der Arbeitnehmer seiner Aufklärungspflicht durch Vorlage einer ärztlichen Bestätigung im Nachhinein nachgekommen ist. OGH 11. 7. 2001, 9 ObA 152/01w. (ARD 5301/27/2002 ●)

Sachliche **Meinungsverschiedenheiten** über eine von einer generellen Dienstanweisung abweichende Weisung des Arbeitgebers rechtfertigen nicht die **beharrliche Nichtbefolgung** der abweichenden **Weisung**. OGH 31. 8. 1994, 8 ObA 285/94. (ARD 4620/8/95 ●)

Hat der Arbeitgeber bisher mehrfach die **Weigerung** des Arbeitnehmers, bestimmte ihm aufgetragene Arbeiten durchzuführen, mit dem Hinweis, dass diese Arbeiten nicht in seinen Tätigkeitsbereich fielen, **kommentarlos akzeptiert**, ist es vor Ausspruch der Entlassung erforderlich,

§ 27 Z 4 AngG

dass der Arbeitnehmer auf die konkrete Dienstverweigerung hingewiesen und in einer dem Ernst der Situation angepassten Weise zur Einhaltung seiner Pflichten aufgefordert wird. Entscheidend ist, dass der Angestellte den Ernst der Lage selbst erkennen kann. Die Aufforderung allein, die aufgetragenen Dienste zu leisten, kann eine **Ermahnung** nicht ersetzen. OLG Wien 17. 9. 1999, 9 Ra 189/99a, bestätigt durch OGH 9. 12. 1999, 8 ObA 319/99s. (ARD 5107/4/2000 ●)

Die „lächelnde" **Missachtung** einer klaren Weisung des Arbeitgebers, die Arbeitsstelle nicht zu verlassen, würde bei Nachhaltigkeit, Unnachgiebigkeit und Hartnäckigkeit einer die Autorität des Arbeitgebers untergrabenden Willenshaltung des Arbeitnehmers den Entlassungsgrund der beharrlichen Pflichtenvernachlässigung erfüllen. Voraussetzung dafür ist aber das Tatbestandsmerkmal der Beharrlichkeit, das sich in der **Wiederholung der Pflichtenvernachlässigung** manifestiert. Eine einmalige, wenn auch möglicherweise provokative Pflichtverletzung erfüllt das Tatbestandsmerkmal der Beharrlichkeit noch nicht, insbesondere wenn nicht betriebliche Notwendigkeiten die Weisung begründeten, sondern die durch das selbstherrliche Verhalten eines Arbeitnehmers gefährdete Autorität eines Vorgesetzten. OGH 27. 8. 1997, 9 ObA 235/97t. (ARD 4931/7/98 ●)

Die Weigerung eines Arbeitnehmers, sein Dienstfahrzeug, das er auch privat benutzen durfte, nach Dienstfreistellung während der Kündigungsfrist **zurückzustellen**, ist ein Entlassungsgrund, wenn die Rückstellung in diesem Fall dienstvertraglich vereinbart war. OGH 18. 8. 1995, 8 ObA 259/95. (ARD 4716/12/96 ●)

Der beharrliche Verstoß gegen ein gerechtfertigtes betriebliches **Alkoholverbot** rechtfertigt auch dann die Entlassung, wenn die Arbeitsleistung des Arbeitnehmers unter seinem Alkoholkonsum nicht gelitten hat. OLG Wien 20. 1. 1999, 7 Ra 387/98b. (ARD 5021/6/99 ●)

Verstößt ein Arbeitnehmer, der bei seiner Einstellung zur Kenntnis genommen hat, dass im Betrieb des Arbeitgebers nicht geraucht werden darf, in der Folge beharrlich gegen dieses **Rauchverbot**, ist die Entlassung gerechtfertigt. OLG Wien 28. 11. 1994, 32 Ra 129/94. (ARD 4670/33/95 ●)

Die Aufforderung des Arbeitgebers, ein **Gespräch unter vier Augen** zu führen, ist zwar **keine unzulässige Weisung**; die Nichtbefolgung der Weisung, mit dem Arbeitgeber ein Vier-Augen-Gespräch zu führen, mit dem ausdrücklichen Hinweis, dass einem solchen Gespräch ein Zeuge hinzugezogen werden müsste, stellt aber ohne weitere Verwarnung keinen Entlassungstatbestand dar. OLG Wien 9. 12. 1994, 34 Ra 124/94. (ARD 4670/4/95 ●)

Weigert sich ein Arbeitnehmer einer **zumutbaren befristeten Versetzungsanordnung** nachzukommen, ist die Entlassung auch dann gerechtfertigt, wenn die Weigerung aufgrund eines Rechtsirrtums des den Arbeitnehmer beratenden Betriebsrats erfolgt ist. OGH 13. 7. 1995, 8 ObA 268/95. (ARD 4687/7/95 ●)

Die Weigerung, schwierige Arbeiten auszuführen, für die einem Arbeitnehmer die **notwendigen Kenntnisse oder Berechtigungen fehlen**, rechtfertigt eine Entlassung nicht. OLG Wien 27. 4. 1995, 9 Ra 21/95. (ARD 4672/29/95 ●)

Verweigerung von Überstundenarbeit

600 Die Entlassung wegen Nichtleistung angeordneter Überstunden ist rechtswidrig, wenn sich aus Gesetz, Kollektivvertrag, Betriebsvereinbarung oder Einzelvertrag keine Verpflichtung zur Leistung von Überstunden ergibt. Bei Beurteilung der Zulässigkeit einer Überstundenanordnung kommt es nicht nur auf eine Interessenabwägung iSd § 6 Abs 2 AZG an. Aus dieser Bestimmung ist **keine**

§ 27 Z 4 AngG

Pflicht des Arbeitnehmers zur Überstundenleistung abzuleiten. Der Arbeitnehmer ist mangels einer entsprechenden – zulässigen – Vereinbarung aufgrund seiner Treuepflicht vielmehr nur ausnahmsweise, z.b. bei Vorliegen eines Betriebsnotstandes iSd § 20 AZG, zur Leistung einseitig angeordneter Überstunden verpflichtet. Diese Pflicht besteht daher nicht schon bei jeder betrieblichen Notwendigkeit, etwa weil der Arbeitgeber sonst die von ihm übernommenen Aufträge nicht rechtzeitig erfüllen könnte oder weil – wie im vorliegenden Fall eines Wäschereibetriebes – eine von drei Waschröhren ohne nachteilige Folgen für den Betrieb ausgefallen ist, wobei hier die „meiste Zeit" ohnehin nur zwei Waschtunnels in Betrieb gewesen sind.

Besteht keine Verpflichtung zur Überstundenleistung, weil der Arbeitnehmer zum Zeitpunkt der Entlassung seine „regelmäßigen Überstunden" bereits erbracht hat und weitere jedenfalls nicht vereinbart waren, und wird der Arbeitnehmer erst nach Erbringung einer Überstunde bei Arbeitsschluss mit der einseitigen Anordnung konfrontiert, weitere Überstunden zu leisten, ist der Arbeitgeber somit nicht zur einseitigen Anordnung von Überstunden berechtigt und erübrigt sich eine Interessenabwägung iSd § 6 Abs 2 AZG, die nur dann stattzufinden hätte, wenn sich die Pflicht des Arbeitnehmers zur Überstundenleistung vorerst schon aus Gesetz, Kollektivvertrag, Betriebsvereinbarung oder Einzelvertrag ableiten ließe. In diesem Fall ist das **Verlassen des Betriebs** trotz Überstundenanordnung des Arbeitgebers **nicht pflichtwidrig.** OGH 22. 11. 1995, 9 ObA 191/95. (ARD 4749/8/96 ●)

Ohne vertragliche Verpflichtung zur Überstundenarbeit und **ohne Betriebsnotstand** stellt die Weigerung, Überstunden zu leisten, auch dann keinen Entlassungsgrund dar, wenn die Weigerung wegen einer Nebenbeschäftigung des Arbeitnehmers erfolgt ist. OGH 10. 5. 1995, 9 ObA 63/95. (ARD 4682/16/95 ●)

Ein Arbeitnehmer verletzt seine Treuepflicht, wenn er eine für eine termingerechte Übersiedlung des Betriebes **vereinbarte Überstundenleistung,** zu der er sich bereit erklärt hat, kurzfristig vor dem Abschluss der Arbeit **einseitig abbricht.** Dabei ist eine Interessenabwägung zwischen den Interessen des Arbeitgebers am Abschluss der Arbeit und jenen des Arbeitnehmers an Freizeit vorzunehmen. Hätte aus der nicht rechtzeitigen Übergabe des Geschäftslokals an den Nachmieter des Arbeitgebers ein hoher Schaden resultiert und handelt es sich sohin wie im vorliegenden Fall um ein außerhalb des gewöhnlichen Betriebsablaufs gelegenes Ereignis, hat der Arbeitnehmer durch den vorzeitigen und einseitigen Abbruch der Arbeit seine Treuepflicht verletzt, so dass der Abbruch der zur Durchführung der Betriebsübersiedlung vereinbarten Überstunden wegen des **überwiegenden Interesses des Arbeitgebers** an der Überstundenleistung einen Entlassungsgrund darstellt. OLG Wien 27. 10. 1997, 8 Ra 278/97d. (ARD 4926/5/98 ●)

Liegt unzweifelhaft – und für den schon jahrelang bei dem Arbeitgeber beschäftigten Betriebstechniker leicht erkennbar – eine **Betriebsstörung** vor, die mit **erheblichen Schäden** verbunden sein könnte, rechtfertigt die **grundlose Weigerung** des Betriebstechnikers, das zur Verfügung gestellte Firmenauto zu benützen und vereinbarungsgemäß zur Reparatur zu Beginn der Nachtschicht zu erscheinen, seine Entlassung. Im vorliegenden Fall war der Arbeitnehmer gerade deshalb vom Arbeitgeber als Betriebstechniker angestellt worden, um jederzeit bei allfälligen Störungen jemanden für die Reparatur an der Hand zu haben, weil in den Nachtstunden, in denen der Arbeitgeber (hier: Großbäckerei) ausschließlich produziert, fremde Fachkräfte nicht verfügbar sind. Der Ausfall einer Maschine ohne unverzügliche Mängelbehebung kann für den Arbeitgeber einen **dramatischen finanziellen Verlust** und auch eine Imageinbuße, die bis zu einem Verlust von Großkunden führen kann, verursachen. Dass es dem Arbeitgeber letztlich erst 3 Tage später gelungen war, eine Fremdfirma für die Reparatur zu finden, sagt nichts darüber aus, dass die Arbeit nicht dringlich gewesen wäre. Es lag im vorliegenden Fall

§ 27 Z 4 AngG

unzweifelhaft eine **unaufschiebbare Arbeit** zur Behebung einer Betriebsstörung vor, die durch andere zumutbare Maßnahmen nicht behoben werden konnte. Kommt der Arbeitnehmer unbegründet der **gerechtfertigten Überstundenanordnung**, deren Befolgung er noch dazu zugesagt hat, nicht nach, ist eine Entlassung berechtigt. OGH 16. 5. 2002, 8 ObA 268/01x. (ARD 5389/2/2003 ●)

Weigert sich ein Servicetechniker, der zur Montage und Reparatur von Geräten unmittelbar bei Kunden **in ganz Österreich verpflichtet** ist und der schon in Hinblick auf die Möglichkeit des plötzlichen Eintritts von Defekten an den Geräten auch mit kurzfristigen Anordnungen von Dienstreisen rechnen muss, eine **kurzfristig angeordnete Dienstreise anzutreten**, ist, sofern kein Dienstverhinderungsgrund vorliegt, eine Entlassung gerechtfertigt. OLG Wien 2. 9. 1996, 9 Ra 241/96v. (ARD 4801/25/96 ●)

Die Verweigerung von vom Arbeitgeber rechtzeitig angekündigten, betrieblich notwendigen Überstunden wegen eines (nicht akuten) Zahnarztbesuches und **aufschiebbarer privater Angelegenheiten** ist ein Entlassungsgrund. ASG Wien 12. 3. 1997, 1 Cga 40/96z. (ARD 4854/14/97 ●)

Entlassung wegen wiederholten Zuspätkommens

601 Da eine **mehrmalige Unpünktlichkeit** bei Dienstbeginn von maximal 30 Minuten keine so schwer wiegende Vertragsverletzung darstellt, die eine sofortige fristlose Entlassung nach § 27 Z 4 AngG rechtfertigt, bedarf es jedenfalls einer vorangegangenen **Ermahnung**. Diese muss zwar keinen bestimmten Wortlaut haben, aber den Arbeitnehmer in einer dem Ernst der Lage angepassten Weise zur Einhaltung der Dienstpflichten auffordern. Wurde ein Arbeitnehmer zwar vor dem Hintergrund der Auseinandersetzungen um eine Urlaubsvereinbarung schriftlich verwarnt, in Zukunft pünktlich zum Dienst zu erscheinen, zog der Arbeitgeber aber auch aus den daran folgenden **regelmäßigen Verspätungen** bis zu einer halben Stunde **keine arbeitsrechtlichen Konsequenzen**, konnte der Arbeitnehmer zu Recht an der Ernsthaftigkeit der Verwarnung zweifeln und in ihm der Eindruck entstehen, dass es dem Arbeitgeber gar nicht ernsthaft auf die Einhaltung des pünktlichen Arbeitsbeginns ankam. Eine gerechtfertigte Entlassung hätte nur nach einer **neuerlichen**, dem Ernst der Lage angepassten **Aufforderung** zur Einhaltung der dienstvertraglichen Pflichten ausgesprochen werden können. OGH 15. 11. 2001, 8 ObA 264/01h. (ARD 5309/37/2002 ●)

Selbst bei fortgesetztem Zuspätkommen muss der für den Ausspruch der Entlassung herangezogene **Anlassfall eine gewisse Mindestintensität** aufweisen, die den vorangegangenen Unpünktlichkeiten in etwa entspricht; eine Verspätung von wenigen Minuten reicht auch bei vorangegangenen erheblichen Unpünktlichkeiten nicht aus, um den Entlassungstatbestand herzustellen. Im vorliegenden Fall betrug die Verspätung des Arbeitnehmers am Entlassungstag aber nur 5 Minuten und erreichte damit nicht jenes Ausmaß, das die Entlassung rechtfertigen könnte.
Hat ein wegen Zuspätkommens verwarnter Arbeitnehmer nach der Verwarnung sein **unpünktliches Verhalten fortgesetzt** und wurde das neuerliche Zuspätkommen über einen gewissen Zeitraum **toleriert**, darf der Arbeitnehmer an der Ernsthaftigkeit der Verwarnung zweifeln, so dass er wegen seines fortgesetzten Zuspätkommens nur nach einer neuerlichen, dem Ernst der Lage angepassten Ermahnung entlassen werden darf. Die letzte Verwarnung erfolgte im vorliegenden Fall aber bereits einige Monate vor der Entlassung, daher ist der Entlassungsgrund des § 27 Z 4 erster Tatbestand AngG nicht verwirklicht. OGH 17. 4. 2002, 9 ObA 71/02k. (ARD 5389/4/2003 ●)

Eine **Verspätung des Dienstantritts um einige Minuten**, die auch dazu führt, dass das Geschäftslokal entsprechend verspätet geöffnet wird, kann – wenn sie trotz Ermahnung immer wieder vorkommt – nicht bagatellisiert werden und rechtfertigt als beharrliche Pflichtverletzung die Entlassung. OLG Wien 27. 11. 1995, 10 Ra 118/95. (ARD 4761/7/96 ●)

§ 27 Z 4 AngG

Eine Unterlassung der Dienstleistung ist als Entlassungsgrund bei **gleitender Arbeitszeit** begrifflich nur während der Kern- oder Blockzeit denkbar. ASG Wien 20. 11. 1995, 24 Cga 208/94x. (ARD 4831/15/97 ●)

Einem Arbeitnehmer, der schon mehrfach wegen Zuspätkommens verwarnt wurde, muss zugemutet werden, so rechtzeitig den Weg zum Arbeitsplatz anzutreten, dass auch **verkehrsbedingte Verzögerungen** (Staus, Verkehrsunfälle), mit denen grundsätzlich immer zu rechnen ist, einkalkuliert werden. Lediglich ungewöhnliche und daher unvorhersehbare Zwischenfälle, die eine Verzögerung von erheblichem Zeitausmaß mit sich bringen, könnten eine neuerliche – nicht bloß ganz geringfügige – Verspätung rechtfertigen. OLG Wien 2. 10. 2002, 8 Ra 280/02h. (ARD 5389/5/2003 ●)

Eine den Arbeitnehmern durch Betriebsvereinbarung eingeräumte **Toleranz für den Arbeitsantritt von 10 Minuten** bedeutet nicht, dass dadurch ein regelmäßiges Zuspätkommen ermöglicht werden soll. Die Arbeitszeiten sind vielmehr trotz der Regelung in der Betriebsvereinbarung einzuhalten und die Arbeit zur vereinbarten Zeit anzutreten. OLG Wien 24. 9. 2002, 8 Ra 226/02t. (ARD 5454/10/2003 ●)

Eine **halbstündige Verspätung** einer am **Check-in-Schalter eines Flughafens** beschäftigten Arbeitnehmerin kann aufgrund des für die durchzuführenden Tätigkeiten knapp bemessenen Zeitraumes, des großen Andrangs an Fluggästen und der angespannten Konkurrenzsituation unter Fluggesellschaften als „erhebliche Zeit" gewertet werden, sodass dieses Dienstversäumnis den Arbeitgeber zur Entlassung der – bereits zweimal wegen Verspätungen verwarnten – Arbeitnehmerin berechtigt. OGH 20. 12. 2006, 9 ObA 126/06d. (ARD 5781/8/2007 ●)

Dienstverweigerung wegen Ausübung religiöser Pflichten

Die **Ausübung religiöser Pflichten** im Betrieb durch einen muslimischen Mitarbeiter, die ihn an der Erfüllung seiner **arbeitsvertraglichen Pflichten behindern**, stellt nur dann nicht den Entlassungsgrund der Arbeitsverweigerung dar, wenn sie mit den Erfordernissen des Betriebs vereinbar sind, was bei Einhaltung aufwendiger Gebetsrituale nicht der Fall ist. Zwar ist es einem muslimischen Arbeitnehmer unbenommen, den Vorschriften seiner Religionsgesellschaft, auf eine bestimmte Art und Weise zu beten, nachzukommen. Nimmt er dazu jedoch Zeiten in Anspruch, in denen er arbeitsvertraglich zur Arbeitsleistung verpflichtet ist, und verrichtet er seine aufwendigen Gebetsrituale in Gegenwart anderer, nicht muslimischer Mitarbeiter im Betrieb, kommt es zu einer **Interessenkollision**. Einerseits wird der betriebliche Arbeitsablauf gestört, wenn der Arbeitnehmer z.b. ohne Rücksicht auf Arbeitsaufträge am Freitag mittags ein Bethaus aufsucht, ohne dass die Möglichkeit einer Einarbeitung der versäumten Zeit besteht, und andererseits kommt es zur Störung seiner Arbeitskollegen, denen die vom Arbeitnehmer beanspruchten Grundrechte auf Glaubens- und Gewissensfreiheit ebenfalls zustehen. Insofern kommt der in § 8 ARG zum Ausdruck gebrachten gesetzgeberischen Wertung Beachtlichkeit zu, dass die zur Ausübung religiöser Pflichten erforderliche Freizeit zu gewähren ist, wenn die **Freistellung von der Arbeit mit den Erfordernissen des Betriebs vereinbar** ist. Auch wenn der Arbeitgeber dem Arbeitnehmer vorerst das Beten im Betrieb gestattet hat – er wurde vom Arbeitnehmer allerdings nicht darüber aufgeklärt, welches Ritual er dabei einhalten werde –, berechtigt dieser Irrtum den Arbeitgeber, die Erlaubnis zu widerrufen.

Richtig ist, dass die bloße **Ankündigung einer Dienstverweigerung** mangels Beharrlichkeit in der Regel nicht tatbestandsmäßig ist. Anders ist es aber, wenn der Arbeitnehmer nach den Umständen des Falls keinen Zweifel daran lässt, dass er die Arbeitszeit und die Weisungen des Arbeitgebers nicht einhalten bzw. die Störungen des Betriebs fortsetzen werde. Lässt der Arbeitnehmer keinen

602

§ 27 Z 4 AngG

Zweifel daran, dass er auch im Betrieb weiter so beten müsse, wie es seine Religion vorschreibe (Waschungen, Gebetsteppich udgl.), muss der Arbeitgeber daher in diesem Fall mit der Entlassung nicht solange zuwarten, bis der Arbeitnehmer, der sich noch im Urlaub befunden hat, sein Vorhaben tatsächlich fortsetzt. OGH 27. 3. 1996, 9 ObA 18/96. (ARD 4756/6/96 ●)

Weitere Beispiele für eine Dienstverweigerung

603 Einem Arbeitnehmer ist nicht zumutbar, eine objektiv unrichtige Lohnabrechnung oder eine Empfangsbestätigung über einen tatsächlich nicht übergebenen Betrag zu unterfertigen. Eine Mitwirkung an der **Hinterziehung von SV-Beiträgen und Lohnsteuer**, wie sie durch Unterfertigung objektiv falscher Bestätigungen verwirklicht würde, gehört zweifellos nicht zu den Pflichten des Arbeitnehmers. ASG Wien 25. 3. 1998, 29 Cga 127/97a. (ARD 5023/7/99 ●)

Wirft ein Arbeitgeber einem Arbeitnehmer **Unkenntnis** vor, was dadurch zum Ausdruck kommt, dass er ihn als „Dummerl" bezeichnet und die Auflösung des Dienstverhältnisses vorschlägt, kann der Arbeitnehmer daraus nur den Schluss ableiten, dass der Arbeitgeber sein Verhalten nicht als beharrliche Pflichtverletzung, sondern als **Unvermögen** bewertet. Kommt der Arbeitnehmer in diesem Fall trotz gleich bleibender Aufforderung des Arbeitgebers, die Arbeit vorzunehmen, zu der er sich außerstande erklärte, diesem Auftrag aus Unvermögen weiterhin nicht nach, setzt er keinen Entlassungsgrund. Eine Entlassung wäre nur dann berechtigt, wenn sich herausstellt, dass der Arbeitnehmer die ihm aufgetragene **Arbeit aus Unwillen nicht verrichtet**. OLG Wien 28. 8. 2000, 10 Ra 150/00b. (ARD 5208/48/2001 ●)

Beharrt ein Arbeitnehmer auf seiner beim **Betriebsübergeber** gepflogenen Praxis, Freizeitausgleich selbstständig anzusetzen, stellt die Fortsetzung dieser Übung beim **Betriebsübernehmer** gegen dessen ausdrückliche Weisung für die Zukunft Arbeitsverweigerung dar. Die bisherige Übung hindert den Arbeitgeber aus seinem Direktionsrecht heraus nicht, den Freizeitausgleich von der hiezu grundsätzlich erforderlichen individuellen Vereinbarung für die Zukunft abhängig zu machen. Geschieht dies, darf der Arbeitnehmer den **eigenmächtig angesetzten Zeitausgleich** nicht in Anspruch nehmen; mit diesem Zeitpunkt muss ihm die Pflichtwidrigkeit seines Beharrens auf diesem Zeitausgleich erkennbar sein. OGH 31. 1. 1996, 9 ObA 181/95. (ARD 4779/27/96 ●)

Die **rechtsmissbräuchliche Inanspruchnahme einer Pflegefreistellung** zur Aufnahme einer Nebenbeschäftigung (hier: Eröffnung eines Sonnenstudios) ist ein Entlassungsgrund. ASG Wien 30. 10. 1997, 20 Cga 91/97s, bestätigt durch OLG Wien 25. 9. 1998, 10 Ra 188/98k. (ARD 4982/47/98 ●)

Reagiert ein Arbeitgeber auf eine erhebliche Verschlechterung zunächst zufriedenstellender Verkaufsergebnisse eines im Außendienst tätigen Arbeitnehmers mit Weisungen, deren Schwerpunkt die Verpflichtung des Arbeitnehmers war, zunächst monatlich, in der Folge täglich, **Planungs- und Tätigkeitsberichte** zu erstatten, wodurch dem Arbeitgeber ermöglicht werden sollte, die Tätigkeit des Arbeitnehmers zu kontrollieren und die Ursachen seiner erheblich schlechteren Verkaufsergebnisse zu eruieren, und kam der Arbeitnehmer, dessen Verkaufsergebnisse sich nicht verbesserten, der ihm auferlegten Berichtspflicht **trotz mehrfacher Ermahnung** und Androhung von arbeitsrechtlichen Konsequenzen nur formal nach, liegt der Entlassungsgrund der beharrlichen Dienstpflichtverletzung vor. OGH 10. 12. 1997, 9 ObA 269/97t. (ARD 4967/21/98 ●)

Sind für 23.00 Uhr angekündigte Gäste eines Hotels bis 2.00 Uhr immer noch nicht eingetroffen, kann einem **Hotelportier** auch im Falle der Kenntnis der noch bevorstehenden Ankunft nicht verwehrt werden, zu diesem Zeitpunkt die **Toilette aufzusuchen**. Hörte er dort weder die von

§ 27 Z 4 AngG

den mittlerweile eingetroffenen Gästen betätigte Hotelglocke noch das mitgenommene, mit der Hotelanlage verbundene Mobiltelefon, hat er seine Dienstpflichten auch nicht fahrlässig verletzt. OGH 6. 9. 2000, 9 ObA 167/00z. (ARD 5208/52/2001 ●)

Beruhen die einem Filialleiter vorgeworfenen Dienstverfehlungen (hier: Unterlassung eines Kassasturzes bei Kassierwechsel, Nichtfunktionieren des Kabinendienstes, überlange Reservierungen von Waren für Einkäufe der Angestellten) durchwegs auf **vorschriftswidrigen Handlungen bzw Unterlassungen seiner Mitarbeiter,** liegt der Entlassungsgrund der beharrlichen Dienstverweigerung iSd § 27 Z 4 AngG nicht vor. Dem Filialleiter wird in Wahrheit der Umstand vorgeworfen, es nicht zuwege gebracht zu haben, die Befolgung der Anordnungen des Arbeitgebers bei seinen Mitarbeitern nachhaltig durchzusetzen. Der **Vorwurf minderer Eignung** für die Führung einer Filiale macht aber die Weiterbeschäftigung des Arbeitnehmers während der – im vorliegenden Fall nicht einmal 2 Monate dauernden – Kündigungsfrist nicht unzumutbar. ASG Wien 11. 8. 2003, 29 Cga 133/02v, bestätigt durch OLG Wien 19. 2. 2004, 10 Ra 171/03w. (ARD 5507/8/2004 ●)

Da die Anordnung des Arbeitgebers, alle ehemaligen Kunden des Unternehmens telefonisch zu kontaktieren und zu einem Besuch in einer der Filialen zu bewegen, gegen das im Telekommunikationsgesetz normierte Verbot von Anrufen zu Werbezwecken verstößt und die **geforderte Dienstleistung somit gesetzwidrig wäre,** kann die Nichtbefolgung der Weisung auch keine Entlassung rechtfertigen. OLG Wien 24. 2. 2004, 8 Ra 9/04h. (ARD 5549/10/2004 ●)

Ist dem Arbeitgeber bekannt, dass sich ein Arbeitnehmer wegen einer Erkrankung **im Krankenstand befindet** und daher nicht in der Lage ist, die arbeitsvertraglich vereinbarte Tätigkeit wieder aufzunehmen, stellt es keinen Entlassungsgrund dar, wenn sich der Arbeitnehmer weigert, während des Krankenstandes zu einem angeordneten kurzen **Besprechungstermin im Betrieb** zu erscheinen. OGH 6. 6. 2005, 9 ObA 84/05a. (ARD 5626/9/2005 ●)

Weitere Beispiele für Dienstpflichtverletzungen

Behandelt ein Arbeitnehmer einen **Kunden trotz Ermahnung in herablassender Art** und meint er diesem gegenüber, dass er „sich brausen gehen solle", und dass er, „wenn ihm ein Kunde dämlich kommt, diesem dämlich zurück komme", ist seine **Entlassung gerechtfertigt.** Die Auffassung, dass man Unmutsäußerungen und von einer gewissen Überlegenheit geprägte Bemerkungen, die von manchen Kunden als herabsetzend empfunden werden, nicht allzu streng beurteilen könne, widerspricht einer an den Bedürfnissen der Kunden orientierten Kundenbetreuung eines Dienstleistungsbetriebes, da nach allgemeiner Lebenserfahrung zahlreiche Kunden eine unfreundliche Betreuung zwar nicht zum Anlass einer Beschwerde, aber zum Anlass eines Wechsels zum nächsten Anbieter nehmen. OLG Wien 28. 11. 2000, 9 Ra 196/00k. (ARD 5252/17/2001 ●)

604

Dass Arbeitnehmer in **geringem Umfang private Telefongespräche** mit oder ohne Kostenersatz vom Arbeitsplatz aus führen, ist nicht unüblich. Ein Arbeitgeber, der verhindern will, mit den Kosten von privaten Telefongesprächen belastet zu werden, wäre demnach verhalten, entweder Privatgespräche überhaupt zu verbieten, umfänglich einzuschränken oder nach vorgeschriebenen Aufzeichnungen zu verrechnen. Ist dies jedoch nicht erfolgt, sind vom Arbeitnehmer geführte Privatgespräche – unbeschadet einer allfälligen Kostenersatzpflicht – nicht geeignet, die Unzumutbarkeit seiner Weiterbeschäftigung zu bewirken und seine Entlassung zu rechtfertigen. **Übliche private Telefongespräche** am Arbeitsplatz stellen daher **keinen Entlassungsgrund** dar. OGH 21. 10. 1998, 9 ObA 192/98w. (ARD 5018/9/99 ●)

→ siehe zu diesem Thema auch die unter Rz 560 abgedruckten Entscheidungen.

§ 27 Z 4 AngG

Ein Arbeitnehmer, der entgegen des ausdrücklichen Verbots und trotz einer entsprechenden Verwarnung durch den Arbeitgeber sein **Diensthandy in erheblichem Umfang für private Telefongespräche und Kurzmitteilungen benutzt**, erfüllt den Entlassungstatbestand der beharrlichen Pflichtverletzung. Im vorliegenden Fall handelte es sich nicht um Privatgespräche im geringen Umfang, die der Arbeitgeber tolerieren müsste: Das ist nicht nur durch die auf Privattelefonate entfallende Gesprächsgebühr etwa für den Monat Juli 2004 (€ 58,30) belegt, sondern auch durch die große Anzahl von privat versendeten Kurzmitteilungen (131 im Juli 2004). Unter diesen Umständen reicht auch eine **einmalige Verwarnung** zur Erfüllung des Tatbestandsmerkmals der „Beharrlichkeit". OGH 23. 11. 2006, 8 ObA 69/06i. (ARD 5753/5/2007 ●)

Ist die Anordnung, den **Firmenschlüssel während eines Krankenstandes zurückzugeben**, durch die Beschäftigung einer Ersatzarbeitskraft und durch das Fehlen von Reserveschlüsseln gerechtfertigt, stellt die beharrliche Weigerung eines Arbeitnehmers, den Firmenschlüssel herauszugeben, einen Entlassungsgrund dar. ASG Wien 30. 6. 2000, 33 Cga 5/00x. (ARD 5179/9/2000 ●)

Unterhält eine Arbeitnehmerin als **Sozialhelferin** in einem psychosozialen Zentrum eine über die dienstlichen Belange hinausgehende **Beziehung zu einem Patienten** im Wissen des Verbotes von Privatkontakten zu Patienten, das aus rechtlicher wie therapeutischer Sicht weder rechtswidrig noch sachlich unrichtig oder unzweckmäßig ist, und wird dieses Verhalten **gegen die ausdrückliche Weisung** des Vorgesetzten über längere Zeit – heimlich – fortgesetzt, ist die Entlassung gerechtfertigt ohne Rücksicht darauf, ob diesen Kontakten eine gefühlsmäßige Bindung in irgendeiner Form von Liebe, Zuneigung oder Sympathie zugrunde lag, ob es zu sexuellen Handlungen kam und ob diese Kontakte dem Patienten nützten oder schadeten oder ohne Wirkung auf seinen Gesundheitszustand waren. ASG Wien 26. 6. 2000, 7 Cga 219/93p. (ARD 5208/22/2001 ●)

Das **Verschweigen des Führerscheinentzugs** vermag – auch wenn der Arbeitnehmer bei Übernahme des Firmen-Kfz die Verpflichtung unterschrieben hat, den Arbeitgeber von einem allfälligen Führerscheinentzug zu verständigen – weder Vertrauensunwürdigkeit nach § 27 Z 1 AngG noch den Entlassungsgrund der beharrlichen Pflichtverletzung gemäß § 27 Z 4 AngG zu verwirklichen. OLG Wien 23. 1. 2003, 8 Ra 346/02i. (ARD 5424/7/2003 ●)

Verspätete bzw. unterlassene Krankmeldung

605 Die Unterlassung der (rechtzeitigen) Krankmeldung rechtfertigt eine Entlassung nicht, weil dadurch ein an sich nicht pflichtwidriges Dienstversäumnis nicht in ein pflichtwidriges verwandelt werden kann. Ihre Unterlassung zieht nur den **Verlust des Anspruchs auf das dem Arbeitnehmer zustehende Entgelt** für die Zeit des Unterbleibens der Verständigung nach sich (§ 8 Abs 8 AngG). Weitere Folgen sind nicht vorgesehen, sodass die Unterlassung nur unter besonderen Umständen, etwa wenn dem Arbeitnehmer die **Krankmeldung leicht möglich** gewesen wäre und er wusste, dass infolge der Unterlassung der Krankmeldung dem Arbeitgeber ein **beträchtlicher Schaden** erwachsen könne, dem Entlassungstatbestand der beharrlichen Dienstverweigerung gegebenenfalls unterstellt werden kann. In einem solchen Fall besitzt aber nicht die Verletzung der Verständigungspflicht, sondern die dadurch schuldhaft herbeigeführte Gefahr eines Schadens die zentrale Bedeutung für die Entlassung. OGH 8. 7. 1998, 9 ObA 124/98w. (ARD 4960/28/98 ●)

Besteht der Schaden einer verspäteten Krankmeldung im **Schaden an der Disziplin im Betrieb**, ist die Entlassung gerechtfertigt. Eine verspätete Krankmeldung kann die Entlassung nur rechtfertigen, wenn besondere Umstände hinzutreten, z.B. wenn der Arbeitnehmer gewusst hat, dass dem Arbeitgeber dadurch ein wesentlicher Schaden erwachsen wird, und ihm die rechtzeitige Meldung leicht möglich gewesen wäre. Nur in diesem Fall kann das Verhalten dem Entlassungstatbestand der beharrlichen Pflichtvernachlässigung unterstellt werden.

§ 27 Z 4 AngG

Es kommt zwar nicht allein darauf an, dass dem Arbeitnehmer vom Arbeitgeber für den Fall der nicht rechtzeitigen Meldung einer Dienstverhinderung die Entlassung angedroht worden ist, doch muss das Versäumnis des Arbeitnehmers einen **wesentlichen Schaden** für den Arbeitgeber herbeiführen. Ist dem Arbeitnehmer bekannt, dass er für die Erzeugung des Basisprodukts der Produktion des Arbeitgebers verantwortlich ist, muss er auch wissen, dass sein Fernbleiben eine **Verschiebung der Produktionsabläufe** verursacht. Es ist daher für den Arbeitgeber von ausschlaggebender Bedeutung, so rechtzeitig von einer Dienstverhinderung zu erfahren, dass entsprechende, die Produktion sichernde Dispositionen getroffen werden können. Hat sich der Arbeitnehmer über dieses berechtigte Anliegen des Arbeitgebers in einem überdurchschnittlich hohen Maß hinweggesetzt und besteht der dadurch herbeigeführte Schaden nicht nur in Nachteilen aus Produktionsverschiebungen, sondern vor allem auch in einer **Verschlechterung des Arbeitsklimas**, weil andere Mitarbeiter, die durch das Zuspätkommen des Arbeitnehmers im eigenen Arbeitsrhythmus empfindlich gestört werden und das Verhalten des Arbeitgebers gegenüber dem Arbeitnehmer als unrechte Begünstigung empfinden, bedeutet jedes weitere unentschuldigte Fernbleiben des Arbeitnehmers vorhersehbar für die Disziplin im Betrieb und damit für den Arbeitgeber einen schweren Schaden. OGH 16. 3. 1995, 8 ObA 325/94. (ARD 4657/29/95 ●)

Hat ein Arbeitnehmer aufgrund gegebener Arbeitsunfähigkeit seinen Arbeitsplatz gerechtfertigt verlassen, dem Arbeitgeber gegenüber aber in der Folge unrichtige Angaben über den Grund dieses Verhaltens gemacht, so dass dem Arbeitgeber die **Arbeitsunfähigkeit unbekannt** geblieben ist, ist eine anlässlich dieses Vorfalls ausgesprochene **Entlassung** als **ungerechtfertigt** anzusehen. Dem Arbeitnehmer ist allerdings ein **Mitverschulden** an der vorzeitigen Lösung des Dienstverhältnisses anzulasten, das zu einer Reduktion seiner entlassungsabhängigen Ansprüche führen kann. ASG Wien 16. 2. 1999, 14 Cga 71/98g. (ARD 5062/2/99 ●)

Auch wenn sich ein Arbeitnehmer erst eine Viertelstunde nach einem Kundentermin telefonisch beim Arbeitgeber krankmeldet, nachdem er mit hohem Fieber aufgewacht war, stellt diese **verspätete Krankmeldung keinen Entlassungsgrund** dar, wenn der Arbeitnehmer auch noch selbst den betroffenen Kunden verständigt und mit diesem eine Terminverlegung vereinbart hat. Die Befürchtung des Arbeitgebers, dass sich der Kunde an ein Konkurrenzunternehmen wenden wird, wenn er – wiederholt – mit Terminproblemen des von ihm ursprünglich beauftragten Unternehmens konfrontiert wird, mag zutreffen; vermag der Arbeitgeber aber insoweit keinen konkreten Schaden aufzuzeigen, sondern beschränkt er sich auf die Hypothese, dass ein verärgerter Kunde unter Umständen zu einem Konkurrenten wechseln könnte, stellt die Ordnungswidrigkeit der verspäteten Krankmeldung keinen Entlassungsgrund dar. OGH 8. 7. 1998, 9 ObA 124/98w. (ARD 4960/28/98 ●)

Bei einer Krankschreibung durch den Arzt eines Arbeitnehmers wegen **eingeschränkter Arbeitsfähigkeit** ergibt sich aus der Fürsorge- bzw. Treuepflicht, dass ein Einvernehmen zwischen den Dienstvertragspartnern herzustellen ist, weil ohne die Klärung einer **kalkülswahrenden Verwendung** weder ein vorzeitiger Austritt noch eine fristlose Entlassung gerechtfertigt ist. Diese Obliegenheiten bestehen auch im Falle einer **gesundheitsgefährdenden Verwendung**, weil dem Arbeitgeber Gelegenheit zur Abwendung eines entsprechenden Grundes für einen berechtigten vorzeitigen Austritt zu geben ist.

Die Kriterien der Mitteilungspflicht eines Dienstverhinderungsgrundes gelten auch für die **Mitteilung** einer **eingeschränkten Dienstfähigkeit** in einer Zeit, in der eine schlichte „Krankschreibung" im Sinne einer **völligen Arbeitsunfähigkeit** nicht vorliegt, weil der Arbeitgeber in diesem Falle e contrario von einer „völligen Arbeitsfähigkeit" ausgehen kann (was hier subjektiv auch der Fall war) und es daher Pflicht des Arbeitnehmers war, sofort seine eingeschränkte Arbeitsfähigkeit

§ 27 Z 4 AngG

bekannt zu geben und über Verlangen auch zu beweisen. Da bei der Arbeitsunfähigkeitsbestätigung im Vordergrund steht, dass der Arbeitgeber möglichst rasch disponieren kann, gilt das Erfordernis der Raschheit auch für die **Bekanntgabe einer eingeschränkten Arbeitsfähigkeit**. ASG Wien 1. 2. 2000, 18 Cga 68/99v, bestätigt durch OLG Wien 26. 7. 2000, 7 Ra 189/00s. (ARD 5144/13 und ARD 5179/10/2000 ●)

Nichtvorlage einer Krankenstandsbestätigung

606 Auch wenn ein Arbeitnehmer – selbst nach mehrmaliger Aufforderung – den Nachweis für eine Dienstverhinderung (hier: Krankenstand) nicht erbringt, ist eine **Entlassung** allein aus diesem Grund **nicht gerechtfertigt**. Die Unterlassung kann auch nicht wirksam als Entlassungsgrund vereinbart werden. Nur unter besonderen Umständen kann das Unterlassen einen Entlassungsgrund bilden, wie z.B. dann, wenn der Arbeitnehmer wusste, dass seinem Arbeitgeber ein **wesentlicher Schaden** erwachsen werde, und ihm die rechtzeitige **Meldung leicht möglich** gewesen wäre. Solche besonderen Umstände liegen aber nicht vor, wenn es sich um eine verhältnismäßig kurze Dauer der Erkrankung handelt oder die Gefahr eines konkreten Nachteils für den Arbeitgeber nicht gegeben ist. ASG Wien 17. 5. 2001, 27 Cga 87/99g, bestätigt durch OLG Wien 16. 1. 2002, 7 Ra 423/01d. (ARD 5293/8/2002 und ARD 5320/40/2002 ●)

Bloße Ankündigung einer Pflichtverletzung rechtfertigt Entlassung nicht

607 Die bloße **Ankündigung einer Pflichtverletzung** rechtfertigt grundsätzliche eine Entlassung nicht, da selbst eine bereits ergangene Pflichtvernachlässigung nur unter der Voraussetzung der Beharrlichkeit den Tatbestand erfüllt.

Weigert sich allerdings eine Flugbegleiterin, aufgrund eines – bereits reparierten – Defekts des Flugzeugs am nächsten Flug teilzunehmen, obwohl sie sowohl vom Flugkapitän als auch vom zuständigen Techniker auf die Flugtauglichkeit des Flugzeugs hingewiesen wurde, und hat sie trotz einer nach Ankündigung der Dienstverweigerung ausgesprochenen **Verwarnung** in einem am nächsten Tag stattfindenden Gespräch zum Ausdruck gebracht, in einer ähnlichen Situation wieder genauso zu handeln, ist eine Weiterbeschäftigung als unzumutbar anzusehen. Für die Aufrechterhaltung eines geordneten Flugbetriebes ist es erforderlich, dass sämtliche Mitarbeiter ihre übernommenen Dienstpflichten genau einhalten. Für die **Beharrlichkeit der Weigerung** der Dienstleistung genügt es, dass die Flugbegleiterin auf die Vernachlässigung ihrer Pflichten hingewiesen und in einer dem Ernst der Lage angepassten Weise zur Einhaltung ihrer Pflichten aufgefordert worden ist. Insbesondere in der Erklärung, in einer ähnlichen Situation in Zukunft wieder so zu handeln, kommt jedenfalls die Unzumutbarkeit der Weiterbeschäftigung zum Ausdruck, so dass eine Entlassung gemäß § 27 Z 4 AngG als gerechtfertigt anzusehen ist. OLG Wien 11. 10. 2002, 7 Ra 318/02i, bestätigt durch OGH 27. 2. 2003, 8 ObA 9/03m. (ARD 5389/6/2003 ●)

Die Ankündigung des Arbeitnehmers, dass er **Pflegefreistellung** in Anspruch nehmen und zu diesem Zweck den Dienstort verlassen werde, ist – weil es hiezu keiner Genehmigung des Arbeitgebers bedarf – nicht tatbestandsmäßig im Sinne des Entlassungsgrundes des § 27 Z 4 AngG erster Fall, weil eine **Unterlassung der Dienstleistung noch nicht stattgefunden** hat. Aber auch die Tatbestandsmäßigkeit des Entlassungsgrundes des zweiten Falles des § 27 Z 4 AngG fehlt, weil der **bloßen Ankündigung** der Arbeitsversäumung idR noch **nicht das Merkmal der Beharrlichkeit** innewohnt.

Gerade weil die Inanspruchnahme von Pflegefreistellung nicht der Vereinbarung oder der Genehmigung des Arbeitgebers bedarf, lässt sich in der eigenmächtigen Ankündigung einer künftigen Arbeitsverweigerung aus diesem Grund keine nachhaltige, unnachgiebige, hartnäckige und vor

§ 27 Z 4 AngG

allem auf die Verletzung von Dienstpflichten gerichtete Willenshaltung des Arbeitnehmers ersehen noch ist sie schwer wiegender Art. Selbst wenn der Arbeitnehmer vor diesem Vorfall ungerechtfertigter Weise Pflegefreistellung in Anspruch nehmen wollte, kann diese behauptete angebliche Pflichtenverletzung, die nicht einmal zu einer Ermahnung geführt hat, nicht zur Beurteilung der Beharrlichkeit einer neuerlichen Pflichtenverletzung herangezogen werden, dies umso weniger dann, wenn die Inanspruchnahme von Pflegefreistellung an sich keine Pflichtenverletzung ist. OGH 22. 10. 1997, 9 ObA 259/97x. (ARD 4939/8/98 ●)

Judikatur zu § 27 Z 4 dritter Fall (Verleitung zum Ungehorsam)

Aufforderung an Arbeitskollegen, weniger zu arbeiten

Der Entlassungstatbestand der Verleitung zum Ungehorsam erfordert zwar nicht, dass die Verleitung zum Erfolg geführt hat, weil auch der **Versuch genügt**, setzt aber auf Seiten des Verleitenden eine **entsprechende Intensität der Beeinflussung** voraus. Ist sie nämlich nur gering, dann kann es nach den Umständen des Einzelfalls und unter Bedachtnahme auf die unter Arbeitnehmern üblichen Gespräche an dem Tatbestandsmerkmal der Unzumutbarkeit der Weiterbeschäftigung fehlen. Im Allgemeinen wird der Entlassungstatbestand der Verleitung zum Ungehorsam erfüllt, wenn der Angestellte seine Arbeitskollegen zu solchen Handlungen oder Unterlassungen auffordert, deren **Verwirklichung durch den Auffordernden selbst zu dessen Entlassung berechtigen** würde, z.B. die Dienstleistung ohne rechtmäßigen Hinderungsgrund zu unterlassen, die Dienste zu verweigern oder sich gerechtfertigten Anordnungen nicht zu fügen.

Die Äußerung an einen neuen Arbeitskollegen „**Arbeiten Sie so wenig wie möglich**" enthält zwar für sich allein und wörtlich genommen die Aufforderung zu einer schwer wiegenden Verletzung von Arbeitgeberinteressen, doch muss dieses Verhalten nicht notwendigerweise zur Unzumutbarkeit der Weiterbeschäftigung führen. Hat der Arbeitnehmer mit dieser Unmutsäußerung nur zum Ausdruck bringen wollen, dass sich ein Engagieren für den Arbeitgeber nicht lohne, da es diesem, auch wenn man viel arbeite, immer zu wenig sei und man nur ausgenützt werde, rechtfertigt diese vom Arbeitnehmer gegenüber dem neu eingetretenen Arbeitskollegen zum Ausdruck gebrachte **negative Einstellung zu Leistungsfreudigkeit** und Engagement am Arbeitsplatz zwar einen erheblichen Vertrauensverlust durch den Arbeitgeber, berechtigt diesen jedoch noch nicht zur Entlassung. Die Beeinträchtigung seiner Interessen durch den Arbeitnehmer ist in diesem Fall nämlich noch nicht so schwer wiegend, dass ihm die weitere Zusammenarbeit mit dem Angestellten auch für die Zeit der Kündigungsfrist nicht mehr zumutbar gewesen wäre. OGH 13. 5. 1986, 14 Ob 86/86. (ARD 3822/17/86 ●)

In der allgemeinen Äußerung, dass die anderen dumm seien, wenn sie so viel arbeiten, kann keine Absicht erkannt werden, die übrigen Arbeitnehmer zu **Ungehorsam**, zu Auflehnung, zu unordentlichem Lebenswandel oder zu unsittlichen oder gesetzwidrigen Handlungen zu verleiten. Es handelt sich dabei eher um Äußerungen, denen keine konkrete Absicht zugrunde liegt, sondern nur die **unbedachte Darstellung** eines hier **nicht zu qualifizierenden Lebensgefühls**, und die den Entlassungsgrund des § 27 Z 4 AngG nur dann erfüllen könnten, wenn einem Arbeitnehmer, z.B. nach einer Ermahnung, bewusst sein muss, dass die dargestellten Effekte bei den übrigen Arbeitnehmern eintreten könnten. OLG Wien 22. 5. 1995, 9 Ra 27/95. (ARD 4672/32/95 ●)

Die Voraussetzungen des Entlassungstatbestandes nach § 27 Z 4 AngG, dritter Tatbestand, werden im Allgemeinen erfüllt, wenn ein Angestellter andere Bedienstete zu solchen Handlungen oder Unterlassungen auffordert, deren Verwirklichung durch den auffordernden Angestellten zu dessen

§ 27 Z 5 AngG

Entlassung berechtigen würde. Hat eine Verkäuferin einen nicht nur probierten, sondern **getragenen Pullovers zwecks Weiterverkaufes zurückgegeben**, hindert die Geringfügigkeit des Verstoßes, von dem die anderen Verkäuferinnen nach dem Willen der Arbeitnehmerin dem Filialleiter nicht Mitteilung machen sollten, die Annahme dieser typischen Voraussetzungen.
Darüber hinaus ist auch die **Intensität der Beeinflussung nicht bedeutungslos**. Musste sowohl den anderen Verkäuferinnen als auch der Arbeitnehmerin bewusst sein, dass aufgrund des ordnungsgemäß ausgestellten Rückgabebons die Identität der Arbeitnehmerin als umtauschender Mitarbeiterin jederzeit offen gelegt werden konnte, muss die grundsätzlich unkorrekte „Anweisung" der Arbeitnehmerin dahin gewichtet werden, dass die Mitarbeiterinnen lediglich von sich aus keine Mitteilung machen sollten, eine ausdrückliche **Aufforderung zur Lüge** bei Befragung durch den Filialleiter ist daraus aber **nicht zwingend erschließbar**. Diese mangelnde Intensität der versuchten Beeinflussung schließt die Annahme des dritten Entlassungstatbestandes des § 27 Z 4 AngG aus. OGH 1. 4. 1998, 9 ObA 384/97d. (ARD 4949/1/98 ●)

Judikatur zu § 27 Z 5 (Freiheitsstrafe)

Ausspruch einer Entlassung wegen Untersuchungshaft des Arbeitnehmers

609 Hat der Arbeitgeber die Entlassung eines Arbeitnehmers **vor Ablauf** der als Untergrenze anzusehenden **14-tägigen Dauer der Dienstverhinderung** ausgesprochen, ist sie jedenfalls als unberechtigt zu qualifizieren, ohne dass es einer Bedachtnahme auf die Gründe der Haft und die allfällige Unzumutbarkeit der Weiterbeschäftigung durch den Arbeitgeber bedarf.
Eine Dienstverhinderung durch Verbüßen einer **Untersuchungshaft** ist nicht als Dienstverhinderung durch eine längere Freiheitsstrafe im Sinne der ersten Modifikation des Entlassungstatbestandes des § 27 Z 5 AngG zu qualifizieren, sondern bildet einen Fall der zweiten Modifikation dieses Tatbestandes „Abwesenheit während einer den Umständen nach erheblichen Zeit". Als **Untergrenze** dieser „erheblichen Zeit" ist in Hinblick auf die rechtsähnliche Bestimmung des § 82 lit i GewO 1859 ein Zeitraum von **14 Tagen** anzusehen, doch können eine die Gründe für die Untersuchungshaft berücksichtigende Interessenabwägung und die Bedachtnahme auf die Unzumutbarkeit der Weiterbeschäftigung im Einzelfall dazu führen, dass die „den Umständen nach erhebliche Zeit" 14 Tage überschreitet.
Da die Entlassung nicht auf Gründe gestützt werden kann, die sich nach ihrem Ausspruch – z.B. auch während ihrer Übermittlung – ereignet haben, wird ein Ausspruch der Entlassung zu einem Zeitpunkt, zu dem die Dienstverhinderung **noch nicht erhebliche Zeit** gedauert hat, **nicht** dadurch **nachträglich saniert**, dass die Dienstverhinderung nach dem Zeitpunkt des Ausspruches der Entlassung weiter andauert. OGH 31. 8. 1994, 8 ObA 268/94. (ARD 4609/8/94 ●)

Meldpflicht des Arbeitnehmers

610 Der Arbeitnehmer muss dem Arbeitgeber **Dienstverhinderungen umgehend mitteilen** und glaubhaft darlegen, um damit dem Arbeitgeber die Möglichkeit rechtzeitiger Disposition zu geben, aber auch, um dem Arbeitgeber die Möglichkeit zur Abwägung zu verschaffen, ob das Fernbleiben des Arbeitnehmers sachlich gerechtfertigt ist bzw. war. Dies gilt auch dann, wenn Anlass der **Dienstverhinderung eine Haft des Arbeitnehmers** ist, weil der Schutz der Privatsphäre des Arbeitnehmers nicht so weit gehen kann, dass er den Arbeitgeber über die Ursache seines Fernbleibens völlig im Unklaren lassen darf.
Die **Unterlassung** der (rechtzeitigen) Meldung der Dienstverhinderung rechtfertigt aber im Allgemeinen eine **Entlassung nicht**, weil dadurch ein an sich nicht pflichtwidriges Dienstversäumnis

§ 27 Z 6 AngG

nicht in ein pflichtwidriges verwandelt werden kann. Sie zieht in der Regel nur den Verlust des Anspruchs auf das dem Arbeitnehmer zustehende Entgelt für die Zeit des Unterbleibens der Verständigung nach sich (§ 8 Abs 8 AngG). Weitere Folgen sind nicht vorgesehen, sodass die Unterlassung der Meldung der Dienstverhinderung nur unter besonderen Umständen – etwa wenn dem Arbeitnehmer die **Meldung leicht möglich** gewesen wäre und er wusste, dass dem Arbeitgeber infolge der Unterlassung der Meldung ein **beträchtlicher Schaden** erwachsen könne – dem Entlassungstatbestand der beharrlichen Dienstverweigerung unterstellt werden kann. In einem solchen Fall hat aber nicht die Verletzung der Verständigungspflicht, sondern die dadurch schuldhaft herbeigeführte Gefahr eines Schadens die zentrale Bedeutung für die Entlassung. Selbst wenn man von einer Verletzung der Verständigungspflicht durch den Arbeitnehmer ausgehen wollte, könnte daraus nur dann das Vorliegen eines Entlassungsgrundes abgeleitet werden, wenn vom Arbeitgeber behauptet und bewiesen worden wäre, dass der Arbeitnehmer wusste, dass infolge der Unterlassung der Meldung der Haft dem Arbeitgeber ein beträchtlicher Schaden erwachsen könne. OGH 13. 9. 2001, 8 ObA 214/01f. (ARD 5279/43/2002 ●)

Judikatur zu § 27 Z 6 (Tätlichkeiten)

Abwehrhandlungen sind keine Tätlichkeit

Nach § 27 Abs 1 Z 6 AngG kann ein Arbeitnehmer entlassen werden, wenn er sich Tätlichkeiten, Verletzungen der Sittlichkeit oder erhebliche Ehrverletzungen gegen den Arbeitgeber, dessen Stellvertreter, deren Angehörige oder gegen Mitbedienstete zu Schulden kommen lässt. Tätlichkeit ist jeder schuldhafte, objektiv gegen den Körper gerichtete Handlung, z.B. eine Ohrfeige, ein Fußtritt usw. Erschöpft sich aber die „Tätlichkeit" des Arbeitnehmers lediglich darin, dass er den Arbeitgeber aus dem Geschäft zu dessen Auto gedrängt, ihn an der Kleidung in Brusthöhe gefasst und **an der Hand gehalten** hat, nachdem der **Arbeitgeber zu einem Schlag gegen ihn ausholte**, liegt keine Tätlichkeit iSd § 27 Abs 1 Z 6 AngG vor, weil der Arbeitnehmer damit nur eine gegen seinen Körper gerichtete **Handlung abgewehrt** hat und nicht verpflichtet ist, Tätlichkeiten des Arbeitgebers reaktionslos hinzunehmen. OGH 27. 1. 1993, 9 ObA 301/92. (ARD 4485/11/93 ●) 611

Wurde während einer Auseinandersetzung um einen vollen Aschenbecher dieser durch eine **Reflexbewegung** des rauchenden Arbeitnehmers, dem von einem nichtrauchenden Arbeitnehmer mit dem vollen Aschenbecher Vorhaltungen gemacht wurden, weggeschleudert, wobei der nichtrauchende Arbeitnehmer durch die ausholende Hand des Rauchers getroffen wurde und sich der Aschenbecher über beide entleerte, liegt keine, eine Entlassung rechtfertigende Tätlichkeit vor. OLG Wien 10. 11. 1995, 8 Ra 118/95. (ARD 4716/14/96 ●)

Zumutbarkeit der Weiterbeschäftigung trotz Tätlichkeiten gegenüber Arbeitskollegen

Ist aus den Umständen erkennbar, dass eine von einem Arbeitnehmer gegenüber einem Arbeitskollegen gesetzte **Tätlichkeit** (hier: „In-den-Schwitzkasten-Nehmen") Ausfluss eines zunächst von beiden Beteiligten als Spaß empfundenen verbalen Schlagabtausches ist, der in der Folge zu (ebenso nicht ernst gemeinten) **Beleidigungen und Provokationen** führte, ist die Weiterbeschäftigung des tätlich gewordenen Arbeitnehmers zumindest bis zum Ablauf der Kündigungsfrist zumutbar und eine **Entlassung ungerechtfertigt**, insbesondere wenn sich die Kontrahenten unmittelbar nach dem Streit versöhnten und der Arbeitgeber daher nicht befürchten musste, dass es bei einer Weiterbeschäftigung zu weiteren Konflikten kommen würde. OGH 4. 12. 2002, 9 ObA 230/02t. (ARD 5403/9/2003 ●) 612

§ 27 Z 6 AngG

Außerdienstliche Tätlichkeiten

613 Wird eine bei ihrem Ehemann angestellte Ehefrau, nachdem sie ihn im Betrieb **mit einer anderen Frau in flagranti erwischt** hat, tätlich, indem sie zwei- bis dreimal auf seine Oberarme einschlug, ist diese Tätlichkeit zwar als Misshandlung iSd § 115 Abs 1 StGB zu qualifizieren; da die Tat aber in völlig zweifelsfreier Weise ihre **Grundlage ausschließlich im Eheverhältnis** hat und in keinerlei Zusammenhang mit betrieblichen Belangen stand, wird der Entlassungstatbestand des § 27 Z 6 AngG nicht verwirklicht. OLG Wien 29. 6. 1998, 10 Ra 145/98m, bestätigt durch OGH 21. 10. 1998, 9 ObA 230/98h. (ARD 4963/7/98 und ARD 4988/34/98 ●)

Außerdienstliche Tätlichkeiten und Ehrverletzungen gegenüber einem Arbeitskollegen in der **Personalgarderobe** stellen einen Entlassungsgrund dar. Würde man nur innerhalb der dienstlichen Sphäre gesetzte Tätlichkeiten als Entlassungsgründe werten, hätte dies zur Folge, dass sogar schwere Verletzungen des Arbeitgebers durch den Angestellten keinen Entlassungsgrund darstellen, wenn sich der Vorfall außerhalb der dienstlichen Sphäre ereignet hat. Hätte aber der Gesetzgeber nur solche Tätlichkeiten innerhalb der dienstlichen Sphäre gemeint, hätte er auch darauf hingewiesen (vgl. § 27 Z 1 AngG: „Im Dienste untreu"). Da aber in § 27 Z 6 AngG solch ein Hinweis fehlt, besteht kein Anlass diesen Entlassungsgrund auf eine im Dienst begangene Tätlichkeit zu beschränken.

Dies würde zwar dann zu weit gehen, wenn die Veranlassung zur Tätlichkeit auf Umstände zurückzuführen ist, die **dienstliche Belange überhaupt nicht berühren** und die Tätlichkeit selbst den Ruf des Arbeitgebers in seiner Eigenschaft als Betriebsinhaber nicht beeinträchtigt. Handelt es sich jedoch sehr wohl um **dienstliche Belange** (hier: Arbeitszeitlisten) und nicht um einen privaten Streit, und ereignet sich der Vorfall in einem engen **örtlichen und persönlichen Konnex zum Arbeitgeber** (hier: Personalgarderobe) ist die Entlassung gerechtfertigt.

Zudem schadet es auch dem Ruf des Arbeitgebers, würde er den tätlich gewordenen Arbeitnehmer weiterhin beschäftigen. Der Arbeitgeber hat nämlich für die **Wahrung der Ruhe und Ordnung** Sorge zu tragen. Unterlässt er es, kann er einerseits seine Fürsorgepflicht verletzen und andererseits kann sein Ruf Schaden nehmen. Werden Angriffe auf Mitarbeiter durch Kollegen bekannt, kann dies nämlich Einfluss sowohl auf den Kundenbereich als auch auf die Arbeitswilligkeit der Mitarbeiter haben. Zudem können zukünftige Mitarbeiter durch Kenntnis der Unterlassung der Sorgepflicht des Arbeitgebers von Bewerbungen Abstand nehmen. Als ausreichend wird der Zusammenhang zwischen Ausübung des Dienstes und der Entlassung z.B. auch angesehen, wenn sich der **Vorfall während der Arbeit des verletzten Mitarbeiters ereignet**. Ob der Arbeitnehmer dabei selbst im Dienst war und seine Handlungsweise zu der Gefährdung der Ordnung und Disziplin am Arbeitsplatz geführt hat, ist prinzipiell nicht entscheidend. ASG Wien 18. 10. 1996, 28 Cga 213/95p. (ARD 4834/39/97 ●)

Begriff des Angehörigen bzw. des Arbeitskollegen

614 Unter **Angehörigen** des Arbeitgebers sind nicht nur der Ehegatte und die Kinder zu verstehen. Dieser Begriff ist vielmehr ebenso wie der des Mitbediensteten **weit auszulegen**. Geht man vom Gesetzeszweck aus, dann ist die Angehörigeneigenschaft insbesondere dann zu bejahen, wenn der Verwandte ein besonderes Naheverhältnis zum Unternehmen hat und die Ehrverletzung damit im Zusammenhang steht. OGH 8. 4. 1992, 9 ObA 56/92. (ARD 4374/12/92 ●)

Der Begriff des Mitbediensteten des § 27 Z 6 AngG ist nicht eng auszulegen, so dass auch ehrverletzende Äußerungen (hier: Vorwurf der Unfähigkeit, der Anmaßung von Erfolgen anderer, verbotener Handlungen und des gewissenlosen Betruges) gegenüber **Mitarbeitern des Konzerns** darunter zu subsumieren sind. OLG Wien 16. 9. 1994, 33 Ra 73/94. (ARD 4675/19/95 ●)

§ 27 Z 6 AngG

Die sexuelle Belästigung einer Arbeitnehmerin stellt auch dann einen Entlassungsgrund dar, wenn die Belästigte in einem **fremden Dienstleistungsbetrieb beschäftigt** ist und nur ihre Arbeitsleistung im gleichen Betrieb wie der Belästiger erbringt. Die Einstufung als „Mitbedienstete" iSd § 27 Z 6 AngG ist gerechtfertigt, weil dieser Begriff alle vom oder für den gleichen Arbeitgeber **unter seiner Verantwortlichkeit beschäftigten Personen** umfasst, unabhängig davon, ob mit ihnen ein Dienstvertrag begründet wurde oder nicht. Den Unternehmer trifft zweifellos gegenüber allen für ihn Beschäftigten die Sorgfalts- und Fürsorgepflicht. OLG 11. 4. 1997, Wien 8 Ra 40/97d. (ARD 4854/10/97 ●)

Judikatur zu § 27 Z 6 (Sittlichkeits- und Ehrverletzungen)

Beleidigungen des Arbeitgebers

Die beleidigende Äußerung des Arbeitnehmers gegenüber dem Arbeitgeber „**kannst eigentlich auch noch etwas anderes, als so blöd schauen, du Trottel**", die ungeachtet seiner Erregung über die Wegnahme seiner Diskette als solche aufzufassen ist und die geeignet war, das Ansehen des Arbeitgebers durch Geringschätzung oder Beschimpfung herabzusetzen, ist in einem solchen Maß als ehrverletzend anzusehen, dass sie von einem Menschen mit normalem Ehrgefühl nicht anders als mit dem Abbruch der Beziehungen beantwortet werden kann. OLG Wien 17. 12. 1999, 9 Ra 280/99h. (ARD 5101/16/2000 ●)

Selbst wenn ein Arbeitgeber seinen Arbeitnehmer zu einer **Selbstkündigung veranlassen** möchte, die nach den einschlägigen Bestimmungen des anzuwendenden Kollektivvertrages keine finanziellen Nachteile für den Arbeitnehmer nach sich zieht, und in der Folge eine einvernehmliche Auflösung des Dienstverhältnisses vorschlägt, ist darin **kein derart provozierendes Verhalten** zu erblicken, das **gröbste Beleidigungen** des Arbeitgebers und dessen Ehefrau durch den Arbeitnehmer rechtfertigt (hier: Beschimpfungen mit den Worten „**Volltrottel**" und „**Arsch**" und die Äußerung gegenüber der – im Betrieb beschäftigten – Ehefrau des Arbeitgebers, sie sei eine „Schlampe" und von ihr als Frau müsse sich der Arbeitnehmer nichts sagen lassen). ASG Wien 28.9. 2001, 17 Cga 218/00b. (ARD 5341/2/2002 ●)

Beschimpft ein Arbeitnehmer, dem völlig zu Recht bei der Gehaltsauszahlung ein Vorschuss abgezogen wurde, den Geschäftsführer im Büro unter vier Augen mit: „Ich will jetzt mein Geld, sonst **kriegst a Watschn, du Arschloch!**" und am darauf folgenden Tag anlässlich eines zufälligen Zusammentreffens in einem Lokal vor weiteren anwesenden Personen mit: „Wennst weiter deppert bist, du Arschloch, leg ich dir eine auf!", ist eine Entlassung gerechtfertigt. ASG Wien 27. 6. 2003, 21 Cga 222/02y. (ARD 5461/13/2003 ●)

Die Äußerung gegenüber dem Arbeitgeber „**Ich werde Sie ruinieren; mit so Kreaturen wie Sie** werde ich noch leicht fertig. Sie werden sich vor Anzeigen nicht erwehren können!" begründet die Entlassung wegen erheblicher Ehrverletzung. ASG Wien 12. 5. 1993, 27 Cga 1041/92. (ARD 4491/7/93 ●)

Der Umstand, dass der Arbeitgeber das durch die sachlich gerechtfertigten Vorhalte über die zu geringen Leistungen des Arbeitnehmers nicht provozierte beleidigende Verhalten des Arbeitnehmers – er bezeichnete den Arbeitgeber als **Ausbeuter der Mitarbeiter** – schärfer reagierte, indem er dem Arbeitnehmer vorwarf, seinerseits die Firma auszubeuten, rechtfertigte nicht die folgenden beleidigenden Äußerungen des Arbeitnehmers, der nicht nur seinen Vorwurf wiederholte, sondern zum Arbeitgeber darüber hinaus erklärte, er sei ein „**Wahnsinniger**" und „**nicht**

§ 27 Z 6 AngG

normal". Zutreffend haben die Vorinstanzen die Äußerungen des Arbeitnehmers daher als erhebliche und nicht entschuldbare Ehrverletzungen iSd § 27 Z 6 AngG qualifiziert. OGH 19. 5. 1993, 9 ObA 76/93. (ARD 4491/6/93 ●)

Die **Beantwortung einer Notiz** des Arbeitgebers über ein tatsächlich nicht bestehendes Kassenmanko mit einer **obszönen Zeichnung** auf dem gleichen Zettel und dessen offenes Liegenlassen im Verkaufsraum stellen eine Ehrverletzung und einen Entlassungsgrund dar. ASG Wien 30. 1. 1995, 7 Cga 105/94z. (ARD 4695/9/95 ●)

Die Behauptung, ein Arbeitgeber gestalte die Arbeitszeit „wie der **faschistische Diktator Adolf Hitler**", berechtigt diesen zur Entlassung wegen erheblicher Ehrverletzung. OGH 8. 7. 1999, 8 ObA 45/99x. (ARD 5120/14/2000 ●)

Hat ein Arbeitnehmer eine Anweisung seiner Vorgesetzten mit den Worten quittiert: „**Du bist nix, du hast mir nix zu sagen!**" und weiters geäußert, sie könne ihm nichts anschaffen, **sie solle mit ihrem Mann schreien**, rechtfertigt dies eine Entlassung. Die vom Arbeitnehmer gewählte Wortfolge „Du bist nix!" erfüllt bereits den Tatbestand der erheblichen Ehrverletzung, weil der Arbeitnehmer mit diesen Worten seiner Vorgesetzten erklärte, dass sie sowohl dienstlich als auch privat keine Bedeutung habe, und zwar nicht nur für ihn, sondern allgemein. Die Verletzungsabsicht des Arbeitnehmers kommt unzweifelhaft darin, aber auch in den Worten, die Vorgesetzte „solle mit ihrem Mann schreien", zum Ausdruck; darin liegt jedenfalls der nicht zu tolerierende Vorwurf eines schlechten Charakters, denn der Arbeitnehmer unterstellt seiner Vorgesetzten – ohne jeden Zusammenhang mit seiner Arbeitstätigkeit –, ihren Ehemann demütigend zu behandeln. OLG Wien 27. 2. 2006, 10 Ra 151/05g. (ARD 5712/13/2006 ●)

Angedrohte Tätlichkeit ist erhebliche Ehrverletzung

616 Die von einem Arbeitnehmer gegenüber seinem Vorgesetzten geäußerte Erklärung „**Wenn Du nicht still bist, hau' ich dir eine in die Goschn!**" ist keinesfalls als eine tolerable Unmutsäußerung zu werten. Die Androhung einer Tätlichkeit ist zwar keine Tätlichkeit, sehr wohl aber unter bestimmten Umständen, zumal wenn sie in Gegenwart bzw Hörweite Dritter geäußert wird, eine erhebliche Ehrverletzung iSd § 27 Z 6 AngG. Gegenüber einem **Vorgesetzten** kann eine derartige Äußerung selbst dann **nicht geduldet** werden, wenn es sich um eine einmalige Entgleisung gehandelt hat. Dass sich der Arbeitnehmer allenfalls nachträglich entschuldigt hat, vermag die Untragbarkeit seiner Äußerung ebenfalls nicht zu beseitigen. OLG Wien 21. 10. 2005, 9 Ra 74/05a. (ARD 5712/14/2006 ●)

Nicht als gefährliche Drohungen anzusehende **Drohungen mit Misshandlungen** sind als grobe Ehrverletzungen anzusehen und berechtigen zur Entlassung. ASG Wien 4. 10. 1999, 22 Cga 46/96m, bestätigt durch OLG Wien 23. 2. 2000, 7 Ra 27/00t. (ARD 5196/17/2001 ●)

Demütigende und herabsetzende Aussagen gegenüber Arbeitskollegen

617 Unter das Tatbestandsmerkmal der **Ehrverletzung** fallen nicht nur Äußerungen, sondern auch alle Handlungen, die geeignet sind, das Ansehen und die soziale Wertschätzung des Betroffenen durch Geringschätzung, Vorwurf einer niedrigen Gesinnung, üble Nachrede, Verspottung oder Beschimpfung herabzusetzen und auf diese Weise das Ehrgefühl des Betroffenen zu verletzen. Zwar sind dies vor allem gegen die Ehre gerichtete strafbare Handlungen iSd §§ 111 ff. StGB, jedoch können auch derartige nicht strafbare Handlungen tatbestandsmäßig sein. Handlungen, die gegenüber dem Vorgesetzten oder einem Arbeitskollegen ein **hohes Maß an Geringschätzung und Herabsetzung** zum Ausdruck bringen, stellen bereits eine Ehrverletzung dar.

§ 27 Z 6 AngG

Demonstriert ein in einem Unternehmen bereits jahrelang beschäftigter, um 21 Jahre älterer Arbeiter gegenüber einem 15-jährigen, erst seit kurzer Zeit im Betrieb beschäftigten weiblichen Lehrling in wiederholten, sich über Monate erstreckenden Angriffen seine „**Überlegenheit**" in **handgreiflicher Weise**, indem er der Betroffenen mit der demütigenden Bemerkung, dass (er schon wisse und entscheide, dass) sie „dies so brauche und dies so wolle", **an das Gesäß griff**, stellt dies eine schon als Ehrverletzung zu wertende Handlung dar. OGH 5. 4. 2000, 9 ObA 292/99b. (ARD 5152/5/2000 ●)

Die Beleidigung von Mitarbeitern, die im Auftrag des Arbeitgebers den Krankenstand eines Arbeitnehmers kontrollieren sollten, mit dem **Götzzitat** stellt einen Entlassungsgrund dar, wenn sich die Ehrenbeleidigung nahtlos in das Gefüge vorangegangener verbaler Entgleisungen des Arbeitnehmers („Nazimethoden", „Horrormethoden, die beim [Arbeitgeber] herrschen") und die unverhohlene Ankündigung einfügen, die Dauer künftiger Krankenstände im Zusammenhang mit der Wiedererlangung seiner früheren Dienstzeit (3-Tage-Woche) sehen zu wollen. OGH 2. 9. 1998, 9 ObA 100/98s. (ARD 4999/5/99 ●)

Die Beschimpfung einer Vorgesetzten mit den Worten „**Fuck you, bitch**", ist jedenfalls als erhebliche Ehrverletzung iSd § 27 Z 6 AngG gegenüber einem Mitbediensteten zu qualifizieren, die eine Entlassung des Arbeitnehmers rechtfertigt. Bei den verwendeten beleidigenden Worten handelt es sich um solche, die im allgemeinen Sprachgebrauch eines Durchschnittsmenschen zwar nicht verwendet, aber verstanden werden. Dem Arbeitnehmer musste daher – auch wenn er aus dem Kulturkreis der USA kommt – einerseits klar sein, dass seine Vorgesetzte diesen Wortlaut verstehen und missbilligen würde, und andererseits, dass sie sich dadurch in ihrer Ehre erheblich verletzt fühlen würde, umso mehr als auch Kunden bei dem Vorfall zugegen gewesen sind. ASG Wien 5. 4. 2001, 26 Cga 23/00t. (ARD 5312/36/2002 ●)

Die Verwendung des Ausdruckes „**Giraffe**" gegenüber einer (offenbar überdurchschnittlich großen) Frau ist aus der maßgeblichen Sicht der so Titulierten **nicht als „liebevolle Tierbezeichnung"** aufzufassen und vermittelt in Verbindung mit den weiteren Äußerungen, die Arbeitskollegin bekomme lauter **Falten im Gesicht** und sei **krank im Kopf**, ein negatives Bild hinsichtlich der körperlichen Erscheinung und der geistigen Verfassung der Arbeitskollegin. OLG Wien 13. 6. 2003, 8 Ra 65/03t. (ARD 5430/8/2003 ●)

Beleidigung eines Konsulenten – keine zur Entlassung berechtigende Ehrverletzung

Gemäß § 27 Z 6 AngG kann ein Angestellter u.a. entlassen werden, wenn er sich erhebliche Ehrverletzungen gegen den Arbeitgeber, dessen Stellvertreter, deren Angehörige oder gegen Mitbedienstete zuschulden kommen lässt. Dem Tatbestand der Ehrverletzung muss eine Verletzungsabsicht in Bezug auf die im Tatbestand angeführten Personen zugrunde liegen. Hat aber der Arbeitnehmer in seiner – im vorliegenden Fall unstrittig beleidigenden – Äußerung weder seinen Arbeitgeber noch seine Mitarbeiter noch seine Vorgesetzten namentlich genannt, sondern lediglich einen **Konsulenten des Arbeitgebers** (und somit keinen Arbeitnehmer), liegt eine Verletzungsabsicht in Bezug auf die in § 27 Z 6 AngG angeführten Personen nicht vor, sodass der Entlassungstatbestand nicht erfüllt und die Entlassung somit unberechtigt war. OLG Wien 18. 3. 2004, 10 Ra 16/04b. (ARD 5552/19/2004 ●)

618

Verantwortlichkeit eines Arbeitnehmers für die Äußerungen seines Rechtsanwalts

Hat ein **Rechtsanwalt** als Vertreter eines Arbeitnehmers in einem Gerichtsverfahren gegen den Arbeitgeber im Rahmen eines Schriftsatzes **Vorgesetzte des Arbeitnehmers grob beleidigt**, ohne dazu vom Arbeitnehmer angestiftet worden zu sein oder dessen vorherige Zustimmung

619

§ 27 Z 6 AngG

eingeholt zu haben, sind die beleidigenden Äußerungen **dem Arbeitnehmer nicht zuzurechnen** und die vom Arbeitgeber ausgesprochene Entlassung wegen grober Ehrenbeleidigung ist nicht gerechtfertigt. OGH 6. 4. 2005, 9 ObA 116/04f. (ARD 5633/14/2005 ●)

Einem Mandaten sind beleidigende Äußerungen seines Rechtsanwalts zuzurechnen, wenn sich die Äußerungen des Rechtsanwalts im Rahmen der ihm von seinem Mandanten erteilten Vollmacht hielten und der Mandant gegenüber seinem Rechtsanwalt die **beleidigende Tatsachenbehauptung selbst aufgestellt** und den Rechtsanwalt zu den Äußerungen angestiftet hat. OGH 11. 4. 1996, 6 Ob 2010/96y. (●)

Unmutsäußerungen bzw. Kritik ohne Beleidigungsabsicht

620 Eine **sachlich gerechtfertigte Kritik** eines Arbeitnehmers an einem Vorgesetzten oder am Arbeitgeber stellt keine erhebliche Ehrverletzung iSd § 27 Z 6 AngG dar. OLG Wien 24. 6. 2004, 8 Ra 80/04z. (ARD 5552/18/2004 ●)

Erörtert ein Arbeitnehmer mit seinem Arbeitgeber die **Ergebnisse einer Inventur** und kommt dabei auch auf Fehlbestände zu sprechen, wobei der Arbeitnehmer erwähnt, dass nicht nur er bzw. andere Arbeitnehmer, sondern auch **Personen aus dem Bereich des Arbeitgebers** (Verwandte) Zugang zur Kasse haben, bewegt sich diese Erörterung im Rahmen gebotener Sachlichkeit, die keinen Entlassungsgrund darstellt. ASG Wien 18. 5. 1993, 17 Cga 604/92, bestätigt durch OLG Wien 15. 12. 1993, 31 Ra 131/93. (ARD 4527/5/94 ●)

Tätigt ein Arbeitnehmer die Aussage gegenüber dem Arbeitgeber, „wenn ihnen etwas nicht passt, dann können sie sich das selber machen" **nicht in beleidigender Absicht**, sondern in **Empörung** über den Vorhalt, er sei für das Zählen von Kosmetika zu dumm, kommt dieser Äußerung keine solche Erheblichkeit zu, die zur vorzeitigen Auflösung des Dienstverhältnisses berechtigen würde. ASG Wien 13. 12. 1993, 27 Cga 183/93s. (ARD 4633/38/95 ●)

Reagiert ein Arbeitnehmer, dem die gesellschaftliche Beteiligung am Unternehmen in Aussicht gestellt und die Bestellung zum Abteilungsleiter vertraglich zugesichert wurde, auf die **Nichtberücksichtigung bei der Bestellung zum Abteilungsleiter** und die anschließend ausgesprochene Kündigung mit dem Vorwurf an den Arbeitgeber, dessen Verhalten sei „menschenverachtend" und „diskriminierend", rechtfertigt dies noch nicht eine Entlassung wegen erheblicher Ehrverletzung nach § 27 Z 6 AngG. Angesichts der unerwarteten Vernichtung seiner Karriereplanung ist die Wortwahl des Arbeitnehmers als „gerade noch entschuldbar" anzusehen. OGH 18. 10. 2006, 9 ObA 98/06m. (ARD 5761/12/2007 ●

Unmutsäußerungen nach vorangegangenen Provokationen

621 Wird ein Arbeitnehmer durch vorheriges Anschreien vor Kunden durch den Arbeitgeber sichtlich **provoziert**, ist die Reaktion des Arbeitnehmers, der Arbeitgeber „mache sich so nur vor seinen Kunden lächerlich", durchaus entschuldbar, jedenfalls aber nicht erheblich iSd § 27 Z 6 AngG. OLG Wien 2 8. 1995, 8 Ra 64/95. (ARD 4701/10/95 ●)

Hat der Geschäftsführer dem Arbeitnehmer gegenüber ein mehrfach inadäquates Verhalten gesetzt, indem er ihm Informationen vorenthalten bzw. ihn falsch informiert und ungeeignete Weisungen erteilt hat, sind in diesem Verhalten und in Zusammenhang mit der Ankündigung des Geschäftsführers gegenüber dem Arbeitnehmer, er käme zu teuer und werde „nicht lange bei der Firma sein", typische **Mobbinghandlungen des Geschäftsführers** zu erblicken. Verfasst der Arbeitnehmer in Reaktion darauf ein Schreiben an die Gesellschafter, in dem er den Geschäftsführer indirekt

§ 27 Z 6 AngG

der „**kalten Lüge**" bezichtigt, ist – ausgehend von den Umständen und dem eingeschränkten Adressatenkreis – nicht davon auszugehen, dass dieses einmalige Verhalten die Schwere eines Entlassungsgrundes erreicht, mag auch die Grenze der Beeinträchtigung der Ehre des Geschäftsführers überschritten sein. OGH 17. 10. 2002, 8 ObA 196/02k. (ARD 5381/10/2003 ●)

Erfolgt die Äußerung eines Arbeitnehmers, die vom Arbeitgeber gestellten **Anforderungen seien schwachsinnig und idiotisch**, nach gravierenden Vorwürfen betreffend die Arbeitsleistungen des Arbeitnehmers und im Zuge eines Gesprächs über die vom Arbeitgeber gewünschte einvernehmliche Auflösung des Dienstverhältnisses (im Gegensatz zu einem möglichen vorzeitigen Austritt wegen Vorenthaltens des Entgelts) und somit infolge einer **Entrüstung** in einer den Umständen nach entschuldbaren Weise, ist sie nicht geeignet, eine Entlassung zu rechtfertigen. OLG Wien 17. 6. 2004, 10 Ra 38/04p. (ARD 5552/17/2004 ●)

Außerdienstliche Ehrverletzungen

Außerdienstliche Ehrverletzungen gegenüber dem Arbeitgeber und seiner Familie können einen Entlassungsgrund darstellen, wenn sich dieses außerdienstliche Verhalten als so schwer wiegend erweist, dass es zwangsläufig **Auswirkungen auf das Dienstverhältnis** haben muss, so dass dem Arbeitgeber eine Weiterbeschäftigung des Arbeitnehmers, der ihn und seine Angehörigen derart schwer beleidigt hatte, nicht mehr zumutbar ist (hier: die Äußerung gegenüber dem **Stiefsohn des Arbeitgebers** in Anwesenheit weiterer Personen, wenn auch in alkoholisiertem, aber nicht schuld ausschließendem Zustand sinngemäß dahin, dass dieser ein „**Hurenbock**" sei wie sein Vater, der „sich durch den ganzen 19. Bezirk budert", und dass **seine Schwester eine** „**Schlampe**" sei). OGH 31. 1. 1996, 9 ObA 11/96. (ARD 4798/34/96 ●)

622

Eine außerdienstliche Ehrverletzung zwischen **Lebenspartnern** (hier: Streit vor Patienten einer Ordination) kann eine Entlassung nur rechtfertigen, wenn zwischen ihr und dem Dienstverhältnis ein unmittelbarer Zusammenhang besteht und die Ehrverletzung geeignet ist, sich auf das Dienstverhältnis oder auf den Betrieb auszuwirken. OGH 1. 9. 1999, 9 ObA 167/99w. (ARD 5104/8/2000 ●)

Analoge Anwendung der Entlassungsgründe des AngG auf freie Dienstverhältnisse

Auch bei **freien Dienstverhältnissen** kann bei Prüfung des Vertrauensverlustes durch ehrschädigende Aussagen des Arbeitnehmers sowie der Unzumutbarkeit der Fortsetzung des Vertragsverhältnisses selbst für die Dauer der Kündigungsfrist auf die Bestimmungen des § 27 Z 6 AngG (analog) zurückgegriffen werden. OGH 25. 6. 2003, 9 ObA 15/03a. (ARD 5444/8/2003 ●)

623

Entlassung wegen sexueller Belästigung

Sexuelle Belästigung stellt eine grobe Ehrenbeleidigung und somit einen Entlassungsgrund iSd § 27 Z 6 AngG dar. Dieser Tatbestand schützt nicht nur die körperliche Integrität vor unerwünschten sexuellen Handlungen, sondern auch die psychische Verletzbarkeit. Körperliche Kontakte gegen den Willen der betroffenen Person, wie das „Begrapschen" des Gesäßes oder der Brüste, das Anpressen des Körpers mit begleitenden Äußerungen wie „Ich werde dich schon ins Bett kriegen!" oder „**Ich will mit dir schlafen!**", überschreiten die allgemeine Toleranzgrenze und beeinträchtigen die menschliche Würde des Arbeitnehmers, insbesondere wenn der Belästiger keine Anhaltspunkte hatte, aus denen er schließen hätte können, sein Verhalten wäre auch nur annähernd erwünscht. Wurde darüber hinaus noch Gewalt angewendet, als die Betroffene sich wehren wollte, liegt in diesem Fall sogar der strafrechtliche Tatbestand der Nötigung vor. ASG Wien 22. 5. 2001, 1 Cga 30/00p. (ARD 5312/39/2002 ●)

624

§ 28 AngG

Auch wenn ein Arbeitnehmer bis zum Entlassungszeitpunkt während seiner langjährigen Dienstzeit keinen Anlass zu relevanten Ermahnungen oder Verwarnungen gegeben hat, ist die Entlassung gerechtfertigt, wenn ein Arbeitgeber Nachteile bei seinem Kundenkreis befürchten muss, falls bekannt wird, im Unternehmen würden sexuelle Belästigungen toleriert. **Sexuelle Belästigung** ist ein der sexuellen Sphäre zugehöriges Verhalten, das die Würde der Person beeinträchtigt, für die Person unerwünscht, unangebracht oder anstößig ist und eine einschränkende oder demütigende Arbeitsumwelt für die betroffene Person schafft. Das **Greifen auf das Knie** als körperlicher Kontakt, unsittliche Reden, wie der unzweideutige Ausspruch „**Ich hätte gerne einmal eine Rothaarige**" usw., sind objektiv geeignet, verletzend zu wirken. Sexuelle Belästigung begründet eine schwer wiegende Disziplinlosigkeit, so dass das für die Berechtigung der Entlassung wesentliche Tatbestandsmerkmal der Unzumutbarkeit erfüllt ist. OLG Wien 26. 1. 1994, 31 Ra 162/93. (ARD 4601/10/94 ●)

Die sexuelle Belästigung einer Arbeitnehmerin stellt auch dann einen Entlassungsgrund dar, wenn die Belästigte in einem **fremden Dienstleistungsbetrieb beschäftigt** ist und nur ihre Arbeitsleistung im gleichen Betrieb wie der Belästiger erbringt. Die Einstufung als „Mitbedienstete" iSd § 27 Z 6 AngG ist gerechtfertigt, weil dieser Begriff alle vom oder für den gleichen Arbeitgeber **unter seiner Verantwortlichkeit beschäftigten Personen** umfasst, unabhängig davon, ob mit ihnen ein Dienstvertrag begründet wurde oder nicht. Den Unternehmer trifft zweifellos gegenüber allen für ihn Beschäftigten die Sorgfalts- und Fürsorgepflicht. OLG 11. 4. 1997, Wien 8 Ra 40/97d. (ARD 4854/10/97 ●)

Bekenntnis zur Homosexualität keine Sittlichkeitsverletzung

625 Erwähnt ein Arbeitnehmer gegenüber Arbeitskollegen, dass er **homosexuell** sei, stellt diese Äußerung **keine Verletzung der Sittlichkeit** dar, wenn es sich bei diesem Vorfall lediglich um ein Gespräch zwischen Arbeitskollegen handelt und insbesondere jegliche körperliche Übergriffe des Arbeitnehmers fehlen, die eine sexuelle Belästigung bedeuten würden. ASG Wien 23. 6. 1997, 28 Cga 239/96p. (ARD 4886/13/97 ●)

626 > **§ 28. (1)** Wenn der Angestellte ohne wichtigen Grund vorzeitig austritt oder wenn ihn ein Verschulden an der vorzeitigen Entlassung trifft, steht dem Dienstgeber der Anspruch auf Ersatz des ihm verursachten Schadens zu.
>
> **(2)** Für die schon bewirkten Leistungen, deren Entgelt noch nicht fällig ist, steht dem Angestellten ein Anspruch auf den entsprechenden Teil des Entgeltes nur insoweit zu, als sie nicht durch die vorzeitige Auflösung des Dienstverhältnisses für den Dienstgeber ihren Wert ganz oder zum größten Teil eingebüßt haben.

Grundlegende Erläuterungen zu § 28

1. Schadenersatzpflicht des Arbeitnehmers bei verschuldeter Dienstvertragsauflösung

627 Trifft den Arbeitnehmer ein **Verschulden an der vorzeitigen Auflösung** (unberechtigter vorzeitiger Austritt oder begründeter, vom Arbeitnehmer verschuldete Entlassung), hat der Arbeitgeber nach § 28 Abs 1 AngG Anspruch auf **Ersatz des ihm verursachten Schadens**. Macht dieser Schaden-

§ 28 AngG

ersatzansprüche geltend, hat er nach den allgemeinen Regeln des Schadenersatzrechts sowohl das **Verschulden des Arbeitnehmers** als auch die **Höhe des konkreten Schadens nachzuweisen.** Im Sinne der Schadensminderungspflicht hat er den Schaden so gering wie möglich zu halten, wozu auch die Verpflichtung gehört, für den entlassenen bzw. ungerechtfertigt ausgetretenen Arbeitnehmer möglichst rasch einen geeigneten Ersatz zu finden.

Ein aus seinem Verschulden entlassener bzw. ohne Grund ausgetretener Arbeitnehmer ist aber nur für **jenen Zeitraum ersatzpflichtig,** den er unter Beachtung von Kündigungsterminen unter Einhaltung der gebotenen Kündigungsfrist oder bis zum Ablauf einer Befristung des Dienstverhältnisses **beim Arbeitgeber noch hätte verbringen müssen.** Es ist daher vom Arbeitnehmer jener Schaden zu ersetzen, der durch das entlassungsbedingte/austrittsbedingte **Nichteinhalten der Kündigungsfrist** entstanden ist. Die Kosten für die Suche eines Nachfolgers etwa durch einen externen Personalberater sind daher nicht zu ersetzen, wenn sie auch bei Einhaltung von Kündigungstermin und Kündigungsfrist aufgelaufen wären. Allenfalls kann der Arbeitgeber vorbringen, dass er bei ordnungsgemäßer Beendigung geringere Kosten gehabt hätte.

Eine **Weiterbeschäftigung** bis zum Ablauf der Kündigungsfrist kann der Arbeitgeber **nicht verlangen,** da dies mit dem jedem Entlassungstatbestand bzw. Austrittstatbestand innewohnenden Grundsatz der Unzumutbarkeit der Weiterbeschäftigung im Widerspruch stehen würde. Trifft **beide Teile ein Verschulden** an der vorzeitigen Auflösung des Dienstverhältnisses, hat nach § 32 AngG der Richter zu entscheiden, ob und in welcher Höhe ein Ersatz gebührt.

2. Sicherung des Ersatzanspruches durch Konventionalstrafe

Die im Gesetz begründete Schadenersatzpflicht des grundlos ausgetretenen bzw. schuldhaft entlassenen Arbeitnehmers kann im Einzelfall auch durch eine **Konventionalstrafe gesichert** werden. Auch die Konventionalstrafe nach § 1336 ABGB ist, was schon aus ihrer Einreihung in das Hauptbuch vom Schadenersatz und ihrer Bezeichnung als Vergütungsbetrag hervorgeht, als Entschädigung für erlittene Nachteile anzusehen, die allerdings **vom Nachweis eines wirklich eingetretenen Schadens unabhängig** ist und „anstatt" des zu vergütenden Nachteiles zu ersetzen ist. Es muss bloß jener Umstand eingetreten sein, der den Grund für die Vereinbarung der Konventionalstrafe bildet. Der Schadenersatzanspruch des Arbeitgebers, der für den Fall des Austritts des Arbeitnehmers ohne wichtigen Grund bzw. dessen berechtigter Entlassung zulässigerweise in Form einer Konventionalstrafe vereinbart werden kann, tritt daher **nicht neben den Anspruch** auf Ersatz des durch Nichterfüllung des Dienstvertrages erlittenen Schadens, **sondern an seine Stelle** (zur Konventionalstrafe siehe näher unter Rz 701 und Rz 725).

628

3. Verfall des Ersatzanspruches

Nach § 34 AngG müssen die Ersatzansprüche wegen vorzeitigen Austritts oder vorzeitiger Entlassung iSd § 28 AngG bei sonstigem Ausschluss **binnen 6 Monaten gerichtlich geltend gemacht werden.** Die Frist beginnt mit dem Ablauf des Tages, an dem der Austritt oder die Entlassung stattfand.

629

Da die Konventionalstrafe ein vom Schadenersatzanspruch nicht zu trennender Anspruch und nicht eine davon losgelöste vertraglich bedungene Zahlung ist, haben für die Geltendmachung der für Ersatzansprüche aus einem unbegründeten Austritt/einer begründeten Entlassung vereinbarten **Konventionalstrafe dieselben Fristen** zu gelten haben wie in dem Fall, dass mangels der Vereinbarung einer Konventionalstrafe der aus der Vertragsverletzung resultierende Schaden geltend gemacht wird. Konventionalstrafen unterliegen gemäß § 38 AngG dem richterlichen Mäßigungsrecht, sofern der vereinbarte Vergütungsbetrag (zum entstandenen Schaden) unverhältnismäßig hoch ist.

4. Verlust des Anspruchs auf noch nicht fälliges Entgelt

630 Während auch der infolge schuldhaften Verhaltens entlassene bzw. unberechtigt ausgetretene Angestellte seine Ansprüche auf bereits fälliges, jedoch noch nicht bezahltes Entgelt (samt Sonderzahlungen) behält, sieht § 28 Abs 2 AngG eine Sonderegelung für noch **nicht fälliges Entgelt** vor. Haben die vom Arbeitnehmer erbrachten Arbeitsleistungen durch die vorzeitige Auflösung ihren **Wert für den Arbeitgeber** ganz oder zum größten Teil **eingebüßt** (d.h. die Arbeitsleistungen wurden für den Arbeitgeber unbrauchbar), **verliert der Arbeitnehmer den Anspruch** auf den noch nicht fälligen Teil des Entgelts. Der Wertverlust muss objektiv feststellbar und erheblich sein; geringfügige Werteinbußen rechtfertigen eine Kürzung des Anspruchs auf das laufende Entgelt noch nicht.

Judikatur zu § 28

Begrenzung des Schadenersatzanspruches

631 Der aus seinem Verschulden entlassene Arbeitnehmer ist nur für **jenen Zeitraum ersatzpflichtig**, den er unter Beachtung von Kündigungsterminen unter Einhaltung der gebotenen Kündigungsfrist oder bis zum Ablauf einer Befristung des Arbeitsverhältnisses **beim Arbeitgeber noch hätte verbringen müssen** Der Arbeitnehmer hat daher nur jenen Schaden zu ersetzen hat, der durch das entlassungsbedingte Nichteinhalten der Kündigungsfrist entstanden ist. OGH 10. 6. 1998, 9 ObA 127/98m. (ARD 4959/4/98 ●)

Ist in einem Arbeitsvertrag unter dem Punkt „Konventionalstrafe" geregelt, dass der dem Arbeitgeber gemäß § 28 AngG zustehende Anspruch auf Ersatz des vom Arbeitnehmer verursachten Schadens, wenn dieser ohne wichtigen Grund vorzeitig austritt oder wenn ihn ein Verschulden an der vorzeitigen Entlassung trifft, mit maximal **3 Monatsentgelten** nach oben **begrenzt** wird, handelt es sich bei dieser Regelung **nicht** um die Normierung eines **pauschalierten Schadenersatzes** iSd § 1336 ABGB, sondern um eine Begrenzung des aus einer erfolgten Schädigung zu leistenden Schadenersatzes mit maximal 3 Monatsentgelten. Damit kann aber die Berufung auf diese „Konventionalstrafe" den **Nachweis eines tatsächlich eingetretenen Schadens** nicht ersetzen. OGH 14. 2. 2001, 9 ObA 284/00f. (ARD 5256/15/2001 ●)

Nachweis des eingetretenen Schadens

632 Tritt ein Arbeitnehmer vorzeitig aus, kann ein hiedurch eingetretener Schaden nur dann von seinem offenen Entgelt abgezogen werden, wenn die Verursachung durch ihn und die Höhe durch konkrete Umstände nachgewiesen werden. Ein Anspruch nach § 28 Abs 2 AngG ist überhaupt nur denkbar, wenn ein **bestimmter Leistungserfolg im Dienstvertrag gewollt** ist (z.B. Entwurf eines Bauplans, Durchführung einer Revisionsmaßnahme oder Vornahme von Rationalisierungsmaßnahmen) und die Arbeit, die von dem ausgeschiedenen Arbeitnehmer geleistet ist, von dessen Nachfolger nicht fortgesetzt werden kann, sondern ganz oder teilweise nochmals erbracht werden muss, um zum beabsichtigten Erfolg zu kommen.
Die in § 28 Abs 2 AngG vorgesehene Rechtsfolge muss ebenso wie der Schadenersatz nach § 28 Abs 1 AngG hinsichtlich der **Verursachung und der Höhe durch die konkreten Umstände nachgewiesen** werden. Ein Entgeltverlust kann daher für den Arbeitnehmer nur eintreten, soweit dieser Nachweis auch gelingt. Können trotz des vorzeitigen Ausscheidens eines Arbeitnehmers Termine eingehalten werden und ist es lediglich zu einem vermehrten Einsatz von Mitarbeitern nach dem Ausscheiden des Arbeitnehmers gekommen, wobei die durch den vorzeitigen Austritt des Arbeitnehmers verursachten Aufwendungen nicht das Entgelt überstiegen haben, das der

§ 28 AngG

Arbeitnehmer selbst bezogen hat, ist ein Schaden des Arbeitgebers nicht eingetreten. OLG Wien 5. 9. 1994, 31 Ra 109/94. (ARD 4611/17/94 ●)

Kosten für externe Personalberater nicht ersatzfähig

Die **Kosten des für die Suche eines Nachfolgers** für den Arbeitnehmer beigezogenen Beraters sind **nicht zu ersetzen**, weil sie auch bei Einhaltung von Kündigungstermin und Kündigungsfrist aufgelaufen wären. Dass dem Arbeitgeber bei ordnungsgemäßer Beendigung des Arbeitsverhältnisses nur ein geringerer Aufwand erwachsen wäre, hat der Arbeitgeber im vorliegenden Fall nicht geltend gemacht. OGH 10. 6. 1998, 9 ObA 127/98m. (ARD 4959/4/98 ●) 633

Ersatz von Detektivkosten nach berechtigter Entlassung

Lässt der Arbeitgeber einen vermeintlich gegen die Treuepflicht verstoßenden Arbeitnehmer durch ein **Detektivbüro überwachen**, kann er die anfallenden Kosten gegen den in der Folge wegen Vertrauensunwürdigkeit zu Recht entlassenen Arbeitnehmer als Schadenersatzanspruch geltend machen, sofern sie für die **Aufklärung der Verdachtsmomente zweckmäßig** waren. Eine ganztägige Überwachung eines für seine Ehegattin Pflegeurlaub beanspruchenden Arbeitnehmers durch einen vor dem Haustor positionierten Detektiv erscheint in diesem Sinne jedoch nicht zweckmäßig. OLG Wien 19. 8. 2004, 10 Ra 90/04k. (ARD 5606/3/2005 ●) 634

Sicherung des Ersatzanspruches mit Konventionalstrafe

Die **Schadenersatzpflicht** des grundlos ausgetretenen oder aus seinem Verschulden entlassenen Angestellten kann durch eine **Konventionalstrafe** gesichert werden. Sie ist nicht von Amts wegen zu mäßigen; allerdings liegt schon in der bloßen Bestreitung der Verpflichtung zur Zahlung der Konventionalstrafe durch den Arbeitnehmer ein **Mäßigungsbegehren**. OLG Linz 6. 5. 1997, 11 Ra 31/97a. (ARD 4902/8/98 ●) 635

Wird mit einem Arbeitnehmer für den Fall seines ungerechtfertigten vorzeitigen Austritts eine **Konventionalstrafe** vereinbart, unterliegt dieser Schadenersatzanspruch nicht der dreijährigen Verjährungsfrist des ABGB, sondern ist bei sonstigem Ausschluss **binnen sechs Monaten geltend zu machen**.

Auch die Konventionalstrafe ist, was schon aus ihrer Einreihung in das Hauptbuch vom Schadenersatz und ihrer Bezeichnung als Vergütungsbetrag hervorgeht, als Entschädigung für erlittene Nachteile anzusehen, die allerdings vom Nachweis eines wirklich eingetretenen Schadens unabhängig ist und „anstatt" des zu vergütenden Nachteiles zu ersetzen ist. Es muss bloß jener Umstand eingetreten sein, der den Grund für die Vereinbarung der Konventionalstrafe bildet. Der Schadenersatzanspruch des Arbeitgebers, der für den Fall des Austrittes des Arbeitnehmers ohne wichtigen Grund zulässigerweise in Form einer Konventionalstrafe vereinbart werden kann, tritt daher **nicht neben den Anspruch auf Ersatz** des durch Nichterfüllung des Dienstvertrages erlittenen Schadens, **sondern an seine Stelle**.

Inhaltlich bleibt auch dieser Anspruch ein Schadenersatzanspruch, der im Arbeitsrecht, wenn es sich beim Arbeitnehmer um einen Angestellten handelt, aus § 28 AngG und bei einem sonstigen Arbeitnehmer aus § 1162a ABGB resultiert und nur im besonderen Fall in Form einer Konventionalstrafe vereinbart wird. (Ersatz-)Ansprüche wegen vorzeitigen Austritts müssen aber bei sonstigem Ausschluss binnen sechs Monaten gerichtlich geltend gemacht werden (§ 34 Abs 1 AngG, § 1162d ABGB). Die **Konventionalstrafe ist daher ein vom Schadenersatzanspruch nicht zu trennender Anspruch** und nicht eine davon losgelöste vertraglich bedungene Zahlung, weshalb für die Geltendmachung der für Ersatzansprüche aus einem unbegründeten Austritt vereinbarten

§ 29 AngG

Konventionalstrafe **dieselben Fristen** zu gelten haben wie in dem Fall, dass mangels der Vereinbarung einer Konventionalstrafe der aus der Vertragsverletzung resultierende Schaden geltend gemacht wird. OGH 27. 3. 1996, 9 ObA 4/96. (ARD 4793/27/96 ●)

Entgeltanspruch bei Lösung des Dienstverhältnisses im Probemonat

636 Löst ein Arbeitnehmer sein Dienstverhältnis während der **Probezeit** auf, hat der Arbeitgeber den Lohn auch dann **bis zur Auflösung des Dienstverhältnisses** zu bezahlen, wenn die Arbeitsleistung des Arbeitnehmers für ihn wertlos geworden ist. § 28 Abs 2 AngG bewirkt einen besonderen Schadensausgleich zugunsten des Arbeitgebers wegen Wertminderung der Arbeitsleistung des Arbeitnehmers, die durch dessen **verschuldete vorzeitige Auflösung** des Dienstverhältnisses bewirkt wurde. Da ein Probedienstverhältnis während der Probezeit von beiden Teilen jederzeit gelöst werden kann, ohne ein Verschulden an der vorzeitigen Lösung zu bedingen, kann sich ein Arbeitgeber in diesem Fall nicht auf § 28 Abs 2 AngG berufen.

Dieser Anspruch betrifft darüber hinaus auch nur solche erbrachten Arbeitsleistungen, für die das **Entgelt noch nicht fällig** geworden ist. Der Anspruch auf bereits fällig gewordenes Entgelt bleibt dem Arbeitnehmer auf jeden Fall erhalten, auch wenn die Leistung in der Folge für den Arbeitgeber ihren Wert verloren hat. Mit Auflösung des Probedienstverhältnisses sind jedoch die Ansprüche des Arbeitnehmers bis zu diesem Tag, bestehend aus Rumpfgehalt, aliquoten Sonderzahlungen und Urlaubsersatzleistung, fällig geworden, so dass schon aus diesem Grund ein Anspruch des Arbeitgebers gemäß § 28 Abs 2 AngG nicht vorliegt. ASG Wien 18. 6. 1996, 11 Cga 67/96v, bestätigt durch OLG Wien 25. 9. 1996, 7 Ra 289/96p. (ARD 4802/21/96 ●)

637 **§ 29. (1) Wenn der Dienstgeber den Angestellten ohne wichtigen Grund vorzeitig entlässt oder wenn ihn ein Verschulden an dem vorzeitigen Austritt des Angestellten trifft, behält dieser, unbeschadet weitergehenden Schadenersatzes, seine vertragsmäßigen Ansprüche auf das Entgelt für den Zeitraum, der bis zur Beendigung des Dienstverhältnisses durch Ablauf der bestimmten Vertragszeit oder durch ordnungsmäßige Kündigung durch den Dienstgeber hätte verstreichen müssen, unter Einrechnung dessen, was er infolge des Unterbleibens der Dienstleistung erspart oder durch anderweitige Verwendung erworben oder zu erwerben absichtlich versäumt hat.**

(2) Soweit der im Abs 1 genannte Zeitraum drei Monate nicht übersteigt, kann der Angestellte das ganze für diese Zeit gebührende Entgelt ohne Abzug sofort, den Rest zur vereinbarten oder gesetzlichen (§ 15) Zeit fordern. Der Anspruch auf die dem Angestellten gebührende Abfertigung (§§ 23 und 23a) bleibt unberührt. (BGBl 1971/292)

Grundlegende Erläuterungen zu § 29

1. Unbegründete vorzeitige Auflösung des Dienstverhältnisses

638 Wird ein Dienstverhältnis durch den Arbeitgeber oder den Arbeitnehmer vorzeitig durch **Entlassung bzw. Austritt** aufgelöst, **ohne dass ein wichtiger Grund** für diesen Schritt vorliegt (somit jeweils unbegründet), wird das Dienstverhältnis nach herrschender Lehre und ständiger Rechtsprechung trotzdem **mit sofortiger Wirkung** beendet. Dieser Grundsatz der sofortigen Beendigungswirkung

§ 29 AngG

wird hinsichtlich einer unbegründeten Entlassung nur bei Dienstverhältnissen durchbrochen, die einem **besonderen Bestandschutz** unterliegen, bei denen eine den besonderen Entlassungsschutzbestimmungen widersprechende Entlassung **unwirksam** ist (Schwangeren, Müttern unmittelbar nach der Entbindung, Müttern und Vätern, die einen Karenzurlaub oder eine Teilzeitbeschäftigung aus Anlass der Geburt in Anspruch nehmen, Betriebsräten und diesen gleichgestellten Personen, Zivil- und Präsenzdienern, Lehrlingen sowie begünstigten Behinderten).

Da somit grundsätzlich das Dienstverhältnis mit sofortiger Wirkung aufgelöst wird, entfallen damit auch die wechselseitigen Leistungspflichten aus dem Dienstverhältnis (Arbeitspflicht des Arbeitnehmers, Entgeltzahlungspflicht des Arbeitgebers).

2. Anspruch auf Kündigungsentschädigung

Ein Arbeitnehmer, der ohne wichtigen Grund vorzeitig entlassen wird oder der wegen eines Verschuldens des Arbeitgebers berechtigt vorzeitig austritt, behält nach § 29 AngG – unbeschadet weitergehenden Schadenersatzes – seine **vertragsmäßigen Ansprüche** für jenen Zeitraum, der bis zur **Beendigung des Dienstverhältnisses** durch Ablauf der bestimmten Vertragszeit (bei befristeten Dienstverhältnissen) oder durch **ordnungsgemäße Kündigung** durch den Arbeitgeber (bei unbefristeten Dienstverhältnissen) noch hätte verstreichen müssen. Durch diese sogenannte **Kündigungsentschädigung** soll der Arbeitnehmer wirtschaftlich so gestellt werden, wie dies bei ordnungsgemäßer Beendigung des Dienstverhältnisses der Fall gewesen wäre. Die Wortfolge „durch ordnungsmäßige Kündigung durch den Dienstgeber" in § 29 Abs 1 AngG indiziert, dass gleichgültig, ob das Dienstverhältnis vom Arbeitgeber oder Arbeitnehmer aufgelöst wurde, **immer die für den Arbeitgeber geltende Kündigungsfrist maßgeblich ist.**

639

§ 29 AngG wird von der Rechtsprechung analog auch auf die Fälle angewandt, dass einem Angestellten **zeitwidrig** (termin- oder fristwidrig) **gekündigt** wurde, ein **befristetes Dienstverhältnis** durch **Arbeitgeberkündigung** aufgelöst wurde, obwohl keine Kündigungsmöglichkeit vereinbart war, oder ein unter **besonderem Kündigungsschutz** stehender Arbeitnehmer eine rechtswidrige Arbeitgeberkündigung gegen sich gelten lässt.

Kein Anspruch auf Kündigungsentschädigung entsteht z.B., wenn der Arbeitnehmer ohne Verschulden des Arbeitgebers, etwa aus gesundheitlichen Gründen, austritt oder wenn der Arbeitgeber fälschlicherweise einen vorzeitigen Austritt des Arbeitnehmers annimmt (und auch der Arbeitgeber kein Verhalten gesetzt hat, das als Beendigungserklärung aufzufassen ist). Stellt sich diese Annahme als unrichtig heraus, besteht mangels wirksamer Willenserklärung durch den Arbeitnehmer das Dienstverhältnis aufrecht fort.

§ 29 AngG stellt gemäß § 40 AngG **zugunsten des Angestellten** (einseitig) **zwingendes Recht** dar; er kann daher nur zu dessen Vorteil, nicht aber zu seinem Nachteil vertraglich abgeändert werden.

3. Höhe der Kündigungsentschädigung

3.1. Maßgeblicher Bemessungszeitraum

Die Kündigungsentschädigung umfasst die gesamten laufenden Bezugsbestandteile und Remunerationen (das „Entgelt") für den Zeitraum, der bis zur Beendigung des Dienstverhältnisses durch **Ablauf der bestimmten Vertragszeit** (z.B. bei Vorliegen eines befristeten Dienstverhältnisses; bei Lehrlingen ist das die restliche Lehrzeit plus die fiktiv anschließende Behaltezeit) oder durch **ordnungsgemäße Kündigung durch den Arbeitgeber** (bei Personen mit besonderem

640

§ 29 AngG

Kündigungsschutz nach MSchG, VKG und APSG ist das der restliche geschützte Zeitraum plus die Kündigungsfrist; bei Betriebsratsmitgliedern ist das nur die normale Kündigungsfrist) hätte verstreichen müssen.

Tritt ein **behinderter Arbeitnehmer** aus wichtigem Grund vorzeitig aus oder lässt eine fehlerhafte Auflösung gegen sich gelten, ist für die Berechnung der Kündigungsentschädigung eine **Kündigungsfrist von 6 Monaten** (unter Berücksichtigung des vom Arbeitgeber einzuhaltenden Kündigungstermins) heranzuziehen. Zu begründen ist dies mit der Ähnlichkeit des Dienstverhältnisses eines behinderten Arbeitnehmers mit einem auf Lebenszeit oder einem für länger als 5 Jahre abgeschlossenen Dienstverhältnis und der gleichartigen Behandlung in der Frage der Auflösung iSd § 21 AngG.

Wird ein Arbeitnehmer **während der Kündigungsfrist** unbegründet (aber rechtswirksam) **entlassen**, gebührt ihm die Kündigungsentschädigung nur bis zu dem Tag, an dem das Dienstverhältnis **durch Kündigung geendet hätte**. Die Ansprüche richten sich demnach nach dem „fiktiven" letzten Tag des Dienstverhältnisses.

3.2. Anrechnungsbestimmung

641 Die Kündigungsentschädigung gebührt nicht immer in voller Höhe. Der Arbeitnehmer hat sich auf eine „das Entgelt für 3 Monate übersteigende Kündigungsentschädigung" gemäß § 29 Abs 1 AngG das **anrechnen** zu lassen, was er sich infolge des Unterbleibens der Dienstleistung **erspart** (z.B. Fahrtkosten, Mehraufwand für Arbeitskleidung) oder durch **anderweitige Verwendung erworben** hat (Vorteilsausgleich).

Die Ersparnisse müssen aber immer in einem engen Verhältnis zum Dienstverhältnis stehen (z.B. notwendige Fahrtspesen). Nicht anrechnungsfähig sind u.a. Leistungen aus der Arbeitslosen- und aus der Pensionsversicherung. Hat er einen **anderweitigen Verdienst absichtlich verhindert**, in dem er etwa ein Angebot zu einer zumutbaren Beschäftigung ausgeschlagen hat, hat er sich einen **fiktiven Verdienst** anrechnen zu lassen. Von einem absichtlichen Versäumnis ist aber nur dann auszugehen, wenn der Arbeitnehmer bei Vorhandensein reeller Chancen keine Anstrengung unternimmt, sich eine Ersatzbeschäftigung zu verschaffen, die ihm nach Treu und Glauben zumutbar ist. Eine nicht zumutbare Beschäftigung muss er nicht annehmen, genauso wie er auch keine außergewöhnlichen Anstrengungen unternehmen muss, um einen Arbeitsplatz zu bekommen.

Die Kündigungsentschädigung gebührt auch dann nicht in voller Höhe, wenn sowohl den Arbeitgeber als auch den Arbeitnehmer (also **beide Vertragsteile**) **ein Verschulden** an der vorzeitigen Lösung des Dienstverhältnisses trifft. In diesem Fall hat der Richter nach freiem Ermessen zu entscheiden, ob und in welcher Höhe ein Ersatz gebührt (§ 32 AngG).

4. Bemessungsgrundlage für die Kündigungsentschädigung

642 Die Kündigungsentschädigung umfasst neben dem **laufenden Entgelt** bis zum fiktiven Ende des Dienstverhältnisses auch das Entgelt für regelmäßig geleistete **Überstunden**, sofern die Überstunden auch während der fiktiven Kündigungsfrist zu leisten gewesen wären, sowie **Zulagen, Provisionen und Prämien** (nicht aber Aufwandsentschädigungen).

Auch der auf die fiktive Kündigungsentschädigung entfallende Teil der **Sonderzahlungen**, eine **Urlaubsersatzleistung** für einen während der fiktiven Kündigungsfrist **neu entstandenen Urlaubsanspruch** sowie ein **Abfertigungsanspruch**, wenn das 3. Dienstjahr erst während der

§ 29 AngG

fiktiven Kündigungsfrist vollendet worden wäre, bzw. die entsprechende **Abfertigungsdifferenz**, wenn in diesem Zeitraum ein höherer Abfertigungsanspruch entstanden wäre, sind in die Kündigungsentschädigung einzurechnen. Eine im Zeitpunkt der Auflösung des Dienstverhältnisses bereits entstandene gesetzliche Abfertigung oder Urlaubsersatzleistung wird von der Kündigungsentschädigung aber nicht umfasst, sondern stehen diese Ansprüche dem Arbeitnehmer gesondert zu, wobei bei deren Bemessung auch der Zeitraum zu berücksichtigen ist, für den Kündigungsentschädigung gebührt. Dies hat auf die Fälligkeit, auf die Anspruchsbefristung, nicht aber auf die abgabenrechtliche Behandlung Auswirkung.

Da die Kündigungsentschädigung primär auf Naturalrestitution gerichtet ist, kann der Arbeitnehmer vom Arbeitgeber unter Umständen auch die **Weiterbenützung von bestimmten Sachbezügen** (z.B. einer Dienstwohnung) verlangen.

5. Fälligkeit und Verfall der Kündigungsentschädigung

Übersteigt der Zeitraum, der bis zur ordnungsgemäßen Beendigung des Dienstverhältnisses hätte verstreichen müssen und für den Kündigungsentschädigung gebührt, **keine 3 Monate**, kann der Arbeitnehmer die **gesamte Kündigungsentschädigung** sofort und ohne Anrechnung **bei Beendigung des Dienstverhältnisses** fordern. 643

Reicht der Zeitraum, der bis zur Beendigung des Dienstverhältnisses durch Ablauf der vereinbarten Vertragsdauer oder durch ordnungsgemäße Kündigung durch den Arbeitgeber hätte verstreichen müssen, **über diese 3 Monate hinaus**, kann der Rest jeweils am gesetzlichen oder vertraglich vereinbarten **Fälligkeitstag**, der bei Fortbestand des Dienstverhältnisses maßgebend gewesen wäre, gefordert werden. Der Arbeitnehmer hat sich in diesem Fall aber das **anrechnen** zu lassen, was er sich infolge des Unterbleibens der Dienstleistung erspart oder durch anderweitige Verwendung erworben hat (siehe oben unter Rz 641).

Kommt der Arbeitgeber der Pflicht, die Kündigungsentschädigung zu bezahlen, nicht nach, kann der Arbeitnehmer beim Arbeits- und Sozialgericht eine **Leistungsklage** einreichen. Diese ist **bei sonstigem Verfall binnen 6 Monaten** einzubringen (§ 34 AngG). Die Frist beginnt mit Ablauf des Tages, an dem die Entlassung bzw. der Austritt ausgesprochen wurde (die Erklärung wirksam zugegangen ist) zu laufen – somit mit Beginn des der Entlassung bzw. dem Austritt folgenden Tages. Eine vertragliche **Verkürzung** der Frist ist gemäß § 40 AngG **nicht möglich**. Durch die Anfechtung der Entlassung wird der Lauf der Frist unterbrochen. Im Übrigen bezieht sich die Verfallsfrist nur auf die Kündigungsentschädigung, nicht aber auf andere Ansprüche aus dem Arbeitsverhältnis (z.B. Ansprüche auf laufenden Lohn, Abfertigung oder Urlaubsersatzleistung).

Da die Frist des § 34 AngG eine **Verfallsfrist** ist, geht das Recht des Arbeitnehmers auf Kündigungsentschädigung nach Ablauf der Frist unter. Bezahlt der Arbeitgeber nach diesem Zeitpunkt dennoch eine Kündigungsentschädigung, stellt dies rechtlich die Zahlung einer Nichtschuld dar und der Arbeitgeber kann das Geleistete mittels Bereicherungsklage zurückfordern.

6. Weitergehender Schadenersatzanspruch

Dem grundlos entlassenen Arbeitnehmer steht es frei, außer den vertragsmäßigen Ansprüchen auf das Entgelt (inklusive Kündigungsentschädigung) **weitergehenden Schadenersatz** geltend zu machen. Im Gegensatz zur Kündigungsentschädigung, bei der es sich um einen abstrakten, vom Nachweis des eingetretenen Schadens und der Schadenshöhe unabhängigen Schadenersatz- 644

§ 29 AngG

anspruch handelt, müssen die Verursachung des weitergehenden Schadens im Zusammenhang mit der vorzeitigen Lösung und seine Höhe durch konkrete Umstände im Einzelfall bewiesen und nach dem bürgerlichen Recht beurteilt werden. Der **Arbeitnehmer** hat daher **zu beweisen**, dass ihm ein **Schaden** durch die ungerechtfertigte Entlassung bzw. den begründeten Austritt **entstanden** ist, wie **hoch** dieser ist und dass den Arbeitgeber ein **Verschulden** daran trifft.

Ein über die Kündigungsentschädigung hinausgehender Schaden kann sich etwa aus dem Verlust einer Dienstwohnung oder wegen einer entgangener Anwartschaft auf Arbeitslosengeld bzw. auf Karenzgeld ergeben, oder in zusätzlichen Ausgaben nach dem Entgeltentfall begründet sein. Diese Schadenersatzansprüche sind binnen 3 Jahren ab Auflösung des Dienstverhältnisses gerichtlich geltend zu machen.

Judikatur zu § 29

Begrenzung der Kündigungsentschädigung

645 Die Kündigungsentschädigung ist kein vom hypothetischen Verlauf des weiteren Dienstverhältnisses völlig unabhängiger Schadenersatzanspruch. Auch zukünftige Entwicklungen müssen berücksichtigt werden, selbst wenn sie bei Beendigung des Dienstverhältnisses nicht absehbar sind. Bei **Tod des Arbeitnehmers** gebührt daher für den restlichen Teil der fiktiven Kündigungsfrist keine Kündigungsentschädigung.

Da der Arbeitnehmer das bekommen soll, was ihm ohne ungerechtfertigte Auflösungserklärung des Arbeitgebers oder seine eigene, durch Umstände auf Seiten des Arbeitgebers veranlasste berechtigte Austrittserklärung zugekommen wäre, ist bei der Begrenzung der Ansprüche durch den (fiktiven) Ablauf der Vertragszeit nicht nur auf den Zeitablauf iSd § 1158 Abs 1 ABGB, § 19 Abs 1 AngG, sondern auch auf vorher **tatsächlich eingetretene Endigungsgründe** Bedacht zu nehmen, mit denen ein **Verlust künftiger Ansprüche** aus dem Arbeitsverhältnis verbunden ist (vgl. OGH 11. 1. 2001, 8 ObS 299/00d, ARD 5246/18/2001 [= zum Konkurs des Lehrherrn], und OGH 17. 3. 2005, 8 ObS 2/05k , ARD 5625/4/2005 [= Untersagung der Gewerbeausübung des Lehrherrn]).

Auch die gesetzliche Endigung des Arbeitsverhältnisses durch den **Tod des Arbeitnehmers** (§ 24 AngG) ist ein Ablauf der Vertragszeit iSd § 29 AngG. Wie in den übrigen Fällen der Ex-lege-Beendigung gebührt auch in diesem Fall für den **restlichen Teil der fiktiven Kündigungsfrist keine Kündigungsentschädigung**. Das in § 29 Abs 2 AngG angeordnete Verbot der Vorteilsausgleichung setzt nämlich voraus, dass für die maßgebende Zeit überhaupt ein vertragsmäßiger **Anspruch auf Entgelt bestanden hätte**. Der Arbeitnehmer soll dadurch, dass er vorzeitig ausgetreten ist, nicht besser gestellt werden, als hätte das Dienstverhältnis noch bis zum Verstreichen der gesetzlichen Kündigungsfrist (oder der zuvor erfolgten Ex-lege-Beendigung) gedauert. Aus § 1162b ABGB und § 29 AngG ergibt sich klar, dass der Gesetzgeber eine Bereicherung des Arbeitnehmers verhindern wollte. Es bedarf keiner weiteren Erörterung, dass die Entgeltansprüche des Arbeitnehmers, der nach ordnungsgemäßer Kündigung durch den Arbeitgeber (Masseverwalter) während der Kündigungsfrist verstirbt, mit dessen Tod enden. OGH 13. 7. 2006, 8 ObS 8/06v. (ARD 5714/3/2006 ●)

Der Anspruch des Arbeitnehmers auf Kündigungsentschädigung kann wegen des zwingenden Charakters der diesen Anspruch begründenden Normen **nicht** durch die vertragliche Vereinbarung einer vom Arbeitgeber zu zahlenden, unter der gesetzlichen Höhe der Kündigungsentschädigung liegenden Konventionalstrafe **beschränkt werden**. OGH 11. 3. 1998, 9 ObA 4/98y. (ARD 4939/24/98 ●)

§ 29 AngG

Vertragliche Erweiterung des Kündigungsentschädigungsanspruches
Ein Anspruch auf Kündigungsentschädigung und Abfertigung bedarf bei einer **vom Arbeitnehmer** 646
verschuldeten Entlassung einer besonderen Vereinbarung. OGH 25. 11. 1998, 9 ObA 268/98x.
(ARD 5050/7/99 ●)

Kündigung unter Berufung auf Austrittsgrund
Macht ein Arbeitnehmer anlässlich seiner Kündigung einen Austrittsgrund als Grund für die 647
Kündigung geltend, verliert er seine Ansprüche aus einem berechtigten vorzeitigen Austritt
nicht, wenn zwischen den Parteien klar ist, dass ein wichtiger, **vom Arbeitnehmer verschuldeter**
Lösungsgrund geltend gemacht wird und es sich daher nicht um eine gewöhnliche Kündigung
handelt, zu der es der Angabe von Gründen nicht bedürfte. LG Linz 25. 9. 1998, 11 Cga 13/98s.
(ARD 5116/14/2000 ●)

Kündigungsentschädigung bei fristwidriger Kündigung
Eine zum **falschen Kündigungstermin** ausgesprochene Arbeitgeberkündigung **löst das Dienst-** 648
verhältnis zu diesem Termin auf. Der auch für die unberechtigte Entlassung geltende § 29 AngG
ist analog anzuwenden, so dass der Arbeitnehmer einen **Schadenersatzanspruch** für die Zeit
der Verkürzung hat. Der Arbeitnehmer soll nicht durch die Annahme einer Konversion dieser
Kündigung zum nächstmöglichen Kündigungstermin mit der aus der rechtswidrigen Erklärung
des Arbeitgebers resultierenden Unsicherheit, ob nun dieses Dienstverhältnis noch besteht und
daher z.B. ein neues Dienstverhältnis nicht abgeschlossen werden kann, belastet werden. Selbst
wenn der Arbeitnehmer mit der Kündigung einverstanden gewesen wäre, wäre dies unbeachtlich,
da die Kündigungsfristen des § 20 AngG zugunsten der Arbeitnehmer zwingendes Recht sind.
OGH 20. 12. 2001, 8 ObA 306/01k. (ARD 5340/10/2002 ●)

Ist eine mündliche **Kündigung rechtzeitig** erfolgt, löst der verspätete Zugang der vom Arbeitnehmer verlangten schriftlichen Kündigung keinen Anspruch auf Kündigungsentschädigung aus.
ASG Wien 11. 9. 1996, 6 Cga 72/96t. (ARD 4842/16/97 ●)

Bei dem Wortlaut „Ich kündige unter Einhaltung der gesetzlichen Kündigungsfrist" handelt es
sich um eine reine Wissenserklärung; die Nennung eines offenbar **unrichtigen Kündigungs-**
termins ist in diesem Fall daher keine Willenserklärung. Wird der unrichtige Kündigungstermin
vom Arbeitnehmer sofort nach Erkennen seines Fehlers korrigiert, in der Folge vom Arbeitgeber
aber nicht akzeptiert, steht dem Arbeitnehmer **analog zur Kündigungsentschädigung** das Gehalt
für den Beschäftigungszeitraum **bis zum richtiggestellten Kündigungstermin** in voller Höhe zu,
weil sein Irrtum über den Termin und der Wille, das Dienstverhältnis ordnungsgemäß zu beenden,
offenkundig gegeben waren. ASG Wien 16. 1. 1996, 28 Cga 139/95f. (ARD 4791/30/96 ●)

Dauer des Ersatzanspruches bei mehrfachen Lösungserklärungen
Wird ein Arbeitnehmer **innerhalb einer im Lauf befindlichen Kündigungsfrist** rechtswirksam, aber 649
ungerechtfertigt entlassen, gebühren ihm die Ersatzansprüche gemäß § 29 AngG nur bis zu dem
Tag, an dem das Dienstverhältnis **aufgrund der Kündigung geendet** hätte. OGH 23. 6. 1993,
9 ObA 88/93. (ARD 4509/5/93 ●)

Erklärt ein Arbeitnehmer **nach Zugang seiner (ungerechtfertigten) Entlassung** seinen (rechtlich
unerheblichen) Austritt, ist die Kündigungsentschädigung auf Basis der vom Arbeitgeber einzuhaltenden Kündigungsfrist zu berechnen. OGH 7. 10. 1998, 9 ObA 250/98z. (ARD 5021/4/99 ●)

§ 29 AngG

Altersteilzeit: Zeitguthaben auch in Kündigungsentschädigung

650 Hat ein Arbeitnehmer bei Konkurs seines Arbeitgebers einen berechtigten vorzeitigen Austritt gemäß § 25 KO gesetzt und fällt der Zeitraum, für den ihm Kündigungsentschädigung gebührt, zur Gänze in die **Vollarbeitsphase seines Altersteilzeit-Blockmodells**, ist davon auszugehen, dass er in dieser „fiktiven Kündigungsfrist" ja noch **weitere Zeitguthaben erworben hätte**, und es steht ihm daher im Rahmen der Kündigungsentschädigung auch der Ersatz für das auf den Zeitraum der „fiktiven Kündigungsfrist" entfallende Zeitguthaben zu. OGH 22. 2. 2007, 8 ObS 4/07g. (ARD 5795/1/2007 ●)

Kündigungsentschädigung bei bestandgeschützten Dienstverhältnissen

651 Erklärt ein Behinderter seinen gerechtfertigten vorzeitigen Austritt, gebührt ihm Kündigungsentschädigung nicht nur unter Bedachtnahme auf eine **6-monatige Kündigungsfrist**, sondern auch auf den vom Arbeitgeber einzuhaltenden Kündigungstermin. OGH 26. 11. 1997, 9 ObA 146/97d. (ARD 4910/8/98 ●)

Ein Arbeitnehmer hat im Falle einer unwirksamen Auflösung des Dienstverhältnisses wegen eines bestehenden **besonderen Kündigungs- oder Entlassungsschutzes** ein **Wahlrecht** zwischen der mit Arbeitspflicht verbundenen Fortsetzung des Dienstverhältnisses und einem ohne Arbeitspflicht bestehenden Schadenersatzanspruch in Form der für diesen Fall gebührenden Kündigungsentschädigung. OGH 7. 6. 2001, 9 ObA 139/01h. (ARD 5290/16/2002 ●)

Eine einem besonderen gesetzlichen Kündigungs- und Entlassungsschutz (Bestandschutz) widersprechende Entlassung ist rechtsunwirksam, doch ist es dem geschützten Arbeitnehmer unbenommen, auf die Geltendmachung dieses Schutzes im konkreten Fall zu verzichten und sich statt dessen auf die Ersatzansprüche nach § 29 AngG (§ 1162 b ABGB) zu beschränken, zumal ein Arbeitnehmer nicht gezwungen werden soll, ein durch eine ungerechtfertigte Auflösungserklärung allenfalls belastetes Dienstverhältnis gegen den erklärten Willen seines Arbeitgebers fortzusetzen. Da diese Grundsätze nicht nur auf unberechtigte Entlassungen, sondern auch auf entgegen einem besonderen Bestandschutz ausgesprochene Kündigungen anzuwenden sind, resultiert auch im hier vorliegenden Fall, in dem sich die **schwangere Arbeitnehmerin** für einen **Verzicht auf den Bestandschutz** entschieden hat, ein Anspruch auf Kündigungsentschädigung, deren Höhe und Dauer von dem Zeitraum abhängig ist, der bis zur Beendigung des Arbeitsverhältnisses bei ordnungsgemäßer Kündigung hätte verstreichen müssen.

Im Falle eines besonderen Kündigungsschutzes ist die Entschädigung bis zum Endzeitpunkt desselben zu berechnen. Dies bedeutet beim Kündigungsschutz nach dem Mutterschutzgesetz einen Zeitraum bis zum Ablauf von **4 Monaten nach der Entbindung** (§ 10 Abs 1 MSchG) bzw **4 Wochen nach Beendigung des Karenzurlaubes**. OGH 17. 12. 1997, 9 ObA 394/97z. (ARD 4967/19/98 ●)

Hat eine Arbeitnehmerin ihren Arbeitgeber über ihre **Schwangerschaft informiert** und wird sie **dennoch entlassen**, hat sie mangels Schutzwürdigkeit des Arbeitgebers das Wahlrecht zwischen der Rechtsunwirksamkeit der Kündigung (und somit dem aufrechten Bestand des Arbeitsverhältnisses) und der Geltendmachung von Beendigungsansprüchen. im vorliegenden Fall hat die Arbeitnehmerin auf ihren Bestandschutz verzichtet und statt der Rechtsunwirksamkeit der Entlassungserklärung die Ansprüche nach § 29 AngG geltend gemacht.

Ob und in welchem Umfang ein Arbeitnehmer Anspruch auf Kündigungsentschädigung hat, hängt davon ab, inwieweit **bei ordnungsgemäßer Beendigung** des Dienstverhältnisses vertragsmäßige Ansprüche auf das **Entgelt zugestanden wären**. Der Arbeitnehmer soll das bekommen, was ihm

§ 29 AngG

ohne Auflösung des Arbeitsverhältnisses zugekommen wäre. Der Schadenersatzanspruch nach § 29 AngG bzw § 1162b ABGB ist daher **vom hypothetischen Verlauf** des weiteren Arbeitsverhältnisses **nicht völlig unabhängig.** Eine „Pauschalierung" des Schadenersatzes ist durch das Gesetz nur insofern vorgesehen, als es die Einrechnung dessen ausschließt, was der Angestellte infolge Unterbleibens der Dienstleistung erspart oder durch anderweitige Verwendung erworben oder zu erwerben absichtlich versäumt hat, soweit der Zeitraum 3 Monate nicht übersteigt und die sofortige Fälligkeit bis dahin gebührenden Entgelts normiert. Das damit gesetzlich angeordnete Verbot der Vorteilsausgleichung setzt aber voraus, dass für die maßgebende Zeit überhaupt ein vertragsmäßiger Anspruch auf Entgelt bestanden hätte.

Nun normiert § 15 Abs 1 MSchG zwar den **Entfall des Arbeitsentgeltes** bei Inanspruchnahme einer **Mutterschaftskarenz,** jedoch kann ein solcher Sachverhalt hier nicht ohne weiteres unterstellt werden. Der Anspruch auf Kinderbetreuungsgeld nach § 2 Abs 1 KBGG besteht nämlich unabhängig von einer früheren (sozialversicherungspflichtigen) Tätigkeit dann, wenn der maßgebliche Gesamtbetrag der Einkünfte iSd § 8 KBGG des Elternteils im Kalenderjahr den Grenzbetrag von € 14.600,- nicht übersteigt (§ 2 Abs 1 Z 3 KBGG). Da im vorliegenden Fall die von der Arbeitnehmerin bei Unterstellung eines aufrechten Arbeitsverhältnisses erzielten Einkünfte diesen Grenzbetrag nicht überstiegen hätten, kann allein aus der Tatsache des Bezuges von Kinderbetreuungsgeld nicht zwingend darauf geschlossen werden, dass die Arbeitnehmerin nach Ablauf der Schutzfrist eine **Mutterschutzkarenz in Anspruch genommen und kein Entgelt erzielt hätte**. Vielmehr wäre es am Arbeitgeber gelegen, den entsprechenden rechtsvernichtenden Einwand zu erheben und unter Beweis zu stellen, was jedoch unterblieben ist. Die Arbeitnehmerin hat daher trotz des Kinderbetreuungsgeldbezugs Anspruch auf Kündigungsentschädigung nach Ablauf des Wochengeldbezuges bis zum Ablauf von 4 Monaten nach der Entbindung. OGH 31. 8. 2005, 9 ObA 5/05h. (ARD 5639/12/2005 ●)

Der **Fortsetzungsanspruch** des Arbeitnehmers wegen rechtsunwirksamer Beendigung des Dienstverhältnisses ist **nicht zeitlich unbegrenzt** und kann insbesondere dann nicht mehr geltend gemacht werden, wenn der Arbeitnehmer bereits die Wahl getroffen hat, anstatt der Fortsetzung des Dienstverhältnisses Ersatzansprüche aus ungerechtfertigter Entlassung geltend zu machen. Der Arbeitnehmer ist an seine Entscheidung gebunden und kann nicht nach mehr als einem Jahr seine Wahl auf Fortsetzung des Arbeitsverhältnisses abändern. OGH 26. 4. 2001, 8 ObA 177/00p. (ARD 5275/49/2002 ●)

Beendigungsansprüche aus betriebsübergangsbedingter nichtiger Kündigung

Ein im Zuge eines **Betriebsübergangs** gemäß § 3 Abs 1 AVRAG unwirksam gekündigter Arbeitnehmer kann auf den durch die Eintrittsautomatik bzw das Verbot einer nicht richtlinienkonformen Kündigung gewährleisteten Schutz verzichten und anstelle der Rechtsunwirksamkeit der Kündigung **Ansprüche aus der ungerechtfertigten Auflösung** des Arbeitsverhältnisses geltend machen kann. Dass der Arbeitnehmer dann tatsächlich beim Erwerber arbeitet, hindert die Geltendmachung der aus der Beendigung des Arbeitsverhältnisses zum Veräußerer abgeleiteten Ansprüche nicht, wenn ihm die Kündigung samt Eingehung eines neuen Arbeitsverhältnisses beim Erwerber günstiger erschien als eine gesetzliche Arbeitsvertragsübernahme. OGH 11. 11. 1998, 9 ObA 240/98d. (ARD 4992/20/98 ●)

Bemessungsgrundlage für die Kündigungsentschädigung

Bei Berechnung der Kündigungsentschädigung kommt es im Wesentlichen nicht darauf an, wie viel der Arbeitnehmer zuletzt faktisch bezogen hat, sondern vor allem, ob diesem **faktischen Bezug ein Anspruch zugrunde liegt und er regelmäßig gebührte**. Eine unberechtigt

§ 29 AngG

bezogene Urlaubsablöse ist nicht mit einzubeziehen. Ebenso wenig sind ein Jubiläumsgeld als einmalige Zahlung und die aus einem anderen Berechnungszeitraum resultierende Erfolgsprämie in die Bemessungsgrundlage einzubeziehen. OLG Wien 27. 11. 1995, 8 Ra 114/95. (ARD 4730/25/96 ●)

Die Kündigungsentschädigung nach § 29 Abs 1 AngG ist grundsätzlich durch Heranziehung eines Monatsdurchschnittes – im Zweifel eines ganzen Jahres – zu ermitteln, wobei **Sonderzahlungen** genauso anteilig zu berücksichtigen sind wie **Überstunden**, sofern sie zum regelmäßigen Bestandteil des Entgelts geworden sind. Wechselt ein Arbeitnehmer im Laufe des Jahres von einer Vollzeitbeschäftigung in eine Teilzeitbeschäftigung scheidet die Heranziehung des Entgelts für die Vollzeitbeschäftigung aus. Als Ermittlungsgrundlage ist nur jenes Entgelt heranzuziehen, das der Arbeitnehmer während der Teilzeitbeschäftigung inklusive Mehrstunden verdient hat. OGH 20. 9. 2000, 9 ObA 163/00m. (ARD 5330/16/2002 ●)

Bei der Berechnung der Kündigungsentschädigung eines Provisionsvertreters ist nicht nur das Fixum, sondern bei einem Anspruch auf Provisionen in wechselnder Höhe auch ein auf den Monat bezogener **Provisionsdurchschnitt** zu berücksichtigen. Im Zweifel sind die Provisionen für die Durchschnittsbildung heranzuziehen, die der Angestellte im letzten Jahr vor Auflösung seines Dienstverhältnisses bezogen hat; im äußersten Fall die Provisionen, die während des gesamten Dienstverhältnisses verdient wurden. Hierbei ist nicht darauf abzustellen, was der Provisionsvertreter rein hypothetisch verdient hätte, wenn der Arbeitgeber das Dienstverhältnis nicht gekündigt hätte, sondern es ist der Durchschnitt an Provisionseinkommen zu ermitteln, das der Provisionsvertreter festgestellter Weise tatsächlich verdient hat. ASG Wien 21. 8. 1998, 20 Cga 54/97z. (ARD 5061/30/99 ●)

Werden Arbeitnehmeransprüche erst **nach Ausspruch** einer ungerechtfertigten **Entlassung**, aber noch **vor Ende der fiktiven Kündigungsfrist neu geschaffen** – im vorliegenden Fall wurde durch eine Betriebsvereinbarung („Sozialplan") eine zusätzliche freiwillige Abfertigung für alle am Stichtag im aufrechten Dienstverhältnis stehenden Arbeitnehmer eingeführt –, fallen derartige Ansprüche schon nach dem Wortlaut des § 29 AngG nicht unter diese Gesetzesstelle, weil danach der Angestellte im Falle vorzeitiger Entlassung nur seine vertragsgemäßen Ansprüche auf das Entgelt behält, diese somit bereits im Zeitpunkt der Entlassung vorliegen müssen. Findet § 29 AngG auf derartige Ansprüche keine Anwendung, unterliegen sie auch nicht der Fallfrist des § 34 Abs 1 AngG. OGH 11. 1. 2001, 8 ObA 172/00b. (ARD 5215/49/2001 ●)

Wird ein Arbeitnehmer ungerechtfertigt entlassen, ist bei Ermittlung der Kündigungsentschädigung der erst während der **fiktiven Kündigungsfrist** (aber nach Beendigung des Dienstverhältnisses) **entstandene Urlaubsanspruch** gleichermaßen zu berücksichtigen. LG Wr. Neustadt 17. 5. 1999, 6 Cga 149/98k. (ARD 5203/11/2001 ●)

Für den Fall des Entstehens eines neuen Urlaubsanspruchs während des Zeitraums, um den der Arbeitnehmer infolge einer zeitwidrigen Kündigung verkürzt wurde, muss auch dieser Anspruch – sowie z.B. ein **während der (fingierten) Kündigungsfrist entstehender Abfertigungsanspruch** – bei der Berechnung der Kündigungsentschädigung berücksichtigt werden. LG Wr. Neustadt 1. 12. 1997, 6 Cga 113/97i. (ARD 5061/29/99 ●)

Bei einer ungerechtfertigten Entlassung steht im Rahmen der Kündigungsentschädigung **keine zusätzliche Abgeltung der Postensuchfreizeit** während der Kündigungsfrist zu. OGH 23. 10. 2000, 8 ObA 174/00x. (ARD 5190/1/2001 ●)

§ 29 AngG

Anrechnung eines fiktiven anderweitigen Verdienstes

Übersteigt der Zeitraum von der Auflösung des Dienstverhältnisses bis zu dem Zeitpunkt, zu dem es durch ordnungsgemäße Kündigung beendet hätte werden können, **nicht 3 Monate,** muss sich ein Angestellter **nicht anrechnen** lassen, was er durch anderweitige Verwendung erworben hat. OGH 6. 12. 1995, 9 ObA 195/95. (ARD 4730/13/96 ●)

Die Pflicht zur Anrechnung eines fiktiven anderweitigen Verdienstes auf eine Kündigungsentschädigung kommt nur insoweit zur Anwendung, als der Arbeitnehmer eine sich ihm **konkret bietende, zumutbare Verdienstmöglichkeit vorsätzlich ausschlägt,** so dass er damit eine Anrechnung verhindert.

Voraussetzung der Anrechnung von fiktivem Verdienst auf eine Kündigungsentschädigung ist, dass der betreffende Arbeitnehmer nach Ablauf von 3 Monaten nach Beendigung des Dienstverhältnisses eine anderweitige, ihm zumutbare Verwendung **absichtlich versäumt** hat, d.h. dass er eine sich ihm konkret bietende, zumutbare Verdienstmöglichkeit ausschlägt, um die Anrechnung zu verhindern, oder es in der gleichen Absicht unterlässt, sich um einen anderen Verdienst zu bemühen. Von einem absichtlichen Versäumen eines Erwerbs ist also dann auszugehen, wenn der Arbeitnehmer bei **Vorhandensein reeller Chancen keine Anstrengungen** unternimmt, sich eine Ersatzbeschäftigung zu beschaffen, die ihm nach Treu und Glauben zumutbar ist und seiner Qualifikation und seiner bisherigen Beschäftigung im Rahmen des Dienstvertrages entspricht. Eine ihm **nicht zumutbare Arbeit** muss der Arbeitnehmer **nicht annehmen,** und er muss auch nicht außergewöhnliche Anstrengungen unternehmen, um einen Arbeitsplatz zu bekommen. Umstände, die eine Anrechnung rechtfertigen, hat der Arbeitgeber zu behaupten und zu beweisen. OLG Linz 4. 7. 1996, 11 Ra 157/96d. (ARD 4849/23/97 ●)

Ist eine Kündigungsentschädigung dienstvertraglich als **freiwillige Abfertigung** auszuzahlen, unterliegt sie nicht der Anrechnung bei anderweitigem Verdienst nach § 29 AngG. OGH 25. 1. 1995, 9 ObA 247/94. (ARD 4645/15/95 ●)

Hätte unter Einhaltung der im Dienstvertrag festgelegten Kündigungsfrist von 3 Monaten zum Quartalsende das Dienstverhältnis eines Arbeitnehmers, der am 3. 7. 1998 berechtigt vorzeitig ausgetreten ist, erst zum 31. 12. 1998 beendet werden können, nahm der Arbeitnehmer jedoch bereits am 15. 7. 1998 ein **neues Dienstverhältnis** auf, das er zeitlich nicht antreten hätte können, wenn das Dienstverhältnis zum alten Arbeitgeber aufrecht geblieben wäre, ist das **Gehalt aus diesem neuen Dienstverhältnis** samt anteiligen Sonderzahlungen **nach Ablauf von 3 Monaten,** also ab 3. 10. 1998, zur Gänze auf die Kündigungsentschädigung anzurechnen. ASG Wien 1. 9. 2000, 27 Cga 184/98w. (ARD 5246/20/2001 ●)

Die Einrechnungsbestimmung des § 29 Abs 1 AngG, wonach jene Beträge, die infolge Unterbleibens der Dienstleistung erspart oder durch anderweitige Verwendung erworben oder zu erwerben absichtlich versäumt wurden, findet auf den **Rücktritt vom Vertrag keine Anwendung.** LG Innsbruck 26. 11. 1991, 47 Cga 158/91. (ARD 4458/8/93 ●)

Beweislast bei der Anrechnung eines möglichen anderweitigen Verdienstes

Bringt ein Arbeitgeber vor, ein Arbeitnehmer hätte nach seiner (ungerechtfertigten) Entlassung eine mögliche Verdienstmöglichkeit absichtlich ausgeschlagen, weshalb der fiktive Verdienst auf die Kündigungsentschädigung anzurechnen sei, hat er die konkrete **Verdienstmöglichkeit und den notwendigen Vorsatz des Arbeitnehmers zu beweisen.** OGH 17. 12. 2003, 9 ObA 135/03y. (ARD 5516/9/2004 ●)

§ 30 AngG

Fälligkeit der Kündigungsentschädigung

656 Der in § 29 Abs 2 AngG genannte **Dreimonatszeitraum** für den sofort fälligen Teil einer Kündigungsentschädigung beginnt bereits mit der **Beendigung des Dienstverhältnisses**, ohne dass es darauf ankommt, ob bereits ab diesem Zeitpunkt Entgeltfortzahlungspflicht besteht. OGH 24. 5. 1995, 8 ObS 21/95. (ARD 4670/8/95 ●)

Die in § 29 Abs 2 AngG genannte 3-Monats-Frist, in der eine **Kündigungsentschädigung** jedenfalls **anrechnungsfrei** zu bezahlen ist und hiefür Insolvenz-Ausfallgeld gebührt, beginnt auch bei besonders geschützten Dienstverhältnissen (Präsenzdienst, Mutterschutz) mit dem **Zeitpunkt des vorzeitigen Austritts**, auch wenn dieser Zeitpunkt in eine entgeltfreie Periode fällt. Diese Grundsätze sind daher auch auf in Karenzurlaub befindliche Personen zu übertragen. OGH 13. 2. 1997, 8 ObS 2260/96b. (ARD 4848/28/97 ●)

Verjährung eines weitergehenden Schadenersatzanspruches

657 Für den weitergehenden Schadenersatzanspruch iSd § 29 Abs 1 AngG beziehungsweise des § 31 AngG ist eine **Verkürzung der allgemeinen Verjährungsfrist des § 1489 ABGB nicht sachgerecht** (siehe dazu ausführlich unter Rz 688). OGH 30. 11. 1995, 8 ObA 273/95. (ARD 4734/15/96 ●)

658 § 30. (1) Ist der Angestellte unter der ausdrücklichen Bedingung aufgenommen, dass er den Dienst genau an einem festbestimmten Tage anzutreten hat, so kann der Dienstgeber vom Vertrage zurücktreten, wenn der Angestellte, aus welchem Grund immer, den Dienst an dem bestimmten Tage nicht antritt.

(2) Außer diesem Falle kann der Dienstgeber vor Antritt des Dienstes vom Vertrage zurücktreten, wenn der Angestellte, ohne durch ein unabwendbares Hindernis gehindert zu sein, den Dienst an dem vereinbarten Tage nicht antritt oder wenn sich infolge eines unabwendbaren Hindernisses der Dienstantritt um mehr als vierzehn Tage verzögert. Das gleiche gilt, wenn ein Grund vorliegt, der den Dienstgeber zur vorzeitigen Entlassung des Angestellten berechtigt.

(3) Der Angestellte kann vor Antritt des Dienstes vom Vertrage zurücktreten, wenn ein Grund vorliegt, der ihn zum vorzeitigen Austritt aus dem Dienstverhältnisse berechtigt. Das gleiche gilt, wenn sich der Dienstantritt infolge Verschuldens des Dienstgebers oder infolge eines diesen treffenden Zufalles um mehr als vierzehn Tage verzögert. Tritt der Angestellte im letzteren Fall ungeachtet der Verzögerung den Dienst an, so gebührt ihm das Entgelt von dem Tage an, an dem der Dienst hätte angetreten werden sollen.

(4) Wird vor Antritt des Dienstes über das Vermögen des Dienstgebers der Konkurs eröffnet, so kann sowohl der Masseverwalter als auch der Angestellte vom Vertrage zurücktreten.

Grundlegende Erläuterungen zu § 30

§ 30 Abs 2 bis Abs 4 AngG stellen gemäß § 40 AngG **zugunsten des Angestellten** (einseitig) **zwingendes Recht** dar; sie können daher nur zu dessen Vorteil, nicht aber zu seinem Nachteil vertraglich abgeändert werden. Die Anführung des § 30 Abs 2 AngG in § 40 AngG scheint

§ 30 AngG

jedoch irrtümlich erfolgt zu sein, da in § 30 Abs 2 AngG Rechte des Arbeitgebers, nicht aber des Angestellten geregelt werden.

Rücktritt vom Vertrag vor Dienstantritt

Die Möglichkeit eines Rücktritts vom Dienstvertrag besteht nach § 30 AngG dann, wenn ein Dienstvertrag zwar gültig zustande gekommen ist, der Arbeitgeber oder Angestellte den Vertrag jedoch überhaupt nicht erfüllt hat, es also überhaupt zu **keinem Dienstantritt** gekommen ist. § 30 Abs 1 und Abs 2 AngG, die den **Rücktritt des Arbeitgebers** regeln, setzen diesbezüglich voraus, dass ein Rücktritt erst möglich ist, wenn der Dienst zum **vereinbarten Zeitpunkt nicht angetreten** wird, ohne dass der Arbeitnehmer durch ein unabwendbares Hindernis daran gehindert wäre. Ein derartiges unabwendbares Hindernis ist z.B. Erkrankung des Angestellten. In der Regel bedarf es sogar noch einer 14-tägigen Wartefrist.

659

Das **Rücktrittsrecht des Arbeitnehmers** ist in § 30 Abs 3 AngG geregelt. Ebenso wie das Vorliegen eines Entlassungsgrundes iSd § 27 AngG den Arbeitgeber zum Rücktritt berechtigt, kann der Arbeitnehmer bei **Vorliegen eines wichtigen Grundes** iSd § 26 AngG, der ihn zum vorzeitigen Austritt berechtigten würde, das Dienstverhältnis noch vor Dienstantritt auflösen.

Judikatur zu § 30

Rücktrittsrecht des Arbeitgebers

Ein Arbeitgeber kann für den Fall der noch **vor Arbeitsantritt hervorgekommenen Unfähigkeit** des Arbeitnehmers, die vereinbarten Dienste zu leisten (vgl. § 27 Z 2 AngG), den **Rücktritt vom Vertrag ohne** die sonst nötige, hier aber unzumutbare **Setzung einer Nachfrist** (Entlassungsgrund) erklären. Manifestiert sich die zumindest partielle, aber den Schwerpunkt der Verwendung bildende Unfähigkeit eines Arbeit suchenden Kochs schon dadurch, dass er in fünf Wochen nicht einmal in der Lage war, schriftliche Vorschläge für festliche Abendmenüs zu erstatten, und auch mündlich keine entsprechenden Vorschläge hatte, obwohl er im Einstellungsgespräch versicherte, den Anforderungen eines Küchenchefs für ein „Haubenlokal" genügen zu können, und wies ihn der Arbeitgeber ausdrücklich darauf hin, dass es ihm darum gehe, die dem Restaurant schon seit fünf Jahren verliehene „Haube" zu verteidigen, weshalb der Arbeitnehmer vor seiner Einstellung einen Nachweis seiner Eignung zu erbringen gehabt hätte, ist ein Rücktritt vom Dienstvertrag gerechtfertigt, wenn der Arbeitnehmer dieser Nachweispflicht nicht nachkommt. OGH 28. 6. 1995, 9 ObA 69/95. (ARD 4710/39/96 ●)

660

Die Erwähnung eines Arbeitnehmers vor Antritt seines Dienstverhältnisses gegenüber einem anderen Arbeitnehmer des Arbeitgebers über seine **bevorstehende Einstellung** stellt keinen wichtigen Grund dar, der einen Rücktritt vom Dienstvertrag seitens des Arbeitgebers rechtfertigen würde. ASG Wien 20. 2. 1996, 28 Cga 60/95p. (ARD 4791/31/96 ●)

Erklärt ein Arbeitnehmer bei einem Stellenwechsel nach Abschluss des neuen Dienstvertrages, er **könne nicht wie vereinbart seinen Dienst antreten**, muss der neue Arbeitgeber eine Bindung des Arbeitnehmers an die mit dem bisherigen Arbeitgeber getroffenen Vereinbarung und damit eine ernstliche Weigerung annehmen, den abgeschlossenen neuen Dienstvertrag einzuhalten. Gemäß § 30 Abs 2 AngG kann der Arbeitgeber vor Antritt des Dienstes vom Vertrag zurücktreten, wenn der Angestellte, ohne durch ein unabwendbares Hindernis gehindert zu sein, den **Dienst an dem vereinbarten Tage nicht antritt**. Hiebei ist der Arbeitgeber bei ernstlicher Erfüllungsverweigerung

§ 31 AngG

durch den Arbeitnehmer nicht gehalten, zuzuwarten, ob der Arbeitnehmer sich nicht doch noch zur Zuhaltung des Vertrages entschließt und zum vereinbarten Termin mit der Arbeit beginnt; dem Arbeitgeber muss vielmehr eine **sofortige Disposition zugebilligt** werden.

Mit der nach der Rücktrittserklärung abgegebenen Erklärung, es bestünde die Möglichkeit, seinen Dienst doch zum vereinbarten Termin anzutreten, wenn er mit seinem bisherigen Arbeitgeber rede, hat der Arbeitnehmer seine Erfüllungsverweigerung nicht widerrufen. Die erst am Tag vor dem vereinbarten Dienstantritt erklärte Bereitschaft, den Dienst rechtzeitig anzutreten, ist nicht unmittelbar nach Zugang der Rücktrittserklärung des Arbeitgebers erfolgt und deshalb unbeachtlich. OGH 30. 9. 1987, 9 ObA 96/87. (ARD 3981/12/88 ●)

Nichtanwendbarkeit bei Rücktritt vor Probemonat

661   In § 30 Abs 3 AngG wird bestimmt, dass der Arbeitnehmer vor Antritt des Dienstes vom Vertrag zurücktreten kann, wenn ein Grund vorliegt, der ihn zum vorzeitigen Austritt aus dem Dienstverhältnis berechtigt. Die wichtigen Gründe für einen derartigen vorzeitigen Austritt sind in § 26 AngG demonstrativ aufgezählt. Wurde ein **Probemonat** vertraglich vereinbart wurde, gilt § 30 Abs 3 AngG nach herrschender Lehre und Rechtsprechung als **nicht anwendbar**. Die **jederzeitige Auflösungsmöglichkeit** des Dienstverhältnisses ohne Angabe von Gründen ist über die Probezeit hinaus auf den Zeitraum zwischen Vertragsabschluss und Arbeitsbeginn **auszudehnen**. Eine Schadenersatzpflicht wegen schuldhaften Nichtantritts ist daher auszuschließen. ASG Wien 15. 10. 2003, 9 Cga 147/03g. (ARD 5506/2/2004 ●)

662   § 31. (1) Ist der Dienstgeber ohne wichtigen Grund vom Vertrage zurückgetreten oder hat er durch sein schuldbares Verhalten dem Angestellten zum Rücktritte begründeten Anlass gegeben, so hat er dem Angestellten das Entgelt zu ersetzen, das diesem für den Zeitraum gebührt, der bei ordnungsmäßiger Kündigung durch den Dienstgeber vom Tage des Dienstantrittes bis zur Beendigung des Dienstverhältnisses hätte verstreichen müssen. Wenn das Dienstverhältnis auf bestimmte Zeit eingegangen wurde, hat der Dienstgeber dem Angestellten, falls die vereinbarte Dienstdauer drei Monate nicht übersteigt, das für die ganze Dauer entfallende Entgelt, falls die vereinbarte Dienstdauer dagegen drei Monate übersteigt, den für drei Monate entfallenden Teilbetrag des Entgeltes zu ersetzen. Allfällige weitere Schadenersatzansprüche werden durch die vorstehenden Bestimmungen nicht berührt.

(2) Die gleichen Ansprüche stehen dem Angestellten zu, wenn der Masseverwalter vom Vertrage zurückgetreten ist.

(3) Ist der Angestellte ohne wichtigen Grund vom Vertrage zurückgetreten oder hat er durch sein schuldbares Verhalten dem Dienstgeber zum Rücktritt begründeten Anlass gegeben, so kann der Dienstgeber Schadenersatz verlangen.

Grundlegende Erläuterungen zu § 31

§ 31 Abs 1 AngG stellt gemäß § 40 AngG **zugunsten des Angestellten** (einseitig) **zwingendes Recht** dar; er kann daher nur zu dessen Vorteil, nicht aber zu seinem Nachteil vertraglich abgeändert werden.

§ 31 AngG

Ersatzansprüche wegen Rücktritts vom Vertrag

§ 31 AngG regelt Entschädigungsansprüche für den Fall, dass ein Vertragspartner vor Dienstantritt unbegründet vom Dienstvertrag zurückgetreten ist oder dem jeweils anderen durch ein schuldhaftes Verhalten einen begründeten Anlass zu einem Rücktritt vom Dienstvertrag gegeben hat. 663

Der Anspruch des Angestellten ist dabei der **Kündigungsentschädigung** nach § 29 AngG **nachgebildet**. Der Arbeitgeber hat dem Angestellten das Entgelt zu ersetzen, das diesem für den Zeitraum gebührt, der bei ordnungsgemäßer Kündigung durch den Arbeitgeber vom Tag des Dienstantritts bis zur Beendigung des Dienstverhältnisses hätte verstreichen müssen. Wenn das Dienstverhältnis auf bestimmte Zeit eingegangen wurde, hat der Arbeitgeber dem Angestellten, falls die vereinbarte Dienstdauer 3 Monate nicht übersteigt, das für die ganze Dauer gebührende Entgelt, falls die vereinbarte Dienstdauer dagegen 3 Monate übersteigt, den auf 3 Monate entfallenden Teilbetrag des Entgelts zu ersetzen. Einen Nachweis über einen tatsächlich entstandenen Schaden muss der Arbeitnehmer nur im Fall der Geltendmachung eines darüber hinaus gehenden Schadens erbringen.

Eine Besonderheit des Entschädigungsanspruches des Angestellten liegt darin, eine dass **Einrechnung** dessen, was sich der Angestellte infolge des Unterbleibens der Dienstleistung erspart oder durch **anderweitige Verwendung erworben** oder zu erwerben absichtlich versäumt hat, **nicht vorgesehen** ist. Außerdem ist der Ersatzanspruch mangels entsprechender Bestimmungen über einen Zahlungsaufschub **sofort im Zeitpunkt des Rücktritts fällig**.

Ersatzansprüche wegen Rücktrittes vom Vertrage nach § 31 AngG müssen bei sonstigem Ausschlusse **binnen 6 Monaten gerichtlich geltend** gemacht werden; die Frist beginnt mit Ablauf des Tages, an dem der Dienstantritt hätte erfolgen sollen (§ 34 AngG). Hinsichtlich eines **weitergehenden Schadenersatzanspruches** hat der OGH ausgesprochen, dass eine Verkürzung der allgemeinen Verjährungsfrist des § 1489 ABGB nicht sachgerecht sei, womit diese Ansprüche nach 3 Jahren verjähren.

Tritt der Angestellte unbegründet vom Dienstvertrag vor Dienstantritt zurück oder gibt dem Arbeitgeber durch schuldhaftes Verhalten Anlass zum Rücktritt, kann der **Arbeitgeber** nach § 31 Abs 3 AngG **Schadenersatz** verlangen. Der Arbeitgeber kann nur seinen Ersatzanspruch geltend machen, zum Dienstantritt kann er den – wenn auch unbegründet – zurückgetretenen Angestellten nicht zwingen.

Judikatur zu § 31

Ersatzansprüche bei unberechtigtem Rücktritt vom Vertrag

Kommt es gar nicht zum Dienstantritt, sieht das Gesetz für bestimmte Fälle ein **Rücktrittsrecht** vor. Tritt der Arbeitgeber ohne wichtigen Grund von einem auf unbestimmte Zeit geschlossenen Dienstvertrag zurück, hat er dem Angestellten das Entgelt zu ersetzen, das diesem für den Zeitraum gebührt, der bei **ordnungsgemäßer Kündigung** durch den Arbeitgeber vom Tage des Dienstantritts bis zur Beendigung des Dienstverhältnisses hätte verstreichen müssen. 664

Diese Ersatzansprüche werden im Zeitpunkt des Rücktritts zur Gänze fällig; es erfolgt keinerlei Einrechnung, weil es sich dabei um eine Art abstrakten Schaden handelt. ASG Wien 27. 5. 1999, 34 Cga 41/98t. (ARD 5089/31/2000 ●)

§ 31 AngG

Die **Einrechnungsbestimmung** des § 29 Abs 1 AngG, wonach jene Beträge, die infolge Unterbleibens der Dienstleistung erspart oder durch anderweitige Verwendung erworben oder zu erwerben absichtlich versäumt wurden, auf den Ersatzanspruch anzurechnen sind, findet auf den Rücktritt vom Vertrag keine Anwendung. LG Innsbruck 26. 11. 1991, 47 Cga 158/91. (ARD 4458/8/93 ●)

Tritt ein Arbeitgeber noch vor Beginn eines auf mehrere Jahre befristet abgeschlossenen Arbeitsvertrages zurück, so hat der Arbeitnehmer Anspruch auf Ersatz des Entgelts für 3 Monate. Da der Rücktritt vom Vertrag aber nicht kausal ist für den **Entgang des Entgelts aus dem vorangegangenen Dienstverhältnis** des Arbeitnehmers, das dieser wegen des neu geschlossenen Vertrages beenden musste, kann der Arbeitnehmer dieses entgangene Entgelt nicht als „**weiteren Schadenersatzanspruch**" geltend machen.

Der zu Recht bestehende Anspruch auf das Entgelt für 3 Monate wird mit dem Zeitpunkt des Rücktritts zur Gänze fällig, weshalb von diesem Zeitpunkt an die 6-monatige Präklusivfrist zu laufen beginnt. OGH 19. 6. 2006, 8 ObA 52/05p. (ARD 5714/7/2006 ●)

Rücktritt von einem befristeten Dienstverhältnis

665 Tritt ein Arbeitgeber unberechtigt noch vor Dienstantritt des Arbeitnehmers vom **befristeten Dienstvertrag** zurück, bleibt der Anspruch des Arbeitnehmers auf das für **3 Monate gebührende Entgelt** beschränkt. Die Möglichkeit eines Rücktritts vom Dienstvertrag besteht dann, wenn ein Dienstvertrag zwar gültig zustande gekommen ist, der Arbeitgeber oder Angestellte den Vertrag jedoch überhaupt nicht erfüllt hat, es also überhaupt zu **keinem Dienstantritt** gekommen ist. § 30 Abs 1 und Abs 3 AngG setzen diesbezüglich voraus, dass ein Rücktritt erst möglich ist, wenn der Dienst zum **vereinbarten Zeitpunkt nicht angetreten** wird; idR bedarf es sogar noch einer 14-tägigen Wartefrist. Erfolgt der Rücktritt des Arbeitgebers unberechtigt iSd § 30 Abs 3 AngG, hat er gemäß § 31 Abs 1 AngG dem Angestellten das Entgelt zu ersetzen, das diesem für den Zeitraum gebührt, der bei ordnungsgemäßer Kündigung durch den Arbeitgeber vom Tag des Dienstantritts bis zur Beendigung des Dienstverhältnisses hätte verstreichen müssen. Wenn das **Dienstverhältnis auf bestimmte Zeit** eingegangen wurde, hat der Arbeitgeber dem Angestellten, falls die vereinbarte Dienstdauer 3 Monate nicht übersteigt, das für die ganze Dauer gebührende Entgelt, falls die vereinbarte Dienstdauer dagegen 3 Monate übersteigt, den auf **3 Monate entfallenden Teilbetrag** des Entgelts zu ersetzen.

Es ist zutreffend, dass die Sonderregelung des § 31 AngG beim Rücktritt vom noch nicht angetretenen Dienstverhältnis in einigen Punkten von § 29 AngG und § 1155 ABGB abweicht und dass die verschiedenen Tatbestände der Entgeltfortzahlung trotz Nichtleistung der Arbeit in einem nicht immer unproblematischen Verhältnis zueinander stehen. Dies ändert aber nichts daran, dass sich der Gesetzgeber eindeutig und unzweifelhaft entschlossen hat, bei noch nicht angetretenem Dienstverhältnis, das auf eine **bestimmte, 3 Monate übersteigende Zeit geschlossen** wurde, die **Ansprüche des Angestellten auf 3 Monate** ab dem Tag des vereinbarten Dienstantritts zu **beschränken** und weitergehende Ansprüche auszuschließen.

Diese sondergesetzliche Regelung ist nicht „ungerecht"; darf doch nicht übersehen werden, dass sich der Angestellte für die ersten 3 Monate im Gegensatz zu § 1155 ABGB **nichts anrechnen** lassen muss, was er sich infolge Unterbleibens der Dienstleistung erspart oder durch anderweitige Verwendung erworben oder zu erwerben absichtlich verabsäumt hat. Nach § 31 AngG gebühren ihm die 3 Monatsgehälter als Entschädigung für eine Art **abstrakten Schadens**, der des Nachweises im Einzelfall nicht bedarf. Da bei einem befristeten Dienstverhältnis ein Limit von 3 Monatsgehältern besteht, kann der Angestellte darüber hinausgehende Ansprüche nur dann stellen, wenn ihm in dieser Zeit zusätzlich ein Schaden entstanden ist, der jedoch von ihm zu behaupten und zu beweisen wäre. OGH 17. 9. 1998, 8 ObA 53/98x. (ARD 5003/5/99 ●)

§ 31 AngG

Kein Ersatzanspruch des Arbeitgebers bei fehlendem Schaden

Hat der Arbeitnehmer die Erfüllung des Vertrages schuldhaft verweigert, steht dem (vermeintlichen) Arbeitgeber gemäß § 31 Abs 3 AngG kein Anspruch auf Leistung der vertragsmäßigen Dienste, sondern nur ein Anspruch auf **Schadenersatz wegen Nichterfüllung des Vertrages**, und zwar auf Ersatz des Erfüllungsinteresses zu. Findet der Arbeitgeber aber bis zum vereinbarten Zeitpunkt des Dienstantrittes ohne weiteres eine **Ersatzkraft gleicher Qualifikation** zum selben Lohn, ist ihm **kein Schaden entstanden** und damit auch kein Erfüllungsinteresse offen. OGH 13. 9. 2001, 8 ObA 113/01b. (ARD 5272/22/2001 ●)

666

Nichtanwendbarkeit bei Rücktritt vor Probemonat

Tritt der Arbeitnehmer ohne wichtigen Grund vom Vertrag zurück, kann der Arbeitgeber vom Arbeitnehmer nach § 31 Abs 3 AngG **Schadenersatz** verlangen. Wurde jedoch ein **Probemonat** vertraglich vereinbart, gilt § 30 Abs 3 AngG nach herrschender Lehre und Rechtsprechung als **nicht anwendbar**. Die **jederzeitige Auflösungsmöglichkeit** des Dienstverhältnisses ohne Angabe von Gründen ist über die Probezeit hinaus auf den Zeitraum zwischen Vertragsabschluss und Arbeitsbeginn **auszudehnen**. Eine Schadenersatzpflicht wegen schuldhaften Nichtantritts ist daher auszuschließen. ASG Wien 15. 10. 2003, 9 Cga 147/03g. (ARD 5506/2/2004 ●)

667

Grenzen der Schadenminderungspflicht des Arbeitgebers

Die einen Arbeitgeber treffende **Schadenminderungspflicht** im Falle eines unberechtigten **Rücktritts** des Angestellten vom Dienstvertrag vor Antritt des Dienstes geht nicht so weit, dass der Arbeitgeber dazu verhalten wäre, im Fall einer bereits vor Dienstantritt beginnenden **Schulung** für die im Rahmen der auswärtigen Schulung anfallenden **Flug- und Hotelkosten eine Stornoversicherung** abzuschließen. OLG Wien 17. 12. 2003, 9 Ra 151/03x. (ARD 5483/1/2004 ●)

668

Ersatzansprüche nicht durch IESG gesichert

Tritt ein Arbeitgeber vor der tatsächlichen Arbeitsaufnahme ohne wichtigen Grund vom Arbeitsvertrag zurück, hat er dem Arbeitnehmer nach § 31 AngG das Entgelt zu ersetzen, das diesem für den Zeitraum gebührt hätte, der bei **ordnungsgemäßer Kündigung durch den Arbeitgeber** vom Tag des Dienstantrittes bis zur Beendigung des „Dienstverhältnisses" hätte verstreichen müssen. Ob ein Arbeitnehmer für diese Ansprüche im Falle des nachträglichen Konkurses des Arbeitgebers Anspruch auf Insolvenz-Ausfallgeld hat, richtet sich danach, ob es sich bei den Schadenersatzansprüchen nach § 31 AngG um Ansprüche aus einem „Arbeitsverhältnis" iSd § 1 Abs 2 Z 2 IESG handelt. Diese Bestimmung sichert aufrechte, nicht verjährte und nicht ausgeschlossene Schadenersatzansprüche aus einem „Arbeitsverhältnis". Da jedoch davon auszugehen ist, dass die in § 1 Abs 2 Z 2 IESG vorgesehene Sicherung von Schadenersatzansprüchen aus einem „Arbeitsverhältnis" jedenfalls keine Ansprüche erfasst, die vor dem vorgesehenen Arbeitsbeginn entstehen, gebührt für **Schadenersatzansprüche** aus einem vor Arbeitsbeginn liegenden unberechtigten Rücktritt des Arbeitgebers vom Arbeitsvertrag **kein Insolvenz-Ausfallgeld**. OGH 25. 6. 2001, 8 ObS 141/01w. (ARD 5302/1/2002 ●)

669

Fälligkeit und Verfall des Ersatzanspruches

Die aus § 31 Abs 1 AngG abgeleiteten **Ersatzansprüche** des Angestellten werden im Zeitpunkt des Rücktritts zur Gänze fällig, weshalb von diesem Zeitpunkt an die **6-monatige Präklusivfrist** des § 34 AngG zu laufen beginnt. OGH 19. 6. 2006, 8 ObA 52/05p. (ARD 5714/7/2006 ●)

670

§ 32 AngG

Verjährung des Ersatzanspruches

671 Für den **weitergehenden Schadenersatzanspruch** iSd § 29 Abs 1 AngG beziehungsweise des § 31 AngG ist eine Verkürzung der allgemeinen Verjährungsfrist des § 1489 ABGB nicht sachgerecht (siehe dazu auch ausführlich unter Rz 688). OGH 30. 11. 1995, 8 ObA 273/95. (ARD 4734/15/96 ●)

672 **§ 32. Trifft beide Teile ein Verschulden an dem Rücktritt oder der vorzeitigen Lösung des Dienstverhältnisses, so hat der Richter nach freiem Ermessen zu entscheiden, ob und in welcher Höhe ein Ersatz gebührt.**

Grundlegende Erläuterungen zu § 32

→ Zum Rücktritt vom Dienstvertrag siehe § 30 f. AngG, Rz 658 ff., zur vorzeitigen Auflösung des Dienstverhältnisses siehe §§ 25 bis 29 AngG, Rz 397 ff.

1. Mitverschulden bei vorzeitiger Dienstvertragsauflösung

673 Nach § 32 AngG hat der Richter, wenn **beide Teile ein Verschulden** an der vorzeitigen Auflösung des Arbeitsverhältnisses durch Entlassung oder vorzeitigen Austritt trifft, nach **freiem Ermessen** zu entscheiden, **ob und in welcher Höhe ein Ersatz gebührt**. Die Rechtsfigur des Mitverschuldens eröffnet dem Gericht im Wege des Vorteilsausgleichs die Möglichkeit, alle Nuancen der zu einer vorzeitigen Beendigung des Arbeitsverhältnisses führenden Geschehnisse nach Maßgabe der beiderseitigen Verschuldensanteile zu berücksichtigen. Die so genannte „Kulpakompensation" kommt aber nicht in Betracht, wenn das Dienstverhältnis nicht durch Entlassung oder Austritt vorzeitig gelöst wurde, sondern durch Arbeitnehmerkündigung geendet hat.

Die Vornahme eines Vorteilsausgleiches setzt voraus, dass zum Verschulden des Empfängers der Auflösungserklärung ein Verschulden des Erklärenden hinzutritt, das das erstgenannte Verschulden in einem anderen, erheblich abgeschwächten Licht erscheinen, aber immerhin noch bestehen lässt. Es muss ein die Bedingung für die Vertragsauflösung bildendes **schuldhaftes Verhalten des einen Teiles zu einem solchen Verhalten des anderen Teiles hinzutreten.** War ein Verhalten für die vorzeitige Auflösung nicht kausal, kann außer Betracht bleiben, ob dieses Verhalten tatsächlich als schuldhaftes Verhalten anzusehen ist, weil bei fehlender Kausalität die Verschuldensfrage nicht zu prüfen ist. Es muss also bei einer Teilung des Verschuldens ein beiderseitiges Verschulden an der Auflösung des Dienstverhältnisses vorliegen (mitwirkendes Verschulden). Ein Verschulden schlechthin reicht noch nicht aus (vgl. u.a. OGH 17. 9. 1998, 8 ObA 116/98m, ARD 4984/14/98).

Die „Kulpakompensation" dient aber nicht dazu, im Falle einer **ungerechtfertigten Entlassung** bzw. eines **unberechtigten Austritts**, für die jeweils die geltend gemachten Gründe nicht ausreichen, die den Arbeitgeber bzw. den Arbeitnehmer aus diesem Grund treffenden **Rechtsfolgen zu mindern**. Es soll nicht einer Auflösungserklärung, für welche die geltend gemachten Gründe nicht ausreichen, doch noch wenigstens teilweise zum Erfolg verholfen werden. Bei einer ungerechtfertigten Entlassung bzw. eines unberechtigten Austritts erübrigt sich somit die Frage nach einem allfälligen Mitverschulden.

§ 32 AngG

2. Verschulden des Arbeitnehmers an einer unberechtigten Entlassung

Im Bereich der Entlassung muss ein **schuldhaftes Verhalten des Arbeitnehmers** vorliegen, das im Zusammenwirken mit einem ebenfalls schuldhaften Verhalten des Arbeitgebers für die Entlassung **ursächlich** war; allerdings darf dieses Verhalten des Arbeitgebers nicht nur in der Abgabe einer (ungerechtfertigten) Entlassungserklärung bestehen. Für das schuldhafte Verhalten des Arbeitnehmers genügt nicht ein die Entlassung nicht rechtfertigendes Verhalten; es muss in einem davon unabhängigen, zusätzlichen, für den Ausspruch der Entlassung kausalen Verhalten des entlassenden Arbeitnehmers liegen.

674

So kann etwa einen Arbeitnehmer ein Verschulden an der unberechtigten Entlassung treffen, wenn er einen ihm **bekannten Rechtfertigungsgrund** für ein an sich pflichtwidriges Verhalten (hier: Unterlassen der Dienstleistung) dem Arbeitgeber schuldhaft **nicht bekannt gibt** und der Arbeitgeber bei Kenntnis dieses Rechtfertigungsgrundes die Entlassung aller Voraussicht nach nicht ausgesprochen hätte. Den Arbeitnehmer trifft die Obliegenheit, einen ihm bekannten Rechtfertigungsgrund bekannt zu geben, wenn sein Verhalten beim Arbeitgeber – objektiv betrachtet – den Anschein pflichtwidrigen Verhaltens erwecken kann. Den Arbeitgeber trifft ein Verschulden an der Entlassung, wenn er sie ausgesprochen hat, ohne sich vorher Gewissheit zu verschaffen, ob der Arbeitnehmer nicht infolge eines rechtmäßigen Hinderungsgrundes von der Arbeit ferngeblieben ist.

Trifft den Arbeitgeber an der Nichtkenntnis des Rechtfertigungsgrundes hingegen kein oder ein zu vernachlässigendes geringes Verschulden und ist dem Arbeitnehmer die Nichtbekanntgabe des Hinderungsgrundes als **schwerer Verstoß gegen die Mitteilungspflicht** vorzuwerfen, weil er seinen Arbeitgeber hievon hätte leicht in Kenntnis setzen können, dann kann die Verschuldensabwägung auch dazu führen, dass sich sein Mitverschulden einem **Alleinverschulden** nähert.

3. Geltendmachung des Mitverschuldens

Die Anwendung des § 32 AngG setzt die **ausdrückliche Einwendung des Mitverschuldens** des unberechtigt Entlassenen bzw. berechtigt vorzeitig Austretenden **nicht voraus**; ein entsprechendes Tatsachenvorbringen reicht aus. Die Höhe des Ersatzes richtet sich nach den Bestimmungen der §§ 28 bis 31 AngG und wird nach diesen Bestimmungen gemäß § 273 ZPO durch das Gericht festgesetzt.

675

Judikatur zu § 32

Geltendmachung eines Mitverschuldens des Vertragspartners

Die Anwendung des § 32 AngG setzt die ausdrückliche Einwendung des Mitverschuldens des berechtigt vorzeitig Austretenden nicht voraus; ein **entsprechendes Tatsachenvorbringen** reicht aus. OGH 10. 4. 1991, 9 ObA 39/91. (ARD 4401/7/92 ●)

676

Kein Mitverschuldenseinwand bei Arbeitnehmerkündigung möglich

Eine so genannte „Kulpakompensation" (Mitverschulden an der Auflösung des Dienstverhältnisses) iSd § 32 AngG kommt **nicht in Betracht**, wenn das Dienstverhältnis nicht vorzeitig gelöst wurde (Entlassung, Austritt), sondern durch **Arbeitnehmerkündigung** endet. OGH 11. 9. 1991, 9 ObA 182/91. (ARD 4312/15/91 ●)

677

§ 32 AngG

Mitverschulden durch unwahre Angaben über Dienstverhinderungsgrund

678 § 32 AngG sieht die Kürzung der aus der vorzeitigen Beendigung des Arbeitsverhältnisses resultierenden Ansprüche bei Mitverschulden vor. Auch den Arbeitnehmer kann ein Verschulden an der unberechtigten Entlassung treffen, wenn er einen ihm **bekannten Rechtfertigungsgrund** für ein an sich pflichtwidriges Verhalten (hier: Unterlassen der Dienstleistung) dem Arbeitgeber schuldhaft **nicht bekannt gibt** und der Arbeitgeber bei Kenntnis dieses Rechtfertigungsgrundes die Entlassung aller Voraussicht nach nicht ausgesprochen hätte. Den Arbeitnehmer trifft die Obliegenheit, einen ihm bekannten Rechtfertigungsgrund bekannt zu geben, wenn sein Verhalten beim Arbeitgeber – objektiv betrachtet – den Anschein pflichtwidrigen Verhaltens erwecken kann. Den Arbeitgeber trifft ein Verschulden an der Entlassung, wenn er sie ausgesprochen hat, ohne sich vorher Gewissheit zu verschaffen, ob der Arbeitnehmer nicht infolge eines rechtmäßigen Hinderungsgrundes von der Arbeit ferngeblieben ist.

Trifft den Arbeitgeber an der Nichtkenntnis des Rechtfertigungsgrundes hingegen kein oder ein zu vernachlässigendes geringes Verschulden und ist dem Arbeitnehmer die Nichtbekanntgabe des Hinderungsgrundes als **schwerer Verstoß gegen die Mitteilungspflicht** vorzuwerfen, weil er seinen Arbeitgeber hievon hätte leicht in Kenntnis setzen können, dann kann die Verschuldensabwägung auch dazu führen, dass sich sein Mitverschulden einem **Alleinverschulden** nähert.

Hat ein Arbeitnehmer seine Weigerung zur Weiterarbeit auf seinem bisherigen Arbeitsplatz allein mit einem **Streit mit einem Arbeitskollegen** begründet und den Arbeitgeber nicht auf vorhandene **Schmerzen** im Handgelenk **hingewiesen**, die dazu führten, dass er noch am gleichen Tag von seinem Hausarzt rückwirkend krankgeschrieben wurde, trifft ihn an der (unberechtigten) Entlassung das Alleinverschulden. OGH 20. 12. 2006, 9 ObA 160/05b. (ARD 5792/6/2007 ●)

Verweigert der Arbeitnehmer den Arbeitsantritt mit der Begründung, trotz Änderung der Verhältnisse und ohne entsprechende Vereinbarung mit dem Arbeitgeber müsse ihm auch das neue Firmenfahrzeug für Privatfahrten zur Verfügung gestellt werden, und lässt er sich daraufhin ab diesem Tag **krankschreiben**, ist die Entlassung wegen des Dienstverhinderungsgrundes der Arbeitsunfähigkeit zwar ungerechtfertigt, den Arbeitnehmer trifft aber an dieser unberechtigten Entlassung das **Alleinverschulden**. Vom Arbeitgeber kann nämlich in einem solchen Fall nicht verlangt werden, das vom Arbeitnehmer **offengelegte Motiv** (hier: Verweigerung der Dienstleistung wegen des Verbots der Privatnutzung des neuen Firmenfahrzeuges) **zu hinterfragen** und vor dem Ausspruch der Entlassung weitere Informationen über einen eventuellen anderen Rechtfertigungsgrund für die Arbeitsverweigerung einzuholen. Das Begehren des Arbeitnehmers auf Kündigungsentschädigung bzw Abfertigung ist daher zur Gänze abzuweisen. OGH 1. 2. 2007, 9 ObA 128/06y. (ARD 5792/6/2007 ●)

Gibt ein Arbeitnehmer dem Arbeitgeber trotz Kenntnis der betrieblichen Arbeitssituation und trotz Entlassungsdrohung des Arbeitgebers diesem **nicht den wahren Grund** für eine, wenn auch gerechtfertigte, **Dienstverhinderung** bekannt – im vorliegenden Fall gab der Arbeitnehmer dem Arbeitgeber bekannt, dass er wegen Erbschaftsangelegenheiten nochmals nach Israel fliegen werde, wobei er aber in Wirklichkeit die für orthodoxe Juden offenbar verbindliche 30-Tage-Trauerregel einhalten und am Grab seines Vaters in Israel rechtzeitig den Trauer-Kaddisch sprechen wollte –, so dass es dem Arbeitgeber nicht möglich gewesen ist, eine konkrete Interessenabwägung durchzuführen, kann der Arbeitnehmer aufgrund seines **Mitverschuldens** an einer ungerechtfertigten Entlassung seine entlassungsabhängigen Ansprüche verlieren. OGH 25. 4. 1996, 8 ObA 2058/96x. (ARD 4779/26/96 ●)

Einen Arbeitnehmer kann nur dann ein Mitverschulden an seiner unberechtigten Entlassung treffen, das zu einer Mäßigung seiner entlassungsabhängigen Ansprüche führt, wenn er einen ihm

§ 32 AngG

bekannten **Rechtfertigungsgrund** für sein an sich pflichtwidriges Verhalten dem Arbeitgeber trotz bestehender Möglichkeit **nicht mitteilt** und der Arbeitgeber bei Kenntnis des Rechtfertigungsgrundes die Entlassung aller Voraussicht nach nicht ausgesprochen hätte. OGH 26. 8. 2004, 8 ObA 17/04i. (ARD 5587/4/2005 ●)

Hat ein Arbeitnehmer aufgrund gegebener **Arbeitsunfähigkeit** seinen Arbeitsplatz gerechtfertigt verlassen, dem Arbeitgeber gegenüber aber in der Folge **unrichtige Angaben** über den Grund dieses Verhaltens gemacht, so dass dem Arbeitgeber die Arbeitsunfähigkeit unbekannt geblieben ist, ist eine anlässlich dieses Vorfalls ausgesprochene Entlassung als ungerechtfertigt anzusehen. Dem (bereits mehrmals verwarnten) Arbeitnehmer ist allerdings ein **Mitverschulden** an der vorzeitigen Lösung des Dienstverhältnisses anzulasten, das zu einer Reduktion seiner entlassungsabhängigen Ansprüche führen kann. ASG Wien 16. 2. 1999, 14 Cga 71/98g. (ARD 5062/2/99 ●)

Die **Unterlassung der Anzeige einer Dienstverhinderung** nach § 8 Abs 8 AngG begründet **kein Mitverschulden** des Arbeitnehmers an der vorzeitigen Lösung des Dienstverhältnisses. Nur besonders erschwerende Umstände können zur Annahme eines Mitverschuldens an der Entlassung wegen Nichtvorlage der Krankenstandsbestätigung führen. In der Verärgerung des Geschäftsführers des Arbeitgebers durch ein derartiges Verhalten des Arbeitnehmer kann kein besonders erschwerender Umstand erblickt werden, der zur Annahme eines Mitverschuldens des Arbeitnehmers iSd § 32 AngG führt. OLG Wien 3. 4. 1987, 34 Ra 1008/87. (ARD 4010/15/88 ●)

Ist ein Arbeitnehmer nach einem abgelehnten Urlaubsantrag eigenmächtig dem Dienst einen Tag fern geblieben, um seinen schwer kranken, im Ausland lebenden **Bruder zu einer wichtigen Krankenhausuntersuchung zu bringen**, stellt dies zwar einen das Unterlassen der Dienstleistung rechtfertigenden Dienstverhinderungsgrund dar und macht die aus diesem Grund ausgesprochene Entlassung zu einer unberechtigten; hat er seinem Arbeitgeber den **Grund für seinen Urlaubswunsch** jedoch nie bekannt gegeben, obwohl dieser dem Urlaubsansuchen bei Kenntnis des wahren Grundes aller Voraussicht nach entsprochen hätte, trifft den Arbeitnehmer ein derart großes Mitverschulden an der ungerechtfertigten Entlassung, dass ihm keine entlassungsabhängigen Ansprüche zustehen. OLG Wien 29. 10. 2002, 7 Ra 290/02x. (ARD 5454/2/2003 ●)

Wird ein **krank gemeldeter Arbeitnehmer** vom Arbeitgeber damit konfrontiert, während des Krankenstandes am **Sportplatz** als Co-Trainer einer Fußballmannschaft tätig gewesen zu sein, was auch durch ein Foto in einer Regionalzeitung dokumentiert ist, und **leugnet** er wiederholt seine Anwesenheit am Sportplatz, anstatt den bestehenden Rechtfertigungsgrund für seine Anwesenheit (bloßes Abholen seines Sohnes) bekannt zu geben, ist die Beurteilung, dass ihn zu **2/3 ein Mitverschulden** an der – letztlich doch ungerechtfertigten – Entlassung trifft, angemessen, weil sein Verhalten (Nichtbekanntgabe des Rechtfertigungsgrundes) der wesentliche Auslöser für die Entlassung war. OGH 31. 8. 2005, 9 ObA 108/05f. (ARD 5656/6/2006 ●)

Mitverschulden durch Dienstpflichtverletzungen

Fortgesetzte **tolerierte Dienstpflichtverletzungen** können im Fall einer deswegen ungerechtfertigten Entlassung im Anlassfall zu einem **Mitverschulden** des Arbeitnehmers und daraus sogar zu einem gänzlichen Entfall einer Kündigungsentschädigung führen. ASG Wien 29. 8. 2000, 14 Cga 64/99d. (ARD 5179/11/2000 ●)

Ein Mitverschulden iSd § 32 AngG durch den Arbeitnehmer kann nur dann vorliegen, wenn er zu der an sich ungerechtfertigten Entlassung durch schuldhaftes Verhalten beigetragen hat. Die **Nichtbefolgung einer unberechtigten Weisung** des Arbeitgebers begründet **kein Verschulden**

§§ 33, 34 AngG

des Arbeitnehmers und kann daher bei der Prüfung nach § 32 AngG nicht berücksichtigt werden. ASG Wien 20. 2. 1989, 15 Cga 2116/88, bestätigt durch OLG Wien 29. 3. 1990, 34 Ra 98/89. (ARD 4117/19/89 und ARD 4176/13/90 ●)

Mitverschulden an Entlassung bzw. Austritt durch provozierendes Verhalten

680 Wird ein Arbeitgeber wegen einer **Provokation** zu einer Ehrverletzung des bereits das Zimmer verlassenden Arbeitnehmers hingerissen, ist von einem **Mitverschulden des Arbeitnehmers** auszugehen, das die Kürzung von Abfertigung, Kündigungs- und Urlaubsentschädigung im aliquoten Ausmaß rechtfertigt. OGH 17. 9. 1998, 8 ObA 116/98m. (ARD 4984/14/98 ●)

Beschimpft ein Arbeitgeber einen Arbeitnehmer wegen unzureichenden Arbeitsergebnissen und hält ihn dabei an Kopf und Ohren fest, bedingt dies sein **Mitverschulden** an der Entlassung, wenn der Arbeitnehmer darauf mit **Faustschlägen** reagiert. Trifft beide Teile ein Mitverschulden an der vorzeitigen Auflösung des Dienstverhältnisses, hat der Richter nach freiem Ermessen zu entscheiden, ob und in welcher Höhe ein Ersatz gebührt. Die Rechtsfigur des Mitverschuldens eröffnet dem Gericht im Wege des Vorteilsausgleichs die Möglichkeit, alle Nuancen der zu einer vorzeitigen Beendigung des Dienstverhältnisses führenden Geschehnisse nach Maßgabe der beiderseitigen Verschuldensanteile zu berücksichtigen. OGH 18. 8. 1995, 8 ObA 202/95. (ARD 4716/13/96 ●)

Zeigt ein Arbeitnehmer dem „Juniorchef" im Zuge einer Auseinandersetzung in beleidigender Absicht die als beleidigend und obszön bekannte Geste der **geballten Faust mit ausgestrecktem Mittelfinger**, bedeutet dies eine erhebliche Ehrverletzung nach § 27 Z 6 AngG. Der Arbeitgeber muss sich jedoch ein Mitverschulden an der Entlassung anrechnen lassen, wenn er versucht, den Arbeitnehmer **während des Urlaubes** und trotz dessen Hinweises, er habe keine Zeit, in ein **dienstliches Gespräch** zu verwickeln, und wenn er ihm nicht nur in beschuldigendem Ton vorwirft, für die Fehler bei einem in Arbeit befindlichen Auftrag verantwortlich zu sein, sondern ihn auch in zunehmend aggressiver werdender Weise zum Eingehen auf das gewünschte Gespräch zu verhalten sucht. ASG Wien 26. 5. 1993, 15 Cga 352/93f. (ARD 4534/46/94 ●)

Rangordnung der Ansprüche im Konkurs

§ 33. Entfallen durch BGBl 1959/253.

Frist zur Geltendmachung der Ansprüche

681 § 34. (1) Ersatzansprüche wegen vorzeitigen Austrittes oder vorzeitiger Entlassung im Sinne der §§ 28 und 29, ferner Ersatzansprüche wegen Rücktrittes vom Vertrage im Sinne des § 31 müssen bei sonstigem Ausschlusse binnen sechs Monaten gerichtlich geltend gemacht werden.

(2) Die Frist beginnt bei Ansprüchen der erstgenannten Art mit dem Ablaufe des Tages, an dem der Austritt oder die Entlassung stattfand, bei Ansprüchen der letztgenannten Art mit dem Ablaufe des Tages, an dem der Dienstantritt hätte erfolgen sollen.

Grundlegende Erläuterungen zu § 34

1. Frist zur Geltendmachung von Ersatzansprüchen

Gemäß § 34 AngG sind Ersatzansprüche wegen vorzeitigen Austritts oder vorzeitiger Entlassung iSd § 28 AngG und § 29 AngG, ferner Ersatzansprüche wegen Rücktritts vom Vertrage iSd § 31 AngG **bei sonstigem Verfall binnen 6 Monaten gerichtlich geltend** zu machen. Um die Frist zu wahren, hat der Arbeitnehmer eine Leistungsklage zu erheben; die Klage auf Feststellung des aufrechten Bestandes des Dienstverhältnisses reicht nicht aus.

Die Verfallsklausel bezieht sich ihrem ausdrücklichen Wortlaut nach nur auf die sogenannte **Kündigungsentschädigung**. Daher sind die Abfertigung, der allein auf § 10 UrlG gestützte Anspruch auf Urlaubsersatzleistung, jener auf laufendes Gehalt oder Sonderzahlungen und auf Provisionen – je für die Zeit vor Beendigung des Dienstverhältnisses – nicht von der Fallfrist des § 34 AngG umfasst.

Die Frist beginnt mit **Ablauf des Tages**, an dem die **Entlassung** bzw. der **Austritt ausgesprochen** wurde (die Erklärung wirksam zugegangen ist) zu laufen – somit mit Beginn des der Entlassung bzw. dem Austritt folgenden Tages. Da sich die Frist nach § 34 Abs 2 AngG nur auf sofort **fällige Ansprüche** bezieht – auf nicht fällige Ansprüche ist zufolge § 42 Abs 1 AngG die Bestimmung des § 1162d ABGB anzuwenden – beginnt die Fallfrist bei Ansprüchen, die erst nach der Auflösung des Dienstverhältnisses fällig werden, erst mit dem Tage der Fälligkeit zu laufen. Diesfalls aber nicht erst mit der Fälligkeit des letzten Teilanspruchs, sondern hinsichtlich jedes fälligen Teilanspruchs mit dem Tag, an dem dieser Anspruch geltend gemacht werden kann.

§ 34 AngG stellt gemäß § 40 AngG **zugunsten des Angestellten** (einseitig) **zwingendes Recht** dar; er kann daher nur zu dessen Vorteil, nicht aber zu seinem Nachteil vertraglich abgeändert werden. Da die Fallfrist aber nur zugunsten, nicht aber auch zum Nachteil des Arbeitnehmers zwingend ist, kann der **Arbeitgeber** auf deren **Einhaltung verzichten**, insbesondere dadurch, dass er sich nicht auf die Versäumung dieser Frist beruft. Daraus folgt, dass diese Frist nicht von Amts wegen, sondern nur bei einem entsprechenden **Vorbringen** des beklagten Arbeitgebers vom Gericht zu beachten ist. Soll die Klage des Arbeitnehmers auf Kündigungsentschädigung wegen verspäteter Geltendmachung iSd § 34 AngG abgewiesen werden, muss daher der Arbeitgeber eine **Einwendung** in diesem Sinn erheben.

2. Einzel- oder kollektivvertragliche Ausschlussfristen

Kollektivvertragliche Ausschlussfristen sind auch für **zwingende gesetzliche Ansprüche** aus dem Arbeitsverhältnis **zulässig**, weil derartige Verfallsklauseln nicht die Ansprüche selbst, sondern nur ihre Geltendmachung beschränken. Nur dann, wenn die Verfallsklausel zum Nachteil des Arbeitnehmers gegen die zwingende gesetzliche Bestimmung des § 34 AngG über die Frist zur Geltendmachung von Ansprüchen verstößt, ist eine derartige kollektivvertragliche Bestimmung nichtig.

Der OGH hat jedoch ausgesprochen, dass eine kollektivvertragliche Bestimmung, wonach sämtliche Ansprüche verfallen, wenn sie nicht innerhalb einer **Frist von 4 Monaten** nach Fälligkeit **schriftlich beim Arbeitgeber** geltend gemacht werden und bei rechtzeitiger Geltendmachung die gesetzliche **dreijährige Verjährungsfrist gewahrt** bleibt, zulässig ist, weil sie **insgesamt günstiger als die sechsmonatige Frist zur gerichtlichen Geltendmachung** des § 34 AngG ist. Nicht nur, dass die Hemmschwelle der außergerichtlichen Geltendmachung einer noch nicht exakt zu

§ 34 AngG

beziffernden Forderung von vornherein geringer ist, entfällt obendrein vorerst die Notwendigkeit einer Abschätzung des Prozesskostenrisikos. Die kollektivvertragliche Verfallsbestimmung ist somit uneingeschränkt wirksam und geht der gesetzlichen Regelung vor (OGH 4. 5. 2006, 9 ObA 141/05h, ARD 5695/6/2006).

Auch eine einzelvertragliche Vereinbarung einer Verfallsfrist für Ansprüche aus einem Arbeitsvertrag ist grundsätzlich zulässig. Sie ist allerdings dann iSd § 879 Abs 1 ABGB **sittenwidrig**, wenn sie zum Nachteil des Arbeitnehmers gegen zwingende gesetzliche Fristbestimmungen verstößt oder wenn durch eine **unangemessen kurze Ausschlussfrist** die Geltendmachung von Ansprüchen ohne sachlichen Grund übermäßig erschwert würde. In der Rechtsprechung wurden Ausschlussfrist in der Dauer von **zumindest 3 Monaten** als zulässig erachtet (vgl. OGH 13. 7. 1982, 4 Ob 90/82, ARD 3493/10/83), während Fristen unter drei Monaten zumeist als bedenklich eingestuft wurden, weil sie zur Beschaffung von Unterlagen, zur Einholung von Erkundigungen und zur Geltendmachung von Ansprüchen nicht genügend Zeit lassen (vgl. OGH 12. 7. 2000, 9 ObA 166/00b, ARD 5178/8/2000).

3. Hemmung des Ablaufs der Frist

684 Nach der Rechtsprechung ist eine analoge Anwendung des § 1497 ABGB, der den Arbeitnehmer nicht nur zur rechtzeitigen Einbringung der Klage, sondern darüber hinaus auch zur *„gehörigen"* **Fortsetzung und Betreibung des Verfahrens** zwingt, auf die Ausschlussfrist des § 34 Abs 1 AngG zulässig und geboten. Durch **Vergleichsverhandlungen** kann der **Ablauf** der Frist **gehemmt** werden. Eine derartige Ablaufhemmung setzt aber voraus, dass Vergleichsverhandlungen vor Ablauf der Präklusivfrist begonnen haben. Ebenso hemmt die Ableistung des Präsenz-, Ausbildungs- oder Zivildienstes gemäß § 6 Abs 1 Z 1 APSG den Ablauf der Frist.

Da die Frist des § 34 AngG eine **Verfallsfrist** ist, geht das Recht des Arbeitnehmers auf Kündigungsentschädigung nach Ablauf der Frist unter. Bezahlt der Arbeitgeber nach diesem Zeitpunkt dennoch eine Kündigungsentschädigung, stellt dies rechtlich die **Zahlung einer Nichtschuld** dar und der Arbeitgeber kann das Geleistete mittels Bereicherungsklage zurückfordern.

Judikatur zu § 34

Verjährung – Verfristung

685 Bei der Verfristung nach § 34 AngG (Verfall der Arbeitnehmeransprüche, wenn sie nicht binnen 6 Monaten gerichtlich geltend gemacht werden) und der **Verjährung** handelt es sich um **verschiedene Rechtseinrichtungen** mit unterschiedlichen Voraussetzungen und Folgen, so dass der Einwand der „Verfristung wegen verspäteter Geltendmachung der Klageforderung" im erstinstanzlichen Verfahren nicht als allgemeiner Verjährungseinwand aufgefasst werden kann, der auch im Rechtsmittelverfahren einer Forderung entgegengesetzt werden könnte. OGH 15. 12. 1999, 9 ObA 298/99k. (ARD 5112/34/2000 ●)

Verfristung einer vereinbarten Konventionalstrafe

686 Wird mit einem Arbeitnehmer für den Fall seines ungerechtfertigten vorzeitigen Austritts eine **Konventionalstrafe** vereinbart, unterliegt dieser Schadenersatzanspruch nicht der 3-jährigen Verjährungsfrist des ABGB, sondern ist bei sonstigem Ausschluss **binnen 6 Monaten** geltend zu machen.

Eine Konventionalstrafe ist als Entschädigung für erlittene Nachteile anzusehen, die allerdings vom Nachweis eines wirklich eingetretenen Schadens unabhängig und anstatt des zu vergütenden Nachteils zu ersetzen ist. Es muss bloß jener Umstand eingetreten sein, der den Grund für die Vereinbarung der Konventionalstrafe bildet. Der Schadenersatzanspruch des Arbeitgebers, der für den Fall des Austritts des Arbeitnehmers ohne wichtigen Grund zulässigerweise in Form einer Konventionalstrafe vereinbart werden kann, tritt daher nicht neben den Anspruch auf Ersatz des durch Nichterfüllung des Dienstvertrages erlittenen Schadens, sondern an seine Stelle. Inhaltlich bleibt auch dieser Anspruch ein **Schadenersatzanspruch**, der im Arbeitsrecht, wenn es sich beim Arbeitnehmer um einen Angestellten handelt, aus § 28 AngG und bei einem sonstigen Arbeitnehmer aus § 1162a ABGB resultiert und nur im besonderen Fall in Form einer Konventionalstrafe vereinbart wird.

(Ersatz-)Ansprüche wegen vorzeitigen Austritts müssen aber bei sonstigem Ausschluss **binnen 6 Monaten** gerichtlich geltend gemacht werden. Die Konventionalstrafe ist daher ein vom Schadenersatzanspruch nicht zu trennender Anspruch und nicht eine davon losgelöste vertraglich bedungene Zahlung, weshalb für die Geltendmachung der für Ersatzansprüche aus einem unbegründeten Austritt vereinbarten **Konventionalstrafe dieselben Fristen** zu gelten haben wie in dem Fall, dass mangels der Vereinbarung einer Konventionalstrafe der aus der Vertragsverletzung resultierende Schaden geltend gemacht wird. OGH 27. 3. 1996, 9 ObA 4/96. (ARD 4793/27/96 ●)

Anwendbarkeit der Präklusivfrist nur auf Kündigungsentschädigung

Die Verfallsklausel des § 34 AngG bezieht sich ihrem ausdrücklichen Wortlaut nach **nur auf die sogenannte Kündigungsentschädigung**. Die Abfertigung, der auf § 10 UrlG gestützte Anspruch auf Urlaubsabfindung, jener auf laufendes Gehalt oder Sonderzahlungen und auf Provisionen, je für die Zeit vor Beendigung des Dienstverhältnisses, sind der Fallfrist des § 34 Abs 1 AngG nicht zu unterstellen. OGH 30. 11. 1995, 8 ObA 273/95. (ARD 4734/15/96 ●)

687

Die Präklusivfrist des § 34 AngG (gerichtliche Geltendmachung binnen 6 Monaten) gilt auch für die anteiligen, auf die Zeit nach der Beendigung des Arbeitsverhältnisses entfallenden **Sonderzahlungen als Teil der Kündigungsentschädigung**. Eine Ausnahme besteht nur hinsichtlich der schon vorher fällig gewordenen Sonderzahlungen. OGH 15. 12. 2004, 9 ObA 119/04x. (ARD 5603/5/2005 ●)

Die Verfallsfrist des § 34 AngG ist weder auf Bezüge anzuwenden, die **vor Beendigung des Dienstverhältnisses angefallen** sind, noch auf Ansprüche auf Urlaubsentschädigung (nunmehr: Urlaubsersatzleistung). Die Verfallsfrist des § 34 AngG beginnt erst am Tag der Fälligkeit des Anspruchs zu laufen. LG Wr. Neustadt 1. 12. 1997, 6 Cga 113/97i. (ARD 5061/29/99 ●)

Verjährung eines weitergehenden Schadenersatzanspruches

Bloß die Geltendmachung der **Kündigungsentschädigung** bzw der Ersatzanspruch nach § 31 AngG unterliegt der **6-monatigen Fallfrist** des § 34 AngG; **darüber hinausgehende Ansprüche** aus der Lösung des Dienstverhältnisses unterliegen der **3-jährigen Verjährungsfrist** des § 1489 ABGB. Entlässt der Arbeitgeber einen Angestellten ohne wichtigen Grund vorzeitig (§ 29 AngG) oder tritt er ohne wichtigen Grund vom Vertrage zurück (§ 31 AngG), so hat er dem Angestellten das Entgelt zu ersetzen, das ihm bei ordnungsgemäßer Kündigung zugestanden wäre. Allfällige **weitere Schadenersatzansprüche** werden durch diese beiden Bestimmungen ausdrücklich nicht berührt. Gemäß § 34 Abs 1 AngG müssen Ersatzansprüche wegen vorzeitigen Austrittes oder vorzeitiger Entlassung iSd § 28 und § 29 AngG, ferner Ersatzansprüche wegen Rücktritts vom

688

§ 34 AngG

Vertrag iSd § 31 AngG bei sonstigem Ausschluss binnen 6 Monaten gerichtlich geltend gemacht werden. Letztere Anordnung folgt im Wesentlichen inhaltsgleich der Bestimmung des § 1162 d ABGB. Die **Verfallsklausel** bezieht sich ihrem ausdrücklichen Wortlaut nach nur auf die sogenannte **Kündigungsentschädigung**. Von der Rechtsprechung wurden daher u.a. die Abfertigung, der auf § 10 UrlG gestützte Anspruch auf Urlaubsabfindung (nunmehr: Urlaubsersatzleistung), jener auf laufendes Gehalt oder Sonderzahlungen und auf Provisionen, je für die Zeit vor Beendigung des Dienstverhältnisses, der Fallfrist des § 34 Abs 1 AngG nicht unterstellt.

Dem grundlos entlassenen Angestellten steht es ebenso wie jenem, von dessen Vertrag der Arbeitgeber ohne wichtigen Grund zurückgetreten ist, frei, außer den vertragsmäßigen Ansprüchen auf das Entgelt weitergehenden Schadenersatz geltend zu machen. Im Gegensatz zur Kündigungsentschädigung, bei der es sich um einen abstrakten, vom Nachweis des eingetretenen Schadens und der Schadenshöhe unabhängigen Schadenersatzanspruch handelt, müssen die **Verursachung des weitergehenden Schadens** im Zusammenhang mit der vorzeitigen Lösung und seine Höhe durch konkrete Umstände **im Einzelfall bewiesen** und nach dem bürgerlichen Recht beurteilt werden. Abgesehen von dem klaren Gesetzeswortlaut ergibt sich schon aus diesem Umstand, welcher im Allgemeinen eine umfangreichere Stoffsammlung und einen längeren Beobachtungszeitraum erforderlich macht, dass **eine Verkürzung der allgemeinen Verjährungsfrist** des § 1489 ABGB **nicht sachgerecht** wäre und daher dem Gesetzgeber nicht unterstellt werden kann. OGH 30. 11. 1995, 8 ObA 273/95. (ARD 4734/15/96 ●)

Beginn des Fristenlaufes

689 Die Frist zur Geltendmachung von Ansprüchen wegen vorzeitigen Austritts oder vorzeitiger Entlassung nach **§ 34 Abs 2 AngG** bezieht sich nur auf **sofort fällige Ansprüche**; auf **nicht fällige Ansprüche** ist zufolge § 42 Abs 1 AngG die Bestimmung des **§ 1162d ABGB anzuwenden**.

Die Fallfrist bei Ansprüchen, die erst nach der Auflösung des Dienstverhältnisses fällig werden, beginnt erst mit dem Tage der Fälligkeit und zwar nicht erst mit der Fälligkeit des letzten Teilanspruchs, sondern hinsichtlich jedes fälligen Teilanspruchs mit dem Tag, an dem dieser Anspruch geltend gemacht werden kann, gesondert zu laufen. Soweit dies nicht der Fall ist, beginnt die Ausschlussfrist des § 34 AngG auch bei nachträglicher gerichtlicher Feststellung, dass die Entlassung unbegründet war, mit dem Tag der Entlassung zu laufen. LG Innsbruck 26. 11. 1991, 47 Cga 158/91. (ARD 4458/8/93 ●)

Beginn des Fristenlaufes bei Anfechtung der Entlassung

690 Allfällige Ersatzansprüche aus einer Entlassung werden erst in dem Zeitpunkt fällig, in dem feststeht, dass diese Entlassungserklärung tatsächlich zur Auflösung des Dienstverhältnisses geführt hat. Wird eine **Entlassung angefochten**, können Ansprüche auf laufendes Entgelt ebenso wie allfällige Beendigungsansprüche (Kündigungsentschädigung, Abfertigung, Urlaubsentschädigung etc.) allenfalls erst **nach der Entscheidung über die Anfechtung erhoben werden** und erst dann beginnt auch die Ausschlussfrist des § 34 Abs 1 AngG ebenso wie die allgemeine Verjährungsfrist nach § 1489 ABGB zu laufen. OLG Wien 11. 2. 1998, 9 Ra 322/97g. (ARD 5018/11/99 ●)

Eine **Entlassungsanfechtung** bewirkt eine **Unterbrechung der Verjährung** auch hinsichtlich der arbeitsrechtlichen Fallfristen, selbst wenn die Entlassungsanfechtung letztlich abgewiesen wird. § 1497 ABGB ist auf die arbeitsrechtlichen Fallfristen analog anzuwenden. So unterbricht etwa die Klage auf (deklarative) Feststellung des aufrechten Bestandes des Arbeitsverhältnisses die Verjährungs- oder Ausschlussfrist (Verfallsfrist) für die daraus abgeleiteten Ansprüche. Wird ein Arbeitnehmer ungerechtfertigt entlassen, kann er sich im Hinblick auf die auflösende Wirkung der

§ 34 AngG

Entlassung darauf beschränken, Ersatzansprüche (Kündigungsentschädigung) geltend zu machen. Erfolgte die ungerechtfertigte Auflösung iSd § 105 Abs 3 Z 2 ArbVG sozial ungerechtfertigt, steht ihm nach Maßgabe der betriebsverfassungsrechtlichen Voraussetzungen die Möglichkeit offen, eine rechtsgestaltende Anfechtungsklage auf Unwirksamkeit der Lösungserklärung zu erheben. Wollte man die **analoge Unterbrechungswirkung** gemäß § 1497 letzter Satz ABGB nur für den Fall einer **Klagestattgebung** (Rechtsgestaltung) gelten lassen, hätte der Arbeitnehmer keine Ansprüche aus der Beendigung des Arbeitsverhältnisses mehr, die vom Verfall betroffen sein könnten, weil das Arbeitsverhältnis trotz der wirkungslos gewordenen Auflösungserklärung ohnehin weiter besteht und ihm daher insbesondere kein Anspruch auf Abfertigung zusteht, ein allfälliger Urlaubsrest noch in natura verbraucht werden kann und etwa Jahresremunerationen noch nicht fällig sind. Macht der Arbeitnehmer aber seinen Anspruch auf Abfertigung, Urlaubsentschädigung, Kündigungsentschädigung udgl. rechtzeitig geltend, kann er nicht im Widerspruch dazu gleichzeitig verlangen, die Auflösung des Arbeitsverhältnisses für wirkungslos zu erklären, da diese Ansprüche das Ende des Arbeitsverhältnisses voraussetzen.

Daraus folgt, dass die **analoge Anwendung des § 1497 ABGB** für diese Ansprüche gerade für jene Fälle sinnvoll ist, in denen – wie im vorliegenden Fall – ein **Anfechtungsbegehren abgewiesen** wird; der Arbeitnehmer wäre ansonsten gezwungen, einander ausschließende widersprüchliche Ansprüche gleichzeitig geltend zu machen. OGH 14. 9. 1994, 9 ObA 102/94. (ARD 4647/21/95 ●)

Ablaufhemmung der Präklusivfrist durch Vergleichsgespräche

Die Bestimmung des § 1497 ABGB ist auch auf die Ausschlussfristen des § 34 Abs 1 AngG und § 1162d ABGB anzuwenden. Auch für Präklusivfristen gilt, dass **Vergleichsverhandlungen deren Ablaufhemmung bewirken können**. Eine derartige Ablaufhemmung setzt aber voraus, dass Vergleichsverhandlungen vor Ablauf der Präklusivfrist begonnen haben. Folgt einem Forderungsschreiben des Arbeitnehmers zunächst eine fundierte schriftliche Stellungnahme des Arbeitgebers, aus denen beiden sich eine Vergleichsbereitschaft nicht ableiten lässt, und wurden im Anschluss daran nur strittige Fragen telefonisch erörtert, kann daraus noch nicht auf „Vergleichsverhandlungen" geschlossen werden. Wesensmerkmal von Vergleichsverhandlungen ist die typische Bereitschaft des Schuldners zur einvernehmlichen außergerichtlichen Lösung der strittigen Fragen. OGH 17. 3. 1999, 9 ObA 302/98x. (ARD 5050/26/99 ●)

691

Leistungsklage zur Geltendmachung erforderlich

Die Geltendmachung einer Kündigungsentschädigung ist von Feststellungsklagen (hier: Feststellung des Fortbestandes des Dienstverhältnisses) unabhängig; nur durch eine **rechtzeitige Leistungsklage** kann der Anspruch auf Kündigungsentschädigung **fristwahrend** geltend gemacht werden. Für den Anspruch, der die rechtliche Folge des vom Arbeitnehmer geltend gemachten Feststellungsanspruchs ist, steht ihm – abgesehen von kollektivvertraglichen oder einzelvertraglichen Fallfristen – ein Zeitraum von 3 Jahren offen (§ 1155 Abs 1 iVm § 1486 Z 5 ABGB). OGH 26. 8. 1999, 8 ObA 158/99i. (ARD 5083/31/99 ●)

692

Einzelvertragliche Vereinbarung einer Verfallsfrist

Die einzelvertragliche Vereinbarung einer Präklusivfrist (Verfallsfrist) für Ansprüche aus einem Arbeitsvertrag ist grundsätzlich zulässig. Sie ist allerdings dann isd § 879 Abs 1 ABGB **sittenwidrig**, wenn sie zum Nachteil des Arbeitnehmers gegen zwingende gesetzliche Fristbestimmungen verstößt oder wenn durch eine **unangemessen kurze Ausschlussfrist** die Geltendmachung von Ansprüchen ohne sachlichen Grund übermäßig erschwert würde. Wiederholt wurde die

693

§§ 34, 35 AngG

Sittenwidrigkeit von Fristen in der Dauer von **zumindest 3 Monaten** verneint (vgl. OGH 13. 7. 1982, 4 Ob 90/82, ARD 3493/10/83), während häufig Fristen unter drei Monaten als bedenklich erachtet wurden, weil sie zur Beschaffung von Unterlagen, zur Einholung von Erkundigungen und zur Geltendmachung von Ansprüchen nicht genügend Zeit lassen (vgl. OGH 12. 7. 2000, 9 ObA 166/00b, ARD 5178/8/2000).

Die hier vereinbarte **Frist von einem Monat** erscheint für ein sachliches Eingehen auf die Abrechnung **jedenfalls zu kurz** bemessen. OGH 23. 1. 2004, 8 ObA 42/03i. (ARD 5488/3/2004 ●)

Vorrang einer kollektivvertraglichen Verfallsbestimmung vor gesetzlicher Präklusivfrist

Kollektivvertragliche Ausschlussfristen sind auch für **zwingende gesetzliche Ansprüche** aus dem Arbeitsverhältnis **zulässig**, weil derartige Verfallsklauseln nicht die Ansprüche selbst, sondern nur ihre Geltendmachung beschränken. Nur dann, wenn die Verfallsklausel zum Nachteil des Arbeitnehmers gegen zwingende gesetzliche Bestimmungen über die Frist zur Geltendmachung von Ansprüchen verstößt, wie etwa gegen § 1162d ABGB oder gegen § 34 AngG, ist eine derartige kollektivvertragliche Bestimmung nichtig. OGH 17. 3. 2005, 8 ObA 5/05a. (ARD 5603/6/2005 ●)

Eine kollektivvertragliche Bestimmung (hier: KV-Bewachungsgewerbe), wonach sämtliche Ansprüche verfallen, wenn sie nicht innerhalb einer **Frist von 4 Monaten** nach Fälligkeit **schriftlich beim Arbeitgeber** geltend gemacht werden und bei rechtzeitiger Geltendmachung die gesetzliche dreijährige Verjährungsfrist gewahrt bleibt, ist **insgesamt günstiger als die sechsmonatige Frist zur gerichtlichen Geltendmachung** des § 1162d ABGB (bzw. § 34 AngG). Nicht nur, dass die Hemmschwelle der außergerichtlichen Geltendmachung einer noch nicht exakt zu beziffernden Forderung von vornherein geringer ist, entfällt obendrein vorerst die Notwendigkeit einer Abschätzung des Prozesskostenrisikos. Die kollektivvertragliche Verfallsbestimmung ist somit uneingeschränkt wirksam und geht der gesetzlichen Regelung vor (ausdrückliche Abkehr von der bisherigen Rechtsprechung, wie z.B. OGH 4. 9. 2002, 9 ObA 98/02f, ARD 5375/1/2003). OGH 4. 5. 2006, 9 ObA 141/05h. (ARD 5695/6/2006 ●)

Sieht ein Kollektivvertrag (hier: KV für die Angestellten in den Fahrschulen Österreichs) vor, dass **alle Ansprüche** aus dem Dienstverhältnis **innerhalb von 6 Monaten** nach Fälligkeit beim Dienstgeber schriftlich geltend gemacht werden müssen und bei rechtzeitiger Geltendmachung die gesetzliche **Verjährungsfrist von 3 Jahren gewahrt** bleibt, gilt die 3-jährige Verjährungsfrist entgegen § 34 AngG auch für Ersatzansprüche wegen vorzeitiger Entlassung (insbesondere **Kündigungsentschädigung**), sofern diese innerhalb von 6 Monaten gegenüber dem Arbeitgeber schriftlich geltend gemacht wurden. OGH 17. 11. 2004, 9 ObA 99/04f. (ARD 5571/4/2005 ●)

Kaution

§ 35. Entfallen durch BGBl 1937/229.

Grundlegende Erläuterungen zu § 35

§ 35 AngG ist mit Inkrafttreten des **Kautionsschutzgesetzes**, BGBl 1937/229 entfallen. Nach § 1 Kautionsschutzgesetz darf sich ein Arbeitgeber von seinem Arbeitnehmer oder für diesen von

§ 36 AngG

einem Dritten eine Kaution nur zur Sicherung von Schadenersatzansprüchen bestellen lassen, die ihm gegen den Arbeitnehmer aus dem Dienstverhältnis erwachsen können. Als Kaution können nur die in § 1 Kautionsschutzgesetz angeführten Vermögenswerte bestellt werden (u.a. Bargeld, Pretiosen, Effekten, Bürgschaften). Die Kautionsbestellung bedarf überdies der Schriftform. Kautionsbestellungen, die den Vorschriften des § 1 Kautionsschutzgesetzes nicht entsprechen, sind nichtig und können vom Arbeitnehmer zurückgefordert werden.

Konkurrenzklausel

§ 36. Eine Vereinbarung, durch die der Angestellte für die Zeit nach der Beendigung des Dienstverhältnisses in seiner Erwerbstätigkeit beschränkt wird (Konkurrenzklausel), ist nur insoweit wirksam, als:
1. der Angestellte im Zeitpunkt des Abschlusses der Vereinbarung nicht minderjährig ist;
2. sich die Beschränkung auf die Tätigkeit des Angestellten in dem Geschäftszweig des Dienstgebers bezieht und den Zeitraum eines Jahres nicht übersteigt; und
3. die Beschränkung nicht nach Gegenstand, Zeit oder Ort und im Verhältnis zu dem geschäftlichen Interesse, das der Dienstgeber an ihrer Einhaltung hat, eine unbillige Erschwerung des Fortkommens des Angestellten enthält.

(2) Eine Vereinbarung nach Abs 1 ist unwirksam, wenn sie im Rahmen eines Dienstverhältnisses getroffen wird, bei dem das für den letzten Monat des Dienstverhältnisses gebührende Entgelt das Siebzehnfache der Höchstbeitragsgrundlage nach § 45 ASVG nicht übersteigt.

(BGBl I 2006/35)

696

Grundlegende Erläuterungen zu § 36

→ Siehe ergänzend auch die grundlegenden Erläuterungen zu § 37 und § 38 AngG.

1. Wirksamkeit einer Konkurrenzklausel

Das Gesetz definiert Konkurrenzklauseln als Vereinbarungen, durch die der Angestellte für die **Zeit nach Beendigung des Dienstverhältnisses** in seiner **Erwerbstätigkeit beschränkt** wird. Die Beschränkung erfasst – je nach Gestaltung der Konkurrenzklausel – sowohl künftige unselbstständige Tätigkeiten des Angestellten in einem weiteren Dienstverhältnis als auch selbstständige Tätigkeiten als Unternehmer. Die Vereinbarung einer solchen Beschränkung ist – neben anderen Voraussetzungen – gemäß § 36 Abs 1 Z 2 AngG nur wirksam, wenn sie sich auf die Tätigkeit in dem Geschäftszweig des Arbeitgebers bezieht.

697

Von der Konkurrenzklausel zu unterscheiden ist das in § 7 AngG normierte **Konkurrenzverbot**, das dem Arbeitgeber vor Schäden bzw. Nachteilen durch konkurrenzierende Tätigkeiten seines Arbeitnehmers während des aufrechten Bestandes des Dienstverhältnisses schützen soll.

§ 36 AngG

Eine Konkurrenzklausel wird in aller Regel bereits **vor Dienstantritt** im Dienstvertrag geregelt werden, kann jedoch auch noch **während des Dienstverhältnisses** vereinbart werden, sofern sie dabei nicht unter dem wirtschaftlichen Druck des Arbeitgebers zustande gekommen ist (diesfalls ist sie unwirksam). Auch bei einem befristeten Dienstverhältnis kann eine Konkurrenzklausel wirksam vereinbart werden; der **Ablauf eines befristeten Dienstverhältnisses** allein steht der **Wirksamkeit** einer **Konkurrenzklausel** grundsätzlich nicht entgegen; allerdings ist ihre Wirksamkeit iSd § 36 AngG besonders streng zu prüfen.

Obgleich § 36 AngG in § 40 AngG nicht aufgezählt ist, wird man aufgrund seines Inhalts davon ausgehen können, dass es sich auch hier um eine **zugunsten des Angestellten** (einseitig) **zwingende** Bestimmung handelt, die somit nur zu dessen Vorteil, nicht aber zu seinem Nachteil vertraglich abgeändert werden kann. Nach Ansicht des OGH widerspricht die österreichische Regelung der Konkurrenzklausel nicht dem Gemeinschaftsrecht, insbesondere der auf Art 48 EGV gestützten Freizügigkeit der Arbeitnehmer.

1.1. Wirksamkeitsvoraussetzungen

Gemäß § 36 AngG ist die Vereinbarung einer Konkurrenzklausel nur insoweit wirksam, als

1. der Angestellte im Zeitpunkt des Abschlusses der Vereinbarung **nicht minderjährig** ist;
2. sich die Beschränkung auf die Tätigkeit des Angestellten in dem **Geschäftszweig des Arbeitgebers** bezieht und den **Zeitraum eines Jahres nicht übersteigt**;
3. die Beschränkung nicht nach Gegenstand, Zeit oder Ort und im Verhältnis zu dem geschäftlichen Interesse, das der Arbeitgeber an ihrer Einhaltung hat, eine **unbillige Erschwerung des Fortkommens** des Angestellten enthält, und
4. das dem Angestellten für den letzten Monat des Dienstverhältnisses gebührende **Entgelt das Siebzehnfache der Höchstbeitragsgrundlage** nach § 45 ASVG **übersteigt**.

Außerdem steht dem Arbeitgeber das Recht, sich auf eine Konkurrenzklausel zu berufen, nur dann zu, wenn das **Dienstverhältnis auf bestimmte Art aufgelöst** wurde. So kann der Arbeitgeber die Einhaltung der Konkurrenzklausel grundsätzlich nicht geltend machen, wenn er das Dienstverhältnis aus Gründen löst, die in seiner Sphäre liegen („Verwirkung"; vgl. dazu näher unter § 37 AngG, Rz 721 ff.).

Mit der Neufassung des § 36 AngG durch BGBl I 2006/35 wurde (neben einer Klarstellung in sprachlicher Hinsicht in Abs 1) wurde auch neuer Abs 2 angefügt, wonach die Vereinbarung einer Konkurrenzklausel für Angestellte dann **unwirksam** ist, wenn sie im Rahmen eines Dienstverhältnisses getroffen wird, bei dem das für den letzten Monat des Dienstverhältnisses gebührende **Entgelt das 17fache der Höchstbeitragsgrundlage** nach § 45 ASVG **nicht übersteigt** (Grenzwert für 2007: € 2.176,-).

Laut den Gesetzesmaterialien habe die arbeitsrechtliche Praxis gezeigt, dass Konkurrenzklauseln „formularmäßig" nicht nur bei hoch qualifizierten und gut ausgebildeten Arbeitnehmern, sondern in zunehmenden Ausmaß auch bei Arbeitnehmern mit schlechter Ausbildung und niedrigem Einkommen vereinbart werden, die – im Vergleich zu gut ausgebildeten und besser bezahlten Arbeitnehmern – erfahrungsgemäß nicht besonders von einem Arbeitsplatzwechsels profitieren. Eine Konkurrenzklausel an sich bzw die Zeitspanne bis zur endgültigen Entscheidung des Arbeitsgerichts bewirke für diese Arbeitnehmer eine unverhältnismäßige und (auch finanziell) spürbare Beeinträchtigung der beruflichen Mobilität. Die Schaffung einer zeitgemäßen und

§ 36 AngG

sozialpolitisch gerechtfertigen „modernen" Entgeltgrenze im Konkurrenzklauselrecht zum Schutz von wirtschaftlich schwächeren Arbeitnehmern erschien daher sachlich gerechtfertigt. Insbesondere wurde mit der Schaffung einer derartigen Entgeltgrenze in § 36 AngG **sozial schwächer gestellten Arbeitnehmern**, deren Einkommen unter der Entgeltgrenze liegt, ein unmittelbarer **Schutz gewährleistet.**

1.2. Billigkeitserwägungen

Die Wirksamkeit einer Konkurrenzklausel, die den Arbeitnehmer für die Zeit nach der Beendigung des Arbeitsverhältnisses in seinem Erwerb beschränkt, ist vor allem unter dem **Gesichtspunkt der Billigkeit** zu beurteilen; dabei ist dem Bestreben des Angestellten, seine Arbeitskraft bestmöglich zu verwerten, das Interesse des Arbeitgebers, in seinem Erwerb nicht geschädigt zu werden, gegenüberzustellen. Die Beschränkung durch die Konkurrenzklausel darf nicht nach Gegenstand, Zeit oder Ort und im Verhältnis zum geschäftlichen Interesse, das der Arbeitgeber an ihrer Einhaltung hat, eine **unbillige Erschwerung des Fortkommens des Angestellten** enthalten. Im Rahmen der Tatbestandselemente „unbillige Erschwerung des Fortkommens des Angestellten" sind nicht nur die eingeschränkten Verdienstmöglichkeiten außerhalb der spezifischen Branche des Arbeitgebers zu berücksichtigen, sondern auch allgemeine Aspekte des Fortkommens des Angestellten. Ebenso unwirksam ist eine Konkurrenzklausel, wenn durch die betreffende Tätigkeit des Arbeitnehmers keine Konkurrenzierung des Arbeitgebers eintreten kann.

699

Billigkeitserwägungen können nach Lehre und Rechtsprechung nur unter **Abwägung der gegenseitigen Interessen** im Rahmen eines beweglichen Systems erfolgen, wobei sich das Bestreben des Angestellten, seine Arbeitskraft bestmöglich zu verwerten, und das Interesse des Arbeitgebers, in seinem Erwerb nicht geschädigt zu werden, gegenüberstehen. Eine mit einer Konkurrenzklausel verbundene sachliche Begrenzung darf niemals so weit gehen, dass der Angestellte gezwungen ist, seine **Kenntnisse und Berufserfahrungen brachliegen zu lassen** und in eine berufsfremde Sparte mit geringerem Einkommen zu wechseln. Der rasche Verfall von Fachwissen in einer minder qualifizierten Position bildet ein berücksichtigungswürdiges Kriterium bei der Beurteilung der Billigkeitserwägungen. Beide Elemente zusammen, nämlich das finanzielle und jenes der Herabstufung, führen zu einer Unwirksamkeit der Vereinbarung der Konkurrenzklausel iSd § 36 Abs 1 Z 3 AngG.

1.3. Sittenwidrigkeit einer Konkurrenzklausel

Die Beurteilung der Reichweite bzw der Wirksamkeit einer Konkurrenzklausel unterliegt im Streitfall der Entscheidung des Arbeitsgerichts. Steht eine vereinbarte Konkurrenzklausel mit den in § 36 Abs 1 Z 1 bis Z 3 AngG genannten Beschränkungen nicht im Einklang, wird der über die Beschränkung **hinausgehende Teil unwirksam**. Nur wenn die vereinbarte Konkurrenzklausel in sittenwidriger Art und Weise vereinbart wurde, ist sie von Anfang an nach § 879 ABGB **unwirksam**.

700

Eine Konkurrenzklausel ist demnach sittenwidrig, wenn die Interessensabwägung eine **grobe Verletzung rechtlich geschützter Interessen** oder ein grobes Missverhältnis zwischen den gegenseitigen Interessen zu Lasten des durch die Konkurrenzklausel Beschwerten ergibt. Wurde hingegen eine Konkurrenzklausel in einem weiteren Umfang vereinbart, als sie als wirksam angesehen werden kann, führt dies nicht zur gänzliche Unwirksamkeit der Klausel, sondern lediglich zu einer entsprechenden **Einschränkung**. Die fehlende räumliche Begrenzung der Konkurrenzklausel ist im Rahmen der Mäßigung der Konventionalstrafe zu berücksichtigen

2. Instrumente zur Sicherung der Konkurrenzklausel

2.1. Vereinbarung einer Konventionalstrafe

701 Für die Missachtung der Konkurrenzklausel kann eine **Vertragsstrafe** (Konventionalstrafe) vereinbart werden. Diese stellt einen **pauschalierten Schadenersatz** dar, weshalb sie folglich auch dann begehrt werden kann, wenn überhaupt kein Schaden eingetreten ist. Wenn die Höhe des tatsächlichen Schadens nicht feststeht, bedeutet dies nur, dass der wirkliche Schaden als Kriterium im Rahmen des richterlichen Mäßigungsrechts iSd § 38 AngG unberücksichtigt zu bleiben hat.

Der Anspruch auf Leistung einer Konventionalstrafe setzt stets einen Verstoß gegen eine **wirksame Konkurrenzklausel** voraus. Ist die Konkurrenzklausel selbst (teilweise) unwirksam, fehlt es an der Grundlage für die Forderung einer für den Fall ihrer Wirksamkeit vereinbarten Konventionalstrafe. Es ist daher stets zu prüfen, ob die Konkurrenzklausel überhaupt als rechtswirksam anzusehen ist.

Ist **keine Konventionalstrafe** vereinbart, kann der Arbeitgeber bei Missachtung der Konkurrenzklausel auf deren **Einhaltung** bestehen (z.B. Anspruch auf Unterlassung der konkurrenzierenden Tätigkeit) sowie **Schadenersatzansprüche** geltend machen. Ist eine Konventionalstrafe vereinbart, kann nur diese gefordert werden.

➜ Zur Konventionalstrafe siehe näher unter Rz 725, und § 38 AngG, Rz 736 ff.

2.2. Weitergehende Unterlassungsansprüche nach dem UWG

702 Die Vereinbarung einer Konventionalstrafe erfasst nur den sich aus dem Vertragsbruch ergebenden Erfüllungs- und Schadenersatzanspruch des Arbeitgebers gegen den Arbeitnehmer, nicht jedoch auch Ansprüche, die dem Arbeitgeber aufgrund anderer – gesetzlicher – Anspruchsgrundlagen zustehen. Demnach bestehen neben Ansprüchen aus einer allfälligen gewöhnlichen Konkurrenzklausel oder einer Geheimhaltungsverpflichtung – zusätzlich und unabhängig davon – Strafnormen, Schadenersatz- und **Unterlassungsansprüche wegen sittenwidrigem Wettbewerb gemäß dem UWG**.

Es ist somit zwischen dem bloß allenfalls durch eine Konkurrenzklausel oder sonstigen vertraglich untersagtem Wettbewerbsverhalten und wettbewerbswidrigen Handlungen iSd UWG zu unterscheiden. Diese Unterscheidung ist auch in den Fällen einer Konventionalstrafenvereinbarung zu beachten. Wenn daher die Vertragspartner für den Fall der Verletzung einer bestimmten Verpflichtung eine Konventionalstrafe vereinbart haben, besteht der Anspruch in Ansehung des durch die reine Vertragsverletzung dem ehemaligen Arbeitgeber entstandenen Schadens. Daneben besteht ein Schadenersatzanspruch des Arbeitgebers nach dem UWG hinsichtlich des durch das sittenwidrige Handeln des Arbeitnehmers, das über die reine Vertragsverletzung hinausreicht, entstandenen zusätzlichen Schaden nach den Bestimmungen des UWG.

Das **bloße Zuwiderhandeln gegen die Konkurrenzklausel**, sei es durch den Arbeitnehmer, sei es durch den neuen Arbeitgeber, der in Kenntnis der Konkurrenzklausel den Arbeitnehmer aufnimmt, begründet für sich allein **keinen Anspruch nach dem UWG**. Der Bruch einer Konkurrenzklausel durch einen Arbeitnehmer ist nur dann sittenwidrig iSd § 1 UWG, wenn besondere Umstände vorliegen, die den Bruch der Konkurrenzklausel nicht mehr als reine Vertragsverletzung, sondern als Verstoß gegen die guten Sitten erscheinen lassen. Solche Umstände liegen z.B. vor, wenn der Arbeitnehmer Geschäftsunterlagen seines Arbeitgebers ablichtet, um diesem mit dem so gewonnenen Material Konkurrenz zu machen (vgl. OGH 18. 10. 1994, 4 Ob 103/94, ARD 4663/6/95).

§ 36 AngG

Auch der neue Arbeitgeber handelt aber nicht schon dann sittenwidrig, wenn er in Kenntnis der den Arbeitnehmer bindenden Konkurrenzklausel mit diesem einen **Dienstvertrag abschließt**. Sittenwidrig handelt er nur dann, wenn er über den bloßen Abschluss des Anstellungsvertrages hinaus den **Vertragsbruch bewusst gefördert** oder sonst in irgendeiner Weise aktiv dazu beigetragen hat. Eine bewusste Förderung des Vertragsbruchs oder ein sonstiger Beitrag liegt nicht schon darin, dass der neue Arbeitgeber den Anstellungsvertrag in Kenntnis der Konkurrenzklausel geschlossen hat. Selbst das Abwerben von Mitarbeitern eines Konkurrenzunternehmens trotz des diesen bindenden Konkurrenzverbots durch den Einsatz eines „Headhunters" ist nur dann sittenwidrig, wenn der neue Arbeitgeber verwerfliche Mittel angewendet oder verwerfliche Ziele verfolgt hätte.

Verpflichtet sich der neue Arbeitgeber jedoch, die für den Fall des Bruchs der Konkurrenzklausel vereinbarte **Konventionalstrafe zu zahlen**, fördert er dadurch den Bruch der Konkurrenzklausel in einer über den Abschluss eines Dienstvertrages hinausgehenden Weise. Der neue Arbeitgeber handelt damit **sittenwidrig** iSd § 1 UWG (vgl. OGH 18. 2. 2003, 4 Ob 290/02d, ARD 5409/10/2003).

Judikatur zu § 36

Konkurrenzklauselrecht nicht EU-widrig

Eine Konkurrenzklausel im Rahmen des § 36 AngG ist **keine gemeinschaftsrechtswidrige** 703
Beschränkung der Freizügigkeit, wenn sie einem zwingenden Allgemeininteresse dient, was nur im Einzelfall beurteilt werden kann. OGH 26. 8. 1999, 8 ObA 196/99b. (ARD 5104/1/2000 ●)

Die Regelungen des § 36 AngG und § 37 AngG über die **Konkurrenzklausel verstoßen nicht gegen die Bestimmungen des EU-Vertrages.** Im Fall von hoch qualifizierten Arbeitnehmern oder Arbeitnehmern in Schlüsselqualifikationen können Konkurrenzklauseln und verbunden mit ihnen vereinbarte Konventionalstrafen zulässig sein, um den bisherigen Arbeitgeber angemessen zu schützen. Konkurrenzklauseln können im Einzelfall **sachlich gerechtfertigte Beschränkungen der Freizügigkeit** sein, wenn sie sich als verhältnismäßig darstellen, zwingenden Gründen des Allgemeininteresses dienen und sich unterschiedslos an Inländer und Ausländer richten. Ob die Konkurrenzklausel einem zwingenden Interesse dient, kann immer nur im Einzelfall beurteilt werden. Es ist festzuhalten, dass § 36 AngG und § 37 AngG nicht europarechtswidrig sind und insbesondere nicht gegen Art 39 EG (Freizügigkeit der Arbeitnehmer) verstoßen. OLG Wien 22. 10. 2004, 9 Ra 77/04s. (ARD 5584/5/2005 ●)

Sittenwidrige Konkurrenzklauseln

Konkurrenzklauseln können unabhängig von den Kriterien des § 36 AngG wegen des Verstoßes 704
gegen die guten Sitten nach § 879 Abs 1 ABGB **nichtig** sein, wenn sie **unter Druck zustande kommen**. Dies wird sich aber regelmäßig nur auf Fälle beziehen, in denen die Konkurrenzklausel nicht zugleich mit dem Dienstvertrag, sondern während der Dauer des Arbeitsverhältnisses abgeschlossen wurde, nicht aber auch auf den Fall, dass eine Arbeitnehmerin nach einer **mehrjährigen Kinderbetreuungsphase** wieder ins Berufsleben einsteigen wollte und die dadurch entstandene Zwangslage vom Arbeitgeber bei Abschluss des Dienstvertrages „ausgenützt" wird. OGH 20. 1. 2005, 8 ObA 138/04h. (ARD 5584/4/2005 ●)

§ 36 AngG

Wirksamkeit einer bei aufrechtem Dienstverhältnis abgeschlossenen Konkurrenzklausel

705 Eine Konkurrenzklausel kann nicht nur zugleich mit einem Arbeitsvertrag, sondern auch noch während des **aufrechten Arbeitsverhältnisses** wirksam vereinbart werden. Wenn jedoch der Arbeitgeber die Vereinbarung einer Konkurrenzklausel unter **Ausübung eines erheblichen Drucks** und unter Vertrauensbruch erwirkt hat, ist sie von Anfang an gemäß § 879 Abs 1 ABGB nichtig und **unwirksam**. Ob eine derartige Drucksituation bei der Vereinbarung der Konkurrenzklausel erst während des aufrechten Arbeitsverhältnisses vorlag, hängt stets von den Umständen des Einzelfalles ab.

Empfand ein Arbeitnehmer das Ansinnen seines Arbeitgebers nicht nur subjektiv als Ausübung unzulässigen Drucks, sondern befand er sich auch objektiv in einer schwierigen Zwangslage, so dass er praktisch keine andere Wahl hatte, als den ihm erst 2 Monate nach Arbeitsbeginn vorgelegten Dienstvertrag samt erstmals unterbreiteter Konkurrenzklausel zu unterfertigen, ist die Konkurrenzklausel nur **unter Ausübung eines erheblichen Drucks des Arbeitgebers** und unter einem Vertrauensbruch vereinbart worden und demnach **sittenwidrig**. OGH 15. 12. 1999, 9 ObA 182/99a. (ARD 5147/2/2000 ●)

In dem Umstand, dass ein Arbeitnehmer nach späterer Kenntnisnahme nicht gegen den eine **Konkurrenzklausel** enthaltenden Punkt in den „**allgemeinen Arbeitsbedingungen**", auf die im Dienstvertrag hingewiesen worden ist, aber vor Unterschriftleistung nicht zur Kenntnis des Arbeitnehmers gelangten, Einwände erhoben hat, kann keine stillschweigende Zustimmung gesehen werden, weil davon ausgegangen werden muss, dass er in diesem Fall eine Auflösung des Dienstverhältnisses seitens des Arbeitgebers riskiert hätte. Er befand sich demnach in einer **wirtschaftlichen Drucksituation**, in der ihm ein Widerspruch gegen die ihm nachträglich zur Kenntnis gelangten Vertragsbindungen nicht zugemutet werden konnte. Die Vereinbarung über die **Konkurrenzklausel** ist daher **nicht wirksam** zustande gekommen. OLG Wien 21. 10. 1992, 31 Ra 73/92. (ARD 4452/7/93 ●)

Konkurrenzklausel bei befristeten Dienstverhältnissen

706 Auch bei einem **befristeten Dienstverhältnis** kann eine Konkurrenzklausel wirksam vereinbart werden. Der Ablauf eines befristeten Dienstverhältnisses allein steht der Wirksamkeit einer Konkurrenzklausel grundsätzlich nicht entgegen; allerdings ist ihre Wirksamkeit iSd § 36 AngG besonders streng zu prüfen. Hat ein Arbeitnehmer hauptsächlich wegen des inzwischen an ihn herangetragenen Anbots eines Konkurrenzunternehmens, das er in der Folge auch angenommen hat, das Interesse an einer Fortsetzung seiner Tätigkeit beim neuen Generalvertreter des Arbeitgebers verloren, kann die im befristeten Dienstvertrag vereinbarte Konkurrenzklausel als wirksam beurteilt werden; eine **Sittenwidrigkeit** der Vereinbarung ist insbesondere dann zu **verneinen**, wenn **keine unbillige Erschwerung des Fortkommens** des Arbeitnehmers vorliegt, weil es eine größere Anzahl von potenziellen Arbeitgebern gibt, die zum Arbeitgeber in keinem Wettbewerbsverhältnis stehen und bei denen der Arbeitnehmer sein technisches Grundwissen hätte verwerten können und nur in eine andere Sparte hätte „umsteigen" müssen. Liegen solche konkreten Möglichkeiten eines „Umsteigens" in eine andere Sparte des schon bisher ausgeübten Berufes vor und hat der Arbeitnehmer sie schon bisher unter Beweis gestellt, schließt dies eine unbillige Erschwerung des Fortkommens aus. OGH 31. 8. 1994, 8 ObA 235/94. (ARD 4610/16/94 ●)

Unwirksame Konkurrenzklausel für arbeitnehmerähnliche freie Versicherungsvertreter

707 Auch mit einem **arbeitnehmerähnlichen Versicherungsvertreter** kann – ebenso wie mit einem selbstständigen Versicherungsvertreter – eine Konkurrenzklausel nicht wirksam vereinbart werden. OGH 2. 10. 2002, 9 ObA 81/02f. (ARD 5409/12/2003 ●)

§ 36 AngG

Keine nachträgliche Heilung einer Wegen Minderjährigkeit unwirksamen Klausel

Ist eine Konkurrenzklausel wegen der **Minderjährigkeit** des Arbeitnehmers im Zeitpunkt des Vertragsabschlusses **unwirksam** geworden, wird sie durch die Formulierung in einer späteren nach Erlangen der Volljährigkeit vorgenommenen **Vertragsänderung** „alle übrigen Bestimmungen des obzitierten Anstellungsvertrages bleiben unverändert aufrecht" **nicht wirksam.** OLG Wien 5. 7. 1993, 31 Ra 74/93. (ARD 4496/3/93 ●) — 708

Interessenbeeinträchtigung durch Konkurrenzklausel

Zur Frage der Wirksamkeit der Beschränkung der Erwerbstätigkeit eines Angestellten durch eine Konkurrenzklausel sind **Billigkeitserwägungen** anzustellen, wobei das Bestreben des Angestellten, seine Arbeitskraft bestmöglich zu verwerten, und das Interesse des Arbeitgebers, in seinem Erwerb nicht geschädigt zu werden, einander gegenüberstehen. Die Konkurrenzklausel ist iSd § 879 ABGB dann sittenwidrig, wenn die Interessenabwägung eine grobe Verletzung rechtlich geschützter Interessen oder ein **grobes Missverhältnis** zwischen den einander gegenüberstehenden **Interessen** zulasten des durch die Konkurrenzklausel Beschwerten ergibt. — 709

Um aber verlässlich beurteilen zu können, ob ein derartiges auffallendes Missverhältnis zwischen den schützenswerten Interessen des einen Vertragsteiles und der dem anderen Teil auferlegten Beschränkung gegeben ist, bedarf es – gegebenenfalls nach Einholung eines Gutachtens eines berufskundlichen Sachverständigen – Feststellungen darüber, **welche beruflichen Auswirkungen die Einhaltung der Konkurrenzklausel für den Arbeitnehmer gehabt hätte.** OLG Wien 28. 4. 2004, 9 Ra 9/04s. (ARD 5529/10/2004 ●)

Unbillige Erschwerung des Fortkommens des Arbeitnehmers

Überwiegen die Interessen eines Arbeitnehmers an der bestmöglichen Verwertung seiner Arbeitskraft deutlich die Interessen des Arbeitgebers an der Einhaltung einer Konkurrenzklausel, stellt dies auch dann eine **unbillige Erschwerung seines Fortkommens** dar und ist somit unwirksam, wenn es dem Arbeitnehmer ohne größere Schwierigkeiten möglich gewesen wäre, den Geschäftszweig des Arbeitgebers zu meiden. OLG Wien 22. 5. 2000, 10 Ra 60/00t. (ARD 5147/3/2000 ●) — 710

Eine Konkurrenzklausel kommt nahezu einem Berufsverbot gleich und stellt eine unbillige Erschwerung des Fortkommens dar, wenn es sich um einen Arbeitnehmer handelt, über dessen **Spezialwissen in einem technischen Detailbereich** nur 15 bis 20 andere Personen in Österreich verfügen und die größten Konkurrenten des Arbeitgebers, bei denen das technische Wissen anwendbar ist, in die Klausel aufgenommen sind. ASG Wien 8. 3. 2000, 3 Cga 80/98z, bestätigt durch OLG Wien 21. 7. 2000, 9 Ra 135/00i. (ARD 5134/27/2000 und ARD 5163/37/2000 ●)

Wird das Fortkommen eines Arbeitnehmers durch eine für **ein Jahr vereinbarte Konkurrenzklausel** in Hinblick auf die begrenzte Anzahl von Mitbewerbern am Markt und die rasante Entwicklung der betreffenden Branche (hier: Telekommunikationsbranche) übermäßig behindert, ist die Vereinbarung hinsichtlich des Zeitraumes unwirksam. ASG Wien 29. 10. 2001, 6 Cga 138/99b, bestätigt durch OLG Wien 5. 6. 2002, 8 Ra 139/02y. (ARD 5345/17/2002 ●)

Der Begriff „unbillige Erschwerung des Fortkommens" enthält keine Einschränkung auf Erwägungen finanzieller Art, sondern betrifft z.B. auch eine **drohende Herabstufung** des Arbeitnehmers wegen des raschen **Verfalls seines Fachwissens**. Eine Beschränkung durch eine Konkurrenzklausel darf niemals so weit gehen, dass der Angestellte gezwungen ist, seine Kenntnisse und seine Berufserfahrung brachliegen zu lassen. ASG Wien 15. 7. 1999, 25 Cga 218/95a. (ARD 5079/2/99 ●)

§ 36 AngG

War ein Arbeitnehmer im Laufe seines bisherigen Erwerbslebens nur wenige Jahre in der von einer Konkurrenzklausel betroffenen Branche (hier: Vertrieb von Gabelstaplern) tätig und hat er zuvor verschiedene **andere Berufstätigkeiten** verrichtet (hier: Leitung eines Tankstellenbetriebes, Filialleiter in einem Drogeriemarkt, Überwachung von Buchhaltung, Controllingtätigkeiten), ist ihm ein **Branchenwechsel durchaus zuzumuten**. Sein Fortkommen wird daher durch eine auf ein Jahr vereinbarte Konkurrenzklausel nicht übermäßig beeinträchtigt. OLG Wien 13. 8. 2003, 9 Ra 92/03w. (ARD 5451/4/2003 ●)

Konkurrenztätigkeit im Geschäftszweig des Arbeitgebers

711 Für das Bestehen einer für die Zulässigkeit einer Konkurrenzklausel notwendigen **Konkurrenzsituation** zwischen zwei Unternehmen ist es nicht erforderlich, dass sich diese mit völlig gleichartigen Produkten an denselben Abnehmerkreis wenden, sondern genügt es, dass mit den konkurrierenden Produkten **gleichartige Bedürfnisse** oder zumindest teilweise **idente Kundenkreise** befriedigt werden. Dabei ist entscheidend, ob infolge der Geschäftstätigkeit eines anderen Unternehmens dem durch eine Konkurrenzklausel geschützten Unternehmen **Marktanteile verloren** gehen.

War ein Arbeitnehmer bei seinem ehemaligen Arbeitgeber damit beschäftigt, neben der Abwicklung der Korrespondenz und der Herstellung von Präsentationsunterlagen auch für das **Kernprodukt** des Unternehmens (hier: **Chipkarten**, die mit entsprechenden Datenträgern versehen sind) **Prospekte und Datenblätter** zu erarbeiten, und war er nach seiner Selbstkündigung bei seinem neuen Arbeitgeber – der ebenfalls derartige **Chipkarten herstellt** und dessen Auftreten am Markt zu einem nachweisbaren Umsatzrückgang bei ersterem Unternehmen führte – im Bereich des **Marketing** beschäftigt, hat er die in seinem Dienstvertrag zum ehemaligen Arbeitgeber enthaltene Konkurrenzklausel, wonach er keine seiner Aufgabenstellung entsprechende Tätigkeit innerhalb eines Konkurrenzunternehmens binnen eines Jahres aufnehmen darf, verletzt und ist zur Zahlung der darin enthaltenen Konventionalstrafe verpflichtet. ASG Wien 18. 12. 2001, 13 Cga 184/99v. (ARD 5345/19/2002 ●)

Der „Geschäftszweig" des Arbeitgebers umfasst nur die **tatsächlich von ihm geführte Warenart oder entfaltete Tätigkeit**. Ist ein Arbeitgeber daher zwar auch als Bauträger, aber eingeschränkt auf den Bereich der „Baureifmachung" tätig und sind baubegleitende Maßnahmen von dieser Tätigkeit nicht umfasst, setzt der Arbeitnehmer durch Ausführung von baubegleitenden Maßnahmen für einen anderen Arbeitgeber keinen Verstoß gegen die Konkurrenzklausel. OGH 2. 3. 2000, 9 ObA 8/00t. (ARD 5185/18/2001 ●)

Gibt es in einem bestimmten Berufsfeld nur **wenige, miteinander konkurrierende Unternehmen** und kommt es durch die Tätigkeit eines entlassenen Arbeitnehmers bei seinem neuen Arbeitgeber auch hinsichtlich des räumlichen Einsatzbereiches zu einer **direkten Konkurrenztätigkeit**, obwohl dieser aufgrund seiner Ausbildung und bisherigen Berufserfahrung auch in einer anderen Branche Arbeit gefunden hätte, überwiegt das Interesse des ehemaligen Arbeitgebers an der Einhaltung der Konkurrenzklausel das Interesse des Arbeitnehmers an einer Beschäftigung beim Konkurrenzunternehmen. ASG Wien 30. 11. 2001, 13 Cga 6/00x. (ARD 5345/18/2002 ●)

Eine Konkurrenzklausel umfasst Tätigkeitsbereiche des Arbeitgebers, die zum Zeitpunkt des Abschlusses der Konkurrenzklausel noch **nicht Gegenstand der Konkurrenzklausel** gewesen sind, auch dann **nicht**, wenn der Arbeitnehmer hiefür eine besondere **Ausbildung** erfahren hat. Die vereinbarte Beschränkung der Freizügigkeit des Arbeitnehmers ist unter Bedachtnahme auf die zum **Zeitpunkt des Vertragsabschlusses** und in diesem Zusammenhang für den Arbeitnehmer überblickbaren Umstände zu untersuchen.

§ 36 AngG

Danach war im vorliegenden Fall die **Änderung des Tätigkeitsbereichs** seines Arbeitgebers vom Edelstahlbereich zu einem qualifizierten EDV- und Consultingbereich für den Arbeitnehmer, der für den Stahlbereich als „Organisator" im EDV-Bereich tätig war, und seine durch spätere Ausbildung erlangte Qualifikation im Programmbereich „SAP" und bei der Installierung dieser Programme **nicht absehbar**. Dem Arbeitnehmer kann daher nicht unterstellt werden, dass er bei Kenntnis der nach Abschluss der Konkurrenzklausel eintretenden wesentlichen Änderungen der der Vereinbarung zugrunde liegenden Umstände, die ihn in seiner Freizügigkeit noch mehr knebeln, sich durch die Konkurrenzklausel gebunden hätte. Das bedeutet, dass die seinerzeit vereinbarte **Konkurrenzklausel den geänderten Tätigkeitsbereich** des Arbeitgebers, der zur Zeit des Abschlusses der Vereinbarung nicht Gegenstand derselben und auch nicht absehbar war, **nicht umfasst**. Ist der Arbeitnehmer in dem der Vereinbarung zugrunde liegenden Geschäftszweig des Arbeitgebers im Edelstahlbereich und auch im seinerzeit dem Vertrag zugrunde liegenden Tätigkeitsbereich beim Konkurrenzunternehmen nicht tätig, liegt keine Verletzung der Konkurrenzklausel vor. OGH 23. 12. 1998, 9 ObA 209/98w. (ARD 5019/3/99 ●)

Verbietet eine Konkurrenzklausel die Tätigkeit in **bestimmten näher bezeichneten Konkurrenzunternehmungen** und geht der Arbeitnehmer ein Dienstverhältnis mit einem Unternehmen ein, das von der Konkurrenzklausel nicht erfasst ist, kommt ein Verstoß gegen die Konkurrenzklausel nicht in Betracht. OLG Wien 21. 7. 2000, 9 Ra 135/00i. (ARD 5163/37/2000 ●)

Eine Konkurrenzklausel, die einen Arbeitnehmer im **Verkauf von bestimmten Produkten** beschränkt, bezieht sich auch auf die **Leitung von Verkäufern** derartiger Produkte, auch wenn der Arbeitnehmer selbst keine spezifische Verkaufstätigkeit entfaltet. ASG Wien 13. 11. 1998, 21 Cga 277/97a. (ARD 5065/4/99 ●)

Dass sich ein Arbeitnehmer, in seinem Dienstvertrag verpflichtet hat, nach dessen Auflösung „keine wie immer geartete Tätigkeit für eine **Erzeugung von Farbmitteln** und Farbmittelpräparationen" anzunehmen, hindert ihn nach Selbstkündigung seines Dienstvertrags nicht, eine Stelle als **Verkäufer** bei einem Konkurrenzunternehmen anzutreten. Der durchschnittliche und redliche Betrachter versteht unter „Erzeugung" die Herstellung, die Produktion, einschließlich der diesbezüglichen Forschung; nicht darunter fallen hingegen der Vertrieb und der Verkauf eines Produkts. ASG Wien 6. 11. 1996, 8 Cga 73/96d, bestätigt durch OLG Wien 23. 6. 1997, 10 Ra 69/97h. (ARD 4862/24/97 ●)

Das dienstvertragliche Verbot des Zusammenarbeitens mit **ehemaligen Arbeitnehmern** nach Beendigung des Dienstverhältnisses setzt voraus, dass der mit dieser Konkurrenzklausel belastete Arbeitnehmer die Zusammenarbeit, in welcher Form auch immer, mit diesen Arbeitnehmern **bewusst von sich aus herbeiführt** oder fördert. Das Eingehen eines Dienstverhältnisses mit einem nicht durch die Konkurrenzklausel ausgeschlossenen Unternehmen, in dem zufällig, vom Arbeitnehmer nicht beeinflusst, weitere ehemalige Arbeitnehmer des Arbeitgebers beschäftigt sind, und die sich daraus ergebende, vom Arbeitnehmer nicht herbeigeführte oder geförderte Zusammenarbeit verstoßen daher nicht gegen die vereinbarte Beschäftigungsverbotsklausel. OGH 22. 11. 1995, 9 ObA 160/95. (ARD 4717/16/96 ●)

Wäre es einem mit der **Entwicklung von Smart-Cards** (Karten im Format von Scheckkarten, die verschiedene Daten speichern können) beschäftigten Arbeitnehmer zumutbar gewesen, innerhalb eines Jahres nach Beendigung des Dienstverhältnisses in einem **anderen Computerbereich** bei einem neuen Arbeitgeber tätig zu sein, und kommt noch erschwerend hinzu, dass sein neuer Arbeitgeber erst durch die Kenntnisse, die sich der Arbeitnehmer bei seinem früheren Arbeitgeber erworben hat, überhaupt in die Lage versetzt worden ist, in dem speziellen Bereich der Entwicklung von Smart-Cards tätig und damit **Konkurrent zum ehemaligen Arbeitgeber zu werden**,

§ 36 AngG

hat dieser jedenfalls ein entsprechendes Interesse daran, dass sein ehemaliger Arbeitnehmer die Konkurrenzklausel einhält. Wäre es dem Arbeitnehmer weiters möglich gewesen, in anderen Bereichen dasselbe Einkommen zu erzielen wie bei seinem neuen Arbeitgeber, ist damit auch nicht ein unbillige Erschwerung seines Fortkommens verbunden. OLG Wien 15. 1. 2004, 10 Ra 151/03d. (ARD 5529/7/2004 ●)

Fehlende räumliche Begrenzung einer Konkurrenzklausel

712 Die Vereinbarung einer Konkurrenzklausel in einem weiteren Umfang als sie als wirksam angesehen werden kann, hat nicht ihre gänzliche Unwirksamkeit zur Folge; eine zu weite Fassung führt lediglich zu einer entsprechenden Einschränkung. Die fehlende räumliche Begrenzung der Konkurrenzklausel ist im Rahmen der **Mäßigung der Konventionalstrafe** zu berücksichtigen OGH 11. 8. 1993, 9 ObA 187/93. (ARD 4516/26/93 ●)

Zulässige Vorbereitungshandlung trotz Konkurrenzklausel

713 Im vorliegenden Fall wurde mit einem Arbeitnehmer eine Konkurrenzklausel vereinbart, worin er sich verpflichtete, innerhalb eines Jahres ab Beendigung seines Dienstverhältnisses keine selbstständige oder unselbstständige Tätigkeit im Geschäftszweig seines Arbeitgebers auszuüben. Nach der einvernehmlichen Auflösung des Dienstverhältnisses war der Arbeitnehmer auch sehr darauf bedacht, die getroffene Vereinbarung einzuhalten, **wies mehrere Angebote** ab und legte nach außen seine **Bindung an das Konkurrenzverbot offen** (so wies der Arbeitnehmer etwa in Kostenvoranschlägen darauf hin, dass er die angebotenen Leistungen erst nach Ablauf der in der Konkurrenzvereinbarung vorgesehenen Frist tatsächlich erbringen könne).

Der Umstand, dass er dennoch **Vorbereitungen** traf, um nach Ende der vereinbarten Jahresfrist wieder auf seinem früheren Gebiet tätig sein zu können, stellt **keinen Verstoß gegen die Vereinbarung** dar und berechtigt den Arbeitgeber nicht, die vorgesehene Konventionalstrafe einzufordern. Dass er Vorbereitungen traf, um sein Vorhaben, wieder im Geschäftszweig seines ehemaligen Arbeitgebers tätig zu sein, nach Ablauf der vereinbarten Frist auch in die Tat umsetzen zu können, kann deshalb nicht bereits als konkurrenzverbotswidriges Handeln gewertet werden, weil dies faktisch zu einer nicht unwesentlichen **Verlängerung der vereinbarten Frist** führen würde. OLG Wien 17. 8. 2006, 9 Ra 75/06z. (ARD 5763/10/2007)

Anspruch auf Unterlassung der konkurrierenden Tätigkeit

714 Auch wenn die Vereinbarung einer Konventionalstrafe wegen Bruches einer Konkurrenzklausel die Geltendmachung eines Unterlassungsanspruchs wegen wettbewerbswidriger Handlungen nicht ausschließt, begründet das **bloße Zuwiderhandeln gegen die Konkurrenzklausel**, sei es durch den Arbeitnehmer, sei es durch den neuen Arbeitgeber, der in Kenntnis der Konkurrenzklausel den Arbeitnehmer aufnimmt, für sich allein **keinen Anspruch nach dem UWG**. Das Ausnützen eines fremden Vertragsbruches ist nur dann sittenwidrig bzw. wettbewerbswidrig, wenn der Vertragsbruch über die bloße Kenntnis hinaus bewusst gefördert wird. OGH 11. 2. 1997, 4 Ob 2358/96k. (ARD 4935/25/98 ●)

Der **Bruch einer Konkurrenzklausel** durch einen Arbeitnehmer ist nach ständiger Rechtsprechung nur dann sittenwidrig iSd § 1 UWG, wenn besondere Umstände vorliegen, die den Bruch der Konkurrenzklausel nicht mehr als reine Vertragsverletzung, sondern als Verstoß gegen die guten Sitten erscheinen lassen. Solche Umstände liegen z.B. vor, wenn der Arbeitnehmer Geschäftsunterlagen seines Arbeitgebers ablichtet, um diesem mit dem so gewonnenen Material Konkurrenz zu machen (vgl. OGH 18. 10. 1994, 4 Ob 103/94, ARD 4663/6/95).

Auch der neue Arbeitgeber handelt aber nicht schon dann sittenwidrig, wenn er in Kenntnis der den Arbeitnehmer bindenden Konkurrenzklausel mit diesem einen **Dienstvertrag abschließt**. Sittenwidrig handelt er nur dann, wenn er über den bloßen Abschluss des Anstellungsvertrages hinaus den **Vertragsbruch bewusst gefördert** oder sonst in irgendeiner Weise aktiv dazu beigetragen hat. Eine bewusste Förderung des Vertragsbruchs oder ein sonstiger Beitrag liegt nicht schon darin, dass der neue Arbeitgeber den Anstellungsvertrag in Kenntnis der Konkurrenzklausel geschlossen hat. Verpflichtet sich der neue Arbeitgeber eines durch eine Konkurrenzklausel gebundenen Arbeitnehmers jedoch, die für den Fall des Bruchs der Konkurrenzklausel vereinbarte **Konventionalstrafe zu zahlen**, fördert er dadurch den Bruch der Konkurrenzklausel in einer über den Abschluss eines Dienstvertrages hinausgehenden Weise, und handelt damit **sittenwidrig** isd § 1 UWG. OGH 18. 2. 2003, 4 Ob 290/02d. (ARD 5409/10/2003 ●)

Der neue Arbeitgeber handelt sittenwidrig, wenn er sich – um einen Arbeitnehmer abzuwerben – verpflichtet, die für den Fall des Bruchs des Konkurrenzverbots vereinbarte Konventionalstrafe zu zahlen. Die Kenntnis des Konkurrenzverbots bei Abschluss des neuen Dienstvertrags reicht allein jedoch nicht aus, um eine Sittenwidrigkeit zu bejahen. Genauso wenig ist es sittenwidrig, wenn der neue Arbeitgeber zusagt, im Fall der Selbstkündigung des Arbeitnehmers beim alten Arbeitgeber allfällige **Abfertigungsansprüche zu übernehmen**. OGH 29. 11. 2005, 4 Ob 190/05b. (ARD 5662/3/2006 ●)

Der Abschluss von Anstellungsverträgen mit neuen Arbeitnehmern trotz Kenntnis von deren Konkurrenzklauseln bei ihrem früheren Arbeitgeber ist sittenwidrig, wenn der neue Arbeitgeber, eine GmbH, **allein deshalb gegründet** worden ist, um das von den (künftigen) Arbeitnehmern bei ihrem früheren Arbeitgeber erworbene Spezialwissen zu nützen und ihm damit **Konkurrenz zu machen**. Die neu gegründete GmbH hat damit gegen § 1 UWG verstoßen. OGH 23. 5. 2006, 4 Ob 32/06v. (ARD 5763/7/2007 ●)

Das **Ausspannen von Kunden** eines Mitbewerbers ist für sich allein selbst dann **nicht wettbewerbswidrig**, wenn es zielbewusst und systematisch erfolgt. Wettbewerbswidrig wird es erst durch Hinzutreten besonderer Umstände, die den Wettbewerb verfälschen. Dies ist dann der Fall, wenn beim Eindringen in den fremden Kundenkreis **verwerfliche Mittel** (z.B. Beschaffen von Kundenlisten auf unlautere Weise, Anschwärzen des Mitbewerbers, irreführende Praktiken) angewendet oder damit **verwerfliche Ziele** (Schädigung des Mitbewerbers als einziges Ziel) verfolgt werden. Es ist daher als wettbewerbswidrig zu beurteilen, wenn ein Arbeitnehmer die Kenntnis der Geschäfts- oder Betriebsgeheimnisse während des Dienstverhältnisses durch eine gegen das Gesetz oder guten Sitten verstoßende eigene Handlung erlangt hat und nach Ende des Dienstverhältnisses diese Geheimnisse zu Zwecken des Wettbewerbs unbefugt verwertet oder an andere mitteilt. Sucht daher ein Arbeitnehmer nach dem Wechsel zu einem Konkurrenzunternehmen zahlreiche **Kunden seines ehemaligen Arbeitgebers** anhand von **Kundenlisten** auf, die ihm im Rahmen seiner früheren Tätigkeit als Servicemitarbeiter anvertraut worden waren, und bietet er ihnen die aufgrund von Wartungsverträgen mit dem ehemaligen Arbeitgeber zustehenden Leistungen nunmehr für seinen neuen Arbeitgeber an, wobei er zeitweilig seinen neuen Arbeitgeber gar nicht offen legt, stellt dies eine **wettbewerbswidrige Verwertung von Betriebsgeheimnissen** dar. OGH 25. 6. 2003, 9 ObA 66/03a. (ARD 5451/2/2003 ●)

Einstweilige Verfügung zur Sicherung des Unterlassungsanspruchs aus Konkurrenzklausel
Begehrt ein Arbeitgeber gleichzeitig mit seiner Klage gegen einen ehemaligen Arbeitnehmer auf Unterlassung der gegen eine vereinbarte Konkurrenzklausel verstoßenden Tätigkeit für ein Konkurrenzunternehmen die **Erlassung einer einstweiligen Verfügung** zur Sicherung des

§ 36 AngG

Unterlassungsanspruchs, kommt nur die Erlassung einer einstweiligen Verfügung nach § 381 Z 2 EO zur **Abwendung eines drohenden unwiederbringlichen Schadens** in Betracht. Aus dem bloßen Verstoß gegen die vertragliche Konkurrenzklausel allein kann jedoch die Gefahr eines drohenden unwiederbringlichen Schadens nicht abgeleitet werden; auch der Umstand, dass der Arbeitnehmer nunmehr bei einem Konkurrenzunternehmen beschäftigt ist, reicht zur Bescheinigung der Gefährdung nicht aus. Die bloß **abstrakte Möglichkeit eines nicht näher konkretisierten Schadens** reicht für die Erlassung einer einstweiligen Verfügung nicht aus. OLG Wien 23. 1. 2006, 8 Ra 168/05t. (ARD 5698/3/2006 ●)

Nachweis eines Schadens durch den Wechsel zu Konkurrenzunternehmen

716 Wurde in einer Konkurrenzklausel kein pauschalierter Schadenersatz in Form einer Konventionalstrafe für den Fall des Verstoßes gegen das Verbot vereinbart, hat der Arbeitgeber einen **tatsächlich entstandenen Schaden nachzuweisen**. Kosten, die allein daraus entstanden sind, dass der Arbeitnehmer sein Dienstverhältnis zum Arbeitgeber beendet hat, können nicht als „Schäden" durch den Wechsel zum Konkurrenzunternehmen geltend gemacht werden.

So wären etwa **Inseratenkosten** zwecks Anstellung einer Ersatzkraft in jedem Fall für den Arbeitgeber aufgelaufen, auch wenn der Arbeitnehmer nicht zu einem Konkurrenzunternehmen gewechselt wäre. Ebenso können Kosten im Zusammenhang mit dem **Umbau der Homepage**, der Anfertigung neuer Pressefotos sowie der **Bestellung von neuen Visitenkarten keine Schäden** sein, die kausal mit einer Konkurrenztätigkeit im Zusammenhang stehen. ASG Wien 17. 2. 2003, 4 Cga 300/02v. (ARD 5451/7/2003 ●)

Keine Ansprüche aus einer Konkurrenzklausel nach Einstellung der Unternehmenstätigkeit

717 Veräußert ein Arbeitgeber sein Unternehmen und stellt er die Geschäftstätigkeit im maßgeblichen Geschäftszweig vollkommen ein, kann er **keine Ansprüche** gegen einen ehemaligen Arbeitnehmer aus einer **Konkurrenzklausel** geltend machen, auch wenn er weiterhin aufgrund des Kaufvertrages am Umsatz des veräußerten Unternehmens beteiligt ist. Der Sinn einer Konkurrenzklausel liegt darin, durch eine sachlich gerechtfertigte Beschränkung den Arbeitgeber vor Wettbewerbshandlungen des Arbeitnehmers, die die Interessen des Arbeitgebers wesentlich beeinträchtigen, zu schützen. Dieses Ziel setzt aber eine **tatsächliche Konkurrenzsituation** voraus, in der dem durch eine Konkurrenzklausel geschützten Unternehmen durch die konkurrierende Tätigkeit des früheren Arbeitnehmers **Marktanteile verloren gehen können**. Dies ist aber hier nicht mehr der Fall. OLG Wien 12. 3. 2004, 8 Ra 29/04z. (ARD 5529/5/2004 ●)

Verzicht auf die Einhaltung der Konkurrenzklausel

718 Unterfertigt ein Arbeitgeber, nachdem ihm der aus dem Dienstverhältnis ausscheidende Arbeitnehmer seine künftig konkurrenzierende Tätigkeit offen gelegt hat, einen **beidseitigen Generalvergleich**, ohne auf die Einhaltung der vereinbarten Konkurrenzklausel und alle sich daraus ergebenden Ansprüchen hinzuweisen, ist dies als **Verzicht** auf die Einhaltung der Konkurrenzklausel anzusehen. OLG Wien 29. 6. 1999, 9 Ra 186/99k, bestätigt durch OGH 15. 12. 1999, 9 ObA 241/99b. (ARD 5065/5/99 und ARD 5104/30/2000 ●)

Eine Konkurrenzklausel wird durch **Generalvergleich** nach Auflösung des Dienstverhältnisses außer Kraft gesetzt. ASG Wien 6. 11. 1996, 31 Cga 20/96d, bestätigt durch OLG Wien 5. 5. 1997, 7 Ra 85/97i. (ARD 4855/11/97 ●)

§ 36 AngG

Wirksamkeit einer einem Steuerberater auferlegten Mandantenschutzklausel

Vereinbarungen, die einem Arbeitnehmer nach dessen Ausscheiden aus dem Dienstverhältnis die Betreuung von Mandanten seines früheren Arbeitgebers als Angestellter in einem anderen Arbeitsverhältnis oder als Selbstständiger verbieten, werden als so genannte **Mandantenschutzklauseln** bezeichnet, deren Zweck darin liegt, den Klientenstock des Arbeitgebers zu schützen. Von der deutschen Lehre und Rechtsprechung werden Mandantenschutzklauseln **den Konkurrenzklauseln zugeordnet** und unterliegen den für diese geltenden Bestimmungen.

Auch für das österreichische Recht ist die prinzipielle Zuordnung von Klientenschutzklauseln zu den Konkurrenzklauseln zu bejahen: Auch der durch eine Mandantenschutzklausel gebundene ehemalige Arbeitnehmer ist in der **Ausübung seines Berufes** zumindest dann erheblich **eingeschränkt**, wenn er sich im Wirkungsbereich seines früheren Arbeitgebers selbstständig machen will. Gerade im freien Beruf des **Wirtschaftstreuhänders** sind das allmählich anwachsende Vertrauen des Klienten und der Umstand, dass der Beratende in dem bestimmten Lebensbereich als kenntnisreich und zuverlässig bekannt ist, ausschlaggebend für den Aufbau einer eigenen Kanzlei. All das zeigt, dass die typische Klienten- oder Mandantenschutzklausel vom Tatbestand der Konkurrenzklausel des § 36 AngG erfasst wird.

Verbietet die in der Dienstordnung enthaltene Konkurrenzklausel einem **Steuerberater**, nach der Beendigung seines Dienstverhältnisses **Klienten seines ehemaligen Arbeitgebers zu betreuen**, stellt dies keine unbillige Erschwerung des Fortkommens des Steuerberaters dar. Sofern die Mandantenschutzklausel aber einen ein Jahr übersteigenden Zeitraum vorsieht, ist sie insoweit teilnichtig. OGH 15. 4. 2004, 8 ObA 21/04b. (ARD 5529/6/2004 ●)

Abgrenzung zu Geheimhaltungsvereinbarungen

Mit einer **Geheimnisschutzklausel** wird dem Arbeitnehmer die Pflicht auferlegt, auch nach der Beendigung des Dienstverhältnisses Unternehmensgeheimnisse zu wahren. Dies kann – muss aber nicht – auch eine partielle Beschränkung des Erwerbes des Arbeitnehmers zur Folge haben. Hingen zielt die **Konkurrenzklausel** direkt auf eine Beschränkung der Erwerbstätigkeit des Arbeitnehmers nach der Beendigung des Dienstverhältnisses. Dies wiederum kann – muss aber nicht – auch Geheimhaltungspflichten umfassen.

Daraus folgt, dass Geheimnisschutz- und Konkurrenzklauseln, wenn sie einander auch partiell „überschneiden", doch im Wesentlichen **verschiedenen Zwecken dienen**. Unter diesem Aspekt ist es in keiner Weise einsichtig, dass und warum dem Arbeitgeber grundsätzlich verwehrt sein sollte, mit dem Arbeitnehmer **neben einer Geheimnisschutzklausel auch eine Konkurrenzklausel** zu vereinbaren, weil die Konkurrenzklausel unter Umständen auch dann eingreifen kann, wenn eine Verfolgung von Ansprüchen aus der Geheimnisschutzklausel mangels (Nachweises) eines (erfolgten) Geheimnisverrats scheitern müsste. Die Vereinbarung einer Geheimnisschutzklausel schließt daher das wirksame Zustandekommen einer Konkurrenzklausel keineswegs aus. OLG Wien 26. 4. 2000, 8 Ra 374/99z. (ARD 5134/28/2000 ●)

Eine **Geheimhaltungsvereinbarung** über echte Geschäfts- und Betriebsgeheimnisse ist **keine Konkurrenzklausel** iSd § 36 AngG und unterliegt nicht deren – insbesondere zeitlichen – Beschränkungen. Ebenso wie das Verbot der Abwerbung von Beschäftigten hindert auch eine Verpflichtung zur Wahrung der Geschäfts- und Betriebsgeheimnisse den Arbeitnehmer nicht an seiner selbstständigen oder unselbstständigen Erwerbstätigkeit im Geschäftszweig seines bisherigen Arbeitgebers. Ein Geschäftserfolg des bisherigen Arbeitnehmers, der sich ausschließlich (oder vorwiegend) darauf gründet, dass er bestimmte **Betriebs- oder Geschäftsgeheimnisse** seines bisherigen Arbeitgebers **preisgibt oder verwertet**, ist aber auch nicht vom Schutzzweck der durch Art 6 StGG

§ 37 AngG

gewährleisteten Erwerbsfreiheit erfasst. Die Geheimhaltungsklausel umfasst ganz generell nicht nur den Schutz vor Verrat an Dritte, sondern auch den vor der Benützung der Betriebsgeheimnisse als Mitbewerber. OGH 5. 7. 2001, 8 ObA 122/01a. (ARD 5272/23/2001 ●)

Dient eine **Geheimhaltungsvereinbarung** dem legitimen Interesse des Arbeitgebers am **Schutz** des für das wirtschaftliche Gedeihen seines Betriebes äußerst bedeutsamen, von ihm mit großem finanziellen Aufwand erworbenen **Betriebsgeheimnisses** und beeinträchtigt das berechtigte Interesse des Arbeitnehmers an einer freien Entfaltung und Weiterentwicklung im Berufsleben auch im Rahmen einer selbstständigen oder unselbstständigen Tätigkeit im Geschäftszweig des Arbeitgebers nicht, ist die Vereinbarung einer nachvertraglichen Geheimhaltungsvereinbarung **nicht** als **Wettbewerbsabrede** iSd § 36 AngG zu qualifizieren und unterliegt daher auch nicht der hiefür normierten zeitlichen Beschränkung. OGH 27. 4. 1995, 8 ObA 225/95. (ARD 4663/5/95 ●)

Vertragsstrafen auslösende **Geheimhaltungspflichten** in Dienstverträgen sind grundsätzlich eng auszulegen. OGH 30. 3. 1998, 8 ObA 277/97m. (ARD 4952/12/98 ●)

721

§ 37. (1) Hat der Dienstgeber durch schuldbares Verhalten dem Angestellten begründeten Anlass zum vorzeitigen Austritt oder zur Kündigung des Dienstverhältnisses gegeben, so kann er die durch die Konkurrenzklausel begründeten Rechte gegen den Angestellten nicht geltend machen.

(2) Das gleiche gilt, wenn der Dienstgeber das Dienstverhältnis löst, es sei denn, dass der Angestellte durch schuldbares Verhalten hiezu begründeten Anlass gegeben oder dass der Dienstgeber bei der Auflösung des Dienstverhältnisses erklärt hat, während der Dauer der Beschränkung dem Angestellten das ihm zuletzt zukommende Entgelt zu leisten.

(3) Hat der Angestellte für den Fall des Zuwiderhandelns gegen die Konkurrenzklausel eine Konventionalstrafe versprochen, so kann der Dienstgeber nur die verwirkte Konventionalstrafe verlangen. Der Anspruch auf Erfüllung oder auf Ersatz eines weiteren Schadens ist ausgeschlossen.

Grundlegende Erläuterungen zu § 37

→ Siehe ergänzend auch die grundlegenden Erläuterungen zu § 36 und § 38 AngG.

§ 37 AngG stellt gemäß § 40 AngG **zugunsten des Angestellten** (einseitig) **zwingendes Recht** dar; er kann daher nur zu dessen Vorteil, nicht aber zu seinem Nachteil vertraglich abgeändert werden.

1. Verwirkung der Rechte aus einer Konkurrenzklausel

1.1. Anspruchsschädliche Auflösungsarten

722 Während § 36 AngG die grundsätzlichen Voraussetzungen für eine wirksame Vereinbarung einer Konkurrenzklausel normiert, finden sich in § 37 Abs 1 und Abs 2 AngG Bestimmungen über einen **Geltungsausschluss** einer bereits vereinbarten Konkurrenzklausel. So kann sich ein Arbeitgeber nicht auf die darin begründeten Rechte berufen, wenn er dem Angestellten durch schuldbares Verhalten begründeten **Anlass zum vorzeitigen Austritt oder zur Kündigung** des Dienstverhältnisses

§ 37 AngG

gegeben hat. Das gleiche gilt grundsätzlich auch, wenn der **Arbeitgeber das Dienstverhältnis löst** (durch Kündigung oder Entlassung), es sei denn, dass der Angestellte durch schuldbares Verhalten hiezu begründeten Anlass gegeben hat.

Ebenso kann der Arbeitgeber trotz Arbeitgeberkündigung auf die Einhaltung der Konkurrenzklausel bestehen, wenn er bei der Auflösung des Dienstverhältnisses erklärt, während der **Dauer der Beschränkung** dem Angestellten das ihm zuletzt zukommende **Entgelt zu leisten** (sogenannte Karenzentschädigung). Diese Verpflichtung muss aber das gesamte dem Angestellten zuletzt zukommende Entgelt während der Dauer der Beschränkung umfassen. Jede Vereinbarung über die teilweise Befreiung des Arbeitgebers von der Entgeltzahlung verstößt gegen die zwingenden gesetzlichen Bestimmungen und ist daher nichtig. Aus der Erklärung des Arbeitgebers, nur einen Teil des dem Angestellten zuletzt zukommenden Entgelts während der Dauer der Beschränkung zu leisten, erwächst dem Angestellten aber kein Recht, die Ergänzung auf das volle Entgelt zu verlangen.

Eine **einvernehmliche Auflösung** des Dienstverhältnisses oder die Beendigung desselben durch Ablauf einer Befristung führen zu keiner Verwirkung der Rechte aus der Konkurrenzklausel. Selbst wenn die Initiative für die einvernehmliche Auflösung des Dienstverhältnisses vom Arbeitgeber ausgeht, kann sich dieser auf eine vereinbarte Konkurrenzklausel berufen.

1.2. Kündigung wegen schuldhaften Verhaltens des Vertragpartners

Da § 37 Abs 1 AngG bei einer Kündigung, für die der Arbeitgeber durch schuldhaftes Verhalten begründeten Anlass gegeben hat, ausdrücklich die selben Konsequenzen für die Geltendmachung einer Konkurrenzklausel anordnet wie bei einem entsprechenden Austritt des Arbeitnehmers, ist die Geltendmachung der Konkurrenzklausel auch dann ausgeschlossen, wenn die **Rechtsfolgen eines vom Arbeitgeber verschuldeten Austritts** ansonsten – etwa wegen „Verwirkung" des wichtigen Grundes durch zu langes Zuwarten mit der Austrittserklärung – **nicht mehr anzuwenden** sind.

„Begründete" Kündigungen sind insofern ungewöhnlich, als diese Form einer einseitigen Beendigung des Arbeitsverhältnisses – im Gegensatz zur vorzeitigen Lösung aus wichtigem Grund – nicht von vornherein die Berufung auf einen Grund, eine Zerrüttung udgl. indiziert. Es ist daher nötig, zu verlangen, dass dem Erklärungsgegner gegenüber eine gewisse Manifestation der Berufung auf einen solchen Auflösungsgrund erfolgt. Dies gilt nicht nur für den Fall der Lösung des Arbeitsverhältnisses durch den Arbeitgeber, sondern muss auch für den umgekehrten Fall der **Lösung des Arbeitsverhältnisses durch den Arbeitnehmer** gelten. Dem Adressaten muss aus dem Inhalt der Lösungserklärung oder aus sonstigen Umständen im Zuge der Beendigung zumindest iSd § 863 ABGB erkennbar sein, dass ausnahmsweise ein **verschuldeter wichtiger Auflösungstatbestand** „Ursache und Grund" für die Kündigung ist. Unklarheiten gehen – anders als bei Austritt bzw. Entlassung – zu Lasten des Erklärenden, weil es bei der Kündigung die Regel ist, dass sie ohne Angabe von Gründen ausgesprochen wird.

Das schuldbare Verhalten, das dem Arbeitnehmer Anlass für einen vorzeitigen Austritt bzw. zur Kündigung war oder den Arbeitgeber zur Lösung des Dienstverhältnisses motivierte, muss daher zwar **nicht unter allen Umständen einen Austrittsgrund bzw. Entlassungsgrund** bieten, aber doch so gravierend sein, dass es das Arbeitsverhältnis zerrüttet und aus diesem Grund zur Kündigung durch den Arbeitnehmer führt. Ob ein schuldbares Verhalten vorliegt, ist dabei eine Tatfrage, die von Fall zu Fall zu entscheiden ist.

1.3. Weiterzahlung des Entgelts für die Dauer der Konkurrenzklausel

724 Durch die **einseitige Erklärung** des Arbeitgebers iSd § 37 Abs 2 AngG, dem Angestellten während der Dauer der Beschränkung das diesem zuletzt zugekommene **Entgelt zu leisten**, wird die zwischen den Vertragsparteien bestehende Rechtslage insoweit gestaltet, als die Konkurrenzklausel nunmehr auch für den vom Gesetzgeber sonst ausgenommenen Fall der arbeitgeberseitigen Kündigung gilt und der Arbeitgeber verpflichtet ist, während der Dauer der (vertraglichen oder gesetzlichen) Beschränkung des Arbeitnehmers an diesen das Entgelt weiter zu leisten. Der Arbeitnehmer hat seinerseits einen **Rechtsanspruch auf diese Entgeltfortzahlung** erworben und ist **zur Einhaltung der Konkurrenzklausel verpflichtet**.

Diese Rechtslage verpflichtet und berechtigt beide Parteien und kann mangels gegenteiliger gesetzlicher Regelung nur bei Vorliegen eines **wichtigen Grundes** einseitig abgeändert werden. Eine solche Änderung der Rechtslage kann auch nicht etwa dadurch einseitig herbeigeführt werden, dass der Arbeitgeber erklärt, auf die Einhaltung der Konkurrenzklausel zu verzichten. Eine gesetzliche Regelung, die eine Einrechnung dessen vorsieht, was der Angestellte durch eine anderweitige Tätigkeit erwirbt bzw. zu erwerben absichtlich versäumt, ist nicht vorgesehen, kann aber vertraglich vereinbart werden.

2. Konventionalstrafe

725 Für die Missachtung der Konkurrenzklausel können Arbeitgeber und Arbeitgeber die Zahlung einer Vertragsstrafe (Konventionalstrafe) vereinbaren. Die Konventionalstrafe stellt einen **pauschalierten Schadenersatz** dar und ist als Entschädigung für erlittene Nachteile anzusehen, die allerdings vom **Nachweis eines wirklich eingetretenen Schadens unabhängig** und anstatt des zu vergütenden Nachteils zu ersetzen ist. Es muss bloß jener Umstand eingetreten sein, der den Grund für die Vereinbarung der Konventionalstrafe bildet. Der Schadenersatzanspruch des Arbeitgebers in Form einer Konventionalstrafe tritt daher nicht neben den Anspruch auf Ersatz des durch Nichterfüllung des Dienstvertrages erlittenen Schadens, **sondern an seine Stelle** (vgl. § 37 Abs 3 letzter Satz AngG). Eine Konventionalstrafe kann selbst dann begehrt werden, wenn überhaupt kein Schaden eingetreten ist.

Der Anspruch auf Leistung einer Konventionalstrafe setzt stets einen **Verstoß gegen eine wirksame Konkurrenzklausel** voraus. Ist die Konkurrenzklausel selbst (teilweise) unwirksam, fehlt es an der Grundlage für die Forderung einer für den Fall ihrer Wirksamkeit vereinbarten Konventionalstrafe. Es ist daher stets zu prüfen, ob die Konkurrenzklausel überhaupt als rechtswirksam anzusehen ist.

Wurde eine **Konventionalstrafe vereinbart**, kann der Arbeitgeber bei einem Verstoß gegen das Konkurrenzverbot nur die **Zahlung dieser verlangen**. Die Möglichkeiten des Arbeitgebers, auf die Einhaltung der Konkurrenzklausel zu bestehen (z.B. Anspruch auf Unterlassung der konkurrenzierenden Tätigkeit), sowie (weitergehende) Schadenersatzansprüche geltend zu machen, stehen ihm nur dann zu, wenn **keine Vertragstrafe versprochen** wurde.

> **Judikatur zu § 37 Abs 1**

Schuldhaftes Verhalten des Arbeitgebers

726 Eine Verwirkung der Rechte aus der Konkurrenzklausel tritt ein, wenn der Arbeitgeber den Arbeitnehmer durch schuldbares Verhalten zum Austritt oder zur Kündigung des Dienstverhältnisses veranlasst hat. Das schuldbare Verhalten muss dabei zwar nicht unter allen Umständen einen

§ 37 AngG

Austrittsgrund bieten, aber doch so gravierend sein, dass es das Arbeitsverhältnis zerrüttet und aus diesem Grund zur Kündigung durch den Arbeitnehmer führt. Ob ein schuldbares Verhalten vorliegt, ist eine Tatfrage, die von Fall zu Fall zu entscheiden ist.

Eine **Zahlungsunfähigkeit oder Überschuldung** des Arbeitgebers, die sich auf das Dienstverhältnis des Arbeitnehmers überhaupt nicht auswirkt, begründet kein schuldbares Verhalten, das Anlass zur Kündigung des Dienstverhältnisses geben und zu einer Verwirkung des Rechts aus einer Konkurrenzklausel führen könnte. OGH 11. 6. 1997, 9 ObA 104/97b. (ARD 4875/23/97 ●)

Die Bezeichnung eines Arbeitnehmers als „kleiner, dahergelaufener Ingenieur" und die Androhung von schweren Konsequenzen für den Fall, dass er einen neuen Dienstvertrag nicht unterschreibt, geben aus der Sicht eines objektiven Empfängerhorizontes **begründeten Anlass zu einer Kündigung**, nach der sich der Arbeitgeber nicht mehr auf eine vereinbarte Konkurrenzklausel berufen kann. ASG Wien 11. 7. 1994, 27 Cga 277/93i, bestätigt durch OLG Wien 3. 3. 1995, 33 Ra 171/94. (ARD 4639/11/95 ●)

Ein vom Arbeitnehmer behauptetes **schlechtes Betriebsklima** kann nicht zu einem Mitverschulden des Arbeitgebers an der durch den Arbeitnehmer ausgesprochenen Kündigung führen. Geringfügige Beeinträchtigungen vermeintlicher oder realer Art können den Sachverhalt des § 37 Abs 1 AngG nicht erfüllen. Würden schon geringfügige persönliche Missheiligkeiten zum Verlust der Rechte aus einer Konkurrenzklausel führen, wäre eine solche Vereinbarung wertlos. OLG Wien 25. 9. 1989, 32 Ra 21/89. (ARD 4147/15/90 ●)

Notwendige Berufung auf Verschulden des Arbeitgebers bei Arbeitnehmerkündigung

Der Arbeitnehmer hat nicht nur zu beweisen, dass ihm der Arbeitgeber durch schuldhaftes Verhalten Anlass zum vorzeitigen Austritt oder zur Kündigung gegeben hat, sondern er muss auch **bei Ausspruch der Kündigung** den Arbeitgeber **darauf hinweisen**, dass er ein schuldhaftes Verhalten des Arbeitgebers an der Auflösung des Dienstverhältnisses geltend macht. **Aus dem Inhalt der Lösungserklärung muss erkennbar sein, dass ein wichtiger Lösungsgrund vorliegt.**
Unabhängig davon, ob man die Rechtsfolgen der vorzeitigen Lösung im Allgemeinen auf eine Kündigung übertragen kann, ordnet § 37 Abs 1 AngG ausdrücklich bei einer Kündigung, für die der Arbeitgeber durch schuldhaftes Verhalten begründeten Anlass gegeben hat, die selben Konsequenzen wie bei einem entsprechenden Austritt an. Die Geltendmachung der Konkurrenzklausel ist somit auch dann ausgeschlossen, wenn die Rechtsfolgen eines vom Arbeitgeber verschuldeten Austritt ansonsten – etwa wegen „Verwirkung" des wichtigen Grundes – nicht mehr anzuwenden sind. „Begründete" Kündigungen sind insofern ungewöhnlich, als diese Form einer einseitigen Beendigung des Arbeitsverhältnisses – im Gegensatz zur vorzeitigen Lösung aus wichtigem Grund – nicht von vorneherein die Berufung auf einen Grund, eine Zerrüttung udgl. indiziert. Es ist daher nötig, zu verlangen, dass dem Erklärungsgegner gegenüber eine gewisse Manifestation der Berufung auf einen solchen Auflösungsgrund erfolgt.
Dies hat der Oberste Gerichtshof in der Entscheidung OGH 28. 10. 1985, 4 Ob 134/85, ARD 3767/9/86, für den Fall der **Lösung des Arbeitsverhältnisses durch den Arbeitgeber** nach § 37 Abs 2 1. Fall AngG bereits klargestellt und muss auch für den umgekehrten Fall der Lösung des Arbeitsverhältnisses durch den Arbeitnehmer gelten. Dem Adressaten muss aus dem Inhalt der Lösungserklärung oder aus sonstigen Umständen im Zuge der Beendigung zumindest iSd § 863 ABGB erkennbar sein, dass ausnahmsweise ein **verschuldeter wichtiger Auflösungstatbestand** „Ursache und Grund" für die Kündigung ist. Unklarheiten gehen – anders als bei Austritt bzw Entlassung – zu Lasten des Erklärenden, weil es bei der Kündigung die Regel ist, dass sie ohne Angabe von Gründen ausgesprochen wird.

§ 37 AngG

Hat sich ein Arbeitnehmer bei seiner Kündigung nicht auf einen vom Arbeitgeber durch schuldhaftes Verhalten begründeten Anlass iSd § 37 Abs 1 AngG berufen, sondern behauptet hat, er kündige, weil er nach Mexiko auswandern wolle, kann sich der Arbeitgeber auf die vereinbarte Konkurrenzklausel berufen. Ein **allfälliges schuldhaftes Verhalten** des Arbeitgebers ist aber, auch wenn der Arbeitnehmer bei der Kündigung hierauf nicht hingewiesen hat, im Rahmen des in der Sache erhobenen Mitverschuldenseinwandes noch vor Einsatz des **richterlichen Mäßigungsrechts** nach § 38 AngG zu berücksichtigen ist. OGH 17. 9. 1998, 8 ObA 121/98x. (ARD 4995/18/99 ●)

Weist ein durch Konkurrenzklausel gebundener Arbeitnehmer bei seiner **Kündigung** nicht darauf hin, dass er ein schuldhaftes Verhalten des Arbeitgebers (**Degradierung**) an der Auflösung des Dienstverhältnisses geltend macht, bleibt die **Konkurrenzklausel gesetzlich wirksam**. Es muss aus dem Inhalt der Lösungserklärung oder aus den sonstigen Umständen im Zuge der Beendigung zumindest iSd § 863 ABGB erkennbar sein, dass ausnahmsweise ein verschuldeter wichtiger Auflösungstatbestand (hier: zu Unrecht erfolgte Degradierung) Ursache und Grund für die Kündigung des Arbeitnehmers ist. OLG Wien 21. 4. 1999, 7 Ra 90/99b. (ARD 5035/13/99 ●)

Judikatur zu § 37 Abs 2

Verwirkung der Rechte aus Konkurrenzklausel bei Arbeitgeberkündigung oder Entlassung

728 Ein Arbeitgeber kann sich auf die Verletzung der Konkurrenzklausel durch den Arbeitnehmer nicht berufen, wenn die Auflösung des Dienstverhältnisses durch **Arbeitgeberkündigung** erfolgt ist, und er sich nicht auf einen durch schuldhaftes Verhalten hiezu begründeten Anlass berufen hat. Dass der ehemalige Arbeitnehmer die Auflösung des Dienstverhältnisses selbst angestrebt hat, vermag daran nichts zu ändern, weil es ja Sache des Arbeitgebers gewesen wäre, hierauf nicht einzugehen und die Kündigung seitens des Arbeitnehmers abzuwarten. OGH 30. 3. 2000, 8 ObA 346/99m. (ARD 5134/42/2000 ●)

Auch wenn ein Arbeitnehmer durch schuldhaftes Verhalten begründeten Anlass zur Lösung des Dienstverhältnisses gegeben hat, ist dem Arbeitgeber zur Geltendmachung einer Konventionalstrafe die Berufung auf eine Konkurrenzklausel verwehrt, wenn er nicht zu Mitteln der Kündigung gegriffen, sondern eine aus rechtlichen Gründen **unberechtigte Entlassung** ausgesprochen hat. OLG Wien 29. 4. 1998, 9 Ra 18/98b. (ARD 4967/16/98 ●)

Berufung auf Konkurrenzklausel auch bei einvernehmlicher Lösung zulässig

729 Auch wenn die **Initiative für die einvernehmliche Auflösung** des Dienstverhältnisses vom **Arbeitgeber ausgeht,** kann sich dieser auf eine vereinbarte **Konkurrenzklausel berufen**. Aus dem Umstand, dass die einvernehmliche Auflösung des Arbeitsverhältnisses in § 37 Abs 1 und Abs 2 AngG nicht erwähnt wird, schließt die Rechtsprechung, dass sich der **Arbeitgeber** bei dieser Art der Beendigung des Dienstverhältnisses auf die Konkurrenzklausel berufen kann, ohne dass es einer Erklärung iSd § 37 Abs 2 AngG bedarf.

Der Umstand allein, dass die Initiative zur einvernehmlichen Beendigung des Arbeitsverhältnisses vom Arbeitgeber ausgeht, reicht jedenfalls angesichts des insoweit klaren Gesetzeswortlautes nicht aus, ihm die Berufung auf eine Konkurrenzklausel zu versagen. Es ist Sache des Arbeitnehmers, vor der Einwilligung in einen Aufhebungsvertrag Klarheit über das Aufrechtbleiben der Konkurrenzklausel zu schaffen und allenfalls auf eine Änderung der Konkurrenzklausel hinzuwirken. OGH 29. 3. 2006, 9 ObA 11/06t. (ARD 5698/4/2006 ●)

§ 37 AngG

Wird die Arbeitgeberkündigung eines mit Konkurrenzklausel behafteten Dienstverhältnisses in eine **einvernehmliche Auflösung umgewandelt**, bleibt die schon im Dienstvertrag vereinbarte Konkurrenzklausel auch dann wirksam und der Arbeitgeber kann deren Einhaltung verlangen, wenn die einvernehmliche Auflösung nur aus steuerlichen Erwägungen und nur deshalb erfolgte, um die Arbeitgeberkündigung vorzuverlagern. OLG Wien 10. 9. 1999, 8 Ra 212/99a, 8 Ra 213/99y. (ARD 5116/11/2000 ●)

Notwendige Berufung auf Verschulden des Arbeitnehmers bei Arbeitgeberkündigung

Gemäß § 37 Abs 2 AngG kann der Arbeitgeber die durch die Konkurrenzklausel begründeten Rechte gegen den Angestellten nicht geltend machen, wenn er selbst das Dienstverhältnis löst, es sei denn, dass der Angestellte durch schuldbares Verhalten hiezu begründeten Anlass gegeben hat. Während in § 37 Abs 1 AngG vom vorzeitigen Austritt und von der Kündigung durch den Angestellten die Rede ist, spricht § 37 Abs 2 AngG nur von der „Lösung" des Dienstverhältnisses schlechthin. Damit sind sowohl die vorzeitige **Entlassung** (§ 27 AngG) **als auch die Kündigung** (§ 20 AngG) durch den Arbeitgeber gemeint.

Zu § 37 Abs 1 AngG wurde ausgesprochen, dass das zu Verwirkung der Konkurrenzklausel führende schuldhafte Verhalten des Arbeitgebers nicht unter allen Umständen einen Austrittsgrund iSd § 26 AngG bilden, aber immerhin so schwer wiegend sein müsse, dass es das Arbeitsverhältnis zerrütte. Dieser Grundsatz kann sinngemäß auch für das **schuldbare Verhalten des Angestellten** iSd § 37 Abs 2 AngG gelten. Ein solcher muss also nicht geradezu die Schwere eines Entlassungsgrundes haben, wohl aber **so beträchtlich** sein, dass es das **Arbeitsverhältnis zerrüttet** und aus diesem Grund den Arbeitgeber zur Kündigung veranlasst.

Für das Verhältnis zwischen Kündigung und vorzeitiger Auflösung des Dienstverhältnisses (Entlassung, Austritt) gilt in der Regel der Grundsatz, dass im Ausspruch der Kündigung ein Verzicht auf das Recht zur vorzeitigen Lösung des Vertrages liegt, wenn ein Grund dazu bestanden hätte, von diesem Recht aber kein Gebrauch gemacht wurde. Anders ist es dann, wenn der Arbeitgeber die Kündigung von vornherein auf sein Entlassungsrecht stützt oder der Angestellte unter Berufung auf einen bestehenden Austrittsgrund kündigt, die Lösung des Dienstverhältnisses aus wichtigen Gründen also in die äußere Form einer Kündigung gekleidet wird. Das Wirksambleiben der Konkurrenzklausel nach § 37 Abs 1 und Abs 2 AngG setzt allerdings – wie oben ausgeführt – **nicht** in allen Fällen ein **schuldbares Verhalten vom Gewicht eines Entlassungsgrundes (Austrittsgrundes)** voraus; in den minder schweren Fällen, in denen der Angestellte iSd § 37 Abs 2 AngG immerhin durch schuldhaftes Verhalten begründeten Anlass zur Lösung des Dienstverhältnisses gibt, steht dem Arbeitgeber nur die Möglichkeit der Kündigung offen. Will sich der Arbeitgeber in diesen Fällen die durch die Konkurrenzklausel begründeten Rechte gegen den Angestellten wahren, muss er aber die **Kündigung in einer für den Angestellten erkennbaren Weise auf dessen schuldbares Verhalten** stützen. Zwischen den Vertragspartnern muss klar sein, dass es sich nicht um eine „gewöhnliche" Kündigung handelt, zu der es der Angabe von Gründen nicht bedarf, sondern dass sich der Arbeitgeber auf ein schuldbares Verhalten des Angestellten beruft und damit die vereinbarte Konkurrenzklausel aufrecht erhalten will. Aus dem **Inhalt der Lösungserklärung** (oder aus sonstigen Umständen bei der Lösung des Dienstverhältnisses) muss dem Angestellten **klar erkennbar** sein, dass ein **wichtiger Lösungsgrund** in Anspruch genommen wird. Diesbezügliche Unklarheiten gehen zu Lasten des Arbeitgebers, weil bei der Kündigung in der Regel davon auszugehen ist, dass sie ohne Angabe von Gründen ausgesprochen wird.

Eine nachträgliche Geltendmachung solcher Gründe ist jedenfalls dann, wenn der Angestellte bereits Dispositionen für die Annahme einer anderen Stelle getroffen hat, unstatthaft, weil er spätestens in diesem Zeitpunkt Klarheit darüber haben muss, ob die Konkurrenzklausel wegen „schlichter"

§ 37 AngG

Kündigung weggefallen oder wegen Kündigung aus (behaupteten) schuldhaften Verhaltens (möglicherweise) wirksam geblieben ist. Nur dann kann er bei Bewerbungen um einen anderen Posten entsprechend disponieren. OGH 28. 10. 1985, 4 Ob 134/85. (ARD 3767/9/86 ●)

Weiterzahlung des Entgelts für die Dauer der Konkurrenzklausel

731 Bei einer **Kündigung durch den Arbeitgeber** entfaltet somit eine Konkurrenzklausel – von dem weiteren Fall eines schuldhaften Verhaltens des Arbeitnehmers abgesehen – trotz entgegenstehender Vereinbarung nur dann ihre Wirkung, wenn sich der Arbeitgeber verpflichtet, während der Dauer der Beschränkung dem Angestellten das ihm zuletzt zukommende **Entgelt zu leisten**. Diese Verpflichtung muss **das gesamte dem Angestellten zuletzt zukommende Entgelt** während der Dauer der Beschränkung umfassen. Jede Vereinbarung über die teilweise Befreiung des Arbeitgebers von der Entgeltzahlung verstößt gegen die gesetzlichen Bestimmungen der §§ 37, 40 AngG und ist daher aus diesem Grunde iSd § 879 ABGB nichtig. Wegen der synallagmatischen Verknüpfung zwischen der Verpflichtung zur Entgeltleistung und der Beschränkung des Angestellten durch die Konkurrenzklausel erfasst die Nichtigkeit nach dem Zweck des Verbotes die Verpflichtung beider Vertragsparteien. Der Angestellte braucht die Konkurrenzklausel nicht einzuhalten und der Arbeitgeber das Teilentgelt nicht zu leisten.

Aus der dem § 37 Abs 2 AngG nicht entsprechenden Erklärung des Arbeitgebers, nur einen Teil des dem Angestellten zuletzt zukommenden Entgelts während der Dauer der Beschränkung zu leisten, erwächst dem Angestellten infolge Nichtigkeit dieser Vereinbarung kein Recht, die Ergänzung auf das volle Entgelt zu verlangen. Es ist Sache des Arbeitgebers zu erklären, ob er bereit ist, während der Dauer der Beschränkung dem Angestellten das ihm zuletzt zukommende Entgelt zu leisten und damit die Voraussetzungen für die ausnahmsweise Gültigkeit der sonst bei Arbeitgeberkündigung (ohne schuldbares Verhalten des Angestellten) unwirksamen Konkurrenzklausel zu schaffen. OGH 4. 11. 1987, 9 ObA 155/87. (ARD 3988/19/88 ●)

Die Vereinbarung bloß eines **Teiles des zuletzt bezogenen Entgeltes** für die Dauer einer Konkurrenzenthaltung ist nicht absolut nichtig, es liegt nur eine **relative Nichtigkeit** vor, die vom geschützten Arbeitnehmer geltend gemacht werden kann. Nach dem Gesetz wird eine Verwirkung der Wettbewerbsklausel im Falle der Kündigung durch den Arbeitgeber durch eine auf Entgeltleistung gerichtete Willenserklärung abgewendet. Dies führt zu einer Bindung beider Parteien, von der im Allgemeinen nur einvernehmlich abgegangen werden könne. Eine bereits im Dienstvertrag abgegebene Erklärung des Arbeitgebers genügt den Anforderungen des dem Schutz des Arbeitnehmers dienenden § 37 Abs 2 AngG nicht. Die Annahme einer absoluten Nichtigkeit würde die vom Gesetzgeber beabsichtigte Schutzwirkung nicht nur verfehlen, sondern in ihr Gegenteil verkehren. OGH 19. 5. 1993, 9 ObA 38/93. (ARD 4506/15/93 ●)

Hat sich ein Arbeitnehmer nach Auflösung seines Dienstverhältnisses an die vereinbarte **Wettbewerbsklausel gehalten**, ist der Arbeitgeber verpflichtet, ihm eine zugesagte **Karenzentschädigung** zu leisten. Eine gesetzliche Anrechnungsverpflichtung eines tatsächlichen oder präsumtiven Verdienstes besteht dafür nicht. Eine **vertraglich vereinbarte Anrechnung** ist allerdings beachtlich, wenn dadurch nicht zu Lasten des Arbeitnehmers von einseitig zwingenden Vorschriften des § 37 Abs 2 AngG abgegangen wird, wobei eine wirksam vereinbarte Konkurrenzklausel iSd § 36 AngG auch dann zu beachten ist, wenn keine Karenzentschädigung vereinbart wurde. Muss sich der Arbeitnehmer daher anrechnen lassen, was er während des Zeitraums, für den die Entschädigung gezahlt wird, durch anderweitige Verwertung seiner Arbeitskraft erwirbt oder zu erwerben böswillig unterlässt, fällt jedenfalls das Erwerbseinkommen darunter, das der Arbeitnehmer durch

§ 37 AngG

Beschäftigung bei anderen, nicht in Konkurrenz mit dem Arbeitgeber stehenden Arbeitgebern bezogen hat. OGH 24. 2. 1993, 9 ObA 4/93. (ARD 4472/43/93 ●)

Gemäß dem § 37 Abs 2 AngG kann der Arbeitgeber die durch eine Konkurrenzklausel begründeten Rechte gegen den Angestellten nicht geltend machen, wenn er selbst das Arbeitsverhältnis aufgelöst hat, es sei denn, der Angestellte hat durch schuldhaftes Verhalten hiezu begründeten Anlass gegeben oder der Arbeitgeber hat bei der Auflösung erklärt, während der **Dauer der Beschränkung** dem Angestellten das diesem zuletzt zugekommene **Entgelt zu leisten**. Durch eine solche einseitige Erklärung des Arbeitgebers wird die zwischen den Vertragsparteien bestehende Rechtslage insoweit gestaltet, als die Konkurrenzklausel nunmehr auch für den vom Gesetzgeber sonst ausgenommenen Fall der arbeitgeberseitigen Kündigung gilt und der Arbeitgeber verpflichtet ist, während der Dauer der (vertraglichen oder gesetzlichen) Beschränkung des Arbeitnehmers an diesen das Entgelt weiter zu leisten. Der Arbeitnehmer hat seinerseits einen **Rechtsanspruch auf diese Entgeltfortzahlung** erworben und ist zur **Einhaltung der Konkurrenzklausel verpflichtet**. Diese Rechtslage verpflichtet und berechtigt beide Parteien und kann nur bei Vorliegen eines wichtigen Grundes einseitig abgeändert werden. Eine solche Änderung der Rechtslage kann auch nicht etwa dadurch einseitig herbeigeführt werden, dass der Arbeitgeber erklärt, auf die Einhaltung der Konkurrenzklausel zu verzichten.

Der Arbeitgeber ist **nicht berechtigt, einseitig von der Vereinbarung abzugehen**, und zwar gleichgültig, ob der Arbeitnehmer in der Folge bei einem Konkurrenzunternehmen gearbeitet hat oder nicht. Der Verzicht auf die Einhaltung der Konkurrenzklausel allein bildet keinen wichtigen Grund, der die Einhaltung der Konkurrenzklausel während des bedungenen Zeitraumes unzumutbar erscheinen lässt. OGH 18. 11. 1986, 14 Ob 187/86. (ARD 3876/9/87 ●)

Hat sich der Arbeitgeber im **Dienstvertrag** das Recht vorbehalten, vom Arbeitnehmer auch bei einer Arbeitgeberkündigung die Einhaltung der bedungenen Konkurrenzklausel gegen **Weiterzahlung des zuletzt gewährten Entgelts** zu verlangen, wird damit im Prinzip nur die Gesetzeslage wiedergegeben, aber noch keine beiderseitige Verpflichtung geschaffen. Gibt der Arbeitgeber daher **bei Beendigung des Dienstverhältnisses keine Zusage** einer derartigen Entgeltfortzahlung ab, besteht für den Arbeitnehmer keine Veranlassung, sich an das Konkurrenzverbot gebunden zu erachten, umgekehrt aber auch keine negative Erklärungsverpflichtung des Arbeitgebers.

So wie eine generelle Vereinbarung im Dienstvertrag ohne konkrete Zusage bei Beendigung des Dienstverhältnisses keine Bindung des Arbeitnehmers bewirken kann, tritt eine solche auch nicht bei einer Erklärung des Arbeitgebers erst nach Beendigung des Dienstverhältnisses ein, ebenso wenig bei einer nachträgliche Geltendmachung wichtiger Gründe iSd § 37 Abs 2 AngG (vgl. OGH 28. 10. 1985, 4 Ob 134/85, ARD 3767/9/86). OLG Wien 17. 11. 2004, 7 Ra 159/04k. (ARD 5584/3/2005 ●)

Judikatur zu § 37 Abs 3

Bemessungsgrundlage für Konventionalstrafen

In Konkurrenzklauseln, die Konventionalstrafen mit Monats- oder Jahresgehältern festsetzen, jedoch ohne Zusatz, ob brutto oder netto, sind die festgesetzten Beträge als **Nettobezüge** zu verstehen. ASG Wien 23. 4. 1998, 30 Cga 199/97x. (ARD 5006/7/99 ●)

Ein (**Prämien-)Verdienst** kann in die Bemessungsgrundlage der für den Fall der Verletzung einer Konkurrenzklausel bedungenen Konventionalstrafe einbezogen werden. OGH 9. 7. 1997, 9 ObA 149/97w. (ARD 4885/24/97 ●)

§ 38 AngG

Vereinbarung eines Brutto-Jahresbezuges als Konventionalstrafe

733 Die Vereinbarung einer Konventionalstrafe eines **Brutto-Jahresbezuges an Provision** ist zwar nahe der Grenze der Sittenwidrigkeit, kann aber in Hinblick auf ein vom Arbeitnehmer bei seinem neuen Arbeitgeber bezogenes Einkommen noch als zulässig erachtet werden, wenn die Konventionalstrafe nicht ganz 6 Brutto-Monatsgehältern des Arbeitnehmers vom neuen Arbeitgeber entspricht. Die Höhe der Konventionalstrafe ist aber bei Anwendung des richterlichen Mäßigungsrechtes mit zu berücksichtigen. OLG Wien 31. 3. 1993, 34 Ra 110/92, bestätigt durch OGH 11. 8. 1993, 9 ObA 187/93. (ARD 4472/44/93 und ARD 4516/26/93 ●)

Unzulässige Konventionalstrafe für Nichtantritt des Dienstes bei vereinbarter Probezeit

734 Ist mit einem Arbeitnehmer eine **Probezeit vereinbart**, ist das in diesem Monat geltende jederzeitige Lösungsrecht ohne Angabe von Gründen auch auf den Zeitraum zwischen **Abschluss des Dienstvertrages und Antritt des Dienstes auszudehnen**, sodass eine im Dienstvertrag vorgesehene Klausel, wonach der Arbeitnehmer zur Zahlung einer Konventionalstrafe bei schuldhaftem Nichtantritt des Dienstes verpflichtet ist, unzulässig ist. ASG Wien 15. 10. 2003, 9 Cga 147/03g. (ARD 5506/2/2004 ●)

Verfall von Konventionalstrafen

735 Hinsichtlich des Anspruchs auf Konventionalstrafe wegen Verletzung eines Konkurrenzverbots nach Beendigung des Dienstverhältnisses kann die **3-monatige Verfallsfrist** des § 7 Abs 3 AngG auch **nicht analog angewendet** werden. Gerade weil der Gesetzgeber vertragliche Beschränkungen der Erwerbstätigkeit des ehemaligen Angestellten nach Beendigung seiner Tätigkeit nur in sehr eingeschränktem Ausmaß gestattet und hiefür detaillierte Regelungen trifft, kann ihm nicht unterstellt werden, dass er – hätte er eine § 7 Abs 3 AngG entsprechende zeitliche Beschränkung der Geltendmachung (3 Monate ab Kenntnis vom Verstoß) gewünscht – eine solche Regelung nicht getroffen hätte. OGH 17. 9. 1998, 8 ObA 121/98x. (ARD 4986/9/98 ●)

Der Verfall der Konventionalstrafe hängt nicht von einem Schadenseintritt ab. Der Beweis der Übermäßigkeit obliegt dem Schuldner, wobei der wirkliche Schaden die Untergrenze der Mäßigung bildet. Daraus folgt, dass den Schuldner auch die Beweislast dafür trifft, dass der erwachsene Schaden unverhältnismäßig geringer als der bedungene Vergütungsbetrag ist. Die Tatsache allein, dass aus der Verletzung einer Konkurrenzklausel **kein fassbarer Schaden** erwachsen ist, führt **nicht zum Entfall der Konventionalstrafe**, weil sie auch der Verstärkung und Befestigung der Verpflichtung dienen soll. OGH 11. 8. 1993, 9 ObA 187/93. (ARD 4516/26/93 ●)

Konventionalstrafen

736 § 38. Konventionalstrafen unterliegen dem richterlichen Mäßigungsrechte.

Grundlegende Erläuterungen zu § 38

→ Siehe ergänzend auch die grundlegenden Erläuterungen zu § 36 und § 37 AngG.

§ 38 AngG stellt gemäß § 40 AngG **zugunsten des Angestellten** (einseitig) **zwingendes Recht** dar; er kann daher nur zu dessen Vorteil, nicht aber zu seinem Nachteil vertraglich abgeändert werden.

§ 38 AngG

Richterliches Mäßigungsrecht

Nach § 38 AngG unterliegen Konventionalstrafen dem **richterlichen Mäßigungsrecht**. Dabei ist nach den Grundsätzen der Verhältnismäßigkeit eine Abwägung der beiderseitigen Interessen und der Billigkeit vorzunehmen. Es ist auf die **wirtschaftlichen und sozialen Verhältnisse** des Arbeitnehmers, insbesondere seine Einkommens- und Vermögensverhältnisse, auf das Ausmaß seines **Verschuldens** an der Vertragsverletzung sowie auf die Höhe des durch die Vertragsverletzung entstandenen **Schadens** im Verhältnis zur Höhe der vereinbarten Vertragsstrafe abzustellen. Die **Untergrenze** der Herabsetzung der Konventionalstrafe ist die Höhe des tatsächlichen Schadens.

737

Eine Konventionalstrafe ist nicht von Amts wegen zu mäßigen, sondern nur auf **Einrede des Arbeitnehmers**. Diesem obliegt auch der Beweis dafür, dass eine vereinbarte Konventionalstrafe übermäßig hoch ist. Daraus folgt, dass den Arbeitnehmer auch die **Beweislast** dafür trifft, dass der erwachsene Schaden unverhältnismäßig geringer als der bedungene Vergütungsbetrag ist. Dass und in welcher Höhe ein Schaden überhaupt eingetreten ist, hat der hingegen Arbeitgeber zu behaupten und zu beweisen. Die Tatsache allein, dass aus der Verletzung einer Konkurrenzklausel kein fassbarer Schaden erwachsen ist, führt aber nicht zum Entfall der Konventionalstrafe, weil sie auch der Verstärkung und Befestigung der Verpflichtung dienen soll. Eine **Mäßigung** kann daher auch **ohne Feststellung des tatsächlichen Schadens** erfolgen, weil der Anspruch auf Konventionalstrafe grundsätzlich nicht vom Nachweis eines bestimmten Schadens abhängig ist. Der wirkliche Schaden hat dann allerdings als Kriterium der Mäßigung unberücksichtigt zu bleiben. Nur dann, wenn feststeht, dass eine **Schädigung** des ehemaligen Arbeitgebers schlechthin zu verneinen, also von vornherein ganz und gar **ausgeschlossen** ist, ist die Verhängung einer **Konventionalstrafe** überhaupt **unbillig** und damit ausgeschlossen.

Judikatur zu § 38

Beweislastverteilung bei Schäden aus Verstößen gegen Konkurrenzklauseln

Das Fehlen des Nachweises eines Schadenseintritts schließt die Verhängung einer Konventionalstrafe nicht aus, weil die Konventionalstrafe einen pauschalierten Schadenersatz darstellt, der **unabhängig von der Höhe des tatsächlichen Schadens** und sogar dann gebührt, wenn überhaupt **kein Schaden** eingetreten ist. Dementsprechend setzt der Anspruch auf Konventionalstrafe den Nachweis eines Schadens gerade nicht voraus.
Dessen ungeachtet ist im Rahmen der Mäßigung einer verwirkten Konventionalstrafe auf das Ausmaß eines allenfalls entstandenen Schadens oder das Fehlen eines Schadens Bedacht zu nehmen. Die Mäßigung einer Konventionalstrafe darf nämlich nicht zu deren Herabsetzung unter den Betrag eines wirklich eingetretenen Schadens führen. Allerdings setzt die Berücksichtigung des Schadens als Untergrenze der Mäßigung eine Behauptung des insoweit **behauptungs- und beweisbelasteten Arbeitgebers** voraus, dass und in welcher Höhe ein Schaden überhaupt eingetreten ist. Nur dann, wenn feststeht, dass eine Schädigung des ehemaligen Arbeitgebers schlechthin zu verneinen, also von vornherein ganz und gar ausgeschlossen ist, ist die Verhängung einer Konventionalstrafe überhaupt unbillig und damit ausgeschlossen. OLG Wien 26. 4. 2000, 8 Ra 374/99z. (ARD 5134/28/2000 ●)

738

Anwendung des richterlichen Mäßigungsrechts

Bei der Beurteilung, ob eine vereinbarte Konventionalstrafe übermäßig, also überhöht ist, ist der Richter zu einer **Billigkeitsentscheidung** anhand der Umstände des Einzelfalles aufgerufen. Es sind

739

§ 38 AngG

vor allem die Höhe des entstandenen Schadens im Verhältnis zur Höhe der vereinbarten Konventionalstrafe sowie die Umstände auf Seiten des Arbeitnehmers zu berücksichtigen. Zu Letzteren zählen z.b. Art und Ausmaß des Verschuldens des Arbeitnehmers sowie dessen wirtschaftlichen und sozialen Verhältnisse. Die **Untergrenze** der Herabsetzung der Konventionalstrafe ist die **Höhe des tatsächlichen Schadens**. Eine Mäßigung kann auch ohne Feststellung des tatsächlichen Schadens erfolgen, weil der Anspruch auf Konventionalstrafe grundsätzlich nicht vom Nachweis eines bestimmten Schadens abhängig ist. OLG Wien 3. 12. 1997, 8 Ra 316/97t. (ARD 5058/5/99 ●)

Eine vereinbarte Konventionalstrafe ist vom Richter zu mäßigen, wenn sie vom Schuldner „als übermäßig erwiesen" wird. Für die Frage des Ausmaßes einer solchen Mäßigung sind stets die Umstände des konkreten Einzelfalls entscheidend, wobei das **primäre Mäßigungskriterium eine im Verhältnis zur Konventionalstrafe geringfügige Schadenshöhe** darstellt. Dabei bildet der wirkliche Schaden die Untergrenze der Mäßigung. Daneben hat auch eine Abwägung der beiderseitigen Interessen stattzufinden. Insbesondere sind auch die wirtschaftlichen Verhältnisse der Beteiligten, vor allem die Einkommens- und Vermögensverhältnisse, zu berücksichtigen. Ist dem Arbeitgeber durch die vom Arbeitnehmer verschuldete vorzeitige Beendigung des Dienstverhältnisses (hier: gerechtfertigte Entlassung) **kein Schaden** entstanden, kann unter Berücksichtigung der Einkommenssituation des Arbeitnehmers im Einzelfall auch eine **Mäßigung der Konventionalstrafe auf Null** als sachgerecht angesehen werden. OGH 26. 6. 2002, 9 ObA 140/02g. (ARD 5409/11/2003 ●)

Eine Herabsetzung der Konventionalstrafe kann **nicht unter die Höhe des tatsächlichen Schadens** erfolgen. OGH 15. 11. 2001, 8 ObA 271/01p. (ARD 5345/24/2002 ●)

Die **Einschulung** von Arbeitnehmern auf eine vom Arbeitgeber **neu entwickelte Technologie** kann durchaus eine Wertigkeit besitzen, die bei Mäßigung einer Konventionalstrafe nach Bruch einer Konkurrenzklausel Bedeutung haben kann. OLG Wien 30. 3. 2000, 7 Ra 383/99s. (ARD 5148/8/2000 ●)

Stellt die Konkurrenzklausel mit der vereinbarten Dauer von einem Jahr eine im zeitlichen Ausmaß von 6 Monaten **unangemessene Beschränkung** des Arbeitnehmers dar – ein sachliches Interesse des Arbeitgebers an einem Verbot der Tätigkeit des Arbeitnehmers im selben Geschäftszweig war im vorliegenden Fall nur für die Dauer von **6 Monaten** erkennbar –, ist diese zeitlich übermäßige Beschränkung des Arbeitnehmers im Rahmen der **Mäßigung der Konventionalstrafe**, durch die die Konkurrenzklausel in ihrem vollen vereinbarten Umfang (hier: 1 Jahr) besichert werden sollte, zu berücksichtigen. ASG Wien 8. 4. 2003, 33 Cga 143/02v. (ARD 5451/10/2003 ●)

Hat ein Arbeitnehmer nach seiner Kündigung und dem Wechsel zu einem Konkurrenzunternehmen des Arbeitgebers nicht in seinem bisherigen Tätigkeitsfeld weitergearbeitet und war der Jobwechsel vor allem durch das **schlechte Betriebsklima** bei seinem ehemaligen Arbeitgeber bedingt, so dass die Selbstkündigung nicht (nur) wegen der besseren Bezahlung erfolgte, sind diese Umstände bei der **Reduzierung der Konventionalstrafe** im Rahmen des richterlichen Mäßigungsrechts zu berücksichtigen. Hätte der Arbeitnehmer mehr als 7 ½ Monate nur für seinen ehemaligen Arbeitgeber arbeiten und sich somit mangels vorhandener Ersparnisse verschulden müssen, um die vereinbarte Konventionalstrafe von 6 Brutto-Monatsgehältern zahlen zu können, ist diese als übermäßig anzusehen. Der Umstand, dass der Arbeitnehmer **nahezu fließend seinen Arbeitgeber wechselte** und erst kündigte, als das neue Dienstverhältnis vereinbart war, ist jedoch **zulasten des Arbeitnehmers** bei der Ausübung des richterlichen Mäßigungsrechts zu berücksichtigen. Im vorliegenden Fall wurde die Konventionalstrafe letztlich auf 3 Bruttomonatsgehälter reduziert. ASG Wien 17. 3. 2003, 27 Cga 99/02d. (ARD 5451/11/2003 ●)

§ 39 AngG

Bei der Beurteilung, ob eine vereinbarte Konventionalstrafe übermäßig (überhöht) ist, ist eine **Interessenabwägung** anhand der Umstände des Einzelfalles vorzunehmen. Bei dieser Billigkeitsentscheidung sind va die Höhe des entstandenen Schadens im Verhältnis zur Höhe der vereinbarten Vertragsstrafe sowie die Umstände aufseiten des Arbeitnehmers zu berücksichtigen. Ist eine **Schädigung** durch das an sich vertragswidrige Verhalten des Arbeitnehmers jedoch schlechthin **zu verneinen**, widerspräche es den bei der Anwendung des richterlichen Mäßigungsrechtes zu berücksichtigenden Grundsätzen der Verhältnismäßigkeit, der Abwägung der beiderseitigen Interessen und der Billigkeit, den Arbeitnehmer zur Zahlung auch nur eines Teils der vereinbarten Konventionalstrafe zu verurteilen.

Hat daher der Arbeitnehmer zwar ein vertragswidriges Verhalten durch den Abschluss eines Dienstvertrages mit einem Kunden seines ehemaligen Arbeitgebers gesetzt, entstand der **Schaden** (hier: Verlust des Auftrages mit diesem Kunden) jedoch **nicht durch das Verhalten des Arbeitnehmers**, sondern vielmehr durch interne Erwägungen des Kunden auf anderer Ebene, die mit dem Arbeitnehmer in keinerlei Zusammenhang standen (hier: Kosteneinsparungen), ist die **Vertragsstrafe auf Null zu mäßigen**. ASG Wien 19. 9. 2003, 33 Cga 40/03y, bestätigt durch OLG Wien 30. 3. 2004, 7 Ra 18/04z. (ARD 5529/9/2004 ●)

Zeugnis

§ 39. (1) Der Dienstgeber ist verpflichtet, bei Beendigung des Dienstverhältnisses dem Angestellten auf Verlangen ein schriftliches Zeugnis über die Dauer und die Art der Dienstleistung auszustellen. Eintragungen und Anmerkungen im Zeugnisse, durch die dem Angestellten die Erlangung einer neuen Stelle erschwert wird, sind unzulässig.

(2) Verlangt der Angestellte während der Dauer des Dienstverhältnisses ein Zeugnis, so ist ihm ein solches auf seine Kosten auszustellen.

(3) Zeugnisse des Angestellten, die sich in der Verwahrung des Dienstgebers befinden, sind ihm auf Verlangen jederzeit auszufolgen.

Grundlegende Erläuterungen zu § 39

1. Anspruch auf ein einfaches Dienstzeugnis

Gemäß § 39 Abs 1 AngG ist der Arbeitgeber verpflichtet, bei Beendigung des Dienstverhältnisses dem Angestellten auf Verlangen ein schriftliches **Zeugnis über die Dauer und die Art der Dienstleistung** auszustellen. Zeugnisse des Arbeitnehmers, die sich in der Verwahrung des Arbeitgebers befinden, sind ihm auf Verlangen jederzeit auszufolgen. Die Kosten für die Ausstellung eines Dienstzeugnisses am Ende des Beschäftigungsverhältnisses trägt der Arbeitgeber, verlangt der Arbeitnehmer während der Dauer des Dienstverhältnisses ein Zeugnis (Zwischenzeugnis), ist ihm ein solches auf seine Kosten auszustellen.

Die Pflicht zur Ausstellung eines Dienstzeugnisses gehört zu den dienstvertraglichen nachwirkenden Fürsorgepflichten des Arbeitgebers und ist vom Grundsatz getragen, dass der Arbeitgeber nach Maßgabe des billigerweise von ihm zu Verlangenden alles zu vermeiden hat, was sich bei der Suche des ausgeschiedenen Arbeitnehmers nach einem neuen Arbeitsplatz nachteilig auswirken könnte.

§ 39 AngG

§ 39 AngG stellt gemäß § 40 AngG **zugunsten des Angestellten** (einseitig) **zwingendes Recht** dar; er kann daher nur zu dessen Vorteil, nicht aber zu seinem Nachteil vertraglich abgeändert werden.

2. Inhaltliche Anforderungen

2.1. Wahrheitsgebot und Vollständigkeitsprinzip

742 Die Hauptfunktion eines Dienstzeugnisses besteht in seiner Verwendung als Bewerbungsunterlage im vorvertraglichen Dienstverhältnis. Es dient dem Stellenbewerber als Nachweis über zurückliegende Dienstverhältnisse und dem präsumtiven Arbeitgeber als Informationsquelle über die Qualifikation des Bewerbers. Deshalb hat es **vollständig, objektiv richtig und wahr** zu sein. Die Formulierung des Zeugnisses ist grundsätzlich Sache des Arbeitgebers. Ob das Dienstzeugnis nur allgemein gebräuchliche Ausdrücke der Umgangssprache enthält oder ob die Tätigkeit mit mehr oder weniger Worten beschrieben wird, ist ohne Bedeutung, wenn nur die angeführte Tätigkeit den Tatsachen entspricht. Dabei hat sich der Arbeitgeber von den **Prinzipien der Wahrheit und der wohlwollenden Formulierung** leiten zu lassen. Die Ausstellung eines den tatsächlichen Arbeitsleistungen des Arbeitnehmers nicht entsprechenden „Gefälligkeitszeugnisses" würde gegen die Wahrheitspflicht verstoßen, ebenso verbietet der Grundsatz der Zeugniswahrheit übertriebene Lobeshymnen („Elogen").

In engem Konnex zur Wahrheitspflicht steht das **Vollständigkeitsprinzip**. Dies hat bei der Durchführung verschiedenartiger Arbeiten durch den Arbeitnehmer auch eine zeitliche Dimension. Bei sogenannten „**Parallelverrichtungen**" ist insbesondere auf den jeweiligen Zeitaufwand in Relation zur Gesamtarbeitszeit abzustellen und darauf zu achten, dass die Reihung der Arbeiten ihrer objektiven Gewichtung entspricht, weil sonst beim unbefangenen Zeugnisleser ein für das Fortkommen des Arbeitnehmers nachteiliger Eindruck erweckt werden könnte.

2.2. Konkrete Tätigkeitsbeschreibung

743 Die im Dienstzeugnis geforderten Angaben über die **Art des Dienstverhältnisses** sollen die konkret ausgeübte Tätigkeit des Arbeitnehmers beschreiben. Es ist aber nicht Aufgabe des Dienstzeugnisses, die tatsächliche Tätigkeit des Arbeitnehmers rechtlich zu qualifizieren, wenngleich eine solche rechtliche Qualifikation in Zusammenhalt mit der **konkreten Tätigkeitsbeschreibung** durchaus geeignet sein kann, diese abzurunden (z.B. durch einen Hinweis auf die Tätigkeit als „Angestellter"). Die Art der Arbeitsleistung ist so anzugeben, dass derjenige, der das Zeugnis in die Hand bekommt, sich ein klares Bild über die Dienstleistung machen kann. Eine **allgemeine Berufsbezeichnung genügt nicht**, weil die Art der Dienstleistung damit nicht hinreichend umschrieben wird. Das Dienstzeugnis soll Einblick in die Tätigkeit des Arbeitnehmers ermöglichen, weshalb eine gewisse **Präzisierung der Arbeitsleistung erforderlich** ist. Dies hat insbesondere dann zu geschehen, wenn es für das Fortkommen des Arbeitnehmers von Bedeutung sein kann.

Da die Formulierung des Dienstzeugnisses Sache des Arbeitgebers ist, hat der Arbeitnehmer kein Recht auf eine bestimmte Ausdrucksweise oder eine Bewertung seiner Tätigkeit – der Arbeitnehmer hat **nur Anspruch auf ein „einfaches" Dienstzeugnis**, nicht aber auf ein „qualifiziertes" Dienstzeugnis (d.h. eines, das ein Werturteil über die Tätigkeit enthält).

Der **gesetzliche Minimalinhalt des einfachen Dienstzeugnisses** besteht in „NN, geb. ... wohnhaft in ..., war von ... bis ... als ... beschäftigt", wobei unter „als" eine möglichst anschauliche Verwendungsbezeichnung anzuführen ist. Als Faustregel empfiehlt sich, eine solche Verwendungs-

§ 39 AngG

bezeichnung zu gebrauchen, unter der in einem Stelleninserat ein Nachfolger für den betreffenden Arbeitnehmer gesucht würde. Es ist also weder eine analytische Arbeitsplatzbeschreibung erforderlich, noch soll nur ein abstrakter Rechtsbegriff („Angestellter" u.a.) verwendet werden, unter dem man sich keine konkrete Tätigkeit vorstellen kann.

Ein solches „dürres" Zeugnis erweckt allenfalls die Vermutung, das Dienstverhältnis habe unharmonisch geendet, insbesondere in Verbindung mit einem Endtermin, der als Kündigungstermin nicht in Betracht kommt. Aus diesem Grund ist es jedenfalls üblich, das Zeugnis ausführlicher und wohlwollender zu formulieren. Als Anhaltspunkt für die in Zeugnissen zu verwendenden Tätigkeitsbezeichnungen können die in den einschlägigen Kollektivverträgen verwendeten Bezeichnungen und Tätigkeitsmerkmale in den jeweiligen Verwendungsgruppen dienen.

Eine normierte einheitliche **„Zeugnissprache"** (im Sinne eines „Zeugnis-Code"), dessen Vorhandensein von Personalisten immer wieder behauptet wird, ist **rechtlich ohne Bedeutung**. Seit der Erfindung des Telefons ist eine kurze Rücksprache mit dem früheren Arbeitgeber weitaus informativer als angebliche Nuancen im Ausdruck der Zufriedenheit mit der Arbeitsleistung des ehemaligen Arbeitnehmers.

3. Erschwernisverbot

Eintragungen und Anmerkungen im Dienstzeugnis, durch die dem Arbeitnehmer die **Erlangung einer neuen Stelle erschwert wird, sind unzulässig**. Ein Dienstzeugnis darf daher keine – auch nicht indirekte – Angaben enthalten, die objektiv geeignet wären, dem Arbeitnehmer die Erlangung einer neuen Dienststelle zu erschweren. Nicht gestattet sind daher z.B. Hinweise und Bemerkungen

- über Krankenstände oder darüber, dass das Dienstverhältnis wegen Kränklichkeit des Arbeitnehmers aufgelöst wurde,
- über die Ursache der Auflösung des Dienstverhältnisses – insbesondere der Hinweis auf eine gerechtfertigte Entlassung,
- über geringe Rentabilität der Arbeitsleistung,
- über die Tätigkeit als Betriebsrat sowie über die Mitgliedschaft zu einer Gewerkschaft.

744

Für einen Verstoß gegen das Erschwernisverbot reicht es aus, dass die in einem Dienstzeugnis – auch indirekt – enthaltenen Angaben objektiv geeignet sind, dem Arbeitnehmer die Erlangung einer neuen Dienststelle zu erschweren. Es genügt somit die **bloße Möglichkeit einer Erschwerung**; dass die Arbeitsplatzsuche des Arbeitnehmers durch die Formulierung des Dienstzeugnisses tatsächlich behindert wurde, ist nicht gefordert. Daher kommt es im gerichtlichen Verfahren über den Anspruch auf Ausstellung eines § 39 AngG entsprechenden Dienstzeugnisses auch nicht auf die Frage an, ob der Arbeitnehmer bereits einen neuen Arbeitsplatz erlangt hat.

Das Erschwerungsverbot ist auch bei der bloßen Tätigkeitsbeschreibung zu beachten, so dass mitunter auch **wahrheitsgemäße Angaben im Zeugnis gesetzwidrig sein können**, wenn sie geeignet sind, den Arbeitnehmer in seinem beruflichen Fortkommen zu behindern. Es entspricht nicht der Funktion des Dienstzeugnisses, alle Details der Arbeit aufzuzählen, insbesondere dann nicht, wenn diese geeignet erscheinen, eine nicht im Interesse des Fortkommens des Arbeitnehmers liegende Einschränkung seiner Tätigkeit herbeizuführen.

4. Formale Anforderungen

745 Auch die äußere Gestaltung des Dienstzeugnisses kann objektiv geeignet sein, das Erlangen einer neuen Stelle für den Arbeitnehmer zu erschweren, weil es auf Divergenzen zwischen dem Arbeitnehmer und seinem ehemaligen Arbeitgeber schließen lässt. Deshalb sind an die **äußere Form des Dienstzeugnisses gewisse Mindestanforderungen** zu stellen, so sind etwa mit Korrekturlack vorgenommene Ausbesserungen unzulässig, weil sie geeignet sind, die Beweiskraft des Zeugnisses als Privaturkunde zu mindern. Auch die nachträgliche Ergänzung eines Dienstzeugnisses durch ein weiteres Zeugnis auf derselben Urkunde ist unzulässig, da dies einen neuen Arbeitgeber im Zuge der Bewerbung darauf schließen lässt, dass es offensichtlich Probleme im Verhältnis zwischen dem Arbeitnehmer und seinem das Dienstzeugnis ausstellenden Arbeitgeber gab.

Die Pflicht zur Vergebührung von Dienstzeugnissen ist durch das Abgabenänderungsgesetz 2001, BGBl I 2001/144, mit 1. 1. 2002 entfallen.

5. Übermittlung des Dienstzeugnisses und Rechtsdurchsetzung

746 Der Arbeitgeber ist nur verpflichtet, auf Verlangen ein ordnungsgemäßes Dienstzeugnis auszufolgen, der Arbeitnehmer hat allerdings **keinen Anspruch auf Übersendung** oder Überbringung des verlangten Zeugnisses.

Kommt der Arbeitgeber seiner Verpflichtung auf Ausstellung eines Dienstzeugnisses nicht nach, kann der Angestellte die Ausstellung sowie die Beseitigung nachteiliger Eintragungen aus dem Dienstzeugnis **im Klagewege vor dem Arbeits- und Sozialgericht durchsetzen.** Das Recht des Arbeitnehmers, die Ausstellung eines Dienstzeugnisses zu verlangen, verjährt gemäß § 1478 ABGB nach 30 Jahren nach Beendigung des Dienstverhältnisses.

Kommt der ehemalige Arbeitgeber trotz rechtskräftiger Verurteilung der Verpflichtung zur Ausstellung des Dienstzeugnisses in der ihm aufgetragenen Form nicht freiwillig nach, ist das Urteil gemäß § 354 EO durch Geldstrafen und Haft zu vollstrecken. Der Arbeitnehmer hat einen Anspruch auf Ausstellung eines Zeugnisses in natura, der durch die Vorlage eines klagsstattgebenden Urteils nicht ersetzt werden kann. Diese wäre bei einem neuen potenziellen Arbeitgeber erst recht geeignet, die Erlangung eines neuen Dienstpostens zu erschweren, da die Vorlage eines Urteils nur den Schluss zulässt, dass sich der Arbeitgeber geweigert hat, ein solches Dienstzeugnis auszustellen. Die – wenn auch gerechtfertigte – Verfolgung der Ansprüche mit Hilfe des Gerichtes könnte somit einen neuen Arbeitgeber abschrecken, den Arbeitnehmer zu beschäftigen.

Die Verletzung der Verpflichtung zur Ausstellung eines Dienstzeugnisses durch den Arbeitgeber kann diesen unter Umständen auch für den **Verdienstentgang des Arbeitnehmers schadenersatzpflichtig** machen, falls dem Arbeitnehmer durch die unterlassene Ausstellung ein neuer Posten entgeht.

6. Ausstellung einer Arbeitsbescheinigung

747 Neben der Verpflichtung zur Ausstellung eines Dienstzeugnisses nach § 39 AngG ist der Arbeitgeber auch gemäß § 46 Abs 4 Arbeitslosenversicherungsgesetz (AlVG) verpflichtet, dem Arbeitnehmer eine Bestätigung über die Dauer und die Art des Dienstverhältnisses, die Art der Lösung des Dienstverhältnisses und erforderlichenfalls über die Höhe des Entgelts auszustellen. Diese benötigt der Arbeitnehmer zum **Nachweis seines Anspruches auf Arbeitslosengeld** im Rahmen der Geltendmachung desselben bei der zuständigen regionalen Geschäftsstelle des Arbeitsmarktservices.

§ 39 AngG

Judikatur zu § 39 Abs 1

Anspruch auf ein Dienstzeugnis

Ein Dienstzeugnis ist nur **auf Verlangen** auszustellen. Die Pflicht des Arbeitgebers zur Ausstellung eines Dienstzeugnisses ist eine Holschuld, d.h. der Arbeitnehmer hat **Anspruch auf Ausfolgung, nicht aber auf Übersendung** oder Überbringung des Zeugnisses. Zwar kann die Übersendung des Dienstzeugnisses an den Wohnort des Arbeitnehmers vereinbart werden, doch entsteht durch eine solche Vereinbarung im Zweifel keine Bringschuld, sondern eine Schickschuld des Arbeitgebers, d.h. Erfüllungsort bleibt die Niederlassung des Unternehmens, und der Arbeitgeber hat seine Leistungspflicht bereits mit der Absendung des Dienstzeugnisses an den Arbeitnehmer erfüllt. Die **Gefahr des Verlustes** des Zeugnisses geht damit auf den **Arbeitnehmer** über.

Es ist zwar ein Gebot der aus dem Dienstverhältnis nachwirkenden Fürsorgepflicht, dass der Arbeitgeber dem Arbeitnehmer für den Fall, dass letzterem das ordnungsgemäß ausgestellte Dienstzeugnis abhanden kommt oder dieses sonst in Verlust gerät, ein **Duplikat** ausstellt, doch kann dieses Gebot nicht schrankenlose Geltung haben. Hat der Arbeitgeber nach Beendigung des Dienstverhältnisses eines Arbeitnehmers bis zur Klagseinbringung insgesamt **drei Dienstzeugnisse** an die vom Arbeitnehmer jeweils bekannt gegebene Adresse übersandt, hat er damit die aus § 39 AngG erfließenden Pflichten in Zusammenhang mit der Ausstellung eines Dienstzeugnisses zweifelsfrei erfüllt. ASG Wien 28. 6. 1993, 7 Cga 234/93v. (ARD 4545/35/94 ●)

748

Die Pflicht des Arbeitgebers zur Ausstellung eines Dienstzeugnisses ist – als Konkretisierung seiner Fürsorgepflicht – an ein wirksam zustande gekommenes **Dienstverhältnis** geknüpft. ASG Wien 29. 1. 2001, 20 Cga 197/99g. (ARD 5236/4/2001 ●)

Ein Arbeitgeber kann sich nicht darauf berufen, dass wegen der **Kürze des Dienstverhältnisses** (hier: 2 Monate) und der Kürze der tatsächlich am Arbeitsplatz anwesenden Zeit ein Anspruch auf ein Dienstzeugnis nicht bestehe. Landesarbeitsgericht Köln/BRD 30. 3. 2001, 4 Sa 1485/00. (ARD 5253/12/2001 ●)

Gemäß § 39 Abs 1 AngG ist der Arbeitgeber verpflichtet, bei Beendigung des Dienstverhältnisses dem Angestellten auf Verlangen ein schriftliches Zeugnis über die Dauer und die Art der Dienstleistung auszustellen. Da einem Ausländer, der entgegen den Vorschriften des AuslBG ohne Beschäftigungsbewilligung beschäftigt wird, gegenüber dem ihn beschäftigenden Betriebsinhaber für die Dauer der Beschäftigung die gleichen Ansprüche wie aufgrund eines gültigen Arbeitsvertrages zustehen, sich der Zeugnisanspruch auf die tatsächliche Beschäftigung bezieht und das Arbeitszeugnis keine rechtlichen Qualifikationen, sondern Tatsachen bescheinigt, hat auch der **ohne Beschäftigungsbewilligung beschäftigte Ausländer** gegen den Arbeitgeber Anspruch auf Ausstellung eines Dienstzeugnisses. OGH 27. 6. 1990, 9 ObA 145/90. (ARD 4199/2/90 ●)

Ein Arbeitnehmer hat **Anspruch auf Ausstellung eines Zeugnisses in natura** hat. Ein Urteil, mit dem der Arbeitgeber verpflichtet wird, ein dem Urteil entsprechendes Dienstzeugnis auszustellen, kann in einem solchen Fall ausnahmsweise nicht gemäß § 367 EO die Abgabe der Willenserklärung ersetzen, weil die **Vorlage eines klagsstattgebenden Urteils** bei einem neuen potenziellen Arbeitgeber erst recht geeignet wäre, die Erlangung eines neuen Dienstpostens zu erschweren: Die Vorlage eines Urteils lässt nur den Schluss zu, dass sich der Arbeitgeber geweigert hat, ein solches Dienstzeugnis auszustellen. Die – wenn auch gerechtfertigte – Verfolgung der Ansprüche mit Hilfe des Gerichtes könnte somit einen neuen Arbeitgeber abschrecken, den Arbeitnehmer zu beschäftigen. Kommt der

§ 39 AngG

ehemalige Arbeitgeber trotz rechtskräftiger Verurteilung der Verpflichtung zur Ausstellung des Dienstzeugnisses in der ihm aufgetragenen Form nicht freiwillig nach, ist das Urteil gemäß § 354 EO durch **Geldstrafen und Haft zu vollstrecken**. OGH 8. 3. 2001, 8 ObA 217/00w. (ARD 5236/2/2001 ●)

Ausstellung des Dienstzeugnisses

749 Das Dienstzeugnis ist nach Beendigung des Dienstverhältnisses **auf jeden Fall auszustellen**, ohne dass dem Anspruch des Arbeitnehmers eine Einrede oder ein Zurückbehaltungsrecht entgegengesetzt werden könnte. Wegen der Funktion des Dienstzeugnisses als Mittel der Fortkommensförderung darf der Arbeitgeber dessen Ausstellung **nicht beliebig hinauszögern**. Dass das Dienstzeugnis im Anlassfall keine ins Gewicht fallende Bedeutung für die Fortkommensförderung des Arbeitnehmers hat, ist rechtlich unbeachtlich. Dabei sind an die rechtzeitige Ausfolgung des Dienstzeugnisses strenge Maßstäbe anzulegen. Eine kurze Nachfrist von ein bis zwei Tagen kann nur dann eingeräumt werden, wenn das Dienstverhältnis abrupt – z.B. durch fristlose Entlassung – endet. ASG Wien 1. 3. 1994, 18 Cga 1/94m. (ARD 4569/35/94 ●)

Es ist nicht erforderlich, dass ein Dienstzeugnis vom Arbeitgeber oder seinem gesetzlichen Vertretungsorgan gefertigt und unterzeichnet wird, sondern es genügt auch die Unterzeichnung durch einen **unternehmensangehörigen Vertreter des Arbeitgebers**. In diesem Fall ist jedoch im Zeugnis deutlich zu machen, dass dieser Vertreter dem Arbeitnehmer gegenüber weisungsbefugt war. War ein Arbeitnehmer aber der Geschäftsleitung direkt unterstellt, ist das Dienstzeugnis von einem Mitglied der Geschäftsleitung auszustellen und unter Hinweis auf diese Position zu unterzeichnen. Bundesarbeitsgericht/BRD 26. 6. 2001, 9 AZR 392/00. (ARD 5236/8/2001 ●)

Ausstellung von Dienstzeugnissen im Konkurs des Arbeitgebers

750 Die Ausstellung eines Dienstzeugnisses für ein bei Konkurseröffnung nicht mehr aufrechtes Dienstverhältnis obliegt dem **Arbeitgeber** (Gemeinschuldner) und nicht dem Masseverwalter. ASG Wien 1. 3. 1999, 29 Cga 195/97a. (ARD 5065/3/99 ●)

Auch wenn die Ausstellung eines Dienstzeugnisses für ein bei Konkurseröffnung nicht mehr aufrechtes Dienstverhältnis grundsätzlich dem Arbeitgeber (Gemeinschuldner) und nicht dem Masseverwalter obliegt, kann ausnahmsweise auch die passive Klagslegitimation des **Masseverwalters** gegeben sein, wenn zwischen dem Anspruch auf Ausstellung des Dienstzeugnisses und dem Begehren auf Feststellung einer Konkursforderung ein **enger Sachzusammenhang** besteht. Dieser ist dann zu bejahen, wenn die Entscheidung über beide Fragen von der Klärung derselben strittigen Vorfrage abhängt, ob das Dienstverhältnis aufgrund eines Betriebsüberganges auf den Gemeinschuldner übergegangen ist. OGH 6. 6. 2005, 9 ObA 118/04z. (ARD 5622/8/2005 ●)

Dienstzeugnis muss sich auch auf Zeiträume einer Dienstverhinderung erstrecken

751 Ein Dienstzeugnis über die Dauer und die Art der Dienstleistung hat sich auch auf jene Zeiträume zu erstrecken, in denen der Arbeitnehmer an der **Erbringung seiner Arbeitsleistung verhindert** gewesen ist, und zwar ohne Rücksicht darauf, ob er Entgelt bezogen hat oder nicht. Zur Dauer der Dienstleistung zählen jedoch nicht Zeiten, für die dem Arbeitnehmer eine Kündigungsentschädigung zusteht. OLG Wien 1. 7. 1992, 32 Ra 66/92. (ARD 4425/18/92 ●)

Nur Anspruch auf ein einfaches Dienstzeugnis ohne Werturteil

752 Der Arbeitgeber ist nach § 39 Abs 1 AngG verpflichtet, dem Arbeitnehmer auf Verlangen bei Beendigung des Dienstverhältnisses ein schriftliches Zeugnis über die Dauer und die Art der Dienstleistung auszustellen. Aus dieser Bestimmung ergibt sich lediglich ein **Anspruch auf ein**

§ 39 AngG

einfaches Dienstzeugnis, das Dauer und Art der Dienstleistung bescheinigt, nicht hingegen ein Anspruch auf ein Qualifikationszeugnis. Dementsprechend kann der Arbeitnehmer **keine Bewertung** der erbrachten Arbeitsleistung im Dienstzeugnis verlangen. Auch besteht ein Anspruch auf Anführung der Dauer des Dienstverhältnisses nur im Umfang dessen rechtlicher Dauer. OLG Wien 24. 11. 1999, 8 Ra 136/99z. (ARD 5212/12/2001 ●)

Auch wenn ein Arbeitnehmer ein **Dienstzeugnis im Ausland zu verwenden** gedenkt, hat er nur Anspruch auf ein den österreichischen Rechtsvorschriften entsprechendes „**einfaches**" Dienstzeugnis, das objektiv richtig sein und die Art der Beschäftigung in üblicher Weise und vollständig bezeichnen muss. OGH 29. 9. 1999, 9 ObA 185/99t. (ARD 5078/12/99 ●)

Ein Angestellter hat nur Anspruch auf Ausstellung eines einfachen Dienstzeugnisses. In diesem sind Dauer und Art der Dienstleistung zu bescheinigen. Die **Art der Dienstleistung** ist so anzugeben, dass derjenige, der das Zeugnis in die Hand bekommt, sich ein klares Bild über die Dienstleistung machen kann. Das Zeugnis muss **vollständig und objektiv** sein und die Art der Beschäftigung in üblicher Weise bezeichnen. Dem Arbeitgeber steht es frei, das Zeugnis nach seinem Ermessen auf die Leistung und auf das Verhalten des Arbeitnehmers auszudehnen, also mit einem Werturteil zu versehen, wobei die Formulierung für den Arbeitnehmer günstig sein muss. Die Formulierung darf auch nicht zwischen den Zeilen ein für den Arbeitnehmer negatives Gesamtbild durchblicken lassen. LG Linz 24. 11. 1994, 14 Cga 73/94f. (ARD 4778/19/96 ●)

Beschreibung der tatsächlichen Verwendung

Die Hauptfunktion eines Dienstzeugnisses besteht in seiner Verwendung als Bewerbungsunterlage im vorvertraglichen Arbeitsverhältnis. Es dient dem Stellenbewerber als **Nachweis über zurückliegende Arbeitsverhältnisse** und dem präsumtiven Arbeitgeber als Informationsquelle über die Qualifikation des Bewerbers. Deshalb hat das Dienstzeugnis **vollständig und objektiv richtig** zu sein, wobei die Formulierung dem Arbeitgeber vorbehalten ist. Es muss die Art der Beschäftigung in üblicher Weise bezeichnen und sie unter Umständen auch näher schildern, wenn dies für das Fortkommen des Arbeitnehmers von Bedeutung sein kann.

Mit der Formulierung „Seine Aufgabe war im Wesentlichen die **Entgegennahme von telefonischen Bestellungen**, die nachfolgende **Auftragsabwicklung und Fakturierung**" hat der Arbeitgeber im Dienstzeugnis die Art der konkret ausgeübten Tätigkeiten in üblicher Weise bezeichnet und sind die in der Stellenbeschreibung angeführten Tätigkeiten in Grundzügen erfasst. Die Einforderung eines Dienstzeugnisses, das eine minutiöse Aufstellung jeglicher vom Arbeitnehmer im Dienstverhältnis jemals verrichteten Tätigkeiten enthält, stellt sich als schikanöse Rechtsausübung dar. Eine derartig genaue Beschreibung würde den Charakter einer Stellenbeschreibung und nicht eines Dienstzeugnisses tragen. ASG Wien 13. 12. 2001, 4 Cga 190/01s. (ARD 5372/6/2003 ●)

Das Dienstzeugnis hat die Art der Arbeitsleistung so anzugeben, dass sich ein potenzieller neuer Arbeitgeber ein klares Bild über die erbrachten Dienstleistungen machen kann. Es soll Einblicke in die Tätigkeit des Arbeitnehmers ermöglichen, weshalb eine **gewisse Präzisierung der Arbeitsleistung** erforderlich ist, insbesondere wenn dies für das Fortkommen des Arbeitnehmers von Bedeutung sein kann. Es genügt daher nicht, die Beschäftigung des Arbeitnehmers als „**Angestellter**" zu definieren, da sich daraus kein klares Bild über die vom Arbeitnehmer tatsächlich durchgeführte Tätigkeit ergibt. ASG Wien 29. 8. 2001, 11 Cga 178/00a, bestätigt durch OLG Wien 20. 2. 2002, 8 Ra 430/01s. (ARD 5372/5/2003 ●)

Auch wenn in einem Dienstzeugnis Qualifikationen rechtlicher Natur nicht enthalten sein müssen, kann dem Arbeitnehmer ein Anspruch auf die **Feststellung seiner Angestellteneigenschaft**

§ 39 AngG

zustehen. Zwar weist die Bezeichnung „Alleinverkäufer" bereits auf diese Eigenschaft hin, da jedoch in manchen Betrieben Ladner angestellt sind, die einen Dienstvertrag als Arbeiter haben und als solche auch bei der Gebietskrankenkasse angemeldet sind, ist das Begehren des Arbeitnehmers, dass neben der Tätigkeitsbeschreibung auch das Wort „Angestellter" im Dienstzeugnis aufscheint, berechtigt. ASG Wien 21. 6. 2002, 9 Cga 62/02f. (ARD 5372/4/2003 ●)

Grundsätzlich hat der Arbeitgeber die konkret ausgeübte Tätigkeit des Arbeitnehmers anzugeben. Der Arbeitnehmer kann sich aber auch damit begnügen, dass sich die Umschreibung in einer vagen Berufsbezeichnung, wie **„Angestellter"** erschöpft. OGH 8. 3. 2001, 8 ObA 217/00w. (ARD 5236/2/2001 ●)

Im Dienstzeugnis darf sich die Art der Tätigkeit nicht in einer **vagen Berufsbezeichnung** (hier: Sekretärin) erschöpfen, sondern muss Einblick in den tatsächlichen Aufgabenbereich des Arbeitnehmers gewährleisten, z.b. selbstständige Sekretärin mit eigenverantwortlicher Entscheidungsbefugnis. ASG Wien 17. 11. 1995, 23 Cga 199/93i. (ARD 4761/10/96 ●)

Mit dem Begriff **„Sekretärin"** ist die Art der Dienstleistung einer Arbeitnehmerin nicht hinreichend bestimmt umschrieben. OGH 13. 1. 1988, 9 ObA 172/87. (ARD 3958/10/88 ●)

Die Beschreibung der Tätigkeit eines Arbeitnehmers als Direktionsassistent und **Leiter der Rechtsabteilung** ist hinreichend präzise und gibt ausreichend Aufschluss über die vom Arbeitnehmer erbrachten Tätigkeiten. OLG Innsbruck 7. 3. 1995, 5 Ra 26/95, bestätigt durch OGH 23. 8. 1995, 9 ObA 93/95. (ARD 4703/2/95 ●)

Die Umschreibung einer Tätigkeit mit **„Assistentin der Geschäftsführung"** ist für sich allein nicht aussagekräftig genug, um einem potenziellen Arbeitgeber ein Bild davon zu vermitteln, was die Arbeitnehmerin konkret gearbeitet hat. Es ist für das Fortkommen der Arbeitnehmerin jedenfalls förderlich, ihre höher qualifizierten Tätigkeiten näher zu umschreiben, weil eine „Assistentin der Geschäftsführung", auch jemand sein könnte, der Sekretariatstätigkeiten im weiteren Sinn ausübt. OLG Wien 27. 1. 2006, 10 Ra 132/05p. (ARD 5718/3/2006 ●)

Im Dienstzeugnis eines Rechtsanwaltsanwärters ist in der Umschreibung seiner Tätigkeit der Begriff **„Rechtsanwaltsanwärter"** und nicht der Begriff „Konzipient" zu verwenden.

Aus der Funktion des Dienstzeugnisses, das Fortkommen des Arbeitnehmers zu fördern, kann sich auch die Verpflichtung zur **näheren Darstellung der Tätigkeit** des Arbeitnehmers ergeben. Eine Grundlage für die Ausstellung von detaillierten Bestätigungen über die Art der Tätigkeit kann in der **Fürsorgepflicht** des Arbeitgebers (vgl. auch § 1157 ABGB bzw § 18 AngG) und dem daraus abgeleiteten Persönlichkeitsschutz liegen. Wurde dem Rechtsanwaltsanwärter bereits bei seiner Einstellung ein Einsatz in einem bestimmten Rechtsbereich zugesagt, in dem er auch über entsprechendes Spezialwissen verfügte (hier: Umweltrecht), ist dieser Rechtsbereich als primäres Aufgabengebiet des Rechtsanwaltsanwärters auch im Dienstzeugnis anzuführen. OGH 30. 6. 2005, 8 ObA 16/05v. (ARD 5622/5/2005 ●)

War ein **Kanzleileiter auch mit Buchhaltungsaufgaben** befasst, ist dies im Dienstzeugnis anzuführen. Da der allgemeine Vorstellungsbereich im Rahmen des durchschnittlichen Empfängerhorizontes von Arbeitgebern mit dem Begriff des Kanzleileiters in Rechtsanwaltskanzleien wohl nur die typischen Anwaltsagenden verbindet, ist der Hinweis auf die „Buchhaltung", auch wenn im allgemeinen Umfangsbereich genannt, hilfreich und erforderlich, um die verrichtete Arbeitstätigkeit zu umschreiben. OLG Wien 23. 11. 1994, 31 Ra 177/94. (ARD 4651/7/95 ●)

§ 39 AngG

Umfasste die Tätigkeit eines „**Baumarktleiters**" neben der Verkaufstätigkeit u.a. auch den Einkauf und die Aufsicht für das Warenlager, Verhandlungen mit Lieferanten und Kundenbesuche, ist die Bezeichnung „**Filialleiter**" für diesen Tätigkeitsbereich im Dienstzeugnis zutreffend. ASG Wien 26. 11. 1997, 28 Cga 218/96z. (ARD 4974/6/98 ●)

Die während des aufrechten Dienstverhältnisses erlangten **Zusatzausbildungen** müssen im Dienstzeugnis **nicht extra ausgewiesen** werden, zumal der Arbeitnehmer die hierüber zusätzlich ausgestellten Zertifikate seinem zukünftigen Arbeitgeber bei Bedarf auch extra vorlegen und so sein weiteres Wissen dokumentieren kann. ASG Wien 9. 9. 1997, 8 Cga 74/97b. (ARD 4931/35/98 ●)

Formulierung des Dienstzeugnisses obliegt dem Arbeitgeber

§ 39 AngG verpflichtet den Arbeitgeber bei Beendigung des Dienstverhältnisses, dem Angestellten auf Verlangen ein schriftliches Zeugnis über Dauer und Art der Dienstleistung auszustellen. Die **Formulierung des Zeugnisses ist Sache des Arbeitgebers**. Wenn die vom Arbeitgeber gewählte Fassung des Dienstzeugnisses mit der tatsächlichen Tätigkeit des Arbeitnehmers übereinstimmt, kann der Arbeitnehmer keine andere Ausdrucksweise verlangen, auch wenn das Dienstzeugnis nur allgemein gebräuchliche Ausdrücke der Umgangssprache enthält. OLG Innsbruck 7. 3. 1995, 5 Ra 26/95, bestätigt durch OGH 23. 8. 1995, 9 ObA 93/95. (ARD 4703/2/95 ●)

Allgemeines zum Erschwernisverbot

Das Dienstzeugnis darf auch nicht indirekt Angaben enthalten, die objektiv geeignet wären, dem Arbeitnehmer die Erlangung einer neuen Dienststelle zu erschweren. Nicht gestattet sind Bemerkungen über **Krankenstände** oder die Bemerkung, dass das Dienstverhältnis wegen Kränklichkeit des Arbeitnehmers aufgelöst wurde, oder der Hinweis darauf, dass der Arbeitnehmer seine **gewerkschaftliche Zugehörigkeit** und die daraus erfließenden Rechte und Pflichten äußerst ernst nimmt. Angaben über die **Ursache der Lösung**, über geringe Rentabilität der Arbeitsleistung, über die Tätigkeit als Betriebsrat sowie über die Mitgliedschaft zu einer Gewerkschaft sind gleichfalls zu unterlassen. Auch die Art der Lösung, insbesondere der Hinweis auf eine gerechtfertigte Entlassung hat zu unterbleiben. OGH 8. 3. 2001, 8 ObA 217/00w. (ARD 5236/2/2001 ●)

Unzulässige Angaben über die Art der Beendigung des Dienstverhältnisses

Die Hauptfunktion eines Dienstzeugnisses besteht in seiner Verwendung als Bewerbungsunterlage im vorvertraglichen Arbeitsverhältnis. Es dient dem Stellenbewerber als Nachweis über zurückliegende Arbeitsverhältnisse und dem präsumtiven Arbeitgeber als Informationsquelle über die Qualifikation des Bewerbers. Deshalb hat es, wobei die Formulierung dem Arbeitgeber vorbehalten ist, vollständig und objektiv richtig zu sein. Der Inhalt des Dienstzeugnisses muss wahr sein, sodass etwa ein Arbeitnehmer eine Formulierung, dass das **Dienstverhältnis durch Austritt beendet** wurde, **keinesfalls hinnehmen** muss, wenn dies unrichtig ist. Unabhängig von der Richtigkeit ist der vom Arbeitgeber gegebene Hinweis auf den Austritt des Arbeitnehmers auch objektiv geeignet, den Eindruck eines Zerwürfnisses mit dem Arbeitgeber zu erwecken, und folglich unzulässig. OGH 8. 3. 2001, 8 ObA 217/00w. (ARD 5236/2/2001 ●)

Die bloße Bereitschaft eines Arbeitnehmers, dem Arbeitgeber einen Entwurf für ein Dienstzeugnis zur Verfügung zu stellen, befreit den Arbeitgeber nicht von der Verpflichtung zur Ausstellung. Das Dienstzeugnis darf nicht Aufschluss darüber geben, dass die **Beendigung des Dienstverhältnisses vom Arbeitgeber ausgegangen** ist, weil dies eine Entlassung jedenfalls nicht ausschließt und für den Arbeitnehmer die Erlangung einer neuen Stelle erschweren würde. ASG Wien 17. 5. 1994, 11 Cga 253/93t. (ARD 4599/10/94 ●)

§ 39 AngG

Enthält ein Dienstzeugnis die Formulierung, der Arbeitnehmer habe das Unternehmen **vorzeitig auf eigenen Wunsch verlassen**, könnte dies dem Arbeitnehmer die Erlangung einer neuen Stelle erschweren, weshalb eine derartige Eintragung unzulässig ist und zu entfallen hat. LG Wiener Neustadt 21. 10. 2002, 5 Cga 97/02i, 1 Cga 79/02g, bestätigt durch OLG Wien 13. 8. 2003, 9 Ra 68/03s. (ARD 5492/13/2004 ●)

Unzulässige nachteilige Formulierungen in Dienstzeugnissen

757 Der Arbeitgeber ist gemäß § 39 AngG verpflichtet, dem Arbeitnehmer bei Beendigung des Dienstverhältnisses auf dessen Verlangen ein Dienstzeugnis auszustellen. Eintragungen und Anmerkungen, durch die dem Angestellten die **Erlangung einer neuen Stelle erschwert** wird, sind dabei **unzulässig**.

Die Wendung, der Arbeitnehmer „war **stets bemüht, die ihm übertragenen Arbeiten zu unserer Zufriedenheit zu erledigen**", wird von Arbeitgebern im Allgemeinen dahin gehend interpretiert, dass die Arbeit des Arbeitnehmers wohl von einem Bemühen, nicht aber von hinreichendem Erfolg gekennzeichnet war. Es handelt sich somit um eine Anmerkung, die geeignet ist, eine neue Anstellung zu erschweren, weshalb der Arbeitgeber zur Ausstellung eines neuen Dienstzeugnisses verpflichtet ist. ASG Wien 15. 5. 2002, 25 Cga 119/01d, bestätigt durch OLG Wien 6. 11. 2002, 8 Ra 312/02i. (ARD 5372/2/2003 ●)

Auch Formulierungen in einem Dienstzeugnis, die nach dem **allgemeinen Sprachgebrauch** durchaus **positiv** aufgefasst werden – z.B. „hat zu unserer Zufriedenheit gearbeitet", „hatte ein gutes Verhältnis zu Kollegen" oder „verhielt sich korrekt" –, die aber nach dem Sprachgebrauch der **maßgeblichen Verkehrskreise** eine eindeutig **schlechte Beurteilung** darstellen, sind **unzulässig**, weil sie objektiv geeignet sind, dem Arbeitnehmer die Erlangung eines neuen Arbeitsplatzes zu erschweren. Gerade dieser Personenkreis ist sich nämlich in der Regelfall dessen bewusst, dass Dienstzeugnisse keine ausdrückliche Kritik enthalten dürfen. Daraus folgt aber, dass so **schwach positive Formulierungen** – wie „hat zu unserer Zufriedenheit gearbeitet", „hatte ein gutes Verhältnis zu Kollegen" oder „verhielt sich korrekt" – die **schlechteste praktisch vorkommende Beurteilung** darstellen. Ungünstigere Aussagen wären gar nicht möglich, weil offenkundig unzulässig. OLG Wien 25. 2. 2005, 7 Ra 19/05y. (ARD 5586/4/2005 ●)

Im Dienstzeugnis enthaltene **mehrdeutige Zusätze**, deren Bedeutung nicht für jeden eindeutig ersichtlich ist, sind **unzulässig**. Wird im Dienstzeugnis z.B. festgehalten: „Der Arbeitnehmer war stets bemüht, den Anforderungen gerecht zu werden. Die **Leistungen bewegten sich dabei durchaus im Rahmen seiner Fähigkeiten**", handelt es sich um einen derartigen mehrdeutigen Zusatz. Jede mit der üblichen Formulierung von Dienstzeugnissen, Dienstbeschreibungen oder Stellungnahmen über Arbeitnehmer vertraute Person muss aus diesem Passus schließen, dass hier eine Zufriedenheit des Arbeitgebers mit den Leistungen des Arbeitnehmers ganz eindeutig nicht gegeben war, so dass hier ein unzulässiger, weil dem Arbeitnehmer schadender Zusatz im Dienstzeugnis vorliegt. ASG Wien 23. 1. 1998, 20 Cga 141/97v, bestätigt durch OLG Wien 29. 7. 1998, 9 Ra 114/98w. (ARD 4939/31/98 und ARD 4960/29/98 ●)

Widersprüchliche, verschlüsselte oder doppelbödige Formulierungen in einem Dienstzeugnis wie „**Sie war sehr tüchtig und in der Lage, ihre eigene Meinung zu vertreten**" sind ersatzlos zu streichen. LAG Hamm/BRD 17. 12. 1998, 4 Sa 630/98. (ARD 5147/5/2000 ●)

Der in einem Dienstzeugnis enthaltene Zusatz, der Arbeitnehmer habe „die ihm übertragenen Arbeiten stets mit Sachkenntnis, Engagement und zur Zufriedenheit seiner Vorgesetzten erledigt" und sei „**engagiert und sowohl bei Vorgesetzten als auch bei Mitarbeitern beliebt gewesen**", enthält keine Beschreibung des Inhaltes der Tätigkeit des Arbeitnehmers und könnte von potenziellen zukünftigen Arbeitgebern – ob zur Recht oder zu Unrecht sei dahingestellt – zu dessen Nachteil interpretiert werden. Die Formulierung ist daher unzulässig. ASG Wien 5. 7. 2002, 25 Cga 238/01d. (ARD 5372/3/2003 ●)

Da ein Dienstzeugnis keine nachteiligen Formulierungen enthalten darf, sind Sätze wie „in der Zeit seiner Anwesenheit konnte Herr X seine **Kenntnisse im Rechnungswesen erweitern und war bemüht**, die ihm übertragenen Arbeiten zu unserer Zufriedenheit zu erledigen" unzulässig, weil eindeutig nachteilig, da sie mit schönen Worten tatsächlich Mängel des Arbeitnehmers umschreiben. Dass der Arbeitnehmer seine Kenntnisse erweitern konnte, kann nur dahin gehend interpretiert werden, dass bei ihm mangelhafte Kenntnisse vorhanden waren. Die Diktion, der Arbeitnehmer sei bemüht gewesen, ihm übertragene Arbeiten zur Zufriedenheit zu erledigen, lässt nur die Interpretation zu, dass es dem Arbeitnehmer nicht leicht gefallen ist, zur Zufriedenheit zu arbeiten, sondern es ihn viel Mühe gekostet hat. Eine andere Interpretation lassen diese beiden Sätze jedenfalls nicht zu und sind daher aus dem Dienstzeugnis zu streichen. ASG Wien 3. 2. 1995, 23 Cga 36/94w. (ARD 4651/8/95 ●)

Könnte aus der Diktion eines Dienstzeugnisses (hier: „**korrekte Einhaltung von Dienstzeiten**", „sehr schnelle Erledigung übertragener Aufgaben") auch abgeleitet werden, dass der Arbeitnehmer den Vorstellungen seines Arbeitgebers nicht voll entsprochen hat, weil etwa aus der korrekten Einhaltung von Dienstzeiten auch auf eine **mangelnde Bereitschaft** zur Erbringung allfälliger **Mehrarbeit** geschlossen werden kann und eine sehr schnelle Erledigung von Arbeiten nicht nur ein positives, sondern auch ein negatives Bewertungselement beinhaltet, ist dieser Passus unzulässig und aus dem Dienstzeugnis zu streichen. ASG Wien 30. 6. 2000, 13 Cga 65/00y. (ARD 5236/7/2001 ●)

Formulierungen in einem Dienstzeugnis, wonach der Arbeitnehmer „ohne nennenswerte Unterbrechungen" beschäftigt gewesen sei und die ihm übertragenen **Aufgaben „wie aufgetragen ausgeführt" habe**, sind geeignet, ihn in seinem beruflichen Weiterkommen zu behindern. ASG Wien 19. 4. 1995, 27 Cga 41/95m. (ARD 4695/10/95 ●)

Wahrheitsgebot steht über Erschwernisverbot

Es ist zwar richtig, dass für die Verfassung eines Dienstzeugnisses das Verbot nachteiliger Formulierungen gilt, wonach also Eintragungen und Anmerkungen im Zeugnis, durch die dem Arbeitnehmer die Erlangung einer neuen Stelle erschwert wird, unzulässig sind; dieses Verbot ändert jedoch nichts an dem grundlegenden Prinzip der **Wahrheit des Dienstzeugnisses**, wonach der Arbeitgeber zu **objektiv richtigen Aussagen**, insbesondere die Einstufung betreffend, verpflichtet ist, weil der nachfolgende Arbeitgeber auf die Richtigkeit der Angaben im Dienstzeugnis vertraut. OLG Wien 23. 10. 1998, 8 Ra 280/98z. (ARD 5013/13/99 ●)

Schlussformeln in Dienstzeugnissen

Ein Dienstzeugnis **muss keinen Schlusssatz enthalten**, in dem das **Bedauern über das Ausscheiden** des Arbeitnehmers ausgedrückt wird. Wird in einem Dienstzeugnis eine Schlussformel gebraucht, darf sie nicht im Widerspruch zu dem vorangehenden Zeugnisinhalt stehen und diesen nicht relativieren. Es ist grundsätzlich Sache des Arbeitgebers selbst, das Zeugnis – unter Beachtung der Grundsätze der „Wahrheit" und des „Wohlwollens" – zu formulieren; auf bestimmte Formulierungen kann er nicht festgelegt werden. Dies gilt auch für den Ausdruck des „Bedauerns" über das Ausscheiden, der in der Schlussformel eines Zeugnisses vielfach verwendet wird. Es handelt

§ 39 AngG

sich dabei nicht um einen „notwendigen Bestandteil" des Zeugnisses; er ist nicht einklagbar. Auf bestimmte Formulierungen hat ein Arbeitnehmer aus Rechtsgründen keinen Anspruch. Landesarbeitsgericht Berlin/BRD 10. 12. 1998, 10 Sa 106/98. (ARD 5028/9/99 ●)

Es besteht keine gesetzliche Verpflichtung des Arbeitgebers, ein Dienstzeugnis mit Formulierungen abzuschließen, in denen dem Arbeitnehmer für die **gute Zusammenarbeit gedankt** und ihm für die **Zukunft alles Gute** gewünscht wird. Bundesarbeitsgericht/BRD 20. 2. 2001, 9 AZR 44/00. (ARD 5253/11/2001 ●)

Unzulässige formale Mängel bei der Ausstellung von Dienstzeugnissen

760 Ein Dienstzeugnis auf **pinkfarbenem Briefpapier, mit Fettflecken und Rechtschreibfehlern** nötigt einen Arbeitnehmer zur Klagsführung. ASG Wien 7. 1. 2002, 26 Cga 20/01a, bestätigt durch OLG Wien 28. 5. 2002, 7 Ra 139/02s. (ARD 5372/9/2003 ●)

Das **Ausstellen von zwei Dienstzeugnissen auf einer Urkunde** ist unzulässig, weil dadurch das Erlangen einer neuen Stellung für den Arbeitnehmer erschwert wird. Aus diesem Dienstzeugnis ist nämlich für jeden neuen Arbeitgeber im Zuge einer Bewerbung ersichtlich, dass es offensichtlich Probleme im Verhältnis zwischen dem Arbeitnehmer und seinem ehemaligen Arbeitgeber gegeben hat. OGH 8. 3. 2001, 8 ObA 217/00w. (ARD 5236/2/2001 ●)

Ein Arbeitnehmer hat keinen Anspruch auf ein **ungefaltetes Dienstzeugnis**. Ein Dienstzeugnis ist auch dann ordnungsgemäß, wenn es zweifach geknickt ist. Der Arbeitnehmer hat zwar Anspruch auf ein auch äußerlich ordnungsgemäßes Zeugnis; das bedeutet jedoch nur, dass das Zeugnis keine formalen und äußerlichen Mängel aufweisen darf. Dass das Zeugnis wegen des Postversandes zweimal geknickt ist, ist kein solcher Mangel. Landesarbeitsgericht Schleswig-Holstein/BRD 9. 12. 1997, 5 Ta 97/96. (ARD 4909/4/98 ●)

Werden im Geschäftszweig des Arbeitgebers für schriftliche Äußerungen üblicherweise Firmenbögen verwendet und verwendet auch der Arbeitgeber solches Geschäftspapier, so ist ein Zeugnis nur dann ordnungsgemäß, wenn es **auf Firmenpapier geschrieben** ist. Bundesarbeitsgericht/BRD 3. 3. 1993, 5 AZR 182/92. (ARD 4486/17/93 ●)

Fehlt in einem dem Arbeitnehmer ausgestellten Dienstzeugnis die Adresse des Arbeitnehmers, wurde es nicht entsprechend als Dienst- oder Arbeitszeugnis tituliert, weist es **Rechtschreibfehler** auf und hält es im Übrigen nicht einer Überprüfung der Mindestanforderungen stand, weil nicht nur die verbale Formulierung, sondern auch eine entsprechende Form des Dienstzeugnisses die mangelnde Wertschätzung des Arbeitgebers gegenüber dem Arbeitnehmer diesbezüglich zum Ausdruck bringt, ist der Arbeitnehmer zur gerichtlichen Durchsetzung seines Begehrens auf Ausstellung eines Dienstzeugnisses berechtigt. OLG Wien 29. 9. 2004, 7 Ra 129/04y. (ARD 5586/5/2005 ●)

Verzicht auf die Ausstellung eines Dienstzeugnisses

761 Ein Verzicht auf unabdingbare Ansprüche eines Arbeitnehmers ist unwirksam, solange sich dieser in der typischen Unterlegenheitsposition des Arbeitnehmers befindet („Drucktheorie"). Nach Wegfall dieser arbeitsvertragstypischen Drucksituation ist aber auch ein **Verzicht auf den Anspruch auf Ausstellung eines Dienstzeugnisses zulässig** und wirksam.
Die Bereinigungswirkung eines anlässlich der Auflösung eines Dauerschuldverhältnisses abgeschlossenen Generalvergleichs bezieht sich im Zweifel auf alle aus diesem Rechtsverhältnis entspringenden

§ 39 AngG

oder damit zusammenhängenden gegenseitigen Forderungen, die für die Parteien erkennbar waren, unabhängig davon, ob sie diese tatsächlich bedacht haben. Konnten die Parteien – wie im vorliegenden Fall – im Zuge der Vergleichsverhandlungen an den Anspruch auf Ausstellung eines Dienstzeugnisses nicht nur denken, sondern haben sie darüber sogar ausdrücklich gesprochen (ohne allerdings den Arbeitgeber zur Ausstellung eines Dienstzeugnisses zu verpflichten), kann es nicht zweifelhaft sein, dass die **Bereinigungswirkung des Vergleiches** auch den Anspruch auf Ausstellung eines Dienstzeugnisses umfasst. Von einer arbeitsvertragstypischen Drucksituation konnte zu diesem Zeitpunkt keine Rede sein, zumal das Vertragsverhältnis bereits 1 ½ Jahre aufgelöst war. OGH 29. 6. 2005, 9 ObA 10/05v. (ARD 5622/6/2005 ●)

Ersatzansprüche des Arbeitnehmers bei unterlassener Ausstellung

Entgeht einem Arbeitnehmer infolge Unterlassung der Ausstellung eines Dienstzeugnisses ein neuer Posten, hat er Anspruch auf Verdienstentgang. ASG Wien 21. 3. 2000, 30 Cga 155/98b, bestätigt durch OLG Wien 13. 10. 2000, 8 Ra 196/00b. (ARD 5147/6/2000 und ARD 5173/39/2000 ●) 762

Verjährung des Anspruchs auf Ausstellung eines Dienstzeugnisses

Der Umstand, dass das Dienstverhältnis bereits lange Zeit zurückliegt (hier: 3 Jahre) und dieses Dienstzeugnis nicht unmittelbar für die Erlangung eines anschließenden Dienstverhältnisses gebraucht wird, ändert sich nichts am Anspruch des Arbeitnehmers auf dessen Ausstellung. Die **Verjährungsfrist beträgt 30 Jahre**. Bei jeder neuen Bewerbung sind üblicherweise sämtliche vorhandenen Dienstzeugnisse vorzulegen. Der Arbeitnehmer hat deshalb Anspruch darauf, auch noch Jahre später von seinem ehemaligen Arbeitgeber ein ordnungsgemäßes Dienstzeugnis ausgestellt zu erhalten, um lückenlos seine Beschäftigung dokumentieren zu können. Darin ist keine Schikane zu sehen. OGH 8. 3. 2001, 8 ObA 217/00w. (ARD 5236/2/2001 ●) 763

Das Recht eines Arbeitnehmers auf Ausstellung eines Dienstzeugnisses unterliegt der allgemeinen **30-jährigen Verjährungsfrist** des § 1478 ABGB. Demzufolge ist der Rechtsansicht nicht zu folgen, dass ein Arbeitnehmer, der den Antrag erst **24 Jahre nach Beendigung des Dienstverhältnisses** stellt, das Recht auf Ausstellung eines Zeugnisses ob der langen Untätigkeit verwirkt habe bzw gemäß § 863 ABGB konkludent darauf verzichtet habe. Auch wenn der seit Beendigung des Dienstverhältnisses verstrichene Zeitraum sehr lange ist, kann nicht völlig ausgeschlossen werden, dass der – im vorliegenden Fall 61-jährige – Arbeitnehmer einer Erwerbstätigkeit nachgehen und für allfällige Bewerbungsgespräche Dienstzeugnisse auch für eine länger zurückliegende, qualifizierte Beschäftigung benötigen wird. Darüber hinaus steht als weiterer Verwendungszweck eine Vorlage bei Behörden im Raum, allenfalls im Zusammenhang mit einem Pensionsantrag.

Das Verhalten des Arbeitnehmers, erst nach 24 Jahren ein Dienstzeugnis zu verlangen, ist somit aufgrund dieser Erwägungen **weder als sinnlos bzw schikanös noch als konkludenter Verzicht zu werten**, zumal § 863 ABGB für die Konkludenz eines Verhaltens einen strengen Maßstab anlegt und bei Annahme eines stillschweigenden Verzichtes besondere Vorsicht geboten ist. OLG Wien 29. 9. 2004, 8 Ra 133/04v. (ARD 5586/3/2005 ●)

Klagsweise Geltendmachung des Anspruches auf Dienstzeugnis

Ein auf die „Ausstellung eines Arbeitszeugnisses im Sinne des § 39 AngG" gerichtetes Klagebegehren ist zu unbestimmt und ein diesem (unveränderten) Begehren stattgebendes Urteil wäre nicht vollstreckbar. Der Inhalt der Tätigkeit des Arbeitnehmers muss in das Urteil aufgenommen werden. OGH 13. 1. 1988, 9 ObA 172/87. (ARD 3958/10/88 ●) 764

§ 40 AngG

Hat ein Arbeitnehmer in seiner Klage die Ausstellung eines „den Bestimmungen des § 39 AngG entsprechenden Arbeitszeugnisses" begehrt und trotz Einwandes des beklagten Arbeitgebers, dass das diesbezügliche Klagebegehren zu wenig spezifiziert sei, weder den **Inhalt des begehrten Arbeitszeugnisses in das Klagebegehren** aufgenommen noch wenigstens ausgeführt, welche weiteren konkreten Angaben über seine Tätigkeit er in den vom Arbeitgeber ausgestellten Dienstzeugnissen vermisst, ist dieses unbestimmte Begehren keine taugliche Grundlage für ein stattgebendes Urteil. OGH 23. 8. 1995, 9 ObA 93/95. (●)

Judikatur zu § 39 Abs 3

Ausfolgung von beim Arbeitgeber verwahrter Dienstzeugnisse

765 Der Arbeitgeber ist verpflichtet, dem Arbeitnehmer bei Beendigung des Dienstverhältnisses auf Verlangen ein schriftliches Zeugnis auszustellen. Das Dienstzeugnis des Angestellten, das sich in der **Verwahrung des Arbeitgebers** befindet, ist auf Verlangen **jederzeit auszufolgen**, der Arbeitnehmer hat allerdings keinen Anspruch auf Übersendung oder Überbringung des verlangten Zeugnisses. ASG Wien 17. 5. 2000, 34 Cga 122/99f. (ARD 5236/9/2001 ●)

766 **§ 40. Die Rechte, die dem Angestellten aufgrund der Bestimmungen der §§ 6 Abs 3, 8, 9, 10 letzter Absatz, 12, 14 Abs 2, 15, 16, 17, 17a, 18, 19 Abs 2, 20 Abs 2 bis 5, 21 bis 24, 29, 30 Abs 2 bis 4, 31 Abs 1, 34, 35, 37 bis 39 zustehen, können durch den Dienstvertrag weder aufgehoben noch beschränkt werden.** (BGBl 1993/459)

Grundlegende Erläuterungen zu § 40

1. Verzicht auf unabdingbare Ansprüche

767 Die in § 40 AngG angeführten Bestimmungen sind nur relativ, d.h. **zugunsten des Angestellten zwingend**; sie können nur zu dessen Vorteil, nicht aber zu seinem Nachteil abgeändert oder aufgehoben werden. Besserstellungen des Angestellten gegenüber den Regelungen des AngG können daher ohne weiteres vereinbart werden. Beschränkungen der Rechte des Arbeitnehmers – sei es einzelvertraglich, sei es kollektivvertraglich – sind unwirksam.

Auf **unabdingbare Ansprüche** kann der Arbeitnehmer während es aufrechten Dienstverhältnisses grundsätzlich **nicht verzichten**. Nur wenn der Verzicht **frei und ohne wirtschaftlichen Druck** seitens des Arbeitgebers zustande gekommen ist, ist ein Verzicht rechtswirksam. Die Tatsache, dass das Arbeitsverhältnis zwar nicht rechtlich, wohl aber wirtschaftlich bereits beendet ist, spricht regelmäßig für einen nicht unter Druck, sondern frei abgegebenen und damit voll rechtswirksamen Verzicht des Arbeitnehmers. Kein Druck im Sinne einer sittenwidrigen Ausnützung einer wirtschaftlichen Zwangslage liegt etwa vor, wenn das Arbeitsverhältnis einvernehmlich mit einem bestimmten Zeitpunkt aufgelöst wird, der Arbeitgeber bis dahin trotz Entgeltfortzahlung auf jede weitere Arbeitsleistung des Arbeitnehmers verzichtet und die Parteien gleichzeitig eine umfassende, auch Abfertigungsansprüche und Pensionsansprüche des Arbeitnehmers einschließende Regelung aller noch offenen gegenseitigen Ansprüche vereinbaren.

§ 40 AngG

2. Zulässiger Vergleich über unabdingbare Ansprüche

Nur einen Verzicht auf unabdingbare Ansprüche kann der Arbeitnehmer während des aufrechten Dienstverhältnisses nicht wirksam abgeben. Er kann sich jedoch über an sich unverzichtbare Ansprüche auch während des aufrechten Dienstverhältnisses **wirksam vergleichen**, wenn dadurch strittige oder zweifelhafte Ansprüche bereinigt werden. Dabei muss die Einbuße bestimmter Rechtspositionen durch Vorteile an anderer Stelle, vor allem auch durch Klärung einer bisher ungeklärten Sach- und Rechtslage, aufgewogen werden. Im Zweifel bezieht sich ein Vergleich anlässlich der Auflösung eines Dauervertragsverhältnisses auf alle daraus entspringenden gegenseitigen Forderungen. Ein solcher Vergleich kann nur nach den allgemeinen Regeln angefochten werden.

768

Judikatur zu § 40

Unzulässiger Verzicht bei aufrechtem Dienstverhältnis

Verzichtet ein Arbeitnehmer noch während des **aufrechten Bestandes des Dienstverhältnisses** – wenn auch in der Auflösungsphase – auf die gesetzliche Abfertigung und damit einen unabdingbaren Anspruch, somit zu einem Zeitpunkt, in dem das Dienstverhältnis wirtschaftlich noch nicht beendet, die persönliche Abhängigkeit des Arbeitnehmers noch aufrecht und der Abfertigungsanspruch noch gar nicht fällig war, ist der **Verzicht nach § 40 AngG unwirksam**.
Werden durch die zwischen Arbeitgeber und Arbeitnehmer abgeschlossene Vereinbarung, in deren Rahmen auch der Verzicht abgegeben wurde, weder strittige noch zweifelhafte Ansprüche bereinigt, kann nicht von einem „Vergleich" gesprochen werden und die ausnahmsweise anerkannte Zulässigkeit eines Verzichtes auf unabdingbare Ansprüche im Zuge eines Vergleiches greift nicht. OGH 27. 3. 2002, 9 ObA 301/01g. (ARD 5330/39/2002 ●)

769

Eine vertragliche Verkürzung der Kündigungsfrist und der **Verzicht auf Kündigungsentschädigung** im Vorhinein sind auch dann unwirksam, wenn die Idee für den Abschluss dieser Vereinbarung vom Arbeitnehmer ausgegangen ist. ASG Wien 25. 9. 2000, 15 Cga 88/99s, bestätigt durch OLG Wien 23. 2. 2001, 10 Ra 351/00m, und OGH 11. 6. 2001, 9 ObA 133/01a. (ARD 5203/3/2001 und ARD 5279/40/2002 ●)

Keine Einschränkung zwingender Rechte durch Kollektivvertrag möglich

Ebenso wenig wie durch Einzeldienstvertrag können zwingende gesetzliche Regelungen, darunter auch die in § 40 AngG eingeräumten Rechte, durch Kollektivvertrag abbedungen werden, sofern das Gesetz hiezu nicht seine ausdrückliche Ermächtigung erteilt. Eine **mit zwingendem Recht in Widerspruch stehende Kollektivvertragsbestimmung ist nicht rechtsgültig** und daher wirkungslos.
Die in § 40 AngG angeführten Rechte des Angestellten aufgrund des § 20 Abs 2 bis Abs 5 AngG können daher nur insoweit durch Kollektivvertrag und Einzeldienstvertrag abgeändert oder beschränkt werden, als sie vom Gesetzgeber nicht als zwingende Norm formuliert worden sind. Nach § 20 Abs 3 AngG kann zwar die **Kündigungsfrist** nicht unter die in § 20 Abs 2 AngG bestimmte Dauer herabgesetzt werden, es kann jedoch zwischen den Arbeitsvertragsparteien vereinbart werden, dass die Kündigungsfrist am 15. oder letzten eines Kalendermonates endet. Das Gesetz lässt somit eine Einzelvereinbarung zu, so dass auch in diesem Rahmen eine kollektivvertragliche Regelung die Regelungsbefugnis der Kollektivvertragsparteien nicht überschreitet. OGH 23. 2. 1994, 9 ObA 20/94. (ARD 4588/24/94 ●)

770

Wirksamer Vergleich über unverzichtbare Ansprüche

771 Anlässlich einer einvernehmlichen Auflösung, zu der die Initiative vom Arbeitnehmer ausgegangen ist, kann auch **über an sich unverzichtbare Ansprüche** (wie z.B. Abfertigung und Urlaubsentschädigung) ein **wirksamer Vergleich** abgeschlossen werden, wenn die Einbuße bestimmter Rechtspositionen durch Vorteile an anderer Stelle, vor allem auch durch Klärung einer bisher ungeklärten Sach- und Rechtslage, aufgewogen wird. OGH 24. 4. 1996, 9 ObA 2038/96p. (ARD 4770/8/96 ●)

In der Rechtsprechung ist es anerkannt, dass während des aufrechten Dienstverhältnisses im Rahmen eines **Vergleichs** zwischen den Parteien selbst Streitigkeiten hinsichtlich unabdingbarer (zwingender) Ansprüche bereinigt und verglichen werden können. ASG Wien 2. 6. 1997, 13 Cga 153/94b. (ARD 4925/22/98 ●)

Günstigkeitsvergleich einer abweichenden Vereinbarung

772 Einseitig zwingendes Recht gestattet nur Vereinbarungen, die den Arbeitnehmer günstiger stellen, als es das Gesetz tut. Bei der Prüfung der Günstigkeit hat weder ein Gesamtvergleich, noch ein punktueller Vergleich der Bestimmungen zu erfolgen, sondern – sinngemäß wie bei der Prüfung des Verhältnisses von Kollektivvertrag und Einzelarbeitsvertrag – ein **Gruppenvergleich rechtlich und sachlich zusammenhängender Normen**. Ein rechtlicher und tatsächlicher Zusammenhang liegt vor, wenn die Bestimmungen den gleichen Regelungsgegenstand betreffen. Bei der Beurteilung der Günstigkeit kommt es nicht auf die subjektive Einschätzung der Betroffenen an; der Günstigkeitsvergleich hat nach objektiven Kriterien zu erfolgen. OGH 23. 5. 2001, 9 ObA 224/00g. (ARD 5274/48/2002 ●)

773 § 41. Für Streitigkeiten aus den in diesem Gesetz geregelten Dienstverhältnissen sind die Gewerbegerichte zuständig.

Grundlegende Erläuterungen zu § 41

Seit Inkrafttreten des Arbeits- und Sozialgerichtsgesetzes (ASGG), BGBl 1985/104, mit 1. 1. 1987 liegt die Zuständigkeit nunmehr gemäß § 2 ASGG bei den **ordentlichen Gerichten** (Landesgerichte als Arbeits- und Sozialgerichte bzw. Arbeits- und Sozialgericht Wien).

774 § 42. (1) Insoweit dieses Gesetz nichts anderes bestimmt, finden die Vorschriften des allgemeinen bürgerlichen Rechts über den Dienstvertrag auf die in diesem Gesetz geregelten Dienstverhältnisse Anwendung.

(2) Desgleichen bleiben, insoweit dieses Gesetz nicht etwas anderes bestimmt, die Vorschriften der Gewerbeordnung mit Ausnahme der §§ 72, 77 und 84, für die in diesem Gesetze geregelten Dienstverhältnisse, auf welche die Gewerbeordnung Anwendung findet, aufrecht.

§ 42 AngG, Artikel II

(3) Die §§ 23 und 23a sind auf Dienstverhältnisse, deren vertraglich vereinbarter Beginn nach dem 31. Dezember 2002 liegt, nicht mehr anzuwenden, soweit nicht durch Verordnung gemäß § 46 Abs 1 letzter Satz des Betrieblichen Mitarbeitervorsorgegesetzes (BMVG), BGBl I Nr 100/2002, etwas anderes angeordnet wird. Sie sind jedoch weiterhin auf Dienstverhältnisse anzuwenden, deren vertraglich vereinbarter Beginn vor dem 1. Jänner 2003 oder dem durch Verordnung festgelegten Zeitpunkt liegt. Soweit eine Vereinbarung gemäß § 47 Abs 1 und 3 BMVG erfolgt, sind diese Bestimmungen bis zum In-Kraft-Treten dieser Vereinbarung anzuwenden. (BGBl I 2002/100)

(4) § 5 in der Fassung des Bundesgesetzes BGBl I Nr 138/2003 tritt mit 1. Jänner 2004 in Kraft und gilt für Arbeitsverhältnisse, deren vertraglich vereinbarter Beginn nach dem 31. Dezember 2003 liegt. (BGBl I 2003/138)

Grundlegende Erläuterungen zu § 42

Insoweit das AngG nichts anderes bestimmt, finden gemäß § 42 Abs 1 AngG die Vorschriften des allgemeinen bürgerlichen Rechts über den Dienstvertrag auf die in diesem Gesetz geregelten Dienstverhältnisse Anwendung. **Aushilfsweise (subsidiär) gelten somit** die § 1153 erster Satz, § 1154 Abs 3, § 1154a, § 1155 Abs 1 (sofern nicht die § 12, § 30 Abs 3 AngG in Frage kommen), § 1155 Abs 2, § 1156, § 1156a, § 1156b (soweit er sich auf § 1156 bezieht), § 1157 (teilweise) sowie § 1161 ABGB.

Es **gelten hingegen nicht** die § 1152, § 1153 zweiter Satz, § 1154 Abs 1 und Abs 2, § 1154b, § 1155 Abs 1 (soweit die § 12, § 30 Abs 3 AngG in Frage kommen), § 1156b (soweit er sich nicht auf § 1156 bezieht), § 1157 (zum Teil), § 1158 bis § 1160, § 1162 bis § 1162d sowie § 1163 ABGB.

§ 42 Abs 2 AngG bezog sich auf Bestimmungen der GewO 1859, die zwischenzeitlich durch die GewO 1973 ersetzt wurden; § 42 Abs 2 AngG ist daher gegenstandslos.

Artikel II

(1) Dieses Bundesgesetz findet auch auf das Dienstverhältnis von Personen Anwendung, die vorwiegend zur Leistung kaufmännischer oder höherer, nicht kaufmännischer Dienste oder zu Kanzleiarbeiten bei Wirtschaftstreuhändern angestellt sind. § 7 Abs 4 mit Ausnahme der Bestimmungen über die Teilnahme an einem Wettbewerb ist auf diese Dienstverhältnisse sinngemäß anzuwenden. (BGBl 1992/833)

(2) Dieses Bundesgesetz findet ferner auf die auf einem privatrechtlichen Vertrag beruhenden Dienstverhältnisse von Personen Anwendung, die zur Leistung kaufmännischer oder höherer, nicht kaufmännischer Dienste oder zu Kanzleiarbeiten bei einem durch Bundesgesetz errichteten Fonds mit Rechtspersönlichkeit angestellt sind. Ausgenommen sind Dienstverhältnisse, auf die das Vertragsbedienstetengesetz gemäß § 1 Abs 2 VBG sinngemäß anzuwenden ist. (BGBl 1992/833)

Judikatur zu Artikel II

Anwendung des AngG auf Angestellte bei Wirtschaftstreuhändern

776 Gemäß Art II Abs 1 AngG in der Fassung BGBl 1975/418 finden die Bestimmungen des Angestelltengesetzes auch auf Dienstverhältnisse von Personen Anwendung, die vorwiegend zur Leistung kaufmännischer oder höherer nicht kaufmännischer Dienste oder Kanzleidienste bei **Wirtschaftstreuhändern** angestellt sind. Wirtschaftstreuhänder im Sinn ihres Berufsrechtes sind die Angehörigen der Berufsgruppen Wirtschaftsprüfer und Steuerberater, Buchprüfer und Steuerberater sowie Steuerberater. Diese können sowohl physische Personen als auch Personengemeinschaften und juristische Personen sein. Art II Abs 1 AngG ist eine Sonderbestimmung, die **unabhängig von der Rechtsform des Dienstgeberunternehmens** auf alle Angestellten Anwendung findet, die bei Wirtschaftstreuhändern im Sinn der Wirtschaftstreuhänder-Berufsordnung mit dem umschriebenen Aufgabenkreis beschäftigt sind.

Gemäß Art II Abs 1 letzter Satz AngG ist auf die Dienstverhältnisse von Angestellten der Wirtschaftstreuhänder die Bestimmung des § 7 Abs 4 AngG mit Ausnahme der Bestimmung über die Teilnahme an einem Wettbewerb sinngemäß anzuwenden. Daher ist es Angestellten von Wirtschaftstreuhändern untersagt, ohne Einwilligung des Arbeitgebers **Aufträge**, die in das Gebiet der geschäftlichen Tätigkeit des Arbeitgebers fallen, **auf eigene oder fremde Rechnung zu übernehmen**, sofern dadurch das geschäftliche Interesse des Arbeitgebers beeinträchtigt wird. Unter Beeinträchtigung des Interesses ist nicht nur die effektive Herbeiführung eines Schadens zu verstehen, sondern es fallen darunter auch Eingriffe in die geschäftliche Interessensphäre des Arbeitgebers. OGH 11. 1. 1989, 9 ObA 302/88. (ARD 4083/12/89 ●)

Artikel III bis VI

(gegenstandslos)

Artikel VII

777 Unberührt bleiben:

1. Die Bestimmungen des Journalistengesetzes vom 11. Februar 1920, StGBl Nr 88, sofern sie für die Redakteure (Schriftleiter) günstiger sind als die Bestimmungen dieses Gesetzes.
2. (gegenstandslos)

Artikel VIII und IX

(gegenstandslos)

Artikel X

(1) Dieses Gesetz tritt am 1. Juli 1921 in Wirksamkeit. Es findet auf die an diesem Tage bestehenden Dienstverhältnisse auch dann Anwendung, wenn die Kündigung nach Kundmachung des Gesetzes erfolgt ist.

(2) 1. § 1 Abs 1, § 2 Abs 1, § 20 Abs 1 und Art II dieses Bundesgesetzes in der Fassung des Bundesgesetzes BGBl Nr 833/1992 treten mit 1. Jänner 1993 in Kraft. (BGBl 1992/833)
2. § 16 und § 23a Abs 1, 1a und 2 in der Fassung des Bundesgesetzes BGBl Nr 335/1993 treten mit 1. Juli 1993 in Kraft. (BGBl 1993/335)
3. § 6 Abs 3 und § 40 dieses Bundesgesetzes in der Fassung des Bundesgesetzes BGBl Nr 459/1993 treten gleichzeitig mit dem Abkommen über den Europäischen Wirtschaftsraum[1] in Kraft. (BGBl 1993/459)
4. § 22 dieses Bundesgesetzes in der Fassung des Bundesgesetzes BGBl Nr 502/1993 tritt mit 1. August 1993 in Kraft. (BGBl 1993/502)
5. § 22 in der Fassung des Bundesgesetzes BGBl I Nr 44/2000 tritt mit 1. Jänner 2001 in Kraft. (BGBl I 2000/44)
6. § 36 in der Fassung des Bundesgesetzes BGBl I Nr 98/2001 tritt mit 1. Jänner 2002 in Kraft. (BGBl I 2001/98)
7. § 42 Abs 3 in der Fassung des Bundesgesetzes BGBl I Nr 100/2002 tritt mit 1. Juli 2002 in Kraft. (BGBl I 2002/100)
8. § 23 Abs 1a und 8 und § 23a Abs 3, 4 und 4a in der Fassung des Bundesgesetzes BGBl I Nr 64/2004 treten mit 1. Juli 2004 in Kraft. (BGBl I 2004/64)
9. § 23a Abs 1 in der Fassung des Bundesgesetzes BGBl I Nr 143/2004 tritt mit 1. Jänner 2005 in Kraft. (BGBl I 2004/143)
10. § 36 samt Überschrift in der Fassung des Bundesgesetzes BGBl I Nr 35/2006 tritt mit dem der Kundmachung folgenden Tag in Kraft und gilt für nach dem In-Kraft-Treten dieses Bundesgesetzes neu abgeschlossene Vereinbarungen über eine Konkurrenzklausel. [2] (BGBl I 2006/35)

---

[1] Die Kundmachung des Abkommens und seines In-Kraft-Tretens wird zu einem späteren Zeitpunkt erfolgen. (Diese Fußnote ist Bestandteil des Gesetzestextes)
Das Abkommen über den Europäischen Wirtschaftsraum (EWR-Abkommen) ist mit 1. 1. 1994 in Kraft getreten. (BGBl 1993/917)

[2] Das BGBl I 2006/35 wurde am 16. 3. 2006 kundgemacht und gilt somit für Vereinbarungen über eine Konkurrenzklausel, die nach dem 15. 3. 2006 abgeschlossen wurden.

Artikel XI

Mit der Vollziehung dieses Bundesgesetzes ist der Bundesminister für Wirtschaft und Arbeit betraut. (BGBl I 2000/44)

Stichwortverzeichnis
nach Randzahlen

A

Abfertigung – Altersabfertigung 383, 385; Anrechnung Versorgungsleistungen 383; Anrechnung Vordienstzeiten 309, 312, 324 ff; Anspruchsvoraussetzungen 309, 311, 323; Arbeitnehmerkündigung, Gesundheitsgefährdung 380; Arbeitnehmerkündigung 374; Arbeitskräfteüberlassung 336; Aufwandsentschädigung 342; Ausschließungsgründe 309, 374; Aussetzung Dienstverhältnis 329, 332; Austritt wegen Gesundheitsgefährdung 379; Austritt, Väter 393; Beginn Dienstverhältnis 338; Behauptungs- und Beweislast 313, 323, 375; Bemessung, entgeltfreie Zeiträume 337; Bemessungsgrundlage 314, 341 ff; Berechnung Dienstzeit 315, 328, 330, 338 f; Betriebspensionszuschuss 394; Betriebsübergang 309, 321; einvernehmliche Auflösung 381 f; Entfall bei Verschlechterung Wirtschaftslage 320, 365 f; Entgeltbegriff 316; Entlassung nach Arbeitnehmerkündigung 377; Erfolgsprämie 355; Ersatzanspruch für Postensuchtage 343; Fälligkeit 309, 318, 367 f; fristwidrige Kündigung 340; geringfügige Beschäftigung während Karenz 363; Gewinnbeteiligung 355; Gleitpension 383; gutgläubiger Verbrauch 360 f; Höhe 309, 314; Karenzierung, Unterbrechung 331; Kinderbetreuung 348; Konzernwechsel 349; KV-Erhöhung während Kündigungsfrist 346; mehrere Dienstverhältnisse 335; Mindestbeschäftigungsdauer 312, 324; Mütter, Austritt wegen Geburt 383, 386; Mütter, Zeiten Beschäftigungsverbot 390; Nettolohnvereinbarung 350; Neuregelung ab 2003 310; Nichtverlängerungserklärung 334; Pensionsabfertigung 383, 385; Provisionen 354; Sachbezüge 356; schwankendes Entgelt 317; Selbstkündigung 383, 383 f; Sonderzahlungen 351; sonstige Entgeltbestandteile 357; Teilzeitbeschäftigung 309, 347, 383, 386; Tod des Angestellten 309, 322, 369 f; Trinkgelder 344; Überstunden 352 f; Übertritt ins System Abfertigung neu 362; Unterbrechung Dienstverhältnis 329; Unternehmensauflösung 309, 320, 364; Verfall 358; Verzicht 319, 359; Wechsel Vollzeit- auf Teilzeitbeschäftigung 317; Zuschuss zu Zusatzkrankenversicherung 345

Abfertigung Neu – Betriebliche Mitarbeitervorsorge 310; Übergangsbestimmung 774; Übertritt 362; zeitlicher Anwendungsbereich 774

ABGB – subsidiäre Anwendung 774

Abrechnung – Provisionsanspruch 139

Aliquotierung – Bilanzgeld 210; Erfolgsprämie 210; Gewinnbeteiligung 210; Leistungsprämie 210; Remunerationen, Sonderzahlungen 204; Treueprämie 210

Alkoholisierung – Verschulden an Dienstverhinderung 96; Vertrauensunwürdigkeit 567

Altersabfertigung – Anspruchsvoraussetzungen 383, 385; Nachweis Pensionsanspruch 389; Selbstkündigung nach Pensionsantrag 387; Selbstkündigung vor Pensionsantrag 388

Altersteilzeit – Kündigungsentschädigung 650

Änderungskündigung – 272; Änderung Dienstvertrag 275; bedingte Kündigung 275; Probemonat 249

Angestellteneigenschaft – kraft Gesetzes 3; kraft Vereinbarung 11, 18; Mischtätigkeit 10, 17; Tätigkeitsbereich 12

Angestelltengesetz – siehe unter AngG

Angestellter – höchstpersönliche Arbeitspflicht 27; Kündigungsfrist 259, 265; Kündigungstermin 265; Qualifikationsmerkmale, Einstufung 4

Angestellter kraft Vereinbarung – Regelungsumfang, Anwendung Angestellten-KV 11, 18

AngG – Angestellte bei Stiftungen, Kreditanstalten, Rechtsanwaltskanzleien, Ärzten 19 f; Anwendung auf Angestellte bei Wirtschaftstreuhändern 775 f; Anwendungsbereich 19; Anwendungsvoraussetzungen 2; Dienstverhältnisse zu Bund, Ländern, Gemeinden; Vertragsbedienstete 22; Geltungsbereich 1; Inkrafttreten 778; Lehrlinge, Angestellte in land- und forstwirtschaftlichen Betrieben 23; staatlich verwaltete Betriebe 21; Vollziehung 779

Anrechnungsbestimmungen – Kündigungsentschädigung 637, 641, 654

Anwesenheitsprämie – Unzulässigkeit 97, 112

Arbeitgeber – Ausstellungspflicht Dienstzeugnis 741; Kündigungsfrist 259, 265; Kündigungstermin 262

Arbeitgeberkündigung – Konkurrenzklausel 728, 730; Postensuchtage 295 f

Arbeitnehmerkündigung – Abfertigung 374; Austrittsgrund, Abfertigung 380; Verschulden Arbeitgeber, Konkurrenzklausel 726 f

Arbeitnehmerschutz – Fürsorgepflicht 217

Arbeits- und Sozialgerichte – Zuständigkeit 773

Arbeitsbescheinigung – Arbeitslosenversicherung 747

Stichwortverzeichnis

Arbeitskräfteüberlassung – Abfertigung 336; Krankmeldung 125

Arbeitsort – Definition, Verlegung Betriebsstätte 31; Folgepflicht bei Betriebsverlegung 48; Versetzung 47

Arbeitspausen – Dienstversäumnis 594

Arbeitspflicht – Art und Umfang 28, 45; Weisungsrecht des Arbeitgebers 46

Arbeitsplatzwechsel – beschränkte Arbeitsfähigkeit 502

Arbeitsräume – Gestaltung 216

Arbeitsunfähigkeit – Definition 95; Krankenstand 110; Mitteilungspflicht 124; Verschulden, Schadenersatz 117

Arbeitsunfall – Definition 94; Entgeltfortzahlungsanspruch 87

Arbeitszeit – Änderung durch Arbeitgeber 49; Nichteinhalten, Pflichtenvernachlässigung 516

Auflösung – Probedienstverhältnis 235

Auflösungserklärung – Zugang, Geschäftsunfähigkeit 414

Aufwandsentschädigung – Abfertigungsanspruch 342; Kilometergeld 60; 59

Ausschlussfrist – Ersatzansprüche bei Konkurrenztätigkeit 81; siehe auch unter Verfallsfrist

Aussetzung – Dienstverhältnis, Abfertigung 329

Austritt – Abfertigung 379; Änderung Arbeitszeit 478; Ausschluss Abfertigung 309; Austrittsgründe 437; Dienstunfähigkeit 437, 439; Ehrverletzung 437, 482; Entgeltschmälerung 195, 198, 437, 466, 472; Gesundheitsgefährdung 461; Karenz, Abfertigungsanspruch 383, 386; Konventionalstrafe 628, 635; Kündigungsentschädigung 637; Mitverschulden 486, 673; Mutterschaftsaustritt, Abfertigungsanspruch 383, 386; Nachweis Schaden 632; Nichterscheinen am Arbeitsplatz 423; Rechtzeitigkeit 404, 406, 475; Schadenersatzanspruch Arbeitgeber 626, 631; Tätlichkeit 437; Übernahme Kontoüberziehungszinsen 469; Umwandlung in einvernehmliche Auflösung 426; unterlassene Krankmeldung 92; Unterstellung 436; Unverzüglichkeitsgrundsatz 404; Unzumutbarkeit der Weiterbeschäftigung 399; Väter, Karenz, Abfertigungsanspruch 393; Verfristung 433; Verhinderung Provisionsverdienst 177, 179; Verlassen Arbeitsplatz 424; Verletzung Arbeitnehmerschutzrechte 479; Verletzung Schutzpflichten 437; Verschuldensteilung 672; Versetzung 477; verspätete Gehaltszahlung 465; Vertragsverletzung 437, 450, 477; verweigerter Arbeitnehmerschutz 217; Verzicht 434; Vorenthalten Entgelt 195, 198, 437, 466, 475; Vorenthalten KV-Erhöhung 467; Vorenthalten Zinsen 468; während Dienstverhinderung 134; Wirkungen 638

Austrittserklärung – Anforderungen 402; durch Angehörige 410; Empfangsbedürftigkeit 400; Formfreiheit 401; konkludente 421; Nachschieben von Gründen 402; schlüssige 421; telefonisch 413; verspäteter Ausspruch 433; Widerruf 409; Zugang 408, 414

Austrittsgrund – demonstrative Aufzählung 438; Dienstunfähigkeit 439, 457; Ehrverletzungen 453, 455; Entgeltschmälerung 443 f, 447 f, 451, 471; 473; Konkursantrag 446; Nachschieben 462; Schutzpflichtverletzungen 452; sexuelle Belästigung 482; Sittlichkeitsverletzungen 453, 455; Tätlichkeiten 453 f; Verletzung Arbeitnehmernehmerschutzvorschriften 452; Vertragsverletzung 443, 451; Vorenthalten Entgelt 443 f

Auszahlungstermin – Entgelt 191

befristetes Dienstverhältnis – Auflösung 228; Beendigung durch Zeitablauf 229; Berechnung Fristablauf 243; Entlassungsanfechtung 244; freie Dienstnehmer 239; Kettendienstvertrag 232, 238, 240; Kündigung 230, 236; mehrmalige Verlängerung 240; Nichtverlängerungserklärung 229, 237; Resolutivbedingung 241; Rücktritt 665; Umwandlung in unbefristetes Dienstverhältnis 232, 242; Verlängerung wegen Schwangerschaft 231; vorzeitige Auflösung 398; Weiterbeschäftigung nach Zeitablauf 242

B

Befristung – sachliche Rechtfertigung 231

Begräbnis – Dienstverhinderungsgrund 120

Begünstigte Behinderte – besonderer Entlassungsschutz 491; Kündigungsentschädigung 294, 640, 651; Kündigungsschutz 246, 271; Probedienstverhältnis 246

Behördenwege – Dienstverhinderungsgrund 121

Beleidigung – Beispiele 542; Entlassungsgrund 541, 615; Erheblichkeit 542; Verletzungsabsicht 541

Belohnung – Geschenkannahmeverbot 182

Bemessungsgrundlage – Abfertigung bei Teilzeitbeschäftigung 309

Berufskrankheit – Entgeltfortzahlungsanspruch 87

Beschimpfungen – Entlassungsgrund 615

Betriebliche Mitarbeitervorsorge – Übertritt 310

Betriebliche Übung – Entgeltanspruch 55

Betriebsgeheimnis – Verrat, Vertrauensunwürdigkeit 569

Betriebsrat – Verständigung von Entlassung 490; Verständigung von Kündigungsabsicht 271

Stichwortverzeichnis

Betriebsratsmitglieder – besonderer Entlassungsschutz 491; Kündigungsschutz 271

Betriebsstandort – Arbeitsort, Verlegung 31

Betriebsstilllegung – Verhinderung Provisionsverdienst 178

Betriebsübergang – Abfertigung 309, 321; Kündigung, Kündigungsentschädigung 652

Bevorteilungsverbot – Schadenersatzanspruch 181 f

Beweislastverteilung – Ehrverletzungen 544

Bezirksvertreter – Provisionsanspruch 169 f

Bilanzgeld – Aliquotierung bei Dienstvertragsauflösung 210

Billigkeitsentscheidung – Mäßigung Konventionalstrafe 739

Buchauszug – Abgrenzung zu Bucheinsicht 152, 165; Anspruch Provisionsberechtigter 165; Begriff 151; Ermittlung Provisionsanspruch 139, 150, 163; fehlender Provisionsanspruch 164; Inhalt 163; Klagerecht 166

Bucheinsicht – Abgrenzung zu Buchauszug 152, 165; Anspruch Provisionsberechtigter 165; Gewinnbeteiligung, Verjährung 186; Gewinnbeteiligung 186

C

Computer – Privatnutzung Firmen-PC 559

D

Dauertatbestand – Dienstunfähigkeit 502; Unterlassung Dienstleistung 523; Unverzüglichkeitsgrundsatz 407, 502, 523

Demütigungen – Ehrverletzung 617

Detektivkosten – Ersatzanspruch 634

Diäten – falsche Abrechnung, Vertrauensunwürdigkeit 575

Diebstahl – Entlassung 549; Vertrauensunwürdigkeit 572

Dienstfreistellung – Provisionsanspruch 156; unbegründete, Entgeltfortzahlungsanspruch 106

Dienstleistung – Art, Umfang, Entgelt 25; Weisungsrecht des Arbeitgebers 29

Dienstleistungspflicht – Ausübung Arbeitertätigkeit, Überstunden 30

Dienstort – Definition 47; Versetzung 47

Dienstpflichtverletzung – Abgrenzung zu Ordnungswidrigkeit 599; Ankündigung 607; Beharrlichkeit 599; mangelnde Kontrolle 578; Mitverschulden 679; private Telefongespräche 529; sonstige Beispiele 604; Verleitung anderer zum Ungehorsam 608; Verschulden 530; Verwarnung 599; Verweigerung Überstundenarbeit 600; weisungswidriges Verhalten 599; Zuspätkommen 601; siehe auch unter Dienstverweigerung

Dienstunfähigkeit – Arbeitsplatzwechsel 441, 502; Aufklärungspflicht 440, 458; Austrittsgrund 437, 439, 442; Dauer 581; dauernde 439; Dauertatbestand, Unverzüglichkeitsgrundsatz 502; Entlassungsgrund 488, 501, 580; Ersatzarbeitsplatz, Zumutbarkeit 460; Ersatzbeschäftigung 441, 459, 583; Führerscheinentzug 503, 582; heilbare Krankheit 457; Rücktritt vor Dienstantritt 660; Unzumutbarkeit der Weiterbeschäftigung 502

Dienstverhältnis – Aussetzung 329; befristetes, Auflösung 228; für vorübergehenden Bedarf, Kündigung 259; Karenzierungsvereinbarung 332; Unterbrechung 329

Dienstverhältnis zur Probe – Abgrenzung zu Probedienstverhältnis 233, 255

Dienstverhinderung – Austritt 134; Beendigung Dienstverhältnis 135; Einholung Rechtsauskunft 596; Entgeltfortzahlungsanspruch 87, 102, 104; Entlassung 134; familiäre Pflichten 595; Freiheitsstrafe 533; Hochwasserhilfe 597; Krankenstand 110; Kündigung vor Krankenstand 134, 137; Kündigung 108, 134, 137, 267; Meldepflichtverletzung, Mitverschulden 674, 678; Mitteilungspflicht 87, 103, 119, 520, 531, 89; Nachweispflicht 87, 90, 606; Nichtmeldung, Säumnisfolgen 92; Provisionsanspruch 149; sonstige wichtige Gründe 87; Unterlassung Dienstleistung 518; Untersuchungshaft 609; Verschulden 96; Vorlage Krankenstandsbestätigung 87

Dienstverhinderungsgründe – Arbeitgebersphäre 106; Arbeitsunfall 87; Behördenwege 121; Beispiele 520; Berufskrankheit 87; Elementarereignisse 122; familiäre Pflichten 120; Genehmigung für Dienstversäumnis 591; Gerichtstermine 121; Hochwasser 122; Hochzeit 120; in der Person gelegene 87; Kollektivverträge 105; Krankheit 87, 519; Pflege Angehöriger 120; religiöse Pflichten 120, 520; sonstige wichtige Gründe 102; Sponsion 120; Verkehrsstörungen 123

Dienstversäumnis – Arbeitspausen 594; Beweislast 590; Einholung Rechtsauskunft 596; Entlassungsgrund 589; Erheblichkeit 521; familiäre Betreuungspflichten 595; Hochwasserhilfe 597; Pflichtvernachlässigung 516; Rechtfertigungsgrund 518, 591; Rechtzeitigkeit

Lindmayr, Angestelltengesetz, LexisNexis ARD Orac   407

Stichwortverzeichnis

589; Unverzüglichkeitsgrundsatz 523; Vertrauen auf Krankschreibung 593; Zuspätkommen 601

Dienstvertrag – abweichender Dienstzettel 44, 68; Rücktritt vor Dienstbeginn 658 f

Dienstvertragsauflösung – befristetes Dienstverhältnis 228; Gewinnbeteiligung 186; Probedienstverhältnis 138, 228; Provisionsanspruch 170, 173; Remuneration, Aliquotierung 199; Verschuldensteilung 673; vorzeitige, Entgeltanspruch 630

Dienstverweigerung – Ankündigung 607; Ausübung religiöser Pflichten 602; Entlassungsgrund 488, 524; sonstige Beispiele 603; Überstundenleistung 528, 600; Unterlassung Meldung Dienstverhinderung 531; Verschulden 530; Verwarnung 525; Weisungsrecht des Arbeitgebers 526; Zuspätkommen 527

Dienstwohnung – Räumung bei Tod des Angestellten 395 f

Dienstzeit – Anrechenbarkeit für Abfertigung 309, 324; Berechnung Dauer 339; Berechnung für Abfertigung 315; Berechnung für Kündigungsfrist 264

Dienstzettel – Abgrenzung zu Dienstvertrag 67; Abweichungen gegenüber Dienstvertrag 44, 68; Änderung 42; Anspruch 40, 69; Aufzeichnung Rechte und Pflichten 26; Beweisfunktion 43; Inhalt 41; keine Vereinbarung Probedienstverhältnis 245

Dienstzeugnis – Angabe über Beendigungsart 756; Anspruch 740, 748; Anspruchsverjährung 763; Ausfolgungspflicht des Arbeitgebers 765; Ausstellung 749 f; Berufsbezeichnung 753; einfaches Zeugnis 741, 752; Ersatzansprüche bei verweigerter Ausstellung 762; Erschwernisverbot 744, 755; formale Anforderungen 745; formale Mängel 760; Formulierung 754; Inhalt 743; Klage 746, 764; Kostentragung 741; maßgeblicher Zeitraum 751; Mindestinhalt 742; nachteilige Formulierungen 757; Qualifikationszeugnis 752; Schlussformeln 759; Tätigkeitsbeschreibung 753; Übermittlung 746; Verzicht 761; Vollständigkeitsprinzip 742; Wahrheitsgebot 742, 758

Direktgeschäfte – Provisionsanspruch 147, 169 f

Diskriminierung – arbeitsrechtlicher Gleichbehandlungsgrundsatz 63; Auflösung Probedienstverhältnis wegen Schwangerschaft 235, 247

Drogenkonsum – Vertrauensunwürdigkeit 568

Drucktheorie – Abschluss Konkurrenzklausel 705; Verzicht auf unabdingbare Ansprüche 39, 767, 769

E

E-Mail-Verkehr – privater 500, 559

Ehrverletzung – Angehörigenbegriff 487; außerdienstliches Verhalten 622; Austrittsgrund 437, 453; Beispiele 482, 542; Beleidigungen 615; Beweislastverteilung 544; Definition 455; Demütigungen 617; Dienstfreistellung, Hausverbot 484; Drohung mit Tätlichkeit 616; Entlassungsgrund 488, 541, 615; Erheblichkeit 455, 542; Filialleiter kein Arbeitgeber 485; freier Dienstnehmer 623; Konsulent 618; Provokation durch Arbeitgeber 621; Provokation, Mitverschulden 486; Rechtsanwalt 619; sachliche Kritik 483; sexuelle Belästigung 543, 624; Unmutsäußerung 620; Unterlassung Schutzmaßnahmen 456, 482; Verletzungsabsicht 481, 541

Einrechnung – anderweitiger Verdienst, Kündigungsentschädigung 641, 654

Einstufung – Angestellter 4

einvernehmliche Auflösung – Abfertigung 381 f; Abgrenzung zur Kündigung 281; Konkurrenzklausel 729

Elementarereignisse – Dienstverhinderungsgrund 122

Entgelt – Abfertigung 316; Angemessenheit 51; Anspruch des Angestellten 25, 50; Aufwandsentschädigung 59; Auszahlungstermin 191; bargeldlose Gehaltszahlung 61, 193, 197, 449, 465; Betriebsübung 55; Bruttobetrag, Nettobetrag 37; Definition 33; einseitige Kürzung, Austrittsgrund 443 f; Fälligkeit 38, 192, 194, 196; freiwillige Zuwendungen 34; Gleichbehandlungsgrundsatz 36, 63; Höhe, Mindestgehalt 35; Leistung durch Dritte 446; Minusstunden, Gleitzeit 53; Nettolohnvereinbarung 37, 64; Provisionen 140, 149; Remuneration 199; Sonderzahlungen 34; Stundung 192; Verjährung 38; Verzicht 39; vorzeitige Dienstvertragsauflösung 630; Zahlungsfrist 191

Entgeltfortzahlungsanspruch – Postensuchtage 109; Anspruchsdauer 87; Arbeitsunfähigkeit 95; Arbeitsunfall 87, 93; Beendigung Dienstverhältnis 135; Bemessungsgrundlage 97, 111; Berechnung Dienstvertragsdauer 99; Berufskrankheit 87; Bezugsprinzip 97; Dauer, Erhöhung während Krankenstand 113; Dauer, sonstige Dienstverhinderungsgründe 104; Dauer 98; Dienstverhinderung 87 f; Dienstverhinderungsgrund in Sphäre des Arbeitgebers 106; Dienstvertragsauflösung während Probezeit 138; Feiertag 100, 109; Folgeerkrankung 100, 118; Höhe Entgelt 97; Krankenstand an Feiertag 114; Krankheit 93, 87; Kündigung während Dienstverhinderung 134, 137; Kuraufenthalt 94; Nichtvorlage Krankenstandsbestätigung 87, 92, 133; Pflegefreistellung 109; Schwangere, Mütter 107; sonstige wichtige Gründe 102; Verschulden an Dienstverhinderung 96; Wegunfall vor Arbeitsbeginn 116

Entgeltschmälerung – Ankündigung Konkursantrag 476; Austrittsgrund 195, 198, 437, 443 f; Begriffsab-

Stichwortverzeichnis

grenzung 445; Beweislast 451; Dauertatbestand 448; geringfügige 466; Motiv 463; Nachfristsetzung 447, 472; unterkollektivvertragliche Entlohnung 467; Unverzüglichkeitsgrundsatz 473; Verschulden 464

Entlassung – Abfertigung 377 f; Ausschluss Abfertigung 309; bedingte 418; Detektivkosten 634; Diebstahl 549; Entlassungserklärung 411; Entlassungsgründe 488 f; genesungswidriges Verhalten 101, 115; Geschäftsführer 417; Inanspruchnahme Postensuchtage 306; Konventionalstrafe 628, 635; Krankenstand, genesungswidriges Verhalten 563 f; Kündigungsentschädigung 637; Mitverschulden 673 f, 678; Nachweis Schaden 632; Nichterscheinen am Arbeitsplatz 423; Nichtvorlage Krankenstandsbestätigung 92; Rechtfertigungsgrund, Beweislast 435; Rechtzeitigkeit 404, 406, 428; rückwirkender Ausspruch 416; Schadenersatzanspruch 626, 631; Spesenbetrug 548; unbegründete, Wirkungen 638; unterlassene Krankmeldung 92; Unverzüglichkeitsgrundsatz 404, 406, 427 f; Unzumutbarkeit der Weiterbeschäftigung 399, 419; Verfristung 430; Verlassen Arbeitsplatz 424, 592; Verschuldensteilung 672; Verständigung Betriebsrat 490; Verzicht 432; während Dienstverhinderung 134

Entlassungsanfechtung – allgemeiner Entlassungsschutz 490; befristetes Dienstverhältnis 244; Beginn Verfallsfrist 690

Entlassungserklärung – Abmeldung bei Gebietskrankenkasse 422; Anforderungen 402; bedingte 418; Empfangsbedürftigkeit 400; Formfreiheit 401; Klärung Sachverhalt 429; konkludente 420; Nachschieben von Gründen 402; Rechtzeitigkeit 427; schlüssige 420; SMS 412; Unverzüglichkeitsgrundsatz 428; verspäteter Ausspruch 430 f; Widerruf 409, 415; Zugang 408, 414; Zuständigkeit, Kompetenz 403

Entlassungsgrund – beharrliche Dienstverweigerung 488, 524; beharrliche Pflichtvernachlässigung 515; Beleidigungen 536, 536, 615, 541; demonstrative Aufzählung 489; Dienstunfähigkeit 488, 501, 580; Dienstversäumnis 523, 589; Ehrverletzung 488, 536, 541, 615; Freiheitsstrafe 488, 533; Geschenkannahmeverbot 182; Handelsgeschäfte machen 508; Konkurrenztätigkeit 71, 488, 504; private Telefongespräche 529; Provisionsannahme 588; selbstständiges Unternehmen 584; sexuelle Belästigung 543; Sittlichkeitsverletzung 488, 541, 625; Tätlichkeit 488, 536 f, 611; Unterlassen Dienstleistung 488, 589; Untersuchungshaft 534; Untreue 488, 493; Verleitung zum Ungehorsam 532, 488; Vertrauensunwürdigkeit 488, 492, 495, 552; Verweigerung Überstundenarbeit 528; Vorteilsannahme 488, 494, 550; weisungswidriges Verhalten 524; Zuspätkommen 527

Entlassungsschutz – allgemeiner 490; besonderer 491; Schwangerer, Mütter 136

Entschädigungsanspruch – Rücktritt vom Vertrag 662 ff; Rücktritt, befristetes Dienstverhältnis 665; Rücktritt, Fälligkeit 670; Rücktritt, IESG-Sicherung 669; Rücktritt, Verfallsfrist 681 f; Rücktritt, Verjährung 671; Verhinderung Provisionsverdienst 176 f, 179; vorzeitige Vertragsauflösung, Verfallsfrist 681 f

Erfolgsprämie – Abfertigung 355; Aliquotierung bei Dienstvertragsauflösung 210

Erheblichkeit – Ehrverletzung 542

Ermahnung – Dienstpflichtverletzung 599; Dienstverweigerung 525

Ersatzanspruch – Auflösung Probedienstverhältnis 253; Ausschlussfrist 81; Konkurrenzverbot, Wahlrecht 81, 85; Verjährungsfrist, Verfall 81; Verstoß gegen Konkurrenzverbot 70

Erschwernisverbot – Dienstzeugnis 744, 755

F

Facharbeiter – Angestellteneigenschaft 15

Fallfrist – Ersatzansprüche bei Konkurrenztätigkeit 81

Fälligkeit – Abfertigung 309, 318, 367; Entgelt 38, 192 f, 196 f; Kündigungsentschädigung 656; Provisionsanspruch 161; Sonderzahlung 202

Fehlbuchungen – Vertrauensunwürdigkeit 573

Feiertag – Entgeltfortzahlungsanspruch 109; Krankenstand 100, 114

Folgeerkrankung – eintägiger Arbeitsantritt 118; Entgeltfortzahlungsanspruch 100

Folgepflicht – Betriebsverlegung 48; Verlegung Betriebsstandort 31

Folgeprovision – Anspruch 157; Einschränkung 159; Vorausverzicht 146; Zeitpunkt des Entstehens 146

Fonds – Angestellte, Anwendung AngG 775

freie Dienstnehmer – Aneinanderreihung befristete Dienstverhältnisse 239

Freiheitsstrafe – Dienstverhinderung 533; Entlassungsgrund 488

freiwillige Zuwendungen – Entgeltanspruch, Widerrufbarkeit 34; Entgeltcharakter 54

Freizeit – während Kündigungsfrist 295

Führerscheinentzug – Dienstunfähigkeit 503, 582

Fürsorgepflicht – Arbeitnehmerschutz 217; Aufklärungspflicht 222; Bereitstellung Arbeitsräume, Arbeitsmittel 216; beschränkte Arbeitsfähigkeit,

Stichwortverzeichnis

Arbeitsplatzwechsel 502; Ersatzarbeitsplatz bei Dienstunfähigkeit 583; Gestaltung Arbeitsplatz 217; Gestaltung Arbeitsräume 223; Grenzen 218; Mobbing, Schadenersatz 225; nachvertragliche 220; Nichtabschluss Versicherung 224; Schutz vor Tätlichkeiten 227, 538; sexuelle Belästigung 226

Fürsorgepflichtverletzung – Beweislast 219; Fristsetzung 221

G

Garantieprovision – Provisionsanspruch 158

Gebietsvertreter – Provisionsanspruch 169 f, 172

Gefahrenzulage – Abfertigung 357

Gehaltszahlung – Barauszahlung, Krankenstand 470; innerhalb Nachfrist 474; Risikotragung 465

Geheimhaltungsvereinbarung – Abgrenzung zur Geheimnisschutzklausel 720

Geheimnisschutzklausel – Abgrenzung zur Konkurrenzklausel 720

Gerichtstermin – Dienstverhinderungsgrund 121

Geschäftsführer – Entlassung 417

Geschäftsgeheimnis – Verrat, Vertrauensunwürdigkeit 569

Geschäftsunfähigkeit – Zugang Auflösungserklärung 414

Geschäftsvermittlung – Genehmigung durch Arbeitgeber 139

Geschenkannahmeverbot – Billigung durch Arbeitgeber 551; Entlassungsgrund 182, 550; Kauf von Geschäftsanteilen, Dividendenbezug 183; Schadenersatzanspruch 181 f

Gesellschaftsgründung – Konkurrenztätigkeit 508

Gesundheitsgefährdung – Aufklärungspflicht 458; Ersatzarbeitsplatz, Zumutbarkeit 460; Ersatzbeschäftigung 441, 459

gewerberechtlicher Geschäftsführer – Angestellteneigenschaft 15

Gewinnbeteiligung – Abfertigung 355; Abgrenzung zur Provision 141, 185; Abrechnung 184 f; Aliquotierung 190, 210; Beendigung Dienstverhältnis 186, 189, 210; Begriffsbestimmung 185, 188; Bonuszahlung 187; Bucheinsicht 186; Recht auf Bucheinsicht 184

Gleichbehandlungsgrundsatz – arbeitsrechtlicher 63; Entgeltfestsetzung 36

Gleitpension – Abfertigungsanspruch 383

Gleitzeit – Minusstunden, Entgeltanspruch 53

H

Haft – Entlassungsgrund 534; Meldepflicht 535, 610

Handelsgeschäfte – Abgrenzung 77; Arten 511; Geschäftszweig des Arbeitgebers 78, 83, 512; Konkurrenztätigkeit 76, 79, 513, 588; versuchter Abschluss 79

Handlungsgehilfen – Anwendung AngG 1

Hausbesorger – besonderer Entlassungsschutz 491

Hochwasser – Dienstverhinderungsgrund 122, 597

Hochzeit – Dienstverhinderungsgrund 120

Höhere nicht kaufmännische Dienste – Abgrenzung, Tätigkeitsmerkmale 6; Anwendung AngG 2; Beispiele 7 f, 14 f

I

Inkassobeträge – Nichtabführen 573

Inkrafttreten – AngG 778

Internetnutzung – Dienstpflichtverletzung 529; Vertrauensunwürdigkeit 500, 559

J

Journalistengesetz – Ausschluss Anwendung AngG 777

Jubiläumsgeld – Abfertigung 357

K

Kanzleiarbeit – Abgrenzung, Tätigkeitsmerkmale 9; Anwendung AngG 1 f; Beispiele 16

Kapitalbeteiligung – kein Entlassungsgrund 506

Karenz – Austritt, Abfertigungsanspruch 383, 386; Entlassungsschutz 491; Kündigungsschutz 271

Karenzierung – Aussetzung Dienstverhältnis, Abfertigung 332

Karenzierungsvereinbarung – Abgrenzung zur Unterbrechungsvereinbarung 331

Kaufmännische Dienste – Abgrenzung, Tätigkeitsmerkmale 5; Anwendung AngG 2; Beispiele 13

Kaution – Sicherung von Schadenersatzansprüchen 695

Stichwortverzeichnis

Kettendienstvertrag – befristete Dienstverhältnisse 232; Berufsfußballer 238; freie Dienstnehmer 239; sachliche Rechtfertigung 232, 238; Saisonarbeit 232, 238; Unzulässigkeit 240

Kilometergeld – falsche Abrechnung, Vertrauensunwürdigkeit 575; Wahl der Fahrtstrecke 60

Kollektivvertrag – Dienstverhinderungsgründe 105; Verfallsfrist, Entgeltanspruch 38

Konkurrenzklausel – Abgrenzung zum Konkurrenzverbot 697; Abgrenzung zur Geheimnisschutzklausel 720; Abschluss während Dienstverhältnis 705; Arbeitnehmerkündigung 726 f; befristetes Dienstverhältnis 706; Beschränkung Erwerbstätigkeit 697; Einstellung Unternehmenstätigkeit 717; einvernehmliche Auflösung 729; Fortzahlung Entgelt 724, 731; Geltungsausschluss 722; Gemeinschaftsrechtskonformität 703; Interessensabwägung 699; Interessensbeeinträchtigung 709; Konkurrenzsituation 711; Konventionalstrafe 701, 721, 725; Kündigung aus Verschulden des Vertragspartners 723; Mandantenschutzklausel 719; Minderjährigkeit 708; Nachweis eines Schadens 716; räumliche Begrenzung 712; Sittenwidrigkeit 700, 704; unbillige Erschwerung des Fortkommens 710; Unterlassungsansprüche 702, 714; verschuldete Auflösung Dienstverhältnis 721 f, 726; Versicherungsvertreter 707; Vertragsstrafe 701; Verwirkung 721 f; Verzicht 718; Vorbereitungshandlungen 713; Wirksamkeitsvoraussetzungen 696, 698

Konkurrenztätigkeit – Angestellte bei Ziviltechnikern 514; Entlassungsgrund 71, 488, 504; Ersatzansprüche Arbeitgeber, Wahlrecht 86; Gesellschaftsgründung 508, 576; gewerberechtliche Geschäftsführertätigkeit 507; Handelsgeschäfte machen 79, 510, 588; Kapitalbeteiligung 506; selbstständiges Unternehmen 509, 584; Verdacht, verdeckte Anfrage 587; Vertrauensunwürdigkeit 499, 576; Vorbereitungshandlung 71, 504, 508, 584

Konkurrenzverbot – Abgrenzung zu Konkurrenzklauseln 71; Angestellte bei Zivilingenieuren 70; Betreiben eines selbstständigen Unternehmens 72; Dauer 71, 84; Entlassungsgrund 71; Ersatzanspruch des Arbeitgebers 70, 81, 85; gewerberechtlicher Geschäftsführer 74; Gründung selbstständiges Unternehmen 75, 82, 84; Handelsgeschäfte, Konkurrenztätigkeit 76, 79; Kapitalbeteiligung 73, 82; Konkurrenzklausel 697; Umfang 70, 82; Verfallsfrist 70; Vorbreitungshandlungen 75, 82, 84; Wirksamkeit 71; Zivilingenieure 80

Konkursantrag – kein Austrittsgrund 446

Konventionalstrafe – Bemessungsgrundlage 732; Beweislast bei Schäden 738; Jahresbezug 733; Konkurrenzklausel 701, 721, 725; Nichtantritt Probedienstverhältnis 254, 734; pauschalierter Schadenersatz

628, 635, 725; richterliches Mäßigungsrecht 736 f; Verfallsfrist 686, 735

Krankenentgelt – Bemessungsgrundlage 111; Provisionen 149

Krankenstand – Arbeitsunfähigkeit 110; Barauszahlung des Gehalts 476; Dienstverhinderungsgrund 519; genesungswidriges Verhalten 101, 115, 498, 563 f; Kündigung 267; Mitteilungspflicht 124; Nachuntersuchung 499, 101, 132, 565; Nichtmeldung 425; Verhaltenspflichten 101, 115; Vertrauen auf Krankschreibung 131, 593; Vorlage Krankenstandsbestätigung 128 f; Zeitpunkt Krankschreibung 126

Krankenstandsbestätigung – Anscheinsbeweis, Widerlegung 133; Aufforderung zur Vorlage 128; Frist zur Vorlage 129; Inhalt 130; Nichtvorlage 133, 606; Säumnisfolgen 92, 133; Vertrauen auf Richtigkeit 91, 131, 593; Verzug mit Vorlage 133; Vorlagepflicht 87

Krankheit – Begriffsdefinition 110; Dauer Entgeltfortzahlungsanspruch 98; Definition 94; Entgeltfortzahlungsanspruch 87, 97

Krankmeldung – Arbeitskräfteüberlassung 125; Form, Inhalt 89, 127; Säumnisfolgen 92, 133; verspätete/unterlassene Krankmeldung 605; Zeitpunkt 124

Kulpakompensation – Verschuldensteilung 672

Kundenabwerbung – Entlassung 546

Kündigung – Abgrenzung zur einvernehmlichen Auflösung 281; Änderungskündigung 272, 275; Anforderungen an Kündigungserklärung 273; Auflösung Dienstverhältnis 279; Austrittsgrund 376, 647; befristetes Dienstverhältnis 230, 236, 639; Begründungspflicht 270; Beispiele für Fristenlauf 266; Betriebsübergang 652; Dienstverhältnis auf Lebenszeit 293 f; Dienstverhältnis für vorübergehenden Bedarf 259; Empfangsbedürftigkeit, Zugang 260; Erweiterung Kündigungsmöglichkeiten 288; Form 260, 274; fristwidrige, Abfertigung 340; fristwidrige, Kündigungsentschädigung 639, 648; konkludente 280; Kündigungsschutz 271; Kündigungsfrist 259, 261; Kündigungstermin 259, 261; maßgeblicher Zeitpunkt für Kündigungsfrist 284; nach Drohung mit Strafanzeige 283; Postensuchtage 295; schlüssige 280; Schwangerschaft 651; Teilkündigung 272; unbefristetes Dienstverhältnis 259; unklarer Kündigungstermin 291; unrichtiger Kündigungstermin 285, 290; Vereitelung Zugang 277; Verschiebung Kündigungstermin 290; Verschuldensteilung 677; Verständigung Betriebsrat 271; Verzicht auf Entlassung, Austritt 269; vor Dienstverhinderung 134, 137; während Dienstverhinderung 108, 134, 137, 267; Widerruf 278; Willensmängel 282; zeitwidrige, Folgen 268, 292, 340, 639, 648; Zugang 260, 276

411

Stichwortverzeichnis

Kündigungsentschädigung – Altersteilzeit 650; Anrechnungsbestimmungen 637, 641, 654 f; Anspruchsvoraussetzungen 639; Begrenzung 645; begünstigter Behinderter 294, 640; Bemessungsgrundlage 642, 653; Bemessungszeitraum 640; berechtigter Austritt 637; besonderer Bestandschutz 651; Fälligkeit 637, 643, 656; frist- oder terminwidrige Kündigung 268, 639, 648; Kündigung mit Austrittsgrund 647; Kündigung wegen Betriebsübergang 652; Leistungsklage 692; mehrfache Lösungserklärungen 649; Postensuchtage 303; Rücktritt vom Vertrag 662; Schadenersatzanspruch 644; unberechtigte Entlassung 637; Verfallsfrist 643, 681 f, 687; verschuldete Entlassung 646

Kündigungsfreiheit – Beschränkung 289

Kündigungsfrist – Angestellter 265; anrechenbare Dienstzeiten, 264; Arbeitgeber 262; Begriffsdefinition 261; Berechnung Dienstzeit 263 f; Dauer, maßgeblicher Zeitpunkt 284; gesetzliche 259; Postensuchtage 295 f; Verkürzung 287; Verlängerung 261, 263; Verschlechterungsverbot 265

Kündigungsschutz – allgemeiner und besonderer 271; Schwangerer, Mütter 136

Kündigungstermin – Angestellter 265; Arbeitgeber 262; Begriffsdefinition 261; Benachteiligungsverbot 289; gesetzlicher 259

Kuraufenthalt – Entgeltfortzahlung 94

L

Lehrlinge – Anwendbarkeit AngG 23 f; besonderer Entlassungsschutz 491

Lehrzeiten – Anrechenbarkeit für Abfertigung 309

Leistungsprämie – Aliquotierung bei Dienstvertragsauflösung 210

M

Mandantenschutzklausel – Konkurrenzklausel 719

Manipulationen – Untreue 547

Manko – fehlender Inkassobetrag, Vertrauensunwürdigkeit 573

Mäßigungsrecht – siehe unter richterliches Mäßigungsrecht

Mehrstunden – Bemessungsgrundlage Entgeltfortzahlungsanspruch 111

Mischtätigkeit – Angestellteneigenschaft 10, 17

Mitteilungspflicht – Arbeitsunfähigkeit 124; Dienstunfähigkeit, Gesundheitsgefährdung 440; Dienstverhinderung 87, 89, 124, 531, 674, 678; Dienstverhinderungsgrund 103; Haftaufenthalt 535, 610; Krankenstand 124

Mitverschulden – Entlassung 486, 674, 678; Geltendmachung 675 f; Provokationen 486, 680; Rücktritt 672; vorzeitige Vertragsauflösung 673

Mobbing – Schadenersatz 225

Musiker – Angestellteneigenschaft 14

Mütter – Entgeltfortzahlungsanspruch nach Geburt 107; Kündigungs- und Entlassungsschutz 136

Mutterschaftsaustritt – Anspruchsvoraussetzungen 392; EU-konform 391

N

Nachweispflicht – Dienstverhinderung 87, 90

Nebenbeschäftigung – Konkurrenztätigkeit 499; Vertrauensunwürdigkeit 576

Nettolohnvereinbarung – Abfertigungsanspruch 350; echte/unechte 37, 64

Nichtverlängerungserklärung – Abfertigung 334; befristetes Dienstverhältnis 229, 237

O

Oberkellner – Angestellteneigenschaft 15

Ortsgebrauch – Umfang der Dienstlistungen, Entgeltanspruch 25

P

Pensionsabfertigung – Anspruchsvoraussetzungen 383, 385

Personalberater – Kosten nicht ersatzfähig 633

Pflegefreistellung – Entgeltfortzahlungsanspruch 109

Pflichtenvernachlässigung – beharrliche Dienstverweigerung 524; Entlassungsgrund 515; Unterlassung Dienstleistung 516; Verleitung anderer zum Ungehorsam 532, 608

Pflichtverletzung – siehe auch unter Dienstpflichtverletzung

Postensuchtage – Anspruchsvoraussetzungen 296; Ansuchen Arbeitnehmer 299, 301; Ausmaß 295; befristetes Dienstverhältnis 297, 304; eigenmächtige

Stichwortverzeichnis

Inanspruchnahme, Entlassung 306; einvernehmliche Auflösung 297; Entgeltfortzahlungsanspruch 109; Freizeit während Kündigungsfrist 295 f; Interessensabwägung 299, 305; keine Zweckbindung 298, 302; Kündigungsentschädigung 303; Umwandlung in Ersatzanspruch 300, 308; Verzicht 307

Potestativbedingung − Entlassungserklärung 418

Präklusivfrist − Ersatzansprüche bei Konkurrenztätigkeit 81

Prämie − Bindung an Einhaltung Konkurrenzklausel 211; Entfall bei Arbeitgeberkündigung 212

Präsenzdiener − besonderer Entlassungsschutz 491; Kündigungsschutz 271

Preisnachlass − Provisionsanspruch 169, 175

Privattelefonate − Vertrauensunwürdigkeit 560

Probedienstverhältnis − Abgrenzung zu Dienstverhältnis zur Probe 233, 255; Änderung Funktionsbereich 248; Änderungskündigung 249; Auflösung vor Arbeitsaufnahme 252; Auflösung wegen Schwangerschaft, Diskriminierung 235, 247; Auflösung, Entgeltanspruch 636; Auflösung, Ersatzansprüche 253; Auflösung 228, 235, 250; begünstigte Behinderte 246; Dienstvertragsauflösung, Entgeltfortzahlungsanspruch 138; Fristberechnung 234, 234, 251, 251; Höchstdauer 233, 233; Konventionalstrafe bei Nichtantritt 254, 734; Rücktritt 661; schlüssige Auflösung 257; schlüssiger Ausschluss 258; Vereinbarung längere Probezeit 256; Vereinbarung 233, 234

Prokura − Widerruf 66

Provision − Abfertigung 354; Abgrenzung zur Gewinnbeteiligung 141; Abgrenzung zur Umsatzbeteiligung 142; Abschlussprovision 143; Begriffsbestimmung 140; Bemessung Krankenentgelt, Urlaubsentgelt 149; Bemessungsgrundlage Entgeltfortzahlungsanspruch 111; Rechnungslegungspflicht 162; unzulässiger Verzicht 146; Vermittlungsprovision 143

Provisionsannahme − Entlassungsgrund 488, 550

Provisionsanspruch − Abrechnung 139, 150, 163; Beendigung Dienstverhältnis 157, 170, 173; Begründung bei Verkaufsgeschäften 139; Beschränkung Tätigkeitsgebiet 180; Buchauszug 139; Direktgeschäfte 147; Einschränkung 146, 159; Fälligkeit 161; Garantieprovision 158; Gebietsschutz 147; Gebietsvertreter 169 f, 172; Geltendmachung 153; Höhe 148; Kontakt durch Dritten 155; mittelbare Geschäftsabschlüsse, Direktgeschäfte 169 f; Nichteinlangen Zahlung 171, 174; Ortsüblichkeit 139; Preisnachlass 169, 175; sonstige Geschäfte 145; Umfang 154; Vereitelung Geschäftsabwicklung 169, 171, 174; Verfall 167; Verjährung 153, 167 f; Verkaufsgeschäfte 144; während Dienstfreistellung 156; Zeitpunkt des Entstehens 161

Provisionsberechtigter − Geschenkannahmeverbot 182; Recht auf Buchauszug 150, 163, 165 f; Recht auf Bucheinsicht 152, 165

Provisionssystem − Änderung durch Arbeitgeber 160

Provisionsverdienst − Verhinderung, Betriebsstilllegung 178; Verhinderung, Entschädigungsanspruch 176 f, 179

Provisionsvereinbarung − Sittenwidrigkeit 159

Provokation − Ehrverletzung, Mitverschulden 680

R

Rauchpausen − Unterlassung Dienstleistung 594

Rechnungslegung − Gewinnbeteiligung 186; Verjährung 186; Zweck 162

Recht auf Beschäftigung − Umfang 32

Reisekosten − falsche Abrechnung, Vertrauensunwürdigkeit 575

Remuneration − Aliquotierung bei Dienstvertragsauflösung 199; Entgelt 199; Fälligkeit 199; Inanspruchnahme Gleitpension 199; siehe auch unter Sonderzahlung

Resolutivbedingung − befristetes Dienstverhältnis 241

Rezeptionistin − Angestellteneigenschaft 14

richterliches Mäßigungsrecht − Billigkeitsentscheidung 739; Konventionalstrafe 736 f; Voraussetzungen, Ermessensentscheidung 737

Rücktritt − befristetes Dienstverhältnis 665; Entschädigungsanspruch, IESG-Sicherung 669; Entschädigungsanspruch 662 ff; Probedienstverhältnis 661; Schadenersatzanspruch des Arbeitgebers 662, 666; Schadenminderungspflicht 668; Verjährung Entschädigungsanspruch 671; Verschuldensteilung 672; vom Dienstvertrag 658 ff; vor Antritt des Probemonats 252, 667

S

Sachbeschädigung − Firmeneigentum 571

Sachbezüge − Abfertigung 356; Anrechnung auf Mindestlohn 58

Säumnisfolgen − Nichtmeldung Dienstverhinderung 92; Nichtvorlage Krankenstandsbestätigung 92

Schadenersatz − Austritt/Entlassung, Kosten Personalberater 633; genesungswidriges Verhalten im Krankenstand 101; Geschenkannahmeverbot 181 f; Konkurrenztätigkeit 81, 85; Konventionalstrafe

Stichwortverzeichnis

628, 635; Mobbing 225; neben Kündigungsentschädigung 644; Rücktritt vom Vertrag 662 f, 666; unberechtigter Austritt 626; Verfallsfrist 629, 688; Verjährung 657; verschuldete Entlassung 626

Schichtzulage – Bemessungsrundlage Entgeltfortzahlungsanspruch 111

Schmiergeldannahme – Entlassungsgrund 550

Schuldausschließungsgrund – Ehrverletzungen 542

Schutzpflichtverletzung – Austrittsgrund 437

Schwangerschaft – Auflösung Probedienstverhältnis, Diskriminierung 235, 247; Entgeltfortzahlungsanspruch 107; Entlassungsschutz 136, 491; Kündigungsschutz 136, 271; Verlängerung befristetes Dienstverhältnis 231

Seeschifffahrt – Anwendbarkeit AngG 24

Selbstkündigung – Abfertigungsanspruch 383 f; Ausschluss Abfertigung 309

selbstständiges Unternehmen – Geschäftszweig des Arbeitgebers 585; Konkurrenztätigkeit, Konkurrenzverbot 72, 505, 584, 586; Vorbereitungshandlung 584

sexuelle Belästigung – Austrittsgrund 482; Ehrverletzung 624; Entlassungsgrund 543; Schutzmaßnahmen 226

Sittlichkeitsverletzung – Austrittsgrund 453; Definition 455; Entlassungsgrund 488, 541, 625

Sondergesetze – für Lehrlinge, Angestellte der Seeschifffahrt, bei land- und forstwirtschaftlichen Betrieben, Eisenbahnen 24; für Vertragsbedienstete 22

Sonderzahlung – Abfertigung 351; Abgeltung durch erhöhtes Monatsgehalt 207; Aliquotierung bei Dienstvertragsauflösung 199, 204; Aliquotierung durch KV 205; Aliquotierung, Lehrling 213; Anspruch 62, 201, 203, 206, 214; Berechnung bei Aliquotierung 208; Definition 200; Entgelt 34; Fälligkeit 202; gutgläubiger Verbrauch 209; Höhe 202

Spesenbetrag – Entlassung 548

Sponsion – Dienstverhinderungsgrund 120

Strafanzeige – Zulässigkeit 562

Strafdelikte – Vertrauensunwürdigkeit 570

Stufenklage – Provisionsberechtigter 166

T

Tätlichkeit – Abwehrhandlungen 611; Androhung 540; Angehörige des Arbeitgebers, Arbeitskollegen 614; außerdienstliches Verhalten 539, 613; Austrittsgrund 437, 453; Definition 454; Entlassungsgrund 488, 537, 611; Fürsorgepflicht 538; Schutz durch Arbeitgeber 227; Zumutbarkeit Weiterbeschäftigung 612

Teilkündigung – 272

Teilzeitbeschäftigung – Abfertigung 309, 317, 347, 383, 386

Telefongespräche – private, Dienstpflichtverletzung 529, 604

Tod – des Angestellten, Dienstwohnung 395 f

Todesfallabfertigung – Anspruch 309, 322, 369; Arbeitnehmerkündigung 373; Aufrechnung mit Schadenersatzansprüchen 371; Höhe 309, 322, 370; Unterhaltsanspruch 372

Treuepflicht – Strafanzeige 562; Vertrauensunwürdigkeit 492

Treueprämie – Aliquotierung bei Dienstvertragsauflösung 210

Trinkgelder – Abfertigungsanspruch 344

U

Überstunden – Abfertigung 352; Anordnung, Entlohnung 56; Leistungspflicht des Angestellten 30; Pauschale 57; Verweigerung 528, 600

Überstundenentgelt – Verfall 65; 56

Überstundenpauschale – Entlohnung 57

Überweisung – Entgelt, Fälligkeit 193, 197, 449

Umsatzbeteiligung – Abgrenzung zur Provision 142

Unabdingbarkeit – einseitig zwingende Bestimmungen 766 f

unbefristetes Dienstverhältnis – Kündigung 259

Unentgeltlichkeit – Einschulungszeit 52

Ungehorsam – Verleitung anderer, Entlassung 488, 532, 608

Unpünktlichkeit – Dienstpflichtverletzung 601

Unterbrechungsvereinbarung – Abgrenzung zur Karenzierungsvereinbarung 331

Unterlassung Dienstleistung – Arbeitspausen 594; Dienstverhinderungsgründe 518, 591; eigenmächtiger Urlaubsantritt 522; Einholung Rechtsauskunft 596; Entlassungsgrund 488, 589; Erheblichkeit 521, 594; familiäre Betreuungspflichten 595; Hochwasserhilfe 597; Pflichtenvernachlässigung 516; pflichtwidriges Handeln 517; Rechtfertigungsgründe 518; Unpünktlichkeiten 601; Unverzüglichkeitsgrundsatz 523, 589

Stichwortverzeichnis

Unterlassungsanspruch – Einstweilige Verfügung 715; Verstoß gegen Konkurrenzklausel 702, 714

Unternehmensauflösung – Entfall Abfertigung 309, 320

Untersuchungshaft – Dienstverhinderung 609; Entlassungsgrund 534

Untreue – Abwerben von Kunden 546; bewusster Pflichtverstoß 493; Diebstahl 549; Entlassungsgrund 488, 493; Schwarzgeldzahlungen 547; vorsätzliche Manipulationen 547; Weitergabe von Betriebs- und Geschäftsgeheimnissen 545

Unverzüglichkeitsgrundsatz – Austritt 402, 404; Behauptungs- und Beweislast 427; Dauertatbestände 407; Dienstversäumnis 523; Einzelfallprüfung 405; Entlassung 402, 404, 427; Gerichtsverfahren 429; Sachverhaltsklärung 406; Überlegungsfrist 406, 428; Unterlassung Dienstleistung 523, 589; Zuwarten mit Austrittserklärung 433; Zuwarten mit Entlassungserklärung 430 f

Urlaub – eigenmächtiger, Entlassung 522; Kündigung 267

Urlaubsanspruch – Verweis auf UrlG 215

Urlaubsentgelt – Provisionen 149

V

Verfall – Abfertigungsanspruch 358; Provisionsanspruch 167; Überstundenentgelt 65

Verfallsfrist – Abgrenzung zur Verjährungsfrist 685; Beginn des Fristenlaufes 689 f; einzelvertragliche 683, 693; Entgeltanspruch, Kollektivverträge 38; Entschädigungsanspruch bei Rücktritt 681 f; Entschädigungsanspruch bei vorzeitige Vertragsauflösung 681 f; fällige Ansprüche 689; Hemmung, Vergleichsverhandlung 684, 691; kollektivvertragliche 683, 694; Konventionalstrafe 686; Kündigungsentschädigung 643, 681 f, 687; Schadenersatzansprüche bei vorzeitiger Dienstvertragsauflösung 629

Verfristung – Abgrenzung zur Verjährung 685; Austritt 433; Entlassung 430

Vergleich – unabdingbare Ansprüche 768, 771

Vergleichsverhandlung – Hemmung Verfallsfrist 691

Verhaltenspflicht – im Krankenstand 101, 115

Verjährung – Abgrenzung zur Verfristung, Verfall 685; Bucheinsicht, Rechnungslegung 186; Dienstzeugnisanspruch 763; Entgelt, Verfallsfristen 38; Ersatzansprüche bei Konkurrenztätigkeit 81; Provisionsanspruch 153, 167 f

Verkaufsgeschäft – Provisionsanspruch 139, 144, 161

Verkehrssitte – Art und Umfang der Arbeitspflicht 28

Verkehrsstörung – Dienstverhinderungsgrund 123

Verletzungsabsicht – Beleidigungen 541; Ehrverletzung 541

Verleumdungen – Vertrauensunwürdigkeit 577

Verschulden – Dienstpflichtverletzung 530

Verschuldensteilung – Geltendmachung 675 f; Rücktritt 672; vorzeitige Vertragsauflösung 672 f

Verschwiegenheitspflicht – Verstoß, Strafanzeige 562

Versetzung – vertragswidrig 477; Zulässigkeit 47

Versorgungsleistungen – Anrechnung auf Abfertigung 383

Vertragsbedienstete – Anwendungsbereich AngG 22

Vertragsverletzung – Austrittsgrund 437, 443, 450, 477; Beweislast 451; Nichtanmeldung zu Sozialversicherung 480; unzulässiger Ersatzarbeitsort 477

Vertrauensunwürdigkeit – Abgrenzung zur Untreue 493; Alkoholisierung im Dienst 567; Ausdehnung Mittagspausen 574; außerdienstliches Fehlverhalten 496, 553; Beschädigung Firmeneigentum 571; Böswilligkeit 556; Diebstahl 572; Drogenkonsum 568; E-Mail-Verkehr, privater 500; Entlassungsgrund 488, 492, 495; fahrlässiges Handeln 495; Fehlbuchungen 573; genesungswidriges Verhalten im Krankenstand 498; Gesamtverhalten des Angestellten 495; Gründung Konkurrenzunternehmen 576; Internet-Nutzung 500, 559; Kassafehlbetrag 573; Konkurrenztätigkeit 499, 576; Kritik an Arbeitgeber 577; langjährige Beschäftigung 557; leitende Angestellte 492, 495, 558; Manipulation bei der Arbeitszeiterfassung 574; Manipulation bei der Spesenabrechnung 575; Nebenbeschäftigung 499, 576; Nichtabführen Inkassobeträge 573; Nutzung Firmen-Software 559; objektiver Maßstab 552; private Telefongespräche 560; Privatnutzung Firmen-PC, Internet 559; sonstige Dienstpflichtverletzungen 579; Sperre Computerprogramme 561; Strafanzeige 562; strafbare Handlungen 570; Unehrlichkeit 556; unmoralisches Handeln 556; Unzumutbarkeit Weiterbeschäftigung 495; Unzuverlässigkeit 556; Verfälschung Arztbestätigung 566; Verletzung der Verschwiegenheitspflicht 562; Verleumdung Arbeitgeber 577; Verrat Betriebsgeheimnisse 569; Verschweigen von Krankheiten, Vorstrafen 555; Verstoß gegen Treuepflicht 492; Veruntreuung 572; vor Dienstantritt 497, 554

Veruntreuung – Vertrauensunwürdigkeit 572

Verwarnung – Dienstpflichtverletzung 599; Dienstverweigerung 525

Stichwortverzeichnis

Verzicht – Abfertigungsanspruch 319, 359; Austrittsrecht 434; Entgeltanspruch 39; Entlassungsrecht 432; Provisionsanspruch 146; unabdingbare Ansprüche 767, 769

Vollziehung – AngG 779

Vorarbeiter – Angestellteneigenschaft 15

Vorbereitungshandlung – selbstständiges Unternehmen, Konkurrenztätigkeit 584

Vordienstzeiten – Anrechenbarkeit für Abfertigung 324 ff

Vorenthalten Entgelt – Austrittsgrund 195, 198

Vorteilszuwendung – Annahme Provision, Belohnung 494; Entlassungsgrund 488, 494, 550

vorzeitige Auflösung – Austritt 398; Entlassung 398; Unverzüglichkeitsgrundsatz 404; Unzumutbarkeit der Weiterbeschäftigung 399; wichtiger Grund 398; siehe auch unter Austritt bzw. Entlassung

vorzeitiger Austritt – siehe unter Austritt

W

Wahlrecht – Ersatzansprüche bei Konkurrenztätigkeit 81, 85

Warenmanipulation – Untreue 493

Weisungsrecht – Arbeitgeber, Dienstverweigerung 526; Konkretisierung Arbeitspflicht 29, 46; Umfang 598

Weiterbeschäftigung – nach Ablauf Kündigungsfrist 278

Widerruf – Austrittserklärung 409; Entlassungserklärung 409, 415

Wiedereinstellungszusage – Karenzierungsvereinbarung, Abfertigung 333; Saisonarbeitskräfte 333

Wirtschaftstreuhänder – Angestellte, Anwendung AngG 775 f; Konkurrenzverbot 80

Z

Zahlungsfrist – Entgelt 191; Stundung 192; unabdingbarer Anspruch 192

Zeiterfassung – Manipulation 574

Zeugnis – siehe unter Dienstzeugnis

Zivildiener – Entlassungsschutz 491; Kündigungsschutz 271

Zivilingenieure – Konkurrenzverbot 80

Zugang – Kündigungserklärung 260

Zuspätkommen – beharrliche Dienstverweigerung 527; Dienstpflichtverletzung 601

Zuständigkeit – Arbeits- und Sozialgerichte 773

zwingende Bestimmungen – Einschränkung durch Kollektivvertrag 770; Günstigkeitsvergleich 772; Unabdingbarkeit 766 f; Vergleich 768, 771; Verzicht 769

Zwischenzeugnis – siehe unter Dienstzeugnis